제4판

아동발달의 이해

정옥분 지음

학지사

제4판 머리말

2002년에 초판이 출간된 『아동발달의 이해』는 벌써 20여 년의 세월이 지났다. 이 책은 그동안 정말 많은 분들로부터 분에 넘치는 사랑을 받아 왔다. 그 감사한 마음을 어떻게 다 표현할 길이 없다. 꾸준히 이 책을 새롭게 다듬는 것으로 그 큰 사랑에 대한 조그마한 보답이 되었으면 하는 바람이다.

이번 제4판에서 특히 역점을 두어 보완한 부분은 2018년에 제3판이 출간된 이후 지난 5년 동안 새로이 이루어진 국내외 연구와 관련된 부분이다. 아동발달의 각 영역과 국내외에서 최근에 발표된 연구들을 될 수 있는 대로 많이 소개하고자 노력하였다.

특히 제2장 '아동발달의 이론' 중 Bandura의 사전 숙고(forethought)라는 용어를 소개하였다. 사전 숙고는 인지적 사회학습이론의 주요 인지 요인으로 계획을 세우고, 목표를 설정하며, 긍정적인 결과를 그려봄으로써 자신에게 동기부여를 하는 것을 의미한다. 그리고 Vygotsky의 이론을 교육현장에 적용하는 방법을 몇 가지 제시하였다. 첫째, 아동의 근접발달영역(ZPD)을 평가한다. 둘째, 아동의 ZPD를 교육에 적용한다. 셋째, 유능한 또래를 교사로 활용한다. 넷째, 아동의 혼잣말(private speech)을 적극 권장한다.

제4장 '발달의 유전학적 기초'에서는 인간게놈에 관해 간단히 정리해 보았다. 인간게놈이란 각 인간 세포 속의 DNA를 만드는 약 35억 개의 화학물질인 염기의 정확한 서열을 나타내는 생물학적 지도를 말한다. 최근에 와서 특정 기능과 연관이 있는 유전인자의 특정 위치를 찾아내는 노력에 큰 발전이 있었는데 이러한 발전은 인간게놈 프로젝트(Human Genome Project)의 완성으로 이루어진 것이다.

제12장 '유아기 사회정서발달'에서는 미디어와 스크린 타임에 관해 정리해 보았다. 오늘날 많은 아동들은 유아기 때부터 TV나 컴퓨터, 스마트폰 등을 사용하고 있다. 최근에 와서 TV나 DVD의 영향뿐만 아니라 비디오게임, 컴퓨터, 아이패드 등의 과도한 사용에 대한 경각심을 일깨우기 위해 '스크린 타임(screen time)'이라는 용어가 사용되고 있다. 최근 세계보건기구(WHO)에서는 3~4세 유아가 하루에 1시간 미만의 '스크린 타임'을 갖도록 권고하였다.

제4판의 편집업무를 꼼꼼히 챙겨 주신 편집부 김진영 차장님의 노고에 감사드리며, 그동안『아동발달의 이해』를 사랑해 주신 독자 여러분께 깊은 감사를 드린다.

2023년 한여름에
지은이 씀

제3판 머리말

『아동발달의 이해』는 초판이 출간된 지 10년이 넘어 2013년에 개정판이 출간되었으며, 5년 만에 다시 제3판을 출간하게 되었다.

제3판에서 특히 역점을 두어 보완한 부분은 2013년에 개정판이 출간된 이후 지난 5년 동안 새로이 이루어진 국내외 연구와 관련된 부분이다. 아동발달의 각 영역에서 국내외에서 최근에 발표된 연구들을 될 수 있는 대로 많이 소개하고자 노력하였다.

특히 제4장 '발달의 유전학적 기초'에서는 최근에 와서 주목을 받고 있는 후성유전학에 관해 정리해 보았다. 후성유전학이란 후성유전적 유전자의 발현 조절에 관한 모든 현상을 연구하는 학문이다. 제8장 '인지발달' 중 기억발달에서는 Baddeley의 작동기억을 보강하였는데, 특히 작동기억의 세 가지 구성요소에 대해 살펴보았다. 또한 제12장 '사회화와 가족의 영향'에서는 아동학대에 관한 내용을 대폭 강화하여 아동학대의 정의, 유형, 요인, 예방 및 아동학대자의 특성 등에 관해 정리하였다. 그리고 제6부 '아동기의 발달장애'에서는 지금까지 DSM-IV를 근거로 이루어지던 발달장애의 진단과 분류를 2013년에 출간된 DSM-5의 진단 및 분류기준에 의해 재정리하였다. 또한 '학습장애' 편에서는 통합교육에 관한 내용을 정리해 보았다. 초기의 통합교육은 1960년대 후반 '주류화(mainstreaming)'라는 용어로 사용되다가 이후에는 1970년대 후반 '통합(integration)의 개념이 반영된 통합교육'으로 변화되었고, 1990년대 이후부터 지금까지 '포함(inclusion)의 개념이 반영된 통합교육'으로 사용되고 있다. 최근 우리나라도 포함(inclusion)의 개념이 반영된 통합교육으로 전환하여 통합교육을 특수교육대상자가 일반학교에서 또래와 함께 개개인의 교육적 요구에 적합한 교육을 받는 것으로 정의하고 있다.

그동안 10년 이상 저자의 저서가 출간될 때마다 편집업무에 열과 성을 다해 온 이지혜 부장님은 2016년 출판사를 떠나는 마지막 순간까지 『아동발달의 이해』 개정 작업을 함께해 주었다. 그동안의 노고에 진심으로 감사드린다.

2018년 여름에

지은이 씀

개정판 머리말

『아동발달의 이해』가 세상에 나온 지도 벌써 10년이라는 세월이 흘렀다. 이 책은 그 동안 정말 많은 분들로부터 분에 넘치는 사랑을 받아왔다. 그 감사한 마음을 어떻게 다 표현할 길이 없다. 그동안 여러 가지 사정으로 미루기만 했던 개정판을 출간함으로써 그 큰 사랑에 대한 조그마한 보답이 되었으면 하는 바람이다.

개정판에서 특히 역점을 두어 보완한 부분은 2002년 초판이 출간된 이후에 새로이 이루어진 국내외 연구와 관련된 부분이다. 아동발달의 각 영역에서 국내외에서 최근에 발표된 연구들을 될 수 있는 대로 많이 소개하고자 노력하였다. 아동발달의 이론 부분에서는 그간 10년간 크게 달라진 면이 없어 새로운 이론을 소개하기보다는 초판에서 소개되지 않았던 성숙이론을 이번 개정판에 첨가하였다. 그 외에도 그동안 강의 등을 통해 보완이 필요하다고 생각되어 정리해 놓은 부분을 추가하였다.

특히 제1장 '아동발달연구의 역사'에서 '그리스 시대'에 이어 '로마 시대'를 첨가하였으며, '중세기'에 이어 '르네상스 시대'를 첨가하였다. 그리고 끝으로 '20세기 이후'의 아동연구에 관해서도 소개하였다.

제15장 '아동기의 사회정서발달'에서 '학교생활' 중 '학교폭력'과 '집단따돌림'을 정리해 보았다. 학교폭력은 학교를 중심으로 하루 중 많은 시간을 함께 보내는 동일집단 내의 인간관계에서 발생하고 반복 · 지속된다는 특성 때문에 그 사회적 의미와 후유증이 심각하다. 집단따돌림은 두 명 이상이 집단을 이루어 특정인을 그가 속한 집단 속에서 소외시켜 인격적으로 무시 혹은 음해하는 신체적 · 언어적 행위를 말한다. 집단따돌림은 단지 학교 내의 또래 간 문제만이 아니라, 나아가 가정과 사회문제로 확대되며, 문제의 심각성이 두드러짐에 따라 이에 대한 자각과 함께 다양한 방법으로 해결책을 모색해야 한다.

흔히 개정판에서는 표지도 새로운 내용으로 바꾸는 경향이 있지만 그간 10년간 옆에 두고 보던 르누아르의 작품 〈두 자매〉를 아직은 떠나보내기 싫어 이번 개정판에서도 그대로 사용하기로 결정하였다.

그동안 『아동발달의 이해』를 사랑해주신 독자 여러분들께 다시 한 번 감사드리며, 앞으로도 변함없는 사랑을 부탁드린다.

2013년 정월에
안암동산에서 지은이 씀

초판 머리말

저자는 연전에 『청년발달의 이해』 『성인발달의 이해』 『성인발달과 노화』 등을 잇달아 출간한 바 있다. 이번에 출간하게 된 『아동발달의 이해』는 인간발달의 단계상으로는 순서가 뒤바뀐 감이 없지 않다. 이렇게 된 데에는 저자 나름대로의 사정이 있다. 지금까지 대학에서 인간발달의 강의를 해 오면서 아동발달에 관련된 서적은 풍부한 반면, 청년발달이나 성인발달 분야의 강의는 마땅한 교재가 없어 많은 불편을 겪었다. 그런 이유로 저자는 먼저 청년발달과 성인발달에 관한 교재를 집필 · 출간하게 되었지만, 인간발달의 체계를 완성하기 위해 이번에 『아동발달의 이해』를 출간하게 되었다.

종래의 수많은 아동발달 관련서적과의 차별화를 위해 나름대로 고심하던 끝에, 내용을 좀더 상세히 서술하고, 가능한 한 국내자료를 많이 이용하여 한국의 아동발달을 이해하는 데 도움이 되고자 노력하였다. 특히 아동발달의 이론을 다룬 장에서 서양의 아동을 대상으로 한 발달이론뿐만 아니라 기초적인 수준이기는 하지만 한국의 전통적인 아동발달에 관한 이론을 첨가하였다.

이번의 『아동발달의 이해』는 모두 6부로 구성되어 있다. 제1부는 아동발달 이해의 기초로서 아동발달의 개념, 아동발달의 영역, 아동발달의 단계, 아동발달연구의 역사, 아동발달의 이론, 아동발달의 연구방법 등을 다루었다. 제2부에서는 아동발달의 유전학적 기초, 태내발달과 태내환경, 출산과 신생아에 관해 서술하였다. 제3, 4, 5부에서는 각각 영아기, 유아기, 아동기의 주요 발달특성인 신체발달, 인지발달, 사회정서발달을 다루었다. 그리고 마지막 제6부에서는 자폐증, 과잉행동장애, 품행장애, 학습장애, 불안장애, 우울증 등 아동기의 발달장애를 정리하였다.

이 『아동발달의 이해』는 대학에서 아동발달 또는 아동심리학 강의를 위한 교재로 사용할 수 있을 뿐만 아니라 아동을 양육하는 부모들을 비롯하여 아동발달에 관심이 있는 모든 분들에게 길잡이가 될 것을 기대한다.

이 책이 출간되기까지는 여러 분들의 도움이 적지 않았다. 국내자료를 찾아 정리해 준 고려대학교 박사과정생 임정하, 많은 분량의 원고를 컴퓨터에 입력해 준 엄세진 조교 그리고 귀중한 사진자료를 제공해 준 고려대학교 박사과정생 황현주 외 여러 제자들에게도 고마운 마음을 전하고 싶다. 또한 이 책을 집필하도록 권고하고 독려하는 한편, 컬러판으로 출간이 가능하도록 배려해 주신 학지사 김진환 사장님과 편집부 여러분의 노고에 감사드린다.

2002년 가정의 달 5월에
안암동산에서 지은이 씀

차례

제1부 아동발달 이해의 기초

[제2부 태내기]

제3부 영아기

제5부 아동기

제 1 부

아동발달 이해의 기초

아동발달학은 수태에서 아동기까지 인간의 성장과 변화에 대한 모든 측면을 이해하고자 하는 학문이다. 아동발달학은 일생을 통해 우리가 경험하게 되는 모든 변화를 다루는 보다 더 넓은 분야, 즉 발달심리학(Developmental Psychology) 또는 인간발달학(Human Development)의 일부이다.

아동발달학은 다학제적 연구로서 인류학, 생물학, 가정학(인간생태학), 심리학, 사회학 등 다양한 학문분야에서 이루어진 연구성과들을 종합하는 응용학문이다. 따라서 어떤 특정한 한 가지 학문만이 아동발달을 완벽하게 설명한다는 것은 불가능하므로, 아동발달에 관한 축적된 지식체계는 다학제적 접근법에 의한 여러 학자들의 공동노력에 의해 이루어진 것이다.

아동발달을 연구하는 목적은 첫째, 수태에서 아동기까지 연령에 따른 발달의 변화를 기술하는 것이다. 둘째, 연령에 따른 발달의 변화에 대해 왜 그러한 변화가 일어나는지 그 이유를 설명하는 것이다. 특히 최근에는 발달적 변화 자체보다는 그러한 변화를 가져오는 유전적 · 환경적 요인 및 관련 과정을 규명하는 데 중점을 두고 있다. 셋째, 아동발달의 연구결과를 아동복지의 증진과 삶의 질을 높이는 데 적용하는 것이다. 이와 같이 아동발달학은 인간을 이해하는 학문적인 목적에서뿐만 아니라 실용적인 면에서도 매우 중요한 학문이라고 볼 수 있다.

제1부에서는 아동발달을 이해하기 위한 토대로서 아동발달의 본질, 아동발달의 이론, 아동발달의 연구방법에 관해 살펴보기로 한다.

제1장

아동발달의 본질

1. 아동발달의 개념
2. 아동발달의 쟁점
3. 아동발달연구의 역사

발달과정

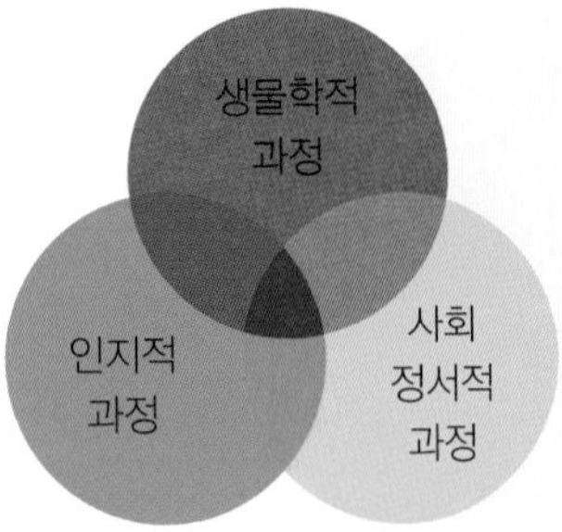

아동기

유아기

영아기

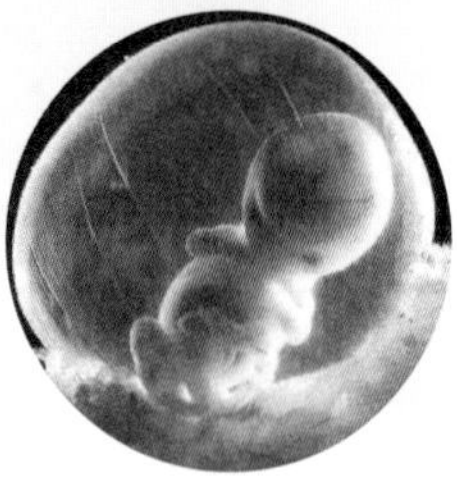
태내기

아동의 발달과정은 시간이 경과함에 따라 아동이 양적 또는 질적으로 변화하는 과정이다. 양적인 변화는 크기 또는 양에서의 변화를 의미하며, 질적인 변화는 본질, 구조 또는 조직상의 변화를 의미한다.

아동발달과 관련된 개념으로 성장과 성숙, 학습이라는 개념이 있다. 성장(growth)은 신체의 크기나 능력이 증가하는 것으로 주로 양적인 변화를 의미한다. 이에 비해 성숙(maturation)은 유전적 요인에 의해 발달적 변화들이 통제되는 생물학적 과정을 말한다. 영아기의 빠른 성장과 사춘기의 2차 성징과 같은 변화들은 성숙에 기인한 것이다. 한편, 학습(learning)은 직접 또는 간접 경험의 산물로서 훈련이나 연습에 기인하는 발달적 변화를 의미한다. 외국어의 습득은 매우 특정한 훈련에 의존하는 학습된 행동이라고 할 수 있다. 인간의 발달은 성장, 성숙, 학습의 세 과정이 공존할 때 비로소 이루어진다. 즉, 일생을 통하여 성장, 성숙, 학습에 의해 이루어지는 변화과정이 바로 인간발달이다.

아동발달은 생물학적 과정, 인지적 과정, 사회정서적 과정의 영향을 받는다. 그리고 생물학적 · 인지적 · 사회정서적 과정은 복잡하게 서로 얽혀 있다. 생물학적 과정이 인지적 과정에 영향을 미치고, 인지적 과정은 사회정서적 과정에 영향을 미치며, 사회정서적 과정은 또 생물학적 과정에 영향을 미친다.

아동발달에 관한 과학적 연구는 비교적 최근에 이루어졌으며, 아동의 이해에 대한 관점은 특히 많은 변화를 거쳤다. 아동기라는 개념은 아주 최근의 개념이다. 17세기 이전까지 아동은 성인의 축소판 정도로 생각되었다. 그러나 그중에도 몇몇 예외적인 학자가 있었는데, 그들은 어린 시절의 경험이 이후의 발달에 큰 영향을 미친다는 것을 깨닫고 아동발달에 관심을 보였다. 플라톤과 아리스토텔레스가 대표적인 예이다.

이 장에서는 아동발달의 개념, 아동발달의 쟁점, 아동발달연구의 역사에 관해 살펴보고자 한다.

1. 아동발달의 개념

아동발달은 시간이 경과함에 따라 아동이 양적 또는 질적으로 변화하는 과정이다. 양적인 변화는 신장, 체중, 어휘력에서 보이는 변화와 같이 크기 또는 양에서의 변화를 의미한다. 질적인 변화는 지능의 본질이나 정신작용에서의 변화와 같이 본질, 구조 또는 조직상의 변화를 의미한다.

1) 아동발달의 원리

발달이란 난자와 정자가 수정되는 순간, 즉 수태에서부터 시작되는 계속적인 과정을 말한다. 수태하는 순간부터 세포분열이 시작되는데, 하나의 세포인 수정란은 수백만 개의 세포가 형성될 때까지 아주 빠른 속도로 분열을 계속한다. 새로 형성된 세포들은 세분화된 역할을 맡아 신체의 여러 기관을 형성하게 된다.

태내기의 발달 순서는 정해져 있다. 모든 태아는 같은 순서로 그리고 거의 같은 시기에 발달한다. 성장과정은 태내기나 출생 후나 매우 복잡한 것이지만, 아동발달에는 몇 가지 일반적인 원칙이 있다.

(1) 발달에는 일정한 순서가 있다

모든 유아는 앉을 수 있게 된 다음에 비로소 설 수 있으며, 설 수 있게 된 다음에 걸을 수 있고, 원을 그릴 수 있게 된 다음에 사각형을 그릴 수 있다. 언어발달도 순서가 있는데, 옹알이를 한 다음에 말을 할 수 있으며, 간단한 문장을 사용할 수 있게 된 다음에 복잡한 문장을 사용하게 된다. 인지발달 또한 상징적 사고가 가능한 다음에 보존개념을 획득하게 되고, 그다음에 추상적 사고가 가능하다.

(2) 발달은 일정한 방향으로 진행된다

① 두미(cephalocaudal)발달 원칙

머리에서 발 방향으로 발달이 진행된다(〈그림 1-1〉 참조). 즉, 머리 부분이 몸통이나 사지보다 일찍 발달한다는 것이다.

② 근원(proximodistal)발달 원칙

안에서 바깥쪽으로 발달이 진행된다(〈그림 1-1〉 참조). 즉, 중심부가 말초신경보다 먼저 발달한다는 것이다. 팔, 손목, 손, 손가락의 순서대로 발달이 이루어진다.

③ 세분화(general to specific)발달 원칙

일반적인 것에서 특수한 것으로 발달이 진행된다(〈그림 1-1〉 참조). 유아 초기의 행동은 몸 전체를 사용하는 거칠고, 산만하고, 분화되지 않은 것이지만 점차적으로 분화되고 정밀한 행동으로 대체된다. 예를 들어, 유아는 방바닥에 떨어진 머리카락 하나를 줍

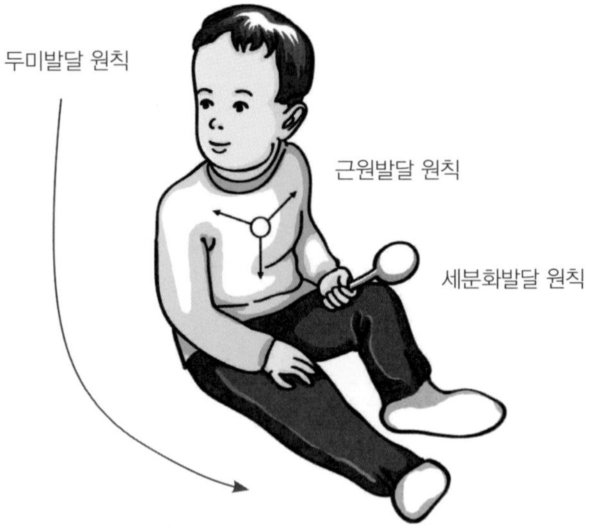

〈그림 1-1〉 **발달이 진행되는 방향의 도식화**

기 위해 거의 온몸을 다 사용하지만, 시간이 지나면서 엄지손가락과 집게손가락을 사용하게 된다.

(3) 발달은 계속적인 과정이지만 발달의 속도는 일정하지 않다

신체가 급속도로 성장하는 기간이 있는가 하면, 심리적 발달이 급속도로 이루어지는 기간이 있다. 예를 들면, 출생 후 첫돌까지는 신장과 체중이 크게 증가한다. 또 청년기가 되면 신장과 체중이 급격히 성장하는데, 이것을 청년기 성장급등(adolescent growth spurt)이라고 한다. 생식기관은 아동기에는 그 발달이 매우 느리지만, 사춘기에는 급속도로 발달한다. 유아기에 어휘력이 갑자기 풍부해지고, 청년기에는 논리적인 문제해결 능력이 현저하게 향상된다.

(4) 발달에는 개인차가 있다

인간은 많은 공통점을 지니지만, 인간의 행동에 있어서 가장 재미있는 것 중의 하나는 모든 인간들이 다 다르다는 점이다. 사실, 일란성 쌍생아들 간에도 출생 시부터 개인차가 나타난다. 모든 아동의 발달은 일정한 순서대로 이루어지지만, 발달의 속도와 양상은 아동마다 제각기 다르다. 특히 사춘기와 같은 성적 성숙의 시기에는 상당한 개인차가 있다.

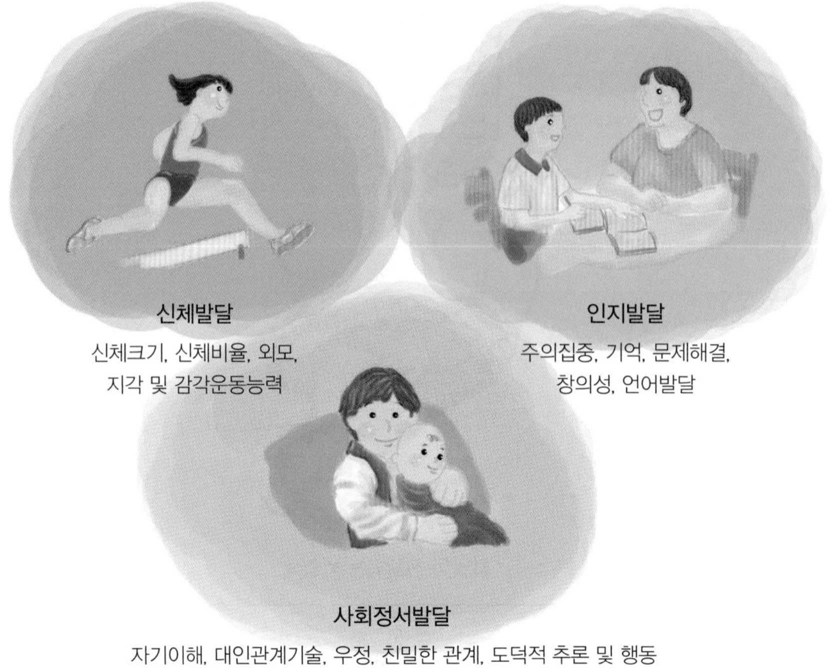

〈그림 1-2〉 생물학적 과정, 인지적 과정, 사회정서적 과정의 상호작용

출처: Berk, L. E. (2001). *Development through the lifespan* (2nd ed.). Boston: Allyn & Bacon.

(5) 발달의 각 영역은 상호 밀접한 연관이 있다

생물학적 발달, 인지적 발달, 사회정서적 발달은 서로 상호작용을 한다. 사회정서적 과정이 인지적 과정에 영향을 미치고, 인지적 과정은 사회정서적 과정에 영향을 미치며, 생물학적 과정은 또 인지적 과정에 영향을 미친다(〈그림 1-2〉 참조).

2) 아동발달의 영역

아동발달은 대체로 세 영역으로 이루어지는데 생물학적 발달, 인지적 발달, 사회정서적 발달이 그것이다. 생물학적 발달은 신체적 변화와 관련된 것이다. 부모로부터 물려받은 유전인자, 뇌와 감각기관의 발달, 신장과 체중의 증가, 운동기능, 사춘기에 나타나는 호르몬의 변화 등은 모두 아동발달에 있어서 생물학적 과정의 역할을 반영한 것이다.

인지적 발달은 개인의 사고, 지능, 언어에서의 변화를 포함한다. 영아가 침대 위에 매달려 있는 온갖 종류의 모빌을 쳐다보고(사진 참조), 유아가 언어를 습득하며, 아동이 시를 암송하거나, 수학문제를 풀고, 영화배우나 가수가 되는 것을 상상해 보는 것 등은 아동발달에 있어서 인지적 과정의 역할을 반영한 것이다.

사회정서적 발달은 대인관계, 정서, 성격의 변화, 사회적 환경의 변화를 포함한다. 가족관계, 또래관계, 교사와의 관계 등은 아동발달에 있어서 사회정서적 과정의 역할을 반영한 것이다.

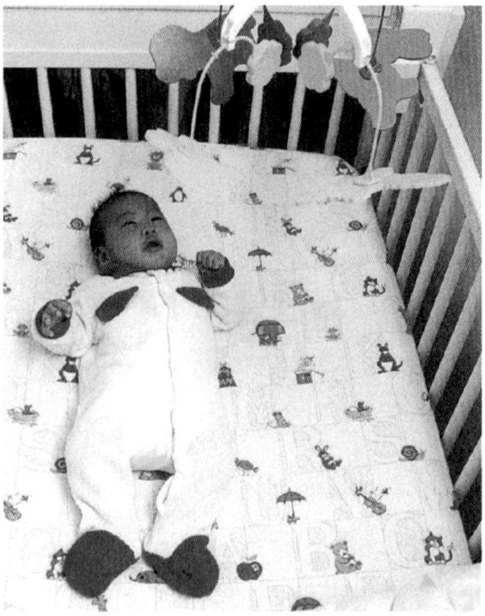

사진 설명 영아가 침대 위에 매달려 있는 모빌을 쳐다보고 있다.

생물학적 발달, 인지적 발달, 사회정서적 발달은 서로 상호작용을 한다(Diamond, 2013). 예를 들면, 아동이 신체적으로 어떻게 보이는가 하는 것이 그 아동이 자신에게 느끼는 감정에 영향을 미치고, 이것은 또한 친구관계에도 영향을 미친다. 추론능력은 다른 사람이 원하는 것이 무엇인가를 이해하는 능력에 영향을 미치고, 이것은 또한 대인관계에도 영향을 미친다. 확실히 발달과정은 복잡하게 서로 얽혀 있다(〈그림 1-2〉 참조). 생물학적 과정은 인지적 과정에 영향을 미치고, 인지적 과정은 사회정서적 과정에 영향을 미치며, 사회정서적 과정은 또 생물학적 과정에 영향을 미친다. 〈표 1-1〉은

표 1-1 아동발달의 세 영역과 주요 내용

영역	주요 내용	제기되는 질문의 예
생물학적 발달	뇌와 신경계, 근육, 감각능력 등이 행동에 어떤 영향을 미치는가를 연구한다.	• 아동의 성을 결정하는 요인은 무엇인가? • 조산의 장기적인 효과는 무엇인가? • 모유의 이점(利點)은 무엇인가? • 조숙과 만숙의 효과는 무엇인가?
인지적 발달	학습, 기억, 문제해결 능력, 지능 등을 포함하는 지적 능력에 관해 연구한다.	• 유아가 기억할 수 있는 최초의 기억은 어떤 것인가? • TV 시청의 효과는 어떠한가? • 이중(二重) 언어의 이점(利點)은 무엇인가? • 청년기의 자기중심성은 청년이 세상을 보는 시각에 어떤 영향을 미치는가?
사회정서적 발달	성격의 안정성과 변화, 대인관계, 사회적 관계의 성장과 변화 등에 관해 연구한다.	• 신생아는 어머니와 그밖의 다른 사람들에게 다른 반응을 보이는가? • 아동을 훈육하는 가장 좋은 방법은 무엇인가? • 청소년 자살의 원인은 무엇인가?

아동발달의 세 영역과 주요 내용에 관한 것이다.

3) 아동발달의 단계

아동발달을 좀더 쉽게 이해하기 위해 단계별로 접근할 수 있다. 아동발달의 단계는 대체로 태내기, 영아기, 유아기, 아동기로 나누는데, 그 대략적인 연령과 주요 발달내용은 〈표 1-2〉와 같다. 여기서 연령범위는 상당히 융통성이 있다. 어떤 단계는 그 시작과 끝이 분명하지만, 어떤 단계는 그렇지 못하다. 예를 들면, 영아기는 출생으로 그 단계가 시작되고, 유아기는 초등학교에 입학하면서 끝난다. 반면, 아동기의 끝과 청년기의 시작의 경계는 명확하지 않다. 왜냐하면 성숙의 가속화 현상으로 인해 초등학교 고학년에서 사춘기를 맞이하게 되는 경우가 많아졌기 때문이다. 지금까지는 일반적으로 초등학교를 졸업할 무렵에 아동기가 끝나는 것으로 생각해 왔다.

(1) 태내기

태내기는 수태의 순간부터 출산까지를 지칭하는 것으로, 태아가 어머니 뱃속에 있는 약 9개월간을 말한다. 이 기간 동안 정자와 난자가 결합한 하나의 세포는 빠른 속도로 하나의 생명체로 성장하게 된다. 그러므로 태내기는 짧은 기간이지만 인간발달의 초석이 되는 중요한 시점이다. 기본적 신체구조와 기관이 이 시기에 형성된다.

(2) 영아기

출생 후 24개월까지를 영아기라고 한다. 그중에서도 출생 후 첫 1개월을 신생아기라고 한다. 이 기간 동안 무력한 존재인 영아는 하나의 독립된 개체로서 성장할 준비를 하게 되며, 특히 신생아기는 태내환경과 상이한 새로운 환경에 적응해야 한다는 점에서 중요한 의미를 갖는다.

영아기는 발달의 여러 영역에서 급속한 성장이 이루어지는 시기이다. 뛰어다닐 수 있을 만큼 빠른 속도로 신체발달이 이루어지고, 다른 사람과 의사소통이 가능할 만큼 언어능력도 발달한다. 이후의 사회성발달을 위해 부모와 애착관계를 형성하는 것이 필요하며, 인지발달을 촉진시키기 위해 여러 감각 자극들이 필요한 시기이다.

(3) 유아기

2세부터 초등학교 입학 이전까지의 시기를 유아기라고 한다. 유아기에는 인지능력이 발달하고 상상과 환상이 풍부해지는 시기이다. 또한 주변 환경에 대한 탐색이 활발해지고, 많은 어휘를 습득하여 다른 사람과의 의사소통도 활발해진다. 이러한 능력이 향상됨에 따라 발달하는 놀이는 유아기의 중요한 과업이 된다.

(4) 아동기

6세부터 11세까지의 초등학교에 다니는 시기를 아동기라고 한다. 생활의 중심이 가정에서 학교로 옮겨감에 따라, 이 시기의 발달에서는 학교생활이 중요한 역할을 하게 된다. 학교생활을 통해 아동은 많은 사회적 관계를 형성하게 되며, 또래집단의 비중이 점차 커지게 된다.

표 1-2 아동기의 네 단계와 주요 발달

단계	주요 발달 현상
태내기 (수태~출생)	기본적인 신체구조와 기관이 형성된다. 신체의 성장이 일생 중 가장 빠른 속도로 이루어진다. 태내환경의 영향을 크게 받는다.
영아기 (0~2세)	신생아는 의존적이기는 하지만 나름대로 많은 능력을 가지고 있다. 출생 시에 모든 감각기관이 작용한다. 신체의 성장과 발달의 속도가 매우 빠르다. 학습능력과 기억력이 신생아기에도 형성된다. 생후 2년째가 되면 자아에 눈뜨기 시작한다. 첫돌 무렵에 부모에 대한 애착이 형성된다. 다른 아동에 대한 관심이 증가한다.
유아기 (2~6세)	운동기술과 체력이 신장된다. 자기중심적이다. 인지적 미성숙으로 인해 세상을 보는 눈이 비논리적이다. 놀이, 창의력, 상상력이 풍부하다. 자율성, 자기통제력이 증가한다. 친구의 중요성이 증가하지만 가족이 여전히 생활의 중심이 된다.
아동기 (6~11세)	신체의 성장이 느려진다. 체력과 운동기술이 더욱더 신장된다. 유아기의 자기중심성이 사라진다. 기억력과 언어기술이 증가한다. 자아개념이 발달한다. 친구가 생활의 중심이 된다.

2. 아동발달의 쟁점

인간발달이란 수태에서 죽음에 이르기까지 인간의 전생애를 통해 계속되는 과정을 말한다. 아동기는 전생애 중 한 부분이지 발달선상에서 고립된 기간이 아니다. 아동기에서만 볼 수 있는 독특한 특성이 있기는 하지만, 아동기는 유아기나 청년기의 발달과 경험에 연관되어 있다.

이 절에서는 아동발달뿐만 아니라 인간발달 전반에서 제기되는 몇 가지 쟁점에 관해 논의하고자 한다. 중요한 쟁점들이 〈표 1-3〉에 제시되어 있다. 논의하게 될 쟁점들은 각각 발달의 본질에 관한 일반적 문제를 제기하게 될 것이다.

표 1-3 발달에 관한 중요한 쟁점들

쟁점	제기되는 문제
발달의 본질	발달과정에 영향을 미치는 주요 요인은 무엇인가? 유전인가, 환경인가?
발달을 유도하는 과정	발달의 주 원인이 되는 중요한 과정은 무엇인가? 성숙인가, 학습인가?
발달의 결정적 시기	발달에는 결정적 시기가 있는가? 그리고 결정적 시기는 발달속도와 어떻게 관련되는가?
발달의 형태	발달은 점진적이고 연속적인가? 혹은 비약적 단계로 이루어지는가?
초기경험과 후기경험의 중요성	발달에 있어서 초기경험이 중요한가? 아니면 후기경험이 중요한가?

1) 유전과 환경

인간발달이 유전에 의한 것인가, 아니면 환경에 의한 것인가에 관한 논쟁만큼 널리 알려진 논쟁은 없다. 이 두 요인을 서로 독립적인 것으로 인식하는 학자들에 의해 열띤 토론과 방대한 연구가 진행되어 왔지만, 유감스럽게도 그러한 논쟁은 문제를 분명하게 하기보다는 오히려 혼란을 초래하였다.

전성설(前成說)을 주장한 학자들은 인간이 남성의 정자나 여성의 난자 안에 이미 완전한 형상을 갖추고 있다고 믿었다. 따라서 수태 시 오로지 제한된 양적 변화만이 일어나며, 환경은 발달의 결과에 거의 영향을 미치지 않는 것으로 믿었다. 반면에, John

Locke는 아동을 '백지상태(tabular rasa)'에 비유함으로써 생물학적 기초가 아닌 환경적 영향력만이 모든 발달적 변화를 설명할 수 있다고 가정하는 극단적인 환경론을 주장하였다.

그러나 지난 반세기 동안에 유전과 환경을 둘러싼 격렬한 논쟁 끝에 심리학자들은 "환경적 요인과 유전적 요인 중 어느 것이 더 중요한가?"라는 것보다 "양자가 어떻게 상호작용하는가?" 하는 것이 더 중요하다는 것을 깨닫게 되었다.

일반적으로 인간발달은 유전과 환경의 상호작용의 결과라고 볼 수 있다(Franzago et al., 2020). 개인의 인자형(因子型)은 표현형(表現型)을 절대적으로 제한한다. 예를 들어, 우리가 아무리 많이 먹는다고 하더라도 3m 이상 자랄 수 없는 것처럼 유전적 요인은 좀처럼 능가할 수 없는 성장의 한계를 설정한다. 반면, 환경적 요인은 유전적 잠재력이 실현될 수 있는 정도와 범위를 절대적으로 제한한다. 예컨대, 지능의 성장과 발달은 유전에 의해 그 대략적인 한계가 결정되지만, 환경에 의해 달라질 수 있는 여지도 많아서 보통 IQ점수도 15점 정도의 범위 내에서 변화가 가능한 것으로 보인다(임승권, 1994). 즉, 선천적 특성들이 잠재적 변화의 한계를 규정하지만, 이러한 한계는 적절한 환경이 뒷받침된 상태라야만 충분히 실현될 수 있다. 따라서 사회는 개인의 유전적 잠재력이 최대한으로 발휘될 수 있는 최적의 환경적 조건과 상황을 조성하도록 노력해야 한다(Salkind, 1985).

Neil Salkind

2) 성숙과 학습

인간의 발달과 관련하여 종종 제기되는 또 다른 쟁점은 성숙과 학습의 역할에 관한 것이다. 성숙과 학습에 관한 논쟁은 앞에서 논의한 유전과 환경의 영향에 대한 논쟁과도 유사하다. 유전과 환경의 논쟁이 발달에 영향을 미치는 요인의 소재(所在) 및 근원의 문제에 초점을 맞춘 것이라면, 성숙과 학습에 관한 논쟁은 어떤 기제와 과정을 통해서 변화가 일어나는가 하는 문제에 초점을 맞춘 것이라고 할 수 있다.

사진 설명 John Bowlby(오른쪽)와 Mary Ainsworth(왼쪽)가 애착연구에 관해 논의하고 있다.

성숙은 유전적 요인에 의해 발달적 변화들이 통제되는 생물학적 과정을 말한다. 유아기의 빠른 성장과 사춘기의 2차 성징과 같은 변화나, 걷기 전에 서고, 두 단어를 말하기 전에 한 단어를 말하는 것과 같은 발달의 순서는 성숙에 기인하는 사건들로서, 종의 특성이지 특별한 연습이나 훈련의 결과가 아니다. 즉, 이들은 학습되지 않는 것들이다.

성숙론자들은 좋지 않은 환경이 인간발달을 저해하는 요인이 될 수는 있지만, 기본적으로 성장은 성숙에 의존한다고 믿는다. 반면, 학습론자들은 발달에서 경험의 중요성을 강조한다. 학습은 직접 또는 간접경험의 산물이다. 학습은 훈련이나 연습에서 기인하는 발달적 변화를 말하며, 그 결과는 매우 개별적이고 특수하다. 예를 들면, 외국어의 습득이나 운전기술의 습득은 매우 특정한 훈련에 의존하는 학습된 행동이라고 할 수 있다.

성숙과 학습을 결합시킨 좋은 예로 아동과 양육자 간의 애착행동을 다룬 Bowlby(1969)와 Ainsworth(1979)의 연구를 들 수 있다. Ainsworth는 생의 초기에 특정한 사람과 애착을 형성하는 발달적 경향이 있다고 보았다. 이러한 경향은 유전적 계획표에 기인한 것으로 생각되며 성숙과정의 일부분으로 간주된다. 그러나 애착대상을 선택하는 것은 매우 특별하며, 많은 경우에 상황적으로 결정된다(Salkind, 1985).

3) 연속성과 불연속성

행동주의적 접근과 같이 학습과 경험을 강조하는 발달론자들은 대부분 발달을 점진적이고 연속적인 과정으로 보며 성숙을 강조한다. 반면, 발달이 일련의 독립적이며 질적으로 다른 단계들로 구성된다고 믿는 단계이론가들은 발달을 불연속적인 과정으로

〈그림 1-3〉 발달의 연속성과 불연속성

본다(〈그림 1-3〉 참조).

만일 변화가 여러 작은 점진적인 단계들로 일어나고, 발달의 결과들이 비슷해 앞선 결과들과 질적으로 다르지 않으며, 동일한 일반법칙이 발달의 연속선상에 있는 모든 과정에 적용된다면, 인간발달은 연속적 과정으로 간주된다. 즉, 발달의 연속성을 주장하는 학자들은 인간발달을 수태에서 죽음까지 연속적이고, 점진적이며, 축적된 변화로 본다. 유아가 처음 말을 시작할 때 이것은 갑작스럽고 불연속적인 것으로 보이지만, 연속적 견해에서 보면 이것은 몇 주 또는 몇 달에 걸친 성장과 연습의 결과이다. 마찬가지로 사춘기 역시 보기에는 갑작스럽고 불연속적인 사건으로 보이지만, 이 또한 수년에 걸쳐 일어나는 점진적인 과정이다.

만일 변화가 갑작스럽게 일어나고, 앞선 변화들과 질적으로 상이하며, 발달적 변화에 대해 각기 다른 일반법칙이 적용된다면 발달은 불연속적 과정으로 간주된다. 즉, 인간발달의 불연속성을 강조하는 학자들은 발달이 양적인 것이 아니고 질적으로 서로 다른 단계를 통해서 진행된다고 본다. 예를 들면, 추상적인 사고를 할 수 없었던 아동이 어느 날 추상적 사고를 할 수 있게 되고, 성인이 생식이 가능한 존재에서 어느 날 그렇지 못한 존재로 변한다. 이것은 양적이고 연속적인 변화가 아니고 질적이고 불연속적인 변화인 것이다.

유전과 환경의 논쟁이 다소 부자연스러운 양자택일의 문제인 것처럼 연속성-불연속성의 쟁점도 그와 마찬가지이다. 만약 상당 기간에 걸친 변화의 실제 곡선을 관찰한다면, 발달적 변화는 두 가지 형태를 결합한 모양으로 보일지 모른다(Salkind, 1985; Santrock, 1998).

4) 결정적 시기

모든 인간발달이론들의 공통적 견해는 인간발달은 계속적인 변화라는 것이다. 이러한 변화들 중 어떤 것은 특정 시기에는 매우 빠르게 일어나지만, 다른 시기에는 느리게 일어나는 것 같다. 그러므로 발달심리학자들은 중요한 변수로서 변화속도의 차이에 관심을 갖는다. 예를 들면, 유아기와 청년기의 신체변화는 다른 어느 시기보다 빠른 속도로 진행되며 보다 미묘한 심리적 변화를 수반한다.

발달의 속도와 밀접하게 관련되는 쟁점은 발달의 결정적 시기가 정말로 존재하는가 하는 점이다. 결정적 시기라 함은 유기체를 둘러싼 내적·외적 사건들이 발달에 최대의 영향을 미치는 짧은 기간을 말한다.

인간에게 있어서 어떤 가설적인 결정적 시기에 외부의 자극이나 신체적 접촉 또는 음식에 대한 욕구를 인위적으로 박탈한다면, 윤리적인 문제가 발생하기 때문에 인간을 대상으로 결정적 시기를 연구한다는 것은 매우 어려운 일이다. 따라서 우연히 자연적으로 발생한 사건들로 인해 결정적 시기에 대한 가설을 검증할 수 있는 상황이 마련된다. 19세기 초, 프랑스의 시골에서 발견된 빅터(사진 참조)라는 열두 살 난 소년의 이야기가 바로 그와 같은 경우이다. 그는 구제불능의 백치로 판명되어 동물과 같은 취급을 받은 후 이타드 박사에게 맡겨졌다. 이타드 박사는 빅터가 백치가 아니라고 확신하고서 그에게 언어훈련을 시켰다. 매일 집중적인 훈련을 통해서 다소 나아지는 기미는 있었지만 빅터는 끝내 언어를 익히지 못하였다. 이타드 박사가 확신한 바와 같이 만약 빅터가 정신지체아가 아님에도 불구하고 12세라는 나이에 언어를 습득하지 못한 것은 언어발달에 있어서 결정적 시기가 있다는 가설을 뒷받침하는 단적인 예가 될 수 있다. Lenneberg(1967)에 의하면 인간의 언어는 2세부터 사춘기에 이르는 동안 발달한다고 한다. 그렇다면 이러한 결정적 시기에 적절한 훈련을 받지 못한 것이 빅터가 언어를 습득하지 못한 이유가 될 수 있다.

사진 설명 이타드 박사와 빅터

결정적 시기에 관한 또 다른 예는 성역할 부여의 시기에 관한 것이다. John Money는 양성체(hermaphrodite)이거나 다

John Money

른 결합으로 인해 자신의 생물학적 성과 반대로 양육된 아동들을 연구하였는데(Money & Ehrhardt, 1973), 생후 18개월까지는 심리적 성역할 부여에 있어 상당히 융통성이 있다고 결론지었다. 예를 들면, 생물학적으로 남성인 사람도 인생 초기의 강력한 훈련을 통해서 사회적 여성으로 사회화될 수 있다. 그러나 3~4세가 되면 사회화를 통해서 반대 성의 성역할을 획득하는 기회가 급격히 감소한다.

발달의 특정 영역에 있어서 결정적 시기는 확실히 존재한다. 그러나 이처럼 민감한 기간 동안에 일어나는 일들이 앞으로의 결과를 어느 정도까지 변화시킬 수 있는가 하는 문제는 여전히 연구해 보아야 할 문제이다(Salkind, 1985).

5) 초기경험과 후기경험의 중요성

만약 유아나 어린 아동이 생애 초기에 매우 불우한 환경을 경험했음에도 불구하고, 청년기 이후에 환경이 개선된다면 정상적인 발달을 할 수 있을까? 아니면 인생의 초기경험이 너무도 중요하고 결정적이어서 이후에 개선된 환경으로도 극복이 되지 않을 것인가? 초기경험과 후기경험의 중요성에 관한 논쟁은 오늘날에도 계속되고 있다(Easterbrooks et al., 2013; Thompson, 2015, 2018).

일찍이 플라톤은 유아기에 흔들 그네를 많이 탄 아이가 나중에 커서 훌륭한 운동선수가 된다고 믿었으며(Santrock, 1998), 생후 1년까지 유아가 따뜻하고 애정어린 보살핌을 받지 못하면 이후의 발달이 최적의 상태에 이르지 못한다고 믿는 학자들도 있다(Bowlby, 1989; Cassidy et al., 2011; Sroufe, 1996). 19세기 뉴잉글랜드의 목사들은 주일예배 때 부모들에게 지금 유아기 자녀들을 양육하는 방식이 그들 자녀의 미래 성격을 결정한다고 설교하였다. 이와 같이 초기경험의 중요성을 강조하는 것은, 인생은 계속되는 여정이기 때문에 한 개인의 심리적 특성은 그 근원을 더듬어 올라가 조사해 봄으로써 알 수 있다는 신념에 기인한다.

반면, 후기경험 주창자들은 인간의 발달은 유아기의 변화 이후 조각상과 같이 불변하는 것이 아니라 조수의 간만처럼 끊임없이 변한다고 주장한다. 그들은 아동이나 청년은 발달이 이루어지는 동안 내내 매우 순응적이며 이후의 경험도 초기의 경험만큼 중요하다고 믿는다(Antonucci, Ajrouch, & Birditt, 2014). 아동기의 발달뿐만 아니라 전생

Paul B. Baltes

애에 걸친 발달에 초점을 맞춘 전생애발달론자들은 지금까지 발달의 후기경험이 지나치게 간과되었다고 주장한다(Baltes, 1987). 그들은 초기경험이 인간의 발달에 중요하긴 하지만, 후기경험도 그에 못지않게 중요하다고 본다(Li, Ji, & Chen, 2014; Luo & Waite, 2014).

부모자녀관계의 초기경험(특히 5세 이전)을 지나치게 강조하는 Freud를 신봉하는 서구 문화에서는 초기경험의 중요성을 지지하는 경향이 있다(Lamb & Sternberg, 1992). 그러나 이 세상의 모든 사람들이 이것을 믿는 것은 아니다. 예를 들면, 많은 아시아 문화권에서는 6, 7세 이후에 겪게 되는 경험이 인간발달에 있어서 중요한 측면이라고 믿는다. 이러한 입장은 아시아에서는 아동의 추론능력이 아동기 중기에 발달한다고 믿는 오래된 신념으로부터 나온 것이다(Santrock, 1998).

이상의 모든 논쟁에서 어느 한편만을 지지한다는 것은 현명하지 못한 것이다. 왜냐하면 인간의 전생애를 통해 유전-환경, 성숙-학습, 연속성-불연속성, 초기경험-후기경험, 결정적 시기의 유무 중 어느 한쪽만이 발달에 영향을 미치는 것이 아니라 양자가 모두 발달에 영향을 미친다고 보아야 하기 때문이다.

예를 들면, 유전과 환경의 논쟁에서 인간발달에 중요한 역할을 하는 것은 유전과 환경 중 어느 한쪽이 아니고 양자의 상호작용이다(Loehlin, 1995). 남녀 청소년의 행동을 예로 들어보자(Feldman & Elliott, 1990). 유전적 요인이 신장과 체중, 사춘기 시작의 연령 등에서 남녀 간의 차이에 영향을 미친다. 즉, 여자가 남자보다 키가 작고, 체중이 덜 나가며, 더 일찍 사춘기를 맞이한다. 그러나 환경적 요인의 영향으로 우리가 예전부터 익히 알고 있는 남녀 간의 차이는 점점 사라지고 있다. 예를 들면, 예전보다 더 많은 여성이 수학이나 과학 분야에 종사하고 있으며, 더 자율적으로 되어 간다. 또한 전 세대에 비해 더 많은 여자 청소년이 흡연을 하며 약물을 사용한다.

John Santrock

이와 같이 남녀 간의 유사점이나 차이점의 양상이 변하는 것은 어떤 현상을 유전적 요인이나 환경적 요인만으로 설명하려는 단순논리는 현명하지 못하다는 사실을 뒷받침하는 것이다(Santrock, 1998).

3. 아동발달연구의 역사

아동발달연구의 역사는 고대 그리스의 관점으로부터 출발해야 한다. 그 영향은 중세기 내내 지배적인 것이었으며, 오늘날까지도 여전히 주목할 만한 것이다. 고대나 중세의 철학자들도 아동의 본질적인 특성이나 아동의 발달에 관해 많이 이야기해 왔지만, 아동에 대한 체계적인 연구가 이루어진 것은 그리 오래 되지 않았다. 과학적 연구가 이루어지기 전의 아동에 대한 자료는 주로 철학, 신학, 교육, 가정생활에 대한 연구들을 통해 간접적으로 살펴볼 수 있다. 한 예로, 사회나 국가의 구성원인 아동을 어떻게 교육하고 양육해야 하는지에 대해 서술한 고전이나 성서 등의 문헌들을 통해 각 시대별 아동에 대한 개념이나 아동발달의 본질에 대한 철학자나 교육자들의 견해를 추론해 볼 수 있다.

1) 그리스 시대

그리스는 스파르타와 아테네라는 두 개의 국가가 서로 상반되는 교육관을 통해 자녀들을 양육하였는데, 고대 그리스의 대표적 국가(폴리스)인 스파르타의 자녀양육과 교육의 주요 목표는 용감한 군인양성에 있었다. 스파르타는 이를 위해 철저한 우생학적 결혼제도를 실시하고, 신생아의 양육여부에 대한 국가적 심사를 거쳐, 모친에 의한 엄격한 가정교육을 실시하게 하였다. 스파르타에서는 튼튼한 아이를 얻기 위하여 여성에게도 다양한 체육을 장려하였다. 영아가 출생하면 국가에서 선출한 장로들의 심사에 의해 아이를 살펴보고 건강하지 못한 아이는 산에 버리도록 하여 국가가 영아살해(infanticide)를 자행하였다. 반면에 양육이 허용된 영아의 부모에게는 토지를 분배함으로써 국가가 건강한 아이의 양육을 책임졌다. 교육의 대상은 지배계급인 스파르티아테스(Spartiates)의 자녀들로만 제한되었고, 평민과 노예는 교육에서 제외되었다. 연령에 따라 교육의 단계는 달랐지만, 스파르타의 교육내용은 용감한 군인을 양성하기 위한 체육 위주의 엄격한 교육이었다. 남자아이들은 7세가 되면 가정을 떠나 국가가 운영하는 군대교육장에서 엄격한 훈련을 받았다. 특히 고통을 참고 견디는 습관을 기르기 위하여 피가 흐를 때까지 혹독하게 매를 맞았고, 훈련을 견디지 못해 죽은

Solon(638∼558 B.C.)

사진 설명 음악을 배우는 학생과 선생

사진 설명 음악에 맞추어 무용을 배우는 장면

아동도 여러 명이었다(이원호, 2002).

이와 달리 아테네는 국가가 국민교육에 적극적으로 참여하는 대신 가부장을 중심으로 가정에서 영유아의 양육과 교육을 담당하게 하였다. 영아가 태어나면 아버지는 집안에 모신 헤스티아(Hestia) 여신 앞에서 예식을 올렸다. 그리고 영아는 출생 후 제7일(또는 10일)에 아버지로부터 정당한 자식이라는 확인을 받아야 했다. 아테네의 정치가이며 입법가인 솔론이 제정한 솔론법(Solon's Law)에 의하면 아이를 팔 수 있는 경우는 부친이 미혼여성과 사통하여 아이를 낳았을 경우에 한한다고 되어 있다. 영아기의 양육은 부유층은 유모를 통해, 평민계층은 어머니를 통해 이루어졌다. 남아의 경우 7세가 되면 집을 떠나 학교와 체육교습소에서 교육이 이루어졌으며, 교육내용은 체육과 음악이 중심이 되었다(Rhodes, 2006).

(1) 플라톤

그리스의 위대한 철학자인 플라톤은 이러한 가부장 중심적인 아테네의 교육을 반대하였다. 귀족가문에서 태어난 플라톤은 스승인 소크라테스가 사약을 받고 세상을 떠나자 민주주의와 민중에 환멸을 느끼고 민주주의 대신 가장 현명하고 가장 선한 사람의 통치, 즉 철학자에 의한 통치(철인정치)의 꿈을 키웠다. 그는 당시 아테네의 민주적 교육관과는 동떨어진 국가 중심, 특히 강력한 지도자를 위주로 한 교육을 강조하였으며, 어린 영유아를 가르칠 때 들려주는 이야기를 국가가 검열하고 교육내용을 규정해야 한다고 주장하였다.

플라톤은 『국가(The Republic)』에서 인간발달에는 세 가지 국면이 있는데, 그것은 욕망, 정신 그리고 신성이라고 하였다. 가장 낮은 수준의 욕망(desire)은 오늘날 본능, 욕구, 충동으로도 표현되며, Freud의 정신분석이론에서 말하는 원초아의 개념과도 비슷하다. 플라톤에 의하면 욕망은 주로 신체적 욕구만족과 관련되어 있다. 그다음 수준인 정신(spirit)은 용기, 확신, 절제, 인내, 대담과 같은 개념이며, 최고의 수준인 신성(divine)은 초자연적이고 영원하며 우주의 본질을 이룬다. 이것은 진정한 의미의 정신으로서 오늘날 이성으로 표현된다. 플라톤은 이미 그 시대에 인간이 성장함에 따라 낮은 수준이 높은 수준으로 대체되는 과정이 발달이라는 생각을 하였다.

플라톤은 『국가』나 『법률(Laws)』 등에서 아동과 청년에 관한 묘사와 더불어 그들의 행동을 어떻게 통제할 것인지에 관해 충고하고 있다. 이것은 물론 오늘날의 정교한 발달이론과는 거리가 있지만, 발달의 본질에 관한 아이디어를 제공해 준다.

Platon(427~347 B.C.)

플라톤에 의하면 3세까지 유아는 공포나 고통, 슬픔의 감정을 경험해서는 안 된다고 한다. 이러한 견해는 오늘날의 많은 심리학자들에 의해 지지되고 있다. 흥미로운 것은 대화편 『법률』에서 클레이니어스가 유아를 고통으로부터 해방시키기 위해 그들에게 쾌락을 제공해야 한다고 주장한 것이다. 이것은 행복의 소유라는 플라톤의 기본 목표와도 일치하는 것이다. 그러나 플라톤은 이 주장에 반대하여 "유아기는 그 어느 시기보다도 습관에 의해 성격이 뿌리를 내리게 된다"(Platon, 1953, p. 359)면서 유아에게 쾌락을 제공하는 것은 아이를 버려놓는 일이라고 주장하였다. 플라톤은 성격형성에 있어서 초기경험의 중요성을 강조하였지만, 살아가면서 여러 가지 경험에 의해 인간의 성격이 수정될 수 있다는 점 또한 인정하였다. 인간발달에 있어서 초기경험의 중요성에 대한 논쟁은 오늘날에도 여전히 계속되고 있다.

아동기에는 이성이 성숙되지 않기 때문에 아동교육은 주로 음악이나 스포츠 등에 중점을 두고 같은 또래와 어울림으로써 사회성발달이 이루어져야 한다고 한다. 플라톤은 6세가 되면 "남자아이들은 남자아이들끼리 놀게 하고, 여자아이들은 여자아이들끼리 놀게 하라"고 하면서 성의 분리를 주장하였는데, 이것은 우리나라 전통 아동교육에서의 '남녀칠세부동석' 개념과 유사하다.

청년기가 되면 최고의 국면인 이성이 비로소 나타나기 시작한다. 이때는 이성적, 비판적 사고를 할 수 있기 때문에, 교육과정을 과학이나 수학으로 대체하는 것이 좋다고 한다.

플라톤은 『국가』에서 교육철학의 개념을 발전시켰다. 그는 교육을 환경의 영향을 받는 정신의 발달이라고 해석하였다. 플라톤은 이미 그때 개인차의 중요성을 인정하고, 우리 인간은 각기 다른 능력을 가지고 태어나므로, 각기 적성에 알맞은 일에 종사할 것을 권장하고 있다(Muuss, 1996).

(2) 아리스토텔레스

Aristoteles(384~322 B.C.)

아리스토텔레스는 플라톤의 제자였지만 스승의 이론에 가끔 도전하였다. 특히 육체와 정신을 분리해서 이해한 플라톤에 반대하여 정신과 육체는 분리될 수 없으며, 구조와 기능면에서 서로 관련되어 있다고 주장하였다. 그러나 정신세계의 각기 다른 세 가지 수준에는 동의하여 생물학적 · 진화론적 관점에서 정신구조를 이해하였다. 즉, 정신의 가장 낮은 수준은 영양공급과 생식기능인 것으로 식물과 매우 비슷한 수준으로 보았으며, 그다음 수준은 감각과 지각의 수준인 것으로 이것은 동물에게서도 발견되는 것으로 보았다. 인간과 동물세계를 명확히 구분짓는 마지막 수준은 이성적 사고를 할 수 있는 능력을 의미한다. 아리스토텔레스는 사고할 수 있는 능력과 더불어 논리 및 이성을 활용할 수 있는 힘이 인간발달의 궁극적인 목적이고, 인간의 본질이라고 보았다(Muuss, 1996).

아리스토텔레스는 인간의 발달단계를 3단계로 나누어, 생후 첫 7년간을 유년기, 7세부터 사춘기까지를 소년기, 사춘기부터 21세까지를 청년기라고 지칭하였다. 아리스토텔레스는 유년기까지는 동물과 유사한 발달단계를 거친다고 보았다. 유아와 동물은 둘 다 쾌락을 추구한다는 점에서 유사하다는 것이다. 단지 아동을 동물과 구별짓는 것은 아동이 동물보다 높은 수준의 발달로 이어지는 잠재력을 갖고 있다는 점이다.

아리스토텔레스는 청년기가 시작될 무렵에는 청년들이 참을성이 없고, 안정감이 없으며, 자제력이 결여된 것으로 보았다. 그러나 21세쯤 되면 대부분의 청년들은 보다 나은 자기통제력을 갖게 된다고 보았다. 아리스토텔레스는 청년기의 가장 중요한 발달측면은 자기결정(self-determination)이라고 보았는데, 이것은 오늘날 말하는 독립심이나 자아정체감과 비슷한 개념이다.

아리스토텔레스는 또한 청년들의 성공에 대한 욕망, 낙천주의, 신뢰감, 과거가 아닌 미래에 대한 관심, 용기, 동조행위, 이상주의, 우정, 공격성 등에 관해서도 논의했는데, 이와 같은 주제들은 오늘날에도 여전히 청년심리학에서 주요한 주제가 되고 있다.

플라톤과 아리스토텔레스는 '발달'과 '심리'에 대한 개념이 전무하던 고대 그리스 시대에 최초로 학습자의 연령적(발달적) 단계를 구분하였으며, 개인차를 인정하고, 출생 이전부터의 교육(태교)을 강조하였으며, 더 나아가 오늘날 심리학의 주된 축인 환경과 유전에 관한 이론적 토대를 제시하였다. 비록 오늘날과 같은 정교한 발달이론은 아니지만, 연령과 개인차에 따른 교육을 강조한 플라톤은 다른 학문에서뿐만 아니라 유아교육과 심리학에서도 이론적 기원을 제시한 위대한 사상가이다.

2) 로마 시대

로마에서는 그리스와 마찬가지로 자녀의 생명을 결정할 수 있는 절대적인 권한을 아버지에게 부여하였다. 로마 시대의 기본법인 12동판법(Law of the Twelve Tables)[1)]에 의하면 아버지는 자식을 죽이거나 노예로 팔아도 벌을 받지 않았다.

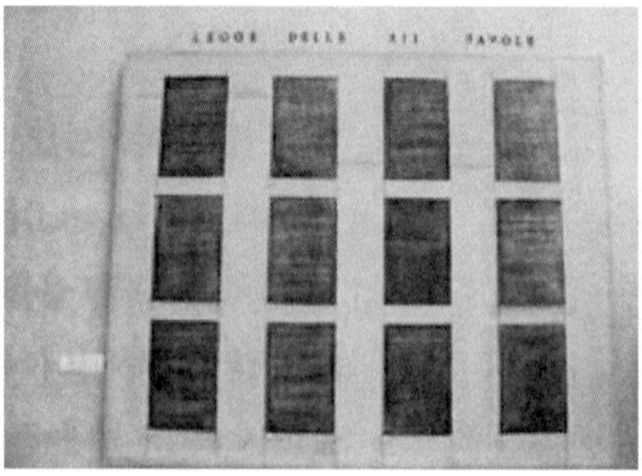

사진 설명 12동판법(Law of the Twelve Tables)

로마에서 아이가 태어나는 순간 산파가 아이를 안아다가 아이의 아버지 앞에 내려놓았을 때 그 아이를 자식으로 인정하면 아이를 들어 올려 품에 안고, 그 아이를 원하지 않을 경우에는 길거리에 내다버리거나 노예상들에게 넘기기도 했다. 주로 아이에게 병이 있거나, 기형아이거나, 발달지체를 보일 경우 버림을 받았지만 정상아인 경우에도 집이 너무 가난하거나 이미 다른 자식이 여러 명 있을 때에는 버림을 받았다.

로마 시대 문헌들을 살펴보면 영아들에 대한 다소 가혹한 양육법을 보여주고 있다. 생후 첫 몇 개월간 아기들을 침대에 눕힌 채 무릎, 팔꿈치, 손목과 발목을 붕대로 꽁꽁 싸매두었다가 약 2개월이 지나면 붕대를 약간 느슨하게 해 주고 오른손은 나중에 오른손잡이가 될 수 있도록 자유롭게 풀어주었다. 그리고 아기들을 매일 찬물로 목욕을 시켰는데, 따뜻한 물은 아이들을 너무 연약하게 만든다고 믿었기 때문이다. 목욕시킬 때 유모는 아기의 머리(두개골)를 둥글게 만들기 위해 머리를 주무르고 턱과 코와 엉덩이도 모양을 다듬었다. 이 때문에 아이들은 목욕하는 것을 매우 싫어하였다.

또한 아이가 유모나 부모에게 애착을 형성하는 것을 막기 위해 애정표현을 삼갔으며, 심지어 부유한 집에서는 이유 때까지 여러 차례 유모를 갈아치웠다. 이러한 가혹한 양육법은 자녀에 대한 부모의 애정부족 때문이 아니고 '미숙한 미개인(unformed savage)'을 '인간(human being)'으로 만드는 데 필수적인 방법이라고 부모들이 믿었기

1) 로마법 초기의 12조문. 451~450 B.C. 제정

때문이다. 이러한 가혹한 양육방법으로 인해 첫돌까지 살아남는 아기는 세 명 중 두 명 꼴이었으며, 유아기 질병을 극복하고 사춘기에 도달하는 아이들은 절반도 채 되지 않았다(Dupont, 1989).

로마 사회의 기본 단위는 가족이었다. 로마 시대 가족은 집안의 어른, 즉 가부장인 아버지와 어머니, 자녀, 기타 다른 친척들로 이루어져 있다. 따라서 로마의 가정교육에서 주요 교사는 아버지와 어머니였다. 아버지는 가정에서 신에게 제사를 드릴 때, 농사를 지을 때 자녀를 참여시켰다. 그리고 글쓰기, 계산하기, 승마, 수영, 검술 등의 학문과 체육도 아버지가 가르쳤다. 또한 원로원이나 민회에서 있었던 일을 자녀에게 들려줌으로써 미래의 로마 시민이 될 토대를 제공하였다.

로마 시대에는 가정에서 자녀를 양육하는 어머니의 역할이 그리스보다 더욱 중시되었다. 어머니는 가정에서 자녀에게 올바른 가치관과 성품을 교육하였으며, 기본생활습관을 가르쳤다. 따라서 로마에서는 부인에 대한 존경심이 높았고, 부인은 남편을 따라 회의와 재판, 회식과 같은 공식 석상에 참여하였다. 기혼부인을 의미하는 '마트로나(matrona)'는 존경, 고귀, 덕 등의 뜻을 지니고 있다.

이와 같이 로마시대 아동교육의 주요 장소는 가정이었다. 또한 아버지와 어머니 모두 아동의 주요 교사였다. 그러나 이후 그리스가 로마에게 멸망하고 로마의 세력이 확대되면서, 사람들은 학식이 높은 노예를 자녀의 동복(童僕)으로 고용하였다. 그리고 점차 자녀의 양육을 부모가 아닌 동복과 가정교사에게 위임하게 되었다.

M. T. Cicero(106~43 B.C.)

한편, 로마 시대에 최초로 아동기의 발달적 특성을 기록한 사상가가 있는데, 바로 로마 공화시대의 사상가이며 정치가이자 웅변가인 키케로이다. 그는 인간은 원래 선한 존재이며 교육에 의해 선으로 유도될 수 있고, 체벌로 아동에게 치욕을 주어서는 안 된다는 자유시민 교육을 주장하였다. 특히 키케로는 동물을 자세히 관찰하고 이를 토대로 아동의 발달을 추론한 최초의 사상가 중 한 사람이다. 이러한 키케로의 교육방법은 악을 없애고 선을 표출할 수 있는 환경을 제공해 주는 것이다. 따라서 그는 아동교육은 체벌과 같은 폭력이 아닌 평화롭고 교훈적인 교육이 이루어져야 한다고 생각하였다.

3) 중세기

사진 설명 자신의 자서전적 저서인 『참회록』을 들고 있는 어거스틴(Augustin)

유럽을 중심으로 한 중세기의 가장 큰 특징 중 하나는 기독교의 확장과 권력화이다. 기독교는 교회와 교황을 중심으로 권력화되었고 유럽 전체에 절대적인 영향을 미쳤다. 따라서 중세기 영아와 아동 양육에 가장 많은 영향을 미친 요인은 종교(기독교)이다. 당시 사람들은 도시와 마을에 집단적으로 거주하기 시작하였으며, 오늘날과 같은 위생개념이 전무하였던 중세 시대에 질병은 많은 사람들의 생명을 앗아가는 원인이 되었다. 특히 면역력이 약한 영아와 산모의 사망률이 높았으며, 이로 인해 고아가 많이 발생하였다. 교회는 성경을 토대로 한 인도주의적 관점에서 영아살해와 유기, 학대로부터 영아를 보호하였으며 고아원을 설립하였다. 죽은 영아들을 위한 비석도 이때부터 세워지기 시작하였다(Gies & Gies, 1987).

또한 영아발달과 영아양육에 관한 내용이 처음으로 문서로 남겨졌다. 성 어거스틴[2]은 자서전적 저서인 『참회록(Confession)』에서 자신의 영아기에 대해 자세히 기록하였다. 자신을 양육했던 사람들의 기억을 통해 기록한 내용이지만, 이 책에는 자신의 출생 과정과 영아기의 수유, 울음, 수면, 깨어 있던 시간 등이 자세하게 실려 있다. 심지어 어거스틴은 출생 후 자신의 첫 번째 미소가 잠자는 동안에 나타났다고 기록할 정도로, 참회록에 실린 아동발달 내용은 오늘날의 아동관찰과 유사하다(Fogel, 2001).

한편, 중세의 아동관은 인간이 태어나기 이전부터 모든 발달이 이루어졌다는 전성설(preformationism)로 요약된다. 전성설(前成說)은 수정란이 발생하여 성체(成體)가 되는 과정에서 개체의 형태와 구조가 이미 정자나 난자와 같은 알 속에 완전히 갖추어져 전개된다는 학설로, 생물발생에 있어서 단순한 상태로부터 복잡한 상태로 계속적인 발전을 하면서 새로운 구조를 이루어간다는 후성설(epigenesis, 後成設)에 대응되는 말이다. 즉, 영아를 성인보다 크기만 작을 뿐 성인과 동일한 존재로 보는 아동관이다.

2) 어거스틴(Augustin) 또는 성 아우렐리우스 아우구스티누스(Sanctus Aurelius Augustinus)로 불린다. 북아프리카에서 태어나 로마에서 공부하고 후에 알제리와 이탈리아의 주교로 활동하였다. 기독교 신학은 물론 서양 철학사에도 지대한 영향을 미친 신학자로, 서방 교회의 4대 교부 가운데 한 사람이다.

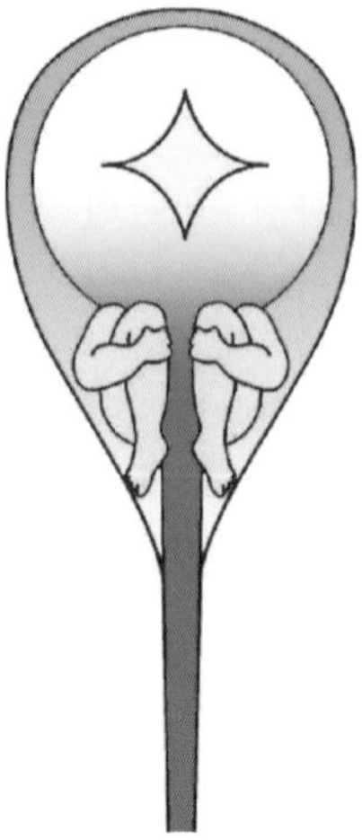

〈그림 1-4〉 정자 속의 축소인간

Pythagoras(580~490 B.C.)

전성설에 근거한 아동관의 토대는 고대 그리스 시대로 거슬러 올라간다. 고대 그리스의 철학자인 피타고라스는 최초로 자손의 생물학적 생산, 즉 발생의 원리를 연구한 사람 중 하나였다. 그러나 그는 남성과 여성을 구분하여 오직 남성만이 자손의 주요한 특성들에 공헌한다고 주장하였다. 피타고라스의 이론은 아리스토텔레스에게 영향을 미쳐, 아리스토텔레스는 "배(胚)는 형체가 미리 형성되어 있어 발생 중에는 단지 크기만 커질 뿐인가? 아니면 형체가 없는 상태로부터 분화하는 것인가?"라는 질문을 던지며 전성설과 후성유전학의 주장을 모두 제기하였다. 이후 레벤후크의 정자발견을 토대로 학자들은 정자 안에 '축소인간'이 이미 만들어져 있다고 생각하였다(〈그림 1-4〉 참조).

Anton van Leeuwenhoek(1632~1723)

4) 르네상스 시대

전성설은 아동이 성인과 크기만 다를 뿐 동일한 존재(성인의 축소판)라는 아동관을

사진 설명 중세와 르네상스 시대의 아기예수와 영아 그림: 왼쪽(5~7세기, 작가 미상), 가운데(16세기, 라파엘로), 오른쪽(16세기, 한스 홀바인). 그림에 나타난 중세 아기예수는 성인과 같은 모습인 반면, 르네상스 시대 아기예수는 성인과 구별된 아기모습으로 등장하였다. 또한 르네상스 시대에는 처음 영아의 초상화가 등장하고 어머니와 아이와의 모자관계가 그림에 표현되었다.

형성하였다. 그러나 이러한 중세 시대의 아동관은 시대의 발전과 함께 조금씩 변화하여 갔다. 이는 당시 중세와 르네상스 시대[3]의 그림을 통해 유추할 수 있다(사진 참조). 중세에 그려진 성모마리아와 아기예수의 그림을 살펴보면, 아기예수는 신체의 크기만 작을 뿐이지 얼굴 표정과 분위기는 매우 엄숙한 성인의 모습이다. 또한 아기예수의 의상 역시 성인의 것이다. 그러나 르네상스 시대로 넘어오면서 아기예수의 그림은 달라진다. 이 그림에서 아기예수는 실제 아기의 모습을 하고 있다. 옷도 성인과 다르게 입고 있거나 벗고 있으며, 영아답게 놀이와 장난에 몰두하기도 한다. 즉, 성인과 구별된 사실 그대로의 아기모습이 그림에 나타나기 시작한 것이다. 중세기 그림에서는 엄격한 모습의 아기예수 그림과 기독교적인 그림만이 주류를 이루었다면, 르네상스 시대 그림에는 일상적인 가족의 모습과 함께 어린이의 초상화가 등장하였다. 또한 모자관계가 부부관계만큼 중요하게 다루어졌다. 이와 같이 중세 시대의 아동관은 르네상스 시대를 거쳐 근대로 넘어가면서 변화되어 갔다.

3) 르네상스 시대: 중세와 근대 사이의 14~16세기에 나타난 문화운동으로 고대 그리스・로마 문화를 부흥시켰다. 이탈리아에서 시작되어 프랑스・독일・영국 등 북유럽 지역에 전파되었으며, 근대 유럽문화 태동의 기반이 되었다.

5) 17세기

J. A. Comenius(1592~1670)

17세기에 접어들면서 근대과학이 발전함에 따라 연구자들은 보다 과학적인 방법으로 인간의 문제에 접근하고자 하였다. 교육사상가인 코메니우스는 아동교육의 중요성을 강조하였는데, 그는 교육사상 최초로 교육문제를 과학적으로 논의하였으며 아동들이 자신의 능력에 알맞게끔 교육받고 양육되어야 한다고 주장하였다.

근대교육의 기틀을 마련한 코메니우스에게 있어 인간은 신의 형상을 지닌 특별한 존재였다. 또한 학식과 덕성, 신앙은 원래 선천적으로 인간에게 내재되어 있으며, 교육을 통해서만 발현된다고 생각하였다. 코메니우스는 인간이 교육을 받지 않으면 인간이 될 수 없다고 생각할 정도로 교육을 중시하였다. 따라서 코메니우스 교육학의 가장 큰 특징은 "모든 사람들에게 모든 것을 가르친다"는 범지학(汎知學)[4]이다. 즉, 남녀, 빈부, 신분의 귀천과 관계없이 모두 똑같이 교육받아야 한다는 것이다. 이러한 그의 인간관은 아동을 성인의 축소판으로 여긴 중세의 아동관을 완전히 벗어났으며, 신분적 · 계급적 차별을 초월한 그의 교육관은 하느님 앞에서 만인평등이라는 종교적 신념에 기초하였다.

코메니우스는 새로운 인간관과 교육관을 토대로 근대교육 체제(유아교육, 초등교육, 중등교육, 고등교육)의 기틀을 마련하였다. 또한 연령을 토대로 인간의 발달단계를 아기, 소년(소녀), 청소년(아가씨), 청년(처녀), 장년(부인), 초로(초로의 부인), 만년(만년의 부인)으로 제시하였다. 나아가 그는 관찰을 통해 유아기의 발달단계를 다시 6단계로 세분화하였다. 코메니우스가 구분한 유아기의 발달단계는 ① 영아기 ② 유아기 ③ 걸음마기 ④ 감각능력기 ⑤ 행동습득기 ⑥ 집단교육기이다. 이처럼 코메니우스는 최초로 발달단계에서 영아기를 제시하였으며, 자신의 저서인 『대교수학(Didactia Magna)』(1657)에서 "인간의 교육은 인생 최초의 시기에 행하는 것이 가장 적절하고, 그 시기를 잃고서는 행할 수 없다"라고 주장함으로써 영아기의 교육을 특별히 강조하였다.

이후 영국의 철학자 로크는 아동이 선천적으로 선하거나 악하게 태어나는 것이 아니

4) 범지학이라는 말은 모든 과학과 학문을 통합하는 범과학, 범우주적 지혜, 모든 지식체계와 앎을 총칭하는 용어이다. 코메니우스는 인간을 하나의 총체적 인격체로 보았다. 따라서 이러한 인간관에 의한 교육은 단편적 기능을 훈련시키는 교육이 아니라, 올바른 인식의 기초가 되는 지식, 윤리적 삶을 위한 도덕성, 종교적 신앙심에 의해 나타나는 경건심을 포함하는 통합교육이어야 한다.

John Locke(1632~1704)

라 백지상태(tabula rasa)로 태어난다고 주장하였다. 인간이 획득하는 모든 지식은 경험에 의한 것이다. 다시 말해서 경험은 백지에 글을 쓰는 것과도 같은 것이다. 중세에는 단지 크기만 작을 뿐이지 완전한 형태의 인간이 정자나 난자에 이식되어 양적으로만 성장한다는 전성설이론이 지배적이었다. 로크의 백지상태 개념은 전성설에 반대하여 아동은 양적인 면뿐만 아니라 질적인 면에서도 성인과 다르다고 주장한 것이다. 다시 말하면, 로크는 아동은 성인의 축소판이 아니기 때문에, 아동발달에 관한 새로운 이론과 인간의 본질에 관한 과학적 연구의 필요성을 주장하였다. 로크에 의하면, 인간발달은 점진적인 과정에 의해 이루어지는데, 아동기 초기의 수동적인 정신상태에서 청년기의 능동적 상태로 옮겨간다고 한다. 그리고 이 발달과정의 마지막 무렵에 이성적 사고가 나타나기 때문에 이성적 사고를 청년기의 특징으로 보았다.

인간은 태어날 때에는 누구나 동등한 상태이므로, 현재의 인간에게서 발견되는 차이점은 모두 환경과 경험 때문인 것으로 보았다. 만약 우리 인간의 성격이 로크의 주장처럼 오로지 경험에 의해서 형성되는 것이라면 '착한' 사람이 되거나 '나쁜' 사람이 되는 것은 모두 환경의 영향 때문일 것이다. 자연과 환경에 관한 논쟁에서 로크는 전적으로 환경 쪽을 결정적인 요인으로 보는 입장이었다.

이와 같은 가정은 사회이론에 지대한 영향을 미쳤고, 그 사상의 확산과 함께 민주주의의 초석이 되었다. 태어날 때 각 개인의 마음은 백지상태이므로 모든 사고와 지식은 경험으로부터 유래한다. 사람들 사이에 존재하는 차이와 불평등은 환경과 경험에 기인하는 것이며, 출생 시에는 모든 것이 전적으로 동등하다. 따라서 민주주의의 원칙은 부분적이나마 출생 시 아동의 정신(백지상태)에 관한 철학적 · 심리학적 이론에서 파생된 것이다. 로크는 『시민정부론』에서 민주주의에 관한 자신의 견해를 밝힌 바 있다. 그는 세상에 존재하는 인간의 불행을 열악한 교육적 · 사회적 환경과 같은 조건 때문이라 탓하고, 좋지 못한 조건에서 살고 있는 이들에게 희망을 안겨주었다. 이로써 인간 종족의 완전성에 대한 믿음을 표현한 이론이 출현한 것이다.

임금이나 신하나 부자나 가난한 자나 "모든 인간은 동등하게 태어나므로", 이 사회에서 모든 인간은 동등한 권리와 기회를 누려야 한다는 로크의 주장은 사회개혁에 많은 영향을 준 것으로 보인다. 그리고 오늘날 행동주의나 사회학습이론도 로크의 경험주의 이론에 그 뿌리를 두고 있음을 알 수 있다.

6) 18세기

J. J. Rousseau(1712~1778)

프랑스의 철학자 루소는 부분적으로는 로크의 영향을 받았지만 인간의 본질에 관해서는 그 자신의 이론을 전개하였다. 로크는 인간 본질의 가장 중요한 측면을 이성으로 본 데 반해, 루소는 감정으로 보았다.

루소의 유명한 저서『에밀(Emile)』에 나타난 교육철학은 중세의 교육사조에 이의를 제기한 것이었다. 그는 아동을 성인의 축소판으로 본 중세의 시각에서 벗어나, 그들을 특유의 감정과 사고방식을 지닌 개체로 보아야 한다고 주장하였다. 자연주의자였던 루소는 진정한 교육은 사회의 구속에서 벗어나 자유롭게 성장할 수 있을 때라야만 가능하며, 자발적인 흥미와 욕구가 일어나는 곳에 관심을 모을 수 있을 때 높은 단계의 발달수준에 도달할 수 있다고 말했다.

루소는 인간의 본성을 선한 것으로 보았기 때문에, 자연이 이끄는 대로 그대로 두면 바르고 건강한 발달이 이루어진다고 강조하였다. 그리고 사회가 인간의 성격형성에 부정적인 영향을 미치기 때문에 그 해로운 영향을 제거할 것을 주장하였다. 그는『에밀』에서 신이 만물을 창조할 때에는 모든 것이 선하지만, 인간의 손에 건네지면 모두가 타락한다고 말하였다. 이처럼 루소는『에밀』을 통해 아동을 교육하기 위한 실제적인 방법들을 제시하고 있다. 이런 측면에서 볼 때 루소는 교육학적인 아동연구를 실시하였다고 볼 수 있다(Prochner & Doyon, 1997).

플라톤이나 아리스토텔레스와 마찬가지로 루소는 인간의 발달은 단계적이라고 보고 그것을 4단계로 나누어 설명하고 있다. 제1단계인 유아기(4~5세)는 동물과 매우 비슷한 수준으로 강한 신체적 욕구를 지니며, 이때의 유아는 쾌락주의자이다. 이 견해는 루소 이전의 아리스토텔레스나 이후의 프로이트에 의해서도 주장된 바 있다. 제2단계인 아동기(5~12세)에는 감각의 발달이 매우 중요한데, 이때는 놀이, 스포츠, 게임 등이 교육의 중심이 되어야 한다. 청년기의 시작이라고 할 수 있는 제3단계(12~15세)는 이성과 자의식이 발달하고, 신체적 에너지가 풍부하며, 호기심이 왕성해져서 탐구심이 솟아나는 시기이다. 따라서 이 시기부터 일반적인 의미의 교육이 가능해진다. 홀과 마찬가지로 루소 또한 사춘기를 '제2의 탄생'으로 보았다. 청년 후기로 볼 수 있는 마지막 단계인 제4단계(15~20세)에 와서야 비로소 이타적 사고나 성숙한 감정들이 발달하기 시작하여, 가치체계와 도덕관이 형성되기 때문에 성인과 같은 사회적 활동이 가능해진다. 이 시기는 또한 결혼을 준비하는 기간이기도 하다.

다른 발달이론가들과는 달리 감정보다 이성이 먼저 발달한다고 본 그의 견해는 흥미롭다. 루소는 정서발달에 큰 비중을 두었는데 그의 이론은 이성주의 철학에 대한 반작용으로 볼 수 있다.

18세기 말엽에 많은 철학자와 생물학자, 교육학자들은 자신의 자녀를 관찰하고 '아동전기(Baby Biography)'를 발간하였다. '아동전기'는 주로 이들이 자신의 자녀의 감각, 운동, 언어 및 지적 능력에서의 변화를 관찰하여 기록한 것으로 이러한 세심한 관찰과 기록은 이후 자신들의 이론을 형성하는 데 밑거름이 되었다. 실질적으로 이러한 자료들은 연구대상을 선정하는 과정에서의 특수성(예를 들면, 연구대상을 단지 자신의 자녀 한 명으로 제한)이나 관찰 과정 중에 연구자의 선입견이 포함될 수 있다는 점에서 엄격한 의미에서 과학적이라고 말하기는 어렵다(Mussen, 1963). 하지만 연구자들이 관찰 과정 중에 주관성을 배제하기 위해 노력하였고 장기적인 관찰이 이루어졌다는 점에서 과학적 접근의 시초라고 볼 수도 있다.

'아동전기'의 대표적인 예를 들면 다음과 같다. 1774년 스위스의 교육자 페스탈로치가 3년 6개월 된 자신의 아들을 주의 깊게 관찰한 후 '아동전기'를 발간했는데, 이 전기는 자기 자신의 이론을 반영한 것이다. 이것은 루소의 견해와 마찬가지로 아동은 선하게 태어난다는 점과 인간발달에 있어서 아동의 능동적 역할을 강조한 것이었다.

Johann Heinrich Pestalozzi (1746~1827)

독일의 티에드만은 그의 아들을 출생 이후부터 2년 6개월간 관찰하여, 그것을 1787년에 간행하였는데, 그가 기록한 아동행동의 여러 측면들—감각, 운동, 언어 및 지적 성장 등—은 최근의 연구결과와 매우 유사한 것으로 나타났다(Borstelmann, 1983).

Dietrich Tiedmann(1748~1803)

이후 다윈은 1840년에 그의 아들 도디의 초기 발달을 관찰한 후 그것을 일기 형식으로 간행했는데, 그는 아동을 주의깊게 관찰함으로써 인간의 진화과정을 알 수 있다고 주장하였다. 20세기 초 비네도 그의 딸을 연구대상으로 삼아 관찰과 실험을 통해 정신과 성격유형에서의 개인차를 밝히고자 하였다. 피아제도 세 자녀들을 관찰하고 면접하여 아동의 행동과 사고발달의 과정을 밝히고자 하였다.

한국의 전통사회에서도 아동의 성장과 발달을 세밀히 관찰하고 기록한 문헌이 있는데, 그것이 바로 묵재 이문건의 『양아록』이다. 양

묵재 이문건(1494~1567)

아록은 지금까지 최초의 아동전기로 알려진 페스탈로치의 아동전기보다 200여 년이나 앞서 발간되었을 뿐만 아니라, 대부분이 유아기까지의 성장을 관찰하여 기록한 서구의 아동전기와는 달리 출생에서부터 16세까지의 발달과정을 종단적으로 기록했다는 데 그 가치가 더욱 크다고 볼 수 있다.

『양아록』은 이문건이 자신의 손자인 이수봉의 출생에서부터 16세(1551~1566)까지 직접 양육하면서 관찰한 체험적 양육과정을 기록해 놓은 시문형식의 서적으로 우리나라에서 지금까지 학계에 보고된 자료 중 가장 오래된 것이다. 『양아록』에는 아동의 성장과정에서 단계적으로 나타나는 신체적 특징과 질병, 아동의 정서상태와 이에 대한 이문건 자신의 교육내용과 방법을 사실적으로 상세히 기록함으로써 아동전기로서의 과학적인 가치와 교육적 가치가 함께 내재되어 있다.

사진 설명 『양아록』 표지

7) 19세기

Charles Darwin(1809~1882)

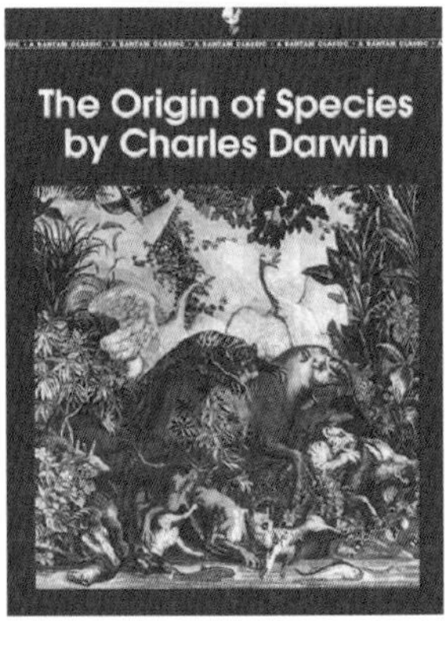

아동에 대한 과학적인 연구가 이루어지게 된 결정적인 사건은 1859년 다윈의 『종의 기원(The Origin of Species)』의 출판이었다. 유기체의 성장과 발달은 보다 단순한 형태로부터 보다 복잡한 형태로 이루어진다는 다윈의 진화론적 사고는 인간발달에 대한 가장 혁신적이고 영향력 있는 견해가 되었다.

진화론은 아동발달의 이론이 아니라 종(種)의 발달과 적응에 관한 이론이지만, 그 자체로서 아동발달이 어떻게 이루어지는가에 대한 매우 유용한 사고의 출발점이 될 수 있었다. 사실 다윈은 아동발달의 예리한 관찰자였으며 그의 아들 '도디'의 성장과 행동을 자세히 기록한 전기는 초기 아동연구에서 귀중한 자료가 되고 있다(Vasta, Haith, & Miller, 1995).

진화론은 각 종의 자손의 양적 과잉생산뿐만 아니라 모든 유기체 내의 다양성과 적응성을 가정한다. 다윈은 자손의 과잉생산이 종의 생존능력을 위협한다고 주장하였다. 그 결과는 '생존경쟁'이다. 이 생존경쟁에서 일부가 선택되고 일부가 제거되는 '자연도태 과정'이 발생하고, 그로 인해 인구의 증가가 억제된다. 약하고, 병들고, 적응력이 떨어지는 종은 소멸하는 반면, 강하고, 건강하며, 빠르고, 면역성이 높으며, 똑똑하고, 신체적으로 잘 적응하는 유기체는 생존하고 번성한다. 시간이 흐르면 이는 '적자생존'의 결과를 가져온다. 그리고 적자생존의 원인으로 작용했던 자질은 자손에게 유전된다.

사진 설명 다윈이 그의 아들 도디와 함께

다윈의 진화론은 아동발달에 관해 직접적인 언급을 하고 있지는 않지만, 반복원칙(principle of recapitulation)을 주장한 헤켈과 같은 그 당시의 생물학자들에게 많은 영향을 미쳤다. 헤켈은 발달의 기본법칙으로 개체발생(ontogeny)은 계통발생(phylogeny)의 집약된 반복이라고 주장하였다. 쉽게 말해서 태내발달은 인간의 진화과정과 매우 비슷한 발달단계를 거친다는 것이다(Wertheimer, 1985).

오늘날 이 반복원칙은 과학적으로 증명되지는 않았지만, 아동발달이 인간의 진화과정을 반복한다는 생각은 초기 아동학자들에게 큰 영향을 미쳤다. 다윈의 저서는 과학적인 아동연구의 초석이 되었다.

8) 19세기 후반기

19세기 말이 되어서야 비로소 과학적인 아동연구가 시작되었다. 스탠리 홀은 미국에서 아동에 관한 최초의 체계적 연구에 착수하였으며, 발달심리학 분야의 토대를 구축하였다(Appley, 1986).

G. Stanley Hall(1844~1924)

스탠리 홀은 독자적인 아동심리학을 발전시키고 과학적인 아동연구방법을 이용한 최초의 심리학자이다. 그는 집단을 대상으로 한 체계적인 연구가 가능토록 하기 위한 새로운 연구방법을 고안했는데, 질문지법(questionnaire)이 바로 그것이다. 이 연구법은 종전의 철학적 접근법이나 전기적(biographical) 접근법보다는 연구방법상 진일보한 것이다. 홀은 과거의 철학적 · 사변적(思辨的) 접근법과 현재의 과학적 · 경험적 접근법 사이에 가교의 구실을 했다고 할 수 있다.

스탠리 홀은 아동심리학의 제1세대 교육을 담당하였고, 미국심리학회를 창설하여 초대 회장이 되었으며, 프로이트를 미국에 초청하여 강연하게 함으로써 미국심리학에 정신분석이론을 소개하는 성과를 올렸다(사진 참조).

사진 설명 앞줄 왼쪽부터 Freud, Hall, Jung

홀은 다윈의 생물학적 '진화론'의 개념을 심리학적 반복이론으로 확장시켰다. 이 이론은 '호모사피엔스(인류)'의 경험적 역사 그 자체가 각 개인이 지니고 있는 유전구조의 일부가 되었다고 가정한다. 반복의 법칙은 인간발달이 이루어지는 동안 각 개인은 인류역사상 발생한 것과 같은 단계를 거친다는 주장이다. 아동의 발달과정은 동물과 유사한 초기 원시시대로부터 야만시대를 거쳐, 성숙으로 특징지어지는 보다 최근의 문명화된 생활양식에 이르기까지 인류의 발달을 재현하는 것이라고 한다. 즉, 인류의 발전과정이 야만사회로부터 문명사회로 발달하였듯이 개인의 발달 또한 유아기로부터 청년기를 거쳐 성인이 된다는 것이다.

홀 역시 루소와 마찬가지로 인간의 발달을 유아기, 아동기, 전청년기, 청년기 등의 4단계로 구분하였다. 유아기는 출생 후 4년까지로 유아가 기어다니는 것은 우리 인간 종족이 네 발을 사용하던 무렵의 동물적 단계를 반복하는 것으로 보았다. 이 무렵에는 감각의 발달이 우세하고, 유아는 이때 자기보존에 필요한 감각운동 기술을 습득하게 된다고 한다.

아동기(4~8세)는 고기잡이와 사냥이 주요 활동이던 시대를 반영한다. 이때는 아동이 숨바꼭질 놀이를 하고 총 놀이, 활쏘기 놀이 등을 한다. 아동들이 동굴, 오두막, 나무집, 숨을 곳 등을 짓는 것은 선사시대의 동굴주거 문화에 상응한다.

전청년기(8~12세) 동안에는 수천 년 전의 미개사회의 단조로운 삶을 반영한다. 이때는 일상적인 훈련과 연습을 하는 데 가장 적절한 시기로서 읽기, 쓰기, 셈하기를 비롯한 여러 가지 기술을 익히는 데 황금기라고도 할 수 있다. 이 시기를 놓치게 되면 나중에 이러한 기술을 습득하기가 거의 불가능하다고 한다.

청년기는 사춘기에 시작해서 22~25세 정도에 끝난다. 홀은 청년기를 '질풍노도의 시기(A Period of Storm and Stress)'로 묘사하였는데, 질풍노도란 말은 이상주의, 열정, 혁명 등에 관한 소설을 쓴 독일작가 괴테와 쉴러에게서 빌려온 표현이다. 홀은 청년기가 혼란스러운 것은 인간의 진화과정에서의 과도기적 단계의 반영 때문이라고 생각한다. 즉, 아동도 아니고 성인도 아닌 모호한 위치에서 청년은 자아의식과 현실적응 사이의 갈등, 소외, 외로움, 혼돈의 감정을 경험하게 되고, 이로 인한 긴장과 혼란이 이 시기를 '질풍노도의 시기'로 만든다는 것이다. 홀은 또한 청년기를 '새로운 탄생'으로 보았는데, 청년기에 보다 높은 수준의 그리고 보다 완전한 인간 특성이 새로이 탄생하는 것으로 보았다. 청년 후기가 되면 초기 현대문명 사회를 반영한다. 이 단계에서 청년은 성숙기에 도달하게 된다. 홀은 인간의 발달과정을 끝없이 계속되는 과정으로 보았다.

Johann Goethe

Friedrich Schiller

홀의 청년기에 대한 견해는 사회성발달과 청소년 교육에 대해 시사하는 바가 크다. 홀은 생물학적 과정이 사회성발달을 유도한다고 믿는다. 홀에 의하면 사춘기에 일어나는 생물학적 변화가 이성교제와 같은 보다 복잡한 사회적 관계에 영향을 미친다고 한다. 그리고 청소년 교육과 관련해서 홀은 과학적 사고, 도덕성, 예절교육 등이 15세 이후에 집중적으로 이루어져야 한다고 주장한다.

9) 20세기 이후

20세기 초기에 이루어진 프로이트의 정신분석이론, 스키너의 학습이론, 1950년대의 반두라의 사회학습이론과 피아제의 인지발달이론은 아동에 대한 체계적인 연구를 진행하는 데 큰 기여를 하였다. 하지만 20세기 초기의 아동연구는 대부분 연령에 따른 발달의 경향(age trend)을 강조한 것이었다. 즉, 신체발달, 인지발달 등에서의 연령에 따른 변화를 측정하고 기술하는 것이었다. 아동의 발달을 기술하는 것도 아동연구의 목적이 될 수 있지만, 보다 중요한 목적은 이러한 현상들을 설명하고 예측하는 것이다. 따라서 오늘날의 아동심리학은 아동의 성장과 발달의 결정요인이 무엇인가를 찾아내는 것임을 강조한다. 이러한 결정요인을 찾아내기 위해 과학적 연구에서는 우선 가설을 설정하고, 연구에 사용될 변수를 밝혀내며, 자료를 수집하고, 수집된 자료를 분석하는 과정 등을 필요로 한다.

최근에 와서 과학의 발달 덕분에 연구를 보조할 수 있는 전자기기들이 개발됨에 따라 아동을 보다 과학적으로 연구할 수 있게 되었다. 또한 다양한 변인들 간의 체계적인 인과관계를 살펴볼 수 있는 새로운 통계분석방법이 개발됨에 따라 양적으로나 질적으로 보다 우수한 아동연구가 이루어질 수 있게 되었다.

21세기의 아동연구는 아동의 특성만을 연구하는 학문에서 벗어나 그 연구의 범위가 점차 확장되고 있다. 그동안은 "아동은 어떤 존재인가?"에 대한 관심을 중심으로 연구가 진행되어 왔다면 이제는 그에 대한 분석을 토대로 그들이 보다 나은 삶을 살 수 있도록 연구하는 데까지 나아가고 있는 추세이다. 곧, 기존의 아동 자체에 대한 연구를 바탕으로 현재는 교육, 놀이, 치료 등 다양한 분야에서의 학문이 아동과 접목되어 연구되고 있는 것이다. 덧붙여 지금까지의 연구가 아동을 파악하고 그들에게 문제가 있을 시에 적절한 방법으로 대응하기 위한 사후적 연구의 성격을 띠고 있었다면 최근에는 이를 사전에 예측하는 방향으로 진행되고 있다.

제 2 장

아동발달의 이론

캔디
초자아
자아
원초아
RATIONAL PLANS
이성적 계획

이론은 미래에 일어날 사건을 예측할 뿐만 아니라 과거에 일어났던 사건을 설명할 수 있는 논리적인 진술이다. 이론은 아동발달의 어떤 측면을 기술하는 데 필요한 정보를 수집할 때 길잡이가 된다.

많은 이론들이 아동의 발달에 관해 설명하려고 한다. 그러나 지금까지 아동발달의 모든 측면을 설명할 수 있는 통합된 단일 이론은 없다. 어느 한 이론도 아동발달의 복잡하고 다양한 측면을 모두 설명할 수는 없지만, 각 이론은 어느 것이나 우리가 아동발달을 이해하는 데 중요한 기여를 한다. 바꾸어 말하면, 아동발달 이론들은 아동의 발달 과정의 이해에 제각기 기여하는 바가 다르다. 예를 들면, 피아제의 이론은 인지발달에 초점을 맞추고 에릭슨의 이론은 사회정서적 발달에 초점을 맞춘다. 두 이론은 아동발달의 각기 다른 측면을 강조하기 때문에, 피아제 이론이 에릭슨 이론의 대안이 될 수가 없다. 그 역도 마찬가지이다.

심지어 아동발달의 같은 측면을 다루는 이론일지라도 각기 다른 요인을 강조한다. 예를 들면, 보울비의 애착이론은 아동의 사회적 행동을 이해하기 위해 아동과 양육자와의 애착관계를 우선적으로 관찰한다. 반면, 사회학습이론은 개개의 아동이 행하는 특정 행동에 관심을 갖는다. 그러나 각 이론들이 아동발달의 어떤 측면에 대해서 의견을 달리 하더라도, 대부분의 경우 이들 이론은 상반된다기보다 오히려 상호보완적이다. 즉, 다양한 이론들을 통해서 우리는 아동발달이라는 복잡하고 다양한 현상을 좀더 잘 이해할 수 있게 된다.

이 장에서는 성숙이론, 학습이론, 정신분석이론, 인지발달이론, 동물행동학적 이론, 생태학적 이론, 우리나라의 아동발달이론에 관해 살펴보고자 한다.

1. 성숙이론

성숙이론은 환경이 아동발달에 주도적인 영향을 미치지 못하기 때문에 아동이 지닌 능력 이상으로 아동을 교육하는 것은 아동에게 좌절을 야기한다고 주장한다. 성숙이론에 의하면 발달이란 유기체 내부에서 자연스럽게 이루어지기 때문에 환경은 행동을 변화시키는 2차적 역할을 한다고 한다. 따라서 아동 자신의 속도에 맞는 발달을 위해 아동중심의 양육환경을 제공할 것을 강조한다.

성숙이론은 '학습준비도' 개념을 이끌어 내었는데, 학습준비도란 유아에게 무엇을 가르치기 위해서는 유아가 성숙될 때까지 기다려야 한다는 학습의 시기에 관한 개념이다. 즉, 아동이 배울 준비가 되어 있지 않다고 여겨지면, 아동이 준비될 때까지 기다려야 한다는 것이다.

Gesell의 성숙이론과 Montessori의 민감기이론을 통해 아동발달의 성숙론적 접근법에 관해 살펴보기로 한다.

1) Gesell의 성숙이론

Arnold Gesell(1880~1961)

Arnold Gesell은 1880년 미국 위스콘신 주에서 태어나 일평생 체계적이며 지속적인 관찰법을 통해 아동발달을 연구한 학자이다. Gesell은 1906년에 클라크 대학에서 G. Stanley Hall의 지도하에 심리학으로 박사학위를 취득했다. 1911년에는 자신이 재직하고 있던 예일 대학에 '아동발달연구소'를 설립하고, 그곳에서 37년간 소장직을 맡으며 아동발달 연구에 전념하였다. 1915년에 의학박사학위를 취득하였고, 그때부터 그의 연구소는 의과대학과 연계되어 운영되었다. 그는 이 연구소에서 심리학과 의학을 통합한 정신발달의 실증적 연구에 전념하여 많은 업적을 남겼다.

특히 『취학전 아동의 지적 성장(Mental Growth of the Preschool Child)』(1925), 『생후 첫 5년(The First Five Years of Life)』(1940), 『영유아와 현대의 문화(Infant and Child in the Culture of Today)』(1943) 등의 여러 저서들을 통해, 영유아의 운동기술에 대해 광대하고 세부적인 연구를 수행하였다.

(1) 성숙의 개념

Gesell(1945)은 태아가 모체에서 하나의 개체로 자리 잡은 후 10개월 동안 외부로부터의 영향(환경)보다는 내적인 힘에 의해 성장한다는 발달의 예정론을 주장하였다. 즉, 이러한 선천적인 메커니즘으로 인해 유기체는 주어진 환경과 관계없이 발달한다는 것이다. Gesell은 유전자가 발달과정을 방향 짓는 기제에 대한 일반적인 명칭을 성숙(maturation)이라고 명명하였다.

Gesell은 모든 유기체들이 성장하는 데 있어 이미 성장의 방향이 결정되어 있는 성장모형(growth matrix)을 갖고 있으며, 이러한 성장모형(成長母型)은 이미 유전적으로 결정되어 있다고 생각하였다. 그러나 Gesell이 발달에 미치는 환경의 영향력을 완전히 배제한 것은 아니다. 그는 성숙 역시 환경에 의해 영향을 받는다고 생각하였다. 예를 들어, 태아발달에 있어서 성숙은 자궁 내의 양수온도와 모체로부터 들어오는 산소의 양에 의해 영향을 받는다. 다만 Gesell은 아동의 성장과 발달을 촉진하는 이 두 가지 힘—성숙과 환경—중 특별히 성숙이 더 중요하다고 생각하였다.

성숙의 가장 큰 특징은 언제나 정해진 순서의 발달단계를 거친다는 것이다. 예를 들어, 태아발달에서 가장 먼저 기관이 발달하는 곳은 심장이다. 심장이 먼저 생성·발달하고 기능한 후에야 비로소 세포들이 빠른 속도로 분화되어 두뇌와 척수 같은 중추신경계가 형성된다. 그러고 나서 팔다리와 같은 다른 기관들이 발달하게 된다. 이 순서는 유전자지도에 의한 것으로 결코 발달순서가 바뀌지 않는다. 마찬가지로 영아의 발달에도 정해진 순서가 있다. 영아는 정해진 발달순서에 따라 앉고, 서고, 걷고, 뛰는 것을 학습한다. 그 어떤 아기도 앉기 전에 서거나 걸을 수 없다. 왜냐하면 이러한 능력들은 이미 유전적으로 결정된 신경성숙 과정과 함께 이루어지기 때문이다.

지금까지 살펴본 것과 같이 모든 아동들이 정해진 발달단계를 거치지만 발달속도에는 개인차가 있다고 Gesell은 생각하였다. 즉, 모든 아기들이 똑같은 나이에 서고 걷는 것은 아니다. 그러나 Gesell은 이러한 개인차 역시 내적인 유전적 기제에 의한 차이라고 생각하였다.

(2) 발달의 원리

Gesell은 『유아행동의 개체발생(The Ontogenesis of Infant Behavior)』(1954)이라는 책에서 미리 계획된 유전적 기제의 기능에 따른 발달의 기본 원리를 상술하였다.

① 발달방향의 원리

이 원리는 발달이 무작위가 아닌 정돈된 방식에 의해서 진행된다고 가정한다. 발달은 머리에서 발쪽으로 체계적으로 진행되며, 팔의 협응이 다리의 협응에 선행된다. 이러한 경향을 두미(cephalocaudal)발달 경향이라고 부른다.

또 다른 예는 말초보다 신체의 중심이 먼저 발달한다는 것이다. 어깨 동작은 손목과 손가락 동작보다 더 일찍 나타난다. 이 근원(proximodistal)발달 경향은 아동의 잡기행동에서도 나타나는데 20주경에 나타나는 잡기행동은 아주 미숙하고 주로 상박(upper arm)의 움직임에 의존한다. 그러나 28주가 되면 엄지손가락의 섬세한 사용에 의해 잡기행동은 보다 섬세한 근육운동에 의해 주도된다(사진 참조).

사진 설명 10개월이 지나면서 엄지와 집게 손가락을 사용해서 작은 물체를 집을 수 있게 된다.

② 상호적 교류의 원리

이 원리는 영아가 먼저 한 손을 사용하고, 그러고 나서 다른 한 손을 사용하며, 그다음 양손을 사용하는 등 계속적인 반복과정을 통하여 능숙하게 손을 사용할 수 있게 될 때까지의 발달과정을 의미한다. Gesell은 이를 뜨개질하는 모습에 비유하여, 상호적 교류(reciprocal interweaving)라는 용어를 사용하였다.

Gesell은 상호적 교류의 원리가 성격형성 과정에서도 나타난다고 보았다. 인간은 내향적 특성과 외향적 특성이 모두 있는데, 유아의 경우 3세에서 3세 반까지는 약간 소심하며 내향적 성격특성을 나타내고, 4세에는 외향적 특성을 보이다가 5세가 되면 이 두 가지 성격특성이 통합되어 균형을 이룬다고 보았다(Crain, 2000).

③ 기능적 비대칭의 원리

실제 인간발달에서 완벽한 균형이나 조화를 이루는 것은 상당히 어려운 일이며, 오히려 약간의 불균형이 훨씬 더 기능적이다. 이러한 기능적 불균형은 신생아의 경직성 목반사(tonic neck reflex)에서 잘 나타난다. 이 반사는 마치 펜싱하는 자세처럼 유아가 머리를 한쪽 방향으로 돌리고, 한 팔은 머리가 돌려진 방향으로 내밀고, 같은 쪽 다리는 쭉 핀 상태이며, 다른 쪽 팔은 가슴에 얹고, 그와 같은 쪽 다리는 무릎이 구부러진 자세를 취한다(사진 참조). 이 비대칭적 행동은 환경에 익숙해지고, 환경을 이해하려는 아동의 노력에 있어서 중요한 단계가 된다. Gesell은 또한 기능적 비대칭(functional asymmetry)의 원리가 오른손잡이, 왼손잡이와도 관련이 있다고 믿었다(Crain, 2000; Salkind, 1985).

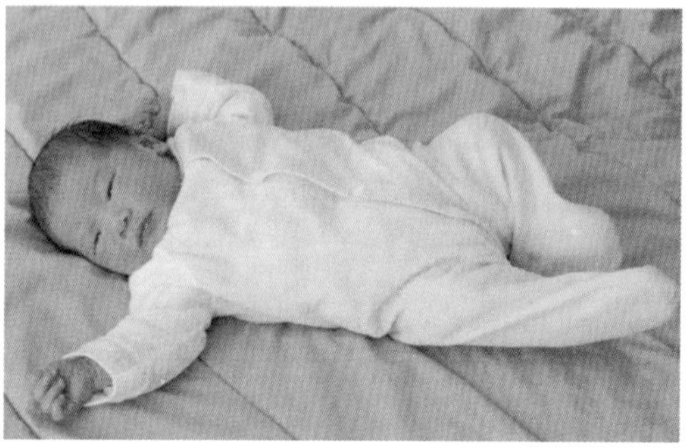

사진 설명 경직성 목반사를 보이고 있는 영아

④ 자기규제의 원리

Gesell은 부모가 수유와 수면 등의 생리적인 리듬을 영아의 요구대로 따랐더니 영아 스스로 점차적으로 수유시간을 줄이고, 더 오랫동안 깨어 있음을 발견하였다. 이러한 과정이 계속 일정하게 진행된 것은 아니고 때로는 뒤로 후퇴할 때도 있었다. 그러나 이러한 과정을 거치면서 영아는 점차적으로 안정적인 스케줄을 형성하였다.

이러한 유기체의 자기규제(self-regulation)의 원리는 유아 스스로 자신의 수준에 맞도록 성장을 조절하고, 이끌어 가는 능력을 말한다. 예를 들어, 영아가 걸음마를 배울 때 몇 걸음 걷다가 다시 기고, 또 몇 걸음 걸어보다가 기는 것과 같은 발전과 퇴보의 과정을 주기적으로 거친 후에 걷게 되는 것이다.

(3) 발달의 규준

Gesell은 40년간 예일 대학 아동발달연구소에서 아동발달을 연구하면서 운동행동, 적응행동, 언어행동, 사회적 행동 등의 여러 영역에서 수많은 아동들을 관찰하고 측정하였다(사진 참조).

Gesell은 또한 연구에 사용되는 자료의 표준화와 측정도구의 신뢰도 같은 문제에 관심을 보였다. 그 결과 Gesell의 발달 스케줄이 만들어졌는데, 여기에서 발달지수가 산출되었으며, 영유아발달을 평가하는 규준이 되었다.

사진 설명 어떤 각도에서도 아동을 관찰할 수 있고 사진을 찍을 수 있게 만들어진 둥근 지붕의 관찰실

2) Montessori의 민감기이론

Maria Montessori는 1870년 이탈리아에서 태어났다. 어린 시절 Montessori는 수학에 뛰어난 재능을 보여 그녀의 아버지는 그녀가 교사가 되기를 희망했다. 그러나 Montessori는 자신의 수학적인 재능을 키워 기술자가 되겠다는 생각으로 남자들이 다니는 기술대학에 진학했다. 이 시기에 생물학에 흥미를 갖기 시작하면서 의학을 공부해야겠다는 결심을 하게 된다. 그러나 그 당시 이탈리아 교육제도에 의하면 여자는 의과대학에 진학할 수 없게 되어 있었다. Montessori는 여러 차례 의학부에 도전했으나 번번이 거절당하자 대학총장과 교황 레오 13세에게 자신의 의지를 밝혀 1892년에 드디어 의과대학에 입학하게 되고, 26세에는 이탈리아 역사상 최초의 여성의사가 되었다.

Maria Montessori(1870~1952)

Montessori는 졸업 후 약 2년 동안 대학부속 정신병원의 보조의사로 일하면서 장애아동들에게 특별한 관심을 가지게 된다. 시설에 수용된 정신지체아들을 보면서 이들에게는 물건을 만지고 느끼는 것이 가장 좋은 학습방법임을 깨닫고, 나무로 된 글자 등의 몬테소리 교구(사진 참조)를 만들어 결국 이들로 하여금 읽기와 쓰기를 학습할 수 있게 만들었다. 그러다가 1901년에 국립장애인 학교를 그만두고, 일반 아동에게 자신

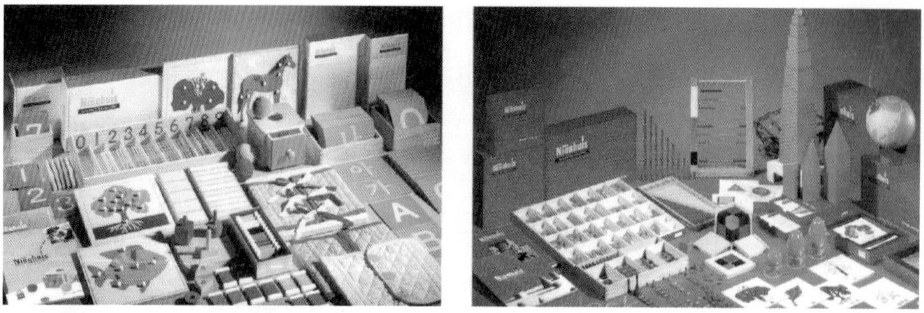

사진 설명 몬테소리 교구의 예

의 교육이론을 적용시키는 일에 몰두하였다. 1907년에는 로마의 빈민가에서 방황하는 노동자들의 자녀 50명을 대상으로 어린이집 '까사 데 밤비니(Casa dei Bambini)'를 설립하였다. '까사 데 밤비니'는 이탈리아어로 '어린이들의 집'이라는 뜻이다. Montessori의 '어린이집'(사진 참조)의 기적적인 교육성과는 그 당시 유럽은 물론이고 미국을 비롯한 세계 여러 지역에서 선풍적인 인기를 얻게 되고, 세계 각국에서 이를 참관하려고 사람들이 몰려들었다. 그리고 1913년에는 정식으로 국제 몬테소리 교원양성코스가 창설되었다.

(1) 민감기의 개념

Montessori는 자연주의자였던 루소의 영향을 많이 받았다. 루소와 마찬가지로 Montessori는 아동은 성인과는 다르게 생각하고 배우며, 우리가 만들려고 하는 대로 만들어지는 것이 아니라 자신의 성숙적 자극(maturational promptings)을 통해서 발달이 이루어진다고 보았다. Montessori 이론의 주요 요소는 '민감기(sensitive period)'의 개념인데, 이는 결정적 시기와 매우 유사하다. 즉, 민감기는 유전적으로 프로그램된 기간으로서 아동은 특별히 이 기간 동안 어떤 과제를 숙달하고자 노력하고 또 숙달할 수 있게 된다(Crain, 2000).

① 질서에 대한 민감기(The Sensitive Period for Order)

생후 3년 동안에 나타나는 시기로, 이때 유아는 질서에 대한 강한 욕구를 갖는다. 움직일 수 있게 되자마자 아기들은 물건을 제자리에 놓기를 좋아한다. 만약 책 또는 펜이

제자리에 놓여 있지 않으면 반드시 그것들을 제자리에 갖다 놓는다. 스스로 움직일 수 없을 때조차도 물건이 제자리에 놓여 있지 않으면 동요한다. 그 한 예로, Montessori는 방문객이 우산을 탁자 위에 놓았을 때에 우는 6개월 된 여자아이에 대한 이야기를 했다. 그 여아는 탁자 위를 보고 울었는데, 어머니가 그 이유를 알아차리고 우산꽂이에 우산을 놓았을 때에야 비로소 울음을 그쳤다(Crain, 2000). 이러한 반응이 성인에게는 매우 어리석은 것으로 보일지 모른다. 그러나 성인에게 있어서 질서는 외부적인 즐거움을 제공해주는 것이지만, 아동에게 있어서 질서는 본능적인 것이다.

② 세부에 대한 민감기(The Sensitive Period for Details)

1~2세 사이의 영아는 작고 세부적인 것에 주의를 고정시킨다. 예를 들면, 아동은 우리 눈에 잘 띄지 않는 작은 곤충을 발견한다. 그리고 사진을 보여주면 우리가 중요하게 보는 것은 무시하고 대신 배경에 있는 작은 것에 주의를 기울인다.

사진 설명 여아가 양손을 사용하여 단추를 채우거나 리본을 묶는 연습을 하고 있다.

③ 양손 사용에 대한 민감기(The Sensitive Period for the Use of Hands)

세 번째 민감기는 양손의 사용과 관련이 있다(사진 참조). 18개월에서 3세 사이의 유아는 끊임없이 물건을 움켜쥐려고 한다. 그들은 특히 열고 닫고, 그릇 속에 물건을 넣거나 꺼내고 다시 채우는 것 등을 좋아한다. 그다음 2년 동안에는 그들의 동작과 촉감을 다듬게 된다. 예를 들어, 4세 유아는 눈을 감고 손으로 물건을 만져서 그것을 알아맞히는 게임을 매우 좋아한다.

④ 걷기에 대한 민감기(The Sensitive Period for Walking)

가장 쉽게 볼 수 있는 민감기는 걷기에 대한 것으로 약 1~2세 사이에 나타난다(사진 참조). Montessori는 아이가 걷는 법을 배우는 것은 무력한 존재에서 능동적인 존재로 전이되는 '제2의 탄생

(second birth)'이라고 말한다. 아기들은 억제할 수 없는 충동에 의해 걷기를 시도하게 되며, 걷는 법을 배움으로써 대단한 자부심을 갖게 된다.

⑤ 언어에 대한 민감기(The Sensitive Period for Language)

민감기 중에서 가장 주목할 만한 것은 언어획득과 관련된 것이다. 놀라운 것은 아동이 이같이 복잡한 과정을 학습하는 속도이다. 언어를 배우기 위해서는 단지 단어와 그것의 의미뿐만 아니라 문법도 익혀야만 한다. 문법에 내재하는 규칙들이 너무 어렵고 추상적이기 때문에 언어학자들도 그것들을 제대로 이해하기 위해서는 많은 노력을 해야 한다. 그러나 아동들은 규칙에 대해서 많은 생각을 하지 않고도 그 규칙들을 숙달한다. 두 가지 언어에 동시에 노출된다 하더라도 아동은 두 가지 언어를 모두 숙달하게 될 것이다. 성인들이 외국어를 배울 때 의식적으로 노력하면서 매우 힘들게 배우는 반면에, 아동은 언어를 무의식적으로 흡수한다. 또한 Montessori는 언어획득은 타고난 성숙적 요인에 의해 지배되기 때문에 아동은 어디에서 성장하든지 간에 동일한 단계를 거쳐 언어를 발달시킨다고 주장했다. 〈그림 2-1〉은 민감한 시기의 예들에 관한 것이다.

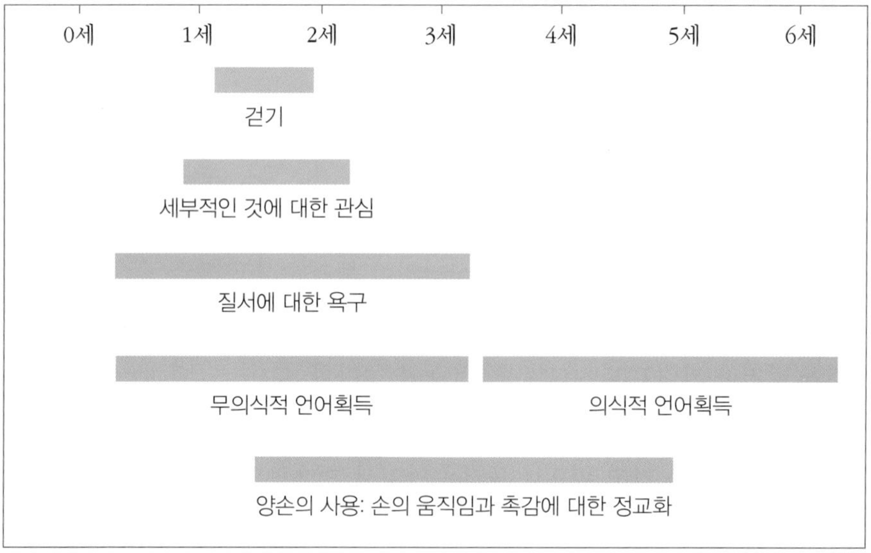

〈그림 2-1〉 생의 초기에 맞이하는 몇 가지 민감기

출처: Crain, W. (2000). *Theories of development: Concepts and applications* (4th ed.). NY: Prentice-Hall.

(2) 아동중심의 교육환경

Montessori는 아동은 의식적인 노력 없이도 주위 환경으로부터 생활에 필요한 매우 중요한 기술을 습득한다고 믿었다. 따라서 아동으로 하여금 질서를 배울 수 있게끔 아동의 주위환경을 아름답고 질서정연하게 조성해야 한다고 믿었다. 그녀는 또한 아동은 감각경험을 통해서 많은 것을 학습할 수 있다고 믿었기 때문에 교사는 아동의 시각, 청각, 후각, 촉각 등을 자극할 수 있는 환경을 조성할 책임이 있다고 말했다. 아동의 감각경험을 자극할 수 있는 예로 아동의 작은 신체에 적합한 책걸상과 아동의 작은 손에 어울리는 도구를 제공해 주는 것을 들 수 있다(Mooney, 2000).

① 실제 사용이 가능한 진짜 도구의 제공

Montessori는 아동의 신체에 적합한 교구의 크기가 매우 중요하다고 강조했다. 이탈리아에서 몬테소리 학교가 처음 문을 열었을 때 아동에게 맞는 크기의 교구를 구할 수가 없었다. 그래서 Montessori는 아동의 신체에 적합한 여러 가지 교구제작에 착수하게 되었다. 심지어 아동의 작은 발에 맞추어 계단도 주문제작을 했다.

비록 크기는 작지만 이 교구들은 아동들이 실제로 사용할 수 있게끔 만들어졌다. 많은 학교에서 아동들이 다치는 것을 염려해서 가위나 칼의 날을 무디게 만들어 사용하게 하는데, 이렇게 하면 가위나 칼이 잘 들지 않아 작업을 어렵게 만들어 아동의 흥미를 잃게 할 뿐만 아니라 심지어 더 위험한 경우가 발생할 수도 있다.

② 손쉽게 교구를 이용하기

Montessori는 아동들이 도구에 손쉽게 접근할 수 있어야 한다고 주장했다. 선반을 낮게 만들어 아동들로 하여금 자신이 필요로 하는 것은 교사의 도움 없이 스스로 꺼내 사용할 수 있게 해야 한다는 것이다. 교사들은 때때로 교구들을 아이들 손이 닿는 곳에 두면 아이들이 너무 어질러 놓을 것이라고 우려하는데, 이에 대해 Montessori는 교구가 있어야 할 자리에 사진이나 그림 또는 글씨로 표시를 해두면 아동은 자신이 필요한 교구를 꺼내 쓰고, 사용한 후에는 제자리에 도로 갖다 놓기 때문에 문제가 전혀 없다고 반박한다.

③ 질서정연하고 아름다운 환경의 조성

Montessori는 아동을 위해 아름답고 질서정연한 환경을 조성해 주는 것이 매우 중요하다고 생각한다. 예를 들어, 아름다운 음악을 들려주거나, 예쁘게 핀 라일락꽃을 교탁 위에 놓아두거나(사진 참조), 신선한 공기가 들어오게 창문을 열어 두거나, 아동이 그린 그림을 예쁜 색종이로 테두리를 만들어 벽에 걸어 두는 것은 아름다운 환경을 조성함으로써 아동의 미적 감각을 자극할 수 있게 만든다고 한다.

(3) 몬테소리 학교

William Crain

아동이 2세 정도가 되면 몬테소리 학교에 들어갈 수 있다. 거기서 6세까지의 아동들과 같은 교실에서 배우게 되는데, 이것은 Montessori가 아동들이 여러 연령층의 아동들과 함께 어울리는 환경을 좋아한다는 것을 발견했기 때문이다(Crain, 2000).

① 독립심과 집중

Montessori 학교의 교사는 아동들에게 명령하거나, 지시하거나, 훈련하거나, 감독하려 하지 않고 아동에게 독립적으로 숙달할 수 있는 기회를 주려고 노력한다. 만약 학교환경이 적절한 교구들로 구성된다면, 아동은 교사의 지시 없이도 스스로 그 교구들을 조작할 수 있다. 또한 아동은 내적 욕구를 충족시켜 주는 교구를 접하게 되었을 때 놀라울 정도의 집중력을 보여주었다.

② 자유선택

Montessori는 아동들에게 자유선택을 하라고 하면 그들이 가장 몰두할 수 있는 과제를 선택한다는 것을 깨달았다. 예를 들어, 2세 된 아동이 방 안을 자유롭게 돌아다니게 되었을 때, 끊임없이 물건들을 똑바로 놓고 순서대로 정리하는 것을 관찰했는데, 이는 질서에 대한 아동의 욕구를 보여주는 것이다. 이에 따라 그녀는 아동의 이러한 욕구를 충족시킬 수 있도록 환경을 바꾸었는데, 이런 방식으로 일상의 활동이 교과과정의 한 부분이 되게 하였다.

③ 보상과 벌

Montessori 학교에서는 상이나 벌을 사용하지 않는다. 아동이 상이나 벌과 같은 외적인 평가에 지나치게 관심을 가지면, 바보처럼 보이는 것을 두려워한 나머지 자신이 하고 있는 일에 집중할 수 없게 되는 일이 종종 있다. 또한 학교와 학습과정을 싫어하게 될 수도 있으며 아동에게서 독립심을 앗아가기도 한다.

④ 점진적 준비

Montessori는 아동이 한꺼번에 많은 기술을 배울 수 없다는 것을 발견하였다. 예를 들면, 4세 아동은 독립적이 되려는 자연적인 욕구로 인해 단추를 채우고 신발 끈을 묶는 법을 배우기를 원하지만, 이러한 과제들은 그들에게는 너무 어렵다. 그들은 소근육 운동기술이 아직 부족하기 때문이다. 이러한 문제에 대해 Montessori는 단계별로 기술을 습득하기 위한 교구를 제작하였다.

3) 성숙이론에 대한 평가

아동발달에 관한 성숙론적 접근법은 특별히 유아교육에 중요한 영향을 미쳤다. Gesell의 성숙이론은 루소를 비롯한 Gesell 이전의 많은 교육사상가들이 주장했던 아동의 내적인 능력에 대해 과학적인 설명을 부여하였다. 세계 최초로 아동의 행동을 영상촬영기술을 이용하여 관찰·기록하였을 뿐만 아니라, 일방경(one-way mirror)을 사용함으로써 아동연구에 새로운 정밀성을 시도하였다. 또한 연령의 변화에 따른 아동의 발달을 보다 체계적으로 연구함으로써 종단적 연구의 개척자로도 알려져 있다. 이와 같이 Gesell은 체계적이고 객관적인 연구방법을 사용했다는 점에서 무엇보다 높이 평가되고 있다.

한편, 오늘날 많은 심리학자들은 Gesell의 성숙이론이 너무 극단적이라고 생각한다. 아동발달에서 성숙요인도 중요하지만 그에 못지않게 환경요인도 중요하다는 것이다. 그리고 Gesell이 연구한 아동들의 대부분이 예일 대학 근처에 살고 있는 중상류층 아동들이었기 때문에 연구결과를 다른 계층의 아동들과 다른 문화권의 아동들에게 일반화시키는 데에 문제가 있다는 지적이 있다. Gesell의 연구는 아동연구에 있어 체계적이고 객관적인 방법을 사용하였다는 면에서 오늘날까지 높이 평가되고 있지만, 그의 연구내용 중 일부는 매우 독단적이며 비과학적이라는 비판도 받는다.

Montessori는 아동중심의 교육환경을 강조함으로써 루소나 Gesell 등이 주장한 발달철학을 실제 현장(몬테소리 학교)에서 효과적으로 적용시켰다는 평가를 받는다. Montessori는 아동이 민감기에 다른 사람의 도움 없이 아동 스스로 연습할 수 있는 교구를 제공해 줌으로써 가장 효율적으로 교육적 효과를 얻을 수 있을 것이라 보고 다양한 교구를 개발하였다. 몬테소리 학교의 교사는 아동에게 지시하는 것이 아니라 아동의 자발적인 능력에 주의를 기울인다. 이를 위해 교사는 아동의 발달을 촉진하는 교구의 이론적 의미와 설계적 기능을 잘 알고 있어야 하며, 아동이 교구의 특별한 기능들을 정확하게 배우도록 가르친다.

한편, Montessori의 교육방법은 아동의 창의성과 자유를 제한시켰다는 지적이 있다. 즉, 아동으로 하여금 매우 제한된 용도 내에서만 교구를 사용하는 것으로 인식하게 만들었다. Montessori는 아동의 사회정서적 발달은 무시한 채 인지발달에만 치중했다는 지적도 있다. 즉, Montessori 교육에 의하면 물리적 대상(교구)을 가지고 작업하며, 다른 아동이나 교사와의 상호작용은 거의 하지 않는다는 것이다.

2. 학습이론

학습이론은 아동발달에서 생물학적 요인보다는 환경적 요인을 더 강조한다. 학습이론가들은 개인의 인생에서 얻게 되는 학습경험이 인간발달에서 변화의 근원이라고 믿는다. 학습이론가들은 또한 아동발달을 이해함에 있어서 정신분석이론에서처럼 내면의 감정을 연구하거나, 인지발달이론에서처럼 인지적 사고를 연구하는 것보다 우리가 직접 관찰하고 측정할 수 있는 행동을 연구하는 것이 더 중요하다고 믿는다. 이런 의미에서 학습이론을 행동주의이론이라고도 한다. 학습이론은 인간발달에서 단계를 설정하지 않는다. 학습이론의 기본 원리는 자극과 반응 간의 관계를 연구하는 것이다.

여기서는 Pavlov의 고전적 조건형성이론, Skinner의 조작적 조건형성이론 그리고 Bandura의 인지적 사회학습이론에 관해 살펴보기로 한다.

Ivan Pavlov(1849~1936)

1) Pavlov의 고전적 조건형성이론

자극과 반응 간의 관계를 최초로 연구한 사람은 Ivan Pavlov이다. 러시아 생리학자인 그는 포유류의 소화과정을 연구해서 1904년에 노벨의학상을 수상하였다. Pavlov의 주요개념은 고전적 조건반사와 고전적 조건형성이다.

(1) 고전적 조건반사와 고전적 조건형성

음식에 대한 반응으로 개가 타액을 얼마나 많이 분비하는가를 측정하는 과정에서, Pavlov는 개가 음식을 보거나 냄새를 맡기 이전에 이미 침을 흘리기 시작한다는 사실을 발견하였다. 즉, 음식과 관련된 자극(예를 들면, 음식을 주러 오는 사람의 발자국)이 타액을 분비하도록 유도하는 힘을 갖는 것으로 보였다. 이러한 사실을

사진 설명 Pavlov(앞줄 오른쪽에서 첫 번째)가 그의 실험용 개와 함께

사진 설명 Pavlov가 부인과 함께

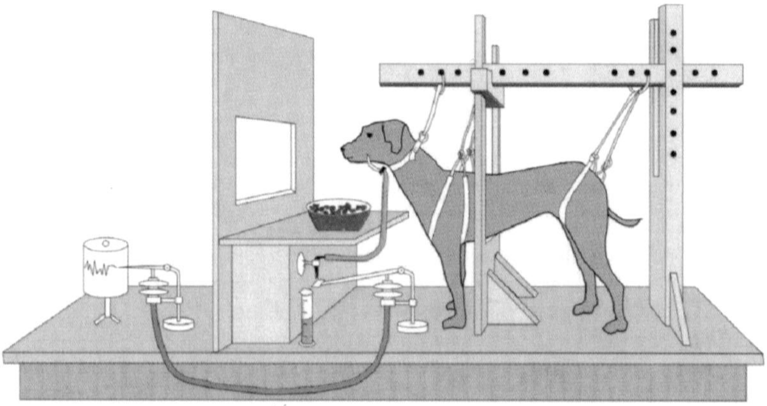

〈그림 2-2〉 Pavlov의 고전적 조건형성 실험

확인하기 위한 유명한 실험(〈그림 2-2〉 참조)에서 Pavlov(1927)는 배고픈 개에게 음식을 주면 개는 타액을 분비한다는 사실을 확인하였다. 만일 음식을 다른 사건, 즉 종을 울리는 것과 같은 사건과 함께 제공하면, 개는 마침내 종만 울려도 침을 흘리게 된다. 중립적 자극에 대해 이러한 학습된 타액분비 반응을 조건반사(conditioned reflex)라고 부르며, 이 과정을 고전적 조건형성(classical conditioning)이라고 한다. 여기서 음식은 무조건 자극(unconditioned stimulus)이며, 무릎반사나 자율신경계의 통제를 받는 어떤 반사행동도 무조건 자극의 또 다른 예로 볼 수 있다. 개의 타액분비는 무조건 자극에 대한 반응으로 무조건 반응(unconditioned response)이라고 부른다.

무조건 반응인 타액분비가 나타난 후에, 음식과 종을 짝지어 음식을 제시하면서 종을 울린다. 음식과 종소리를 몇 번 짝지어 제시한 후에는 종만 울려도 개는 타액을 분

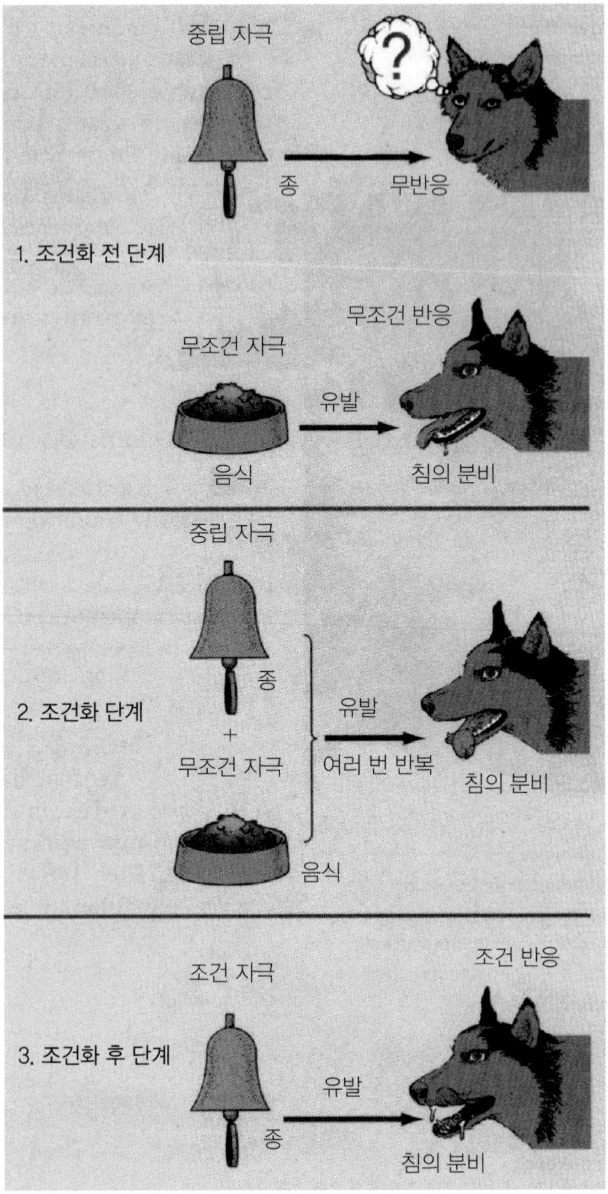

〈그림 2-3〉 Pavlov의 고전적 조건형성의 모형

비하게 된다. 이때 종소리는 조건 자극(conditioned stimulus)이라 부르고 개의 타액분비는 조건 반응(conditioned response)이라 부른다. Pavlov의 고전적 조건형성의 모형이 〈그림 2-3〉에 제시되어 있다.

우리가 일상생활에서 경험하는 고전적 조건형성의 예는 수없이 많다. 어린 아동이 보여주는 고전적 조건형성의 한 예는 개에게 물려 놀란 경험이 있는 아동이 강아지만

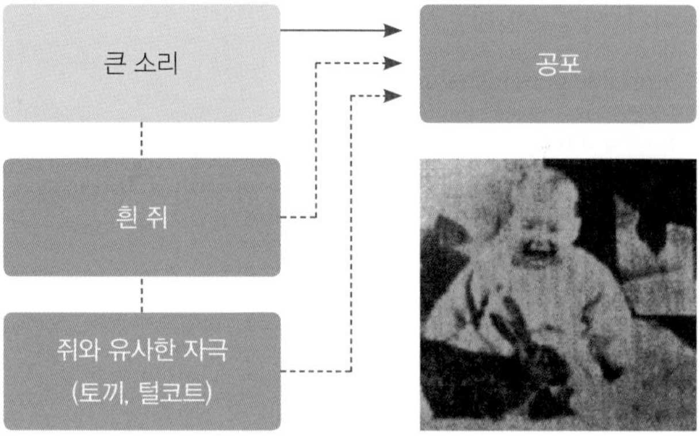

9개월 된 앨버트가 흰 쥐에 공포반응을 보이도록 Watson은 흰 쥐와 큰 소리를 짝지어 제시했다. 처음에 흰 쥐를 두려워하지 않던 앨버트가 흰 쥐와 큰 소리가 몇 번 짝지어 제시된 후에 흰 쥐에 대한 공포반응을 보였다. 심지어 흰 쥐뿐만 아니라 토끼나 개, 털코트에까지 공포반응을 보였는데, 이것이 바로 고전적 조건형성에서 나타나는 자극 일반화 현상이다. 즉, 인간의 공포와 같은 정서반응도 선천적으로 타고나는 것이 아니고 환경에 의해 습득된다는 것을 이 실험을 통해 객관적으로 증명한 것이다.

〈그림 2-4〉 앨버트에게 공포반응 조건형성하기

보아도 공포반응을 보이는 경우이다. Pavlov의 고전적 조건형성의 원리를 인간행동에 적용한 Watson(1927)에 의하면, 아동의 정서반응은 고전적 조건형성을 통한 학습에 영향을 받기 쉽다고 한다(〈그림 2-4〉 참조).

John Watson(1878~1958)

(2) 고전적 조건형성과 영향요인

Pavlov는 조건반사의 강도에 영향을 주는 몇 가지 요인을 확인했는데, 강화와 소멸 그리고 자극 일반화와 자극 변별화가 그것이다. 강화(reinforcement)는 한 행동에 뒤따르는 자극 사건이 그 행동을 다시 일으킬 가능성(확률)을 증가시킨다는 것을 의미한다. 그러나 조건형성이 한 번 이루어졌다고 해서 조건 자극이 계속해서 영원히 작용하는 것은 아니다. 예를 들면, 종소리를 타액분비를 위한 조건 자극으로 만들 수는 있으나, 만약 음식 없이 종소리만 몇 번 제시하면 종소리는 그 효과를 잃게 되는데 이것이 바로 소멸(extinction)이다. 자극 일반화는 원래의 자극과 유사한 조건 자극에 대해 조건 반응하는 것을 의미한다. 예를 들면, 어떤 음조의 종소리에 타액을 분비하도록 조건형성된 개는 유사한 다른 음조의 종소리에도 같은 반응을 하는데 이것이 자극 일반화이다. 또 다른 예는 악몽을 꾼 아이가 어두운 장소를 싫어하는 경우이다. "자라 보고 놀란 가슴 솥뚜껑 보고 놀란다"라는 속담도 자극 일반화(stimulus generalization)의 예이다. 자극 일반화에 대한 보완적인 과정이 자극 변별화(stimulus differentiation)인데, 한 자극이 다른 것과 변별되어지는 방식을 말한다. 예를 들면, 어두운 곳에서 공포를 느끼는 아동이 극장과 같은 어떤 특정한 어두운 장소에서는 공포를 느끼지 않는 것이다.

2) Skinner의 조작적 조건형성이론

B. F. Skinner는 1905년에 미국 펜실베이니아 주의 조그만 마을에서 태어나 대학에서 영문학을 전공한 후 심리학으로 박사학위를 받았다. 그는 행동주의자로서 큰 명성을 얻었지만, 문학에 대한 열정으로 자신의 조작적 조건형성 원리에 기초하여 이상사회를 묘사한 『월덴 투(Walden Two)』라는 소설을 1948년에 출간하였다.

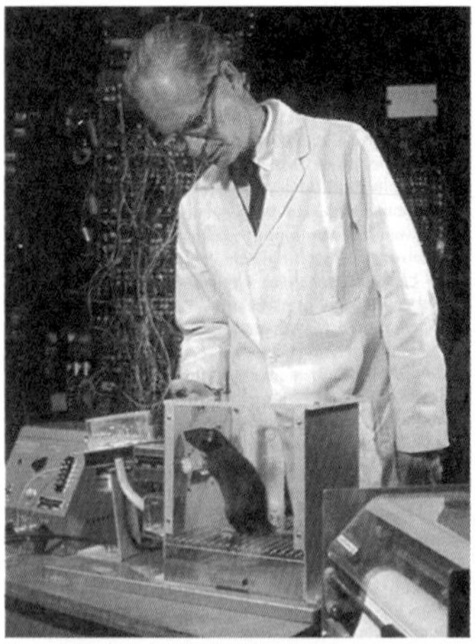

B. F. Skinner(1905~1990)

Skinner(1953)에 의하면 자극과 반응이 연결되는 또 다른 방법은 조작적 조건형성(operant conditioning)을 통해서라고 한다. 즉, 행동은 그것의 결과에 의해서 결정된다는 것이다. 아동의 어떤 행동이 강화를 받게 되면, 그 행동이 다시 발생할 확률이 높아지고, 어떤 행동이 처벌을 받게 되면, 그 행동이 다시 발생할 확률이 낮아진다. 조작적 조건형성에서는 강화와 처벌의 역할이 중요하다.

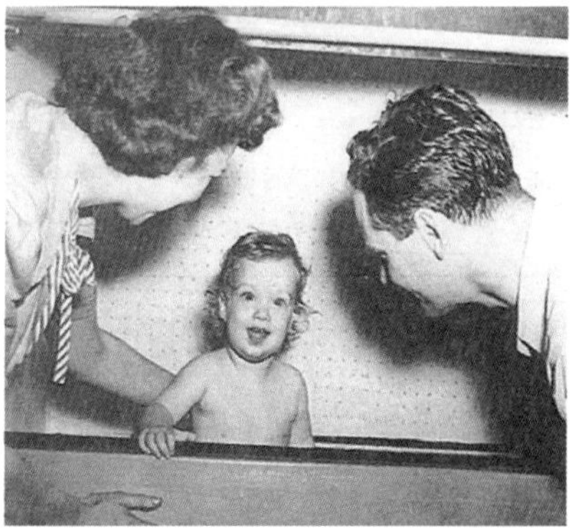

사진 설명 Skinner는 조작적 조건형성 원리를 자녀양육에 적용하였다. 그는 공기침대(Air Crib)라는 유아용 특별침대를 제작했는데, 이것은 보통 유아용 침대보다 훨씬 더 안락한 것이 특징이다.

Skinner는 습관은 조작적 학습경험의 결과라고 믿는다. 예를 들어, 한 소년의 공격적인 행동은 친구들에게 공격적인 행동을 했을 때, 친구들이 그의 힘에 굴복하면서 강화된다. 또 다른 소년의 경우, 그보다 더 힘이 센 친구가 역공을 하게 되면 더 이상 공격적인 행동을 하지 않게 된다. 위에서 예를 든 두 소년은 강화와 처벌이라는 두 요인에 기초해서 전혀 다른 방향으로 공격적 성향이 발달하게 된다. 따라서 Skinner의 조작적 조건형성이론에서는 아동발달이 본능, 욕구, 또는 생물학적 성숙과 같은 내적 요인보다는 강화인(强化因) 또는 처벌인(處罰因)이라는 외부 자극에 달려 있다고 본다.

(1) 반응적 행동과 조작적 행동

Skinner는 인간의 모든 행동은 두 가지 범주로 나눌 수 있다고 한다. 첫 번째 유형은 모든 유기체가 보이는 단순한 반사를 포함하는 반응적 행동(respondent behaviors)이다. Pavlov의 실험에서 개가 음식을 보고서 침을 흘리는 반응이 그 예이다. 반응적 행동의 특징은 반응을 유발하는 자극에 의해 전적으로 통제된다는 것이다. 즉, 자극이 있으면 반응하고, 자극이 없으면 반응하지 않는 매우 단순한 행동으로, 그 종류는 매우 적다.

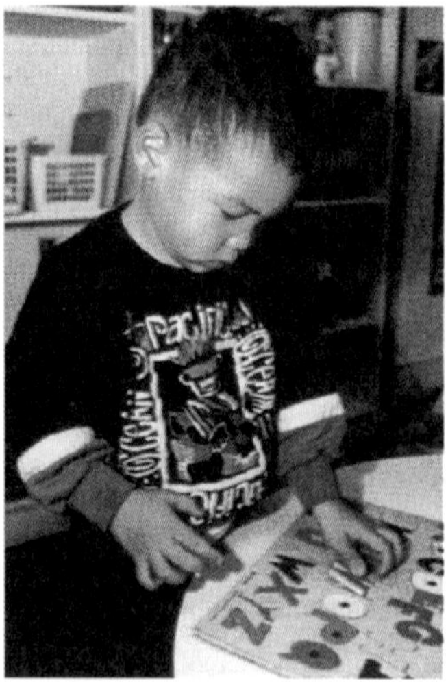
사진 설명 퍼즐 맞추기 같은 활동은 단순히 문제해결이라는 결과에 의해서도 강화될 수 있다.

두 번째 유형은 조작적 행동(operant behaviors)인데, Skinner는 인간행동의 대부분이 조작적 행동이라고 본다. 조작적 행동은 어떤 행동이 야기하는 결과에 의해서 통제된다. 일반적으로 긍정적인 결과는 그 행동이 다시 발생할 가능성을 높이고, 부정적인 결과는 반대결과를 초래한다(Skinner, 1953).

Skinner는 Pavlov의 고전적 조건형성이 인간의 어떤 행동유형은 설명할 수 있지만, 보다 복잡한 행동유형을 설명하는 데에는 조작적 조건형성이 더 적합하다고 믿는다. 고전적 조건형성에서는 자극이 반응을 유발하지만, 조작적 조건형성에서는 반응이 자극을 유도한다. 조작적 조건형성에서 어떤 행동이 다시 발생하도록 만드는 과정을 '강화'라고 부르며, 어떤 행동이 다시 발생할 가능성을 증가시키는 자극을 '강화인(reinforcer)'이라고 부른다(Skinner, 1953).

미신적 행동

우리 일상에는 '미신적 행동' 또는 우연히 강화된 행동이라고 불리는 흥미로운 현상이 있다. 그것은 어떤 행동과 강화인으로 작용하는 어떤 자극이 우연히 짝지어짐으로써 발생하는 계획되지 않은 학습이다. 예를 들면, 메이저리그의 한 유명한 야구선수는 경기에 앞서 닭고기만을 먹는다. 또 다른 선수는 유니폼을 입을 때 정해진 순서대로 입고, '행운의 양말'을 신는다. 옷을 입는 순서나 어떤 양말을 신는 것이 팀의 우승과 연결되었기 때문이다. 그 양말은 승리라는 강력한 강화자극과 연결되어졌기 때문에 하나의 강화인으로서의 가치를 지닐 수 있다. 또 다른 예로 어떤 사람들은 비행기를 탈 때 특정 좌석을 고집한다. 그 결과가 안전한 여행이었기 때문에 그 좌석을 다시 선택하는 행동을 강화시킨다. 그런 행동은 물론 안전비행과는 무관하다. 그러나 그 행동은 그 상황에서 어떤 다른 조건(안전한 여행)과 그 행동(특정좌석 선택)의 우연한 짝지어짐을 통해 학습된 것이다.

사진 설명 칭찬은 긍정적 강화인으로 작용한다.

(2) 강화인

강화인에는 두 종류가 있는데, 긍정적(positive) 강화인과 부정적(negative) 강화인이 그것이다. 여기서 긍정적 또는 부정적이라는 용어는 좋거나 나쁘다라는 가치판단과는 무관한 것이다. 즉, 좋다 또는 나쁘다라는 판단보다는 행동의 제시 또는 철회를 반영한다.

긍정적 강화인은 그것의 제시가 행동이 다시 발생할 확률을 증가시키는 자극이다. 다시 말해서, 한 상황에 더해질 때 앞으로 그 행동을 다시 할 확률을 증가시키는 자극이다. 예를 들면, 자기 방 청소를 한 아동에게 용돈을 주거나 칭찬을 하는 것은 그 행동을 유지하도록 하는 매우 효과적인 방법이 될 수 있다(사진 참조).

부정적 강화인은 그것의 철회가 행동이 다시 발생할 확률을 증가시키는 자극이다. 불쾌하거나 혐오스러운 자극의 철회를 통해 그 행동은 강화된다. 예를 들어, 다리에 박힌 파편을 제거하는 것은 불쾌한 것이 제거되므로 강화되는 것이다. 이 경우 파편을 제거하는 행위는 부정적 강화인으로 작용한다. 부정적 강화인은 처벌과는 다르다. 처벌은 어떤 행동이 발생할 확률을 감소시키는 반면, 부정적 강화인은 긍정적 강화인과 마찬가지로 어떤 행동이 발생할 확률을 증가시킨다.

(3) 소멸과 처벌

우리는 아무 이유 없이 같은 일을 계속하지는 않는다. 조작적 행동에 영향을 미쳐 빈도를 줄이거나 전적으로 중지하도록 하는 요인이 있는데, 이 과정을 소멸(extinction)이라 하고, 소멸은 어떤 반응이 더 이상 강화되지 않을 때 발생한다.

처벌(punishment)은 혐오스럽거나 불쾌한 자극을 제시함으로써 반응이 감소하는 것을 말한다. 예를 들어, 주차금지구역에 주차를 하게 되면 주차위반표를 받음으로써 그 행동이 처벌을 받게 된다. 여기서 주차위반표(또는 벌금)가 처벌인으로 작용한다.

Albert Bandura(1925~2021)

3) Bandura의 인지적 사회학습이론

Albert Bandura는 1925년 캐나다의 작은 시골마을에서 태어나 브리티시 컬럼비아 대학에서 심리학을 전공하였다. 미국 아이오와 대학에서 박사학위를 받았으며 그 후 스탠퍼드 대학에서 교수로 재직하였다.

Bandura의 인지적 사회학습이론에서는 행동과 환경뿐만 아니라 인지도 발달에 있어서 중요한 요인이 된다. 사회학습이론은 사회적 환경과 아동의 인지능력이 학습과 발달에 미치는 중요성을 강조한다. 이 이론은 아동행동의 갑작스러운 변화는 고전적 조건형성 또는 조작적 조건형성을 통해서가 아니라, 다른 사람의 행동을 관찰함으로써 학습되어 나타난다고 주장한다(Bandura, 1977). 예를 들면, 유아는 어머니의 자녀양육행동을 관찰하고, 인형놀이를 할 때 그 행동을 그대로 모방한다.

사진 설명 사회학습이론에 의하면 아동은 TV를 보면서 모델의 의복, 언어, 행동 등을 모방하게 된다고 한다.

사회학습이론은 관찰학습(observational learning), 즉 다른 사람의 행동을 관찰함으로써 발생하는 학습에 초점을 맞추는데, 이것을 모방(imitation) 또는 모델링(modeling)이라고도 한다.

(1) 관찰학습의 구성요소

Bandura에 의하면 관찰학습에는 주의, 기억, 운동재생, 동기유발의 네 가지 과정이 필요하다고 한다. 이 중 한 과정이라도 빠지면 사회학습이론의 모형은 불완전한 것이 되며, 성공적 모방이 이루어지지 않는다.

첫째, 모델의 행동에 '주의(attention)' 또는 집중해야 한다. 주의가 산만한 아동의 경우, 자극에 주의를 집중시키기에 필요한 충분한 시간 동안 가만히 앉아 있지 못한다. 우리는 수업시간에 집중만 잘 해도 공부를 잘 할 수 있다는 말을 많이 듣는다.

둘째, 관찰학습에서 또 다른 중요한 요소는 한 사건의 중요한 형상을 '기억(memory)'하는 능력이다. 이들 형상은 필요에 따라 회상될 수 있고, 유용하게 이용될 수 있다.

세 번째 과정은 모방하고자 하는 행동의 '운동재생(motoric reproduction)'을 포함한다. 여기서는 행동의 신체적 수행능력이 학습자에게 필요하다. 예를 들면, 야구공치기 학습은 공을 보고, 공의 정확한 각도와 시간에 맞추어 방망이 휘두르기로 구성된다(사진 참조).

마지막으로 필요한 구성요소는 '동기유발(motivation)'이다.

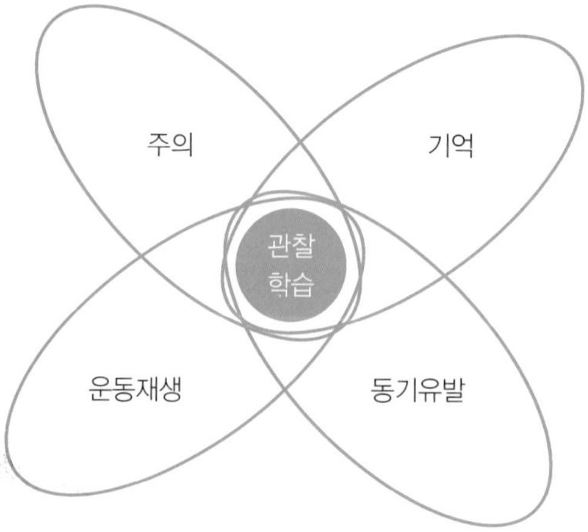

〈그림 2-5〉 **관찰학습의 네 가지 요소**

Bandura에 의하면, 동기유발은 직접강화 또는 대리강화의 형태를 취한다. 직접강화의 동기유발은 전통적 S-R 모형이나 관찰학습에서 제시하는 강화와 같은 형태이다. 그러나 대리강화(vicarious reinforcement)는 사회학습이론적 접근에서만 나타난다. 대리강화는 잠재적인 학습자가 다른 사람이 강화받는 행동을 관찰하고 자신도 그러한 행동을 하는 현상을 말한다.

〈그림 2-5〉는 관찰학습에 필요한 네 가지 요소에 관한 것이다. 여기서 주목해야 할 것은 한두 가지 과정이 때로는 다른 과정보다 더 중요하기 때문에, 관찰학습에 이 모든 영향력들이 동등하게 기여하지는 않는다는 것이다.

(2) 상호결정론

사회학습이론에서는 행동의 원동력이 본질상 환경이라는 초기 행동주의의 기본 가정에서 벗어나, 발달과정을 개인과 환경 간의 상호성으로 보는 양방향성을 가정한다. Bandura(1977, 2009, 2012, 2016, 2018)는 이러한 견해를 상호결정론(reciprocal determinism)이라고 불렀다. 환경이 아동의 성격과 행동을 조성한다는 Watson이나 Skinner와는 달리 Bandura는 개인, 행동, 환경 간의 관계는 양방향적이라고 주장한다. 〈그림 2-6〉에서 보듯이, 상호결정론의 모형은 상호작용의 삼각형을 구성한다. 여기서 개인(P)은 아동의 인지능력, 신체적 특성, 성격, 신념, 태도 등을 포함한다. 이것은 아동의 행동이나 환경에 영향을 미친다. 아동은 자신이 원하는 것을 선택할 뿐만 아니라(P → B), 아동의 행동(그리고 그 행동이 야기시키는 반응)은 자신에 대한 느낌, 태도, 신념에 영향을 미친다(B→P). 마찬가지로 이 세상이나 사람들에 대한 아동의 지식의 대부분은 TV, 부모,

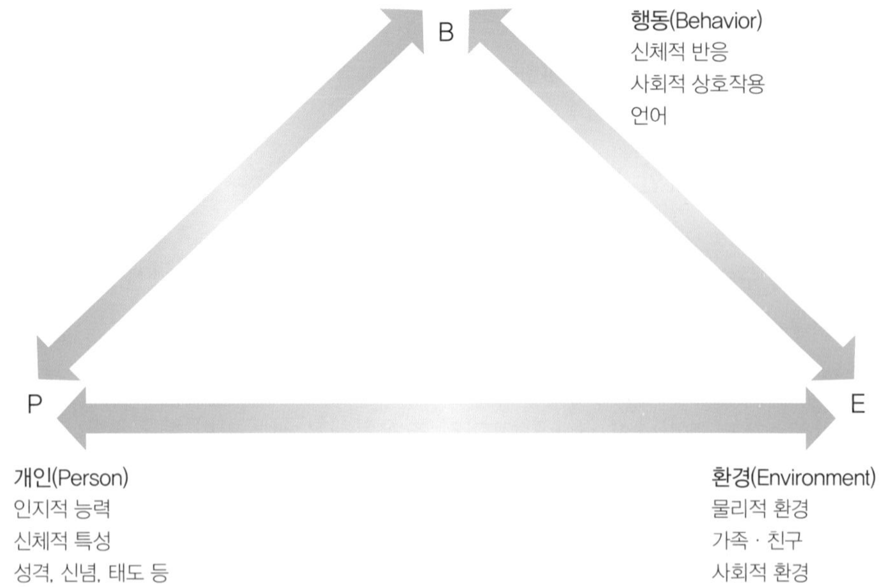

〈그림 2-6〉 Bandura의 상호결정론 모형

교과서, 그 외 다른 환경으로부터 얻은 정보에 의한 것이다(E→P). 물론 환경도 행동에 영향을 미친다. 학습이론가들이 주장하는 것처럼 아동의 행동의 결과나 아동이 관찰하는 모델은 아동 자신의 행동에 영향을 미친다(E→B). 그러나 아동의 행동 또한 자신의 환경에 영향을 미친다(B→E).

최근에 Bandura(2018)는 인지적 사회학습이론의 주요 인지 요인으로 사전 숙고(forethought)라는 용어를 사용하였다. 사전 숙고는 계획을 세우고, 목표를 설정하며, 긍정적인 결과를 그려봄으로써 자신에게 동기부여를 하는 것을 의미한다.

(3) 자기효능감

사회학습이론에서 자기효능감(self-efficacy) 또한 중요한 요소이다(Bandura, 1986, 1989). 자기효능감이란 자신이 어떤 일을 잘 해낼 수 있다는 개인적 신념으로서 어떤 행동을 모방할지를 결정하는 데 도움이 된다. 즉, 자신의 능력범위 내에 있는 활동은 시도할 것이고, 자신의 능력을 벗어나는 과제나 활동은 회피하려 할 것이다(Bandura, 1981). 예를 들어, 자신이 운동(농구)에 소질이 있다고 생각하는 아동은 마이클 조단의 덩크 슛(dunk shot)을 흉내낼 것이다(사진 참조). 어떤 사람의

행동을 모방할 것인지 아닌지의 여부는 그 사람이 누구인지, 그 사람의 행동이 보상을 받았는지 그리고 자신의 능력에 대한 신념(자기효능감)에 달려 있다.

4) 학습이론에 대한 평가

학습이론의 주요 강점은 기본 개념의 의미가 명확할 뿐만 아니라 가설검증을 비롯한 과학적 연구의 중요성을 강조한 데 있다. Pavlov는 학습상태가 이루어지는 방법을 조건반사를 이용하여 과학적으로 설명함으로써, 이후의 학습이론에 초석을 마련했다는 평가를 받고 있다. 그러나 Pavlov의 고전적 조건형성은 선천적인 반응에만 초점을 두었다는 한계가 있다. 왜냐하면 인간의 감정이나 행동은 후천적인 조건형성의 결과로 보이기 때문이다.

Skinner는 학습이론의 범위를 상당히 넓혔다는 평가를 받고 있다. 그는 고전적 조건형성의 한계를 주목한 후에 조작적 행동의 본질을 탐구했다. 특히, 조작적 조건형성의 원리를 이용한 행동수정(behavior modification) 기법은 아동의 문제행동을 바람직한 행동으로 대체하는 데 효과가 있는 것으로 보이는데, 행동수정 전문가들에 의하면 아동의 정서적 문제 중 대부분은 아동의 바람직하지 못한 행동이 우연히 강화된 데 기인한다고 한다.

한편, Skinner 이론의 단점은 첫째, 환경의 중요성만을 강조하고, 생물학적 영향력을 간과하였다는 점에 있다. 따라서 인간의 행동발달에 있어서 연령에 따른 자연적인 변화나 개인차, 독창적인 문제해결능력 등을 충분히 설명해 주지 못한다. 둘째, Skinner의 이론은 인간을 포함한 모든 동물의 행동에 동일한 법칙이 적용된다는 가정하에 인간이 아니라 개나 쥐, 비둘기와 같은 하등동물을 대상으로 한 연구에서 출발하였다는 점이다. 따라서 인간은 동물과 달리 복잡한 인지능력을 가지고 있기 때문에, 환경이 인간발달에 미치는 영향을 제대로 이해하기 위해서는 실험실이 아닌 자연환경에서 연구해야 한다는 비판을 받고 있다. 셋째, Skinner의 학습이론은 단지 눈에 보이는 행동에만 주의를 집중함으로써 인간행동과 발달을 충분히 이해하는 데 한계가 있다는 지적을 받고 있다는 점이다.

Patricia H. Miller

Bandura의 인지적 사회학습이론은 인지발달에서 사회적 · 정서적 · 동기적 측면을 고려함으로써 인지발달에 대한 이해를 넓혔다(Miller, 1993)는 평가를 받고 있다. 또한 관찰학습과 상징적 표상을 통해 인간의 사고가 사회와 어떻게 연관되는가를 구체적으로 보여주었다.

Bandura의 사회학습이론은 초기 학습이론에 비한다면, 인간의 인지체계를 통해 연결된 환경과 행동을 강조하는 것이기 때문에 보다 완성도가 높다고 할 수 있다. 그러나 이러한 인지체계가 어떻게 발달하고, 이러한 발달이 관찰학습에 어떻게 영향을 미치는가 하는 점은 규명되지 않았다는 지적을 받고 있다.

3. 정신분석이론

정신분석이론에 의하면, 우리의 행동은 단지 표면상 나타나는 특성일 뿐이므로 아동발달을 제대로 이해하기 위해서는 행동의 상징적인 의미와 마음속에서 무슨 일이 일어나는지를 이해해야 한다고 한다. 정신분석이론은 또한 부모와의 초기 경험이 아동발달에 지대한 영향을 미친다고 한다. 정신분석이론을 대표하는 Freud의 심리성적 이론과 Erikson의 심리사회적 이론을 살펴보기로 한다.

1) Freud의 심리성적 이론

Sigmund Freud(1856~1939)

'정신분석학의 아버지'라고 불리는 Sigmund Freud는 1856년 체코슬로바키아의 모라비아에서 태어났으나 일생의 대부분을 비엔나에서 보냈다. Freud의 지적 관심은 다방면에 걸친 것이어서 대학에 진학할 때 전공선택에 어려움을 겪었다. 결국 의과대학에 진학하여 신경계통을 전공하였다. Freud는 여러 명의 자녀를 두었는데, 그의 자녀 중 Anna Freud는 후에 정신분석학을 공부하여 아버지의 뒤를 이어 정신분석학에 지대한 영향을 미치게 된다.

인간의 본성에 관한 Freud의 이론적 가정은 인간에 대한 개념을 극적으로 변화시켰다. Freud는 종종 코페르니쿠스나 다윈의 영향력에 견줄 만한 20세기의 가장 중요한 사상가 중 하나로 손꼽힌다. Freud는 우리 인간이 믿고 있는 것처럼 인간은 이성적이고 논리적이며 지적인 존재가 아니고, 비이성적이고 때로는 자신도 알지 못하는 숨겨진 무의식적 동기에 의해 영향을 받는 존재라고 밝혔다. Freud는 중대한 심리적 본성이 이성이 아닌 욕망이라는 점을 시사하였다.

(1) 성격의 구조

Freud(1961)는 성격을 빙산에 비유하여 물 위에 떠 있는 작은 부분이 의식이고, 물속에 잠겨 있는 훨씬 더 큰 부분이 무의식이며, 파도에 의해 물 표면으로 나타나기도 하고, 잠기기도 하는 부분이 전의식이라고 보았다(〈그림 2-7〉 참조).

여기서 의식은 자신이 주의를 기울이는 순간에 곧 알아차릴 수 있는 정신작용의 부분이고, 전의식은 주의를 집중하고 노력하면 의식이 될 수 있는 정신작용의 부분이며, 무의식은 자신이 전혀 의식하지 못하는 정신작용의 부분이다. 그는 또한 빙산의 대부분이 물속에 잠겨 있듯이 성격의 대부분은 의식수준 아래에 존재한다고 믿는다.

Freud에 의하면 성격은 원초아(id), 자아(ego) 그리고 초자아(superego)로 구성되어 있다고 한다. 원초아는 성격의 가장 원초적인 부분으로서 생물학적 본능으로 구성되어 있는데, 이 본능은 주로 성적, 공격적인 것이다. 원초아는 전적으로 무의식 세계에 존재하며, 현실세계와는 접촉이 전혀 없다. 원초아는 쾌락원리(pleasure principle)에 의해 지배되는데, 이 원리는 쾌(快)를 최대로 하고 고통을 최소로 한다. 여기서 쾌는 긴장감소를 말한다.

그러나 우리는 자신의 충동만을 따라서 살 수는 없으므로 현실을 다루는 법을 배워야 한다. 이와 같이 즉흥적인 충동을 억제케 하고 현실을 고려하도록 하는 것이 바로 자아이다. 자아는 현실을 고려하므로 현실원리(reality principle)를 따른다.

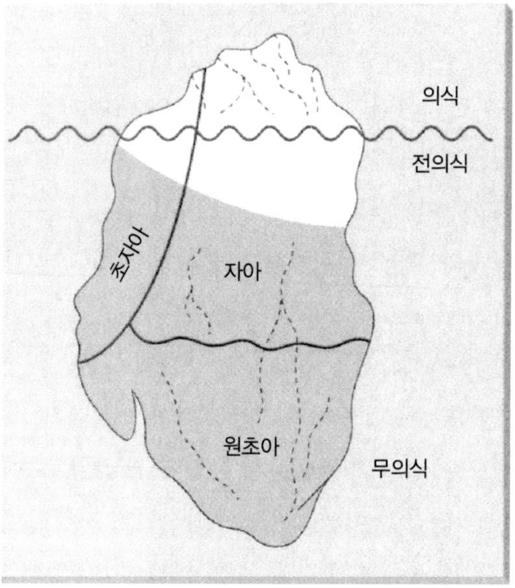

〈그림 2-7〉 Freud의 성격구조

옳고 그름에 대한 판단역할을 하는 것이 초자아이고, 초자아는 우리가 흔히 양심이라고 부르는 것과 자아이상으로 구성된다. 자신의 잘못한 행동에 대해 죄책감을 느끼는 것이 양심이고, 자신의 잘한 행동에 대해 자부심을 느끼는 것이 자아이상이다. 자아와 초자아는 의식 세계와 무의식 세계에 걸쳐 존재한다.

일반적으로 원초아와 초자아는 서로 상반된 목적을 추구하기 때문에 본능적 원초아와 이를 억제하려는 초자아 간에 긴장이 발생한다. 이때 자아의 중재역할이 제대로 발휘되지 못하면 갈등을 느끼는데 이것이 바로 불안이다. 이 불안은 매우 고통스럽기 때문에, 그것을 방어하는 기술을 발달시키게 되는데 이것이 방어기제이다.

(2) 발달의 단계

Freud(1933)는 인간발달의 단계를 구강기, 항문기, 남근기, 잠복기, 생식기의 5단계로 구분한다.

① 구강기(Oral Stage)

제1단계는 구강기로서 생후 1년까지가 이에 해당한다. 이 단계에서는 입과 구강부위가 쾌락의 주된 원천이 된다. 빨고, 마시고, 먹는 것뿐만 아니라 손가락이나 젖꼭지를 빨거나 입에 닿는 것은 무엇이든지 빠는 것과 같은 구강활동을 통해서 쾌락을 추구한다(사진 참조).

Freud에 의하면, 각 단계마다 아동이 추구하는 쾌락을 만족시켜야 다음 단계로 넘어갈 수 있다고 한다. 만일 쾌락의 추구가 빈번히 좌절되면 다음 발달단계로 넘어가지 못하고 그 시기에 고착하게 된다고 한다. 이 단계에 고착하게 되면 과식이나 과음, 과도한 흡연, 입맞춤, 수다, 신랄한 비평, 빈정거림 등의 구강기 성격이 나타난다. 고착현상은 일반적으로 심각한 좌절로 인해 욕구불만이 생길 때에 일어나지만, 과다한 만족 또한 고착의 원인이 된다. 예를 들면, 오랫동안 만족스럽게 젖을 먹은 아기는 계속해서 구강적 쾌락을 얻으려고 한다.

② 항문기(Anal Stage)

사진 설명 Freud에 의하면 항문기의 배변훈련은 심리성적 발달에서 매우 중요하다고 한다.

제2단계인 항문기는 1세에서 3세까지로 일차적 성감대가 구강에서 항문 주위로 옮겨간다. 유아는 항문적 활동을 통해 쾌락을 얻는다.

배설물의 배설을 통해 아동은 긴장과 불편함이 감소되는 쾌감을 느낀다. 또한 배설물을 보유함으로써도 쾌감을 느낄 수 있는데, 이것은 참았다가 배설을 하면 쾌감이 더 커지는 동시에 사회적 승인 역시 커지기 때문이다.

아동이 지나치게 엄격한 배변훈련을 받게 되면 고착현상이 일어난다. 즉, 배설을 참아서 근육수축 쾌감에 고착하게 되면 강박적 항문기 성격으로 나타나 청결이나 질서에 대한 강박적 욕구를 보이거나 인색한 수전노가 된다. 반면, 배설을 하고 나서 근육이완 쾌감에 고착하게 되면 폭발적 항문기 성격으로 나타나 지저분하고 낭비벽이 심한 사람이 된다.

방어기제

우리는 일상생활에서 누구나 갈등상황을 피하기 위해 그리고 스트레스나 불안, 좌절로부터 우리 자신을 보호하기 위해 가끔 방어기제를 사용한다. 대표적인 방어기제의 예는 다음과 같다(Muuss, 1996).

(1) 합리화(Rationalization): 가장 보편적인 방어기제는 합리화로서, 자신의 행위나 생각을 합리화하기 위해 진정한 이유나 동기는 감추고 그럴듯한 그밖의 이유를 제시하는 것을 말한다. 이 방어기제는 가끔 '신포도 반응'이라고도 한다. 이것은 이솝 우화에서 여우가 맛있는 포도열매가 달린 포도나무에 손이 닿지 않자, 결국은 포도가 시기 때문에 먹고 싶지 않다고 생각했다는 '여우와 신포도' 이야기에서 따온 것이다(사진 참조).

(2) 억압(Repression): 억압은 우리 내부의 충동에 대한 것으로 대부분의 방어기제에는 이 억압의 요소가 있다. 억압은 충격적인 경험, 스트레스를 유발하는 사건이나 용납할 수 없는 충동을 무의식적으로 거부하는 것을 말한다. 억압은 합리화에 비해 비현실적이다.

(3) 전이(Displacement): 전이는 어떤 대상에 대한 성적 에너지가 다른 대상으로 전이되는 것을 설명할 때 이용되는 긴요한 방어기제이다. 이 설명은 논리적으로는 부적합하지만 무의식적 사고에는 매우 적

합하다. 뱀에 대해 지나친 공포를 보이는 여자 청소년의 경우, 이것은 어쩌면 남성의 생식기관에 대한 공포를 전이한 것인지 모른다. 다시 말하면, 높은 수준의 불안이나 죄책감을 수반하는 충동에 대한 보편적인 방어기제가 전이인 것이다.

(4) 동일시(Identification): 동일시는 다른 사람의 태도, 신념, 가치 등을 자신의 것으로 채택함으로써 다른 사람의 특성이 자신의 성격에 흡수되는 것을 말한다. 오이디푸스 콤플렉스의 성공적인 해결은 같은 성의 부모와의 동일시를 통해서 이루어진다. 그리고 동일시를 통해서 초자아가 형성된다. 성체성사에서 빵과 포도주를 함께 나누는 것도 동일시의 한 형태이다. 즉, 예수 그리스도의 몸과 피를 함께 나눔으로써 우리가 좀더 예수 그리스도를 닮고자 하는 것이다(사진 참조).

(5) 반동형성(Reaction Formation): 반동형성은 용납하기 어려운 충동이 의식적으로 억압되어 완전히 반대의 것으로 나타나는 것을 말한다. 예를 들면, 십대 미혼모가 아기에 대한 적개심을 지나친 애정과 과보호로 표현하는 경우가 그것이다. 또 다른 예로 범죄 성향이 있는 사람이 반동형성을 통하여 용감한 경찰관이 되는 경우가 그것이다.

(6) 투사(Projection): 투사는 자기 내부의 용납하기 어려운 충동을 다른 사람 탓으로 돌리는 것을 뜻한다. 투사는 어떤 면에서 합리화와 비슷한 것이다. 예를 들면, 어떤 아동은 친구들이 아무도 자기를 좋아하지 않는다고 불평하지만, 사실은 그 자신이 자신을 포함한 어느 누구도 좋아하지 않는 것이다.

(7) 부정(Denial): 부정은 가장 원초적인 방어기제이다. 대부분의 방어기제는 현실을 왜곡하는 것이지만, 부정은 현실을 왜곡할 뿐만 아니라 현실 그 자체를 부정한다. 억압과는 반대로 부정은 외부세계의 현실에 초점을 맞춘다. 부정의 예로 디킨스의 소설 『위대한 유산』에서 첫날밤에 소박을 맞은 신부 해비셤이 그 사실을 부정하고, 수년간 혼례상을 차려놓고 혼례복을 입고서 신랑을 기다리는 경우를 들 수 있다. 부정의 과정은 무의식적이기 때문에 거짓말과는 다르다. 부정은 우리 기억에서 그 현실을 완전히 차단해 버리는 것이다.

(8) 승화(Sublimation): 승화는 성적 본능이 신경증적인 행동으로 전이되지 않고, 오히려 사회적으로 바람직한 행동으로 나타나는 것을 말한다. Freud는 르네상스 시대의 유명한 누드화는 성적 충동이 승화되어 나타난 것이고, 문명의 발달 또한 성적 욕구가 승화의 형태로 나타난 결과라고 주장한다(사진 참조).

사진 설명 르누아르 作 '나부(裸婦)'

③ 남근기(Phallic Stage)

제3단계인 남근기는 약 3세에서 5세까지 계속된다. 이 시기에는 정신에너지가 항문으로부터 성기로 옮겨간다. 이 단계에서 남아는 오이디푸스 콤플렉스를 그리고 여아는 엘렉트라 콤플렉스를 경험한다.

오이디푸스 콤플렉스는 그리스 신화 '오이디푸스 왕'에서 그 이름과 내용을 따온 것으로, 오이디푸스는 자신의 부모임을 모른 채 그의 아버지를 죽이고 어머니와 결혼한다. 나중에 이 사실을 알고서 자신의 두 눈을 파냄으로써 스스로를 벌한다.

Freud는 성적으로 어머니를 소유하려는 욕망이 남근기에 있는 모든 남아들의 특징이라고 믿는다. 남아는 어머니를 최초의 애정의 대상으로 추구하고 아버지를 경쟁자로 인식하여 적대감을 갖게 된다. 아버지와의 미묘하고도 심각한 대결의 과정에서 남아는 결국 그의 동기에 대한 아버지의 분노를 인식하게 되며, 자신과 아버지의 성기를 비교한 결과 열등감을 느끼게 된다. 이때 아버지가 그의 근친상간적 행동을 거세를 통해 벌할 것이라고 두려워하게 되는데, 이것이 바로 '거세불안(castration anxiety)'이다. 남아는 거세불안을 감소하기 위해 어머니에 대한 성적 욕망을 포기하고, 아버지에게 느꼈던 적대감정을 억압하고 그 대신 자신과 아버지를 동일시하게 된다. 즉, 아버지와 경쟁하는 대신 아버지와 같은 사람이 되려고 하며, 아버지를 통해서 어른이 된 느낌을 간접적으로 즐긴다. 이러한 동일시 과정을 통해 초자아가 형성된다.

Freud는 여아에 대해서도 엘렉트라 콤플렉스를 묘사했지만 그 설명이 충분하지는 않다. 엘렉트라는 그리스 신화에서 남동생을 설득하여 어머니와 그 정부를 죽이고서

사진 설명 오이디푸스 콤플렉스는 남근기에 출현한다.

아버지의 원수를 갚는다. 여아는 남아들이 갖고 있는 남근이 자기에게는 없다는 것을 발견하게 되는데, 이것이 어머니 때문이라고 생각한다. 이렇게 자신을 불완전하게 만들어 세상에 내보낸 어머니를 원망하고, 남근에 대한 부러운 감정, 즉 '남근선망(penis envy)'을 갖게 된다. 남근선망은 아버지에 대한 사랑과 애착을 강화시키고 어머니에 대해서는 거부감을 느끼게 한다. 그런데 여아는 결국 물리적으로 남근을 만들어 붙이는 것이 불가능하며, 그에 대한 자신의 욕망을 직접적으로 만족시키기 위해서는 어머니와의 동일시를 통해야 한다는 것을 깨닫게 된다.

④ 잠복기(Latency Stage)

제4단계인 잠복기는 약 6세경에 시작되어 12세경에 끝난다. 오이디푸스 콤플렉스를 성공적으로 해결한 아동은 이제 비교적 평온한 시기인 잠복기에 들어선다. 이 시기에 공격적 행동, 성적 본능 그리고 리비도의 힘은 잠복상태에 있게 된다. 첫 세 단계의 갈등해결에 투입되던 이전의 막대한 성적 에너지는 이제 부모에 대한 애정을 발달시키고, 동성 친구와의 강한 사회적 유대를 확립하는 데 집중된다.

정신분석가들은 아동이 부모와 동일시하는 잠복기에 중요한 사회적 · 도덕적 가치를 습득하게 된다고 보았다. 이 시기에 시작되는 학교교육은 기본적인 사회적 기술의 습득을 촉진한다.

⑤ 생식기(Genital Stage)

제5단계인 생식기는 약 12세에 시작된다. 생식기에는 남근기에서와 같이 이성 부모를 향한 성적 욕망이 다시 한 번 나타나는데, Freud는 이를 사춘기에 거세불안이 환기되는 오이디푸스적 상황의 재현이라고 보았다. 잠복기에 확립되었던 원초아, 자아, 초자아 간의 균형이 갈등과 혼란을 겪으면서 갑자기 균형을 잃게 된다. 자아와 초자아는 생식기 동안 중요한 시험에 직면하며, 한쪽 내지 양쪽 모두의 부적절한 발달로 인해 청소년의 자살, 비행, 심각한 정신이상을 야기시킨다. 이때 자아는 한편으로는 억압과 같은 방어기제를 통해 원초아의 욕구를 부정함으로써, 다른 한편으로는 지성화, 합리화, 금욕주의, 퇴행 등의 방어기제를 통해 초자아를 진정시킴으로써 이러한 갈등에 대처한다.

Freud(1925)는 사춘기 남아의 진지한 첫사랑의 대상이 자신의 어머니와 흡사한 인물이기 쉽다고 설명했다. 마찬가지로 사춘기 소녀가 선생님이나 영화배우, 연예계 스타에게 홀딱 반하고 열중하는 모습에서 볼 수 있듯이, 자기 또래의 남자에게 관심을 보이기에 앞서 나이 많은 남자와 사랑에 빠지기도 한다. 따라서 청소년의 첫 이성애 대상은 상징적으로 말해서 오이디푸스적 소망을 수용할 수 있는 비근친상간적 대상으로 흔히 어머니나 아버지 같은 사람이다.

2) Erikson의 심리사회적 이론

Erik Erikson(1902~1994)

Erik Erikson은 1902년 독일의 프랑크푸르트에서 태어났으며, 아동정신분석가가 되기 전까지 정식으로 과학적 훈련을 받은 적이 전혀 없는 사람이다. 그는 심리학에 입문하기 전까지 미술공부를 하였다. 그는 Freud의 딸인 Anna와 함께 정신분석학을 공부했으며, 이 분야에서 자격증을 받은 후 덴마크로 가서 그곳에서 잠시 개업을 하다가 마침내 미국으로 자리를 옮겨 연구를 계속하였다. 1960년에 Erikson은 하버드 대학의 교수로 임명되었는데, 생활주기에 대한 그의 강좌는 학생들에게 인기가 대단히 높았다.

Erikson은 발달의 사회적 맥락을 강조함으로써 Freud의 심리성적 발달의 5단계를 확장하여 8단계 이론을 정립하였다. 즉, Erikson은 인간발달의 전생애 접근을 시도한 최초의 인물이다.

(1) Erikson 이론의 개요

Erikson(1975)은 내적 본능 및 욕구나 외적 문화적 · 사회적 요구 간의 상호작용으로 인해 심리사회적 발달이 전생애를 통해 계속된다고 주장한다. 그리고 내재된 '기초안(ground plan)'에 의해 발달이 이루어진다고 믿는다. Erikson에게 있어 주요 개념은 자아정체감의 발달이다. 확고한 자아정체감을 확립하기 위해서는 일생을 통해 여덟 가지 위기를 성공적으로 해결해야 한다고 하였다.

매 단계마다 갈등상황(또는 위기)은 '신뢰감 대 불신감'이나 '통합감 대 절망감'에서처럼 긍정적인 결과와 부정적인 결과를 초래할 수 있다. 즉, 여덟 개의 발달단계마다 나름대로의 갈등이 있으며, 그 갈등은 양극의 결과를 초래할 수 있다. 후기의 저술에서 Erikson은 갈등을 성공적으로 해결할 수 있는 잠재력(potential strength) 또는 생명력(vital strength)에 대해 언급하고 있다. '성공적인 해결'은 반드시 긍정적인 측면만을 의미하는 것은 아니다. 최상의 해결책은 긍정적인 측면과 부정적인 측면이 균형을 이루는 것이다.

(2) 심리사회적 발달단계

Erikson(1963)의 심리사회적 발달의 4단계[1]와 각 단계에서 성취해야 할 발달과업과 극복해야 할 위기는 다음과 같다.

① 1단계: 신뢰감 대 불신감(Trust vs. Mistrust)

제1단계는 Freud의 구강기에 해당되는 시기로서 출생에서 약 1세까지이다. 이 시기의 주된 발달의 위기는 영아가 세상을 신뢰할 수 있느냐 없느냐 여부에 관한 것으로, 어머니의 관여가 이 신뢰의 초점이 된다. 신뢰감은 다른 사람에 대한 믿음과 자신에 대한 믿음을 포함한다. 이 시기에 아기를 돌보아 주는 사람(주로 어머니)이 영아의 신체적·심리적 욕구를 잘 충족시켜 주면 아기는 신뢰감을 형성하게 되고, 만약 아기의 욕구가 잘 충족되지 않으면 아기는 불신감을 갖게 된다.

사진 설명 양육자가 영아의 욕구에 민감하게 반응하면 아기는 신뢰감을 형성하게 된다.

그러나 Erikson은 완전한 신뢰감만이 바람직한 것은 아니라고 했다. 지나친 신뢰는 아동을 너무 순진하고 어수룩하게 만든다. 따라서 건강한 자아발달과 성장을 위해서는 불신감도 경험해야 한다. 건강한 발달을 위해 중요한 것은 신뢰와 불신 사이의 적당한 비율인데, 물론 불신감보다는 신뢰감이 더 큰 비중을 차지해야 한다.

② 2단계: 자율성 대 수치심과 회의감(Autonomy vs. Shame and Doubt)

제2단계는 Freud의 항문기에 해당되는 시기로서 약 1세에서 3세까지이다. 이 단계의 쟁점은 '자율적'이고 '창의적인 사람'이 되느냐, 아니면 의존적이고 '자기회의'로 가득한 '부끄러운 인간'이 되느냐 하는 것이다. 이 시기에 유아는 여전히 다른 사람들에게 의존하고 있지만 자유로운 선택의 자율성도 경험하기 시작한다. 자율성을 향한 투쟁은 완강한 거부나 떼쓰기 등으로 나타날 수 있다.

이 단계의 중요한 과업은 자기통제인데, 그중에서도 특히 배변훈련과 관련된 배설기

1) Erikson의 심리사회적 이론에서는 인간의 발달과정을 8단계로 나누고 있지만, 여기서는 아동기에 해당하는 4단계까지만을 살펴보기로 한다.

사진 설명 옷을 스스로 입고 벗는 것은 자율성의 표현이다.

능의 통제가 중요하다. 이 단계에 대한 Erikson의 입장은 Freud와는 달리 특정 항문 부위를 넘어 신체전반의 근육조직에 관한 통제능력으로까지 일반화시킨 것이다. 즉, 아동은 배설관련 근육의 통제력뿐만 아니라 일반적인 충동 또한 어느 정도 통제할 수 있을 것으로 기대된다. 이러한 변화는 통제력 부족으로 인한 '수치심'에 반대되는 성공적인 '자율감'에 이르게 한다.

이 단계에서는 아동이 자신의 행동을 통제할 수 있는 정도를 스스로 발견하는 과업이 요구된다. 만약 아동에게 새로운 것들을 탐색할 기회가 주어지고 독립심이 조장되면 건전한 자율감이 발달할 것이다. 반면, 아동에게 자신의 한계를 시험해 볼 기회가 주어지지 않고 아동이 지나친 사랑을 받고 과잉보호받게 되면, 세상사에 효과적으로 대처할 자신의 능력에 회의를 느끼고 수치심을 갖게 될 것이다.

③ 3단계: 주도성 대 죄책감(Initiative vs. Guilt)

사진 설명 3세와 7세 사이에 성적 관심이 크게 증가한다.

3단계는 Freud의 남근기에 해당하는 시기로서 3세에서 6세까지이다. 이 단계에서 경험하는 심리사회적 갈등은 '주도성 대 죄책감'의 발달이다. 이제는 활동, 호기심, 탐색의 방법으로 세상을 향해 돌진하는 것과 두려움이나 죄책감으로 인해 주저하는 것 사이에 갈등이 발생한다. 이 시기의 아동은 보통 생기와 활력, 호기심이 넘치고 놀이활동을 통해 활동반경을 점점 더 넓혀간다. 주도성을 발달시키는 과정에서 목표를 설정하는 것이 보이고 목적에 따라 활동하는 경향이 늘어난다.

이 단계는 언어발달이 급격히 이루어지는 시기이기도 하다. 이 단계 초기에 아이들은 끊임없이 질문을 한다. 게다가 사물 특히 장난감을 적극적으로 조작하기 시작한다. 아이들은 그 안에 무엇이 들어 있는지 보기 위해 물건을 뜯어보기도 하는데, 이러한 호기심이 파괴성으로 해석되어 아동이 처벌을 받게 되고, 그로 인해 죄책감을 느끼게 된다면 주도성은 이지러질 수도 있다. 또한 아동은 자신의 몸뿐만 아니라 친구의 몸도 탐색하는데, 이러한 탐색적 행동에는 성기에 대한 호기심도 포함되어 있다. 성적 탐색과 관련된 사회적 비난과 처벌은 죄책감의 발달을 조장할 수 있다.

아이들이 장난감을 해체하거나 자신과 타인의 몸을 탐색하는 것을 놓고 죄책감을 느끼게 하는 것처럼, 새롭게 발달되고 있는 주도성을 부모가 억제하고 반대하여 처벌한다면 부정적인 결과가 나타나기 쉽다. 즉, 아동의 탐색과 주도성이 가혹한 질책과 직면하게 된다면 그 결과는 죄책감으로 나타난다.

④ **4단계: 근면성 대 열등감**(Industry vs. Inferiority)

이 단계는 6세부터 11세까지이며 Freud의 잠복기에 해당된다. Freud는 이 단계를 비활동적인 시기로 본 반면, Erikson은 이 단계를 역동적이고 활동적인 시기로 보았다. Erikson은 이 시기가 아동의 근면성에 결정적이라고 믿는다. 근면성은 아동이 속한 사회에서 성공적으로 기능하고 경쟁하는 데 필요한 기술을 습득하는 능력이다. 이 시기는 학교교육이 시작되는 시기로 읽기, 쓰기, 셈하기 등 중요한 인지적 기술과 사회적 기술을 습득해야 한다. 만약 이러한 기술을 개발하지 못하게 되면 아동은 열등감을 느끼게 된다. 열등감은 아동이 그가 속한 세계에 대처함에 있어서 자신의 무능력이나 자신이 중요하지 않음을 지각하면서 생겨난다.

사진 설명 읽기, 쓰기, 셈하기 등의 인지적 기술의 습득은 근면성에 매우 중요하다.

만일 아동이 성공에 대한 느낌이나 일을 잘 처리해서 인정을 받고자 하는 과업에 실패한다면 근면성이 결여되고 무력감이 나타날 것이다. 그런 아동들은 잘한 일에 대한 자부심을 발달시키지 못하고 열등감에 시달릴 수도 있다.

3) 정신분석이론에 대한 평가

Freud는 인간의 행동과 발달이 무의식적 욕구에 의해 지배된다고 주장함으로써 정신의학과 심리학 분야에 지대한 영향을 미쳤다. 그의 정신분석이론은 인생 초기 경험의 중요성, 특히 5세 이전의 부모자녀관계가 인간발달에 미치는 영향을 강조함으로써 부모역할과 자녀양육행동에 대한 관심을 불러일으켰다. 또한 그는 유아와 양육자 간의 애착관계, 형제관계, 공격성, 도덕성발달, 성역할발달 등의 연구를 촉진하였다(Berk, 2000). 현재 아동발달 분야에서 Freud의 이론을 무조건 지지하는 것은 아니지만 아동의 발달단계, 성격의 구조 등과 같은 핵심 개념들은 그의 이론에서 시작된 것이다. 그 외에도 인간 정신의 무의식적 동기나 방어기제와 같은 개념의 소개 또한 Freud 이론의 성과로 볼 수 있다(Miller, 1993).

Richard Fabes

한편, Freud 이론의 단점은 다음과 같은 것이다. 첫째, Freud 이론은 아동을 직접 관찰한 결과가 아니고, 심리적으로 문제가 있는 성인들을 대상으로 그들의 기억이나 회상에 근거한 자료를 가지고 아동발달을 설명하고 있기 때문에 그 이론의 일반화가 어렵다는 점이다. 둘째, Freud 이론은 문화적 편견과 성적 편견이 있는 것으로 지적되고 있다. 예를 들면, 오이디푸스 콤플렉스는 Freud가 주장한 것처럼 모든 문화권에서 보편적인 현상이 아니고 서구 사회의 중산층 가정의 산물이라고 지적하는 이가 있다. 그리고 여아는 거세불안이 없기 때문에 초자아를 내면화하지 못해 여성이 남성보다 덜 도덕적이라는 Freud의 주장에 대해, 이것은 단지 빅토리아 시대의 남성우월주의 문화권의 여성에 대한 편견을 반영한 것이라는 비판이 있다. 셋째, Freud 이론은 과학적 근거가 부족하기 때문에 과학적 검증이 어렵다는 지적이 있다. Freud가 사용한 대표적 연구방법인 자유연상이나 꿈의 해석 등은 그 해석에 있어 연구자의 주관이 개입될 수 있기 때문에 객관성과 정확성이 떨어진다는 것이다. 넷째, Freud 이론은 아동발달에서 성적인 면을 지나치게 강조했다는 지적이 있다(Fabes & Martin, 2000; Santrock, 2001).

많은 사람들이 Freud의 이론보다 Erikson의 이론을 선호하는데, 그 이유는 인간의 성적 본능을 지나치게 강조한 Freud에 비해 인간의 이성과 적응을 강조한 Erikson의 이론이 훨씬 더 호소력이 있기 때문이다. Erikson은 Freud 이론의 경험적 기초를 확장하여 정신분석이론의 신뢰도와 적용가능성을 증가시켰다. 즉, 심리성적 단계에 심리사회적 단계를, 생물학적 영향에 문화적 영향을, 자아방어에 자아정체감을, 비정상적인 연구대상에 정상적인 연구대상을, 특정한 문화적 시각에 비교문화적 시각을, 아동기에 대한 성인의 회상에서 아동에 대한 관찰을 그리고 아동발달에 성인발달을 첨가시켰다(Miller, 1993). 특히 인간발달에서 전생애발달적 접근을 한 점과 문화적 상대성을 인정한 점은 Erikson의 매우 중요한 공헌이라 할 수 있다.

한편, Erikson 이론의 단점은 개념정의가 명확하지 못하고, 발달의 원인이 무엇인가에 대한 설명이 부족하다는 점이다. 다시 말해서, 인간의 사회정서발달에 대한 기술만 있고 설명이 없다는 것이다. 뿐만 아니라 그의 단계이론에서 각 단계로의 전환이 어떻게 이루어지는지 그 기제가 명확하지 않다는 점 또한 문제점으로 지적되고 있다.

4. 인지발달이론

정신분석이론이 아동의 무의식적인 사고의 중요성을 강조하는 것이라면, 인지발달이론은 아동의 의식적인 사고를 강조하는 것이다. 인지발달이론에서는 정신구조가 매우 중요한 의미를 갖는다. 이 점에서는 정신분석이론과 별 차이가 없으나, 인지발달이론은 무의식적인 사고과정에는 전혀 관심이 없다. 그 대신에 합리적인 사고과정을 강조한다. 여기서는 Piaget의 인지발달이론, 정보처리이론 그리고 Vygotsky의 사회문화적 인지이론에 관해서 살펴보기로 한다.

1) Piaget의 인지발달이론

Jean Piaget는 1896년 스위스에서 태어났다. 어려서부터 과학에 깊은 관심을 가져 첫 번째 논문을 10세 때 출간하였으며, 21세에 박사학위를 받았다. 그는 자신의 세 자녀가 성장하는 과정을 지켜보면서 아동의 사고는 성인의 사고와는 매우 다르다는 것을 발견하였다. Piaget만큼 아동의 인지발달을 이해하는 데 심오한 영향을 준 학자는 없다. Piaget(1952)에 의하면 인지발달은 유기체와 환경과의 상호작용으로 이루어지는 적응과정이며, 여기에는 질적으로 다른 네 개의 단계가 있다고 한다. 1960년대에 와서 Piaget의 인지발달이론에 대한 관심이 높아져서 오늘날 아동의 사고에 관한 연구 중에 Piaget의 이론을 언급하지 않는 연구는 거의 없다.

Jean Piaget(1896~1980)

(1) Piaget 이론의 주요 개념

Piaget의 인지발달이론에서는 도식(schema), 적응(adaptation), 동화(assimilation), 조절(accommodation) 그리고 평형(equilibration)의 개념이 중요한 의미를 갖는다.

도식은 사물이나 사건에 대한 전체적인 윤곽을 말한다. 빨기나 잡기와 같은 최초의

사진 설명 유아는 많은 도식을 지니고 태어나는데, 새로운 물체를 탐색하고 이해하는 데 그 도식들을 사용한다.

도식들은 본질상 반사적이다. 그러나 이들 반사적 행동조차도 환경의 요구에 따라 변화한다. 예를 들면, 빨기는 유아가 자라 숟가락을 사용하게 되면 형태상 변화한다. 여기서 빨기 도식은 그 구조상으로는 변했지만, 그것을 수행하는 기능면에서는 변한 것이 아니다. 유아는 많은 도식들을 지니고 태어나며, 적응의 과정을 통해서 새로운 도식을 개발하고 기존의 것들을 변화시킨다.

적응은 환경과의 직접적인 상호작용을 통해 도식이 변화하는 과정이다. 동식물의 세계는 적응의 예들로 가득 차 있다. 홍관조 수컷은 선명한 붉은색인 반면, 암컷은 눈에 잘 띄지 않도록 엷은 갈색조를 띠어 종의 생존에 대한 위협을 줄인다. 적응은 동화와 조절이라는 두 가지 수단을 통해 진행된다.

동화는 새로운 환경자극에 반응함으로써 기존의 도식을 사용해 새로운 자극을 이해하는 것을 말한다. 유아가 음식이든 아니든 무엇이나 입으로 가져가는 것은 동화의 한 예이다.

사진 설명 영아는 물체의 모양에 맞게 자신의 입을 조절한다.

조절은 기존의 도식으로는 새로운 사물을 이해할 수 없을 때, 기존의 도식을 변경하는 것을 말한다. 아동이 조절을 할 때에는 도식의 형태에 질적인 변화가 일어난다. 아동이 사자를 보고 고양이라고 말할 때, 누군가가 "아니야, 그것은 사자란다"라고 말해 줌으로써 잘못을 바로잡을 수 있다. 이때 아동은 '사자'라고 불리는 새로운 도식을 형성하게 된다.

끝으로 평형은 동화와 조절의 균형을 의미한다. 여기서 동화, 조절, 평형이 어떻게 작용하는지 예를 들어보자. 5세 된 아이가 하늘에 날아다니는 물체는 새라고 배웠다고 하자. 하늘에 날아다니는 물체를 볼 때마다 아이는 그 사물이 자기가 갖고 있는 기존체계, 즉 새라는 것에 자신의 생각을 동화시킨다. 그런데 어느 날 아이는 하늘을 날아가는 비행기를 보게 된다. 이 새로운 사물을 보고 아이는 그가 갖고 있는 기존개념인 '새'에 결부시키려고 하나 모양이나 크기 등이 너무 다르다. 그래서 아이는 기존의 체계를 변경하지 않으면 안 되는데 이 과정이 조절이다. 아이는 이제 불평형 상태에 놓이게 된다. 즉, 이 새로운 물체가 새인지 아닌지 만약 새가 아니라면 도대체 무엇인지 알 수 없다. 그래서 어머니에게 저 물체가 무엇인지를 물어본 결과 그것은 새가 아니라 비행기라는 답을 듣는다. 그리고 아이는 새와 비행기의 차이를 알게 되는데, 이것이 평형의 상태이다.

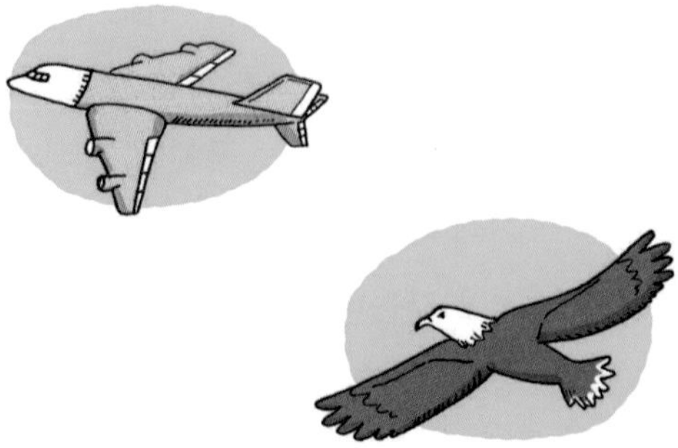

(2) Piaget의 인지발달 단계

Piaget(1954)는 인지발달에는 네 단계가 있으며(〈그림 2-8〉 참조), 질적으로 다른 이 단계들은 정해진 순서대로 진행되고, 단계가 높아질수록 복잡성이 증가한다고 한다.

인지발달의 첫 번째 단계는 감각운동기(sensorimotor stage)로서, 신생아의 단순한 반사들이 나타나는 출생에서 시작해서 초기의 유아적 언어가 나타나는 상징적 사고가 시작되는 2세경에 끝난다. Piaget는 이 단계에서 독립적이지만 상호관련된 6개의 하위단계들을 제시한다. 아동의 행동은 자극에 대한 반응으로서, 이때 자극은 감각이고 반응은 운동이다. 그래서 이 단계를 감각운동기라고 부른다.

두 번째 단계는 전조작기(preoperational stage)로서 2세에서 7세까지이다. 이때가 되면 아동의 언어가 급격히 발달하고 상징적으로 사고하는 능력도 증가한다. 그러나 이 단계에서는 논리적인 조작이 가능하지 않기 때문에 전조작기라 부른다. '조작'이란 과거에 일어났던 사건들을 내면화시켜 서로 관련지을 수 있는, 즉 논리적인 관계를 지을

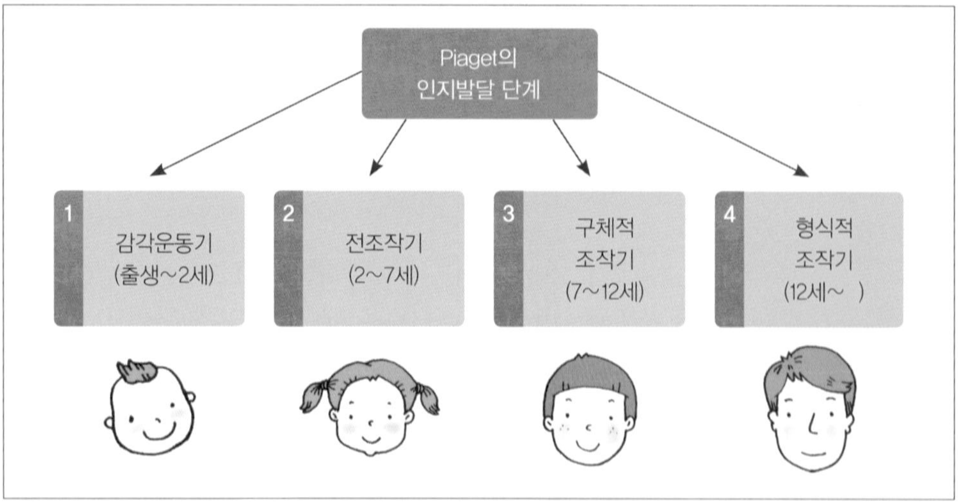

〈그림 2-8〉 Piaget의 인지발달 단계

수 있는 것을 뜻한다. 전조작기 사고의 특징은 상징놀이, 자기중심적 사고, 물활론(物活論), 직관적 사고를 하는 것 등이다.

세 번째 단계는 구체적 조작기(concrete operational stage)로서 7세에서 12세까지가 여기에 해당한다. 이 단계에서 아동은 전조작기에서 갖지 못한 가역성(可逆性)이라는 특성을 갖는다. 구체적 조작기에 나타나는 사고의 특징은 보존개념의 획득, 유목(類目)포함, 분류화, 서열화를 할 수 있다는 점이다.

마지막 단계는 형식적 조작기(formal operational stage)로서 청년기가 이 단계에 해당된다. 형식적 조작기의 특징은 첫째, 새로운 상황에 직면했을 때 현재의 경험뿐만 아니라 과거와 미래의 경험을 이용한다는 것이다. 둘째, 체계적인 과학적 사고가 가능하다는 것이다. 즉, 문제해결을 위해 사전에 계획을 세우고, 체계적으로 해결책을 시험한다. 셋째, 추상적인 사고가 가능하다는 것이다. 구체적 조작기의 아동은 눈에 보이는 구체적 사실들에 대해서만 사고가 가능하지만, 형식적 조작기의 청년은 추상적인 개념도 이해할 수 있다. 넷째, 이상주의적 사고를 한다는 것이다. 청년들은 이상적인 특성, 즉 자신과 다른 사람들에게 이상적이었으면 하고 바라는 특성들에 대해 사고하기 시작한다.

Piaget의 인지발달 단계는 나중에 각 단계별 인지발달에서 좀더 구체적으로 살펴보기로 한다.

2) 정보처리이론

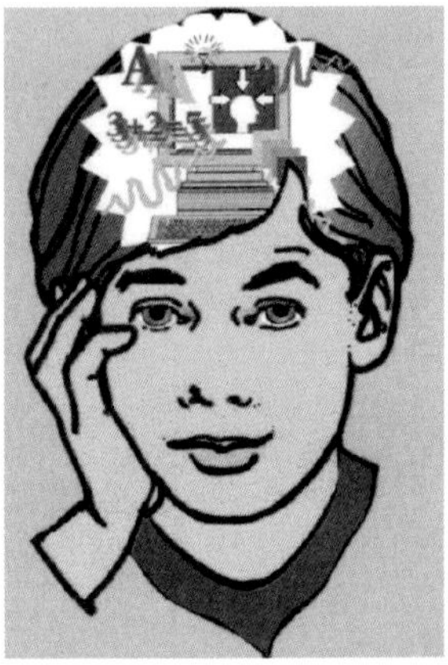

정보처리이론은 인간의 인지과정을 컴퓨터의 정보처리 과정과 비교한 접근법이다(Miller, 1993, 2016). 정보처리이론에 의하면 컴퓨터와 인간의 사고과정에는 유사점이 있는데, 둘 다 논리와 규칙을 사용한다는 점이다(Belmont & Butterfield, 1971; Klahr, 1992; Siegler, 1996). 컴퓨터의 하드웨어와 소프트웨어의 용어를 사용해서 이들 둘을 비교하고 있는데, 하드웨어란 컴퓨터의 물리적 장치를 말하는 것이고, 소프트웨어는 컴퓨터 조작을 위한 프로그래밍을 말한다. 정신활동 역시 하드웨어와 소프트웨어를 가졌다고 볼 수 있는데, 뇌와 신경계를 하드웨어로, 문제해결을 위한 계획이나 책략 등을 소프트웨어로 볼 수 있다(Flavell, 1971).

예컨대, 여덟 살 난 아이가 열 개의 단어를 외울 수 있을 때, 열네 살짜리가 스무 개의 단어를 외울 수 있는 것은 열네 살 난 아이의 뇌와 신경계가 더 성숙해 있는 것으로 해석할 수 있다. 이것이 하드웨어의 차이이다. 다른 한편으로는 아동기에 갖지 못하는 기억책략을 청년기에 와서 갖는 것으로도 해석할 수 있는데, 이것이 소프트웨어의 차이이다(Kail, 1992; Santrock, 1981).

사진 설명 John Flavell이 아동과 함께

정보처리이론은 인간의 인지를 세 가지 체계로 개념화한다. 첫째, 외부세계로부터의 정보는 시각, 청각, 미각, 후각과 같은 우리의 감각기관을 통해 인지체계에 투입된다. 둘째, 우리의 뇌는 감각기관에 투입된 정보를 다양한 방법으로 저장하고, 전환한다. 여기에는 정보를 부호화하고, 저장하고, 인출하는 과정이 포함된다. 정보처리에 관한 대부분의 연구가 이 부분에 집중되어 있다. 마지막 체계는 우리의 행동으로 나타나는 산출부분이다.

〈그림 2-9〉는 정보처리 모델에 관한 것이다. 이 모델에 의하면 아동이 어떤 문제를 풀려고 할 때, 감각기관을 통해 외부환경으로부터 정보를 받아들인다. 이 같은 방법으로 획득된 정보는 감각기록기[2)]에 잠깐 동안 머물게 된다. 감각기록기는 마치 사진기로

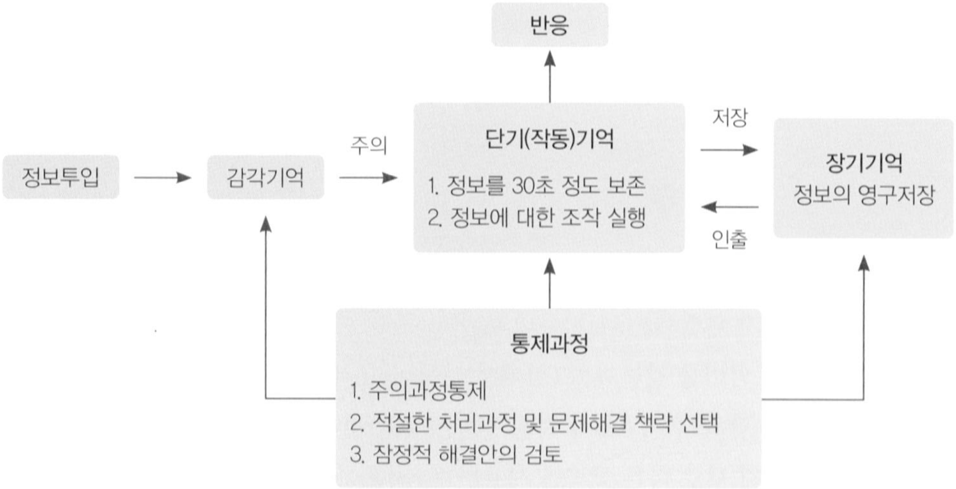

〈그림 2-9〉 정보처리 모델

출처: Atkinson, R. C., & Shiffrin, R. M. (1968). Human memory: A proposed system and its control processes. In K. W. Spence & J. T. Spence (Eds.), *The psychology of learning and motivation: Advances in research and theory* (Vol. 2). Orland, FL: Academic Press.

스냅사진을 찍듯이 정보를 있는 그대로 정확하게 기록한다. 그러나 사진과는 달리 감각기록 내의 정보는 특별한 주의를 기울이지 않으면 순식간에 사라져 버린다. 특별한 주의를 기울이는 정보는 단기기억으로 넘어간다. 단기기억은 소량의 정보만 기억할 수 있으며 약 30초가 지나면 단기기억 내의 정보는 잊히든지 아니면 장기기억으로 넘어가게 된다. 장기기억으로 넘어간 정보는 영구히 저장된다. 그러기 위해서는 정보를 반복해서 외우거나, 좀더 낯익은 범주로 조직화하는 여러 가지 기억전략을 요한다. 단기기억과는 달리 장기기억은 새로운 정보를 저장하는 용량이 거의 무제한적이다. 그러나 문제는 정보를 인출할 때 발생한다. 저장된 정보를 필요할 때 꺼내는 과정을 인출이라고 하는데, 정보를 어디에 저장해 두었는지 그 위치를 잊어버려 제대로 찾지 못하는 일이 발생한다.

Deanna Kuhn

아동이 성장함에 따라 정보를 보다 효율적으로 처리할 수 있는 인지변화가 일어난다(Carlson, White, & Davis-Unger, 2014; Gelman, 2013). 즉, 아동이 좀더 많은 정보를 습득함에 따라 지식기반이 확장된다. 지식기반의 확장은 새로운 학습을 보다 용이하게 한다. 왜냐하면 아동으로 하여금 이전에 알던 정보와 새로운 정보를 보다 쉽게 연결시켜 주기 때문이다. 가장 중요한 발달적 변화는 정보를 통제하고 분석하는 통제과정(control process)이다. 통제과정은 컴퓨터와 인간의 정보처리 과정이 구별되는 부분으로서 어떤 정보에 주의를 기울이고, 저장과 인출과정에서 어떤 책략을 사용할 것인지 등을 결정하는 과정이다. 아동이 성숙함에 따라 통제과정이 점점 효율적이 되어 문제해결을 효율적으로 하게 된다(Kuhn, 1988; Sternberg, 1988).

어떤 연령에서든지 아동이 문제해결에 필요한 모든 정보를 다 활용하지 못할 경우에는 문제해결에서 과오를 범하게 된다. 〈그림 2-10〉에서는 6세 아동과 10세 아동에게 저울대가 어느 한쪽으로 기울 것인지 아니면 균형을 유지할 것인지 질문해 보았다. 이 문제를 해결하기 위해서는 각 저울대의 추의 수와 지레받침과 추의 거리라는 두 가지 요소가 중요한 의미를 갖는다. 그림에서 보듯이 10세의 세훈이는 저울대가 왼쪽으로 기울 것이라고 답하지만, 6세의 지훈이는 정답을 맞히지 못한다. 지훈이와 세훈이는 문제해결을 위해 서로 다른 책략을 사용한다. 지훈이는 '무게'만을 고려하는 단순한 규칙을 적용함으로써, 저울대의 추의 수(무게)가 같기 때문에 저울대가 균형을 이룰 것

2) 소량의 일정한 정보를 일시적으로 기억하여 특정 목적을 위해 쓰이는 중앙처리장치 내의 고속 기억부

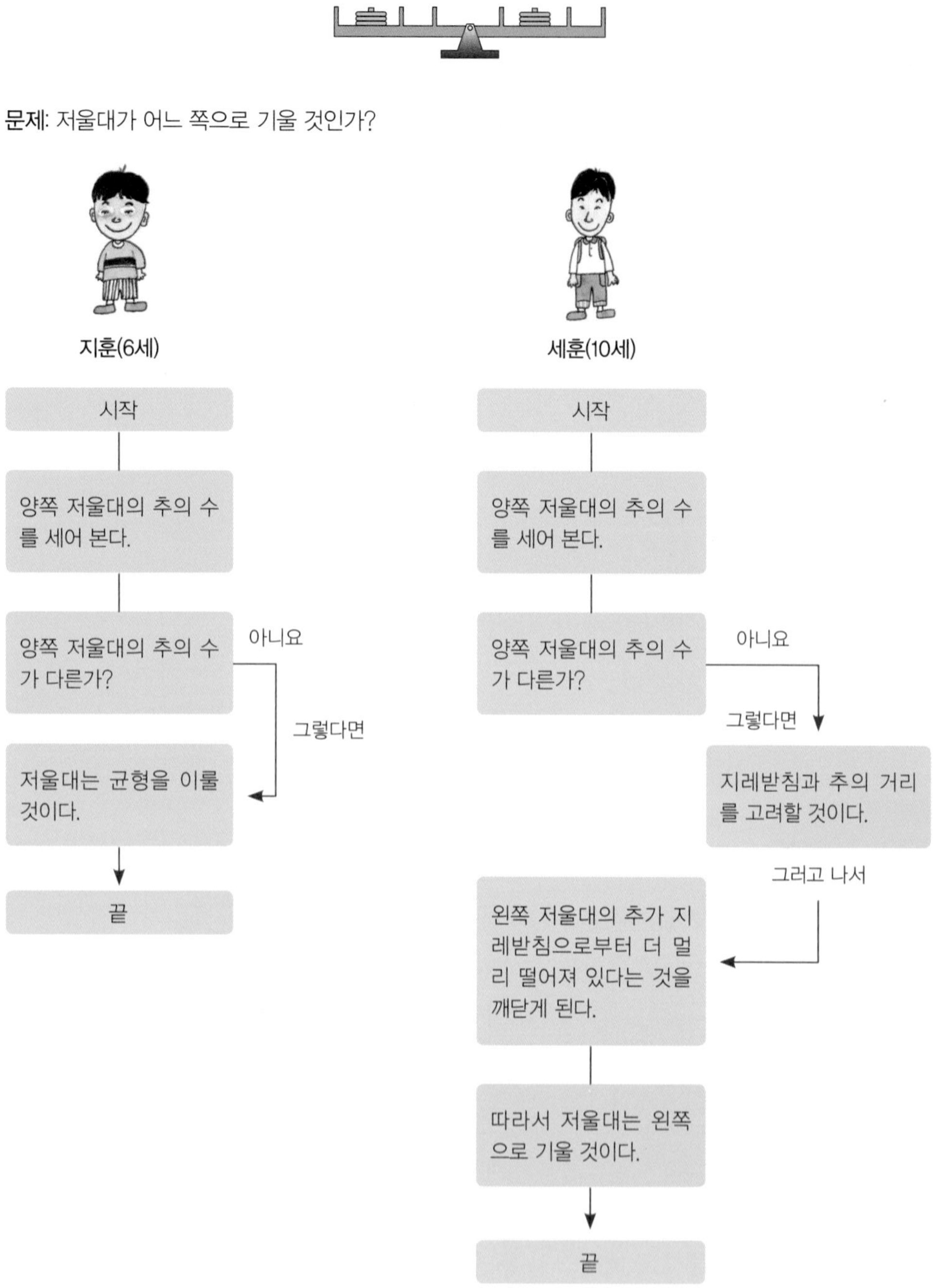

정보처리이론에서 6세 아동과 10세 아동의 문제해결 과정을 도표로 보여주고 있다.

〈그림 2-10〉 **아동의 문제해결 과정**

이라고 답한 것이다. 즉, 지훈이는 '거리'라는 요소를 고려하지 못한 것이다. 반면, 세훈이는 '무게'와 '거리'라는 두 가지 요소를 모두 고려하여, 무게는 같더라도 지레받침으로부터 더 멀리 떨어진 쪽의 저울대가 기울게 될 것이라고 답한 것이다.

이상의 예에서와 같이 아동이 문제해결을 위해 사용하는 정보처리 책략을 면밀하게 검토함으로써, 오답의 원인을 정확하게 밝혀낼 수 있다. 따라서 정보처리이론에서는 아동의 문제해결에 도움을 줄 수 있는 효율적인 방안이 모색된다(Siegler & Crowley, 1992; Siegler & Munakata, 1993).

Piaget의 이론과 마찬가지로 정보처리이론 또한 아동은 매우 능동적으로 정보를 탐색하고 처리한다고 본다(Klahr, 1992). 그러나 Piaget와는 달리 정보처리이론에서는 발달단계를 설정하지 않는다. 즉, 발달을 연속적이고 계속적인 과정으로 파악한다(Carlson, White, & Davis-Unger, 2014; Gelman, 2013).

3) Vygotsky의 사회문화적 인지이론

Lev Vygotsky는 Piaget와 같은 해인 1896년에 러시아에서 태어났다. 그러나 80세 이상을 산 Piaget와는 달리 37세라는 젊은 나이에 폐결핵으로 요절했다. 그는 모스크바 대학에서 법학을 전공하였고, 그 후 문학과 언어학을 공부하였으며, 예술심리학으로 박사학위를 받았다.

Lev Vygotsky(1896~1934)

Vygotsky는 아동발달에서 문화와 사회적 관계를 강조하였기 때문에, 그의 이론은 사회문화적 인지이론으로 불린다. 최근 그 이론이 영어로 번역되어 서구 사회에 알려지게 된 이후, 그의 이론에 많은 관심이 집중되고 있다. Vygotsky가 사망한 지 90년이 지난 지금 그의 사회문화적 인지이론에 대한 관심이 날로 증가하고 있는 이유는 오늘날 아동발달에서 문화적 요인의 중요성에 대한 인식이 재고되었기 때문이다. 아동이 부모, 또래, 교사, 기타 성인과의 상호작용을 통해서 세계를 이해한다는 그의 생각은 매력적일 뿐만 아니라, 아동의 인지발달이 문화적 요인에 의해 형성된다는 비교문화연구의 결과와도 일치한다(Beilin, 1996; Daniels, 1996, 2017; Gauvain, 2013; Mahn & John-Steiner, 2013).

(1) Vygotsky 이론의 개요

Vygotsky의 사회문화적 인지이론은 특정 문화의 가치, 신념, 관습, 기술이 어떻게 다음 세대로 전수되는지에 초점이 맞추어졌다. Vygotsky에 의하면, 사회적 상호작용, 특히 아동과 성인 간의 대화가 아동이 특정 문화에 적절하게 사고하고 행동하는 법을 습득하는 데 필수적이라고 한다(Holzman, 2017; Wertsch & Tulviste, 1992). 아동이 성장하고 있는 그 문화적 배경을 고려하지 않고서는 아동발달을 제대로 이해할 수 없다는 것이 Vygotsky의 주장이다.

Vygotsky의 이론은 특히 아동의 인지를 연구하는 데 큰 영향을 미쳤다. 그러나 그의 접근법은 Piaget의 접근법과 상당히 다르다. Vygotsky의 사회문화적 인지이론은 Piaget가 간과했던 사회문화적 요인의 중요성을 강조함으로써 아동의 인지발달을 이해하는 새로운 견해를 제시한다. 인지발달의 문화적 보편성을 강조했던 Piaget와는 달리 Vygotsky는 인지발달의 문화적 특수성을 강조한다.

Piaget에 의하면, 모든 아동의 인지발달은 매우 유사한 단계를 거친다고 한다. 그리고 Piaget는 인지발달에 있어서 아동의 능동적이고 자발적인 노력을 강조하였기 때문에, 성인의 직접적인 가르침이 중요하다고 보지 않았다. 반면, Vygotsky는 모든 아동이 똑같은 인지발달 단계를 거친다고 보지 않았으며, 아동의 인지발달을 사회가 중재하는 과정으로 보기 때문에, 아동발달의 결정요인으로서 문화를 강조한다(Gauvain, 2013). 인간은 이 지구상에서 문화를 창조한 유일한 종(種)이며, 모든 아동은 문화의 맥락 속에서 성장하고 발달한다. 문화는 아동의 인지발달에 두 종류의 기여를 한다. 첫째, 아동은 지식의 대부분을 문화로부터 습득한다. 둘째, 아동은 문화로부터 사고과정이나 사고수단(Vygotsky는 이것을 지적 적응의 도구라고 부른다)을 습득한다. 요약하면, 문화는 아동으로 하여금 무엇을 사고하고, 어떻게 사고할 것인가를 가르친다.

아동발달에 대한 Vygotsky의 견해를 요약하면 다음과 같다(Tappan, 1998).

첫째, 아동의 인지기능을 이해하기 위해서는 인지기능의 기원과 초기 형태에서 나중 형태로의 전환을 연구해야 한다. 혼잣말 같은 정신활동은 독자적으로는 정확하게 이해될 수 없고, 오로지 발달과정에서의 한 단계로 이해되어져야 한다. 즉, 아동의 인지기술은 발달의 차원에서 분석되고 해석될 때만 이해가 가능하다는 것이다.

둘째, 인지기능을 이해하기 위해서는 그것을 중재하는 도구를 연구하는 것이 필요한데, 언어가 가장 중요한 도구이다. Vygotsky는 아동 초기에 문제해결을 돕는 도구로서 언어가 사용되기 시작한다고 주장한다.

셋째, 인지기능은 사회적 관계와 문화에 그 기초를 둔다. Vygotsky는 아동발달은 사회문화적 활동과 불가분의 관계에 있다고 주장한다. 기억, 주의집중, 추론 등의 발달은 사회가 고안해 낸 언어나 수리체계, 기억전략을 사용하는 학습을 포함한다는 것이다.

사진 설명 손가락으로 셈하는 것은 아동이 처음으로 사용하게 되는 계산법 중의 하나이다.

예를 들면, 어떤 문화에서는 전자계산기나 컴퓨터를 사용해서 계산하는 법을 배우게 되고, 또 다른 문화에서는 손가락이나 발가락을 사용하여 셈하는 법을 배우게 된다(사진 참조).

(2) 근접발달영역

Vygotsky는 아동의 지적 능력을 근접발달영역의 개념으로 설명하고 있다. 근접발달영역(Zone of Proximal Development: ZPD)은 아동이 스스로의 힘으로 문제를 해결할 수 있는 수준인 실제적 발달수준과 성인이나 유능한 또래로부터 도움을 받아 문제를 해결할 수 있는 수준인 잠재적 발달수준 간의 영역을 의미한다(〈그림 2-11〉 참조). 예를 들면, 산수문제를 혼자 힘으로 풀지 못하는 초등학생에게 교사가 옆에서 조언을 해 주거나 힌트를 줌으로써 아동이 문제해결을 좀더 효율적으로 수행할 수 있게 된다. Vygotsky(1962)는 아동이 혼자 힘으로 문제를 해결할 수 있는 수준을 발달의 '열매'로 그리고 타인의 도움으로 문제를 해결할 수 있는 수준을 발달의 '봉오리' 또는 '꽃'이라고 불렀다. 근접발달영역의 개념은 비록 두 아동이 도움 없이 혼자 힘으로 문제를 해결할 수 있는 수준이 비슷하다 할지라도, 도움을 받고 문제를 해결할 수 있는 수준은 크게 다를 수 있음을 암시한다(〈그림 2-12〉 참조).

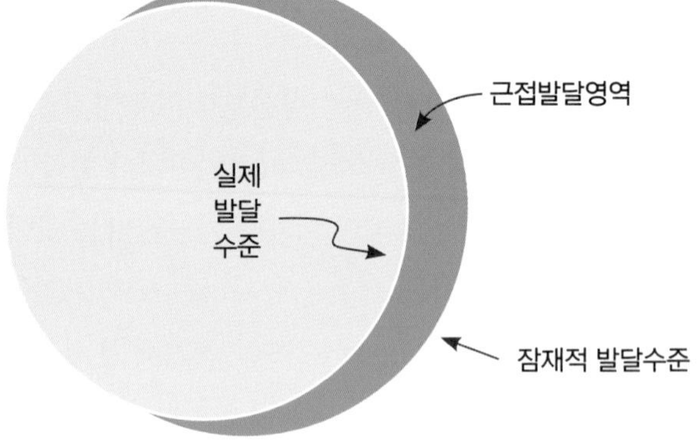

〈그림 2-11〉 **근접발달영역**

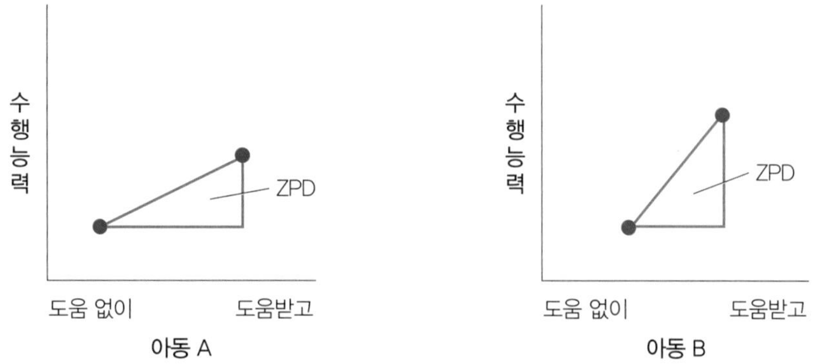

도움 없이 두 아동의 과제수행이 비슷하다 할지라도, 아동 B가 도움에 의해 수행능력이 더 많이 향상되었다. 따라서 더 넓은 근접발달영역을 갖게 된다.

〈그림 2-12〉 **도움에 의한 문제해결 수준의 개인차**

(3) 비계(飛階)

근접발달영역과 매우 밀접한 연관이 있는 개념이 비계(scaffolding)이다. 비계는 아동이 스스로의 힘으로 문제를 해결할 수 있도록 성인이나 유능한 또래가 도움을 제공하는 것을 의미한다. Vygotsky는 아동의 인지발달은 자신이 속한 문화에서 보다 성숙한 구성원과의 상호작용을 통해 이루어진다고 보았다. 아동을 가르치는 동안 아동의 현재 수준에 알맞도록 가르침의 양을 조절한다. 아동이 학습하는 내용이 새로운 것이라면 직접적인 지시를 하고, 아동이 따라오게 되면 직접적인 지시 대신에 힌트를 주게 된다(Wright, 2018).

사진 설명 Vygotsky의 이론에 의하면 성인으로부터 지도를 받는 것은 아동의 문제해결에 매우 중요한 요인이라고 한다.

비계는 건축학에서 빌려 온 용어로서 건물을 지을 때 발판으로 사용하다가 건물이 완성되면 제거해 버리는 것이다. 마찬가지로 아동이 과제를 수행하는 데 도움을 주다가 일단 아동이 혼자서 문제를 해결할 수 있게 되면 비계는 더 이상 필요 없게 된다.

(4) 언어와 사고

Vygotsky는 언어가 아동의 사고발달에 필수적이라고 믿는다. Vygotsky에 의하면,

아동은 문제를 해결하거나 중요한 목표를 달성하고자 할 때 혼잣말(private speech)을 하는 경향이 있다고 한다. 성인들의 경우 혼잣말은 주로 마음속으로 하는 것이지만, 아동들은 혼잣말을 밖으로 소리내어 한다. 시간이 지나면서 큰 소리로 하던 혼잣말은 속삭임으로 변하고 다시 내부 언어(inner speech)[3]로 변한다.

Piaget에게는 아동의 혼잣말이 자기중심적이고 미성숙한 것이지만, Vygotsky에게는 혼잣말이 아동의 사고발달에서 중요한 도구가 된다(Sawyer, 2017). Vygotsky는 혼잣말을 많이 하는 아동이 그렇지 않은 아동보다 사회적 능력이 더 뛰어난 것으로 믿었다. 여러 연구결과도 혼잣말이 아동발달에서 긍정적인 역할을 한다는 Vygotsky의 견해를 지지하는 것으로 보인다(Day & Smith, 2019; Day et al., 2018; Winsler, Diaz, & Montero, 1997).

Vygotsky는 혼잣말을 인지발달에서 자기조절로 향하는 중간 단계로 보았다. 처음에 아동의 행동은 다른 사람의 지시에 의해 조절된다. 아동이 다른 사람의 도움 없이 새로운 과제를 해결하고자 할 때, 큰 소리로 혼잣말을 함으로써 자기 스스로에게 지시를 내린다. 따라서 혼잣말은 문제해결에서 자신이 올바르게 하고 있다는 확신을 주는 자기 나름의 길잡이 역할을 한다(Behrend, Rosengren, & Perlmutter, 1992; Vissers, Tomas, & Law, 2020).

사진 설명 아동은 쉬운 과제보다 어려운 과제에서 혼잣말을 더 많이 사용한다.

아동은 쉬운 과제보다 어려운 과제에서 혼잣말을 더 많이 사용한다(사진 참조). 왜냐하면 어려운 과제에서 더 많은 도움이 필요하기 때문이다. 또한 문제를 제대로 풀었을 때보다 실수를 한 후에 혼잣말을 더 많이 사용하는 것으로 보인다(Berk, 1992).

우리나라 3세와 5세 유아의 혼잣말과 어머니의 비계설정에 관한 연구(박영순, 유안진, 2005)에서 유아 혼자 미로과제를 수행할 때 발화된 혼잣말은 성별과 연령의 상호작용으로 인하여 남아보다 여아에게서 총 발화빈도와 과제관련 혼잣말의 빈도의 연령 차이가 더 크게 나타났다고 하였다. 또한 유아와 어머니가 함께 미로과제를 수행할 때, 어머니가 사용하는 비계설정은 3세 유아의 어머니가 5세 유아의 어머니보다 언어전략 중 조절

3) Vygotsky는 개인의 생각(사고)을 내부 언어(inner speech)라고 표현한다.

및 통제, 교수 그리고 범주 외의 전략들을 더 많이 사용했다고 하였다.

(5) Vygotsky 이론을 교육현장에 적용하기

Vygotsky 이론은 일선교사들에 의해 널리 수용되어 교육현장에서 성공적으로 적용된 바 있다(Daniels, 2017; Holtzman, 2017). Vygotsky 이론을 교육에 적용하는 방법은 다음과 같다.

첫째, 아동의 근접발달영역(ZPD)을 평가한다. Piaget와 마찬가지로 Vygotsky도 표준화검사가 아동의 학습을 평가하는 최선의 방법이라고 생각하지 않는다. Vygotsky는 평가는 아동의 ZPD에 의해 이루어져야 한다고 주장한다. 숙련된 교사는 아동의 학습수준을 결정하기 위해 다양한 난이도의 과제를 아동에게 제시해야 한다.

둘째, 아동의 ZPD를 교육에 적용한다. 아동이 도움을 받아 목표에 도달할 수 있고, 높은 수준의 기술이나 지식을 획득하기 위해 교육은 ZPD의 상한범위(upper limit) 가까이서 시작해야 한다. 교사는 단순히 아동의 의도를 살펴보고 도움이 필요할 때 제공하면 된다.

셋째, 유능한 또래를 교사로 활용한다. 아동이 뭔가를 학습하는 데 성인만이 도움이 되는 것은 아니다. 아동은 유능한 또래로부터도 도움을 받아 문제를 해결할 수 있다.

넷째, 아동의 혼잣말(private speech)을 적극 권장한다. Vygotsky는 혼잣말이 아동의 사고발달에서 중요한 도구가 된다고 믿는다. 아동의 혼잣말을 격려함으로써 문제해결에서 자신이 올바르게 하고 있다는 확신을 심어주게 된다.

유아기 교육과정에서 Bodrova와 Leong(2007, 2015, 2019)이 개발한 "Tools of the Mind" 프로그램은 아동의 자기조절의 발달과 인지적 기초를 강조한다. 이 프로그램은 자기조절의 발달, ZPD, 비계, 혼잣말 등을 강조하는 Vygotsky 이론에 기초한 것이다. 이 프로그램에 참여한 대부분의 아동들은 빈곤 등의 이유로 학업실패의 위험에 처해 있는 것으로 나타났다. 연구결과(Blair & Raver, 2014) 아동의 자기조절능력뿐만 아니라 쓰기능력, 읽기능력, 어휘력, 수학능력 등이 향상된 것으로 나타나 프로그램의 효과가 입증되었다.

4) 인지발달이론에 대한 평가

인지발달이론은 아동의 능동적인 정신과정에 주목함으로써 발달심리학에 혁명적인 변화를 가져왔다. 인지발달이론은 '지능'이란 것이 단지 IQ 점수로 요약되는 것이 아니

Laura Berk

라, 아동이 환경과의 상호작용을 통해 습득하는 다양하고 복잡한 능력을 반영하는 복합요인이라는 것을 보여준다.

Piaget 이론의 가장 중요한 공헌은 인간발달에서 인지의 중심적 역할을 강조한 점이다. Piaget는 자연관찰 연구를 통해 아동의 행동 저변에서 중심 역할을 하는 사고과정을 연구하고, 아동이 능동적인 학습자라는 사실을 확인하였다(Berk, 2000). Piaget 이론은 일반적 인지발달 분야뿐만 아니라 기억, 학습, 언어, 사회인지 등의 분야에서 갖가지 연구성과를 제공해 주었으며, 그것들은 교육철학이나 프로그램 개발 등에 응용되었다. 그는 일상생활에서 아동이 보여주는 적응에 중점을 두었으므로, 생태학적으로도 타당한 이론이라는 평가를 받는다.

한편, Piaget 이론의 단점으로 지적되는 사항은 다음과 같다. 첫째, 인지발달이 한 단계에서 다음 단계로 변화하는 기제가 명확하지 않다는 점이다. Piaget는 동화나 조절, 평형 같은 기제로 변화를 설명하고 있지만, 특정한 단계별 전환에 대한 설명이 부족하다. 뿐만 아니라 인지구조가 어떻게 행동으로 옮겨지는지에 대한 설명도 충분하지 않다. 둘째, Piaget는 유아의 능력을 과소평가했다는 지적을 받고 있다. Piaget의 전조작기는 일방적으로 부정적으로만 기술되어 있다. 즉, 이 시기의 사고는 논리적이지 못하고, 가역적이지 못하며, 모순과 오류로 가득차 있다는 것이다. 셋째, Piaget 이론은 인지발달에서 아동의 개인차에 충분한 주의를 기울이지 않았으며, 사회문화적 · 역사적 영향을 과소평가했다는 비판도 받고 있다(Miller, 1993).

정보처리이론은 인간의 인지과정을 컴퓨터의 정보처리 과정과 비교함으로써 인간의 복잡한 사고과정을 가시화하고 알기 쉽게 풀이하였다. 또한 지각, 주의, 기억, 언어, 추상적 정신작용이 어떻게 관련되어 있는가를 밝혀내었으며, 특히 기억, 표상, 문제해결, 지능분야의 연구를 과학적으로 분석하여 진일보시켰다(Miller, 1993). 그밖에도 문제를 해결하기 위한 규칙이나 체계가 각 개인별로 기술될 수 있으므로, 개개인의 수준에 적합한 교육자료를 만들 수 있다는 것이 정보처리이론의 장점이다.

반면, 상상력이나 창의성 같이 논리적이지 못한 인지측면에 대한 연구를 소홀히 했다는 지적을 받고 있다. 게다가 정보처리이론가들은 과업의 처리기제나 과정에만 초점을 맞추었을 뿐 그 과정이 일어나는 맥락이나 개인의 욕구, 능력 및 이들 간의 관련성은 간과했다는 것이다(Miller, 1993). 그밖에 대부분의 연구가 인위적인 실험실 상황에서 진행되었기 때문에 실제 학습상황에서 나타나는 중요한 특성을 고려하지 못했다는 비판도 있다(Berk, 2000).

Vygotsky의 중요한 공헌은 개인의 발달에서 사회문화적 맥락의 중요성을 강조한 점이다(Gauvain, 2018). 또한 그는 발달과 학습과의 관계를 설명하고, 학습이 발달을 촉구한다고 주장하였다. 특히 그는 아동들이 일상생활에서 실제로 어떻게 행동하는가에 관심을 가졌으며, 이 관점을 이용해 아동의 발달과 학습에 대한 실질적 정보를 제공하였다. 예를 들면, 근접발달영역 내에서 교수(敎授)의 수준과 방식 및 부모, 교사 그리고 또래의 역할 등에 대해 언급한 점 등이 그것이다. 대부분의 발달이론가들은 보편적인 발달에 초점을 두었으나, Vygotsky는 한 문화권 내에서의 개인 간 차이뿐만 아니라, 각 문화권 간에서의 개인의 차이에도 관심을 가졌다. 즉, 발달의 보편적인 목표라는 것은 없으며, 이상적 사고나 행동은 각 문화권마다 다르다고 보고 문화적 상대성을 인정하였다.

그러나 Vygotsky는 이처럼 문화와 사회적 경험을 강조한 반면에, 발달의 생물학적 측면을 간과했다는 비판을 받는다. Vygotsky는 생물학적 영향력의 중요성은 인정하였으나, 인지적 변화에 있어 유전이나 뇌의 성장이 미치는 영향에 대해서는 거의 언급하지 않았다(Berk, 2000). 또한 Vygotsky가 주장한 근접발달영역 등의 개념정의가 명확하지 않기 때문에 경험적 검증이 어렵다는 지적을 받고 있다(Wertsch, 1999). 뿐만 아니라 어머니와 아동 간의 상호작용에 대해서는 집중적으로 다루었지만, 또래관계나 아버지와 아동의 관계 등에 대한 내용이 부족하다는 비판이 있다(Miller, 1993).

5. 동물행동학적 이론

동물행동학은 진화론적 관점에서 동물과 인간의 행동을 연구하는 학문으로서 인간발달에 있어서 생물학적 역할을 강조한다. 동물행동학자들은 다양한 종 특유의(species-specific) 행동들이 종의 생존 가능성을 높이기 위해 진화되어 온 것이라고 믿는다.

동물행동학의 기본 가정은 모든 종은 진화의 산물이며, 생물학적으로 프로그램된 생존기제 행동을 몇 가지 가지고 태어난다는 것이다. 예를 들면, 많은 종류의 새들은 어미 새를 따라다니고, 보금자리를 짓고, 노래하는 등의 본능적 행동(instinctual behaviors)을 가지고 태어나는데, 이러한 생물학적으로 프로그램된 행동은 다윈의 적자생존의 과정에 의해 진화된 것으로 여겨진다. 따라서 동물행동학자들은 종의 구성원들이 공유하는 본능적 행동에 초점을 맞춘다(Hinde, 1989). 그리고 실험실에서보다 자연환경에서 동물의 행동을 관찰하는 것을 선호한다. 왜냐하면 이러한 연구방법에 의해서만 동물의 행동패턴이 전개되는 것을 관찰할 수 있으며, 이러한 행동패턴이 종의 적응에 어떤 역할을 하는지 알 수 있기 때문이다.

동물행동학의 기원은 찰스 다윈의 진화론이다. 유럽의 동물학자인 Lorenz와 Tinbergen은 진화과정과 적응행동 간의 밀접한 관계를 강조함으로써 동물행동학의 기초를 확립하였고, 1960년대에 와서 Bowlby는 동물행동학적 이론을 인간의 발달－유아와 어머니 간의 애착관계－에 적용하였다. Wilson은 다윈의 이론에 입각하여 인간을 포함한 모든 동물의 사회적 행동을 체계적으로 연구하였다. 여기서는 Lorenz의 각인이론, Bowlby의 애착이론 그리고 Wilson의 사회생물학에 관해 살펴보기로 한다.

1) Lorenz의 각인이론

Konrad Lorenz(1903~1989)

Konrad Lorenz는 1903년 오스트리아에서 태어났다. Lorenz의 아버지는 자신의 뒤를 이어 Lorenz도 의사가 되기를 바랐지만, 그는 빈 대학에서 동물학을 연구하여 박사학위를 받았다. 1973년에는 Niko Tinbergen, Karl Von Frisch와 함께 노벨생물학상을 공동 수상하였다.

(1) 각인

자연계의 서식지에서 여러 종의 동물들의 행동을 관찰하고서 Lorenz는 생존가능성을 증진시키는 행동패턴을 발견했는데, 이들 중 가장 잘 알려진 것이 각인(imprinting)이다. 각인은 새끼 새가 부화한 직후부터 어미를 따라다니는 행동으로서, 새끼가 어미 곁에 가까이 있음으로써 먹이를 얻을 수 있고, 위험으로부터 보호를 받을 수 있게 해 준다. 각인은 생후 초기 제한된 기간 내에서만 일어나는데, 만약 이 기간 동안 어미가 없으면 대신 어미를 닮은 대상에 각인이 일어날 수도 있다(Lorenz, 1952).

한 실험에서 Lorenz(1965)는 어미 오리가 낳은 알을 두 집단으로 나누었다. 한 집단의 알은 어미 오리가 부화하게 하고, 다른 집단의 알은 부화기에서 부화시켰다. 첫 번째 집단의 새끼 오리는 예측한 대로 부화 직후부터 어미 오리를 따라다녔다. 그러나 부화하자마자 Lorenz를 보게 된 두 번째 집단의 새끼 오리들은 Lorenz를 어미처럼 졸졸 따라다녔다(사진 참조). Lorenz는 새끼 오리들에게 표시를 한 후 상자로 덮어 씌웠다. 어미 오리 옆에 Lorenz가 나란히 서서 상자를 들어 올렸더니, 두 집단의 새끼 오리들은

사진 설명 새끼 오리가 Lorenz를 '엄마'로 잘못 알고 그 뒤를 졸졸 따라가고 있다. 여기서 새끼 오리들은 Lorenz에게 각인되었는데, '각인'은 태어나서 처음 접하는 물체에 애착을 형성하는 선천적 학습을 일컫는 말이다.

각각 자기 '엄마' 뒤에 나란히 줄을 섰다. Lorenz는 이 과정을 각인이라고 불렀다.

Lorenz는 각인되는 대상의 범위가 종에 따라 각기 다르다는 것을 발견하였다. 기러기 새끼는 움직이는 것이면 무엇이든지 각인되는 것으로 보인다. 실제로 움직이는 보트에도 각인된 경우가 있었다. 반면, 물오리 새끼들은 Lorenz가 어떤 높이 이하로 몸을 구부리고 꽥꽥거리는 소리를 지를 때에만 그에게 각인되었다.

각인의 적응가치는 과연 무엇인가? 집단으로 생활하고, 출생 후 곧 움직이며, 천적의 강한 압력하에 있는 조류와 포유동물에서 각인은 강한 애착기제로 진화해 온 것 같다. 이러한 종에 있어서 어미를 쫓아다니는 추종반응의 신속한 형성은 새끼들이 위험에 처했을 때, 새끼들로 하여금 도망가는 어미를 따를 수 있도록 해 준다 (Freedman, 1974).

사진 설명 각인 연구가 실패했을 때……

(2) 결정적 시기

각인 연구에서 밝혀진 것은 이 현상이 결정적 시기 (critical period)에서만 일어난다는 것이다. 각인은 어린 동물이 일단 생후 초기의 특정한 시기 동안 어떤 대상에 노출되어 그 뒤를 따르게 되면, 그 대상에 애착하게 되는 것을 의미하는데, 여기서 '특정한 시기'가 결정적인 시기가 된다. 만약 결정적 시기 이전이나 이후에 대상에 노출되면 애착은 형성되지 않는다.

결정적 시기는 제한된 시간 내에 아동이 특정한 적응행동을 습득하도록 생물학적으로 준비되어 있으며, 그러기 위해서는 적절한 자극적인 환경의 지원이 있어야 한다는 것을 의미한다(Berk, 2000).

2) Bowlby의 애착이론

John Bowlby(1907~1990)

John Bowlby는 1907년 London에서 태어나 의학과 정신분석학적 훈련을 받았다. 임상의로서 Bowlby는 제2차 세계대전 후 고아원에서 성장한 아동들에게서 타인과 친밀하고 지속적인 관계를 형성하지 못하는 등 여러 가지 정서적 문제가 있음을 발견하였다. Bowlby는 이 아동들이 생의 초기에 어머니에 대한 확고한 애착을 형성할 기회가 없었기 때문에 친밀한 인간관계를 맺지 못하는 것으로 해석하였다. 이 분야에 대한 관심은 결국 그로 하여금 동물행동학적 이론을 인간관계(특히 유아와 어머니 간의 애착관계)에 적용하도록 만들었다.

(1) 애착

유아가 태어나서 자신을 돌보는 사람, 특히 어머니와 강한 정서적 유대를 맺게 되는데 이것이 애착관계이다. 아기의 애착행동—미소짓기, 옹알이하기, 잡기, 매달리기, 울기 등—은 선천적인 사회적 신호라고 Bowlby는 주장한다. 이러한 행동들은 부모로 하여금 아기에게 접근해서 보살피고, 상호작용하도록 격려할 뿐만 아니라 아기를 먹이고, 위험으로부터 보호하고, 건강한 성장에 필요한 자극과 애정을 기울이게 해 준다. 이것은 인간의 진화적 유산의 일부로서 다른 영장류와도 공유하는 적응기제이다. 유아의 애착발달은 새끼 새에서 보이는 각인형성보다 훨씬 더 복잡한데, 어머니(또는 양육자)와 장기간에 걸친 유대관계를 통해 형성하게 된다(Bretherton, 1992).

Mary Ainsworth

Bowlby의 애착에 관한 연구는 인간의 애착관계의 질이나 유대과정(bonding process)에 관한 상당수의 연구를 촉진하였다. 그중 대표적인 것이 Mary Ainsworth가 유아의 애착을 측정하기 위해 개발한 '낯선상황(strange situation)'실험이다. 그뿐만 아니라 진화적 맥락에서 아동발달의 다른 측면(예를 들면, 아동의 공격적 행동, 또래 간의 상호작용, 사회적 놀이, 인지발달 등)에 관한 연구에도 자극을 주었다.

(2) 민감한 시기

Marc Bornstein

Freud와 마찬가지로 동물행동학에서도 초기 경험의 중요성을 강조한다. Freud처럼 Bowlby 또한 인생 초기에 형성되는 사회적 관계의 질이 그 후의 발달에서 결정적인 역할을 한다고 믿는다. 동물행동학에서는 아동발달에서 결정적 시기가 있다고 주장한 바 있다. 동물에게서는 결정적 시기의 개념이 각인과 같은 발달의 특정 측면을 설명하는 것으로 보이지만, 인간발달에서는 민감한 시기(sensitive period)가 보다 더 적절한 개념인 것으로 보인다(Bornstein, 1989). 민감한 시기는 그 개념이나 범위가 결정적 시기보다 덜 엄격하다. 민감한 시기는 특정의 능력이나 행동이 출현하는 데에 최적의 시기로서, 아동은 이 시기에 특정한 환경의 자극에 민감한 반응을 보인다. 민감한 시기가 지난 후에도 발달이 이루어질 수는 있지만, 그때는 시간이 더 오래 소요될 뿐 아니라 어렵기도 하다.

Bowlby(1988)는 인생에서 첫 3년이 사회정서발달의 민감한 시기라고 본다. 즉, 첫 3년간이 친밀한 정서적 유대를 형성하는 데 매우 민감한 시기이다. 만약 이 기간 동안 그런 기회를 갖지 못한다면, 나중에 친밀한 인간관계를 형성하는 것이 거의 불가능하게 된다고 한다.

3) Wilson의 사회생물학 이론

Edward Wilson은 1929년 미국 앨라배마 주의 버밍햄에서 태어나 어린 시절을 불우하게 보냈다. Wilson이 일곱 살 때 부모가 이혼하여 형제도 없었고 친구도 사귀기 어려웠다. 주로 자연을 벗 삼아 늪을 뒤지고 곤충, 뱀, 개구리 등을 관찰하면서 지냈다고 한다. 앨라배마 대학에서 곤충연구를 한 후 하버드 대학에서 개미연구로 박사학위를 받았다. Wilson은 2021년 사망할 때까지 하버드 대학에서 석좌교수로 재직하였다.

Edward Wilson(1929~2021)

(1) Wilson 이론의 개요

사회생물학(sociobiology)은 다윈의 이론에 입각하여 인간을 포함

한 모든 동물의 사회적 행동을 체계적으로 연구하는 학문이다. Wilson은 『사회생물학(Sociobiology)』(1975)에서 인간의 본성을 이해하는 데 사회생물학적 방법론이 가장 중요한 역할을 한다고 보았다.

사회생물학자의 과제는 동물의 사회적 행동을 연구하고 그 같은 행동이 어떻게 환경에 적응하게 되는가를 증명하는 것이다. 보다 구체적으로 말하면, 유기체의 발달은 부모 세대에게 어떤 대가를 치르게 하더라도 반드시 종의 성공적인 번식에 기여하는 형태로 이루어진다는 것이다(Salkind, 1985).

예를 들면, 동물 세계에서는 부모가 새끼를 위해 먹이와 서식지뿐 아니라 때에 따라서는 생명까지도 희생하는 일이 보통이다. 이 모든 희생은 새끼가 번성하고 번식하기 위한 기회를 증대시키려는 노력을 나타내는 것이다. 인간행동의 경우는 사회생물학적 모형 내에서 최고의 희생의 예를 에스키모인에게서 찾아볼 수 있다. 에스키모 문화에서 조부모는 명예와 존경을 받는 위치에 있다. 이 같은 존경은 조부모의 실제적이고 전설적인 희생에서 나온 것으로, 이들은 자식들이 새로운 서식지를 찾아 떠나야 할 때, 식량공급이 모든 가족 구성원이 여행하는 동안 충분치 않음을 알기에, 가족이나 종족의 다른 사람들(다음 세대의 번식자)을 위하여 자기 몫의 식량을 먹지 않고 뒤에 남아 조용히 죽어갔다.

이에 대한 사회생물학적 해석은 살 만큼 살고 보람있는 삶을 살아온 조부모가 그들이 할 수 있는 유일한 선택을 했다는 것이다. 즉, 전체 종족을 위한 개인적 차원의 희생으로 종(그리고 유전자 총체)이 계속해서 생존하리라고 확신할 수 있는 희생인 것이다. 나아가, 이 같은 희생의 동기는 그들이 사회 구성원으로부터 명예와 존경을 받으리라는 생각을 해서가 아니고, 이론적으로는 유전질에 기인한다고 보는 것이다.

그러나 이 같은 주장의 주된 문제점은 이를 입증하거나 적절히 검증하기가 불가능하다는 것이다. 사람들이 어떤 것을 희생한다는 관념은—어떤 상황에서는 심지어 생명까지도—어떤 유전적 속성의 결과일 수도 있는 동시에 학습되었거나, 문화적으로 획득된 현상일 수도 있다. 이 문제를 해결할 유일한 방법은 유기체의 유전적 잠재력을 조작하여, 다음 세대에서의 결과를 관찰해보는 것이다. 실험실에서 과실파리를 대상으로 이 방법을 적용해볼 수는 있지만 인간에게는 어림도 없는 일이다. 왜냐하면 인간을 대상으로 이런 실험을 하기 위한 기술적 능력도 없지만 윤리적, 사회적으로도 용납이 되지 않기 때문이다.

(2) 유전자 결정론

Wilson(1975)에 의하면 유전인자는 매우 이기적인 구조를 가지고 있다고 하는데, 유전인자의 유일한 관심은 대대로 계속해서 자신의 생존을 보장받는 것이기 때문이다. 사회생물학자들은 유전인자는 신체적 특성뿐만 아니라 사회적 행동(근친상간 금기와 같은)도 결정한다고 믿으며, 생존에 적합한 사회적 행동은 신체적 특성과 유사한 적자생존의 과정을 겪게 된다고 가정한다.

자신의 목숨을 걸고 위험에 처한 자식을 구하려는 어머니의 행동을 예로 들어보자. 전통적 동물행동학에 의하면, 어머니의 이러한 반응은 동물행동학적 기초에 의한 것이 아니다. 왜냐하면 적자생존 과정은 자신의 생존가능성을 감소시키는 이런 행동을 좋아하지 않기 때문이다. 그러나 사회생물학은 어머니의 유전인자는 후손에게 전달된다는 보장만 있으면, 어떤 행동도 불사하도록 프로그램되어 있다고 주장한다. 자녀는 부모로부터 유전인자를 물려받을 뿐만 아니라 앞으로 생식기간이 훨씬 더 길기 때문에, 진화론적 기제는 어머니로 하여금 자신을 희생하여 자식을 구하게 만든다는 것이다(Dawkins, 1976; Porter & Laney, 1980).

Wilson은 유전적 요인이 사회적 행동에 미치는 영향은 개인적 수준에서가 아니라 문화적 · 사회적 수준에서 훨씬 더 이해하기 쉽다고 믿는다. 예를 들면, 살인이나 근친상간 금기 등의 사회적 관례(문화적 규범)는 진화적 과정을 반영한 것으로, 진화적 과정은 종의 생존에 가장 적합한 행동과 일치하는 사회적 행동을 선호한다고 주장한다. 따라서 이타적 행동과 같이 바람직한 사회적 행동은 후손에게 전해지고, 근친상간과 같이 바람직하지 못한 행동은 전해지지 않게 된다는 것이다(Green, 1989; Lerner & Von Eye, 1992).

Richard Lerner

4) 동물행동학적 이론에 대한 평가

Lorenz의 동물행동학적 이론은 생물학적, 환경적 영향에 진화론적 견해를 더함으로써 아동발달에 대한 관점을 넓히고 있음은 물론이고, 연구자들이 아동행동의 기능적인 측면에까지 관심을 갖도록 하였다. 동물행동학적 이론은 특히 특정 행동의 기능을 이해하기 위해서는 자연적인 환경에서 아동을 관찰해야 한다고 주장하였다. 또한 아동발달을 연구할 때 변화의 주체인 아동뿐만 아니라 변화하는 물리적 · 사회적 세계도 고려해야 한다고 주장한다. 이들은 애착, 또래집단, 표정과 신체의 움직임 등에 대한 설명을 통해 이들 주제와 관련된 많은 연구들을 고무한 바 있다.

반면, 동물행동학적 이론은 그 방법론상 자연관찰적 방법에 의존하는 것이므로 많은 어려움이 있을 뿐만 아니라, 박탈 실험은 인간을 대상으로 하는 경우 윤리적인 문제로 인해 거의 불가능하다고 할 수 있다. 또한 아동의 언어나 추상적 사고와 같은 특정 부분의 발달에 대해서는 별로 관심을 기울이지 않았다는 비판을 받고 있다(Miller, 1993).

Bowlby와 동물행동학자들은 진화의 맥락에서 인간발달을 보는 것이 얼마나 중요한 것인가를 깨닫게 해 주었다. Bowlby는 아동수용시설에 의한 결핍에서 생기는 해로운 영향과 아동격리에 따르는 잠재적인 문제를 처음으로 인식한 사람으로 평가된다. Bowlby의 연구는 또한 애착단계를 고려한 아동입양에 대해서도 시사점을 주고 있다. 가능하다면 입양은 특별한 한 사람에게 애착을 형성해서 분리불안을 겪기 전에 하는 것이 바람직한 것으로 보인다.

Niko Tinbergen

한편, Bowlby 이론의 단점으로 지적되는 사항은 다음과 같다. 첫째, 연구대상을 유아기에만 한정시켰다는 지적을 받는다. 둘째, Lorenz나 Tinbergen 등의 전통적 동물행동학적 개념을 인간의 행동에 적용하는 범위가 명확하지 않다는 지적을 받고 있다. 즉, 어떤 특수한 외적 자극이 인간의 본능을 유발하는가에 대한 설명이 명확하지 않다는 것이다.

Wilson은 그의 사회생물학 이론에서 인간의 모든 행동을 생물학적 현상으로 보고, 그것을 집단생물학과 진화적 방법론으로 분석할 수 있다고 주장하여 사회과학의 새로운 방법론을 제시하였다는 평가를 받고 있다. 하지만 그것은 동시에 인문 사회학자들로부터는 유전자 결정론이라는 비판을 받고 있다. Wilson의 사회생물학은 Wilson 스스로가 자신의 저서에서 밝혔듯이 유전자 결정론에 입각한 이론이다. 이에 대해 비판자들은 인간과 생명현상은 결코 유전자로 환원될 수 없으며, 아직 과학적으로나 객관적으로 충분히 검증되지 않은 유전자를 상정하고, 그에 따라 인간의 본성과 행동을 설명하는 유전자 결정론은 위험한 사고라고 반박하였다(Caplan, 1978; Green & Piel, 2002).

Wilson은 인간의 사회적 행동과 문화의 기원을 다른 사회적 동물들의 행동과 그 사회구조들과 비교하고 있을 뿐 아니라 친족 선택이나 상호 이타주의 등 여러 기제를 도입하여 이러한 현상들이 이기적인 유전자로 인해 나타난다고 하는 흥미로운 설명을 하고 있다. 그러나 오직 유전자의 진화만을 인정하고, 인간의 주체성, 지성, 창조성, 도덕성의 진화를 무시했다는 지적을 받고 있다.

6. 생태학적 이론

아동의 발달은 진공상태에서 이루어지는 것이 아니다. 가족, 이웃, 국가라는 여러 가지 환경 속에서 발달하는 것이다. 아동발달은 부분적으로 환경과 사회적 영향의 산물이다. Bronfenbrenner와 Elder의 이론을 통해 아동발달의 생태학적 접근법을 알아보기로 한다.

1) Bronfenbrenner의 생태학적 체계이론

Urie Bronfenbrenner(1917~2005)

Urie Bronfenbrenner는 1917년에 러시아의 모스크바에서 출생했으나 부모를 따라 6세 때 미국으로 이주하였다. 그는 1938년에 음악과 심리학을 복수 전공하여 코넬 대학에서 학사학위를 받았으며 하버드 대학에서는 심리학 전공으로 석사학위를 취득하였고, 1942년에 미시간 대학에서는 박사학위를 취득했다. 1948년에 코넬 대학의 교수가 되었으며 2005년 사망할 때까지 코넬 대학의 인간발달 · 가족학과 석좌교수로 재직하였다. Bronfenbrenner는 국내외적으로 잘 알려진 학자로서 유럽의 6개 대학에서 명예학위를 받았으며, 1994년에는 한국을 방문하여 한국아동학회와 발달심리학회가 공동으로 개최한 국제학술심포지엄에서 기조연설을 한 바 있다.

생태학적 체계이론은 Bronfenbrenner(1979, 1986, 2000, 2004)가 인간발달을 사회문화적 관점에서 이해하는 이론이다. 이 이론에는 다섯 가지의 환경체계가 있다. 미시체계(microsystem), 중간체계(mesosystem), 외체계(exosystem), 거시체계(macrosystem) 그리고 시간체계(chronosystem)가 그것이다. 이들은 아동을 둘러싸고 있는 직접적 환경으로부터 아동이 살고 있는 문화적 환경까지를 다 포함하는 것이다. 서로서로 짜 맞춘 듯 들어 있는 한 세트의 러시아 인형 마트료시카(사진 참조)처럼 좀더 근접한 것에서부터 좀더 광역의 것까지 이 다섯 가지의 체계는 서로 영향을 미친다.

(1) 미시체계

<그림 2-13>은 Bronfenbrenner의 생태학적 체계 모델이다. 여기서 아동은 중앙에 위치하는데 아동의 근접환경이 미시체계이다. 미시체계는 아동이 살고 있는 집의 크기, 근처에 있는 운동장의 시설물, 학교 도서관에 구비된 장서의 크기 등과 같은 물리적 특성을 포함한다. 또한 아동의 가족, 친구, 학교, 이웃이 이 체계에 포함된다. 이들은 아동의 발달에 관련이 있는 특성들을 소유하는데, 또래집단의 사회경제적 지위, 부

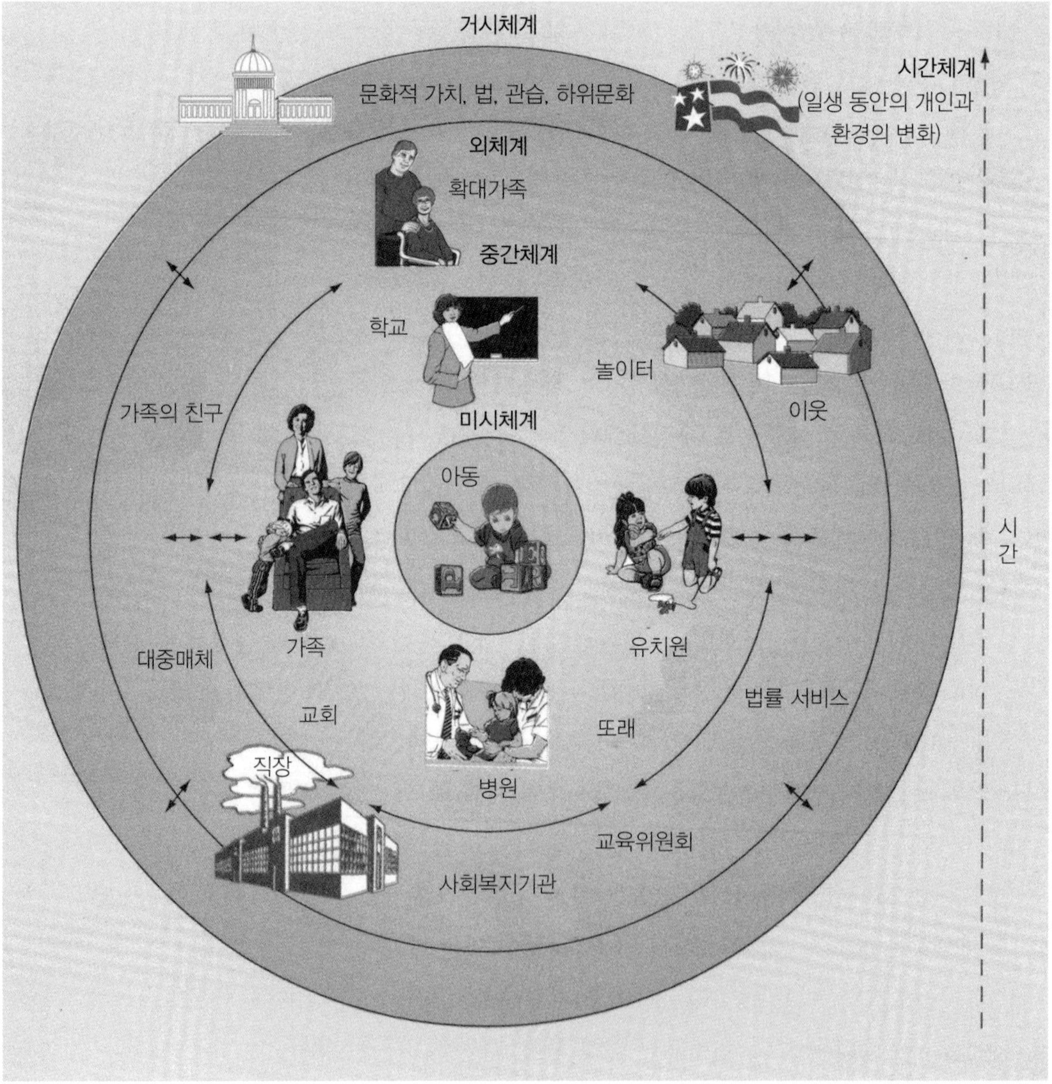

<그림 2-13> Bronfenbrenner의 생태학적 체계 모델

출처: Shaffer, D. R. (1999). *Developmental psychology: Childhood and aololescence* (5th ed.). California: Brooks/ Cole.

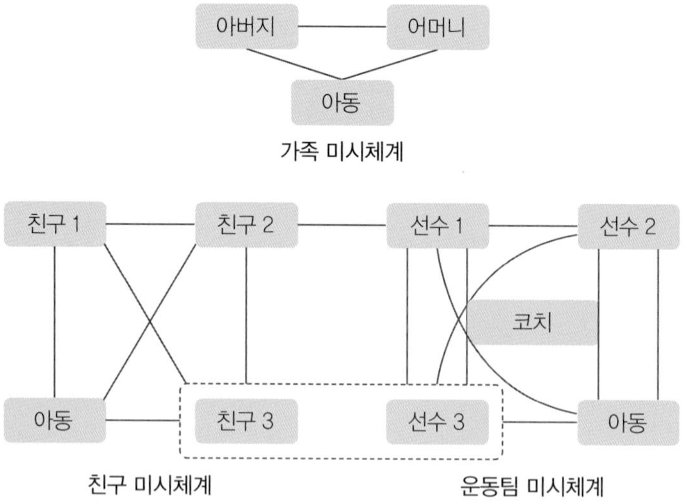

아동은 여러 개의 미시체계에 속한다. 위에는 가족, 친구, 운동팀 미시체계가 있다. 한 사람이 하나 이상의 미시체계의 역할을 수행할 수 있다. 친구 3은 선수 3과 동일 인물이다.

〈그림 2-14〉 미시체계

출처: Muuss, R. E. (1996). *Theories of adolescence* (6th ed.). New York: McGraw-Hill.

모의 교육수준, 교사의 정치적 신념 등이 그것이다.

이 미시체계 내에서 아동과 부모, 친구, 교사, 코치와 같은 사회인자 간에는 대부분 직접적인 상호작용이 이루어진다(〈그림 2-14〉 참조). 아동은 환경의 영향을 받는 수동적인 존재가 아니라 환경을 구성하는 능동적인 주체이다. 미시체계는 아동이 성장하면서 변화한다. Bronfenbrenner는 대부분의 사회문화적 영향에 관한 연구가 이 미시체계에 초점을 맞추고 있다고 지적한다.

(2) 중간체계

중간체계는 미시체계들 간의 상호관계, 즉 환경들과의 관계를 말한다. 이를테면, 부모와 교사 간의 관계, 형제관계, 이웃친구와의 관계 등이 그것이다. 일반적으로 이 체계들 간의 관계가 밀접하면 할수록 아동의 발달은 순조롭게 진행된다. 예를 들어, 부모로부터 사랑을 받지 못한 아동은 교사와 긍정적인 관계를 맺기 어려울지 모른다. 아동발달을 보다 체계적으로 이해하기 위해서는 가족, 친구, 학교, 교회 등 다양한 상황에서 아동들이 어떻게 행동하는가를 관찰하는 것이 중요하다는 믿음이 발달론자들 사이에 점점 확산되고 있다(〈그림 2-15〉 참조).

미시체계와 중간체계 간에는 다음과 같은 문제가 발생할 가능성이 있다(Muuss,

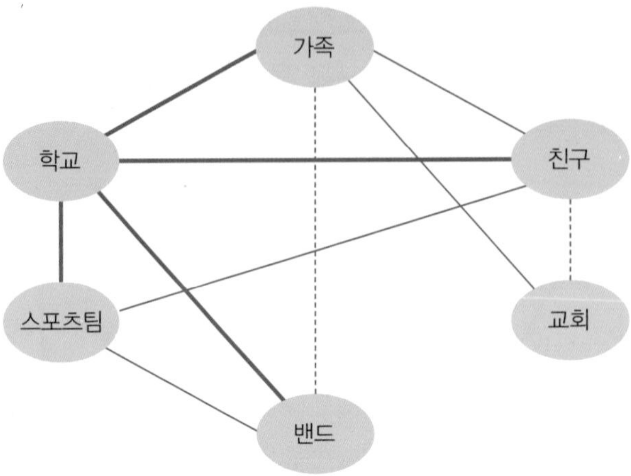

중간체계는 상호작용하는 미시체계로 구성된다. 일부 미시체계는 다른 미시체계보다 더 많은 상호작용을 한다(예: 가족-학교, 학교-밴드, 학교-스포츠팀 등). 한정적 상호작용을 하는 미시체계도 있다(예: 친구-교회, 가족-밴드). 마지막으로 비교적 상호작용이 없는 미시체계도 있다(예: 교회-밴드, 교회-스포츠팀).

〈그림 2-15〉 **중간체계**

출처: Muuss, R. E. (1996). *Theories of adolescence* (6th ed.). New York: McGraw-Hill.

1996). 첫째, 여러 다른 미시체계가 제각기 다른 가치관을 표방할 때에는 잠재적인 위험이 따른다. 예를 들면, 또래집단은 음주, 흡연, 약물남용, 조기 성행위를 영웅시하고 격려하며 보상하는 반면, 부모나 교회는 이러한 행동들을 부정적으로 보며 처벌한다. 둘째, 극도로 빈약한 중간체계 내에는 미시체계들 간에 의미 있는 연결이 거의 또는 전혀 없다. 즉, 개인생활이 각기 분리되어 있다. 자녀의 친구를 알지 못하는 부모, 같은 학교에 다니지 않는 친한 친구, 부모나 친구가 알지 못하는 교회에 다니는 아동 등이 그 예이다.

중간체계의 상호작용은 아동이 아들/딸, 친구, 학생, 밴드부원 등으로 동시에 다중적 역할에 참여하는 것이다. 사람들이 서로 다른 환경에서 서로 다른 역할을 수행한다는 생각은—시간에 따라 그리고 어떤 환경에서 다른 환경으로 옮겨감에 따라 역할이 바뀐다는 것은—Bronfenbrenner의 이론에서 매우 중요한 의미를 갖는다.

(3) 외체계

외체계는 아동이 직접 참여하지는 않지만 아동에게 영향을 미치는 사회적 환경을 의미하는 것으로, 정부기관, 사회복지기관, 교육위원회, 대중매체, 직업세계 등이 여기에 포함된다(〈그림 2-16〉 참조).

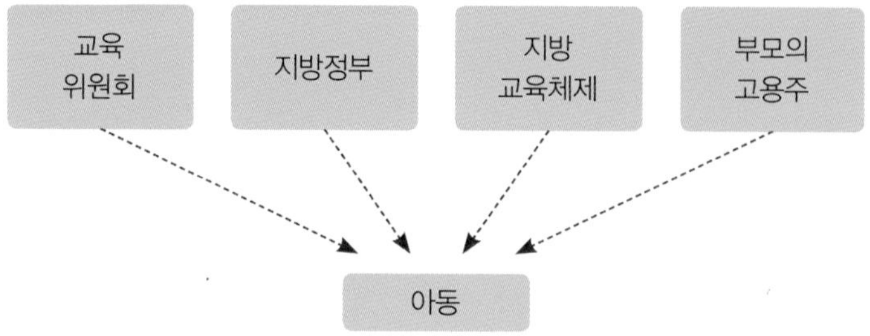

교육위원회, 지방정부, 지방교육체제, 부모의 고용주는 외체계의 예이다. 외체계 결정 중 어떤 것은 아동에게 영향을 준다. 그러나 그 영향력은 일차적으로 비개인적이고, 간접적이며, 일방적이다. 외체계 의사결정자들은 아동 개개인을 모르며, 그 역도 마찬가지이다.

〈그림 2-16〉 **외체계**

출처: Muuss, R. E. (1996). *Theories of adolescence* (6th ed.). New York: McGraw-Hill.

아동은 이러한 외체계에 참여하지는 않지만, 이러한 환경들은 아동의 행동에 영향을 미친다. 예를 들면, 부모의 직장상사는 부모가 어디에서 일할지, 언제 일할지, 얼마만큼 벌지, 언제 휴가를 갈 수 있는지, 자유로운 근무시간을 허용할지 등을 결정한다. 더욱 중요한 것은 고용주는 아버지나 어머니를 동해안에서 서해안으로 전근시킬 수도 있으며, 완전히 해고시킬 수도 있다. 이러한 결정들은 자녀의 미시체계 및 중간체계에 심각한 영향을 미칠 수 있다. 학교정책을 결정하는 교육제도도 아동들에게 중요한 의미를 갖는 외체계 변인의 예이다.

(4) 거시체계

거시체계는 미시체계, 중간체계, 외체계에 포함된 모든 요소에다 개인이 살고 있는 문화적 환경까지 포함한다. 문화란 한 세대에서 다음 세대로 전수되는 행동유형, 신념, 관습 등을 일컫는다. 아동이 속해 있는 사회문화적 배경은 아동의 발달에 지속적인 영향을 미친다. 즉, 거시체계는 신념, 태도, 전통을 통해 아동에게 영향을 미친다. 거시체계는 일반적으로 다른 체계보다 더 안정적이지만, 때로는 사회변화(예를 들면, 경제적 번영에서 IMF 체제로의 변화 또는 평화체제에서 전쟁체제로의 변화)에 따라 변할 수 있다(Elder & Caspi, 1988).

거시체계는 아동의 삶에 직접적으로 개입하지 않으나, 전체적으로 보면 아치처럼 펼쳐 있는 사회계획을 포괄함으로써 비록 간접적이기는 하나 매우 강력한 영향력을 발휘한다(〈그림 2-17〉 참조).

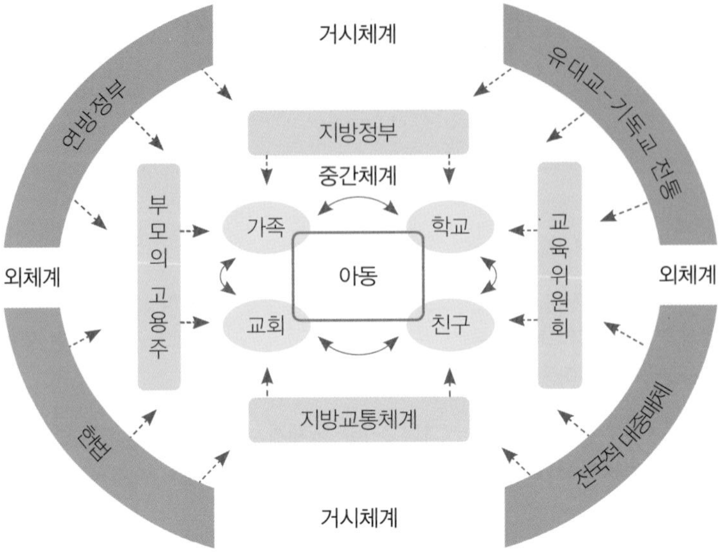

개인은 여러 미시체계의 부분이 되며, 다수의 미시체계는 중간체계를 형성한다. 중간체계 수준의 상호작용은 사적이며 직접적이다. 중간체계는 외체계와 더 일반적인 사회문화적 거시체계에 포함되어 있다. 이 수준의 영향은 비개인적이며 종종 간접적이다.

〈그림 2-17〉 거시체계

출처: Muuss, R. E. (1996). *Theories of adolescence* (6th ed.). New York: McGraw-Hill.

거시체계는 또한 미(美)의 기준을 제시하기도 하고(사진 참조), 성별에 따라 적절하거나 부적절한 행동을 정의하기도 한다. 거시체계적 가치관은 메마른 체형을 미 또는 성적 매력과 동일시함으로써, 거식증이나 폭식증과 같은 먹기장애를 초래할 수 있다.

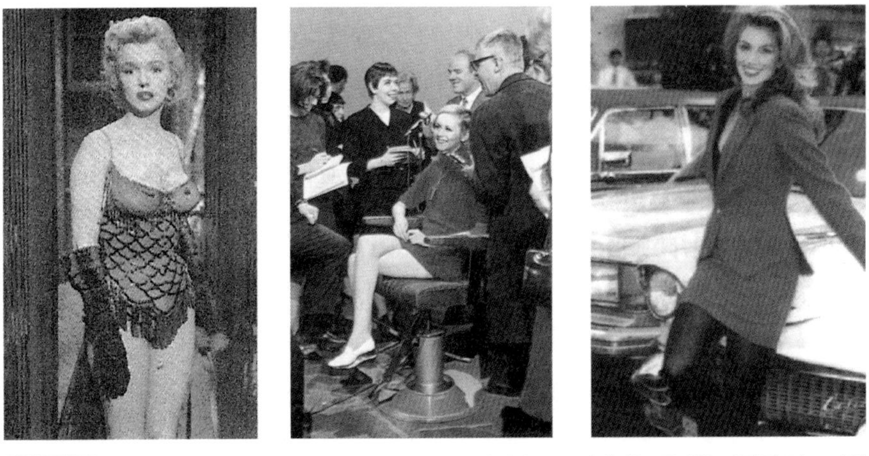

사진 설명 시대에 따라 美의 기준이 변하고 있다. 1940년대와 1950년대에는 풍만한 마릴린 먼로 타입이 이상적이었다(왼쪽). 1970년대에는 깡마른 튀기 타입이 인기였다(가운데). 21세기에는 너무 풍만하지도 너무 마르지도 않은 신디 크로포드 타입의 곡선미와 큰 키가 이상형이다(오른쪽).

(5) 시간체계

시간체계는 전생애에 걸쳐 일어나는 변화와 사회역사적인 환경을 포함한다(〈그림 2-13〉 참조). 예를 들면, 부모의 이혼이 아동에게 미치는 영향에 관한 연구에서 연구자들은 이혼의 부정적인 영향은 이혼한 첫 해에 최고조에 달하며, 딸보다 아들에게 더 부정적인 영향을 미친다는 것을 발견하였다(Hetherington, 2006). 그리고 이혼 후 2년쯤 되면 가족 간의 상호작용은 안정을 되찾는다. 사회문화적인 환경과 관련해서는 20~30년 전에 비해 더 많은 여성들이 직업갖기를 희망한다. 이와 같은 상황에서 시간체계는 아동들의 삶에 지대한 영향을 미친다.

2) Elder의 생애이론

Glenn Elder는 1934년에 미국 오하이오 주의 클리블랜드에서 태어났다. 1957년에 펜실베이니아 주립대학을 졸업하고 곧이어 1958년에 오하이오 켄트 주립대학에서 석사학위를 취득하였으며 1961년에는 노스캐롤라이나 대학에서 박사학위를 받았다.

Glenn Elder(1934~)

코넬 대학(1979~1984)에서 교수로 재직하는 동안 Bronfenbrenner와 친밀한 유대관계를 형성하게 되었고, 그와의 만남을 통해 학제간 연구가 가능해졌다. Elder는 현재 노스캐롤라이나 대학의 사회학과 교수로 재직하고 있다.

(1) 생애이론의 개요

Bronfenbrenner의 생태학적 이론은 환경적 맥락을 강조하고, 역사적 시간을 의미하는 시간체계를 포함하지만 전생애발달을 지향하는 것은 아니다. 전생애발달을 크게 강조하는 생태학적 이론은 Glenn Elder의 생애이론이다. 오늘날과 같이 급변하는 사회에서는 각기 다른 연령대의 사람들은 각기 다른 역사적 환경에 노출되며, 역사적 변화에 대해서도 각기 다른 영향을 받는다.

생애이론은 인간발달과 사회변화 간의 관계에 대한 인식이 높아짐에 따라 1960년대부터 관심을 끌기 시작했다. 1970년대에 와서 발달심리학에서의 전생애적 접근, 변화하는 환경 속에서의 사회적 역할과 사건에 대한 사회학적 관점, 연령과 관련된 변화(예를 들면, 노화)에 대한 관점을 고려한 연구들이 많이 이루어짐에 따라 생애이론은 더욱 빠르게 확산되었다.

생애이론은 인간의 발달과정과 결과를 맥락 속에서 이해하려는 것으로 삶의 변화라는 맥락과 그것의 결과가 인간의 발달에 어떤 영향을 미치는가에 초점을 둔다. 예를 들면, 구소련의 붕괴, 경제적 풍요와 빈곤(미국의 대공황), 전쟁참여(한국전과 베트남전)와 같은 사회구조와 역사적 변화는 인간의 삶의 패턴을 변화시킬 수 있고, 각 개인은 그러한 사회구조와 변화 속에서 자신의 인생역정을 꾸려나가게 된다. 또한 생애이론에서는 인간의 삶에서의 사회적 경로(전환기, 역할순서) 등을 강조한다.

상호의존은 생애이론의 주요 개념이다. 우리의 인생은 일생 동안 가족관계, 친구관계, 그 외 다른 사회적 관계에 의해 이루어진다. 예를 들면, 결혼에 실패한 성인자녀가 다시 집에 들어오는 것은 부모의 생활에 중요한 영향을 미치기 때문에, 자녀에게 발생한 개인적인 문제가 이제 세대 간의 문제가 된다. 부모의 인생에서 일어나는 변화 또한 자녀의 발달에 영향을 미친다.

(2) 생애이론의 연구

1980년대 중반 이후의 생애이론 연구에서는 인간발달이 이루어지는 맥락의 구조적인 속성을 밝히고자 하였다. 인간의 발달역정과 그들 삶의 사회적 경로 간의 관계를 고찰함으로써 발달역정과 사회적 경로는 일생 동안 계속 상호작용하는 것임을 밝혔다. 또한 변화하는 시간에 대해 연구하고 변화하는 시간대가 삶의 발달과정에 미치는 영향도 고려하였다. 오늘날 생애이론 연구에서는 전생애를 통한 발달역정, 연령에 따른 인생과정, 그것이 인간발달에 미치는 영향 그리고 역사적인 맥락을 모두 고려하고 있다. 말하자면, 인간발달은 생애과정과 역사적 시간 속에서 형성된다는 것이다.

Elder와 Rockwell(1978)의 연구에서는 경제공황(거시체계)이 빈곤계층 아동들의 발달에 어떤 영향을 미치는지 분석해 보았다. 이 연구는 두 연령층을 대상으로 두 개의 장기종단연구를 실시했는데, 두 연령층 중 하나는 대공황 동안에 아동기에 있던 사람들이고, 다른 하나는 대공황기가 막 시작될 무렵에 출생한 아동들이었다. 이 연구는 경제적 빈곤이 이 두 연령집단에 미친 영향에 대한 비교분석을 가능하게 해 준다. 연구결과, 대공황은 그 사건을 더 어렸을 때 겪었던 사람들의 삶에 더 불리하게 작용하여 역경으로 이어지는 발달결과를 수반한 것으로 나타났다.

경제공황으로 인해 극빈층이 되어야 했던 나이 든 아동들은 집안일을 하거나 취업을 함으로써(사진 참조) 가족부양에 기여하는 것 외에는 달리 선택권이 없었다. 그러나 이러한 경험은 이들에게 책임감과 독립심을 고취시켜 더 확고한 직업적 야망을 갖게 해 주었으며, 그리하여 더 열심히 일하고 책임감 있는 성인이 되게 하였다. 한편, 취학 전

사진 설명 대공황기에 광산에서 일하고 있는 아동들

에 경제공황을 경험한 아동들의 경우는 그들의 발달이 저해받을 정도로 부정적인 결과가 나타났다. 이 아동들은 학교성적이 좋지 못했으며, 직업면에서도 덜 성공적이었고, 일부는 인생 후반기에 정서적 문제가 발생하기도 했다. 이러한 부정적인 영향력은 여자보다 남자들에게서 더 뚜렷하게 나타났다.

3) 생태학적 이론에 대한 평가

생태학적 체계이론은 학습이론이 제공하는 것보다 환경에 대하여 더 풍부한 자료를 제공해 주고 있다. 즉, 기존의 연구자들이 아동의 환경을 아동 주변의 직접적 환경과 조건 그리고 사건에만 국한하여 상당히 협소하게 본 데 반해, Bronfenbrenner는 아동을 둘러싼 환경을 겹겹의 구조로 체계화하고 이들 각 체계와 아동발달 간의 관계를 설명하고 있다. 따라서 거시체계 모형, 외체계 모형, 시간체계 모형 등 보다 다양하고 체계적인 연구방법을 통해 아동발달에 가족 외적인 환경이 미치는 영향과 그 방식을 설명해 주었다는 평가를 받고 있다. 또한 개인-과정-맥락 모형 등 보다 세분화된 과정중심적 연구방법을 통해 중재 프로그램이나 정책 방향을 위한 실질적인 제언을 하는 데 크게 기여했다고 할 수 있다. 그리고 환경의 영향을 인위적인 실험실 상황에서 탈피하여 자연환경 속에서의 상호작용을 관찰함으로써 인간이 어떻게 환경에 영향을 주고, 환경에 의해 영향을 받는지를 이해할 수 있게 해 주었다.

한편, 생태학적 이론은 아동발달이 일어나는 맥락과 발달에 영향을 미치는 맥락을 모두 고려하고 있으나, 실제로 이러한 모든 맥락을 고려한 연구를 진행하기에는 어려운 점이 많다고 할 수 있다. 또한 생태학적 이론은 주로 맥락적 · 역사적 영향력을 중시한 반면, 아동의 능동적 발달과정이나 생물학적 영향력은 간과하고 있다는 비판을 받고 있다. 최근에 와서 Bronfenbrenner(1995)가 그의 이론에 생물학적인 영향을 첨가함으로써, 그의 이론은 이제 생물생태학적 이론으로 지칭되고 있지만, 인간발달에 대한 생물학적 기여에 대해서는 거의 언급을 하지 않아 그의 이론에서는 여전히 생태학적 · 환경적 영향론이 우세한 실정이라 할 수 있다.

Elder의 생애이론은 기존의 연구자들이 주로 유아기에서 청소년기까지의 발달을 중점적으로 살펴본 것에 반해, 인간발달이 성인기나 노년기까지 생애주기 동안 지속적으로 진행되는 과정이라는 관점을 소개하였다. 일생을 통해 인간발달이 이루어진다는 전생애 접근법은 우리에게 몇 가지 중요한 시사점을 던져주고 있다. 인간발달의 각 단계는 이전의 단계에서 영향을 받고 그리고 앞으로 다가올 단계에 영향을 미친다. 따라서 각 발달단계는 나름대로의 독특한 가치와 특성이 있다. 인생에서 어느 단계도 다른 단계보다 더 중요하거나 덜 중요하지가 않다.

Elder의 생애이론은 또한 인간발달에 미치는 다양한 경로를 밝힘으로써 인간발달의 본질에 관한 관점을 제공했을 뿐만 아니라 인간본성의 유연성, 개체성, 다양성, 고유성을 인정하고 인간과 환경 간의 복잡한 상호연결성을 강조했다는 평가를 받는다.

반면에 Elder는 일반적인 발달규칙, 구체적인 발달단계, 발달과업 등을 가정하지 않았으며, 발달단계에 대한 중요성을 인식하지 못했다는 지적을 받고 있다. 바꾸어 말하면, 그의 연구는 인간발달에 대한 이론적 개념화보다는 연구결과나 행동 쪽을 설명하는 다소 자극적인 연구매체일 뿐이라는 지적이다. Elder는 또한 모든 것이 전적으로 환경맥락에 달려 있다고 생각한다는 비판도 가해지고 있다. 이러한 비판에 대해 Elder 또한 개인이 환경을 선택한다는 것을 인정하지만, 환경맥락은 수시로 변화하고 이러한 환경맥락은 개인에게 상당한 영향을 미치므로, 환경맥락이 인간의 삶을 좌우하는 것임을 강조한다는 것이다.

7. 우리나라의 아동발달이론

지금까지 논의한 아동발달이론들은 서구 문화의 산물이다. 아동발달의 개념을 논할 때 한 가지 염두에 두어야 할 것이 있다. 그것은 아동발달의 맥락을 고려해야 한다는 점이다. 왜냐하면 인간의 성장과 발달이 이루어지는 바탕인 사회문화적 배경과 그 안에 담긴 가치체계를 이해하지 않고서는 진정한 인간발달을 이해할 수 없기 때문이다.

여기서는 우리나라에 도입되어 정착된 유교와 불교를 중심으로 한국의 전통적인 아동발달에 관한 관점들을 살펴보고자 한다. 우리 전통사회의 아동발달관은 오늘날에도 부모의 자녀양육태도에 적지 않은 영향을 미치고 있다.

1) 전통적 유교사회의 아동발달관

우리 전통사회에서 아동기의 범위는 일반적으로 15세경까지로 보고 있는데, 이는 성인기로 들어서는 의식인 관례(冠禮)의 연령이 15세였으며, 『예기(禮記)』에서 15세를 성동(成童)으로 정한 점 등에 근거하고 있다(류점숙, 1989, 1995; 신양재, 1995; 유안진, 1990).

우리 전통사회에서 아동은 태내에서 잉태되는 순간부터 하나의 인격체로 존중을 받았다. 한국식 나이계산법은 이러한 우리 사회의 아동존중사상을 단적으로 보여주는 한 예가 될 것이다. 비록 출생하지 않은 태아라 하더라도 잉태되는 순간부터 교육이 필요하다고 보았기 때문에 태교의 중요성을 강조하고 있다.

태교에서 시작하여 자녀가 태어난 뒤에도 사랑과 헌신적인 돌봄을 통해 부모는 자녀에 대해 높은 관심을 가지고 자녀를 존중하며 교육에 정성을 다했다. 정성, 희생, 존중, 관심 등은 우리 전통사회에서 자녀에 대한 부모역할의 중요한 덕목으로 볼 수 있다(정옥분 외, 1997).

사상적 기반을 유교적 가치와 신념체계에 두고 있었던 조선시대의 문헌을 분석해 보면, 아동은 성인에 비해 생각이 모자라고, 지적으로 아직 판단력이 갖추어지지 않은 상태에 있으며, 무한정한 욕구를 가지고 있으므로 아동기는 이를 적절하게 통제하는 방법을 가르치기 위해 훈육이 필요한 시기로 보고 있다. 이처럼 무지몽매한 어린아이를 가르치는 일은 가능한 한 빨리, 일상생활을 통해 가까운 관계에서부터 시작하는 것이 효과적이라고 생각했기 때문에 가정교육이 중요시 되었고, 부모들의 자녀교육에 대한 책임이 강조되었다.

(1) 발달의 단계

『예기(禮記)』『소학(小學)』『논어(論語)』『태교신기(胎教新記)』『동의보감(東醫寶鑑)』 등의 문헌을 분석한 류점숙(1990)은 유교적 입장에서 조선시대 양반사회의 인간발달 단계를 태아기(胎兒期), 유유아기(乳幼兒期), 유아기(幼兒期), 동몽전기(童蒙前期), 동몽후기(童蒙後期), 성동기(成童期), 성인기(成人期), 출사준비기(出仕準備期), 출사기(出仕期),

치사기(致仕期) 등의 10단계로 나누고 있다. 여기서는 아동기에 해당하는 제5단계 동몽후기까지만을 살펴보기로 한다.

① 태아기(胎兒期)

제1단계인 태아기는 임신에 대한 준비와 태교를 하는 시기로 나누어 볼 수 있다. 우리 전통사회에서는 임신에 대한 준비로서 좋은 자손을 갖기 위해 훌륭한 배우자를 선택하는 것으로 시작되었다. 태교사상은 태아를 잉태하기 이전부터 부모로 하여금 임신을 위한 정성과 신체적 · 심리적 준비를 강조했을 뿐만 아니라, 어머니 못지않게 아버지의 부성태교(父性胎敎)도 중요시하였다. 임신 3개월부터는 본격적인 태교를 실시하는데, 태중태교 10개월을 출생 후의 10년간 교육보다 더 강조하고 있다.

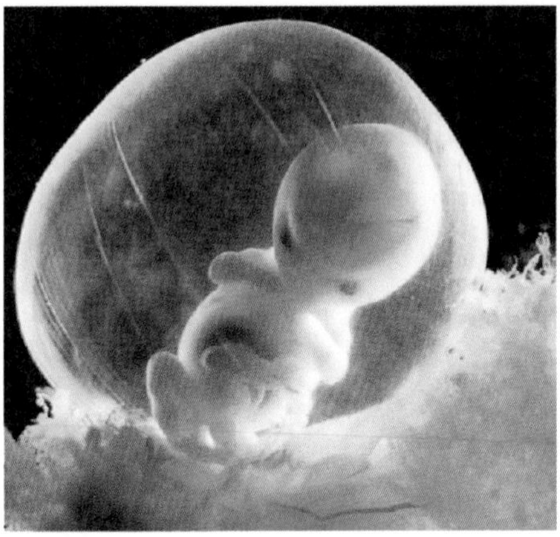

사진 설명 태내기는 출생 후의 어느 시기보다도 아동 발달에서 중요한 의미를 지닌다.

『태교신기(胎敎新記)』나 『동의보감(東醫寶鑑)』에서 보면, 남편은 건강한 심신을 유지하는 가운데 교합(交合)을 해야 하며, 잉태 후에도 아내로 하여금 출산의 공포증을 갖지 않게 자신감을 불어넣어 주고, 일상생활에서도 아내가 태교에 전념할 수 있도록 적극적인 뒷바라지를 해 주어야 한다고 되어 있다.

아버지의 태교는 주로 수태 시에 집중되지만, 어머니의 태교는 임신 전 기간에 걸쳐 태아에게 절대적인 영향을 미치므로, 아버지의 태교에 비해 어머니의 태교는 까다롭고 힘든 노력을 요구하고 있다. 『계녀서(戒女書)』에서는 자식이 어머니를 닮는 경우가 많은데, 이는 열 달을 어머니 뱃속에 들어 있기 때문이니, 어찌 가르치지 않고서 착한 자식이 되겠는가라며 임부의 태교실천에 대한 중요성을 강조하고 있다. 그리고 『태교신기』에서는 태아와 모체는 혈맥으로 이어져 모체가 숨쉬고 행동하는 모든 것이 태아의 성품을 이루게 되며, 모체의 영양섭취는 태아를 성장케 하는 것이므로 보고 듣고 먹는 일에 삼가야 한다. 이 같은 이치를 알면서도 태교를 게을리하여 태어난 자식의 형상이 바르지 못하다면 이는 어머니의 허물이고, 후일 어떠한 교육으로도 고쳐질 수 없기 때문에 태교를 중요하게 생각하고 실행해야 하는 구체적인 이유를 밝히고 있다(이원호, 1986).

② 유유아기(乳幼兒期)

제2단계인 유유아기는 출생에서 3세까지의 시기이다. 아동이 밥을 먹을 수 있고 말을 할 수 있는 시기가 되기까지의 유유아기에는 젖아기라고 하여 무조건적이고 절대적인 보호의 대상이 되었다. 젖아기는 아직 약하고, 어리고, 깨이지 않은 존재로 보았기 때문에, 보호하고 관대하게 대한다는 입장을 취하였다. 따라서 가능한 한 욕구를 들어주고, 기본생활습관이나 생활규범을 가르치는 것은 말을 알아듣는 때가 되어 시작하였다. 『예기(禮記)』의 내칙(內則)에 "어린아이는 밤에 일찍 자고, 아침에는 늦게 일어나고, 자기가 원하는 대로 행동한다. 먹는 것도 일정한 때가 없다"(권오돈, 1996, p. 204)라고 하여, 어린아이가 원하는 대로 수유를 하였다. 그리고 "어버이를 공양한 달고 부드럽고 매끄러운 음식은 어린이가 그 나머지를 먹는다"(권오돈, 1996, p. 241)라고 하여, 노부모 봉양과 마찬가지로 어린이를 배려하였다.

사진 설명 포만의 기쁨에 잠겨 있는 유아
ⓒ 이서지 포만 Satiation (66×63cm)

③ 유아기(幼兒期)

제3단계인 유아기는 3세부터 7세까지이다. 무조건적인 보호의 대상이던 어린아이가 3세에 이르게 되면, "세 살 버릇 여든까지 간다"는 우리의 옛 속담의 경고에 따라 기본적인 훈육이 시작되었다. 『소학(小學)』의 명륜편(明倫編)에는 "자식이 밥을 먹을 수 있게 되거든 가르치되……"(이기석, 1999)라고 하여, 3세 이후의 훈육에 대해 언급하고 있다. 그러나 이 시기의 훈육도 본격적으로 엄하게 이루어졌다기보다는 생활상의 예의나 습관훈련과 같은 기초적인 것에 한정된 것이었다. 즉, 수저사용법, 옷입는 법, 세수하는 법, 대소변 가리기, 자신의 성별에 어울리는 언행 등 주로 올바른 습관형성을 목적으로 하는 예교육(禮敎育)을 시켰었다.

사진 설명 오줌싸개의 나쁜 버릇을 고치는 방법은 키를 눌러 쓰고 남의 집에 가서 소금을 얻어오게 하는 것이었다.
ⓒ 이서지 오줌싸개 Bed-Wetter (43×43cm)

④ 동몽전기(童蒙前期)

아동기라는 의미의 동몽기는 전기와 후기로 나뉜다. 제4단계인 동몽전기는 7세부터

10세까지의 시기로 이때부터 본격적인 교육이 시작된다. 지금까지 관용적이던 양육태도는 7세를 전후하여 엄부자모(嚴父慈母)의 양육태도로 대치되며, 이러한 과정에서 성인과 아동 간의 심리적 갈등이 '미운 일곱 살'로 표현된다. 이는 유아기에서 아동기로 넘어가면서 부모의 기대와 훈육방식이 갑자기 변한 데 따른 아동의 저항적 형태를 표현한 것으로 볼 수 있다.

7세가 되면 남녀가 자리를 같이 하여 앉지 않으며, 음식을 함께 먹지 않는다고 하여 남녀의 차이를 가르치고, 유교사회의 윤리규범인 내외법(內外法)의 통제를 받도록 한다. 여아에게는 7세에 효경과 논어를 외울 것을 기대하고 있으며, 남아에게는 8세가 되면, 공손하면서도 탐내지 않고, 겸손하면서도 인색하지 않는 겸양(謙讓)의 예절을 지킬 것을 기대하였다. 『예기』에 말하기를 "남자는 여덟 살에 비로소 사양하는 도리를 가르치는데, 이는 공손하면서 탐내지 아니하고, 겸손하면서 인색하지 않는 것이 예절의 좋은 일이기 때문이다"(김종권, 1993, p. 287)라고 하였다.

⑤ 동몽후기(童蒙後期)

사진 설명 서당에서 글을 배우고 있는 아이들
ⓒ 이서지 글방 Study Room (43×43cm)

제5단계인 동몽후기는 10세에서 15세까지의 시기를 말한다. 아동이 10세가 되면, 어린이가 어른을 섬기는 예의인 유의(幼儀)를 배웠다. 조선사회를 지배했던 유교이론 중 아동과 성인의 관계에 대한 윤리가 장유유서(長幼有序)였다. 즉, 어른과 아이 사이에는 순서가 있다 하여, 그 순서에 있어 연장자인 어른을 앞세우도록 하며, 연소자는 연장자 어른에게 공경의 예로써 스스로 질서를 택하도록 하는 것이었다(유안진, 1995). 이처럼 아동에게 어른을 섬기는 예를 가르친다는 것은 어른처럼 행동할 것을 기대하고, 양육이 엄격하게 이루어졌음을 의미한다. 양육의 주 책임자도 아동의 나이 10세를 기준으로 바뀌었다. 10세 이전에 유지되던 어머니와 자녀의 친밀한 관계는 변하여 남아는 아버지와 여아는 어머니와 보다 친밀해진다.

이때부터는 내외법이 본격적으로 실시되고 교육방법도 남녀에 따라 달라진다. 『예기』의 내칙(內則)에 이르기를 남아는 "열 살이 되거든 바깥 스승에게 나아가 취학하게 하여 바깥에 거처하면서 잠자게 하고, 글씨 쓰고 계산하는 것을 배우게 하며, 아침과 저녁에 예의를 배우되 간이(簡易)하고 신실(信實)한 일을 청하여 익히게 할 것이다"라고 하여, 10세 이후에는 성인남자들의 생활공간인 사랑으로 나아가 남자로서의 역할을 배우게 하였다.

반면, 여아에게는 "계집아이는 열 살이 되거든 항상 규문(閨門) 안에 거처하여 밖에 나가지 않으며, 여자선생이 순한 말씨와 순한 용모와 듣고 순종하는 것을 가르치고 삼과 모시로 길쌈을 하며, 누에를 쳐서 실을 뽑으며, 비단을 짜고 끈을 땋아서 여자의 일을 배움으로써 의복을 지으며, 어른을 도와 제례를 올리는 것을 배우게 할 것이다"라고 하여, 이때부터 성인 여성의 태도와 품성 그리고 집안일을 배우게 하였다(문미옥, 류칠선, 2000).

사진 설명 남녀 간에 서로 얼굴 대하기를 피하는 일을 내외라고 하였다.
ⓒ 이서지 내외 Keeping Distance (43×43cm)

이러한 내용들로 미루어 안과 밖의 분리된 생활공간에의 적응 그리고 본격적인 성인 역할 학습과 수행을 10세 정도에 기대하였음을 알 수 있다. 즉, 10세를 기준으로 안과 밖의 구분이 확고하게 이루어지며, 이렇게 분리된 공간에서 남아는 성인 남자의 일을, 여아는 성인 여자의 일을 본격적으로 학습하고 연마할 것을 기대하였다. 이러한 과정에서 남아에게는 자율성과 독립성을 강조한 반면, 여아에게는 의존성을 강조하는 양육태도를 보이는 것으로 나타났다. 또한 10세부터 남아는 외부의 스승에게, 여아는 부도(婦道)를 가르치는 부인에게서 배운다는 점으로 미루어 볼 때, 교육이 부모의 직접적인 훈육으로부터 외부인에의 위탁교육으로 확대된다는 점에서 10세가 그 이전 시기와 구분되는 중요한 경계를 이루고 있음을 알 수 있다(신양재, 1995).

사진 설명 길쌈하는 장면
ⓒ 이서지 길쌈 Weaving (43×43cm)

(2) 발달목표와 교육내용

유교적 학문관은 단순한 학술적 탐구에 그치는 것이 아니라 그 이상의 것이었다. 학

표 2-1 아동의 연령과 성별에 따른 기대 행동

연령	성별	기대 행동
3	남 · 여	식사 시 오른손 사용 적절한 응대어 사용 성별차이 인식 행동거지의 차분함
6	남 · 여	수 · 방위(方位) 학습 어른 공경
	여	여자의 일 학습
7	남 · 여	성별 활동 분리: 자리에 함께 앉거나, 음식을 함께 먹지 않는다.
	여	『효경(孝經)』 · 『논어(論語)』 읽기
8	남 · 여	사양(辭讓)
	남	양보(讓步) · 겸손(謙遜) · 불탐(不貪) · 불인(不吝)
9	여	『논어(論語)』 · 『효경(孝經)』 · 『여계(女戒)』 읽기
10	여	순한 태도로 가르침 따르기 삼과 모시 다루기 실과 고치 다루기 옷감 짜기 · 의복 짓기, 제사일 규문내(閨門內) 거처 · 외부인 보기(相見) 금지
	남	위탁교육 · 바깥채 거처

문은 유교의 경전을 읽고 여기서 얻은 지식을 실제 생활에 실천하는 것을 중시하는 지행합일(知行合一)을 표방한 것이었다. 교육목표도 유인(儒人: 지도자)에 두어, 이에 도달하기 위해 성인(聖人)의 언행을 표준으로 삼는 것이었다.

아동에게 직접적인 교육이 실시되는 시기는 언어능력이 본격적으로 발달하기 시작하는 3세경부터였으며, 각 연령별 및 성별로 요구되는 행동양식에도 차이가 있었다. 조선시대의 교훈서인 『내훈(內訓)』 『사소절(士小節)』 『규범선영(閨範選英)』 등에 나타난 아동의 연령과 성별에 따른 기대 행동을 살펴보면 〈표 2-1〉과 같다(신양재, 1995).

(3) 부모자녀관계

조선시대의 부모자녀관계는 본능적 · 정서적 애착관계뿐만 아니라 유가(儒家)의 자연관, 윤리관, 가족제도 등으로 형성된 구조적이고 기능적인 관계였다. 즉, 부모나 아동이 개개인 위주의 존재가 아닌, 가정이라는 한 가족공동체의 구성원의 관계로 존재하였다. 이는 서열이 존중되는 관계로 아동은 성인보다 낮은 존재였다. 또한 유교의 기본 윤리 중의 하나인 부자유친(父子有親)의 관계로도 표현할 수 있다(백혜리, 1999).

부모는 자식을 자애롭지만 엄격하게 가르쳐야 한다고 보았고, 부모자녀관계에도 엄격한 상하질서가 요구되었다. 그 결과 부모자녀관계에서 부모의 자녀에 대한 관계인 부자(父慈)보다는 자녀의 부모에 대한 관계인 자효(子孝)를 더욱 강조하였다. 연약한 존재인 아동에 대한 부모의 희생이나 봉사를 강조한 만큼 부모에 대한 보은(報恩)의 자세로 효성을 요구하였다. 전통사회에서 부모상을 3년으로 정한 것도 유유아기(乳幼兒期)에 대한 보은을 의미하였다. 즉, 소학의 경민편(警民篇)에서 보듯이 "삼 년을 젖 먹이심에 어미의 기름과 피를 먹나니, 이끌고 붙들어 간수하며 품으심에 날로 자라기를 바라시어 금과 구슬을 아끼듯 하시며……"라고 하여 3년 동안 젖을 먹이고, 걸음을 걷지 못하기 때문에 이끌며 붙들고, 자신의 언어적 표현이 불가능하기 때문에 품고 간수하고 정성을 다한 것에 대한 보은의 의미이다(류점숙, 1989). 이처럼 효성이 강조되었다는 사실은 부자(父慈)는 종족보존의 본능상 자연스러운 현상이지만, 자효(子孝)는 장려하지 않으면 행하기 어렵다는 사실에서 비롯된 것으로 볼 수 있다.

따라서 아동교육에서도 부모에 대한 문안과 시중, 품행과 태도 등 일상생활에서 은혜와 감사, 봉사와 헌신, 경애와 배려 등으로 시작하였다(류점숙, 1995; 문미옥, 류칠선, 2000). 부모에게 효도한다는 것은 봉양과 존경, 절대적 복종을 의미하는 것이었다. 이러한 효가 도덕의 근본이 된다고 보았다. 그러나 자신의 부모만을 잘 봉양하는 것은 최소의 효이고, 이것을 천하 만민에게 적용시켜 인류를 박애하는 것을 최고의 효로 보았다.

부모자녀관계는 아동의 연령과 성별에 따라 변화한다. 태아기로부터 10세가 되기 전에는 성별에 관계없이 어머니에게 자녀양육의 책임이 있다고 보았다. 그러나 10세가 되면 아동의 성별에 따라 그 교육내용이 변할 뿐 아니라, 이전에 유지되던 어머니와 자녀관계도 변화하여 남아의 경우는 아버지와, 여아의 경우는 어머니와 긴밀해지게 된다. 또한 무조건적 보호와 자애로운 양육태도는 아동이 10세 이후가 되면 매우 엄격한 양육태도로 변하게 된다(백혜리, 1999; 정진, 백혜리, 2001).

사진 설명 우리 전통사회에서 부모는 자식을 자애롭지만 엄격하게 가르쳐야 한다고 보았다.
ⓒ 이서지 회초리 Switch (43×43cm)

태교에서 시작하여 10세 이전의 교육을 주로 어

머니가 담당하였다는 사실은 초기 아동교육에서는 엄격함보다는 자애로움이 더 중요한 덕목으로 간주되었음을 의미하지만, 이후의 교육에서는 아버지가 참여함으로써 엄격함이라는 덕목이 강조되었음을 의미한다. 우리 전통사회에서의 바람직한 부모의 역할모델인 엄부자모(嚴父慈母)는 어머니의 자애로운 손에서 사랑으로 자녀를 양육하고, 동시에 자녀의 잘못을 엄격하게 다루는 엄한 아버지의 모습을 강조하고 있다(사진 참조).

2) 불교의 아동발달관

한국 문화를 이끌어 온 중요한 사상 가운데 하나인 불교의 인간발달관을 보면, 불교에서 아동은 주체적 인격체라는 점에서 성인과 동일시하였다. 아동은 스스로 독자적 존재로서의 우주관과 진리관을 가지고 있다. 아동은 수행을 통해 자신이 가지고 태어난 업(業)을 개선하고 불성(佛性)을 발휘하여 깨달음에 도달할 수 있으나, 아직 미혹하므로 일차적으로 보호하고 교육해야 할 존재이다(권은주, 1998).

(1) 발달의 요인

불전(佛典)에 의하면 아동발달은 부모로부터의 유전과 현재의 환경, 아동 개인의 의지가 상호작용하여 이루어진다고 한다. 즉, 인간이 비록 유전과 지난 생의 업에 의한 어떤 결과로 탄생했을지라도, 개인의 의지와 환경에 의해 앞으로의 발달이 향상될 수 있다는 것이다.

석존(釋尊)은 인간의 신체적 형상뿐만 아니라 정신적 특성도 모두 과거 행동의 결과라고 보고 있다(권은주, 1990). 즉, 부모로부터 신체적 특성이 유전될 뿐 아니라, 윤회를 통해 정신적 특성도 과거 행동의 결과로 전해진다. 하지만 출생 당시의 상태가 인간의 삶을 결정한다고 보지는 않는다. 타고난 유전과 지난 생의 업에 대한 정신적 특성보다 더 중요한 것은 환경과 개인의 강력한 의지라고 보고 있다. 즉, 불교에서는 인간발달의 중요한 요인으로, 인간은 자신의 유전적 특성을 변화시킬 수는 없지만, 윤회의 고통을 끊는 궁극적 목표를 향해 자신의 재능을 이용하고, 정신적 발달에 이바지하는 그러한 환경을 찾고 고귀한 삶을 이끌 수 있다고 본다.

(2) 발달의 단계

불교에서는 인간의 발달이 한 생(生)으로 끝나는 것이 아니라 12연기[4]의 연속성으로 인해 그 자신의 업(業)에 따라 윤회한다고 본다. 따라서 수태되는 순간 이전 생(生)의 정신적 요소를 이미 지니게 된다고 본다.

불교에서 인간의 발달단계를 나누는 것은 명확하지 않다. 인간발달을 인간이 최고의 목표로 삼는 깨달음에 이르기 전과 후로 나눌 수도 있겠지만, 모든 사람이 때가 되면 깨달음의 단계에 도달한다고는 볼 수 없으므로, 이를 발달단계의 보편적 기준으로 보기는 어렵다. 따라서 여기서는 불전을 중심으로 인간의 일생을 크게 태내기와 태외기로 나누어 살펴보고자 한다(권은주, 1990).

① 태내기(胎內期)

불교에서는 인간의 생이 윤회(輪廻)하는 가운데 인연에 의해 현생(現生)에서 부모와 자녀관계가 성립한다고 본다. 또한 수태에는 부모의 정자와 난자의 결합 외에 식(識)[5] 이라고 하는 정신적 요소가 필요하다고 한다. 불교에서는 수태의 순간을 한 인간의 초기 형태로 보는데, 『증일아함경(增壹阿含經)』에서 수태에 대한 기록을 살펴보면 다음과 같다(권은주, 1990; 백경임, 1986).

> 부모와 외식(外識) 등 세 가지 인연이 화합하여야 수태가 가능하다. 만약 어머니에게 욕심이 있어 부모만 함께 교합하고 밖에서 식(識)이 들어오지 않는다면 수태가 불가능하다. 또 밖에서 식(識)이 들어온다 하여도 부모가 교합하지 않으면 수태가 불가능하다.

> 먼저, 수태하게 되면 점차 우유가 엉긴 것 같이 되며, 마침내 다시 우무 버섯 같아지면서, 뒤에 어떤 형상을 이룬다. 먼저 머리와 목이 생기고, 다음에 손과 발, 각각의 뼈마디, 털과 손톱, 발톱이 생긴다. 어머니가 음식을 먹을 시엔 그 기를 활용해 생명을 이어가니 바로 이것이 수태의 근본이라. 그로써 형체가 이루어지고 모든 감각기관을 갖추어 어머니로 말미암아 태어나게 되나니 수태의 괴로움이 이와 같다.

수태로부터 시작하는 불교의 인간발달 단계는 윤회(輪廻)와 인과사상(因果思想)에 기초한 것이다. 무명(無名)으로 인해 연기(緣紀)를 계속하는 인간은 수태하는 그 순간

4) 연기(緣起)-연기설(緣起說) 또는 인연설(因緣說)이라고 함. 모든 존재는 공간적으로나 시간적으로나 어느 하나도 독립됨이 없이 서로 인(因)이 되고 연(緣)이 되어, 서로 의지한 채 인연생기(因緣生起)하고 있다는 진리. 12연기설-노사(老死)에서 무명(無名)까지의 12단계를 칭함.

5) 우리가 마음, 영혼, 정신 등과 비슷한 의미로 사용하고 있는 이 식(識)이란 말은 인간의 정신세계를 여덟 가지 식(識)으로 구분해서 설명하는 불교의 유식설(有識說)에서 나온 것이다.

에 수 없는 생을 반복해 살아온 중생(衆生)의 식(識)이 삽입되면서 태아가 형성된다는 것이다.

태아의 발달 단계에 대해서『수행도지경(修行道地經)』『불설포태경(佛說胞胎經)』『대보적경(大寶積經)』『해탈도론(解脫道論)』에서는 태내기간을 약 38주로 보고 각 주의 성장과정을 자세히 언급하고 있다. 태아는 38주(266일)가 되면 정신과 육체가 모두 구족(具足)하여 마침내 탄생하게 된다. 이러한 불교의 태내발달 과정은 오늘날 의학의 발달을 통해 관찰된 연구결과와 거의 일치한다(백경임, 1986).

② 태외기(胎外期)

태외기는 아기가 탄생한 후의 단계이다. 불전에서는 발달단계를 초생(初生), 영해(嬰孩), 동자(童子), 소년(少年), 성년(成年), 쇠노(衰老) 등으로 나누고 있지만, 각 단계마다의 과업은 설명하고 있지 않다. 이는 발달의 최종 목표가 깨달음에 도달하는 것이고, 이러한 목표는 연령에 관계없이 해당하기 때문이다.

사진 설명 동자(童子)

이들 중 아동기에 해당한다고 볼 수 있는 것은 초생(初生), 영해(嬰孩), 동자(童子) 및 소년기(少年期)이다. 불전에서는 이 단계에 해당하는 아동들은 일차적으로 성인의 보호가 필요하다고 보고 있다.

(3) 발달목표와 교육내용

불교에서 인간발달의 궁극적인 목표는 고통으로부터 벗어나는 것이다(윤호균, 1999). 즉, 윤회와 그것의 고통을 없애고 깨달음에 이르는 것이다. 여기서 깨달음이란 자아실현을 이룩하는 것으로 최상의 도덕성을 의미한다. 인간을 생로병사(生老病死)로 인해 계속적인 신체적 · 정신적 고통을 경험하는 존재로 보고, 윤회의 고통을 없앨 때만이 인간발달의 최종목표에 도달한다고 본다.

깨달음에 도달하기 위한 수행방법으로, 초심자의 경우는 도덕적이고 바람직한 행동으로부터 시작해야 한다. 특히 아동의 경우는 미성숙하므로 성인의 보호와 가르침이 필요하다.

불전에는 깨달음을 위한 대표적인 교육방법으로 사성제(四聖諦)[6]와 팔정도(八正道)[7]가 제시되어 있다. 사성제는 인간이 왜 괴로움의 존재인지 그 이유를 설명하고, 그 괴로움으로부터 벗어나 인간발달의 목표에 도달하는 길을 제시한 것이다. 팔정도는 깨달음에 이르는 여덟 가지 바른 길을 의미하는 것으로, 도덕적인 사고와 행동, 지적인 자율, 정신적인 훈련과 적절한 의지로 깨달음을 단계적으로 실천하는 방법을 제시하고 있다.

일반적으로 최종의 깨달음은 곧바로 쉽게 도달할 수 없다. 먼저 개인의 도덕과 실천을 통해 진정한 삶의 본질을 깨닫는 중간 목표에 도달하게 된다. 그리고 개인의 강인한 의지와 노력을 통해 연기(緣起)의 사슬을 끊어 윤회에서 벗어남으로써 인간발달의 최고목표에 도달하게 된다(권은주, 1990; 김종의, 2000).

사진 설명 양산통도사에 있는 '팔정도' 탑

(4) 부모자녀관계

불교에서는 부모와 자녀의 관계를 생물학적인 관계를 넘어 태아의 발생까지 다겁다생(多劫多生)의 인연으로 시작되는 것으로 본다. 부모는 자녀를 태아 때부터 보호하고 적절히 교육시킬 권리와 의무가 있으며, 자녀는 이러한 부모의 은혜를 갚고자 노력해야 함을 강조하고 있다.

부모가 자녀를 돌보아야 할 것에 대해 『장아함경(長阿含經)』에서는 다음과 같이 명시하고 있다(권은주, 1990). 자녀를 제어하여 악을 행하지 않게 한다. 가르치고 일러주며 선행을 알려준다. 자애(慈愛)하되 뼛속 깊이 스며들게 한다. 착한 배우자를 구해 준다. 때에 따라 적합하게 그 비용을 충당해 준다.

반면, 부모와 자녀관계에 대한 대표적 경전인 『부모은중경(父母恩重經)』에는 부모와 자식 간의 관계, 나아가 자식이 부모의 은혜를 알고 또 갚아야 한다는 내용이 담겨져 있

6) 인간 삶의 유한한 현실을 직시하며, 보다 옳은 삶, 보다 가치 있는 인생을 위한 실천원리를 사성제(四聖諦)라고 한다. 사성제란 네 가지 성스러운 진리라는 뜻으로, 도를 닦는 이는 반드시 이 네 가지 진리를 알아야 한다고한다.
첫째는 이 세상의 모든 것이 고통이니 이를 苦라고 한다.
둘째는 苦는 집착으로 말미암아 생기는 것이니 이를 集이라 한다.
셋째는 苦와 集이 없어져야 하니 이것을 滅이라 한다.
넷째는 苦와 集을 없애는 길이 있으니 이를 道라 한다.

7) 인간이 태어나는 것(生苦), 늙는 것(老苦), 병드는 것(病苦), 죽는 것(死苦), 사랑하는 사람과 헤어지는 것(愛別離苦), 미워하는 사람과 만나는 것(怨憎會苦), 구하여도 얻을 수 없는 것(求不得苦), 오관(眼, 耳, 鼻, 舌, 身) 등이 모두 고통이다. 고통을 없애는 길에 관한 여덟 가지 진리가 있는데 이것이 바로 팔정도(八正道)이다.

사진 설명 부모은중경(父母恩重經) 회탐수호은(懷耽守護恩: 낳아 준 은혜) 도판부분

다. 여기서 언급한 열 가지 부모의 은혜는 다음과 같다.

첫째, 열 달 동안 어머니 뱃속에서 품고 지켜주신 은혜
둘째, 해산에 임하여 그 큰 고통을 견디시던 은혜
셋째, 자식을 낳고서 모든 근심을 잊어주신 은혜
넷째, 쓴 것은 삼키고 단 것은 뱉어서 자식을 먹이시던 은혜
다섯째, 진자리 마른자리 가려 뉘시는 은혜
여섯째, 젖을 먹여 길러주신 은혜
일곱째, 손발이 다 닳도록 깨끗하게 씻어주시던 은혜
여덟째, 자식이 먼 길을 떠났을 때 걱정하시던 은혜
아홉째, 자식을 위해서라면 온갖 궂은일도 마다하지 않으신 은혜
열째, 죽을 때까지 자식을 안타까이 여기시는 은혜

이 경전은 부모의 은혜에 대해 각각 구체적 예를 제시하면서 설명하고 있는데, 부모의 은혜가 비교적 과학적으로 표현되어 있으며, 아버지보다 어머니의 은혜를 중심으로 다루고 있다. 여기에는 은혜를 갚기 위한 방법이 제시되어 있을 뿐 아니라, 불효한 행동들 또한 열거되어 있다(김종의, 2000).

3) 우리나라의 아동발달이론에 대한 평가

우리나라 아동발달이론의 긍정적인 측면은 다음과 같다. 첫째, 유전 대 환경에 관한 논쟁은 인간발달 분야에서 오랫동안 쟁점이 되어온 주제이다. 그런데 서양에서는 이 두 요인을 서로 독립적인 것으로 생각하는 생득론자와 양육론자의 주장이 팽팽히 맞서는 가운데, 인간발달이 유전과 환경의 상호작용에 의해 이루어진다는 인식이 형성된 것은 극히 최근의 일이다. 그러나 우리나라에서는 이 두 가지 요인 모두를 인정하고 수용하며 중요시해 왔다. 한국 문화를 이끌어 온 중요한 사상 가운데 하나인 불교의 인간발달관을 보면, 인간발달에 영향을 주는 요인으로서 유전과 환경 그리고 개인의 의지, 이 삼자의 상호작용을 강조하고 있다.

둘째, 서양에서는 양적인 성장과 변화가 눈부시게 나타나는 생의 전반부, 즉 출생 후 청년기까지의 발달에만 초점을 맞추어 왔다. 그러다가 Erikson의 8단계 이론을 비롯하

여 인간발달에 대한 전생애적 접근을 시도한 것은 아주 최근의 일이다. 하지만 우리나라는 그보다 수백 년 앞서 이미 조선시대에 인간발달의 전생애적 접근을 시도하여 태내기에서 노년기까지의 인간발달 단계를 상세히 다루고 있다.

셋째, 서양에서는 아기가 태어나 첫돌이 되어야 한 살이 되지만 우리나라에서는 태어나자마자 한 살을 먹게 된다. 이는 수태되는 순간부터 하나의 온전한 생명체임을 인정하는 것으로서, 인간생명의 존중사상과 더불어 오늘날 발달된 태아과학의 관점에서 볼 때도 매우 과학적인 사고였음을 알 수 있다. 사주당 이씨는 『태교신기(胎教新記)』에서 모친의 태중교육 10개월이 스승에게 10년을 배우는 것보다 더 중요하다고 하였으며, 인간의 기질과 성품이 태중에서 형성됨을 강조하였다(이원호, 1986).

넷째, 서양에서는 정신과 육체, 이성과 감성, 인지와 정서를 구분해 온 이원론적 사고에 따라 인간의 인지, 정서, 사회성발달 등을 각기 별개의 차원으로 간주하고 있으나, 우리나라에서는 일원론적 사고를 바탕으로 하여 인간발달의 모든 영역을 총체적으로 파악하고 있다. 즉, 신체의 변화를 비롯해 인성의 발달이나 사회적 역할 등을 고려한 종합적인 발달관이 적용된 것이다(류점숙, 1994).

한편, 우리나라에서는 전통사상에서 나온 아동발달관 내지 발달이론에 관한 연구가 체계적으로 이루어지지 않았을 뿐만 아니라, 현대 사회에 적합한 아동발달이론을 아직 발전시키지 못하고 있다. 지금까지 서양의 아동을 대상으로 한 발달이론과 연구결과들을 대부분 우리나라 아동에게 그대로 적용하고 있는 실정이다. 그중에는 세계 모든 문화권의 아동들에게 적용될 수 있는 이론이나 연구도 있겠지만, 서구 문화를 토대로 전개되어 온 이론적 모델을 문화적 토대를 달리하는 우리나라에 그대로 적용할 경우 그 한계성은 매우 크리라 생각된다.

6.25사변 후 선진국 학문의 도입이 불가피했던 초창기에는 어쩔 수 없었다 하더라도, 발달심리학이 독립된 학문으로 자리를 잡은 지도 벌써 수십 년이 지난 오늘날, 이제는 우리 문화에 적합한 아동발달에 관한 이론화 작업을 시도할 때가 되었다고 여겨진다. 서구의 학문이 여과되지 않은 채로 우리 문화에 그대로 수용되는 것을 이제는 반성하고 재검토해야 할 때라고 본다. 우리 옛 선조들의 문화적 유산 중 현대사회에 적합한 것은 계승 · 발전시키되, 서구 이론 중 수정할 것은 수정하여 동서양 문화의 합치점을 찾아 새로운 지평을 열어나가는 작업이 필요하다고 본다.

제 3 장

아동발달의 연구방법

1. 아동발달연구의 목적
2. 과학적 연구의 과정
3. 과학적 연구의 요소
4. 표집의 문제
5. 자료수집의 방법
6. 연구설계
7. 아동발달연구의 접근법
8. 아동발달연구의 윤리적 문제

아동발달을 이해하기 위해서는 과학적인 연구가 필요하다. 오늘날 어떤 분야를 막론하고 연구와 관련하여 우리들이 감사해야 할 것은, 상상에서 사실을 분리하고, 우리 주변에서 일어나는 사건들을 이해하려고 노력하면서, 진리를 찾아내기 위해 자신의 생을 바친 이들의 노력이다. 이 같은 모든 노력의 연속이 바로 과학인 것이다.

과학은 그 탐구과정이 시작되기 이전에 존재했던 것과는 다른 어떤 것을 형성하기 위해 사실이나 지식을 하나로 연결하는 방법이다. 과학을 한다는 것은 세상에서 일어나고 있는 단편적인 사건들을 서로 연결시키고 통합하는 것을 의미한다. 하나의 사실(예를 들면, 영아기에 대상영속성 개념이 획득된다는 것)을 연구하는 것은 이 사실이 아동의 인생에서 일어나는 다른 사건들과 어떻게 관련이 되는가를 연구할 때에만 의미를 가진다. 과학은 건축가가 각 부분의 단순한 합 이상의 어떤 독특한 것을 만들어내기 위해서 각기 다른 부분들이 어떻게 맞추어지는지 이해하기 위해 사용하는 청사진과 매우 비슷한 것이다.

과학은 '어떻게' 사건이 일어나는가를 설명하는 '동적' 특징과 '어떠한' 사건이 일어나는가를 묘사하는 '정적' 특징을 갖는다. 과학의 동적 · 정적 특징들은 부분적으로 서로에게 영향을 미치기 때문에 서로 협조한다. 한 예로, 최근에 영아를 대상으로 조기교육이 성행한다는 사실은 영아기 조기교육의 열풍현상에 대한 이유를 밝혀내는 연구의 시발점이 된다. 과학을 한다는 말은 어떤 결과를 산출해내는 것은 물론이고 어떤 종류의 문제를 해결하기 위한 논리적 접근을 의미한다.

과학적 연구는 다음과 같은 특성을 갖는다. 첫째, 과학적 연구는 경험적(empirical) 연구이다. 만일 어떤 발달심리학자가 한 가정의 부모자녀관계를 관찰해 봄으로써 그 가정의 의사소통 양식을 알 수 있다고 확신한다면, 그 심리학자는 어떻게 해서든 자신의 신념을 객관적으로 검증해 보여야 한다. 다시 말해서 그의 신념은 객관적 사실에 비추어 검증되어야 한다는 것이다.

둘째, 과학적 연구는 체계적(systematic) 연구이다. 예를 들어, 어떤 유형의 양육행동이 아동의 이타적 행동과 관련이 있는지 알아보고자 한다고 가정해 보자. 이러한 목적을 달성하기 위해서 발달심리학자는 아동의 이타적 행동에 영향을 미칠 수 있는 가외변인을 모두 통제한 체계적인 연구를 해야 한다는 것이다.

셋째, 과학적 연구는 자기수정(self-correction)의 특성을 갖는다. 다시 말하면, 과학적 연구는 특정의 의문에 대한 해답이나 특정의 문제를 이해하려는 노력을 개선하도록 돕는 자기수정의 과정이다. 과정은 그 자체의 본질 때문에 그에 대한 해답은 가치 있는 피드백을 제공한다. 어떤 의미에서, 의문은 끝이 없으며 해답을 찾았는가 하면 또 다른 의문이 재형성되기 때문에, 과학자는 어떤 문제이든 옳고 그름, 즉 정당성을 증명하려 하지 않는다. 대신 과학자는 문제나 가설을 '검증'한다.

이 장에서는 아동발달연구의 목적, 과학적 연구의 과정과 요소, 표집의 문제, 아동발달연구를 위한 자료수집의 방법, 연구설계, 아동발달연구의 접근법, 아동발달연구의 윤리적 문제에 관해 살펴보고자 한다.

1. 아동발달연구의 목적

아동발달연구에는 세 가지 목적이 있다. 아동의 발달을 기술하고, 설명하며, 연구결과를 아동복지에 적용하는 것이다.

1) 기 술

각기 다른 연령의 아동들을 주의 깊게 관찰하고, 시간이 지나면서 아동이 어떻게 변화하는가를 정확하게 객관적으로 기술한다. 이를테면, 태아는 어떤 과정을 거쳐 발달하고, 영아기에는 감각운동 능력이 어떻게 발달하며, 유아기의 인지발달은 어떠하고, 아동기의 사회정서발달은 어떻게 이루어지는가를 기술한다. 이러한 기술을 통해서 연령에 따른 평균적 발달수준과 개인차를 알 수 있게 된다.

2) 설 명

연령에 따른 발달의 변화와 개인차를 설명한다. 즉, 아동의 성장과 발달의 중요한 기제가 무엇인지를 밝히기 위해 왜 이러한 변화가 일어나는가를 규명하는 것이다. 예를 들면, 아동은 연령이 증가하면서 기억력이 증대되고, 어휘력이 풍부해지며, 사고력과 문제해결 능력이 발달하는데 그 이유가 무엇인가를 설명한다. 연령에 따른 발달변화에 관한 연구결과는 발달의 순서와 속도에 관해 일반화를 가능하게 해 준다.

어떤 연령을 막론하고 어휘력이 풍부하고 문제해결 능력이 뛰어난 지적으로 우수한 아동이 있는가 하면, 나이에 비해 뒤떨어진 아동도 있고, 보통 수준의 아동도 있기 마련이다. 이러한 개인차의 원인은 무엇일까? 개인차를 설명함에 있어서 유전적인 요인과 환경적인 요인의 영향력은 어느 정도인가? 이와 같은 개인차의 원인에 대한 의문은 아동심리학자가 기본적으로 제기하는 질문이다.

연령에 따른 발달의 변화와 개인차에 대한 설명은 매우 복잡하기 때문에 사회심리학, 성격심리학, 인류학, 생리학, 유전학, 사회학, 인간생태학, 소아과학 등 여러 영역의 연구결과로부터 도출된다. 예를 들면, 신장이나 성장속도와 같은 신체적 특성, 지능, 정신장애, 정신질환 등은 적어도 부분적으로는 유전적으로 결정된다. 이러한 현상들을 제대로 이해하기 위해서는 유전학에 관한 지식이 있어야 한다. 그리고 청년기의 급성장과 성적 성숙은 내분비선을 포함하는 생리적 과정에 의해 크게 영향을 받는다. 이러한 현상들의 원인을 규명하기 위해서는 생리학과 내분비학의 도움이 필요하다. 아동기 초기에 경험한 어떤 사건이 청년기나 성인기의 행동문제나 심리적 부적응에 어떤 영향을 미치는가를 규명하기 위해서는 정신의학의 도움이 필요하다. 확실히 연령에 따른 변화와 개인차에 대한 폭넓은 이해를 위해서는 다양한 분야의 학자들 간의 학제적 접근이 필요하다.

3) 적 용

아동발달연구의 세 번째 목적은 아동발달의 연구결과를 아동복지의 증진과 삶의 질을 높이는 데 적용하는 것이다. 다시 말하면, 세 번째 목적은 아동의 적응력을 높여주고, 창의성을 길러주며, 효율적인 학습방법을 모색함으로써 아동들로 하여금 행복한 삶을 영위하도록 돕는 것이다. 이 세 번째 목적은 정상적 또는 비정상적 발달을 기술하고 그 원인이 어디에 있는가를 밝혀내지 않고서는 달성하기가 어렵다.

상술한 아동발달연구의 세 가지 목적이 어떻게 작용하는지 예를 들어보자. 저소득층의 아동들은 일반적으로 초등학교에 입학할 무렵 인지기술이 많이 뒤떨어져 있다. 중산층 아동들과 비교했을 때, 저소득층 아동들은 언어검사와 지능검사에서 낮은 점수를 얻는다. 이러한 차이를 낳게 하는 요인이 무엇인지는 연구를 통해 밝혀낼 수 있다. 그리고 이 연구결과는 저소득층 아동들의 문제를 극복할 수 있는 프로그램(예를 들면, 헤드 스타트 프로그램)을 개발하는 데 사용될 수 있다. 이와 같이 아동발달연구는 이론적인 면에서뿐만 아니라 실용적인 면에서도 매우 중요하다.

사진 설명 아동들이 헤드 스타트 프로그램에 참여하고 있다.

2. 과학적 연구의 과정

과학적 연구의 과정은 네 단계로 나눌 수 있다. 첫째 단계는 문제를 제기하는 것이고, 둘째 단계는 그 문제에 관해 조사할 필요가 있는 요인이나 요소를 찾아내는 것이며, 셋째 단계는 문제를 검증하는 것이고, 넷째 단계는 본래의 문제가 근거했던 전제를 수락하거나 기각하는 단계이다(Salkind, 1985).

1) 문제의 제기

Isaac Newton

첫째 단계인 '문제의 제기'는 어떤 문제가 좀더 깊이 연구될 필요가 있는가를 인식하는 단계이다. 이러한 최초의 문제제기는 대체로 실험실이나 회의석상에서는 이루어지지 아니한다. 그러한 장소에서 중요한 문제가 확인되거나 언급될 수는 있지만, 주로 과학적 연구의 발단은 일상적인 경험과 사건에서 촉발된다. 예를 들면, 아르키메데스는 따끈한 목욕통에 들어앉아서 부력의 기초 원리를 발견했으며, 뉴턴은 나무 밑에 앉아 있다 떨어지는 사과에 맞았기 때문에 그 유명한 중력의 법칙을 발견할 수 있었다(사진 참조). 아르키메데스와 뉴턴의 예가 다소 과장되었다 하더라도, 세상의 진리나 과학의 원리는 이처럼 일상주변에 널려 있는 것이다. 그러나 모든 사람이 다 동일한 경험에서 중요한 측면들을 찾아내거나 새로운 지식을 유도할 수 있는 종류의 문제를 제기할 수 있는 것은 아니다. 훈련되지 않은 사람들에게는 혼란과 무질서로 보이는 것일지라도 훈련된 사람들은 거기서 중요하고 결정적인 사건들을 선별해낸다. 추려지거나 선별되지 아니한 채 널려 있는 것에서 그 줄기를 보아내는 것이 바로 과학적 훈련이다.

2) 중요한 요인의 발견

과학적 연구과정의 둘째 단계는 중요한 요인들을 찾아내고, 이러한 요인들을 어떤 방법으로 조사할 것인가를 결정하는 단계이다. 이 단계에서 과학자는 중요한 요인들을 조작적으로 정의하고, 변수들 간에 있을지 모르는 관계를 진술하며, 실제로 연구를 수행하기 위한 방법을 결정한다.

3) 문제의 검증

셋째 단계는 문제를 검증하는 단계로서 네 단계 중에서 실제로 연구가 수행되는 단계이다. 이 단계에서 문제를 해결하는 데 필요한 자료들을 수집한다. 수집된 자료가 최초의 단계에서 제기되었던 가설과 일치하는가를 판단하기 위해 통계적 검증이나 객관적 준거와 같은 수단을 적용한다.

4) 가설의 수락 또는 기각

마지막 단계는 본래의 문제가 기초로 한 전제를 수락할 것인가, 기각할 것인가를 결정하는 단계이다. 그러나 그 결과가 수락이든 기각이든 과학적 연구의 과정이 여기서 끝나는 것은 아니다. 만약 가설이 수락되면 연구자는 또 다른 질문을 하게 되고, 각 질문은 방금 설명한 단계들을 통해서 다시 수행된다. 반대로 가설이 기각되면 다시 본래 문제의 전제로 되돌아가서 결과와 일치하도록 재구성한다. 〈표 3-1〉은 과학적 연구의 네 단계와 예문들이다.

표 3-1 과학적 연구의 과정

네 단계	예
1. 문제를 제기한다.	서로 다른 가정에서 양육된 아동들은 지능면에서 서로 다른 수준으로 발달하는가?
2. 중요한 요인은 무엇이며 어떻게 검증할 것인가를 결정한다.	중요한 요인들로서 부모의 양육행동, 가정환경, 아동의 지적 능력을 들 수 있다. 서로 다른 가정에서 자란 아동집단 간에 지적 능력의 차이가 비교될 것이다.
3. 문제를 검증한다.	두 집단 간에 차이가 있는가를 판단하기 위한 검증을 할 것이고, 만약 두 집단 간에 차이가 발견된다면 이 차이가 부모의 양육방법에 따른 것인지 아니면 우연과 같은 그 밖의 다른 요인에 의한 것인지를 검증한다.
4. 문제가 근거한 전제를 수락하거나 기각한다.	전 단계의 결과에 따라 최초의 문제는 재검토될 것이며, 필요하다면 보다 더 구체적인 문제가 제기될 것이다.

출처: Salkind, N. J. (1985). *Theories of human development*. New York: John Wiley & Sons.

3. 과학적 연구의 요소

과학적 연구에서 중요한 요소가 되는 것은 이론, 변수, 개념 그리고 가설이다.

1) 이 론

이론은 미래에 일어날 사건을 예측할 뿐만 아니라 과거에 일어났던 사건을 설명할 수 있는 논리적인 진술이다. 이론은 이미 형성된 정보의 조직화를 도울 뿐만 아니라 미래를 탐색하는 길잡이 역할을 한다. 이런 점에서 이론은 책의 목차나 색인 비슷한 역할을 한다. 만약 책에 목차나 색인이 없다면 특별한 정보를 찾는 것이 얼마나 어렵겠는가를 상상해 보라. 이론은 사실을 이해하기 쉽게 하며 문제가 제기될 수 있는 틀을 제공한다.

2) 변 수

변수 또한 과학적 연구에서 중요한 요소가 된다. 둘 이상의 수치와 값을 지니는 모든 것이 다 변수(variable)이며, 단일 수치만이 부여될 때에는 상수(constant)라고 한다. 변수의 예로 생물학적 성(남성 혹은 여성), 사회경제적 지위(상, 중, 하) 등이 있다. 어떤 행동을 야기하는 원인이 되는 조건이 독립변수이고, 그 원인으로 말미암아 유발되는 반응이나 결과가 종속변수이다.

3) 개 념

과학적 연구의 또 다른 중요한 요소는 개념이다. 개념은 상호연관이 있는 일련의 변수들을 묘사하는 것이다. 예를 들면, 애착이라는 개념은 부모와 자녀 간의 눈 맞추기, 신체적 접촉, 언어적 상호작용과 같이 여러 가지 다른 행동들로 구성된다. 이러한 일련의 행동들은 애정과 같은 다른 용어로 명명될 수도 있다. 그러나 일련의 변수들이 어떻게 명명되느냐에 따라 개념의 유용성이 결정된다. 개념을 정의하기 위한 용어가 너무 좁은 범위의 매우 제한된 일련의 행동들로 정의된다면, 그 개념은 변수 이상의 아무것도 아니며 그 용도 또한 매우 제한적인 것이 될 것이다.

4) 가 설

과학적 연구의 요소 중 최고의 단계는 가설이다. 가설은 변수와 개념들 간에 "~이면 ~이다(if ~ then)"라고 가정하는 '훈련된 추측(educated guess)'이다. 가설은 과학자들이 한 변수가 다른 변수에 미치는 영향력을 좀더 잘 이해하기 위해서 제기하는 문제이다. 예를 들면, "TV 폭력물을 많이 시청하는 아동은 공격성 수준이 높을 것이다"가 그것이다. 이러한 가설은 연구문제를 보다 직접적으로 검증할 수 있게 해 준다.

과학자는 수립된 가설이 사실로서 수락될 수 있는 것인지 아니면 거짓으로서 기각될 것인지를 어떻게 알 수 있는가? 과학자는 통계적 검증과 같은 외적 준거를 적용함으로써 결과의 신뢰 정도를 알 수 있다. 즉, 연구결과가 가외변수가 아닌 독립변수에 의한 것이라고 얼마나 확신할 수 있는가이다. 예를 들면, TV 폭력물의 시청과 아동의 공격성과의 관계의 예에서 폭력물 시청유무(독립변수) 외에 아동의 성격, 지능, 건강, 가정환경 등 가외변수도 아동의 공격성 수준에 영향을 미칠 수 있다. 따라서 연구자가 연구

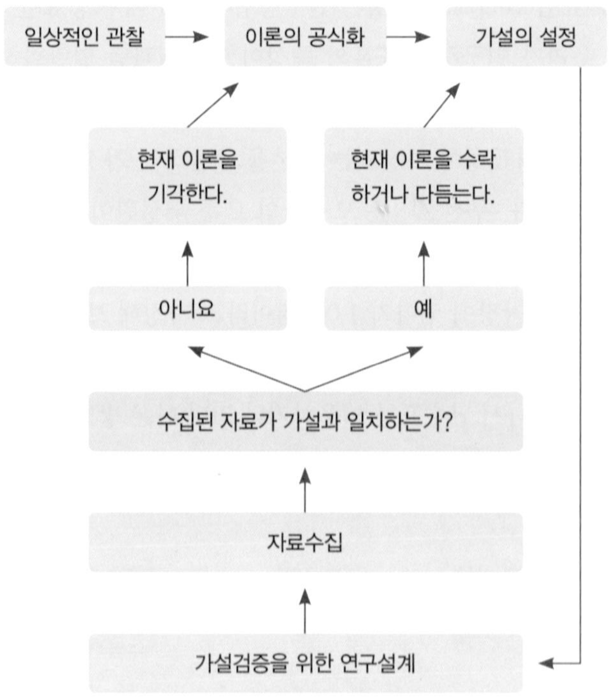

〈그림 3-1〉 과학적 연구의 과정과 요소

출처: Sigelman, C., & Shaffer, D. (1995). *Life-span development* (2nd ed.). California: Brooks/Cole Publishing Company.

의 결과를 신뢰할 수 있기 위해서는 그러한 가외요인들이 고려되어야 하고 또한 통제되어야 한다(Salkind, 1985).

〈그림 3-1〉은 과학적 연구의 과정과 요소에 관한 것이다.

4. 표집의 문제

우리가 어떤 특정 부류의 사람들(예를 들면, 반응성 애착장애 영아집단)을 연구하고자 할 때 그 부류에 속한 사람들을 전부 다 연구할 수는 없다. 대신 전체 반응성 애착장애 영아들 중에서 표본을 추출하여 연구하게 된다.

표본(sample)이란 연구대상자 전체의 특성을 반영하는 모집단(population)의 대표적인 일부분이라고 할 수 있다. 따라서 모집단의 특성을 가능한 한 잘 대표할 수 있는 표본을 추출하는 것이 연구자의 중요한 임무이다. 왜냐하면 표본을 대상으로 연구하지만, 여기서 나온 연구결과는 모집단에 일반화하기를 원하기 때문이다(〈그림 3-2〉 참조). 이와 같은 이유로 표집(sampling) 과정은 연구방법론에서 매우 중요한 것이다.

이상적으로는 우리가 연구하는 표본의 특성이 연구결과를 일반화하고자 하는 모집단의 특성과 동일해야 한다. 이런 경우에 우리는 '대표성(representativeness)'이 보장되는 표본을 갖게 된다. 대표성이 보장되는 표본을 추출하는 가장 확실한 방법은 무선표집(random sampling)이다. 무선표집은 모집단의 모든 구성원이 표본에 뽑힐 기회(확률)를 똑같이 갖는 표집방법이다.

예를 들어, 반응성 애착장애 영아가 1,000명이라고 가정해 보자. 무선표집을 하기 위해서는 우선 모집단의 모든 반응성 애착장애 영아를 확인해서 1번부터 1,000번까지 일련번호를 붙인다. 그리고 나서 난수표를 이용하거나 기타 다른 방법(예: 모자 속에 1,000명의 반응성 애착장애 영아의 이름을 적은 용지를 넣고, 잘 섞은 다음 특정 수를 끄집어낸다)을 이용

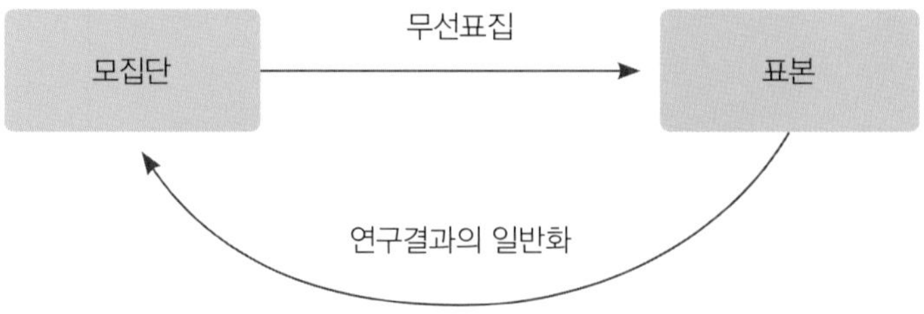

〈그림 3-2〉 모집단, 표본, 표집의 관계

하여 표본을 추출한다. 만약 1,000명의 반응성 애착장애 영아 중에서 100명을 표본으로 뽑는다면 모든 반응성 애착장애 영아가 표본에 추출될 확률은 각각 $^1/_{10}$이 된다.

그러나 현실적으로는 어떤 연구에서든 무선표집을 하는 것이 거의 불가능하다. 대신에 우리가 손쉽게 구할 수 있는 표본으로 대체하는 경우가 허다하다. 이때 추출된 표본은 물론 대표성이 보장되지 않는다. 그리고 대표성이 보장되지 않을 경우에는 표집상의 문제가 발생하게 된다.

5. 자료수집의 방법

아동의 행동을 연구하기 위한 자료수집의 방법에는 관찰법, 질문지법, 면접법, 사례연구, 검사법, 비교문화연구, 다중측정법 등이 있다(Santrock, 1998).

1) 관찰법

관찰법(Observation)은 아동의 행동을 관찰하고, 관찰된 행동을 객관적인 방법으로 기록하는 것으로서 가장 오래된 연구방법이다. 관찰이 과학적이고 효율적이기 위해서는 무엇을 관찰하려는 것인지, 누구를 관찰할 것인지, 언제, 어디서, 어떻게 관찰할 것인지 그리고 어떤 형태로 기록할 것인지 등을 결정해야 한다. 즉, 관찰이 체계적으로 이루어져야 한다는 것이다. 아동의 공격행동을 예로 들어보자. 신체적 공격을 연구할 것인가, 언어적 공격을 연구할 것인가, 아니면 그 모두 다일 것인가? 연구대상은 영아인가, 유아인가, 아니면 둘 다인가? 대학실험실에서 관찰할 것인가, 어린이집이나 유치원에서 관찰할 것인가, 가정에서 관찰할 것인가, 아니면 그 모두인가? 관찰결과를 기록하는 일반적인 방법은 속기나 부호를 이용하는 것이지만 녹음, 녹화, 일방경의 이용 등은 관찰을 보다 효율적인 것이 되게 한다(사진 참조).

사진 설명 일방경을 이용하여 아동의 행동을 관찰하고 있다.

관찰법에는 자연관찰과 실험실관찰이 있다. 때로는 관찰연구에서 가외변인을 통제해야 할 필요가 있는데, 이때는 가외변인을 통제한 실험실에서 연구가 이루어진다(Ary et al., 2018; Jackson, 2015; Rosnow & Rosenthal, 2013; Stangor, 2015). 예를 들면, Bandura(1965)는 한 실

사진 설명 성인의 공격적인 행동을 관찰한 아동들은 같은 상황에서 공격적인 행동을 그대로 모방하였다.

험에서 아동들을 실험실로 데려와 어른이 성인 크기의 보보인형을 계속해서 때리는 것을 보게 하였다. Bandura는 아동들이 어른의 공격적인 행동을 어느 정도로 모방할 것인지 알아보려고 하였다. 아동들의 모방행동은 놀라울 정도였다(사진 참조).

그러나 실험실관찰에는 몇 가지 단점이 있다. 첫째, 피험자가 자신들이 관찰당하고 있다는 사실을 안다는 것이다. 둘째, 실험실 상황이 자연스럽지 못하기 때문에 부자연스러운 행동을 유발한다는 것이다. 위에서 예를 든 아동의 공격성 연구에서 보면, 실험실 상황에서는 자신들이 관찰당하고 있다는 것을 지각함으로써 아동들이 공격적인 행동을 덜 하는 것으로 나타났다. 셋째, 아동발달의 어떤 측면들은 실험실 상황에서 연구하기가 불가능하다는 점이다.

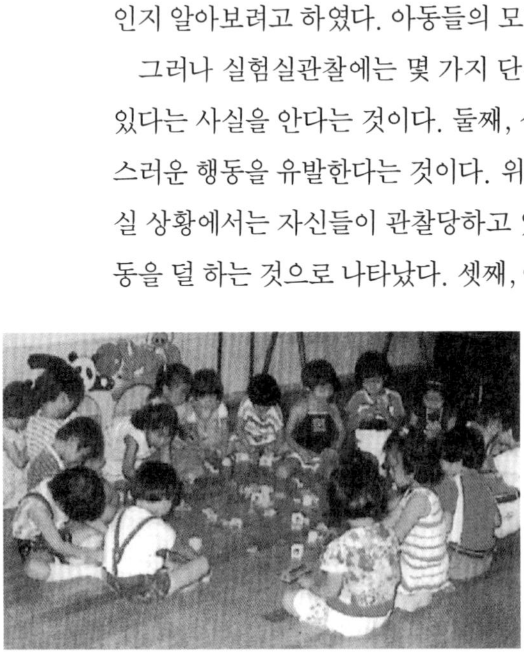

반면, 자연관찰에서는 실제 상황에서 자연스럽게 관찰할 수 있기 때문에 상황을 일부러 조작하거나 통제할 필요가 없다(Graziano & Raulin, 2013). 자연관찰은 주로 유치원(사진 참조), 학교, 공원, 병원, 집, 쇼핑센터 같은 데서 이루어진다.

2) 면접법과 질문지법

때로는 아동들에 관한 정보를 얻기 위한 가장 빠르고 직접적인 방법이 아동이나 그들 부모에게 질문하는 것이라 할 수 있다(Madill, 2012). 아동들의 경험이나 태도에 관한 것을 알아보기 위해 이따금 면접법(Interviews)이 이용된다(사진 참조). 면접은 주로 일대일로 얼굴을 맞대고 이루어지지만, 가끔은 전화면접도 가능하다. 면접법에는 구조적 면접법과 비구조적 면접법이 있다. 정보를 얻는 것을 목적으로 하는 조사면접이 구조적 면접법이고, 진단이나 치료 등 임상적 목적을 가진 상담면접이 비구조적 면접법이다.

구조적 면접법의 경우 질문의 예는 다음과 같다. "지난 2주간 몇 번이나 친구에게 고함을 질렀는가?" "작년에 얼마나 자주 학교에서 친구와 싸웠는가?" 등이다. 비구조적 면접법의 질문의 예는 "너는 얼마나 공격적인가?" 등이다.

질문지법(Questionnaires)은 구조적 면접법과 매우 비슷하지만 면접자의 질문에 대답하는 것이 아니라, 반응자가 질문지를 읽고 자신이 직접 표시하는 것이다. 질문지법의 장점은 많은 수의 아동들을 한꺼번에 연구대상으로 할 수 있다는 점이다. 훌륭한 조사연구는 간결하고, 구체적이며, 애매모호하지 않은 질문을 함으로써, 아동들로부터 믿을 만한 답변을 얻어내는 것이다. 질문지법의 단점은 의도적이든 아니면 기억을 하지 못해서이든 답변을 왜곡할 가능성이 있다는 것이다. 우리 인간은 유쾌하지 못한 일보다는 기분 좋은 일을 더 잘 기억하는 편이다.

3) 사례연구

관찰연구가 비교적 많은 수의 피험자의 행동을 연구하는 것이라면, 사례연구(Case Study)는 한 명이나 두 명의 피험자를 깊이 있게 연구하는 것이다. Piaget(1952)가 자신의 자녀들을 관찰함으로써 인지발달의 단계이론을 전개한 것처럼, 사례연구는 정상적인 사람을 연구하기도 하지만, 대부분의 경우 사례연구는 독특한 상황을 경험하거나, 인생에서 어려운 상황에 처해 있거나, 사회적으로 적응하지 못한 사람들을 주의 깊게 연구함으로써 인간의 본질에 대해서 알아보고자 하는 것이다.

사진 설명 Piaget가 아동들을 관찰하고 있다.

Freud는 그의 환자 중 가장 흥미 있는 경우를 주의 깊게 관찰하여, 비정상적 심리를 연구함으로써 성격이론의 기초를 마련하였다. Freud의 '어린 Hans'에 대한 사례연구는 고전적인 예가 되는데, Hans는 말(馬)에 대해 비현실적인 공포심을 가진 소년이었다(사진 참조). Freud(1959)는 어린 Hans가 가지고 있는 말에 대한 공포심을 억압된 성적 충동으로 해석하였다.

사례연구의 단점은 매우 제한된 수의 피험자의 경험에 의존하기 때문에, 연구결과를 일반화하기 어렵다는 점과 관찰의 객관성이 문제된다는 점이다(Yin, 2012). 예를 들면, Freud의 심리성적 발달이론에서 보듯이 정신적으로 문제가 있는 몇 사람을 대상으로 연구한 것에 기초하여, 발달의 일반이론을 도출해내는 것이 얼마나 타당한 것인지 의문이라는 점이다. 그리고 사례연구에서는 연구자가 피험자와 가까이 지내면서 자료를 수집하기 때문에 객관성이 결여될 위험이 있다. 따라서 사례연구는 과학적 결론을 이끌어 내기에는 미흡하지만 보다 통제된 연구에 아이디어를 제공하는 데에는 유용하다.

4) 표준화검사법

표준화검사(Standardized Test)는 피검자로 하여금 일련의 질문에 답하게 하는 것인데, 다음과 같은 두 가지 특징이 있다. 첫째, 개인의 점수가 집단 내 다른 사람들의 점수와 비교하여 상대적으로 어떠한가를 알아본다(Gregory, 2011; Watson, 2012). 점수는 주로 백분율로 나타낸다. 이를테면, 어떤 아동이 Stanford-Binet 지능검사에서 92%의 백분율 점수를 얻었다면, 이 아동은 전에 이 지능검사를 받아 본 다른 아동들과 비교했을 때 8% 상위그룹에 속한다는 것이다.

둘째, 표준화검사는 개인차에 관한 정보를 제공해 준다. 그러나 표준화검사에 의해 얻은 정보로 언제나 아동의 행동을 예측할 수 있는 것은 아니다. 표준화검사는 한 개인의 행동이 일관성 있고 안정된 것이라는 신념에 근거한 것이다. 그런데 표준화검사에 의해 자주 측정되는 인성검사나 지능검사는 어느 정도의 안정성이 있기는 하지만 측정되는 상황에 따라 변할 수 있는 것이다. 표준화된 지능검사에서는 점수가 별로 좋지 않았더라도, 좀더 편안한 분위기에서 검사를 받는다면 보다 높은 지능수준을 보일 수 있다는 점을 유의할 필요가 있다. 이러한 사실은 표준화된 지능검사에서 정신지체로 잘못 판명되는 소수민족 아동들에게서 특히 그러하다. 그래서 비교문화 심리학자들은 대부분의 심리검사가 서구문화에는 적합할지 모르지만, 다른 문화권에는 적합하지 않을지 모른다고 경고한다(Lonner & Malpass, 1994).

5) 비교문화연구

다른 문화나 다른 소수민족 아동들의 생활을 연구할 때는 그들에게 의미 있는 측정도구를 사용해야 한다. 공격성을 예로 들면, 공격성은 모든 문화권에서 나타나는 보편적인 현상이지만, 공격성이 표현되는 양상은 문화에 따라 매우 다르다. 예를 들면, 남아프리카의 !Kung 문화에서는 공격적인 행동을 하지 못하게 저지하지만, 남미의 Yanomamo 인디언 문화에서는 공격적인 행동을 장려한다. 이곳 젊은이들은 다른 사람을 때리고 싸우고 죽이지 못하면 성인의 지위를 획득할 수 없다.

Richard Brislin

비교문화연구(Cross-Cultural Research)에서는 에믹(emic) 접근법과 에틱(etic) 접근법을 구분할 필요가 있다(Brislin, 1993). 에믹 접근법의 목표는 다른 문화권에는 상관이 없고 특정 문화권의 사람들에게만 중요한 의미를 갖는 행동을 묘사하는 것이고, 에틱 접근법의 목표는 다른 문화권에도 일반화할 수 있는 행동을 묘사하는 것이다. 다시 말하면 에믹 접근법은 특정 문화에 국한된 것이고, 에틱 접근법은 범문화적인 것이다. 만약 연구자가 에믹 접근법에 의해 질문지를 구성한다면 그들의 관심사는 연구대상이 되는 특정 문화에 국한되는 것이 될 것이고, 에틱 접근법에 의해 질문지를 구성한다면 모든 문화권에 익숙한 개념을 반영하게 될 것이다.

예를 들어, 가족연구의 경우 에믹 접근법과 에틱 접근법은 각각 어떻게 반영될 것인가? 에믹 접근법에서는 연구자들은 연구결과가 다른 소수민족에게 적합한 것인지 또는 일반화될 수 있는 것인지에 상관없이 중산층 백인가족에만 초점을 맞출 것이다. 에틱 접근법에서는 중산층 백인가족뿐만 아니라 하류계층 백인가족, 흑인가족, 아시아계 미국인 가족들도 연구할 것이다. 소수민족을 연구함으로써, 연구자들은 백인 미국 가족에게서보다 소수민족에게서 확대가족이 훨씬 더 중요한 지원망이 되고 있다는 사실을 발견하게 될 것이다. 따라서 에믹 접근법은 에틱 접근법과는 다른 양상의 가족구성원 간 상호작용을 보여줌으로써, 백인 중산층 가족만을 대상으로 한 연구결과는 모든 문화권에 언제나 일반화할 수 있는 것이 아니라는 사실을 알 수 있게 해 준다.

1992년 '발달연구에서의 인종차별주의'를 주제로 한 미국심리학회 심포지엄에서는, 연구대상에 소수민족 아동들을 보다 많이 참여시켜야 한다고 결론지었다. 지금까지의 연구에서는 소수민족들을 대부분 제외시켰으며, 소수민족의 아동들은 규준이나 평균에서 단지 변이로만 인식되었다. 소수민족들은 연구에서 일종의 소음(noise)으로 인식되어, 수집된 자료에서 의도적으로 제외되었다. 이렇듯 소수민족들이 오랫동안 연구에서 제외됨으로써, 현실에서는 연구에서 나타난 결과에서보다 더 많은 변이가 있게 되었다(Lee, 1992).

6) 다중측정법

모든 연구법에는 제각기 장단점이 있다. 직접관찰은 아동에 관한 정보를 얻는 데 매우 유용한 방법이다. 그러나 도덕적 사고, 내적 감정, 성에 관한 정보를 어디서 얻는지 등은 직접 관찰할 수 없다. 이런 경우에는 면접법이나 질문지법, 사례연구 등이 보다 더 유용하다. 그러나 각 연구법에는 또한 한계가 있기 때문에, 아동발달을 연구하는 데에는 갈수록 다중측정법(Multimeasure Approach)을 사용하는 경우가 증가하고 있다.

예를 들면, 아동들에게 그들의 공격적인 행동이나 비행에 관해 직접 물어보거나, 친구에게 물어볼 수도 있고, 집이나 동네에서 관찰할 수도 있으며, 그들의 부모나 교사와 면담할 수도 있다. 그래서 연구자들은 이러한 다양한 측정법, 다양한 출처(정보원), 다양한 맥락을 통한 정보에 의해 아동발달을 좀더 깊이 있게 연구하고 타당성 있는 측정이 되기를 희망한다.

6. 연구설계

연구설계는 연구자가 자료를 수집하고, 분석하고, 해석하기 위한 구체적인 방법이다. 아동의 행동을 연구하는 데 사용되는 연구설계에는 기본적으로 기술연구, 상관연구, 실험연구 세 가지가 있다.

1) 기술연구

아동행동 연구의 첫째 목표는 아동의 사고와 감정 그리고 행동을 기술하는 것이다. 현재의 어떤 상태를 묘사하기 위해 고안된 연구를 기술연구라 하며, 이 연구는 어떤 시점, 어떤 상황에서의 사고나 감정 그리고 행동에 대한 대강의 윤곽(snapshot)을 제공해 준다.

기술연구의 한 유형은 조사연구이다. 해마다 실시되는 인구조사가 조사연구의 한 예이다. 기술연구의 또 다른 유형은 자연관찰로서 일상생활을 관찰하는 것이다. 예를 들면, 발달심리학자가 아동들이 운동장에서 노는 것을 관찰하여 그들의 상호작용을 기술한다든지(사진 참조), 생리심리학자가 자연환경에서 동물을 관찰한다든지, 사회학자가 대도시에서 사람들이 어떤 대중교통수단을 이용하는지를 알아보는 것 등이다.

기술연구의 장점은 복잡한 일상사를 간단하게 묘사하는 것이다. 예를 들면, 조사연구는 많은 사람들의 생각을 파악하게 해 주고, 자연관찰은 사람이나 동물들의 자연발생적 행동을 묘사해 준다. 그래서 기술연구는 현재 일어나고 있는 일에 대한 이해를 도와준다. 기술연구의 단점은 현재의 상황에 대한 이해에는 도움이 되지만, 그것은 아주 제한된 정적인 상황에 대한 이해일 뿐이라는 것이다(Gravetter & Forzano, 2019; Leedy & Ormrod, 2013).

2) 상관연구

상관연구는 둘 또는 그 이상의 변수 간의 관계를 알아보는 연구이다(Graziano & Raulin, 2020). 예를 들면, 한 연구에서 부모의 양육행동이 허용적일수록 아동의 자기통제 능력이 감소하는 것으로 나타났다면, 이 결과는 부모의 양육행동과 아동의 자기통제 능력이 서로 연관이 있음을 말해 준다. 그러나 변수 간의 인과관계는 알 수 없다. 즉, 부모의 양육행동이 반드시 아동의 자기통제 능력의 원인이 된다고 볼 수는 없다. 오히려 아동의 자기통제 능력 부족이 부모로 하여금 손들게 만들어 아동의 행동을 통제하는 것을 포기하게 만들 수도 있다. 유전적 배경, 빈곤, 사회경제적 지위와 같은 제3의

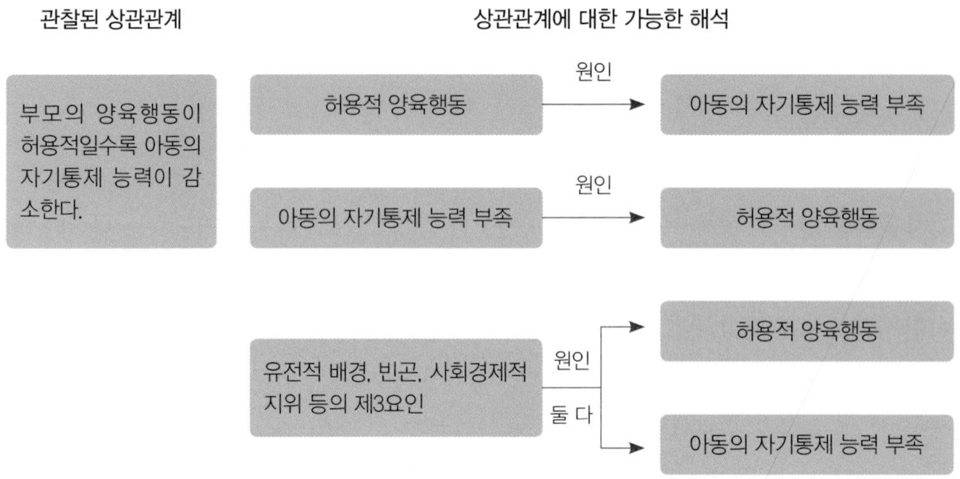

〈그림 3-3〉 상관관계에 대한 가능한 해석

요인이 두 변수 간의 상관의 원인이 될 수도 있다(〈그림 3-3〉 참조).

상관연구에서는 두 변수 간 관계의 정도를 밝히기 위해 통계적 분석에 기초한 상관계수를 사용한다. 상관계수의 범위는 −1에서 1까지이다. 양수는 정적 상관을 의미하며 음수는 부적 상관을 의미한다. 부호에 관계없이 상관계수가 높을수록 두 변수 간의 관계가 강하다고 할 수 있다.

상관연구의 장점은 현재 우리가 가지고 있는 정보로써 미래상태를 예측할 수 있다는 점이다(Heiman, 2014; Levin, Fox, & Forde, 2014). 예를 들면, 고등학교의 성적, 수능점수, IQ 점수 등으로 대학에서의 성공여부를 예측할 수 있는 것이다. 상관연구의 단점은 변수 간의 원인과 결과를 파악할 수 없다는 점이다(Gravetter et al., 2021; Heiman, 2015; Howell, 2014; Spatz, 2012; Stangor, 2015).

3) 실험연구

상관연구가 단지 두 변수 간의 관계를 말해주는 것이라면, 실험연구에서는 두 변수 간의 원인과 결과를 정확하게 알 수 있다. 실험연구에서는 독립변수를 조작하고 종속변수에 영향을 미칠 수 있는 가외변인을 모두 통제한다. 실험연구는 상관연구가 할 수 없는 두 변수 간의 인과관계를 파악하게 해 준다. 이때 독립변수는 원인이 되고 종속변수는 결과가 된다(Christensen, Johnson, & Turner, 2015, 2020; Harrington, 2020; Kirk, 2013).

예를 들면, TV 폭력물을 시청하는 것이 아동의 공격성에 영향을 미치는가를 알아보

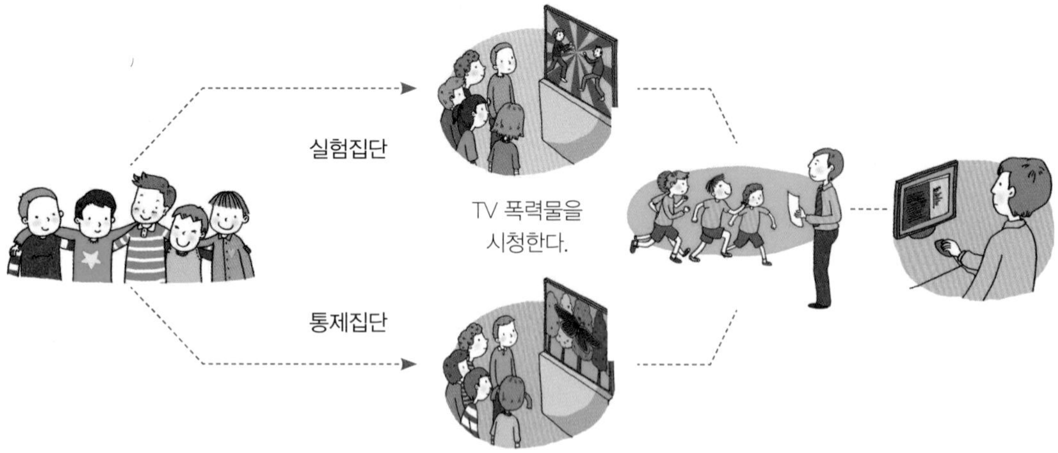

〈그림 3-4〉 실험연구의 예

기로 한다면, TV 폭력물을 시청하는 아동과 시청하지 않는 아동을 무작위 할당(random assignment)에 의해 두 집단으로 나눈다. 무작위 할당이란 실험집단과 통제집단에 연구대상을 작위적이지 않게 분배함으로써 종속변수에 영향을 미칠지도 모르는 가외변인을 모두 통제하는 것을 말한다. 이렇게 함으로써 종속변수에 영향을 미칠지 모르는 연령, 사회계층, 성격, 건강 등에서 두 집단이 서로 다를 가능성을 크게 줄여준다(Gravetter & Forzano, 2019; Kantowitz, Roediger, & Elmes, 2015; Kirk, 2013). 이 연구에서 TV 폭력물을 시청하는지 않는지가 독립변수가 되고, 공격성이 종속변수가 된다. 만약 연구결과가 TV 폭력물을 시청하는 아동의 공격성이 그렇지 않은 아동보다 더 높은 것으로 나타났다면, 이는 단지 독립변수(TV 폭력물 시청 여부) 때문인 것이다(〈그림 3-4〉 참조).

원인과 결과의 파악이 가능하다는 점에서 실험연구가 상관연구보다는 좋지만, 다음과 같은 경우에는 상관연구가 보다 현실적이다.

① 연구가 새로운 것이라 어떤 변수를 조작해야 할지 모를 때
② 변수를 조작하는 것이 불가능할 때
③ 변수를 조작하는 것이 비윤리적일 때

Charles Stangor

〈표 3-2〉는 이상 세 가지 연구설계의 특성을 요약한 것이다.

표 3-2 세 가지 연구설계의 특성

연구설계	목표	장점	단점
기술 연구	어떤 사건의 현재 상태에 대한 대강의 윤곽을 파악한다.	현시점에서 무슨 일이 일어나고 있는지 비교적 상세하게 알 수 있다.	변수 간의 관계를 알 수 없다.
상관 연구	둘 또는 그 이상의 변수 간의 관계를 알아본다.	변수 간에 예상되는 관계를 검증하고 예측할 수 있다.	변수 간의 인과관계를 알 수 없다.
실험 연구	독립변수가 종속변수에 미치는 영향을 알아본다.	변수 간의 인과관계를 알 수 있다.	모든 변수를 다 조작할 수는 없다.

출처: Stangor, C. (1998). *Research methods for the behavioral sciences*. Boston, New York: Houghton Mifflin Company.

7. 아동발달연구의 접근법

아동발달연구에서는 아동의 연령과 그 밖의 다른 변수와의 관계를 알아보는 것이 중요하다. 이때 연구자에게는 몇 가지 대안이 있다. 첫째, 각기 다른 연령의 아동을 연구해서 이들을 비교하거나, 둘째, 아동을 일정 기간에 걸쳐 계속 연구하거나, 셋째, 이 두 가지 방법을 병행하는 것이다. 횡단적 접근법, 종단적 접근법, 순차적 접근법이 그것이다.

1) 횡단적 접근법

횡단적 접근법(〈그림 3-5〉 참조)은 각기 다른 연령의 사람들을 동시에 비교하는 연구이다. 각기 다른 연령집단(예를 들어, 1세, 5세, 10세, 15세)이 IQ, 기억, 또래관계, 부모와의 애착관계 등에서 비교될 수가 있다.

이 접근법의 주된 장점은 자료수집이 비교적 짧은 시간 내에 이루어질 수 있다는 점과 피험자가 나이가 들기를 기다릴 필요가 없다는 점이다. 이 접근법은 시간절약이라는 장점에도 불구하고 몇 가지 단점이 있다. 첫째, 개인이 어떻게 변화하는지 알 수 없고, 어떤 특성의 안정성에 대한 정보를 얻을 수가 없다. 둘째, 횡단적 접근법에서는 성장과 발달에 있어서 증가나 감소가 명확하지 않다. 셋째, 횡단적 접근법에서의 연령차이는 연

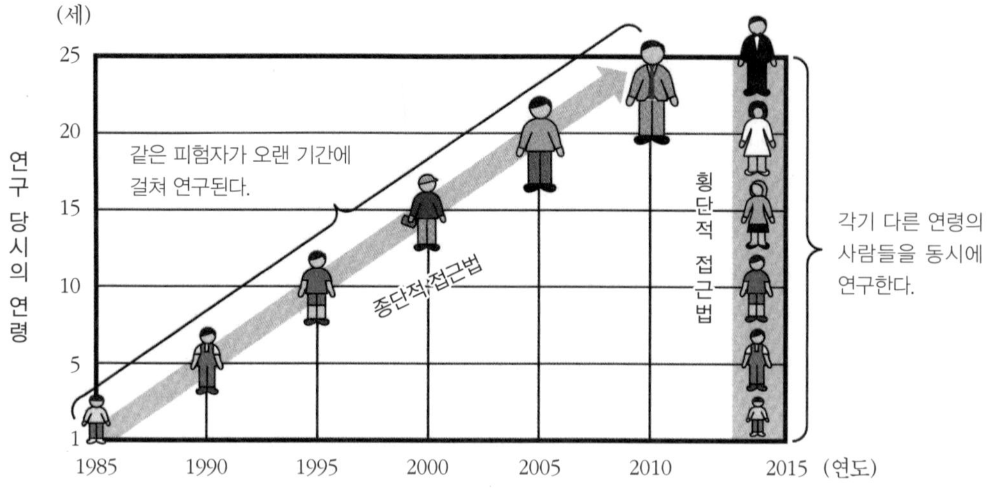

〈그림 3-5〉 횡단적 접근법과 종단적 접근법

령 그 자체의 영향이라기보다는 동시대 출생집단(cohort) 효과 때문일 수 있다(Hohls et al., 2019; Schaie, 2016). 2000년을 기준으로 볼 때, 5세 아동이 출생한 연도는 1995년이며, 15세 아동이 출생한 연도는 1985년이다. 1985년에 태어나서 자란 시대적 배경과 1995년에 태어나서 자란 시대적 배경이 아동의 또래관계에 미친 영향 면에서 같다고 보기는 어려울 것이다. 따라서 횡단적 접근법에 의한 연령 차이는 연령이 증가해서 나타난 결과(발달적 변화)라기보다는 연령집단의 공통적 경험(동시대 출생집단 효과)이 그 원인이 될 수 있다(Schaie, 2012, 2013, 2016; Schaie & Willis, 2010).

2) 종단적 접근법

종단적 접근법(〈그림 3-5〉 참조)에서는 같은 피험자가 오랜 기간에 걸쳐(보통 수년 또는 수십 년) 연구대상이 되는 것이다(Du et al., 2020). 모든 피험자들은 동일한 시기에 출생했고(동시대 출생집단), 동일한 사회문화적 환경 내에서 성장했으므로, 종단적 접근법은 발달연구에서 규명하려고 하는 연령변화에 대한 정보를 제공해 준다. 따라서 횡단적 접근법에서는 알 수 없는, 성장하면서 보여주는 변화까지 알 수 있다는 것이 종단적 접근법의 장점이다(Cicchetti, 2013; Cicchetti & Toth, 2015; Reznick, 2013).

종단적 접근법의 단점은 다음과 같다(Kramer & Rodgers, 2020). 첫째, 비용이 많이 들고, 둘째, 시간소모가 많으며, 셋째, 오랜 기간에 걸쳐 연구되기 때문에 피험자의 탈락 현상이 있다는 점이다. 따라서 남아 있는 피험자만 가지고 나온 결과를 일반화하는 데 약간의 문제가 있다. 넷째, 반복되는 검사로 인한 연습 효과가 있다. 피험자들은 한 번 이상의 검사를 받기 때문에, 다음번 검사에서 점수가 높게 나오는 것은 검사상황에 보다 익숙해지거나, 이전 검사에서 비슷한 문제를 어떻게 풀었는지를 기억하는 것과 같은 연습 효과를 반영하는 것일 수도 있다. 그러므로 지능이 증가한 것처럼 보이는 것은 능력상의 진정한 향상이라기보다는 수행상의 향상을 반영하는 것인지 모른다.

그러나 어떤 종류의 연구문제는 종단적 접근법에 의해서만 해결될 수 있다. 예를 들어, 인생초기의 경험, 즉 부모의 과보호가 아동의 성격발달에 어떤 영향을 미치는가를 알기 위해서는 종단적 접근법을 사용해야만 한다.

3) 순차적 접근법

순차적 접근법은 횡단적 접근법과 종단적 접근법을 절충 보완한 접근법으로서 연령 효과와 동시대 출생집단의 효과 및 측정시기의 효과를 분리해 낼 수 있다. 여기서 연령 효과는 단순히 연령이 증가함으로써 나타나는 효과이고, 동시대 출생집단 효과는 같은 시대에 태어나서 같은 역사적 환경에서 성장함으로써 나타나는 효과이며, 측정시기의 효과는 자료가 수집될 당시 상황의 효과이다.

이 접근법은 몇 개의 동시대 출생집단을 몇 차례에 걸쳐 측정하는 연구방법이다. 어떤 면에서 순차적 접근법은 몇 개의 종단적 접근법을 합쳐 놓은 것과 같은 것이라 할 수

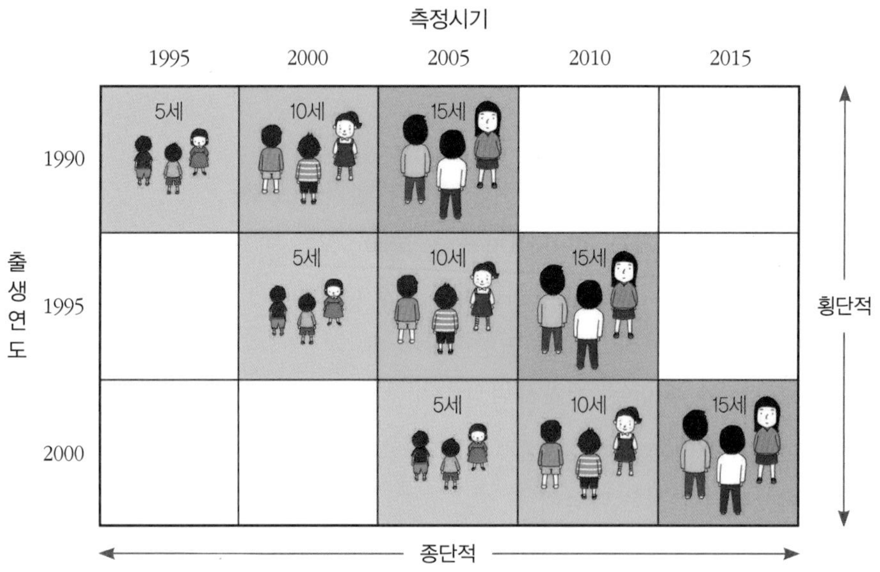

〈그림 3-6〉 순차적 접근법

있다.

예를 들어, 연령이 증가함에 따라 지적 기능에 변화가 있는지 알아보기로 하자. 〈그림 3-6〉에서 보는 바와 같이 세 개의 대각선의 평균들은 동시대 출생집단의 효과뿐만 아니라 측정시기의 효과도 감안한 연령차이를 나타낸다.

제1횡렬의 세 연령집단의 지능을 평균하면 1990년 동시대 출생집단 효과가 나오고, 제2횡렬의 세 연령집단의 지능을 평균하면 1995년 동시대 출생집단 효과가 나오며, 제3횡렬의 세 연령집단의 지능을 평균하면 2000년 동시대 출생집단 효과가 나온다. 이상 세 집단 간의 평균지능은 지적 기능에 있어서의 동시대 출생집단의 효과를 반영하는 것이다.

그리고 1995년, 2000년, 2005년, 2010년, 2015년의 지능을 비교함으로써 측정시기 효과를 알 수 있다. 적절한 통계처리를 함으로써, 우리는 동시대 출생집단 효과와 측정

표 3-3 횡단적, 종단적, 순차적 접근법의 절차, 목표 및 장단점

	횡단적 접근법	종단적 접근법	순차적 접근법
절차	각기 다른 연령의 사람들을 동시에 연구한다.	동일 연령의 사람들을 오랜 기간에 걸쳐 연구한다.	횡단적 접근법과 종단적 접근법의 결합: 각기 다른 연령의 사람들을 몇 번에 걸쳐 연구한다.
목표	연령의 차이를 기술한다.	연령의 변화를 기술한다.	연령의 차이 및 변화를 기술한다.
장점	• 연령의 차이를 나타냄으로써 발달의 경향을 알 수 있다. • 시간이 절약되고 경제적이다.	• 시간에 따른 발달의 변화를 알 수 있다. • 이전의 경험 또는 행동과 나중의 경험 또는 행동과의 관계를 알 수 있다.	어떤 동시대 출생집단이 경험하는 발달의 변화가 다른 동시대 출생집단이 경험하는 발달의 변화와 유사한지 어떤지를 알 수 있다.
단점	• 연령 효과는 진정한 발달의 변화가 아니라 동시대 출생집단 효과의 반영일 수 있다. • 시간에 따른 개인의 변화를 전혀 알 수 없다.	• 연령 효과는 발달의 변화가 아니라 측정시기 효과의 반영일 수 있다. • 시간과 비용이 많이 든다. • 연구 초기에 개발된 측정도구가 시간이 지나면서 부적합한 도구가 될 수 있다. • 피험자의 탈락현상이 일어날 가능성이 있다.	• 시간이 오래 걸리고 복잡하다. • 가장 효율적인 방법이기는 하지만 발달의 변화를 일반화하는 가능성에 대해서는 의문의 여지가 있다.

출처: Sigelman, C. K., & Shaffer, D. R. (1995). *Life-span human development* (2nd ed.). California: Brooks/Cole Publishing Company.

시기 효과를 배제하게 되어 진정한 연령변화를 알 수 있게 된다.

〈표 3-3〉은 이상 세 가지 접근법의 절차, 목표 및 장단점을 요약한 것이다.

8. 아동발달연구의 윤리적 문제

인간을 대상으로 하는 연구의 어려움 중의 하나는 그들이 연구되고 있다는 사실을 지각함으로써 부자연스러운 반응을 보인다는 것이다. 따라서 연구자들은 될 수 있으면 피험자들로 하여금 이 사실을 깨닫지 못하게 해서, 자연스러운 반응을 얻어내려고 한다. 그러다 보니 연구자들은 가끔 윤리적 문제에 직면하게 되는데, 때로는 연구내용에 대해서 일시적으로 속이는 경우도 있게 된다. 어떤 경우는 피험자들로 하여금 긴장이나 불안감, 부정적 정서를 경험하게 하고 약한 전기충격에 노출시키기도 한다.

물론 연구자들의 이런 행위에는 타당한 이유가 있다. 첫째, 이러한 상황을 연출하는 것이 중요한 어떤 현상을 객관적으로 연구할 수 있는 유일한 방법이라는 것이다. 둘째, 피험자들에게는 대가가 따르겠지만 이 연구로부터 얻어지는 혜택도 크다. 혜택은 이 연구를 통해 얻어지는 인간행동에 관한 지식이다. 셋째, 피험자도 연구에 대한 지식을 갖게 되고, 과학적 연구에 이바지했다는 만족감을 느낄 수 있다. 그러나 어떤 경우에라도 피험자가 연구에 참여함으로써 얻게 되는 혜택이 대가를 능가해야 한다는 사실을 연구자들은 명심해야 한다(Graziano & Raulin, 2013; Jackson, 2015; Neuman, 2020).

미국심리학회(APA)와 아동발달연구학회(SRCD)는 인간을 대상으로 하는 연구의 윤리강령을 발표하였는데 그 내용을 요약하면 다음과 같다.

Stanley Milgram

1) 피험자를 신체적 또는 심리적 위해로부터 보호한다.

아래에 언급된 연구들은 피험자가 신체적 또는 심리적 상처를 받을 가능성이 있는 연구의 예들이다.

① 권위에 대한 복종을 조사한 Milgram(1974)의 연구에서 남성 피험자들은 연구자의 지시에 따라 다른 사람에게 전기충격을 가하도록 되어 있었다(사진 참조). 이 연구에서 Milgram은 피험자들이 어느 정도까지 권위에 복종하는지를 알아보고자 하였다. 대부분의 피험자들은 연구자의 지시(권위)에 따라 다른 사람에게 전기충격을 가하면서[1] 커다란 심리적 갈등을 겪었으며, 심한 스트레스를 받은 것으

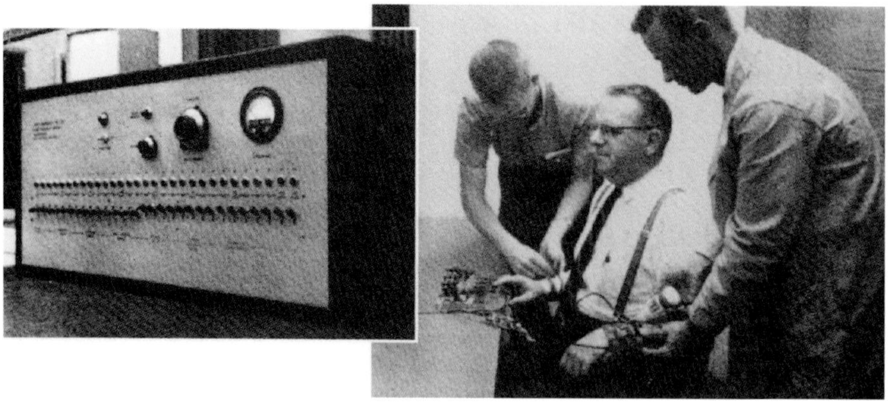

로 보고하였다.

② 자아존중감 손상의 효과를 알아보기 위한 연구(Hull & Young, 1983)에서, 피험자들에게 지능검사와 사회적 기초능력 검사에서 그들이 실패했다고 속인 바 있다.

③ 우울증이 학습에 미치는 효과를 알아보기 위한 연구(Bower, 1981)에서, 피험자들로 하여금 부정적 정서를 경험하게 하였다.

④ 대학생들이 어떤 상황에서 커닝을 하는지 알아보기 위한 연구(Kahle, 1980)에서, 시험을 본 후 답안지를 학생들에게 돌려주어 그들로 하여금 채점하게 하였다. 학생들이 자신의 답을 쉽게 고칠 수 있는 상황에서 많은 학생들이 그렇게 하였다. 그러나 학생들은 모르고 있었지만 연구자는 누가 답안을 고쳤는지 알 수 있었다.

2) 연구에 참여할 것인지 말 것인지를 자유롭게 선택하게 한다.

연구자는 피험자에게 연구의 목적과 연구가 끝났을 때 예상되는 결과에 대해 충분히 설명해 주어야 할 의무가 있다. 그리고 피험자들로부터 연구에 참여하겠다는 연구참여 동의서(informed consent)를 받아야 한다. 연구참여 동의서에 포함되는 사항은 다음과 같다.

① 연구에 소요되는 시간과 연구절차

② 연구에 참여함으로써 예상되는 위험이나 불편

③ 연구로부터 예상되는 혜택

④ 연구에 참여하는 것은 전적으로 자유의사라는 점을 주지시킨다.

1) 실제로는 전원이 연결되어 있지 않았기 때문에, 전기충격은 가해지지 않았다.

3) 피험자의 사생활을 보호한다.

인간행동연구에서 윤리적 문제와 관련된 잠재적 문제는 피험자의 사생활 보호나 익명성 보장에 대한 침해이다. 이 문제는 연구결과가 인쇄되어 피험자의 신분이 노출되는 경우에 심각해진다. 따라서 연구자들은 연구보고서에서 가끔 가명을 사용하기도 한다.

대부분의 경우 자료가 개인적으로 보고되지 않기 때문에 피험자의 사생활 침해는 큰 문제가 되지 않지만, 성행동이나 음주, 흡연에 관한 개인적인 정보에 관한 연구일 경우는 익명성이 보장되어야 한다.

4) 연구의 성격과 사용에 대해 정직하게 말한다.

연구의 성격과 연구결과를 어떻게 사용할 것인지에 대해 피험자에게 정직하게 말하는 것은 매우 중요하다. 하지만 거짓말이 불가피한 경우가 있다. 이타적 행동에 관한 연구를 예로 들면, 만약 연구자가 연구를 시작하기 전에 이 연구의 내용에 관해 얘기한다면 피험자의 행동은 왜곡될 것이다. 그래서 어떤 종류의 연구에서는 거짓말이 불가피한 경우가 있을 수 있다. 미국심리학회 윤리강령에서도 거짓말이 불가피한 경우에는 이것을 허용하고 있다.

연구윤리정보포털

연구윤리 확보를 위한 지침(법령)

우리나라의 경우 한국아동학회, 한국인간발달학회, 심리학회의 발달심리분과에서 인간을 대상으로 하는 연구의 윤리적 문제에 대해 자주 논의한 바 있다.

2010년 현재 '한국학술단체총연합회'에서 연구윤리 지침을 마련하고 있는데, 이 지침은 학술연구분야 표절 및 중복게재 등과 관련한 기준을 제시하여 연구윤리에 대한 사회적 의식을 제고하고, 건전한 학문발전에 이바지함을 목적으로 한다. 그리고 2018년에는 「연구윤리 확보를 위한 지침[교육부 훈령 제263호]」을 제정하면서 연구자가 지켜야 할 윤리규범을 법령으로 제시하였다. 이를 반영하여 한국연구재단에서는 「CRE 연구윤리정보포털」 사이트에서 이에 대한 내용들을 제시하고 있다.

제 2 부

태내기

태내기란 난자와 정자가 결합하여 하나의 수정란이 되는 시기부터 출산까지의 기간을 말한다. 태내에서의 40주 동안에 정자와 난자가 결합한 수정란은 빠른 속도로 하나의 생명체로 성장한다. 그러므로 태내기는 짧은 기간이지만 인간발달의 초석이 되는 중요한 시기이다. 비록 짧은 기간의 변화이지만 태내의 발달은 이후의 성장과 직결되므로 태내환경에 대한 주의깊은 배려가 필요하다. 동시에 임신은 여성의 신체와 생활에 많은 변화를 초래하므로 이에 대한 적절한 적응도 필요하다.

출산은 태아와 산모 모두에게 생명의 위협을 느낄 정도로 충격적인 경험이다. 지금까지는 출산과정에서 경험하는 산모의 고통에 대해서만 관심을 가져왔지만, 최근에는 출산 중 태아의 고통에 대해서도 관심을 가져야 한다는 주장이 일고 있다. 출생 후의 첫 1개월을 신생아기라고 한다. 신생아기는 비록 짧은 기간이지만 태내환경과는 상이한 환경에 적응해야 한다는 점에서 중요한 의미를 갖는다.

제2부에서는 먼저 인간발달의 유전학적 기초를 살펴봄으로써 유전이 인간발달에 미치는 영향에 대해 살펴보고, 다음으로, 태내에서의 발달과정과 출산 전 태내에서 발생할 수 있는 유전적 · 환경적 요인으로 인한 문제들을 알아본다. 끝으로 출산과정과 신생아의 특성에 관해 살펴보기로 한다.

제 4 장

아동발달의 유전학적 기초

1. 유전의 기제
2. 유전의 법칙
3. 유전인자와 염색체의 이상
4. 유전상담
5. 유전과 환경

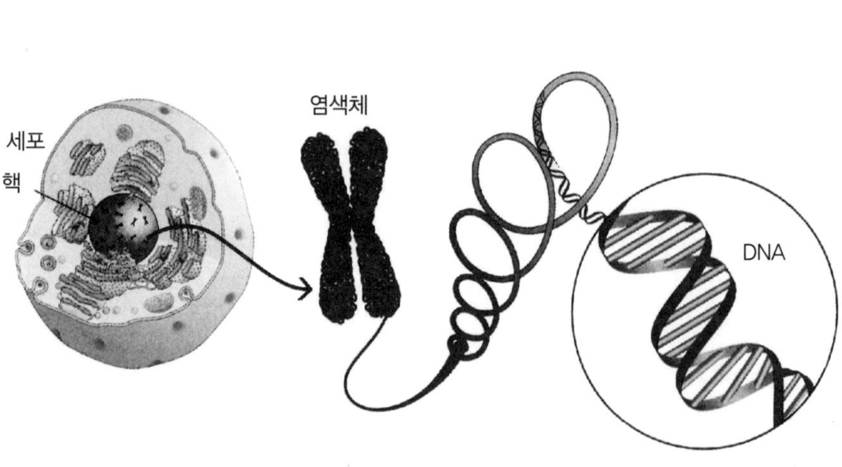
염색체
세포
핵
DNA

신체적 특성뿐만 아니라 성격적 특성까지 인간은 수많은 특성을 부모로부터 물려받는다. 이러한 특성들은 어떻게 유전되는 것일까? 다시 말해서, 유전정보는 어떻게 한 세대에서 다음 세대로 전해지는가? 모든 종(種)에는 한 세대에서 다음 세대로 그 특성을 전달하는 기제가 있다. 이 기제는 유전의 법칙으로 설명된다. 우리 인간은 부모로부터 물려받은 유전정보를 갖고 있는데, 이 정보는 우리 신체 내의 모든 세포에 저장되어 있다. 인간의 유전정보는 한 가지 점에서 중요한 동일성을 갖는다. 그것은 모든 인간은 인간의 유전정보를 갖고 있다는 점이다. 이로 인해 인간의 수정란은 개나 소 또는 돼지로 성장하지 않고 인간으로 발달하게 되어 있다.

이 장에서는 인간의 생식에 관여하는 생물학적 과정을 살펴보고, 부모로부터 유전정보가 어떻게 자녀에게 전달되는지 알아보고자 한다. 부모의 특성이 자녀에게 유전되는 방식에는 우성유전, 공우성유전, 반성유전, 다원유전 등이 있다. 그리고 최근에 와서 크게 주목을 받고 있는 유전자 이상과 유전상담에 관해 살펴본 다음, 유전과 환경이 인간발달에 미치는 영향에 관해서 알아보기로 한다. 오늘날 인간발달학자들의 대부분은 유전과 환경의 상호작용에 의해 인간발달이 이루어진다고 믿고 있지만 그 기제는 매우 복잡하다. 유전과 환경에 관한 한 가지 분명한 사실은 부모가 이 두 가지를 모두 제공한다는 점이다.

1. 유전의 기제

인간의 수정란은 어째서 개나 소와 같은 동물이 아니라 인간으로 발달하게 되어 있는가? 자녀는 어떻게 해서 부모의 특성(예를 들면, 큰 키와 갈색 머리카락 등)을 그대로 물려받는가? 접합체라는 단세포로부터 어떻게 신체의 여러 부분을 형성하는 수십억 개의 세포가 만들어지는가?

이상의 질문들은 유전이란 무엇인가라는 난제(難題)의 핵심이 된다. 따라서 유전에 관한 기본 지식은 인간발달을 이해하는 데 필수적이다.

1) 유전인자

인간의 생식세포를 배우체(gametes)라고 한다. 여성의 배우체를 난자라고 하는데, 난자는 인체에서 가장 큰 세포로서 크기가 0.14~0.2mm 정도이다. 남성의 배우체를

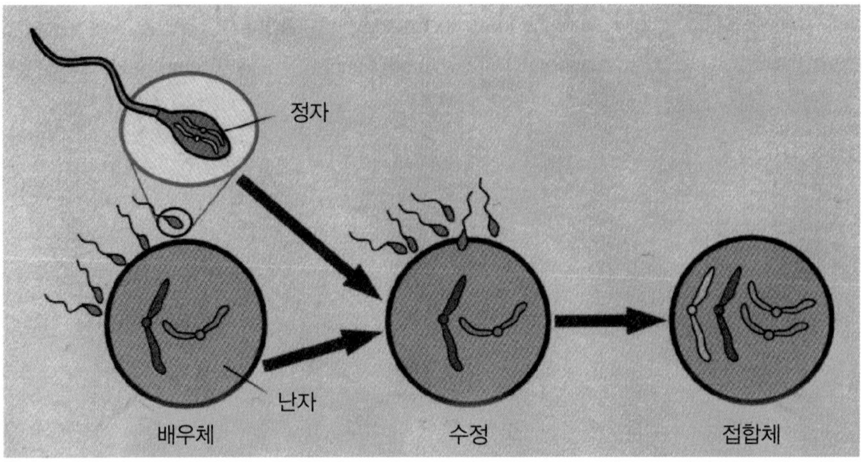

〈그림 4-1〉 배우체와 접합체

정자라고 하며 그 크기는 난자의 1/40 정도이다. 인간의 생식과정은 난자와 정자가 만나 수정이 이루어지면서 시작된다. 수정을 통해서 형성된 단세포를 접합체(zygote)라고 한다(〈그림 4-1〉 참조).

정자와 난자가 결합하는 순간 정자와 난자로부터 각각 23개의 염색체가 방출되어 새로운 46개의 염색체 배합이 형성된다. 인간의 모든 유전적 잠재성은 이 46개의 염색체에 의해 결정된다. 23쌍의 염색체 중 22쌍은 상염색체(autosome)이며, 23번째 쌍이 성염색체(sex chromosome)이다. 정상적인 여성의 성염색체는 XX이고, 정상적인 남성의 성염색체는 XY이다(〈그림 4-2〉 참조). 즉, 이 염색체 속에 유전의 기본 단위인 유전인자(gene)가 들어 있다(Dillon, 1987). 이 유전인자는 DNA라고 하는 화학물질로 구성되어 있다. DNA는 부모의 어떤 특성이 자손에게 전해질 것인가를 결정하고, 또한 일생을 통

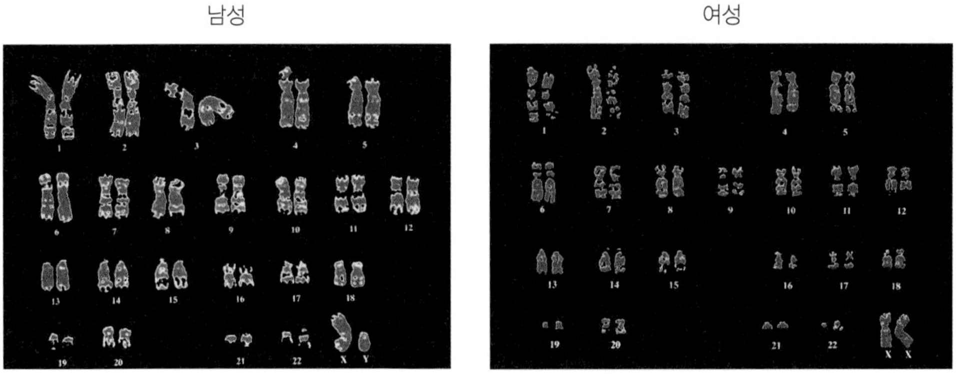

〈그림 4-2〉 정상적인 남성과 여성의 염색체 배열

한 성장과 발달을 관리한다.

1953년에 James Watson과 Francis Crick이 DNA 분자의 구조를 발견했는데, 이것은 유전인자의 구조를 이해할 수 있게 해 준 현대과학의 개가였다. DNA는 나선형 사다리꼴 모양을 하고 있으며, 마치 지퍼처럼 가운데가 열리게 되어 있다(〈그림 4-3〉 참조).

Francis Crick

사진 설명 James Watson(右)은 Francis Crick(左)과 함께 DNA 분자 구조를 밝혀냄으로써 1962년에 노벨상을 수상했다.

DNA에 관한 흥미로운 사실은, DNA에 저장되어 있는 정보의 양이 브리태니커 백과사전의 모든 판(editions)에 실려 있는 양과 비슷하다는 점이다. 그리고 DNA의 길이는 지구에서 태양까지의 거리에 해당하며, 무게는 $^1/_2$g 정도이다.

〈그림 4-4〉와 〈그림 4-5〉는 염색체, 유전인자, DNA에 관한 이해를 돕기 위한 것이다.

유전인자는 유전정보를 내포하는 DNA의 일부분이다. 유전인자는 특정 염색체 내에 지정된 자리가 있다. 최근에 와서 특정 기능과 연관이 있는 유전인자의 특정 위치를 찾아내는 노력에 큰 발전이 있었다(Oliver, 2017). 이러한 발전은 인간게놈 프로젝트(Human Genome Project)의 완성으로 이루어졌다(Brooker, 2015; Cummings, 2014; Mason, Johnson, Losos, & Singer, 2015; Raven, Johnson, Mason, Losos, & Singer, 2014).

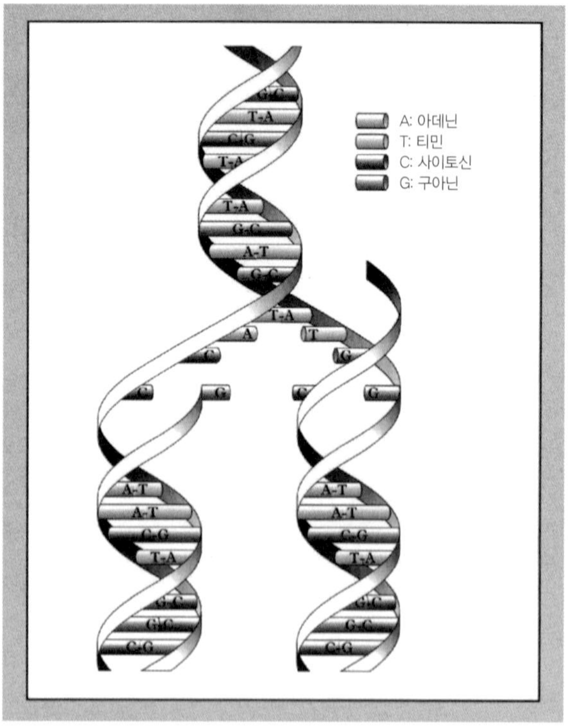

〈그림 4-3〉 DNA의 구조와 복제

인간게놈이란 각 인간세포 속의 DNA를 만드는 약 35억 개의 화학물질인 염기의 정확한 서열을 나타내는 생물학적 지도를 말한다. 게놈 프로젝트는 인간의 특성과 인체 운용 프로그램을 기록하고 있는 DNA의 네 가지 염기(아데닌, 사이토신, 구아닌, 티

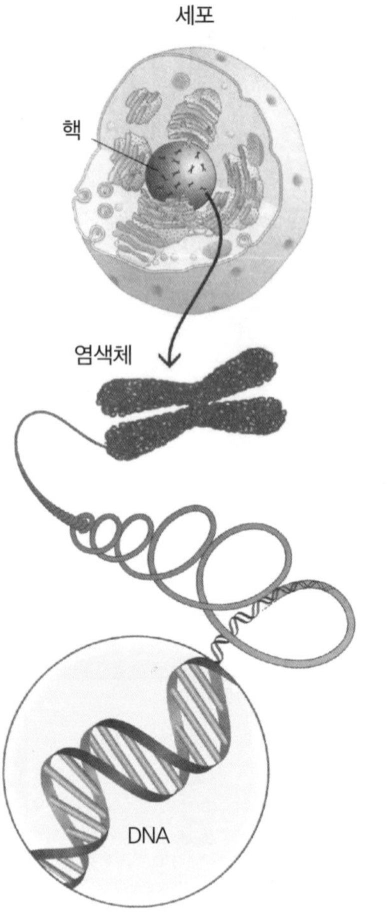

(위) 신체는 수십억 개의 세포로 구성되는데, 이 세포들은 생명의 기본 구조 단위이며, 그 가운데에 핵이 있다.
(중간) 염색체와 유전인자는 세포의 핵 속에 들어 있다. 염색체는 꼰 실처럼 생긴 구조로 되어 있으며, DNA 분자로 구성되어 있다.
(아래) 유전인자는 유전정보를 내포하는 DNA의 일부분이다. DNA의 구조는 나선형 사다리꼴 모양의 분자로 되어 있다.

〈그림 4-4〉 세포, 염색체, 유전인자, DNA

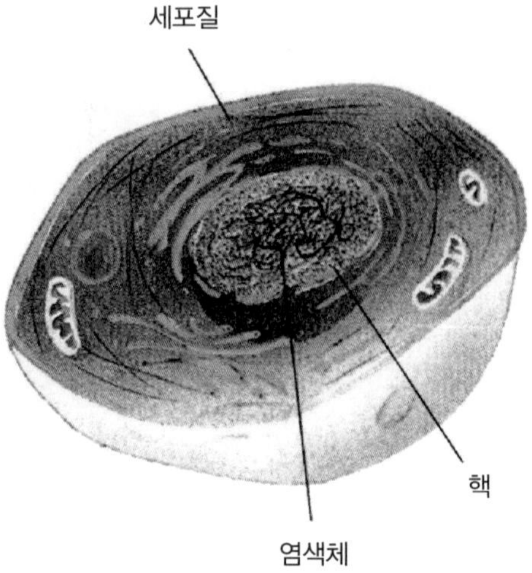

〈그림 4-5〉 핵형(核型)[1]

민)의 배열구조를 밝히는 작업이다. 게놈 해독을 통해 인간 유전자를 전체적으로 파악하면 이를 바탕으로 각 유전자의 작용을 알아내 결함을 수정하고 기능을 강화하는 등 다양한 생물공학적 응용이 가능하게 된다.

2) 후성유전

최근에 와서 후성유전에 대한 관심이 높아지고 있다(Cloud, 2010). 후성유전이란 DNA 서열을 바꾸지 않으면서 유전자의 표현형 또는 유전자의 발현이 변하는 현상을 말한다. 후성유전학(Epigenetics)이란 바로 이러한 후성유전적 유전자 발현 조절에 관한 모든 현상을 연구하는 학문이다. 이 용어를 처음으로 사용한 Conrad Waddington은 후성유전학을 "발생 과정에서 어떻게 인자형이 표현형을 창출하는가"를 연구하는 학문이라고 정의하였다. 후성유전학은 DNA에 달라붙는 생화학물질인 '메틸기'의 패턴에 의해 인자형과는 다른 표현형의 변이가 나타나고 그것이 대물림된다고 본다. 후성유전적 조절을 받은 유전자

1) 핵을 형태학적으로 연구하여 얻은 염색체의 한 조(組)

John Cloud

를 어떻게 가려낼 수 있을까? 유전자에 매달린 특별한 화학적 부착물들이 그 독특한 표지이다. 가장 보편적인 것은 탄소원자 한 개와 수소원자 세 개가 결합한 메틸기(CH_3)를 조합한 부착물이다. 메틸기가 유전자에 붙으면 보통 발현을 억제한다. 〈그림 4-6〉은 DNA의 메틸화에 관한 내용이다. 사이토신(cytosine)에는 원래 메틸기가 붙어 있지 않은데, 메틸화가 일어나면 사이토신에 메틸기가 달라붙는다. 그렇다면 사이토신에 메틸기를 달라붙게 하는 힘은 무엇인가? 그것이 바로 유전자로만 설명할 수 없는 환경의 힘이다. 유전자 입장에서 보면 유전자의 서열 정보는 바뀌지 않은 채로 메틸기가 스위치처럼 붙어서 해당 유전자 발현을 켰다 껐다 하는 역할을 할 수 있도록 변화한 것이다.

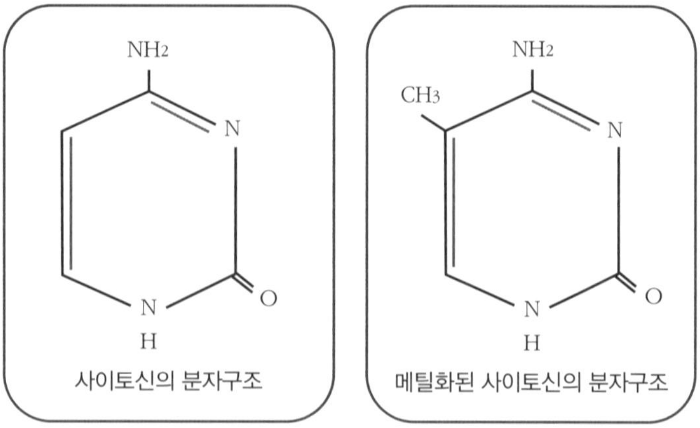

왼쪽 그림은 DNA 염기 서열 중 사이토신의 분자구조이고, 오른쪽 그림은 사이토신 분자에 CH_3 메틸기가 붙어서 메틸화된 분자구조이다. 후성유전학에서는 DNA 염기 서열에 CH_3 메틸기의 부착 여부에 따른 유전자 발현 차이를 연구한다.

〈그림 4-6〉 DNA의 메틸화

후성유전학 연구는 주로 DNA의 메틸화(methylation)[2]에 관한 연구와 관련되어 있다. 일반적으로 메틸화가 많이 되어 있는 염색체 부위는 발현이 줄고, 유전자 발현이 활발한 영역일수록 메틸화가 덜 되어 있다고 알려져 있다. 환경에 적응하기 위해 유전자가 염기서열을 변화시키는 것보다 메틸화를 통해 유전자 발현을 조절하는 것이 훨씬 빠르

2) 세포 안쪽을 떠다니는 '메틸기'라는 화학물질이 DNA에 달라붙는 현상을 말한다.

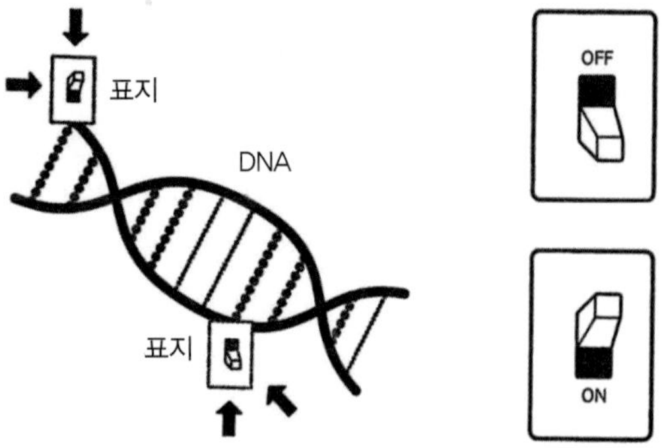

사진 설명 수많은 스트레스원은 히스톤(염기성 단백질의 하나)을 변경시키고, DNA에 메틸기를 부착시킴으로써 후성유전적 표지를 활성화시킨다. 이러한 변화는 유전 스위치를 켰다 껐다 하면서 자손에게 무엇이 유전될 것인가에 영향을 미친다.

고 간편한 방법일 수 있다. 즉, DNA의 메틸화는 유전 스위치라고 할 수 있다. 메틸화 여부에 따라 유전 스위치가 켜지고 꺼지기 때문이다(사진 참조).

후성유전학에서 가장 빈번하게 거론되는 사례는 동일한 유전인자를 가지고 태어나는 일란성 쌍생아이다. 일란성 쌍생아들은 동일한 유전자를 지니고 태어났음에도 불구하고 생물학적으로 동일한 형질을 갖지는 않는다. 그 이유가 바로 후성유전체 때문이다. 유전자가 동일할지라도 특정한 메틸기가 유전자 주위에 붙게 되면 그 유전자의 발현을 저해하게 된다. 일란성 쌍생아라도 한쪽은 메틸화가 되어 있을 수도 있고, 다른 한쪽은 메틸화가 되지 않을 수도 있기 때문에 서로 다른 결과가 나타나는 것이다.

후성유전학의 발견은 "획득된 형질은 유전될 수 없다"는 기존 유전의 법칙에 위배된다. 이는 유전자에 의해 운명적인 삶을 살아간다는 생명체의 숙명적 한계에 희망을 주고 있다. 유전자가 모든 것을 결정한다는 기존 관점들이 재고되고 있다. 후성유전학이 흥미롭게 보이는 이유는 라마르크식 '획득형질'을 닮았기 때문이다. 즉, 환경이 유전자에 흔적을 남기고, 흔적이 유전된다. 유전자는 환경의 흔적을 기억한다. 조상이 경험한 환경의 흔적이 후손에게 유전된다. 후성유전으로 달라진 유전자 발현이 다음 세대, 또 그다음 세대까지 이어질 수도 있다. 기존 유전학과 함께 후성유전학 관점에서 인간발달을 연구해야 하는 의미가 바로 여기에 있다.

3) 세포분열

수정 후 인간의 성장과 발달은 세포분열에 의해 진행이 되는데, 인체에는 두 종류의 세포가 있다. 하나는 신체세포(body cells)로서 유사분열(有絲分裂: mitosis)에 의해 재생산되며, 골격, 신경, 근육, 소화기관 등을 형성한다. 다른 하나는 난자와 정자를 만드는 생식세포(germ cells)로서 감수분열(減數分裂: meiosis)에 의해 재생산된다.

(1) 유사분열

유사분열은 염색체가 스스로를 복제(duplication)하는 과정으로부터 시작된다. 복제된 염색체는 모세포의 양쪽 끝으로 옮겨 가서 분열을 시작한다. 그리고 분열이 완성되면 모세포와 동일한 23쌍의 염색체를 가진 자세포를 형성하는데, 여기에는 최초의 접합체에 들어 있던 것과 동일한 유전정보가 들어 있다(〈그림 4-7〉 참조). 이 과정은 낡은 세포를 대신해서 새로운 세포가 생성되면서 일생 동안 계속된다. 출생 시 아기는 약 10조 개의 세포를 갖고 태어나는데, 성인이 되면 수백조 개의 세포로 증가한다. 그러나 아무리 많은 세포를 갖게 되더라도 각 세포는 수정의 순간에 접합체라는 단세포에 들어 있던 유전정보를 그대로 전달받게 된다(Johnson, 2012).

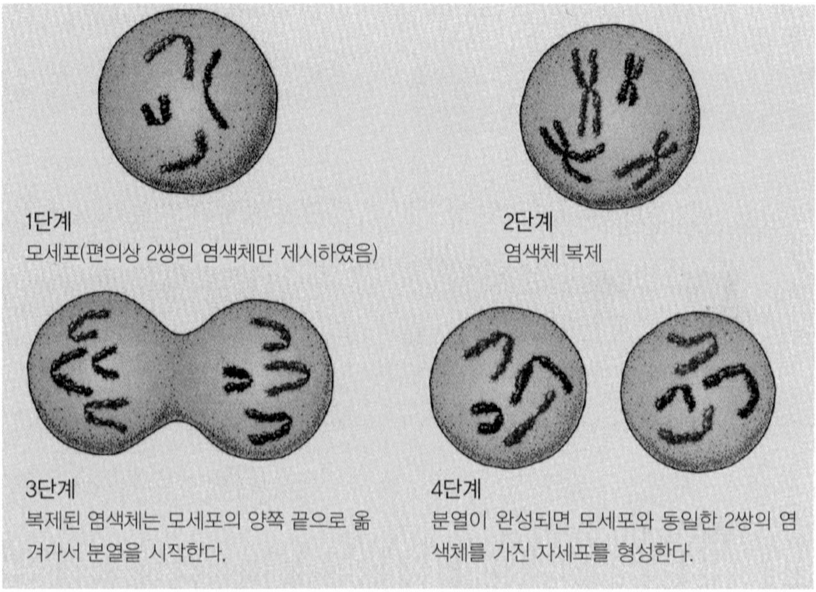

〈그림 4-7〉 유사분열

(2) 감수분열

감수분열은 유사분열보다 좀더 복잡하다. 첫째, 생식세포는 46개의 염색체를 복제한다. 둘째, 유전자 교환(crossing-over)이 이루어지는데, 감수분열을 하는 동안 수정란 세포 내의 염색체 간에 유전자가 교환되는 것이다(〈그림 4-8〉 참조). 유전자 교환현상에 의해 유전자 조합의 수는 무한대에 이른다. 이 조합의 수는 지금까지 지구상에

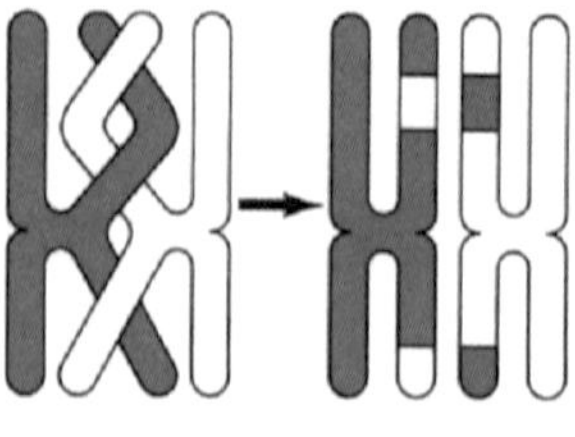

감수분열을 하는 동안 염색체 간에 유전인자가 교환되는 현상

〈그림 4-8〉 유전자 교환(crossing-over)

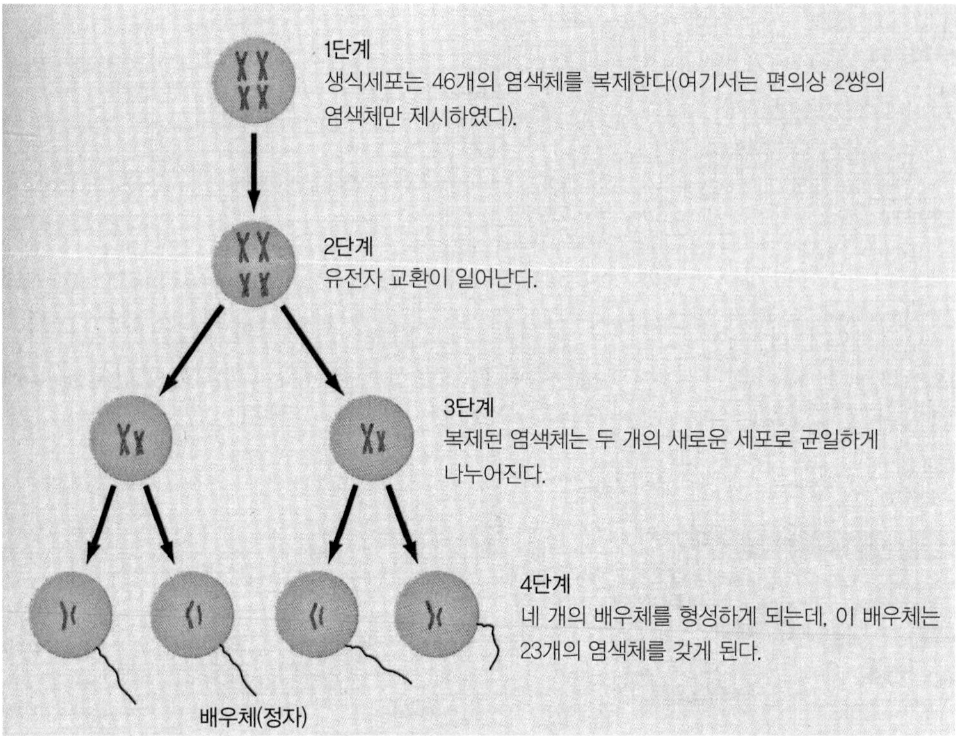

〈그림 4-9〉 감수분열

태어난 인간의 수보다 많으므로, 이 지구에는 똑같은 사람이 둘 존재하지 않고(일란성 쌍생아는 제외), 여기에 개인차의 신비가 있다. 셋째, 복제된 염색체는 두 개의 새로운 세포로 균일하게 나누어져서 네 개의 배우체를 형성하게 된다. 이 배우체는 23개의 염색체를 갖게 된다(〈그림 4-9〉 참조).

인체 내의 모든 세포는 46개(23쌍)의 염색체를 갖고 있는데, 정자와 난자는 이의 절반인 23개의 염색체를 갖는다. 왜냐하면 만약 정자와 난자가 46개의 염색체를 갖게 된다면 이들이 결합할 때 정상적인 염색체의 수인 23쌍이 아니라 46쌍이 되기 때문이다.

2. 유전의 법칙

오스트리아의 성직자 Gregor Mendel은 유전인자나 염색체에 관해 아무것도 알려진 것이 없는 1800년대 중반에, 완두콩을 이용하여 7년간 잡종실험을 계속한 끝에 유전과 관련된 몇 가지 법칙을 발견하였다. 멘델은 1865년 이러한 유전실험의 결과를 『식물잡

종에 관한 실험』이라는 제목으로 발표하였다.

멘델은 황색 껍질 완두콩과 녹색 껍질 완두콩을 혼성재배(cross-pollination)했는데, 그 결과는 뜻밖에도 모두 황색 껍질 콩이 나온 것이었다. 얼핏 보기에는 녹색 완두콩은 이런 결과에 대해 아무런 영향을 미치지 않는 것으로 보였다. 그러나 멘델이 이 잡종콩을 다시 교배했더니 $^3/_4$은 황색 껍질 콩, $^1/_4$은 녹색 껍질 콩이 나왔다. 멘델은 자손에게서 좀더 자주 표출되는 특성을 '우성(dominant)'이라 부르고, 그렇지 않은 것은 '열성(recessive)'이라 불렀다. 그리고 우성인자의 특성만 자손에게서 표출된다는 우성유전(dominant inheritance)의 법칙을 밝혀내었다.

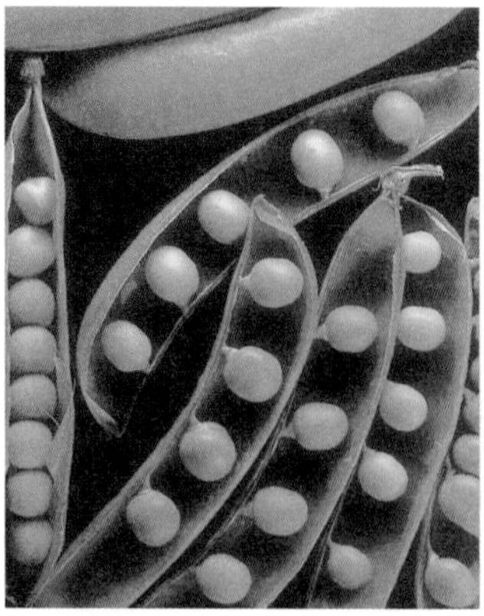

사진 설명 멘델의 완두콩 실험은 유전학 연구의 기초를 마련해주었다.

Gregor Mendel

오늘날 우리는 인간의 유전법칙이 멘델이 생각했던 것보다 훨씬 더 복잡하다는 것을 알고 있다. 여기서 인간의 특성이 유전되는 방식을 몇 가지 살펴보기로 하자.

1) 우성유전

부모는 염색체를 통해서 자손에게 유전정보를 전달한다. 염색체의 특정 부위에 어떤 특성(예를 들면, 머리카락의 색깔)이 서로 다른 표현(예를 들면, 검은색과 갈색)을 하게 되는 유전인자가 위치하는데, 이것을 대립유전자(alleles) 또는 대립형질이라고 부른다. 이 대립유전자에는 우성과 열성이 있다. 예를 들면, 사람의 머리카락 색깔은 검은색이 우성이고 갈색이 열성인데, 검은색과 갈색은 대립유전자인 것이다. 멘델의 완두콩 실험에서 황색은 우성이고 녹색은 열성인데, 황색과 녹색은 대립유전자인 것이다. 일반적으로 우성인자는 알파벳의 대문자로 표현하고, 열성인자는 소문자로 표현한다.

인간은 한 특성에 관해 부모로부터 한 쌍의 대립유전자를 물려받게 된다. 만일 양쪽 부모에게서 동일한 대립유전자가 전달되면 동질접합(homozygous)이 이루어지고, 상이한 대립유전자가 전달되면 이질접합(heterozygous)이 이루어진다. 예를 들어, 아버지와 어머니 모두에게서 검은색 머리카락(B)의 대립유전자가 전달되면 자녀의 머리색깔의 대립유전자는 BB로서 동질접합이다. 반면, 아버지로부터는 검은색(B)의 대립유전자를 물려받고, 어머니로부터는 갈색(b)의 대립유전자를 받게 되면 자녀의 머리색깔의 대립유전자는 Bb로서 이질접합이 된다. 이질접합의 경우 단지 한 개의 대립유전자만 자녀의 특성에 영향을 미치는데, 이것을 우성인자라고 부른다. 영향을 미치지 않는 대립유전자는 열성인자라고 부른다.

머리카락 색깔은 우성유전의 한 예이다. 검은색 머리카락(B)의 대립유전자는 우성이고, 갈색 머리카락(b)의 대립유전자는 열성이다. 양쪽 부모로부터 모두 우성인자를 받은 경우(BB)와, 한쪽 부모로부터는 우성인자를, 또 다른 쪽 부모로부터는 열성인자를 받은 경우(Bb)는 두 경우의 유전적 구성이 다를지라도 자녀의 머리색깔은 모두 검은색으로 표현된다. 반면, 양쪽 부모로부터 모두 열성인자를 물려받은 경우(bb)에는 열성특성이 표현되어 자녀의 머리색깔은 갈색으로 나타난다. 이것을 우성-열성 유전법칙(dominant-recessive inheritance)이라 부른다.

머리카락의 색깔처럼 우리 눈으로 관찰할 수 있는 특성을 표현형(表現型: phenotype)이라 부르고, 눈에는 보이지 않지만 특수한 유전자의 결합에 의한 유전소질을 인자형(因子型: genotype)이라 부른다. 인자형은 신장이나 체중, 지능 등이 어떻게 표현될 것인지에 대한 아동의 잠재력을 의미한다. 표현형은 신장이나 체중, 지능 등이 실제로 어떻게 표현되는가 하는 아동의 실제 모습과 행동을 의미한다. 표현형은 신장, 체중, 머리카락 색깔과 같은 신체적 특성뿐만 아니라 지능, 창의성, 성격과 같은 심리적 특성도 포함한다. 표현형은 인자형의 잠재력과 그 잠재력이 실현될 수 있는 범위를 설정해 주는 환경과의 상호작용에 의한 것이다. 예를 들면, 동일한 신장의 인자형을 가진 두 아동의 경우, 한 아이는 키가 크고, 다른 아이는 키가 작을 수 있다. 반면, 인자형이 다른 경우라도 표현형은 동일할 수가 있다.

2) 공우성유전

이질접합에서 인자형이 표현형으로 나타나는 과정에서 우성과 열성이 반드시 절대적인 것은 아니다. 공우성유전(codominance inheritance)은 두 유전인자 간에 우열이 없는 것으로, 이들 두 특징이 합해져서 혼합형으로 나타나기도 한다. 예를 들면, 혈액형 A형과 B형의 대립유전자는 어느 하나가 우성이고, 다른 하나는 열성이고 하는 것이 없다. 즉, A형 대립유전자와 B형 대립유전자를 물려받은 이질접합의 경우 혈액 속에는 똑같은 비율의 A 항원(抗原)과 B 항원을 갖게 된다. 따라서 만약 자녀의 혈액형이 AB형으로 나타나면 이것은 공우성유전에 의한 것이다.

3) 반성유전

인간의 어떤 특성은 성염색체에 위치해 있는 유전인자에 의해 결정되는데, 이것을 반성(伴性)유전(sex-linked inheritance)이라고 한다. 반성유전의 대부분은 X 염색체에 들어 있는 열성인자에 의한 것이다(Guffanti et al., 2013; McClelland, Bowles, & Koopman, 2012). 적색과 녹색을 구별 못하는 색맹은 반성유전의 한 예이다. 여성의 성염색체는 XX이고 남성의 성염색체는 XY이다. 만약 남성의 X 염색체가 색맹의 열성인자를 갖고 있다면 이 남성은 색맹으로 판명될 것이다. 왜냐하면 남성의 Y 염색체에는 색맹의 대립유전자를 수정해 줄 유전인자가 없기 때문이다. 반면, X 염색체가 두 개인 여성의 경우 하나의 X 염색체에 색맹 유전자가 들어 있다 하더라도 색맹이 되지 않는다. 왜냐하면 다른 한쪽의 X 염색체가 정상이라면 우성인 정상유전자가 색맹유전자보다 우세할 것이기 때문이다. 따라서 여성의 경우는 두 개의 X 염색체가 모두 색맹유전자를 갖고 있지 않다면 색맹이 되지 않는다.

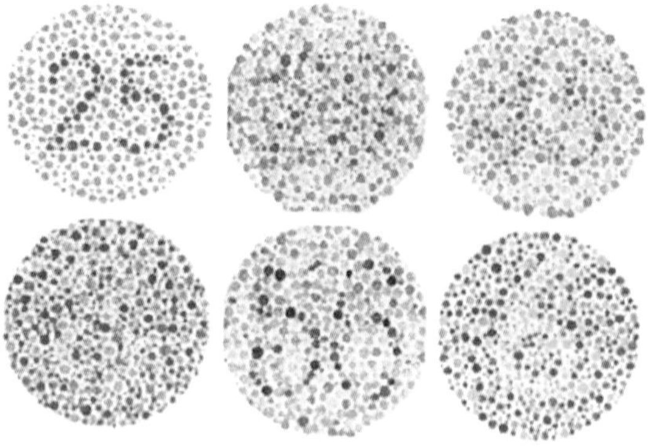

사진 설명 색맹검사

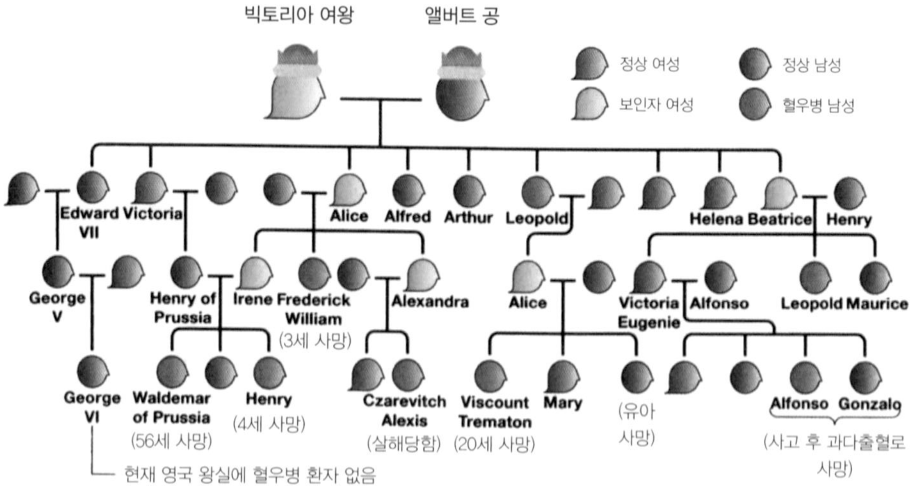

〈그림 4-10〉 '왕가의 병', 혈우병

출처: Kimball, J. W. (1983). *Biology* (5th ed.). Reading, MA: Addison-Wesley.

혈액이 응고되지 않는 병인 혈우병 또한 반성유전의 예이다(Batty & Lillicrap, 2020; Lee et al., 2020; Lykken et al., 2018). 혈우병은 '왕가(王家)의 병'이라고도 불리는데, 19세기 유럽 왕실에 혈우병 환자가 유독 많았기 때문이다. 이 유전병의 시원(始原)은 영국의 빅토리아 여왕이었다. 여왕에겐 딸이 다섯 있었는데, 그중 두 명이 겉으로는 증세가 없었지만 혈우병의 유전인자를 가지고 있는 보인자(保因者)였다. 이 딸과 손녀들이 독일과 러시아 왕실과 혼인을 하게 되면서 여러 유럽 왕가로 퍼져 나가게 되었다(〈그림 4-10〉 참조). 그 외 반성유전의 예로는 근육이 점점 위축되는 병인 근위축증, 망막의 능력이 감퇴하여 밤에는 물건을 식별하지 못하는 증상인 야맹증 등이 있다(Bartel, Weinstein, & Schaffer, 2012; Schulman & Black, 1993).

4) 다원유전

지금까지 한 쌍의 대립유전자에 의해 영향을 받는 특성에 관해 살펴보았다. 그러나 인간의 특성은 대부분 여러 쌍의 대립유전자에 의해 영향을 받는데, 이것을 다원(多元)유전이라고 한다(Lewis, 2017; Moore, 2013; Patel & Bezzina, 2020). 다원유전(polygenic inheritance)의 예로는 신장, 체중, 지능, 피부색, 성격 등 수도 없이 많다(Plomin, 1990). 정확하게 얼마나 많은 쌍의 대립유전자가 신체특성이나 지능, 성격특성 등에 관여하는지 아직 알려지지 않고 있다. 다만 유전인자와 환경의 상호작용에 의해 인간의 많은 특성이 표현되는 것으로 보고 있을 뿐이다.

3. 유전인자와 염색체의 이상

신생아의 대부분은 건강한 상태로 태어나지만, 그중에는 선천성 결함을 갖고 태어나는 아기들도 있다. 어떤 결함은 부모로부터 물려받은 유전병에 의한 것이고, 또 어떤 것은 염색체 이상에 기인한다. 여기서는 염색체와 유전인자의 결함으로 인해 나타나는 몇 가지 이상에 관해 살펴보기로 한다.

1) 유전인자의 이상

유전인자의 이상에는 우성인자에 의한 결함과 열성인자에 의한 결함이 있다.

(1) 우성인자에 의한 결함

일반적으로 정상 유전인자는 비정상 유전인자에 비해 우성이다. 즉, 대부분의 유전병은 열성인자에 의한 것으로, 우성인자에 의한 유전병은 매우 드물다. 우성인자에 의한 유전병의 경우, 보균이 가능한 열성인자에 의한 유전병의 경우와는 달리 반드시 발병하게 되어 있다. 그리고 발병하면 대개의 경우 자녀를 낳을 때까지 오래 살지 못하기 때문에 이 유전자 형질은 영원히 사라지게 된다. 이것이 우성인자에 의한 유전병이 드문 이유이다. 그러나 때로는 이 상황이 뒤바뀌어져서 비정상 특성이 우성인자에 의해 전달되는 경우가 있다. 헌팅턴병이 그러한 경우이다.

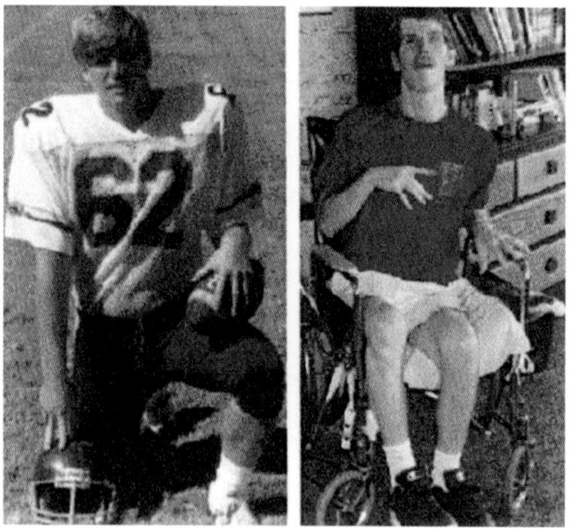

사진 설명 운동선수였던 한 청년이 중년기에 와서 헌팅턴병이 발병한 후의 모습

헌팅턴병(Huntington's Chorea)은 아동기, 청년기, 성년기까지는 별 문제가 없지만 중년기가 되면 신경세포가 손상되기 시작해서 환각, 망상, 우울증, 성격변화를 포함한 정신장애와 근육이 무력해지는 운동기능장애가 나타난다(Shiwach, 1994). 헌팅턴병 환자는 팔다리를 흐느적거리며 걷기 때문에 마치 춤을 추는 것과 같다 하여 헌팅턴 무도병이라고도 부른다. 헌팅턴병은 매우 서서히 진행되지만 점차로 신체적 · 정신적으로 자신을 돌볼 수 없게 되고, 걷는 것이 불가능하며, 음식물을 삼키지도 못하고, 인지적 기능을 완전히 상실하게 되어 결국에는 사망하게 된다(Berkow, 1987).

(2) 열성인자에 의한 결함

건강해 보이는 사람도 열성인자에 의한 질병의 보유자일 수 있다. 열성인자에 의한 결함은 양쪽 부모로부터 같은 열성인자를 물려받은 경우에만 나타난다. 예를 들어, 한쪽 부모만 결함이 있는 열성인자를 갖고 있는 때에는, 자녀에게서는 그 결함이 나타나지 않는다. 그러나 그 자녀들의 자녀는 그 결함을 나타낼 수도 있고 보유자일 수도 있는 확률이 반반이다.

친척끼리의 결합인 근친혼은 혈통을 보존한다는 의도에서 옛 왕조시대에 흔히 있는 일이었다. 그러나 오늘날에는 근친혼을 지양하고 있다. 그 이유는 같은 조상으로부터 물려받았을지도 모르는 열성인자로 인한 유전병을 줄이기 위한 것이다. 우리 전통사회에서 행해졌던 '백리 밖의 결혼' '동성동본금혼' '월삼성(越三姓)'과 같은 결혼관행들도 열성인자끼리의 결합을 방지하고, 건강한 자녀를 출산하고자 하는 우생학적 목적에 근거한 것이다.

① 페닐케토뉴리아(Phenylketonuria: PKU)

열성인자에 의한 유전병 중 가장 보편적인 것이 페닐케토뉴리아이다. 페닐케토뉴리아는 신진대사에 필요한 효소의 결핍으로 인한 유전병이다. 이 효소는 유제품, 빵, 계란, 생선 등에 함유되어 있는 단백질인 페닐알라닌을 아미노산으로 전환해 준다. 이 효소가 결핍되면 페닐알라닌이 분해되지 못하고, 그 독성이 신경조직에 축적되어 결과적으로 정신지체를 유발시키는 요인으로 작용하게 된다(Diamond, Prevor, Callender, & Druin, 1997; Mange & Mange, 1990). PKU는 지능장애와 운동신경장애를 동반하는데, 심한 경우 지능지수가 50 이하로 떨어지기도 한다. 최근에는 생후 1개월 내 신생아 선별검사로 PKU가 발견되면, 페닐알라닌의 섭취를 제한하는 식이요법을 함으로써 정신지체를 피하게 도와준다(Ahring et al., 2018; Giovannini, Verduci, Salvatici, Paci, & Riva, 2012; Rohde et al., 2014).

② 겸상적혈구 빈혈(Sickle-Cell Anemia)

사진 설명 겸상적혈구 빈혈 열성인자를 보유한 아프리카 아동들은 말라리아에 잘 걸리지 않는다.

겸상적혈구 빈혈은 주로 아프리카인들에게서 발견되는 유전병이다. 다른 지역에서보다 아프리카에서 이 병의 발병률이 높은 이유는 아프리카에는 말라리아가 빈발하는데, 겸상적혈구 빈혈 보균자는 말라리아에 잘 걸리지 않기 때문이다. 바꾸어 말하면, 말라리아에 대한 면역력은 겸상적혈구 빈혈 보균자라는 불이익을 능가하는 유전학적 이점(利點)이 있다는 것이다.

일반적으로 적혈구는 원반모양이지만 겸상적혈구 빈혈의 경우 그 모양이 낫(sickle)과 비슷하다(사진 참조). 적혈구 속의 비정상적 헤모글로빈이 적혈구의 모양을 변형시킨 것이다. 이 모양의 적혈구는 정상 적혈구보다 수명이 짧기 때문에 적혈구의 수가 모자라 빈혈의 원인이 되고, 신체로 산소를 운반하지 못하기 때문에 목숨을 잃게 된다(Derebail et al., 2014; Eckman & Embury, 2011; Mandal, Mitra & Das, 2020; Pecker & Little, 2018).

겸상적혈구 빈혈이 있는 경우 아동기에 심장병이나 신장병으로 죽게 되고, 특히 폐렴이나 호흡기 질환에 걸리기 쉽다(Schulman & Black, 1993).

정상 적혈구

겸상적혈구 빈혈의 적혈구

③ 테이색스병(Tay-sacks)

테이색스병은 주로 동유럽의 후손인 유대인에게서 발견되는 유전병으로 흑내장성가족성치매(amaurotic family idiocy)라고도 불린다. 뇌세포의 지방을 분해하는 효소의 결핍으로 인해 중추신경계가 붕괴되어 경련성 발작을 일으키고 장님이나 귀머거리가 되는 병이다. 테이색스병은 출생 시에는 정상으로 보이지만 6개월부터 발달지체 현상을 보이고, 대개 초등학교에 입학하기 전에 사망한다.

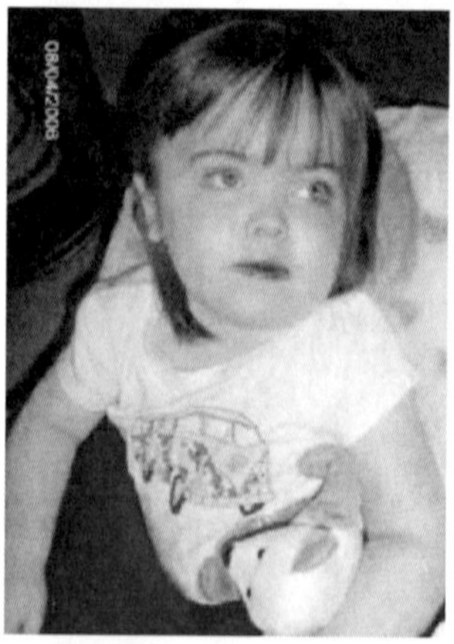

사진 설명 유전병인 테이색스병에 걸린 아이

④ 낭포성 섬유증(Cystic Fibrosis)

낭포성 섬유증은 점액, 침, 땀을 생산하는 선(腺: gland)에 이상이 생겨 신체가 너무 많은 점액을 만들어내고, 이것이 폐, 간, 췌장 등의 소화기관에 쌓이게 된다. 낭포성 섬유증 환자는 호흡기 질환에 잘 걸리고, 땀에 염분이 지나치게 많아 쉽게 탈수현상을 일으킨다. 새로운 항생물질의 발견으로 낭포성 섬유증 환자의 수명이 10년 정도 연장되었는데, 이들의 평균예상수명은 30세 정도이다(Wolfson, 1996).

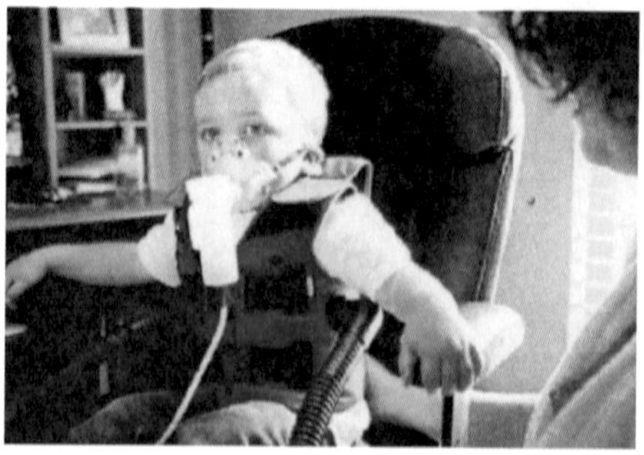

사진 설명 낭포성 섬유증 환자는 호흡기 질환에 잘 걸린다.

2) 성염색체 이상

성염색체 이상은 남성의 경우, 여분의 X 염색체를 갖게 되어 XXY 또는 XXXY로 표현되는 클라인펠터(Klinefelter) 증후군과 여분의 Y 염색체를 갖게 되어 XYY, XYYY,

또는 XYYYY로 표현되는 초웅(Supermale) 증후군이 있다. 여성의 경우는 X 염색체가 하나 밖에 없어 XO로 표현되는 터너(Turner) 증후군과 여분의 X 염색체를 갖게 되어 XXX, XXXX, 또는 XXXXX로 표현되는 초자(Superfemale) 증후군이 있다. 그리고 X 염색체 결함(Fragile X) 증후군은 X 염색체의 결함으로 인해 발생하는데, 남성과 여성 모두에게서 나타난다.

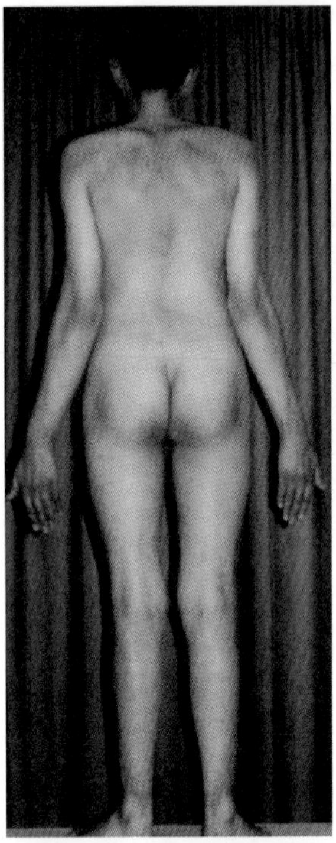

(1) 클라인펠터 증후군

클라인펠터 증후군은 남성적 특성이 약하고, 사춘기에 가슴과 엉덩이가 커지는 등 여성적인 2차 성징이 나타난다(사진 참조). 일반적으로 남성의 경우 유방암의 발병률이 매우 낮은 데 비해, 클라인펠터 증후군의 남성은 유방암 발병률이 20배나 높다. 고환이 미성숙하여 정자를 생산하지 못하기 때문에 생식불능이다. 지능이 낮은 경우가 많은데, 특히 언어지능이 떨어진다. 이러한 결함들은 여분의 X 염색체가 많을수록 더욱 현저하다(Hong et al., 2014; Kanakis & Nieschlag, 2018; Ross et al., 2012; Van Rijn, de Sonneville & Swaab, 2018).

(2) 초웅(超雄) 증후군

초웅 증후군은 정상 남성보다 키가 훨씬 크고, 특히 치아가 큰 것이 특징이며, 사춘기에 여드름이 심하게 난다. 비정상적으로 적은 수의 정자를 생산하지만 생식능력은 있다. 범죄율이 높고 성인기에 정신분열증의 발병률이 높다. 한때 초웅 증후군의 남성은 지능이 낮고, 폭력적인 것으로 생각되었지만, 연구결과 이러한 가정은 잘못된 것으로 판명되었다(Shafer & Kuller, 1996).

Jeffrey A. Kuller

(3) 터너 증후군

터너 증후군은 난소가 기능을 제대로 하지 못해 여성 호르몬이 부족하고 여성 호르몬의 부족으로 사춘기가 되어도 2차 성징이 나타나지 않으며 생식능력이 없다. 언어지능은 정상이지만 공간지각 능력은 평균 이하인 경우가 많다. 당뇨병, 연소자형 관절염, 작은 키(단신)가 보편적인 특성이다(Apperley et al., 2018; Bianchi, 2019; Kaur & Phadke, 2012). 갑상선 질환, 결핵성 피부염, 류머티스성 관절염, 골다공증의 발병률이 높다.

(4) 초자(超雌) 증후군

초자 증후군은 외형상으로는 정상적인 여성의 외모를 갖추고 있으며, 생식능력도 가지고 있다. 그러나 지능이 낮으며, 특히 언어적 추론능력이 떨어진다. 이러한 결함은 2세 경에 나타나기 시작하며, 여분의 X 염색체가 많을수록 더욱 현저하다.

(5) X 염색체 결함 증후군

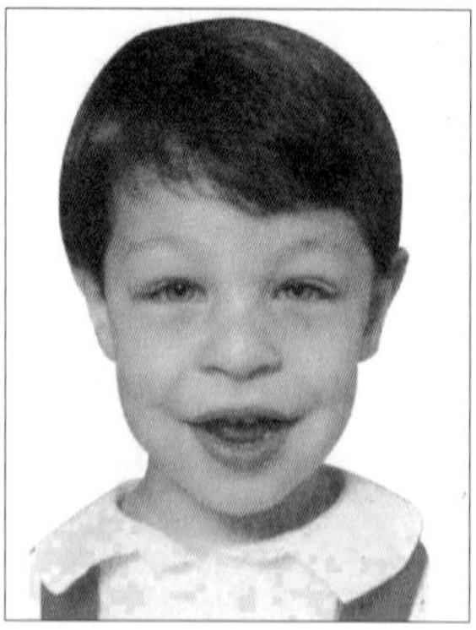

X 염색체 결함 증후군의 신체적 특징은 얼굴이 길고, 귀가 당나귀 귀 모양을 하고 있으며(사진 참조), 고환이 비대하다. 정신지체, 언어 장애, 자폐증 등의 장애가 나타나기도 한다(Hall et al., 2014; Lipton & Sahin, 2013). X 염색체 결함 증후군은 여성보다 남성에게서 발병률이 높다. 그 이유는 남성의 성염색체는 XY인데, 여성의 성염색체는 XX로 X가 두 개이다. 따라서 여성의 경우 결함 있는 X 염색체가 다른 하나의 건강한 X 염색체에 의해 수정 · 보완될 가능성이 있기 때문이다(Hooper et al., 2018; McDuffie et al., 2015).

3) 상(常)염색체 이상

상염색체(autosomes)는 성염색체를 제외한 22쌍의 염색체를 지칭한다. 상염색체의 결함에서 오는 대표적인 장애가 다운 증후군(Down Syndrome)이다. 다운 증후군은 대부분의 경우, 23쌍의 염색체 중 21번째에 쌍이 아니라 세 개의 염색체가 나타나는 삼체형(trisomy)이다(Lewanda et al., 2016). 그러나 드물게는 21번과 22번 염색체 간의 전위로 인해 발생하는 전위형(translocation)도 있다.

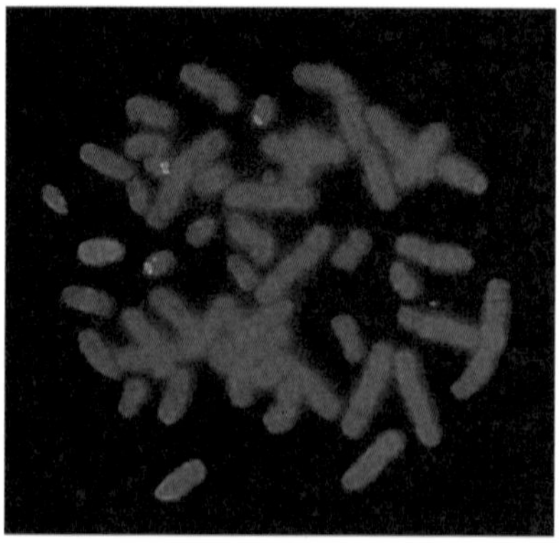

사진 설명 핑크색 점들은 21번 염색체가 3개 있음을 나타낸다.

다운 증후군은 신체적 장애와 지적 장애를 동반한다(Grealish, Price, & Stein, 2020). 신체적 장애로는 뒷머리가 납작하고, 목이 짧으며, 작은 머리, 쭉 찢어진 눈, 납작한 코, 삐죽 나온 혀, 짧고 통통한 사지 등이 그 특징이다(Peters & Petrill, 2011). 다운 증후군의 아동은 평균 지능지수가 50 정도로 심한 정신지체 현상을 보인다. 지적 장애가 있음에도 불구하고 다운 증후군의 아동은 속도가 느리기는 해도 정상아동과 비슷한 발달 양상을 보인다. 특히 성격이 밝고 사람을 좋아하기 때문에 사교성이 좋다(사진 참조).

백혈병이나 알츠하이머병에 걸릴 확률이 높은데, 홍미롭게도 21번 염색체는 알츠하이머병과 관련이 있는 것으로 밝혀졌다.

다운 증후군은 산모의 연령과 관련이 있다(Adorno et al., 2013; Davis, 2008; Glasson et al., 2016; Sherman et al., 2007). 즉, 다운 증후군의 발생률은 어머니의 연령이 증가함에 따라 급격하게 증가한다(〈표 4-1〉 참조). 그리고 다운 증후군의 자녀를 출산한 경험이 있는 경우는 발생률이 더욱 증가한다.

표 4-1 어머니의 연령에 따른 다운 증후군의 발생 빈도

어머니의 연령	다운 증후군의 발생 빈도	다운 증후군의 자녀를 출산한 경험이 있는 경우
~29세	1/1000	1/100
30~34세	1/700	1/100
35~39세	1/220	1/100
40~44세	1/65	1/25
45~49세	1/25	1/15

출처: Shafer, H. H., & Kuller, J. A. (1996). Increased maternal age and prior anenploid conception. In J. A. Kuller, N. C. Cheschier, & R. C. Cefalo (Eds.), *Prenatal diagnosis and reproductive genetics*. St. Louis: Mosby.

Peter Benn

노산인 경우, 염색체 이상이 있는 아기를 낳을 확률이 높은 이유는 난자의 노화현상 때문인 것으로 설명할 수 있다. 남성의 경우, 성적 성숙이 이루어진 후에는 계속해서 정자를 생산할 수 있는 반면, 여성은 출생 시 이미 난자를 모두 갖고 태어난다. 따라서 45세 된 여성의 경우, 난자도 45년 동안 환경오염에 노출되거나 단순한 노화현상으로 인해 그 질이 떨어지는 경우가 많기 때문이다. 또 다른 설명으로는 에스트로겐과 감수분열의 관계를 들고 있다. 여성이 폐경기에 접어들면 에스트로겐의 분비가 감소하게 된다. 에스트로겐 분비가 감소하면 감수분열의 속도가 느려져서 염색체가 정확하게 이분되지 않는다는 것이다. 연구결과 어머니의 에스트로겐 분비 수준과 자녀의 다운 증후군 간의 상관관계가 높은 것으로 나타났다(Benn, 1998).

4. 유전상담

사진 설명 유전상담을 통해 유전적 결함이 있는 자녀를 출산할 가능성이 있는지 알아볼 수 있다.

유전병의 가능성이 있는 예비부모는 유전상담을 통해서 그 문제를 경감시키거나 피할 수 있다. 가계에 유전병이 있는 경우, 유전적 결함이 있는 자녀를 출산한 경우, 습관성 유산의 경험이 있는 경우, 부모의 연령(특히 어머니)이 많은 경우에는 유전상담이 필요하다.

유전상담은 유전학자나 소아과 의사를 비롯하여 유전학과 상담분야에 대한 지식이 있는 사람이 주로 하게 된다. 유전상담은 우선 가계에 유전병이 있는가를 확인하기 위해 부모로부터 가족계보(家族系譜: pedigree)에 관한 정보를 얻는다. 이 가족계보는 자녀가 유전병을 갖고 태어날 가능성이 있는지 알아보는 데 유용하다. 그리고 혈액검사, 소변검사, DNA 분석을 통해 예비부모가 심각한 유전병을 보유하고 있는지 여부를 알아본다. 일단 모든 정보와 검사결과에 의해 유전병의 가능성이 밝혀지면 유전상담가는 몇 가지 대안을 제시할 수 있다. 피임을 해서 아기를 낳지 않기로 결정하거나, 건강한 아기를 출산할 가능성도 있기 때문에 위험을 무릅쓰고 임신을 하기로 결정하는 것이 그것이다. 현대의학은 태내진단을 통해서 좀더 확실한 것을 알 수 있고, 유전병이 확실한 경우 여러 가지 의학적 처치도 가능하게 해준다.

1) 태내진단 검사

양수검사(amniocentesis), 융모검사(chorionic villus sampling: CVS), 초음파검사(ultrasound sonography), 태아 MRI(magnetic resonance imaging) 등을 통해 태아의 유전적 결함을 출산 전에 미리 알아볼 수 있다.

(1) 양수검사

35세가 넘으면 염색체 이상이 급격히 증가하므로 35세 이상의 임부는 양수검사를 받는 것이 좋다. 양수검사는 주사기를 가지고 태아를 보호하는 양막의 아랫부분에서 소

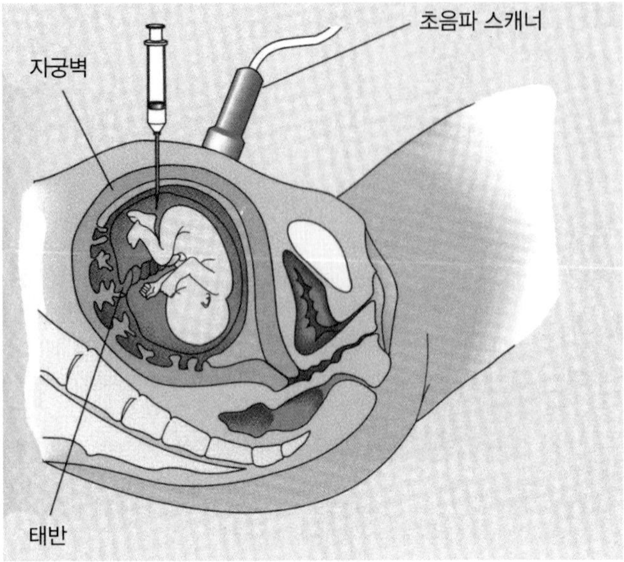

〈그림 4-11〉 양수검사

량의 양수를 채취하는 방법이다(〈그림 4-11〉 참조). 양수는 태아의 세포를 포함하고 있으므로 세포의 염색체를 분석하여 다운 증후군, 테이색스병, 겸상적혈구 빈혈, 낭포성 섬유증, 혈우병, 성염색체 이상 등 200여 종의 유전적 결함을 판별해 낼 수 있다(Athanasiadis et al., 2011; Menon et al., 2014; Nagel et al., 2007; Whittle & Connor, 1995). 태아의 성별도 양수검사로 알 수 있는데 이것은 혈우병과 같이 성염색체와 관련이 있는 유전병을 진단하는 데 도움이 된다. 충분한 양의 양수를 얻을 때까지 기다려야 하므로, 최소한 임신 14~16주 이전에는 양수검사를 할 수 없으며, 검사결과는 2주 후에나 알 수 있으므로 태아가 심각한 결함이 있는 경우라도 유산을 하기에는 너무 늦다(Kuller, 1996). 그리고 양수검사를 너무 일찍 하게 되면 자연유산의 위험을 초래할 수도 있다(Saltvedt & Almstrom, 1999).

(2) 융모검사

양수검사만큼 정확하지는 않지만 임신 8~10주 전에 양수검사의 대안으로 실시하는 융모검사에 의해서도 염색체 이상이나 유전적 결함에 대한 정보를 제공받을 수 있다(Vink & Quinn, 2018). 융모검사 시 질과 자궁경부를 통해 카테터(Catheter)[3]를 집어넣거나, 배에 주사바늘을 찔러 태아를 둘러싸고 있는 융모막에서 태아세포를 추출한다(〈그림 4-12〉 참조). 이를 분석하여 유전병 유무를 알 수 있다(Bauland et al., 2012; Gimovsky et al., 2014). 융모막은 임신 2개월간 태아를 둘러싸고 있는 조직층으로서 나중에 태반으로 발달한다. 융모검사의 장점은 임신 2개월 이내에 검사할 수 있다는 점과 결과를 빨리(24시간~1주일 이내) 알 수 있다는 점이다. 융모검사의 단점은 양수검사보다 유산의 위험이 훨씬 높고, 드물게는 사지기형(limb deformities)의 원인이 되기도 한다(Kuller, 1996). 그리고 융모검사는 결과가 확실하지 않은 경우가 많으므로 이때에는 양수검사를 받아야 한다.

3) 체강(體腔) 또는 공동성장기(空洞性臟器) 내에 삽입하는 데 쓰이는 구멍이 있는 관 모양의 기구

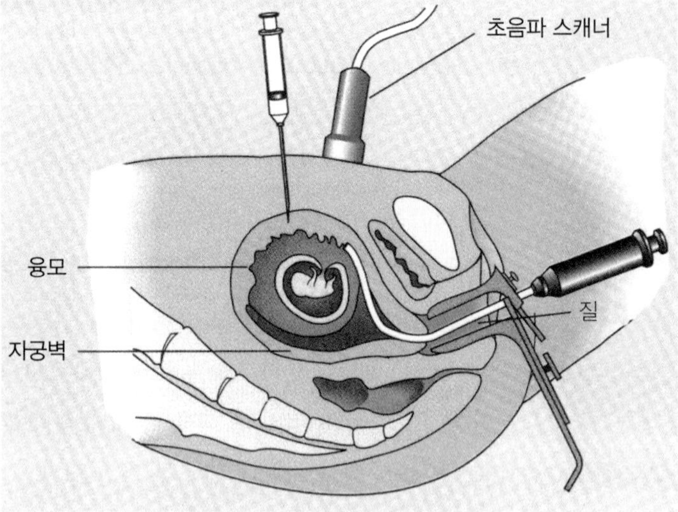

〈그림 4-12〉 융모검사

(3) 초음파검사

가장 보편적으로 사용되는 초음파검사는 임신 14주 후에 할 수 있으며, 임부의 복부에 초음파를 통하게 함으로써 자궁 내부의 사진을 찍어 태아의 영상을 볼 수 있게 해 준다(사진 참조). 초음파는 신체기관에 따라 흡수나 방향의 정도가 다르기 때문에 이를 통해 태아에 관한 많은 자료를 제공받게 된다. 정확한 임신기간, 태아의 성별, 쌍생아 출산의 가능성, 탯줄이나 태반의 위치, 자궁내 이상이나 태아의 사망여부를 알 수 있다(Barišić et al., 2017; Masselli et al., 2011). 초음파검사는 많은 부모들로 하여금 자신의 아기를 처음 '만나는' 기쁨을 안겨준다. 일반적으로 초음파검사는 안전한 것으로 생각되지만, 너무

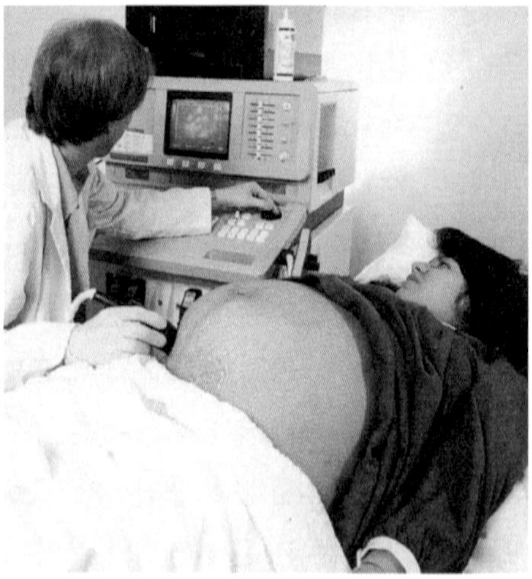

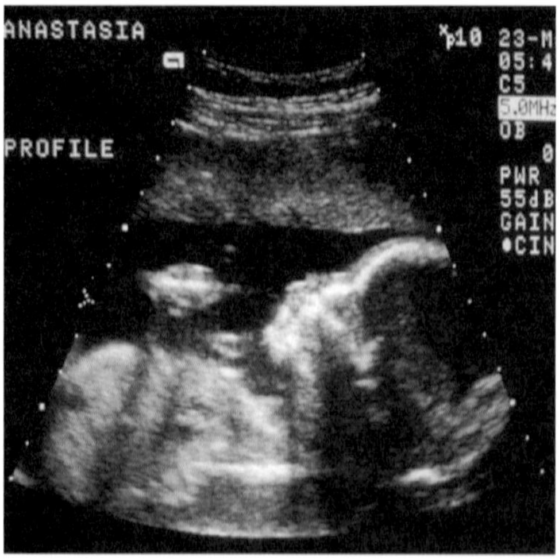

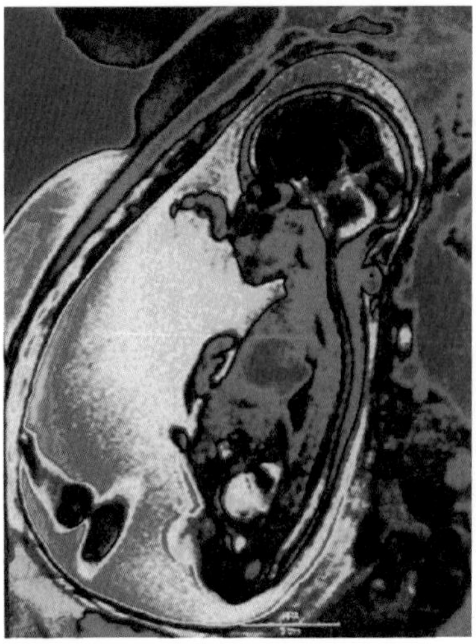

사진 설명 태아 MRI

자주 검사를 받게 되면 태아의 성장에 부정적인 영향을 미칠 수 있다(Chitty et al., 2013; Cignini et al., 2010; Newnham, Evans, Michael, Stanley, & Landau, 1993).

(4) 태아 MRI

태아의 신체기관과 구조의 영상을 생성하여 기형여부를 진단하기 위해 태아 MRI가 사용된다(Daltro et al., 2010; Duczkowska et al., 2011; Manganaro et al., 2017). 현재 태내 진단검사로 초음파검사가 가장 많이 사용되고 있지만 태내 MRI는 초음파검사보다 더 정밀한 영상을 제공해 준다. 태반의 이상이나 태아의 중추신경계, 소화기관, 생식기(또는 비뇨기계통) 등의 이상은 태아 MRI가 초음파검사보다 더 잘 감지할 수 있다(Baysinger, 2010; Panigraphy, Borzaga, & Blumi, 2010; Robinson & Ederies, 2018; Sethi et al., 2013; Sørensen et al., 2013; Weston, 2010).

Tom Strachan

2) 유전질환 치료

오늘날에는 의학기술의 발달로 말미암아 유전질환을 치료하거나 증상을 완화시키는 것이 가능하다. 예를 들면, 새로운 의학기술로 인해 자궁내 태아에게 약물치료, 골수이식, 호르몬 치료를 함으로써 유전질환을 치료할 수 있다(Golbus & Fries, 1993; Hunter & Yankowitz, 1996). 그리고 심장, 신경관, 요도, 호흡기 계통의 유전질환을 수술로도 치료할 수 있다(Yankowitz, 1996).

Andrew Read

터너 증후군이나 클라인펠터 증후군을 가지고 태어난 아동들에게 호르몬 치료를 하여 이들을 외관상 좀더 정상적으로 보이게 할 수 있다. 혈우병이나 겸상적혈구 빈혈의 경우, 정기적으로 수혈을 받아 증상을 완화시킬 수 있으며, PKU의 경우도 페닐알라닌의 섭취를 제한하는 식이요법을 함으로써 증상을 완화시킬 수 있다. 낭포성 섬유증의 경우, 낭포성 섬유증의 유전인자의 위치를 확인하여 유전자 대체치료를 시도해 본 결과 장애가 완치된 것은 아니었지만 증상이 많이 완화되었다(Strachan & Read, 1996).

유전공학의 발달로 인해 유전자 치료의 가능성도 엿보인다. 유전자 치료는 임신 초기에 결함 있는 유전자를 건강한 유전자로 대체하여 유전결함을 영구히 교정하는 것을 말한다. 동물을 대상으로 한 유전자 치료에서는 몇 가지 유전질환이 성공적으로 치유되었지만, 인간을 대상으로 하는 경우 윤리적인 문제로 인해 인간의 유전자 치료는 아직 실시되지 못하고 있다.

유전적 질환을 일찍 발견해서 심각한 증상이 나타나기 전에 치료를 받게 된다면, 장애가 있는 많은 아동들이 거의 정상에 가까운 삶을 살 수 있게 될 것이다. 최근에 태아의학, 유전자 지도작성, 유전자 대체치료의 성공에 힘입어 지금까지 불치병으로 여겨졌던 많은 유전질환이 가까운 장래에 치료될 수 있게 되거나 심지어 완치될 수도 있을 것이다.

5. 유전과 환경

유전적 요인과 환경적 요인은 아동발달에서 매우 복잡하게 상호작용하기 때문에, 아동의 어떤 특성이 구체적으로 얼마만큼 유전의 영향을 받고 또 얼마만큼 환경의 영향을 받는지를 자세히 밝힌다는 것은 매우 어려운 문제이다. 유전과 환경의 상대적 영향력에 관한 문제는 오랫동안 행동유전학의 주요 주제가 되어 왔다.

행동유전학(Behavior Genetics)은 유전이 인간의 행동특성에 어떤 영향을 미치는가를 밝히는 학문이다(Kaplan, 2012; Krushkal et al., 2014; Marceau et al., 2012; Maxson, 2013). 일반적으로 행동유전학자들은 인간발달에 미치는 유전의 영향만을 분석하는 것으로 알고 있다. 물론 그들은 유전이 아동발달에 중요한 역할을 하는 것으로 믿고는 있지만, 그들의 관심이 유전에 국한된 것은 아니고 유전과 환경이 어떻게 상호작용하는가에도 관심을 기울인다(Rowe & Jacobson, 1999; Waldman & Rhee, 1999). 행동유전학자와 인간발달학자들이 유전과 환경에 관한 문제를 연구하는 주된 이유는 인간의 성장을 도울 수 있는 바람직한 환경을 제공하기 위해서이다.

1) 유전과 환경의 상호작용 모형

유전과 환경이 어떻게 상호작용하는가를 설명해 주는 몇 가지 모형이 있는데, 여기서는 반응범위 모형, 수로화 모형, 유전・환경 상호관계 모형에 관해 살펴보기로 한다.

Irving I. Gottesman

Sandra Scarr

(1) 반응범위 모형

Gottesman(1974)이 제안한 반응범위 모형은 유전이 어떤 특성이나 행동을 결정하는 것이 아니라, 서로 다른 환경이 아동발달의 가능성의 범위를 결정한다고 주장한다. 즉, 환경이 유전의 영향을 제한하는 작용을 한다는 것이다. 여기서 반응범위(reaction range)란 인자형이 표현형으로 나타나는 과정에서, 유전적 특성이 환경조건에 따라 변화될 수 있는 범위를 말한다. 체격을 예로 들면, 체격은 생물학적 과정에 크게 의존하며 유전의 통제를 받지만 아동의 영양상태(환경)에 따라 그 범위가 달라진다.

행동유전학자인 Sandra Scarr(1984)는 반응범위를 다음과 같이 설명한다. 우리는 모두 일정한 범위의 잠재력을 갖고 있다. 예를 들면, '중간정도 신장'의 유전인자를 가진 사람이 궁핍한 환경에서 자라면 평균보다 신장이 작아지는 경향이 있다는 것이다. 그리고 풍요로운 환경에서 자라 영양상태가 좋으면 평균보다 신장이 커질 가능성이 많다. 그러나 환경이 아무리 좋다 하여도 '단신'의 유전인자를 가진 사람이 평균 신장을 능가하기는 어렵다. Scarr는 지능이나 성격도 이와 유사하다고 믿는다.

한편, 유전은 반응범위에 영향을 미친다. 즉, 어떤 특성의 반응

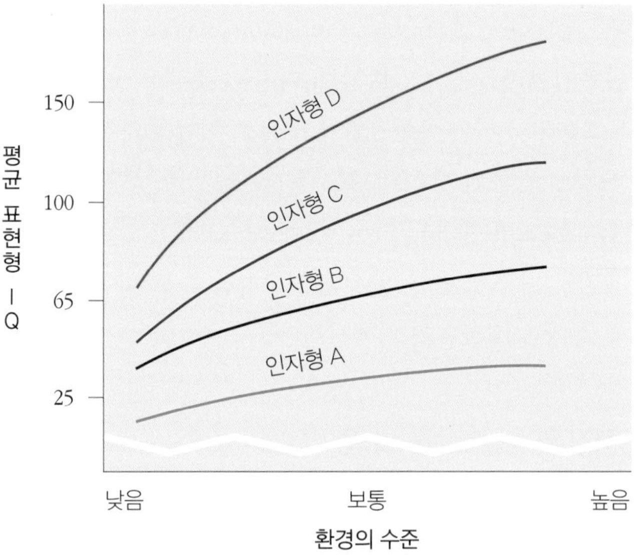

〈그림 4-13〉 환경의 영향에 대한 인자형의 반응

범위가 넓은지 좁은지는 유전에 의해 결정된다. 〈그림 4-13〉은 반응범위 모형에 관한 것으로, 모든 인자형(A, B, C, D)의 경우 반응범위(RR)는 인자형에 의해 결정된다. 반응범위 내에서 아동의 발달수준은 환경요인에 의해 결정된다. 인자형 A의 경우 평평한 곡선은 환경수준의 큰 차이에도 불구하고 반응범위의 폭이 매우 좁다. 인자형 B와 C의 잠재적 발달수준은 환경에 따라 인자형 A보다 폭이 넓다. 그리고 인자형 D는 어느 인자형보다도 그 반응범위가 넓다.

(2) 수로화 모형

Conrad Waddington(1966)은 수로화(canalization)라는 용어를 사용하여 왜 어떤 특성은 유전의 영향을 더 많이 받는지 그 이유를 설명하고 있다. 수로화의 사전적 의미는 운하를 파고 배출구를 만들어 흐름의 방향을 유도한다는 의미로서, 강하게 수로화된 특성일수록 유전적으로 설계된 계획을 따르기 때문에 환경의 영향을 거의 받지 않지만, 약하게 수로화된 특성은 환경의 영향을 많이 받게 된다고 한다(〈그림 4-14〉 참조).

Conrad Waddington

만약 도로 한복판에 깊게 팬 구덩이가 있으면 폭우가 온 다음에 빗물은 그 구덩이로 흘러들 것이다. 그러나 도로 양쪽 끝에 수로가 깊이 파져 있다면 빗물은 도로 한가운데의 구덩이 대신에 수로를 따라 흘러들어 갈 것이다. 이와 마찬가지로 인간의 특성도 강하게 수로화된 특성일수록 환경의 영향을 덜 받을 것이라고 한다.

강하게 수로화된 특성 중 한 가지 예가 영아의 옹알이다. 모든 영아들은, 심지어 농아까지도 생후 2~3개월이 되면 옹알이를 시작한다. 이처럼 강하게 수로화된 특성에는 환경이 별 영향을 미치지 못한다. 단지 유전인자에 프로그램된 성숙 계획에 따라 그 특성이 나타날 뿐이다. 반면, 지능, 성격, 기질과 같이 덜 수로화되어 있는 특성은 유전경로에서 벗어나 다양한 인생경험에 따라 여러 방향으로 발달할 수 있다.

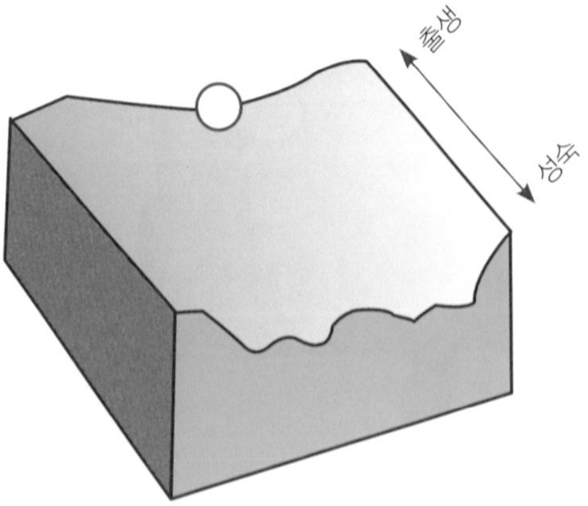

흰색 공은 아동을 의미하며, 아동이 발달하는 여러 방향(실제로는 이보다 훨씬 더 많다)이 함께 제시되어 있다.

〈그림 4-14〉 Waddington의 수로화 모형

출처: Waddington, C. H. (1957). *The strategy of the genes*. London: Allen & Unwin.

최근에 와서 수로화 개념을 확장하여, 강력한 환경적 영향도 유전적 요인과 마찬가지로 인간발달을 제한할 수 있다는 주장이 제기되고 있다(Gottlieb, 1991). 예를 들면, 영양과 사회적 자극이 적절하지 못한 초기 환경은 아동의 성장발육을 저해하고, 지적 발달에 장애를 초래한다는 것이다.

결론적으로 수로화 개념을 간단히 정리하면 다음과 같다(Shaffer, 1999). 첫째, 아동이 발달하는 방향에는 여러 경로가 있으며, 둘째, 유전과 환경이 상호작용하여 발달의 방향이 결정되고, 셋째, 유전이나 환경 어느 쪽이든 다른 한쪽이 영향을 줄 수 있는 범위를 제한한다.

(3) 유전 · 환경 상호관계 모형

최근에 와서 행동유전학자들은 우리가 경험하는 환경의 종류에 유전인자가 영향을 미친다고 주장한다. 즉, 유전적으로 유사한 사람들은 환경을 선택할 때에도 서로 유사한 환경을 선택한다는 것이다(Klahr & Burt, 2014; Plomin, Reiss, Hetherington, & Howe, 1994). Scarr(1993)는 유전과 환경의 상호관계를 다음과 같이 세 가지로 설명하고 있다.

① 수동적 유전 · 환경 상호관계(passive genotype-environment correlations)

이 경우는 스스로 환경자극을 선택할 수 있는 능력이 없는 어린 아동들이 부모나 주위의 어른들이 제공하는 환경자극에 수동적으로 노출되는 경우에 해당된다(사진 참조). 예를 들어, 유전적으로 음악적 재능이 있는 부모는 자녀로 하여금 음악에 관심을 갖게 만드는 가정환경을 조성할 것이다. 자녀는 음악적 환경에 노출될 뿐만 아니라 부모의 음악적 재능을 유전적으로 물려받았기 때문에, 유전적으로나 환경적으로나 음악을 좋아하게 된다. 이 경우에 유전과 환경의 영향은 밀접한 관련이 있다.

② 능동적 유전 · 환경 상호관계(active genotype-environment correlations)

이 경우는 아동의 경험이 가족 이외의 학교나 이웃 그리고 지역사회로 확대됨에 따라 자신의 유전적 성향과 가장 잘 맞는 환경을 능동적으로 선택하는 경우에 해당된다. 예를 들어, 운동에 소질이 있는 아동은 특별활동시간에 축구부에 들어가 축구연습을 할 것이고, 음악에 소질이 있는 아동은 음악반에 들어가 음악활동을 할 것이다(사진 참조). 외향적 성향의 아동은 친구들과 어울려서 하는 활동을 선호할 것이고, 반면, 내성적인 아동은 혼자서 하는 활동을 선호할 것이다. 이와 같이 유전적 성향이 다른 아동들은 각기 자신에게 맞는 다른 환경을 선택하게 되는데, 이러한 선택은 아동의 사회적·정서적·지적 발달에 강력한 영향을 미치게 된다.

③ 유발적 유전·환경 상호관계(evocative genotype-environment correlations)

이 경우는 아동의 유전적 특성이 아동에 대한 다른 사람들의 행동에 영향을 미쳐 특정 환경(물리적·사회적 환경)을 유발하는 경우에 해당된다. 예를 들어, 잘 웃고 활동적인 아기는 뚱하고 수동적인 아기보다 다른 사람의 관심과 사회적 자극을 더 많이 받을 것이다(사진 참조). 아동에 대한 다른 사람들의 반응은 아동의 성격을 형성하는 데 중요한 역할을 하는 환경적 영향이 된다. 여기서도 유전과 환경의 밀접한 상호관계를 엿볼 수 있다.

〈그림 4-15〉는 아동의 연령이 증가함에 따라 이상의 세 가지 유전·환경의 상호관계가 어떻게 작용하는가를 보여주고 있다. 그림에서 보듯이 생후 첫 몇 년간은 유아가 집밖을 돌아다니고 친구를 선택함으로써 환경을 구성하는 능력이 없으며, 대부분의 시간을 부모가 만들어 주는 환경인 집에서 보내기 때문에 이 시기에는 수동적 유전·환경 상호관계가 특히 중요하다. 그러나 학교에 들어가게 되면 자신의 관심이나 활동 또는 친구를 자유롭게 선택하게 된다. 따라서 나이가 듦에 따라 점점 능동적 유전·환경 상호관계가 중요해진다. 유발적 유전·상호관계는 연령에 상관없이 항상 중요하다. 즉, 개인의 유전적 특성과 행동패턴은 언제나 다른 사람들의 반응을 유발한다는 의미에서 일생 동안 중요하다는 것이다.

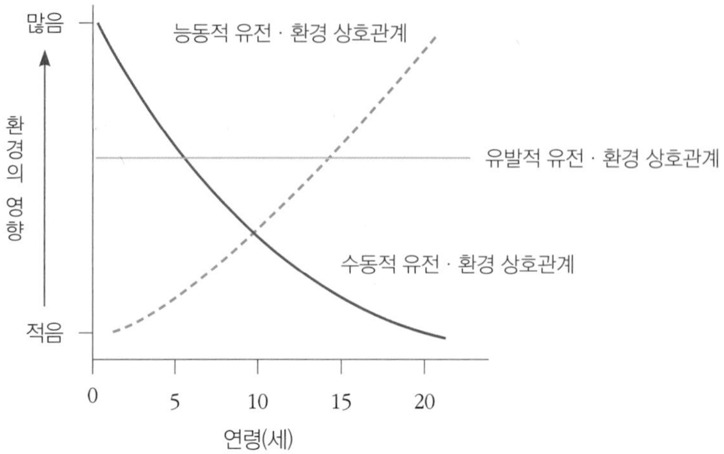

〈그림 4-15〉 연령에 따른 수동적, 능동적, 유발적 유전 · 환경 상호관계의 영향

2) 행동유전학의 연구방법

Francis Galton

Henry Herbert Goddard

행동유전학은 행동이 유전과 환경의 상호작용에 의해 결정된다고 가정한다(Goldsmith, 1994). 유전과 환경이 인간발달에 미치는 영향을 연구하기 위해서 행동유전학자들은 혈족 연구(kinship studies), 쌍생아 연구(twin studies), 입양아 연구(adoption studies) 등을 실시한다(Wahlsten, 2000).

(1) 혈족 연구

혈족 연구에서는 가까운 혈족끼리 어떤 특성을 얼마나 공유하는가를 연구한다. 어떤 특성에서 혈족 간의 상관이 높으면 유전적 영향이 크다고 볼 수 있다. 혈족 연구의 유명한 예는 Galton의 인종개량에 관한 연구와 Goddard의 Kallikak 가계에 관한 연구이다.

Charles Darwin과 사촌 간인 Francis Galton은 19세기 말에 여러 분야에서 뛰어난 사람들의 가계를 조사한 결과 많은 경우 그들의 친척들도 우수한 사람들이었음을 발견하였다. 따라서 인간의 지능은 전적으로 유전되는 것으로 보고 영국정부로 하여금 인종개량 프로그램을 실시할 것을 촉구하였다. 다시 말해서 머리가 좋은 사람들이 자녀를 많이 낳음으로써 영국종족이 점점 우수해질 것이라고

Galton은 주장하였다.

거의 같은 시기에 Goddard(1912)는 Kallikak[4)]의 가계를 조사하였다(사진 참조). 남북전쟁 참전용사였던 Martin Kallikak은 평판이 좋지 않은 술집여자와의 사이에서 자녀를 낳아 후에 480명의 후손을 두었는데, 그들 대부분이 알코올 중독자나 창녀, 정신박약, 심지어는 범죄자가 되었다. 나중에 그는 사회적으로 저명한 훌륭한 여성과 재혼을 했는데 그 후손들은 사회지도자들이 되었다. Goddard의 연구는 유전에 대한 신념에 커다란 공헌을 하였다.

(2) 쌍생아 연구

쌍생아 연구에서는 일란성 쌍생아와 이란성 쌍생아를 대상으로 어떤 특성의 유사성이 어느 정도로 상관이 있는가를 비교하게 된다. 일란성 쌍생아는 한 개의 수정란에서 둘로 나누어졌기 때문에 유전인자가 동일하다. 그러나 이란성 쌍생아는 수일 내에 두 개의 난자가 배출되어 서로 다른 정자와 수정된 것이기 때문에 다른 형제자매와 같다고 볼 수 있다. 따라서 일란성 쌍생아가 이란성 쌍생아에 비해 보다 유사한 발달특성을 보인다면 이는 유전적 영향이 큰 것으로 해석할 수 있다(Bell & Saffery, 2012; Carlson, Mendle, & Harden, 2014; Li et al., 2018; Saunders et al., 2019; Wichers et al., 2013).

(3) 입양아 연구

입양아 연구에서는 입양아와 양부모 그리고 입양아와 친부모 간의 유사성을 비교한다. 입양아와 자신의 친부모 및 친형제자매 간에 어떤 특성이 비슷하다면, 이것은 유전의 영향인 것으로 볼 수 있다. 그러나 입양아와 양부모 간에 어떤 특성이 비슷하다면, 이것은 환경의 영향인 것으로 볼 수 있다(Kendler et al., 2012, 2018).

혈족 연구, 쌍생아 연구, 입양아 연구에서 하나의 가정이 전제되어야 하는데 그것은 비교되는 사람들의 환경이 비슷해야 한다는 것이다. 개인의 발달은 유전적 요인과 환

4) good-bad라는 그리스어 어원을 가진 가명임

경적 요인의 상호작용에 의해 이루어지므로, 유전적 요인의 영향을 측정한다는 것이 환경적 요인의 영향을 측정하는 것이 될 수도 있기 때문이다. 이러한 문제를 해결하기 위해서 쌍생아 연구와 입양아 연구를 결합시키는 연구가 가능하다. 즉, 같은 집에서 함께 성장한 일란성 쌍생아와 부모의 이혼이나 사망으로 인해 출생 직후 각기 다른 집에서 성장한 일란성 쌍생아를 비교하는 것이다.

3) 유전과 환경의 영향을 받는 특성

유전이 얼굴모양, 머리카락의 색깔, 체형 등 신체적 특성에 미치는 영향은 명백하다. 일란성 쌍생아가 각기 다른 환경에서 성장한다 하더라도 그들의 신체적 특성은 별로 차이가 나지 않는다. 한편, 유전이 심리적 특성에 미치는 영향은 신체적 특성만큼 분명하지 않다. 지적 능력, 예술적 재능, 성격적 특성 등이 유전의 영향을 받지만 환경의 영향도 무시 못할 수준이다.

(1) 신체적 특징

우리가 일란성 쌍생아를 구별하지 못하는 이유는 그들의 신체적 외모가 똑같기 때문이다(사진 참조). 일란성 쌍생아는 신체적 · 생리적 특성이 같기 때문에 이러한 특성들은 유전의 영향을 많이 받는 것으로 보인다.

사진 설명 2세 된 이 일란성 쌍생아들은 신체적 외모가 너무 똑같기 때문에 얼핏 보면 한 아이가 거울 앞에 앉아 있는 것으로 보인다.

머리카락의 색깔, 눈동자의 색깔, 얼굴의 생김새, 피부색, 골격구조 등은 거의 전적으로 유전에 의해 결정된다. 신장과 체중 또한 유전의 영향을 많이 받는 것으로 보인다. 부모가 키가 크면 자녀도 키가 큰 경향이 있고, 부모가 비만이면 자녀도 비만일 가능성이 크다. 그 외 초경연령과 수명도 유전의 영향을 받는다. 왜냐하면 초경, 노화나 죽음도 일란성 쌍생아가 이란성 쌍생아보다 좀더 비슷한 나이에 발생하기 때문이다. 그러나 환경의 영향도 무시할 수 없다. 신장을 예로 들어보자. 한 개인의 신장의 최대치는 유전적으로 결정되지만, 적절한 영양과 건강이 뒷받침되어야만 유전적 잠재력이 최대한으로 실현될 수 있다. 영양실조, 만성질환, 스트레스로 인해 유전적 잠재력에 비해 훨씬 키가 작을 수 있다.

(2) 지적 능력

유전과 환경의 영향과 관련하여 지적 능력만큼 많이 연구된 주제도 없다. 그 이유는 일반적으로 지능검사에 의해 측정되는 지능은 인간의 핵심적 특성이며, 학업성취와 매우 높은 연관이 있기 때문이다. 많은 연구결과, 유전이 지능에 매우 중요한 역할을 하는 것으로 나타났다(Cardon & Fulker, 1993; McGue, Bouchard, Iacono, & Lykken, 1993; Rowe, 1999). 〈표 4-2〉는 가족 간의 지능 상관계수를 보여주고 있다. 〈표 4-2〉에서 보듯이 혈연관계가 가까우면 가까울수록 지능의 상관관계는 높아진다.

표 4-2 가족 간의 지능 상관계수

혈족관계	함께 자란 경우	떨어져 자란 경우
일란성 쌍생아	.86	.72
이란성 쌍생아	.60	.52
형제자매	.47	.24
친부모와 자녀	.42	.22
이복형제	.31	
입양부모와 입양아	.19	

출처: Sigelman, C. K., & Shaffer, D. R. (1995). *Life-span human development* (2nd ed.). California: Brooks/Cole Publishing Company.

Arthur R. Jensen

유전이 지능에 중요한 역할을 하는 것은 분명하지만 그 영향력에 대해서는 의견이 일치하지 않는다. Jensen(1969, 2003)은 지능의 80%가 유전에 의해 결정된다고 주장한다. 반면, 다른 많은 학자들은 유전의 영향력을 50% 정도로 본다(Devlin, Daniels, & Roeder, 1997; Herrnstein & Murray, 1994; Plomin, DeFries, & McClearn, 1990; Weinberg, 1989).

한 가지 명심해야 할 사실은 유전이 지능에 중요한 역할을 하는 것은 사실이지만 환경의 영향도 무시할 수 없다는 점이다. 따라서 보다 중요한 것은 지능에 영향을 미치는 요인이 유전이냐 환경이냐를 따지는 것보다 아동의 지적 발달을 최대화하기 위해서 우리가 무엇을 할 수 있느냐 하는 것이다(Anderson, 2007; Bouchard, 1997; Storfer, 1990).

(3) 기질과 성격특성

신체적 특성이나 지능보다는 영향을 덜 받지만 성격적 특성 또한 유전의 영향을 받는 것으로 보인다. 영아의 성격적 특성은 흔히 기질(temperament)이라는 말로 표현한다. 가장 많이 연구되는 영아의 기질 측면은 정서적 반응의 강도를 의미하는 정서성(emotionality), 생기와 활기가 넘치는 활동성(activity), 사회적 상호작용을 추구하고 타인에 대해 높은 반응을 보이는 사회성(sociability) 등이다. Buss와 Plomin(1984)의 쌍생아 연구에서 보면 일란성 쌍생아 간에는 정서성, 활동성, 사회성의 상관계수가 모두 .50 이상이었지만, 이란성 쌍생아 간에는 거의 상관이 없는 것으로 나타나 기질도 유전의 영향을 많이 받는 것으로 보인다.

아동과 성인을 대상으로 하여 성격특성에서 유전과 환경의 영향을 알아본 연구에서도 비슷한 결과가 나타났다. 주로 많이 연구되는 성격 측면은 내향성-외향성(introversion-extraversion)과 신경증(neuroticism)이다. 내향성-외향성은 수줍음, 암띤 성격, 사교성, 대인관계의 원만성 정도를 가리키는 것으로, 영아기의 사회성 기질과 관련이 있다. 신경증은 성격이 안정되지 못하고, 불안해하며, 쉽게 짜증을 내고, 신경질을 내는 것으로 영아기의 정서성 기질과 관련이 있다. 연구결과, 일란성 쌍생아 간에는 내향성-외향성 및 신경증의 상관계수가 .50 정도였지만, 이란성 쌍생아 간에는 상관계수가 .20 정도로 나타나 영아기의 기질과 마찬가지로 아동기와 성인기의 성격특성도 유전의 영향을 많이 받는 것으로 보인다(Rose, Koskenvuo, Kaprio, Sarna, & Langinvainio, 1988).

(4) 정신장애

유전의 영향을 가장 많이 받는 정신장애 중 하나가 조현병(정신분열증)이다. 조현병의 증상은 사고가 논리적이지 못하고, 환각이나 환청 등 지각과정의 이상, 적대적이고 충동적인 행동, 현실을 왜곡하는 망상, 변덕스러운 기분, 인간관계의 단절 등이다. 부모가 조현병이면 자녀도 조현병일 확률이 높으며, 이란성 쌍생아(17%)보다 일란성 쌍생아(48%)에게서 유전적 관계의 정도에 따른 조현병이 발병할 위험률이 훨씬 높은 것으로 보아 유전적인 요인이 크게 작용하는 것으로 보인다.

그 외 우울증, 알코올 중독, 영유아기 자폐증 등도 유전의 영향을 많이 받는 정신장애이다. 이러한 정신장애는 연령이 증가함에 따라 환경보다 유전의 영향을 더 많이 받는 것으로 보인다(Caspi & Moffitt, 1993; Loehlin, 1992).

제 5 장

태내발달과 태내환경

1. 생명의 시작
2. 태내발달의 단계
3. 태내환경과 영향요인

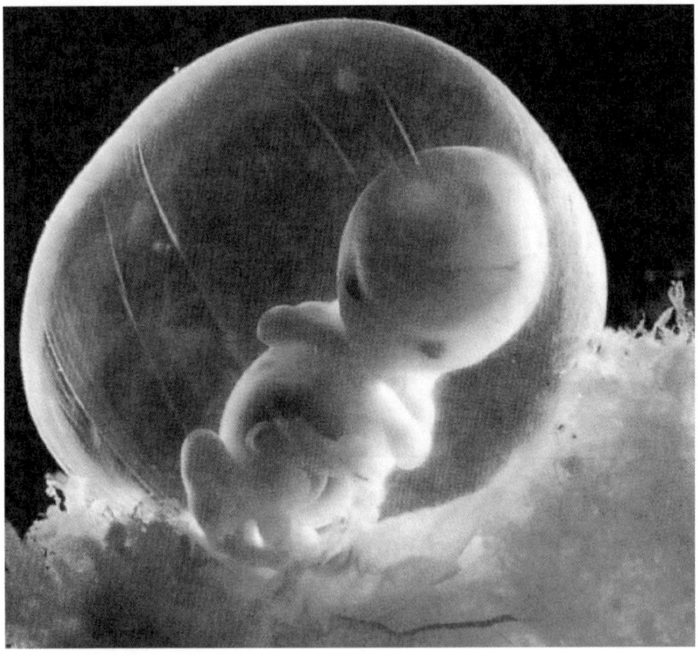

인간발달의 전 과정을 통틀어 임신과 출산 사이의 10개월만큼 극적인 변화가 일어나는 시기도 없다. 그럼에도 불구하고 그 과정을 우리가 눈으로 직접 볼 수 없다는 이유로 태내의 발달과정에 대해서는 큰 관심을 기울이지 않았다. 수정 후 몇 주일 내에 단세포는 수십억 개 세포로 폭발적으로 불어난다. 이 모든 세포는 눈, 귀, 팔다리, 뇌, 내장기관을 형성하는 등 각기 맡은 바 임무를 수행함으로써 하나의 인간을 만들어 나간다.

중세기까지 인간 생명의 기원에 대한 보편적인 견해는, 단지 크기만 작을 뿐이지 완전한 형태의 인간이 남성의 정자나 여성의 난자에 이식되어 양적으로만 성장한다는 전성설에 바탕을 둔 것이었다. 그러다가 18세기 말에 스위스의 동물학자인 Wolff가 인간의 생명은 미리 형성되어 있는 것이 아니라 남성의 정자와 여성의 난자가 수정하여 만들어진 단세포로부터 출발한다는 사실을 발견하였다. 이를 통해 우리는 수정과 태내발달에 대해 새로운 인식을 하게 되었다. 뿐만 아니라 유전결함, 감염, 약물, 환경오염물질 등과 같이 태내발달을 저해하는 요인에 관한 지식도 갖게 되었다.

태내환경은 출생 이후의 환경보다도 태아에게 절대적인 영향을 미친다는 점에서 중요한 의미를 지니고 있다. 임신기간 중 어머니는 자신의 건강과 자녀를 위한 최적의 태내환경을 만들어 주기 위해 충분한 영양섭취는 물론이고 흡연이나 음주, 약물복용 등을 자제해야 한다. 동시에 질병에 감염되지 않도록 충분한 휴식과 적절한 운동이 필요하며 편안한 마음을 갖는 것이 필요하다.

이 장에서는 생명이 어떻게 시작되며, 태아의 성(性)은 어떻게 결정되는지 알아보고, 태내발달의 단계와 태내환경에 영향을 미치는 요인들에 관해서 살펴보고자 한다.

1. 생명의 시작

인간의 생명은 남성의 정자와 여성의 난자의 결합으로 시작된다. 이 과정을 수정 또는 임신이라고 한다. 태내에서의 40주 동안 정자와 난자가 결합한 하나의 세포는 빠른 속도로 하나의 생명체로 성장하게 된다.

1) 수 정

성숙한 여성의 경우, 월경주기(보통 28일)의 중간쯤에 양쪽 난소에서 한 달에 한 번씩 번갈아 난자를 배출하는데 이것을 배란(ovulation)이라고 한다. 배란기를 전후해서 질

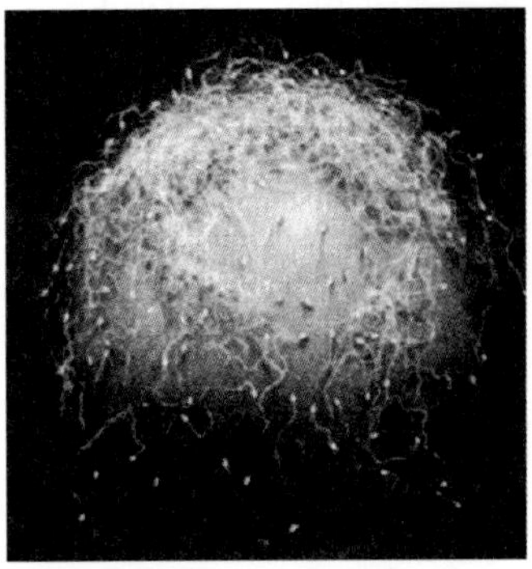

사진 설명 남성에게서 생성된 수백만 개의 정자가 여성의 질 속으로 들어가지만, 수백 개의 정자만이 난자에 도달하고, 그중 단지 한 개의 정자만이 난자와 결합하게 된다.

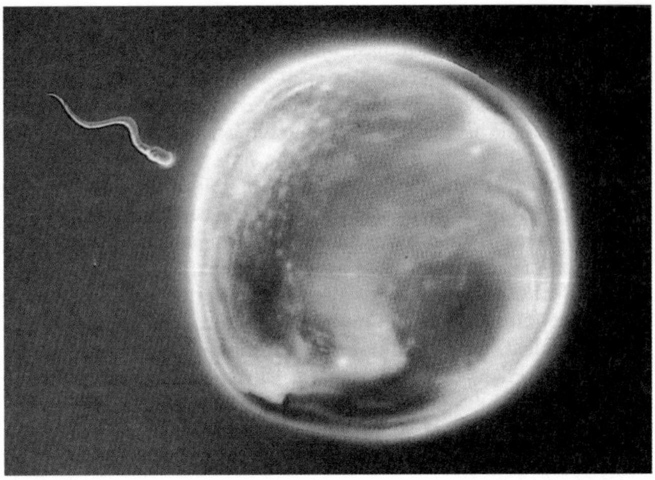

사진 설명 수정의 순간. 한 개의 정자가 난자의 세포막을 뚫고 들어가는 모습

속에 사정된 정액 속의 정자가 긴 꼬리로 헤엄쳐서 나팔관까지 올라가면 난소에서 내려오고 있던 난자와 만나게 된다. 난자는 혼자 힘으로는 움직이지 못하고 융모의 수축운동에 의해 자궁까지 도달할 수 있다. 배출된 난자의 생존기간은 약 24시간이며 정자의 생존기간은 약 72시간이다. 이 기간 내에 수정이 이루어지지 않으면 정자와 난자는 수정능력을 잃게 된다.

일단 한 개의 정자가 난자의 세포막을 뚫고 들어가게 되면 정자의 끝부분에 달린 꼬리는 잘리고, 정자의 핵과 난자의 핵이 결합하여 하나의 새로운 세포체를 형성하게 된다. 이러한 과정을 수정(fertilization)이라 하고, 새로 생긴 단일세포를 수정란(fertilized ovum)이라 한다. 이 수정란은 접합체라고 불리는데 이것이 곧 새로운 생명의 시작이다.

일반적으로 수정은 한 개의 정자와 한 개의 난자의 결합으로 이루어진다. 그러나 한 개의 난자가 이분되어 일란성 쌍생아(사진 참조)로 성장하거나, 매우 짧은 기간에 두 개의 난자가 방출되어 두 개의 정자와 만나 이란성 쌍생아가 되기도 한다(〈그림 5-1〉 참조).

놀랍게도 새로운 생명체의 절반 정도만이 살아남아 출생에 이르게 된다. 그중 $\frac{1}{4}$은 유전자의 결합으로 수정 후 2~3일 내에 소실되고, 나머지 $\frac{1}{4}$은 임신기간 중에 자연유산하게 된다(Wilcox et al., 1988).

사진 설명 일란성 쌍생아

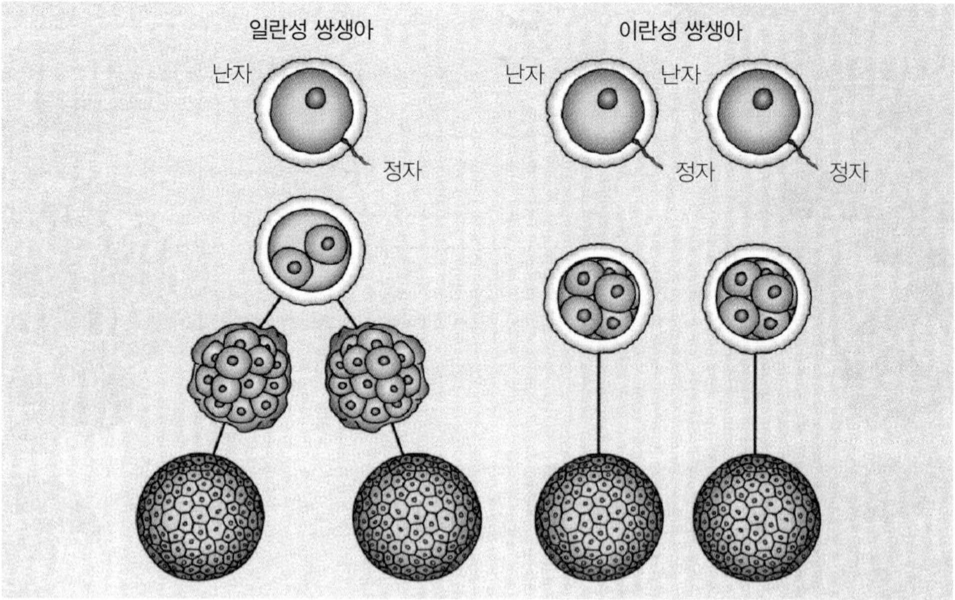

〈그림 5-1〉 일란성 쌍생아와 이란성 쌍생아의 수정과정

2) 성의 결정

23쌍의 염색체 중 마지막 1쌍은 성염색체인데, 이 성염색체에 의해 태아의 성이 결정된다. 여성의 난자는 X 염색체만 가지고 있으나 남성의 정자는 약 반수가 X 염색체, 나머지 약 반수는 Y 염색체를 가지고 있다. 따라서 난자와 만나는 정자의 종류에 따라 태아의 성이 결정된다. 즉, 정자와 난자가 결합할 때 X 염색체를 가진 정자가 난자와 만나면 여자아이가 태어나고, Y 염색체를 가진 정자가 난자와 짝지어지면 남자아이가 태어난다(〈그림 5-2〉 참조).

정자의 절반은 X 염색체를 가지고 있고, 나머지 절반은 Y 염색체를 가지고 있으므로 이론적으로는 남아 또는 여아로 성이 결정될 확률은 50 : 50이다. 그런데 Y 염색체를 가진 정자가 X 염색체를 가진 정자보다 쉽게 난자와 결합하므로, 수정 시에는 남녀의 비율이 130 : 100 정도이다. 그러나 유전자의 결함이나 자연유산의 위험이 남아의 경우가 더 높기 때문에 출생 시 남녀의 비율은 106 : 100 정도가 된다.

유전학상으로 보면 남성이 여성보다 약한 성이라 할 수 있다. 수정된 순간부터 여아는 남아보다 더 많이 살아남고, 신체적 결함이나 정신적 결함도 남아보다 적다. 남성의 취약성은 어쩌면 남성의 Y 염색체에 기인하는 것인지 모른다. Y 염색체는 X 염색체보

〈그림 5-2〉 성의 결정

다 길이가 훨씬 짧기 때문에(〈그림 4-2〉 참조), 유전인자가 위치할 자리가 X 염색체보다 적다. 따라서 남성의 경우, X 염색체의 유전적 이상은 모두 표현형으로 나타나게 된다. 대부분의 경우, 이러한 유전적 이상은 태아에게 치명적인 것이 된다. 한편, 여성의 경우 어떤 질병의 원인이 되는 유전인자가 있다 하더라도 다른 하나의 X 염색체에 자리해 있는 건강한 유전인자에 의해 수정 · 보완될 가능성이 있다.

2. 태내발달의 단계

태내기라 함은 난자와 정자가 만나 수정된 순간부터 출산에 이르기까지 약 38주의 기간을 말한다. 인간의 발달은 수정이 되는 순간부터 이루어진다. 수정에서 분만에 이르기까지 태내기의 발달은 배종기(胚腫期), 배아기(胚兒期), 태아기(胎兒期)의 3단계로 나누어 진행된다.

1) 배종기

정자와 난자가 결합한 수정란이 자궁벽에 착상하는 2주까지의 기간을 배종기(germinal period)라고 한다(〈그림 5-3〉 참조). 이 시기는 인간의 생애에서 사망률이 가장 높은 시기이지만, 신체는 이에 대해 전혀 지각을 하지 못한다.

정자와 난자의 결합으로 이루어진 수정란은 급속하게 세포분열을 하게 되는데, 2일 후에는 4개의 세포로, 3일 후에는 32개의 세포로 그리고 수정 후 1주일이 지나면 약 100~150개의 세포로 분열한다.

수정란은 세포분열을 하는 동안 난관 내부의 섬모운동과 난관의 수축작용으로 3~4일 후에 자궁에 이르게 된다. 자궁에 도달할 때쯤에 수정란의 크기는 머리핀의 머리크기만 하며, 작은 공 모양의 배반포(blastocyst: 胚盤胞)로 변해 1~2일 동안 자궁 속을 자유롭게 떠다닌다. 배반포(사진 참조)는 외세포 덩어리 및 내세포 덩어리와 그 속에 채워진

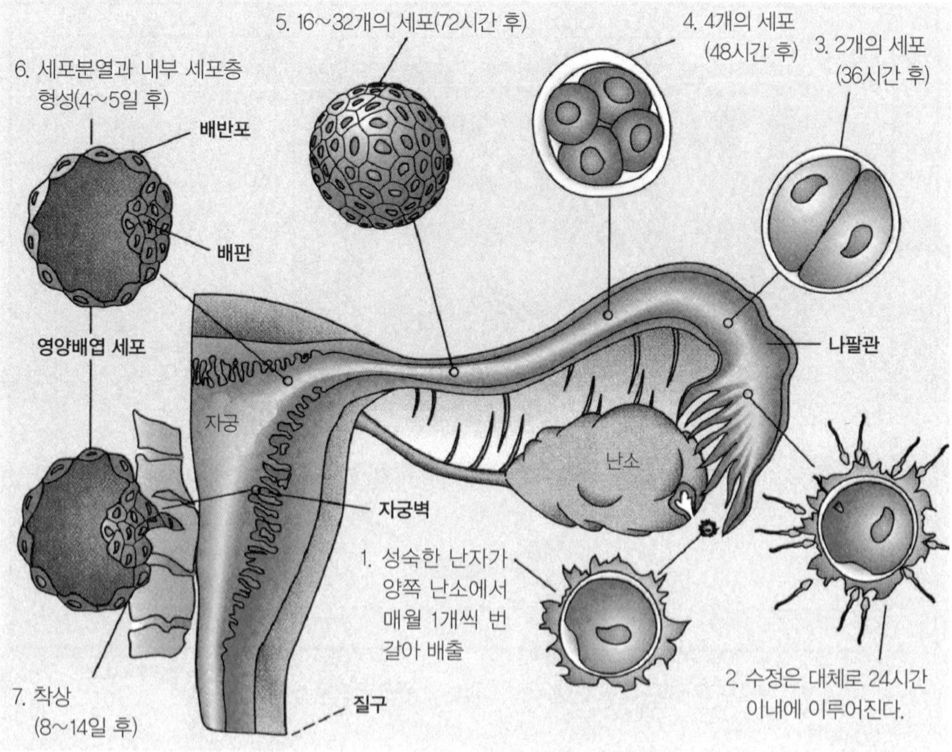

〈그림 5-3〉 배종기

출처: Shaffer, D. R. (1999). *Developmental psychology: Childhood and adolescence* (5th ed.). California: Brooks/Cole.

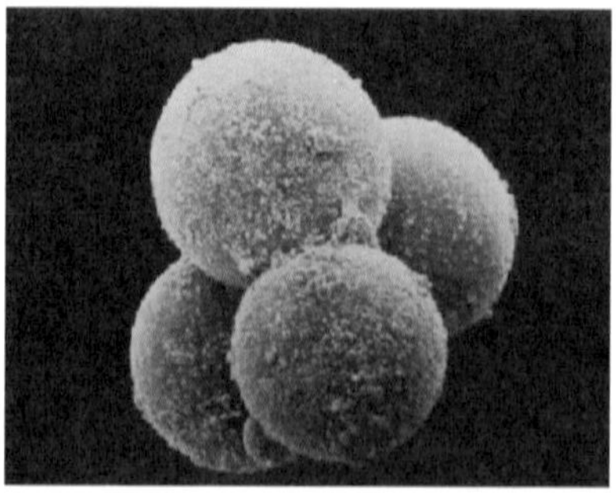

사진 설명 수정 후 2일째에 수정란은 4개의 세포로 분열된다.

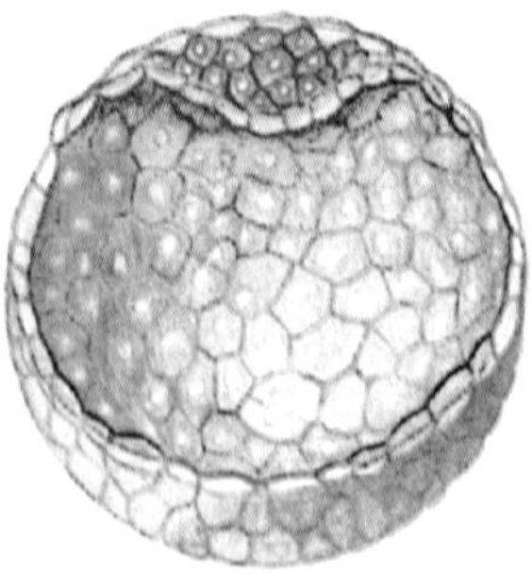

사진 설명 배반포

액체로 구성되어 있다. 영양배엽(trophoblast)으로 불리는 외세포 덩어리는 자궁벽에 정착하여 태아를 보호하고 태아에게 영양분을 공급하는 조직으로 발달한다. 〈그림 5-4〉에서 보듯이 세포극(embryonic pole)으로 집결되는 내세포 덩어리는 이후에 자궁 내에 완전히 착상하게 되면 배아(embryo)로 성장하게 된다.

착상이 완전히 이루어지는 데는 약 1주일이 걸리는데, 착상과 동시에 배종기는 끝나고 배아기가 시작된다. 그러나 임신의 약 58%가 착상에 실패한다. 또 경우에 따라서는

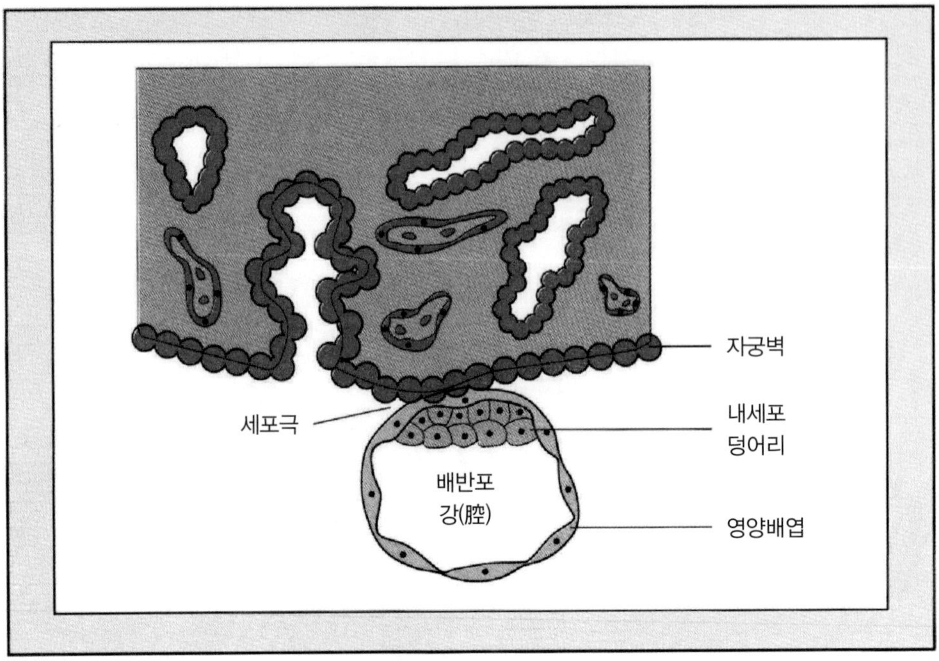

〈그림 5-4〉 수정란이 자궁벽에 착상하는 초기 단계

수정란이 자궁에 착상하지 못하고 난관, 난소, 자궁경부, 자궁각에 착상하게 된다(〈그림 5-5〉 참조). 이것을 자궁외 임신이라고 한다. 자궁외 임신은 오래 지속될 수가 없기 때문에, 태아는 난관 등에서 충분히 발육하지 못하고 유산되거나 난관파열을 일으키기도 한다. 때로는 복강 내 과다출혈로 인해 임부가 사망하기도 한다.

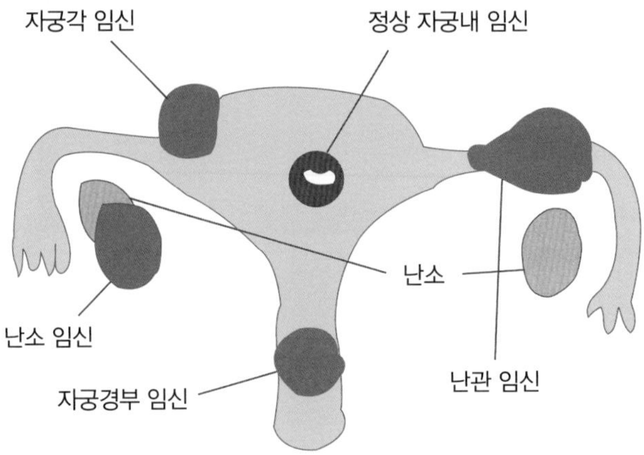

〈그림 5-5〉 자궁외 임신의 종류

불임: 원인과 치료

결혼한 부부 중 10~15%가 불임부부이다. 불임은 피임을 하지 않았는데도 결혼 후 1년 내지 1년 반이 지나도록 임신이 되지 않는 상태를 말한다. 불임의 원인은 남편 또는 아내에게 있는 경우가 반반씩이다.

남성의 경우는 너무 적은 수의 정자생산이 그 원인일 수 있다. 난자를 수정시키는 데는 단 하나의 정자만이 필요하지만, 한 번의 사정에서 6천만 개 내지 2억 개보다 적을 때는 임신이 되지 않는 경우가 많다. 또는 통로가 막혀서 정자가 빠져나가지 못할 수도 있고, 자궁경부에 도달할 만큼 활동성이 없을 수도 있다. 여성의 경우는 배란을 못하거나, 비정상적인 난자를 생산하거나, 나팔관이 막혀서 난자가 자궁에 도달하지 못하거나, 자궁내벽의 질병으로 인해 수정란의 착상을 어렵게 하거나, 자궁경부의 점액이 정자로 하여금 통과할 수 없게 하는 것 등이 불임의 원인이다. 그러나 불임부부 열 쌍 중 한 쌍은 부부가 모두 정상인데도 임신이 되지 않는 경우가 있다.

외과적 수술로 불임문제를 해결하기도 하고, 호르몬 치료로 정자의 수를 증가시키거나 배란을 증진시킬 수 있다. 사실 어떤 약물은 과배란이 되게 하여 둘 또는 셋 이상의 쌍둥이를 출산하게 하기도 한다. 가장 오래된 불임 해결책은 입양이며, 이는 역사를 통해 모든 문화권에서 찾아볼 수 있는 제도이다. 그러나 우리나라는 '핏줄'을 유난히 강조한 나머지 입양을 꺼리는 경향이 있어, '아기 수출국'이라는 불명예스러운 이름을 얻기까지 했다. 입양 외에도 자녀를 갖기 위한 새로운 방법이 많이 보급되고 있는데 인공수정, 시험관 수정, 대리모 방식이 대표적인 방법이다.

남편이 불임인 경우에는 기증자에 의한 인공수정(artificial insemination)을 할 수 있다. 이 방법은 20세기 초반부터 이용되어 왔으며, 많은 여성들이 익명의 기증자의 정자로써 수정을 받는다. 이때 기증자의 정액을 남편의 정액과 섞음으로써 남편의 아기를 낳을 가능성도 있다. 시험관 수정(in-vitro fertilization)은 나팔관이 막혔거나 손상된 여성의 난소에서 난자를 채취하여 남성의 정자와 체외에서 인공적으로 수정시키는 방법이다. 시험관에서 수정시킨 수정란을 부인의 자궁에 착상시킨다. 1978년 첫 시험관 아기인 Louise Brown이 탄생했으며(사진 참조), 우리나라에서는 1985년에 서울대 병원에서 시험관 아기가 처음으로 탄생했다. 그 후 매년 8천여 명의 아기가 시험관을 통해 태어나고 있는데, 시험관 수정에 의한 임신 성공률은 20% 이상이다. 대리모(surrogate mother)란 비배우자 관계에 있는 남성의 아기를 낳아 아기 아버지와 그 부인에게 아기를 넘겨주는 데 동의하는 여성을 일컫는다. 남성은 임신이 가능한데 여성은 그렇지못한 경우, 남성의 정자를 채취해서 대리모의 자궁에 주입시켜 아기를 얻는 방법이다.

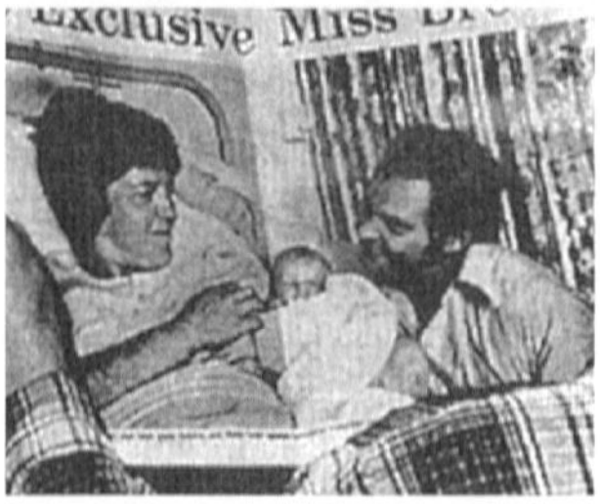

사진 설명 1978년 영국의 〈데일리 메일〉지가 특종 보도한 세계 최초의 시험관 아기 브라운과 부모의 모습

사진 설명 10세 때의 루이스 브라운

사진 설명 첫 시험관 아기로 태어난 루이스 브라운과 그녀가 자연적으로 임신하여 출산한 아들

2) 배아기

수정란이 자궁벽에 착상한 후부터 8주까지를 배아기(embryonic period)라고 한다. 배아기가 되면 자유롭게 떠다니던 수정란이 자궁벽에 착상하여 어머니와 의존적인 관계를 형성하게 되며, 이때부터 발달은 매우 빠른 속도로 이루어진다.

내세포 덩어리는 외배엽, 중배엽, 내배엽의 세 개의 분리된 층으로 분화하기 시작한다. 외배엽은 피부의 표피, 손톱, 발톱, 머리카락, 신경계, 감각기관으로 발달하고, 중배엽은 피부의 진피, 근육, 골격, 순환계, 배설기관으로 발달하며, 내배엽은 소화기관, 간, 췌장, 침샘, 호흡기 계통으로 발달하게 된다.

4주경에는 심장이 뛰기 시작하며, 뇌와 신경조직이 분화되고, 입이나 소화기관, 간 등이 형성되기 시작한다. 8주경에는 얼굴에서 입, 눈, 귀가 뚜렷하게 분화되며, 팔, 다리, 손발이 형성된다. 이때 성기가 형성되기 시작하고 근육이나 연골조직이 발달한다. 내부기관에서도 장, 간, 폐, 신장, 췌장이 뚜렷하게 형성되고 그 기능이 시작된다. 또한 신경조직이 급속히 발달한다. 이 무렵이면 인간이 갖추어야 할 신체기관과 기본 조직은 모두 갖추게 된다.

내세포 덩어리가 분화하는 동안 외세포 덩어리는 융모막과 양막이라는 두 개의 막을 형성하게 되는데, 자궁벽에서 형성된 막과 함께 태아를 감싸게 된다. 양막 속은 양수로 가득차게 되며, 양수는 외부의 충격으로부터 태아를 보호하고, 적절한 온도를 유지해 주는 기능을 한다. 이와 동시에 탯줄이 발달하여 태아를 자궁벽의 태반과 연결시켜 준다(〈그림 5-6〉 참조). 탯줄은 태아의 생명줄이다. 어머니와 태아의 혈류는 모두 태반에 닿아 있으나, 이들은 섬세한 반투명의 막으로 분리되어 있다. 이를 통해 어머니 혈액 속의 영양분이 태반을 통해 태아에게 전달되고, 태아로부터 만들어진 배설물도 태반을 통해 어머니에게로 와서 배출된다. 뿐만 아니라 태아에게 나쁜 영향을 줄 수 있는 약물(니코틴과 알코올 등), 백신, 병균(디프테리아, 장티푸스, 풍진 등) 등도 태반을 통해 태아에게 전달되기도 한다(Hutson et al., 2013; Iqbal et al., 2012; Woolett, 2011).

이처럼 배아기는 신체의 주요 기관이 형성되고 빠른 속도로 세포분열이 이루어지는 시기이므로 태내환경에 대한 각별한 주의가 필요하다. 이 시기에 발달을 저해하는 사건이 발생하면, 영구적인 손상을 입게 된다. 〈그림 5-7〉에서 녹색부분은 신체적 기형이 나타날 확률이 높은 시기이며, 이 시기를 지나면 다소 감소하게 된다.

배아기는 여성의 신체가 태아의 존재에 대해 적응하는 시기이다. 호르몬 수준에서 변화를 보이며 가슴이 커지게 된다. 두통, 구토, 특정한 음식을 찾거나 피하는 등의 입덧을

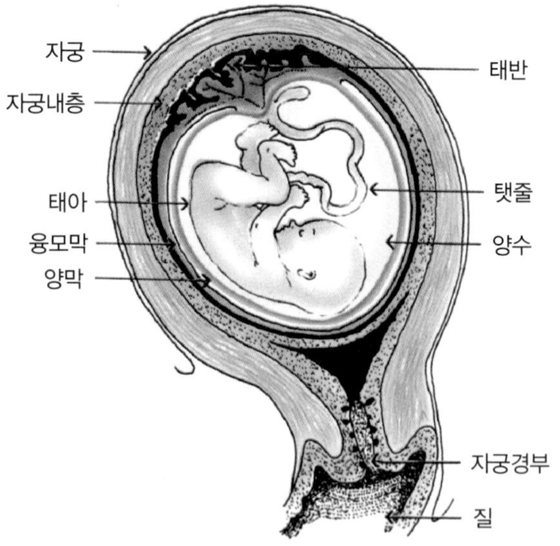

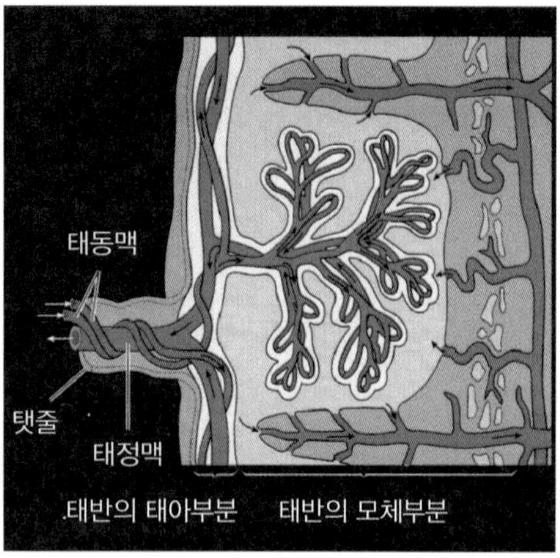

〈그림 5-6〉 **태반과 탯줄**

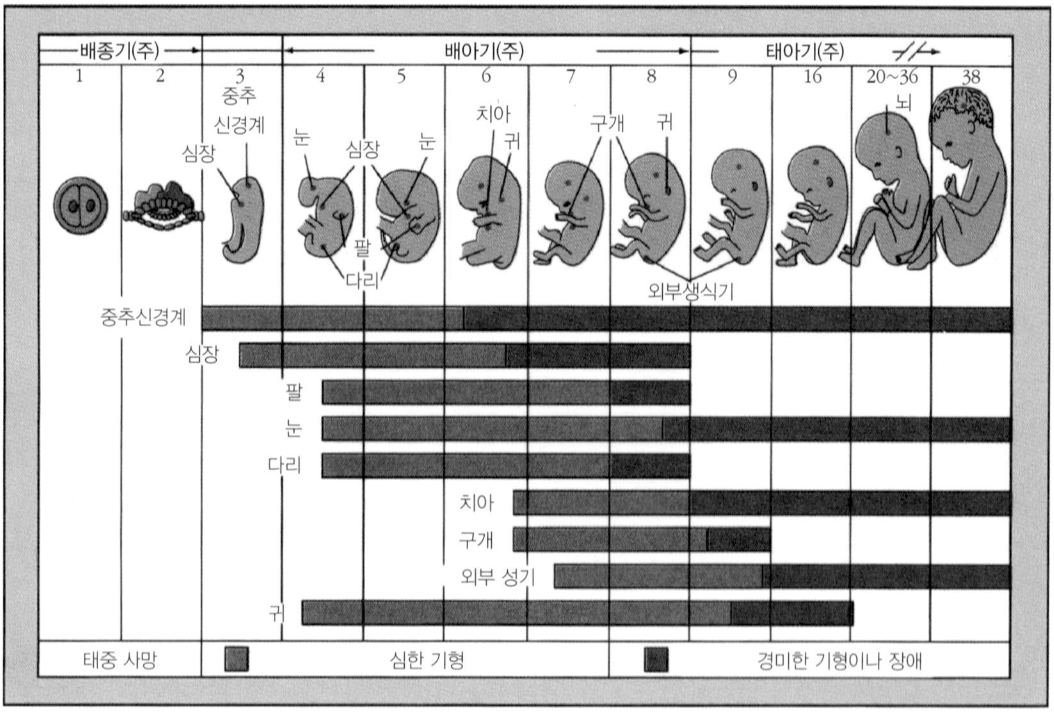

〈그림 5-7〉 **태내발달의 결정적 시기**

출처: Newcombe, N. (1996). *Child development: Change over time* (8th ed.). Harper Collins College Publishers.

하거나 피로감을 보이며 감정적으로 예민해진다. 입덧은 그 원인이 명확하게 알려져 있지 않으나 태반에서 나오는 물질에 대한 일종의 거부반응으로 설명할 수 있다. 입덧은 병이 아니고 태아가 잘 자라고 있다는 증거이므로 걱정할 필요가 없다. 그러나 입덧이 너무 심한 경우 입덧을 줄이기 위해서는 정신적 안정을 취하고 조금씩 자주 먹는 것이 좋다.

3) 태아기

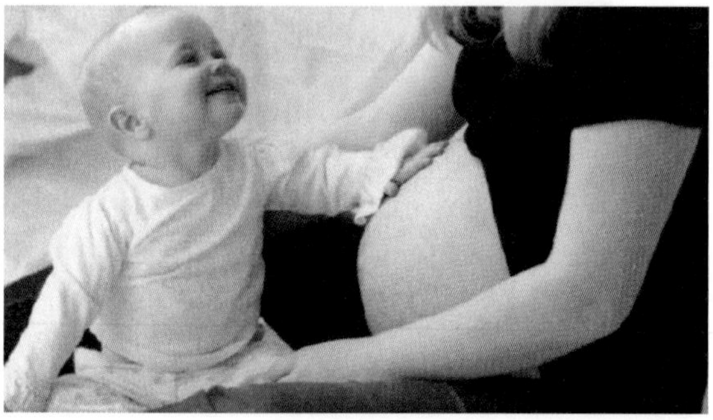
사진 설명 임신 4개월경에는 태아의 움직임이 확실히 느껴진다.

8주 이후 출생까지의 시기를 태아기(fetal period)라고 한다. 이 시기는 새로운 기관의 형성보다는 성장이 가속화되는 시기이다. 전 단계에서 기본적으로 형성된 여러 신체 조직이 급격히 발달하고 기능하기 시작한다. 지금까지의 태아는 양수에 떠 있는 비교적 수동적인 존재였으나, 태아기에 이르러서는 촉각적 자극에 대해 반응을 하며, 운동 기능이 점차 분화되고 복잡해진다. 또한 태아는 신생아와 유사한 수면과 각성의 사이클을 가지게 되며, 소음을 들을 수 있고, 큰 소리나 음악은 태아의 움직임을 촉발시킨다.

12주경에는 인간의 형체를 닮기 시작하고, 팔과 다리의 움직임이 나타나며, 태아의 성별을 확실하게 구분할 수 있다. 16주경에는 어머니가 태동을 느낄 수 있으며, 이를 통해 태아가 성장하고 있다는 사실에 주목하게 되고 애착을 형성하기 시작한다. 어머니는 태어날 아기에 대해 상상을 하고, 건강을 걱정하며, 누구를 닮았을 것인가에 대해 궁금해 하기도 한다. 어머니가 태아에게 초점을 맞추고 관심을 가질수록 외부 세계의 일상적인 사건으로부터 자신의 관심을 축소시키고, 태아를 돌보는 데에 더 많은 에너지를 쏟게 된다.

20주에는 태아의 움직임이 활발하게 나타나며, 태내에서의 많은 활동들은 출생 이후에 사용될 반사능력의 기초가 된다. 태반은 이 시기에 안정되므로 그 이전에는 유산의 위험이 크다. 태반의 크기는 임신 말경 직경이 15~20cm, 무게는 500g 정도이며, 탯줄은 약 50cm 정도이다. 태반의 한쪽은 어머니의 자궁과 연결되어 있으며, 다른 한쪽은 태아의 탯줄로 연결되어 있다. 이를 통해 태아는 모체로부터 산소와 영양분을 공급받고, 몸속에 생긴 탄산가스와 노폐물을 배출한다. 또한 어머니로부터 면역성을 얻어 출생 후 질병에 대한 면역성도 지니게 된다.

28주경이면 태아는 미숙아로 태어난다 하더라도 인큐베이터에서 양육이 가능할 정도로 충분히 성장하게 된다. 일반적으로 체중이 1.5kg 정도이면 생존이 가능하고, 2.3kg 이상이면 인큐베이터에서 양육하지 않아도 된다. 마지막 3개월 동안에 태아의 체중은 급격하게 증가하는데, 이는 지방층의 발달에 기인한다. 그 결과 태아는 점차 자궁 내에서 더 많은 자리를 차지하게 되며, 움직임을 위한 공간이 줄어들게 된다. 36주경에는 대부분의 태아는 머리가 아래로 간 위치로 정착하게 된다. 이러한 자세는 자궁 내에서 가장 많은 공간을 확보하게 해 줄 뿐만 아니라 출산을 용이하게 해 준다.

3. 태내환경과 영향요인

태내환경은 외부로부터의 자극이 어느 정도 차단되는 비교적 안전한 곳이라고 볼 수 있다. 그러나 태내환경이 적절하지 못한 경우 그 영향은 태아에게 치명적인 것이다. 태아에게 바람직한 태내환경을 제공해 주기 위해 금지되는 것과 허용되는 것에 대한 기준은 시대별로 변하고 있으나, 그 중요성에 대한 인식에는 변함이 없다.

1) 영 양

"작게 나아서 크게 키우라"는 말처럼 종전에는 임신 중의 섭생은 가능한 한 소량의 음식물을 섭취하는 것이 바람직한 것으로 인식되었다. 그러나 현재는 임신기간 중의 충분한 영양섭취가 태아의 발달뿐만 아니라 어머니의 건강에도 필수적이라고 믿고 있다(Lowdermilk, Cashion, & Perry, 2014). 특히 임신 중기부터는 태아가 모체의 철분을 흡수해 자신의 혈액을 만들기 시작하므로 철분을 충분히 공급하는 것이 좋다. 철분은 혈액 속의 적혈구를 만드는 데 없어서는 안 될 중요한 영양소이다. 철분이 부족하면 빈혈을 일으키고, 임신 중독증의 원인이 되기도 한다.

임신기간 중의 어머니의 영양결핍과 태아의 발달 간의 관련성을 입증하는 사실 가운데 하나는 20세기 초반 스위스에서 크레틴병(cretinism)으로 출생한 아이들의 사례이다. 이곳은 지역의 특성상 옥소가 부족하였으므로, 결과적으로 이를 섭취하지 못한 임부의 아기에게 갑상선 기능 장애가 나타났다. 이들은 지적 능력의 결함, 청각 결함, 발육지체 등과 같은 증상을 보였으며, 이 지역 주민을 대상으로 옥소를 첨가한 식이요법을 실시한 결과, 크레틴병은 다음 세대에서는 나타나지 않았다(Clarke-Stewart,

Friedman, & Koch, 1985).

일반적으로 임부의 하루 섭취량은 평상시에 비하여 15~30%(300~500Cal) 정도 증가시키는 것이 바람직하다. 특히 칼슘과 단백질, 철분, 비타민은 임부의 건강뿐 아니라 태아의 성장, 발육에 필수적이므로 충분히 섭취해야 한다. 태내에서의 영양공급이 충분하지 못한 경우 사산, 유산, 조산아나 미숙아가 태어날 확률이 증가하며, 출산 시 아동의 체중은 이후의 지능이나 성취도와도 관련이 있는 것으로 나타났다(Newman & Buka, 1993). 그 외에도 출생 후 감기, 기관지염, 폐렴 등의 호흡기 질환에 감염될 확률이 높다(Berk, 1996). 또한 태내기는 뇌세포가 급격하게 증가하는 시기이며, 다른 신체 부위와는 달리 뇌는 태내에서 급격한 발달이 이루어지므로 충분한 영양공급이 필수적이다. 그렇지 못한 경우 중추신경계의 결함을 초래하여 이후의 지적 발달에 영향을 미치게 된다(Morgane et al., 1993). 영양공급이 충분히 이루어지지 못할 경우, 태아는 성장에 필수적인 성분을 어머니로부터 빼앗아 가므로 어머니의 건강도 나빠지게 된다.

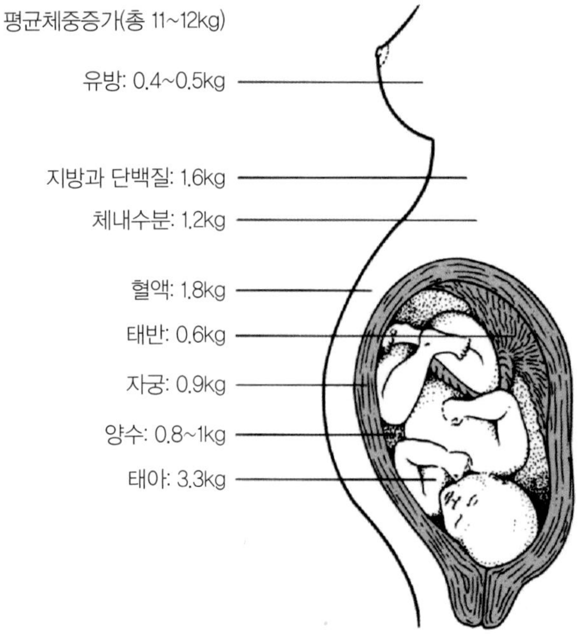

〈그림 5-8〉 임신 중의 체중증가

출처: Clarke-Stewart, A., Friedman, S., & Koch, J. (1985). *Child development*. New York: John Wiley & Sons.

개인에 따라 차이가 있지만 임신 말기에 임부의 체중은 11~12kg 정도 증가하며, 저체중 여성의 경우에는 더 증가해도 무방하다(〈그림 5-8〉 참조). 어머니의 체중 증가와 태아의 출산 시 체중과는 정적인 상관이 있으며, 10kg 이하의 체중 증가는 음식물 섭취량뿐만 아니라 임신 전 체중과 신장, 태아의 크기 등 여러 요인의 영향을 받는다. 일반적으로 십대 임신, 노산, 교육수준이 낮은 경우 다소 적게 증가하는 경향을 보이며, 사회계층이 낮은 여성의 영양결핍은 다른 여러 가지 문제를 동시에 수반하므로 문제가 더욱 심각하다(Clarke-Stewart et al., 1985).

2) 약물복용

오랫동안 어머니에게 안전한 약물은 태아에게도 안전한 것으로 생각되어 왔다. 그러

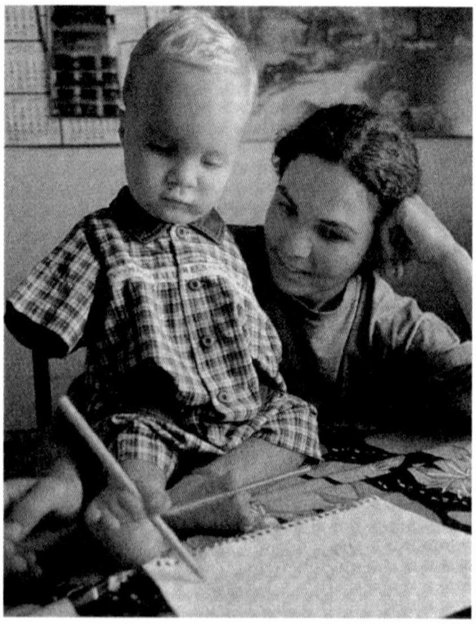

나 어머니에게 안전한 약물도 태반을 통해 태아에게 전달되는 경우 치명적인 영향을 미칠 수 있으며, 특히 임신 초기에는 더욱 심각하다. 약물복용은 흡연이나 음주 등과 복합적으로 이루어지며, 태아에게 인지, 운동, 언어, 사회성, 정서발달의 여러 영역에 걸쳐 심각한 결함을 초래한다.

해표상기형(海豹狀畸形: phocomelia)[1]은 약물복용으로 인해 발생하는 가장 대표적인 결함의 예이다. 이는 임신 초기에 신경안정제인 탈리도마이드(thalidomide)를 복용했을 경우에 나타나며(Martinez-Frias, 2012), 주로 구개파열, 작은 귀, 골반탈구, 소화기관, 심장, 비뇨기관의 기형과 같은 신체적 결함이나, 손가락 또는 발가락이 붙어 있는 사지결함을 초래한다. 가장 눈에 띄는 결함은 팔, 다리가 없거나 손과 발이 몸통에 붙어 있는 결함이다(사진 참조).

임신 사실을 모르고 피임약을 복용한 경우뿐만 아니라 피임약의 복용을 중단한 지 6개월 이내에 유산된 태아에 대한 조사결과, 복용하지 않은 집단에 비해 태아가 염색체 이상을 보이는 비율이 높은 것으로 나타났다. 경구용 피임약 이외에 질좌약도 정자를 죽임으로써 임신이 이루어지지 않게 만들어진 것이므로, 이러한 형태의 피임약을 계속 사용할 경우, 출산결함이나 유산의 비율이 증가한다. 그 외에도 항생제는 청각결함을, 아스피린은 태아의 혈관장애를 일으킬 수 있다(Clarke-Stewart et al., 1985).

헤로인 등과 같은 습관성 약물은 청각결함, 심장이나 관절의 결함, 구개파열, 사지기형이나 행동장애를 유발하는 것으로 나타났다. 코카인을 사용했을 경우, 성장지체나 사산, 출산과정에서의 문제(태반 조기박리 등), 뇌손상, 생식기의 이상, 갑상선 이상, 뇌출혈, 급성 심장발작을 유발하는 확률이 증가하고, 환경자극에 대해 적극적인 반응을 보이지 않으며, 그 효과는 지속적인 것으로 나타났다(Berk, 1996; Richardson, Goldschmidt, Leech, & Willford, 2011). 카페인이 태아에게 미치는 영향에 대해서도 어머니가 임신기간 중에 커피를 습관적으로 마신 경우 저체중아 출산율이 증가했다는 연구결과가 있는가 하면, 카페인의 해로운 영향이 유의하게 나타나지 않았다는 상반된 연구결과도 제시되고 있다. 이러한 차이는 이들이 마신 차와 커피의 양이나 함유된 카페

1) 손과 발은 있으나 팔과 다리가 없는 기형

인의 양에 따라 다르게 나타난다고 볼 수 있으며, 안전을 위해서는 가급적 자제하는 것이 바람직하다(Dworetzky, 1990).

이상의 연구결과에 비추어 볼 때, 아직까지 그 영향이 규명되지 않은 의약품의 경우에도 반드시 안전하다고는 볼 수 없으므로, 임신 중에는 가능한 한 약물복용을 자제하는 것이 바람직하다.

3) 질 병

모체의 질병도 태내결함을 유발하는 중요한 원인으로 작용한다(Brunell, 2014; Koren & Ornoy, 2018). 그 가운데 풍진은 태내결함을 유발하는 대표적인 질병이다(Rasmussen, 2012). 특히 임신 3개월 이전에 모체가 풍진에 감염된 경우, 시각장애나 청각장애 및 정신지체 등을 유발하는 확률이 높다.

임부가 매독이나 임질 등의 성병에 감염된 경우에도 태아에게 심각한 영향을 미치게 된다(Braccio, Sharland, & Ladhani, 2016). 감염된 태아의 30%는 출산 이전에 사망하며, 그렇지 않은 경우에도 기형아 출산이나 시각장애를 초래하기도 한다. 이러한 증상은 출산 시에는 나타나지 않고, 이후에 나타나기도 한다(Qin et al., 2014). 매독이나 임질과 같은 치명적인 요인이 아니라도 성기 부위의 감염 등도 태아에게 영향을 미치는 것으로 나타났다. 성기 부분에 헤르페스(herpes) 바이러스를 가진 여성의 경우, 태아가 산도를 통해 출산하는 과정이나 태반을 통해 감염될 가능성이 있으며, 심한 경우 사망을 초래할 수도 있다. 이에 대한 치료제는 아직 개발되지 않은 상태이며, 출산과정에서 이에 감염되는 것을 피하기 위해 제왕절개수술을 한다(Berk, 1996; Nigro et al., 2011; Rogan & Beigi, 2019).

후천성 면역결핍증(AIDS)의 원인이 되는 인체 면역결핍 바이러스(Human Immunodeficiency Virus: HIV)도 태아에게 감염되는 비율이 점차 증가하고 있다. 이는 감염된 어머니로부터 태반이나 출산과정에서의 접촉을 통해 태아에게 감염된다. 감염된 태아는 비정상적으로 작은 두개골과 얼굴 기형을 보이게 되며, 이러한 결함은 임신 초기에 감염되었을 경우에 더욱 심하게 나타난다. 에이즈는 성인의 경우 5년 정도의 잠복기를 가지므로, 이들 여성 가운데 상당수는 태아가 출생 후 에이즈로 진단을 받기 전까지는 자신이 보균자인 줄도 모르지만, 감염된 태아는 대부분 1년 이내에 증세를 보인다.

그 외에도 B형 간염, 심장질환이나 당뇨병도 태아에게 영향을 미친다. 어머니가 당뇨병이 있는 경우, 일반적으로 자궁 내 환경은 혈당이 높고, 이에 따라 인슐린 분비 수준이 높기 때문에 출생 후 신생아의 신체는 재적응을 해야 하는 문제를 갖는다. 이들은 자극에 대해 덜 민감한 반응을 보이며, 사람의 얼굴을 주시하는 데 어려움이 있었고, 운동능력도 지체된 것으로 나타났다. 이러한 결함의 정도는 어머니의 당뇨병의 정도와도 관련이 있다(Desai, Beall, & Ross, 2013; Eriksson, 2009).

4) 연령 및 출산 횟수

일반적으로 여성은 13세경에 생리를 시작하여 폐경이 되는 50세 전후까지 출산능력이 있는데, 태아나 어머니에게 특별한 문제를 일으키지 않는 최적의 연령은 23~28세까지라고 한다. 임산부의 연령이 35세를 넘을 경우 의학적으로 이를 노산이라고 한다. 최근에는 대부분의 여성들이 첫 아이를 갖는 시기가 점점 늦어지고 있는 추세에 있다. 노산인 경우 자연유산, 임신 중독증, 난산, 미숙아 출산이나 다운 증후군(Down Syndrome)의 비율이 급격히 증가한다(Ghosh et al., 2010; LeFevre & Sundermeyer, 2020). 다운 증후군의 원인 가운데 하나는 여성호르몬인 에스트로겐의 수준과 관련이 있다. 에스트로겐 수준은 20~35세 사이에 절정을 이루며, 호르몬 분비의 부족은 21번째 염색체의 이상을 초래하는 결과를 낳게 된다. 따라서 노산뿐만 아니라 임산부의 연령이 20세 이하인 경우에도 자궁의 미성숙이나 호르몬 분비로 인해 조산아나 다운 증후군의 아이를 출산할 가능성이 높다(Malizia, Hacker, & Penzias, 2009).

어머니의 임신 횟수도 태아의 발달에 영향을 미친다. 어머니의 연령변인을 고려하지 않는다면, 태내환경은 첫 아이보다 이후에 출생하는 아이에게 보다 유리하다. 첫 임신에서는 자궁과 태반 간의 순환이 늦게 이루어지므로, 둘째부터는 첫 아이보다 신체가 큰 경향이 있고, 출생결함이나 기형이 나타나는 비율 또한 낮은 경향이 있다. 그러나 출산간격이 너무 짧거나 출산 횟수가 많아질수록 이러한 이점(利點)은 상쇄된다.

5) 음 주

알코올은 빠른 속도로 태반에 침투하여 장시간 영향을 미치게 된다(Brocardo, Gil-Mohapel, & Christie, 2011; Frost, Gist, & Adriano, 2011). 태아의 알코올 분해능력은 성인의 절반 수준에 머무르기 때문에, 태아는 알코올에 상당히 민감하게 반응하며, 소량의 알코올조차도 비정상적인 발달을 야기할 수 있다. 그러므로 임부에게 안전한 알코올 소비 수준을 제시하는 것은 불가능하며, 임신기간 중에는 전적으로 알코올 섭취를 제한하는 것이 바람직하다.

알코올 중독 현상을 보이는 임부의 태아는 태아 알코올 증후군(Fetal Alcohol Syndrome)을 보이게 된다(Arnold et al., 2013; Grant et al., 2013; Harper et al., 2014). 정신지체나 주의집중력의 결핍, 과잉행동은 이들 아동의 특징이며, 동시에 이들은 출생 전후의 성장지체, 비정상적인 두개골 모양, 눈이나 심장, 사지, 관절의 결함을 갖고 태어나기도 한다(Blanck-Lubarsch et al., 2019). 이러한 위험은 알코올 섭취량이 많을수록 증가하며, 정신지체 아동 가운데 상당수는 태아 알코올 증후군의 희생양인 것이다(Steinhausen, Willms, & Sphor, 1993). 4세경의 아동을 대상으로 한 연구에서 임신기간 중에 알코올을 섭취한 어머니의 아이는 그렇지 않은 어머니의 아이들에 비하여 지능지수가 낮은 비율이 3배 정도 높게 나타났다(Streissguth, Barr, Sampson, Darby, & Martin, 1989). 그러므로 음주는 정신지체를 야기시키는 예방 가능한 요인 가운데 대표적인 요인으로 볼 수 있다.

6) 흡 연

흡연은 저체중아 출산에 영향을 미치는 가장 대표적인 요인이다. 또한 흡연은 뇌결함, 작은 두개골, 구개파열이나 조산아가 태어날 확률이나 질병에 걸릴 확률을 증가시킨다(Brown & Graves, 2013; Burstyn et al., 2012). 흡연을 한 어머니의 태아는 일반적으로 체중이 150~320g 정도 감소하며, 흡연 여성은 비흡연 여성에 비해 저체중아 출산율이 2배 정도 높게 나타난다. 만일 임신기간 중 여성이 흡연을 피할 수 있다면 20%의 저체중아 출산은 피할 수 있다고 한다(Brown & Graves, 2013; Chomitz, Cheung, & Lieberman, 1999).

흡연이 어떻게 태아로부터 산소를 박탈해 가는가를 입증하기 위해 임부가 담배를 피우는 동안 그들의 혈액을 2.5분 간격으로 채취하였다. 그 결과 흡연은 혈압과 맥박, 혈중 일산화탄소 헤모글로빈(carboxyhemoglobin)의 양을 급격히 증가시킨 것으로 나타났다. 혈액 속의 일산화탄소 헤모글로빈은 태아에게 산소결핍을 초래한다. 또한 담배를 피우기 시작한 2.5분 이후부터 부신호르몬의 수준이 급격히 상승하여 자궁과 태반 간의 혈관을 좁게 만들며, 결과적으로 태아에게 산소와 영양공급이 원활하게 이루어지지 못하게 된다(Clarke-Stewart et al., 1985).

직접적인 흡연뿐만 아니라 간접 흡연도 태아의 발달에 영향을 미치며, 흡연을 하는 어머니의 심리상태도 태아에게 영향을 미치는 한 가지 요인으로 지적될 수 있다. 외부로부터 받는 스트레스나 어머니의 불안한 상태가 어머니로 하여금 담배를 피우게 하고, 흡연의 악영향에 기여하게 된다. 어머니가 음주나 흡연을 할 경우, 태아가 지체를 보일 확률은 2배 정도 높아지며, 두 가지를 모두 할 경우 4배로 증가한다(Dworetzky, 1990). 최근 한 연구(Hollams et al., 2014)에서 임신기간 중 어머니의 흡연은 아동 · 청소년기의 천식과도 관계가 깊은 것으로 나타났다.

7) 정서상태

사주당 이씨는『태교신기(胎教新記)』에서 모친의 태중교육 10개월이 출생 후 스승에게 10년을 배우는 것보다 더 중요하다고 하였다. 이는 인간의 기질과 성품이 태중에서의 교육에 의해 형성됨을 강조하고 있는 것이다(이원호, 1986). 임신 중 모체의 정서상태의 중요성을 우리나라 전통육아에서는 태교라는 용어로 강조하고 있으며, 이러한 태교의 중요성은 현대사회에서도 과학적으로 입증되고 있다.

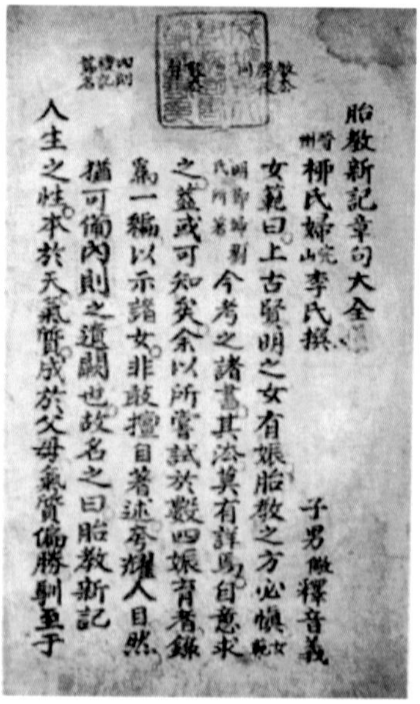
胎教新記章句大全
柳氏婦李氏撰　子男儆釋音義
女範曰上古賢明之女有娠胎教之方必慎
今考之諸書其法莫有詳焉自意求
之蓋或可知矣余以所嘗試於數四娠育著錄
爲一編以示諸女非敢擅自著述夸耀人目然
猶可備內則之遺闕也故名之曰胎教新記
人生之性本於天氣質成於父母氣質偏勝馴至于

사진 설명 사주당 이씨의『태교신기』

분노, 공포, 불안과 같은 어머니의 정서적 스트레스는 자율신경계에 영향을 미쳐 부신 호르몬의 분비를 촉진시키게 되며, 이는 태반을 통해 태아에게 영향을 미치게 된다(Breedlove & Fryzelka, 2011; Monk et al., 2020; Nazzari & Frigerio, 2020; Schuurmans & Kurrasch, 2013). 스트레스에 반응하기 위해 분비되는 호르몬은 혈관을 수축시키고, 혈액의 흐름을 어머니의 자궁으로부터 다른 신체기관으로 전환시키게 되며, 이로 인한 태반 내 혈액량의 감소는 태아에게 산소나 영양공급의 부족을 초래할 수 있다. 그 결과 어머니의 스트레스 수준이 높을수록 태아의 심장박동률의 변화가 심한 것으로 보인다.

태내기에 어머니의 정서적 혼란이 수 주 동안 계속된 경우, 태아의 움직임은 임신기간 내내 높게 나타났으며, 출생 후에도 영향을 미치는 것으로 나타났다. 정서적으로 안정되지 못한 어머니에게서 태어난 영아는 과잉행동을 보이고, 성급한 성격적 특성을 지니며, 소화기 장애를 보이는 것으로 나타났다(Howerton & Bale, 2012). 이러한 신생아의 행동특성은 스트레스를 받고 있는 어머니로 하여금 자녀양육을 더욱 어렵게 하는 요인으로 작용하여 이후의 부모자녀관계에도 부정적인 영향을 미치게 된다. 또한 어머니의 불안은 신진대사율을 증가시켜 저체중을 유도하거나, 불안을 극복하기 위해 이들 호르몬의 분비를 촉진시킴으로써 조산을 유발시키는 요인이 되기도 한다(Azar, 1999).

어머니의 정서상태가 태아에게 미치는 영향은 스트레스의 정도나 어머니의 체질, 태아의 유전형질이나 스트레스를 받은 시기에 따라 상이하지만, 스트레스는 흡연이나 음주, 영양결핍을 초래한다는 점에서 더욱더 문제시된다. 그러므로 임부는 편안하고 안정적인 정서상태를 갖도록 노력해야 하며, 다른 가족원들도 이를 위해 협조하는 태도가 필요하다.

임신 및 출산 풍습에 관한 비교문화연구(민하영, 유안진, 2003)에서 태교는 한국, 홍콩, 미국 문화 간뿐만 아니라 각 문화 내 세대 간에도 유의한 차이가 있는 것으로 나타났다, 한국은 홍콩이나 미국에 비해 상당히 높은 수준의 태교를 실천하고 있는데, 이러한 경향은 어머니 세대뿐만 아니라 할머니 세대 모두에서 동일하게 나타났다. 한편, 세 문화 모두 할머니 세대에 비해 어머니 세대의 태교 실천 수준이 높은 것은 태아학의 발달로 최근 태교의 중요성이 강조되고 있기 때문인 것으로 보여진다. 그러나 한국의 할머니 세대의 태교 실천 수준이 홍콩이나 미국 어머니 세대의 태교 실천 수준보다 높다는 사실은 태아학이 대중적으로 받아들여지기 전부터 한국에서 태교를 중요하게 간주했음을 시사하는 것이다.

8) 기타 요인

히로시마와 나가사키의 원폭피해에서 밝혀졌듯이 방사능은 유전인자의 변화를 초래하는 원인이 된다. 방사능의 영향은 방사능의 양이나 태아의 상태 및 노출 시기에 따라 상이하나, 신체 기형이나 정신지체아를 유발하는 요인이 된다(사진 참조). 미세먼지와 황사 등의 대기오염 또한 태아에게 치명적인 영향을 미치는데, 조산이나 미숙아의 출생, 선천성 기형의 원인이 될 수 있다(Kumar et al., 2015; van den Hooven et al., 2012).

아버지의 혈액형이 Rh^+이고 어머니가 Rh^-인 경우, Rh^+가 우성이므로 태아는 Rh^+ 인자를 갖게 되며, 이는 어머니의 혈액과 일치하지 않으므로 문제가 생기게 된다(Li,

Jiang, Yuan, & Ye, 2010). 태아가 Rh^+ 혈액형이고 모체가 Rh^- 혈액형인 경우, 일반적으로 첫 번째 임신에서는 문제를 보이지 않는다. 그러나 두 번째 임신에서는 어머니의 혈액 속에 항체가 형성되어 사산이나 유산을 하거나 정신박약아가 태어난다. 최근에는 Rh 백신주사가 개발되어 항체형성을 예방할 수 있다(Flegal, 2007).

사진 설명 우크라이나의 체르노빌 핵폭발 사고로 인한 방사능 오염 지역에서 태어난 이 소년은 한쪽 팔이 없다.

임신기간 중의 성생활은 반드시 금해야 하는 것은 아니다. 그러나 초기에는 수정란이 자궁벽에 완전히 착상하지 못한 상태이므로 유산의 우려가 있으며, 말기에는 조산의 우려가 있다.

뜨거운 목욕이나 온천은 몸의 혈액순환을 촉진시키고 피로를 풀어 주지만, 지나치게 뜨거운 물은 임신한 여성의 자궁 주변 온도를 상승시켜 태아의 중추신경계의 이상을 초래할 수 있다. 39℃ 이상의 욕조에 10~15분 이상 앉아 있는 것은 태아에게 손상을 초래할 수 있다(Papalia & Olds, 1995).

과도하지 않은 적절한 운동은 태아에게 영향을 미치지 않으며, 오히려 어머니의 자긍심을 높여 주고, 태아의 체중을 증가시키며, 긴장감이나 임신으로 인한 불편함을 감소시킬 뿐만 아니라 출산과정을 용이하게 해 주는 역할을 한다.

9) 태내환경과 아버지의 영향

지금까지의 태내환경에 대한 관심은 여성의 음주, 흡연, 스트레스 등과 관련된 요인들에 초점이 맞춰져 왔다. 그러나 최근에 와서 남성도 태내환경에 많은 영향을 미칠 수 있다는 것이 밝혀졌다(Pedersen et al., 2014). 아버지의 음주, 흡연(사진 참조), 화학약품에 대한 노출이나 연령변인에 따라 출생결함이 증가하는 양상을 보이고 있다(Sadler, 2015; Soubry et al., 2014).

남성의 흡연은 여성에게 간접적으로 영향을 미치게 되며, 흡연 남성의 정자는 비흡연 남성의 정자에 비해 기형이 더 많이 나타난다. 또한 남성의 흡연은 방출되는 정자의 수를 감소시켜 생산능력을 떨어뜨리는 대표적인 요인

이 된다(Agricola et al., 2016; Beal, Yauk, & Marchetti, 2017). 하루에 반 갑 이상의 흡연을 하는 남성은 비흡연 남성보다 정자가 20% 정도 감소하며, 태아의 체중도 120g 정도 감소하는 것으로 나타났다. 또한 흡연 남성의 자녀는 비흡연 남성의 자녀에 비해 뇌수종, 안면마비 등의 결함이 생길 확률이 배로 증가하며, 뇌암, 임파종, 백혈병에 걸릴 확률이 20% 증가한 것으로 나타났다. 그러나 이것이 출생 직후의 간접 흡연의 영향인지에 대해서는 논란의 여지가 있다(Cao, Lu, & Lu, 2020; Cordier, 2008; Milne et al., 2012).

수정 전 남성의 음주습관도 영향을 미친다. 심한 음주는 남성 호르몬인 테스토스테론의 수준을 낮추며, 결과적으로 불임과 관련이 있다. 또한 하루 2잔 이상의 포도주나 2병 이상의 맥주를 마신 경우 태아의 체중이 평균치에 비해 85g 정도 적은 것으로 나타났다. 마리화나나 코카인 같은 약물의 복용도 불임이나 태아의 건강상 문제를 초래한다(Merewood, 1998).

아버지가 특정한 화학약품에 노출된 직업을 가진 경우, 사산, 조산, 저체중아를 출산하는 비율이 높은 것으로 나타났다. 연구결과, 임신 수개월 이내에 안전하지 못한 환경에서 일할 경우 태아에게 해로운 영향을 미치는 것으로 나타났다. 이러한 사실은 어머니뿐만 아니라 아버지에게도 안전한 작업환경이 제공되어야 함을 의미한다. 물론 이러한 위험은 작업장의 오염 수준이 피부자극이나 갑상선의 문제, 호흡문제를 야기시킬 만큼 충분히 높은 경우에 나타난다(Brooks, 1991).

아버지의 연령도 태아의 건강과 관련된 중요한 변수이다. 아버지의 연령이 20세 이하이거나 55세 이상인 경우 다운 증후군의 위험은 급격하게 증가한다. 20세에서 52세까지의 건강한 남성에 대한 연구결과, 연령이 증가할수록 염색체의 결함이 빈번하게 나타나며, 20~34세까지는 2~3%만이 유전적인 결함을 갖는 데 반해, 35~44세에서는 7%, 45세 이상에서는 14%의 결함을 보이는 것으로 나타났다(Kong et al., 2012; Merewood, 1998).

자폐증을 일으키는 유전자의 돌연변이 또한 아버지로부터 물려받은 유전자에서 발생하는 경우가 더 많다는 연구결과가 나왔다. 또 아버지의 연령이 많을수록 자녀의 자폐증 발병위험도 커지는 것으로 나타났다. 즉, 35세 이상 남성의 경우 자폐증을 일으키는 돌연변이를 유발할 수 있는 정자를 생산할 위험이 높은 것으로 드러났다(조선일보, 2012년 4월 6일자).

건강한 아기를 출산하는 것은 전적으로 여성만의 책임이 아니다. 남성도 동시에 책임이 있다. 앞에서 열거한 위험요인들로부터 안전하기 위해서는 남성도 흡연이나 음주, 약물복용을 중단한 지 일정 기간이 지나서 아기를 갖는 것이 바람직하다고 볼 수 있다.

제 6 장

출산과 신생아

1. 출 산
2. 신생아

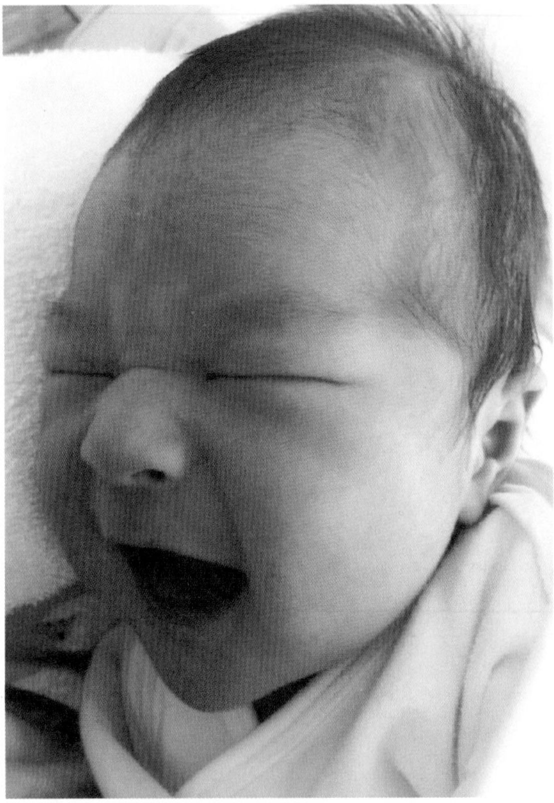

출산은 시작이자 끝이다. 아기가 이 세상에 첫 발을 내딛는다는 점에서는 시작이고, 수정에서 출발하여 9개월간 계속되어 온 임신이라는 대사건을 종결짓는다는 점에서 끝이다.

출산은 아기와 어머니 모두가 생명에 위협을 느낄 정도로 충격적인 경험이다. 지금까지 출산과정에서 경험하는 산모의 고통에 대한 관심과는 달리 태아의 고통에 대해서는 거의 관심을 보이지 않았다. 그러나 출산과정은 개인의 인생에서 스트레스를 가장 많이 받는 사건 가운데 하나이다.

어린이헌장에는 어린이는 건강하게 태어나고 자랄 권리가 있다고 명시되어 있다. 건강하게 태어날 권리는 마땅히 보장되어야 한다. 출산예정일이 다가오면 출산에 대한 정신적인 준비와 아기에게 필요한 물건을 미리 준비함으로써 아기를 맞을 준비를 해야 한다. 분만이 반드시 예정일에 이루어지는 것은 아니므로 임신 말기에는 미리 출산에 대한 준비를 하고 있어야 한다.

출생 후 첫 1개월을 신생아기라고 한다. 신생아기는 비록 짧은 기간이지만 태내환경과는 상이한 환경에 적응해야 한다는 점에서 중요한 의미를 갖는다. 신생아는 태내에서 바깥세계로 나와 심한 환경변화를 겪게 되므로, 이 새로운 외부 세계에 적응하느라 일시적으로 체중이 감소하기도 하고, 간기능의 적응에 따른 황달현상이 나타나는 수도 있다. 그러나 일반적인 생각과는 달리 신생아는 상당한 정도의 적응능력을 가지고 있는 것으로 보인다.

이 장에서는 출산에서부터 분만의 단계, 대안분만법, 출산 시의 문제점, 신생아의 신체적 특징, 생리적 기능, 감각기능, 아기돌보기, 반사운동, 신생아의 건강상태와 행동평가 등에 관해 살펴보고자 한다.

1. 출산

태아가 골반으로 내려와 어머니의 아랫배가 불러 오면 분만일이 임박했다는 징후로 볼 수 있다. 또한 분만이 멀지 않았다는 징후로 가벼운 진통과 요통을 느낄 수도 있다. 이러한 증상이 나타나고 일주일 정도가 지나면 혈액이 섞인 이슬이 비치며 분만이 시작된다.

대부분의 아기들은 수정 후 266일 만에 태어나지만, 수정된 날짜를 정확히 알 수 없기 때문에 마지막 월경주기의 첫날로부터 280일이 되는 시점을 분만예정일로 본다. 분만예정일은 마지막 생리일을 기준으로 월(月)에는 9개월을 더하거나 3개월을 빼고, 일(日)에는 7일을 더하여 계산한다. 그러나 분만예정일은 태아의 크기, 자궁의 크기, 호르몬 수준, 임부의 생리적 · 심리적 영향에 따라 다를 수가 있다. 분만예정일에 분만하는 경우는 드물고, 예정일을 중심으로 전후 2주간은 정상적인 범위에 속한다고 볼 수 있다.

1) 분만의 단계

분만의 과정은 개구기, 출산기, 후산기의 세 단계로 구분할 수 있다(〈그림 6-1〉 참조).

(1) 제1기: 개구기(開口期)

진통이 시작되어 자궁경부가 태아의 머리가 통과할 수 있는 정도(10~12cm)까지 열리는 기간이다. 소요되는 시간은 초산부의 경우 12시간 정도이며, 경산부의 경우에는 그 절반인 6시간 정도가 소요된다. 진통은 자궁이 수축되면서 나타나는 것으로 밤에 시작되는 경우가 많다. 처음에는 15~20분 간격으로 25~30초 동안 경미한 진통이 시작되다가 점차 2~5분 간격으로 강하게 나타난다.

(2) 제2기: 출산기(出産期)

자궁구가 열려 태아가 산도를 통해 밖으로 나오는 시기이다. 자궁이 열리면서 양막이 터져 양수가 나오게 된다. 시간상으로는 30분 정도에 불과하지만, 이 기간 동안 태아가 오랫동안 산도에 머물면 질식사의 우려가 있으므로 모체의 적극적인 참여가 필요하다. 분만과정에서 태아는 태반으로부터 산소공급을 일시적으로 받지 못하므로, 분만기간이 너무 길어지면 산소가 부족하여 뇌손상을 입을 수도 있다.

산도를 통해 나오는 동안 태아는 극도의 압력과 산소부족을 경험하게 되며, 이 시기 동안 부신 호르몬의 분비량은 일생 중 최고가 된다. 아드레날린은 태아의 폐를 열어주고, 기관지를 건조시키며, 공기로 호흡하는 것을 도와주고, 노르-아드레날린은 심장박동을 느리게 함으로써 태아로 하여금 산소결핍으로부터 견디는 것을 도와준다. 이러한 이유 때문에 정상분만이 아닌 제왕절개 수술을 통해 출산하는 태아는 산도를 통과하지 않으므로 이들 호르몬의 분비가 왕성하지 못하며, 종종 호흡곤란문제를 경험하기도 한다.

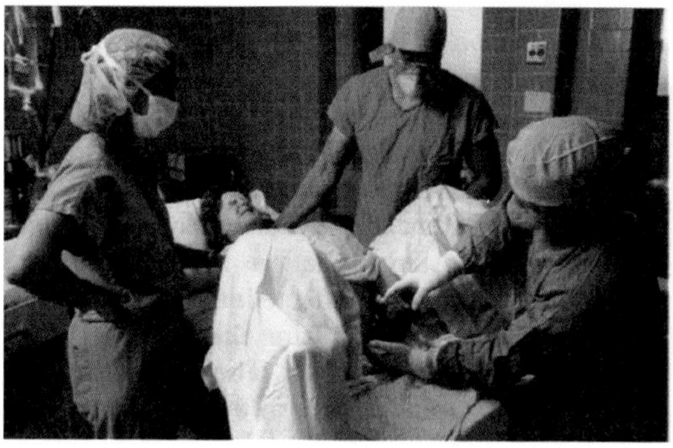

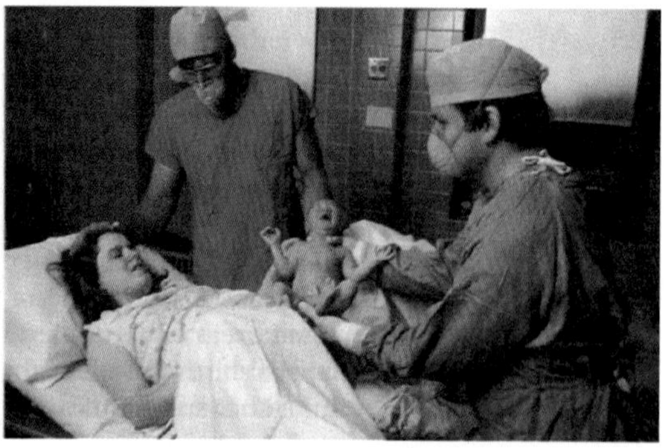

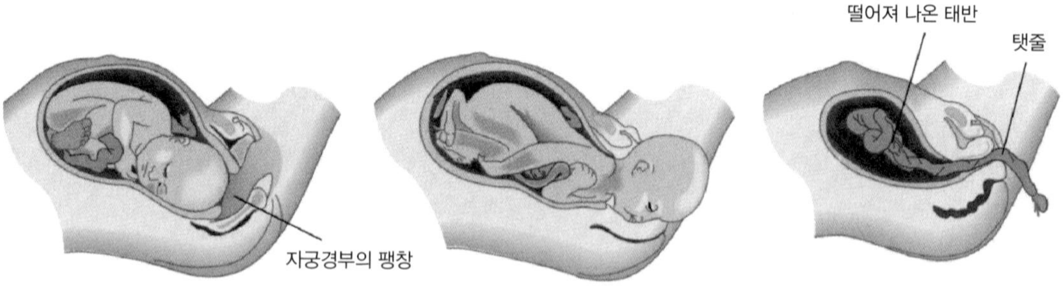

(a) 개구기: 자궁경부가 넓어진다.　(b) 출산기: 태아가 산도를 통해 밖으로 나온다.　(c) 후산기: 태반이 배출된다.

〈그림 6-1〉 분만의 세 단계

(3) 제3기: 후산기(後産期)

태아가 출산한 이후 자궁이 수축되면서 태반이 자궁벽에서 떨어져 나와 양막과 함께 배출되는 것을 말한다. 소요시간은 5~15분 정도이다.

이러한 과정을 통해 분만은 종료된다. 그러나 이후에도 자궁이 예전의 크기로 되돌아가기 위해 수축하면서 다소의 진통을 경험하게 된다. 이를 훗배앓이라고 하며 약 6주 정도가 소요된다. 이 기간에는 방광염이나 신우염 등 감염의 우려가 있으므로 성생활은 가급적 자제하는 것이 좋다.

2) 대안 분만법

분만을 신속하게 끝내고 출산과정에서 경험하는 모체의 고통을 경감시키기 위해 다양한 기술들이 개발되고 있다.

(1) 무통분만

분만 시의 자궁수축에 따른 공포와 고통을 감소시키기 위해 마취제를 사용하여 무통분만을 하거나, 분만시간을 단축시키기 위해 촉진제를 사용하기도 한다. 진통 시 처방되는 약제에는 크게 세 종류가 있는데, 산모의 통증을 완화시켜주는 진통제, 감각을 마비시켜 고통을 느끼지 못하게 하는 마취제, 자궁의 수축운동을 촉진시켜 주는 촉진제가 있다. 마취제의 경우 전신마취보다는 국부마취를 주로 하게 된다. 분만과정 중 투여하는 약물들은 태반을 통해 태아에게 영향을 미쳐 이후의 인지발달이나 운동능력에 문제를 야기시킬 수도 있으므로 웬만하면 사용하지 않는 것이 좋다.

(2) 라마즈 분만

Fernand Lamaze

라마즈 분만법은 Fernand Lamaze(1970) 박사가 개발한 것으로 진통 시 연상법, 이완법, 호흡법을 사용하여 진통 중인 산모의 통증을 완화시키는 방법이다.

연상법이란 일생 중 즐거웠던 순간이나 기분좋은 상황을 머릿속에 그려봄으로써 엔도르핀의 분비를 증가시켜 통증에 대한 민감성을 줄이는 방법이다. 극심한 고통이 뒤따르는 분만 시 이러한 연상을 하는 것은 쉽지 않은 일이므로 평소에 자주 연습을 해야 한다. 평소 남편도 함께 연습을 하여 진통 시 남편이 코치가 되어 연상법에 도움을 줄 수 있는 상황을 마련하도록 한다.

이완법이란 말 그대로 신체의 모든 부위의 힘을 빼는 것으로 의식적인 근육이완훈련을 통하여 출산의 고통을 감소시키고자 하는 방법이다. 이완법의 목적은 진통이 올 때 근육을 긴장시키게 되면 통증을 더 심하게 느끼기 때문에 머리끝부터 발끝까지 온몸의 힘을 빼는 것이다. 온몸의 힘을 빼기 위해서는 몸의 관절부위부터 힘을 빼보는 연습을 하는 것이 좋다. 이때 남편의 역할은 매우 중요한데, 남편은 아내의 근육이나 관절 부분을 만져 보아 힘이 들어가 있는지, 부드럽게 이완되어 있는지 확인하고 코치하는 것이 중요하다(사진 참조).

호흡법은 라마즈 분만법에서 가장 중요한 훈련인데, 흉식호흡이 그 기본이다. 흉식호흡은 산소를 체내에 충분히 공급하여 근육이완을 돕고, 태아에게도 산소공급을 윤활하게 해 준다. 자궁수축에 따른 진통이 올 때마다 통증의 리듬에 맞춰 호흡함으로써 진통에만 집중되던 관심을 호흡 쪽으로 분산시켜 통증을 덜 느끼게 된다(Lothian, 2005). 이때 남편이 호흡을 체크해 주는 도움이 필요하다.

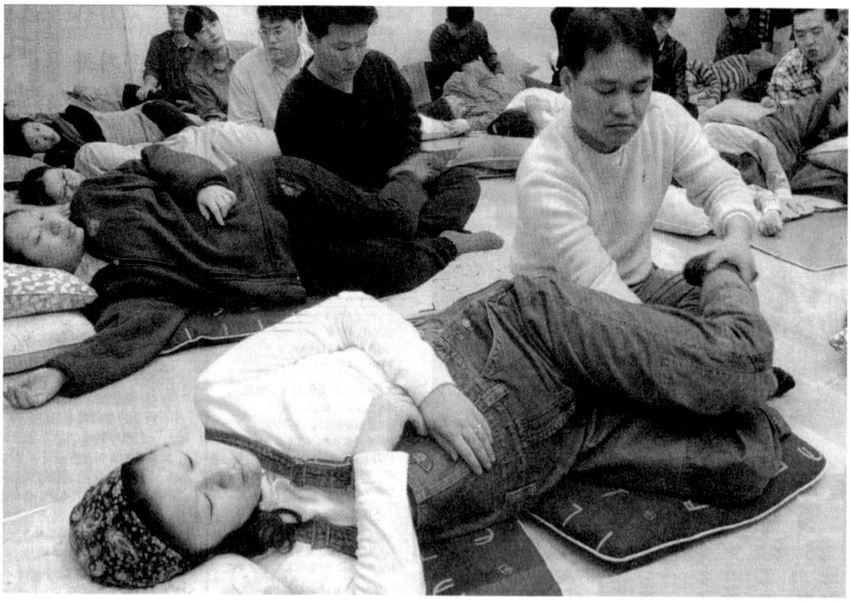

사진 설명 라마즈 분만교실에 참가한 부부들이 임산부 체조를 함께하고 있다.
출처: 중앙일보 DB 사진

라마즈 분만에서는 아내와 남편이 정서적으로 함께하는 경험으로서의 출산을 강조한다. 라마즈 분만법으로 아기를 낳게 되면 출산의 고통을 남편과 함께 나누는 과정에서 부부간의 애정이 더욱 돈독해진다.

연구결과 라마즈 훈련에 참여한 많은 부부들이 매우 긍정적인 반응을 보였다. 특히 진통과정에서 경험하는 자신의 통제력에 대해 매우 만족해하였다(Bing, 1983; Mackey, 1990; Wideman & Singer, 1984).

(3) 폭력 없는 탄생

Leboyer(1975)는 『폭력 없는 탄생』이라는 저서를 통해, 산모의 고통뿐만 아니라 산도를 통해 모체 밖으로 나오는 태아의 고통에 대해서도 관심을 가져야 한다고 주장한다. 태아는 태반으로부터 산소를 공급받다가 출산과 더불어 폐로 숨을 쉬어야 하고, 어둠 속에 있다가 강렬한 불빛을 받게 되며, 액체 상태(양수)에 있다가 공기 중으로 나오는 극적인 변화를 경험하게 된다.

Frederick Leboyer

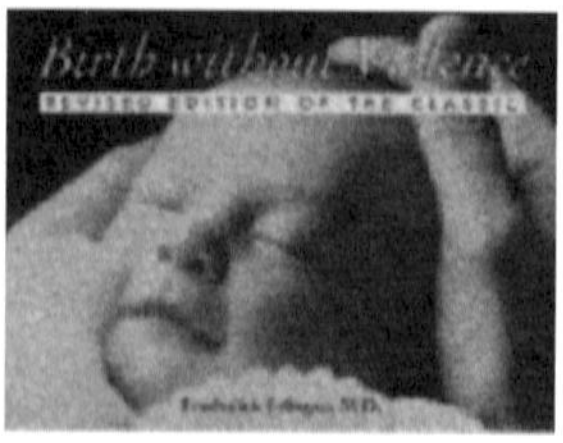

사진 설명 Leboyer의 저서 『폭력없는탄생』

프랑스 산부인과 의사인 Leboyer는 9천여 명에 달하는 신생아를 받아내는 동안 공포와 겁에 질려 울부짖는 아기들의 모습을 보고, 출산과정이 조금이라도 덜 충격적인 경험이 되도록 태내환경과 유사한 환경을 조성해 줄 것을 권고하고 있다.

> 이 세상에 태어나는 아기에게는 허파에 들어가는 첫 공기의 뜨거운 감각보다 더 놀라운 공포는 없을 것입니다. 속까지 타 들어가는 느낌에 전신이 전율합니다. 몸서리칩니다. 항의합니다. 어떻게 해서든지 이 적을 물리치려고 전력을 다합니다. 이것이 바로 아기의 첫 울음소리입니다(Leboyer, 1975).

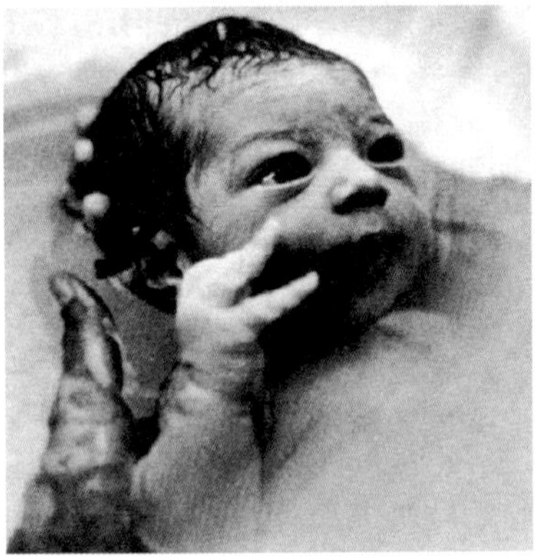

사진 설명 신생아를 양수와 비슷한 따뜻한 물속에 넣어준다.

Leboyer에 의하면, 아기는 어둡고 따뜻한 방에서 조용하고 부드럽게 받아야 하며, 즉시 탯줄을 자르지 말고 아기를 어머니의 배 위에 5분 정도 두었다가 탯줄을 자른 다음 따뜻한 물속에 넣어주어야 한다고 한다(사진 참조). 엄마 아빠가 아기를 목욕시키고 물속에서 부드럽게 마사지를 해 주면 아기는 긴장을 풀고 새로운 세계를 맞이하게 된다.

Leboyer의 분만법에 반대하는 입장에서는 희미한 불빛으로 인해 출산과정에서 발생할 수 있는 위험요소를 놓칠 수 있을 뿐만 아니라, 아기가 물로부터 병균에 감염될지도 모른다고 주장한다(Cohn, 1975).

(4) 수중분만

수중분만은 양수와 동일한 조건의 물속에서 아기를 낳는 방법이다(사진 참조). 수중분만은 프랑스에서 처음 시도되었고, 러시아, 프랑스, 영국 등 주로 유럽에서 많이 이용하고 있다.

수중분만은 누운 자세가 아닌 좌식 분만법의 하나로, 앉은 자세에서는 중력을 이용하여 골반이 잘 벌어지고 힘을 주기가 쉽다는 점에 착안한 방법이다. 수중분만은 물 자체가 갖고 있는 진통억제 효과로 인해 통증을 덜 느끼게 되고, 따뜻한 물이 근육을 이완시키기 때문에 산모가 편안한 느낌을 가질 수 있으며, 진통과 분만 시간이 단축된다는 장점이 있다(Meyer, Weible, & Woeber, 2010).

수중분만은 태아에게도 탄생의 스트레스를 줄여주는 효과가 있다. 태아가 양수 속에서 양수와 똑같은 따뜻한 물로 이동하기 때문에 환경변화에 따른 충격이 적다. 태아가 탄생 시 스트레스를 받는 가장 큰 이유는 태아가 전혀 다른 세상과 만나면서 겪게 되는 환경의 변화 때문이다. 이런 면에서 수중분만은 태아가 환경의 변화를 덜 느끼도록 한다. 그러나 물의 상태가 청결하지 못하거나 산모가 출산 시 배출하는 각종 분비물로 인해 태아와 산모가 병균에 감염될 위험이 있다(Thöni, Mussner, & Ploner, 2010).

사진 설명 수중분만을 세계 최초로 병원에 도입하고 이론을 마련한 프랑스의 미셀 오당 박사

(5) 제왕절개분만

제왕절개(Caesarean Section)분만은 임부의 복부를 절개해서 자궁으로부터 아기를 꺼내는 분만법이다. 태아가 거꾸로 있거나(둔위전진: breech presentation), 전치태반이거나, 아기의 머리가 너무 커서 산모의 골반을 통과할 수 없을 때 제왕절개분만을 하게 된다(Lee, El-Sayed, & Gould, 2008). 제왕절개분만을 한 번 하게 되면 대부분의 경우 그다음 분만에도 제왕절개를 하게 된다. 제왕절개를 한 임부의 8%만이 그다음 분만 때 자연분만을 한다.

제왕절개분만은 수술 후의 후유증, 세포감염의 위험성 외에도 비용이 많이 들고 자연분만보다 회복기가 길기 때문에, 정상적 출산이 불가능한 경우가 아니면 제왕절개분만은 삼가는 것이 좋다. 제왕절개분만은 자연분만이 불가능한 경우, 산모와 아기의 생명을 구하지만 우리나라에서는 최근 꼭 필요하지 않을 때조차도 제왕절개분만을 많이 하는 경향이 있다.

3) 출산 시의 문제점

출산은 대부분의 경우 별 문제 없이 정상적으로 진행되지만, 때로는 난산, 산소결핍증, 조산과 같은 이상분만의 문제가 발생하기도 한다.

(1) 난산

난산이란 태아가 산도를 통과하는 과정에서 구조적 또는 기능적 이상이 생겨 분만이 순조롭게 진행되지 않는 경우를 말한다. 반면, 자연분만으로 아기를 낳고 특별히 산모나 아기에게 이상증세가 없으면 순산이라고 한다. 산모와 태아에게 이상이 있는 경우 난산을 하게 된다. 산모에게 문제가 있는 경우로는 산도나 골반이 너무 협소한 경우, 산도의 기형, 자궁기능부전이나 자발적인 복근수축의 문제, 만출력(태아를 밀어내는 힘) 이상 등이다. 태아에게 이상이 있는 경우는 태아의 위치이상(예를 들면, 둔위전진)이나, 발육이상으로 기형이 된 경우로서 이때는 난산을 하게 된다.

그 외에도 전치태반, 태반조기박리, 조기파수 등도 난산의 원인이 된다. 전치태반은 태반이 태아보다 자궁구 가까이 위치하여 자궁구를 막고 있는 것으로, 이러한 경우에는 정상분만이 불가능하므로 제왕절개분만을 해야 한다.

분만 시 아기가 나오고 난 뒤에 태반이 자연적으로 떨어지게 되는데, 태반조기박리는 미처 아기가 나오기 전에 미리 태반이 자궁벽으로부터 떨어지는 것으로, 곧바로 출산하지 않으면 산모와 태아의 생명이 위험하게 된다.

출산이 진행되기 이전에 양막이 터져 양수가 일찍 나오는 것을 조기파수라고 하는데, 양수는 분만 시 자궁의 수축이 일어나면서 터지게 되어 산도를 통해 태아가 출생하는 것을 도와주는 역할을 한다. 조기파수의 경우 태아에게는 감염의 우려가 있다.

(2) 산소결핍증

신생아의 1% 정도가 산소결핍증을 경험한다. 산소결핍증의 원인은 둔위전진, 태반조기박리, Rh 인자, 무통분만을 위한 진정제나 마취제의 사용 등이다. 분만 시 태아의 발이나 엉덩이부터 나오게 되는 둔위전진의 경우, 탯줄이 꼬이거나 조여지기 때문에 산소공급을 받지 못하게 된다(Lin, 1993). 태반이 너무 일찍 떨어져 나가는 태반조기박리의 경우 산소와 영양 공급이 차단된다. 태반조기박리는 음주, 흡연, 약물과 같은 기형발생물질로 인해 태반이 정상적인 발달을 하지 못한 결과이다. 출산과정에서 산모의 고통을 감소시키기 위해 투여된 진정제가 탯줄을 통해 태아에게 전달되어 호흡기관을 자극하면 산소결핍증이 발생한다. 산소결핍증의 또 다른 원인은 Rh 인자인데, 태아의 혈액형이 Rh^+이고 모체가 Rh^-인 경우 Rh^-인 모체의 혈액은 Rh^+에 대항하기 위해 항체를 만들며, 이것이 태아의 혈액 속에 들어가 적혈구를 파괴하면 산소결핍증이 발생한다.

신생아는 성인보다 산소결핍 상태를 더 오래 견딜 수 있지만, 그 상태가 3분 이상 경과되면 영구적인 뇌손상을 입게 된다(Nelson, 1995). 이 경우 신경세포가 죽게 되므로 신체적 · 심리적 결함을 초래한다. 만약 신경세포가 너무 많이 죽게 되면 영아는 심각한 뇌손상을 입게 되고(뇌성마비), 심한 경우 사망하게 된다(Fehlings, Hunt, & Rosenbaum, 2007). 가벼운 산소결핍증을 경험한 영아는 3세까지는 운동발달이나 지적 발달이 평균 이하이지만(Sameroff & Chandler, 1975), 정상아와의 차이는 점점 적어져서 7세가 되면 거의 차이가 없다(Corah, Anthony, Painter, Stern, & Thurston, 1965).

(3) 조산

임신 기간을 기준으로 하여 37주 이전의 분만을 조산이라고 하며, 조산인 경우에는 대체로 체중이 2.5kg인 미숙아이다. 그러나 임신 40주를 다 채운 신생아도 2.5kg 미만이면 미숙아로 간주된다.

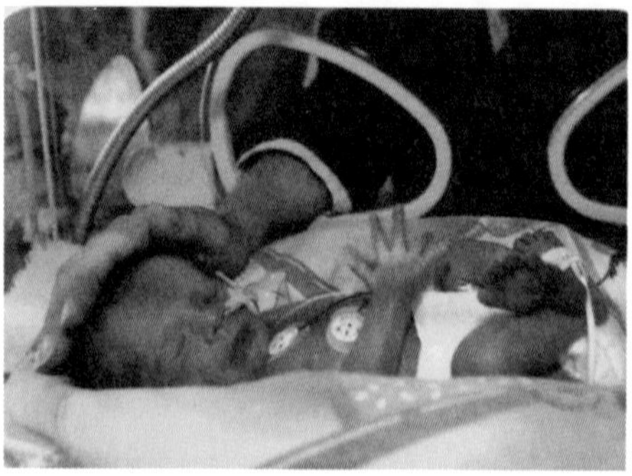

사진 설명 1kg 미만의 신생아

조산의 주된 원인은 가난으로 인한 산모의 영양부족이다. 따라서 경제적으로 부유한 계층보다 가난한 계층의 조산율이 높다. 그 외 산모의 생식기관 미숙(예를 들면, 십대 임신), 쌍생아 임신, 임신기간 중의 흡연, 음주, 약물복용 등도 조산의 가능성을 증가시킨다(Cooperstock, Bakewell, Herman, & Schramm, 1998; DuPlessis, Bell, & Richards, 1997; Goldenberg & Culhane, 2007; Paneth, 1995; Radetsky, 1994).

조산의 장기적 효과는 임신기간, 출생 시 체중, 출생 후 관리, 아동기 동안의 환경의 질에 달려 있다. 특히 신생아의 사망률은 임신기간 및 출생 시 체중과 관련이 많다. 임신기간 28주(생존 가능성을 가늠하는 결정적 시기) 이전이나 1.5kg 미만인 경우 생존 가능성이 매우 낮다.

조산아의 가장 큰 문제는 호흡장애 증후군(respiratory distress syndrome)과 뇌출혈(brain hemorrhage)이다(Travis, 1993). 호흡장애 증후군은 신체에서 폐를 보호해 주는 물질을 생성하지 못한 결과 호흡이 불규칙하거나 호흡이 정지되는 현상을 말한다. 이와 같은 문제를 해결하기 위해 미숙아는 조산아 보육기(incubator)에 넣어진다(사진 참조). 보육기에서는 온도와 산소량이 조절된다. 산소농도가 너무 높으면 눈의 망막이 손상을 입어 시각장애가 올 수도 있다. 조산아는 출생 후 곧바로 보육기에 넣어지므로, 초기 모자격리가 아기와 어머니와의 애착관계 형성에 손상을 줄 수 있다. 이와 같은 손상을 줄이기 위해 캥거루 케어(Kangaroo Care) 전략을 이용할 수 있다. 캥거루 케어란 어미 캥거루가 새끼 캥거루를 육아낭(pouch)에 넣어 키우는 것처럼 어머니가 맨 가슴에 기

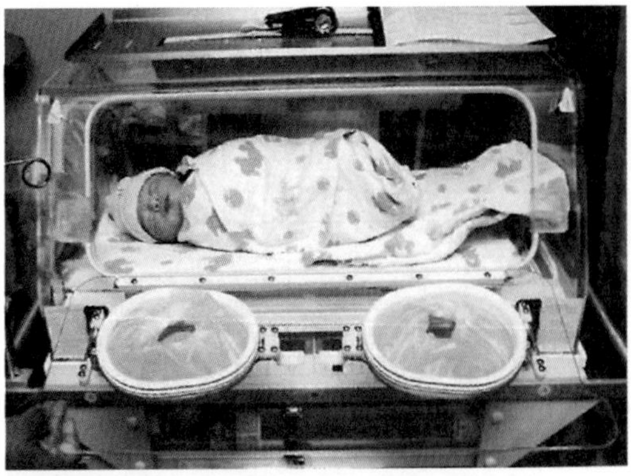

사진 설명 조산아 보육기 속의 미숙아

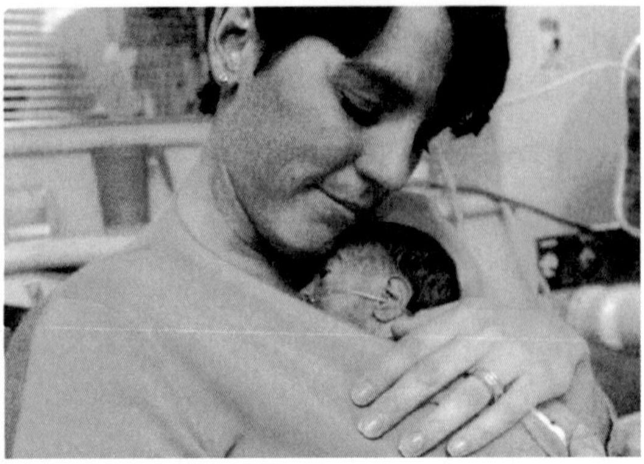

사진 설명 캥거루 케어

저귀만 채운 미숙아를 똑바로 세워 품어 안는 것을 말한다(사진 참조). 어머니와 미숙아가 하루에 2~3시간씩 밀접한 신체접촉(캥거루 케어)을 함으로써 애착관계 형성에 도움이 될 뿐만 아니라 미숙아의 심장박동과 체온을 유지시키고 호흡장애를 완화시켜준다(Ahmed et al., 2011; Begum et al., 2008; El-Farrash et al., 2020; Ludington-Hoe et al., 2006; Nyqvist et al., 2010). 이 외에도 청각(부모의 목소리), 후각(부모의 체취), 촉각(부모와의 신체접촉), 시각(똑바로 세워 안은 위치) 등의 감각작용에도 자극을 준다.

한편, 조산아 보육기가 보편화되지 않은 저개발국가에서는 어머니 또는 아버지가 캥거루 케어를 함으로써 부모의 신체가 인간 보육기(human incubator) 역할을 하게 된다. 이처럼 캥거루 케어는 조산아 보육기의 보조역할로 이용될 수 있다.

연구결과 캥거루 케어를 경험한 미숙아는 그렇지 않은 미숙아에 비해 지능발달, 운동발달 점수가 높으며, 체중이 더 많이 증가한 것으로 나타났다(Charpak, Ruiz-Paláez, & Figueroa, 2005; Gathwala, Singh, & Balhara, 2008; Hendricks-Munoz et al., 2013; Sharma, Murki, & Oleti, 2018; Tessier et al., 2003). 이와 같은 캥거루 케어의 이점 때문에 신생아가 미숙아인 경우 80% 이상의 부모들이 캥거루 케어를 하고 있는 것으로 보인다(Field et al., 2006).

미숙아는 심장박동이 느리고, 환경이 주는 자극, 즉 빛, 소리, 기타 다른 감각에 매우 예민하고, 팔다리의 움직임도 조화롭지 못하다. 잔병치레를 많이 하고, 말을 늦게 배우며, 운동발달이 느리다. 이런 여러 가지 문제들은 부모를 매우 당혹스럽게 만든다(Doussard-Roosevelt, Porges, Scanlon, Alemi, & Scanlon, 1997; Field, 1990).

대부분의 미숙아들은 발달속도가 정상아보다 느리기는 해도 결국에는 정상적인 발달을 한다. 그러나 때로는 학습장애, 과잉행동장애, 주의집중력 부족, 지능점수가 평균

이하인 경우도 있다(Case-Smith, Butcher, & Reed, 1998; Cherkes-Julkowski, 1998; Espirito Santo, Portuguez, & Nunes, 2009).

4) 출산준비

출산예정일이 다가오면 출산에 대한 정신적인 준비나 아기에게 필요한 물품을 미리 준비하여야 한다. 분만이 반드시 예정일에 이루어지는 것은 아니므로 임신 말기에는 미리 출산에 대한 준비를 하고 있어야 한다.

일반적으로 대부분의 임산부는 병원에서 출산을 하게 된다. 출산할 병원이나 출산 후 휴식할 장소를 미리 정해 두고, 임신 말기에는 정기적으로 검진을 받도록 하며, 진통이 시작된 뒤 2~3시간이 경과하면 병원으로 가는 것이 바람직하다. 분만과정에서 대부분의 임산부는 특별한 도움을 필요로 하지 않지만 10~15%는 특별한 도움이 필요하기 때문에 가정에서 출산할 경우에도 가까운 곳의 병원의 위치를 확인해 두는 것이 필요하다.

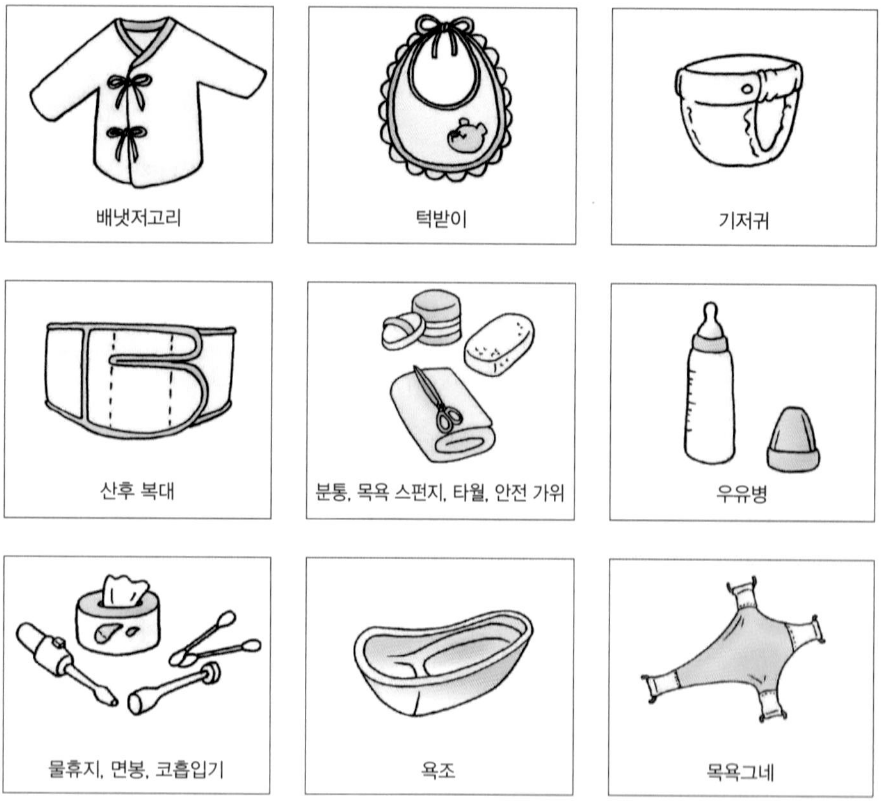

〈그림 6-2〉 출산준비물

아기에게 필요한 용품은 미리 준비해 두어야 한다. 아기를 위한 준비물로는 아기 의류(속옷: 3~5벌, 겉옷: 3~5벌, 기저귀: 30~40장, 포대기, 턱받이, 거즈 손수건), 아기 목욕용품(목욕통, 목욕 타월, 비누, 아기분, 베이비오일), 아기 침구류(요, 이불, 베개 등), 조유기구(우유병, 젖꼭지, 우유병 소독용품) 등이 있다(〈그림 6-2〉 참조).

2. 신생아

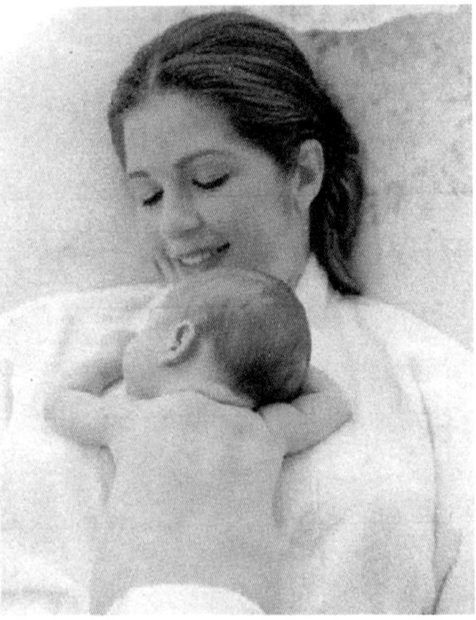

출생 후 첫 한 달 동안의 아기를 신생아라고 부른다. 신생아기는 비록 짧은 기간이지만 태내환경과는 상이한 새로운 환경에 적응해야 한다는 점에서 중요한 의미를 갖는다. 신생아는 숨 쉬고, 먹고, 새로운 환경에 적응해야 한다. 아직 미성숙한 기관을 지닌 신생아에게 이와 같은 것들은 스트레스를 유발한다. 그러나 신생아는 우리가 알고 있는 것보다 훨씬 더 많은 적응능력을 갖고 이 세상에 오는 것으로 보인다.

신생아는 출생 후 첫 15~30분 동안은 깨어 있지만 곧바로 깊은 잠에 빠진다. 따라서 태어나자마자 부모가 아기와 눈을 맞추고 신체접촉을 하는 것은 이후 애착관계 형성에 매우 중요한 요인으로 작용한다(사진 참조).

여기서는 신생아의 신체적 특징, 생리적 기능, 감각기능, 아기돌보기, 반사운동, 건강상태와 행동평가 등에 관해 살펴보고자 한다.

1) 신체적 특징

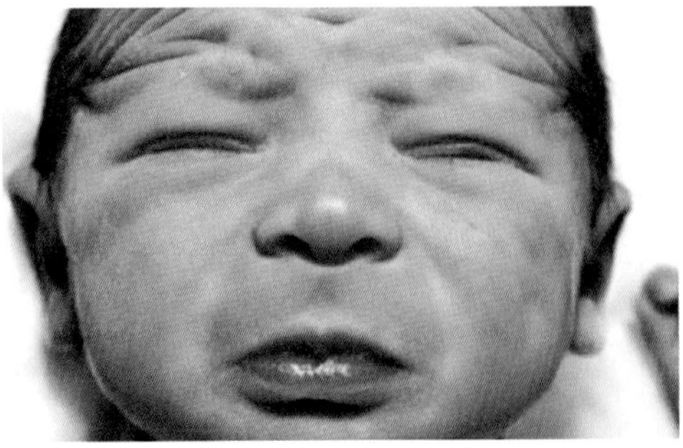

사진 설명 신생아

갓 태어난 아기의 모습은 많은 사람들이 생각하는 뽀얗고 포동포동한 '예쁜 아가'의 모습과는 거리가 먼 것이다. 신생아의 피부는 쭈글쭈글하고, 붉은색을 띠며, 끈적끈적한 태지(胎脂)로 덮여 있다. 눈꺼풀은 퉁퉁 부어 있고, 몸 전체는 솜털로 덮여 있는데 몇 주가 지나면 점차 없어진다. 생후

3~4일경에 나타나는 신생아 황달도 일주일이 지나면 사라지게 된다.

신생아의 신장은 출생 시 남아가 평균 49.9cm, 여아가 평균 49.1cm이다(〈표 6-1〉 참조). 첫돌이 되면 신장이 74~76cm로 출생 시의 1.5배가 되며, 두 돌 무렵에는 85~87cm 정도로 성인 키의 절반가량이 된다. 성장이 두미 방향으로 진행되기 때문에 출생 시 몸의 중앙점은 배꼽보다 2cm 가량 위쪽에 있으나 2세가 되면 배꼽보다 약간 아래쪽에 있게 된다.

신생아의 체중은 출생 시 남아가 평균 3.3kg, 여아가 평균 3.2kg이다(〈표 6-1〉 참조). 그러나 2.6~4.1kg 정도이면 정상 범주에 속하며, 첫 아이는 다음에 출생하는 아이보다 체중이 가벼운 경우가 많다. 출생 후 3~4일간은 약 5% 정도의 초기 체중감소가 있으며, 심한 경우에는 10% 정도까지 감소한다. 그러나 5일 이후부터는 점차 증가하여 2주경에는 출생 시의 체중을 회복한다. 첫돌 무렵에는 출생 시 체중의 약 3배인 10kg, 두 돌이 되면 12kg 정도로 급성장을 보인다.

출생 시 뇌의 무게는 350g 정도이지만 첫돌 무렵에는 800g 정도가 된다. 성숙한 성인의 뇌무게가 1,350g인 사실에 비추어 본다면, 다른 신체기관에 비해 두뇌발달은 출생 초기가 결정적 시기임을 알 수 있다. 또한 신생아는 출생 시 머리둘레가 약 34cm로 가슴둘레보다 크다(〈표 6-1〉 참조). 첫돌 무렵에는 머리둘레와 가슴둘레가 같아지며 그 이후부터는 점차 가슴둘레가 커지게 된다. 신체비율에서도 출생 시 머리의 크기는 신장의 $\frac{1}{4}$을 차지한다(〈그림 7-2〉 참조).

2) 생리적 기능

출생 시부터 신생아는 호흡, 순환, 체온조절이나 배설 같은 기본적인 생리적 기능이 잘 발달되어 있다.

(1) 호흡, 맥박, 체온

신생아의 맥박은 1분에 120~160회 정도로 빠르고 불규칙적이다. 호흡은 공기를 접하자마자 나타나는 반사적인 것으로 1분당 35~45회 정도이며 불규칙적인 복식호흡을 한다. 신생아의 체온은 성인보다 다소 높은 37~37.5℃이다. 땀샘이 잘 발달되지 않아 체온조절 능력이 성인보다 미흡하여 외계 온도의 영향을 많이 받는다. 지방층은 마지막 2개월에 발달하기 때문에, 조산아는 체온조절 능력이 다소 부족하므로 몸을 따뜻하게 유지해 주는 것이 필요하다.

표 6-1 우리나라 아동의 신체발달 정도(보건복지부, 대한소아과학회, 2017)

남자			연령	여자		
체중(kg)	신장(cm)	머리둘레(cm)		체중(kg)	신장(cm)	머리둘레(cm)
3.3	49.9	34.5	출생 시	3.2	49.1	33.9
4.5	54.7	37.3	1개월	4.2	53.7	36.5
5.6	58.4	39.1	2개월	5.1	57.1	38.3
6.4	61.4	40.5	3개월	5.8	59.8	39.5
7.0	63.9	41.6	4개월	6.4	62.1	40.6
7.5	65.9	42.6	5개월	6.9	64.0	41.5
7.9	67.6	43.3	6개월	7.3	65.7	42.2
8.3	69.2	44.0	7개월	7.6	67.3	42.8
8.6	70.6	44.5	8개월	7.9	68.7	43.4
8.9	72.0	45.0	9개월	8.2	70.1	43.8
9.2	73.3	45.4	10개월	8.5	71.5	44.2
9.4	74.5	45.8	11개월	8.7	72.8	44.6
9.6	75.7	46.1	12개월	8.9	74.0	44.9
9.9	76.9	46.3	13개월	9.2	75.2	45.2
10.1	78.0	46.6	14개월	9.4	76.4	45.4
10.3	79.1	46.8	15개월	9.6	77.5	45.7
10.5	80.2	47.0	16개월	9.8	78.6	45.9
10.7	81.2	47.2	17개월	10.0	79.7	46.1
10.9	82.3	47.4	18개월	10.2	80.7	46.2
11.1	83.2	47.5	19개월	10.4	81.7	46.4
11.3	84.2	47.7	20개월	10.6	82.7	46.6
11.5	85.1	47.8	21개월	10.9	83.7	46.7
11.8	86.0	48.0	22개월	11.1	84.6	46.9
12.0	86.9	48.1	23개월	11.3	85.5	47.0
12.2	87.1	48.3	24개월	11.5	85.7	47.2
14.7	96.5	49.8	3세	14.2	95.4	48.8
16.8	103.1	50.5	4세	16.3	101.9	49.6
19.0	109.6	51.1	5세	18.4	108.4	50.2
21.3	115.9	51.7	6세	20.7	114.7	50.9
24.2	122.1		7세	23.4	120.8	
27.5	127.9		8세	26.6	126.7	
31.3	133.4		9세	30.2	132.6	
35.5	138.8		10세	34.4	139.1	
40.2	144.7		11세	39.1	145.8	
45.4	151.4		12세	43.7	151.7	
50.9	158.6		13세	47.7	155.9	
56.0	165.0		14세	50.5	158.3	
60.1	169.2		15세	52.6	159.5	
63.1	171.4		16세	53.7	160.0	
65.0	172.6		17세	54.1	160.2	
66.7	173.6		18세	54.0	160.6	

(2) 수 면

신생아의 수면시간은 하루에 18시간 정도를 차지하며, 24개월경에는 12시간 정도로 감소한다. 수면에는 눈동자가 움직이느냐 움직이지 않느냐에 따라 REM(rapid eye movement) 수면과 비REM(non-REM) 수면이 있다. REM 수면은 빠른 눈동자의 움직임과 동시에 몸을 움직이며, 빠르고 불규칙한 호흡과 맥박이 나타난다. 소리를 내거나 꿈을 꾸는 것은 REM 수면에서 빈번하게 일어난다. 비REM 수면은 조용하고 깊은 잠으로 호흡이나 맥박이 규칙적이며 몸의 움직임도 줄어든다. 영아의 수면은 50%가 REM 상태이지만 차츰 감소하며 성인이 되면 20% 정도로 감소한다(〈그림 6-3〉 참조). 이러한 수면 형태의 변화는 출생 초기의 뇌의 미성숙과 이후의 빠른 성장으로 인해 나타나는 현상으로 설명할 수 있다.

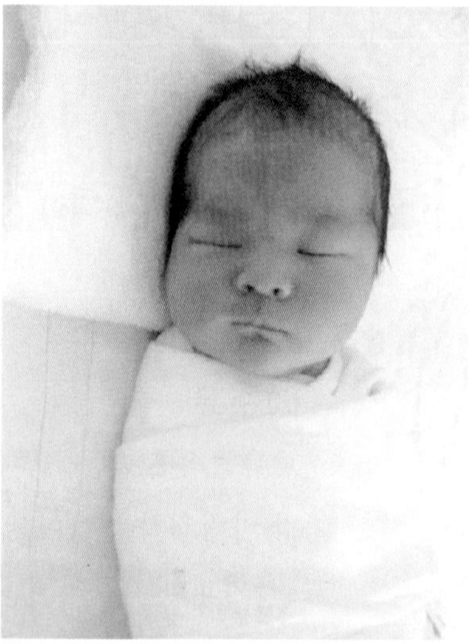

사진 설명 신생아는 하루 중 대부분의 시간을 잠을 잔다.

과테말라나 중국 등의 나라에서는 신생아가 부모와 한방에서 또는 한 침대에서 함께

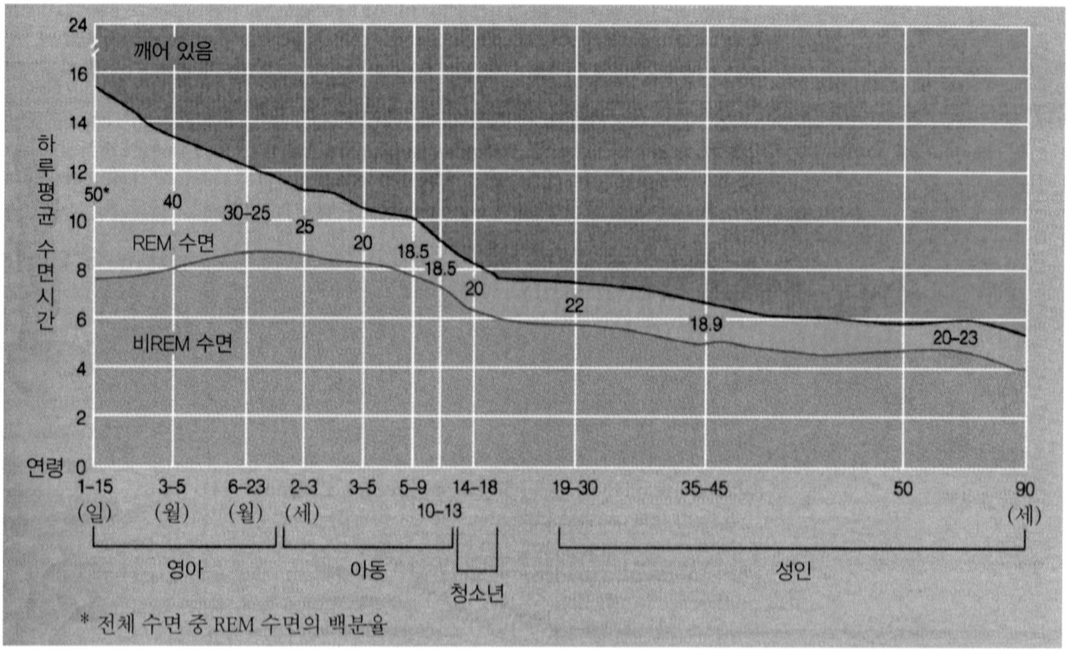

〈그림 6-3〉 신생아기부터 성인기까지의 수면상태와 깨어 있는 상태의 변화

출처: Newcombe, N. (1996). *Child development: Change over time* (8th ed.). Harper Collins College Publishers.

잠을 자지만, 서구에서는 신생아가 딴 방의 아기침대에서 수면을 한다. 부모와 한방에서 잔다는 것은 밤에 영아가 깨어나 수유를 해야 할 때 좀더 즉각적으로 신생아의 신호에 반응할 수 있다는 장점도 있다. 그러나 부모와 한 침대를 쓰는 영아들은 영아돌연사 증후군의 위험이 더 높은 것으로 밝혀졌다. 또한 부모가 술, 담배를 하거나 신생아가 너무 피곤한 양육자와 함께 잠을 자는 것은 더 위험할 수 있다는 연구도 있다(Baddock et al., 2007).

(3) 수유

모유는 산모가 특별한 질병을 앓고 있거나 모유를 먹이기 힘든 상황을 제외하고는 가장 바람직한 신생아의 음식이다. 따라서 산모는 다음과 같은 모유의 장점을 인식하고, 불가피한 경우가 아니면 될 수 있는 대로 모유 수유를 하는 것이 바람직하다(Duijts et al., 2010; Eiger, 1992; Kramer et al., 2008; Newman, 1995; Schiff, 2021; Slusser & Powers, 1997; Tanaka et al., 2009).

첫째, 모유는 인공유에 비해 영양학적으로 우수하여 영아 초기에는 이것만으로도 충분한 영양이 된다. 둘째, 모유는 장내에서 비타민이나 영양소를 흡수하는 데 효과적인 장내 세균군을 만들어 내므로 소화흡수가 쉽다. 셋째, 모유는 구토, 설사, 변비, 알레르기 같은 수유장애가 적다. 넷째, 모유는 신선하고 경제적이며, 수유하기도 편리하고 항상 일정한 온도를 유지하고 있다. 다섯째, 모유는 항체나 면역체를 다량으로 함유하고 있으므로, 아기에게 질병에 대한 저항력을 길러 준다.

출산 후 1~2일 사이에 젖이 나오기 시작하는데, 이를 초유라고 한다. 초유는 영양이 풍부할 뿐만 아니라 질병에 대한 면역체를 다량 함유하고 있으므로 가급적 먹이는 것이 좋다. 이들 항체나 면역체는 세균이 신체조직을 통과하는 것을 방해하며, 소장의 빈 공간에 세균들을 묶어 둠으로써 세균이 소화기관이나 다른 신체기관으로 이동하는 것을 차단한다. 뿐만 아니라 세균이 소화기관 내에 살지 못하도록 무기질이나 비타민의 공급을 차단하며, 어떤 면역세포들은 세균을 직접 잡아먹는 식균작용을 하기도 한다. 또한 영아의 면역능력을 증가시키는 화학물질을 생성하기도 한다.

우리 몸속에는 IgG, IgA, IgM, IgD, IgE의 다섯 가지 형태의 항체가 있는데, 모두 모유에 들어 있다. 그중 가장 많은 것이 IgA이며, 체내의 세균과 결합하여 이를 체외로 배출시키는 역할을 한다. 또한 장내에 정상적으로 존재하는 유용한 세균에 대해서는 전혀 영향을 미치지 않으며, 다른 조직에 손상을 일으키지 않고 세균을 격퇴시키므로 장관 내 점막보호 효과도 뛰어나다(Newman, 1995).

산모는 자기 주변의 병원체에 대해 항체를 형성하기 때문에 아기는 모유를 먹는 생후 첫 몇 주 동안 감염성 세균으로부터 보호를 받게 된다. 반면, 인공 수유를 하는 영아는 그들 자신이 스스로 IgA를 만들기 전까지는 침입한 세균과 싸울 수단이 없다.

이처럼 모유는 다양한 방식으로 신생아가 질병에 감염되는 것을 막아 준다. 출생 직후 수개월간 면역체가 제 기능을 발휘할 수 없는 시기에 특히 중요한 역할을 한다. 실제로 아동의 면역능력은 5세까지는 제 기능을 발휘하지 못한다.

그러나 무엇보다도 모유 수유의 장점은 이를 통해 밀접한 피부접촉을 함으로써 아기에게 안정감을 줄 수 있다는 점이다. 수유를 하는 동안 어머니의 심장 고동소리를 듣거나 어머니와의 피부접촉을 통해 아기는 심리적으로 안정감을 느낄 수 있다.

수유기간 중에도 임신기간과 마찬가지로 내복약, 술, 담배는 금하는 것이 좋다. 일반적으로 모유 수유는 하루 7~10회, 우유는 5~6회 정도이다. 그러나 수유시간, 횟수, 양은 개인차가 크기 때문에 지나치게 표준화된 양이나 횟수에 집착할 필요가 없다.

우리나라에서 전국 수준의 모유 수유율은 3년마다 이루어지는 전국출산력 및 가족보건복지 실태조사에서 조사되어 왔다. 모유 수유율은 2000년에 가장 낮은 수준이었다가 2009년까지 지속적으로 증가하였으나, 2012년에는 2009년에 비하여 감소하고 혼합 수유가 증가하고 있는 양상을 보인다. 2012년 조사결과, 생후 1주와 2주 이내 모유 수유율은 생후 3주 이내 모유 수유율보다 크게 낮았다. 2009년에 비하여 혼합 수유 도입이 빨라지면서 완전 모유 수유율이 감소된 것으로 보인다.

2021년 실태조사에서는 완전 모유 수유율이 생후 1주에 26.0%였다가 생후 2주에는 44.8%, 생후 3주에는 45.3%로 점차 높아지는 양상을 보였다. 완전 모유 수유율은 생후 3주에 최고점에 이르다가 5개월에는 20.1%에서 6개월에는 5.2%로 급격하게 감소하는 것으로 나타났다. 이와 같은 결과는 생후 6개월이 되면서 보충식을 시작하는 비율이 급증하기 때문인 것으로 보인다.

이상의 연구결과에 의하면 최근 모유권장운동(사진 참조)에도 불구하고 우리나라 모유 수유율은 여전히 낮은 것으로 나타났다. 모유 수유를 증가시키기 위해서 임산부를 대상으로 모유의 장점, 유방관리 및 수유방법에 대한 산전 교육이 필요한 것으로 보이며, 직장 내 모유 수유실 설치와 모유 수유 지원시책의 추진 등 모유 수유 지지 환경이 조성되어야 할 것으로 보인다.

(4) 배 설

신생아는 생후 1~2일경에 검고 끈적끈적한 태변을 보게 되며, 생후 3~4일이 지나면 노란색의 보통 변으로 변한다. 모유 수유를 하는 경우에는 하루 3~4회, 인공 수유인 경우에는 하루 1~2회의 변을 보게 된다. 신생아는 하루에 10회 이상으로 자주 소변을 보지만 수분의 섭취량에 따라 달라진다.

3) 감각기능

주위 환경으로부터 주어지는 여러 가지 자극을 오관을 통해 받아들이는 것을 감각이라고 한다. 출생 시 인간의 감각기능은 미성숙한 상태에 있으므로, 출생 이후 주위 환경으로부터의 적절한 자극이 감각기능의 발달에 필수적이다. 만약 이러한 자극이 결여된다면 감각기능은 정상적으로 발달할 수 없다. 아동에게 주어진 모든 자극들이 똑같이 아동의 감각기관을 통해 수용되는 것은 아니며, 특정한 자극에 대해서만 아동은 주의를 집중하고 이를 나름대로의 방식으로 이해하게 된다.

(1) 시 각

신생아의 시각은 비교적 발달되지 않은 상태에 있다. 눈의 크기가 작고 망막구조가 불완전하며 시신경도 덜 발달되어 있다. 출생 직후 영아는 물체에 초점을 고정시키지 못하고 가시거리도 극히 제한되어 있으나, 1개월경에는 사물에 초점을 맞추고 응시하는 것이 가능하다. 2개월경에는 180도 각도에서 물체를 추적하는 수평추시가 가능하

고, 이후 점차 수직, 원형으로 물체를 추적하는 것이 가능하다. 색에 대한 지각도 3~4개월경에는 가능한 것으로 보인다.

(2) 청각

뇌파 측정법을 이용해서 신생아의 청력을 연구한 결과, 신생아는 작은 소리는 잘 듣지 못하는 것으로 나타났다(Aslin, Pisoni, & Jusczyk, 1983). 그 이유는 출산과정에서 내이도로 침투된 양수 때문인 것으로 보인다. 그러나 양수가 제거되면 신생아도 소리의 크기나 음조, 지속시간, 소리가 나는 방향, 주파수 등을 구별할 수 있는 것으로 보인다(Bower, 1982). 특히 높고 강한 소리에 대해 민감하게 반응한다. 신생아가 들을 수 있는 소리의 크기는 성인보다 10~25 데시벨 높고, 음의 강도가 강할수록 심장 박동률이나 몸동작이 증가한다.

신생아는 단순히 소리의 크기나 음조뿐만 아니라 말소리도 구분할 수 있다. 생후 2주경에는 사람의 목소리와 다른 소리를 구분할 수 있으며, 3주경에는 낯선 사람이나 아버지의 목소리보다 어머니의 목소리에 민감하게 반응한다.

(3) 촉각

출생 시 촉각은 입술과 혀를 제외하고는 그다지 발달되어 있지 않다. 그러나 피부접촉을 통한 자극은 신생아의 생존에 필수적이다. 신생아는 주로 촉각에 의존하여 주변 환경을 인지한다. 촉각의 발달이 잘 이루어질 때 소화기능도 원활하게 이루어지고, 순조롭게 주변 환경에 적응해 나가게 된다. 안아주고 얼러주는 신체적인 접촉은 다른 양육행동 못지않게 신생아의 발달에 도움을 준다.

(4) 미각

미각은 태내에서도 어느 정도 기능을 하며 출생 시에도 여러 가지 맛의 액체를 구분

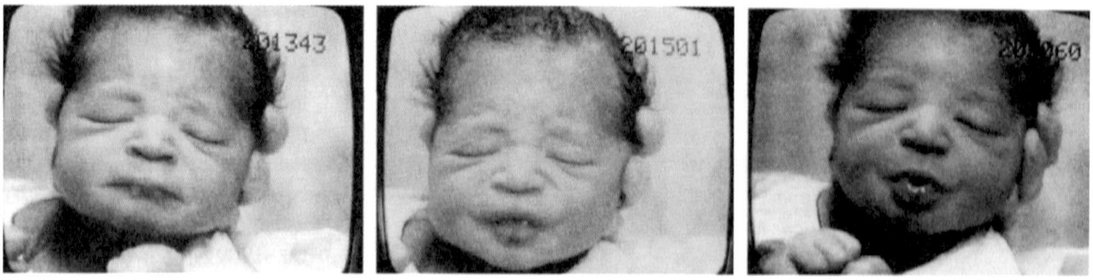

사진 설명 신생아가 각기 다른 맛에 다른 반응을 보이고 있다.

하는 것이 가능하다(Doty & Shah, 2008). 쓴맛, 신맛, 짠맛보다는 단맛이 나는 액체를 더 오래 빨며, 맹물과 단맛이 나는 포도당액을 구분할 수 있다. 단맛이 나는 액체를 주면 마치 단맛을 즐기는 것처럼 더 천천히 빠는 반응을 보이며, 단순히 빨기만 하는 것이 아니라 웃으면서 윗입술을 날름거리는 반응을 보인다(Ganchrow, Steiner, & Daher, 1983).

(5) 후각

후각은 다른 동물에 비해서는 덜 발달되어 있으나 출생 초기부터 상당히 발달되어 있다(Schaal, 2017). 생후 며칠 이내에 독특한 냄새들 간의 차이를 구분하는 것이 가능하며, 어머니와 다른 여성의 젖 냄새를 구분할 수 있고, 암모니아와 같은 독한 냄새에는 고개를 돌리는 반응을 보인다. 썩은 달걀 냄새를 맡으면 얼굴을 찌푸리는 반면, 바나나나 초콜릿과 같이 달콤한 향을 맡으면 이완되고, 유쾌한 표정을 짓는다(Berk, 1996; Schiekedanz et al., 1998).

4) 아기 돌보기

정상적인 태내환경은 온도와 영양 등이 거의 완벽하게 이루어져 있으나 출생 직후 신생아는 무력한 존재이며 성인에게 전적으로 의존함으로써 생존이 가능하다. 그러므로 아기 돌보기는 다른 동물들에 비해 의존기간이 긴 인간의 생존과 성장에 필수적이다. 아기 돌보기의 몇 가지 예를 들어보면 다음과 같다(한순옥, 손화희, 1997).

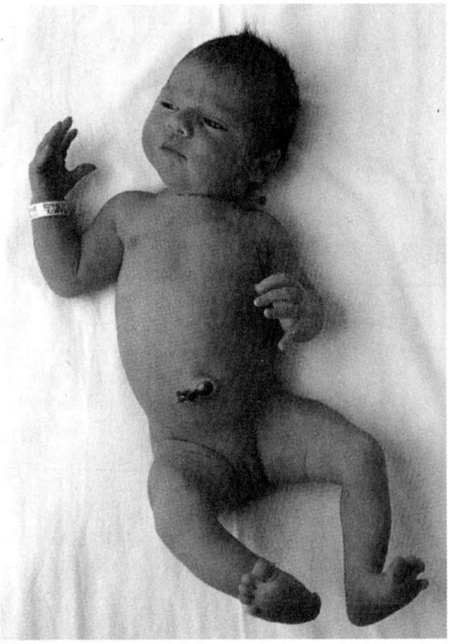

(1) 배꼽처리

아기의 배꼽은 1~2주 정도면 곱게 아물어 떨어지지만 진물이 나거나 고름이 나면 의사의 도움이 필요하다. 배꼽이 완전히 떨어질 때까지는 입욕을 피하고 스펀지에 비누나 베이비오일을 묻혀 닦아 주는 것이 좋다. 가끔 아기가 너무 심하게 울거나 해서 배꼽이 밖으로 튀어나올 수가 있는데, 이때는 소독한 동전을 솜으로 싸서 배꼽 위에 얹어놓고 반창고를 붙이면 제자리로 돌아가게 할 수 있다.

(2) 유두 짜주기

여자아이는 생후 3주일이 지나기 전에 유두를 짜주면 흰 유즙이 소량 나온다. 유두를 짜주는 것은 아기가 성인이 된 후에 유두가 함몰되는 것을 막기 위해서인데, 함몰된 유두는 장차 어머니가 되어 수유를 할 때 큰 불편을 겪게 된다.

(3) 목욕시키기

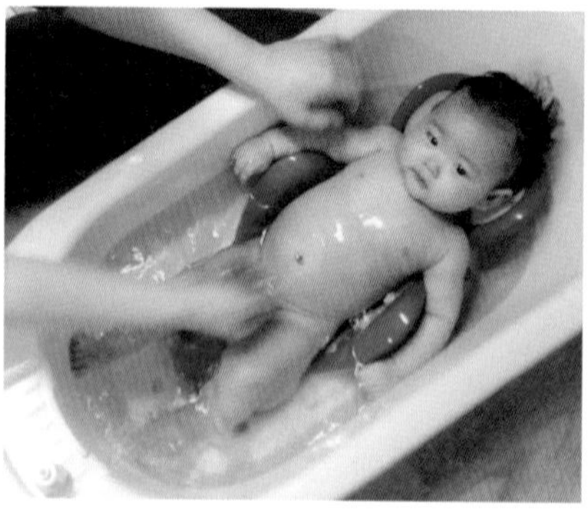

목욕은 수유 후 1시간 이내는 가급적 피하고 밤에 잠을 잘 자지 않는 아기는 자기 전에 시키는 것이 바람직하다. 횟수는 1일 1회 정도가 적절하지만 추운 겨울에는 이틀에 한 번 정도도 무난하다. 목욕을 시킬 때는 얼굴과 머리부터 시작하여 몸체와 다리의 순서로 씻겨 주며, 다 씻긴 후에는 피부가 접히는 부분에는 반드시 아기분을 발라 주어야 한다.

(4) 일광욕시키기

일광욕은 영아의 식욕부진을 고쳐줄 뿐만 아니라 뼈를 튼튼하게 해 주고, 성장발육과 운동기능의 발달을 촉진시켜 준다. 겨울에는 정오를 중심으로 하여 따뜻한 시간을, 여름에는 아침저녁의 서늘한 시간을 택하여 시키는 것이 좋다. 따뜻한 계절에는 그 이전에도 가능하지만 대략 생후 1개월 이후부터 시작하도록 하며, 처음 2~3일 동안은 하루 5분 정도씩 발끝부터 시작하여 서서히 위로 올라가도록 한다. 일광욕을 시킬 때는 반드시 모자를 씌워 얼굴이나 눈에 직사광선을 받지 않도록 해야 한다.

(5) 운동시키기

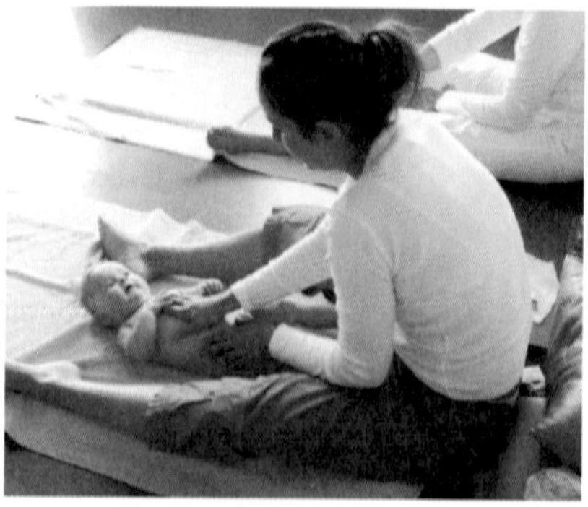

운동은 아기의 건강유지에 매우 중요하다. 각종 저항력을 기르고 근육을 발달시키기 위해서 적어도 하루에 30분 정도는 운동을 시키는 것이 좋다. 일반적으로 아기는 스스로 기초적인 운동은 할 수 있다. 즉, 머리를 좌우로 돌리고 다리를 차고 팔을 흔들고 손가락을 움직이는 등의 활동으로 아기의 근육은 어느 정도 운동이 된다고 할 수 있다.

그러나 아기가 혼자서는 운동을 할 수 없는 신체근육

도 있다. 예를 들어, 아기가 앉고 서게 될 때까지는 몸통근육을 운동할 수 없고 또 발을 딛고 서고 걸을 때까지는 발목과 발의 근육을 운동할 수가 없다. 이렇게 아기가 제 혼자서 운동할 수 없는 근육을 단련시키기 위해서는 어머니가 옆에서 도와줄 필요가 있다(사진 참조). 아기에게 운동을 시킬 때는 젖을 먹인 직후나 배가 고플 때는 피하고 목욕 후와 같이 기분이 좋을 때 하는 것이 바람직하다.

(6) 예방접종

아기의 예방접종은 기본접종(primary immunization)과 추가접종(secondary immunization)으로 나뉜다. 기본접종은 항원을 주사해서 아기에게 기초적인 면역반응을 일으키는 것이고, 추가접종은 기본접종으로 생긴 면역반응의 효과를 지속시키기 위해 일정 기간을 두고 추가로 접종하는 것이다.

예방접종은 예방접종표(〈표 6-2〉 참조)를 만들어 담당 의사의 지시에 따라 적절한 시기에 실시하도록 한다.

5) 반사운동

반사(reflex)는 우리 눈에 이물질이 들어가면 눈을 깜박거리는 것과 같이 외부의 자극에 대한 무의식적이고도 자동적인 반응을 말한다. 신생아는 외부의 자극에 대해 여러 가지 반사행동을 보이는데, 반사행동에는 생존반사와 원시반사의 두 종류가 있다. 생존반사(survival reflexes)는 신생아의 생존에 필요한 것으로 호흡 반사(breathing reflex), 눈깜박거리기 반사(eye-blink reflex), 빨기 반사(sucking reflex), 삼키기 반사(swallowing reflex), 근원 반사(rooting reflex) 등이 있다. 생존반사는 유해한 자극에 대해 보호기능을 할 뿐만 아니라 유아의 기본 욕구를 충족시키는 기능도 한다(Bowlby, 1988).

Esther Thelen

원시반사(primitive reflexes)는 신생아의 생존과는 관계가 없는 반사로 인류의 진화과정의 흔적으로 보인다. 모로 반사(Moro reflex), 바빈스키 반사(Babinski reflex), 수영 반사(swimming reflex), 파악 반사(grasping reflex), 걸음마 반사(stepping reflex) 등이 원시반사의 예이다(Thelen, 1984). 원시반사는 대부분 수개월 이내에 사라지는데, 이는 대뇌피질이 발달함에 따라 신생아의 반사운동이 점차적으로 의식적이고 자발적인 행동으로 대체되기 때문이다(Gieysztor, Choińska, & Paprocka-Borowicz, 2018). 원시반사가 기능적인 가치는 별로 없다하

표 6-2 표준 예방접종 일정표(소아용)

구분	대상전염병	백신 종류 및 방법	0개월	1개월	2개월	4개월	6개월	12개월	15개월	18개월	24개월	26개월	만4세	만6세	만11세	만12세
국가예방접종	결핵 ①	BCG(피내용)	1회													
	B형간염 ②	HepB	1차	2차			3차									
	디프테리아 파상풍 백일해	DTaP ③			1차	2차	3차		추4차				추5차			
		Td/Tdap ④													추6차	
	폴리오 ⑤	IPV			1차	2차	3차						추4차			
	b형헤모필루스 인플루엔자 ⑥	PRP-T/HbOC			1차	2차	3차	추4차								
	폐렴구균	PCV(단백결합) ⑦			1차	2차	3차	추4차								
		PPSV(다당질) ⑧									고위험군에 한하여 접종					
	홍역 ⑨ 유행성이하선염 풍진	MMR						1차					2차			
	수두	Var						1차								
	A형간염 ⑩	HepA						1~2차								
	일본뇌염	JE(사백신) ⑪						1~3차						추4차		추5차
		JE(생백신) ⑫						1~2차								
	인플루엔자	Flu(사백신) ⑬					매년접종									
		Flu(생백신) ⑭									매년접종					
기타예방접종	결핵 ①	BCG(경피용)	1회													
	로타바이러스	RV1(로타릭스)			1차	2차										
		RV5(로타텍)			1차	2차	3차									
	인유두종 바이러스	HPV4(가다실) /HPV2(서바릭스)													1~3차	

출처: NIP 예방접종 도우미(https://nip.cdc.go.kr)

* 국가예방접종: 국가가 권장하는 예방접종(국가는 감염병의 예방 및 관리에 관한 법률을 통해 예방접종 대상 감염병과 예방접종의 실시기준 및 방법을 정하고, 국민과 의료제공자에게 이를 준수토록 하고 있음)
* 기타예방접종: 국가예방접종 이외 민간 의료기관에서 접종 가능한 예방접종

더라도 발달상태를 평가하는 데에는 매우 유용하다. 만약 이러한 반사행동이 출생 시 나타나지 않거나 수개월이 지나도 사라지지 않으면 신경계통에 어떤 문제가 없는지를 살펴보아야 한다. 신생아가 보이는 대표적인 반사에는 다음과 같은 것이 있다.

예방접종도우미

질병관리청에서 예방접종도우미 사이트를 운영하며 자녀의 예방접종관리를 해 주고 있다.

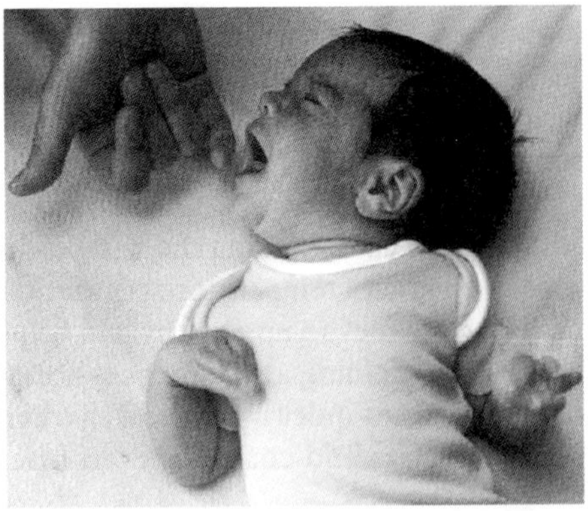

사진 설명 근원 반사

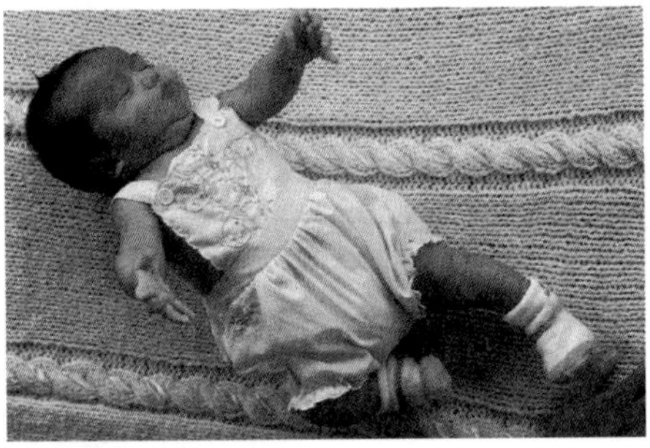

사진 설명 모로 반사

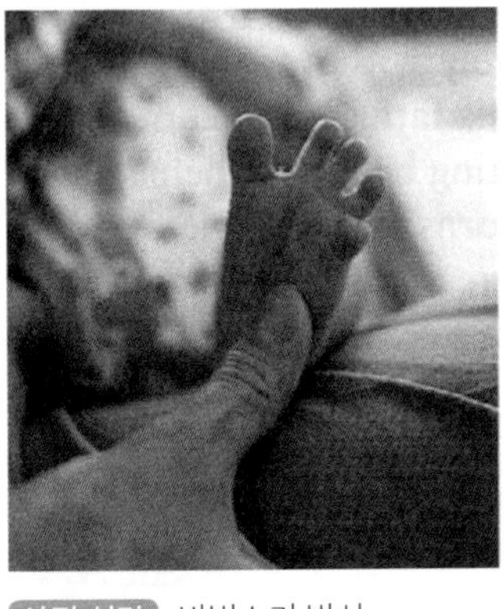

사진 설명 바빈스키 반사

사진 설명 수영 반사

(1) 근원 반사

신생아는 입 주위에 자극을 주면 그 자극을 향해 고개를 돌리고, 입을 벌려 이것을 빨려고 한다. 입에서 먼 뺨에 자극물을 갖다 대어도 필사적으로 먹이라는 자극물을 찾아간다.

(2) 빨기 반사

신생아는 구강자극에 민감하여 입에 닿는 것은 무엇이든지 빨려고 하는데 이것이 빨기 반사이다. 빨기 반사는 근원 반사와 마찬가지로 생존을 위해 타고난 반사행동이다.

(3) 모로 반사

Moro가 발견한 반사행동이다. 갑자기 큰 소리를 내거나, 신생아를 안고 있다가 갑자기 내려놓으면 팔이 활모양으로 휜다. 또한 신생아를 똑바로 눕힌 채 누운 자리 근처를 양쪽에서 세게 두드리면 팔을 쭉 벌리면서 손으로 무엇인가를 잡으려고 하는 것 같은 자세를 취한다.

우리나라 영아를 대상으로 한 연구(곽금주 외, 2005)에서 1개월 영아 중 83.1%가 모로 반사를 보였으나, 3개월에는 45.7%, 4개월에는 35.1%까지 감소하였다. 그리고 5개월에는 29.3% 정도만 모로 반사를 보였다.

(4) 바빈스키 반사

Babinski가 발견한 반사행동이다. 신생아의 발바닥을 발꿈치에서 발가락 쪽으로 간질이면 엄지발가락을 구부리는 반면, 다른 네 개의 발가락은 부채처럼 쫙 펴는 반응을 보인다.

(5) 수영 반사

아기를 물속에 넣으면 물 위에 뜨기 위해 적절한 팔다리 운동과 호흡을 한다.

(6) 파악 반사

신생아의 손바닥에 어떤 물건을 쥐어 주면 그것을 빼내기 힘들 정도로 꽉 쥐는 반응을 보인다. 나무에 매달리는 원숭이의 파악행동을 예로 들면서 파악반사를 인류 진화과정의 잔존물로 해석하는 학자도 있다.

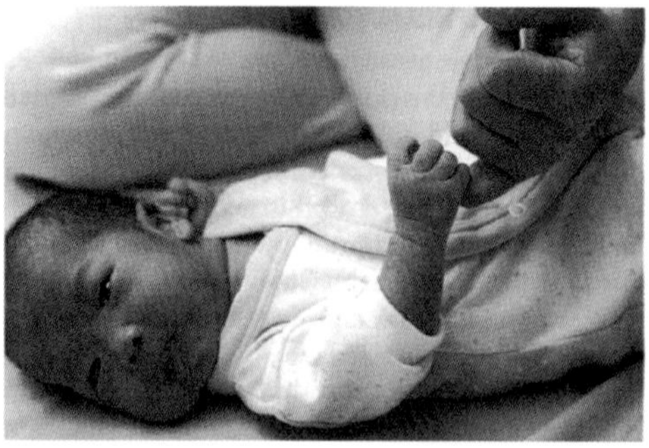

사진 설명 파악 반사

(7) 걸음마 반사

신생아의 겨드랑이를 잡고 살짝 들어 올려 바닥에 발을 닿게 하면, 걸어가듯이 무릎을 구부려 발을 번갈아 땅에 내려놓는데 이것을 걸음마 반사라고 한다.

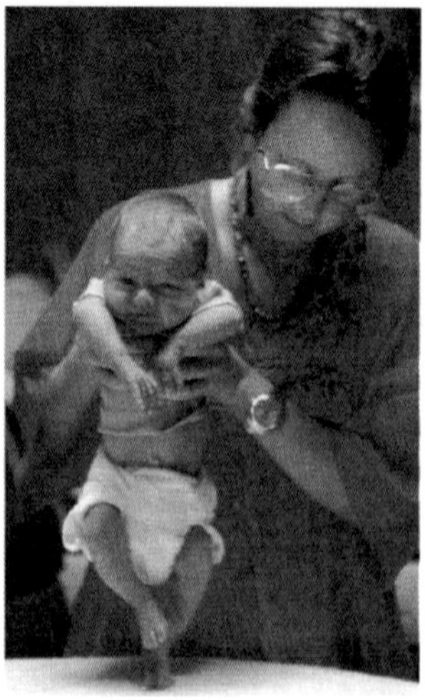

사진 설명 걸음마 반사

6) 건강상태와 행동평가

신생아의 초기 운동능력이나 건강상태를 평가하기 위해서 Apgar 검사와 Brazelton 신생아 행동평가 척도가 사용된다.

(1) Apgar 검사

Virginia Apgar(1953) 박사가 개발한 Apgar 검사는 신생아의 건강상태를 평가하기 위해 사용되는 가장 대표적인 의학적 검사이다. Apgar 검사는 비전문가도 평가할 수 있을 정도로 간단하다. Apgar 검사는 출생 1분 후 그리고 다시 5분 후에 두 번에 걸쳐 실시된다. Apgar 검사로 아기의 상태를 자세하게 알 수는 없지만, 어떤 아기가 즉각적인 조치가 필요한 상태에 있는지는 알 수 있다(Reynolds, 2010; Shehata et al., 2011).

Virginia Apgar

〈표 6-3〉에서 보는 바와 같이 Apgar 검사는 맥박, 호흡, 근육상태, 반사능력, 피부색 등의 다섯 가지 영역에서 각 영역별로 2점씩 총 10점 만점으로 평가된다. Apgar 점수가 7점 이상이면 건강상태가 양호한 것인데, 대부분의 신생아들은 7점 이상을 받게 된다. Apgar 점수가 4점 이하이면 위험한 상태로 즉각적인 조치를 취해야 한다. 영아돌연사 증후군으로 사망하는 영아는 Apgar 점수가 낮은 경향이 있다(Francis, Self, & Horowitz, 1987).

표 6-3 Apgar 검사의 영역과 채점 기준

영역	0점	1점	2점
맥박	없음	분당 100 이하	분당 100~140
호흡	없음	불규칙, 약한 호흡	강한 호흡과 울음
근육의 힘	축 늘어짐	약한 움직임	강한 움직임
반사능력	반응 없음	약한 반사 반응	강한 반사 반응
피부색	몸 전체가 푸르고 창백함	몸은 분홍빛, 사지는 푸른빛	몸 전체가 분홍빛

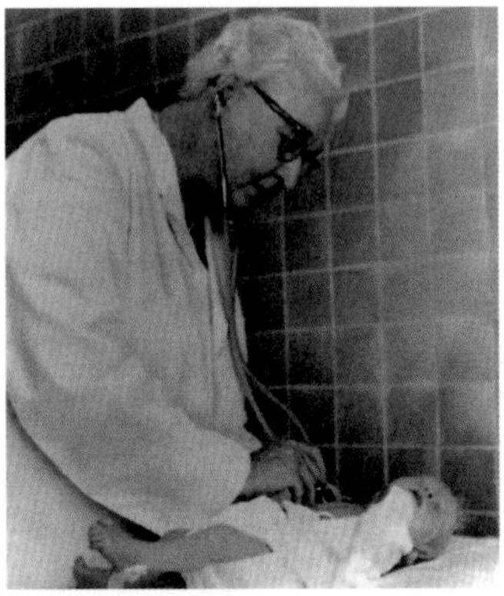

사진 설명 출생 후 곧바로 Apgar검사를 받고 있는 신생아

우리나라 신생아 1만 3,320명을 대상으로 Apgar 검사를 실시한 결과, 대부분의 신생아들(97.7%)이 7점 이상을 받아 건강상태가 양호한 것으로 나타났다(정진옥, 1992). 좀더 구체적으로 살펴보면, 32주 이내 출산한 조산아 중에서 체중이 2.5kg 이하인 미숙아의 경우 Apgar 점수가 현저히 낮았으며, 여아보다는 남아가 평균적으로 점수가 낮은 것으로 나타났다. Apgar 점수가 낮을수록 질식으로 인한 사망률이 높았다.

낮은 Apgar 점수는 이미 태중(胎中)에서 발생한 문제(예를 들면, 산모의 우울증, 불안, 음주, 흡연 등)일 수도 있으나, 출산과정에서 야기되는 문제(예를 들면, 일시적인 산소결핍증 또는 약물 등)에 기인하기도 한다. 수 초 동안의 산소결핍은 별로 문제가 되지 않지만, 수 분간 계속되는 산소결핍증은 뇌세포를 소멸시킴으로써 뇌손상을 초래하고, 혈압을 증가시킴으로써 뇌출혈을 야기시킨다(Bornstein & Lamb, 1992).

(2) Brazelton 신생아 행동평가 척도

Apgar 검사가 출생 직후에 신생아의 위험상태를 알아보는 검사인 반면, Terry Brazelton(1973) 박사가 개발한 Brazelton 신생아 행동평가 척도는 신생아가 주위 환경에 어떻게 반응하는가를 알아보는 행동검사이다. 이 검사는 출생 후 1주일경에 실시하는데, 소요시간은 30분 정도 걸린다(Jones, 2012).

신생아 행동평가 척도의 목적은 신생아 행동의 개인차를 설명하기 위한 임상적 도구로 고안된 것이다(Costa & Figueiredo, 2011). 또한 미숙아와 고위험군의 영아를 연구하는 데 사용되었으며, 임신 중 모체의 알코올, 담배, 마리화나, 코카인 등의 사용이 신생아의 행동에 미치는 영향을 연구하기 위해 사용되었다(Coles, Smith, & Falek, 1987;

Morrow et al., 2001). 뿐만 아니라 임신 중 모체의 정서상태, 임신 중 도파민 수준, 부모자녀 간의 애착관계를 연구하기 위해서도 이 척도가 사용되었다(Field et al., 2001).

이 척도는 신생아의 주의집중력, 활동수준, 근육상태, 스트레스에 대한 생리적 반응, 사람 얼굴과 목소리에 대한 사회적 반응 등을 평가한다. 자극에 얼마나 빨리 반응하는가를 평가할 뿐만 아니라 얼마나 빨리 다시 평온한 상태로 돌아가는가도 평가한다.

사진 설명 Terry Brazelton이 신생아와 함께

이 척도의 한 예로 아기가 깨어 있는 상태에서 아기 머리 위에서 종을 크게 울린다. 아기는 종소리를 듣고서 깜짝 놀라는 반응을 한다. 다시 종을 울리면 저번만큼 놀라지 않는다. 왜냐하면 아기는 종소리에 습관화(habituation)[1]되었기 때문이다. 아기가 더 이상 종소리에 아무 반응을 보이지 않을 때까지 종을 몇 번 울렸는가로 점수를 계산한다. 종을 여러 번 울릴수록 점수가 낮다. 여기서 낮은 점수는 정보처리와 학습에 문제가 있다는 것을 의미한다.

생후 3일 이내인 우리나라 신생아 73명을 대상으로 신생아의 행동특성을 조사한 신영희(2001)의 연구에 의하면, 연구대상 신생아의 대부분이 신생아 행동평가의 하위 항목에서 습관화, 주의집중, 상태조절 점수가 보통 수준인 것으로 나타났으며, 자율신경계 안정점수도 비교적 안정적인 것으로 나타났다. 또한 연구대상 신생아 어머니들의 인구학적 변인에 따라 신생아 행동평가점수에 차이가 있는지를 알아본 결과, 임신기간 중 직장을 다닌 산모의 아기가 직장을 다니지 않은 산모의 아기보다 주의집중력이 높은 것으로 나타났으며, 시골에 거주한 산모의 아기가 도시에 거주한 산모의 아기보다 주의집중력이 높은 것으로 나타났다. 또한 유산의 경험이 없는 산모, 카페인이 든 음료를 섭취하지 않은 산모의 아기가 상태범위점수에서 더 높은 것으로 나타났다.

1) 어떤 자극이 여러 번 반복하여 일어날 때, 이 자극에 대해서 반응하는 강도가 감소하는 것을 말한다.

영아돌연사 증후군(Sudden Infant Death Syndrome: SIDS)

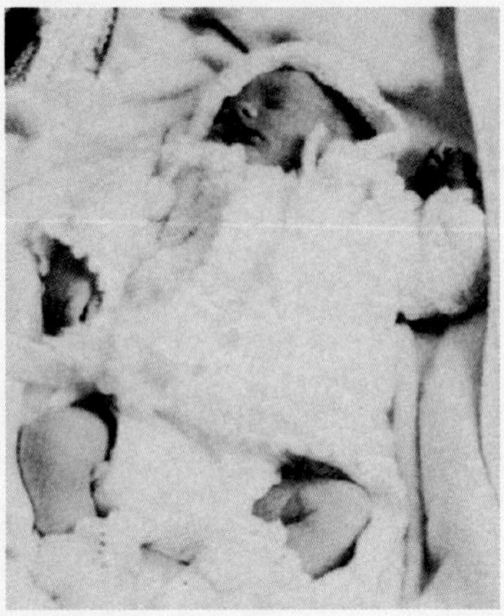

영아돌연사 증후군은 첫돌이 되기 전의 영아가 특별한 이유도 없이 수면 중에 갑자기 사망하는 현상을 말한다. 잠이 들 때까지는 별다른 이상이 없던 상황에서 갑자기 사망한 채로 발견되는 경우가 많다. 세계적으로 1,000명의 영아 중 1~3명이 영아돌연사 증후군으로 사망하는데, 우리나라는 발생률이 비교적 낮은 편이다. 선진국에서는 생후 1개월에서 첫 돌 사이에 사망한 영아의 40~50%가 SIDS의 희생자이다(Heron, 2016).

SIDS의 정확한 원인은 아직 밝혀지지 않고 있으나, 최근에 와서 가장 유력한 가설은 호흡조절규제와 관련된 뇌기능에 이상이 있다는 것이다. 즉, 호흡이 갑자기 중단되는 것과 같이 영아가 생존에 위협을 느꼈을 때 어떻게 반응하는지를 학습하는 데 문제가 있다는 것이다(Lipsitt, 1990).

생후 2~4개월 사이에 SIDS 발생률이 가장 높은데, 이 시기에는 대뇌피질이 발달함에 따라 호흡반사가 의식적이고 자발적인 행동으로 대체하게 된다. 그러나 SIDS 영아의 경우 이러한 대체과정이 순조롭지 못해 방어적 반사를 대체할 수 있는 자발적인 행동을 습득하지 못하게 된다. 따라서 수면 중 호흡에 이상이 발생했을 경우 잠에서 깨어나 자세를 바꾸거나 울거나 하지 못하고 그대로 사망하게 되는 것이다.

SIDS는 남아, 조산아, 미숙아, 빈곤계층이나 십대 미혼모의 아기, 어머니가 흡연과 약물복용을 한 경우에 많이 발생하고 아기를 엎어 재우거나(Adams, Ward, & Garcia, 2015; Elder, 2015), 푹신한 요를 사용하거나 담요 등으로 아기의 몸을 감싼 경우에도 많이 발생한다. 그리고 계절적으로는 겨울에 발생률이 높다.

SIDS의 예방법은 임신 중 영양섭취를 충분히 하고, 흡연과 약물복용을 삼가며(Horne, 2018), 아기를 바로 눕히거나 옆으로 눕혀 재우고(Horne, 2019), 너무 푹신한 이부자리나 베개는 피하며, 모유 수유를 하고(Cowgill, 2020), 아기를 혼자 재워놓고 오랫동안 외출하는 것을 삼가는 것이다.

제3부

영아기

영아기는 인간발달의 여러 영역에서 급속한 성장이 이루어지는 시기이다. 뛰어다닐 수 있을 만큼 빠른 속도로 신체발달이 이루어지고, 다른 사람과 의사소통이 가능할 만큼 언어능력도 발달한다. 그러나 이후의 사회성발달을 위해 부모와의 애착을 형성하는 것이 필요하며, 인지발달을 촉진시키기 위해 여러 감각기관들의 자극이 필요한 시기이다.

영아기 동안 신체적 성장은 놀라운 속도로 진행된다. 두뇌발달 또한 생후 어느 시기보다도 급격하게 이루어진다. 뇌와 신경계 그리고 근육의 발달과 병행하여 새로운 운동기능도 발달한다.

영아기 동안 인지적 성장도 급속도로 이루어지는데, 몇 가지 반사능력만을 가지고 태어난 신생아는 점점 목적의식을 가지고 행동하는 존재로 바뀐다. 영아기의 인지발달에는 시각적 · 청각적 자극 등이 필요하며 특히 언어적 상호작용이 매우 중요한 역할을 한다.

영아기 동안 발생하는 가장 중요한 형태의 사회적 발달이 애착이다. 어떤 종이든 어린 것이 어른보다 더 귀엽다. 큰 머리, 벗겨진 이마, 볼록한 볼, 짧고 통통한 사지, 서투른 동작 등 영아의 신체적 특징은 어른들을 매혹시키기에 충분하다. 영아가 생존하기 위해서는 성인의 관심과 보호가 절대적으로 필요하다. 영아기 애착의 발달은 양육자와의 이와 같은 유대관계를 통해 형성된다.

제3부에서는 영아기의 신체발달, 인지발달, 사회정서발달에 관해 살펴보기로 한다.

제 7 장

신체발달

1. 신체적 성장
2. 생리적 기능
3. 뇌와 신경계의 발달
4. 운동기능의 발달
5. 감각과 지각의 발달

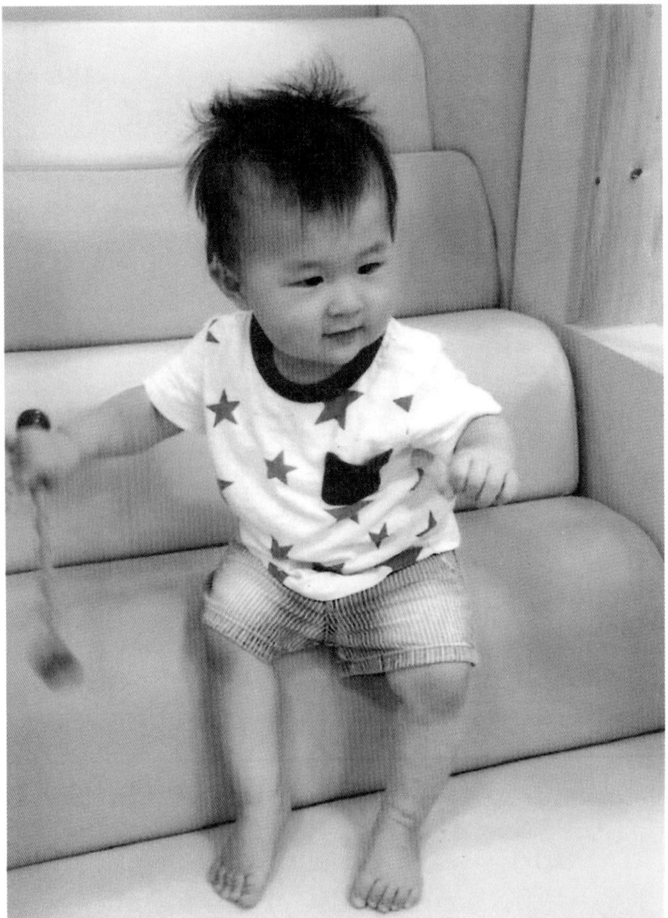

영아기는 인간의 일생에서 신체적 성장이 가장 빠른 속도로 이루어지는 시기이다. 특히 출생 후 첫 1년간은 신체와 뇌의 성장이 급속도로 이루어진다. 이처럼 성장이 급속도로 이루어지는 시기를 성장급등기라고 하는데, 영아기 이후 사춘기에도 똑같은 현상이 한 번 더 일어난다. 그래서 영아기를 제1 성장급등기라 부르고, 사춘기를 제2 성장급등기라고 한다.

영아기의 두뇌발달은 생후 어느 시기보다도 급격하게 이루어진다. 태내기와 영아기는 두뇌발달의 결정적 시기이며, 이 시기 동안의 영양결핍은 두뇌의 성장발달을 저해하는 요인이 된다. 영아기에서 뇌의 발달은 생물학적 요인뿐만 아니라 환경적 요인에 의해서도 영향을 받는다.

고개조차 가누지 못하던 신생아가 기동성 있는 인물로 변하는 시기도 영아기이다. 기기, 서기, 걷기, 달리기 등 새로운 운동기능의 발달은 영유아로 하여금 자신감을 갖게 해 준다. 이러한 운동능력은 뇌와 신경계 그리고 근육의 발달과 병행한다.

신생아도 시각, 청각, 후각, 미각, 촉각 등의 감각능력을 어느 정도 가지고 태어나지만, 영아기 동안 이러한 감각능력은 급속도로 발달한다. 감각과 지각의 발달은 아동의 운동기능이나 인지발달에 영향을 미치게 된다.

이 장에서는 영아기의 신체적 성장, 생리적 기능, 뇌와 신경계의 발달, 운동기능의 발달, 감각과 지각의 발달 등에 관해 살펴보고자 한다.

1. 신체적 성장

영아기의 신체적 성장은 놀랄 만큼 빠른 속도로 이루어진다. 아기를 신생아기 때 한 번 보고 나서 몇 개월 후에 다시 보게 된다면, 이 아기가 과연 그때 그 아기가 맞는지 의아할 정도로 아기가 달라져 있는 것을 발견하게 된다. 출생 후 몇 개월간은 매일 30g씩 체중이 늘고 매월 2~3cm씩 키가 큰다. 신장과 체중의 눈부신 성장 외에도 골격과 근육, 중추신경계 등의 신체 내부적 발달도 급속도로 이루어진다.

1) 신장과 체중의 변화

생후 첫 1년간의 특징은 빠른 신체적 성장이라 할 수 있다. 건강한 영아의 경우 신장은 1년 동안 1.5배, 체중은 3배 정도 증가한다. 두 돌 무렵이 되면 신장은 성인 키의 절

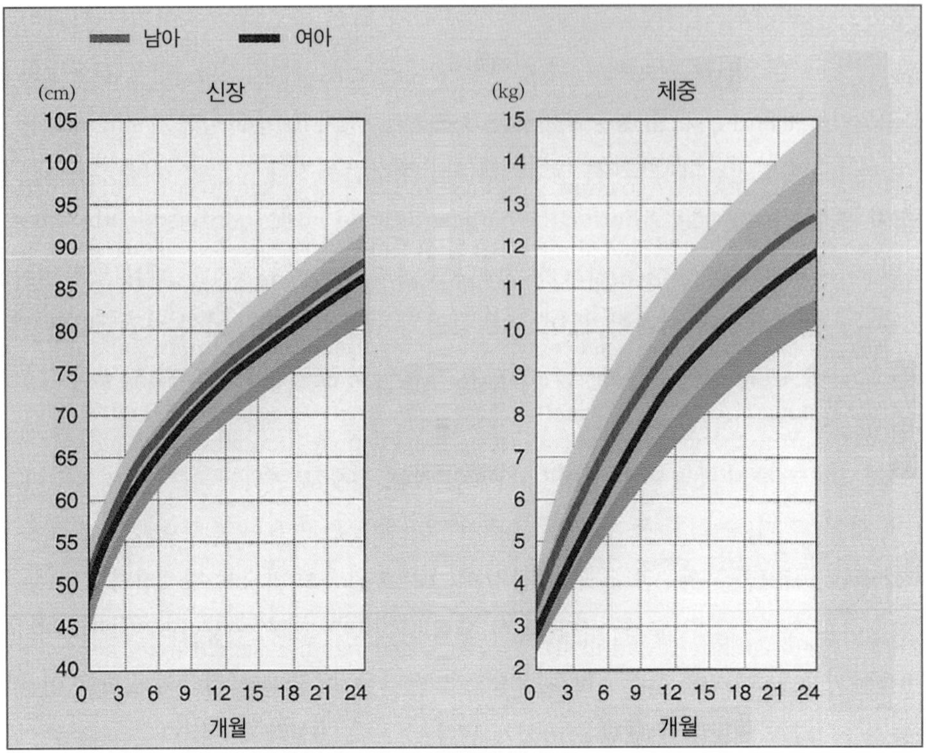

〈그림 7-1〉 신장과 체중의 증가(영아기)

출처: Seifert, K. L., & Hoffnung, R. J. (2000). *Child and adolescent development* (5th ed.). Boston: Houghton Mifflin.

반가량이 되고 체중은 출생 시 체중의 4배가 된다(〈그림 7-1〉 참조).

생후 6개월까지는 신장과 체중이 사회계층과 무관하게 모두 동일한 비율로 성장하지만, 6개월 이후부터는 중산층의 아동이 영양이나 건강에 대한 높은 관심으로 인해 더욱 빨리 성장한다.

2) 신체비율의 변화

신체의 모든 부위가 똑같은 비율로 성장하는 것은 아니기 때문에 영아의 신체비율은 급격히 변한다. 바꾸어 말하면, 신체의 각 부분은 다른 시기에 다른 비율로 성장한다. 수태에서 출생까지는 머리부분이 가장 빠른 속도로 성장해서 신생아의 머리크기는 성인의 70%에 이르고, 출생 후 첫 1년간은 몸통이 가장 빠른 성장을 보여서 이 기간 동안에 증가한 신장의 60%에 해당된다. 출생 후 1년부터 청년기에 이르는 동안에는 다리가 가장 빠른 속도로 성장하여 이 기간 동안 이루어진 신장 증가량의 60% 이상이 된다

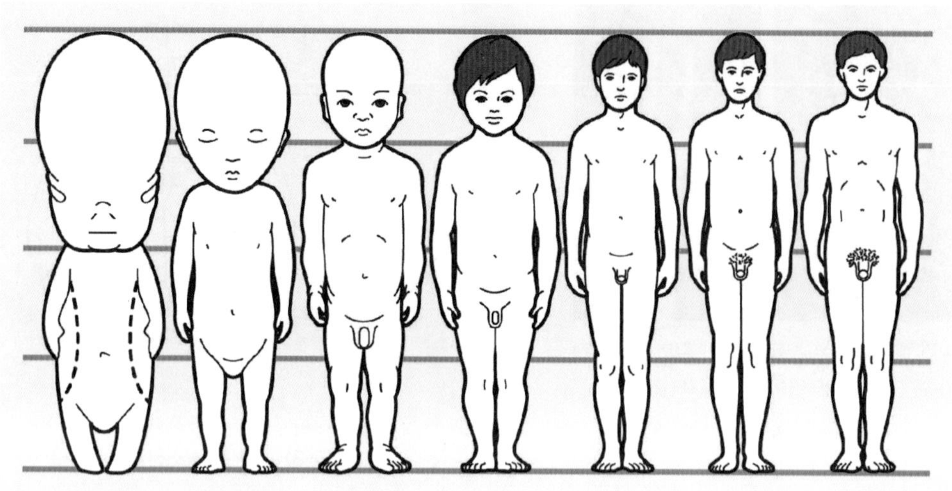

〈그림 7-2〉 신체비율의 변화

출처: Muzi, M. J. (2000). *Child development*. NJ: Prentice-Hall.

(Eichorn, 1979).

신생아는 머리크기가 신체에서 차지하는 비율이 $\frac{1}{4}$이나 되기 때문에 얼핏 보면 머리만 있는 것처럼 보인다. 출생 시 머리의 크기는 신장의 $\frac{1}{4}$을 차지하지만, 첫 2년간 신체의 다른 부분이 성장해서 두 돌 무렵에는 신체의 $\frac{1}{5}$이 되고, 성인이 되면 $\frac{1}{8}$이 된다(〈그림 7-2〉 참조). 출생 시에 신체에 비해 머리가 큰 것은 두미(cephalocadual)발달의 원칙 때문이다.

또한 근원(proximodistal)발달의 원칙에 의해서 몸통이 먼저 성장하고 그다음 팔다리 그리고 손발의 순서로 발달이 이루어진다. 따라서 신체비율로 볼 때, 신생아의 신체에서 가장 작은 비율을 차지하는 부위는 머리와 신체 중심부로부터 가장 멀리 떨어져 있는 부위, 즉 발이다. 성인이 되면 발의 크기는 출생 시의 5배가 된다.

3) 골격의 발달

영아의 골격은 성인의 골격보다 크기가 작고 수도 적을 뿐만 아니라 매우 유연하고 부드럽다. 손발, 손목, 발목을 예로 들면 출생 시 뼈의 수가 성인의 것보다 훨씬 적다. 손목뼈의 경우 성인은 9개인 데 반해, 첫돌 무렵에는 3개뿐이다. 나머지 6개는 아동기

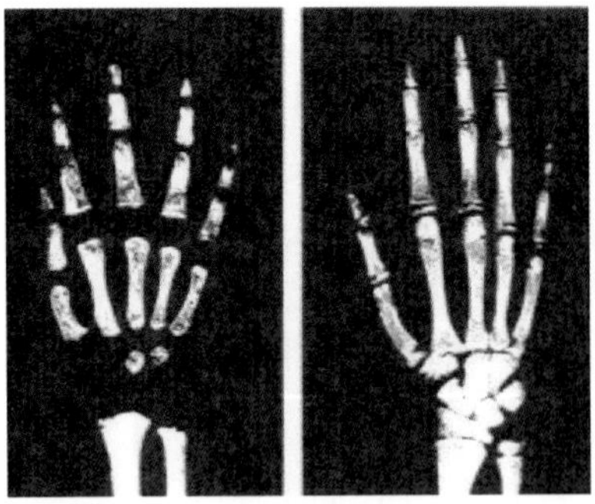

사진 설명 A는 첫돌 무렵의 손의 골격사진이고, B는 12세 무렵의 손의 골격사진이다.

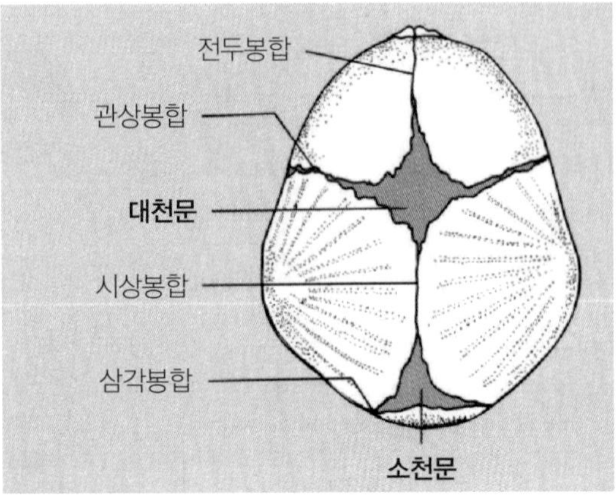

〈그림 7-3〉 대천문과 소천문

에 계속 발달하여 청년기에 완성된다(사진 참조).

부드러운 뼈가 단단해지는 과정을 경화(硬化) 또는 골화(骨化)라고 한다. 사춘기가 될 때까지 꾸준히 경화(ossification) 현상이 일어나는데, 그 순서는 두미발달의 원칙과 근원발달의 원칙을 따른다. 예를 들면, 손이나 손목의 뼈가 다리나 발뼈보다 먼저 단단해진다(Tanner, 1990).

두개골의 뼈는 봉합이 채 이루어지지 않아 머리에는 6개의 숫구멍이 남아 있다. 숫구멍은 피부막으로 덮여져 있는데, 이 피부막은 출산과정에서 머리가 눌려도 상처를 입지 않게 보호해 주고, 출생 후에도 뇌를 상해로부터 보호해 준다. 여섯 개의 숫구멍 중 두 개는 우리 눈으로 관찰할 수 있는데, 대천문과 소천문이 그것이다(〈그림 7-3〉 참조). 두개골이 단단해지면서 두 돌이 되기 전에 숫구멍은 무기물로 채워진다.

4) 근육의 발달

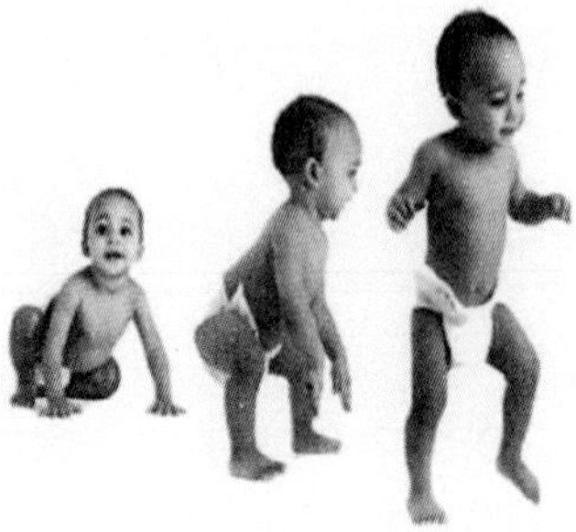

골격과 마찬가지로 근육조직도 영아기에는 작고 약하다. 출생 시 근육조직은 35%가 수분으로 구성되어 있다. 근육조직은 청년기까지 꾸준하게 발달하는데, 점점 두꺼워지고 단단해진다. 근육의 발달순서 역시 두미발달의 원칙과 근원발달의 원칙을 따른다. 따라서 머리와 목의 근육이 몸통이나 사지의 근육보다 먼저 성숙한다(사진 참조). 신생아기 때에 목근육에 힘이 없어 목을 가누지 못하던 아기가 4개월이 지나면서 머리를 들게 된다. 그러나 첫돌이 가깝도록 다리근육에는 충분한 힘이 없어 걷지 못한다.

5) 치아의 발달

치아에는 젖니와 영구치가 있는데, 젖니의 수는 모두 20개이고 영구치의 수는 모두 32개이다. 치아는 생후 6개월경에 젖니가 아래 앞니부터 나기 시작하여 1년이 되면 6~8개의 앞니가 난다. 그다음 첫째 어금니, 송곳니, 둘째 어금니 순서로 24~30개월경에는 20개의 젖니가 모두 나게 된다(〈그림 7-4〉 참조). 그러나 치아가 나는 시기는 개인마다 큰 차이가 있는데, 2,000명에 1명 정도는 출생 시 이미 이가 나와 있는 경우가 있는 반면, 첫돌이 지나서야 비로소 이가 나는 경우도 있다. 젖니는 유아가 음식을 잘 씹어서 소화할 수 있도록 하여 성장발육이 정상적으로 이루어질 수 있게 도와주고, 발음을 정확히 할 수 있게 해 준다.

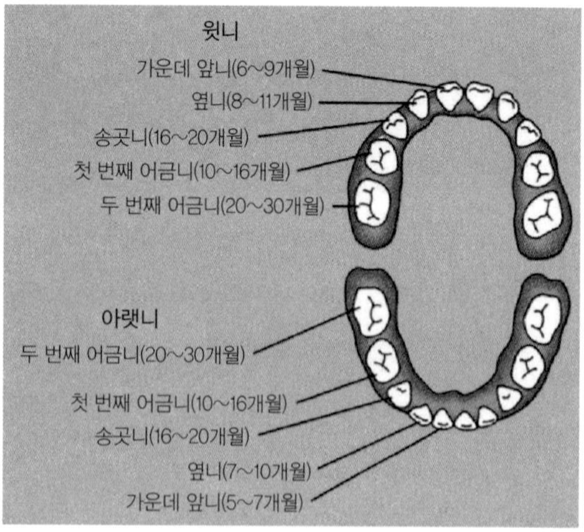

〈그림 7-4〉 젖니가 나오는 시기

2. 생리적 기능

영아기 동안 수면시간이 극적으로 감소하고 수면상태에서도 변화가 나타난다. 영아기에는 젖을 떼고 이유식을 시작해야 하며, 배변훈련도 이때 시작해야 한다.

1) 수 면

신생아는 하루 중 대부분의 시간 동안 잠을 자지만, 수면 양상이 밤에 자고 낮에 깨어 있는 성인들과는 달리 하루 24시간을 밤낮의 구별 없이 일정한 간격으로 자고 깨고 한다. 그러다가 생후 6개월이 되면 대부분의 영아들은 점차 밤에는 자고 낮에는 깨어 있는 성인의 수면 양상을 보이게 된다(Sadeh, 2008). 그래도 하루에 3~4회 정도는 낮잠을 잔다. 영아기

동안 수면시간도 극적으로 감소하는데, 생후 1개월간 하루 18시간의 수면에서 2세가 되면 12시간으로 감소한다. 이와 같은 수면시간의 감소는 출생 시 미성숙했던 뇌가 출생 후 첫 1~2년간 빠른 속도로 성장한 결과이다(Morelli, Oppenheim, Rogoff, & Goldsmith, 1992).

뇌가 성장한 결과는 수면상태의 변화에서도 볼 수 있다. 뇌의 성숙으로 인해 REM(Rapid Eye Movement) 수면의 비율이 감소한다. 신생아기 때 50%가 REM 수면이던 것이 3개월이 되면서 40%로 감소하고, 두 돌 무렵에는 30%로 감소하며, 성인이 되면 20% 정도가 된다(〈그림 6-3〉 참조). 많은 양의 REM 수면은 뇌의 발달을 촉진시킨다(Graven, 2006).

영아가 잠을 자지 않고 보챌 때는 공복감, 복통, 질병, 기저귀가 젖었을 때와 같이 신체적으로 불편한 경우가 많으므로, 그 원인이 무엇인지 빨리 알아보고 대처하도록 해야 한다. 밤낮이 바뀌어서 낮에 자고 밤에 자지 않는 경우에는 낮에 잠을 자지 않도록 유도하고, 저녁에 잠자리에 들기 전에 목욕을 시키고 수유를 하거나 이야기를 들려주는 방법도 효과적이다.

2) 수유와 이유

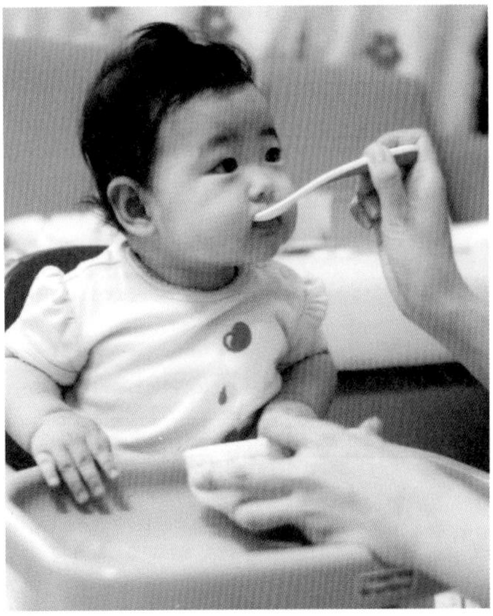

사진 설명 이유식을 먹고 있는 영아

영아기의 빠른 신체적 성장은 영아가 섭취하는 영양소에 의한 것이다. 영양이 적절하지 않으면 영아의 신체발달뿐만 아니라 인지적 · 사회적 발달 또한 순조롭게 진행되지 못한다(Pollitt, 1994). 모유 수유의 장점에 대해서는 제6장에서 자세히 살펴보았으므로 여기서는 이유(離乳)와 영아기의 영양실조에 관해 알아보기로 한다.

생후 5~6개월이 되면 모유만으로는 아기의 발달에 충분한 영양을 공급해 줄 수 없으므로 젖 이외의 음식을 제공해 주는 것이 필요하다. 젖을 떼고 젖 이외의 반고형 음식을 먹이는 것을 이유라 한다. 이유를 시도하는 시기는 아기의 발육이나 건강상태 등을 고려해야 하며, 강제로 젖을 떼거나 조급하게 서둘러서는 안 된다. 아기가 질병에 걸려 있거나 식욕이 없는 여름철에는 시작하지 않는 것이 좋다. 이유식은 젖을 먹은 후보다는 젖을 먹기 전에 먼저 주도록 하며, 이유식의 양은 점차 늘려가고 젖은 줄여 나가도록 한다. 이때 주의해야 할 점은 영아의 소화기관에 부담을 주는 이유

사진 설명 영양실조에 걸린 아프리카 어린이들

식을 피하고, 영양소가 골고루 함유되어 영양실조가 되지 않도록 해야 한다는 것이다.

영양실조의 문제는 개발도상국의 영아들에게서 많이 발견되는 현상이다(Chaudhary & Sharma, 2012). 이들은 신체적 성장이 더디고 지적 발달 또한 지체된다(Sigman & Sena, 1993; Wachs, 1993). 장기적인 영양실조의 결과는 북한 어린이의 영양상태에 관한 1998년 유니세프(UNICEF)보고서에서 나타난 바 있다. 수년간 계속된 식량부족과 열악한 국민건강 관리체계로 말미암아 북한 아동의 대부분이 심각한 영양실조에 걸린 것으로 보고되었다. 연구대상인 1,800명의 북한 아동 중 7세 미만의 아동 62%가 신체적, 정신적으로 심한 지체현상을 보였다. 인도와 방글라데시에서도 비슷한 수준의 영양실조 문제가 보고된 바 있다. 2006년 유니세프 보고서에 의하면, 많은 개발도상국에서 여전히 영양실조로 인한 병이 매우 심각한 문제가 되고 있으며(사진 참조), 이러한 질병으로 인해 5세 미만의 아동 50% 정도가 사망한다고 한다.

3) 배설과 배변훈련

검고 끈적끈적한 신생아의 태변은 3~4일이 지나면 누런색의 보통 변으로 변한다. 대변과 소변을 통제할 수 있는 근육과 신경의 미성숙으로 인해 생후 6~7개월 이전에는 직장이나 방광이 꽉 차면 반사적으로 대소변을 배설하게 된다.

6~7개월이 지나 대소변을 통제하는 근육이나 신경이 발달하더라도 뇌에서 이를 통제할 수 있는 것은 아니다. 대변은 약 13~15개월경이면 가리게 되고, 소변은 20개월 정도가 되어야 가릴 수 있다. 대소변 가리기는 영아의 건강상태나 정서상태에 따라 차

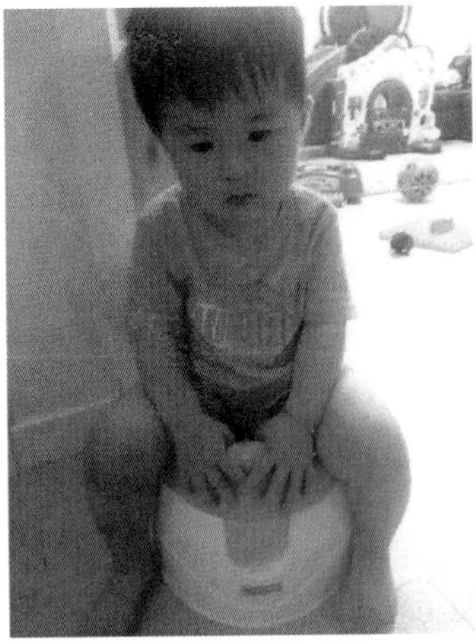

이가 나기 때문에 무리하게 강요하는 것은 좋지 않다. 아기가 혼자 일어서고, 앉고, 걸을 수 있을 때가 배변훈련(사진 참조)을 하기에 적절한 시기이다. 말을 알아듣고 모방을 좋아하며 배설활동에 흥미를 느낄 때가 효과적이다. 얼굴표정이나 행동을 세심하게 관찰하여, 대소변이 마려운 시점에 아기가 좋아하는 변기에 앉혀 주는 것이 효과적이다. 잘한 경우에 칭찬을 해 주는 것은 바람직하나, 실수를 했을 때 벌을 주는 것은 부작용을 유발할 수 있다. 특히 규칙적으로 대변을 보지 않거나 밤에만 대변을 보는 경우에는 일찍 배변훈련을 하는 것이 불가능하며, 2~3세경이 되어 말귀를 알아들을 수 있을 때까지 기다리는 것이 효과적이다.

비록 대소변을 가릴 수 있다 하더라도 4~5세까지는 실수를 하는 경우가 많다. 특히 소변의 경우 낮에는 2세 55%, 3세 84%, 5세경에는 95% 정도의 성공률을 보이나, 밤에도 통제가 가능한 비율은 2세경에는 41%, 3세경에는 66% 정도로 낮으며, 7세경이 되어서야 90%까지 통제가 가능하다(Papalia & Olds, 1995). 피곤하거나 긴장하였을 때, 잠들기 전에 수분이 많은 과일이나 음료수를 마셨을 때는 실수를 하기 쉽다. 그러므로 잠들기 전에는 가능한 한 음료수를 자제하고 미리 용변을 보고 편안한 마음으로 잠들 수 있게 해 주어야 한다. 또한 동생을 보았을 때에는 퇴행현상으로 대소변 가리기를 거부하는 경우도 있다. 이러한 퇴행행동은 어머니가 미리 충분한 관심을 보여 줌으로써 해소할 수 있다.

3. 뇌와 신경계의 발달

뇌의 발달은 영아기에 급속도로 이루어진다. 두미발달의 원칙에 의해 출생 시에 머리와 뇌의 크기는 신체의 다른 어떤 부위보다도 성인의 크기에 가깝다. 그리고 영아기에 매우 빠른 속도로 성장을 계속한다. 출생 시 뇌의 무게는 평균 300~400g으로 성인 뇌무게의 $\frac{1}{4}$이고, 출생 후 6개월경에는 $\frac{1}{2}$이 된다. 두 돌 무렵에는 성인 뇌무게의 $\frac{3}{4}$에 이르고, 5세경에는 90%에 달한다. 따라서 영아기를 뇌의 성장급등기(brain growth spurt)라고 부른다. 머리둘레가 가끔 뇌성장의 대략적인 지표로 사용된다. 출생 시 머리둘레는 평균 34cm이고, 첫돌 무렵에는 46cm 그리고 성인의 머리둘레는 평균 55cm이다.

1) 뇌의 구조와 기능

영아기에 뇌크기의 놀라운 성장은 뇌의 구조적 · 기능적 발달과 관련이 있다. 뇌의 각 부위(〈그림 7-5〉 참조)는 발달하는 시기가 각기 다르다. 반사운동과 신체기능을 통제하는 뇌간(brainstem)은 출생 시 이미 완전한 기능을 한다. 뇌간의 가장 기본적인 기능은 호흡, 심혈관 활동, 수면, 의식에 관계되는 것이다. 뇌의 또 다른 부위는 출생 시에도 기능을 하지만, 출생 후 계속해서 발달하고 재편성된다. 감각정보가 대뇌피질(cerebral cortex)에 전달되도록 하는 시상(thalamus), 운동기능과 자세조정을 관장하는 소뇌(cerebellum), 기억을 관장하는 해마(hippocampus) 등이 여기에 속한다. 시상은 감각정보를 연결하는 정거장과 같으며, 통증의 지각에도 중요한 역할을 한다. 사고나 추론 같은 복잡한 인지능력을 관장하는 대뇌피질은 출생 시에 발달이 가장 덜 된 부위이다.

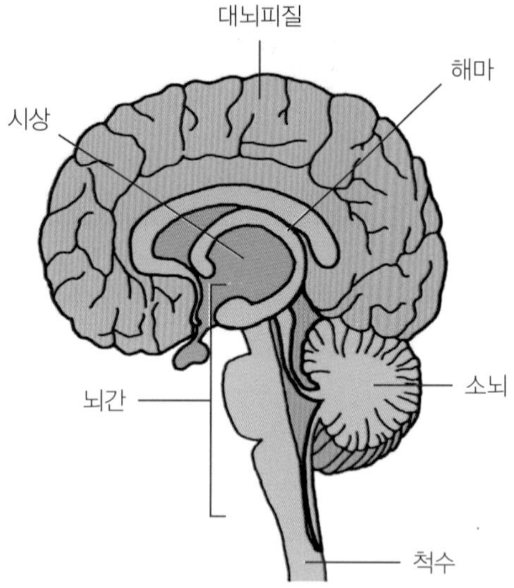

〈그림 7-5〉 뇌의 구조

출생 후 대뇌피질은 다음과 같이 발달을 계속한다(Johnson, 1998). 첫째, 뉴런의 크기가 증가하고 구조가 점점 복잡해진다. 둘째, 신경섬유 주위에 미엘린이라 불리는 지방물질이 형성된다. 셋째, 뉴런 간의 시냅스[1]의 수가 증가한다. 이것은 각기 다른 시기에 각기 다른 대뇌피질의 부위에서 일어난다. 시각과 청각의 영역에서는 시냅스의 증가가 출생 후 3~4개월에 절정을 이루고, 고등 인지기능을 담당하는 영역은 영아기 후반부에 절정을 이룬다. 필요 이상의 시냅스가 형성되면 과잉 시냅스는 제거된다(Huttenlocher, 1994). 넷째, 대뇌피질과 뇌의 다른 영역—특히 시상, 소뇌, 해마—간의 연결이 증가한다. 다섯째, 대뇌피질의 여러 영역이 점점 세분화된 기능을 맡게 된다. 대뇌피질의 발달에 관해서는 나중에 좀더 자세하게 살펴보기로 한다.

영아기 뇌의 발달은 전적으로 생물학적 프로그램에 따른 것이 아니고 환경의 영향에도 민감하게 작용한다. 예를 들면, 영아기 동안의 심한 영양실조는 뉴런의 수, 크기, 구

1) 신경세포의 자극전달부

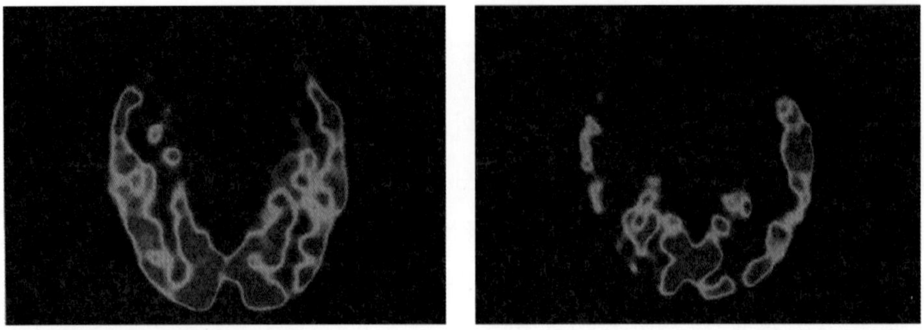

영아의 두뇌를 PET 사진에서 보면 활동적인 부분(붉은색과 노란색)과 그렇지 못한 부분(푸른색과 검은색)이 대비된다.

〈그림 7-6〉 건강한 뇌와 그렇지 못한 뇌의 사진

출처: Muzi, M. J. (2000). *Child development*. NJ: Prentice-Hall.

조, 수초화의 속도, 시냅스의 형성에 영향을 미치고, 심각한 뇌손상을 초래한다(Morgan & Gibson, 1991). 〈그림 7-6〉은 양전자 단층 촬영법(PET)을 이용한 건강한 뇌(왼쪽)와 그렇지 못한 뇌(오른쪽)의 사진이다.

뇌의 구조는 또한 환경으로부터 받는 자극의 양과 종류에 의해서도 영향을 받는다(Huttenlocher, 1994; Nelson, Zeanah, & Fox, 2007; Reeb, Fox, Nelson, & Zeanah, 2008). 영아의 뇌는 경험에 의해 구조나 기능이 수정될 수 있는 유연성 또는 가소성(plasticity)이 뛰어나다. 예를 들면, 영아의 감각경험은 뉴런의 크기와 연결구조에 영향을 미친다. 결과적으로 지적 자극과 사회적 자극이 풍부한 환경에서 성장한 영아와 이들 자극이 결핍된 환경에서 성장한 영아를 비교해 보면 뇌의 구조와 무게에서 큰 차이를 보인다(Gottlieb, 1991; Kolb, 1995). 불행히도 영양실조 아동이 환경적 자극도 덜 받는 경우가 많다(Frank & Zeisel, 1988).

2) 신경계의 발달

신경계는 신경원(neuron)과 신경교(glia)라는 두 종류의 기본 세포로 구성되어 있다.[2] 신경교(神經膠) 세포는 신경원(神經元) 세포에 영양을 공급하고, 신경계를 결합시키는 접착제 역할을 한다. 신경원 세포, 즉 뉴런은 뇌의 한 부분에서 다른 부분으로, 또는 신체의 한 부분에서 다른 부분으로 정보를 받아들이고 전달하는 역할을 한다.

2) 신경원 세포와 신경교 세포를 구분하지 않고 흔히 뉴런을 신경세포라고 부른다.

뉴런은 세포체(cell body), 수지상돌기(dendrites), 축색돌기(axon) 그리고 말초신경섬유(terminal fibers)로 구성되어 있다(〈그림 7-7〉 참조). 나뭇가지 모양의 수지상돌기는 신경전류[3]를 받아들이는 역할을 한다. 세포체에 연결되어 있는 관모양의 축색돌기[4]는 세포체로부터 다른 세포로 정보를 전달하는데, 그 길이가 1m나 되며 전선의 절연재처럼 미엘린(myelin)[5]이라 불리는 지방성 물질이 그 둘레에 막을 형성한다(사진 참조). 미엘린은 뉴런을 보호할 뿐만 아니라 신경전류의 전달속도를 증가시킨다(Blakemore & Mills, 2014; Buttermore, Thaxton, & Bhat, 2013; McDougall et al., 2018; Shen et al., 2020). 미엘린은 뇌의 발달에 있어서 매우 중요한 역할을 한다(Kwon et al., 2020). 미엘린이 파손될 경우 축색돌기는 절연재가 벗겨진 전선과 같아서 신경전류가 흐르지 못하고 주위로 새어나가 버리며, 다발성 경화증(multiple selerosis)[6] 같은 장애가 발생하기도 한다. 축색돌기 끝 부분에 위치해 있는 말초신경섬유는 정보를 전달하는 역할을 한다. 두 개의 뉴런이 연결되는 지점, 즉 뉴런의 말초신경섬유와 또 다른 뉴런의 수지상돌기가 연결되는 부분을 시냅스(synapse)라고 부른다. 대부분의 시냅스는 출생 후에 형성되며 그 수는 대단히 많다.

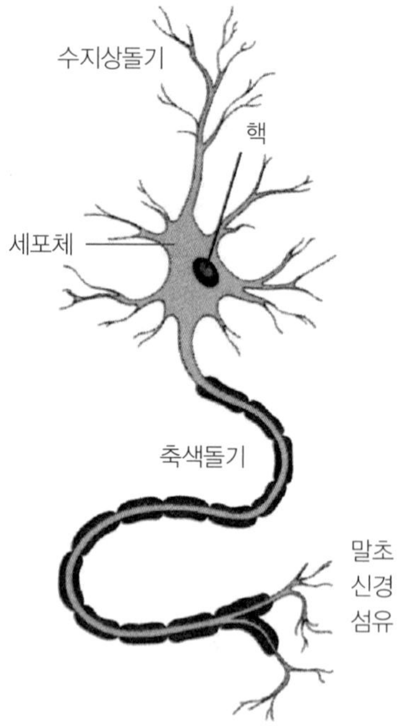

〈그림 7-7〉 뉴런의 구조

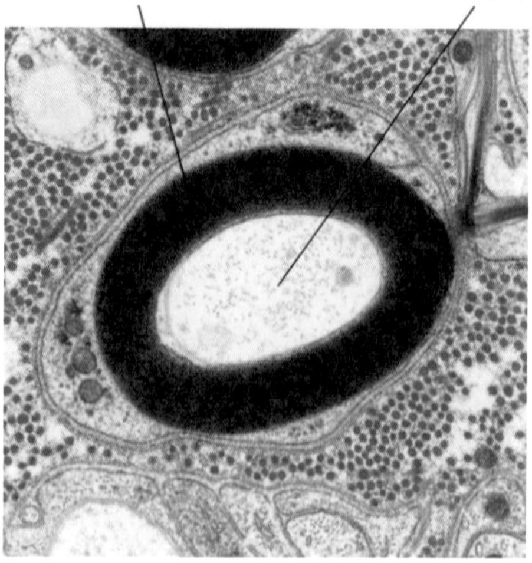

사진 설명 수초화된 신경섬유(갈색의 미엘린 막이 흰색의 축색돌기를 둘러싸고 있다.)

영아는 성인보다 더 많은 수의 뉴런과 시냅스를 갖고 있다. 그 이유는 다른 뉴런과 성공적으로 연결되는 뉴런은 그렇지 못한 뉴런을 밀쳐내기 때문이다. 그렇게 해서 뉴런의 약 절반가량이 소멸된다(Janowsky & Finlay, 1986). 이때 살아남은 뉴런은 수백 개의 시냅스를 형성하는데, 이 과정에서도 역시 뉴런이 적절한 자극을 받지 못하면 소멸된다

3) 신경섬유를 따라 전도되는 화학적 · 전기적 변화
4) 신경초 속을 지나는 신경섬유
5) 수초(髓鞘)를 조직하는 지방성의 물질
6) 만성의 중추신경계 질환: 주요 증세로는 시력장애, 지각장애, 운동마비, 언어장애 등이 있다.

(Huttenlocher, 1994). 이 과정은 농부가 크고 좋은 과일을 얻기 위해 불필요한 가지를 잘라내는 '가지치기' 작업에 비유할 수 있다. 즉, 불필요한 뉴런이 제거됨으로써 신경계의 효율성이 증대된다. 이처럼 신경계의 발달은 불필요한 세포의 소멸을 통해 효율적으로 진행된다(Black & Greenough, 1986; Kolb, 1995; Money & Stanwood, 2013).

〈그림 7-8〉은 시각을 관장하는 후두엽, 청각을 관장하는 측두엽, 학습, 기억, 추론과 같은 고등 인지기능을 관장하는 전두엽의 전부(前部)의 시냅스의 성장과 '가지치기'에 관한 것이다. 〈그림 7-8〉에서 보듯이 시냅스의 성장과 '가지치기'의 시기는 뇌의 영역에 따라 매우 다양한 것임을 알 수 있다.

흥미롭게도 인간이 평생 갖게 될 1,000~2,000억 개의 뉴런은 뇌의 성장급등기가 시작되기 전인 임신 6개월경에 이미 다 형성된다(Kolb & Fantie, 1989; Rakic, 1991). 뉴런이 출생 후 더 생성되지 않는다고 한다면 뇌의 급속한 성장은 무엇에 의해 이루어지는가? 첫째, 글리아(신경교)라고 불리는 두 번째 신경세포의 발달에 의해 이루어진 것이다. 글리아는 뉴런의 수보다 훨씬 많으며 일생을 통해 계속 형성된다(Tanner, 1990). 둘째, 글리아의 가장 중요한 기능은 수초화(myelination)인데, 수초화는 미엘린이라 불리는 지방성 물질이 축색돌기 둘레에 막을 형성하는 현상을 말한다. 수초화 또한 뇌의 빠른 성장에 영향을 미친다. 수초화는 영아기 동안 급속도로 진행되지만, 뇌의 어떤 부분에

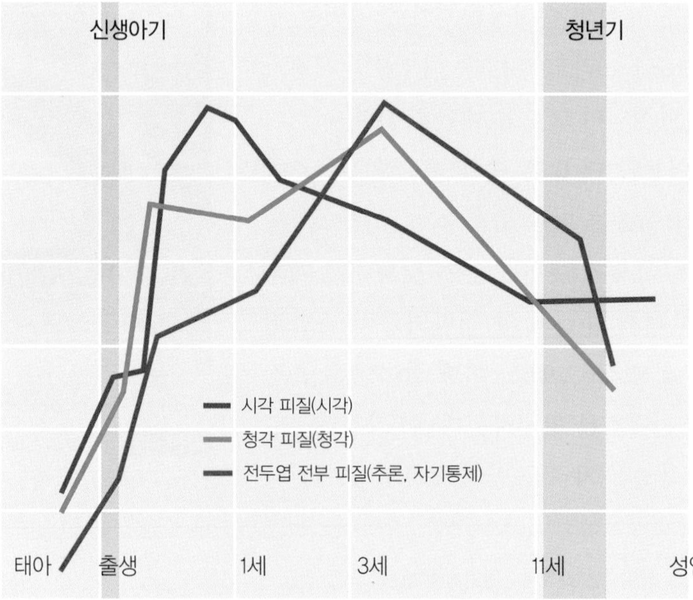

〈그림 7-8〉 유아기부터 성인기까지의 뇌의 시냅스의 밀도

출처: Santrock, J. W. (2005). *Adolescence* (10th ed.). New York: McGraw-Hill.

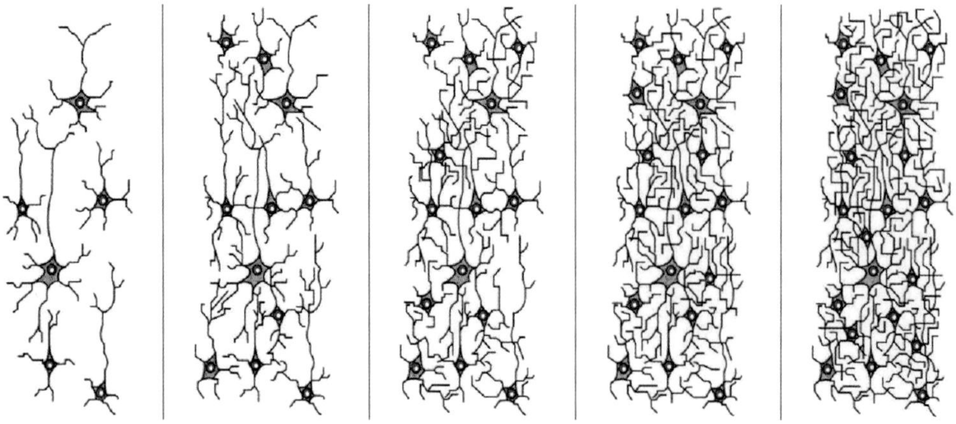

〈그림 7-9〉 뉴런은 영아기에 점점 복잡하게 연결된다.

출처: Feldman, R. S. (2001). *Child development* (2nd ed.). NJ: Prentice-Hall.

서는 수초화가 청년기나 성인기까지 완성되지 않는 경우도 있다(Fischer & Rose, 1995; Galvan & Tottenham, 2016; Giedd, 2012). 예를 들면, 한 주제에 장시간 정신을 집중하는 능력을 관장하는 뇌부분인 망상체(reticular formation)나 전두피질(frontal cortex)은 사춘기에도 수초화가 완전히 이루어지지 않는다(Blakemore & Mills, 2014; Calabro et al., 2020; Casey, 2015; Crone, 2017; Dow-Edwards et al., 2019; Tanner, 1990). 이것이 청년이나 성인에 비해 유아나 아동의 주의집중 시간이 짧은 이유이다. 셋째, 뉴런과 뉴런을 연결해 주는 시냅스의 형성이 뇌의 성장급등기 동안 급속하게 이루어지기 때문이다(Janowsky & Finlay, 1986). 〈그림 7-9〉에서 보듯이 영아기에는 신경망이 점점 복잡해진다.

3) 대뇌피질의 발달

대뇌피질은 인간고유의 정신기능을 하는 곳으로 뇌 무게의 80% 이상을 차지하고, 뇌구조 중 가장 많은 수의 뉴런과 시냅스를 가지고 있다. 대뇌피질은 계속해서 성장하기 때문에 뇌의 어떤 부위보다도 환경의 영향에 민감하다. 대뇌피질은 네 영역으로 구분되어 각기 세분화된 기능을 담당한다(〈그림 7-10〉 참조).

전두엽(frontal lobe)은 사고와 운동기능을 관장하고, 후두엽(occipital lobe)은 시각, 측두엽(temporal lobe)은 청각을 관장하며, 두정엽(parietal lobe)은 신체감각을 관장한다.

연구에 의하면 대뇌피질이 발달하는 순서는 영아기에 나타나는 여러 가지 능력과 일치한다. 예를 들면, 시각과 청각을 관장하는 피질의 시냅스의 성장과 미엘린의 형성은

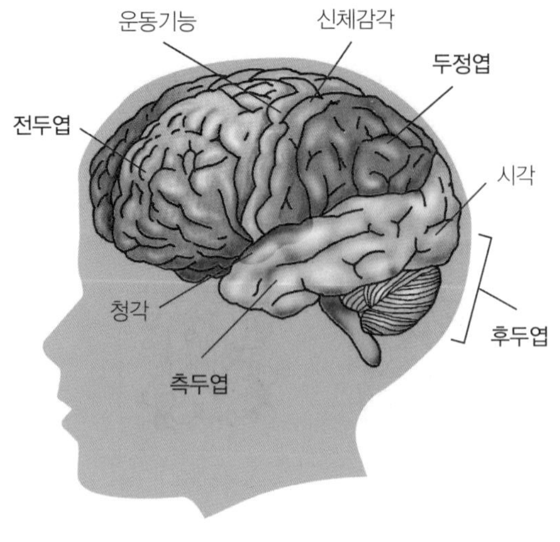

〈그림 7-10〉 대뇌피질의 구조와 기능

시각과 청각의 발달이 급속히 이루어지는 출생 후 3~4개월에 시작해서 첫돌까지 계속된다(Johnson, 1998). 운동기능을 관장하는 피질에서는 머리, 가슴, 팔 등을 통제하는 뉴런이 몸통과 다리 등을 통제하는 뉴런보다 시냅스의 연결이 더 빨리 이루어진다. 언어를 관장하는 피질은 영아가 언어를 습득하는 시기인 영아기 후기에서 학령전기까지 발달이 급속도로 이루어진다(Thatcher, 1991). 시냅스의 연결과 미엘린의 형성이 가장 늦게 이루어지는 부분은 사고와 행동을 통제하는 전두엽이다. 출생 시 미성숙 상태에 있던 전두엽은 영아기 후반부터 효율적으로 기능하기 시작해서 청년기를 지나 성인기까지 성장이 계속된다(Fischer & Rose, 1994; Johnson, 1998).

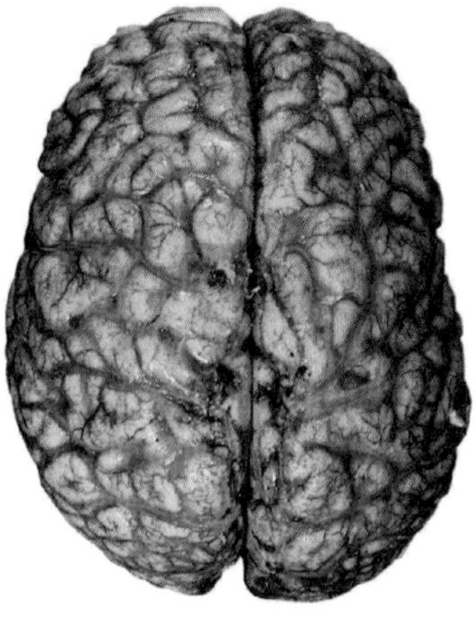

〈그림 7-11〉 뇌의 좌반구와 우반구

대뇌피질은 또한 두 개의 반구로 나뉜다(〈그림 7-11〉 참조). 두 개의 반구는 모양은 똑같지만 좌반구와 우반구는 각기 다른 기능을 하고, 신체의 각기 다른 영역을 통제한다. 좌반구는 신체의 오른쪽 부분을 통제하는데, 언어능력, 청각, 언어기억, 의사결정, 기쁨과 같은 긍정적 정서의 표현 등을 관장한다. 반면, 우반구는 신체의 왼쪽 부분을 통제하는데, 공간지각 능력(거리지각, 지도 읽기, 기하학적 도형에 대한 이해 등), 촉각, 음악과 같은 비언어적 소리, 슬픔과 같은 부정적 정서의 표현 등을 관장한다(Bartolomeo & Seidel Malkinson, 2019; Fox et al., 1995; Gainotti, 2019; McGettigan et al., 2012). 이러한 구분은 왼손잡이의 경우 반대가 될 수 있다.

Natnan A. Fox

편측성(lateralization)이란 용어는 한 반구의 세분화된 기능을 묘사하기 위해 사용되는 용어이다. 뇌의 편측성은 효율적 가치가 있는데, 두 개의 반구가 똑같은 방식으로 정보를 처리하는 것보다 좌반구와 우반구가 각기 세분화된 상이한 정보를 처리하는 것이 훨씬 효율적이기 때문이다(Othman et al., 2020).

4. 운동기능의 발달

"우리 아기가 이제 막 기기 시작했어요" "우리 아기가 인제 혼자 앉을 수 있어요" "우리 아기가 드디어 걷기 시작했어요" 부모들은 이렇게 자랑스럽게 말한다. 이상과 같은 새로운 운동기능의 발달은 영아기의 신체발달에서 매우 극적이고 눈에 띄는 현저한 변화이다.

운동기능은 편의상 특정 운동에 사용되는 근육의 크기(대근육 또는 소근육)와 신체 부위에 따라 대근육 운동과 소근육 운동으로 나누어진다. 대근육 운동은 기기, 서기, 뛰뛰기, 걷기, 한 발로 서 있기와 같이 팔, 다리, 몸통과 같은 대근육을 사용하는 운동을 말한다. 소근육 운동은 손을 뻗쳐 물건 잡기, 손가락으로 물건 집기, 끼적거리기(사진 참조)와 같이 몸의 소근육을 사용하는 운동을 말한다. 운동기능의 발달 역시 두미발달의 원칙과 근원발달의 원칙을 따른다.

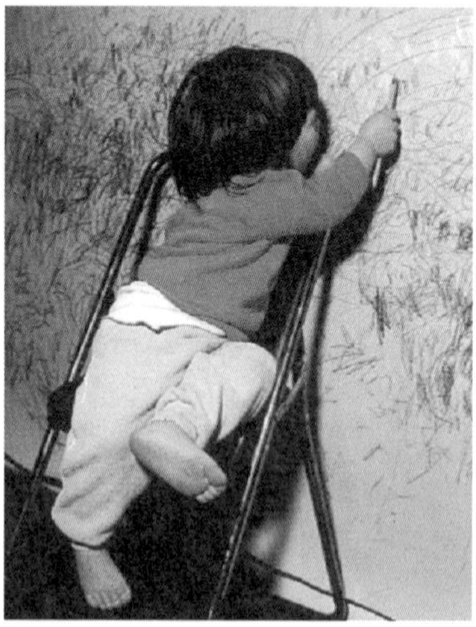

사진 설명 끼적거리기는 소근육을 사용하는 운동이다.

1) 대근육 운동

영아기의 가장 주목할 만한 대근육 운동기능은 고개도 못 가눌 정도로 전적으로 의존적이던 인물에서 뒤집기, 기기, 서기, 걷기, 달리기 등을 할 수 있는 기동성 있는 인물로 영아를 바꿔놓는 것이다. 출생 시 신생아는 고개도 못 가누지만 생후 1개월이면 엎드린 자세에서 고개를 들 수 있다. 2개월경에는 가슴을 들 수 있으며, 3~4개월경에는 뒤집기를 할 수 있다(사진 참조). 7개월경에는 혼자 앉을 수 있고, 10개월경에는 길 수 있으며(사진 참조), 12~14개월경에는 혼자 설 수 있다. 12개월경에는 붙잡고 걸을 수 있으며, 15개월경에는 혼자 걸을 수 있다(사진 참조). 18개월경에는 계단을 오를 수 있고(사진 참조), 자전거 타기를 할 수 있다. 18~24개월경에는 달리기, 뒤로 걷기, 공차기(사진 참조), 공 던지기, 뛰뛰기 등을 할 수 있다.

사진 설명 영아가 뒤집기를 시도하고 있다.

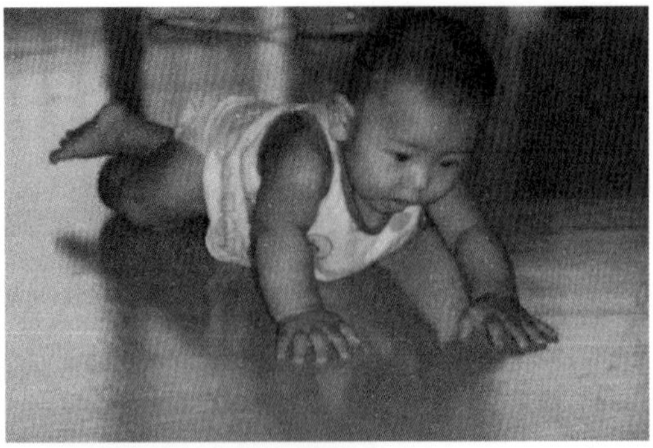

사진 설명 영아가 기기를 시도하고 있다.

사진 설명 4개월이 되면 영아는 제법 정확하게 물체를 향해 팔을 뻗을 수 있다.

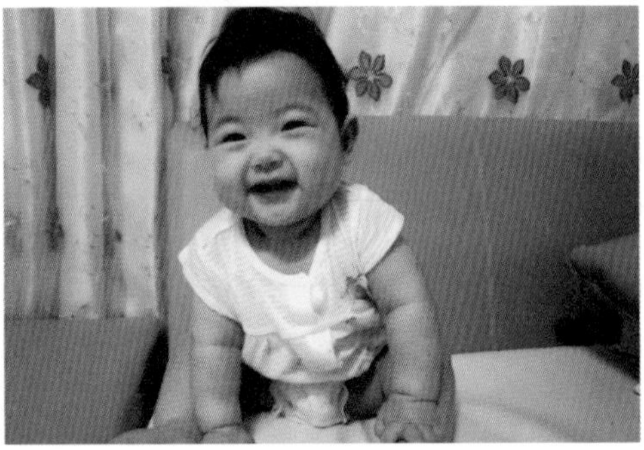

사진 설명 7개월경에는 혼자 앉을 수 있다.

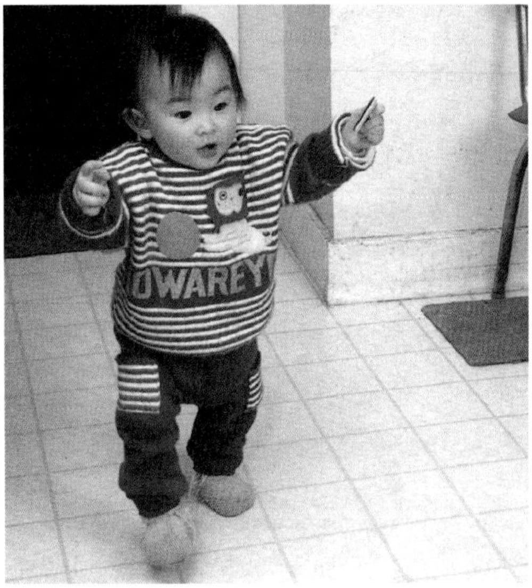

사진 설명 첫 걸음마를 하는 영아

사진 설명 18개월경에는 계단을 오를 수 있다.

사진 설명 영아가 공차기를 하고 있다.

2) 소근육 운동

사진 설명 소근육을 이용해서 영아가 음식을 집어 먹고 있다.

소근육 운동기능은 근원발달의 원칙에 의해 팔과 손 그리고 손가락의 순으로 발달한다. 출생 시의 신생아에게는 잡기반사 능력이 있지만, 그것을 통제하는 능력은 없다. 마찬가지로 신생아도 매달려 있는 물체를 보면서 손과 발을 움직여 보지만 그 물체를 잡지는 못한다. 6개월이 되어야 매달려 있는 물체를 팔을 뻗어 잡을 수 있다(Bower, 1979). 8~9개월경에는 자기 앞으로 던져 준 물체를 잡으려고 해 보지만 놓치고, 첫돌이 지나서야 제대로 잡을 수 있다(von Hofsten, 1983). 실이나 동전 같은 작은 물체를 집기 위해 처음에 영아는 손 전체, 특히 손바닥을 사용한다. 그러다가 10개월이 지나면서 엄지와 집게 손가락을 사용해서 작은 물체를 집을 수 있게 된다(사진 참조). 이 무렵에 영아는 잔디밭에 기어다니는 벌레나 양탄자의 보푸라기 같이 눈에 보이는 작은 물체는 무엇이든지 집어 올리면서 즐거워한다.

운동기능의 발달은 대부분의 영아에서 그 순서가 비슷하지만, 발달의 시기에는 상당한 개인차가 있다. 〈그림 7-12〉는 운동기능의 발달순서이며, 〈표 7-1〉은 Denver 발달판별검사에서 사용되는 운동기능에 관한 연령 기준이다. 미국의 Denver에 있는 콜로라도 대학의 Frankenburg 박사가 1967년에 고안한 Denver 발달판별검사(Denver Developmental Screening Test: DDST)는 영아기부터 유아기까지의 어린이 발육상태를 판별하기 위하여 만들어진 도구로서 사회성발달 영역, 언어발달 영역, 적응발달 영역, 운동기능발달 영역의 네 영역으로 구성되어 있다. 사회성발달(Personal-Social Development) 영역은 유아가 사람들과 함께 지낼 수 있는 사회성과 스스로 자신을 돌볼 수 있는 능력을 알아보기 위한 것으로 총 24문항으로 구성되어 있다. 소근육운동과 적응발달(Fine Motor-Adaptive Development) 영역은 물건을 구별하고 손과 팔을 이용하여 물체를 잡고 사용하는 능력을 알아보기 위한 것으로 총 29문항으로 구성되어 있다. 언어발달(Language Development) 영역은 유아의 청취능력과 명령을 따르고, 말하는 능력을 알아보기 위한 것으로 총 21문항으로 구성되어 있다. 대근육운동발달(Gross Motor Development) 영역은 앉기, 걷기, 뛰기, 달리기 등의 능력을 알아보기 위한 것으로 총 31문항으로 구성되어 있다. 이 검사는 정상 어린이의 25%, 50%, 75%, 90%가 할

〈그림 7-12〉 운동기능의 발달시기와 순서

출처: Muzi, M. J. (2000). *Child development*. NJ: Prentice-Hall.

표 7-1 운동기능의 연령 기준(단위: 개월)

운동기능	정상 영아의 50%가 할 수 있다	정상 영아의 90%가 할 수 있다
엎어 놓았을 때 머리를 90°로 든다.	2.2(개월)	3.2(개월)
구르기를 한다.	2.8	4.7
받쳐주면 앉는다.	2.9	4.2
혼자서 앉는다.	5.5	7.8
붙잡고 선다.	5.8	10.0
붙잡고 걷는다.	9.2	12.7
잠시 혼자 선다.	9.8	13.0
혼자 선다.	11.5	13.9
걷는다.	12.1	14.3
뒤로 걷는다.	14.3	21.5
계단을 오른다.	17.0	22.0
공을 앞으로 찬다.	20.0	24.0

출처: Frankenburg, W. K., Frandel, A., Sciarillo, W., & Burgess, D. (1981). The newly abbreviated and revised Denver Developmental Screening Test. *Journal of Pediatrics, 99*, 995-999.

수 있는 연령에 맞추어져 있는데, 〈표 7-1〉은 이 중에서 운동기능 발달에 관한 연령기준이다.

3) 운동기능의 발달에 관한 세 가지 관점

운동기능의 발달시기와 순서를 설명하는 데 세 가지 견해가 있다. 첫째, 성숙론적 관점(Shirley, 1933)에 의하면, 신경계와 근육의 성숙이 이루어지면 운동기능의 발달은 유전적으로 프로그램된 순서대로 나타난다고 한다. 영아기의 초기 경험이 매우 다름에도 불구하고 세계 모든 영아들의 운동기능 발달이 비슷한 순서로 진행된다는 비교문화연구 결과는 성숙이 운동기능의 발달에 매우 중요한 요인임을 뒷받침해 준다(사진 참조).

사진 설명 요람에 꽁꽁 묶여 지내는 호피족 영아들도 세계 다른 영아들과 비슷한 시기에 걸을 수 있다.

둘째, 운동기능의 발달에 있어서 성숙이 중요한 요인이라는 사실을 부정하지는 않지만, 학습론자들은 운동기술을 연습할 기회 또한 중요하다고 믿는다(사진 참조). 생후 2년간을 대부분 고아원 침대에서 누워 지낸 이란의 고아들을 대상으로 한 Dennis(1960)

사진 설명 계단오르기 연습을 하는 영아는 계단을 훨씬 더 잘 오를 수 있다.

사진 설명 목표지향적 체계이론에 의하면, 새로운 운동기술은 호기심 많은 영아가 중요한 목표를 달성하기 위해 그들이 이미 가지고 있는 운동기술을 재조직함으로써 발달하게 된다.

의 연구에 의하면, 운동기능의 발달에서 성숙이 필요조건이지만 충분조건은 아닌 것으로 보인다. 이 연구에서 고아들은 2세가 되어도 걷지 못했고, 3~4세가 되었을 때 15%만이 혼자서 걸을 수 있었다.

셋째, 성숙론이나 학습론의 설명보다 훨씬 더 흥미롭고 복잡한 목표지향적 체계이론에 의하면, 생후 2년간의 운동기능의 발달은 단순히 성숙과 학습에 의해 자연의 웅장한 계획의 일부분으로서 전개되는 것이 아니라고 한다. 체계이론은 이것을 새로운 운동기술을 습득하고자 하는 영아의 의지에 의한 것이라고 본다. 즉, 특정한 목표를 염두에 두고 있는 호기심 많고 능동적인 유아가 그 목표를 달성하는 데 필요한 새로운 운동기술을 습득하기를 원한다는 것이다. 따라서 자신이 이미 가지고 있는 운동기술을 적극적이고도 복잡하게 재조직함으로써 새로운 운동기술을 창출하게 된다는 것이다(사진 참조).

5. 감각과 지각의 발달

주위 환경으로부터 오는 여러 가지 자극을 감각기관을 통해 받아들이는 것을 감각이라고 한다면, 지각은 이러한 감각에 의미를 부여하는 과정이라고 볼 수 있다. 즉, 감각이 자극에 대한 감각기관의 반응이라면, 지각은 그 자극에 대한 해석이다. 예를 들어,

어떤 소리가 났을 때 소리를 듣게 되는 것은 감각과정이고, 그 소리가 사람의 말소리인지 음악소리인지를 알게 되는 것은 지각과정이다.

인간의 모든 행동은 감각기관을 통해 들어오는 정보를 어떻게 해석하느냐에 달려 있다고 해도 과언이 아니다. 따라서 감각과 지각의 발달은 아동발달을 이해하는 데 매우 중요하다. 그러나 영아는 자신이 보고, 듣고, 느끼는 것을 말로 표현할 수 없기 때문에 이들에 대한 연구는 쉽지 않다. 영아의 지각능력을 측정하기 위해서는 독창적인 접근법이 필요한데, 여기에는 선호도 측정법, 습관화 연구, 뇌파 측정법 그리고 빨기반응 연구 등이 있다.

선호도 측정법은 Fantz(1963)가 고안한 것으로, 영아에게 두 가지 이상의 자극을 동시에 제시하고서 각 자극에 대한 응시시간을 측정하여, 영아가 가장 오랫동안 응시한 자극을 선호한다고 판단하는 것이다. 특정한 자극을 선호한다는 것은 물체를 변별할 수 있다는 것을 의미한다. 습관화는 단순한 형태의 학습으로 어떤 자극을 여러 번 반복했을 때, 그 자극에 익숙해지게 되면 더 이상 그 자극에 반응을 보이지 않는 것을 말한다. 따라서 영아가 익숙한 자극에는 흥미를 갖지 않지만, 새로운 자극에 주의를 기울이면 영아가 두 자극을 구별한다는 것을 의미한다. 뇌파 측정법은 뇌파를 통해 뇌의 반응을 알아보는 방법이다. 영아의 머리 위에 전극을 부착해서 후두엽으로부터는 시각적 자극에 대한 뇌의 반응을 기록하고, 측두엽으로부터는 청각적 자극에 대한 뇌의 반응을 기록한다. 만약 영아가 제시된 자극을 감지할 수 있다면 뇌파에 변화가 나타날 것이다. 영아가 지각할 수 있다는 것을 알 수 있는 또 다른 방법이 빨기반응 연구이다. 이 방법은 영아에게 특별한 고무젖꼭지를 빨게 하는데, 이 젖꼭지는 전선으로 연결되어 있어 빠는 속도나 강도가 기록된다. 빨기반응을 통해 영아가 지각할 수 있다는 것과 싫어하는 것과 좋아하는 것이 있다는 것을 알 수 있다.

1) 시 각

인간은 환경을 탐색하는 데에 다른 어떤 감각기관보다 시각에 더 의존한다. 즉, 감각정보의 80%가 시각을 통해서 들어온다. 그럼에도 불구하고 시각은 인간의 감각능력 중 가장 늦게 성숙한다. 출생 시 시각조절에 필요한 뇌회로가 충분히 성숙해 있지 않아 신생아의 시각은 비교적 발달되지 않은 상태에 있다. 눈의 크기가 작고 망막구조가 불완전하며 시신경도 덜 발달되어 있다. 출생 직후 영아는 물체에 초점을 고정시키지 못하고 가시거리도 극히 제한되어 있으나, 1개월경에는 사물에 초점을 맞추고 응시하는 것이 가능하다. 2개월경에는 180° 각도에서 물체를 추적하는 수평추시가 가능하고, 이후 점차 수직, 원형으로 물체를 추적하는 것이 가능하다.

출생 후 몇 개월 동안 심한 근시 현상을 보이지만, 첫돌 무렵에는 시력이 1.0에 가까워져서 정상 시력을 갖게 된다(Aslin & Lathrop, 2008; Banks & Salapatek, 1983; Cavallini et al., 2002; Corrow et al., 2012; Dobson & Teller, 1978). 〈그림 7-13〉은 생후 1, 2, 3개월 된 영아와 성인이 1m 정도 떨어진 거리에서 본 사람의 얼굴 모습이다. 〈그림 7-14〉는 시력이 약한 영아의 눈에 비친 물체의 모습이다.

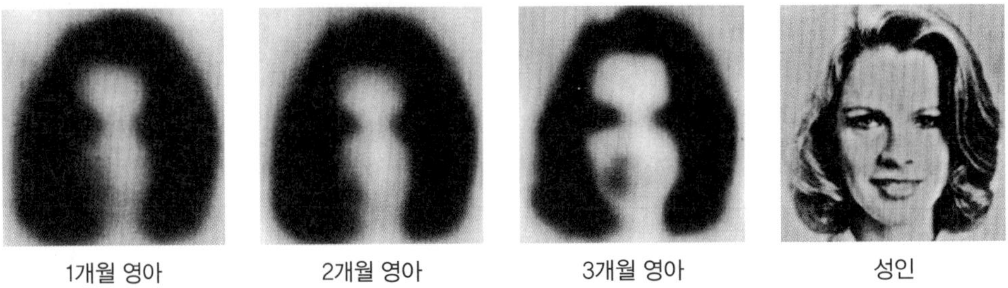

처음에는 심한 근시현상을 보이지만 급속도로 시력이 좋아진다.

〈그림 7-13〉 영아의 시력

출처: Goldstein, E. B. (1984). *Sensation and perception* (2nd ed.). Wadsworth.

〈그림 7-14〉 영아의 눈에 비친 물체의 모습

(1) 색지각

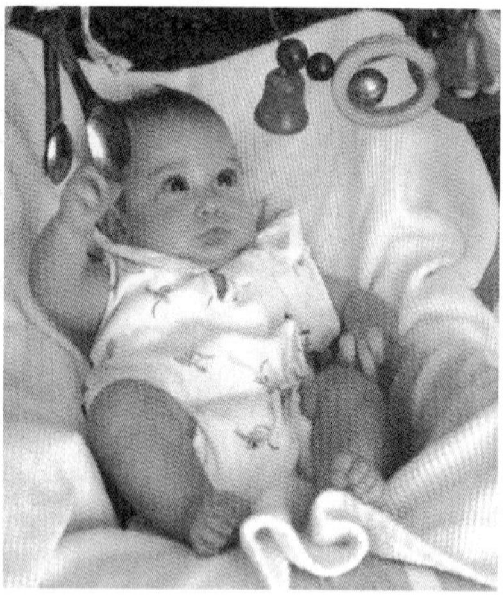

사진 설명 영아는 출생 시부터 색채를 구별할 줄 알며, 특정 색에 대한 선호를 보인다.

영아는 색깔의 이름을 알기 훨씬 전부터 이미 색을 지각할 수 있다. 즉, 색채를 구별할 줄 안다. 습관화 연구에 의해, 연구자들은 신생아가 이 세상을 흑백이 아닌 천연색으로 지각한다는 것을 발견하였다. 출생 시부터 녹색과 적색을 구분할 수 있으며(Adams, 1989), 2개월이 되면 삼원색의 기본 색깔 대부분을 구별할 수 있다고 한다(Brown, 1990). 그러나 색지각의 수준이 성인과 유사한지는 알 수 없다. 성인의 경우 파랑, 빨강, 초록의 세 가지 색 수용체가 있다. 그런데 색깔을 구별하는 데는 단지 두 개의 수용체만 필요하기 때문에, 영아가 세 개의 수용체를 다 갖고 있는지 아니면 두 개의 수용체만 갖고 있는지는 불분명하다(Teller & Bornstein, 1987). 3개월 무렵에 영아는 푸른색이나 초록색보다 노란색과 빨간색을 더 좋아하는 것으로 보인다(Adams, 1987). 생후 4~5개월이 되면 성인들이 하듯이 색조가 약간 다른 색을 붉은 계통 또는 푸른 계통의 기본 색깔별로 묶을 수 있다(Bornstein, Kessen, & Weiskopf, 1976; Catherwood, Crassini, & Freiberg, 1989).

(2) 형태지각

사진 설명 영아가 어머니의 얼굴을 응시하고 있다.

Fantz(1963)가 영아기의 지각을 연구하기 위해 고안해 낸 실험장치('looking chamber'라고 불린다; 사진 참조)를 이용한 선호도 측정법에 의하면, 영아는 전체보다는 부분을, 정지된 것보다는 움직이는 물체를, 흑백보다는 컬러를, 직선보다는 곡선을 선호한다. 출생 초기에는 단순한 도형을 선호하지만 점차 복잡한 도형을 더 선호하며, 특히 형태가 색깔이나 명암보다 영아의 주의를 끄는 데 더 큰 영향을 미친다. 다른 사물에 비해 인간의 얼굴을 선호하며(Aslin & Lathrop, 2008; Johnson & Hannon, 2015; Lee et al., 2013; Slater, Field, & Hernandez-Reif, 2007), 사람의 얼굴 가운데서도 흑백의 대조를 이루는 눈을 가장 선호한다. 신생아의 생존에 필수적인 인간의 얼

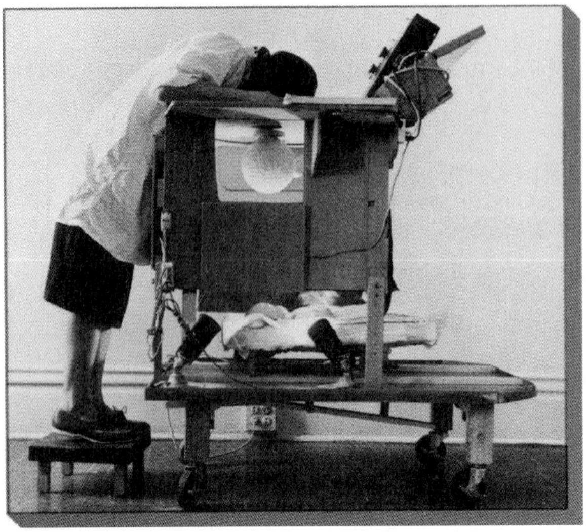

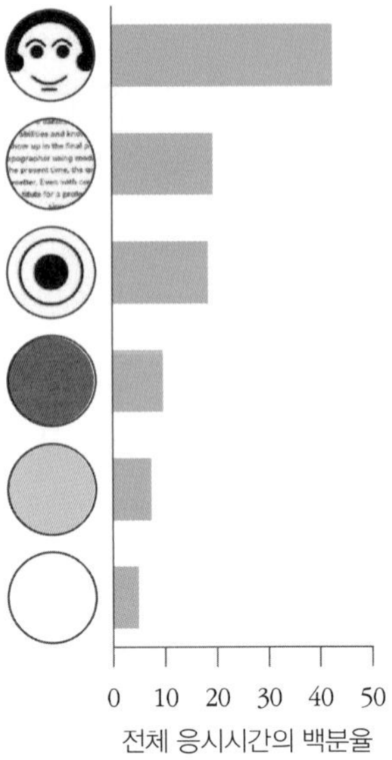

굴을 다른 물체보다도 먼저 그리고 오래 응시한다는 것은 흥미로운 일이다. 이것은 인류의 진화역사상 적응기제의 잔존물로 볼 수 있는데, 왜냐하면 아기로 하여금 어머니(또는 양육자)와의 사회적 상호작용을 촉진시키기 때문이다(Johnson, Dziurawiec, Ellis, & Morton, 1991).

영아는 사람의 얼굴을 어떻게 지각하는가? 한 연구(Maurer & Salapatek, 1976)에서 영아에게 사람의 얼굴을 보여주고 특수거울장치를 통하여 영아의 눈의 움직임을 사진으로 촬영하였다. 〈그림 7-15〉에서 보는 바와 같이 1개월 된 영아는 전체 얼굴 중에서 턱 부분과 머리 부분으로만 눈이 움직였다. 그러나 2개월 된 영아는 입, 눈 그리고 머리 부분 등 좀더 다각도로 눈이 움직였다. 즉, 1개월 된 영아는 얼굴의 윤곽에 시선을 집중하는 데 반해, 2개월 된 영아는 이목구비를 더 오래 응시하는 것으로 보인다(Johnson & de Haan, 2015).

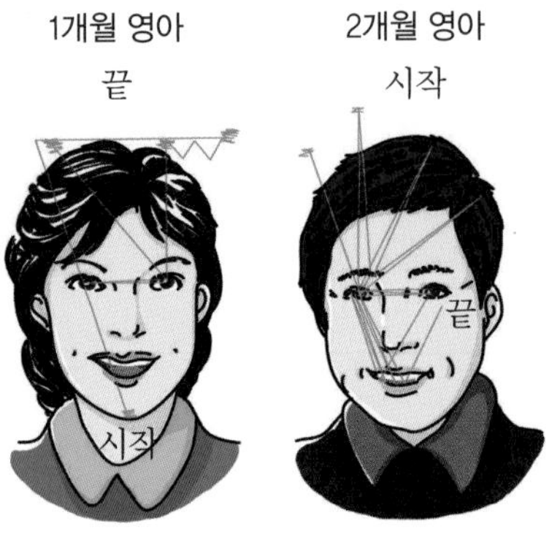

〈그림 7-15〉 영아의 사람 얼굴에 대한 지각

Gibson(1969)은 영아가 얼굴을 지각하는 순서에 대해 설명했는데, 생후 1개월에는 얼굴 중에서 눈을 가장 좋아하는 것으로 나타났다. 그러나 눈을 눈으로 지각하기보다는 단순히 점과 원과 각으로서 지각하였다. 1~2개월에는 윤곽을 지각할 수 있으며, 2개월이 되면 눈, 코, 입을 구별하고, 특히 입의 움직임에 주의를 기울이는 것으로 보인다. 6개월경에는 낯익은 얼굴과 낯선 얼굴을 구별할 수 있으며, 남녀의 얼굴도 구별할 수 있다고 한다.

Fantz(1961)의 연구에서는 〈그림 7-16〉에서 보듯이 영아에게 사람얼굴(A), 눈, 코, 입이 뒤섞여 있는 얼굴(B) 그리고 눈, 코, 입이 전혀 없는 얼굴(C)을 제시하였다. 연구결과, 영아는 사람얼굴을 가장 오래 응시하였고, 눈, 코, 입이 없는 얼굴을 가장 짧게 응시하는 것으로 나타났다.

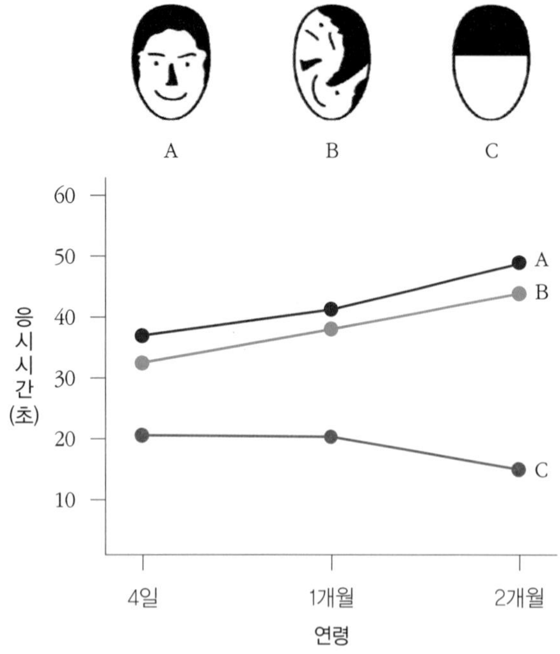

〈그림 7-16〉 Fantz의 영아의 형태지각 선호도에 관한 실험

(3) 깊이지각

영아가 몸을 움직일 수 있게 되면 그만큼 위험에 처할 가능성도 커진다. 그중에서도 특히 높은 데서 아래로 떨어지는 위험이 가장 크다. 생후 6개월경에 발달하는 것으로 보이는 깊이지각은 영아가 가구에 부딪치거나 침대나 계단에서 굴러 떨어지는 것을 막는 데 도움이 된다. 만약 영아가 깊이를 지각할 수 없다면 그들의 생존은 크게 위협을 받을 것이다.

Eleanor Gibson

Gibson과 Walk(1960)가 고안한 시각벼랑(visual cliff) 실험에서 6개월 된 영아는 깊이지각을 할 수 있는 것으로 나타났다. 〈그림 7-17〉에서 보듯이 얕은 쪽은 유리 바로 아래 테이블보를 깔고 깊은 쪽은 바닥에 테이블보를 깔아 놓음으로써 시각적으로 깊게 보이게 만들었다. 그러나 얕은 쪽이든 깊은 쪽이든 두꺼운 유리를 올려놓았기 때문에 영아가 안전하게 기어갈 수 있게 되어 있다. 영아를 얕은 쪽에 놓고, 어머니는 건너편 깊은 쪽에 서서 엄마에게 오라고 영아를 손짓해 부른다. 그러나 영아는 유리가 깔려 있는 것을 만져보고도 두려워하면서 건너가려 하지 않았다. 즉, 얕은 쪽으로 되돌아가거나 깊은 쪽과 얕은 쪽의 경계선에서 울기만 하였다.

Campos와 그의 동료들(1970)은 생후 2개월 된 영아를 대상으로 시각벼랑 실험을 하였다. 이들은 아직 기지 못하기 때문에 심장 박동수로 깊이지각을 할 수 있는지 없는지를 알아보았다. 연구결과, 얕은 쪽에서는 영아들의 심장 박동수에 변화가 없었지만, 깊

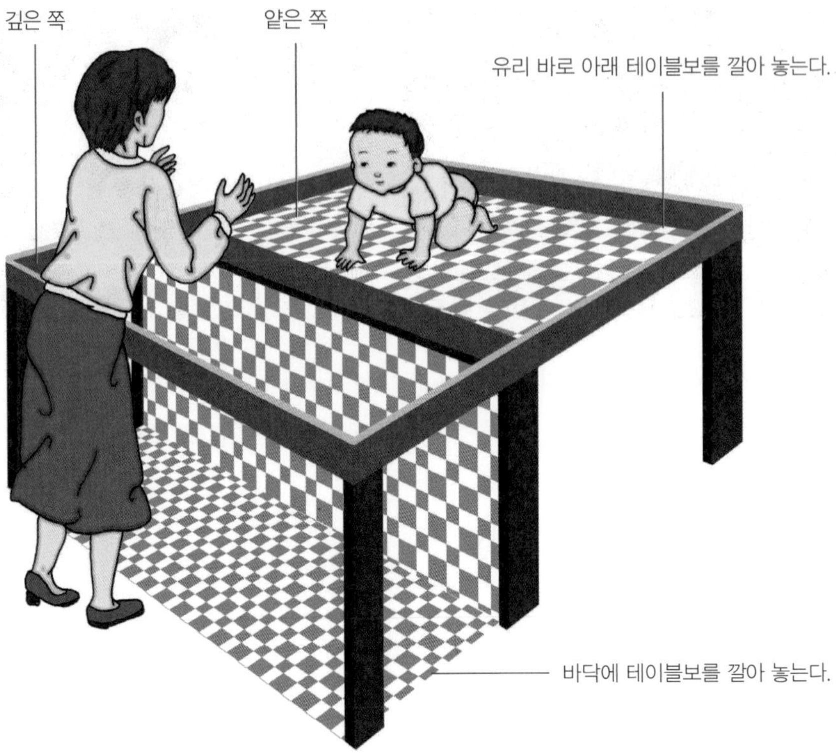

〈그림 7-17〉 시각벼랑 실험

은 쪽에서는 심장 박동수가 감소하였다. 우리가 두려움을 느낄 때는 일반적으로 심장 박동수가 빨라진다. 그런데 시각벼랑 실험에서 영아들의 심장 박동수가 감소한 것은 그들이 깊은 쪽과 얕은 쪽의 차이를 감지했지만, 깊이지각을 한 것이 아니고 뭔가 흥미로운 것을 발견했다는 의미로 해석할 수 있다.

깊이지각은 영아가 길 수 있게 되어 가끔 넘어지거나 떨어져 본 경험이 있는 경우에 획득되는 것으로 보인다. Campos와 동료들(1992)의 또 다른 연구에서 같은 또래라도 길 수 있는 영아가 그렇지 못한 영아보다 시각벼랑 실험에서 더 많이 두려워하는 것으로 나타났다.

2) 청각

우리 주위의 환경으로부터 상당수의 정보가 소리를 통해서만 들어오기 때문에 청각은 매우 중요한 감각이다. 전화벨 소리, 등 뒤에서 달려오는 차소리, 라디오에서 들려오는 음악소리, 인간의 말소리, 이 모든 것들은 청각을 통해서 우리가 느낄 수 있는 것

Helen Keller

들이다. 헬렌 켈러에 의하면 듣지 못하는 것이 보지 못하는 것보다 훨씬 더 불편하다고 하는데, 왜냐하면 보지 못하는 것은 사물로부터 고립되지만 듣지 못하는 것은 사람으로부터 고립되기 때문이다(Goldstein, 1999). 듣는 것과 보는 것은 둘 다 모두 인간의 의사소통에 있어서 매우 중요하다. 그러나 소리는 본질적으로 움직임과 관련이 있으므로 특별한 역할을 한다. 모든 소리는 움직임에서 비롯된다. 소리를 탐지하는 능력은 출생 전부터 어느 정도 가능하다. 출생 후에는 인간의 음성이 영아의 감정을 움직이고 언어와 관련된 정보를 전달하기 시작한다.

소리가 나는 근원을 찾으려는 반응처럼 영아의 듣는 능력은 보는 능력과 동시에 발달하며, 양자를 협응시키려는 반응을 보인다. 또한 듣는 능력에 문제가 있으면 이는 이후의 언어발달에도 영향을 미치게 된다.

Werner와 Marean(1996)은 출생 전과 출생 후의 영아의 소리에 대한 반응에 영향을 미칠 수 있는 해부학적 · 생리학적 요인에 대한 고찰을 하였다. 외이(外耳), 이도(耳道), 고막, 중이강(中耳腔) 그리고 중이에서 인후로 통하는 유스타키오관 등은 출생 전에 형성되기 시작해서 아동기 동안 크기와 모양이 계속해서 변하는 것으로 보인다(〈그림 7-18〉 참조). 한편, 이소골(耳小骨)은 매우 빠르게 성장하는데, 임신 15주경이면 성인의 크기에 달하고 골격의 형성은 25주경에 완성된다. 달팽이관 역시 임신 25주경에 크기가 완성되고, 32주경에는 감각세포의 유형이 성인의 것과 유사해진다. 출생할 무렵이

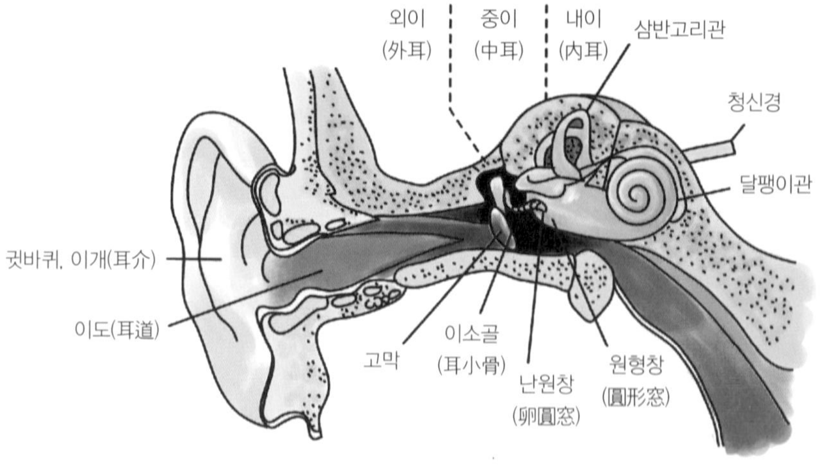

〈그림 7-18〉 외이, 중이, 내이로 구분된 귀의 도형

출처: Goldstein, E. B. (1999). *Sensation and perception* (5th ed.). Pacific Grove, CA: Brooks/Cole.

되면 달팽이관의 해부학적 구조와 신경분포가 완성된다(Bredberg, 1985).

출생 후 1개월경에는 '바'음과 '파'음 같은 음소의 구별이 가능하며(Aslin, Pisoni, & Jusczyk, 1983; Miller & Eimas, 1995), 2개월경에는 서로 다른 목소리에 다르게 반응하고 같은 사람이 내는 다른 음색의 목소리를 구분할 수 있다. 4~6개월이 되면 소리가 나는 방향을 정확하게 알아볼 수 있으며, 낯익은 목소리를 구별할 수 있고 음악을 들으면 좋아한다(Berk, 1996; Clarke-Stewart et al., 1985). 그리고 4개월경의 영아는 자신의 이름과 발음이 비슷한 다른 이름과를 구별할 수 있다(사진 참조).

우리나라 영아를 대상으로 한 연구(곽금주 외, 2005)에서 3개월 영아 중 42.9%가 어머니와 다른 사람의 목소리를 구분하였으며, 5개월이 되면 76.0%가 목소리로 사람을 구분할 수 있었다. 그러나 이 시기에는 말소리와 말소리가 아닌 것을 구분하는 데 능숙하지 못해서 5개월 된 영아들 중 37.3%만이 다른 소리 중에서 말소리를 구분할 수 있었다.

Aslin, Pisoni 그리고 Jusczyk 등(1983)은 한 연구에서 영아에게 같은 소리를 반복해서 들려주었는데, 영아가 그 소리에 흥미를 잃으면 다른 소리로 바꾸어 들려주었다. 이때 영아가 새로 바뀐 소리에 반응을 보이면, 영아가 소리의 변화를 감지한 것으로 결론지었다. 연구결과, 6개월 된 영아는 10데시벨 정도의 차이도 구분할 수 있는 것으로 나타났다.

소리에 대한 민감도는 소리의 높낮이에 따라 다르다. 6개월경의 영아는 낮은 소리나 중간 소리보다 높은 소리를 더 잘 듣는 것으로 보인다(Marie & Trainor, 2012). 성인들이 영아에게 말할 때 높은 소리로 말하는 이유가 이 때문인지 모른다. 고주파수의 음에 대한 민감도는 4~5세경에 절정에 달한다(Trehub, Schneider, Morrongiello, & Thorpe, 1988). 영아는 사람의 목소리, 특히 여성의 높은 목소리를 좋아하는 것으로 보인다.

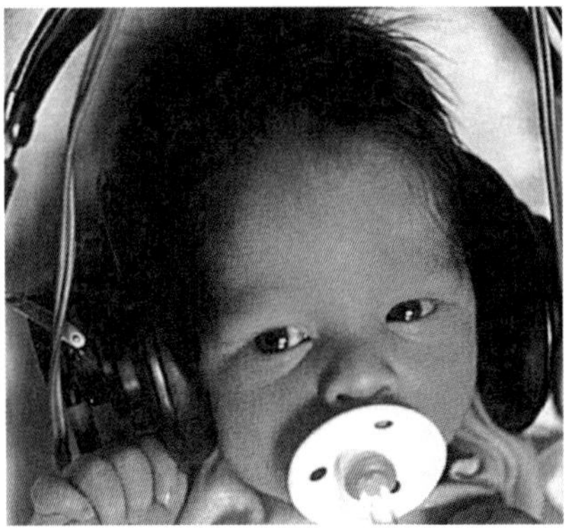

빨기반응 측정법에 의하면 영아는 낯선 여자의 목소리보다 어머니 목소리를 들었을 때 그리고 외국어보다는 모국어를 듣고서 젖꼭지를 더 많이 빠는 것으로(사진

참조) 나타났다(DeCasper & Fifer, 1980; Kisilevsky et al., 2009; Mehler et al., 1988; Spence & DeCasper, 1987). 이러한 연구결과는 태내에서의 청각적 경험이 출생 후 영아의 듣기 선호에 영향을 준다는 것으로 매우 흥미로운 결과이다.

3) 후 각

영아는 여러 가지 다양한 냄새를 식별할 수 있다(Cao Van et al., 2017; Doty & Shah, 2008). 여러 가지 냄새를 묻힌 면봉을 영아의 코에 갖다 대고서 영아의 얼굴표정과 신체의 움직임으로 영아의 반응을 알아본 연구(Crook, 1987; Pomares, Schirrer, & Abadie, 2002)에서, 바나나냄새나 딸기냄새에는 기분좋은 표정을 짓고, 생선냄새는 약간 싫어하며, 썩은 달걀냄새에는 고개를 돌리거나 얼굴을 찡그리는 반응을 보였다.

더욱 놀라운 사실은 모유 수유를 하는 영아가 어머니가 가까이 왔다는 것을 엄마의 젖냄새를 통해서 안다는 것이다(MacFarlane, 1977). 심지어 신생아의 경우도 모유를 먹는 경우 엄마 젖냄새를 알아보는 것으로 보인다. 한 연구(MacFarlane, 1975)에서 생후 6일 된 신생아에게 엄마 젖냄새를 묻힌 수건과 한 번도 사용하지 않은 깨끗한 수건을 양쪽에서 제시했더니 신생아는 엄마 젖냄새가 나는 쪽으로 고개를 돌렸다(사진 참조).

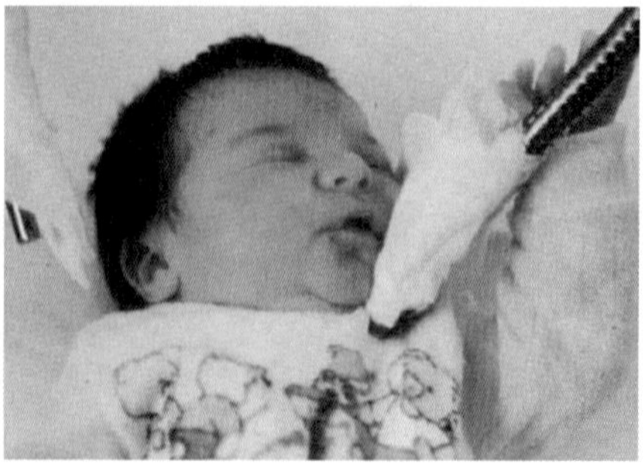

사진 설명 생후 1주일 된 신생아가 어머니 젖냄새에 반응을 보이고 있다.

4) 미 각

신생아도 단맛, 신맛, 쓴맛, 짠맛을 구별하고(Mennella & Bobowski, 2015; Rosenstein & Oster, 1988), 2~3개월경에는 특정한 맛에 대한 기호가 생길 정도로 발달되어, 특정한 맛에 대한 거부현상도 보인다. 4개월이 되면 신생아기 때에는 싫어하던 짠맛을 좋아하기 시작하는데(Doty & Shah, 2008; Harris, Thomas, & Booth, 1990), 이것은 아마도 이유식(고형음식)에 대한 준비를 하는 것인지도 모른다(Beauchamp, Cowart, Mennella, & Marsh, 1994).

영아기 말이 되면 미각은 매우 예민하게 된다. 소아과 의사들은 영아에게 다양한 음식을 제공할 것을 추천하는데, 이것은 영양적인 측면에서뿐만 아니라 영아기에 음식에 대한 선호가 급격히 발달하기 때문이다. 따라서 영아기 이후에는 새로운 음식을 잘 먹

사진 설명 첫돌상 앞에 앉은 아기

으려 하지 않는다(Berger, 1991).

우리 전통사회에서는 삼칠일 된 아기에게는 미역국을, 백일에는 밥과 국을 그리고 첫돌에는 떡과 과일의 맛을 보여 줌으로써 영아의 미각의 발달을 도와주었다(사진 참조).

5) 촉각

Harlow와 Zimmerman(1959)의 유명한 원숭이 실험에서 사회적 애착의 발달에 중요한 것은 먹이를 제공하는 것보다 신체적 접촉인 것으로 밝혀졌다. 쥐를 대상으로 한 연구에서도 어미 쥐가 새끼 쥐를 핥아 주는 것은 새끼 쥐의 생존뿐만 아니라 성장에도 크게 관련이 있는 것으로 보인다(Kuhn & Schanberg, 1998). 인간의 신생아와 부모자녀 간의 신체접촉을 통한 자극 또한 신생아의 생존에 필수적일 뿐만 아니라 사회정서발달에도 이바지한다.

촉각은 영아가 성인과 갖는 관계에서 매우 중요한 역할을 한다. 아기를 쓰다듬어 주거나 아기의 가슴에 가만히 손을 올려놓으면 우는 아기를 달랠 수 있고, 등을 토닥토닥 두드려 주면 아기를 재울 수 있다(사진 참조).

생후 6개월이 지나면 영아는 촉각을 이용해서(처음에는 입과 입술을 사용하고, 나중에는 손을 사용한다) 주위 물체를 탐색하기 시작한다. 따라서 촉각은 영아가 자신의 환경에 대한 지식을 습득하는 주요한 수단이 된다. 이것은 초기 인지발달에서 매우 중요한 것이다(Piaget, 1960). 첫돌 무렵에 영아는 손의 감촉만으로도 익숙한 물체를 알아볼 수 있다(Rose, Gottfried, & Bridger, 1981).

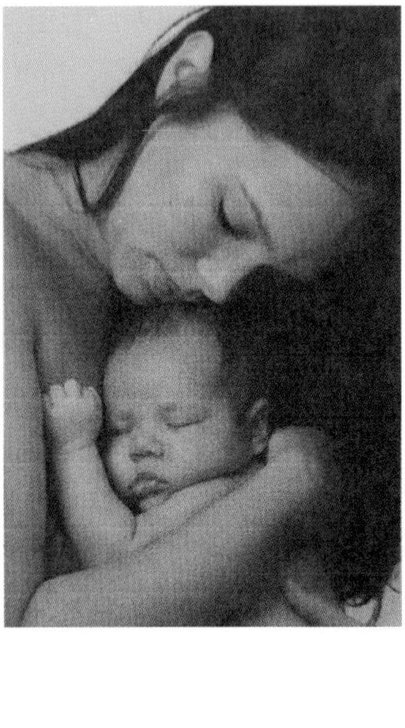

영아는 온도변화에 대해서도 민감한 반응을 보이는데, 체온보다 높은 온도보다는 낮은 온도에 더 민감하다. 방안 온도가 갑자기 떨어지거나 영아의 옷을 갈아입히기 위해 옷을 다 벗겨 놓으면 울면서 불편함을 호소하거나 체온을 유지하기 위해 몸을 활발하게 움직인다(Humphrey, 1978).

출생 시에 통각도 이미 발달되어 있다(Ganzewinkel et al., 2014; Ishak et al., 2019; Rodkey & Pillai Riddell, 2013). 신생아기나 영아기에 남자아이의 포경수술을 할 경우 진통제가 초래할 위험 때문에 또는 신생아는 통증을 느끼지 못한다는 생각으로 마취제를 사용하지 않고 수술을 하는데, 이때 영아의 심장박동수와 혈압이 증가하고, 영아는 통증 때문에 높은 소리로 운다(Gunnar, Malone, & Fisch, 1987; Taddio, 2008; Williamson, 1997).

6) 통합 감각

우리가 눈을 가리고 어떤 물체를 만져만 보고서 그 물체의 이름을 알아맞히는 게임을 한다고 가정해 보자. 내 손에 작고 동그란 물체가 놓인다. 이 물체는 직경이 3.2cm 정도 되고, 무게는 50g 정도 되며, 단단하고, 보조개처럼 작은 홈이 여러 개 파져 있다. 이 물체는 과연 무엇일까? 대부분의 사람들은, 심지어 골프공을 한 번도 만져 본 적이 없는 사람들도, 이 물체가 골프공이라는 것을 알아맞힌다. 이런 것이 통합 감각 또는 감각 간 지각(intermodal perception)의 한 가지 예이다. 통합 감각은 어떤 감각(시각)을 통해 익힌 물체를 다른 감각(촉각)에 의해 알아보는 능력을 일컫는 말이다(Bremner et al., 2012; Gergely et al., 2019). 영아는 언제 처음으로 이러한 능력을 보이는 것일까?

Piaget(1954, 1960)의 통합이론(enrichment theory)에 의하면 여러 가지 감각은 출생 시 분리되어 있기 때문에, 감각기관이 독립적으로 성숙해야만 여러 감각기관으로부터 정보를 비교해서 통합할 수 있다고 한다. 따라서 어떤 물체가 어떤 모습으로 보이고, 어떤 소리가 나며, 만졌을 때 느낌이 어떠한지에 대한 경험이 쌓인 후에라야 감각 간의 지각이 가능하다는 것이다. 그 전에는 영아가 손으로 만져보지 않고 단지 눈으로만 보았던 물체를 어두운 곳에서는 감촉에 의해 그 물체를 인식할 수 없다는 것이다.

한편, Gibson(1969, 1992)의 분화이론(differentiation theory)에 의하면 감각은 출생 시 통합되어 있기 때문에 감각 간 지각이 출생 시부터 가능하다고 한다. 따라서 영아들은 어떤 자극이 제시되었을 때 모든 감각기관을 사용하여 그 자극을 탐색한다는 것이다.

서로 상반되는 두 이론 중 어느 입장이 더 옳은 것인가? 여러 연구에 의하면 분화이론이 더 설득력이 있는 것으로 보인다. 6개월 된 영아를 대상으로 한 Meltzoff와 Borton(1979)의 실험에서는 〈그림 7-19〉에서 보듯이, 매끄러운 젖꼭지 또는 울퉁불퉁한 젖꼭지를 보여주지는 않은 채 그중 하나만을 빨게 한 후, 두 개의 젖꼭지를 함께 보여주었더니 영아는 자신이 빨았던 젖꼭지를 더 오래 바라본다는 사실을 발견하였다. 이러한 사실은 영아에게 시각과 촉각이라는 감각 간 지각능력이 있다는 것을 말해 주는 것이다.

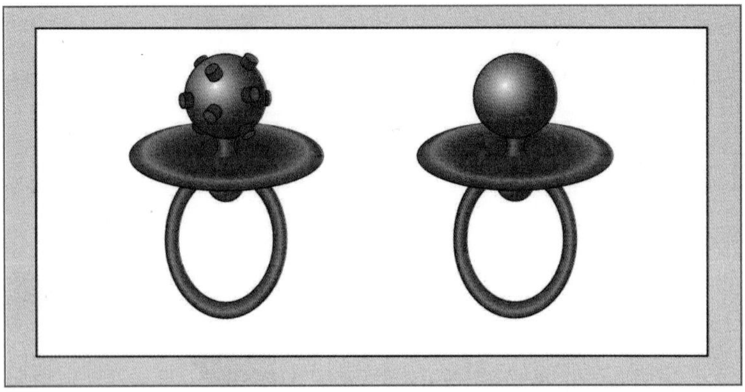

〈그림 7-19〉 감각 간 지각능력을 측정하기 위한 젖꼭지 모형

출처: Meltzoff, A. N., & Borton, R. W. (1979). Intermodal matching by human neonates. *Nature, 282*, 403-404.

또 다른 실험(Wagner, Winner, Cicchetti, & Gardner, 1981)에서 생후 1년쯤 된 영아들에게 각기 분절음 또는 계속음을 들려준 후 점선(……)과 실선(——)을 보여 주었다. 분절음을 들었던 영아들은 점선을 더 오래 바라보았고, 계속음을 들었던 영아들은 실선을 더 오래 바라보았다. 이보다 더 어린 영아를 대상으로 한 연구(Spelke & Owsley, 1979)에서도, 3개월 반 된 영아가 어머니 목소리가 들릴 때는 어머니를 더 오래 쳐다보았고, 아버지 목소리가 들릴 때는 아버지를 더 오래 쳐다보았다. 이러한 연구결과들은 생의 초기에 시각과 청각이 통합되어 있다는 것을 의미한다.

이상의 실험에서 보듯이 감각 간 지각능력은 출생 시부터 존재하는 것으로 보인다(Bahrick & Hollich, 2008; Bremmer, 2017). 그러나 이러한 능력은 경험을 통해 상당한 정도로 발달하므로, 모든 발달에서와 마찬가지로 여기서도 성숙과 학습이 서로 상호작용하는 것임을 알 수 있다(Johnson, 2012, 2013; Maurer & Lewis, 2013).

제 8 장

인지발달

1. 피아제의 접근법
2. 정보처리 접근법
3. 언어발달
4. 영아기의 지능검사

인지는 인간의 정신적 사고과정을 의미하는 광범위한 개념으로 생물학적 성숙뿐만 아니라 경험의 영향도 받게 되는 것이다. 인지적 성장은 영아기에 급속도로 이루어지는데, 몇 가지 반사능력만을 가지고 태어난 신생아는 점점 목적의식을 가지고 행동하는 존재로 바뀐다. Piaget의 표현을 빌리면, 영아는 자극에 자동적으로 반응하는 '반사적 유기체(reflexive organism)'에서 점차 자신의 행동을 통제할 수 있고 사고할 수 있는 '생각하는 유기체(reflective organism)'로 변한다.

영아기의 인지발달을 설명하기 위해 제시되는 한 가지 접근법은 Piaget의 인지발달 이론이다. Piaget에 의하면 영아기의 인지발달은 주변 환경에 대한 이해에서 출발하는데, 인지발달을 위해서는 주어진 자극에 대해 주의를 집중하고, 이를 수용하는 것이 선행되어야 한다고 한다. 즉, 주변 환경에 대한 정보를 얻기 위해서는 감각운동을 통한 지각경험이 바탕이 되어야 한다고 한다.

영아기의 인지발달을 이해하기 위한 또 다른 접근법은 정보처리이론이다. 정보처리 접근법은 영아가 정보를 받아들이고, 활용하고, 저장하는 방법에 관해 연구하는 것이지만 특히 기억 쪽에 관심을 둔다.

영아기의 인지발달에는 시각적, 청각적, 후각적, 촉각적 자극이 필요하며, 특히 언어적 상호작용이 매우 중요한 역할을 한다. 언어는 지적 활동의 중요한 매개체이며, 타인과의 관계형성에 기본이 된다. 언어는 자신의 생각을 표현하거나 주위 환경을 이해하는 데 필수적이므로, 아동의 인지발달 및 사회정서발달과 밀접한 연관이 있다.

이 장에서는 영아기의 인지발달을 이해하기 위한 Piaget의 접근법과 정보처리 접근법을 살펴보고, 아울러 언어발달과 영아기의 지능검사에 관해서도 살펴보고자 한다.

1. 피아제의 접근법

영아기의 인지발달에 관한 Piaget의 이론은 전적으로 그의 세 자녀를 출생에서부터 영아기까지 지켜본 연구에 근거한 것이다. Piaget와 심리학자인 그의 아내 Valentine은 세 자녀의 일상적인 활동을 하루에 몇 시간씩 관찰하였다.

이러한 접근법의 장점은 자연스러운 방식으로 영아의 일상적인 행동을 관찰할 수 있다는 점과 같은 영아들을 2년 동안 계속해서 살펴본 종단연구라는 점에 있다. 반면, 이 접근법의 단점은 단지 세 명의 영아를 대상으로, 그것도 부모가 자신의 자녀를 관찰한 연구이기 때문에 일반화하는 데 문제가 있다는 점이다. 그러나 이 같은 문제점은 그 후 대표성이 보장되는 보다 많은 영아들을 대상으로 객관적인 자료수집을 한 연구결과에 의하면, Piaget의 영아기에 대한 설명이 상당히 정확한 것으로 나타났기 때문에 별로 문제가 되지 않는 것으로 보인다(Harris, 1983).

1) 감각운동기의 사고

Piaget(1960)는 인지발달 단계에서 영아기를 감각운동기라고 명명하였다. 감각운동기에 영아의 세상에 대한 인식은 감각기관과 운동기능을 통해 이해하는 것에 국한된다. 영아기의 사고는 언어나 추상적 개념을 내포하지 않는다. 영아가 이해하고, 기억하는 것은 자신이 직접 보고, 듣고, 느끼고, 행동하는 것에 의존한다. 즉, 감각기관을 통해 받아들인 정보가 인지발달의 중요한 내용이 된다는 것이다.

영아기에는 감각기관을 통해 획득한 정보를 조직하는 도식들과 환경자극에 대해 반응하는 도식들이 형성될 뿐 아니라 그것이 끊임없이 주위 환경에 반응하면서 도식을 수정해 나가므로, 이는 분명히 언어발달 이전의 지적 행동의 시기라고 볼 수 있다.

Piaget는 감각운동기를 6개의 하위단계로 나누었는데 그 단계들은 다음과 같다.

(1) 반사운동기(Reflex Activity: 출생~1개월)

영아는 세상에 대한 지식을 습득하는 일차적 자원으로서 빨기, 잡기, 큰 소리에 반응하기와 같은 반사적 행동에 의존한다. 영아는 다양한 반사능력을 가지고 이 세상에 태어나며, 이를 통해 외부 세계를 이해하게 된다. 이들 중 가장 우세한 반사는 빨기 반사인데, 영아는 입에 닿는 것은 무엇이든지 빨려고 한다(사진 참조). 빨기 반사, 잡기 반사 등은 외부 세계에 적응해 나가는 과정을 통해 계속적으로 발달하며, 이후의 인지발달을 위한 초석이 된다.

이 하위단계의 중요한 특징은 첫째, 자신과 외부 세계 간의 구분이 없으며, 둘째, 다양한 반사도식들을 사용함으로써 영아는 환경의 요구에 보다 더 잘 적응할 수 있다는 것이다.

(2) 일차 순환반응기(Primary Circular Reactions: 1~4개월)

영아의 관심은 외부의 대상보다는 자신의 신체에 있기 때문에 '일차' 순환반응이라

불린다. '순환반응'이라는 용어는 빨기, 잡기와 같은 감각운동의 반복을 의미한다. 즉, 유아가 우연한 행동을 통해 재미있는 결과를 초래하게 되면 계속해서 그 행동을 반복하게 되는 것을 말한다. 예를 들어, 영아가 손가락을 빠는 것이 아주 재미있는 일이라고 생각하게 되면, 손가락을 자꾸만 입 속에 넣으려고 한다(사진 참조). 순환반응의 목적은 기존 도식에 대한 수정이며, 이 도식의 수정은 지적 발달에 대한 입증이다.

이 하위단계 동안 영아는 다양한 반사들에 숙달되며, 이 반사들은 서로 협응하게 된다. 예를 들면, 영아는 눈으로 흥미 있는 물체를 추적하면서, 한편으로는 그 물체를 잡으려고 팔을 뻗치기 시작한다. 빨기-잡기 도식과 보기-잡기 도식은 이 단계에서 획득되는 중요한 도식 간의 협응인 것이다.

(3) 이차 순환반응기(Secondary Circular Reactions: 4~8개월)

이 하위단계의 주요 특징은 영아가 자신의 외부에 있는 사건과 대상에 열중한다는 점이다. 그래서 '이차' 순환반응이라 불린다. 일차 순환반응과 이차 순환반응 간의 주된 차이점은 관심의 초점에 있다. 일차 순환반응기 동안 영아는 자신의 신체와 신체 주변에 있는 대상과 사건에 관심을 갖는다. 그러나 이차 순환반응기에는 영아의 관심이 자신의 신체 외부에 있는 대상과 사건에 있다. 즉, 일차 순환반응은 영아의 여러 신체부분들이 서로 협응하는 것을 말하고, 이차 순환반응은 영아가 그 자신이 아닌 외부에서 흥미로운 사건들을 발견하고, 이를 다시 반복하려고 할 때 일어난다.

보기-잡기와 같은 도식의 발달은 주변 환경에 흥미를 갖는 결과를 만들어 내게 된다.

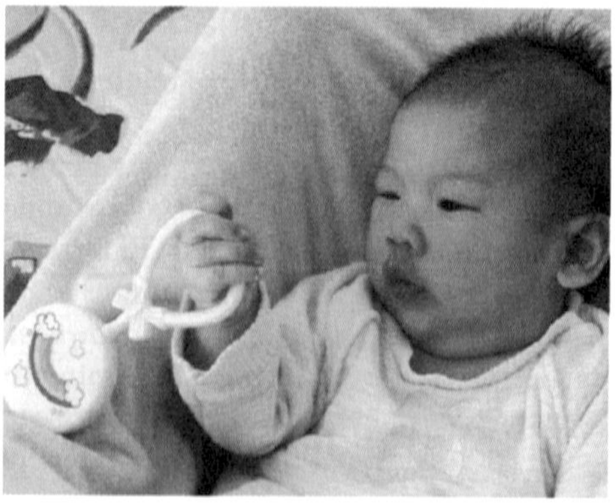

우연히 수행한 어떤 행동이 흥미 있는 결과를 초래할 경우, 또 다시 그 결과를 유발하기 위해 그 행동을 반복하게 된다. 예를 들어, 우연히 딸랑이를 흔들어 소리가 났을 경우, 영아는 잠시 멈추었다가 다시 한 번 그 소리를 듣기 위해 딸랑이를 흔드는 행위를 되풀이 하게 된다(사진 참조). 그러한 행동이 되풀이 되는 것은 '의도성(intentionality)'이 나타나는 증거이며, 심지어 목표지향적 행동의 초기 형태

가 시작된다는 증거이기도 하다.

지능이 의도적 또는 목적지향적 행위와 동등한 것이기 때문에, 의도성은 Piaget 이론의 중요한 구성요소라 할 수 있다. 이 하위단계 동안 영아는 외부 세계에 있는 어떤 사건들이 영아 자신의 행동의 통제하에 있다는 것을 이해하기 시작한다.

(4) 이차 순환반응의 협응기(Coordination of Secondary Circular Reactions: 8~12개월)

이 하위단계에서 영아의 관심은 자신의 신체가 아니라 주위 환경에 있으며, 자신의 목표를 달성하기 위해 두 가지 행동을 협응하게 하기 때문에 이 단계를 이차 순환반응의 협응기라고 일컫는다.

영아기의 인지발달에서 중요한 두 가지 획기적인 사건이 이 하위단계에서 발생한다. 첫째는 영아가 인과개념을 갖기 시작하는데, Piaget는 이것을 진정한 의미에서 지능의 첫 신호라고 믿는다.

> 어느 날 Piaget의 아들 Laurent이 성냥갑을 잡으려 했을 때 Piaget가 손으로 그것을 가로막았다. 처음에 Laurent은 Piaget의 손을 무시하고 성냥갑을 재빨리 잡으려고만 하였지 손을 치우려고는 하지 않았다. 그러다가 마침내 Laurent은 성냥갑을 잡기 전에 방해가 되는 손을 치우고 성냥갑을 잡는 데 성공하였다(Piaget, 1952, p. 217).

위의 예에서, Laurent은 목적을 달성하기 위해 둘로 분리된 도식—방해물 치우기와 성냥갑 잡기—을 협응케 하였다. 여기서 하나의 도식인 방해물을 치우는 행위는 또 다른 도식인 성냥갑 잡기라는 목적을 위한 수단이 되었다. 이 시기의 영아는 목표가 되는 하나의 도식에 도달하기 위해 수단이 되는 다른 도식을 이용하는 능력을 갖게 된다.

사진 설명 영아가 자신이 원하는 장난감을 얻기 위해 방해물을 치우고있다.

Piaget는 이러한 수단과 목적관계를 영아가 인과개념을 이해하는 첫 징후로 보았다. 또한 영아가 방해물을 치우고 숨겨진 물건을 찾아내는 행위는 두 번째 획기적 사건인 대상영속성(object permanence)의 개념을 획득하기 시작했다는 사실을 보여준다. 이 시점까지는 어떤 물체가 영아의 시야에서 사라지면 그 물체는 더 이상 존재하지 않는 것으로 영아가 지각하는 것으로 보인다. 다시 말해서 영아는 "눈에서 멀어지면 마음도 멀어진다(out of sight, out of mind)"라는 속담을 증명하는 것처럼 보인다. 그러나 이 하위단계에서는 어떤 물체가 눈앞에서 사라진다고 하더라도 그 물체가 없어진 것이 아니라는 것을 인식할 정도로 영아의 대상영속성 개념이 발달하기 시작한다.

(5) 삼차 순환반응기(Tertiary Circular Reactions: 12~18개월)

삼차 순환반응은 선행되는 두 순환반응과 구분하기 위해서 '삼차'라고 부른다. 일차 순환반응기 동안 영아는 자신의 신체에 관심을 가지며, 이차 순화반응기에는 외부 세계에 있는 대상에 관심을 갖는다. 이제 삼차 순환반응기가 되면 영아는 실험적 사고에 열중한다. 즉, 영아는 새로운 원인과 결과 간의 관계에 대해서 이를 가설화한다. 예를 들어, 영아는 처음에 장난감 북을 북채로 쳐보지만 다음에는 어떤 소리가 나는가 보려고 연필로, 블록으로 그리고 망치로 두들겨 본다(〈그림 8-1〉 참조).

증대된 운동기술이 영아와 대상 간의 좀더 복잡해진 관계에 기여하는 요소가 된다. 대부분의 영아가 걷기 시작하는 것이 바로 이때이다. 영아가 고도의 활동성을 갖기 시작할 때 새로운 경험을 할 수 있는 가능성이 크게 증가한다.

이 하위단계에서 영아는 매우 적극적이고 목적지향적이며 시행착오적으로 탐색하는 특성을 보인다. 시행착오 학습의 결과 영아는 새로운 대상이 제시되면 그 대상을 다

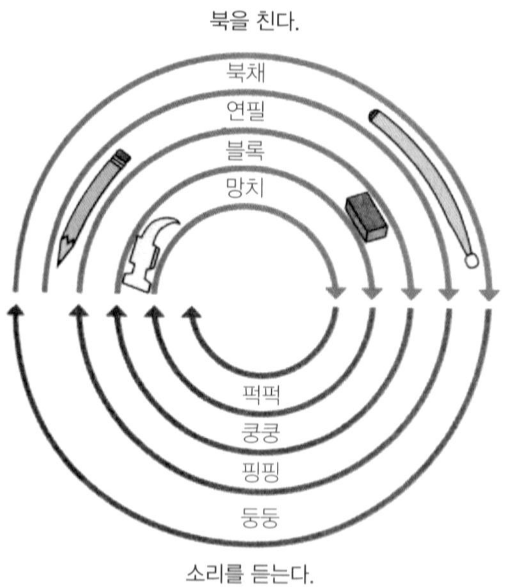

〈그림 8-1〉 삼차 순환반응기의 실험적 사고

사진 설명 새로운 결과를 얻기 위해 영아는 여러 가지 새로운 방법을 시도해 본다.

각도로 탐색해 보고, 정해진 목표를 달성하기 위해 전 단계와는 다른 새로운 수단을 발견할 수 있다. 한 예로, 영아는 팔이 닿지 않을 경우 원하는 장난감을 갖기 위해 막대기를 사용하여 밀어 보는 시도를 할 수 있다.

(6) 정신적 표상(Mental Representation: 18~24개월)

이 하위단계는 영아의 지적 능력이 놀랄 정도로 크게 성장하는 시기이다. 영아는 이제 눈앞에 없는 사물이나 사건들을 정신적으로 그려내기 시작하고, 행동을 하기 전에 머릿속에서 먼저 생각을 한 후에 행동한다. 전 단계에서처럼 시행착오 과정을 통해서 문제를 해결하는 것이 아니라, 행동하기 전에 상황에 관한 사고를 하기 때문에 문제를 더 빨리 해결할 수 있다.

> Piaget는 딸 Lucienne이 좋아하는 구슬을 성냥갑 속에 집어넣었다. Lucienne은 성냥갑 틈새로 손가락을 넣어 구슬을 꺼내려고 시도해 보았지만 구슬을 꺼낼 수가 없었다. 그러자 Lucienne은 자기 입을 몇 번 벌렸다 다물었다 하더니, 재빨리 성냥갑을 열고 구슬을 꺼내었다(Piaget, 1952, p. 338).

위의 예에서, Lucienne이 입을 벌렸다 다물었다 하는 것은 성냥갑의 구조를 정신적으로 표상하고 있음을 반영하는 것이다. 정신적 표상이 가능해지면서 이전 단계까지는 불가능하던 지연모방(deferred imitation)이 가능하게 된다. 지연모방은 어떤 행동을 목격한 후 그 행동을 그 자리에서 곧장 모방하지 않고, 일정한 시간이 지난 후에 그 행동을 재현하는 것을 말한다. 예를 들어, 아버지가 세차하는 것을 형이 도와드리는 것을 목격한 영아가 그다음 날 걸레를 들고 자기 세발자전거를 닦는 시늉을 하거나, 동네 형들이 놀이를 하면서 욕설을 하는 것을 듣고서 며칠 후 손님 앞에서 그 욕설을 그대로 말해서 부모를 난처하게 만드는 경우를 볼 수 있다. 지연모방은 어떤 행동을 정신적으로 표상할 수 있는 능력과 그것을 정확하게 표현할 수 있는 능력을 필요로 한다.

사진 설명 Piaget와 그의 아내 Valentine이 세 자녀와 함께

> Piaget의 딸인 Jacqueline이 어느 날 한 남자아이와 함께 놀게 되었는데, 그 남자아이는 한참 재미있게 놀다가 갑자기 놀이

방에서 나가려고 고함을 지르고 문을 두드리고 발을 구르며 울었다. 이런 광경을 처음 목격한 Jacqueline은 놀라서 가만히 쳐다보고만 있었다. 그러나 다음날 놀이방에서 놀다가 싫증이 난 그녀는 고함을 지르고 발을 구르면서 전날 그 남자아이가 한 것과 똑같은 행동을 하였다(Piaget, 1962, p. 63).

이것은 이미 사라진 모델의 행동을 상징화하여 그 행동을 나중에 그대로 본받음으로써 지연모방을 한 것이다.

2) 대상영속성 개념의 발달

감각운동기에 획득하게 되는 중요한 능력 중의 하나는 대상영속성의 개념이다. 대상영속성은 물체가 눈에 보이지 않거나 소리가 들리지 않더라도 그 물체가 계속 존재한다는 것을 아는 것이다. 대상영속성의 개념은 인지발달 단계와 병행하여 발달하는데, 이 개념을 획득하기 위해서는 자신이 주변 세계와 분리된 독립된 존재라는 사고를 할 수 있어야 한다. Piaget는 다음과 같이 감각운동기의 하위단계별로 대상영속성 개념의 발달을 설명하고 있다.

(1) 하위단계 1

이 단계에서는 대상영속성의 개념이 전혀 없다. 신생아는 움직이는 물체가 보이면 눈으로 그 물체를 좇아가다가 그 물체가 시야에서 사라지면 더 이상 그 물체에 관심을 보이지 않는다(사진 참조).

사진 설명 영아는 감각운동기의 제1, 제2 하위단계에서 물체가 시야에서 사라지자마자 관심을 보이지 않는다.

(2) 하위단계 2

대상영속성의 개념이 어렴풋이 나타난다. 예를 들어, 영아의 눈앞에서 빨간 공이 천천히 왔다갔다 움직이면 눈을 움직여 그 공을 좇는다. 그러다가 공이 영아의 등 뒤로 사라지면 공이 사라지기 바로 전에 머물렀던 지점을 잠시 바라보다가 이내 고개를 돌린다(사진 참조).

보자기로 반쯤 가려진 장난감을 영아가 찾아내고 있다.

〈그림 8-2〉 하위단계 3

(3) 하위단계 3

주변의 물체가 보이지 않아도 어딘가에 존재한다는 사실을 어렴풋이 이해한다. 이 시기에는 눈과 손의 협응이 이루어져 물체가 부분적으로 눈에 보이는 경우에는 잡으려고 애쓰지만, 물체가 사라지는 과정을 보았음에도 불구하고 완전히 사라진 경우에는 찾으려 하지 않는다. 〈그림 8-2〉에서 보듯이 장난감을 보자기로 반쯤 가려 놓으면 영아는 장난감을 찾아낸다. 그러나 장난감을 보자기로 완전히 덮어 놓으면 찾지 않는다. 이처럼 감춰진 물체를 찾으려고 하지 않는 것은 대상영속성의 개념이 완전히 발달하지 못한 것으로 해석할 수 있다.

우리나라 영아를 대상으로 한 연구(곽금주 외, 2005)에서 6개월 된 영아 중 75.3%가 부분적으로 숨겨진 물체를 찾을 수 있는 것으로 나타났다. 9개월이 되면 더 많은 영아들(87.5%)이 부분적으로 숨겨진 물체를 찾을 수 있었으며, 10개월 된 영아 중 완전히 숨겨진 물체를 찾을 수 있는 영아는 73.4%였다. 13~14개월이 되면 85% 정도의 영아들이 완전히 숨겨진 물체를 찾을 수 있었다.

(4) 하위단계 4

시야에서 사라진 물체를 적극적으로 찾으려고 한다. 그러나 영아가 지켜보고 있는 동안에 물체를 처음 감춘 장소에서 다른 장소로 옮겨 놓아도 처음 감추었던 장소에서 그 물체를 찾으려고 한다(〈그림 8-3〉 참조).

(5) 하위단계 5

영아가 보는 앞에서 빠른 속도로 장난감을 이리저리 숨겨 놓아도 그것을 찾을 수 있다. 이처럼 보이는 곳으로의 이동은 이해하지만, 아직도 보이지 않는 곳으로의 이동은 이해하지 못한다(〈그림 8-4〉 참조).

(6) 하위단계 6

대상영속성의 개념이 완전하게 발달한다. 보이는 곳의 이동뿐만 아니라 보이지 않는

〈그림 8-3〉 하위단계 4

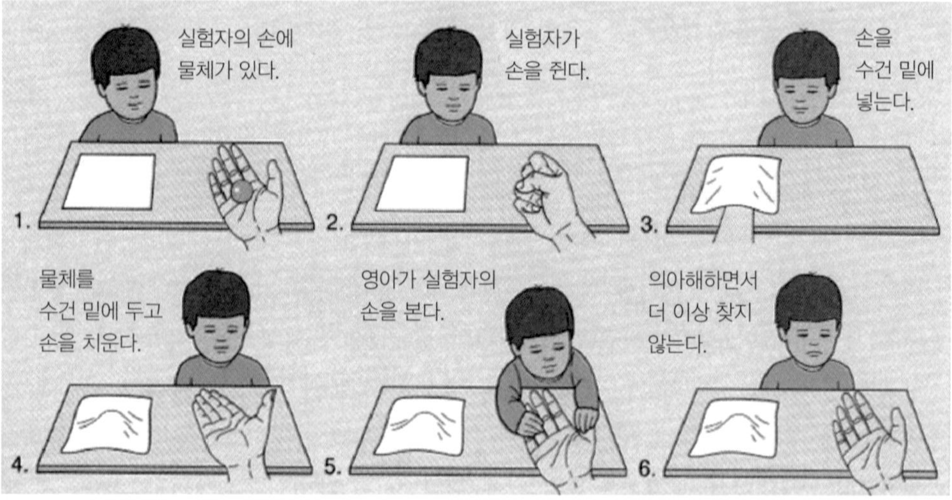

〈그림 8-4〉 하위단계 5

곳의 이동도 모두 이해할 수 있다. 숨기는 장면을 목격하지 않은 대상물도 찾을 수 있다.

우리나라의 영아를 대상으로 한 연구(박경자, 1981)에 따르면, 대상영속성 개념은 연령에 따라 일정한 단계를 거쳐 발달한다는 Piaget의 단계이론이 타당한 것으로 입증되었다. 즉, 대상영속성 개념 발달을 측정해 본 결과 영아들은 연령이 증가할수록 더 높은 점수를 얻었고, 6, 9, 12, 18개월은 서로 다른 발달단계를 구성하였음이 드러났다. 대상영속성 개념 발달에 있어서 영아는 Piaget가 제시한 발달순서와 대체로 일치했는데, 부분적으로 감추어진 물체찾기가 가장 먼저 이루어졌고, 그 후에 완전히 감추어진 물체찾기로 발달하였다. 또한 성현란과 배기조(2004)의 연구에서도, 영아의 월령이 증가할수록 대상영속성의 개념이 더욱 발달하는 것으로 보인다. 즉, 9개월이 되면 부분적으로 숨긴 대상물에 대해 그리고 10개월이 되면 완전히 숨긴 대상물에 대해 대상영속성의 개념이 발달하는 것으로 나타났다.

2. 정보처리 접근법

영아의 인지발달을 이해하기 위한 정보처리 접근법은 영아가 정보를 받아들이고, 이용하고, 저장하는 방법에 관해 연구하는 것으로 이 접근법은 특히 기억 쪽에 관심을 둔다(Siegler, 1998). 이 접근법에 의하면, 영아기의 인지발달은 정보를 조직하는 능력에서의 양적인 변화로 입증될 수 있다. 즉, 새로운 기술로 말미암아 컴퓨터의 구조 및 프로그램이 점점 복잡해지듯이, 영아의 정보처리 과정 또한 점점 복잡해진다(Mehler & DuPoux, 1994; Reyna, 1997).

1) 정보처리의 과정

정보처리 과정에는 부호화(encoding), 저장(storage), 인출(retrieval)이라는 세 가지 기본적인 과정이 있다. 〈그림 8-5〉는 부호화, 저장, 인출의 세 과정이 컴퓨터 부품의 기능과 얼마나 유사한지를 보여주고 있다. 즉, 우리가 정보를 입력하는 부호화 과정은 컴퓨터의 자판이 하는 기능에 해당하고, 저장 과정은 정보가 저장되는 하드 드라이브의 기능에 해당하며, 인출 과정은 정보가 나타나는 모니터 화면의 기능에 해당한다.

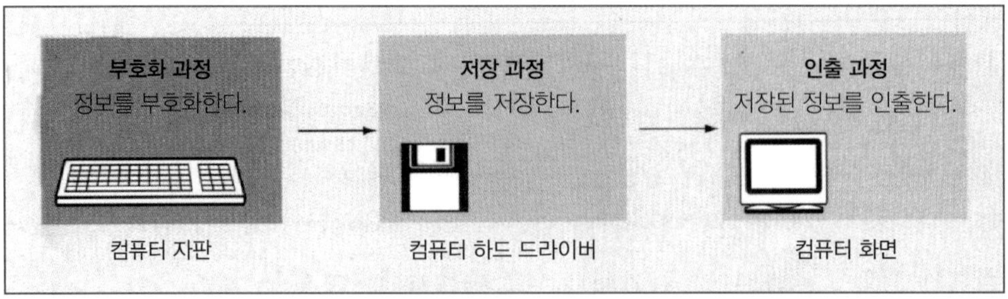

〈그림 8-5〉 정보가 처리되는 부호화, 저장, 인출의 세 과정

(1) 부호화

부호화는 정보를 나중에 필요할 때에 잘 기억해 낼 수 있는 형태로 기록하는 과정이다. 우리는 일상생활에서 '정보의 바다'라는 말이 있을 정도로 수없이 많은 정보에 노출되기 때문에 그 모든 정보를 다 받아들일 수는 없다. 결과적으로, 선택적인 부호화를 하게 된다. 즉, 필요한 정보에 주의를 기울이고, 이를 선택적으로 부호화할 필요가 있다.

부호화 과정에서는 여러 가지 자극을 우리가 기억할 수 있도록 시각, 청각, 촉각 등의 방법으로 부호화하게 된다. 우리가 기억재료를 기억하는 이유가 나중에 필요할 때 효과적으로 인출하는 것이라면, 우선 그 정보를 체계적으로 부호화하여 저장할 필요가 있다. 부호화 과정은 서류정리를 할 때 분류체계를 사용하는 것과 비슷하다. 우리가 서류를 정리할 때 체계적으로 분류해 두면 나중에 필요할 때 아주 찾기 쉽다. 만일 여러 가지 서류와 자료를 들어오는 대로 아무런 체계 없이 저장해 두면 나중에 필요할 때 찾아내기가 어렵다.

(2) 저장

저장은 정보를 기억 속에 쌓아두는 과정이다. 저장 과정은 다시 감각기억(sensory memory), 단기기억(short-term memory), 장기기억(long-term memory)의 세 과정으로 나뉜다. 우리가 어떤 전화번호를 기억하려고 하는 경우를 예로 들어보자. 처음 전화번호를 잠깐 쳐다본다면 그것은 감각기억이다. 만약 여기서 더 이상 아무것도 하지 않으면 수 초 후에는 그 번호를 기억하지 못할 것이다. 그러나 그 번호를 입속으로 한 번 외우면 그 번호를 다시 보지 않고도 다이얼을 돌릴 수 있게 되는데 이것이 단기기억이다. 그러나 단기기억도 얼마 가지 않아 소멸된다. 즉, 몇 분 후에는 그것을 기억하지 못하게 된다. 장기기억으로 저장하기 위해서는 그 전화번호를 여러 번 써보거나 자기가 알고 있는 다른 번호와 연관 지어 외우거나 하는 연습을 해야 한다. 여기서 감각기억, 단기기억, 장기기억을 좀더 구체적으로 살펴보자.

① 감각기억

뇌는 우리가 보고, 듣고, 냄새 맡고, 맛보고, 만지는 것 등 감각을 통해 들어오는 모든 것을 기록하여, 감각기억이라고 불리는 일시적인 기억 저장소에 정보를 담아 두는데, 그곳에서 정보는 매우 짧은 시간 동안만(1초 이내) 머물게 된다. 감각기억은 환경으로부터 얻어진 정보가 잠깐 머무는 정거장으로 개념화할 수 있다(Hoyer & Plude, 1980). 감각기억에 담겨진 심상(心象)은 단기기억으로 바뀌지 않으면 곧 사라지고 만다.

감각기억은 다시 시각(iconic)기억과 청각(echoic)기억으로 나뉜다. 시각기억의 예는 우리가 보는 단어나 문자, 우리가 접촉한 사람들의 얼굴, 우리 눈에 보이는 경치 등이다(사진 참조). 물론 단어는 다른 사람이 특정 단어를 말하는 것을 듣거나 우리가 스스로 어떤 단어를 큰 소리로 반복할 때와 같이 청각기억을 통해서도 받아들이게 된다. 바다와 같은 경치 또한 파도가 철썩이는 소리를 들음으로써 우리 귀를 통해 감각기억으로 들어오기도 한다.

② 단기기억

단기기억은 정보를 조직하는 일시적 단계로서 이때의 정보가 반드시 뇌의 저장영역에 전달되는 것은 아니다. 일시적 저장임에도 단기기억은 우리가 새로운 정보를 처리하는 데 있어 매우 중요한 것이다. 우리는 전화번호나 어떤 사람의 이름을 듣고 바로 그 이름이나 전화번호를 사용하고는 곧 잊어버린다. 이 정보를 장기기억 속으로 넘기려면 이 정보를 외우는 노력이 필요하다. 우리가 어떤 정보를 단기기억이 기억할 수 있는 60초 동안만이라도 보유하려고 애쓸지라도 주의가 산만해지면 곧바로 잊어버리게 된다.

단기기억은 다시 일차기억(primary memory)과 작동기억(working memory)으로 나뉜다. 일차기억은 적은 양의 정보(예를 들면, 전화번호)를 잠깐 동안 기억하는 것을 말한다. 전화 안내원으로부터 우리가 필요로 하는 전화번호를 듣게 될 경우, 안내원의 목소리가 처음에 감각기억으로 부호화된다. 그다음 그 전화번호는 우리가 다이얼을 돌리거나 번호를 받아 적을 때까지 일차기억 속에 저장된다. 일차기억은 매우 적은 용량을 가지고 매우 짧은 시간 동안에만 저장된다. 만약 우리가 그 번호를 나중에 다시 사용하기 위해 기억해야 할 필요가 있다면, 그 번호는 작동기억 속에 부호화되어야 한다. 작동기억 내의 정보는 기억(회상)하기 쉬운 개념의 형태로 처리된다.

Alan D. Baddeley

Baddeley(1986, 1994, 2010, 2012)가 처음으로 만들어 사용한 작동기억의 개념은 다음과 같은 것으로 이해할 수 있다. 근무시간에 수많은 새로운 정보(메모, 보고서, 작업요구서)가 계속해서 책상 위에 쌓인다. 이때 우리는 어떤 정보가 가장 중요한 정보이며, 어떤 정보가 신속한 처리를 요하는 것인지, 처리과정에서 어떤 책략을 사용해야 하는지, 어떤 정보가 불필요한 것으로 책상을 어지럽히기만 하는 것인지, 그래서 어떤 정보는 버리고, 어떤 정보는 보관해야 할지 등을 결정해야 한다. 마찬가지로 작동기억은 어떤 정보는 외워야 하고, 어떤 정보는 무시할 것인지, 어떤 정보가 가장 중요한 것인지, 또 어떻게 하는 것이 정보를 가장 잘 처리하는 것인지 등을 결정해야 한다.

〈그림 8-6〉은 작동기억이 어떻게 작동하는가를 보여주고 있다. Baddeley의 작동기억모델에서 작동기억은 엄청난 양의 정보처리가 이루어지는 정신적 작업대(mental workbench)와 같다. 작동기억에는 세 가지 구성요소가 있는데 언어회로(phonological loop), 시공간 작동기억(visuospatial working memory), 중앙집행부(central executive)가 그것이다. 여기서 언어회로와 시공간 작동기억은 중앙집행부가 제 역할을 하도록 보조역할을 해 준다. 감각기억을 통해 투입된 정보는 언어정보가 저장되고 시연(rehearsal)이 이루어지는 언어회로와 시각적 · 공간적 정보가 저장되는 시공간적 작동기억으로 이동한다. 그리고 중앙집행부가 하는 역할은 어떤 정보를 저장해야 할 것인지를 결정해서 그 정보를 장기기억 속에 저장하는 것이다.

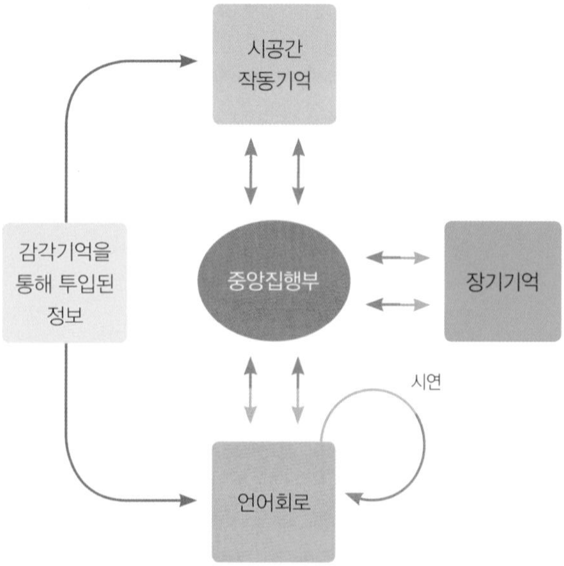

〈그림 8-6〉 작동기억

③ 장기기억

우리가 일반적으로 기억이라 할 때 그것은 장기기억을 의미한다. 장기기억은 정보를 저장하는 큰 용량을 가진 것으로 보이며 오랜 시간 동안 정보를 보유할 수 있다. 장기기억은 서술기억(declarative memory)과 절차기억(procedural memory)으로 구분된다(〈그림 8-7〉 참조). 서술기억은 언어적으로 의사소통이 가능한 특정 사실이나 사건과 같은 정보를 의식적으로 회상하는 것을 말한다. 예를 들어, 아동이 목격한 어떤 사건을 차례차례 얘기하거나 수학공식을 설명하는 것이다. 서술기억은 다시 일화적(episodic) 기억과 의미론적(semantic) 기억으로 나뉜다. 일화적 기억은 특정 시간이나 장소와 연관이 있는 것을 기억하는 것과 관련이 있다. 어떤 특정한 날 무슨 일을 했는가를 기억

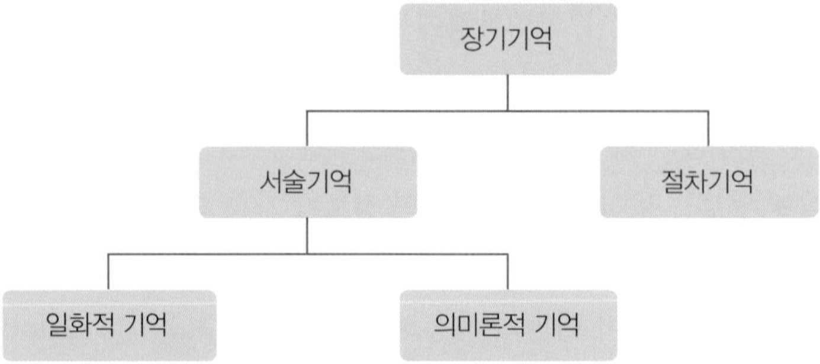

〈그림 8-7〉 장기기억의 분류

출처: Squire, L. R. (1994). *Declarative and non declarative memory: Multiple brain systems supporting learning and memory*. MIT Press.

하거나 약을 언제 복용해야 되는지를 기억하는 것 등이 그 예가 된다. 의미론적 기억은 지식을 위한 기억을 의미한다. 예를 들면, 영어문법이나 수학공식 등을 기억하는 것이 그것이다.

춤을 추거나 자전거 타기 또는 컴퓨터의 키보드를 두드리기와 같은 기술은 우리가 의식적으로 회상할 수 있는 내용이 그리 많지 않다. 그 이유는 이러한 기술에 대한 지식을 저장하는 기억체계가 절차적이기 때문이다. 우리가 의식적인 노력 없이도 문법에 맞는 문장을 자연스럽게 말하는 것도 절차기억의 예이다.

지금까지 저장과정에 대해 알아보았다. 〈그림 8-8〉은 한 저장체계에서 다음 저장체계로 전이되는 과정과 세 가지 저장체계에서 발생하는 세 종류의 망각에 대해 설명하는 것이다.

감각기억에서 단기기억으로의 전이(transfer)에는 주의집중이 수반되고, 단기기억에서 장기기억으로의 전이에는 연습을 필요로 한다. 감각기억으로부터의 망각(forgetting)은 단지 시간(1초 미만)이 지나면서 정보가 상실되기 때문이다. 단기기억으로부터의 망각은 새로운 정보가 낡은 정보를 대체한 결과이며, 끝으로 장기기억으로부

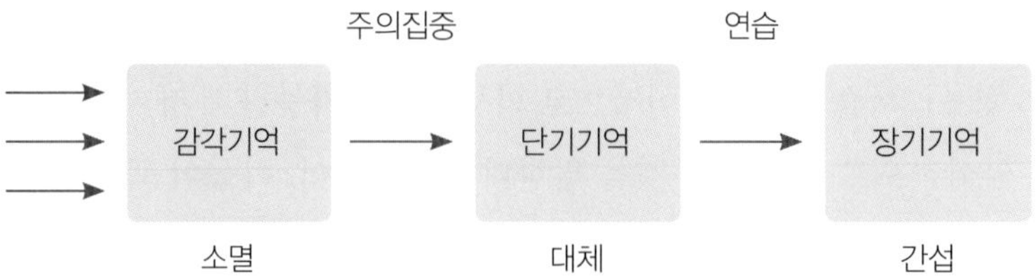

〈그림 8-8〉 기억의 3단계 모델

터의 망각은 이전에 학습한 지식과 새로운 지식 간의 간섭작용 때문이다. 한 종류의 정보나 지식 때문에 다른 종류의 정보나 지식의 학습이 방해받는 것을 간섭(interference)이라 한다. 그러나 장기기억에서의 망각은 저장의 문제가 아니라 정보가 어디에 있는지 그 위치를 잊어버려 제대로 찾지 못하는 인출의 문제로 보는 연구자들도 많이 있다.

(3) 인출

저장된 정보를 필요한 때에 꺼내는 과정을 인출이라 한다. 기억된 정보를 얼마나 쉽사리 인출할 수 있는가는 기억재료들이 얼마나 체계적으로 잘 저장되어 있는가에 달려 있다.

인출 과정에 관한 연구는 두 종류의 인출에 초점을 맞추는데, 회상(recall)과 재인(recognition)이 그것이다. 회상은 "미국의 수도는 어디인가?" "어린이날은 언제인가?"와 같이 장기기억 내에 저장되어 있는 정보의 바다 속에서 해답을 찾아내는 과정이다. 재인은 "보기에 제시된 세 도시 중 스페인의 수도는 어느 것인가?"와 같이 장기기억 내에 저장되어 있는 정보와 보기에 제시된 정답을 짝짓는 것으로 회상보다 용이하다. 우리는 때로 회상은 할 수 없지만 재인은 할 수 있다. 우리가 주관식 문제를 풀 때는 회상을 이용하고, 사지선다형과 같은 객관식 문제를 풀 때는 재인을 이용한다.

2) 영아기의 기억발달

영아에게도 기억능력이 있는가? 습관화 실험에서 보듯이 영아는 새로운 자극과 이전의 자극을 구별할 수 있는 능력이 있는데, 이것은 영아에게 기억력이 있다는 사실을 말해 주는 것이다. 만약 영아가 처음의 자극에 대한 기억이 없다면 새로운 자극이 제시되었을 때 그것이 이전의 자극과 다르다는 것을 알아채지 못할 것이다(Newcombe, Drummey, & Lie, 1995).

영아에게 기억능력이 있는가 없는가 하는 문제에서 재인기억과 회상기억을 구별하는 것은 매우 중요하다. 여기서는 재인기억(recognition memory)과 회상기억(recall memory)을 중심으로 영아기의 기억발달에 관해 살펴보기로 한다.

(1) 재인기억

영아도 이전에 본 자극을 알아볼 수 있는가? 이 문제를 해결하기 위한 가장 보편적인 방법은 습관화-탈습관화 연구를 통한 방법이다. 습관화(habituation)는 어떤 자극이 여

Leslie B. Cohen

러 번 반복하여 제시되면, 그 자극에 대해 반응하는 강도가 감소하는 것을 말한다. 탈습관화(dishabituation)는 새로운 자극이 제시되면 다시 관심을 보이는 것을 말한다.

영아는 시각, 청각, 촉각 등 모든 감각기관을 통해 반복되는 자극에 습관화된다. 따라서 습관화는 영아의 성숙수준과 건강상태를 판단하는 기준이 되기도 한다. 뇌손상이나 출생 시 산소결핍증을 경험한 영아는 습관화 과정이 순조롭게 진행되지 않으며, 나중에 발달장애 또는 학습장애를 보이기도 한다(Colombo & Mitchell, 2009).

Cohen과 Younger(1984)의 실험에서 보면, 3개월까지는 영아가 시각적 자극의 관계에 관한 정보를 저장하는 데 약간 어려움을 느끼는 것으로 보인다. 이들의 연구에서 6주와 14주 된 영아에게 습관화가 형성될 때까지 같은 각도를 반복해서 보여주었다. 그러고 나서 습관화 자극과 함께 다른 방향으로 회전시킨 같은 각도, 습관화 자극과 같은 방향의 다른 각도, 다른 방향으로 회전시킨 다른 각도 등의 세 가지 시험 자극을 제시하였다.

〈그림 8-9〉에서 보듯이 6주 된 영아는 각각의 선을 기억을 했지만, 두 선이 만나 이루는 각도는 기억하지 못하는 것으로 보였다. 다시 말해서, 선의 방향이 변해서 만든 각도에 탈습관화를 보였다. 그러나 14주 된 영아는 각도를 기억하는 것으로 나타났다.

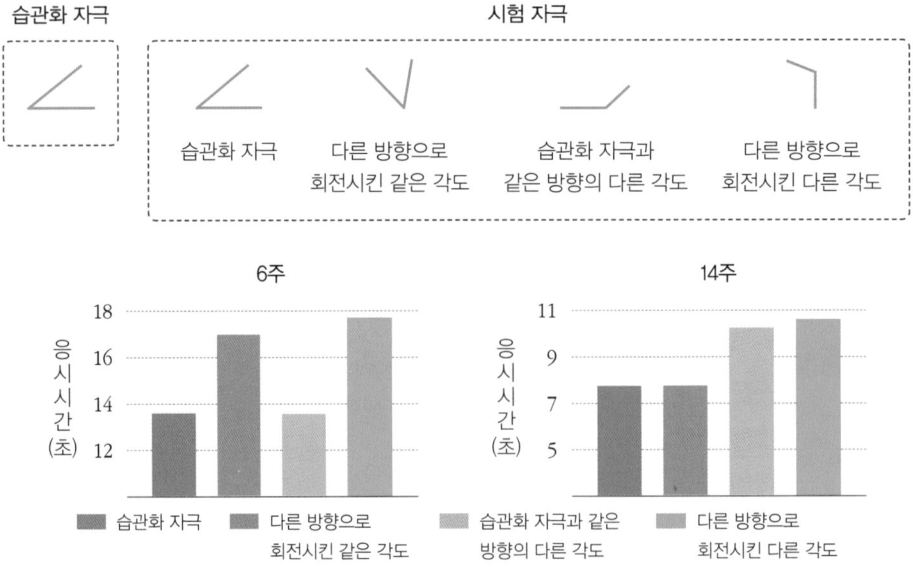

〈그림 8-9〉 영아의 각도에 대한 기억

Carolyn Rovee-Collier

Rovee-Collier(1987)는 영아의 재인기억에 관해 매우 흥미로운 실험을 하였다. 3개월 된 영아를 대상으로 한 이 실험에서, 아기의 침대에 모빌을 달아 놓고 모빌이 매달려 있는 틀과 영아의 한쪽 발을 리본으로 묶어 놓았다(사진 참조). 영아는 발을 차면 모빌이 움직이게 된다는 것을 곧 알아차리게 되었다. 몇 주일 후에 영아를 같은 침대로 다시 데리고 왔는데, 이번에는 발을 리본으로 묶지 않았다. 그럼에도 불구하고 대부분의 영아들은 발을 차는 시늉을 했는데, 이것은 발로 차면 모빌이 움직인다는 것을 기억한다는 증거이다. 그리고 모양이 약간 다른 모빌을 매달아 놓았더니 영아는 그것을 차지 않았지만, 먼젓번의 모빌을 다시 매달아 놓자 영아는 그것을 기억하고 발로 차기 시작했다.

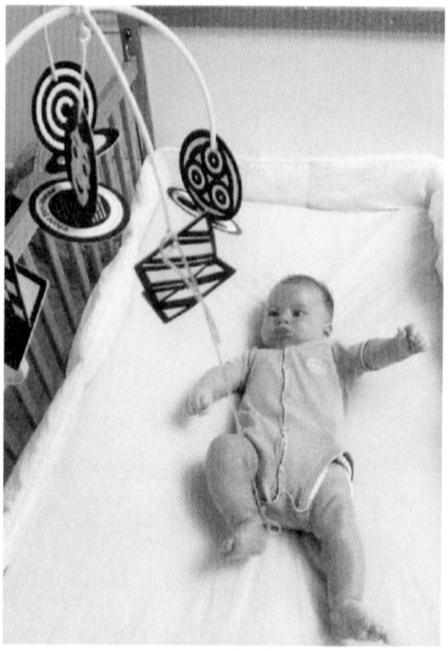

또 다른 실험(Hartshorn, 1998)에서 6개월 된 영아에게 '장난감 기차놀이' 과제를 주었다(사진 참조). 이 과제에서 레버를 누르면 장난감 기차가 궤도를 따라 움직이게 되어 있었다. 레버를 누르지 않으면 기차가 움직이지 않는다는 사실을 깨달은 영아는 레버를 누름으로써 기차가 움직이게 만들었다. 그리고 첫돌이 될 때까지 한 달에 한 번씩 기차놀이를 함으로써 이것을 상기시켜 주었다. 일반적으로 6~8개월 된 영아는 2주만 지나면 기억을 하지 못하는데, 일정한 간격으로 상기시켰더니 1년 후(생후 1년 6개월)까지도 '기차놀이'를 기억하는 것으로 나타났다.

이처럼 영아는 일찍부터 상당한 재인기억 능력을 가지고 있지만, 재인기억 능력은 영아기에 더욱더 발달하는 것으로 보인다.

(2) 회상기억

영아기의 회상기억을 연구하는 것은 재인기억을 연구하는 것보다 훨씬 어렵다. 왜냐하면 아동을 대상으로 하여 회상기억을 연구할 때 사용되는 그림이나 글 또는 구두반응을 영아는 할 수 없기 때문이다. 그러나 대상영속성 개념이나 지연모방의 과제를 사용하면 영아기의 회상기억 연구가 어느 정도 가능한 것으로 보인다.

영아기 건망증(Infantile Amnesia)

우리 인간이 과연 몇 살 때부터의 일을 기억할 수 있는지에 대해서는 논란의 여지가 많다. 영아기의 일을 기억하지 못하는 것을 영아기 건망증이라고 한다. 한 예로, 많은 사람들이 3세 이전에 동생을 본 경우에는 동생이 태어나던 순간을 거의 기억하지 못하는 것으로 보인다(Sheingold & Tenney, 1982). 아주 드문 경우에 3세 이전의 일을 기억하는 사람도 있기는 하지만, 대부분의 사람들이 자신이 어렸을 때의 일을 기억할 수 있는 가장 어린 연령은 3.5~4세이다(Jusczyk & Hohne, 1997; Mandler & McDonough, 1995; Schneider & Bjorklund, 1998; Usher & Neisser, 1993).

영아기 건망증의 원인을 밝히는 데 근본 문제는 그 원인이 저장 과정에 있는가 아니면 인출 과정에 있는가 하는 것이다. 다시 말해서 한 개인의 과거사에 대한 기억인 자서전적 기억(autobiographical memory)이 영아기 동안에는 저장이 되지 않는지, 아니면 저장은 되지만 어떤 이유로 해서 인출을 할 수 없는지 하는 것이다.

여러 연구에 의하면 영아는 다양한 종류의 기억을 상당히 오랜 기간 저장할 수 있는 것으로 보인다. 그러나 영아기 기억이 얼마나 오래 지속되는가에 관해서는 알 수 없다. 대뇌피질의 미성숙과 대뇌피질과 기억을 관장하는 해마 간의 연결이 불충분하여 영아기의 기억을 영구히 저장하는 데 문제가 있는지 모른다(Bachevalier, 1991; Nelson, 1995).

영아기 건망증이라는 용어를 최초로 사용한 Freud의 심리성적 발달이론에 의하면, 영아기의 기억은 성적인 것과 관련되어 억압되었기 때문에 기억이 불가능하다는 것이다. 그러나 Freud의 이러한 설명은 증명할 길이 없다.

영아기 건망증에 대한 가장 간단한 설명은 단지 시간이 지나면서 영아기 기억이 소멸된다는 것이다. 그러나 이 설명은 옳지 않은 것으로 보인다. 왜냐하면 아동기부터 노년기까지 최초의 기억 연령은 똑같기 때문이다. 즉, 8세나 88세나 최초의 기억이라고 보고하는 연령이 비슷하다는 것이다(Nelson & Ross, 1980). 그러므로 유아기에 일어나는 어떤 변화로 말미암아 이 시기 이후의 기억이 가능해지는 것으로 보인다.

한때는 이 변화가 유아기에 습득하게 되는 언어의 출현이라고 믿었었다. 즉, 언어를 습득하기 이전에는 장기기억의 저장이 불가능하거나, 일단 언어를 습득한 후에는 그 전에 영아가 저장해 놓은 기억을 인출하는 것이 불가능하다는 것이다(Nelson & Ross, 1980). 그러나 지금 우리는 언어습득 이전에도 장기기억의 저장이 가능하다는 것과, 언어를 습득한 유아도 그 이전에 저장된 기억을 인출할 수 있다는 사실을 알고 있다.

그렇다면 영아기 건망증은 어떻게 설명할 것인가? 한 가지 가능한 설명은 자서전적 기억의 출현은 기억이 조직화되는 과정에서의 변화를 반영한다는 것이다. 즉, 언어습득으로 인해 아동은 기억을 좀더 쉽게 보유할 수 있고, 다른 사람과 공유할 수 있는 이야기 형식으로 조직화할 수 있게 된다는 것이다(Bauer, 2018; Nelson, 1993). 더욱이, 유아기에 출현하는 자아감 또한 자서전적 기억을 가능하게 해 준다고 한다(Howe & Courage, 1993). 뇌의 발달, 즉 대뇌피질의 발달과 대뇌피질과 해마 간의 복잡한 연결도 좀더 조직적이고 완성된 형태로 기억을 저장하는 것을 가능하게 만든다.

단순한 형태의 회상기억은 영아기 초에도 가능하다고 주장하는 연구가 있다(Mandler, 1988, 1990). 예를 들어, 영아가 좋아하는 장난감을 항상 같은 곳에 두다가 치워버리면, 7개월 된 영아는 어! 하고 놀란 표정을 보이는데, 이것은 영아가 그 장소에 있던 물건에 대해 기억을 하고 있다는 것을 입증하는 것이다. 첫돌 무렵이면 대부분의 영아는 대상영속성 개념을 보이기 시작하는데, 사라진 물체를 찾는 영아의 이러한 행동은 영아도 회상기억이 가능하다는 것을 증명하는 것이다.

지연모방에 관한 최근의 연구결과를 보면, 영아의 지연모방 능력은 Piaget가 생각했던 것보다 훨씬 일찍 나타나는 것으로 보이며, 지연모방 능력은 영아가 회상기억 능력을 갖고 있음을 보여주는 것이다. Bauer와 Mandler(1992)의 '인형 목욕시키기' 실험(사진 참조)에서 13개월 된 영아는 인형을 통 속에 집어넣고, 스펀지에 비누칠을 해서 인형을 씻기고, 수건으로 인형의 몸을 말리는 일련의 행동을 빠짐없이 그대로 재연하였다. 이러한 연구결과로 미루어 볼 때, 영아기의 회상기억은 우리가 생각했던 것보다 훨씬 일찍부터 발달한다는 것을 알 수 있다.

3. 언어발달

인간은 언어를 통해서 정보를 교환하고, 타인과 의사소통을 하며, 자신의 생각과 감정을 표현하게 된다. 언어발달은 언어의 여러 가지 구성요소에 대한 이해와 규칙에 따라 언어를 적절하게 사용할 수 있게 되는 과정을 말한다.

1) 언어의 구성요소

아동이 언어를 습득하게 되는 과정에는 음운론적 발달, 형태론적 발달, 구문론적 발달, 의미론적 발달, 어용론적 발달의 다섯 가지 구성요소가 있다(〈그림 8-10〉 참조). 음운론적 발달과 의미론적 발달은 영아기에 매우 빠른 속도로 이루어지지만, 구문론적 발달은 영아기 말에 시작해서 유아기까지 계속된다.

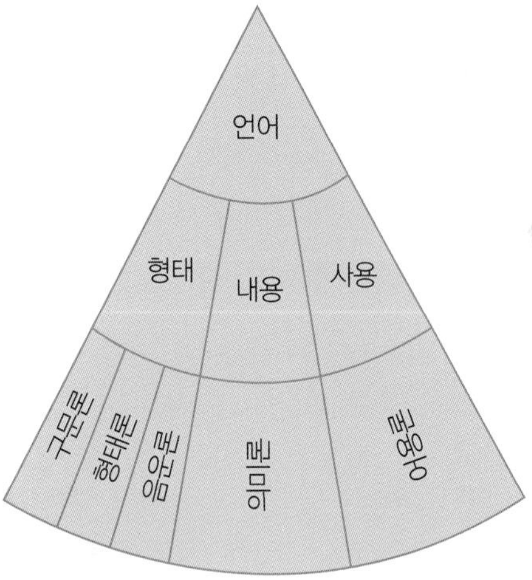

〈그림 8-10〉 언어의 구성요소
출처: Owens, R. E. (1992). *Language development*. Columbus, OH: Merrill.

(1) 음운론적 발달

음운론(phonology)은 언어의 소리체계를 의미하는 것으로, 여기에는 소리의 강약, 억양, 발음 등이 포함된다(Shea & O'Neill, 2021; Vihman, 2014). 음소(phonemes)는 소리의 기본 단위로서 모든 언어에는 모음과 자음의 기본 음소가 있는데, 이들의 수는 적게는 10개에서 많게는 100개가 넘는다. 예를 들어, 한국어의 음소는 30개 정도이고, 영어의 음소는 40개 정도이다. 모음과 자음을 구별하고, 그 발성적 특징을 이해하게 되는 것은 음운론적 발달의 대표적인 예이다. 모국어의 음소를 정확하게 발음하는 능력을 획득하는 것 또한 음운론적 발달에 속한다.

언어학자들은 영아기에 소리를 내기 시작하면서 음소의 발달이 이루어지는데, '말소리'가 영아의 언어발달을 성공적으로 이끄는 길이라고 한다(Eimas, 1995; Morgan & Demuth, 1995). 즉, 말소리를 지각하고 처리하는 과정에서 영아는 말의 흐름 속에서 단어가 결합되는 법칙과 불규칙성을 발견하게 된다(Ratner, 1993).

Patricia Kuhl

Kuhl(1993, 2007, 2011, 2015)의 연구에 의하면, 영아는 단어의 의미를 이해하기 훨씬 전부터 의미 있는 소리와 의미 없는 소리를 가려낼 수 있다고 한다. Kuhl은 출생 후 4개월까지 영아는 인간의 언어를 구성하는 150개의 '소리'를 구별할 수 있는 능력이 있다고 주장한다. 즉, 영아는 어떤 음소든지 소리를 낼 수 있고, 어떤 언어든지 말할 수 있는 잠재력을 가지고 태어난다는 것이다. 이때 영아는 가히 "세계의 시민(Citizens of the World)"이라고 불릴 만하다(사진 참조). 그러나 생후 1년경이 되면 모국어에 없는 소리는 내지 않고, 모국어에 있는 소리만 낼 수 있게 되는데, 이것은 주위에서 모국어만 듣게 된 결과라고 한다. 이와 같이 인간의 소리를 거의 모두 낼 수 있게끔 발전하는 것을 음소의 확장(phonetic expansion)이라 하고, 점차 모국어의 음소만 소리 내게 되는 것을 음소의 축소(phonetic contraction)라고 한다.

(2) 형태론적 발달

형태론(morphology)은 단어의 구성을 의미하는 것으로, 형태소(morpheme)는 특별한 의미를 전달하는 소리의 기본 단위이다(Booij, 2013). 모든 단어는 한 개 이상의 형태소로 구성되어 있다. 즉, 대부분의 단어는 한 개의 형태소로 구성되지만, 두 개 이상의 형태소로 구성되는 단어도 많다. 예를 들어, '영아'라는 단어는 한 개의 형태소로 구성되고, '우리의'는 두 개의 형태소, 즉 '우리'와 '의'로 구성된 단어이다.

언어발달에서, 영아는 음소를 발성할 수 있게 된 후에라야 형태소를 발성할 수 있다. 음소를 지배하는 규칙이 어떤 소리가 순서대로 발생할 것을 정해 주듯이, 형태소를 지배하는 규칙은 일련의 소리가 의미 있는 순서로 발생할 것을 정해 준다(Brown, 2013).

(3) 구문론적 발달

구문론(syntax)은 의미 있는 구와 절 그리고 문장을 형성하기 위해 단어가 배열되는 방식을 말한다(Culicover, 2013; Tallerman, 2013). 한국어와 영어의 단어배열순서(어순)는 다르다. 우리말은 주어, 목적어, 서술어의 순으로 배열되고, 영어는 주어, 서술어, 목적어의 순으로 배열된다. 문장을 이해하기 위해서는 문장의 구조에서 구문을 이해할 수 있어야 한다.

문법적으로 맞는 말과 맞지 않는 말이 있는데, 형태론과 구문론의 규칙이 결합된 것을 문법이라고 한다. 예를 들면, 영어의 동사를 과거시제로 만들기 위해서는 동사의 어미에 'ed'를 붙인다. 문법은 또한 문장 내에서 단어나 구, 절이 적절히 배열되는 것을 그 내용으로 한다. 따라서 구문론적 발달은 단어를 문법적으로 정확한 순서로 배열하여 문장으로 만드는 능력과 문법의 규칙을 이해하고 구사하는 능력이 발달하는 것을 의미한다.

외국어를 배울 때 가장 힘든 일 중의 하나는 새로운 구문형태를 배워야 한다는 점이다. 그러나 구문의 구조가 다름에도 불구하고 세계 모든 언어에는 공통점이 있다. 즉, 한 문장 내에서 주어와 목적어가 지나치게 복잡하게 배열되지 않는다는 것이다(de Villiers & de Villiers, 2013; Maratsos, 1998; O'Grady, 2013).

Michael Maratsos

(4) 의미론적 발달

의미론(semantics)은 단어와 문장의 의미를 말한다(Parrish-Morris, Golinkoff, & Hirsh-Pasek, 2013; Slavakova, 2021). 모든 단어에는 일련의 의미론적 특징이 있다. 예를 들어,

소녀나 부인은 여성이라는 단어와 마찬가지로 의미론적 특징을 많이 공유한다. 단지 의미론적으로는 연령에서 차이가 있을 뿐이다.

어떤 문장이 구문상으로는 정확하지만 의미론상으로는 정확하지 않은 경우가 있다. 예를 들어, "우리 아빠가 임신했어요"라는 문장에서, 이 문장은 문법적으로는 하자가 없지만 의미론적 규칙에는 맞지 않는다. 왜냐하면 이 문장은 아빠는 임신을 할 수 없다는 의미론적 지식에 위배되기 때문이다. 즉, '아빠'라는 의미와 '임신'이라는 의미가 불일치하기 때문이다.

(5) 어용론적 발달

언어의 중요한 기능 중의 하나가 의사소통이다. 어용론(pragmatics)은 의사소통을 효율적으로 하기 위해 언어를 적절하게 사용하는 규칙을 말한다(Bryant, 2012; Elbourne, 2012; Taboada, 2021). 예를 들면, 우리는 대화를 할 때 두 사람이 동시에 말하는 대신 한 사람씩 차례로 이야기하며, 두 살짜리에게 얘기할 때와 성인에게 얘기할 때 사용하는 단어와 문장구조가 각기 다르다. 그리고 무엇을 지시하거나 주장할 때와 무엇을 부탁하거나 요구할 때에는 언어를 사용하는 법이 제각기 다르다.

어용론(語用論)은 사회언어적 지식(sociolinguistic knowledge)을 포함하는데, 모든 문화에는 언어가 어떻게 사용되어야 하는지에 대한 규칙이 있다. 예를 들어, 우리말에는 존댓말과 낮춤말이 있다.

어용론적 발달을 통해 아동은 단어나 구 또는 문장을 적절히 사용함으로써 의미가 전달되는 법을 배운다. 즉, 어용론적 발달은 아동으로 하여금 다른 사람과의 의사소통을 원활히 할 수 있도록 도와준다.

2) 언어발달의 이론

언어발달이 타고난 것이냐 아니면 학습에 의한 것이냐에 관한 논쟁은 고대 그리스 시대로 거슬러 올라간다. 고대 그리스의 스토아 철학자(Stoics)와 회의론적 철학자(Skeptics)들은 언어가 생물학적 성숙에 의해 본능적으로 출현하는 것이라고 믿었다. 반면, 아리스토텔레스 학파의 철학자들은 언어는 학습되는 것으로 보았다. 2000년이 지난 오늘날에도 그 논쟁은 계속되고 있다(Bates, Bretherton, & Snyder, 1988; Robins, 1968). 여기서는 언어발달을 학습론적 관점, 생득론적 관점 그리고 상호작용론적 관점에서 살펴보기로 한다.

(1) 학습이론

학습론자들은 아동의 언어습득은 강화와 모방이라는 학습기제를 통해 이루어진다고 설명한다. Skinner는 『언어행동(Verbal Behavior)』(1957)에서 언어의 습득과 발달은 다른 모든 행동과 마찬가지로 조작적 조건형성에 의해 학습된다고 주장한다. 영아가 무심코 어떤 소리를 내거나 또는 성인의 언어를 흉내 낼 때, 부모가 성인의 언어와 비슷한 소리를 강화함으로써 영아는 이런 소리를 더 자주 내게 된다. 즉, 강화받은 소리는 계속적으로 발전시켜 나가며, 강화받지 못한 소리는 소멸되는 과정을 통해 언어를 학습하게 된다는 것이다.

Roger Brown

언어연구가인 Roger Brown(1973)은 부모와 자녀 간의 언어적 상호작용을 관찰한 결과, 많은 부모들은 자녀가 문법적으로 맞지 않는 문장을 사용할 때도 그 의미만 맞으면 미소나 칭찬으로 강화한다는 것을 발견하고서, 강화가 아동으로 하여금 언어의 규칙을 배우게 하는 요인이라는 증거가 없다는 결론을 내렸다.

한편, Bandura(1977)의 사회학습이론에 의하면, 주변 인물로부터의 강화뿐만 아니라 모방도 언어학습의 중요한 기제라고 한다. 아동은 주위 사람들이 내는 소리를 그대로 모방하는 과정을 통해 언어를 학습하게 되며, 모방한대로 정확한 소리를 낼 때 더 많은 강화를 받게 된다는 것이다.

비록 강화나 모방이론은 언어습득 과정을 부분적으로는 설명해 줄 수 있지만, 아동의 언어는 강화를 받지 않아도 저절로 발달하는 것이며, 아동이 보이는 문법적 오류는 모방이론으로는 설명할 수 없다는 점에서 학습이론은 비판을 받고 있다.

(2) 생득이론

Noam Chomsky

Chomsky(1957, 1968, 1978, 1991, 1999, 2005)는 언어발달에서 강화나 모방의 중요성을 인정하지만, 강화나 모방이론만으로는 언어발달을 설명하는 것이 불가능하다고 본다. Lenneberg(1967) 또한 청각장애가 있는 부모의 아기도 정상 부모의 아기와 똑같이 옹알이를 한다는 점에서 강화나 모방이론만으로는 언어발달을 설명할 수 없다고 주장한다. 이와 같이 생득(生得)이론은 성인을 통해 언어를 배우기보다는 아동 스스로 배울 수 있는 가능성을 가지고 태

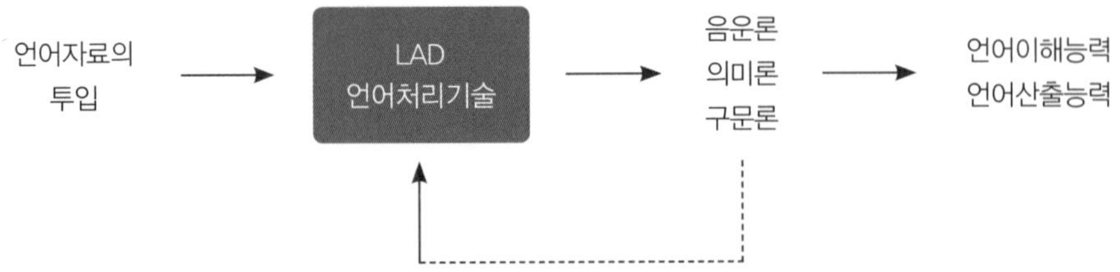

〈그림 8-11〉 **언어습득의 모형**

어난다고 생각하기 때문에, 언어습득 과정에서 환경적인 요인보다 생물학적 요인을 더 강조한다.

Chomsky에 의하면 아동은 언어습득장치(Language Acquisition Device: LAD)를 가지고 태어나며, 이를 통해 투입된 언어자료를 처리하고 규칙을 형성하며, 문법에 맞는 문장을 이해하고 산출하게 된다고 한다(〈그림 8-11〉 참조). 이 이론은 3~4세경에 어휘가 급증한다든가 각 문화권에서 아동이 범하는 문법적 오류가 유사하며 매우 체계적이라는 점에서 설득력을 갖는다.

Chomsky는 언어를 표면구조(surface structure)와 심층구조(deep structure)로 구분하였는데, 표면구조는 언어의 문법적인 구조이고, 심층구조는 언어의 의미를 뜻한다. Chomsky는 언어에서 문법보다 의미를 강조한다. 즉, 다른 사람이 우리에게 말을 할 때, 우리는 문법적인 구조(표면구조)는 별로 의식하지 않고 그 사람이 한 말의 의미(심층구조)를 받아들이게 된다는 것이다. Chomsky는 심층구조를 이해하는 능력도 타고난 것이라고 믿는다(Grieser & Kuhl, 1989). 따라서 언어의 심층구조를 이해하기 위해서는 학습이 필요 없다고 보았다. 학습을 필요로 하는 것은 언어의 문법구조, 즉 어휘와 문법이다.

Eric H. Lenneberg

언어발달이 생물학적 성숙에 의한 것이라고 믿는 또 다른 생득론자는 Lenneberg이다. 그에 의하면, 언어를 이해하고 산출하는 것은 인간에게 고유한 능력으로서, 이것은 인간이 갖는 종 특유의 특성(species-specific characteristic)이라고 한다. Lenneberg(1967)는 세계의 모든 아동들의 언어발달이 비슷한 시기에 비슷한 순서로 이루어진다고 주장한다. 즉, 생후 2~3개월경에 옹알이를 시작하며, 첫돌 무렵에 첫마디 말을 하고, 두 돌 무렵에는 몇 개의 단어를 말하며, 4~5세경에는 수천 개의 단어의 의미를 이해하고 문장을 산출하게 된다는 것이다.

Lenneberg는 또한 2세부터 사춘기에 이르기까지는 언어를 쉽고 빨리 익히기 때문에, 언어를 학습하는 데에 '결정적 시기'가 있다는 주장을 하였다. '결정적 시기' 가설을 검증하기 위한 한 가지 방법은 이 시기 이전에 언어를 배우지 못한 사람이 이후에 과연 언어를 습득할 수 있는가를 알아보는 것이다. 1970년 미국 로스앤젤레스에서 발견된 Genie(사진 참조)라는 소녀는 아동학대 사례로서, 출생 후 20개월부터 13세가 넘을 때까지 아버지에 의해 작은 구석방에 격리되어 살아왔다. 죄수복 같은 것을 입고 유아용 작은 의자에 하루 종일 묶여 있었기 때문에 손발만 겨우 움직일 수 있었다. 아무도 Genie에게 말을 걸지 않았고 Genie가 어떤 소리라도 내면 아버지에게 심한 매를 맞았다(Curtiss, 1977). Genie는 발견 당시 사춘기가 지나 있었지만, 심한 영양실조로 인해 어린아이처럼 보였으며, 똑바로 서지도 못하고, 말도 하지 못했다. 그 후 집중적인 언어훈련으로 Genie는 말을 배우게 되었지만 끝내 정상적인 수준에는 도달하지 못하였다. 그녀의 언어는 주로 전문식 언어(telegraphic speech)로 약 2세 정도 수준이었으며, 정상 아동이 공식적인 훈련을 받지 않고도 자동적으로 습득하게 되는 문법을 이해하지 못했다.

사진 설명 아동학대를 당한 것으로 알려진 Genie

'결정적 시기' 가설을 입증하는 또 다른 증거는 외국어 습득에 관한 예이다. Johnson과 Newport(1989)의 연구에서는 모국어가 한국어이거나 중국어인 미국 이민자들을 대상으로 영어문법의 숙달 정도를 알아보았다. 〈그림 8-12〉에서 보듯이 3~7세 사이에 이민 와서 영어를 배운 경우는 영어를 모국어 수준으로 유창하게 하였다. 그러나 이민 당시의 연령이 높을수록 문법의 숙달정도는 감소하였으며 사춘기 이후(15세 이후)에는 급속도로 감소하였다. 아동기나 청년기에 청각장애가 발생한 성인들을 대상으로 수화를 배운 연령과 수화 숙달 정도를 알아본 연구(Mayberry, 1994; Newport, 1991)에서도 이와 유사한 결과가 나타났다. 이 모든 연구결과들은 언어발달에 결정적 시기가 있음을 보여주는 것이다.

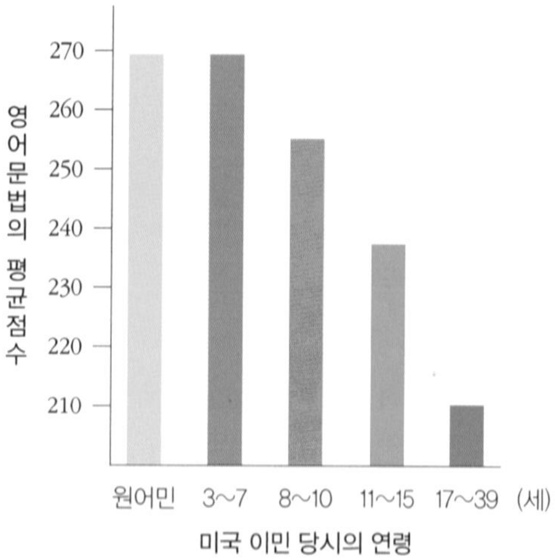

〈그림 8-12〉 미국 이민 당시의 연령과 영어문법의 숙달 정도

언어발달의 생득론적 관점에 대해서도 몇 가지 문제점이 지적되고 있다. 첫째, 언어습득기

제가 구체적으로 어떤 작용을 하며, 왜 그런 작용을 하는지 설명을 하지 못한다는 지적이 있다. 둘째, 사춘기 이후에도 여러 형태의 언어발달이 가능하다는 연구결과도 있어 '결정적 시기' 가설도 도전을 받고 있다(Maratsos, 1989; Moerk, 1989).

(3) 상호작용이론

앞에서 살펴본 바와 같이 언어습득에 대한 설명으로 학습이론이나 생득이론은 충분하지 못하다는 사실을 알 수 있다. 따라서 언어습득에 대한 접근으로 학습론적 관점과 생득론적 관점을 모두 취하는 이론이 있는데, 이것이 바로 상호작용이론이다. 상호작용이론은 언어발달에서 생물학적 성숙도 중요하지만, 아동의 언어능력은 사회적 상황에서 얼마나 언어에 노출되는가에도 달려 있다고 주장한다(Bohannon & Bonvillian, 2017). 이 견해에 의하면, 언어적 · 사회적으로 풍부한 환경은 아동의 언어발달을 증진시킨다고 한다. 다시 말해서, 생물학적 요인이 언어발달의 대강의 윤곽을 결정하지만, 언어발달의 구체적인 과정은 아동이 노출되는 언어환경과 강화에 의해 결정된다는 주장이다.

Jerome Bruner

대표적인 상호작용 이론가인 Bruner(1983, 1989, 1997)는 아동의 언어발달을 이해하는 데 있어서 사회문화적 맥락의 중요성을 강조한다. Vygotsky와 마찬가지로 Bruner 또한 아동의 언어발달에서 부모와 교사의 역할을 강조한다. Bruner는 아동의 언어발달에 기여하는 부모의 역할을 언어습득 지원체계(Language Acquisition Support System: LASS)라고 부른다. 예를 들어, 아기가 옹알이를 시작할 때 부모가 그에 맞추어 비슷한 발성으로 반응을 해 주면 아기는 옹알이를 더 많이 하게 된다. 반면, 부모가 아무 반응을 보이지 않으면 아기는 옹알이를 점점 하지 않게 된다. 옹알이에 대한 반응 외에도 부모는 '까꿍놀이'(사진 참조), '코코코'(사진 참조) 등의 놀이를 통해서 영아의 언어습득을 격려한다.

부모가 영아의 언어발달을 지원하는 또 다른 상호작용 방식은 '아기식 말투(motherese)'이다. 아기식 말투는 간단하고 짧은 말을 고음으로 천천히 핵심 단어를 강조하면서 여러 번 반복해서 말하는 것이다(Gelman & Shatz, 1978; Pine, 1994). 영아는 성인들이 대화할 때 주로 사용하는 단조로운 억양보다 높은 소리와 억양이 다양하게 변하는 아기식 말투에 주의를 더 많이 기울인다(Cooper & Aslin, 1990; Pegg, Werker, & McLeod, 1992). 따라서 부모가 아기식 말투를 사용하는 이유는 영아와 효율적으로 의사소통을 하기 위한 것이다(Fernald & Morikawa, 1993; Penner, 1987). 아동의 언어가 발달

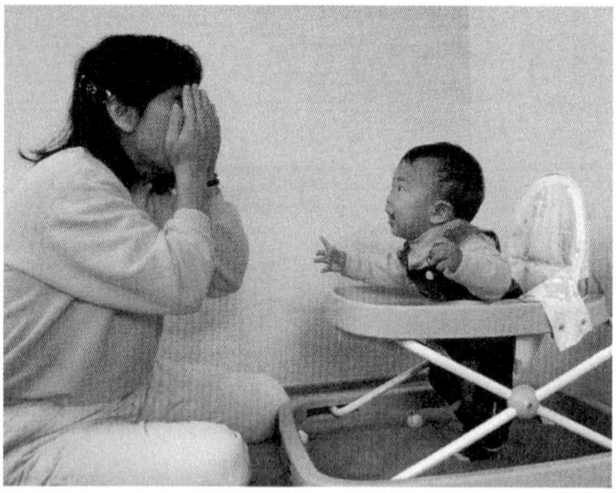

사진 설명 영아가 어머니와 '까꿍놀이'를 하고있다.

사진 설명 영아가 '코코코' 놀이를 하고 있다.

함에 따라 부모는 점차적으로 좀더 길고 복잡한 문장을 사용하게 된다(Bohannon & Bonvillian, 1997; Shatz, 1983; Sokolov, 1993).

부모는 아기식 말투를 사용하면서도 영아가 말한 내용을 문법에 맞도록 수정하거나 확장시켜 바꾸어 말한다. 수정되거나 확장된 언어를 더 많이 사용하는 부모의 자녀들이 문법 규칙을 더 빨리 배우며, 표현적 언어능력의 점수가 더 높은 것으로 나타났다(Bohannon et al., 1996; Valdez-Menchaca & Whitehurst, 1992).

〈그림 8-13〉은 언어발달에 대한 상호작용론적 관점을 도식화한 것이다.

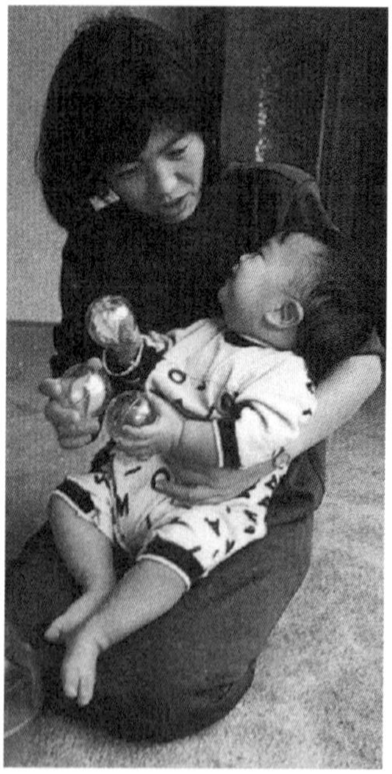

사진 설명 영아는 '아기식 말투'에 주의를 더 많이 집중한다.

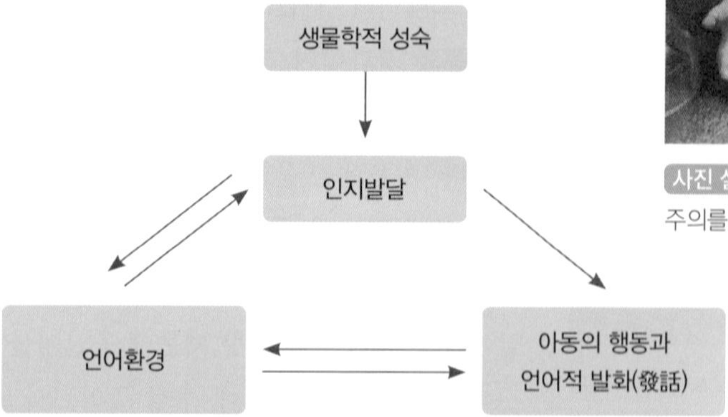

〈그림 8-13〉 언어발달에 대한 상호작용론적 관점의 도식화

3) 언어발달의 단계

단어나 문장을 습득하는 시기에는 개인차가 있지만, 대부분의 아동은 언어 획득 시에 동일한 발달단계를 거친다. 일반적으로 아동이 알아들을 수 있는 단어를 사용하기 시작하는 것은 12개월경이라는 사실에 대부분의 사람들은 동의한다. 그러나 영아는 단어를 표현하기 오래전부터 울음이나 표정, 몸짓 등 비언어적인 행동을 통하여 의사소통을 꾀한다. 영아는 단어 자체가 아니라 말의 리듬, 고저, 강세에 따라 반응하며, 이를 통해 상대방의 말에서 감정적인 단서를 알아차리게 된다. 화난 목소리가 나면 행동을 멈추고 다정한 목소리에 대해 반응을 보인다.

사진 설명 언어발달의 첫 단계에서 영아는 울음으로 의사전달을 한다.

(1) 울음

언어발달의 첫 단계는 울음이다. 울음은 아기가 자신의 욕구를 표현할 수 있는 유일한 의사소통 수단이다(사진 참조). 초기의 울음은 아기가 왜 우는지 이유를 구분할 수 없는 미분화된 울음이지만, 점차 우는 이유를 알 수 있는 분화된 울음으로 바뀌게 된다. 울음의 패턴이나 고저, 강도에 비추어 아기가 배고픈지, 졸린지, 화가 났는지 혹은 고통스러운지를 알 수 있게 되면서, 울음은 보다 정확한 의사전달의 수단으로 사용된다.

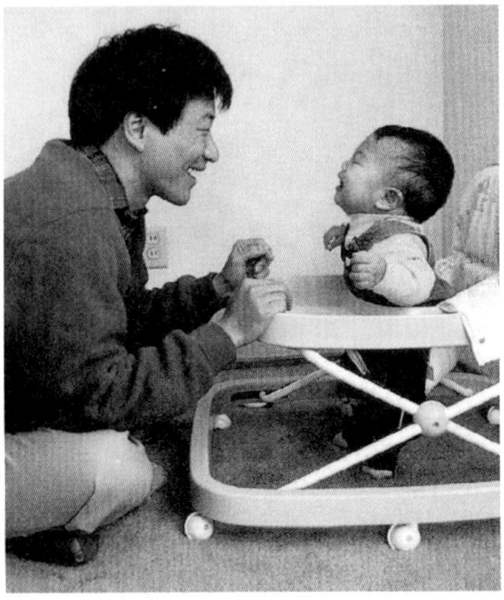

사진 설명 아직 말을 하지 못하는 영아라도 부모와의 언어적 상호작용은 언어발달에 매우 중요한 역할을 한다.

(2) 옹알이

2~3개월경에 나타나는 옹알이는 언어와 유사한 최초의 말소리이다. 이는 신체적 성숙으로 인해 나타나는 근육활동의 결과이며, 농아도 처음에는 옹알이를 한다. 일반적으로 옹알이는 만족스러운 상태에서 가장 많이 나타난다. 처음에는 옹알이를 하는 기쁨 자체를 위해 옹알이를 하게 되는데, 옹알이는 그 자체가 영아에게 기쁨을 주는 놀이의 기능을 갖는다. 그러나 이후에는 자신의 옹알이가 환경에 주는 영향 때문에 옹알이를 하게 되며, 자신이 내는 옹알이 소리에 대해 주위에서 반응이 없으면 점차 옹알이를 하지 않게 된다. 그러나 어머니나 주변 사

람들로부터 반응을 얻게 되면 점차 그 소리가 빈번해지고 다양해진다. 옹알이는 이러한 주변 인물로부터의 강화를 통해 모국어를 습득하는 중요한 기제로 작용한다. 또한 그들이 내는 소리가 이후에 언어로 발달하건 아니하건, 생후 1년 동안 영아가 내는 옹알이 소리가 전 세계적으로 동일하다는 사실은 영아는 어떠한 언어든지 습득할 수 있는 잠재력을 가지고 있음을 말해 준다.

단어의 강세는 영아가 단어를 식별하는 데 있어서 첫 번째 단서가 된다(Brownlee, 1999). 단어의 의미는 모르지만 단어의 강세에 주목함으로써, 일상생활의 계속적인 소리에서 분리된 개별적인 단어를 식별해 낼 수 있게 된다. 이러한 경로를 통해 영아가 내는 소리는 점차 다양해져, 인간이 내는 소리를 거의 모두 낼 수 있을 정도로 음소의 확장(phonetic expansion) 현상이 나타난다. 반면, 영아는 자신이 내는 소리 가운데에서 모국어의 음소와 유사한 것만 강화를 받게 되므로, 외국어에는 관심을 두지 않고 모국어와 유사한 음만 습득하게 되는 음소의 축소(phonetic contraction) 현상이 일어난다.

(3) 한 단어 문장

생후 1년경이 되면 영아는 분명하게 이해할 수 있는 단어를 사용할 수 있으며, 그 단어가 자신의 생각을 표현하는 수단이 된다. 자음 하나와 모음 하나가 합쳐진 말의 반복이 대부분이며, 성인의 발음과는 차이가 있다. 동시에 하나의 단어가 전체 문장을 대신하므로, 영아는 그들의 부모가 이해하는 것을 돕기 위해 표정이나 몸짓을 함께 사용한다(사진 참조). 이는 사물이나 사건을 지칭하거나 자신의 기분이나 욕구를 표현하기 위해 주로 사용한다.

사진 설명 영아는 얼굴표정이나 몸짓을 한 단어와 함께 사용하여 자신의 의사를 표현한다.

(4) 두 단어 문장

24개월경에는 영아는 문장을 만들기 위해 두 개 이상의 단어를 연결시킬 수 있다(사진 참조). 두 단어 문장은 한 단어 문장에 비해 보다 정교하고 명료하며, 두 단어 가운데 강세의 위치가 어디에 있는가에 따라 자신이 원하는 바를 강조하게 된다. 두 단어를 결합시키는 것은 보편적으로 50개 정도의 단어를 말할 수 있을 때 가능하다. 초기의 결합

사진 설명 24개월경에 대부분의 영아들은 '공 놀이'라는 두 단어 문장을 사용할 수 있다.

형태는 명사와 동사의 결합으로 이루어지는 전문식(電文式) 문장이며 자기중심적인 특성을 갖는다.

영아는 그들이 듣는 수많은 단어들로부터 일정한 규칙을 추론해 낼 수 있다. 일상생활에서 받아들인 수많은 단어 가운데 어떤 것은 대상을 지칭하는 데 사용되는 반면, 또 어떤 것은 동작을 지칭하는 데 사용되는 것임을 알게 된다. 또한 단어의 의미를 알기 전에 문장구성이나 단어배열과 같은 문법적 규칙을 추론해 낼 수 있다.

아동의 언어능력의 도약은 뇌의 발달과 밀접한 관련이 있다. 첫 2~3개월 이내에 영아의 신경세포는 출생 시의 20배에 달하는 10,000개의 연합이 이루어지며, 8~9개월경이 되면 뇌는 거의 제 기능을 다하게 된다. 이는 영아가 단어의 의미에 관심을 갖게 되는 시기와 일치한다. 또한 일련의 단어들을 빠짐없이 알아듣기 위해서는 개개의 단어들을 재빨리 인식하는 능력이 필요하다. 15개월경의 영아는 상당히 친숙한 단어를 인식하는 데에도 1초 이상의 시간이 필요하지만, 24개월경에는 0.6초 내에 인식할 수 있다. 이러한 인식 속도의 변화는 언어와 관련된 기능을 뇌의 양반구가 담당하다가 좌반구가 관장하게 됨으로써 가능해진다고 한다(Brownlee, 1999).

우리나라의 영아를 대상으로 한 언어발달 연구(김금주, 2000)에 의하면, 영아들이 월령별로 가장 많이 사용하는 어휘의 품사는 17~20개월까지는 감탄사였고, 21~24개월에는 명사의 사용이 두드러졌다. 품사의 출현 시점을 살펴보면, 명사, 부사, 감탄사는 9~12개월, 수사, 대명사, 동사는 13~16개월, 형용사는 17~20개월, 조사는 21~24개월 사이에 처음 나타났다.

영아의 언어발달을 지원하는 환경으로 어머니의 언어와 놀이참여행동에 대하여 13~23개월 영아 42명을 대상으로 실시한 우리나라 연구(김명순, 성지현, 2002)에 따르면, 영아의 언어발달은 어머니가 자녀에게 놀이상황이나 사건에 대하여 설명 혹은 묘사해 주는 것을 통하여 촉진되는 것으로 나타났다. 또한 어머니의 이러한 설명이나 묘사 외에도 놀이에 함께 참여하는 행동이 영아의 언어와 놀이발달에 중요한 역할을 하는 것으로 나타났다.

4. 영아기의 지능검사

많은 사람들이 영아기의 인지능력을 어떻게 측정할 것인가에 관심을 갖는다. 특히 부모들은 "혹시 우리 아이가 영재가 아닐까?" 하는 생각에 자녀가 조금만 특별한 행동을 보여도 흥분한다. 발달심리학자와 소아과 의사는 지적 발달에 장애가 있는 영아를 일찌감치 가려내어 초기 중재(仲裁) 프로그램으로 장애를 제거하려고 한다. 한편, 이론 지향의 심리학자는 영아 행동의 어떤 측면이 지능과 관련이 있는가에 많은 관심을 갖는다. 그 이유는 이 문제에 대한 지식을 가지고 지능이란 무엇이며, 지능의 발달은 어떻게 이루어지는지를 밝힐 수 있다고 생각하기 때문이다. 우리가 흔히 사용하는 Stanford-Binet 검사나 Wechsler의 지능검사는 영아기의 지능을 측정하는 데 적합하지 않다. 따라서 심리학자들은 영아기의 지능검사를 위해 Bayley의 영아발달 검사, Gesell의 발달 스케줄, 습관화 검사, 재인기억 검사 등을 사용한다.

1) Bayley의 영아발달 검사

Nancy Bayley

Nancy Bayley(1969, 2006)가 개발한 Bayley 영아발달 검사(Bayley Scales of Infant Development)는 영아의 발달상태를 평가하기 위해 가장 폭넓게 사용되는 표준화 검사이다. Bayley 검사는 지능척도, 운동척도, 행동척도로 구성되어 있다. 지능척도(Mental Scale)는 영아의 감각지각 능력, 다양한 자극에 반응하는 능력, 기억, 학습 및 문제해결 능력, 의사소통 능력 등을 측정하는 것이다. 운동척도(Motor Scale)는 영아의 신체통제 능력, 근육의 협응, 손과 손가락의 조작기술 등을 측정하는 것이다. 행동척도(Behavior Scale)는 주위 환경에 대한 영아의 사회정서적 행동을 측정하는 것인데, 영아의 주의집중, 정서, 활력, 지구력 등을 통해 평가하는 것이다. 〈표 8-1〉은 Bayley 검사의 지능척도와 운동척도 문항의 예이다.

생후 6~8개월 사이의 영아 40명을 대상으로 한 연구(정영미, 1992)에서 지능척도와 운동척도 간의 상관관계는 6개월 된 영아의 경우는 비교적 높았으나, 7~8개월 된 영아의 경우는 그리 높지 않은 것으로 나타났다.

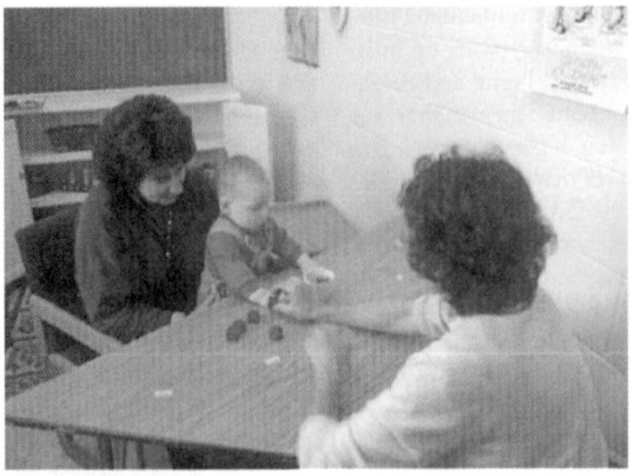

사진 설명 영아가 Bayley 검사를 받고 있다.

사진 설명 Bayley 검사도구

표 8-1 Bayley의 영아발달 검사 문항의 예

지능척도		운동척도	
연령 (개월)	문항	연령 (개월)	문항
0.1	딸랑이 소리에 반응한다.	0.1	어깨에 받치고 안으면 고개를 든다.
1.5	사회적 미소를 짓는다.	1.8	옆으로 뉘어 놓으면 바로 눕는다.
2.0	눈으로 어머니를 알아본다.	2.3	받쳐 주면 앉는다.
3.8	주사위 소리가 나는 쪽으로 머리를 돌린다.	3.2	누운 자세에서 옆으로 몸을 돌린다.
4.1	주사위를 잡으려고 손을 뻗친다.	5.3	앉으려고 몸을 일으킨다.
4.8	낯선 사람을 식별한다.	6.4	누운 자세에서 뒤집기를 한다.
6.0	떨어진 숟가락을 찾는다.	6.6	혼자서 제법 오래 앉아 있다.
7.0	네 가지 다른 음절을 소리낸다.	8.1	일어서려고 몸을 일으킨다.
9.1	말로 요구하면 반응을 보인다.	9.6	잡아주면 걷는다.
13.4	병에서 작은 공을 꺼낸다.	11.7	혼자 걷는다.
14.2	두 단어를 말한다.	14.6	뒤로 걷는다.
18.8	말로 의사를 표현한다.	16.1	도와주면 계단을 오른다.
19.3	그림을 보고 이름을 알아맞힌다(예: 개).	23.4	두 발로 껑충 뛴다.

출처: Bayley, N. (1969). *Manual for the Bayley Scales of Infant Development*. New York: The Psychological Corporation.

2) Gesell의 발달 스케줄

Gesell(1954)은 정상적으로 발달하고 있는 영아와 그렇지 못한 영아를 구별하기 위해 수백 명의 아동을 대상으로 조사한 결과를 가지고 Gesell 발달 스케줄을 고안하였다. Gesell은 특정 연령에서 어떤 행동이 가장 보편적인지를 알기 위해 각기 다른 연령의 영아들의 행동을 비교하였다. 만약 어떤 영아의 행동이 또래의 규준과 상당히 차이

가 나면, 이 영아는 발달이 매우 빠르거나 매우 느린 것으로 평가하였다. Gesell은 운동기능, 적응행동, 언어행동, 사회적 행동의 네 영역에서 발달지수(Development Quotient: DQ)를 사용하였다.

여기서 운동기능(motor skills)은 이동, 협응, 특별한 운동기술을 포함하고, 적응행동(adaptive behavior)은 기민성과 여러 가지 형태의 탐색을 포함하며, 언어행동(language behavior)은 모든 형태의 의사소통을 포함하고, 사회적 행동(social behavior)은 인간과 환경에 대한 반응을 포함한다. Gesell의 발달 스케줄은 발달지체를 보이는 영아를 가려내기 위해 사용되는 선별검사의 기초가 되었다.

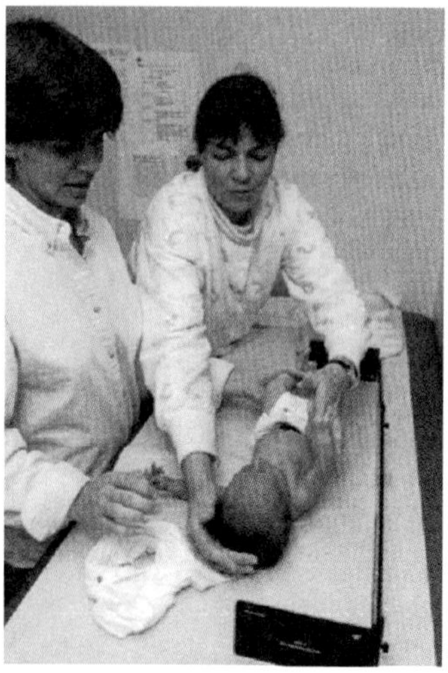

사진 설명 Gesell의 발달 스케줄은 오늘날에도 사용되고 있다.

Gesell의 발달 스케줄이나 Bayley의 영아발달 검사는 영아의 현재의 발달상태, 즉 같은 연령의 다른 영아들과 비교했을 때 발달이 앞서는지 또는 뒤지는지를 평가하는 데 적합한 것으로 보인다. 특히 발달지체 현상을 보이는 영아를 확인해서 특별한 조치를 취하는 데 매우 유용하다(Aylward & Verhulst, 2000; Culbertson & Gyurke, 1990; Sonne, 2012). 그러나 아주 극단적인 경우를 제외하고는 이 검사들이 이후의 발달을 예측하는 데는 별로 유용하지 못한 것으로 보인다. 이 검사들로 측정한 영아기의 지능과 성인이 되었을 때의 지능 간의 상관관계는 매우 낮은 것으로 나타났다(Bornstein & Sigman, 1986; DiLalla et al., 1990; Kopp & McCall, 1982; Milfese & Acheson, 1997). 영아기의 지능으로 이후의 지능을 예측하지 못하는 이유는 영아기의 지능검사와 이후의 지능검사가 상이한 능력을 측정하기 때문일 수 있다. 즉, 영아기의 지능검사는 감각운동 능력을 측정하는 반면, 아동기의 지능검사는 주로 언어능력을 측정하는 경향이 있기 때문이다.

요약하면, 주의집중이나 운동기능 등 영아기의 인지능력을 측정하는 전통적인 검사로는 이후 아동기나 성인기 때의 지능을 예측하지 못하는 것으로 보인다. 따라서 영아기 이후의 인지발달을 예측할 수 있는 검사의 필요성이 대두된다. 정보처리 접근법에 의한 몇 가지 검사가 예측력이 있는 것으로 밝혀졌다.

3) 습관화 검사

최근의 종단연구에 의하면, 영아가 어떤 자극에 습관화를 형성하는 데 얼마나 오래

John Colombo

걸리는지, 정보처리를 얼마나 빨리 하는지 등이 아동기 때의 지능지수를 예측할 수 있는 것으로 나타났다(Rose & Feldman, 1995, 1997). 즉, 습관화가 빨리 형성되는 영아는 인지발달이 빨리 이루어질 뿐만 아니라(Miller et al., 1977), 첫돌 무렵에 말을 하기 시작한다(Ruddy & Bornstein, 1982). 영아기의 지능에 대한 정보처리 접근법에 의하면, 영아가 정보를 처리하는 속도는 성인기 때의 지능과 매우 높은 상관이 있는 것으로 보인다(Dougherty & Haith, 1997; Sigman, Cohen, Beckwith, 1997). Colombo(1993)의 연구에서 정보처리속도와 작동기억능력이 영아기 이후의 IQ를 예측하는 데 매우 중요한 것으로 나타났다.

4) 재인기억 검사

Joseph Fagan

Joseph Fagan(1990)이 개발하고 표준화시킨 재인기억 검사는 영아기의 IQ를 예측하기 위해 빈번히 사용되는 검사이다. 이 검사에서는 영아가 익숙한 자극에 노출된 후에 새로운 자극이 제시되었을 때, 이 새로운 자극을 얼마나 오래 응시하는가로 영아의 재인기억을 측정한다. 재인기억 검사는 영아의 자극 간 차이를 분석하는 능력, 새로운 자극에 대한 선호도를 알아봄으로써 영아의 기억력을 측정할 수 있다고 가정한다.

6개월경의 재인기억 능력은 아동기 때의 IQ를 성공적으로 예측할 수 있는 것으로 보인다(Fagan, Holland, & Wheeler, 2007; Kavsěk, 2004; McCall & Carriger, 1993; Rose & Wallace, 1985). 자극을 효율적으로 부호화하고 기억하는 정보처리 능력은 아동기 때의 언어성 능력과도 관련이 있다(Bornstein & Sigman, 1986). 정보처리 속도와 효율성은 일생 동안 지적 기능에 매우 중요한 역할을 하는 것으로 보인다.

6개월 된 영아의 재인기억이 17개월 된 영아의 IQ를 예측할 수 있는지를 살펴본 우리나라 단기종단연구(성현란, 배기조, 곽금주, 장유경, 심희옥, 2005)에 따르면, 6개월 된 영아의 재인기억은 이후 17개월의 전반적 지능을 예측하는 것으로 나타났다.

제 9 장

사회정서발달

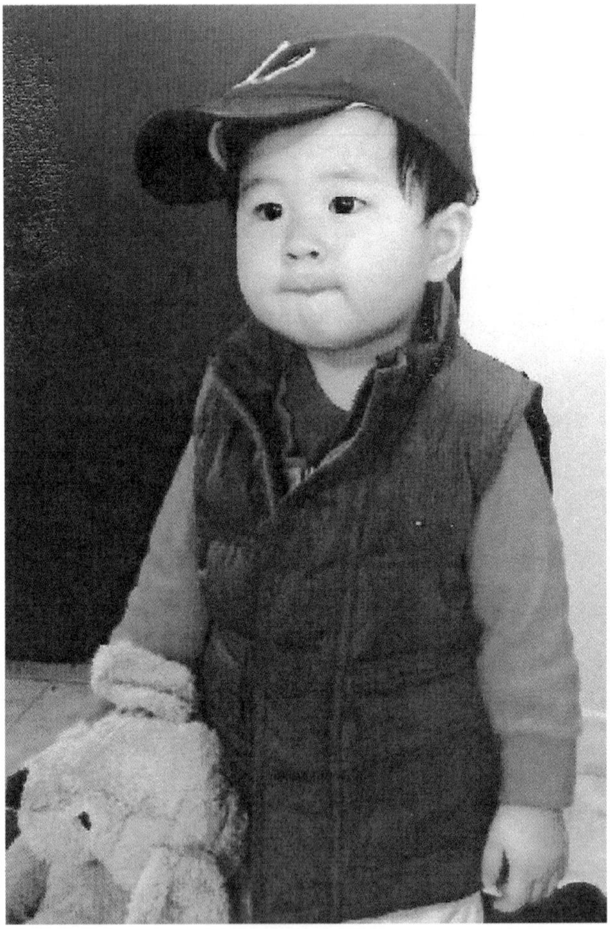

신생아도 기쁨이나 슬픔 같은 기본 정서를 가지고 태어나지만 그것은 덜 분화된 상태에 있다. 그러나 연령이 증가함에 따라 영아는 점차 분화된 정서를 나타내고, 다른 사람의 정서를 이해할 수 있는 능력도 갖게 된다. 정서를 표현함에 있어서도 자신의 정서를 규제할 수 있게 된다.

영아는 출생 직후부터 각기 다른 기질적 특성을 보인다. 즉, 어떤 영아는 조용하고 행동이 느린 반면, 어떤 영아는 활기차고 행동이 민첩하다. 기질연구가들은 영아기의 기질을 형성하는 심리적 특성이 성인기 성격의 토대가 된다고 믿는다. 따라서 영아의 이상적 발달을 위해서는 영아의 기질과 조화를 이루는 부모의 양육행동이 중요한 것으로 보인다.

영아기에 일어나는 가장 중요한 형태의 사회적 발달이 애착이다. 애착이란 영아와 양육자 간에 형성되는 친밀한 정서적 유대감을 의미한다. 영아의 기질, 영아와 부모의 특성, 양육의 질 등이 애착형성에 영향을 미치는 요인으로 보인다.

이 장에서는 정서표현의 발달, 정서의 이해능력 그리고 규제능력을 살펴본 다음, 기질의 구성요소는 무엇이며, 영아의 기질과 조화를 이루는 부모의 양육행동은 어떤 것인지를 알아보고자 한다. 끝으로 애착의 발달과 관련해서는 애착발달의 이론, 애착형성의 단계, 애착의 유형, 낯가림과 분리불안, 애착의 영향요인에 관해 살펴보고자 한다.

1. 정서의 발달

정서가 무엇인가에 대해 정의를 내리는 것은 쉬운 일이 아니다. 그러나 일반적으로 정서란 자극에 직면하여 발생하거나 자극에 수반되는 여러 가지 생리적 변화(예: 혈압, 맥박수, 호흡의 변화)라든가 눈에 보이는 행동(예: 미소나 찡그림) 등의 반응을 말한다. 기쁨, 슬픔, 공포 등이 그 예이다.

Michael Lamb

영아기의 정서에는 두 가지 기능 또는 목적이 있다. 첫째, 영아의 정서표현은 영아의 상태를 다른 사람, 특히 양육자에게 알림으로써 양육자로 하여금 영아를 보살피게 하는 기능을 한다(Lamb, 1988; Mitsven et al., 2020; Thompson & Waters, 2020; Witherington et al., 2010). 예를 들면, 영아의 미소는 양육자로 하여금 영아와의 상호작용을 더욱더 계속하도록 해 준다. 한편, 영아의 불편한 표

사진 설명 영아들이 부정적 정서를 표현하고 있다.

정(사진 참조)은 양육자로 하여금 영아에게 무슨 문제가 있는지 살펴보고 문제를 해결하도록 한다. 둘째, 영아기의 정서는 특정 자극에 대해 특정한 행동을 하도록 하는 동기를 부여한다(Lamb, 1988). 예를 들면, '분노'는 공격행동의 동기를 부여하고, '공포'는 회피행동의 동기를 부여한다(Termine & Izard, 1988). 정서의 이러한 기능은 유기체가 환경에 적응하기 위한 진화의 결과로 볼 수 있다.

정서발달에 대한 학자들의 견해는 다소 차이가 있으나, 대부분의 학자들은 기쁨이나 슬픔과 같은 정서는 출생 시부터 존재하지만, 그것은 덜 분화된 상태에 있는 것이며, 연령이 증가함에 따라 점차 분화된다고 믿는다. 즉, 신생아의 경우, 흥분상태에서 먼저 유쾌와 불쾌의 정서가 분화되고, 그다음에 불쾌한 정서로부터 차츰 분노, 혐오, 공포, 슬픔 등의 정서가 나타나며, 유쾌한 정서로부터 행복, 기쁨, 만족 등의 정서가 나타난다는 것이다. 그렇다면 정서의 분화는 어떻게 이루어지는가? 여기서는 정서발달의 접근법, 정서표현의 발달, 정서의 이해능력, 정서의 규제능력 등에 관해 살펴보기로 한다.

1) 정서발달의 접근법

Carroll Izard

정서의 분화를 설명하는 접근법으로 생물학적 성숙, 사회적 경험(학습), 인지발달을 강조하는 접근법이 있다. Izard(1971)는 정서발달에서 생물학적 요인을 강조하는데, 정서와 관련된 영아의 표정을 측정하기 위하여 MAX(Maximally Discriminative Facial Movement Coding System)라는 도구를 개발하였다. Izard는 MAX를 사용해서 여러 가지 자극에 대한 영아의 표정을 비디오테이프로 녹화해서 관찰하였다. 자극 상황은 영아의 손에 얼음조각 쥐어주기, 영아의 손등에 테이프 붙이기, 영아가 좋아하는 장난감을 주었다가 뺏기, 어머니가 영아를 잠시 떠났다가 다시 돌아오기, 낯선 사람이 영아에게 접근하기, 영아의 귀에 똑딱거리는 시계소리 들려주기, 영아의 면전에서 풍선 터뜨리기, 영아의 코에 방충제 갖다 대기, 레몬 껍질이나 오렌지 주스를 영아의 입에 대기 등이었다.

이 연구에서 Izard는 호기심이나 혐오감 등은 출생 시부터 존재하고, 화, 놀람, 슬픔은 3~4개월, 공포는 5~7개월, 수치심과 수줍음은 6~8개월에 나타나지만 모욕감과 죄책감은 2세 전에는 나타나지 않는다는 것을 발견하였다. 이 연구결과에 따라 Izard(1971, 1982; Izard & Ackerman, 2000)는 이러한 정서는 생물학적으로 프로그램된 것이라고 주장하였다. 다시 말해서, 우리가 행복할 때 미소를 짓게 하고, 우리가 불편할 때 얼굴을 찡그리게 하는 것은 우리의 유전인자 속에 들어 있다는 것이다.

Sroufe(1979)는 정서의 분화가 생물학적 성숙보다는 오히려 영아가 성장하면서 보이는 인지변화의 결과라고 믿는다. 8개월경이면 영아는 대상영속성 개념을 이해하고, 다른 사람의 행동을 예측할 수 있으며, 의도성을 이해하게 되면서 좀더 분화된 정서를 경험하게 된다는 것이다. 4~8개월 된 영아를 대상으로 한 연구에서 가면을 쓴 사람이 영아에게 다가오는 실험을 하였다. 낯선 사람이 가면을 쓰고 다가왔을 때에 영아는 울었지만, 어머니가 가면을 쓰고 다가왔을 때는 웃었다(Sroufe & Wunsch, 1972). 이 연구결과는 이 무렵의 영아가 어떤 상황에서 어떤 정서를 표현해야 되는가를 인지적으로 평가할 수 있다는 것을 보여준다. 8~12개월 된 영아는 계획하고 기억하는 능력이 있기 때문에, 예기치 않은 일이 발생했을 때 놀라는 반응을 보인다(사진 참조). 영아의 낯가림과 분리불안 현상은 정서발달에서 생물학적 성숙과 인지적 성장이 하는 역할을 보여 주는 예들이다.

Alan Sroufe

Malatesta(1985)는 정서발달에서 사회화의 역할을 강조한다. 정서의 사회화는 모방과정을 통해서 이루어진다. 대부분의 어머니들은 영아에게 주로 긍정적인 정서인 행복이나 기쁨과 같은 표정을 보인다. 영아는 어머니의 이런 표정을 모방해서 자신도 이런 표정을 보이게 된다(Haviland & Lelwica, 1987). 반면, 우울증에 걸린 어머니는 주로 슬픈 표정을 하고 있기 때문에, 영아도 슬픈 표정을 모방하게 된다(Pickens & Field, 1993). 정서의 사회화는 강화과정을 통해서도 이루어진다. 어머니들은 영아가 자신의 표정과 비슷한 표정을 지으면 미소로써 이를 강화해 준다. 특히 영아가 기쁜 표정을 보일 때 긍정적인 반응을 보인다(Keller & Scholmerich, 1987). 모방과정과 더불어 강화과정은 영아의 부정적 정

Carol Malatesta

서반응을 감소시키고, 긍정적 정서반응을 증가시키는 역할을 한다(Malatesta et al., 1989).

2) 정서표현의 발달

영아기의 정서발달에 관한 고전적 연구로 불리는 Bridges(1930)의 연구에서 Bridges는 출생 후 2년 동안에 출현하는 여러 가지 정서를 도표로 만들었다(〈표 9-1〉 참조). Bridges에 의하면, 출생 시에 신생아는 몇 가지 제한된 정서만을 표현한다고 한다. 이러한 정서는 선천적인 것으로 생의 초기에 나타나고, 얼굴표정만 보고서도 정서상태를 쉽게 알 수 있으며, 세계 모든 문화권의 영아에게서 볼 수 있기 때문에 일차정서 또는 기본정서라고 부른다(Izard, 1991, 1994; Lewis, 2008, 2015). 행복, 분노, 놀람, 공포, 혐오, 슬픔, 기쁨 등은 일차정서의 예이다. 일차정서는 영아기의 초기에 나타나지만 수치심, 부러움, 죄책감, 자부심 같은 정서는 첫돌이 지나서야 나타나는데, 이것들을 이차정서 또는 복합정서라고 부른다(Izard & Malatesta, 1987).

표 9-1 영아기 정서발달의 예정표

정서	처음 나타나는 시기
흥미	출생 시
불쾌	출생 시
혐오	출생 시
기쁨	4~6주
분노	3~4개월
놀람	3~6개월
슬픔	출생~3개월
공포	5~7개월
수줍음	6~8개월
격노	7~10개월
수치	12~24개월
당황	24~36개월
죄책감	24~36개월

출처: Izard, C. E., & Malatesta, C. Z. (1987). Perspectives on emotional development I: Differential emotions theory of early emotional development. In J. D. Osofsky (Ed.), *Handbook of infant development* (2nd ed.). New York: Wiley.

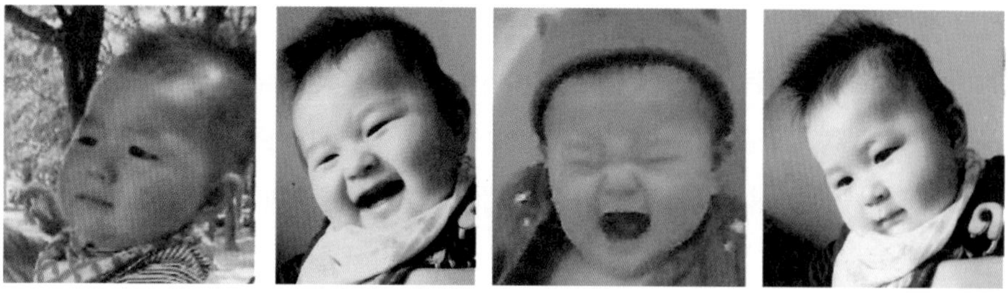

슬픔 기쁨 분노 호기심

(1) 일차정서

일차정서 중에서 대표적인 예가 기쁨, 분노, 슬픔, 공포, 호기심 등이다(사진 참조).

① 기 쁨

기쁨은 미소나 웃음 등으로 표현되며, 건강한 영아일수록 기쁨의 표현이 명확하고 빈번하게 나타난다. 출생 직후에 나타나는 배냇 미소는 선천적 · 반사적인 것으로, 이는 깊은 수면이나 부드러운 감촉 등과 같은 내적 상태에서 비롯된 반응이다. 4주경 영아는 갑자기 움직이는 물체들과 같은 외부의 자극에 대해 미소를 보인다. 기쁨, 분노, 중성적인 표정을 가진 사람의 얼굴을 보여 주면, 이 중에서 기쁜 표정을 하고 있는 얼굴을 더 오래 주시한다. 6~10주경에는 사람의 얼굴에 대해 사회적 미소(social smile)를 보이고, 3개월경에는 친숙한 사람과 그렇지 않은 사람에 대해 다르게 미소를 지으며, 사회적 상호작용이 이루어질 때 가장 빈번하게 미소를 보인다(사진 참조). 이러한 반응은 친숙한 사람과의 친밀감을 강화시켜 주는 역할을 한다(Ellsworth, Muir, & Hains, 1993). 9~12개월경에는 친숙한 사람이 사라졌다가 갑자기 나타나는 '까꿍놀이' 등에 미소를 보내며, 1년 이후에는 자신이 원인을 제공한 사건에 대해 미소를 보낸다.

사진 설명 2~3개월경의 영아는 친숙한 사람, 특히 어머니에게 사회적 미소를 더 자주 보인다.

웃음은 미소와 마찬가지로 기쁨의 표현이다. 웃음은 3~4개월경 강한 자극 후에 나타나며, 웃음을 유발하기 위해서는 미소를 유발하기 위한 자극보다 더 강한 자극이 필요하다.

② 분노

우리의 주변 환경에는 분노를 일으키는 자극이 많으며, 분노의 표현은 자신이 원하는 바를 쉽게 만족시키는 방법이 되기도 하므로 가장 보편적으로 나타나는 정서이다. 출생 초기 영아는 배고픔이나 고통 등의 자극으로 인해 불쾌한 경험을 많이 하게 되며, 이를 울음으로 표현하게 된다. 이후에는 자신이 가지고 있는 것을 빼앗기거나 자신이 하고 싶은 것을 제지받을 때 생기는 욕구의 좌절 때문에 분노가 일어난다. 이는 특히 어머니가 이러한 상황을 방치했을 때 더욱 강하게 나타나며, 배가 고프거나 아플 때 더욱 빈번하게 나타난다.

영아가 성장함에 따라 분노를 표현하는 형태가 달라진다. 처음에 영아는 자신이 느끼는 좌절감을 고통스러운 울음으로 표현하지만, 4~6개월경에는 성난 목소리로 소리를 지른다. 분노는 2세경에 최고조에 달하며 사랑과 수용으로 대치되지 않으면 공격성으로 발전하게 된다. 이후 이러한 분노의 감정을 감추거나 통제하고, 육체적 공격보다는 말로 표현하도록 가르침을 받으며, 사회적으로 수용되는 방식으로 분노를 표현하게 된다. 또한 영아기 말에는 자신의 감정을 숨기는 것이 필요하다는 사실도 알게 된다.

③ 공포

공포는 신체적 · 심리적 위험에 대한 반응으로 나타난다. 출생 초기에는 대부분 부모로부터 보호를 받고 있으므로, 공포의 감정을 유발하는 자극물이 주변에 별로 없다. 심한 고통이나 큰 소리, 새로운 사람이나 장소, 높은 장소나 어둠, 다른 사람과의 위협적인 상호작용은 공포를 유발시키는 선천적인 요인이다.

6개월경에 영아는 인지발달로 인해 새로운 공포감을 보이기 시작하며, 친숙하지 않은 대상에 대해 경계심을 갖게 된다. 그 가운데서도 애착이 형성된 사람과의 분리나 낯선 사람과의 만남은 공포를 유발하는 중요한 원인이 되는 것으로 밝혀지고 있다.

Jerome Kagan

불안의 정서는 공포반응과 밀접한 관련이 있다. 영아기의 불안은 애착행동이나 낯가림과 관련이 있는데, 어머니와의 분리가 주된 원인이다. 낯선 사람이나 사물 또는 상황에 대해 민감하게 반응하는 영아는 공포상황을 극복하는 데 있어 어려움을 겪게 되는데, 이는 이후에 불안장애로 발전할 가능성이 높다고 한다. 영아기의 이러한 특성이 이후의 불안장애를 확실하게 설명할 수는 없지만, 양자 간에는 상관이 있다고 한다(Kagan, 1999).

(2) 이차정서

이차정서는 일차정서보다 늦게 나타나고, 좀더 복잡한 인지능력을 필요로 한다(Lewis, Alessandri, & Sullivan, 1992). Lewis(2010, 2020)와 그의 동료들(1989)에 의하면, 자아의 인식이 이차정서에 있어 필수적이라고 한다. 즉, 당황, 수치심, 죄책감, 질투, 자긍심 등을 포함하는 이차정서는 영아가 거울이나 사진으로 자신을 알아보기 전에는 출현하지 않는 것으로 보인다. 자아의 인식은 영아기에 점차로 발달하는 것인데, 2~3개월경의 영아는 자신의 신체가 아직 자기 것이라고 깨닫지 못한다(사진 참조). 심지어 8개월경에도 자신의 신체와 다른 사람의 신체를 정확히 구분하지 못하는 경우가 있다. 예를 들어, 다른 영아가 가지고 노는 장난감을 움켜잡았을 때 장난감이 쉽게 자기 손에 들어오지 않으면 놀라는 반응을 보인다. 그러나 1세가 되면 대부분의 영아는 자신과 타인을 분명하게 구분할 줄 알고, 자신이 원하는 장난감을 빼앗기 위해 다른 아이를 때리기도 한다.

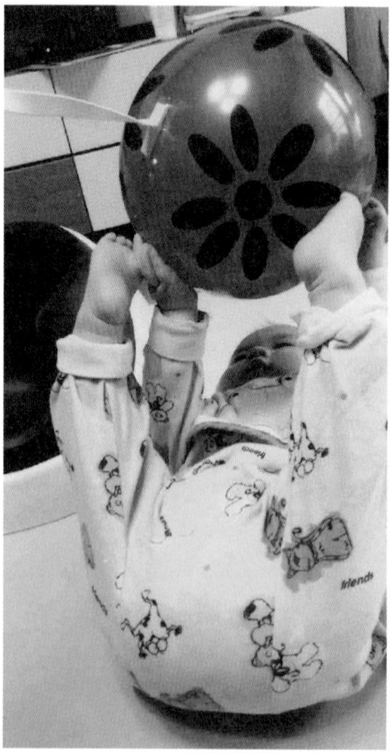

사진 설명 영아는 자신의 신체의 일부, 즉 손가락, 발가락 등을 가지고 노는 것을 좋아하지만, 이것이 자신의 신체의 일부라고 깨닫지 못하는 것으로 보인다.

영아가 자기인식을 하는지를 알아보는 한 연구(Lewis & Brooks, 1978)에서, 영아의 코에 입술연지를 찍고서 거울 앞에 세워놓고 영아가 어떤 반응을 보이는지를 관찰하였다(사진 참조). 만약 영아가 거울을 보고 입술연지가 묻은 자신의 코를 만진다면, 이것은 거울 속에 비친 상이 자신이라는 것을 인식한다는 것을 의미한다. 9~24개월 된 영아 96명을 대상으로 실험을 한 결과, 1세 미만의 영아는 한 명도 자기 코를 만지는 반응을 보이지 않았지만, 첫돌이 지난 영아는 대부분 자기 코를 만지는 반응을 보였다.

우리나라의 영아 20명을 대상으로 한 같은 실험(윤경희, 1998)에서, 10~12개월의 영아들은 거울 자체에 오히려 더 많은 흥미를 보였으며, 이 중 $^3/_5$의 영아들은 자기 코를 만지는 반응을 보였다. 16~18개월의 영아들은 전부가 자기 코를 만지는 반응을 보였으며, 거울에 비친 자신의 모습에 대해 인식하기 시작하고 자기 이름을 부르는 행동을 하였다. 그리고 22~24개월의 영아들은 40% 정도가 입술연지를 찍는 것을 거부하는 행동을 보였다. 입술연지를 찍은 영아들도 모두 '코'라는 언어적 표현을 하면서 자기 코를 가리켰다. 영아기 자기인식 능력에 관한 또 다른 연구(곽금주 외, 2005)에서 24개월 된 59.5%의 영아들이 코에 빨간색 입술연지가 묻어 있는 자신의 모습을 보고, 자신의 코에 손을 가져가 지우려는 반응을 했다. 이는 Lewis와 Brooks-Gunn(1979)의 연구결과와는 다른 양상이다. 그들 연구에서는 18개월 무렵부터 자기인식을 시작하여 24개월경이 되면 대부분의 영아들이 신체 모습을 통한 자기인식을 하였다. 그러나 우리나라 영아들의 경우는 24개월경에도 약 60%의 영아들만이 자신의 모습을 인식하는 것으로 보아 자신에 대해 인식하는 시기가 외국과 많은 차이를 보이는데, 이 결과에 대해 연구자들은 '우리'를 중심으로 하는 전통적인 한국 문화권에서 자신에 대한 인식보다는 '우리'라는 인식의 개념이 먼저 발달되기 때문이라고 해석하였다.

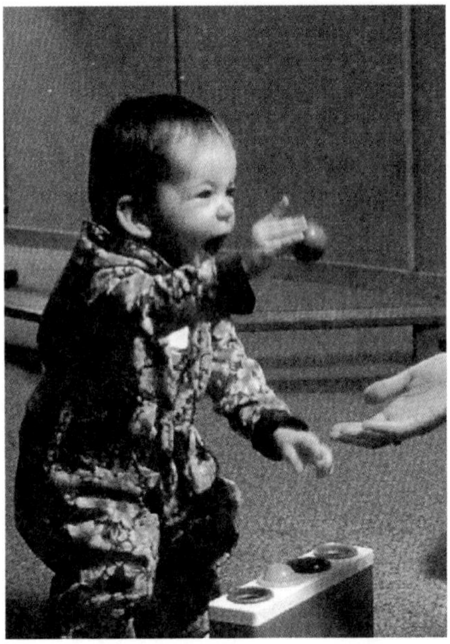

이차정서는 또한 자신에 대한 인식뿐만 아니라 자신의 행동을 평가하는 능력까지도 필요로 한다(Lewis et al., 1992). 즉, 해서는 안 된다고 생각하는 짓을 했을 때는 죄책감을 느낄 것이고, 어려운 일을 해냈을 때는 매우 자랑스러워할 것이다. 예를 들어, 주스를 마룻바닥에 엎지른 2세의 영아는 당황해하면서 고개를 숙일 것이고, 어려운 퍼즐 맞추기 문제를 해결한 또 다른 2세의 영아는 자랑스러움에 함박웃음을 지을 것이다(사진 참조). 이차정서는 대부분 표정 외에도 손톱을 깨물거나 고개를 숙이는 등의 신체동작을 수반한다.

3) 정서의 이해능력

영아는 언제 다른 사람들의 정서를 인식할 수 있는가? 6개월경에 영아는 정서와 관련된 얼굴표정을 분간하기 시작한다. 예를 들어, 6개월 된 영아는 행복해서 미소 짓는 얼굴과 불편해서 찡그린 얼굴을 구분할 줄 안다(Ludemann, 1991; Ludemann & Nelson, 1988). 6개월이 지나면서 영아는 정서를 구분할 수 있을 뿐만 아니라, 다른 사람의 정서에 의해서 영향을 받는다. 이것은 영아가 정서의 의미를 깨닫는다는 것을 말해 준다(Bornstein, 1995).

그렇다면 영아는 다른 사람의 정서표현으로부터 어떻게 영향을 받는가? 성인과 마찬가지로 영아도 다른 사람의 정서를 자신의 행동의 길잡이로 삼는다(Mumme, Fernald, & Herrera, 1996; Repacholi, 1998). 익숙지 못하거나 모호한 상황에서 영아는 마치 그 상황을 해석하는 데 도움을 얻으려는 듯이 어머니나 아버지를 바라보는데, 이러한 현상을 사회적 참조(social referencing)라고 한다. 사회적 참조 현상은 대부분 모호한 상황에서 발생한다(Rosen et al., 1992; Walden & Ogan, 1988). 영아는 익숙지 않은 사람이나 물체에 접했을 때와 같이 어떻게 해야 할지 잘 모르는 상황에서 어머니나 아버지를 바라보는데, 이때 부모의 표정은 영아가 그 상황에서 어떻게 반응해야 하는가를 보여주는 길잡이 역할을 하게 된다(Feinman et al., 1992; Kim & Kwak, 2011; Rosen et al., 1992).

사회적 참조과정을 보여주는 한 연구에서, 1세 된 영아와 그 어머니를 대상으로 제7장에서 설명한 시각벼랑 실험을 하였다. 영아는 얕은 쪽에 놓이고 어머니는 재미있는 장난감과 함께 반대편(깊은 쪽)에 서 있었다. 이런 상황에서 영아는 어찌할 바를 몰라 어머니를 바라보게 된다. 이때 어머니는 공포, 행복, 분노, 호기심, 슬픔과 같은 몇 가지 표정을 짓도록 지시를 받았다. 연구자들의 관심은 어머니의 표정이 시각벼랑 실험에서 영아의 행동을 통제할 수 있는가 하는 것이었다. 어머니가 기쁨이나 호기심을 표현했을 때 대부분의 영아들은 어머니 쪽으로 기어갔다. 반면, 어머니가 분노나 공포를 표현했을 때는 대부분의 영아가 어머니 쪽으로 건너가지 않았다. 연구결과, 1세 된 영아는 환경을 이해하고, 환경에 적응하는 데에 표정을 단서로 이용하는 능력이 있음을 보여주었다(Sorce et al., 1985; Walden & Ogan, 1988).

또 다른 실험상황에서 이상하게 생긴 장난감(방을 돌아다니는 초록색 봉제 공룡)을 보고, 어머니가 미소를 짓고 있으면 영아는 그 장난감에 접근했지만, 어머니가 두려워하는 표정을 짓고 있으면 영아는 장난감에 가까이 다가가지 않았다(Klinnert, 1984). 일상생활에서도 영아는 낯선 사람을 보면, 어머니를 쳐다보고서 어머니의 표정이 낯선 사람을 반기는지 아니면 두려워하는지에 따라 다른 행동을 하였다(Haviland & Lelwica, 1987; Termine & Izard, 1988).

우리나라의 영아를 대상으로 사회적 참조행동을 알아본 연구(위영희, 1994)에서, 영아의 참조적 바라보기 행동은 자극상황과 관계없이 어머니의 표정에 따라 차이가 있는 것으로 보인다. 즉, 어머니가 두려운 표정을 보이고 있을 때에는 더 빈번하게 참조적 바라보기 행동을 한 것으로 나타났다. 자극상황별로 보면 영아는 두려운 장난감보다 즐거운 장난감에 더 가까이 접근하는 것으로 나타났다. 그러나 어머니의 표정에 따른 차이와 상호작용 효과는 없었다.

4) 정서의 규제능력

어떤 사회에서든지 정서를 표현할 경우 어떤 특정 상황에서 어떤 정서는 표현해도 괜찮지만 어떤 정서는 표현해서는 안 된다는 규칙이 있다. 예를 들면, 마음에 들지 않는 선물을 받았을 때, 실망감을 보이는 대신 기뻐하며 고맙다는 인사를 해야 한다는 것이 그것이다(Gross & Ballif, 1991; Harter & Whitesell, 1989). 어떤 면에서 이 규칙은 언어의 어용론적 발달과 유사하다. 즉, 이러한 규칙을 습득하고 활용하는 것은 사회적 적응에 도움이 된다(Perry et al., 2013; Speidel et al., 2020; Thompson, 2013a, b).

그렇다면 이러한 규칙은 언제 습득되는가? 불쾌한 자극을 피하거나 관심을 다른 곳으로 돌려 부정적 정서유발을 감소시키는 일은 어린 영아에게는 매우 어려운 일이지만(Mangelsdorf, Shapiro, & Marzolf, 1995), 우리가 생각하는 것보다 훨씬 일찍부터 영아는 이러한 규칙을 습득한다(Ekas, Braungart-Rieker, & Messinger, 2018). 첫돌 무렵에 영아는 벌써 자기 몸을 앞뒤로 흔들거나, 눈을 가리거나(사진 참조), 입술을 깨물거나, 불쾌한 사건이나 사람들을 피함으로써 부정적 정서유발을 감소시키는 책략을 발달시킨다(Kopp, 1989; Mangelsdorf et al., 1995). 18개월이 되면 영아는 부정적 정서를 숨길 줄 알게 된다. 20개월 된 영아는 넘어졌을 때에 어머니가 함께 있을 때만 울음을 터뜨린다. 3세가 되면 자기 감정을 더 잘 숨길 수 있다. 한 연구(Lewis, Stanger, & Sullivan, 1989)에서는 실험자가 유아에게 금지된 장난감을 만지지 말도록 지시하고 방을 나간 후에 일방경을 통해 관찰하였다(〈그림 9-1〉 참조). 대부분의

〈그림 9-1〉 '금지된 장난감' 실험

유아(32명 중 29명)가 장난감을 만졌지만, 대다수가 만지지 않았다고 거짓말을 하였다. 그러나 실험자는 누가 거짓말을 하고 있는지 그들의 표정과 몸짓만 보고서는 알 수가 없었다. 이것으로 보아 3세의 유아는 자기 감정을 숨기고 그에 대해 거짓말을 한다는 것을 알 수 있다. 이 결과는 우리가 알고 있는 어린이의 '천진난만함'과는 상당히 거리가 있음을 말해준다. 그러나 경우에 따라서는(예컨대 마음에 안 드는 선물을 받는 경우) 자신의 진짜 감정을 숨기고 선의의 거짓말을 하는 것이 유아에게도 필요한 것으로 보인다.

2. 기질의 발달

영아는 출생 직후부터 각기 다른 기질적 특성을 보인다(사진 참조). 어떤 영아는 쾌활하고 명랑한 반면, 어떤 영아는 잘 울고 자주 보챈다. 또 어떤 영아는 조용하고 행동이 느린 반면, 어떤 영아는 활기차고 행동이 민첩하다. 이와 같은 개인차는 기질에서의 차이를 반영한다. 기질이란 한 개인의 행동양식과 정서적 반응유형을 의미하는 것으로 활동수준, 사회성, 과민성과 같은 특성을 포함한다(Rothbart & Bates, 1998, 2006).

기질연구가들은 영아와 아동이 보이는 기질의 차이에 관심을 기울여 왔다. 기질을 형성하는 심리적 특성이 성인기 성격의 토대라고 믿기 때문이다. 다시 말하면, 기질은 "나중에 이것이 아동과 성인의 성격을 형성하는 모체가 된다"(Ahadi & Rothbart, 1994, p. 190)라고 믿기 때문이다.

심리학자들은 영아의 경우, 성격이라는 용어 대신 기질이라는 용어를 사용한다. 기질과 성격의 구분은 인자형과 표현형의 구분과 유사하다. 인자형은 기본 패턴(잠재력)을 결정하지만, 궁극적으로 나타나는 표현형은 인자형의 잠재력이 환경에 의해 영향을 받은 결과이다. 이와 마찬가지로 기질이 기본 패턴을 나타내는 것이라면, 아동기나 성인기에 성격으로 나타나는 것은 기본 패턴이 수없이 많은 생활경험에 의해 영향을 받은 결과를 반영한다(Buss & Plomin, 1984; DiLalla, Kagan, & Reznick, 1994).

기질연구가들은 기질은 타고난 것으로 유전의 영향을 많이 받는다고 믿는다. 쌍생아

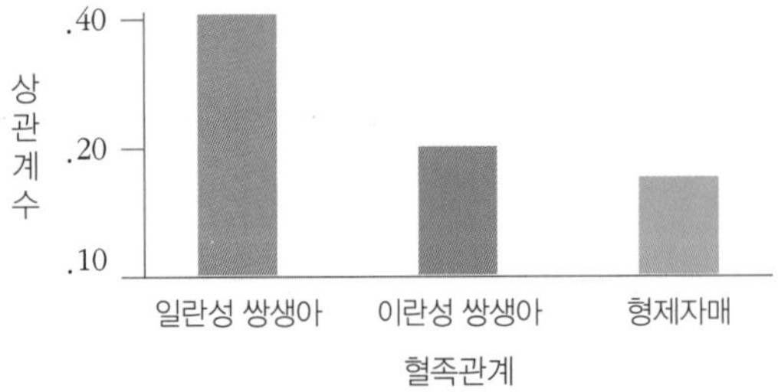

〈그림 9-2〉 기질과 유전의 영향

연구에서 일란성 쌍생아가 이란성 쌍생아보다 대부분의 기질 특성에서 훨씬 더 유사한 것으로 나타났다(〈그림 9-2〉 참조). 그러나 일란성 쌍생아의 경우에도 유전계수가 .40 정도인 것은 영아의 기질에 환경도 중요한 역할을 한다는 것을 의미한다.

기질연구가들은 또한 기질이 유아기, 아동기, 심지어 성인기까지도 지속성이 있는 것으로 믿는다(Caspi & Silva, 1995; Rothbart, Derryberry, & Posner, 1994). 즉, 낯가림이 심한 영아는 유아기에도 여전히 낯선 사람을 두려워하고, 아동기에도 여전히 까다로운 성향을 보여주고 있다. 특히 낯선 사람이나 상황에 대해 움츠러드는 경향을 보이는 행동억제(behavioral inhibition)는 상당히 지속성이 있는 것으로 나타났다(Kagan, 1992). 그러나 이러한 지속성도 매우 극단적인 경우—매우 수줍어하거나 매우 외향적인 경우 또는 행동억제 수준이 매우 높거나 낮은 경우—에만 해당되는 것으로 보인다(Kerr et al., 1994; Sanson et al., 1996). 우리나라 2~4세 아동의 행동억제에 관한 단기종단연구(정옥분 외, 2003)에서도 2세와 4세라는 2년의 기간 동안 극단적인 행동억제를 보이는 유아들의 경우에만 지속성이 있는 것으로 나타났다. 이러한 결과는 유전적으로 많은 영향을 받는 것으로 보이는 기질특성도 환경의 영향에 의해 변할 수 있다는 것을 의미한다.

Alexander Thomas

1) 기질의 구성요소

기질이 어떤 특성으로 구성되어 있는가에 관해서는 영아의 기질에 관해 연구하는 학자들마다 견해가 다르다. 여기서는 NYLS 모형, EAS 모형, Rothbart 모형 등을 중심으로 기질의 구성요소에 관해 살펴보기로 한다.

Stella Chess

(1) NYLS 모형

Thomas와 Chess에 의해 1956년에 시작된 뉴욕종단연구(New York Longitudinal Study: NYLS)는 기질에 대한 선구자적 연구로서, 지금까지 수행된 기질연구 중 가장 포괄적인 종단연구로 알려지고 있다. 이 연구에서는 141명의 영아를 대상으로 아동기까지 이들을 관찰한 관찰법, 부모와 교사를 통한 면접법, 여러 종류의 심리검사를 통한 검사법 등이 사용되었다. 여기서 Thomas와 Chess는 기질을 구성하는 9가지 요인을 발견하였다(〈표 9-2〉 참조).

Thomas와 Chess는 이 9가지 특성을 기준으로 하여 영아의 기질을 순한(easy) 영아, 까다로운(difficult) 영아, 반응이 느린(slow-to-warm-up) 영아의 세 가지 유형으로 구분하였다. 전체 연구대상의 40%를 차지하는 순한 영아는 행복하게 잠을 깨고 장난감을 가지고 혼자 잘 놀며, 쉽사리 당황하지 않는다(사진 참조). 규칙적인 생물학적 시간표에 따라 수유나 수면이 이루어지고, 낯선 사람에게도 미소를 보이며 이들로부터 음식도 잘 받아먹는다. 새로운 생활습관에 쉽게 적응하며 좌절에 순응한다.

사진 설명 순한 영아는 장난감을 가지고 혼자 잘 논다.

표 9-2 NYLS 기질의 구성요인

구성요인	설명
활동성(activity)	젖먹기, 목욕하기, 옷입기 등의 일상생활에서 영아가 하는 신체활동의 양
규칙성(rhythmicity)	수유시간, 수면의 주기, 배변습관 등의 예측가능성
접근/회피(approach/withdrawal)	새로운 사건이나 자극(장난감이나 음식 등)에 영아가 어떤 반응(접근 또는 회피)을 보이는가?
적응성(adaptability)	변화된 상황에 영아가 얼마나 쉽게 적응하는가?
반응강도(intensity)	영아가 보이는 긍정적 또는 부정적 반응의 강도
반응역치(threshold)	영아의 반응을 유발하는 데 필요한 자극의 양
기분(mood)	영아가 보이는 행복하고 기분좋은 반응의 빈도와 불행하거나 부정적인 행동의 빈도
주의산만성(distractibility)	외부 사건이나 자극에 의해 영아가 현재 하고 있는 행동이 쉽게 방해받는 정도
지구력(attention span and persistence)	어떤 활동의 지속시간과 장애에 직면했을 때 그 활동을 계속하려는 의지

출처: Thomas, A., & Chess, S. (1986). The New York Longitudinal Study: From infancy to early adult life. In R. Plomin & J. Dunn (Eds.), *The study of temperament: Changes, continuities, and challenges*. Hillsdale, NJ: Erlbaum.

연구대상의 10%를 차지하는 까다로운 영아는 눈을 뜨기 전부터 울고, 생물학적 기능이 불규칙적이다. 이들은 불행해 보이고 적대적이며 조그만 좌절에도 강한 반응을 보이고, 새로운 사람이나 상황에 적응하는 데 많은 시간이 필요하다.

연구대상의 15%를 차지하는 반응이 느린 영아는 수동적이고, 새로운 상황에 대해 움츠러드는 경향을 보인다. 이들은 새로운 상황을 좋아하지 않지만, 다시 기회가 주어지면 결국 흥미를 가지고 이에 참여한다.

이 연구에서, 초기의 기질은 이후에도 지속되는 것으로 나타났다. 영아기에 까다로운 기질을 보였던 아동은 이후의 학교생활에서도 또래와의 관계나 주의집중에 문제를 보였으며, 반응이 느린 아동은 새로운 환경에 빨리 적응하는 데 문제를 보였다(Thomas, Chess, & Korn, 1982). 그러나 모든 영아가 이 세 집단 가운데 하나로 분류될 수 있는 것은 아니었으며, 35% 정도의 영아는 어느 집단에도 속하지 않는 것으로 나타났다.

Thomas와 Chess의 9가지 특성을 기준으로 하여 우리나라 영아의 기질을 조사한 연구(최영희, 1987)에서, 9개 기질영역의 점수를 성별에 따라 비교해 본 결과, 4개 영역에서 유의한 성차가 발견되었다. 즉, 남아가 여아보다 접근성이 높고, 반응정도가 약하며, 정서가 긍정적이고, 주의산만성이 높은 것으로 나타났다. 그리고 영아의 기질적 특성과 기질에 따른 놀이행동분석연구(김난실, 조혜진, 2007)에서 순한 기질의 경우는 남아가 여아보다 더 많고, 까다로운 기질이나 반응이 느린 기질의 경우는 여아가 남아보다 더 많은 것으로 나타났다. 한편, 까다로운 기질의 영아들이 거친 신체접촉을 더 많이 하는 것으로 나타났다.

(2) EAS 모형

Robert Plomin

Buss와 Plomin(1984, 1986)은 NYLS 모형으로는 35% 정도의 영아가 어느 유형에도 분류되지 않는다는 점을 지적하고, 영아의 기질은 정서성(Emotionality: E), 활동성(Activity: A) 그리고 사회성(Sociability: S)의 세 가지 구성요소로 이루어진다는 EAS 모형을 제시하였다.

정서성은 정서적 반응의 강도를 의미하는데, 영아가 자극에 대해 얼마나 빨리 부정적인 반응을 보이는가를 말한다. 예를 들면, 정서성이 높은 영아는 쉽게 놀라거나 쉽게 잠에서 깨어나고 큰 소리에 우는 반응을 보인다. Buss와 Plomin에 의하면, 정서성에서의 개인차는 영아의 신경계의 차이에서 기인하는 것으로, 어떤 영아는 유전적으로 더 빨리 부정적인 반응을 보이도록 되어 있다고 한다. 첫돌이 가까워오면서 정서성은 공포와 분노 반응으로 전개되기 시작한다.

활동성은 영아가 일상생활에서 보이는 행동의 속도와 강도를 의미하는데, 활동성이 높은 영아는 잠시도 가만히 있지 못하고 계속 움직이며, 끊임없이 새로운 것을 탐색하고 격렬한 활동을 추구한다. 활동수준은 영아가 얼마나 빨리 얼마나 멀리 갈 수 있는가를 결정하지만, 어떤 방향으로 갈 것인가는 환경이 결정한다.

사회성은 영아가 얼마나 다른 사람과 함께 있기를 좋아하는가를 의미하는데, 사회성이 높은 영아는 혼자 있는 것을 싫어하고, 낯선 사람에게도 쉽게 접근한다. 사회성은 영아가 양육자와 얼마나 친밀한 관계를 갖는가를 의미하는 것이 아니고, 영아가 얼마나 사람들로부터의 자극을 좋아하는가를 말하는 것일 뿐이다.

(3) Rothbart 모형

Rothbart(1989, 2004)는 기질의 구성요소로 반응성(reactivity)과 자기조절(self-regulation)을 제시한다. 반응성은 EAS 모형의 정서성과 유사한 것으로, 자극에 대해 영아가 얼마나 쉽게 그리고 얼마나 강렬하게 반응하는가를 말한다. 정서성과 반응성의 주된 차이는 반응성이 긍정적인 반응도 포함한다는 것으로, 영아가 새로운 장난감을 보고 미소 짓거나 웃는 것이 그 예이다.

Mary Rothbart

자기조절은 영아가 스스로 자신의 반응을 증가시키거나 감소시키는 통제능력을 의미한다. 새로운 장난감을 보고서 어떻게 접근하며, 어떻게 탐색하는지 그리고 딴 곳으로 고개를 돌리기 전에 얼마나 오래 그 장난감을 쳐다보는지 등이 자기조절의 예이다.

NYLS 모형이나 EAS 모형과 마찬가지로, Rothbart 모형 또한 영아의 기질적 특성은 환경과 상호작용하여 영아의 사회적 상호작용의 질을 결정한다고 본다. 영아의 반응성과 자기조절은 생물학적 영향을 크게 받지만, 양육자와 주위 환경 또한 발달의 방향을 결정짓는 중요한 역할을 한다는 것이다.

지금까지 살펴본 세 가지 모형 중 어느 것도 기질의 구성요소를 충분히 설명해 주지 못하는 것으로 보인다. 최근에 와서야 기질연구가들 간에 기질의 구성요소에 관해 어느 정도의 합의를 보게 되었는데(Ahadi & Rothbart, 1994; Belsky, Hsieh, & Crnic, 1996; Kagan, 1994; Martin, Wisenbaker, & Huttunen, 1994), 그들이 제시하는 구성요소는 다음과 같은 것이다.

사진 설명 Jerome Kagan이 행동억제(기질) 연구에 관해 설명하고 있다.

사진 설명 수줍음을 많이 타는 아이가 얼굴을 가리고 있다.

① 활동수준: 얼마나 몸을 많이 움직이고 격렬한 활동을 하는가를 말한다.
② 접근/긍정적 정서성: 사람이나 사물에 대해 긍정적 정서반응을 보이는 것을 말한다. 이것은 EAS 모형의 사회성과 유사하다.
③ 억제: 낯선 사람, 낯선 상황, 새로운 물체에 대해 두려워하거나 회피반응을 보이는 것을 말한다. 행동억제에 관해 많은 연구를 해온 Kagan(1994, 2002, 2008, 2010, 2013, 2018, 2019)에 의하면, 억제는 우리가 일상생활에서 말하는 수줍음과 유사한 것이라고 한다(사진 참조).
④ 부정적 정서성: 쉽게 화를 내고, 짜증을 잘 내며, 좌절을 견디지 못하는 것을 말한다. 이것은 EAS 모형의 정서성과 유사하며 NYLS 모형에서 '까다로운' 영아가 주로 갖는 특성이다.
⑤ 지구력/끈기: 주의를 집중하고 계속 노력하는 능력을 말한다.

2) 영아의 기질과 부모의 양육행동

영아의 기질은 부모, 특히 주 양육자인 어머니와의 관계에 영향을 미친다. 예를 들어, '까다로운' 기질을 가진 영아는 부모를 좌절하게 만들고, 부모로 하여금 그들에게 기대를 덜 걸게 하는 형태로 부모의 양육태도에 영향을 미치게 된다.

부모의 양육태도 또한 영아의 기질을 변화시킨다. 수줍고 소심한 기질을 가지고 태어났다 하더라도 외부 세계에 대한 대처양식을 부드럽게 촉진시키는 환경에서 양육되는 영아는 이러한 속성이 점차 소멸되는 반면, 사교적이고 과감한 성격을 가지고 태어났다 하더라도 지나치게 스트레스를 주는 환경은 소심한 영아가 되게 한다. 부모의 태도와 영아의 기질 간의 상호작용은 쌍방적 원칙에 근거한다. 즉, 영아의 발달은 자신이 타고난 기질과 그를 사회화시키는 사람의 기질 간의 상호작용의 산물이다. 부모와 자녀 간의 상호작용을 통해 부모는 자녀가 타고난 유전적 요인에 변화를 주는 역할을 한다. 느린 기질을 가진 영아는 활발한 기질을 가진 영아만큼 부모가 요구하는 진도에 맞춰 나가지 못한다. 이에 실망하여 부모가 관심을 갖지 않는다면 영아는 더욱 위축되고 발달과업을 제대로 이루지 못하게 될 것이다. 그러나 부모가 이러한 성향을 무시하고 적극적으로 개입한다면 영아는 자신의 행동을 바꾸게 될 것이다(Paul, 1999).

Thomas와 Chess(1977)는 이와 같이 영아의 기질과 환경이 상호작용하여 바람직한 결과를 산출한다는 '조화의 적합성(goodness-of-fit)' 모델을 제시하였다. 즉, 영아의 이상적 발달은 영아의 기질과 부모의 기질이 얼마나 조화를 이루는가에 달려 있다고 한다. 부모가 영아의 기질에 따라 양육행동을 조절한다면 그 결과는 보다 조화로운 관계가 된다. 반면, 영아의 기질과 부모의 양육행동이 조화를 이루지 못하면, 부모나 영아 모두 갈등을 경험하게 된다는 것이다(사진 참조). 예를 들어, 까다로운 영아의 부모가 인내심을 가지고 영아의 요구에 민감하게 대처한 경우에는, 아동기나 청년기에 더 이상 까다로운

사진 설명 까다로운 영아의 부모가 인내심을 가지고 영아의 요구에 민감하게 대처하면 그 결과는 보다 조화로운 관계가 될 것이다.

사진 설명 영아의 기질과 부모의 양육행동이 조화를 이루지 못하면, 부모나 영아 모두 갈등을 경험하게 될 것이다.

기질을 보이지 않았다(Chess & Thomas, 1984). 그러나 까다로운 영아를 대상으로 인내심과 민감성을 보이는 것이 누구에게나 쉬운 일은 아니다. 사실상 많은 부모들이 까다로운 영아에게 쉽게 화를 내고 처벌적 훈육을 하게 되는데, 이것이 조화롭지 못한(poorness-of-fit) 관계의 예이다(van den Boom, 1995). 이런 경우 영아는 까다로운 기질을 계속 유지하고 사춘기에는 문제행동을 많이 보였다(Chess & Thomas, 1984; Rothbart, 2011).

그러므로 이러한 영아의 기질을 제대로 파악함으로써 부모와 자녀 간에 보다 조화로운 관계를 유지할 수 있다. 부모의 역할은 아동의 타고난 잠재력을 최대한 발휘할 수 있도록 풍부한 환경을 제공해 주는 것이다. 아동으로 하여금 많은 환경에 노출시켜서 그들이 무엇을 좋아하며 어떤 것에 능숙한지를 판단하고, 이 점을 최대한 지원해 줄 수 있어야 한다. 동일한 기질을 가진 아동이라도 사회적으로 성공한 사람으로 성장할 수도 있고, 범죄자로 성장할 수도 있다. 공격적이고, 겁이 없고, 충동적인 남아는 일반적으로 다루기가 어렵다. 이들의 양육을 포기하여 방치하거나 벌로 다스리는 것은 쉽지만, 그 결과는 이들을 통제할 수 없게 된다는 것이다. 그러나 적절하게 통제하고, 이들의 행동에 대해 민감하게 반응하는 부모는 상이한 결과를 유도해 낼 수 있다(Paul, 1999).

Annie Murphy Paul

우리나라 아동의 기질적 특성과 부모의 훈육방법에 관한 연구(문혁준, 2000)에 따르면, 까다로운 기질을 가진 아동의 부모는 순한 기질을 가진 아동의 부모에 비해 비효율적인 훈육방법을 이용하며, 자녀훈육 시 보다 더 과잉반응적이었다. 이는 까다로운 영아의 어머니는 순한 영아의 어머니보다 강압적 통제를 더 많이 보이는 반면, 애정적 태도는 적게 보인다는 선행연구(임양미, 1994; 최영희, 1993)와 일치하는 결과라 할 수 있다.

어머니와 아동의 기질 유사성과 양육태도에 관한 또 다른 연구(최현진, 김광웅, 2010)에 따르면, 기질의 구성요소 중 부정적 정서성이 어머니와 아동의 조화적합성을 판단하는 데 중요한 요인이 되며, 어머니와 아동 간 기질 유사성이 있을 때 어머니는 애정적이고 덜 통제적인 양육태도를 사용하며 조화를 이룬다고 하였다.

걸음마기 영아와 그 어머니를 대상으로 영아의 기질적 특성이 어머니의 양육효능감과 영아의 의사소통발달 간의 관계를 조절하는지를 살펴본 연구(서소정, 송지연, 2023)에 의하면, 주도성이 두드러지기 시작하는 걸음마기에 사회성 기질이 낮은 영아의 의사소통발달을 향상시키기 위해서는 어머니가 영아의 기질을 조기에 파악하여 양육수행에 대한 자신감을 갖고 그에 따른 적절한 양육행동을 취하는 것이 중요한 것으로 보인다.

영아기 정서와 기질, 유아기 어머니의 긍정적 양육태도와 4세 유아의 또래상호작용의 질에 관한 연구(정옥분 외, 2011)에서 영아기의 정서 및 기질, 어머니의 양육태도는 유아기 또래상호작용의 질과 부분적으로 관계가 있는 것으로 나타났다.

3. 애착의 발달

영아기에 발생하는 가장 중요한 형태의 사회적 발달이 애착이다. 애착이란 영아와 양육자(주로 어머니) 간에 형성되는 친밀한 정서적 유대감을 말한다. 애착은 종족을 보존하기 위해 주위 환경에 적응하는 데 필요한 요소로서, 애정이나 사랑과 같은 긍정적 정서의 의미를 지닌다(Ainsworth, 1973). 영아가 특정 인물에게 애착을 형성하게 되면 그 사람과 있을 때 기쁨을 느끼고, 불안한 상황에서 그의 존재로 인해 위안을 받는다.

Ross A. Thompson

영아기에 형성된 애착은 이후 인지, 정서, 사회성발달에 중요한 영향을 미친다(Bretherton, 2012; Thompson, 1998, 2013a). 일반적으로 안정된 애착관계를 형성한 영아는 유아기에 자신감, 호기심, 타인과의 관계에서 긍정적인 성향을 보이는 것으로 나타났다. 또한 아동기에 접어들어서도 도전적인 과제를 잘 해결하고, 좌절을 잘 참아내며, 문제행동을 덜 보이는 것으로 나타났다. 뿐만 아니라 영아기에 형성된 애착은 이후 주변세계에 대한 신뢰감으로 확대되기도 한다. Sroufe, Egeland, Carlson과 Collins 등(2005)이 수행한 종단연구에서 12개월과 18개월에 안정애착으로 평가된 영아들이 청소년기까지 긍정적 정신건강, 높은 자아존중감을 지니고, 교사, 동성친구 및 이성친구와의 상호작용에서 사회적 유능성을 보인 것으로 나타났다.

1) 애착발달의 이론

David Perry

여러 이론들이 영아가 생후 1년 이내에 특정 대상과 상호의존적인 정서적 유대관계를 발전시킨다는 데에는 뜻을 같이 하지만, 애착의 형성과 발달에 대한 구체적인 설명은 각기 달리하고 있다(Perry & Bussey, 1984).

(1) 정신분석이론

Freud(1938)는 정신분석이론에서 애착의 발달을 심리성적 발달로 설명하고 있다. 즉, 어머니가 영아에게 수유를 함으로써 빨기와 같은 구강성적 자극에 대한 만족감이라는 본능적 욕구를 충족시키고, 따라서 어머니는 영아의 애정의 대상이 되어 정서적 관계를 유지한다는 것이다.

Erikson(1963) 또한 영아의 수유욕구를 비롯한 기본적 욕구를 충족시켜 주는 일은 영아기의 안정된 애착관계 형성뿐만 아니라 더 나아가서 세상 전반에 대한 신뢰감을 심어줄 것이라고 본다. 그러나 Erikson은 영아의 욕구에 대한 전반적 반응이 수유 그 자체보다 더 중요하다고 주장한다.

정신분석이론에서는 애착이라는 개념을 사용하지는 않았으며, 오늘날 애착을 설명하는 데 성적 결속을 강조하는 이들의 뜻에 동조하는 학자들은 거의 없다. 그러나 영아의 생리적 욕구를 조절하는 어머니의 역할이 긍정적인 애착을 형성하는 데 바탕이 된다는 견해는 이후 모자관계의 연구를 자극하는 동기가 되었다.

(2) 학습이론

학습이론에서는 애착행동을 다른 행동과 마찬가지로 학습경험의 축적이라고 본다. 학습이론에서도 정신분석이론과 마찬가지로 수유가 애착의 발달에 중요한 요인이 되는 것이라고 믿는다. 즉, 어머니는 아기를 품에 안고 젖을 먹임으로써 배고픔을 해결해 줄 뿐만 아니라, 수유하는 동안 눈을 맞추고 신체접촉을 통해 따뜻하고 포근한 느낌이나 청각적 자극 또는 촉각적 만족을 끊임없이 제공해 준다(사진 참조). 이런 일이 반복되면서 영아는 어머니와 즐거운 감정을 연결시키게 되고, 이로 인해 어머니는 이차적 강화인(secondary reinforcer)의 지위를 획득하게 된다. 이차적 강화인은 처음에는 중립적 자극이던 것이 다른 강화 자극과 반복적으로 짝지어 짐으로써 강화인의 지위를 얻게 되는 것을 말한다. 이와 같이 어머니가 이차적 강화인의 역할을 하기 시작하면, 영아는 어머니의 관심을 끌기 위해 또 어머니와 가까이 있기 위해 무엇이든 필요하다고 생각되는 행동(미소 짓기, 울기, 옹알이하기, 따라가기 등)을 하게 된다고 한다.

정신분석이론과 마찬가지로 학습이론에서도, 일차적인

욕구충족을 통해 발달한 긍정적인 정서적 유대관계를 애착이라는 개념보다는 의존성과 관련된 개념으로 설명한다(Sears, 1972).

Robert Sears

(3) 인지발달이론

인지발달이론에서는 영아의 사회적 행동은 영아의 기본적인 인지과정과 관련이 있으므로, 영아의 지적 발달이 선행되어야 특정 인물에 대한 애착을 형성할 수 있다고 본다(Schaffer & Emerson, 1964). 애착을 형성하기 전에 영아는 우선 낯선 사람과 친숙한 사람을 구별할 수 있어야 하며, 대상영속성 개념 또한 획득해야 한다. 애착대상이 시야에서 사라짐으로써 더 이상 존재하지 않는다고 믿는다면, 그 사람과의 애착관계를 형성하기가 어렵기 때문이다(Schaffer, 1971). 따라서 영아가 대상영속성 개념을 획득하기 시작하는 시기인 7~9개월경에 처음으로 애착현상을 보이는 것은 우연이 아닐지도 모른다.

Harry F. Harlow

(4) 동물행동학적 이론

Bowlby(1973)의 애착이론에 의하면, 애착의 발달은 사회적 학습에 의해 촉진되기는 하지만, 근본적으로는 생존유지 및 보호를 위한 본능적인 반응의 결과로서 이미 생래적으로 계획되어 있다고 한다. 즉, 애착행동은 인간의 생득적인 반응인 빨기, 울음, 미소, 매달리기, 따라다니기와 같은 초기 사회적 신호체계를 모체로 하고, 어머니 또한 영아를 마주 보고 안거나, 영아와 접촉하는 것을 통해 만족감을 느끼는 것 등의 내재적인 특별한 반응양식이 있어, 모자간의 사회적 상호작용을 통해 애착이 발달한다고 보았다.

사회적 상호작용을 강조한 Bowlby의 애착이론은 애착이 배고픔과 같은 일차적 욕구 충족과 관계없이 발달한다고 밝힌 Harlow의 연구결과에 그 토대를 두는 것이다. Harlow와 Zimmerman(1959)의 유명한 원숭이 실험에서, 원숭이 새끼들은 어미와 격리되어 '철사엄마'와 '헝겊엄마'의 두 대리모에 의해 양육되었다. 철사엄마와 헝겊엄마에게 우유병을 부착해서 이 중 반은 철사엄마에게서 우유를 얻어먹고, 나머지 반은 헝겊엄마에게서 우유를 얻어먹었다. 연구결과

Robert R. Zimmermann

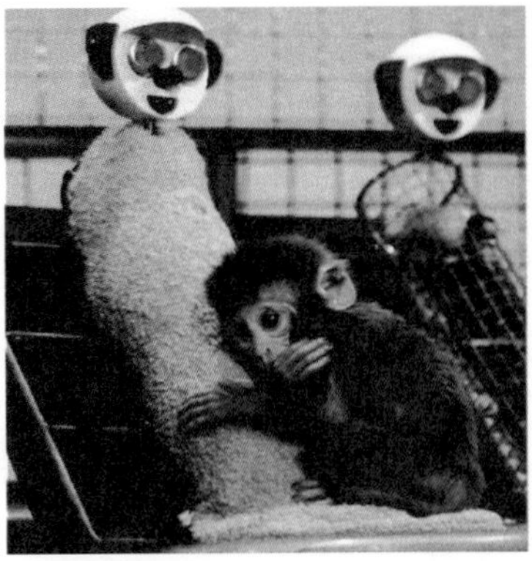

사진 설명 우유병이 '철사엄마'에게만 부착된 경우에도 원숭이 새끼는 '헝겊엄마'와 애착형성을 이루었다.

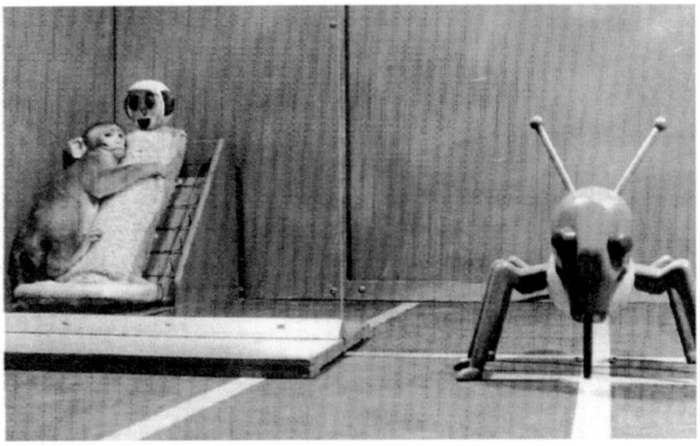

사진 설명 두려운 물체가 나타나자 원숭이 새끼는 '헝겊엄마'에게 매달렸다.

원숭이 새끼들은 어떤 엄마에게서 수유를 받았든 그와 상관없이 모두 헝겊엄마를 더 좋아하는 것으로 나타났다. 심지어 철사엄마에게서만 젖을 먹을 수 있었을 때조차도 젖 먹는 시간만 제외하고는 대부분의 시간을 헝겊엄마와 함께 보냈다(사진 참조). 그리고 낯선 물체가 나타났을 때에도 두려워하는 반응을 보이면서 모두 헝겊엄마에게로 달려가 매달렸다(사진 참조).

배고픔을 덜어준 것이 철사엄마이기 때문에, 원숭이 새끼들이 철사엄마를 더 좋아해야 했었는데 그렇지 않았다. 이 연구결과는 수유가 애착형성에 결정적 요인이 아니라는 것을 시사해 준다.

2) 애착형성의 단계

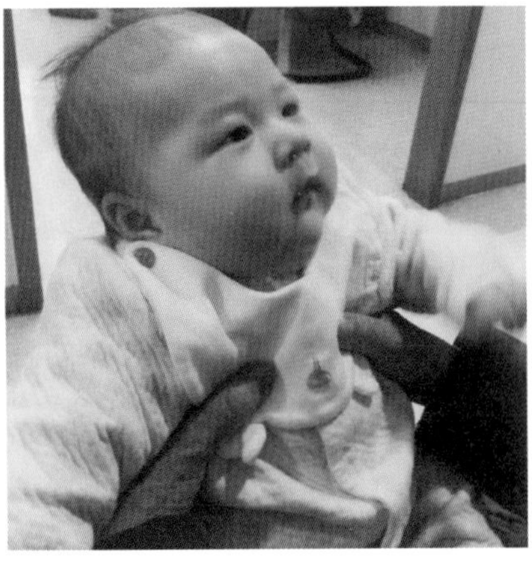

영아가 어머니와 어떻게 애착을 형성해 나가는가에 대해 Bowlby(1969)는 영아의 발달단계와 관련해서 애착의 발달단계를 전 애착단계, 애착형성 단계, 애착단계, 상호관계의 형성단계라는 네 단계로 분류하고 있다.

(1) 전 애착단계(Preattachment Phase: 출생 후~6주)

영아는 붙잡기, 미소 짓기, 울기, 눈 응시하기(사진 참조) 등 다양한 신호체계를 통해 주위 사람들과 가까운 관계를 유지한다. 그러나 이 단계에서는 아직 애착이 형성되지 않는다. 따라서 낯선 사람과 혼자 남겨져도 영아는 별로 개의치 않는다.

(2) 애착형성단계(Attachment in the Making: 6주~8개월)

이 단계에서 영아는 친숙한 사람과 낯선 사람에게 다르게 반응하기 시작한다. 예를 들어, 영아는 어머니와의 상호작용에서 더 많이 웃거나 미소 지으며(사진 참조), 옹알이를 더 자주 한다. 영아는 자신의 행동이 다른 사람에게 영향을 미친다는 것을 깨닫게 되고, 자신이 필요할 때 어머니가 언제든지 반응할 것이라는 신뢰감을 발달시키기 시작한다. 그러나 낯선 얼굴과 친숙한 얼굴을 구별할 수 있음에도 불구하고 부모가 자기를 혼자 남겨 놓고 자리를 떠나도 아직 이 단계에서는 분리불안을 보이지 않는다.

(3) 애착단계(Clear-Cut Attachment: 6-8개월~18개월)

이 단계에서는 영아가 이미 애착이 형성된 사람에게 적극적으로 접근한다. 따라서 애착대상이 떠나면 분리불안을 보인다. 분리불안은 모든 문화권에서 보편적인 현상인 것으로 돌 전후에 나타나기 시작해서 15개월까지 계속 증가한다. 분리불안은 애착대상이 시야에서 사라져도 계속 존재한다는 대상영속성의 개념을 영아가 획득했다는 증거이기도 하다. 연구에 의하면, 대상영속성 개념을 획득하지 못한 영아는 분리불안을 보이지 않는 것으로 나타났다(Lester, Kotelchuck, Spelke, Sellers, & Klein, 1974).

Barry M. Lester

(4) 상호관계의 형성단계(Formation of Reciprocal Relationships: 18개월~2세)

2세 말경이 되면 영아는 정신적 표상과 언어발달로 인해 이미 애착을 형성한 사람의 행동을 예측할 수 있게 된다. 즉, 어머니가 언제 다시 돌아올지 예측할 수 있으므로 결과적으로 분리불안이 감소한다. 이 단계에서 영아는 양육자와 협상하고, 자신이 원하는 대로 그 사람의 행동을 수정하고자 한다. 예를 들어, 어머니가 어디로 가고 언제 돌아올 것인지를 물어보고, 빨리 다녀와서 이야기책을 읽어달라고 부탁한다.

Bowlby는 이상과 같은 네 단계를 거쳐 부모자녀 간에 형성되는 애착관계는 개인의 성격발달에 큰 영향을 미친다고 보고 있다. 그러나 Bowlby의 이론은 발달단계에 따른 애착의 형성에 초점을 맞추고 있기 때문에, 동일한 연령집단 내에서의 개인차는 간과하고 있다. 이 점에 착안하여 애착을 측정하기 위해 가장 보편적으로 사용되는 방법이 Ainsworth 등이 개발한 '낯선상황(strange situation)' 실험이다.

Marry Ainsworth

3) 애착의 유형

Ainsworth(1983)는 8가지 에피소드(〈표 9-3〉 참조)로 구성된 낯선상황 실험을 실시하여, 애착형성을 세 가지 유형으로 구분하였다. 이후 Main과 Solomon(1986, 1990)은 낯선상황 실험에서 분리와 재결합 상황을 녹화한 비디오테이프를 분석한 결과, 이들 세 유형에 속하지 않는 또 다른 애착유형이 있음을 발견하고, 이를 혼란애착으로 분류하였다.

표 9-3 Ainsworth의 낯선상황 실험[1)]

에피소드	내용	관찰되는 애착행동
1	실험자가 어머니와 영아를 실험실로 안내하고 떠난다.	
2	영아가 장난감을 가지고 노는 동안 어머니는 그 곁에 앉아 있다.	안전기지로서의 어머니
3	낯선이가 들어와 앉아서 어머니와 이야기를 나눈다.	낯선이에 대한 반응
4	어머니가 방을 나간다. 낯선이가 영아와 상호작용하고, 영아가 불안반응을 보이면 진정시킨다.	분리불안
5	어머니가 돌아와 영아를 반기고 필요하다면 영아를 진정시킨다. 낯선이가 방을 나간다.	재결합 반응
6	어머니가 방을 나간다.	분리불안
7	낯선이가 들어와서 영아를 진정시킨다.	낯선이에 의해 진정되는 정도
8	어머니가 돌아와 영아를 반기고 필요하다면 영아를 진정시킨다. 영아의 관심을 장난감으로 유도한다.	재결합 반응

출처: Ainsworth, M. D. S., Blehar, M., Waters, E., & Wall, S. (1978). *Patterns of attachment*. Hillsdale, NJ: Erlbaum.

1) 에피소드 1은 30초간 진행되고, 나머지 에피소드는 모두 3분간 진행된다. 에피소드 4, 6, 7은 영아가 심하게 울거나 어머니가 중단시킬 것을 요청하면 끝낼 수 있다. 에피소드 5와 8은 영아를 진정시키는 데 시간이 더 필요하다면 연장될 수 있다.

(1) 안정애착(Secure Attachment)

연구대상의 65% 정도를 차지하는 안정애착 유형은 주위를 탐색하기 위해 어머니로부터 쉽게 떨어진다. 그러나 낯선 사람보다 어머니에게 더 많은 관심을 보이며, 어머니와 함께 놀 때 밀접한 관계를 유지한다. 또한 어머니와 분리되었을 때에도 어떤 방법으로든 능동적으로 위안을 찾고 다시 탐색과정으로 나아간다. 이들은 어머니가 돌아오면 반갑게 맞이하며, 쉽게 편안해진다.

(2) 회피애착(Avoidant Attachment)

연구대상의 20% 정도를 차지하는 회피애착 유형은 어머니에게 반응을 별로 보이지 않는다. 이들은 어머니가 방을 떠나도 울지 않고, 어머니가 돌아와도 무시하거나 회피한다. 어머니와의 관계에서 친밀감을 추구하지 않으며, 낯선 사람과 어머니에게 비슷한 반응을 보인다.

(3) 저항애착(Resistent Attachment)

연구대상의 10~15%를 차지하는 저항애착 유형은 어머니가 방을 떠나기 전부터 불안해하고, 어머니 옆에 붙어서 탐색을 별로 하지 않는다. 어머니가 방을 나가면 심한 분리불안을 보인다. 어머니가 돌아오면 접촉하려고 시도는 하지만, 안아주어도 어머니로부터 안정감을 얻지 못하고 분노를 보이면서 내려달라고 소리를 지르거나 어머니를 밀어내는 양면성을 보인다.

(4) 혼란애착(Disorganized Attachment)

연구대상의 5~10%를 차지하는 혼란애착 유형은 불안정애착의 가장 심한 형태로 회피애착과 저항애착이 결합된 것이다. 어머니와 재결합했을 때, 얼어붙은 표정으로 어머니에게 접근하거나 어머니가 안아주어도 먼 곳을 쳐다본다.

12~18개월 영아의 낯선상황 실험절차에 따른 애착유형 분포를 살펴보면, 김은하 등(2005)은 35명의 영아를 대상으로 연구한 결과, 안정애착을 형성한 영아가 62.9%로 가장 높게 나타났으며, 회피애착이 14.3%, 저항애착과 혼란애착이 각각 11.4%인 것으로 보고하였다. 반면, 12~18개월 영아 40명을 대상으로 한 진미경(2006)의 연구에서는 안정애착이 67.5%로 가장 높게 나타났고, 회피애착 2.5%, 저항애착 22.5%, 혼란애착 7.5%로 나타났다.

사진 설명 낯선상황 실험

이러한 연구결과들에 대하여 정성훈, 진미경, 정운선, 임효덕(2006)은 회피애착과 저항애착 유형이 제각기 다르게 나타난 이유는 각 연구들에서 절차를 다소 수정하거나 평정기준을 수정하는 과정에서 다른 기준을 적용하였기 때문이라고 해석하였다. 예를 들면, 예비연구에서 영아의 과도한 스트레스를 피하기 위하여, 영아가 혼자 남겨지는 에피소드를 포함시키지 않는다거나 각각의 에피소드를 2분으로 단축시키는 등 한국 실정에 맞게끔 절차상 수정을 하였다는 것이다.

우리나라 유아를 대상으로 애착유형에 따라 유아의 정서조절 및 사회적 능력에 차이가 있는가를 알아본 연구(황소연, 방희정, 2012)에서 안정애착 유아와 불안-회피애착 유아 간에 정서조절 능력 면에서 차이가 있는 것으로 나타났다. 즉, 양육자와의 안정적인 애착관계를 통해 유아의 정서가 민감하고 효율적으로 조율되는 경험이 반복됨으로써, 유아는 보다 효율적인 정서조절 능력을 발달시킬 수 있게 되는 것으로 여겨진다. 또한 교사가 평가한 사회적 능력에서도 유의한 차이가 있는 것으로 나타났는데, 어머니와 안정애착을 형성한 유아가 불안정 애착을 형성한 유아에 비해 교사 및 또래와 긍정적인 관계를 형성하고, 대인관계문제를 보다 효율적으로 해결하며, 사회적으로 보다 유능한 것으로 나타난 선행연구(서명원, 2009; 이진숙, 2001)의 결과와 일치하는 것으로 보인다.

Everett Waters

낯선상황 실험이 애착의 질을 측정하기 위한 중요한 지표가 되기는 하지만, 이를 안정 유형과 불안정 유형으로 해석하는 데는 주의가 필요하다. 안정 유형과 불안정 유형의 구분은 부모가 방으로 들어왔을 때의 반응에 근거하고 있으나, 이러한 반응은 상황요인의 영향을 크게 받는다. 또한 영아 자신의 기질이나 부모의 양육태도 등 여러 요인이 그것에 영향을 미치게 된다.

최근에는 그 대안으로 애착 Q-Sort(Waters, Vaughn, Posada, & Kondo-Ikemura, 1995)를 많이 사용한다. 애착 Q-Sort는 "어머니가 방으로 들어오면 영아는 함박웃음을 지으며 어머니를 맞이한다" 또는

"어머니가 움직이면 영아도 따라간다"와 같은 애착과 관련된 90개의 문항에 대하여 어머니가 자신의 아이와 일치하는 정도에 따라 1점에서 9점까지로 분류한다. 분류방법은 먼저 90장의 카드에 대한 일치의 정도에 따라 세 묶음(일치하지 않는다, 보통이다, 많이 일치한다)으로 나누고 다시 각각의 묶음을 셋으로 나누어 최종적으로 모두 9개의 수준으로 분류한다. 그리고 90장의 카드 중 영아의 특성과 가장 일치하는 행동의 카드는 9점에, 가장 일치하지 않는 행동의 카드는 1점에 놓고 각 수준에 10장의 카드가 놓이도록 한다. 총점을 계산해서 안정애착 집단과 불안정애착 집단으로 나누는데, 연구결과 애착 Q-Sort와 낯선 상황 실험은 상당히 일치하는 것으로 나타났다(Pederson, Gleason, Moran, & Bento, 1998).

4) 애착반응: 낯가림과 분리불안

영아가 특정 인물과 애착을 형성했다는 증거로 나타나는 현상이 낯가림과 분리불안이다.

(1) 낯가림(Stranger Anxiety)

영아가 특정인과 애착을 형성하게 되면, 낯선 사람이 다가오거나 부모가 낯선 사람에게 자신을 맡길 때 큰 소리로 우는데, 이런 반응을 낯가림이라고 한다. 낯가림은 낯선 사람 그 자체에 대한 반응이 아니고, 영아가 익숙해 있는 얼굴과 낯선 얼굴의 불일치에 대해 보이는 반응이다. 즉, 일단 영아가 친숙한 사람에 대한 도식을 형성하게 되면 이를 낯선 사람과 비교하게 되며, 그 차이가 큰 경우에는 혼란스러움을 경험한다는 것이다. 낯가림은 6~8개월경에 나타나기 시작해서 첫돌 전후에 최고조에 달했다가 서서히 감소한다(Mash, Bornstein, & Arterberry, 2013; Volker, 2007).

대부분의 영아가 낯선 사람에 대한 불안반응을 보이지만, 낯가림의 정도는 영아의 기질이나 환경요인에 따라 다르게 나타난다. 부모나 친숙한 성인이 함께 있는 상황에서는 낯가림이 덜 나타나고, 기질적으로 순한 영아가 까다로운 영아보다 낯가림을 덜 하는 편이다. 그러나 낯가림을 전혀 하지 않는 것도 바람직한 것은 아니다. 이런 영아들은 낯선 사람에 대한 변별력이 없기 때문에 애착형성이 잘 이루어지지 않는 경향을 보인다.

생후 3개월에서 5세 사이에 있는 우리나라 유아의 낯가림 및 분리불안과 어머니의 양육태도와의 관계를 알아본 연구(이주혜, 1981)에서, 어머니의 양육태도가 수용적일수록 낯가림과 분리불안 현상이 일찍 나타났다. 이 결과는 어머니가 수용적인 태도일 때 어머니와의 애착이 잘 이루어지고, 애착형성이 잘 될수록 유아는 대상에 대한 개념형성이 빨라져서 나타난 현상으로 해석되었다.

(2) 분리불안(Separation Anxiety)

낯가림이 낯선 사람에 대한 불안에서 비롯된 것이라면, 친숙한 사람과의 분리 또한 불안의 근원이 된다. 분리불안은 영아가 부모나 애착을 느끼는 대상과 분리될 때 느끼는 불안을 의미한다. 분리불안은 돌 전후에 나타나기 시작해서 20~24개월경에 없어진다.

안정애착을 형성한 영아는 불안정애착을 형성한 영아보다 분리불안 반응을 덜 보이는 경향이 있으며, 어머니를 탐색을 위한 기지로 삼아 주변 환경에 대한 탐색활동을 하게 된다.

우리나라 영아의 낯가림, 분리불안과 어머니의 양육태도에 관한 연구(박은숙, 1982)에서 12~13개월 된 영아의 92%가 분리불안을 보인 것으로 나타났다. 분리불안은 평균 9개월경에 시작되었으며 첫돌 무렵에 가장 심한 것으로 나타났다. 또한 이정희(2019)의 연구에서도 어머니의 분리불안이 높을수록 과보호 양육행동을 많이 하는 것으로 나타났다.

5) 애착과 영향요인

애착형성에 영향을 미치는 요인으로 영아의 기질, 영아와 부모의 특성 그리고 양육의 질 등을 들 수 있다. 조산이나 발달지체, 신체장애 또는 심리적 장애가 있는 영아의 경우, 불안정애착과 상관이 있는 것으로 보인다(Wille, 1991). 영아의 기질적 특성도 애착유형과 상관이 있는 것으로 보인다. 일반적으로 영아의 적응성은 안정애착과 정적 상관이 있으며, 영아의 활동성은 불안정애착과 정적 상관이 있는 것으로 나타났다. 아동의 적응력이 낮고 활동적일수록 어머니는 영아를 까다로운 것으로 인식하며, 어머니가 까다롭다고 인식하는 영아는 불안정애착 유형을 보일 가능성이 높다(Vaughn et al., 1992).

그런데 영아의 기질이나 특성은 애착유형과 큰 상관이 없는 것으로 보이는데, 그 이유는 '조화의 적합성'으로 설명할 수 있다. 즉, 어떤 영아라도 양육자가 영아의 기질에 적합한 양육을 하게되면 영아가 안정애착을 형성할 수 있게 되지만, 그렇지 못한 경우 까다로운 기질의 영아에게는 애착문제가 발생할 수 있다(Seifer & Schiller, 1995; Sroufe, 1985).

영아의 기질이나 특성뿐만 아니라 어머니의 특성도 애착형성에 영향을 미치는 요인으로 작용한다. 어머니의 특성으로는 어머니의 성격, 연령, 사회경제적 지위, 어머니 자신의 양육과정 등이 애착형성에 영향을 미치는 요인이다. 연구결과에 따라 다소 차이는 있으나, 어머니의 성격특성 가운데 애착형성에 영향을 미치는 요인은 영아가 보내는 신호에 대한 민감성과 반응성이다(Ambrose & Menna, 2013; Isabella, 1993; Stevenson-Hinde & Shouldice, 1995; Valenzuela, 1997).

안정된 애착을 형성한 영아의 어머니는 아기의 신호에 빨리 반응하고, 적절한 도움을 주는 등 민감한 상호작용을 한다(사진 참조). 이와는 반대로 불안정애착이나 회피애착 영아의 어머니는 화를 잘 내고 아기와의 밀접한 신체접촉을 회피하며 자신의 감정을 표현하는 데 어려움이 있는 것으로 나타났다(사진 참조). 어머니의 연령이 어리거나 사회경제적 지위가 낮은 경우, 직장이나 경제적 사건에서 오는 스트레스가 많은 경우 불안정애착이나 회피애착이 많은 것으로 나타났다. 분만에 대한 준비 여부, 산고, 모유 수유나 임신우울증 여부에 따라 애착형성에 차이가 있는 것으로 나타났다. 또한 성장과정에서 자신이 부모와 안정된 관계를 형성한 경우에는 자신의 자녀와도 안정된 관계를 형성하지만, 그렇지 못한 경우에는 어려움을 경험한다. 즉, 어린 시절 자신의 부모와의 관계가 이후의 자녀와의 관계에 지속적으로 영향을 미치는 애착의 세대 간 전이가 일어나게 된다(장미자, 1998).

우리나라의 영아와 그 어머니를 대상으로 영아기 애착관련 변인과 모성행동 특성을 알아본 연구(구미향, 이양희, 2000)에서, 영아의 애착안정성과 관련이 있는 변인은 영아의 기질과 모성 민감성으로 나타났다. 즉, 어머니가 민감한 모성행동을 보일수록, 영아가 기질적으로 순할수록, 영아는 어머니와 안정애착을 형성하는 것으로 나타났다.

어머니와 마찬가지로 아버지의 특성 또한 애착형성에 영향을 미친다(Cox, Owen, Henderson, & Margand, 1992; Parke & Buriel, 2006; van IJzendoorn & De Wolff, 1997). 아버지가 영아에게 보이는 애착행동은 어머니와 사뭇 다르다. 어머니는 주로 수유와 일상적인 양육을 담당하고, 아버지는 영아와 놀이를 하는 데에 시간을 많이 보낸다(Lamb & Lewis, 2013; Parke & Clarke-Stewart, 2011; Walker, Messinger, Fogel, & Karns, 1992).

M. H. van IJzendoorn

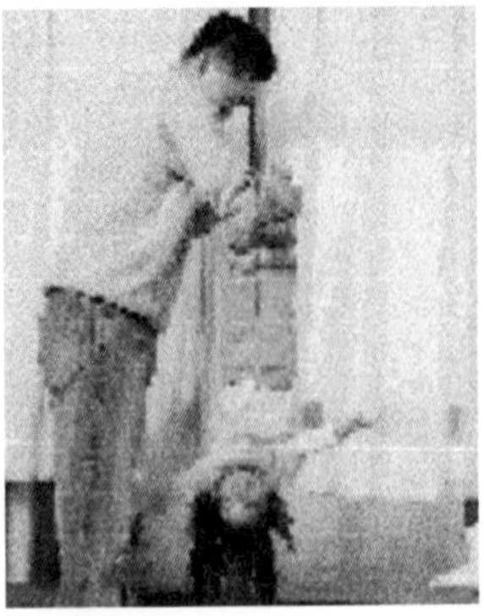
사진 설명 영아를 거꾸로 들기

사진 설명 무동 태우기

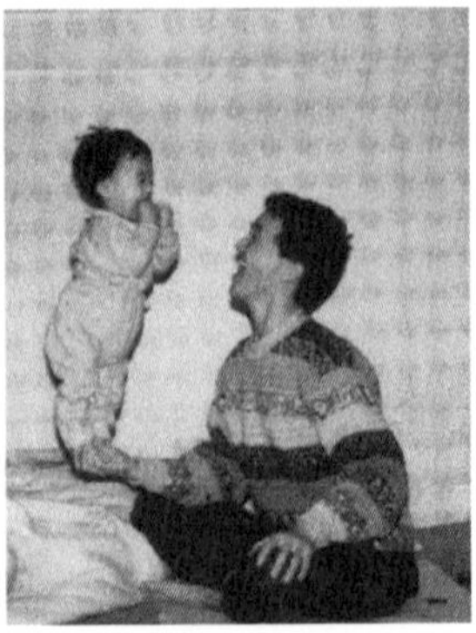
사진 설명 고네고네

Ross D. Parke

Jay Belsky

부모가 영아와 함께하는 놀이의 본질도 서로 다른데, 어머니는 장난감 놀이, 까꿍놀이 또는 언어를 사용하는 놀이를 주로 하는 데 반해, 아버지는 영아를 거꾸로 들거나 무동 태우기 또는 고네고네(사진 참조) 등의 신체적 놀이를 주로 한다(Lamb, 1986; Parke, 1990, 1996; Parke & Clarke-Stewart, 2011).

이와 같은 차이로 인해, 영아는 스트레스를 받는 상황에서는 어머니를 찾고, 재미있는 자극을 원할 때는 아버지를 찾게 된다(Lamb, 1977). 그러나 '양육자로서의 어머니' 또는 '놀이상대로서의 아버지'는 어머니의 취업과 같은 사회적 변화로 인해 그 양상이 많이 변했다. 더욱이 어떤 문화에서는 아버지가 자녀양육을 주로 담당하기도 한다.

아버지와 10개월 된 영아 126쌍을 대상으로 한 Belsky(1996)의 연구에서, 안정애착을 형성한 영아의 아버지는 불안정애착을 형성한 영아의 아버지보다 성격이 명랑하고 사교적인 것으로 나타났다. 이 아버지들은 좋은 부부관계를 유지하고, 일과 가족에 대한 긍정적 느낌을 가진 것으로 보고되었으며, 일과 가족 간에 균형을 잘 유지하는 것으로 나타났다.

낯선상황 실험에서 영아의 아버지에 대한 애착유형이 어떤가에 관한 우리나라의 연구(이영환, 1993)에서, 영아의 신호에 대한 아버지의 민감성은 애착유형에 따라 차이가 있는 것으로 나타났다. 즉, 안정애착형 영아의 아버지는 회피애착형이나 저항애착형 영아의 아버지보다 적절한 반응을 더 많이 보였다.

결론적으로, 영아의 아버지에 대한 애착은 어머니에 대한 애착과 마찬가지로 양육의 질, 영아가 아버지 또는 어머니와 갖는 전반적인 관계로부터 영향을 받는 것으로 보인다.

제 4 부

유아기

2세부터 초등학교 입학 이전인 6세까지의 시기를 유아기라고 한다. 유아기에는 영아기에 비해 속도는 완만하지만 꾸준한 신체적 성장이 이루어진다. 운동능력은 신체발달과 밀접한 관련이 있으며, 신체가 발달함에 따라 운동능력도 꾸준히 발달한다.

유아기는 또한 인지능력이 발달하여 눈앞에 존재하지 않는 대상을 기억할 수 있는 표상능력이 발달하고, 상상과 환상이 풍부해지는 시기이다. 또한 주변 환경에 대한 탐색이 활발해지고, 많은 어휘를 습득하여 다른 사람과의 의사소통도 활발해진다. 이러한 능력향상에 따라 발달하는 놀이는 유아기의 중요한 과업이 된다. 놀이를 통해 자신이 새로 습득한 기술을 실제로 적용해 보고 발전시켜 나가며, 일상생활에서의 긴장감을 해소시켜 나간다. 놀이는 유아의 사회성발달에 매우 중요한 역할을 한다. 놀이를 통해 유아는 사회적 관계를 형성하고, 사회적 기술과 역할을 습득하게 된다.

유아기에는 또한 성에 대한 호기심이 차츰 증대하여 자신이나 부모, 형제자매, 친구의 성별에 관심을 보이게 된다. 동시에 부모의 사랑과 관심을 독차지하려는 경향이 나타나 형제자매나 동성의 부모가 경쟁의 대상이 되기도 한다. 이러한 과정에서 부모의 태도나 가치관을 자신의 것으로 받아들이는 동일시가 강하게 나타나며, 이는 이후에 형성되는 초자아의 기초가 된다.

제4부에서는 유아기의 신체발달, 인지발달, 사회정서발달에 관해 살펴보기로 한다.

제 10 장

신체발달

1. 신체적 성장
2. 뇌의 성장
3. 운동기능의 발달

유아기의 신체발달은 영아기처럼 급속도로 이루어지지는 않으나 꾸준한 성장을 보인다. 영아기 이후에 신장은 매년 7cm씩 증가하여 6세가 되면 115cm 정도로 성장한다. 유아기의 신장은 성인이 되었을 때에 얼마만큼 자랄 것인가를 어느 정도 정확하게 예측할 수 있는 지표가 된다. 신체의 비율에서도 신장에 대한 머리 크기의 비율이 급격히 감소하여, 초등학교 입학시기가 되면 머리가 크고 무거워 보이는 모습에서 벗어나게 된다. 체중의 증가도 완만하게 이루어져, 6세가 되면 20kg 정도가 된다. 두뇌의 발달은 영아기와 마찬가지로 급속하게 이루어지며, 2세경에는 성인의 두뇌 크기의 75%, 5세경에는 성인의 90%까지 성장한다.

유아의 신체발달이 원만하게 이루어지기 위해서는 충분한 영양공급, 규칙적인 생활습관, 사고와 질병으로부터의 보호가 필수적이다. 유아의 위는 크기가 성인의 절반 정도밖에 되지 않아 한꺼번에 많은 양을 먹을 수 없으므로, 세 끼 식사 이외에 간식 등을 통해 자주 음식을 섭취하도록 하는 것이 바람직하다. 또한 규칙적인 수면도 신체발달과 밀접한 관련이 있다. 성장하면서 수면량은 줄어들지만 점심식사 후에 일정 시간 수면이나 휴식을 취하도록 해야 한다. 유아가 성장함에 따라 활동량이나 활동반경이 확대되므로 사고의 위험도 증대된다(사진 참조). 그러나 유아의 신체적 성장을 위해서는 이러한 활동이 필수적이므로, 물품 보관이나 가구배치에 신경을 써야 한다. 유아가 만져서 안 되는 물건이나 활동에 방해가 되는 물건들은 손이 닿지 않는 곳에 두어, 유아에게 마음껏 뛰놀 수 있는 공간을 제공해 주는 것이 필요하다.

이 장에서는 유아기의 신체적 성장, 뇌의 성장, 운동기능의 발달에 관해 살펴보고자 한다.

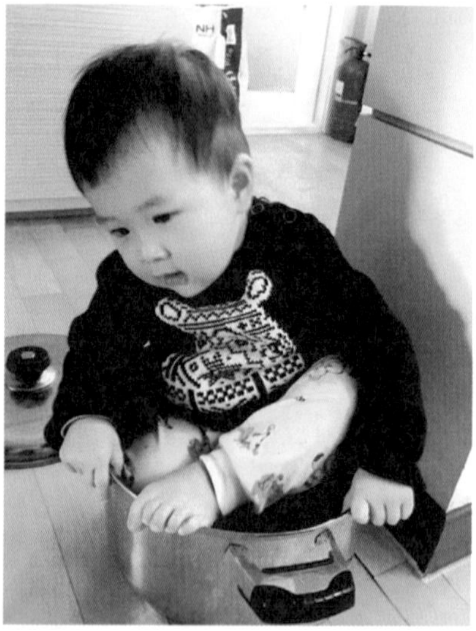

사진 설명 유아기에는 신체적 활동량이 많고 호기심이 증대되어 사고의 위험이 높다.

1. 신체적 성장

영아기의 급격한 신체적 성장에 비한다면 유아기의 성장속도는 느린 편이다. 그러나 유아기에도 몇 가지 면에서 중요한 신체적 변화가 일어난다. 가장 눈에 띄는 변화는 신체의 크기나 모습에서의 현저한 변화이다. 영아기의 신체적 특징이던 큰 머리, 둥글고 통통한 얼굴, 볼록 나온 배, 짧은 사지 등의 모습은 더 이상 유아기에서는 찾아볼 수 없다. 눈에는 덜 띄지만 보다 중대한 변화는 뇌와 신경계의 성숙이다. 뇌와 신경계의 성숙으로 유아는 새로운 운동기술과 인지능력을 발달시키게 된다.

1) 신장과 체중의 증가

영아기만큼 빠른 속도는 아니지만 유아기에도 신장과 체중이 꾸준히 증가한다. 2세부터 6세까지 매년 신장은 7cm, 체중은 2kg씩 증가한다. 6세가 되면 유아는 평균 신장이 115cm, 체중이 20kg 정도 된다. 그리고 남아가 여아보다 신장이 조금 더 크다(〈그림 10-1〉 참조).

유아기의 신장과 체중에 영향을 미치는 요인 중 가장 영향력 있는 것은 유전적 배경, 영양, 건강관리 등이다(Burns et al., 2013). 보다 나은 영양과 건강관리로 인해 저소득층보다는 중산층 유아가, 시골의 유아보다는 도시의 유아가 그리고 둘째 아이 이후보다는 첫째 아이가 신장과 체중에서 더 큰 경향을 보여주고 있다.

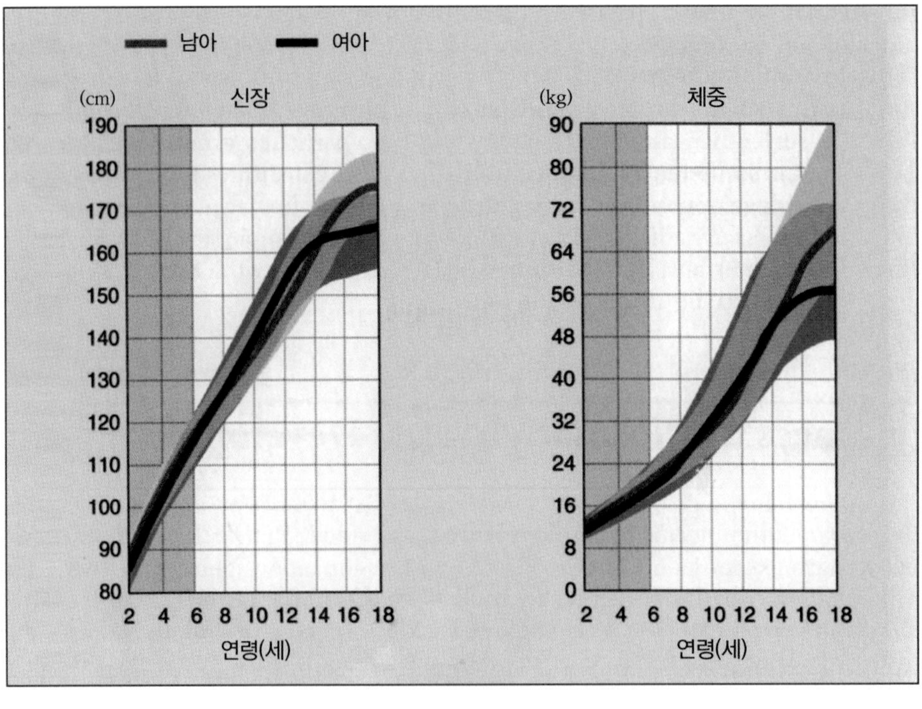

〈그림 10-1〉 신장과 체중의 증가(유아기)

출처: Seifert, K. L., & Hoffnung, R. J. (2000). *Child and adolescent development* (5th ed.). Boston: Houghton Mifflin.

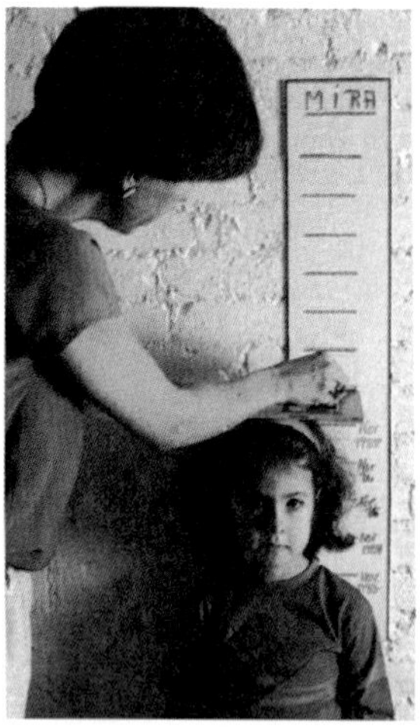

사진 설명 유아가 1년에 한 번씩 키를 재고 있다.

유아기에는 성장속도가 둔화됨에 따라 먹는 양도 적어지는데, 부모들은 자녀가 밥을 잘 안 먹는다고 애를 태우기도 한다(사진 참조). 이때 강제로 밥을 먹이는 것보다 배고플 때에만 먹게 하는 것이 유아가 필요한 열량을 섭취할 수 있다고 한다(Johnson & Birch, 1994). 유아기에는 건강을 유지하고, 골격의 성장을 촉진하기 위해 균형 잡힌 식사를 해야 한다. 특히 칼슘과 그 외 다른 무기질, 철분, 비타민 C, 단백질 섭취를 늘려야 한다. 모든 영양소가 포함된 식품은 없으므로 여러 가지 식품을 골고루 섭취하는 것이 좋다.

2) 신체비율의 변화

신장과 체중의 꾸준한 증가는 신체의 비율에 변화를 초래한다(Kliegman et al., 2019). 유아기에는 하체가 길어지면서 가늘어진다. 여전히 머리가 신체에 비해 큰 편이지만 유아기 말이 되면 머리가 무겁고 커 보이는 모습에서 벗어나게 된다. 유아기에는 체지방도 꾸준히 감소한다(Rallison, 1986). 전체적으로 통통하던 영아의 모습에서 길고 홀쭉한 모습으로 변한다(사진 참조). 신체 각 부분의 각기 다른 성

사진 설명 신체의 비율과 체지방의 구성비율이 1세와 5세 사이에 극적으로 변한다. 신체에 비해 머리가 크고, 통통하던 영아가 다리가 길어지면서 홀쭉한 모습으로 변한다.

장속도는 유아의 신체비율을 극적으로 변하게 한다(〈그림 7-1〉 참조).

3) 골격의 성장

유아의 신체적 성숙도를 측정하는 데 가장 좋은 방법은 신체골격의 발달수준을 나타내는 골격연령(skeletal age)을 이용하는 것이다. 태아의 골격은 연골조직으로부터 형성된다. 임신 6주부터 연골조직은 점점 단단해지는데, 이것을 경화현상이라고 한다. 이 경화과정은 아동기를 지나 청년기까지 계속된다. 출생 시에 신생아의 뼈는 대부분 연골로 구성되어 있다.

일단 기본 골격이 형성되면 출생 직전에 골단(骨端)[1]이라 불리는 성장센터가 나타나는데, 경화과정은 이 성장센터에서 시작된다. 팔다리의 뼈와 같이 신체의 긴 뼈(長骨)에는 골단이 양쪽 끝에 나타난다(〈그림 10-2〉 참조). 성장이 완성되면서 골단은 점점 가늘어지고 마침내 사라진다. 이렇게 되면 더 이상의 성장은 불가능하다.

〈그림 10-3〉에서 보듯이 뼈를 방사선으로 촬영하여 골단의 수가 얼마나 많은지, 또 골단이 얼마나 서로 합착(合着)되어 있는지에 근거하여 골격연령을 측정할 수 있다. 이때 자신의 생활연령보다 골격연령이 어린 것으로 나타나면 앞으로 키가 더 자랄 가능성이 있는 것으로 본다. 예를 들어, 14세 아동의 골격연령이 11세로 측정된다면, 이 아동은 앞으로 3년 정도 더 성장할 수 있다는 것이다. 이와 같이 성장에 문제가 있는 경우에는 뼈의 방사선 사진이 가끔 이용된다.

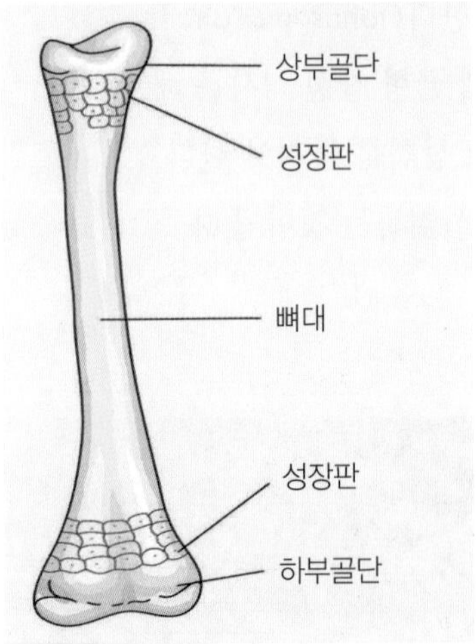

〈그림 10-2〉 장골(長骨)의 상부 골단과 하부골단

출처: Tanner, J. M. (1990). *Foetus into man* (2nd ed.). Cambridge, MA: Harvard University Press.

유아나 아동의 골격연령을 조사해 보면 여아의 신체적 성숙이 남아보다 앞선다는 것을 알 수 있다. 출생 시 여아의 골격성숙이 남아보다 4주 정도 앞서지만 5~6세경에는 1년 정도의 차이가 난다. 이 차이는 여아가 남아보다 2~3년 정도 사춘기에 빨리 도달하고, 일찍 성숙하는 요인이 된다(Tanner, 1990).

1) 뼈의 말단: 뼈의 성장을 맡고 있는 긴 관상골(管狀骨)의 양끝을 가리키는데, 이것은 골화(骨化)의 중심으로 성장기에는 연골(軟骨)로 둘러싸여 있다.

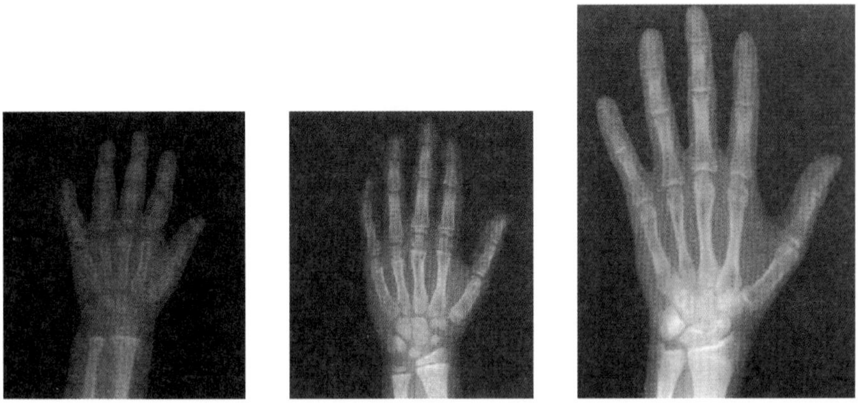

2세 반 6세 반 14세 반

2세 반에는 손목뼈, 손가락 끝, 팔뼈 사이에 넓은 간격이 있다. 6세 반에는 이 간격이 상당히 좁혀졌다. 14세 반에는 손목뼈와 팔뼈(長骨)가 서로 완전히 합착되어 있다.

〈그림 10-3〉 각기 다른 연령에서 골격의 성숙도를 보여주는 손목뼈의 방사선 사진

출처: Tanner, J. M., Whitehouse, R. H., Cameron, N., Marshall, W. A., Healy, M. J. R., & Goldstein, H. (Eds.). (1983). *Assessment of skeletal maturity and prediction of adult height* (2nd ed.). Academic Press.

2. 뇌의 성장

Adele Diamond

유아기의 가장 중요한 신체발달 중 하나는 뇌와 신경계의 계속적인 성장이다(Bell & Cuevas, 2014; Diamond, 2013; Markant & Thomas, 2013; Schneider & Ornstein, 2019). 영아기만큼 빠른 속도는 아니지만 뇌는 유아기에도 계속해서 성장한다(Gogtay & Thompson, 2010; Ofen et al., 2019). 두미발달원칙에 의해 뇌와 머리의 크기는 신체의 다른 어떤 부분보다도 더 빨리 성장한다. 머리 중에서도 눈과 같은 윗부분이 턱과 같은 아랫부분보다 더 빨리 발달한다. 〈그림 10-4〉는 두뇌곡선이 신장 · 체중곡선보다 얼마나 빨리 성장하는가를 보여준다. 6세 때 뇌의 무게는 성인의 95%에 이르는데, 체중은 성인의 $\frac{1}{3}$ 정도이다(Lenroot & Giedd, 2006).

유아기 동안의 뇌크기의 증가는 수초화(髓鞘化)와 시냅스 밀도의 증가로 인한 것이다. 첫째, 수초화는 제7장에서 살펴본 바와 같이 신경세포가 미엘린이라 불리는 지방성 물질로 둘러싸이는 것을 말한다. 수초화가 증가할수록 정보가 전달되는 속도가 빨

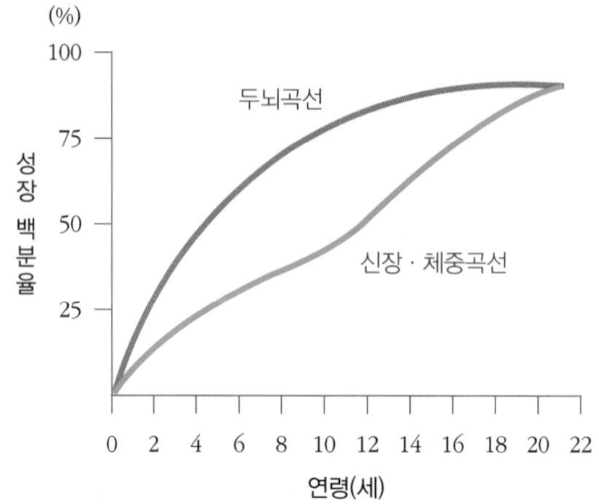

〈그림 10-4〉 두뇌곡선과 신장 · 체중곡선

라지고 효율성이 높아진다. 발달심리학자들은 아동발달에서 수초화의 중요성을 특히 강조한다. 예를 들면, 눈과 손의 협응을 관장하는 뇌영역의 수초화는 4세 이전에는 완성되지 않는다. 따라서 4세 이전에는 눈과 손의 협응이 원할하지 못하고, 유아나 아동은 성인에 비해 주의집중 시간이 짧다.

둘째, 시냅스는 신경세포의 자극전달부로서 시냅스의 밀도는 출생 후 2세까지 급격히 증가하다가(〈그림 7-8〉 참조), 그후 서서히 감소하여 7세경에는 성인의 수준에 도달한다. 현미경이나 자기공명영상(MRI)으로 관찰해 보면 유아의 뇌는 밀도가 높고 복잡하다는 것을 알 수 있다(Lynch & Gall, 1979; Paus et al., 1999).

1) 뇌의 편측성

Eric Borsting

우리의 뇌는 두 개의 반구로 나누어져 있다. 유아기에 이미 뇌의 편측성이 나타나기 시작하는데, 뇌의 편측성이란 뇌의 좌반구와 우반구가 각기 다른 기능을 맡아 하는 것을 말한다. 〈그림 10-5〉는 좌반구와 우반구의 기능에 관한 설명이다. 뇌량(corpus callosum)은 두 개의 반구를 연결하는 구조를 말하는데, 2~8세 사이에 뇌량의 수초화가 이루어지면 두 개의 반구 간에 정보교환과 협응이 원활해진다(Yakovlev & Lecours, 1967). 좌반구와 우반구 간의 협응은 여러 가지 운동기술을 증가시킨다. 예를 들면, 5세경에 눈과 손의 협응이 증가하여 자신이 보는 글자나 숫자를 그대로 따라 쓸 수 있게 된다(Borsting, 1994).

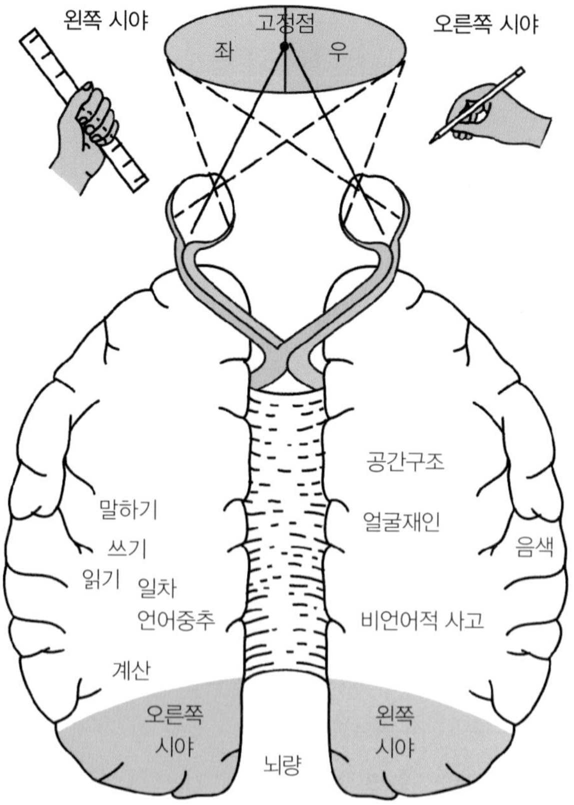

〈그림 10-5〉 좌반구와 우반구가 하는 기능

출처: Clarke-Stewart, A., Friedman, S., & Koch, J. (1985). *Child development: A topical approach*. New York: John Wiley & Sons

2) 왼손잡이

뇌의 편측성이 가져온 한 가지 결과가 주로 오른손을 사용하는 오른손잡이인가 아니면 왼손을 사용하는 왼손잡이인가(handedness)하는 점이다. 아동의 90%가 오른손잡이이고, 나머지 10%가 왼손잡이이다. 그리고 남아가 여아보다 왼손잡이인 경우가 약간 더 많다(사진 참조).

사진 설명 남아가 왼손으로 그림을 그리고 있다.

일반적으로 유아가 글을 쓰기 시작하면 왼손잡이인가 오른손잡이인가를 알 수 있게 된다. 언어를 관장하는 뇌의 좌반구는 오른손잡이에게서 우세하다. 왼손잡이 유아의 경우 언어는 두 개의 반구가 함께 작용하는데, 이것은 왼손잡이의 경우 뇌의 편측성이 덜하다는 것을 의미한다(Hiscock & Kinsbourne, 1987).

왼손잡이는 유전적인 것인가 아니면 학습된 것인가? 입양아를 대상으로 하여 주로 어느 쪽 손을 사용하는지를 알아본 연구(Carter-Saltzman, 1980)에 의하면, 입양아와 양부모 간에는 상관이 없으나 입양아와 친부모 간에는 상관이 있는 것으로 나타났다. 쌍생아를 대상으로 한 또 다른 연구에서는 쌍생아 중 하나는 왼손잡이이고, 다른 하나는 오른손잡이인 경우가 많은 것으로 나타났다. 태내에서 대부분의 태아는 왼쪽으로 돌아누워 있는데, 이 자세는 오른편을 좀더 자유롭게 사용할 수 있게 해 준다(Orlebeke et al., 1996; Previc, 1991). 흥미롭게도 쌍생아는 자궁 내에서 서로 반대편에 누워 있는데, 이 때문에 왼손잡이는 태내에서의 자세와 연관이 있는 것으로 보인다(Derom et al., 1996).

대부분의 사회는 왼손잡이에게 불리한 환경으로 구성되어 있다. 한 가지 예로 모든 물건은 오른손잡이 위주로 제작되어 있기 때문에 왼손잡이의 경우 물건사용이 불편할 뿐만 아니라 사고의 위험이 높고 치명적 상해를 당할 가능성이 많다(Bhushan & Khan 2006; Dutta & Mandal, 2006; Ellis & Engh, 2000; Graham et al., 1993). 따라서 많은 부모들은 자녀의 왼손잡이를 교정하고자 시도하는데, 지나치게 강제적으로 하면 유아가 부적응 현상을 보이므로 양손을 다 사용하게 유도하는 것도 한 가지 방법일 것이다.

그 외에도 왼손잡이에게는 수면장애, 알레르기, 말더듬이, 주의집중장애, 난독증, 약물남용의 문제가 더 많은 것으로 나타났다(Coren & Halpern, 1991; Geschwind & Galaburda, 1985). 반면, 미국의 수능고사(SAT)에서는 상위 20%가 왼손잡이인 것으로 나타났는데, 이것은 왼손잡이와 지능(특히 우반구와 관련 있는 수학분야) 간에 관련성이 있음을 암시하는 것이다(Bower, 1985).

우리나라의 아동들도 대부분 오른손을 주로 우세손으로 사용하고 있으며, 이러한 현상은 연령이 증가할수록 더 두드러지게 나타난다. 2세 미만의 경우 75~80% 정도가 오

Stanley Coren

Diane E. Halpern

Norman Geschwind

Albert M. Galaburda

른손을 사용하고, 20% 미만이 왼손을 쓰고 있으나 초등학생이 되면 90% 이상이 오른손을 사용한다(현온강 외, 2001).

3. 운동기능의 발달

유아기에 들어서면서 운동기술은 급속도로 증대한다. 영아기에 걸음마를 배운 영아는 유아기에 와서는 달리기, 뛰기, 공던지기, 자전거타기, 그네타기 등을 할 수 있다(Ball, Bindler, & Cowen, 2014). 대근육 운동뿐만 아니라 구두끈 매기, 크레용으로 색칠하기 등의 소근육 운동기능도 발달한다. 그러나 때로는 자신이 할 수 있는 운동기술을 과대평가한 나머지 다치거나 상처를 입기도 한다.

1) 대근육 운동

유아가 할 수 있는 여러 가지 대근육 운동기술은 체중의 중심(center of gravity)이 아래로 옮겨가면서 증가한다. 머리 크기가 신체의 25%를 차지하는 신생아의 경우 체중의 중심이 흉골 바로 아래에 위치해 있어 매우 높은 쪽에 있는 편이다. 그러나 유아기에는 머리 크기가 신체에서 차지하는 비율이 작아지면서 체중의 중심이 배꼽 아래로 내려간다(Lowrey, 1978). 체중의 중심이 높으면 균형을 잡기가 매우 힘들다. 그래서 머리가 큰 영아기에는 걷다가 잘 넘어진다(사진 참조).

사진 설명 머리가 큰 영아기에는 균형을 잡기가 힘들어 빨리 걸으면 넘어지기 쉽다.

(1) 걷기와 달리기

영아는 첫돌을 전후해서 걷기 시작하고, 2~3세 사이에 달리기 시작한다(Cratty, 1986). 3세에는 잘 달리지만 달리면서 방향을 바꾸지는 못한다. 방향을 바꾸려면 일단 달리기를 멈추고 방향을 바꾼 다음 다시 달리기를 시작한다. 그러나 5세경에는 계속 달리면서 방향을 바꿀 수 있으며, 갑자기 멈추어도 앞으로 넘어지지 않는다. 유아의 하루는 움직임의 연속이다. 식사시간이나 TV를 보면서도 가만히 앉아 있지 못한다. 심지어 수면 중에도 몸부림을 많이 친다. 〈그림 10-6〉은 달리기 동작에 관한 것이다.

3세 유아(아래)의 달리기 동작은 18개월 영아(위)의 동작보다 기술이 훨씬 발달해 있다.

〈그림 10-6〉 달리기 동작

출처: Ridenour, M. V. (1978). Programs to optimize infant motor development. In M. V. Ridenour (Ed.), *Motor development: Issues and applications*. Princeton, NJ: Princeton Book Co.

3세 유아는 한 발을 다른 발 앞에 갖다 대면서 땅에 그려진 직선 위를 일자로 걸을 수 있다. 4세에는 직선보다 걷기 어려운 곡선 위를 걸을 수 있는데, 곡선 위를 걸을 때는 한 발을 다른 발 앞에 갖다 대면서 동시에 방향을 바꾸어야 한다. 평균대 위를 걷는 것은 더욱더 어렵다. 평균대 위를 걸을 때는 체중을 양쪽 다리에 적절히 실으면서 한 발을 다른 발 앞에 갖다 놓아야 한다(사진 참조). 어린 유아들은 평균대에서 몇 번씩 내려와서 균형을 잡은 다음 다시 평균대로 올라가 끝까지 간다(Cratty, 1986).

(2) 뛰기

2세 전에는 한쪽 발로 뛸 수 있고, 2세에는 두 발로 잠깐 뛸 수 있다. 3세에는 멀리뛰기를 할 때 팔을 뒤로 흔들기 때문에 착지(着地)할 때 뒤로 넘어진다. 그러나 5세경에는 팔을 앞으로 흔들어 앞으로 떨어진다. 〈그림 10-7〉은 멀리뛰기 동작에 관한 것이다.

(3) 계단 오르내리기

영아가 걸을 수 있게 되면 바로 계단을 오를 수 있다. 계단을 오를 때 한쪽 발을 먼저 올려놓고 그다음 다른 쪽 발을 그 옆에 놓는다. 그리고 다음 계단으로 올라간다. 그러

〈그림 10-7〉 멀리뛰기 동작

나 유아기에는 발을 번갈아 가면서 계단을 오른다. 계단을 내려오는 것은 올라가는 것보다 균형을 잡기가 더 어렵기 때문에 4세 전에는 발을 번갈아 가면서 계단을 내려오지 못한다(사진 참조). 운동장에서 하는 놀이 중 사다리 오르기나 정글짐[2]놀이에서도 계단 오르내리기 기술이 그대로 적용된다.

우리나라 아동의 경우, 1세 반~2세인 영아들의 90%가, 2세 반~3세 유아들의 거의 모두가 계단 오르기를 할 수 있다. 계단 내려오기는 오르기에 비해 조금 늦게 할 수 있어 2~2세 반 유아의 약 80% 정도가 계단을 내려올 수 있다(현온강 외, 2001).

(4) 공던지기

영아기에는 공을 던질 때 두 손을 사용하는데, 체중의 중심이 매우 높기 때문에 체중을 실어 공을 던지고 나면 비틀거리게 된다. 유아기에 와서는 한 손으로 공을 던질 수 있는데, 공던지기 기술은 연령이 증가하면서 1단계에서 4단계를 거치게 된다(〈그림 10-8〉 참조). 공던지기 기술은 아동기와 청년기에도 계속해서 발달하지만 기본 기술은

2) 유치원 등에 마련된 철골 운동시설

유아기에 습득된다. 첫째 단계(2~3세)에서는 몸을 돌리지 않고 똑바로 서서 단지 팔만을 사용해서 바로 앞에 공을 던진다. 둘째 단계(3~4세)에서는 팔이 움직이는 대로 어깨를 약간 틀어보지만 발은 여전히 그대로 있다. 셋째 단계(4~5세)에서는 발을 앞으로 약간 내밀고, 어깨를 돌리고, 팔을 어깨너머로 돌렸다가 앞으로 쭉 뻗어 공을 던지는데, 이때도 여전히 몸을 크게 돌리지는 못한다. 넷째 단계(5~6세)에서는 몸을 앞뒤로 흔들고 팔을 뒤로 뺐다가 공을 강속으로 던진다. 몸을 흔들 때 팔이 활처럼 휘게 된다.

우리나라 3, 4, 5세 유아의 대근육 운동발달 경향을 조사한 연구(박대근, 2001)에서 '공던지기'는 3세와 3.5세에서 공을 던질 목표지점에 정면으로 서서 다른 신체부위의 움직임이 없이 공을 어깨 위로 들어올려 팔꿈치를 펴면서 손바닥에서 공을 놓듯이 던

〈그림 10-8〉 공던지기의 발달단계

지기를 하였다. 4세 유아는 손가락의 탄력을 이용해 공던지기를 할 수 있었고, 비교적 정확하고 빠르게 던졌다. 5세 유아부터는 팔을 어깨 뒤로 젖혀 허리의 회전을 이용한 던지기동작이 나타나기 시작하였다.

(5) 공받기

공받기 기술도 유아기에 습득되는데, 3단계에 걸쳐 발달하게 된다(〈그림 10-9〉 참조). 1단계(2세경)에서는 공을 받으려고 할 때 팔을 앞으로 쭉 내밀기만 하기 때문에 공을 잘 받지 못하는데, 공이 몸을 맞고 튕겨져 나간다. 2단계(3세경)에서는 공을 받을 준비를 하면서 팔꿈치를 구부린다. 그리고 가슴으로 공을 받는다. 3단계(5~6세경)에서는 몸 전체를 사용해서 공을 받을 준비를 하고 손과 손가락을 사용해서 공을 받는다.

박대근(2001)의 연구에서 유아의 '공받기'는 3세 유아는 1m 거리에서 벌린 팔에 공이 얹혀지는 듯한 상태로 받기를 할 수 있었다. 3.5세 유아는 2m에서 공받기가 가능했으며, 동작의 형태는 손바닥을 위로하여 팔을 앞으로 뻗은 자세에서 팔 전체로 받았다. 4세 유아부터는 2m 거리에서 공받기가 잘 이루어졌으나 아직도 손보다 팔을 이용한 받기 동작을 하였다. 5세 유아는 3m 거리에서 공을 받을 수 있었으며, 5.5세 유아는 정확하지 않게 날아오는 공이라도 몸을 움직여 받는 경향을 보였다.

우리나라 유아들을 대상으로 공을 활용한 신체활동의 효과를 살펴본 또 다른 연구(김주연, 김정민, 김경숙, 2013)에서 유아들은 공을 활용한 신체활동을 통해 기초체력과 대근육 조작운동능력을 증진시킬 수 있는 것으로 나타났다.

〈그림 10-9〉 공받기의 발달단계

〈표 10-1〉은 유아기의 대근육 운동기능의 발달에 관한 요약이다.

표 10-1 대근육 운동기능의 발달

연령	걷기	달리기	뛰기	페달밟기	오르기	던지기
2~3세	율동적으로 잘 걷는다.	몸을 뻣뻣하게 세우고 달린다. 방향을 바꾸거나 갑자기 멈추는 것이 어렵다.	두 발로 깡충 뛴다.	장난감 자동차에 올라타고 두 발로 민다.	계단을 오를 때 한쪽 발을 먼저 올려놓고 그다음 다른 쪽 발을 그 옆에 놓는다. 높은 곳에 올라갈 수는 있지만 내려오지는 못한다.	목표물을 향해서 공을 던지는데 두 팔을 사용한다. 발이나 몸은 움직이지 못한다.
3~4세	팔을 앞뒤로 흔들며 걷는다. 직선 위를 잘 걷는다.	유연하게 잘 달리고 출발과 정지를 잘 한다.	두 발로 높이 뛰어오른다. 한 발로 장애물을 뛰어넘는다.	세발자전거를 탈 수 있다.	계단을 오를 때는 한 발로 차례차례 오르지만 내려올 때는 두 발을 모아서 내려온다.	몸을 앞뒤로 흔들며 한쪽 팔로 공을 던진다.
4~5세	곡선 위를 걷는다. 평균대 위를 걷는다.	빨리 잘 달리고 달리면서 방향도 바꿀 수 있다.	깡충깡충 뛰면서 앞으로 나아간다.	세발자전거를 빠르고 유연하게 잘 탄다.	발을 번갈아 가면서 계단을 오르내린다. 사다리, 정글짐, 미끄럼틀, 나무 등을 타고 오르내린다.	팔꿈치를 사용해서 공을 던진다.
5~6세	성인처럼 걷는다.	속력을 내서 잘 달린다.	높이뛰기와 멀리뛰기를 할 수 있다. 줄넘기를 한다.	두발자전거를 탈 수 있다.	성인처럼 오르고 내린다.	발을 앞으로 내밀고 팔을 쭉 뻗어 공을 던진다.

출처: Beaty, J. J. (1986). *Observing the development of the young child*. Columbus, OH: Merrill.

2) 소근육 운동

유아기에는 눈과 손의 협응과 소근육의 통제도 급속히 발달하기 때문에 손의 사용이 점점 정교해진다. 그러나 대근육 운동기술보다 소근육 운동기술을 습득하는 것이 훨씬 더 어렵다. 우유를 흘리지 않고 잔에 따르기, 수저로 밥먹기, 연필로 글씨쓰기, 크레용으로 색칠하기, 가위로 오리기, 단추 채우기, 구두끈 매기 등은 유아에게는 상당히 어려운 작업이다. 일반적으로 소근육 운동기술은 여아가 앞서는 반면, 대근육 운동기술은 남아가 우세하다.

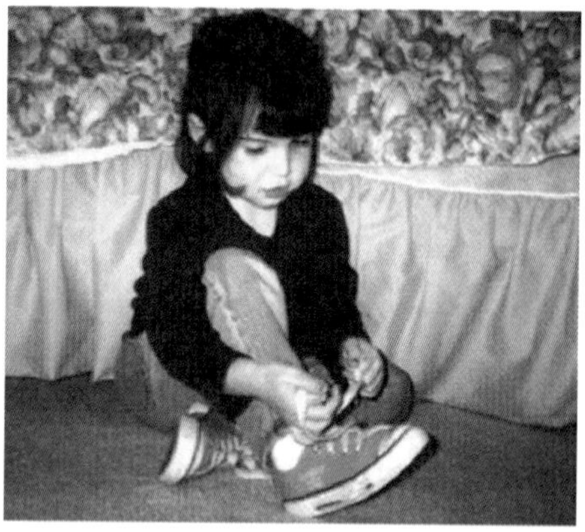

3세 유아는 엄지와 검지 손가락으로 매우 작은 물체를 집을 수 있지만 아직 서투른 편이다. 블록으로 탑을 쌓을 수 있는데, 블록 하나하나를 매우 조심스럽게 놓지만 똑바로 쌓지 못하고 삐뚤삐뚤하다. 매우 단순한 조각그림 맞추기에서는 어디에 어느 조각을 넣어야 하는지 알면서도 그 자리에 제대로 넣지 못하고 억지로 쑤셔 넣으려고 한다.

그러나 4세가 되면 소근육 운동기술이 상당히 발달한다. 블록으로 탑을 높이 쌓을 수 있는데, 이때 완벽하게 잘 쌓으려고 몇 번씩 다시 쌓기도 한다. 이제 신발끈을 맬 수 있고(사진 참조), 선을 따라 가위로 오릴 수 있다(사진 참조).

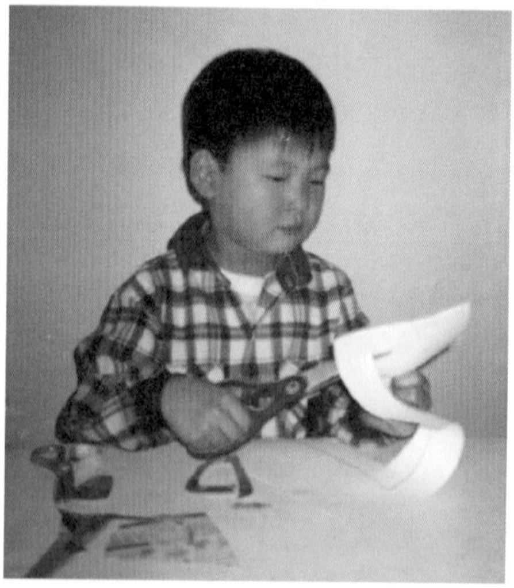

5세 유아는 블록으로 탑을 쌓는 단순한 놀이에는 더 이상 관심이 없다. 이제는 집이나 뾰족탑이 있는 교회를 짓고자 하는데, 여전히 완성된 건물이 무엇을 의미하는지 유아로부터 설명을 들어야 이해할 수 있다. 종이를 반으로 또는 $\frac{1}{4}$로 접을 수 있으며, 글자나 숫자를 베낄 수 있고, 크레용으로 색칠을 할 수 있다(사진 참조).

우리나라 아동의 경우 젓가락질하기는 2세 반~3세 경에 남아의 20%와 여아의 33%가 가능하다. 남아의 경우는 3세 반~4세경이 되어야 약 33%가 젓가락질을 할 수 있다. 즉, 여아가 남아보다 이른 시기에 젓가락을 사용하는 것으로 나타났다. 또한 3~3세 반 아동들 중 가위질을 할 수 있는 아동은 80~90%이고, 단추채우기를 할 수 있는 아동은 60~70% 정도로 나타났다(현온강 외, 2001).

소근육 운동기술의 대표적 예가 그림그리기이다. 그림그리기에서의 연령의 변화는 뇌와 소근육이 성숙하였음을 반영한다(Kellogg, 1970). 대부분의 유아들에게 그림그리기는 그들이 말로는 표현하기 어려운 생각이나 감정을 나타내는 중요한 수단이 된다(Kostelnik et al., 2014). 또한 그리기와 만들기는 유아들에게 창의적인 문제해결 기술을 키워줄 뿐만 아니라 물체의 크기나 공간 및 움직임을 창의적으로 표현하게 도와준다(Moravcik, Nolte, & Feeney, 2013). 부모들은 자녀의 작품을 감상할 때 창작과정에 대해 들으면서 큰 기쁨을 느낀다. "이 그림에 대해 이야기해 주겠니?" 혹은 "이걸 만들 때 무슨 생각을 했니?" 등의 질문은 유아들을 격려할 수 있으며, 부모들로 하여금 자녀의 눈으로 세상을 바라볼 수 있게끔 도와준다.

유아기 동안에 소근육 운동기술이 발달함으로써 유아가 눈으로 본 것을 그림으로 표현하는 데 극적인 변화가 온다. 그림은 유아가 어떤 것에 주의를 기울이는지, 공간과 거리를 어떻게 지각하는지, 패턴과 형태를 어떻게 느끼는지 등 그들의 지각세계에 독특한 통찰력을 제공한다(Bullard, 2014).

Rhoda Kellogg는 수십 년에 걸쳐 유아의 미술활동을 관찰하고 지도하면서 2,000명이 넘는 유아들의 미술작품 수만 점을 모아 정리하였다. 유아의 그림에 익숙하지 않은 성인들은 일반적으로 유아의 그림을 보고 아무런 의미가 없는 낙서 정도로 여길 수 있다. 그러나 Kellogg(1970)는 유아의 미술작품은 정해진 규칙이 있고, 의미가 담겨 있으며, 체계가 있는 것으로 보고 있다.

만 2세 경에 유아는 끼적거리기(사진 참조)를 할 수 있게 되는데, 그림그리기에서 가장 먼저 표현되는 것이 끼적거리기이다. 만 2세 유아의 끼적거리기는 영아기에 아무렇게나 끼적거리던 것과는 다르다. 유아기에는 끼적거리기에도 나름대로 패턴이 있는데, 수직 또는 지그재그로 끼적거린다. 유아기 그림에서 그 내용이 아무리 복잡하다 하더라도 Kellogg(1970)가 제시한 20가지 기본 끼적거리기 형태로 다 표현이 된다. 여기에는 수직선, 수평선, 대각선, 원, 곡선, 물결무늬, 지그재그 모양의 꾸불꾸불한 선 또는 점이 포함된다. 유아는 끼적거리기에서부터 그림을 완성하기까지 배치, 단순도형, 디자인, 회화라는 네 단계를 거치게 된다(〈그림 10-10〉 참조).

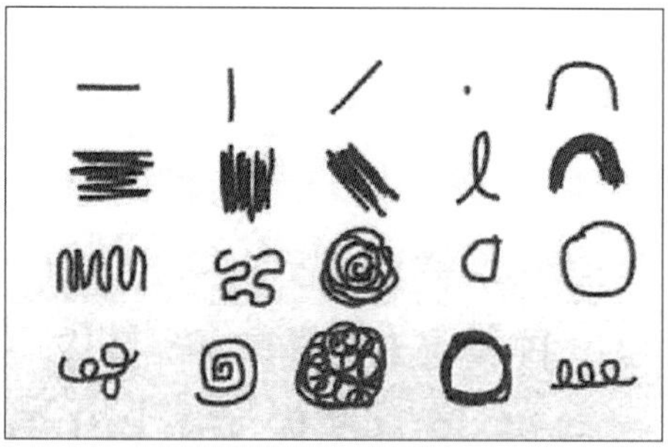

(a) 2세
20가지 기본 끼적거리기 형태

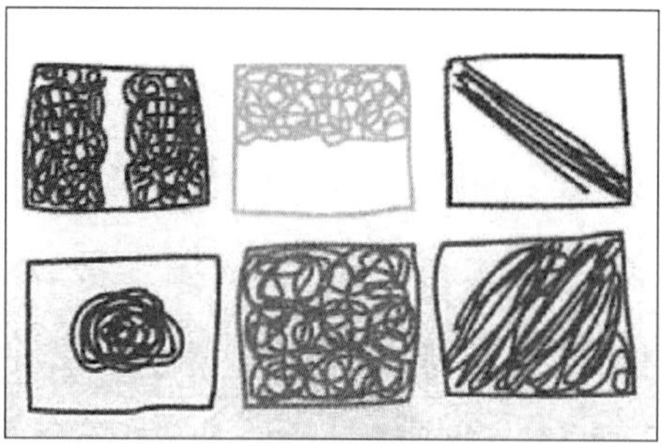

(b) 2~3세
배치 단계

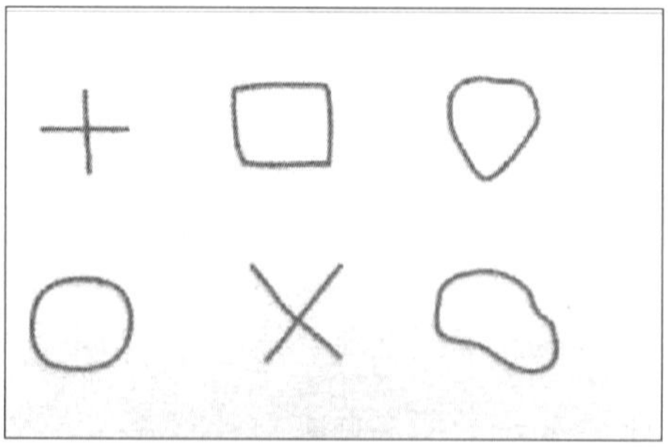

(c) 3세
단순도형 단계

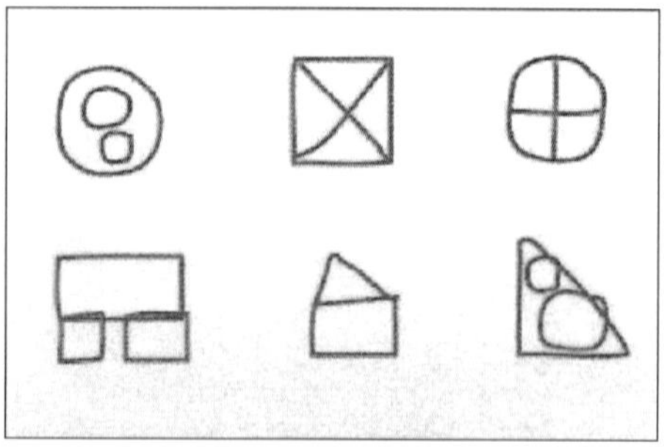

(d) 3~4세
디자인 단계

(e) 4~5세
회화 단계

〈그림 10-10〉 그림그리기 단계

끼적거리기(scribbles) 단계(〈그림 10-10〉 (a) 참조)를 지나면 2~3세 경에 배치 패턴에 맞춰 배치 단계(placement stage)에 도달하는데 이러한 패턴의 한 가지 예는 〈그림 10-10〉 (b)에서 볼 수 있듯이 간격을 두고 배치된 테두리 패턴(spaced border pattern)이다. 단순도형 단계(shape stage)는 3세 유아들에게서 나타나는 단계로, 이 단계에서는 여러 가지 다른 형태의 도식들로 구성된 그림을 그리게 된다(〈그림 10-10〉 (C) 참조). 유아들은 이때 동그라미, 정사각형 또는 직사각형, 삼각형, 십자 모양, X자 모양 등의 여섯 가지 기본 형태를 그릴 수 있다. 디자인 단계(design stage)는 3~4세 유아들에게서 나타나며, 두 가지 기본 형태를 사용하여 보다 복잡한 형태를 만들어 내는 단계이다(〈그림 10-10〉 (d) 참조). 이 단계는 단순도형 단계 이후에 곧바로 나타나곤 한다. 회화 단계(pictorial stage)는 4~5세 유아들에게서 나타나는 단계로 이제는 성인들도 알아볼 수 있는 형태로 그림을 표현하게 된다(〈그림 10-10〉) (e) 참조)(Santrock, 2016).

〈그림 10-11〉은 같은 유아가 3세, 4세, 5세 때 그린 그림의 예이다. 3세 유아는 원, 정사각형, 직사각형, 삼각형, 십자모양, X자 모양을 그릴 수 있다. 4세 유아는 사람을 그릴 때 눈은 큰 점으로, 다리는 막대기 모양으로 그린다. 5세 유아는 성인들이 알아볼 수 있을 정도로 그림을 제법 잘 그리게 된다.

3세 때 그린 그림 | 4세 때 그린 그림 | 5세 때 그린 그림

〈그림 10-11〉 같은 유아가 3세, 4세, 5세 때 그린 그림

제11장

인지발달

유아기에는 인지적 성장과 언어발달이 빠른 속도로 이루어진다. 유아기 동안 뇌의 성장은 유아로 하여금 정보를 보다 효율적으로 처리하게 해 준다. 유아는 이제 눈앞에 존재하지 않는 대상이나 사건에 대해 정신적 표상에 의한 사고를 할 수 있으며, 상징을 사용할 수 있는 능력을 갖게 된다. 이 시기에 습득하게 되는 언어의 발달은 매우 중요한 역할을 한다. 즉, 언어가 상징적 표현의 중요한 수단이 된다. 유아기에는 또한 단어의 습득이나 문법의 숙달로 인해 영아기에 비하면 의사소통이 보다 효율적으로 이루어질 수 있다.

그러나 유아기에는 아직 실제와 실제가 아닌 것을 완전히 구분할 수 없으며, 자기중심적인 사고를 하는 특성을 지닌다. 또한 어떤 사물이나 사건을 대할 때, 사물의 두드러진 속성에 압도되어 두 개 이상의 차원을 동시에 고려하지 못한다. 이러한 사고의 특성으로 말미암아 보존개념, 유목포함, 서열화에 관한 개념습득이 어렵다. 유아기의 이러한 사고의 특성을 Piaget는 전조작기로 설명하고 있다.

이 장에서는 유아기 사고의 특성, 유아기의 기억발달 그리고 언어발달에 관해 살펴보고자 한다.

1. 유아기 사고의 특성

유아기는 Piaget의 인지발달의 네 단계 중 두 번째 단계에 해당한다. 이 단계에서는 논리적인 조작이 불가능하기 때문에 전조작기라 부른다. 전조작기의 사고는 경직되어 있고, 한 번에 한 가지 측면에만 관심이 제한되고, 사물을 외관만으로 판단한다.

Piaget는 전조작기를 다시 두 개의 하위단계로 나누는데, 2세부터 4세까지를 전개념적 사고기(preconceptual period)라 부르고, 4세부터 7세까지를 직관적 사고기(intuitive period)라 부른다.

1) 전개념적 사고기

개념이란 사물의 특징이나 관계, 속성에 대한 생각으로 정의할 수 있다. 만약 주어진 대상에 대한 정확한 개념을 가지고 있다면, 그것이 어떻게 변화하더라도 동일한 대상으로 인식할 수 있다. 그러나 이 단계의 아동은 환경 내의 대상을 상징화하고 이를 내면화시키는 과정에서 성숙한 개념을 발달시키지 못한다. 따라서 이 단계를 전개념적 사고기라고 부른다.

전개념적 사고의 특징은 상징적 사고, 자기중심적 사고, 물활론적 사고, 인공론적 사고, 전환적 추론을 하는 것 등이다.

(1) 상징적 사고

Piaget(1962)에 의하면, 전조작기의 가장 중요한 인지적 성취는 상징적 사고(symbolic thought)의 출현이라고 한다. 감각운동기의 말기가 되면 영아의 사고는 더 이상 자신의 행동이나 감각에 의존하지 않는다. 대신 정신적 표상, 지연모방, 상징놀이 등이 가능해진다. 이러한 정신능력은 감각운동기의 말기에 이미 싹이 트지만, 언어를 습득하게 되고 상상력이 풍부해지는 전조작기에 와서 활짝 꽃피운다.

상징(symbol)은 어떤 다른 것을 나타내는 징표를 말한다. 예를 들어, 국기는 국가를 상징하고, 악수는 우정을 상징하며, 두개골과 두 개의 대퇴골을 교차시킨 그림(☠)은 죽음과 위험을 상징한다. 언어는 가장 보편적인 상징이다. 예를 들면, '개'라는 단어는 털이 있고, 네 개의 다리와 꼬리를 가진, 사람에게 친근한 동물을 상징한다.

상징의 사용은 문제해결의 속도를 증가시키고, 시행착오를 감소시킨다. 단어나 대상이 어떤 다른 것을 표현하게 하는 상징적 사고능력은 유아로 하여금 '지금 여기'의 한계에서 벗어나 정신적으로 과거와 미래를 넘나들게 해 준다.

사진 설명 유아들이 커피잔과 받침접시 등을 가지고 소꿉놀이를 하고 있다.

상징적 사고의 가장 매혹적인 결과 중의 하나는 가상놀이이다. 가상놀이란 가상적인 사물이나 상황을 실제 사물이나 상황으로 상징화하는 놀이를 말한다. 상징적 사고를 하기에는 충분한 나이지만, 아직 현실과 환상을 구분하기에는 너무 어린 나이인 유아기에 유아가 가장 좋아하는 활동이 가상놀이이다. 소꿉놀이, 병원놀이, 학교놀이 등이 가상놀이의 예들이다. 유아기 동안 가상놀이는 점점 더 빈번해지고, 연령이 증가하면서 점점 더 복잡해진다(Rubin, Fein, & Vandenberg, 1983).

우리나라 2세 유아의 가상이해 능력과 어머니의 상징사용과의 관계를 살펴본 연구(민미희, 이순형, 2003)에서, 가상놀이를 할 때 어머니는 2세 유아의 가상이해를 위해서 여러 가지의 상징언어와 상징행동을 사용하는데, 상징언어 중에서는 '지시하기'와 '행동요구하기'를, 상징행동 중에서는 '시연하기'를 더 많이 사용한다고 하였다. 또한 어머니의 상징사용과 2세 유아의 가상이해 능력은 부분적으로 관련이 있는 것으로 나타났는데, 어머니가 상징행동의 하위 범주 중 '돕기'를 많이 사용할수록 2세 유아의 가상이해 능력은 높다고 하였다.

(2) 자기중심적 사고

유아는 우주의 모든 현상을 자기중심적으로 생각하는데, 자신이 좋아하는 것을 다른 사람도 좋아하고, 자신이 느끼는 것을 다른 사람도 느끼며, 자신이 알고 있는 것을 다른 사람도 알고 있다고 생각한다. 그래서 어머니의 생일선물로 자신이 좋아하는 피카추 인형을 고르거나, 숨바꼭질 놀이(사진 참조)를 할 때 자신이 술래를 볼 수 없으면 술래도 자신을 볼 수 없다고 생각하여, 몸은 다 드러내놓고 얼굴만 가린 채 숨었다고 생각한다.

유아는 자신의 왼손과 오른손은 구별하지만, 맞은편에 서 있는 사람의 왼손과 오른손은 구별하지 못한다. 유치원 교사는 이러한 사실을 인식하기 때문에, 유아와 마주 보고 '나비야' 노래에 맞춰 무용을 가르칠 때 "이리 날아오너라"라는 손동작을 오른손을 들어야 할 경우 자신의 왼손을 든다. 그래야만 유아가 자신의 오른손을 들기 때문이다.

자기중심적 사고(egocentric thought)는 다른 사람의 관점을 고려하지 못하는 데에 기인한다. 이것은 유아가 이기적이거나 일부러 다른 사람의 입장을 배려하지 않는 것이 아니라, 단지 다른 사람의 관점을 이해하지 못하는 것을 의미한다.

유아기에 갖는 자기중심적 사고를 보여주는 매우 유명한 실험으로 Piaget와 Inhelder(1956)의 '세 산 모형 실험(three mountains experiment)'이 있다. 〈그림 11-1〉에서 보듯이, 색깔, 크기, 모양이 상이한 세 개의 산모형을 만들어 탁자 위에 올려 놓는데, 한 산의 정상에는 작은 집이 있고, 또 다른 산의 정상에는 십자가가 꽂혀 있으며, 나머지 한 산의 정상은 흰 눈으로 덮여 있다. 유아로 하여금 탁자 주위를 한 바퀴 돌아보게 한 다음 한 의자에 인형을 앉히고, 또 다른 의자에 유아를 앉게 한다. 몇 개의 사진을 제시하고서 유아가 본 것을 나타내는 사진과 인형이 본 것을 나타내는 사진을 선

Piaget와 Inhelder

〈그림 11-1〉 Piaget의 '세 산 모형 실험'

택하게 한다. 6~7세 이전의 유아는 자신이 본 것을 나타내는 사진은 잘 고르지만, 인형이 본 것을 나타내는 사진을 고르라고 했을 때도 자신이 본 것과 똑같은 사진을 선택한다.

유아기의 자기중심성(egocentrism)은 유아의 자기중심적 언어(egocentric speech)에서도 잘 드러난다. 자기중심적 언어는 자신이 하는 말을 상대방이 이해하든 못하든 상관없이 자기 생각만을 전달하는 의사소통 양식이다. 5세 된 유아들의 대화를 예로 들어보자(〈그림 11-2〉 참조).

〈그림 11-2〉 집단적 독백의 대화

〈그림 11-2〉의 예에서 보듯이 전조작기의 유아는 타인과의 대화에서 의사소통을 할 목적이나 의도가 없이 독백과 같이 자기 말만 하는 것이 특징이다. 이러한 대화형태를 Piaget는 집단적 독백(collective monologue)이라 부른다.

Krauss와 Glucksberg(1969)는 유아기의 자기중심적 언어에 관한 실험을 하였다. 이 실험에서는 두 명의 유아가 탁자를 마주하고 앉는다. 그리고 탁자 중간에 불투명한 스크린을 설치해서 상대방을 볼 수 없게 한다(〈그림 11-3〉 참조). 크고 작은 여러 가지 장난감과 블록을 두 명의 유아 앞에 똑같이 놓는다. 그중 한 명으로 하여금 자기 앞에 놓인 물건 중 한 가지를 잘 설명해서 다른 유아로 하여금 그것과 똑같이 생긴 물건을 자기 앞에서 집도록 한다. 4~5세 유아는 이 실험에서 충분한 설명을 하지 못하는 것으로 나타났다. 예를 들면, 빨간색 블록을 집고서 "이걸 집어"라고 말했는데, 자신이 무엇을 집었는지 상대방 유아가 보지 못한다는 사실을 이해하지 못했기 때문이다.

Robert M. Krauss

Sam Glucksberg

〈그림 11-3〉 자기중심적 언어의 실험

(3) 물활론적 사고

전조작기의 유아가 생물과 무생물을 구분하는 방식은 성인의 경우와는 다르다. 이 시기에 유아들은 물활론적 사고를 한다. 즉, 생명이 없는 대상에게 생명과 감정을 부여한다(Opfer & Gelman, 2011). 예를 들면, 태양은 자기가 원해서 밝게 빛나고, 종이를 가위로 자르면 종이가 아플 것이라고 생각한다. 산너머 지는 해를 보고, 유아는 해가 화가 나서 산 뒤로 숨는다고 말한다. 책꽂이에서 떨어진 책은 다른 책들과 함께 있기를 싫어해서 떨어졌다고 믿으며, 탁자에 부딪쳐 넘어진 유아는 탁자를 손바닥으로 때리면서 "때찌"라고 말하는데, 이것은 탁자가 일부러 자기를 넘어뜨렸다고 믿기 때문이다.

물활론적 사고는 유아기 초기의 가장 현저한 특성인데, 4~5세가 되면 감소하기 시작한다(Bullock, 1985). 물활론적 사고는 다음과 같은 단계로 진행되는데, 유아기에는 1, 2단계까지 발달한다.

1단계: 사람에게 영향을 주는 모든 사물은 살아 있다고 생각한다.

2단계: 움직이는 것은 살아 있고, 움직이지 않는 것은 죽었다고 생각한다.

3단계: 움직이는 것 가운데서도 스스로 움직이는 것은 살아 있다고 생각한다.

4단계: 생물학적 생명관에 근거해서 생물과 무생물의 개념을 파악하게 된다.

우리나라 그림책에 나타난 유아의 물활론적 사고의 교육적 기능을 분석한 연구(백승화, 강기수, 2014)에서 물활론적 사고 특징이 잘 나타나 있으며 교육적 가치가 있다고 생각되는 그림책을 중심으로 분석한 결과, 그림책에 나타난 물활론적 사고는 유아에게

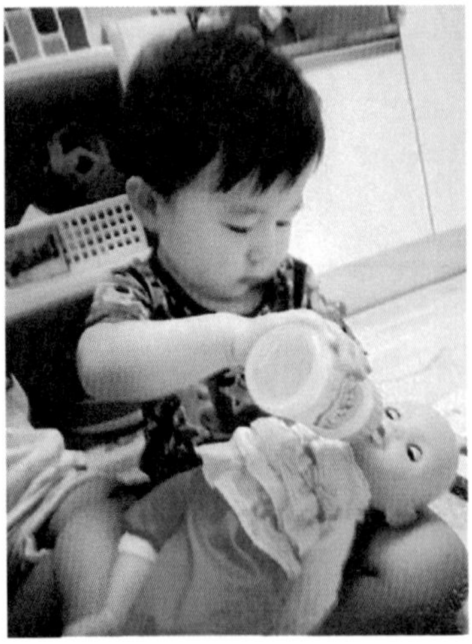

사진 설명 유아가 인형에게 우유를 먹이고 있다.

사진 설명 인형들에게 편안함을 주기 위해 흔들의자에 앉혀 준다.

풍부하고 다양한 경험을 제공하여 유아의 바람직한 정서발달에 기여하며, 유아의 상상력과 창의력 발달에 도움을 주어 유아의 인지적 발달을 돕는다는 점에서 교육적 기능을 수행하는 것으로 나타났다.

(4) 인공론적 사고

물활론적 사고와 관련이 있는 현상이 인공론적 사고이다. 어떤 의미에서 물활론(animism)과 인공론(artificialism)은 자기중심성의 특별한 형태이다. 유아는 세상의 모든 사물이나 자연현상이 사람의 필요에 의해서 자신의 목적에 맞도록 쓰려고 만들어진 것이라고 믿는다. 유아는 사람들이 집이나 교회를 짓듯이 해와 달도 우리를 비추게 하기 위해 사람들이 하늘에 만들어 두었다고 믿는다. 그리고 하늘이 푸른 이유는 누군가가 파란색 물감으로 하늘을 칠했기 때문이며, 비가 오는 이유는 누군가가 커다란 스프링클러로 물을 뿌렸기 때문이라고 믿는다. 유아는 자기중심적 사고의 특성으로 인해, 이러한 사물이나 자연현상이 특히 자신을 위해 존재한다고 생각한다.

(5) 전환적 추론

인과개념은 어떤 현상의 원인과 결과 간의 관계를 추론하는 능력을 말한다. 성인은 추론을 할 때 대체로 귀납적 추론 또는 연역적 추론을 한다. 귀납적 추론(inductive reasoning)은 관찰된 개별적 사실들을 총괄하여 일반적 원리를 성립시키는 사고의 방법이다. 즉, 특수 사례를 근거로 하여 일반화의 진리를 도출해 내는 방법이다. 연역적 추론(deductive reasoning)은 그와 반대로 일반적인 원리나 법칙을 바탕으로 하여 특수한 원리를 이끌어 내는 추론이다.

유아기에는 전개념적 사고의 한계 때문에 귀납적 추론이나 연역적 추론을 하지 못하고 대신 전환적 추론(transductive reasoning)을 하게 된다. 전환적 추론의 특징은 한 특정 사건으로부터 다른 특정 사건을 추론하는 것이다. 예를 들어, 낮에 항상 낮잠을 자던 Piaget의 딸 Lucienne이 어느 날에는 낮잠을 자지 않았다. Lucienne은 "내가 아직 낮잠을 자지 않았기 때문에 아직 낮이 아니에요"라고 말했다. 여기서 Lucienne은 '낮잠'이라는 특정 사건이 '낮'이라는 특정 사건을 결정짓는 원인이 되는 것으로 추론하고 있다.

또 다른 예로, 한 유아가 동생을 미워한다는 사실과 동생이 아프다는 두 가지 사실을 자기가 동생을 미워해서 동생이 아프게 되었다는 인과관계로 연결시킨다. 특히 어떤 두 가지 현상이 시간적으로 근접해서 발생하면 두 현상 간에 아무런 관계가 없는데도 유아는 인과관계가 있는 것으로 생각한다.

2) 직관적 사고기

직관적 사고란 어떤 사물을 볼 때, 그 사물의 두드러진 속성을 바탕으로 사고하는 것을 말한다. 즉, 직관에 의해 사물을 파악하는 것을 의미한다. 판단이 직관에 의존하기 때문에 전체와 부분의 관계를 정확하게 파악할 수 없으며, 과제에 대한 이해나 처리방식이 그때그때의 직관에 의해 좌우되기 쉽다. 보존개념, 유목포함, 서열화 등을 검토함으로써 직관적 사고의 특성을 살펴보기로 하자.

(1) 보존개념

보존개념(conservation)은 어떤 대상의 외양이 바뀌어도 그 속성이 바뀌지 않는다는 것을 이해하는 능력을 의미한다. Piaget에 의하면 전조작기에는 보존개념이 획득되지 않는다고 한다. 가장 유명한 예가 양(액체)의 보존개념 실험이다(사진 참조). 이 실험에서는 유아가 보는 앞에서 모양이 같은 두 개의 잔에 같은 양의 물을 부은 다음 어느 잔의 물의 양이 더 많은지 유아에게 물어보면 두 잔의 물의 양이 같다고 대답한다. 그러나 한 잔의 물을 밑면적이 넓고 높이가 낮은 잔에 옮겨 담고, 이제 어느 잔의 물의 양이 더 많은지 유아에게 물어보면, 두 잔의 물의 양이 같다는 사실을 이해하지 못하고, 대부분의 경우 길고 폭이 좁은 잔의 물이 더 많다고 대답한다. 이는 물의 양에 대한 보존개념이 형성되지 않았다는 것을 말해 준다. 그 이유는 유아가 물의 높이에만 관심을 두기 때문이다.

수, 길이, 무게, 부피 등의 보존개념 실험에서도 이와 유사한 결과가 나타난다. 〈그림 11-4〉는 여러 가지 보존개념에 관한 실험의 예들이다. 보존개념이 획득되는 연령은 과제의 종류에 따라 다른 것으로 보인다. 수의 보존개념은 5~6세, 길이의 보존개념은 6~7세, 무게, 액체, 질량, 면적의 보존개념은 7~8세, 부피의 보존개념은 11~12세에 획득되는 것으로 보인다.

사진 설명 유아가 수의 보존개념과제를 풀고 있다.

우리나라 유아들을 대상으로 수보존개념과 양보존개념을 살펴본 연구(박종효, 1993)에서, 수보존개념의 과제는 5세 유아 중 37.5%가 통과하였고, 6세 유아 중 78.6%가 통과하였다. 양보존개념은 5세 유

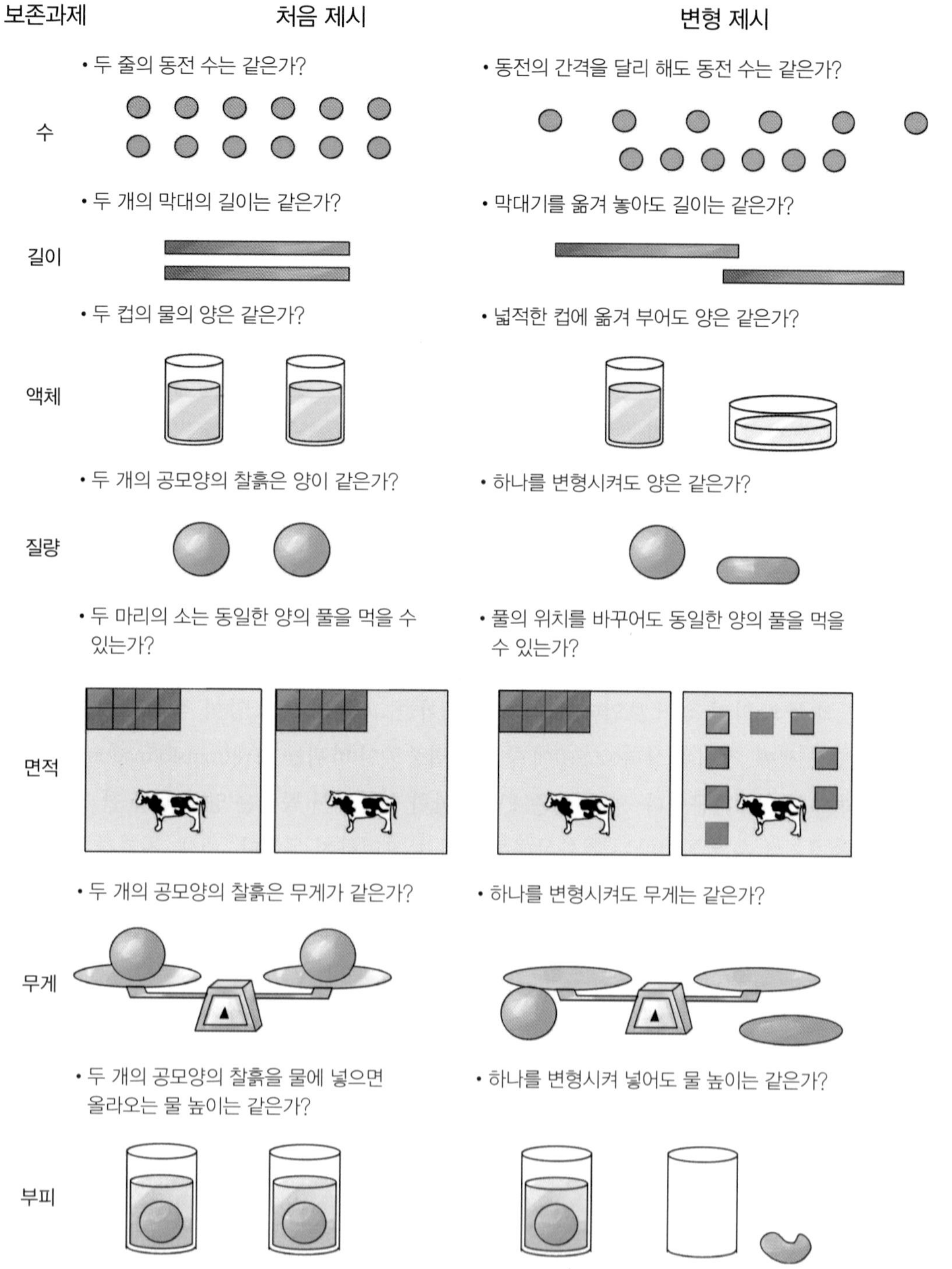

〈그림 11-4〉 보존개념 실험의 예

출처: Berk, L. E. (1996). *Infants, children, and adolescents* (2nd ed.). Needham Heights, MA: Allyn & Bacon.

아 중 12.5%만이 통과하였고, 6세 유아 중 21.4%만이 통과하였다. 또한 양보존개념의 과제를 통과한 유아 중 수보존개념의 과제에서는 실패한 유아가 없었던 반면, 수보존개념의 과제를 통과하고도 양보존개념에 실패한 유아는 45.5%였다. 이는 양보존개념이 수보존개념 이후에 출현한다는 Piaget의 주장을 뒷받침하는 것으로 보인다.

유아의 성과 연령에 따른 보존개념에 관한 연구(홍계옥, 2002)에서 유아들에게 가장 많이 형성되는 보존개념은 수의 보존인 것으로 나타났다. 연령에 따른 보존개념 형성은 수 보존개념과 길이보존 개념은 4세와 7세 간, 양 보존개념은 4세와 7세 간, 전체 보존개념은 4세와 7세 간과 5세와 7세 간에 통계적으로 유의한 차이가 있는 것으로 나타났다.

이와 같이 전조작기 유아가 보존개념을 획득하지 못하는 이유를 Piaget는 다음 몇 가지로 설명하고 있다. 첫째, 중심화(centration) 현상 때문이다. 중심화란 두 개 이상의 차원을 동시에 고려하지 못한 채 한 가지 차원에만 주의를 집중하는 것을 말한다. 양의 보존개념에 관한 실험에서 물의 양은 잔의 밑면적과 높이에 의해서 결정되는데, 유아는 이 중에서 한 가지 측면(물의 높이나 넓이)만을 보고 대답을 한다. 둘째, 지각적 특성에 의해 판단하는 직관적 사고 때문이다. 유아가 보기에는 밑면적이 넓고 길이가 짧은 잔의 물의 양이 적어 보인다. 그러니까 유아는 그 잔의 물의 양이 적을 것이라고 생각한다. 셋째, 정지된 상태(states)에 주의를 집중하여 바뀌는 상태(transformations)를 고려하지 못하기 때문이다. 양의 보존개념에 관한 실험에서 똑같은 양의 물을 한 잔에서 다른 잔으로 옮겨 놓았다는 전환상태를 유아는 고려하지 못한다. 넷째, 전조작기의 비논리적 사고의 특징인 비가역성(irreversibility) 때문이다. 가역성(reversibility)은 어떤 변화가 일어났을 때 이것을 이전 상태로 되돌려 놓는 것을 말하는데, 비가역성은 이런 능력이 없는 것을 말한다. 양의 보존개념에 관한 실험에서 물을 처음 잔에 도로 부으면 물의 양이 똑같다는 사실을 유아는 이해하지 못한다.

보존개념이 형성되지 못한 우리나라 4~5세 유아들을 대상으로 한 연구(이종경, 1988)에서 상징놀이를 통해 가역성을 훈련시켰다. 그 결과, 면적 보존개념의 형성에는 훈련효과가 나타났으나, 길이와 양의 보존개념 형성에는 효과가 나타나지 않았다.

(2) 유목포함

유목포함(class inclusion)은 상위유목과 하위유목 간의 관계, 즉 전체와 부분의 관계를 이해하는 능력을 말한다. 유목포함에 관한 실험(〈그림 11-5〉 참조)에서 유아에게 열 송이의 빨간색 장미와 다섯 송이의 노란색 장미를 보여주고 "빨간색 장미가 더 많니?

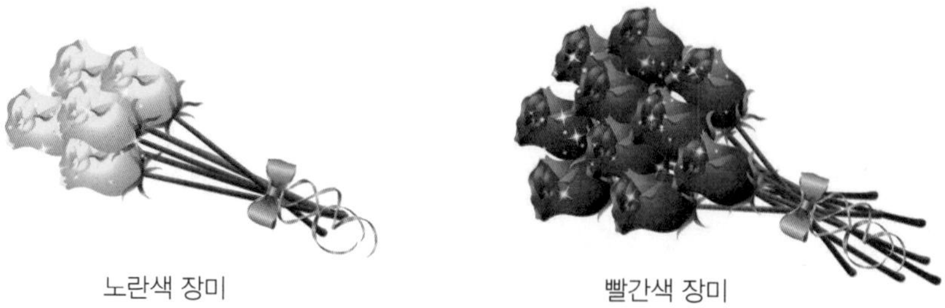

〈그림 11-5〉 유목포함 실험

장미가 더 많니?"라고 물으면 유아는 빨간색 장미가 더 많다고 대답한다. 이때 유아는 빨간색 장미와 노란색 장미(하위유목)가 모두 장미라는 상위유목에 포함된다는 사실을 이해하지 못하고, 장미꽃의 색깔이라는 지각된 특성에만 주의를 집중하게 된다. 왜냐하면 전체(장미)와 부분(빨간색 장미와 노란색 장미)이라는 논리적 관계를 이해하지 못하기 때문이다.

우리나라 아동 120명을 대상으로 한 연구(이경렬, 1989)에서 아동의 유목포함 수행능력은 연령이 증가함에 따라 점차 우수하게 나타났다. 즉, 4세 유아보다는 5~6세 유아가, 5~6세 유아보다는 7~8세 아동들의 수행능력이 우수한 것으로 나타났다. 우리나라 아동 60명을 대상으로 한 최근의 연구(박윤현, 2013)에서도 유목과제의 정답률과 응답시간은 연령에 따라 차이가 있는 것으로 나타났다. 즉, 5세 유아가 3, 4세 유아보다 유목과제를 보다 빠르게 수행하였으며, 정답률도 높은 것으로 나타났다.

(3) 서열화

유아에게 길이가 다른 여러 개의 막대기를 주고 길이가 짧은 것부터 순서대로 나열해 보라고 하면, 3~4세의 유아는 〈그림 11-6〉의 A에서 보듯이 차례대로 나열하지 못한다. 5~6세가 되면 일부는 순서대로 나열하나 전체적으로는 서열대로 나열하지 못한다. 때로는 〈그림 11-6〉의 B에서 보듯이 아랫부분은 무시하고 윗부분만을 순서대로 나열하기도 한다. 그러나 구체적 조작기에 이르러서는 〈그림 11-6〉의 C에서 보는 바와 같이 서열화의 개념을 완전히 획득하게 된다.

우리나라 도시와 농촌의 4~7세 아동 160명을 대상으로 한 연구(신성애, 1980)에서, 4세에서 7세 아동들의 서열개념 발달수준은 연령이 증가함에 따라 높아졌으며, 도시 아동이 농촌 아동보다 서열개념 발달수준이 높은 것으로 나타났다.

사진 설명 유아기에는 블록을 색깔이나 모양에 따라 분류할 수는 있지만 색깔과 모양을 한꺼번에 고려해서 분류하지는 못한다.

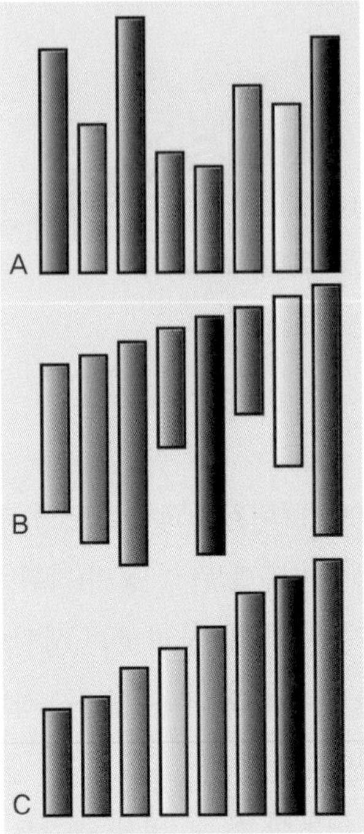

〈그림 11-6〉 서열화 개념의 발달

3) 유아기 사고의 특성에 관한 피아제 이론에 대한 비판

Tiffany Field

Piaget의 이론에서는 유아기의 사고가 지나치게 부정적으로만 기술되어 있다. 즉, 이 시기의 사고는 자기중심적이고, 가역적이지 못하며, 모순과 오류로 가득찬 전조작적 사고를 한다는 것이다. 그러나 최근에 와서는 많은 학자들이 유아기의 인지능력을 '전조작기'로 규정하는 것에 대해 비판적인 시각을 보이면서, 유아기의 인지발달 수준이 Piaget가 생각한 것보다 훨씬 앞서 있다는 사실을 여러 측면에서 입증하고 있다.

Piaget가 유아에게 제시한 과제들은 지나치게 어렵거나 복잡하며 특히 유아의 언어적 설명에 의존하는 자료수집방법이 문제점으로 지적되고 있다. 따라서 좀더 단순한 과제나 일상생활에서 유아에게 친숙한 과제를 제시하면, 유아는 타인의 관점을 고려할 수 있으며, 보존개념이나 유목포함 등의 과제를 상당 부분 수행하는 것으로 나타났다. 또한 이들 과제를 수행하는 데 있어서 훈련을 통해 유아의 인지능력은 향상될 수 있는 것으로 보인다(Field, 1987). 관련 연구를 중심으로 구체적인 예를 들어보기로 하자.

(1) 자기중심성

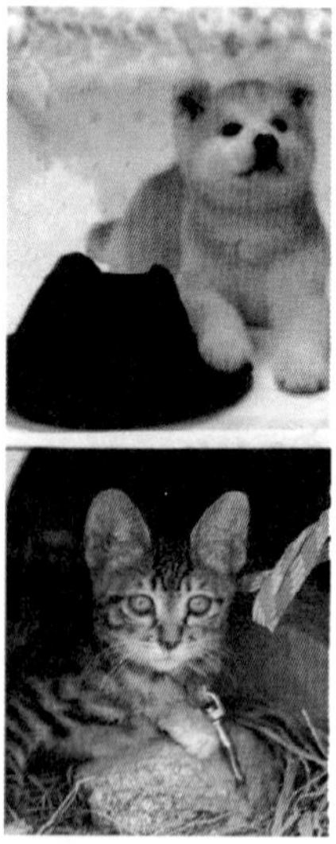

Piaget와 Inhelder의 '세 산 모형 실험'은 유아가 이해하기에 지나치게 복잡하고 어려운 과제라는 비판을 받아 왔다. 여러 연구에서 유아에게 좀 덜 복잡한 과제를 제시했을 때, 유아는 자기중심성을 훨씬 덜 보이는 것으로 나타났다(Gzesh & Surber, 1985; Newcombe & Huttenlocher, 1992). 예를 들면, Flavell과 그의 동료들(1981)은 3세 유아들에게 한 면에는 강아지 그림이 있고, 다른 면에는 고양이 그림이 있는 카드를 보여주었다(사진 참조). 그리고 유아는 강아지를 볼 수 있는 위치에 앉게 하고, 실험자는 고양이를 볼 수 있는 위치에 앉았다. 유아에게 실험자가 어떤 그림을 보고 있느냐고 질문했을 때 대부분의 유아들은 '고양이'라는 정답을 맞추었다.

또 다른 예로 '순경놀이'를 들 수 있다. 인형으로 만든 순경이 소년을 잡으러 가는 게임에서, 유아에게 소년이 잡히지 않도록 순경이 볼 수 없는 곳에 소년을 숨기라고 하면 유아는 〈그림 11-7〉에서 보듯이 소년을 잘 숨긴다. 심지어 두 명의 순경이 소년을 잡으러 가는 좀더 복잡한 게임에서도 소년을 잘 숨겼다(Cohen, 1983).

'세 산 모형' 과제와 '순경놀이' 과제는 어떤 차이가 있는가? '순경놀이' 과제가 유아에게 좀더 친숙하고 덜 복잡하기 때문에 유아가 이 과제를 쉽게 해결하는 것으로 보인다. 대부분의 유아는 산에 별로 관심이 없으며, 더욱이 다른 사람이 자신과 다른 위치에서 보는 산의 모습에 전혀 관심이 없다. 반면, 순경놀이와 숨바꼭질 놀이는 유아에게 친숙한 놀이이다. 따라서 Piaget의 주장과는 달리 유아는 익숙하지 않은 상황에서만 자기중심적 사고를 하는 것으로 보인다.

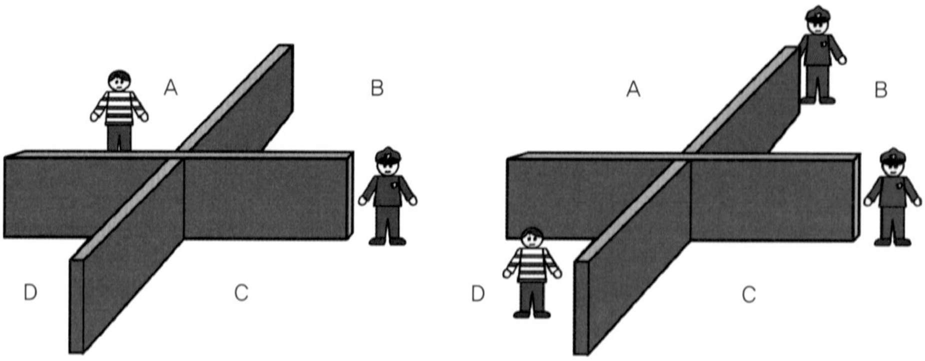

〈그림 11-7〉 순경놀이 실험

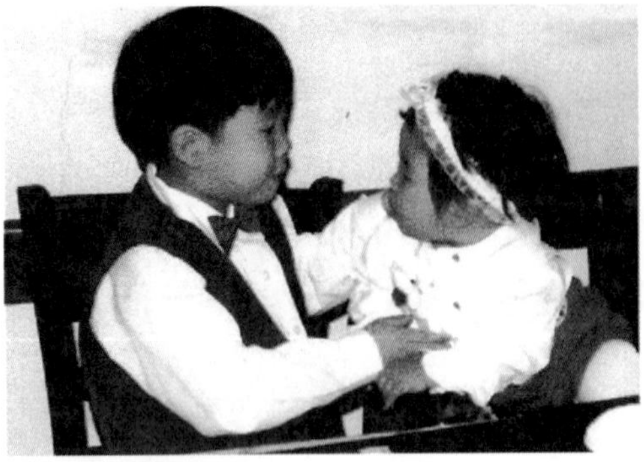

우리나라 유아를 대상으로 한 연구(이춘재, 1982)에서도 인형이나 동물을 사용한 친숙성이 높은 과제에서는 연구대상의 10%만이 자기중심적 반응을 보였지만, 친숙성이 낮은 과제에서는 50% 이상이 자기중심적 반응을 보였다.

유아의 대화에서도 대상이 누구냐에 따라 유아가 사용하는 언어의 수준이 달라진다. 예를 들면, 4세 유아가 영아에게 얘기할 때는 또래나 성인에게 하는 것보다 훨씬 더 간단한 문장을 사용하는 것을 볼 수 있다(Gelman & Shatz, 1978; 사진 참조).

(2) 물활론

Piaget 이후의 연구에 의하면, 유아는 Piaget가 생각하는 것처럼 물활론적인 사고를 하지 않는 것으로 보인다. Piaget의 연구에서 유아가 무생물도 생명이 있으며 감정을 가지고 있는 것으로 느끼는 물활론적 사고를 하는 것은, 이들 연구에서 바람, 구름, 달, 해와 같이 유아에게 친숙하지 않은 대상을 사용한 데 기인하는 것으로 보인다. 그러나 유아에게 좀더 친숙한 로봇(사진 참조), 크레용, 블록, 공 등을 대상으로 질문하면 유아는 그들이 살아 있다고 생각하지 않는 것으로 나타났다(Richards & Siegler, 1986). 한 연구(Keil, 1979)에서 3세 유아는 생명이 있는 대상에게만 감정과 정서를 부여함으로써, 이들을 생명이 없는 대상과 구분할 수 있는 능력을 가지고 있음을 보여 주었다.

6~14세의 아동과 대학생을 대상으로 물활론의 발달과 생명개념을 조사한 연구(고윤주, 1988)에서, 6~11세까지는 연령이 증가함에 따라 물활론적 사고가 감소하다가 11세를 기점으로 다시 증가하는 양상을 보였다. 11세까지만을 대상으로 한다면 연령이 증가함에 따라 물활론적 사고가 감소한다는 Piaget의 이론을 지지하는 것으로 보이지만, 14세 이후에는 물활론적 사고가 다시 증가한다는 점은 Piaget의 이론을 뒷받침하지 않는 결과인 것이다. 성인에게도 물활론적 사고의 경향이 있다는 결과는 다른 연구에서도 나타난 바 있다(Dennis, 1953; Russell, 1942). 그리고 사물에 따라 물활론적 사고의 정

도에 차이가 나타났는데, 해와 구름은 연령에 관계없이 물활론적 사고를 하는 경향이 높게 나타났다.

(3) 유목포함

유목포함에 관한 실험에서 질문양식을 바꾸거나, 각 유목의 수를 5개 미만으로 하거나, 유아에게 좀더 친숙한 꽃이나 동물을 과제로 사용하면 유아도 유목포함 조작이 가능한 것으로 나타났다.

Piaget의 유목포함 실험과 비슷한 실험에서 질문양식과 유목의 대상을 약간 변형시켜보았다. 이 실험에서는 흰 소와 검은 소의 그림을 사용했는데, 이 소들을 한쪽으로 비스듬하게 눕혀 놓고 모두 자고 있다고 유아에게 설명하였다. 그리고 유아에게 다음과 같은 두 가지 질문을 하였다. "검은 소가 더 많니? 소가 더 많니?"(Piaget가 사용한 질문양식). "검은 소가 더 많니? 자고 있는 소가 더 많니?"(새로운 질문양식). 두 번째 질문에 '자고 있는'이라는 말을 첨가함으로써 유아들로부터 Piaget가 사용한 양식인 첫 번째 질문보다 2배의 정답이 나왔다(McGarrigle, Grieve, & Hughes, 1978).

또 다른 연구(Markman, 1978)에서는 유목포함은 유아의 숫자를 세는 능력에 의존하므로, 장미꽃 두 송이와 백합꽃 한 송이처럼 각 유목의 수를 적게 해 주었더니, 5~6세 전의 유아도 유목포함 능력이 있는 것으로 나타났다.

2. 유아기의 기억발달

유아기에는 영아기에 비해 기억능력이 크게 발달하는데, 여기에는 네 가지 요인이 작용하는 것으로 보인다(Shaffer, 1999). 첫째, 정보를 저장할 수 있는 저장공간의 크기, 즉 기억용량(memory capacity)의 증가, 둘째, 정보를 체계적으로 저장하고 인출할 수 있는 기억전략(memory strategy)의 발달, 셋째, 기억과 기억과정에 대한 지식인 상위기억(metamemory)의 발달, 넷째, 연령증가에 따른 지식기반(knowledge base)의 확대가 그것이다.

1) 기억용량의 증가

기억용량이 증가한다는 것은 정보를 저장할 수 있는 공간이 증가한다는 것을 의미한

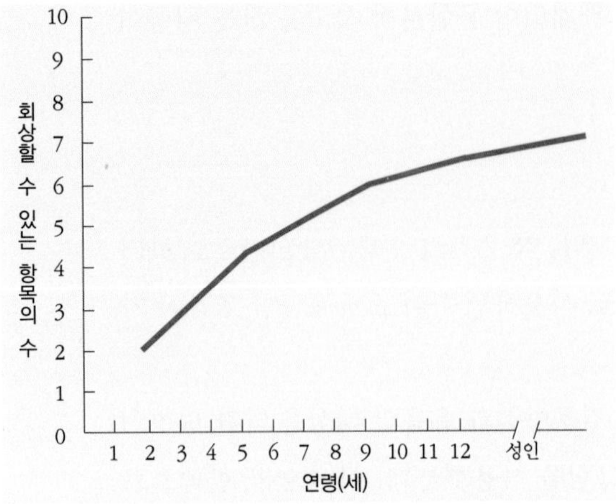

〈그림 11-8〉 연령에 따른 기억폭의 증가

출처: Dempster, F. N. (1981). Memory span: Sources of individual and developmental differences. *Psychological Bulletin, 89*, 63-100.

다. 기억공간에는 감각기억, 단기기억, 장기기억이 있는데, 감각기억과 장기기억의 용량은 연령에 따른 변화가 거의 없는 것으로 보이기 때문에, 기억용량의 증가는 단기기억 용량의 증가를 의미한다(Bjorklund, 1995).

일반적으로 단기기억의 용량은 기억폭(memory span) 검사에 의해 측정된다. 기억폭 검사는 예를 들어, 숫자를 몇 개 불러 준 다음 그 순서대로 말해 보도록 하여 정확하게 회상할 수 있는 항목 수로 기억폭을 측정한다. 〈그림 11-8〉에서 보는 바와 같이 기억폭은 유아기에 급격히 증가하는 것임을 알 수 있다. 즉, 2세 유아의 기억폭은 2개 정도이고, 5세 유아는 4.5개, 그리고 성인의 기억폭은 7~8개 정도이다(Dempster, 1981).

연령에 따른 기억폭의 증가는 Case(1985)의 조작 효율성 가설(operating efficiency hypothesis)로 설명할 수 있다. 이 가설에 의하면 연령이 증가하면서 정보를 처리하는 속도가 빨라지고 점점 더 효율적이 되기 때문에, 조작공간을 덜 필요로 하고 그래서 저장공간이 증가하게 된다고 한다(〈그림 11-9〉 참조). 즉, 어렸을 때는 많은 시간과 노력을 필요로 했던 문제들이 나이가 들면서 자동적으로 처리되어 시간과 노력을 적게 들이고도 쉽게 답을 얻을 수 있게 된다는 것이다. 곱셈문제를 예로 들면, 아동이 구구단

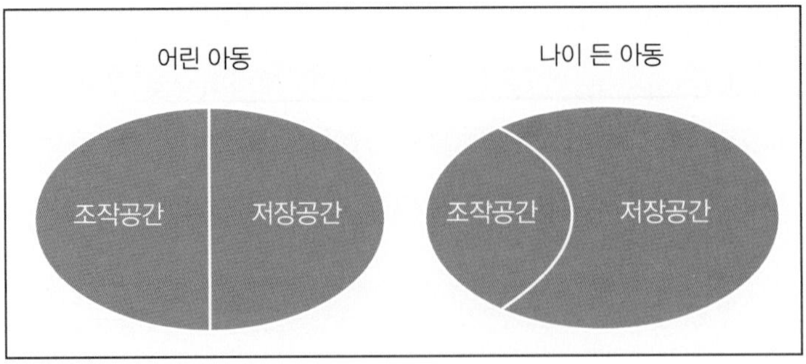

연령이 증가하면서 저장공간이 증가하게 된다.

〈그림 11-9〉 Case의 조작 효율성 가설

출처: Case, R. (1985). *Intellectual development: Birth to adulthood*. Orlando, FL: Academic Press.

Robert Kail

에 숙달되기 전에는 간단한 곱셈문제를 푸는 데에도 시간과 노력이 많이 들지만, 일단 구구단을 다 외우고 나면 어려운 곱셈문제도 쉽게 풀 수 있게 된다.

Kail(1992, 1997)에 의하면 조작 효율성의 증가는 학습이나 경험의 영향도 받지만 주로 생물학적 성숙에 기인한다고 한다. 즉, 뇌와 신경계의 수초화가 증가하고 불필요한 뉴런의 제거가 정보처리를 좀 더 효율적으로 해 준다는 것이다.

2) 기억전략의 발달

기억전략은 정보를 장기기억 속에 저장하고 그 정보가 필요할 때 인출이 용이하도록 해 주는 의도적인 활동을 말하는데, 기억술이라고도 한다. 기억전략에는 기억하려는 것을 반복연습하는 시연(rehearsal), 관련 있는 것끼리 집단화시키고 유목화하는 조직화(organization), 기억해야 할 정보에 다른 것을 연결시켜 정보가 갖는 의미의 깊이와 폭을 더욱 확장시키는 정교화(elaboration) 그리고 도움이 될 수 있는 단서를 사용하는 인출(retrieval)전략 등이 있다. 기억전략은 유아기에 출현하기 시작하지만, 처음에는 그렇게 효율적이지 못하다. 그러나 아동기가 되면 기억전략은 크게 발달한다.

(1) 시연

매우 간단하면서도 효과적인 기억전략이 시연이다. 시연은 기억해야 할 정보를 여러 번 반복해서 암송하는 것을 말한다(사진 참조). 친구의 전화번호를 기억하기 위해 그 번호를 여러 번 반복해서 외우는 것이 그 예이다. 일반적으로 어떤 정보가 단기기억에서 더 많이 시연될수록 그 정보는 장기기억으로 전환되기 쉽다고 한다. 그러나 시연에 의해 더 많은 정보가 저장되는 것은 아니고, 단지 같은 정보를 좀더 오래 기억하도록 해 준다.

사진 설명 서당에서 글을 배우고 있는 아이들

Flavell, Beach 그리고 Chinsky(1966)의 연구는 시연의 중요성을 보여준다. 이 연구에서 5세, 7세, 10세의 아동들에게 일곱 장의 그림을 보여주고 나서 그중 세 장의 그림을 지적한 후, 아동들로 하여금 세 장의 그림을 그 순서대로 지적하게 하였다. 실험자가 그림을 지적한 후 15초 동안 아동들의 눈을 가리고 그 그림을 볼 수 없게 하였다. 그리고 그림의 이름을 외우고 있는지를 입술의 움직임을 통해 관찰하였다. 시연을 하는 비율은 연령과 함께 증가하였는데, 5세 유아는 10%, 7세 아동은 60% 그리고 10세 아동은 85%가 시연을 한 것으로 나타났다.

6세 유아를 대상으로 한 후속연구(Keeney, Canizzo, & Flavell, 1967)에서, 시연을 한 유아들이 시연을 하지 않은 유아들보다 기억을 더 잘하는 것으로 나타났다. 그리고 자발적으로 시연을 하지 않았던 유아들에게 시연을 해 보라고 지시한 결과, 자발적으로 시연을 한 유아들과 비슷한 수준까지 기억량이 증가하였다.

좀더 어린 유아들도 초보적인 형태의 시연을 하는 것으로 보인다. 3~4세 유아를 대상으로 한 연구에서 이들에게 장난감 강아지를 세 개의 컵 중 한 개의 컵 아래 숨기는 장면을 보여주었다. 그러고 나서 유아들에게 강아지가 어디에 숨었는지 기억하도록 지시하였다. 이때 유아들은 강아지가 어느 컵 아래 숨겨지는지 주의깊게 바라보고, 손으로 가리키고, 그 컵을 만지는 것과 같은 시연을 하였다(Wellman, Ritter, & Flavell, 1975).

(2) 조직화

조직화란 기억하려는 정보를 서로 관련 있는 것끼리 묶어 범주나 집단으로 분류함으로써 기억의 효율성을 높이려는 전략이다. 한 번에 기억할 수 있는 정보량에는 한계가 있기 때문에, 조직화에 의해 정보를 체계화하면 보다 많은 정보를 기억할 수 있게 된다. 예를 들어, 아래 목록에 있는 낱말들을 기억해야 한다고 가정해 보자.

목록 1: 배, 성냥, 망치, 외투, 풀, 코, 연필, 개, 컵, 꽃
목록 2: 칼, 셔츠, 자동차, 포크, 배, 바지, 양말, 트럭, 숟가락, 접시

단어 하나하나를 단순히 암기하는 시연 전략의 관점에서 보면 목록 1과 목록 2의 난이도는 비슷하지만, 관련이 있는 것끼리 묶어 범주화하는 조직화 전략의 관점에서 보면 목록 2에 있는 단어들을 외우기가 훨씬 용이하다. 왜냐하면 목록 1에 있는 10개의 단어는 각각 독립적인 범주에 속해서 관련 있는 것끼리 묶는 것이 어렵지만 목록 2에 있는 항목들은 관련이 있는 것끼리 묶어서 기억할 수 있기 때문이다. 즉, 셔츠, 바지, 양말은 '의복'의 범주로 분류하고, 자동차, 배, 트럭은 '탈것'의 범주로 그리고 칼, 포크, 숟가락, 접시는 '식기'의 범주로 분류하여 기억하는 것이 훨씬 용이할 것이기 때문이다.

조직화는 상위개념과 하위개념에 대한 이해를 전제로 하기 때문에 시연보다 늦게 나타난다. 9~10세 이전에는 범주화할 수 있는 항목(목록 2)이라고 해서 범주화할 수 없는 항목(목록 1)보다 더 잘 기억하는 것은 아니다. 이것은 유아는 나중에 기억을 잘 하기 위해서 정보를 조직화하는 능력이 없다는 것을 의미한다(Hasselhorn, 1992).

그러나 시연과 마찬가지로 조직화의 초보 형태는 유아기에도 나타난다. 한 연구(DeLoache & Todd, 1988)에서 M&M 초콜릿과 나무못을 각각 12개의 똑같은 용기에 넣어 유아들에게 주면서 초콜릿이 어느 용기에 들어 있는지 기억하도록 지시하였다. 이 연구에서 4세 유아도 조직화 전략을 사용하는 것으로 나타났다. 즉, 초콜릿이 든 용기를 한곳에 모아놓고, 나무못이 든 용기는 또 다른 곳에 모아놓았는데, 이 전략을 사용함으로써 초콜릿이 든 용기를 정확하게 기억해 내었다. 그러나 유아기에는 아직 의미가 같은 것끼리 묶는 의미론적 조직화(semantic organization)는 사용하지 못하는 것으로 보인다. 집중적인 훈련으로 유아에게 조직화를 가르칠 수는 있지만 항상 성공적인 것은 아닌 것으로 보인다(Carr & Schneider, 1991; Lange & Pierce, 1992).

그렇다면 아동은 정보를 조직화하는 전략을 어떻게 학습하는가? 아동이 조직화 전략을 발달시키는 데는 학교와 가정에서의 학습경험이 중요한 것으로 보인다. 학교에서 교사의 지시로 서로 관련 있는 항목끼리 범주화해 본 경험이나 교사가 학습자료를 조직화된 방법으로 제시하는 것을 관찰한 경험 등이 아동의 조직화 전략의 발달에 영향을 준다(Moely et al., 1992). 학교에서의 경험뿐만 아니라 가정에서 부모와 갖는 학습경험 또한 아동으로 하여금 조직화 전략을 활용할 수 있게 해 준다(Carr, Kurtz, Schneider, Turner, & Borkowski, 1989).

신혜은과 최경숙(2001)은 6세 아동 48명을 대상으로 조직화 책략에서의 회상, 책략행동, 메타기억 수준의 변화에 대해 살펴보았다. 연구자는 아동들을 처치1(조직화 훈련집단), 처치2(자기규제 훈련집단), 처치3(조직화 훈련 및 자기규제 훈련집단), 통제집단에 각각 12명씩을 배정하였다. 이들 네 집단을 총 7회기에 걸쳐 검사하였다. 그중 1, 2회기에는 처치 전 각 아동의 회상수준, 책략행동, 메타기억 수준에 대한 기저선을 측정하고, 3회기에는 각 처치조건별로 책략훈련을 시키며, 4회기에는 훈련한 책략을 환기시키고 언어적으로 설명해 주었다. 그 후 5, 6, 7회기에는 회상수준, 책략행동, 메타기억 수준이 훈련 후에 변화하였는지를 측정하였다.

그 결과, 첫째, 회상 수는 회기별로 집단 간에 차이를 보였으며, 조직화 훈련집단과 조직화/자기규제 훈련집단에서는 훈련 이전보다 수행능력이 유의하게 증가하였다. 이때 조직화와 자기규제 책략 두 가지를 모두 훈련받은 집단의 80%가 두 책략을 동시에 사용하였음에도 불구하고 조직화 집단에 비해 부가적 효과를 얻지 못하였다. 따라서 두 집단의 회상 증가는 조직화 책략(모아서 외우기)의 효과로 보인다. 둘째, 범주화 회상 비율 변화의 경우, 1, 2회기에는 보이지 않던 범주화 회상률의 집단 간 차이가 3, 4회기에서 유의했다가 다시 5, 6, 7회기에서 없어졌다. 특히 통제집단의 경우 회기가 진행될수록 범주화 회상률이 지속적으로 증가하여 5회기부터는 처치1, 3집단과 비슷한 수준으로 나타났다. 반면, 처치2집단의 경우, 회기별 범주화 회상률이 증가하지 않았는데, 이는 자기규제 훈련집단의 '안 보고 외우기' 책략이 자발적인 범주화 회상을 억제하였기 때문인 것으로 보인다.

(3) 정교화

때로는 기억재료를 범주화하는 것이 어려울 때가 있다. 예를 들어, 범주화가 쉽지 않은 단어목록 중에 '물고기'와 '파이프'가 들어 있다고 가정해 보자. 만약 여러분이 파이프 담배를 피우는 물고기(사진 참조)를 상상한다면 여러분은 정교화라는 기억전략을 사용하는 것이다. 정교화란 서로 관계가 없는 정보 간에, 다시 말해서 같은 범주에 속하지 않는 기억재료 간에 관계를 설정해 주는 것을 말한다.

정교화를 사용하기 위해서는 기억해야 할 항목을 이미지의 형태로 전환해야 하고, 양자 간의 관계를 설정해야 하기 때문에 정교화는 다른 전략에 비해 늦게 발달한다. 일반적으로 11세 이전에는 정교화 전략을 사용하지 못한다. 일단 아동이 정교화 전략을 사용하기 시작하면 다른 기억전략을 대신할 정도로 그 효율성이 뛰어나다. 11세 이전에는 아동들에게 정교화 전략을 가르치는 것이 별 효과가 없다. 왜냐하면 11세 이전에는 정적 이미지(static image)를 사용하기 때문에 기억에 별 도움이 안 된다. 예를 들어, '개'와 '자동차'가 제시되었을 때 그들이 사용하는 이미지는 고작 '자동차를 소유한 개' 정도이다. 반면, 청소년이나 성인들은 좀더 기억하기 쉬운 동적 이미지(active image)를 사용하는데, 예를 들면, "개와 자동차가 경주를 하였다"(Reese, 1977)이다.

유아기에 정교화 전략을 효율적으로 사용하지 못하는 또 다른 이유는 일반적인 지식의 부족 때문이다. 정교화 전략을 사용하기 위해서는 새로 들어오는 정보를 기존의 지식과 관련지을 수 있어야 하는데, 그러자면 여러 종류의 지식을 풍부하게 갖고 있어야 한다.

(4) 인출전략

시연, 조직화, 정교화가 정보를 효율적으로 저장하기 위해 사용되는 기억전략이라면, 인출전략은 저장된 정보 중에서 필요한 정보를 인출하기 위한 기억전략이다. 우리가 아무리 많은 정보를 장기기억 속에 저장하고 있다 하더라도 그것을 인출해 내지 못하면 아무 소용이 없다.

저장된 정보를 인출하는 데에도 적절한 전략이 필요한데, 적절한 인출전략은 정보를 저장할 때 사용했던 전략을 그대로 사용하는 것이다. 즉, 조직화 전략을 이용해서 정보를 저장한 경우는 조직화 전략을 이용하여 정보를 인출하는 것이 효과적이고, 정교화 전략을 이용해서 정보를 저장한 경우는 정교화 전략을 이용하여 정보를 인출하는 것이 효과적이다.

Pressley와 Levin(1980)은 6세와 11세 아동들에게 정교화 전략을 이용하여 18쌍의 항목(구상명사)[1]들을 기억하게 한 후 얼마나 많은 항목을 기억하는지를 검사하였다. 이때 각 연령집단을 반으로 나누어, 한 집단에게는 그 항목들을 기억할 때 이용했던 정교화 전략을 이용하여 회상해 보라고 지시하였으나, 다른 집단에게는 그냥 잘 회상해 보라고만 하였다. 연구결과, 11세 아동들은 두 집단 모두 65%의 항목을 정확히 회상하였다. 반면, 6세 유아들은 정교화 전략을 이용하여 회상하도록 지시받은 집단은 42.5%를 회상하였으나, 지시를 받지 않은 집단은 23%밖에 회상하지 못하였다. 이 결과는 11세 아동은 스스로 정교화 전략을 이용하여 정보를 인출하지만, 6세 유아는 지시를 하지 않으면 정보를 인출할 때 스스로 인출전략을 이용하지 못한다는 것을 의미한다.

저장된 정보를 효율적으로 인출하기 위한 또 다른 전략은 이들 정보를 연상할 수 있게 해 주는 여러 가지 인출단서를 활용하는 것이다. Kee와 Bell(1981)의 연구에서, 7세와 11세의 아동 그리고 대학생들에게 동물원, 욕실, 옷장, 냉장고, 장난감통, 식탁 등 6가지 범주에 해당하는 항목의 그림을 6개씩 보여주고 모두 36개의 항목[2]들을 기억하게 하였다. 그리고 각 연령집단을 반으로 나누어 한 집단에게는 인출단서가 되는 그림 6개를

1) 돌 · 쇠 · 나무와 같은 구체적 개념을 나타내는 명사
이 연구에서 쌍을 이룬 구상명사의 예는 냄비-오리, 연필-소년 등이다.

2) 동물원(곰, 코끼리, 기린, 사자, 원숭이, 얼룩말)
욕실(비누, 타월, 칫솔, 치약, 빗, 솔)
옷장(코트, 원피스, 투피스, 스커트, 바지, 셔츠)
냉장고(사과, 상추, 햄, 계란, 우유, 치즈)
장난감통(블록, 인형, 도깨비상자, 팽이, 공, 잭스)
식탁(컵, 대접, 접시, 숟가락, 젓가락, 냅킨)

10초간 보여주고, 다른 집단에게는 아무것도 보여주지 않았다. 연구결과, 대학생은 두 집단 간에 차이가 없었으나, 11세 아동은 인출단서를 보여준 집단이 약간 더 기억을 잘하는 것으로 나타났으며, 7세 아동은 인출단서를 보여준 집단이 훨씬 더 기억을 잘하는 것으로 나타났다. 이 결과는 7세 아동은 스스로 인출단서를 사용하지는 못하지만, 인출단서를 제공해 주면 인출 전략을 이용할 수 있다는 것을 보여주는 것이다.

우리나라 유아(5~6세)를 대상으로 한 국내 연구(오선영, 1991)에서는 5세 유아도 초보적인 인출단서 활용능력이 있는 것으로 나타났다.

사진 설명 시험답안을 작성하면서 이 아동이 시험공부할 때 효율적인 기억전략을 사용했더라면 지금 문제를 잘 풀 수 있을텐데라고 깨닫는 것이 상위기억이다.

3) 상위기억의 발달

상위기억이란 기억과 기억과정에 대한 지식을 말한다. 즉, 자신이 정보를 기억하는 데에는 한계가 있으며, 짧은 내용보다 긴 내용이 기억하기 더 어렵고, 어떤 기억전략을 이용하는 것이 더 효과적인지를 아는 것 등이 상위기억에 관한 것이다(Schneider & Bjorklund, 1998; Schneider & Pressley, 1997). 상위기억은 상위인지(metacognition)의 일부이다. 상위인지란 자신의 사고에 관한 지식을 말한다. 즉, 자신의 사고상태와 능력에 대해 알고 있는 지식을 의미한다.

유아도 상위기억에 대한 초보적인 지식을 가지고 있는 것으로 보인다. 3, 4세 유아도 짧은 내용이 긴 내용보다 기억하기 쉽고, 긴 내용을 기억하려면 더 많은 노력이 필요하다는 것을 안다(Kreutzer, Leonard, & Flavell, 1975; Yussen & Bird, 1979). 그러나 유아들은 자신의 기억능력을 과대평가하는 경향이 있다. 한 연구(Flavell, Friedrichs, & Hoyt, 1970)에서 4세부터 11세의 아동들에게 10개의 그림을 보여주고 나서 얼마나 기억할 수 있는지 알아보았다. 11세 아동들은 자신이 기억할 수 있는 그림의 수를 제대로 예측했지만, 4세 유아들은 자신의 기억능력을 과대평가하여 10개를 모두 기억할 수 있다고 대답했는데, 실제로는 3~4개밖에 기억하지 못하였다.

사진 설명 상위기억은 아동기에 급격하게 발달한다. 8세인 이 아동은 전화번호를 받아 적는 것이 나중에 이 번호를 기억하는 데 효율적인 기억전략이라는 것을 깨닫는다.

아동기에 들어서면 상위기억에 대한 지식이 급격하게 발달한다. 7~9세 아동은 기억해야 할 내용들을 가만히 들여다보는 것보다는 시연이나 조직화와 같은 기억전략이 효율적이라는 것을 깨닫는다. 그러나 11세가 되어서야 시연보다 조직화가 더 효율적인 기억전략이라는 것을 이해하고, 정보를 인출할 때도 메모 같은 인출단서를 사용하게 된다(Justice, Baker-Ward, Gupta, & Jannings, 1997).

Elaine M. Justice

우리나라 5, 6, 7세 유아를 대상으로 기억하는 과정과 기억하는 내용에 대한 지식을 측정하는 메타기억과 기억책략과의 관계를 살펴본 연구(박영아, 최경숙, 2007)에서, 연령이 증가할수록 기억책략을 효율적으로 사용할 수 있게 되고, 메타기억은 기억책략을 효율적으로 사용할 수 있도록 한다고 하였다. 즉, 암송책략에서는 항목의 수와 학습상황 등의 과제에 대한 지식이 암송책략의 효율적 사용에 영향을 미쳤으나, 조직화 책략에서는 항목의 범주와 학습상황 등의 과제에 대한 지식뿐 아니라 책략에 대한 지식 또한 조직화 책략에 영향을 미치는 것으로 나타났다.

4) 지식기반의 확대

우리가 학습할 내용에 관해 이미 많은 지식을 가지고 있다면 그 내용을 기억하기가 훨씬 수월하다. 즉, 우리가 이미 알고 있는 주제에 관해 학습한다면, 그것은 우리 기억 속에 저장되어 있는 기존의 지식이나 정보와 빠르게 연결될 수 있기 때문에 쉽게 기억할 수 있다.

친숙한 주제와 친숙하지 않은 주제에 관한 글을 읽는다고 가정해 보자. 친숙한 주제의 경우에는 우리가 이미 가지고 있는 지식에 새로운 정보를 연결시킴으로써 재빨리 정보를 처리할 수 있다. 즉, 새로운 정보를 조직하거나 정교화하기 위한 도식을 우리가 이미 가지고 있다는 것이다. 그러나 친숙하지 못한 주제를 학습하거나 기억해야 하는 경우 그 주제와 관련된 지식이 우리 기억 속에 저장되어 있지 않기 때문에 더욱 많은 노력이 요구된다.

Wolfgang Schneider

아동은 유아에 비해 세상에 관해 더 많은 것을 알고 있기 때문에, 그들이 기억해야 할 대부분의 정보에 더 친숙하다. 따라서 아동이 유아보다 기억을 더 잘 할 수 있다. 이처럼 회상기억에서 연령차를 보이는 것은 연령증가에 따른 기억전략의 발달과 지식기반의 확대

David F. Bjorklund

때문일 수 있다(Bjorklund, 1997; Schneider & Bjorklund, 1998).

요약하면, 아는 것이 힘이다! 그러므로 어떤 주제에 대해 많이 알면 알수록 그 주제에 대한 학습과 기억이 그만큼 용이해진다. 일반적으로 아동이 유아보다 대부분의 주제에 대해 더 많은 지식을 가지고 있기 때문에, 아동은 확장된 지식기반을 통해 정보를 더 빨리 처리할 수 있으며, 정보를 범주화시키고 정교화할 수 있는 전략들을 획득하게 된다(Bjorklund, 1995).

3. 언어발달

유아기 사고의 특성은 상징을 사용할 수 있는 능력이며, 가장 중요한 상징적 표현의 수단은 언어이다. 아동이 상징적 기능을 획득하게 됨에 따라 단어획득 속도는 급격하게 빨라진다.

유아가 일단 말을 하기 시작하면, 이에 따라 사회적 상호작용도 보다 활발해지면서 언어발달이 가속화된다. 유아기 동안 언어발달이 활발히 진행되어, 보통 5세 정도가 되면 대부분의 유아들은 모국어를 유창하게 구사할 수 있다. 유아는 언어를 통해 타인과 상호작용하고, 새로운 정보를 서로 교환하며, 자신들이 바라는 바를 표현하고, 타인의 행동을 통제하며, 자신의 독특한 견해 · 감정 · 태도를 나타낸다(Halliday, 1975).

사진 설명 유아가 사용하는 첫 단어는 대부분의 경우 사물의 이름이다.

1) 단어와 문장의 발달

유아기 초에는 사용하는 단어의 수가 200~300개 정도이던 것이 5세경에는 2,500개 정도로 증가한다. 문장의 길이도 길어져서 3~4세경에는 3~4개의 단어로 문장을 구사하나, 유아기 말에는 6~7단어로 구성된 문장을 구사하게 된다.

(1) 단어 수의 증가

유아가 사용하는 단어의 수는 유아기에 빠른 속도로 증가한다. 이와 같이 단어 수가 급증하는 것은 유아의 인지적 성숙으로 인해 사물을 범주화할 수 있는 능력이 발달하는 것과 관련이 있어 보인다(Goldfield & Reznick, 1990). 유아기 말까지 보통 10,000개의 새로운 단어를 습득하게 되는데(Anglin, 1993), 이는 하루에 평균 6개 정도의 새로운 단어를 습득하는 셈이다. 하지만 이러한 단어습득 속도나 학습능력에는 상당한 개인차가 있다.

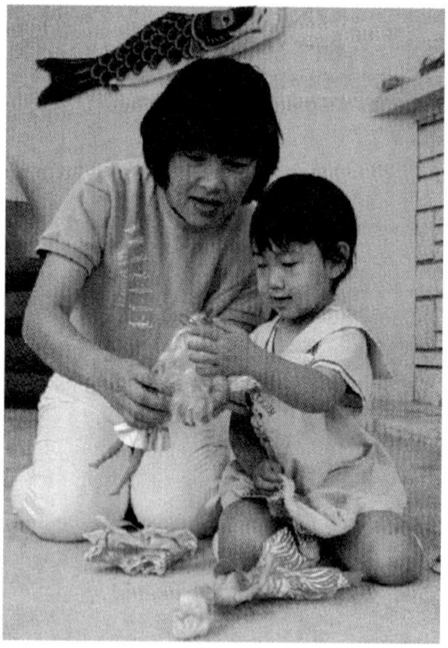

사진 설명 "엄마, 인형에게 어떤 옷을 입힐까요?"는 '표현적' 언어양식의 예이다.

유아가 초기에 습득하는 단어의 종류에서도 개인차가 나타난다(Nelson, 1973). 어떤 유아들은 초기에 사용하는 단어가 대부분 사람이나 사물을 가리키는 것으로(예: 엄마, 곰돌이 등), 언어를 주로 사물의 이름을 붙이는 데 사용한다. 반면, 어떤 유아들은 좀더 다양한 형태의 개인적 · 사회적 단어를 사용하는데(예: 고맙습니다, 안 해 등), 이러한 유아들은 언어를 주로 사회적 상호작용에서 주의를 환기시키는 도구로 사용한다. 전자의 유아들이 주로 사용하는 단어를 '참조적 양식(referential style)'이라 하고, 후자의 유아들이 주로 사용하는 단어를 '표현적 양식(expressive style)'이라 한다(사진 참조).

이러한 언어양식은 문화에 따라서도 차이를 보인다. 즉, 우리나라와 같이 대인 간 화목을 중시하는 아시아 문화권의 유아들은 미국과 같은 서구 문화권의 유아들보다 표현적 양식의 단어를 훨씬 빨리 습득한다(Choi & Gopnik, 1995).

우리나라 유아들이 초기에 사용하는 전형적인 단어의 예를 들면 〈표 11-1〉과 같다.

표 11-1 유아 초기에 사용하는 우리말 단어의 예

분류		언어표현
명사	사람	엄마, 아빠, 아가, 형아, 함니(할머니), 언니, 하버지(할아버지), 아움마(아줌마)
	신체	꼬(코), 발, 눙(눈), 머이(머리)
	의류	꼬까, 신바(신발)
	음식	무(물), 우유, 맘마, 밥바(밥), 아탕(사탕)
	장난감	빵빵(차), 꽁(공)
동사		쉬, 가자, 까주(까줘), 안줘, 없다, 때치, 안해, 앉아, 응가, 찌져(찢어주세요), 씨셔(씻어주세요), 어부바, 줘, 안녕, 장가(잘가), 빠이빠이
형용사		미워, 시어(싫어), 아포(아퍼), 아뜨(뜨겁다), 아차(차갑다), 무셔(무서워)

출처: 조성윤(1992). 한국 유아의 언어습득과 그 발달과정에 대한 고찰. 단국대학교 대학원 석사학위논문.

(2) 단어의 의미 이해하기

사진 설명 유아는 '신속표상대응'이라는 과정을 통해서 짧은 순간에 어떤 단어를 한 번만 듣고도(예를 들면, TV를 시청하는 동안에) 그 단어의 의미를 습득하게 된다.

유아기에 수천 개의 단어를 습득하게 되지만, 유아는 이들 대부분의 단어와 그 의미를 누군가에게 직접적으로 배운 것이 아니다. 유아가 처음 듣는 단어의 의미를 어떻게 습득하는가는 아직 완전히 밝혀지지 않았지만, 상당히 어린 시기부터 사회적·맥락적 단서를 활용하는 것으로 보인다.

유아가 새로운 단어의 의미를 습득하는 방법 중 하나는, 짧은 순간에 어떤 단어를 한 번만 듣고도 그 단어의 의미를 습득하는 '신속표상대응(fast mapping)'이라는 과정을 통해서 습득하는 방법이다(Carey, 1977; Heibeck & Markman, 1987; Kan, 2014; Marinellie & Kneile, 2012; Trueswell et al., 2013).

신속표상대응은 추상적 정보보다는 구체적 사물에 대해서 보다 정확하고 빠르게 일어난다. 또한 연령이 증가함에 따라 이 과정의 속도도 빨라지게 된다(Dollaghan, 1985; Rice, 1990; Rice & Woodsmall, 1988; Rice, Huston, Turglio, & Wright, 1990).

유아가 새로운 단어를 듣는 경우, 그것이 무엇을 의미하는지에 대해 자동적으로 몇 가지 가정을 하게 되는데, 이 가정은 유아로 하여금 새로운 단어의 의미를 습득하게 해 준다(Hall & Waxman, 1993; Waxman, 1990). 첫 번째 가정은 어휘대조이론(lexical contrast theory)에 의한 것으로, 유아는 익숙하지 않은 단어를 들었을 때, 그 새로운 단어가 이미 알고 있는 단어들과는 다른 독특한 의미를 갖는다고 생각한다(Clark, 1987, 1993). 예를 들어, '멍멍이'라는 단어의 의미를 이미 알고 있는 유아는 '바둑이'라는 단어를 접할 때, 특정 종류의 멍멍이를 의미한다는 가정을 하게 되는 것이다.

두 번째 가정은 상호배타성의 원칙(principle of mutual exclusivity)인데, 각각의 사물은 하나의 명칭만을 가진다는 것이다. 그래서 유아가 새로운 단어를 듣게 되면, 이미 알고 있는 사물보다는 새로운 사물에 그 명칭을 붙이는 경향이 있다(Markman, 1989, 1991). 예를 들어, '멍멍이'라는 단어는 알고 있으나 '야옹이'라는 단어는 모르는 유아에게 개와 고양이가 있는 그림책을 보여주면서 "야옹이 어디 있어?"라고 물으면 고양이를 가리키게 된다(사진 참조).

유아가 새로운 단어의 의미를 습득하도록 돕는 세 번째 가정은

사진 설명 유아가 자신이 그 이름을 모르는 물체를 보고서 자신이 이미 알고 있는 물체의 이름을 적용하는 것을 '과잉확대' 현상이라고 한다. 사진 속의 유아는 양을 개라고 한다.

전체-사물 가정(whole-object assumption)이다(Markman, 1989). 즉, 유아는 단어가 사물의 일부분이나 부분적 특성보다는 사물 전체를 의미한다고 생각한다. 예를 들어, '야옹이'라는 단어가 고양이의 꼬리나 털 같은 부분보다는 고양이 한 마리 전체를 나타낸다고 생각하는 것이다. 유아는 이러한 가정들을 통해 잘못된 해석을 피하고, 새로운 단어의 의미를 빨리 습득하게 되는 것으로 보인다.

유아는 신속표상대응(fast mapping)이나 다른 가정들을 통해 새로운 단어의 의미를 익히게 되지만, 유아가 습득한 단어의 의미가 성인들이 알고 있는 의미와 차이가 있는 경우도 종종 볼 수 있다(Anglin, 1985; Clark, 1981; MacWhinney, 1989). 예를 들어, 유아가 '멍멍이'라고 할 때, 이는 강아지 외에 고양이나 소, 양과 같이 네 발이 달리고 털이 있는 동물을 가리키는 경우가 있다. 즉, 유아의 언어가 성인의 경우처럼 정교하게 세분화되지 않은 것이다. 이와 같이 유아가 단어의 의미를 원래의 범주보다 더 확대해서 사용하는 것을 과잉확대(overextension)라고 한다. 반면, 유아는 실제 그 단어의 범주보다 축소해서 사용하기도 하는데, 이를 과잉축소(underextension)라고 한다. 예를 들어, '개'라는 단어를 자기 집 개에게만 축소해서 적용하는 경우가 있다. 이와 같은 오류 현상은 유아가 단어의 의미를 습득하기 위해 보다 능동적인 자기만의 방식으로 단어를 범주화한다는 것을 보여준다.

(3) 문장의 발달

유아의 연령이 증가함에 따라 언어의 사용이나 이해가 점차 증가한다. 한 단어의 문장을 거쳐, 전문식(telegraphic) 형태를 보이는 두 단어 문장을 사용하게 된 후, 2~3세경에 이르면 세 단어 이상을 이용하여 문장을 만들 수 있다. 또한 세 단어 문장 시기에 문법적 형태소를 사용하기 시작한다(조명한, 1982; 조성윤, 1992). 유아가 문법적 형태소를 획득함에 따라 전문식 표현이 감소하고 말의 길이가 점차 길어진다. 일반적으로 만 1세 반에서 4세 정도까지는 말의 길이가 유아의 구문론적 발달 정도를 나타낸다(Newcombe, 1996). 우리나라 3~5세 아동을 대상으로 한 연구(권경연, 1980)에서도 연령이 증가함에 따라 문장의 평균 길이는 3단어에서 5단어로, 형태소 수는 8개에서 18개로 점차 증가하였다.

표 11-2 언어발달의 5단계

단계	MLU
1	1.5~2.0
2	2.5
3	3.0
4	3.5
5	4.0

Roger Brown

이와 관련하여 Brown(1973)은 유아가 사용하는 어휘 수에 따라 언어발달의 단계를 분류하였다. MLU(Mean Length of Utterance)란 유아가 사용하는 50에서 100개 정도의 문장을 이용하여 한 문장 내 평균 형태소의 수를 산출한 것으로, 일종의 언어발달의 지표가 된다. Brown은 언어발달을 MLU에 기초하여 5단계로 나눈다(〈표 11-2〉 참조).

1단계는 유아가 하나 이상의 형태소를 가진 문장을 만들어 내는 시기이다. 이 시기의 문장의 특징은 주로 명사와 동사로만 구성되어 있고, 전치사나 관사 등은 생략되어 있는 전문식 문장이다. 유아가 하는 말의 평균 형태소가 2개가 될 때까지 1단계가 계속된다. 그 이후의 단계들에서는 MLU가 0.5씩 증가하게 된다. 2단계에서는 문장이 점점 복잡해지고 전치사와 관사 및 불규칙 동사와 명사의 복수 형태 등을 배우게 된다. 그러나 여전히 완전한 형태로 사용하지는 못한다. 3, 4단계에서는 어휘의 수가 증가하고, 문법의 법칙을 보다 정확하게 사용한다. 5단계에서는 둘 이상의 문장이 '그리고'에 의해 연결되는 복잡한 구문을 쓸 수 있게 된다.

3개월에서 6개월 정도의 연령차이가 있는 유아들도 유사한 언어 패턴을 보이는 경우가 있으므로, MLU는 유아의 연령보다 언어발달의 정도를 보다 잘 나타내는 지표가 된다. 또한 MLU가 유사한 유아들은 사용하는 언어규칙의 체계도 비슷한 것으로 보인다(Santrock, 2001).

2) 문법의 발달

문법의 발달면에서도 유아기에는 문장구조에 대한 분명한 감각이 엿보인다. 유아기

초기에는 전문식 문장의 형태를 유지하고 있으나, 점차 주어 · 동사 · 목적어 이외의 문장의 요소들이 첨가되기 시작하며, 복수형이나 어간에 어미를 다르게 활용하여 사용하기 시작한다. 3세경에는 부정문이나 복수형에 대한 개념을 갖게 되며, 특히 '싫어' '아니'와 같은 부정적 의미의 문장을 많이 사용한다. 4~5세경에는 부사, 형용사를 사용하거나 어간에 붙이는 어미를 달리함으로써 문장을 변형시킬 수 있고, 5~6세경에는 성인문법에 접근하여 대부분의 문법에 숙달하게 된다. 유아기의 아동이 만들어 내는 대부분의 문장은 문법적으로 옳은 것이지만 가끔 실수도 한다. 이는 지나치게 열성적으로 문법적 규칙을 고수하려는 데에 기인한다.

(1) 문법적 형태소의 발달

우리말에서 문법적 형태소가 활발하게 나타나는 연령은 약 2~3세경이다. 이 시기는 Brown(1973)이 제시한 MLU가 2.0에서 2.5 사이에 이르는 단계로, 시제형 형태소나 주격 조사 '가' 등이 출현하기 시작한다. 앞에서 설명한 한 단어 문장이나 두 단어 문장 또는 두 단어 이상의 문장은 모든 유아가 비슷한 시기에 사용하게 되지만, 격조사나 기타 다른 어미들, 보조 어간들과 같은 문법적 형태소의 획득 순서와 시기에는 유아에 따라 어느 정도 차이가 있다(조명한, 1982).

전반적으로 살펴보면, 초기 언어발달 단계에서 가장 먼저 나타나는 형태소는 '엄마야'와 같은 호칭 어미와 '내 거야'와 같은 문장 어미이다. 다음으로 '같이, -랑, -하고, -도'와 같은 공존격을 나타내는 형태소 및 장소격(처소격이나 목적격 조사)을 나타내는 형태소가 출현한다. 주격 조사인 '가'와 '는'은 그 이후에 출현한다. 보통 주격 조사 '가'를 '는'보다 먼저 사용한다. 그다음으로 기타 격조사들이 몇몇 출현하며, 과거, 현재, 미래를 나타내는 시제 형태소와 수동형태가 사용된다. 보다 자세한 출현 순서는 〈표 11-3〉에 제시되어 있다.

우리말의 특징 중 하나인 경어의 사용에 대해 살펴보면, 경어 어미를 사용하는 상대 높임은 24개월 이후에 습득하고, 경어 어미의 존칭 사용은 42개월 이후에, 주체 높임의 경우 '께서' 등 주어격 조사의 높임은 60개월 이후에 나타난다(이순형, 2000).

유사하게 우리나라 만 3, 4, 5세 유아의 존댓말(명사, 동사)과 존재 격조사(께, 께서) 습득에 관한 연구(박진이, 김민진, 2010)에서 만 3, 4, 5세 유아의 존댓말 습득은 상대 존대법, 주체 존대법, 객체 존대법의 순으로 나타난다고 하였다. 이 중 상대 존대어 습득의 경우 '해요'체와 '하십시오'체의 순서로 습득하는 것으로 나타났으며, 거의 모두 75% 이상의 습득률을 보여 취학 전에 안정적 습득이 이루어지는 것으로 나타났다고 하였다.

표 11-3 우리말 문법 형태소의 평균 출현 순위 및 사용 예

순위	문법적 형태소	사용 예
1	문장어미(야, 라, 자, 등)	엄마야 / 이리와
2	공존(랑, 하고, 도, 같이)	엄마랑 애기랑 / 나두
3	장소(에, 로, 한테)	엄마 앞에 / 산에 / 엄마한테
4	과거(었)	산에 갔어 / 새 봤어
5	미래(ㄹ)	낸내 할 거야 / 쉬 할래
6	주격(가)	엄마가 / 오빠가/ 병아리가
7	진행(ㄴ, ㄴ다)	내가 먹는다
8	수동(이, 히)	내가 입혀 줄게 / 토끼가 놀랬어
9	주어(는)	나는 사자다
10	목적(을, 를)	그냥 귤을 먹어
11	도구(로)	몽둥이로 맴매해

출처: 조명한(1982). 한국 아동의 언어획득 연구. 서울대학교 출판부.

반면, 주체 존대법 습득은 하위 실현요소에 따라 습득 정도에 큰 차이를 보였으며, 객체 존대법 습득의 경우는 객체 존대명사 '제'를 제외하고 객체 존대동사, 부사 격조사 '-께'의 습득은 매우 저조한 것으로 나타났다고 하였다.

유아는 능동적으로 문법적 규칙들을 찾아내고 이를 적용하고자 하는 노력을 한다. 이러한 노력은 특정의 문법적 규칙을 적용하지 말아야 하는 경우에까지 일괄적으로 적용하는 과잉일반화(overregularization)를 초래하기도 한다. 우리말의 경우, 유아들이 주격 조사인 '-가'를 과잉일반화하는 것을 쉽게 볼 수 있다(조명한, 1989). 예를 들어, '엄마가' '아빠가'에 사용하는 주격 조사 '-가'를 지나치게 규칙적으로 적용하여 '삼촌이가' '선생님이가'라는 식으로 말을 하기도 한다. 영어의 경우, 흔히 복수형이나 과거형을 만들 때 과잉일반화가 나타난다. 예를 들어, 3, 4세 정도의 유아들이 'feet'를 'foots'로, 'I went'를 'I goed'로 표현하는 것을 볼 수 있다. 이러한 과잉일반화는 유아들이 언어의 세부 규칙을 완전히 파악하지 못하였기 때문이기도 하지만, 언어 규칙을 자발적으로 내면화하고 있다는 증거이기도 하다. 그러나 특별히 지도하지 않아도 유아가 성장하면서 자연적으로 점차 올바른 형태의 표현을 사용하게 된다.

'한국어-영어' 이중언어를 사용하는 유아의 한국어 조사습득에 관한 연구(이하원, 최경숙, 2008)를 살펴보면, 미국에서 출생하여 가정에서는 고정적으로 한국어를 사용하고 학교에서는 영어를 사용하면서 현재 외국인학교에 소속되어 있는 5~6세 '한국어-영어' 이중언어 아동의 조사습득은 단일언어 아동과 비교하여 조사 유형수, 유형별 산출률, 평균발화당 오류율, 산출수에 대한 평균 오류율에서는 유사하나 발화당 조사산출 빈도가 낮고, 부사격 오류율, 격내 대치오류[3] 및 이중사용 특성오류 등이 높은 것으로 나타났다고 하였다. 또한 이중언어 아동이 사용하는 조사형태 중에는 어린 연령의 단일언어 아동에게서 나타나는 조사유형들이 있다고 하면서 이는 균형 잡힌 이중언어자로 발달하기 위한 중간언어 형태특징이라고 하였다. 그러므로 '한국어-영어' 이중언어 아동은 한국어와 영어를 각각 모국어로 사용하는 두 명의 단일언어 아동의 합이 아니며 이중언어 아동들만의 독특한 언어형태를 보유한 집단이라고 연구자들은 논의하였다.

(2) 복잡한 구문의 발달

유아는 점차 의문문이나 부정문의 형태도 사용할 수 있게 되며, 자신들의 생각이나 욕구를 표현하는 데도 융통성을 갖게 된다. 보통 2세경이면 "이게 뭐야?"라는 질문을 끊임없이 하고, "먹어?"와 같이 말끝을 올려서 질문을 나타낸다. 부모가 질문을 귀찮게 여기지 않고 인내심을 가지고 반응하면, 자연스럽게 언어적 상호작용이 이루어질 수 있으며, 이를 통해 유아의 언어능력이나 지적 능력의 발달을 도울 수 있다. 유아는 점차 다양한 의문사를 사용하게 되어 4세경이면 '뭐, 어디, 누가, 언제, 왜, 어떻게'와 같은 의문사를 모두 사용할 수 있다. 부정문도 2세경부터 나타나는데, 초기에는 "안 ~" 형태를 많이 사용한다. 예를 들어, "안 먹어" "안 아파" "안 예뻐" 등이 있다(신경혜, 1994).

일반적으로 복문에는 대등한 내용을 나란히 병행시킨 형식과 주절과 종속절을 병행시킨 형식이 있다. 우리나라 유아들의 언어발달을 살펴본 연구(조명한, 1982)에 따르면, 이 두 형식의 문장은 거의 비슷한 시기에 출현한다. 그러나 시간이 지날수록 주절과 종속절을 병행시킨 형식이 많아진다. 비교적 정교한 형태의 복문은 Brown(1973)이 제시한 MLU가 대략 3.0인 언어발달의 3단계에 나타난다. 이 시기의 유아의 연령은 약 30개월 정도로, 영어권 유아들이 접속문을 산출하는 시기인 40개월 정도에 비하면 그 출현 시기가 더 빠르다는 것을 알 수 있다. 유아가 초기에 사용하는 복문의 예는 다음과 같다.

접속문의 예 (대등) "이모는 집에 가고, 엄마는 병원 가고, 나는 할머니네 가."
(순서) "집에 가서 먹자."
(원인) "지지 돼서 버려요."

3) 동일한 격 안에서 의미 · 음운지식 제한으로 발생되는 조사오류이다.

(동시성) "가면서 먹을래."
(대립) "버스는 있는데 택시는 없다."

3) 의사소통 기술의 발달

유아기에는 단어의 획득이나 문법의 숙달로 인해 영아기에 비해 의사소통이 보다 효율적으로 이루어질 수 있다(사진 참조). 그러나 아직까지는 사고의 자기중심성 때문에 언어도 의사소통을 위한 사회화된 언어로 발달하지 못하고 자기중심적인 특성을 갖는다. 반복, 독백, 집단적 독백 등은 유아의 자기중심적인 언어표현의 대표적인 형태이다. 즉, 서로에게 이야기는 하고 있지만 그 말의 의미는 그들 자신의 사고 속에 국한되어 있다. 그러나 유아기 말에는 자기중심적 언어가 줄어들고 점차 사회화된 언어를 사용하게 된다. 또한 유아는 추상적인 언어적 비유나 어휘가 지닌 다양한 의미나 느낌을 제대로 이해하지 못하며, 언어이해를 돕는 얼굴표현이나 몸짓을 필요로 한다. 자신이 한 말을 확인해 보려는 의도에서 확인부가 의문문을 상당히 많이 사용한다.

의사소통을 효율적으로 하기 위해서 유아는 물리적 · 사회적 맥락에 적절한 언어를 사용하는 방법을 습득해야 한다(Newcombe, 1996). 즉, 단어의 의미나 문법적 지식뿐 아니라, 청자에게 알맞은 주제와 알맞은 어투로 적당한 시간과 적절한 장소에서 이야기할 수 있는 능력이 필요하다. 보통 어린 유아조차도 기본적인 대화 규칙을 잘 따른다. 이러한 화자(speaker)로서의 기술은 유아기에 빠르게 발달하여, 만 2세 정도만 되어도 대부분 말을 걸면 대답을 해야 한다는 것을 알고 있다. 만 4세 정도가 되면, 말을 할 때 듣는 사람의 수준에 맞게 화법을 조절해야 한다는 것을 안다. 즉, 듣는 사람이 이해하기 쉬운 형태로 바꾸어서 이야기한다. 예를 들어, 유아가 자신보다 어린 동생에게 말할 때, 쉬운 단어를 사용하여 단순화시켜서 말하거나 천천히 혹은 반복해서 이야기하는 것을 볼 수 있다.

이처럼 의사소통 시 상대방의 연령을 고려할 뿐만 아니라, 상대방의 성별이나 사회적 지위에도 민감하다. 한 예로, 4~7세 아동을 대상으로 인형을 이용해 역할극을 하도록 한 연구(Anderson, 1984)에서, 4세아조차도 각 사회적 위치에서 나타나는 전형적인

사진 설명 유아가 인형들에게 그림책을 보여주면서 설명하고 있다.

말투를 사용하였다. 즉, 교사나 의사, 아버지와 같이 사회적으로 지배적인 역할이나 남자 역할을 할 때는 명령문을 보다 많이 사용하였고, 학생이나 환자, 어머니와 같이 덜 지배적인 역할이나 여자 역할을 할 때는 보다 공손한 표현을 사용하고, 요구사항을 간접적으로 표현하였다.

하지만 유아의 의사소통 능력에는 여전히 한계가 있다(Hetherington & Parke, 1993). 일대일 대화는 어느 정도 잘 이어가나, 동시에 여러 사람들과 대화하는 능력은 떨어진다. 즉, 두 사람 이상과 대화를 할 때는 자신이 이야기해야 할 때가 언제인지를 판단하는 데 어려움을 느낀다.

의사소통을 위해 요구되는 또 다른 기술은 다른 사람의 말을 잘 듣고 모호한 부분이 있으면 분명하게 알 때까지 물어볼 수 있는 청자(listener)로서의 능력이다. 어린 유아는 보통 자신이 타인이 전달하고자 하는 내용을 이해하지 못하였다는 사실을 인식하지 못하는 경우가 많다. 즉, 3~5세 유아는 자신이 듣는 말에서 모호한 정보를 찾아내고 이를 해결하는 능력이 부족하다(Shaffer, 1999). 이 시기 유아는 종종 자신이 듣는 정보 그 자체보다 화자가 의미하는 것에 대한 자신의 생각에 초점을 두고 정보를 해석하는 것으로 보인다.

우리나라 만 2~3세 유아와 그의 어머니를 대상으로 어머니의 대화양식에 따른 유아의 의사소통 의도를 살펴본 연구(성미영, 2003)에서, 만 2~3세에도 의사소통 능력이 발달하기는 하였으나, 유아보다 숙달된 대화 능력을 갖춘 어머니와의 상호작용에서는 어머니의 반응을 이끌어내면서 대화를 지속시키기보다는 어머니의 의도에 반응하여 상호작용을 지속시켜 나갔다고 하였다. 또한 자녀와의 놀이상황에서 대화 유도적 양식을 사용하는 어머니의 유아는 지시적 양식을 사용하는 어머니의 유아보다 제공 의도에 의한 반응을 많이 보였으며, 지시적 양식을 사용하는 어머니의 유아는 대화 유도적 양식을 사용하는 어머니의 유아보다 자신의 행동에 대한 허용을 어머니에게 더 자주 요구하는 것으로 나타났다. 이러한 결과는 일상생활에서 어머니가 자녀와 놀이를 할 때 사용하는 의사소통 방식이 유아의 의사소통 능력 발달에 누적된 영향력을 행사한다는 것을 나타낸 것이다.

4) 언어와 사고의 관계

언어와 사고의 관련성에 대해서는 크게 두 가지 견해가 있다. 먼저, 언어와 사고가 발달하는 데 있어 행동의 중요성을 강조하는 견해가 있는데, 대표적인 학자로는 Piaget를 들 수 있다. 다음으로, 언어와 사고가 각각 독립적으로 발달하기 시작하여 결국 상호관련성을 갖게 된다고 보는 견해로, 여기서는 언어와 사고의 역할을 동등하게 본다. Bruner와 Vygotsky가 그 대표적인 학자이다.

Piaget와 그를 지지하는 학자들은 행동이나 활동이 초기의 언어발달을 증진시킨다고 주장한다(Piaget & Inhelder, 1971). 따라서 아동들이 사물을 직접 다루어 보는 구체적인 경험을 쌓아야 한다고 본다. 예를 들어, 유아에게 '더 무겁다'는 개념과 '더 가볍다'는 단어를 가르치고자 한다면, 단어의 정의를 알려 주기보다는 무게가 다른 두 물체를 이용하여 이 단어의 개념을 직접 경험하게 해야 한다는 것이다. 즉, 발달 초기의 감각운동적 경험과 사고가 언어발달에 선행한다고 보았다.

Linda Smolak

이들은 또한 언어가 아동의 전반적인 인지수준 이상으로 복잡하거나 정교해질 수는 없다고 본다. 즉, 인지능력과 언어능력은 상호의존적이다. 예를 들면, 2세 유아의 경우, 대상영속성 개념을 획득한 유아가 그렇지 않은 유아보다 언어발달의 수준이 더 높은 경향이 있다(Smolak, 1982). 또 다른 예는 학동기 아동의 특정 언어습관과 보존개념 습득 간의 밀접한 관련성에서 볼 수 있다. 액체 보존과제에서, 보존개념을 습득한 아동은 "이 잔은 길이가 더 짧지만 넓기는 더 넓다" 혹은 "더 길지만 더 좁다"와 같은 상대적인 표현을 많이 사용하였다(Sinclair, 1969).

이에 반해 Bruner 같은 학자들은, 언어는 초기의 감각운동 발달과 그 이후의 상징적 사고를 포함하는 인지적 발달을 자극한다고 본다(Berk, 1985; Bruner, Oliver, & Greenfield, 1966). 특히 Vygotsky(1962)는 언어와 사고가 처음에는 각기 독립적으로 발달하다가 아동기에 점차 통합하게 된다고 주장한다(〈그림 11-10〉 참조). 유아는 단어나 문법적 구성을 흉내내는 경우처럼 사고가 없어도 말을 배울 수 있듯이, 유아의 사고 역시 언어가 없어도 발달한다. 아동이 성장하면서 점차 언어와 사고가 부분적으로 통합되나, 성인이 되어도 완전히 합쳐지지는 않는다. 하지만, 언어와 사고가 어느 정도 통합되면서, 그 결과 언어가 사고의 발달을 증진시켜 언어 없이는 가능하지 않은 사고의 형태들이 발달하게 된다.

2, 3세 정도만 되어도 보다 많은 언어적 기술을 습득하게 되고, 이에 따라 아동은 자신의 행동을 조절하는 데에 언어를 사용하게 된다. Vygotsky는 이때의 혼잣말이 아동이 문제를 해결하는 데에 길잡이 역할을 한다고 본다(Miller, 1993).

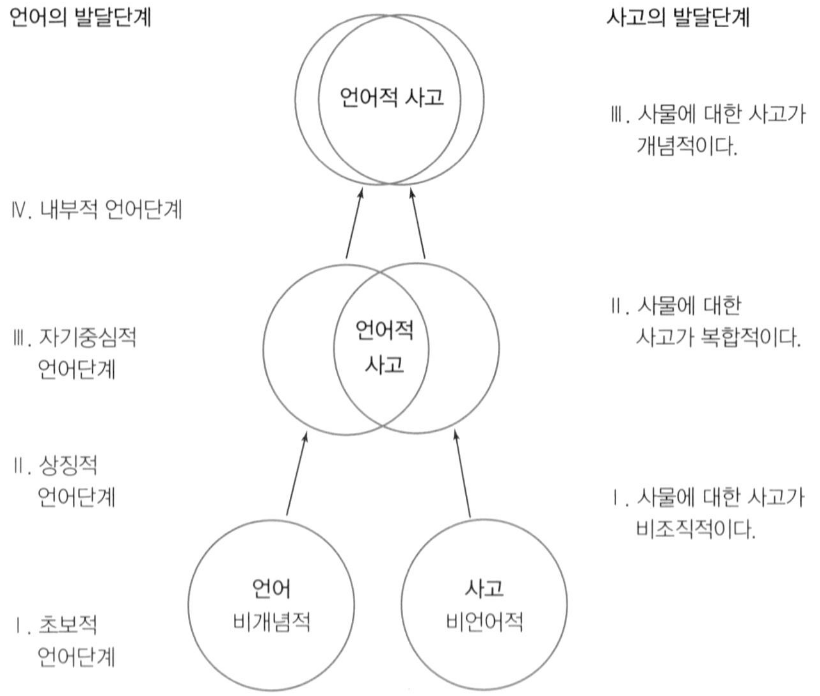

〈그림 11-10〉 사고와 언어의 발달에 관한 Vygotsky의 견해

출처: Thomas, R. M. (2000). *Comparing theories of child development* (5th ed.). Wadsworth Publishing Company.

미국 인디애나 주에서 5세 유아 30명을 대상으로 한 연구(이정화, 2001)결과에 의하면, 유아가 자발적으로 사용하는 혼잣말은 혼잣말이 적극 격려되는 조건일 때, 언어적 과제유형보다는 공간-지각적 과제유형에서 더 높은 빈도로 나타났다. 또한 혼잣말을 많이 하는 것은 공간-지각적 과제의 수행력에 긍정적인 영향을 미쳤다. 이는 유아의 혼잣말이 인지적 자기조절 기능이 있음을 뒷받침하는 결과라고 볼 수 있다.

제12장

사회정서발달

1. 정서의 발달
2. 놀 이
3. 미디어와 스크린 타임
4. 성역할발달
5. 사회화와 가족의 영향
6. 가족구조의 변화

유아기는 영아기에 비해 대인관계의 폭이 넓어지고 다양해지는 시기이다. 유아기에는 활동반경이 넓어짐에 따라 인간상호관계에 따른 정서적 긴장이 심하게 나타나며, 유아기에 와서 활짝 꽃피우는 언어능력의 발달로 인해 자신의 주장을 관철하기 위해 언어적 표현을 많이 하게 된다.

놀이는 유아의 사회성발달에 매우 중요한 역할을 한다. 놀이를 통해 유아는 사회적 관계를 형성하고, 사회적 기술과 역할을 습득하게 된다. 또래와의 놀이상황을 보면, 남아와 여아는 성을 분리해서 따로따로 노는 경향이 있다. 즉, 여아는 여아끼리 놀고, 남아는 남아끼리 논다. 이러한 경향은 2~3세에 이미 시작된다. 이 무렵의 유아는 남녀간 성차이를 어렴풋이 이해하기 시작하는데, 이것은 나중에 자신이 속한 사회에서 규정하는 남녀의 성역할에 대한 이해의 기초가 된다.

유아가 최초로 맺는 인간관계는 부모와의 관계이다. 부모가 제공하는 환경은 유아의 신체적 · 지적 · 사회정서적 발달에서 중심적 역할을 하게 된다. 유아기에는 또한 동생을 보게 되면서 자신에게 오던 관심이나 사랑이 다른 사람에게 전이된다고 생각하여, 사랑받으려는 노력의 일환으로 미성숙한 행동양상을 자주 보이게 된다. 조부모는 부모보다 자녀양육에 관한 경험이 많으므로, 손자녀에게 정서적 안정감을 제공해 줄 수 있으며 놀이친구로서의 역할도 한다.

이 장에서는 유아기 정서의 발달, 놀이, 미디어와 스크린 타임, 성역할발달, 사회화와 가족의 영향, 가족구조의 변화에 관해 살펴보기로 한다.

1. 정서의 발달

유아의 정서는 영아기의 정서와 별로 차이가 없으며, 2세 이전에 분화되었던 여러 정서가 그대로 유지된다. 그러나 이러한 정서를 유발하는 요인이나 표현 방법에서는 차이를 보이게 된다.

1) 정서의 표현

이 시기의 유아는 사회적으로 중요한 정서상태, 즉 공포와 분노 그리고 호기심을 표현하게 된다. 그러므로 어떻게 하면 이러한 정서를 사회가 용납하는 방법으로 표현하게 할 것인가 하는 것이 사회화의 중요한 목표라 할 수 있다.

(1) 공포

사진 설명 유아가 실내 수영장에서 공포 반응을 보이고 있다.

영아기에 겪게 되는 낯가림이나 분리불안 외에도 유아는 수많은 것에 대해 공포를 느끼게 된다. 즉, 어둠이나 큰 소리, 새로운 상황에 대해 공포를 보이게 된다. 밤에 부모가 옆에 없거나 집 이외의 장소에서 잠을 깼을 때 부모가 없으면 공포를 보이게 되며, 천둥소리에도 심한 공포를 보이게 된다. 공포는 과거의 경험과 직결된 것이 많아, 차에 다친 경험이 있는 유아는 달리는 차에 대해 공포반응을 보이게 된다. 또한 유아기에는 상상력이 발달하여 자신이 직접 경험하지 않은 사건에 대해서도 공포감을 보이게 된다.

일반적으로 불안은 부모와 떨어지거나 낯선 장소에서 느낄 수 있으나, 영아기와는 달리 유아기에는 자신의 상상을 통해서도 불안을 느낄 수 있다. 손아래 동생을 보는 것도 어머니의 사랑을 빼앗길 수 있다고 생각하여 불안을 느끼게 하는 요인이 된다.

(2) 분노

유아가 하고자 하는 일을 못하게 하거나, 어떤 일을 강요하거나, 부모가 관심을 가져주지 않는 것 등이 분노를 유발하는 요인이 된다. 분노는 떼쓰기(사진 참조), 고집부리기, 말안듣기, 폭발행동 등으로 표출된다. 유아기 분노의 감정은 또래나 형제와의 관계에서 자주 나타난다. 생활의 중심이 놀이집단으로 옮겨감에 따라 또래들과 충돌이 일어나기도 하며, 동생을 보게 되면서 부모가 동생에게 보이는 사랑에 대해 질투심을 보이게 된다. 이러한 질투심은 퇴행행동이나 공격성을 유발하기도 한다.

사진 설명 유아가 땅바닥에 드러누워 떼를 쓰고 있다.

공격성은 여러 가지 형태로 나타날 수 있다. 도구적 공격성(instrumental aggression)은 장난감이나 자신이 원하는 대상이나 목표를 달성하기 위해 나타나는 것이며, 적대적 공격성(hostile aggression)은 신체적 · 언어적으로 타인에게 해를 입히기 위한 목적에서 나타나는 것이다. 신체적으로 다른 사람을 다치게 할 수도 있고 언어적 폭력이나 위협, 조롱, 괴롭힘, 모욕을 줄 수도 있다. 유아기에는 장난감이나 다른 원하는 물건을 얻기 위한 도구적 공격성(사진 참조)이 많이 나타나지만, 점차 연령이 증가할수록 적대적 공격성이 많이 나타나게 된다. 대부분의 아동은 학교나 집에서 또래나 형제와의 관계에서 공격성을 보이지만, 일부는 특정한 상황에서만 공격성을 나타낸다.

사진 설명 유아기에는 장난감 등을 획득하기 위한 도구적 공격성이 많이 나타난다.

공격성의 원인에 대해 정신분석이론에서는 이를 인간의 본능이라고 본 반면, 좌절-공격성 가설에서는 자신의 활동을 억제당하거나 방해받는 좌절상황이 아동의 공격성을 유발한다고 한다. 또한 사회학습이론의 관점에서는, 이것을 사회적 경험에서 모방이나 강화를 통해 학습된 행동이라고 설명하며, 체벌 위주의 교육은 아동에게 공격적인 행동을 모방하게 하는 모델이 될 수 있다고 한다. 그 외에도 소외나 방임되었다는 느낌이 공격성을 유발하는 요인으로 작용한다.

(3) 호기심

호기심의 정서는 특히 유아기에 강하게 나타난다. 이 시기는 주위 인물이나 사물에 대한 호기심이 가장 왕성하게 나타나며(사진 참조), 눈에 띄는 것마다 '왜'라는 질문을 끊임없이 하는 질문의 시기이다. 이는 자신의 신체나 성과 관련된 것들을 통해 나타나기도 한다. 이 시기는 성에 대한 호기심이 특히 커서 인형놀이를 통해 이를 자주 극화시키며, 자신의 생식기를 가지고 장난을 치기도 한다. 아동이 자신의 성이나 다른 성과 관련된 것에 대해 관심을 갖는 것은 정상적인 과정이다. 그러나 지나치게 심한 경우에는 놀이에 몰두하게 도와줌으로써 이로부터 벗어나게 해 주는 것이 바람직하다.

사진 설명 유아가 어떤 사물에 대해 강한 호기심을 표현하고 있다.

2) 정서이해 능력의 발달

유아기가 되면 유아는 정서표현에 대해 많은 것을 이해하게 된다(Denham et al., 2011; Easterbrooks et al., 2013; Goodvin, Winer, & Thompson, 2014; Saarni, Mumme, & Campos, 1998). 즉, 정서를 표현하는 단어를 사용하거나 이해하는 능력이 급속도로 증가한다. 그러나 슬픔과 같은 부정적 정서보다는 행복과 같은 긍정적 정서를 더 쉽게 이해한다(사진 참조). 예를 들면, 3~4세 유아들의 절반 이상이 "좋다"라는 단어를 사용하지만, 소수만이 "슬프다"라는 단어를 사용할 수 있는 것으로 보인다. 6세의 유아는 '시샘하는' '뽐내는' '난처한' '가련한'과 같은 좀더 복잡한 정서개념도 이해할 수 있다. 유아는 다른 사람의 긍정적 정서를 이해하는 데는 성인과 거의 동일한 수준이지만, 부정적 정서를 이해하는 데는 아직 서툴다(Fabes et al., 1994).

유아는 또한 사람들이 '진짜로' 느끼는 정서와 그들이 '표현하는' 정서를 잘 구별하지 못한다. 왜냐하면 유아는 아직 사물의 실제 모습과 겉으로 보이는 모습의 차이를 이해하지 못하기 때문이다. 따라서 행복한 표정과 슬픈 표정을 구별할 수는 있지만, 슬픔을 느끼는 사람이 행복한 표정을 짓고 있거나, 기쁜 상황에서 기쁜 표정을 짓지 않으면 유아는 혼란을 느낀다(Friend & Davis, 1993).

3~4세경이 되면 유아는 기쁨, 슬픔, 분노, 놀람 등의 비교적 단순한 정서와 이들 정서를 야기하는 원인에 대한 이해도 증가한다. 꾸중을 들었을 때, 게임에 졌을 때, 자신이 원하던 것과 다른 선물을 받았을 때와 같은 상황에서 이야기 속의 주인공이 어떠한 정서적 경험을 할 것인가를 예측할 수 있게 된다(Stein & Trabasso, 1989; 〈그림 12-1〉 참조).

유아기의 정서이해 능력과 또래관계에 관한 연구(Denham, 1986)에서, 유아는 또래가 표현하는 각기 다른 정서에 다른 반응을 보이는 것으로 나타났다. 즉, 행복한 표정을 짓고 있는 또래에게는 자기도 행복한 표정을 지어 보였고, 아픈 표정을 짓고 있는 또래에게는 동정적인 반응을 보였으며, 슬프거나 화난 표정을 짓고 있는 또래에게는 못 본 척하거나 그 자리를 떠나는 반응을 보였다.

〈그림 12-1〉 유아들에게 이야기 속의 주인공이 어떠한 정서적(행복한, 슬픈, 두려운, 화난) 경험을 할 것인가를 질문한다.

3) 정서규제 능력의 발달

Carolyn Saarni

정서규제 능력은 정서표현(특히 부정적 정서표현)을 통제하는 능력을 말하는데, 이러한 능력은 유아기에 크게 증가한다. Saarni(1984)는 정서규제 능력의 발달에 필요한 세 가지 요소를 제시했는데, 정서를 통제할 수 있는 능력, 언제 부정적 정서를 감추어야 할지에 대한 지식, 정서를 통제하고자 하는 동기가 그것이다.

다른 사람 앞에서 부정적 정서표현을 자제하는 능력은 3세경에 나타난다(Cole, 1986). 그러나 유아보다는 아동이 실망스러운 선물을 받은 후에 부정적 정서표현을 덜 하며, 자신의 진짜 감정을 숨기는 것이 왜 바람직한지 그 이유도 설명할 수 있다. 그리고 남아보다 여아가 자신의 정서를 더 잘 숨기는 것으로 보인다. 즉, 기대에 못 미치는 선물을 받았을 때, 여아가 남아보다 과장된 미소를 더 많이 지었다(Gnepp & Hess, 1986; Saarni, 1984; Zeman & Garber, 1996).

유아의 정서표현의도 및 정서상황과의 관련성 연구(장윤정, 신유림, 2006)에서 유아는 어느 정도 실제 정서를 숨기고 상황에 맞는 의도를 기초로 얼굴표정을 실제와 다르게 표현할 수 있었다. 특히 숙모의 선물이 마음에 들지 않을 때 유아는 화가 나거나 슬프지만 '선물이기 때문에' 혹은 '숙모가 슬퍼할까 봐' 등의 이유로 겉으로는 웃는 얼굴을 할 수 있었다. 이러한 결과는 유아가 속한 문화의 사회적 관습을 기초로 자신의 정서를

정서지능

정서는 최근 개인의 행·불행이나 성공 또는 실패를 예측하는 중요한 자질로 부각되고 있다. 일반적인 통념과는 달리 한 개인의 이후의 성취를 예측하는 데 있어서 정서지능은 IQ나 표준화된 성취검사에 의해 측정되는 지적 능력보다 더 중요한 요인으로 작용한다는 것이다. 그러므로 기쁨, 흥미, 욕구, 명랑함 등의 긍정적인 정서의 발달을 촉진시켜 풍부한 인간성을 함양하는 것은 개인의 삶에서 중요한 의미를 갖는다.

정서지능(Emotional Intelligence)이라는 용어는 1990년 미국의 뉴햄프셔 대학의 존 메이어(John Mayer) 교수와 예일 대학의 피터 샐로베이(Peter Salovey) 교수에 의해 처음으로 사용되었다. 이들은 정서지능을 "자신과 타인의 정서를 평가하고 표현할 줄 아는 능력, 자신과 타인의 정서를 효과적으로 조절할 줄 아는 능력 그리고 자신의 삶을 계획하고 성취하기 위해서 그런 정서를 이용하여 활용할 줄 아는 능력"이라고 정의하고 있다.

그후 타임지가 1995년에 Daniel Goleman의 저서 『정서지능(Emotional Intelligence)』을 소개하면서, IQ에 대응하여 정서지능을 설명하기 위해 정서지수(Emotional Quotient: EQ)라는 용어를 사용하였다. 이후의 보다 큰 만족을 위해 현재의 만족감을 지연시킬 수 있는 능력, 충동적이기보다는 이성적인 것이 앞서는 개인적 자질은 IQ 검사에서는 나타나지 않는 EQ의 속성이다. 그러나 EQ는 IQ와 상반되는 개념이 아니며, 타인의 감정에 공감하기 위해서는 어느 정도의 인지적 능력이 필요하다.

정서지능을 높이려면 정서조절과 표현의 체험을 해야 하며 연습과 훈련을 받아야 한다. 다음과 같은 세 가지의 실제적이고 구체적인 체험을 생활화할 필요가 있다. 첫째, 어릴 때 자녀들로 하여금 부모나 형제자매 등 가족구성원들의 표정과 감정 그리고 속마음을 읽는 연습을 하도록 하고, 둘째, 화, 분노, 질투, 충동, 조바심 등이 일어날 때 그런 감정을 어떻게 처리하는 것이 좋은지 사례를 들어가면서 예행 연습을 시킨다. 셋째, 동화, 소설, 영화 속의 인물과 주인공의 정서처리 능력과 방법에 대해 조사 분석하고 표현하는 훈련을 통해 정서지능을 높일 수 있다.

조절하도록 사회화되었음을 의미한다.

정서규제의 한 가지 중요한 측면은 좌절에 대한 참을성(tolerance for frustration)이다. 이 능력은 2세경에 나타나기 시작해서 유아기에 극적으로 증가한다(Bridges & Grolnick, 1995; Eisenberg, Fabes, Nyman, Bernzweig, & Pinuelas, 1994). 원하는 장난감을 가질 수 없거나 하고 싶지 않은 일을 해야 할 때와 같은 좌절상황에 직면했을 때, 나이 든 유아는 어린 유아보다 더 잘 견딘다. 좌절에 대한 참을성은 부모와의 관계에도 영향을 미친다. 부모에게 떼를 쓰거나 반항하는 것이 2~5세 사이에 급격히 감소한다(Kuczynski & Kochanska, 1990). 부모가 자신이 하기 싫은 일을 시켰을 때 참고서 그 일을 하고, 그러한 갈등을 해결하기 위한 해결책(예를 들면, 협상)을 찾아내기 시작한다.

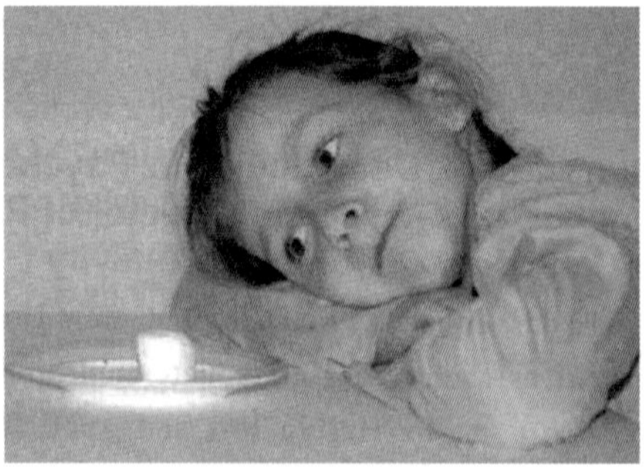

좌절에 대한 참을성은 만족지연(delay of gratification)에서도 나타난다. 만족지연이라 함은 지금 바로 보상을 받는 것보다 만족을 지연시켜 나중에 더 큰 보상을 받게 되는 것을 말한다(사진 참조).

유아기에는 만족지연 능력도 증가하는데, 여기에는 자신의 정서를 통제하는 능력이 작용하는 것으로 보인다. 그리고 좌절에 수반되는 긴장을 감소시키는 전략을 사용하는 법을 배우게 된다. 재미있는 장난감들을 유리 진열장에 넣고서 손대지 못하게 한 실험에서, 많은 유아들은 그 장난감들을 보지 않으려고 고개를 돌리고 다른 활동에 전념하였다. 가질 수 없는 장난감은 더 이상 자신의 관심의 대상이 아니라는 이 전략은 긴장을 감소시킴으로써 그 상황을 좀더 견디기 쉽게 만들어 주는 것으로 보인다(Wolf, 1990).

우리나라 4~8세 아동 120명을 대상으로 한 연구(허수경, 이경님, 1996)에서, 아동의 만족지연시간은 연령이 증가할수록 길어졌다. 또한 아동의 만족지연시간은 신중성-충동성의 인지양식에 따라서도 차이를 보였다. 즉, 아동의 만족지연시간은 신중한 아동이 충동적인 아동보다 더 길었다.

2. 놀 이

유아의 하루는 놀이의 연속이며, 그들이 하는 거의 모든 활동은 놀이가 된다. "유아는 놀면서 배운다"는 말도 있듯이, 놀이는 유아의 생활일 뿐만 아니라 유아가 여러 가지 지식을 획득하는 수단이기도 하다. 성인의 시각에서 보면 놀이는 시간을 없애는 무의미한 것일 수 있지만, 놀이는 유아의 성장과 발달에 영향을 미치는 중요한 활동이며, 그들의 일이다. 유아는 자신의 생각과 감정을 쉽게 언어화할 수 없으므로 언어보다는 놀이에 의해 이를 더 적절하게 표현할 수 있으며, 놀이를 통해 새로운 지식을 쉽게 획득한다. 그 외에도 놀이는 또래와의 관계를 확장시키고 신체발달을 돕는 다양한 기능을 가지고 있다(Coplan & Arbeau, 2009; Graham, 2020; Hirsh-Pasek & Golinkoff, 2014; Maloy et al., 2021; Smith & Pellegrini, 2013).

1) 놀이 이론

놀이를 설명하는 이론에는 정신분석이론, 인지발달이론, 사회학습이론 등이 있다. 이론마다 강조하는 측면이 다르지만, 세 이론 모두 놀이가 유아의 사회정서발달에 매우 중요한 역할을 한다는 데는 견해를 같이 한다.

(1) 정신분석이론

Anna Freud

정신분석이론에서는 놀이의 기능을 아동의 심리적 갈등을 완화시켜 주고 욕구를 충족시켜 주는 것으로 보았다. 이러한 놀이의 기능에 근거하여, Anna Freud(1946, 1965)는 아동의 문제행동을 치료하기 위해 놀이치료 요법을 발전시켰다.

놀이는 일상생활의 긴장상태를 여러 아동과의 관계를 통해 조절하거나 이를 사회적으로 인정된 방법으로 발산하는 기회를 제공해 준다. 또한 아동은 놀이를 통해 자연스럽게 자신이 지닌 심리적 문제를 표현하며 자신이 가진 부정적인 감정을 투사함으로써 정화작용이 되게 한다. 특히 다른 물건이나 사람인 것처럼 가장하고 놀이를 하는 가상놀이(사진 참조)에서는 이러한 투사를 통한 정화작용의 효과가 훨씬 크게 나타난다. 유아기에는 상징적 기능을 갖게 됨으로써 가상놀이가 점차 증가하며 정교해진다. 이러한 가상놀이는 무의식적 갈등이나 두려움을 해결하기 위해 행해지기도 하지만, 금지된 놀이를 가상놀이를 통해 해봄으로써 그들의 자아를 만족시키기도 한다. 예를 들어, 불 근처에 가지 못하도록 경고를 받은 아동이 이를 가상놀이를 통해 간접적으로 재현해 봄으로써 억압된 감정으로부터 보다 자유로워질 수도 있다. 이러한 과정을 통해 놀이는 원초아와 초자아의 갈등을 해결하는 역할을 하며, 놀이라는 매체를 통해 실제 상황에서 직면할 수 있는 무력감이나 좌절감을 극복할 수 있는 역할을 하게 된다.

사진 설명 프로이트가 딸 안나와 함께

놀이치료

아동에게 있어 놀이는 '유희'의 기능만이 있는 것이 아니라, 실현 불가능한 자신의 욕구나 갈등과 같은 비언어적 의사를 담아내는 중요한 역할을 한다. 성인이 주로 언어로 자신의 의사를 표현한다면, 언어적 기술이 부족한 아동은 많은 경우 놀이에 사용되는 놀잇감을 통해 의사표현을 한다. 아동은 놀이 속에서 자아(감정, 사고, 경험, 행동 등)를 탐색하고, 자신의 소망을 실현시킨다. 다시 말해, 아동은 놀이를 통해 자신의 감정을 표출하고, 긴장을 해소하며, 외상이나 스트레스에 대처하는 적응력을 키운다(Clark, 2015; Yanof, 2013).

놀이치료(play therapy)는 특히 최근에 성적 학대, 부모의 이혼이나 죽음 등과 같은 심한 외상 경험(traumatic experiences)을 한 아동에게 유용하다. 놀이치료는 아동이 치료자에 대한 거부나 저항 없이 곧 놀이에 몰두하고, 자신이 놀이의 주체이자 결정자가 되면서 신나게 놀면서 문제를 표출하게 된다. 결국 아동은 놀이과정을 통해 치료자와의 역동적 관계를 형성하고, 자아존중감, 자기동기화된 행동, 환경에 대한 숙달감 그리고 내적 통제력이 강화되어 현실에서 불가능한 행동에 대한 보상과 적응적 행동을 위한 대안을 모색할 수 있다. 따라서 놀이치료는 아동의 특성을 고려한 심리치료 방법이라 할 수 있다.

대부분의 놀이치료는 아동중심의 접근을 통해 이루어지며, 치료자와 아동 사이의 정서적 관계가 지니는 치료적 힘을 강조한다. 놀이에 사용되는 놀잇감은 치료목표에 따라 선택되고, 아동에게 가장 자연스러운 의사소통의 기회를 제공하기 위한 것으로 구성된다. 놀이치료에 소요되는 시간은 아동의 문제행동이 지니는 상태와 아동의 개별성 그리고 치료목표와 계획에 따라 달라지게 된다. 궁극적으로 놀이치료는 아동에게 자신의 성장과 발달을 돕는 창의성과 이해력 증진을 위한 힘을 사용할 수 있는 기회를 제공한다(Sanders, 2008).

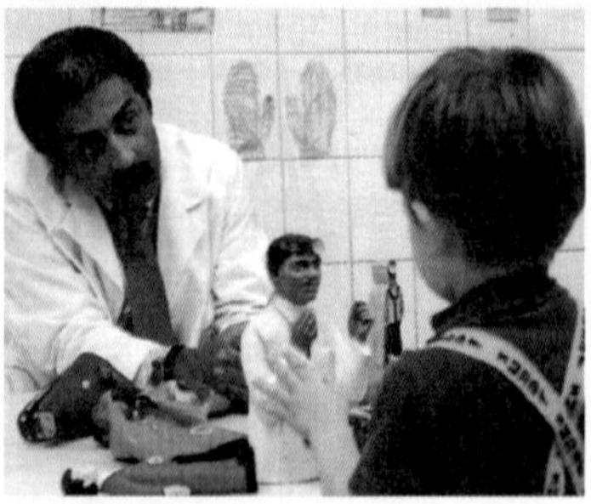

사진 설명 놀이를 통해 아동은 자신의 정서를 표출한다.

(2) 사회학습이론

사회학습이론에서는 놀이를 아동이 새로운 행동이나 사회적 역할을 안전하게 시험해 볼 수 있는 기회라고 본다. 놀이를 통해 사회적 관계를 형성하고, 사회성이 발달된다. 아동의 사회성발달 수준에 따라 놀이 형태도 달라진다. 2세까지는 사회화된 놀이가 빈번하게 나타나지 않으나, 유아기에 접어들면 지금까지의 감각운동적 놀이에서 보다 사회화된 놀이로 발전한다.

사회학습이론적 관점에서 보면, 놀이는 아동이 관찰학습이나 모방과정을 통해 점차적으로 사회적 기술을 습득하는 방법이 된다. 유아가 강화받은 놀이는 점차 빈번해지고, 강화받지 못한 놀이는 점차 감소하게 되므로, 놀이의 종류를 지나치게 제한하면 놀이를 통한 인지발달과 사회성발달이 저해된다.

(3) 인지발달이론

인지발달이론의 관점에서 보면, 놀이는 새롭고 복잡한 사건이나 사물을 배우는 방법이다. "공부만 하고 놀 줄 모르면 아이를 바보로 만든다"라는 말처럼, 놀이는 아동의 인지발달에 절대적인 영향을 미친다. 놀이를 통해 새로운 개념이나 기술을 습득하고, 생각과 행동을 통합해 나가며, 문제해결 능력을 키울 수 있다. 이를 반영하듯 놀이의 종류도 인지발달 단계와 밀접하게 관련되어 있다. 인지발달이론에서는 인지발달의 네 단계와 병행해서 네 종류의 놀이가 있다고 본다(Piaget, 1962; Smilansky, 1968). 즉, 감각운동기에는 기능놀이를 주로 하고, 전조작기에는 구성놀이나 가상놀이를 주로 하며, 구체적 조작기에는 규칙 있는 게임을 주로 한다고 한다.

2) 놀이와 유아발달

유아에게 있어 놀이는 생활 그 자체이다. 놀이는 유아가 성장하고 발달하며 수많은 기술을 습득하는 가장 자연스러운 방법이다. 놀이는 유아의 신체발달, 인지발달, 언어발달, 사회정서발달, 창의성발달 등에 영향을 미친다. 따라서 유아의 놀이는 유아발달과 관련지어 그 중요성을 살펴볼 수 있다(김수영 외, 2002; 이숙재, 2001; 정진, 성원경, 1995).

최근에는 인공지능 음성인식 스피커와 휴머노이드 장난감과 같은 로봇장난감을 이용한 유아의 놀이 연구들이 나오고 있다(유지윤, 2023; 이경옥, 이병호, 2015; 황정혜, 2020). 휴머노이드 장난감을 어린이집 교실에 제공한 후 유아의 놀이를 살펴본 결과, 휴머노이드를 이용한 율동놀이는 유아의 음악적 능력과 창의성발달에 도움을 주었다(윤태복, 나은숙, 2018). 또한 유아는 인공지능 로봇놀이를 자신의 수준에 따라 다양한 방법으로 놀이하며 적극적이고 능동적으로 참여하였다. 그 결과 유아의 창의성발달에 긍정적인 영향을 미침으로써, 인공지능 로봇놀이가 디지털 놀이 매체로 적합하였다는 연구결과가 있다(유미열 외, 2012; 유지윤, 2023).

(1) 놀이와 신체발달

유아는 놀이를 하는 동안 신체를 많이 움직이게 된다(사진 참조). 유아는 뛰기, 달리기, 기어오르기, 던지기, 매달리기, 기어가기 등을 통해 대근육 운동기능을 발달시키고, 물체의 조작, 눈과 손의 협응, 잡기, 쥐기 등을 통해 소근육 운동기능을 발달시킨다.

뿐만 아니라 유아는 놀잇감을 보고, 만지고, 두드리는 등의 탐색활동을 통해 감각과 지각능력을 발달시키고, 놀이경험을 통해 일상생활에서 접하는 사고를 예방하며, 위험상황에 적절히 대처하는 능력을 증진시킬 수 있다.

(2) 놀이와 인지발달

어떤 놀잇감을 가지고 놀이를 하느냐가 유아의 인지발달과 밀접한 관련이 있다. 왜냐하면 놀잇감의 종류에 따라 특히 어떤 영역의 인지발달을 도울 수 있는지를 제시해 줄 수 있기 때문이다. 유아는 여러 가지 놀잇감을 가지고 놀면서 수개념, 분류개념, 서열화개념, 공간개념, 시간개념, 보존개념 등을 자연스럽게 학습할 수 있다. 예를 들어, 유아는 블록을 가지고 놀면서 공간개념과 균형감각 등을 익힐 수 있고, 점토놀이를 통해 양의 보존개념을 학습할 수 있다(사진 참조).

(3) 놀이와 언어발달

놀이와 언어는 밀접한 관계가 있다(Taggart, Eisen, & Lillard, 2018). 언어는 놀이진행에서 매우 중요한 역할을 한다. 특히 두 명 이상의 유아가 함께 놀이를 하는 경우 언어사용은 필수적이다. 유아는 놀이를 통해 다양한 어휘를 습득하게 되고, 정확한 발음을 할 수 있으며, 문장구성력을 증진시킬 수 있다. 또한 유아는 놀이 친구들과의 사회적 상호작용을 통해 점차 자기중심적 언어에서 탈피하여, 사회적으로 적절한 언어를 사용하는 방법을 터득하게 되고, 의사소통 능력을 발달시키게 된다(Hirsh-Pasek & Golinkoff, 2014; Kostelnik et al., 2015).

(4) 놀이와 사회성발달

유아는 친구들과 함께 사이좋게 놀거나 싸움을 하면서 다른 사람들과 더불어 살아가는 데 필요한 사회적 능력을 학습하게 된다. 이것은 놀이과정을 통해 길러질 수 있는 발달 측면이다. 이것을 통해 집단에 참여하고, 질서를 지키며, 놀잇감을 공유하는 등의 협동능력을 습득하게 된다. 또한 놀이경험을 통해 주변 사회에 대한 관심과 이해, 도덕적 기준이나 규칙, 성역할 등을 학습하게 된다.

(5) 놀이와 정서발달

사진 설명 아이들이 물놀이를 하면서 즐거워하고 있다.

놀이를 통해 얻게 되는 성취감, 자신감, 자율성 등은 유아에게 기쁨과 만족감을 주기 때문에, 놀이는 유아의 긍정적 자아개념 형성에 도움이 된다(사진 참조). 그뿐만 아니라 유아는 놀이를 통해 공격성 같은 부정적 정서를 사회적으로 인정이 되는 방식으로 표출할 수 있기 때문에 유아의 정신건강에 도움이 된다. 또한 유아는 놀이를 통해 자신의 감정을 통제하는 방법을 학습하며, 그때그때의 상황에 적절한 감정표현과 참아야 하는 상황에 대한 적응력과 인내심을 기를 수 있을 뿐만 아니라 갈등상황을 극복하는 법을 배우게 된다.

(6) 놀이와 창의성발달

유아는 놀이 중에 새롭고 독특한 아이디어를 생각할 기회가 많기 때문에, 놀이는 유아의 독창성을 발달시킨다. 또한 놀이를 통해 유아는 다각적인 탐색을 하게 되어 융통성 있게 사고하는 능력을 발달시키는데, 이는 결국 창의성을 신장시키게 된다. 유아는 또한 가상놀이에서 말과 동작을 통하여 다른 사람이나 다른 사물인 것처럼 가장한다. 이런 가상놀이는 상상력을 발달시키고 창의적인 표현으로 이어진다.

3) 놀이의 유형

놀이의 유형을 인지적 수준과 사회적 수준으로 나누어 살펴보기로 한다.

(1) 인지적 수준에 따른 놀이의 유형

Smilansky(1968)는 유아기의 놀이를 인지적 수준에 따라 기능놀이(functional play), 구성놀이(constructive play), 가상놀이(pretend play) 그리고 규칙 있는 게임(games with rules) 등 네 가지 형태로 구분한다.

① 기능놀이: 영아기에는 딸랑이를 흔들거나 자동차를 앞뒤로 굴리는 것과 같이 단순히 반복적으로 근육을 움직이는 기능놀이가 주를 이룬다.

② 구성놀이: 블록쌓기, 그림 자르기, 그림 붙이기와 같이 무엇인가

를 만들어 내는 구성놀이는 유아기에 주로 나타난다.

③ 가상놀이: 병원놀이, 소꿉놀이 등의 가상놀이는 아동의 표상능력을 반영해 주는 것으로 인지발달을 위해 유용한 정보를 제공해 준다(Lyytinen, 1995). 즉, 존재하지 않는 것이 존재한다고 가정하려면 최소한의 인지적 능력이 요구되므로, 인지발달이 선행되어야 가상놀이가 가능하고 가상놀이를 많이 할수록 인지발달이 촉진되는 순환이 이루어진다. 실제로 '아기 돼지 삼형제'의 우화를 실연했던 가상놀이 집단과, 자르고 풀칠하는 단순활동을 위주로 한 통제집단과의 비교연구 결과에서도, 6개월 후 가상놀이 집단의 지능지수가 통제집단에 비해 높게 나타났다(Saltz, Dixon, & Johnson, 1977).

사진 설명 유아들이 가상놀이를 하고 있다.

④ 규칙 있는 게임: 아동기에 접어들면서 윷놀이, 줄넘기놀이, 숨바꼭질과 같이 미리 만들어진 규칙에 따라 놀이를 하는 게임이 주류를 이루게 된다. 때로는 놀이 그 자체보다는 규칙을 새로 만들고, 바꾸고, 협상하는 데에 시간을 더 많이 보내게 된다. 규칙 있는 게임놀이는 유아기 말에 나타나기 시작해서 아동기 말에 절정을 이룬다(Rubin & Krasnor, 1980).

사진 설명 우화 '아기 돼지 삼형제'

우리나라 만 4세 유아 104명을 대상으로 놀이행동과 정서능력과의 관계를 살펴본 연구(이효림, 엄정애, 2005)에서, 유아의 놀이행동은 인지적인 차원에서 구성놀이, 극놀이, 기능놀이, 규칙 있는 게임 순으로 나타났으며, 교사가 측정한 유아의 정서능력이 높을수록 기능놀이를 적게 하고 극놀이를 자주 하는 것으로 나타났다. 다시 말해서 타인의 정서를 더 잘 이해하는 유아들은 극놀이를 더 잘 이끌어 나가는 반면, 걱정이 많고 수줍은 행동을 보이는 유아들은 극놀이를 제안하거나 동참하는 데 어려움을 나타내었다. 그러므로 유아교육 현장에서 교사가 걱정이 많고 수줍어하는 유아에게는 극놀이에 참여할 수 있도록, 공격적이고 적대적인 행동을 하는 유아에게는 극놀이를 계속 유지할 수 있도록 적절하게 개입함으로써 긍정적인 정서행동을 촉진시키도록 노력해야 한다고 연구자들은 결론을 내렸다.

우리나라 3~4세 유아의 놀이행동에 관한 연구(고윤지, 김명순, 2013)에서 의사소통능력 수준이 높은 유아는 가상놀이(상징놀이)를, 의사소통능력 수준이 낮은 유아는 기능놀이를 많이 하는 것으로 나타났다. 이러한 결과는 유아가 가상놀이에서는 언어를 통해서 역할이나 상황을 사실적인 것에서 상상적인 것으로 변형하기 때문에 의사소통이 필수적 요인임을 시사하는 것으로 보인다. 한편, 기능놀이는 사물을 가지고 단순히 반복적으로 근육을 움직이는 놀이이기 때문에 높은 수준의 의사소통능력이 필수적 요인은 아닌 것으로 보인다.

(2) 사회적 수준에 따른 놀이의 유형

Mildred Parten

놀이활동에서 사회적 상호작용이 얼마나 많이 이루어지느냐에 따라, Parten(1932)은 놀이를 다음과 같이 6가지 유형으로 구분한다. Parten에 의하면, 유아기에 접어들면 놀이는 보다 상호작용에 근거한 사회화된 형태로 발전하며, 놀이를 통한 사회성발달은 세 단계로 진행된다고 한다. 첫 단계는 몰입되지 않은 놀이, 방관자적 놀이, 혼자놀이처럼 비사회적 놀이의 형태이며, 점차 이는 평행놀이라는 제한된 사회적인 활동으로 옮아간다. 마지막 단계에서 유아는 연합놀이나 협동놀이 같은 진정한 사회적 상호작용의 형태에 참여하게 된다(Berk, 1996).

① 몰입되지 않은 놀이(unoccupied play): 영아는 놀고 있지 않는 것처럼 보이지만 주변의 일에 흥미를 가지고 있으며, 주로 자신의 신체를 가지고 논다.

② 방관자적 놀이(on-looker behavior): 대부분의 시간을 다른 유아가 노는 것을 관찰하면서 보낸다. 다른 유아에게 말을 하거나 질문을 하거나 제안은 하지만, 자신이 직접 놀이에 끼어들지 않고 계속 관찰하는 방관자적 입장에 있다.

③ 혼자놀이(solitary play): 곁에 있는 유아와 상호작용을 하기보다는 혼자 장난감을 가지고 논다.

④ 평행놀이(parallel play): 같은 공간에서 다른 유아와 같거나 비슷한 성질의 장난감을 가지고 놀지만 상호 간에 특별한 교류가 없고, 이들과 가까워지려는 어떠한 노력도 보이지 않는다.

⑤ 연합놀이(associative play): 둘 이상의 아동이 함께 공통적인 활동을 하고, 장난감을 빌려 주고 빌리기도 하면서 놀이를 한다. 그러나 각자의 방식대로 행동하며, 놀이에서 리더나 일정한 목표, 역할분담은 없다.

⑥ 협동놀이(cooperative play): 아동은 한 가지 활동을 함께하고, 서로 도우며, 조직된

방관자적 놀이

평행놀이

혼자놀이

연합놀이

협동놀이

〈그림 12-2〉 여러 가지 놀이의 유형

집단으로 편을 이루어 놀이를 한다. 규칙에 따라 놀이가 이루어지며 리더나 공동의 목표, 일정한 역할분담이 존재한다. 〈그림 12-2〉는 여러 가지 놀이의 유형에 관한 것이다.

Parten은 유아가 점차 성장하고 사회성이 발달함에 따라 혼자놀이와 평행놀이의 비중은 감소하고 연합놀이나 협동놀이의 비중은 증가한다고 하였다. 그러나 이 같은 놀이의 발달단계에 대해서는 비판적인 견해도 있다. 이들은 혼자 노는 유아가 사회적 적응이 안 된다는 표시가 아니라 오히려 독립심과 성숙함을 나타내는 것일 수도 있다고 본다. 혼자놀이의 50% 정도는 교육적 활동이 포함되며, 나머지 25%는 춤추기나 달리기 같은 대근육 운동에 초점을 두고 있다. 또한 평행놀이를 통해서도 유아는 옆에 있는 다른 유아의 놀이를 흉내 냄으로써 배우게 되며, 이러한 비언어적 상호작용은 이후의 연합놀이나 협동놀이에서 나타나는 언어적 상호작용이나 사회적 협응의 밑거름이 된다고 볼 수 있다(Eckerman, Davis, & Didow, 1989). 특히 현대사회와 같이 형제 수가 적고, TV 시청시간이 많으며, 단순한 장난감보다 정교한 장난감, 특히 오락 게임기나 컴퓨터가 보편화된 사회에서는 혼자놀이의 비중이 점차 증대하게 된다.

우리나라 4, 5세 유아 174명을 대상으로 한 관찰연구(하승민, 이재연, 1996)에서, 단일 연령집단의 4세아는 혼합 연령집단의 4세아보다 단독-기능놀이, 평행-기능놀이, 집단-기능놀이를 많이 한 반면, 혼합 연령집단 4세아는 단일 연령집단 4세아보다 단독-게임, 집단-구성놀이, 집단-극놀이, 집단-게임활동을 많이 하였다. 단일 연령집단의 5세아는 혼합 연령집단의 5세아보다 단독-기능놀이와 평행-기능놀이를 많이 한 반면, 혼합 연령집단의 5세아는 단일 연령집단의 5세아보다 집단-구성놀이, 집단-극놀이, 집단-게임 활동을 많이 하였다. 그리고 혼합 연령집단의 5세아는 단일 연령집단의 5세아보다 놀이범주 위계상 더 높은 수준의 놀이행동에 더 많이 참여하고 있었다. 요약하면, 집단놀이 상태에서의 인지놀이 행동인 구성놀이, 극놀이, 게임활동은 단일 연령집단보다 혼합 연령집단에서 더 많이 나타났다.

앞서 언급한 고윤지와 김명순(2013)의 연구에서 의사소통능력 수준이 높은 유아는 집단놀이를, 의사소통능력 수준이 낮은 유아는 혼자놀이와 평행놀이를 많이 하는 것으로 나타났다. 이와 같은 결과에 대해 연구자들은 혼자놀이 빈도가 높은 유아는 집단놀이에 참여하려 할 때 의사소통과 양보, 타협에 어려움을 보이고, 친구관계 형성에 곤란을 겪으며, 의사소통능력이 부족한 유아는 협상능력이 낮아 또래와 놀이를 시작하더라도 방관하거나 이탈하게 되어 놀이에서 고립되는 경향이 있다고 보고한 선행연구들과 같은 맥락으로 해석하였다.

3. 미디어와 스크린 타임

오늘날 많은 아동들은 유아기 때부터 TV나 컴퓨터, 스마트폰 등을 사용하고 있다(Lever-Duffy & McDonald, 2018). TV는 20세기 후반부터 계속해서 아동발달에 큰 영향을 미치고 있지만(Maloy et al., 2021), 최근에 와서 TV나 DVD의 영향뿐만 아니라 비디오게임, 컴퓨터, 아이패드(사진 참조) 등의 과도한 사용에 대한 경각심을 일깨우기 위해 '스크린 타임(screen time)'이라는 용어가 사용되고 있다(Bickham et al., 2013; Boers, Afzali, & Conrod, 2020; Lissak, 2018; Lloyd et al., 2014; Ngantcha et al., 2018; Poulain et al., 2018; Yilmaz, Demirli, Caylan, & Karacan, 2014).

최근 세계보건기구(World Health Organization: WHO)에서는 3~4세 유아가 하루에 1시간 미만의 '스크린 타임'을 갖도록 권고하였다(Willumsen & Bull, 2020). 장시간의 '스크린 타임' 노출은 아동기 건강문제, 수면문제, 학업성취, 비만, 공격성, 불안, 우울증과 관련이 있으며(Berglind et al., 2018; Hale et al., 2018; LeBourgeois et al., 2017; Lissak, 2018; Picherot et al., 2018), 인지발달을 저하시키는 것으로 밝혀졌다(Carson et al., 2015). 유아를 대상으로 한 또 다른 최근 연구에서는 하루에 2시간 이상 스크린 타임에 노출된 유아는 주의집중 문제나 외현화 문제가 있는 것으로 나타났다(Tamana et al., 2019). 또한 TV, DVD, 비디오게임, 뮤직비디오 등의 폭력물 시청은 사회적 능력의 감소(Hinkley et al., 2018)와 높은 수준의 신체적 공격과 관련이 있는 것으로 밝혀졌다(Coker et al., 2015).

4. 성역할발달

인간을 분류하는 가장 기본적인 범주는 성별이며, 우리가 속해 있는 사회는 성별에 따라 남성과 여성에게 적합하다고 생각되는 특성을 규정하고 있다. 사회가 각 성에 적합한 것으로 규정한 행동이나 태도를 자신의 것으로 내면화시키는 것을 성유형화라고 하며, 이를 통해 우리는 자신의 성에 적합한 성역할 개념을 습득하게 된다.

1) 성역할발달의 이론

한 개인이 그가 속해 있는 사회가 규정하는 성에 적합한 행동, 태도 및 가치관을 습득하는 과정을 성역할 사회화라 하며, 이 성역할 사회화 과정을 통해 남성성 또는 여성성이 발달한다. 남성성과 여성성의 발달은 인간발달의 매우 중요한 측면으로 정신건강의 한 척도가 되어 왔다. 즉, 여자는 여성적인 것이, 남자는 남성적인 것이 정신적으로 건강하다는 것이다.

이와 같은 성에 적합한 사회적 역할을 학습하는 과정은 그 기초가 가정에서 이루어지며, 동성의 부모와 동일시하려는 심리적 과정에서 진행된다. Freud의 정신분석이론, Mischel의 사회학습이론, Kohlberg의 인지발달이론, Bem의 성도식이론 그리고 Hefner 등의 성역할초월이론 등이 성역할 동일시의 발달과정을 설명하고 있다.

(1) 정신분석이론

Freud(1933)에 의하면, 남자와 여자의 근원적인 차이는 심리성적 발달의 5단계 중에서 제3단계인 남근기에서의 서로 다른 경험에 기인한다고 한다. 이 단계에서 남아는 오이디푸스 콤플렉스를, 여아는 엘렉트라 콤플렉스를 각각 경험하게 되는데, 이러한 콤플렉스를 해결하기 위한 수단으로 성역할 동일시가 이루어진다고 한다. 즉, 이성 부모에 대한 근친상간적 성적 욕망을 현실적으로 실천할 수 없음을 깨닫게 되고, 동성의 부모의 보복을 두려워하게 된다. 이때 남아는 거세불안(castration anxiety)을 감소시키기 위해 방어적으로 아버지와 동일시하게 된다. 그러나 여아의 경우는 거세불안을 느낄 필요가 없으므로, 엘렉트라 콤플렉스를 해결하고자 하는 동기에 대한 Freud의 설명은 불충분하다. 아마도 어머니의 애정을 잃을까 봐 두려워서 근친상간적 욕망을 억압하고, 어머니를 동일시하여 여성성을 강화시키는 것이 아닌가 생각된다. 하지만 거세불안이 없는 만큼 동일시하고자 하는 동기가 남아보다 약하다고 한다.

Walter Mischel

(2) 사회학습이론

Mischel(1970)은 성역할은 직접학습과 관찰학습에 의해 발달한다고 설명한다. 부모, 교사 또는 친구가 아동의 성에 적합한 행동을 강화하고, 성에 적합하지 못한 행동을 벌함으로써 직접학습이 이루어진다. 그리고 이 직접학습에 의해서 남아는 단호하고, 경쟁적이며,

자동차나 총과 같은 장난감을 가지고 놀도록 장려되고, 여아는 얌전하고, 협동적이며, 인형이나 소꿉놀이 장난감을 가지고 놀도록 장려된다. 또한 아동은 관찰을 통해서 많은 성역할 행동을 학습한다(사진 참조). 즉, 아동은 부모나 친구 또는 다양한 형태의 매체를 통해서 자기 성에 적합한 행동을 학습하고, 이러한 행동유형은 강화를 통해서 내면화된다고 한다.

(3) 인지발달이론

Kohlberg(1966)는 성역할 동일시의 가장 중요한 요인은 아동 자신이 남자다 또는 여자다라는 성별 자아개념을 인식하는 것으로, 이것이 동일시에 선행한다고 주장한다. 즉, "나는 남자다"라는 인식이 먼저이고, 그다음이 "그러므로 남자에게 적합한 행동을 한다"라는 동일시가 나중에 이루어진다는 것이다.

정신분석이론이나 사회학습이론은 모두 같은 성의 부모와 동일시하는 것이 자기 성에 적합한 행동 및 태도를 습득하는 선행조건이라고 보는 반면, 인지발달이론은 같은 성의 부모와의 동일시가 성유형화(性類型化)의 결과라고 본다(〈그림 12-3〉 참조).

특히 Mischel과 Kohlberg는 성역할 동일시에 관해 정반대의 입장을 취한다. Mischel(1970)은 아동의 행동과 가치는 성역할에 의해서 결정되는 것이 아니고 사회학습의 경험에 의해서 결정된다고 한다. 더구나 견해, 신념, 가치에 대한 인지변화가 행동의 변화를 초래한다는 증거는 거의 찾아볼 수 없고, 반대로 인지와 가치변화는 특별한 행동을 수행한 결과로서 일어난다는 증거는 상당수 있다고 한다.

Kohlberg(1966)는 한 인간을 자기 성에 적합한 역할을 하도록 양육하는 것은 자녀의 성별에 따라 부모가 다르게 대하고, 아동이 자기 자신의 성을 인식하는 데에 있으며,

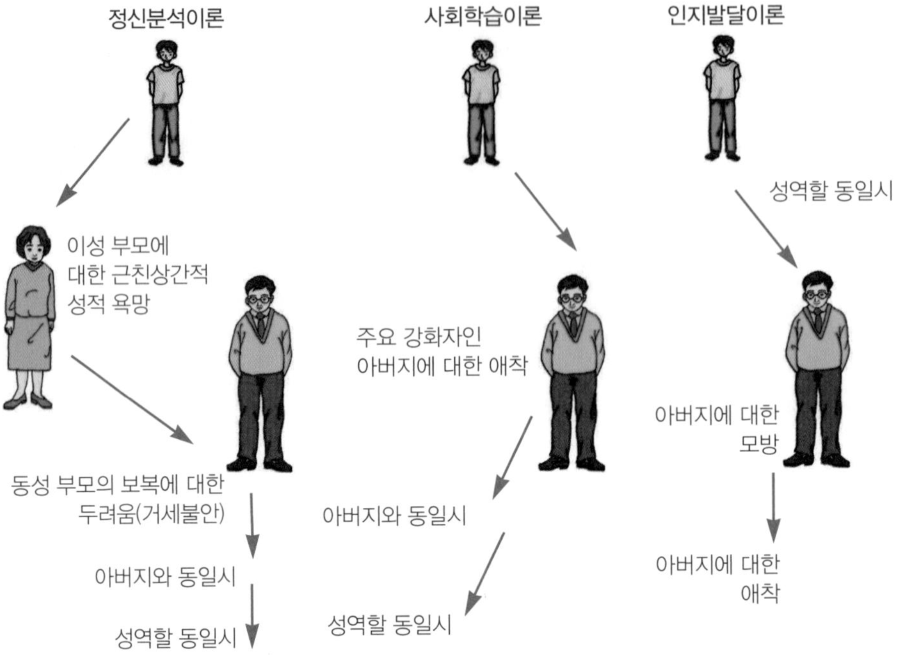

〈그림 12-3〉 Kohlberg가 해석한 심리성적 동일시이론

이러한 성에 대한 아동의 인지를 사회적 강화가 바꾸어 놓지는 못한다고 한다. 즉, 이러한 성에 대한 동일시 내지 자각이 결정적인 시기에 인지적으로 확립되면 사회적 강화에 의해서 이것을 변화시키기는 극도로 어렵다는 것이다.

Maccoby와 Jacklin(1974)은 위의 이론을 모두 검토한 후 성역할을 습득함에 있어 강화와 모방이 중요한 역할을 하는 것은 사실이지만 성역할 동일시에 일어나는 발달의 변화를 설명하기에는 불충분하다고 지적한다. 따라서 Kohlberg가 주장한 심리적 과정도 고려되어야 한다고 주장한다.

Sandra Bem

(4) 성도식이론

Bem(1981, 1985)의 성도식(gender-schema)이론은 사회학습이론과 인지발달이론의 요소를 결합한 것이다. 즉, 성도식이론은 성역할 개념의 습득과정을 설명하는 정보처리이론으로서, 성유형화가 아동의 인지발달 수준이나 사회문화적 요인의 영향을 받지만 동시에 성도식화(gender schematization) 과정을 통해 형성된다고 한다. 성도식화란 성도식에 근거해서 자신에 관한 정보를 포함한 모든 정보를 부호화하고 조직화하는 전반적인 성향이다. 여기서 성도식이

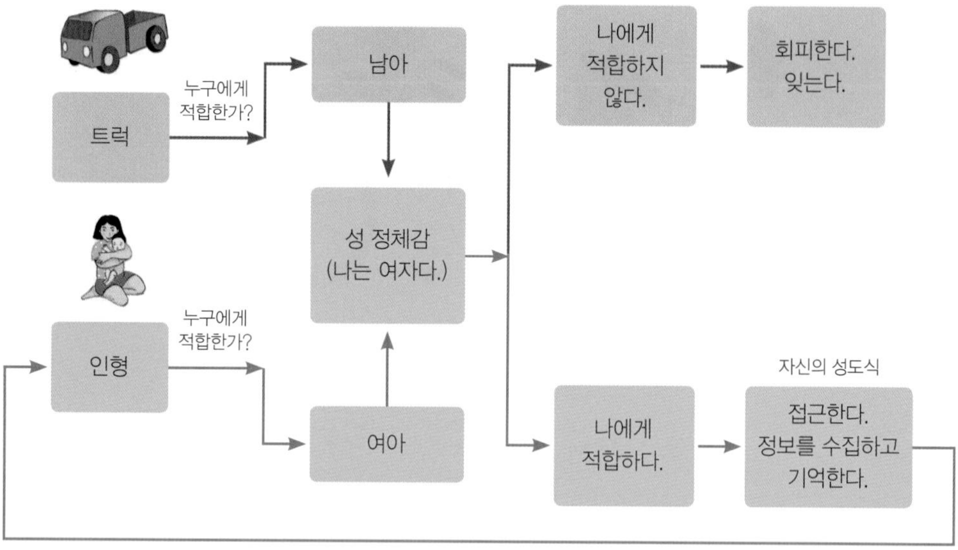

여아는 내집단/외집단 도식에 따라 새로운 정보가 '여아에게 적합한 것'인지 '남아에게 적합한 것'인지 분류한다. 남아의 장난감이나 활동에 관한 정보는 무시하고, 여아의 장난감이나 활동에 관한 정보는 '자신의 성도식'에 첨가한다.

〈그림 12-4〉 성 정체감에 의한 성도식 구성

출처: Martin, C. L., & Halverson, C. F. Jr. (1987). The roles of cognition in sex-roles and sex-typing. In D. B. Carter (Ed.), *Conceptions of sex-roles and sex-typing: Theory and research*. New York: Praeger.

란 성에 따라 조직되는 행동양식으로서 사람들로 하여금 일상생활에서 남성적 특성 또는 여성적 특성을 구분하게 해 준다. 이러한 도식은 사회가 사람과 행동을 어떻게 분류하는지를 봄으로써 아동기에 형성된다.

아동은 어떤 물체나 행동 또는 역할이 남성에게 적합한 것인지 또는 여성에게 적합한 것인지(예를 들면, 여아는 울어도 되지만 남아는 울어서는 안 된다 등)를 분류해 주는 내집단/외집단이라는 단순한 도식을 습득한다. 그리고 자신의 성에 적합한 역할에 대한 좀 더 많은 정보를 추구하여 자신의 성도식(own-sex schema)을 구성한다. 자신의 성 정체감을 이해하는 여아는 바느질은 여아에게 적합한 활동이고, 모형 비행기를 만드는 것은 남아에게 적합한 활동이라는 것을 학습한다. 그러고 나서 자신은 여아이기 때문에 자신의 성 정체감과 일치되게 행동하기를 원한다. 따라서 바느질에 관한 많은 정보를 수집하여 자신의 성도식에 바느질을 포함시킨다. 그리고 모형 비행기를 만드는 것은 남아에게 적합한 활동이라는 것 이상의 정보는 전부 다 무시해 버린다(〈그림 12-4〉 참조).

이상의 예를 통해 설명한 바와 같이 주어진 정보가 자신의 태도와 일치하고 그에 대한 지식이 많을수록 그것을 보다 잘 기억하고 선호하게 되며, 반대의 경우에는 기억되

〈그림 12-5〉 성역할 고정관념의 예

지 않을 뿐만 아니라 회피하게 된다. 즉, 자신이 가지고 있는 성도식에 근거한 이러한 선택적인 기억과 선호과정을 통해 성역할발달이 이루어진다.

일단 성도식이 발달하면 아동은 자신의 성도식에 맞지 않는 새로운 정보를 왜곡하는 경향이 있다(Liben & Signorella, 1993; Martin & Halverson, 1983). 예를 들어, 여성은 의사가 될 수 없다고 믿는 아동이 여의사로부터 진찰을 받고 나서 자신을 진찰한 사람은 여의사가 아니고 간호사라고 기억하며, 여전히 여성은 의사가 될 수 없다고 생각하는 것이다. 〈그림 12-5〉는 유아가 가지고 있는 성역할 고정관념의 예이다. 물론 학습된 성도식은 수정될 수 있다. 그러나 이러한 수정은 문화적으로 깊이 스며든 태도를 바꾸는 것을 의미하며, 이러한 변화는 상당한 저항을 받게 된다.

우리나라 3~7세 유아 89명을 대상으로 한 연구(김은정, 1996)에서, 취학전 유아기에는 남아의 성도식이 여아의 성도식보다 더 발달되어 있는 것으로 나타났다. 또한 유아는 연령이 높을수록 자신의 성별과 일치하는 놀이친구를 더 선호하는 것으로 나타났다. 그리고 5~9세 아동 181명을 대상으로 한 연구(정순화, 정옥분, 1994)에서는 아동의 성역할 지식은 연령이 증가함에 따라 증가하고 성역할 태도에서도 융통성을 보였다. 또한 아동의 성과 등장인물의 성이 일치하는 과제에 대한 기억점수가 불일치하는 과제에 비해, 등장인물의 성과 활동이 일치하는 과제에 대한 기억점수가 불일치하는 과제에 비해 높게 나타났다.

Meda Rebecca

(5) 성역할초월이론

Hefner, Rebecca, Oleshansky(1975)는 성역할 사회화에 대한 전통적인 견해는 인간의 잠재력을 위축시키고, 성별의 양극 개념과 여성의 열등성을 조장하는 것이라고 주장하면서, 성역할발달에 관한 3단계의 새로운 모델을 제시하였다. 그들의 주요 목적은 인간의 역할을 재정의하고 그렇게 함으로써 성차별의 근원을 제거하려는 것이었다. 그들이 분류한 성역할발달의 3단계는 성역할의 미분화 단계, 성역할의 양극화 단계, 성역할의 초월 단계인데, 마지막 제3단계가 성역할 고정관념을 뛰어넘어 인간의 잠재력을 충분히 발휘하게 되는 단계라고 한다.

제1단계인 성역할의 미분화 단계에서 아동의 사고는 총체성으로 특징지어진다. 즉, 아동은 성역할이나 성유형화 행동에 대해 분화된 개념을 가지고 있지 못하다. 또한 생물학적인 성에 따라 문화가 제한하는 행동이 있다는 것도 깨닫지 못한다.

제2단계는 성역할의 양극화 단계로서 이 단계에 있는 사람들은 자신의 행동을 고정관념의 틀 속에 맞추는 것을 필연적인 것으로 생각한다. 성역할의 양극개념을 강조하는 사회에서는 전생애를 통해 남자는 남성적인 역할을, 여자는 여성적인 역할을 엄격히 고수할 것을 요구한다. 이와 같이 남성적 또는 여성적이라는 양극에 대한 엄격한 고수는 부적응적인 것이고, 역기능적인 것일 뿐만 아니라 오늘날 우리사회에서 많은 성차별을 낳게 하는 원인이 되고 있다.

제3단계인 성역할의 초월 단계에 있는 사람은 성역할의 고정관념에서 벗어나 상황에 따라 적절하고 적응력 있게 행동할 수 있고, 행동적 표현이나 감정적 표현이 성역할 규범에 얽매이지 않는다. 이것이 바로 성역할에 관한 고정관념을 초월하게 하는 것이다. 이러한 성역할 초월성은 융통성, 다원성 그리고 개인적 선택 및 개인이나 사회가 현재의 억압자-피억압자의 성역할에서 벗어나는 새로운 가능성을 의미한다.

2) 성역할발달과 영향요인

성역할발달에 영향을 미치는 요인은 다음과 같다.

(1) 생물학적 요인

성호르몬은 성역할발달에 영향을 미친다(Hines, 2011, 2013). 여성 호르몬인 에스트로겐은 주로 여성의 신체적 특징에 영향을 미치고, 남성 호르몬인 안드로겐은 주로 남성의 생식기와 이차 성징의 발달에 작용을 한다. 한 연구에서 태내 호르몬의 변화가 성역할발달에 미치는 영향을 조사한 바 있다. 몇 명의 산모에게 남성호르몬을 주사한 일이 있는데, 이들은 유산의 경험이 있는 산모로서 남성호르몬이 그 치료가 되리라 믿었기 때문이다. 남성호르몬 치료를 받고서 태어난 아이들과 치료를 받지 않은 같은 성의 형제를 비교해 본 결과, 남성호르몬 치료를 받은 여아는 훨씬 더 활동적이고, 놀이친구로서 여아보다 남아를 선호하였으며, 인형보다는 총이나 자동차 같은 장난감을 좋아했고, 외모에는 관심이 없었다. 치료를 받은 남자아이들은 그렇지 않은 남자형제보다 훨씬 더 거친 놀이를 하고 놀았다(Santrock, 1981).

또 다른 연구들(Berenbaum & Bailey, 2003; Burton et al., 2009; Knickmeyer & Baron-Cohen, 2006; Mathews et al., 2009)에서 남성 호르몬인 안드로겐이 비정상적으로 높은 수준인 여아의 경우 자신이 여자라는 사실에 매우 불만족스러워하며 남자가 되는 것에 큰 관심을 보이고, 남자아이와 함께 놀이하는 것을 좋아하며, 인형보다는 남자아이들이 좋아하는 장난감을 선호하였다.

성호르몬은 사회정서발달에도 영향을 미친다. 최근 한 연구(Auyeung et al., 2009)에서 양수로부터 측정한 태아의 테스토스테론 수준이 높은 경우 남아든 여아든 6~10세가 되었을 때 전형적인 남아의 놀이를 더 많이 하는 것으로 나타났다.

Margaret Mead

(2) 문화적 기대

문화 또한 성역할발달에 매우 중요한 역할을 한다. Mead(1935)가 뉴기니 섬의 세 종족의 원주민을 대상으로 연구한 결과는 문화에 따라 전혀 다른 성역할발달이 이루어진 것을 보여주고 있다. 이들 세 종족 중 두 종족에서는 성역할 분화가 거의 이루어지지 않았는데, 한 종족은 남녀 모두 많은 문화권에서 여성적인 것으로 규정된 행동특성, 즉 순종적이고 협동적이고 단호하지 못한 행동들을 나타내었다. 반면, 다른 한 종족은 많은 문화권에서 남성적인 것으로 규정된 행동들을 나타내었는데, 이 부족은 적대적이고 공격적이며 잔인한 것으로 보였다. 끝으로 나머지 한 종족에서는 Parsons와 Bales(1955)가 정의한 전통적인 성역할이 반대로 나타났다. 즉, 남자는 다른 사람의 감정에 민감하고 의존적인 반면, 여자는 독립심이 강하고 공격적이며 의사결정에 있어 중요한 역할을 하는 것으로 보였다.

이와 같이 전통적인 성역할이 대부분의 문화권에서는 보편적인 현상이지만 남성성, 여성성의 발달은 문화에 따라 상당히 융통성이 있다는 것을 볼 수 있다. 따라서 만약 남녀 간에 신체적 구조에 기인한 사회적 · 인지적 차이가 있다면 이들은 문화적 요인에 의해서 상당히 수정될 수 있다는 것을 알 수 있다.

(3) 부모의 역할

부모는 아동이 제일 먼저 그리고 가장 많이 접하게 되는 중요 인물로서 생후 초기부터 자녀의 성역할발달에 지대한 영향을 미친다. 부모는 성역할 습득을 위한 훈육자로서 또는 모델로서 의미를 지니며, 자녀는 이러한 부모를 통하여 성역할을 발달시킨다(Hilliard & Liben, 2012; Leaper, 2013; Leaper & Bigler, 2018; Liben, Bigler, & Hilliard, 2014). 부모는 자녀에게 적극적으로 성에 적합한 행동을 권유할 뿐만 아니라 그러한 행동을 했을 때 보상을 하고, 성에 적합하지 못한 행동을 하였을 때에는 벌을 준다(사진 참조).

정신분석이론과 사회학습이론은 각각 같은 성의 부모와 동일시 또는 모방을 통해서 성역할 습득이 이루어진다고 설명하고 있다. 이들의 견해가 전적으로 받아들여지고 있는 것은 아니지만, 부모의 모델적 행동이 자녀의 성역할발달에 중요한 요인임은 주목할 만하다.

(4) 또래와 교사의 역할

또래가 성역할발달에 미치는 영향도 매우 중요한데, 또래의 영향은 특히 유아기에 두드러지게 나타난다. 상당량의 성역할 학습은 성이 분리된 놀이상황에서 일어난다. 이는 같은 성의 또래와의 놀이가 성에 적합한 행동을 배우고 실행해 보는 좋은 방법이 될 수 있기 때문이다.

또한 유아들은 성에 적합한 행동은 서로 보상하고, 성에 부적합한 행동은 벌한다(Leaper, 2013; Leaper & Bigler, 2011, 2018; Matlin, 2012; Rubin, Bukowski, & Bowker, 2015). Fagot 등의 연구(Fagot, 1977; Fagot, Rodgers, & Leinbach, 2000)에서 유치원 아이들은 남아의 경우 망치질을 한다든가 모래밭에서 놀 때에 강화를 받았고, 여아의 경우 인형놀이나 소꿉놀이 등을 할 때 강화를 받았다. 또 성에 적합하지 않은 행동을 보일 경우에는 비판적이고 때로는 의도적으로 망신을 주기도 하였다. 이러한 또래들의 보상과 벌은 유아의 행동에 많은 영향을 주기 때문에 더욱 중요한 의미를 가진다. Lamb과 Roopnarine(1979)은 3세 유아들이 반대성의 행동을 하다가 또래들로부터 조롱을 받자 하고 있던 일을 재빠르게 바꾸었으며, 성에 적합한 놀이에 대해 보상을 받았을 때는 평소보다 더 오랫동안 그 놀이를 계속하였음을 발견하였다. 이와 같이 또래들은 매우 어려서부터 성역할 습득을 위한 놀이를 통해 서로 가르치

사진 설명 인형놀이를 하는 남자아이는 또래들로부터 조롱을 받는다.

고 자극을 받는다.

또래집단만큼 강하지는 않지만 교사들 또한 유아의 성에 적합한 놀이는 보상을 하고, 성에 적합하지 않은 놀이는 하지 못하도록 한다(Mullola et al., 2012). 그러나 많은 교사들이 남녀 유아 모두에게 여성적인 특성을 강조하는 경향이 있다. 이러한 경향은 교사가 점차 경험을 갖게 되면서 더욱 증가하는데, 이는 교사가 정숙과 질서를 유지시켜 수업을 잘 이끌어 나가기 위해서는 여성적 특성을 강화하는 것이 효과적이라는 것을 경험을 통해 알게 되었기 때문이다. 그러나 교사가 여성적 특성을 강화하는 것은 남성적 특성을 강조하는 또래집단의 가치와 모순되기 때문에 남아에게 혼란을 가져다 주기도 한다. 남아의 이러한 혼란과 갈등은 입학 초기에 남아들이 학교에 가기를 싫어하며, 학업성적이 떨어지는 원인이 될 수 있다.

(5) 텔레비전의 영향

대중매체가 아동의 성역할발달에 미치는 영향에 대한 연구는 주로 텔레비전을 중심으로 이루어져 왔는데, 그 이유는 대중매체 이용률에서 텔레비전이 차지하는 비율이 가장 높기 때문이다. 텔레비전을 통해 묘사되는 남성과 여성에 대한 이미지는 아동의 성역할발달에 지대한 영향을 미치는데, 아동이 성에 대한 가치관이나 태도를 형성하는 데 있어서 텔레비전에서 제시되는 성에 대한 정보에 상당 부분 의존하기 때문이다(Sutton et al., 2002). 이는 Bandura가 언급한 모방학습의 효과로 설명할 수 있으며, 또한 텔레비전을 많이 보는 사람은 자신이 실제로는 텔레비전 속의 세계와 상이한 삶을 살고 있다 하더라도 텔레비전 속의 세계가 실제 삶에 영향을 미치는 반향(resonance)효과로도 설명할 수 있다(Gerbner, 1998).

사진 설명 텔레비전을 많이 보는 아동은 전통적 성역할을 고수하는 경향이 있다.

텔레비전은 전통적인 성역할을 자주 묘사함으로써 많은 시간을 텔레비전 시청으로 보내는 아동에게는 전통적 성역할을 고수하게 하는 결과를 낳는다. 텔레비전에서 묘사되는 남녀의 역할을 보면 남자가 주인공인 경우가 대부분이다. 그리고 남자는 적극적이고 공격적이며 중요한 의사결정을 하는 인물로 묘사된다. 반대로, 여자는 주로 가정주부나 비서, 간호사 등으로 등장하며, 수동적이고 소극적이며 의존적인 인물로 묘사된다. 따라서 텔레비전을 많이 보는 아동이 텔레비전을 적게 보는 아동보다 훨씬 더 성역할 고정관념을 고수하였다는 결과는 그리 놀라운 것이 아니다.

텔레토비

바니와 친구들

텔레비전을 통해 방영되는 대부분의 광고내용 또한 전통적인 성역할 특성을 반영하는 것으로 나타났다(Hetsroni, 2007). '텔레토비' '바니와 친구들' 등의 프로그램에서 성역할 특성에서 다소 변화가 나타나고 있으나 이러한 변화가 남아의 행동에서는 보다 개방적으로 이루어지고 있는 반면, 여아의 경우에는 보다 전통적인 성역할에 대해 강화가 이루어지고 있는 것으로 나타났다.

우리나라 연구에서도 텔레비전 만화영화에서 대체로 남성은 여성에 비해 빈번하게 등장할 뿐 아니라 리더로서의 역할 빈도도 많은 반면, 여성은 추종자 역할에 치중되어 있었다. 또한 남성은 논리적, 합리적, 독립적, 적극적 성향을 보이는 반면, 여성은 감성적, 희생적, 순종적 성향으로 뚜렷한 성역할 고정관념을 보이는 것으로 나타났다(김명희, 2003).

그러나 한편으로는 텔레비전에 등장하는 인물들에 대한 묘사가 전반적인 성역할 고정관념에서 점차 벗어나는 경향을 보이고 있다. 광고에 등장하는 인물에 대한 묘사가 전반적으로 성역할 고정관념을 기초로 하고 있으나 여성의 성역할에서는 메시지 제시방법, 역할, 상품 종류 면에서 중립적이거나 비전통적인 성역할 모델이 제시되기도 한다(김광옥, 하주용, 2008).

텔레비전은 아동이 접하는 매체 중 영향력이 가장 큰 것으로, 전통적인 성역할 개념에서 벗어나 새로운 성역할 개념으로 발전하는 데 매우 중요한 역할을 할 수 있다. 한 연구(Davidson, Yasuna, & Tower, 1979)에서, 5~6세의 아동들에게 비전통적인 성역할을 하는 주인공들을 묘사하는 만화영화를 보여주었더니 아동들의 성역할 개념이 덜 인습적이 되는 것을 볼 수 있었다.

Edward S. Davidson

우리나라 유아를 대상으로 전통적 · 비전통적 성역할 VTR 프로그램을 제작하여 유아의 성역할 고정관념에 미치는 효과를 알아본 홍연애와 정옥분(1993)의 연구에서도, 전통적 성역할 VTR 프로그램을 시청한 집단, 비전통적 성역할 VTR 프로그램을 시청한 집단 그리고 통제집단 간에 유의한 차이가 있는 것으로 나타났다. 즉, 비전통적인 성역할 모델의 제시가 유아의 성역할 고정관념을 감소시켰으며, 성역할 VTR 프로그램을 시청한 후에 변화된 성역할 고정관념은 4주 후의 추후검사에서도 여전히 지속효과가 있는 것으로 나타났다.

이상의 연구결과에서 TV는 보다 평등주의적인 성역할 개념을 제시해 줌으로써 아동들의 성역할 고정관념을 극복하거나 감소시키는 강력한 매체가 될 수 있음을 알 수 있다.

3) 성역할발달의 인지적 요소

(1) 성 항상성

사진 설명 7세경에 아동은 성 항상성 개념을 획득하기 시작한다.

Kohlberg(1966, 1969)는 개인의 성은 복장이나 헤어스타일, 놀이종류에 상관없이 생물학적인 특성에 의해 변하지 않는다는 개념을 성 항상성으로 표현하였다. 인지발달이론에 의하면, 아동은 7세 이전까지는 전조작기에 머무는데 이때까지는 외현적인 특성에 의해 사람을 판단하게 된다. 그러다가 구체적 조작기에 달하면 보존개념이 형성되는데 이 성 항상성은 일종의 보존개념이다.

한 연구에 의하면(Slaby & Frey, 1975), 성 항상성은 네 단계를 거쳐 발달한다고 한다. 그 첫 단계는 자신이 남자다 또는 여자다라고 인식하는 성 정체감에 대한 인식으로서, 2세 반이 되면 대부분 자신이 남자 또는 여자라는 것을 알게 된다. 두 번째는 성 안정성의 단계로 시간이 지나도 자신의 성이 변하지 않는다는 인식으로서 "너는 커서 엄마가 될래, 아빠가 될래?"와 같은 질문에 의해 성 안정성 개념이 측정된다. 셋째 단계는 성 항상성의 동기적 요소로서 성이란 비록 개인이 원한다 하더라도 바뀌지 않는다는 신념에 기초한다. "만약 네가 정말로 원한다면 남자(여자)가 될 수 있니?"와 같은 질문

Eleanor Maccoby

에 의해 측정된다. 넷째 단계는 6, 7세경에 획득하게 되는 성 일관성으로서 성이란 놀이, 복장, 외모의 변화에도 불구하고 변하지 않는다는 인식이다. "만약 네가 인형을 갖고 논다면 너는 여자가 될 수 있니?" "만약 너의 머리를 여자아이같이 길게 기르면 너는 여자가 될 수 있니?"(사진 참조)와 같은 질문에 의해 성 일관성 개념이 측정된다.

사진 설명 "만약 너의 머리를 여자아이같이 길게 기르면 너는 여자가 될 수 있니?"와 같은 질문에 의해 성 일관성 개념이 측정된다.

아이들은 자신이 남자 또는 여자라는 사실을 어떻게 아는가? Maccoby(1980)는 아동은 단순히 부모가 일러 준 대로 자신이 남자 또는 여자라고 인식한다고 하나, 아동 자신의 경험도 중요한 역할을 한다. 즉, 시간이 지나도, 외모가 변해도, 행동이 달라져도 여전히 같은 성으로 남아 있는 것을 경험을 통해 알게 된다. 대부분의 아이들은 가끔 반대 성의 장난감을 가지고 놀거나 반대 성의 복장을 한 경험이 있다. 그럼에도 불구하고 자신의 성이 변하지 않는다는 것을 깨닫게 된다.

우리나라 3~9세 아동 164명을 대상으로 한 연구(황혜신, 이순형, 1990)에서, 연령이 높은 아동이 낮은 아동에 비해 성 항상성 발달단계가 높은 것으로 나타났는데, 따라서 아동의 연령이 증가할수록 성 항상성 발달수준이 점차 높아지는 것으로 보인다. 또한 아동의 연령과 성별에 따라 아동의 성별 특정화된 행동이 구체화된다. 즉, 아동의 연령이 증가하면 장난감 선택행동에서 자신의 성별에 일치하는 장난감보다는 중성적 장난감을 선택한다. 반면, 또래와의 상호작용에 있어서는 더욱 성별 특정화된 놀이행동을 보인다. 이러한 현상은 특히 남아에게서 두드러지게 나타난다.

(2) 성역할 고정관념의 형성

성역할 고정관념은 성에 따라 승인된 외모, 행동양식, 말씨, 감정을 표현하는 방식 및 다른 여러 가지 특성들에 대한 구체적인 개념들로서 정의된다(Hurlock, 1981). 고정관념이란 한 집단에 소속된 사람들은 모두 일정한 특징을 지니고 있다고 보는 것이므로, 그 집단의 구성원 개개인이 그 특징을 가지고 있지 않을 수 있다는 점을 고려해 볼 때, 대체로 남녀 간의 실제적인 차이를 과장하고 왜곡하는 경향이 있다(Basow, 1980).

사진 설명 유아기에 성역할 고정관념이 형성된다.

Deanna Kuhn

인간이 전생애를 통해 수행하는 역할 가운데 성역할만큼 초기에 형성되어 오랫동안 지속되는 역할도 없는 것으로 보인다. 성역할 고정관념이 획득되는 시기에 관하여 연구한 Kuhn과 그 동료들(1978)에 의하면, 2세 유아도 성역할 고정관념의 지식을 소유하고 있으며 성을 영속적이고 바뀔 수 없는 면으로 간주할 때 이러한 측면에 긍정적으로 가치를 두기 시작한다. 따라서 유아가 특정한 성에 자신이 소속된 것을 인식함으로써 동성의 부모와 동일시가 이루어진다. 많은 연구결과 성역할 고정관념이 유아기에 형성된다는 것을 뒷받침해 주며, 유아가 자신의 성별을 알게 되는 성 정체감 획득을 시작으로 마지막 단계인 성 일관성을 이해하게 되는 일련의 과정은 대개 2~7세 사이에 이루어진다는 것을 알 수 있다.

우리나라 맞벌이 가정의 3~5세 유아를 대상으로 성역할 고정관념에 영향을 미치는 요인들을 살펴본 연구(고영실, 박용한, 2020)에 의하면 자녀의 출생 순위가 첫째와 둘째인 경우와, 아버지가 자녀를 돌보는 시간이 많고 지도수준이 높을 경우, 유아의 성역할 고정관념이 낮은 것으로 나타났다고 하면서 유아기의 올바른 성역할 정체감을 발달시키기 위해서는 평등한 가정문화와 적극적인 아버지의 양육참여가 중요하다고 하였다.

4) 새로운 성역할 개념

(1) 심리적 양성성

한국 사회를 비롯한 많은 사회에서 전통적으로 남자는 남성적인 것이, 여자는 여성적인 것이 심리적으로 건강하다고 생각해 왔다. 그러나 최근에 와서 이러한 전통적인 성역할 구분은 현대 사회에 더 이상 적합하지 않을 뿐만 아니라, 인간의 잠재력을 충분히 발휘하는 데에 장애요인이 된다고 주장하는 학자들이 많다.

남성성과 여성성에 대한 전통적인 개념에 대한 대안으로서 Bem(1975)은 양성성으로의 사회화가 전통적인 성역할보다 훨씬 더 기능적이라고 주장한다. 양성성이란 그리스어로 남성을 일컫는 'andro'와 여성을 일컫는 'gyn'으로 구성된 용어이며, 하나의 유기체 내에 여성적 특성과 남성적 특성이 공존하는 것을 의미한다. 심리적 양성성의 개념은 한 사람이 남성성과 여성성을 동시에 가질 수 있기 때문에, 상황에 따라서 도구적 역할과 표현적 역할을 수행할 수 있다는 보다 효율적인 성역할 개념을 의미한다.

(2) 성역할 측정도구

Constantinople(1973)의 전통적인 남성성-여성성 척도에 대한 평가는 성역할 분야에 있어서 개념적 · 방법론적 변화를 가능하게 하였다. 이것이야말로 성역할에 관한 근대적 견해나 태도를 지닌 최초의 시도 중의 하나였다. 그녀의 평가에 의하면 종래의 남성성-여성성 척도들은 남성성과 여성성을 단일 차원으로 보고 남성성과 여성성이 각기 양극을 대표한다고 본다는 것이다. 따라서 남성성(또는 여성성)이 높은 사람은 자동적으로 여성성(또는 남성성)이 낮은 것으로 나타나고, 이러한 단일 차원선상에서 중간쯤에 위치하는 사람은 불행히도 성역할 정체감이 불분명한 것으로 판정을 받아왔다.

Janet Spence

이러한 Constantinople의 견해를 많은 사람들이 지지했는데, 그중 Bem과 Spence 등도 성역할이 양극개념으로 이해되어서는 안 된다는 신념하에 양성성을 측정할 수 있는 새로운 성역할 측정도구를 개발하였다. Bem(1974)은 Bem Sex Role Inventory(BSRI)를 그리고 Spence 등(1974)은 Personal Attributes Questionnaire(PAQ)를 각기 제작하였다. 이들 두 척도는 종래의 남성성-여성성 척도의 문제점을 해결한 것으로서, 남성성과 여성성을 각기 독립된 변수로 보고 남성성과 여성성을 따로 측정할 수 있도록 남성성 척도와 여성성 척도 두 가지를 포함하고 있다. 이 측정도구에 의하면 남성적인 사람이 동시에 여성적인 사람일 수도 있는데, 이것이 바로 양성성이다.

〈그림 12-6〉에서 보는 바와 같이 남성성 척도와 여성성 척도의 중앙치 점수를 계산하여, 남성성과 여성성 점수가 모두 중앙치 이상이면 양성성으로 분류된다. 그리고 남성성 점수는 중앙치 이상인 데 반해, 여성성 점수가 중앙치 이하이면 남성성으로, 이와는 반대로 여성성 점수가 중앙치 이상이고, 남성성 점수가 중앙치 이하이면 여성성으

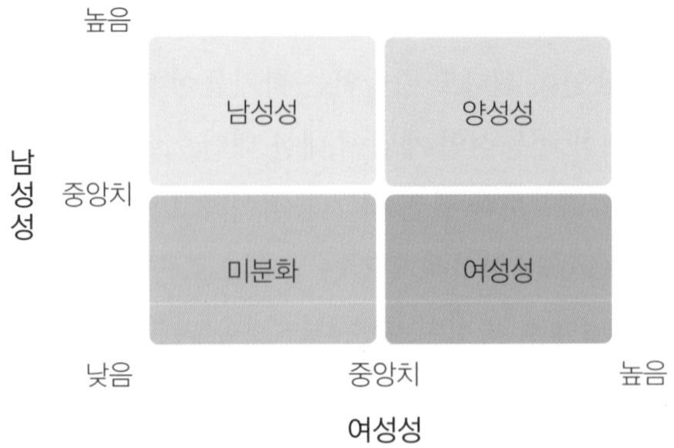

〈그림 12-6〉 독립차원으로서의 남성성과 여성성(양성성, 남성성, 여성성, 미분화 집단)

표 12-1 한국 성역할 검사의 남성성 척도와 여성성 척도

남성성 문항		여성성 문항	
믿음직스럽다	근엄하다	섬세하다	다정다감하다
과묵하다	의욕적이다	어질다	차분하다
남성적이다	의지력이 강하다	친절하다	알뜰하다
강하다	대범하다	온화하다	유순하다
자신감이 있다	집념이 강하다	부드럽다	민감하다
털털하다	의리가 있다	상냥하다	순종적이다
박력이 있다	지도력이 있다	감정이 풍부하다	꼼꼼하다
독립적이다	결단력이 있다	깔끔하다	얌전하다
씩씩하다	모험적이다	따뜻하다	여성적이다
야심적이다	자신의 신념을 주장한다	인정이 많다	싹싹하다

로 분류된다. 마지막으로 남성성과 여성성 점수가 모두 중앙치 이하이면 미분화로 분류된다.

Bem과 Spence 등이 성역할 측정도구를 개발한 이래 우리나라에서도 우리 문화에 적합한 성역할 정체감을 측정하기 위한 도구들이 개발되어 왔다(김영희, 1988; 장하경, 서병숙, 1991; 정진경, 1990). 〈표 12-1〉은 정진경이 개발한 한국 성역할 검사의 남성성 문항과 여성성 문항이다.

(3) 심리적 양성성과 관련연구

양성성 개념이 소개된 이후 이 분야의 연구가 활발하게 이루어졌다. 많은 연구결과에 의하면, 양성적인 사람이 성유형화된 사람보다 자아존중감, 자아실현, 성취동

Warren H. Jones

기, 결혼만족도가 높고, 도덕성발달과 자아발달도 보다 높은 수준에 있으며, 정신적으로도 더 건강한 것으로 나타났다(Bem, 1974; Bem, Martyna, & Watson, 1976; Block, 1973; Cristall & Dean, 1976; Schiff & Koopman, 1978; Spence, Helmreich, & Stapp, 1975; Williams, 1979).

위 연구들의 내용을 요약하면 양성적인 사람은 다차원적인 행동을 할 수 있고, 상황에 따라 남성적인 특성과 여성적인 특성의 역할을 적절하게 수행하기 때문에 적응력이 높다는 것이다.

Robert O. Hansson

그러나 Jones, Chernovetz 그리고 Hansson(1978)은 일련의 연구를 통하여, 개인의 적응력에 결정적인 역할을 하는 것은 양성성이 아니라 남성성이라고 밝히면서, Bem 등이 주장한 '양성성이 곧 적응성(androgyny equals adaptability)'이라는 가설을 부정하였다. Yager와 Baker(1979)도 여성성과 관계없이 남성성의 존재만이 개인의 적응력에 영향을 미친다고 하면서 "남성성 우월효과(masculinity supremacy effect)"라는 용어를 소개하였다. 그들은 이러한 효과의 배경은 남성적 특성이 미국사회에서 높이 평가되는 데 있다고 설명하면서, 이 남성적 특성을 가진 사람은 성에 구별 없이 일상생활의 적응면에서 유리한 입장에 있다고 하였다.

Geoffrey G. Yager

국내의 연구결과도 양성성 집단이 다른 세 집단보다 자아존중감이 높다는 연구(정옥분, 1986)가 있는 반면, 남성성 집단이 창의성이 가장 높다는 연구(구순주, 1984)도 있다. 또한 양성성과 남성성 집단이 자아존중감, 자아실현, 자아정체감에 있어 차이가 없다는 연구(장재정, 1988)와 성별에 따라서 다른 양상이 나타난 연구(김희강, 1980)가 있어 연구결과에 일관성이 없다.

Susan Baker

성역할에 관한 많은 연구들이 양성성이 가장 융통성 있는 성역할 유형이라고 보고한 반면, 남성성이 보다 효율적인 성역할 유형이라고 하는 연구 또한 상당수 있어 현재로선 단정적인 결론을 내리기가 어렵다. 따라서 이 분야에 관해 앞으로 더 많은 연구가 이루어져야 할 것으로 보인다.

5. 사회화와 가족의 영향

사회화란 개인이 자기가 속해 있는 사회집단에 적합하다고 생각되는 행동양식을 습득하는 과정을 말한다. 가족은 개인의 사회화에 가장 큰 영향을 미치는 집단이다. 가족은 사회의 기본 단위로서 한 사회를 존속시키고 유지시키는 기능을 가지고 있다. 인간이 세상에 태어나서 사회구성원으로 성장할 수 있는 터전이 바로 가족이다. 부모는 아동이 이 세상에 태어나 최초로 관계를 형성하는 대상이며, 형제는 아동이 출생 후 처음으로 경험하는 또래집단이자 가장 오랫동안 개인의 사회화에 영향을 미치는 중요한 인물이다.

1) 부모의 양육행동

부모의 양육행동은 개인의 성격형성에 가장 큰 영향을 미치는 요인 가운데 하나이다. 부모의 양육태도는 수용, 애정, 통제, 양육, 온정, 허용 등과 같은 여러 다른 영역으로 기술될 수 있으며, 어떠한 양육방식이 가장 효과적인가는 문화에 따라, 가족의 특성에 따라 그리고 시대에 따라 상이하다.

(1) 애정과 통제

Diana Baumrind

Baumrind(1991, 2012)는 애정과 통제라는 두 차원에 의해 부모의 유형을 네 가지로 나누어 설명하고 있다. 여기서 애정차원은 부모가 자녀에게 얼마나 애정적이고 지원적이며, 얼마나 민감한 반응을 보이고, 얼마나 관심을 갖고 있는가 하는 것이다. 통제차원은 아동에게 성숙한 행동을 요구하고, 아동의 행동을 통제하는 것을 말한다.

애정과 통제차원이 둘 다 높은 경우는 '권위있는(authoritative)' 부모, 통제차원은 높지만 애정차원이 낮은 경우는 '권위주의적(authoritarian)' 부모, 애정차원은 높은데 통제차원이 낮은 경우는 '허용적(indulgent)' 부모 그리고 마지막으로 애정과 통제차원이 다 낮

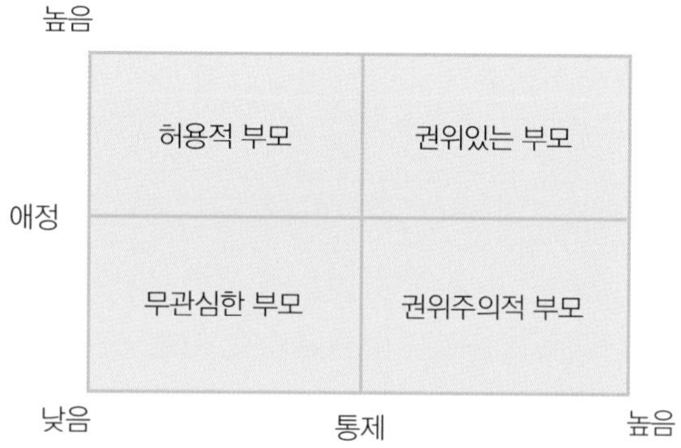

〈그림 12-7〉 애정과 통제 두 차원에 의한 네 가지 부모유형

표 12-2 부모의 유형과 아동의 사회적 행동

부모의 유형	특성	아동의 사회적 행동
권위있는 부모	애정적 · 반응적이고 자녀와 항상 대화를 갖는다. 자녀의 독립심을 격려하고 훈육 시 논리적 설명을 이용한다	책임감, 자신감, 사회성이 높다.
권위주의적 부모	엄격한 통제와 설정해 놓은 규칙을 따르도록 강요한다. 훈육 시 체벌을 사용하고 논리적 설명을 하지 않는다.	비효율적 대인관계, 사회성 부족, 의존적, 복종적, 반항적 성격
허용적 부모	애정적 · 반응적이나 자녀에 대한 통제가 거의 없다. 일관성 없는 훈육	자신감이 있고 적응을 잘하는 편이나, 규율을 무시하고 제멋대로 행동한다.
무관심한 부모	애정이 없고, 냉담하며, 엄격하지도 않고, 무관심하다.	독립심이 없고 자기통제력이 부족하다. 문제행동을 많이 보인다.

은 경우는 '무관심한(neglectful)' 부모로 명명되었다(〈그림 12-7〉 참조).

많은 연구들(Fuligni, & Eccles, 1993; Kurdek & Fine, 1994; Steinberg, Lamborn, Darling, Mounts, & Dornbusch, 1994)이 부모의 유형과 아동의 사회적 행동과의 관계를 보고하고 있다(〈표 12-2〉 참조).

우리나라 어머니의 양육행동과 자기통제행동에 관한 연구(강기숙, 이경님, 2001)에서, 유아의 자기통제행동은 어머니의 양육행동과 관련이 있는 것으로 나타났다. 어머니의 양육행동이 방임 · 허용적일수록 유아의 유혹에 대한 저항이 낮고, 어머니의 양육행동이 온정 · 수용적일수록 과제에 대한 인내는 높은 것으로 나타났다. 또한 어머니가 자녀를 수용하고 애정을 표현하며 자녀의 독립심을 격려하는 온정 · 수용적 양육행동이 아동의 자기통제를 높이며, 자녀를 무시하고 자녀에게 무관심한 허용 · 방임적 양육행동은 아동의 자기통제를 저하시키는 것으로 나타났다. 따라서 아동에게 무관심하고 방임하는 어머니의 양육행동은 아동이 자신의 요구나 충동을 조절해야 하는 상황에서 부정적인 영향을 미칠 수 있음을 시사하는 것으로 볼 수 있다.

4, 5세 유아 132명을 대상으로 어머니의 양육행동과 유아의 또래유능성과의 관련성을 살펴본 연구(이상은, 이주리, 2010)에서, 유아의 또래유능성은 어머니의 양육행동 중 온정 · 격려 정도가 높을수록 높아진다고 하였으며, 어머니의 양육행동 중 과보호 · 허용과 거부 · 방임 정도가 높을수록 유아의 또래유능성은 낮아진다고 하였다. 즉, 어머니의 긍정적인 양육행동은 유아에게 또래와의 관계에서 중요한 모델이 되며, 긍정적인 어머니의 양육행동으로 인해 유아는 안정적이고 바람직한 방법으로 또래와의 관계를 형성할 수 있다고 하면서 어머니의 양육행동이 유아의 또래와의 관계 시 중요한 영향을 미친다는 것을 시사해 준다고 하였다.

초등학교 2학년과 6학년을 대상으로 부모의 양육행동과 아동의 자기효능감을 살펴본 연구(김원경, 권희경, 전제아, 2006)에 따르면, 부모의 온정적 · 수용적 양육행동이 2학년과 6학년 아동 모두의 자기효능감에 직접적인 영향을 미쳤으며, 2학년의 경우에만 부모의 거부 · 제재적 양육행동이 아동의 자기효능감에 긍정적인 영향력을 미치는 것으로 나타났다. 이러한 결과는 고학년이 될수록 자율성이 발달하고 또래관계가 확장되면서 부모의 통제 개입에 따른 영향력이 줄어든다는 것을 보여준 것이기 때문에 자녀의 연령이 증가할수록 자율성을 최대화시켜 주고 통제력을 최소화시켜 주는 양육행동이 아동의 발달에 긍정적인 영향을 줄 것으로 보인다.

부모의 양육행동에 관한 수많은 연구결과를 검토한 결과, '권위주의적' 양육행동이나 '무관심한' 양육행동은 아동의 공격성 등의 외현화 문제와 관련이 있으며(Pinquart, 2017), 학교폭력이나 집단따돌림의 가해자가 되는 경향이 있다(Krisnana et al., 2019). 또 다른 최근의 연구(Lo et al., 2019)에서는 '권위주의적' 양육행동을 하는 부모들은 아동학대를 하는 경향이 있는 한편, '권위있는' 양육행동은 자녀의 친사회적 행동(Carlo et al., 2018)과 관련이 있는 것으로 나타났다.

미국 대학생 297명을 대상으로 부모의 양육행동 중 자녀의 자율과 독립심을 격려하는 양육행동과 자녀의 행동을 지나치게 통제하는 양육행동(헬리콥터형이라고 함; 사진 참조)에 관한 연구(Schiffrin et al., 2014)에서 헬리콥터형 부모의 자녀들은 우울증과 불안수준이 높고,

심리적 안녕감과 생활만족도는 유의하게 낮은 것으로 나타났다.

(2) 자애로움과 엄격함

우리나라에서도 청소년 상담원(1996)은 자애로움과 엄격함이라는 두 차원에 의해 부모유형을 네 가지로 나누었다(〈그림 12-8〉 참조). 여기서 자애로움은 자녀를 신뢰하고, 따뜻하고 관대하게 대하는 것을 말하며, 엄격함은 확고한 원칙을 가지고, 정해진 바를 일관성 있게 밀고 나가는 것을 말한다.

부모의 유형에 따른 부모의 특성과 자녀의 특성은 〈표 12-3〉과 같다.

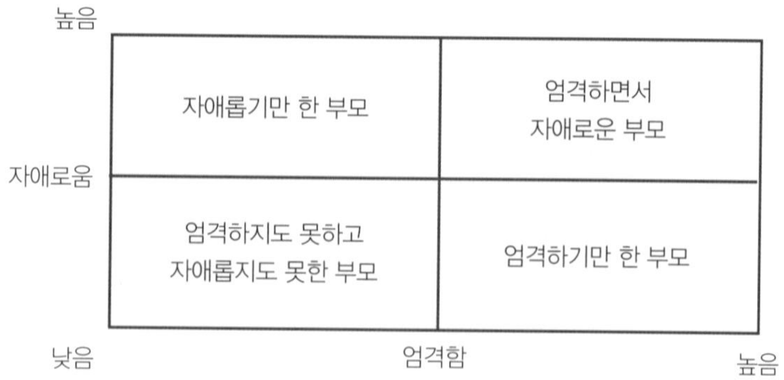

〈그림 12-8〉 자애로움과 엄격함의 두 차원에 의한 네 가지 부모유형

표 12-3 부모의 유형과 자녀의 특성

부모의 유형	부모의 특성	자녀의 특성
자애롭기만 한 부모	• 자녀의 모든 요구를 다 들어준다. • 단호하게 자녀들을 압도하기보다는 양보한다. • 말은 엄격하나 행동으로 보여주지 못한다. • 때로는 극단적으로 벌을 주거나 분노를 폭발하여 스스로 죄책감을 느낀다. • 벌주는 것 자체를 잘못이라고 생각한다	• 책임을 회피한다. • 쉽게 좌절하고 그 좌절을 극복하지 못한다. • 버릇없고 의존적이며 유아적인 특성을 보인다. • 인정이 많고 따뜻하다.
엄격하기만 한 부모	• 칭찬을 하지 않는다. • 부모의 권위에 의문을 제기하는 것을 허락하지 않는다. • 자녀가 잘못한 점을 곧바로 지적한다. • 잘못한 일에는 반드시 체벌이 따라야 한다고 생각한다.	• 걱정이 많고 항상 긴장하고 불안해한다. • 우울하고 때로 자살을 생각하기도 한다. • 책임감이 강하고 예절이 바르다. • 지나치게 복종적, 순종적이다. • 부정적 자아이미지, 죄책감, 자기비하가 많다.

엄격하면서 자애로운 부모	• 자녀가 일으키는 문제를 정상적인 삶의 한 부분으로 생각한다. • 자녀에게 적절하게 좌절을 경험케 하여 자기 훈련의 기회를 제공한다. • 자녀를 장점과 단점을 아울러 지닌 한 인간으로 간주한다. • 자녀의 잘못을 벌할 때도 자녀가 가진 잠재력은 인정한다. • 자녀의 장점을 발견하여 키워준다.	• 자신감 있고 성취동기가 높다. • 사리분별력이 있다. • 원만한 인간관계를 유지한다.
엄격하지도 자애롭지도 못한 부모	• 무관심하고 무기력하다. • 칭찬도 벌도 주지 않고 비난만 한다. • 자식을 믿지 못한다(자녀가 고의적으로 나쁜 행동을 한 것으로 생각한다).	• 반사회적 성격으로 무질서하고 적대감이 많다. • 혼란스러워하고 좌절감을 많이 느낀다. • 세상 및 타인에 대한 불신감이 짙다.

이상 네 가지 부모유형 중에서 가장 바람직한 유형은 '엄격하면서 자애로운 부모'이고, 제일 바람직하지 못한 유형은 '엄격하지도 자애롭지도 못한 부모'이다. 우리나라에서 요즘 가장 많은 유형은 '자애롭기만 한 부모'이다.

우리나라 부모의 양육행동 유형을 알아본 연구(정옥분 외, 1997)에서, 엄부자모가 30.4%, 엄부엄모가 8.2%, 자부엄모가 15.1% 그리고 자부자모가 46.3%로 나타났다. 요컨대, 전반적으로 자부자모 유형이 가장 많은 것으로 나타나 우리의 전통유형인 엄부자모 유형에서 크게 벗어나 있음을 알 수 있다.

자녀의 발달단계에 따른 차이를 보면 초등학생과 중학생의 부모는 자부자모인 경우가 많고, 고등학생의 부모는 엄부자모인 경우가 다소 많은 것으로 나타났다. 이 결과는 부모의 연령이 젊을수록 자부자모의 유형이 많은 것으로 해석할 수 있다.

2) 아동학대

아동학대(child abuse)의 가장 중요한 요인은 문명사회가 시작된 이래로 아이들이 부모의 자산으로 간주되고 있다는 점이고, 이것이 오늘날까지 사람들의 마음속에 깊이 새겨져 있는 것이다. 유아살해는 오랜 세월 동안 용인된 관습으로 받아들여졌고, 바빌로니아, 헤브라이, 그리스, 로마 문화에서는 원치 않은 아이들이나 기형아들은 예외 없이 버림을 받았다. 심지어 근대 초기에는 영국법에서도 출생 후 며칠 내에 발생한 유아살해는 용서되었다. Fraser(1976)에 의하면, 16세기 영국에서는 경제적인 문제로 가난한 집 아이들이 계시살이(apprenticeship)를 해야 했었고, 1760년대까지 극빈자 도제제도(pauper apprenticeship system)가 크게 악용되어 아이들이 매우 잔인하고 비인간적인 대우를 받았다고 한다. 후에 이 제도는 불법으로 선언되었다. 미국도 영국과 사정이 비슷해서 1900년대 초기까지 부모에게 잔인하게 학대받는 아동들에 대한 보호책이 거의 없었다(Fine, 1980).

미국에서 아동학대의 첫 사례로 매우 유명한 Mary Ellen의 경우도 1874년 당시에는 아동보호법이 없었으므로, 동물학대방지법에 의하여 재판에 회부되었는데, 이러한 사실은 많은 사람들로 하여금 경악을 금치 못하게 한다(Fontana & Besharov, 1977). Mary Ellen은 영양부족과 신체적 학대를 받은 아동이지만 법으로는 그 아이의 권리를 보호할 수 없다는 사실이 알려졌을 때, 이 점이 뉴욕 주의회의 주목을 받게 되었다. 그러나 그 같은 충격적인 사건에도 불구하고 국가적인 차원에서의 어떤 조치도 취하지는 못하였다. 전국에서 단지 몇 개의 아동학대방지협회가 결성되었고, 1877년에는 미국동물애호협회가 아동과 동물에 대한 학대행위의 금지를 위해 일할 목적으로 설립되었다.

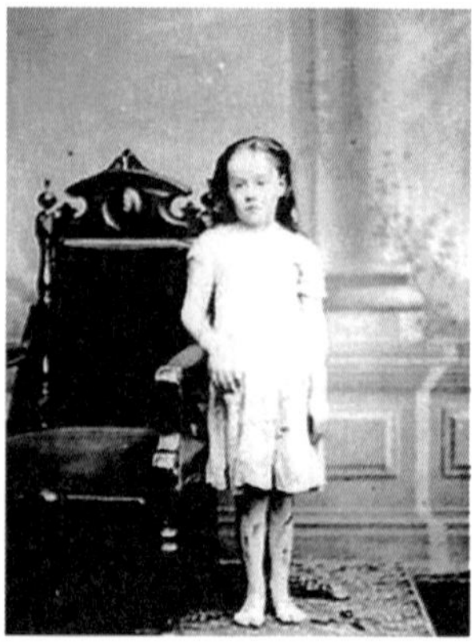

Mary Ellen

아동학대문제는 Kempe 박사가 '아동학대 증후군'이라는 용어를 처음 만든 1962년까지는 크게 주목을 받지 못했다(Kempe, Silverman, Steele, Droegemeuller, & Silver, 1962). Kempe 박사는 사람들의 주의를 끌 목적으로 그 용어를 만들었는데, 그 말은 이제 더 이상 사용되지 않으며, 좀더 포괄적인 용어인 '아동학대 및 유기'라는 말로 대체되었다(Helfer & Kempe, 1976).

Henry Kempe

1966년까지 미국 내의 모든 주에서는 아동학대신고법이 제정되었고, 아동학대가 심각한 사회문제라는 것이 법적으로 인정받게 되었다. 드디어 연방정부도 그 문제를 인정하게 되어, 1974년에는 공법 93-247조인 '아동학대 방지 및 대처법'이 통과되었으며, 보건성, 교육성, 복지성 내에 국립아동학대 및 유기센터(National Center on Child Abuse and Neglect)가 설치되었다.

우리나라는 UN이 「세계 아동의 해」로 선포하던 1979년에 최초로 한국사회복지협의회에서 아동학대신고센터를 개설하였으나, 시민의 무관심과 신고정신 미흡으로 1년 만에 문을 닫고 말았다. 그 후 1983년에는 한국어린이보호회가 어린이 상담전화를 개설하였고, 1985년에는 서울시립아동상담소에서 아동권익 보호신고소를 만들었으나 이 역시 기대만큼 활성화되지 못하였다. 1989년에는 유니세프와 한국복지재단에서 보건복지부의 후원으로 정부관계자, 학계, 법조계 그리고 관련단체의 실무자를 중심으로 하는 한국아동학대예방협회를 설립하였으며, 1996년에는 한국이웃사랑회에서 전국 5개 지역에 아동학대상담센터를 개설하였다. 그러다가 1999년에 들어와 보건복지부에서는 보다 실질적인 아동학대예방활동으로서 '아동학대에 관한 진단 및 관리지침서'를 제작하여 아동학대문제에 본격적으로 개입하게 되었다. 그 결과 2000년에는 '아동복지법'이 개정되었으며, 1년 동안 학대받는 아동을 위한 24시간 긴급 전용전화 '1391(아동학대신고전화)'과 아동학대예방센터가 개설되었으며(김완진, 2002; 조현웅, 2000), 2014년에는 아동학대신고전화가 112로 통합되었다.

(1) 아동학대의 정의

1975년 미국의 모델보호서비스법(The Model Protection Service Act)이 규정한 아동학대의 정의에 의하면 "학대받거나 유기된 아동이란 아동의 복지에 책임이 있는 부모나 그 밖의 다른 보호자의 행위나 태만으로 인해 신체적 · 정신적 건강이나 복지가 상해를 입거나 위협을 받는 아동을 의미한다"로 되어 있다. 나아가 상해란 지나친 체벌, 성적 학대, 유기, 삶의 기본적 요구를 채워주지 못하거나 적절한 보살핌이나 감독을 하지 못한 결과로 피해를 입는 것으로 정의되고 있다(Fontana & Besharov, 1977).

(2) 아동학대의 유형

아동학대의 유형에는 신체적 학대, 정서적 학대, 성적 학대, 방임 등 크게 네 가지가 있다.

첫째, 신체적 학대는 의도적으로 아동에게 신체적 해악을 가하는 것을 말한다. 손이나 발을 이용하여 때리거나 도구를 이용하여 신체적 고통을 주는 경우가 있는데, 심하게는 흉기로 상해를 입히는 경우도 있다(Flaherty et al., 2014; Redford, Coral, Bradley, & Fisher, 2013). 이러한 신체적 학대는 외관상 드러나는 것이 당연하나 조사 당시 상처가 아물어 나타나지 않는 경우가 많다.

둘째, 정서적 학대는 아동에게 협박을 가하고, 경멸, 모멸감, 수치심을 주는 등 적대적이고 거부적인 태도로 아동의 심리적 자아에 상처를 입히는 것을 말한다. 소리를 지르거나 언어적 폭력을 가하는 것, 무시하거나 모욕감을 주는 것 등이 여기에 속한다(Potthast, Neuner, & Catani, 2014; Ross, Kaminski, & Herrington, 2019). 정서적 학대는 신체적 학대와는 달리 육안으로 확인하기가 어렵기 때문에 정서적 학대 상황에 방치된 아동을 발견하기란 쉬운 일이 아니며 극도로 심한 정서적 학대를 받은 아동의 경우는 그 예후가 좋지 않다.

셋째, 성적 학대는 아동에게 성인과의 성적 접촉, 애무 등을 강요하거나, 신체를 노출하게 하여 성인의 성적 자극에 이용하는 것을 말한다(Fergusson, McLeod, & Horwood, 2013; Tener, Katz, & Kaufmann, 2021; Williams et al., 2014; Zollner, Fuchs, & Fegert, 2014).

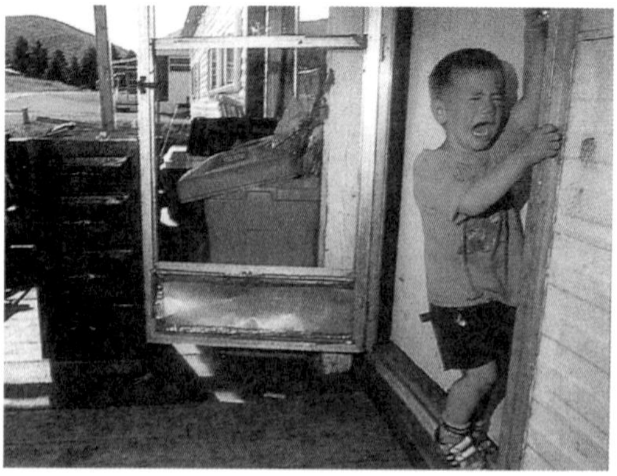
사진 설명 방임형 학대

넷째, 방임은 양육자가 아동발달에 기본적으로 필요한 환경을 제공해주지 않아 아동의 건강과 안정이 위협받고, 정서적 박탈감을 경험하게 되는 상황을 말한다(Font & Maguire-Jack, 2020; Ross & Juarez, 2014). 방임에는 위험한 것을 가지고 노는데도 그대로 방치해두는 물리적 방임이 있고, 교육을 받아야 함에도 학교에 보내지 않거나 교육을 시키지 않는 교육적 방임이 있으며, 치료를 받아야 하는데 그냥 방치해두는 의료적 방임, 의식주와 관련하여 적절한 환경을 제공해주지 않는 방임 등이 있다(Schilling & Christian, 2014).

우리나라 보건복지부에서 발간한 「2021년 전국아동학대 현황보고서」에 따르면 아동학대의 유형은 중복학대가 16,026건(42.6%)으로 가장 많았고, 다음으로 정서적 학대가 12,351건(32.8%)으로 많았으며, 신체적 학대가 5,780건(15.4%), 방임 및 유기가 2,793건(7.4%), 성적 학대가 655건(1.7%)의 순으로 나타났다(〈그림 12-9〉 참조).

2021년에 발생한 아동학대사례 37,605건 중에서 중복학대가 전체 사례의 42.6%에 해당하여 10명 중 4명 이상의 아동은 두 가지 유형 이상의 학대를 받았음을 확인할 수 있었다. 그러므로 학대피해 아동이 발견되었을 때에는 여러 유형의 학대피해를 의심해 볼 필요가 있으며, 다양한 학대행위가 동시에 발생하는 양상에 대한 다각적 사례 개입이 요구된다.

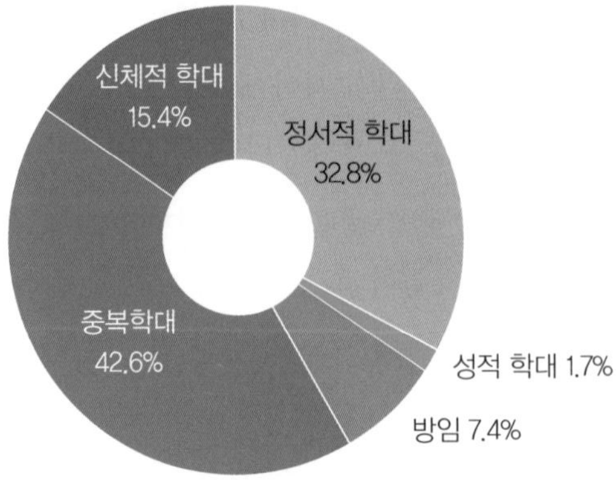

〈그림 12-9〉 아동학대 유형

출처: 보건복지부(2021). 전국아동학대 현황보고서.

(3) 아동학대자의 특성

Richard Gelles

아동을 학대하는 사람들은 대체로 충동적, 의존적이고 우울하고, 외톨이며, 비판에 상처받기 쉽고, 대처능력, 자아존중감, 자기통제력이 부족한 사람들이다(Fontana & Besharov, 1977). 아동을 학대하는 사람들은 교육, 인종, 종교, 지리, 사회경제적 배경에서 다양하게 나타나지만, Gelles(1978)가 지적한 바에 따르면 소도시나 시골지역보다 도시지역에서의 학대율이 더 높다. 그리고 육체노동자들이 사무직 종사자들에 비해 45%나 더 높은 학대율을 보이고, 대졸자가 고졸자보다 학대를 덜 하는 편인 것으로 나타나고 있다.

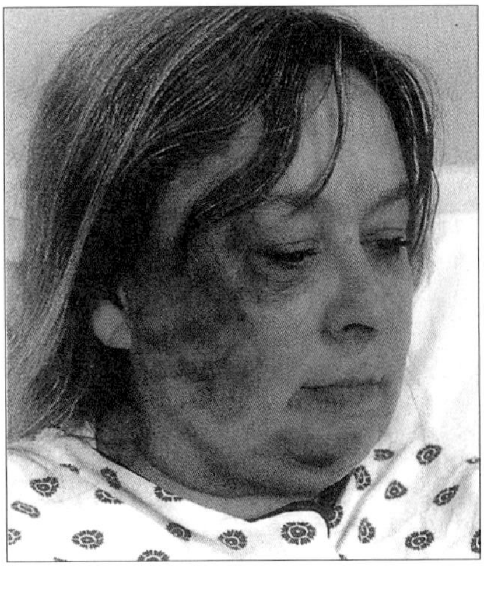

아동학대에 관한 연구를 살펴보면, 아동학대를 하는 사람들은 자신도 어렸을 때 학대를 받은 경험이 있다는 것을 알 수 있다. Gelles와 Straus(1979)의 연구에서 어머니로부터 신체적 학대를 당한 경험이 있는 사람들은 18.5%가 자신도 아동학대를 하는 경향이 있으며, 아버지로부터 학대를 당한 어머니('매 맞는 아내'; 사진 참조)의 딸들이 아동학대를 하는 경향이 있는 것으로 나타났다.

학대당한 경험이 있는 사람이 아동학대자가 된다는 사실에 대한 한 가지 가능한 설명은 Bandura의 모방학습이론이다. 즉, 아동은 가족 내에서 갈등이 있을 때, 이에 대한 해결책으로서의 폭력을 학습하게 된다. 아동이

가정 내에서 폭력을 목격할 때 수반되는 강한 정서적 반응은 학습과정을 촉진시키고, 이렇게 학습된 폭력은 영원히 잊혀지지 않는다는 것이다. 또 다른 설명으로는 폭력적인 가정에서 성장하는 아동은 가족 내에서의 갈등을 해결하는 데 폭력 이외의 다른 대안을 학습하지 못했다는 것이다. 따라서 이들이 부모가 되었을 때, 폭력을 행사하는 것 외의 다른 훈육법을 알지 못한다.

(4) 아동학대의 요인

아동학대는 단일요인이 아니고 문화, 가족, 아동의 발달특성 등 복합요인이 작용한다(Cicchetti & Handley, 2019; Cicchetti & Toth, 2015; Cicchetti et al., 2014; Prinz et al., 2009). 많은 문화권에서 심각한 수준의 폭력이 발생하며 TV 폭력물에 과다 노출되고 있다. 그리고 부모들은 훈육의 일환으로 폭력을 행사한다(Durrant, 2008; McCoy & Keen, 2014). 아동학대는 일반적으로 여러 세대를 통해 전해 내려온 행동 유형이다. 훈육의 엄격한 형태를 대개는 학대라고 보지 않고, 단순히 가족의 전통을 반복하는 것으로 인식한다. 학대하는 부모의 80~90%가 자녀에게 관심은 갖지만, 그들이 보고 들은 방식대로 자녀를 훈육하기 때문에 부모역할의 적절한 수행에 제한을 받는다(Kempe & Helfer, 1972).

아동학대의 원인을 보면 신체적 학대, 정서적 학대, 성적 학대, 방임의 경우 모두 부모의 양육태도와 기술부족이 가장 높은 비율을 차지하고 있다.

Ray E. Helfer

많은 부모들이 어머니로서 또는 아버지로서의 책임에 대한 정서적 준비가 되어 있지 않으며, 흔히 부모역할에 대한 좌절감에 대해 과잉반응을 보이거나 움츠러들기도 한다. 어려서 이들은 대인관계에 관한 기술을 배운 적이 없으며, 결정적 시기에 입은 정서적 손상으로 인해 스스로를 가치 있게 여기고 다른 사람과 상호작용할 수 있는 능력을 갖고 있지 않다(Helfer, 1978).

아동발달에 대한 기초지식의 부족도 종종 아동학대의 원인이 된다. 생후 2개월 된 아기에게 훈육의 효과를 기대하거나 6개월경에 대소변가리기를 요구하는 것 등은 생리적으로나 심리적으로 부모의 기대나 요구를 충족시킬 수 없는 아이를 벌하게 하는 원인이 된다. 중추 신경계의 손상이나 유아의 죽음을 초래하는 영양부족은 대부분의 경우 기본적으로 필요한 영양에 대한 무지의 결과이다(Kempe & Helfer, 1972).

사회적 고립 또한 학대가족의 일반적인 양상인데, 학대가정의 대다수가 주위 사람들로부터 고립되어 있고, 어떤 원조망(support networks)으로부터도 단절되어 있다. 그들이 가지고 있는 기본적 불신감으로 인하여 이웃이나 사회복지사, 의사들로부터의 도움을 거부한다(Carlson et al., 2020; Cicchetti, 2013; Helfer & Kempe, 1976; Laslett et al., 2012).

우리나라에서 18세 미만의 자녀를 둔 부모들을 대상으로 아동과 부모, 가족환경의 특성에 따른 아동학대 실태에 대해 살펴본 연구(이재연, 한지숙, 2003)에 따르면, 아동의 연령이 어릴수록, 또한 부모의 연령이 낮을수록 체벌이나 구타 등이 더 잦았고, 음주하는 어머니가 아이를 양육할 경우에는 음주를 하지 않는 어머니보다 아이를 학대할 가능성이 높게 나타났다. 그리고 부부간의 결혼만족도가 낮은 경우에는 결혼만족도가 높은 경우보다 학대하는 경우가 더 잦았고, 부모-자녀 관계가 친밀하지 못하거나 자녀에 대한 거부감이 클 경우, 아이의 기질이 까다로울수록 자녀를 학대하는 경향이 높게 나타났으며, 부모가 도움을 필요로 하거나 어려움에 처할 때, 주변에 도와줄 친 · 인척이 있거나 좋은 이웃이 있어 충고나 정보를 제공해주고, 방안을 제시해주는 경우가 그렇지 않은 경우보다 자녀를 학대하는 경향이 적은 것으로 나타났다.

아동학대는 이해하기에 단순한 현상이 아니다. 그리고 연구결과도 서로 상충되는 부분이 많다. 앞으로의 연구방향은 Belsky(1980)가 제안하는 바와 같이, 어느 한 가지 요인만이 아동학대를 충분히 설명하지 못하기 때문에 아동, 가족, 사회문화적 배경의 상호작용을 살펴볼 필요가 있다.

(5) 아동학대의 예방

아동학대의 후유증은 심각하다(Trickett & McBride-Chang, 1995). 학대받은 경험이 있는 아동은 지능지수가 낮고, 언어발달이 지체되며, 공격성이 높고, 자아개념이 부정적이며, 사회적으로 위축되고, 또래관계문제, 학교적응문제, 우울증이나 비행 같은 심리적 문제를 유발한다(Cicchetti, 2013; Cicchetti & Banny, 2014; Dodge, Coie, Pettit, & Price, 1990; Hennessy et al., 1994; Mason, 1993; McTavish et al., 2020; Salzinger et al., 1993).

아동기에 학대나 유기를 경험한 청소년들은 청소년비행, 약물남용에 빠져들고(Trickett et al., 2011; Wekerle et al., 2009), 18세 이전에 자살시도를 하는 비율도 높은 편이다(Jonson-Reid, Kohl, & Drake, 2012). 그리고 성인이 되어서도 대인관계의 문제해결 능력이 부족하고, 불안장애, 우울증, 자살, 약물남용, 정신질환의 발병률이 높다(Bakema et al., 2020; Gomez et al., 2017; Raby et al., 2018; Wang et al., 2020; Widom, 1989).

아동학대 문제는 가정에서 시작된다. 자녀를 학대하는 부모들은 충동적이고, 자기통제력이 부족하며, 부모역할을 제대로 수행할 준비가 되어 있지 않다. 오늘날 핵가족이 증가함에 따라 전통적 양육방식이 자연스럽게 전수되지 않는 상황에서 아동발달에 대한 기초지식도 없이 자녀를 양육하는 일은 스트레스와 좌절감을 야기한다. 부모역할을 효율적으로 수행하기 위한 방법 중의 하나가 부모교육이다. 부모교육은 부모역할을 하는 방법에 관한 지침으로서 자녀발달에 최적의 환경을 제공하고, 부모역할을 보다 만족스럽게 수행하게 하는 데 길잡이가 되어준다.

아동학대의 예방사업이 지향하는 궁극적인 목표가 가족의 보존이라는 점과 학대 행위자의 대다수가 부모라는 점을 고려해볼 때, 가족의 기능을 강화시키는 부모교육 프로그램의 개발이 절실한 것으로 보인다. 피해아동이 가정으로 복귀하더라도 근본적인 학대상황이 변하지 않으면, 결국 재학대가 발생할 수밖에 없으므로, 피해아동이 가정으로 복귀했을 때 재학대가 발생하지 않도록 학대유발 요인을 감소시킬 수 있는 다양한 전문적인 조치가 제공되어야 할 것이다.

3) 형제자매

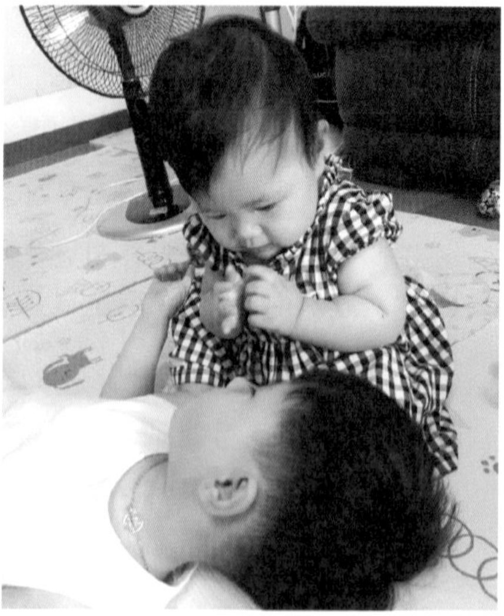

대부분의 가정에서 형제자매는 아동의 발달에서 부모와는 또 다른 영향을 미치는 중요한 인물이다. 출생 후 6개월이 되면 영아는 손위 형제와 더 많은 상호작용을 하려는 시도를 한다(사진 참조). 1세경에는 어머니와 보내는 시간과 같은 정도의 시간을 손위 형제와 보내게 되며, 유아기에는 어머니와 보내는 시간보다도 많은 시간을 형제와 보내게 된다. 형제관계는 대인관계 가운데 가장 오래 지속되는 관계이며, 부모가 사망하고 나서 훨씬 이후에까지 지속된다. 또한 단순히 상호작용의 양뿐만 아니라, 다른 관계에서 나타나지 않는 강도와 독특성이 있다.

형제관계는 부모-자녀관계에 비해 상호적이며 보다 평등한 관계이다. 형제간의 상호작용은 또래집단 간의 상호작용과 상당히 유사하여, 빈번한 상호작용이 이루어지고, 솔직한 정서표현, 상호간의 관심과 애착의 증거를 볼 수 있다(Berndt & Bulleit, 1985). 형제관계에서는 상호작용을 통해 서로를 모방하려는 경향이 강하게 나타나며, 특히 동생이 형을 모방하는 정도가 더욱 심하다. 동생에게 있어 손위 형제와의 상호작용은 지

사진 설명 유아가 동생에게 부정적 정서를 표현하고 있다.

적 · 사회적으로 자극적이다. 동생은 자신의 생각이나 상상하는 것에 대해 손위 형제에게 이야기하고 질문을 하게 된다.

동시에 이들은 상호간에 긍정적인 감정뿐만 아니라 부정적인 감정을 공유하는 모호한 특성을 갖는다. 이들은 서로 경쟁적인 동시에 협동적인 관계를, 서로 싸우면서 서로 돕는 독특한 관계를 형성하고 있다. 동생이 태어나면 첫 아이의 입지는 다소 도전을 받게 되며, 부모의 관심을 끌기 위해 경쟁을 해야 한다. 그 결과 형제간의 상호작용에서 적대감을 나타내게 되며, 특히 손위 형제가 동생에 대해 더욱 그러한 경향을 보인다(사진 참조). 형제간에는 이 같은 적대감이나 경쟁심도 나타나지만, 대부분 형제간의 상호작용은 우호적인 것이다. 서로에게 애착을 형성하고, 놀이상대로서 서로를 좋아하는 것과 같은 긍정적인 측면이 더욱 강하게 나타난다(Hetherington & Parke, 1993; Howe, Ross, & Recchia, 2011; McHale, Updegraff, & Whiteman, 2013).

형제관계는 터울간격에 따라 다소 상이하게 나타난다. 터울간격이 가까운 경우 아동은 이유 없이 자신을 질투하는 사람과 많은 시간을 보내야 한다는 어려움이 있다. 이러한 경우 손위 형제로부터의 적대감이나 공격성이 발달에 손상을 입힐 수 있다. 반면, 가까운 터울로 인한 친밀감이나 동료의식이 어려움을 보완하여 또래 간의 경쟁에 대처하는 방법을 가르쳐 준다는 이점이 있다. 그러나 형제간 터울이 벌어지면 손위 형제는 또래보다는 부모나 교사와 같은 역할 모델의 기능을 수행하게 된다.

형제의 성별 구성에 있어서도 손위 남아는 그들의 동생에게 신체적 힘에 근거한 방법을 많이 사용하는 반면, 여아는 동생에게 보다 수용적이고 말로 설명하는 친사회적인 경향을 보인다. 따라서 손위 남아는 형제관계에서 쉽게 조화를 이루지 못하는 반면, 여아는 비교적 원만한 관계를 유지하며, 동생을 잘 보살핀다.

우리나라 5세 유아 291명을 대상으로 한 연구(김상희, 박성연, 1990)에서, 형제간 구성형태 중 성별 구성의 효과는 형제간의 사회성에서만 나타났다. 즉, 우호적인 태도와 도와주는 태도에서 윗형제의 성별이 여아인 경우가 남아인 경우보다 더 높은 점수를 받았다.

형제관계가 경쟁적인 상대로 발전하는가 혹은 긍정적인 관계를 유지할 수 있는가는 터울이나 형제자매의 구성보다는 부모의 양육방식이나 아동의 성격에 의해 더 많은 영향을 받는 것으로 볼 수 있다(Campione-Barr, 2011). 어머니가 첫 아이에게 덜 민감하고 무관심하며, 명령적인 경우에는 형제간에 대결 상황을 마련해 주게 된다. 반면, 동생이 태어나기 전부터 첫 아이에게 충분한 관심을 보이고 미리 준비를 함으로써 이를 완화시킬 수도 있다(사진 참조). 손위 형제에게 새로 태어난 아이의 욕구나 감정에 대해 솔직하게 이야기하고, 자녀양육에 대한 의사결정이나 토론에 참여시키는 경우, 형제간에 밀접하고 우호적인 관계를 형성하게 된다. 새로 태어난 아이에게 지나친 관심을 보이지 않는 태도가 바람직하며 아버지의 개입도 효과적이다. 또한 아동의 성격특성에서도 주도적인 성격을 가진 아동은 어머니와 솔선해서 대화를 시도하며 원만한 상태를 유지하고자 노력하나, 회피적인 아동은 어머니로부터 물러남으로써 상호간의 친밀감을 상실하게 된다.

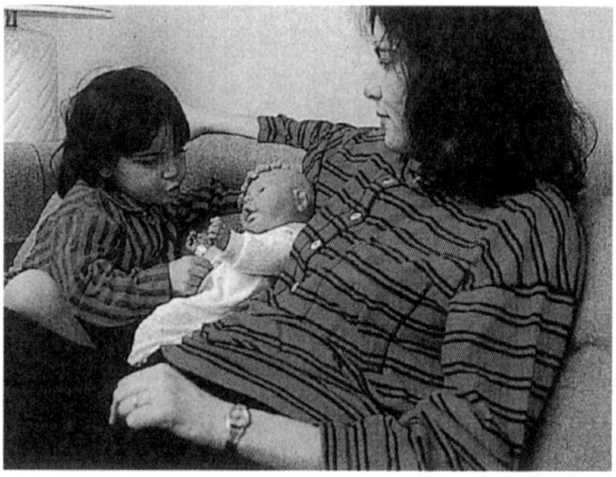

사진 설명 손위 형제에게 새로 태어난 아기의 욕구나 감정에 대해 설명해 주면 형제간에 우호적인 관계를 형성하게 된다.

4) 출생순위

출생순위도 성격형성에 영향을 미친다. 자녀는 부모를 중심으로 하여 일종의 경쟁관계를 형성하고 있으며, 출생순위는 이들의 심리적 위치를 이해하는 데 중요하다. 최근 독자 가정이 점차 증가하고는 있으나, 형제가 있는 가정에서 이들 간의 관계는 서로에게 큰 영향을 미친다.

일반적으로 맏이는 부모로부터 가장 많은 기대와 관심 속에 성장하게 되며, 지적 자극이나 경제적인 투자도 가장 많다. 그 결과 맏이는 이후에 태어나는 아이에 비해 성취지향적이고, 인지발달이나 창의성이 뛰어나며, 친구들 간에 인기가 높은 편이다(Paulhus, 2008). 부모는 맏이에게 많은 관심을 보이지만 애정적으로는 엄격하다. 양육경험 부족으로 불안하고 과보호적인 태도를 보이게 되어 다소 의존적이고 불안한 특성을 보이기도 한다. 또한 첫째라는 위치 때문에 책임감이 강하며 다소는 권위적인 태도를 보이게 된다.

둘째는 출생 후 손위 형제의 존재로 인해 무력감과 좌절감을 느끼게 된다. 자신보다 우월한 형의 존재는 경쟁심을 유발시키고, 그 결과 보다 사교적이며 손위 형제와는 다른 특성을 보임으로써 자신의 위치를 확보하려 한다. 또한 동생이 출생할 경우, 맏이와 막내에게 자신의 권리를 빼앗기는 느낌을 받게 되어 불공평함을 경험하기도 한다.

막내는 불리한 위치에서 출생하지만 폭군이 될 수도 있다. 애교를 부리거나, 귀엽고, 약하고, 겁 많게 보임으로써 자신의 위치를 이용하여 모든 가족구성원에게 자기를 시중들도록 요구할 수 있다. 어수룩하게 보이거나 드러내놓고 반항함으로써 자신의 위치를 확보할 수 있다. 그 결과 막내는 독자적으로 무엇을 할 수 있는 기회가 적어 미성숙한 성격특성을 보이는 경향이 있다.

외동이의 성격특성은 종종 부정적인 측면에서 부각되고 있다. 자신이 특별하다거나 무엇이든지 마음대로 할 수 있다고 생각하며, 과보호로 인해 이기적인 성향을 보이기도 한다. 수줍음을 타거나 무기력하게 될 수도 있다. 그러나 외동이에 대한 연구는 다소 상반된 결과를 보여준다. 기존의 통념과는 달리 외동이는 지적 능력이나 성취동기, 사교성 등에서 맏이와 유사한 성격특성을 갖는 것으로 나타나고 있다. 외동이인 경우 부모로부터 보다 많은 관심을 받게 되고, 자기보다 유능한 사람들 속에서 성장하므로 지적인 경향이 있으며, 성인과 같은 행동특성을 보인다고 한다(Falbo & Poston, 1993; Jiao, Ji, & Jing, 1996).

우리나라 5, 6세 유아 및 초등학교 2, 5학년 아동, 중학교 1, 2학년 청소년 및 고등학교 1, 2학년 360명을 대상으로 외동이와 형제아를 비교한 연구(송나리, 1993)에 따르면, 5, 6세의 외동이와 형제아의 사회적 능력 및 인지능력에는 차이가 없었으나, 초등학생과 중학생의 경우는 형제의 유무에 따라 사회적 능력 및 인지능력에서 부분적으로 차이를 나타내었다. 그러나 고등학생의 경우, 이러한 차이는 나타나지 않았다. 즉, 형제의 유무에 따른 아동의 사회적 능력 및 인지능력의 차이는 연령에 따라 다른 것으로 보인다.

5) 조부모

조부모와 함께 사는 가정에서는 손자녀가 핵가족의 경우와는 다른 경험을 하게 된다. 조부모는 부모보다 자녀양육에 관한 경험이 많으므로, 손자녀에게 정서적 안정감을 제공해 줄 수 있고, 손자녀에 대한 직접적인 의무감이나 책임감이 없기 때문에 순수하게 애정적인 관계에서 유대감을 형성할 수 있다.

일반적으로 부모는 자녀에 대한 지나친 기대와 교육에 대한 책임감 때문에 훈육 시 잔소리가 많아지고 감정적이 되기 쉽다. 반면, 조부모는 연륜에 의한 지식과 지혜, 사랑과 관용으로 손자녀를 소중하게 여기고 손자녀의 생각과 요구를 귀담아 들을 여유가 있다(McMillan, 1990; Strom & Strom, 1990).

또한 오늘날 한 자녀만 있는 핵가족 형태 가정의 아이들은 낯가림이 심한데, 이것은 친척이나 이웃과의 접촉이 과거처럼 빈번하지 않아 오직 부모하고만 애착이 형성되기 때문이다. 그러나 조부모와 함께 사는 아이들은 보다 폭넓은 인간관계로 인하여 애착형성이 다양하게 이루어지고 사회성도 발달한다. 조부모는 부모보다 자녀양육에 관한 경험이 많아 실제 양육에 있어서도 부모보다 능숙하고, 바쁜 부모 대신 손자녀에게 정서적인 안정감을 제공해 줄 수 있으며, 놀이친구로서의 역할도 한다. 이와 같이 조부모와 함께 사는 아동들은 조부모와의 관계를 통해 여러 가지 긍정적인 도움을 받을 수 있다.

사진 설명 외할머니의 극진한 사랑을 그린 영화, 〈집으로…〉

현대사회에서는 맞벌이의 증가로 어머니 혼자서는 양육을 담당하기 어려운 실정에 있다. 보건복지부 보육통계(2023)에 따르면 2022년 12월 현재 보육시설에서 보육 중인 아동은 109만 5,450명이라고 한다. 나머지는 가족, 친지 등의 도움을 받아 양육되는데, 가장 보편적인 것은 조부모의 도움이다. 따라서 아직 자녀가 어려 보육기관에 맡기지 못하는 가정의 경우, 상당수의 조부모가 부모를 대신하여 손자녀를 양육하고 있다. 부모를 대신하여 조부모가 손자녀를 양육하는 것은 우리나라뿐만 아니라 전 세계적으로 보편화된 현상이다. 2001년 스페인에서 6~16세까지의 학생 4,000명이 그린 그림과 이들이 쓴 글을 분석한 결과, 조부모가 아이들과 가장 많은 시간을 보내고 있으며, 아이들은 조부모를 가장 좋아하는 어른으로 꼽았다(세계일보, 2001년 6월 19일자). 이처럼 조부모는 현대사회에 있어 자녀의 실제적인 양육자로서의 역할을 담당하고 있다.

조부모 역시 손자녀를 통해 자신의 존재가치를 확인할 수 있다. 노화로 인해 사회와 가정에서 한발 물러선 조부모들에게 있어 손자녀를 돌보는 일은 상실감을 극복할 수 있는 하나의 계기가 된다. 하지만 모든 조부모들이 손자녀 양육에 긍정적인 반응을 나타내는 것은 아니다. 자녀 세대의 기대와 달리 이제 '손자 보기가 유일한 낙'이라고 생각하는 노인은 거의 없다. 특히 가사노동과 육아에 매달려 젊은 시절을 보낸 50~60대 여성들은 노년에 얻은 자유를 포기하고 싶어 하지 않는다. 그들은 손자녀와 잠깐씩 즐거운 시간을 보내기를 원할 뿐(사진 참조) 자신의 여가생활을 위해 손자녀양육을 전적으로 책임지기를 원

하지 않는다.

손자녀가 지각한 조모와의 심리적 친밀도에 관한 연구(서동인, 유영주, 1991)에 따르면, 우리나라의 조모역할은 훈계자 역할, 물질적 제공자 역할, 대리모 역할, 가계역사의 전수자 역할, 손자녀후원자 역할, 생활간섭자 역할인 것으로 나타났다. 이상의 역할 중에서 손자녀의 발달과업과 관련된, 삶의 기본이 되는 철학이나 형제간의 우애와 예절 등에 관한 교육적 역할에 특히 초점을 두고 있는 것으로 나타났다. 그리고 외조모가 손자녀후원자 역할, 훈계자 역할, 대리모 역할, 물질적 제공자 역할을 많이 하는 것으로 손자녀가 지각할수록, 또 손자녀의 생활을 간섭하지 않는 것으로 지각할수록 손자녀의 외조모에 대한 심리적 친밀도가 높아지는 경향을 보여주었다.

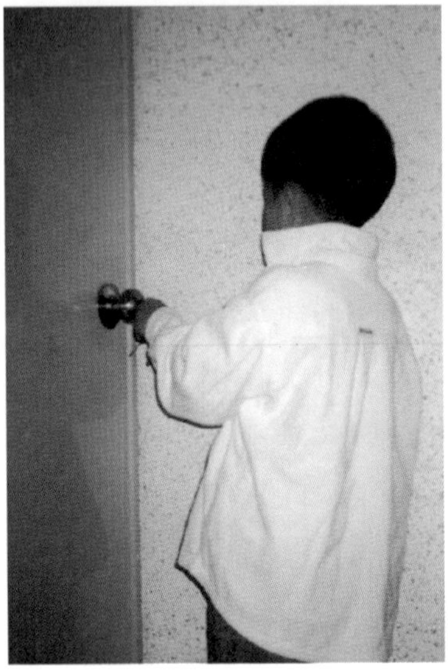

6. 가족구조의 변화

20세기 말이 되면서 나타난 주요한 사회변화는 가족구조의 변화일 것이다. 이혼율의 증가로 많은 아동이 편모 또는 편부 가정에서 생활하며, 부모의 재혼으로 인해 계부모와 함께 살기도 한다. 맞벌이 부부의 증가로 학교에서 돌아오면 아무도 없는 빈집에 혼자서 문을 따고 들어가야 하는 아동들이 많아졌다(사진 참조). 그리고 다문화가정 아동의 수가 크게 증가한 것도 한국사회 가족구조의 변화이다.

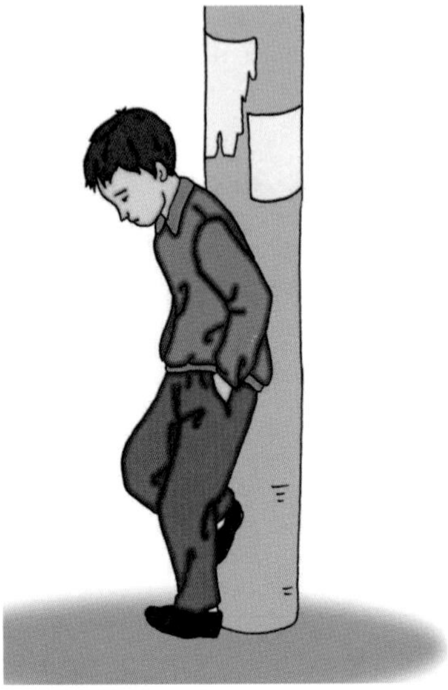

사진 설명 부모의 이혼으로 나타나는 부적응 행동은 여아보다 남아에게서 더 많이 보인다.

1) 이혼가정의 자녀

오늘날 이혼은 전세대에 비한다면 비교적 빈번한 현상이므로, 아동이 부모의 이혼으로 인해 어떤 낙인을 찍히는 경험은 하지 않는다. 친구들도 비슷한 경험들을 하기 때문에 자신의 감정을 호소할 수 있는 친구집단이 자연스럽게 형성된다. 그럼에도 불구하고 부모의 이혼은 아동에게 여러 가지 부정적 정서를 경험하게 한다(Amato & Anthony, 2014; Braver & Lamb, 2013; Hetherington, 2006; Lansford, 2012, 2013; Meland,

Rex Forehand

Gene Brody

Robert Fauber

Breidablik, & Thuen, 2020; Sbarra, Bourassa, & Manvelian, 2019).

이혼 후 함께 살기로 한 부모의 성과 자녀의 성이 부모의 이혼에 반응하는 중요한 요인이 된다. 주로 부모의 이혼 후 어머니와 함께 사는 경우가 많으므로, 특히 남아의 경우 남성모델의 부재로 고통을 당한다. 결과적으로 학교에서는 적응을 잘하지 못하고, 비행을 저지른다(Hetherington, Anderson, & Hagan, 1991). 여아의 경우에 어머니의 존재와 지원 때문에 부모의 이혼에 적응을 잘하는 편이지만 항상 그런 것은 아니다. 어머니와 갈등이 있는 경우 학교에서는 공부를 잘하지 못하고(McCombs & Forehand, 1989), 남아보다 부모의 이혼 후 훨씬 더 오랫동안 분노를 경험한다. 이 분노는 주로 아버지에게로 향한 분노이다. 흥미로운 사실은 아들, 딸 모두 어머니가 이혼을 청구한 경우라도 어머니보다 아버지를 더 많이 원망한다는 것이다. 아버지에 대한 분노는 딸의 경우 특히 더 심하다(Kaufmann, 1987).

부모 자신의 이혼에 대한 반응 또한 주요한 요인이 된다(Forehand, Thomas, Wierson, Brody, & Fauber, 1990). 이혼은 부모 자신의 자아존중감과 자아가치감에 손상을 입힌다. 많은 사람들이 이혼을 단지 부부관계에서의 실패로 보지 않고 인생전반에서의 실패로 보기 때문에 이혼 후에 우울증에 빠져든다. 그리고 부모 스스로가 자신의 문제에 빠져 있는 상태이기 때문에, 부모의 이혼에 적응하려고 애쓰는 자녀의 욕구에 제대로 반응을 하지 못한다. 따라서 이혼 직후에는 부모역할을 제대로 하지 못하게 된다. 그러나 2, 3년이 지나면 부모와 자녀는 정서적 안정을 되찾게 된다.

우리나라의 아동과 청소년을 대상으로 하여 부모의 이혼에 따른 자녀들의 적응을 알아본 연구(정현숙, 1993)에 따르면, ① 이혼 이후 기간이 길수록, ② 스스로 다양한 문제해결방식을 많이 이용할수록, ③ 양육부모의 재혼여부나 성에 관계없이 친권부모와 긍정적인 대화를 통한 상호작용을 많이 하고 부정적인 상호작용이 적을수록, ④ 비친권부모와 접촉을 많이 할수록 자녀들은 부모의 이혼 후의 생활에 잘 적응하는 것으로 나타났다.

2) 한부모가정의 자녀

사진 설명 편모가정은 여러 가지 어려움을 겪지만 그중에서도 가장 큰 어려움은 경제적 곤란이다.

부모의 이혼이나 사별로 인해 편부나 편모가정에서 자라는 아동의 수가 많아졌다. 우리나라의 경우 남성의 재혼율이 여성의 재혼율보다 훨씬 높기 때문에 편모가정의 수가 편부가정의 수보다 훨씬 많다.

편모가족의 가장 큰 어려움은 경제적 곤란이다. 편모가족의 절반 이상이 절대 빈곤수준 이하의 생활을 한다. 그래서 때로는 자녀들이 경제적 책임을 지고 일을 해야 하는 경우가 있다. 그러나 자녀들이 가족의 의사결정에 적극적으로 참여하고, 독립심이 증가된다는 긍정적인 측면도 있다(Hetherington, Anderson, & Hagan, 1991). 그리고 여성이 직업을 갖는 것에 대해 긍정적인 태도를 갖게 되고, 가정에서 보다 융통성 있는 성역할을 한다. 특히 딸들은 어머니를 경제적 · 사회적 독립을 성취한 긍정적인 역할모델로 본다. 아들의 경우는 딸보다 적응을 잘하지 못하고 반사회적 행동을 하기 쉽다(Bank, Forgatch, Patterson, & Fetrow, 1993). 특히 부모가 이혼한 경우는 아동들이 또 다른 변화를 겪게 된다. 이사를 해야 하는 경우가 많기 때문에 새로운 이웃, 새로운 학교에 적응해야 하고 새로운 친구를 사귀어야 한다.

많은 수는 아니지만 편부가정도 점점 증가하는 추세에 있다. 편부가정의 어려움은 아버지가 자녀를 돌보고, 집안일을 해야 하며, 직장일까지 병행해야 하는 데서 오는 부담이 가장 크다는 점이다. 그러나 대부분의 편부가정이 잘 해내고 있지만, 어머니가 집을 나간 경우 아버지는 버림받았다는 생각에 자신감을 잃고, 혼자서 자식을 키우는 데서 스트레스를 많이 받는 것으로 보인다.

3) 재혼가정의 자녀

이혼율의 증가와 더불어 재혼율도 증가하고 있다. 따라서 계부모와 함께 사는 아동의 수가 많아졌다. 계부가족과 계모가족의 비율이 10:1 정도인 서구사회에 비해(Hamner & Turner, 1996), 우리나라는 대부분이 계모가족이다. 계모라는 단어는 어릴

적에 들은 콩쥐팥쥐나 장화홍련전, 백설공주, 헨젤과 그레텔 같은 이야기로부터 사악하고 잔인한 이미지를 연상시킨다(사진 참조). 이런 이미지는 계부모가 계자녀와 좋은 관계를 맺으려는 노력에 장애요인이 된다.

사진 설명 사악한 계모의 부정적인 이미지는 '백설공주' 같은 동화에서 비롯된다.

계부모가족은 양쪽의 부계, 모계 친척뿐만 아니라 전 배우자, 전 인척 및 헤어진 부모를 포함하는 조연 배역들이 너무 많다. 한마디로 계부모가족은 친가족보다 훨씬 무거운 부담을 안고 있다.

계부모가족은 아이들과 어른 모두가 경험한 죽음이나 이혼의 결과로 인한 상실로부터 오는 스트레스를 극복해야 하는데, 그러한 스트레스는 믿고 사랑하는 것을 두려워하게 만든다. 이전의 친부모와의 유대가, 혹은 헤어진 부모나 죽은 부모에 대한 충성심이 계부모와의 유대를 형성하는 데 방해가 될 수 있다. 그리고 아동기의 자녀를 둔 아버지가 아이를 한 번도 가져보지 않은 여성과 결혼한 경우 인생경험의 차이에서 오는 어려움이 크다(Visher & Visher, 1989).

Emily B. Visher

특히 사춘기 자녀가 있는 경우, 계부모가족이 힘든 이유는 자녀가 사춘기에 해결해야 할 과제와 계부모가족에 대한 적응이 겹치기 때문이다(Hetherington, Anderson, & Hagan, 1991). 이러한 적응문제가 적절히 해결되지 않을 경우, 부모의 이혼에서 경험하는 것과 비슷한 부정적 반응이 나타난다. 즉, 음주, 약물남용, 비행, 성문제를 일으킨다. 그리고 계부모가족의 자녀들은 특히 유기, 신체적 학대, 성적 학대의 희생물이 되기 쉽다.

한 종단연구(Hetherington, 2006)에서 단순 계부모가족(계부 또는 계모만 있는 경우)의 아동·청소년은 복합 계부모가족(계부 또는 계모 외 이복형제 등이 있는 경우; 사진 참조)이나 이혼은 하지 않았지만 갈등이 많은 가족의 아동·청소년보다 적응을 더 잘하는 것으로 나타났다.

이상과 같은 문제들은 부모와 계부모가 이러한 도전에 직면하여 적절히 준비를 한다면 감소될 수 있다고 한다. 그에 관한 성공적인 전략은 다음과 같다(Atwater, 1996; Visher & Visher, 1989). 첫째, 앞으로 계부모가 될 사람이 어떤 사람인지 알 기회를 사전에 충분히 갖는다. 둘째, 현실적인 기대

사진 설명 복합 계부모가족

를 갖는다. 계부모가족의 구성원은 원래의 친가족과는 다르다는 것을 인정해야 한다. 계부모와의 친밀한 관계를 강요하지 말고 시간적 여유를 가지고 자연히 이루어지도록 기다린다. 셋째, 자녀들의 감정을 이해한다. 어른들이 새로운 인생을 함께 설계하며 행복해하는 그때에 자녀들은 불안하고, 상처받고, 화가 난다는 것을 이해해야 한다. 넷째, 생모나 생부와 비교되는 것은 불가피한 일이므로, 계부모는 자신의 새로운 역할이 도전받을 것을 각오해야 한다. 끝으로, 계부모가족의 구성원은 다른 모든 가족과 마찬가지로 가족이 제대로 기능하도록 그 구성원 각자가 노력할 때 성공할 수 있다는 사실을 명심해야 한다.

4) 맞벌이가정의 자녀

직업시장에서 여성의 비율이 증가하고 있다. 1960년대에는 자녀가 있는 여성의 1/3만이 취업을 했으나 1988년에는 유아기 자녀가 있는 여성의 55%가 취업을 하였고, 유치원 자녀를 둔 여성의 61%가 취업을 했다. 세계적으로 40%의 여성이 경제활동을 하고 있고(United Nations, 1991), 이 비율은 앞으로도 계속해서 증가할 것으로 보인다.

우리나라에서도 기혼여성 취업률은 1991년에 48.7%, 1995년에 49.3%, 1997년에 51.1%로 계속 늘고 있는 추세였다. 이 비율은 1998년에 계속되는 경제불황으로 인해 47.6%로 떨어졌었지만 이는 경제난으로 일자리가 줄어든 탓이었다. 그리고 2000년에 37.7%, 2005년에 39.4%, 2013년에 39.5%의 취업률을 보였다(〈그림 12-10〉과 〈그림 12-11〉 참조).

직업을 갖는 여성의 수가 증가하면서 맞벌이 부부의 가정이 늘고 있다. 맞벌이가정에는 긍정적인 측면과 부정적인 측면이 있다(Crouter & McHale, 2005; Han, Hetzner, &

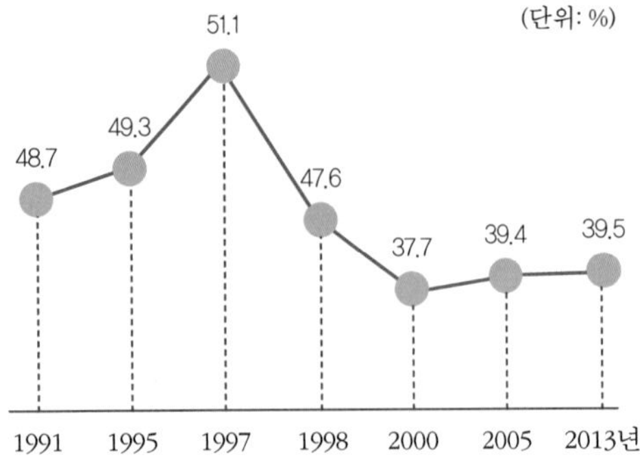

〈그림 12-10〉 기혼여성 취업률 추이

출처: 통계청

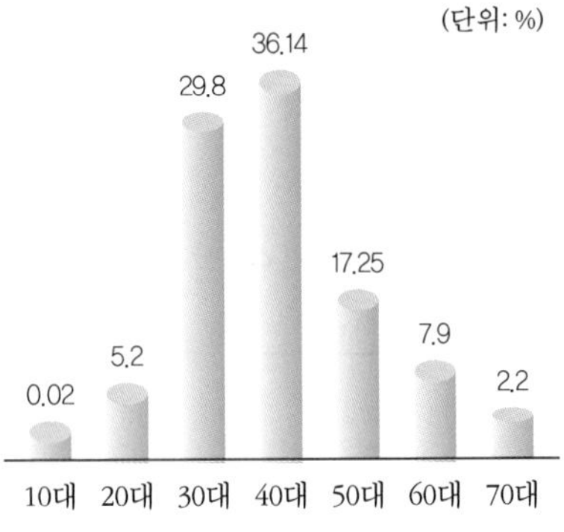

〈그림 12-11〉 기혼여성 취업자 연령별 구성(2005년)

영유아 보육시설

여성의 취업률이 높아지면서 영유아 보육시설에 대한 요구가 급격히 증가하고 있다. 국가 경쟁력을 제고하기 위해서는 여성인력의 활용이 선결 과제이고, 이를 위해서는 아동을 안심하고 맡길 수 있는 보육시설이 갖춰져야 한다. 통계청 · 여성가족부 보도자료(2017)에 따르면, 2016년 여성의 연령대별 고용률은 20~24세가 50.6%이고, 25~29세가 69.5%이지만, 30~34세는 60.2%로 떨어졌다가 35~39세(56.5%)부터 다시 상승하는 M자 곡선[1)]을 그린다. 2010년 여성가족부의 조사에 의하면, 20~30대 여성이 일을 하지 않는 이유는 "자녀양육 및 교육"이 57.4%로 가장 많았다. 경제활동 참가율과 여성가족부의 조사를 통해, 여성들이 한창 일할 나이에 출산과 양육 때문에 경력이 단절되고 있음을 알 수 있다.

현재 우리나라의 보육시설은 수요의 절반에도 미치지 못하고 있는 실정이다. 특히 영아를 위한 보육시설을 찾기 힘들고, 종일반, 24시간보육, 휴일보육, 야간보육, 시간제보육, 장애아보육 등 다양한 수요에 맞는 시설들이 턱없이 부족해 취업모들은 "아이를 맡길 데가 없다"는 하소연을 하고 있다. 그중에서도 만 1세 미만의 영아는 맡길 곳이 거의 없다. 2022년 12월 현재 보육시설에서 보육 중인 아동 109만 5,450명 중 만 0세 11.56%, 만 1세 21.83% 등 만 2세 미만은 33.39%, 만 2세는 26.10%를 차지하고 있으며, 나머지 40.51%가 만 3세 이상이다(<그림 12-12> 참조).

거기다가 전체 보육시실 중 국공립시설은 18.76%에 불과하고 보육시설의 70.61%가 민간보육 시설 · 가정보육시설로 구성되어 영유아 보육의 대부분이 민간에 맡겨져 있는 실정이다(<그림 12-13> 참조).

이것은 민간주도의 보육시설이 갖는 문제점인 질이 떨어지거나 비용이 많이 드는 양극화 현상을 야기시킨다. 실제로 영유아 양육비용을 살펴본 서문희 등(2010)의 연구에 따르면, 가계의 소득수준에 상관

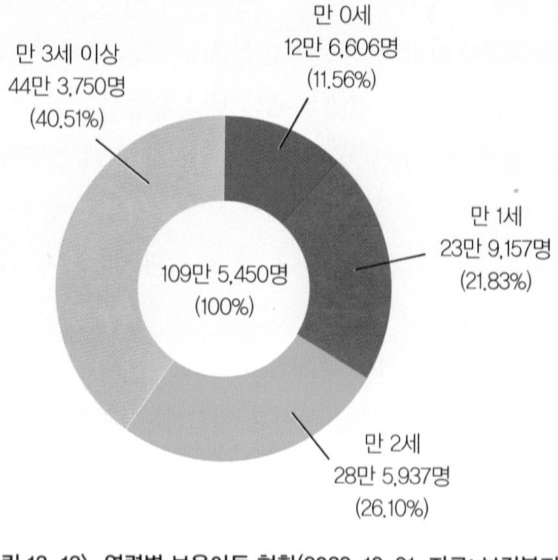

〈그림 12-12〉 연령별 보육아동 현황(2022. 12. 31. 자료: 보건복지부)

1) 2023년 통계청 자료에 의하면 여성의 혼인과 출산연령이 늦어지면서, 고용률이 떨어지는 연령대도 뒤로 밀린 것으로 보이며, 따라서 M자 곡선이 점차 완화하고 있는 모양새다.

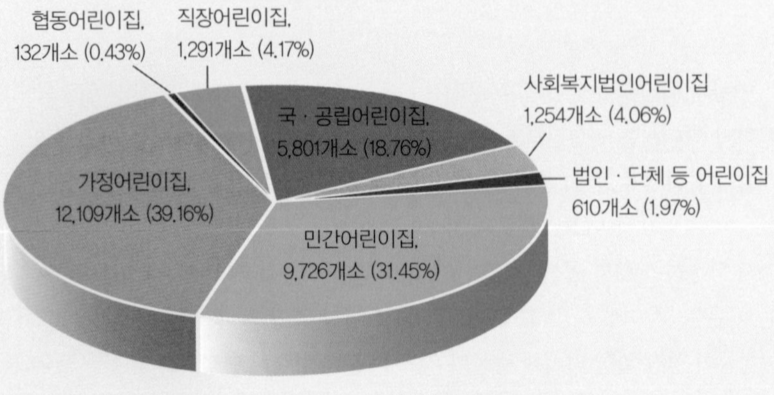

〈그림 12-13〉 보육시설현황(2022. 12. 31. 자료: 보건복지부)

없이 가계지출에서 영유아자녀의 양육비가 차지하는 비중은 영유아자녀 1명 약 40%, 영유아자녀 2명 약 58%, 영유아자녀 3명 약 70% 정도로 나타났다.

따라서 국가와 사회는 보육서비스의 질적 향상을 도모하고, 사회적 지원을 다양하게 하기 위해 양질의 보육시설을 설치할 필요가 있다. 또 가정의 개별적인 욕구에 부응하여 다양한 부모교육 및 아동보호프로그램을 기획하고 지원해 주어야 한다. 맞벌이 가정과 취업한 한부모 가정을 위해서 육아휴직제도를 확대 실시하고, 이들 중 특히 경제적으로 어려운 가정을 위해 수당, 연금, 주택, 경제적 지원프로그램 등을 확대 실시해야 할 것이다.

Brooks-Gunn, 2019). 맞벌이 부부의 주요 장점은 물론 경제적인 것이다. 유리한 점은 비단 경제적인 것만이 아니다. 남편과 아내가 보다 동등한 관계를 유지함으로써 여성의 자아존중감과 통합감이 증진된다. 아버지와 자녀 간에 보다 긴밀한 관계를 유지할 수 있으며, 남편과 아내가 일과 가족역할 모두에서 직분을 다하고 성숙해질 가능성이 높다.

맞벌이 부부의 단점은 시간과 에너지 부족, 일과 가족역할 간의 갈등, 자녀양육문제 등이다. 자녀양육문제는 부부가 모두 전문직인 경우에도 자녀를 돌보는 쪽은 아내이다. 특히 자녀가 취학 전일 경우 주된 양육자는 대개의 경우 어머니이다. 최근에 와서 자녀양육문제로 직장을 그만두는 여성은 별로 없지만 아이를 돌봐 줄 사람을 찾지 못하면 아이가 초등학교에 입학할 때까지 잠시 직장을 쉬기도 한다.

일반적으로 어머니의 취업이 아동발달에 부정적인 영향을 미친다는 증거는 없다(Hoffman, 1989; Moen, 1992). 자녀와 함께 보내는 시간의 양보다는 어머니와 자녀가 어떻게 시간을 보내느냐 하는 것이 더 중요하다. 사실 취업모의 자녀들은, 특히 딸의 경우, 어머니를 역할모델로 삼을 수 있고 더 독립적이며, 높은 교육적 · 직업적 목표를 세우고, 남자와 여자의 역할에 대해 고정관념을 적게 가진다(Goldberg & Lucas-Thompson, 2008; Hoffman, 1989).

다행히도 대부분의 맞벌이 부부들은 주말에 더 많은 시간을 자녀들과 함께함으로써 부모자녀 간의 상호작용을 보완할 수 있다(Nock & Kingston, 1988). 비록 바쁘고 스트레스를 받기는 하지만 자녀의 발달에 손상을 주지 않고 일하는 즐거움을 누릴 수 있다.

Lois W. Hoffman

요컨대, 맞벌이가정의 행복과 성공은 남편이 아내가 직업을 갖는 것에 대한 태도와 크게 관련이 있다. 아내의 직업을 인정하고, 집안일을 분담하며, 자녀양육에 도움이 되고, 정서적 지원을 해 주면 맞벌이 가정의 많은 문제가 극복될 수 있을 것이다.

5) 다문화가정의 자녀

국가 간 인구 이동이 일상화, 보편화되면서 세계는 이주의 시대를 맞이하였다(Castles & Miller, 2009). 한국도 예외가 아니어서 한국에 거주하는 외국인은 행정안전부 자료에 의하면 2021년 11월 기준 213만 4,569명으로, 전년 대비 1% 감소하였다. 이는 현황발표를 시작한 2006년 이후, 외국인 수가 처음으로 감소한 2020년에 이어 2021년에도 감소세가 지속된 것이다. 이들 외국인의 다수를 차지하고 있는 구성원은 외국인 노동자와 국제결혼 이주여성들로 나타났다. 그 결과, 한국인 아버지와 외국인 어머니 사이에서 태어난 다문화가정 아동의 수도 크게 증가하고 있다. 다문화가정의 만 18세 미만의 아동은 2006년도 2만 5,000명에서 2016년에는 9만 9,000명으로 4배 정도 급증하였다(통계청 · 여성가족부 보도자료, 2017). 이와 같이 다문화가정 아동의 수는 앞으로도 급속히 증가할 것으로 예상되며, 이들이 한국 사회에 어떠한 영향을 미칠 것인지에 대해 주목받고 있다.

사진 설명 다문화가정의 부모와 자녀

다문화가정 아동에 대한 대부분의 연구(김미진, 2010; 서현, 이승은, 2007; 양순미, 2007; 오성배, 2007; 이영주, 2007; 이진숙, 2007)에서, 다문화가정 아동은 한국 사회에 적응하면서 많은 어려움을 겪는 것으로 보고되었다. 다문화가정 아동의 17.6%가 집단따돌림을 경험했으며, 따돌림의 이유는 '엄마가 외국인이어서'가 가장 높은 것으로 나타났다(보건복지부, 2005). 또한 다문화가정 아동은 한국인과 다른 외모로 인해 또래로부터 놀림을 받는 경우가 많았다. 이에 따라 다문화가정 아동은 일반가족 아동과 다르다는 이유로 따돌림받는 것을 두려워하여 자신이 다문화가정 아동임을 숨기는 경우가 많으며, 일반가족 아동과의 관계에서 적절한 감정표현이 부족하고 소극적인 것으로 나타났다(김미진, 정옥분, 2010).

다문화가정 아동이 성장하면서 가족, 특히 어머니의 지지를 받는 것이 필요하지만, 다문화가정 아동과 외국인 어머니 간의 의사소통이 그리 원만하지 않은 편이다. 그 이유는 외국인 어머니의 한국어 구사능력이 다문화가정 아동의 한국어 능력에 미치지 못하기 때문이다. 국제결혼 이주여성 대부분이 언어적응과 한국의 가부장적인 문화로 인해 적응에 어려움을 겪고 있다. 이주여성의 더딘 적응은 다문화가정 아동에게도 부정적인 영향을 줄 수 있다. 어머니의 문화적응과 자녀와의 상호작용 수준을 살펴본 McLoyd, Cauce, Takeuchi와 Wilson(1992)의 연구에 따르면, 문화적응 수준이 높았던 어머니가 자녀와 더 긍정적으로 상호작용을 한다고 보고하였다. 또한 어머니의 문화적응은 자녀의 사회적 유능감에도 영향을 미치는 것으로 나타났다(Kim, Han, & McCubbin, 2007). 이와 같이 부모자녀 간의 문화적응에서의 차이는 이주가족의 갈등에서 중요한 문제이며(Merali, 2002), 어머니의 문화적응과 자녀의 적응에 있어서 차이가 나는 것은 잠재적으로 자녀양육의 어려움이 커질 수 있다는 점에서 심각하다(Buki, Ma, Strom, & Strom, 2009).

Vonnie C. McLoyd

다문화가정 아동이 자신이 처한 환경에서 받는 스트레스를 극복하고 적응하기 위해서는 친구와 교사로부터 사회적 지지를 받는 것이 중요하다. 실제로 농촌지역 다문화가정 아동을 대상으로 학교생활 적응을 살펴본 양순미(2007)의 연구에서도, 다문화가정 아동의 적응에 또래수용과 같은 관계적 요인이 중요하게 작용하는 것으로 나타났다. 따라서 다문화가정 아동의 원활한 적응을 위해서는 또래관계를 향상시켜 줄 수 있는 노력이 필요하다. 그러나 현재 다문화교육은 다문화가정 아동만을 대상으로 실시되고 있는 경우가 대부분이다. 그러므로 일반가족 아동도 함께 참여할 수 있는 다문화교육 프로그램을 개발하는 것이 절실하다. 또한 부모 이외의 가까운 성인과의 관계가 스트레스를 겪고 있는 아동을 보호해 주는 요인임을 고려해 본다면(Hetherington, 1999), 교사의 역할이 매우 중요함을 알 수 있다. 따라서 현장의 교사뿐만 아니라 예비교사들을 대상으로 다문화가정 아동을 지지해 줄 수 있고 다문화적인 교육 현장에 적용이 가능한 교사교육이 필요할 것이다.

Mavis Hetherington

현재 한국의 다문화사회에서 유의할 점은 외국인에 대한 관심, 다른 문화에 대한 태도는 세계화가 내포하는 권력구조에 따라 선진국 중심으로 형성되어 있다는 것이다. 이러한 상황에서 단순히 외국에 대한 관심의 증대만을 목표로 하는 문화적 다양성의 강조는 오히려 선진국 지향성과 문화자본 중심적 태도만을 강화시킬 가능성이 크다(황정미, 김이선, 이명진, 최현, 이동주, 2007). 한국 사회의 다문화 현상이 심화되어감에도 불구하고 일반인들이 다문화가정에 대해 계속 편견적이고 차별적인 태도를 유지한다면 사회적 갈등을 일으킬 수 있는 심각한 문제가 될 수 있다. 따라서 특정 국가로만 편향된 교과내용보다는 한국 사회에서 실제로 전개되고 있는 다문화특성에 맞추어 일반인들을 대상으로 다양성의 차이를 가치 있는 것으로 수용할 수 있는 정책과 교육이 선행되어야 할 것이다.

우리나라 부모의 양육행동이 아동의 다문화 수용성에 미치는 영향에 관한 연구(설은정, 정옥분, 2012)에서, 아동이 부모의 온정적 · 수용적 양육행동을 높게 지각할수록 아동의 다문화 수용성은 높게 나타났으며, 아동이 부모의 허용적 · 방임적 양육행동과 거부적 · 제재적 양육행동을 높게 지각할수록 아동의 다문화 수용성은 낮은 것으로 나타났다.

또한 다문화가정 어머니의 양육스트레스와 양육행동이 아동의 학교준비도에 미치는 영향에 관한 연구(정해영, 정옥분, 2011)에서, 아동의 학교준비도는 다문화가정 어머니의 학습기대와 관련된 양육 스트레스와 부적 상관이 있는 것으로 나타났으며, 한계설정 양육행동과는 정적 상관이 있는 것으로 나타났다.

다문화가정 유아의 의사소통능력에 관한 연구(임양미, 박주희, 2012)에서 다문화가정 어머니의 한국어능력 수준이 높을수록 유아의 전반적 의사소통능력 수준이 높은 것으로 나타났다. 또한 다문화가정 어머니의 한국어능력은 유아의 어린이집 경험과 의사소통능력의 관계에 조절효과가 있는 것으로 나타났다. 즉, 어머니의 한국어능력 수준이 높을수록 어린이집 재원기간과 개념적인 언어지도 경험이 유아의 전반적인 의사소통능력에 미치는 영향력이 큰 것으로 보인다. 이는 한국어 의사소통능력이 부족하고 자녀양육에 어려움을 경험하는 다문화가정 부모와 영유아를 위해 어린이집과 지역사회 지원을 연계한 다각적인 지원책이 필요하다는 점을 시사하는 것이다.

다문화가정 유아기 자녀의 정서지능에 영향을 미치는 경로모형을 분석한 연구(민성혜, 이민영, 최혜영, 전혜정, 2009)에서 다문화가정에 대한 사회적 지지는 부부관계 만족도, 어머니의 우울, 부모자녀관계의 훈육과 역할만족을 통해 유아기 자녀의 자기정서 인식에 영향을 미치는 것으로 나타났다. 따라서 다문화가정 유아기 자녀의 정서지능을 발달시키기 위해서는 어머니의 정신건강 수준을 높이고, 이를 위해 부부관계 만족도 수준을 높이며, 우선적으로는 다문화가정에 대한 사회적 지지 수준을 높일 것을 연구자들은 제안하였다.

제5부

아동기

6세에서 11세까지 초등학교에 다니는 시기를 아동기라고 한다. 생활의 중심이 가정에서 학교로 옮겨감에 따라, 이 시기의 발달에서는 학교생활이 중요한 역할을 하게 된다. 학교생활을 통해 아동은 많은 사회적 관계를 형성하게 되며, 또래집단의 비중이 점차 커지게 되므로, 이 시기를 학동기 또는 도당기(gang age)라고도 한다. 또한 아동기는 유아기나 사춘기의 격동에 비해 상대적으로 조용한 시기라는 점에서 잠복기라고도 한다.

영유아기의 급속한 신체발달이나 사춘기의 성장급등과 비교해 보면 아동기의 신체발달은 비교적 완만한 편이다. 표면적으로는 조용하게 보이지만, 아동기의 에너지는 내부적으로 조작능력을 획득하고 급격한 인지발달을 육성하기 위해 사용된다. 아동기는 유아기에 비해 인지능력에서 상당한 발전을 보인다. 유아기의 직관적 사고에서 논리적 사고로, 중심화 현상에서 탈중심화로, 비가역적 사고에서 가역적 사고로 변하게 된다. 동시에 운동능력이나 언어능력이 증가함에 따라 자신의 욕구도 쉽게 표현하고, 자신의 욕구를 스스로 해결해 나갈 수 있게 된다. 초등학교에 입학하게 되면서 아동의 활동반경이 가정을 벗어남에 따라 부모형제뿐만 아니라 학교와 또래집단 그리고 주위환경이 아동의 발달에 영향을 미치게 된다. 아동은 외부 세계에 대해 관심을 넓혀 나가기도 하며, 부모나 다른 성인에 대해 동료의식을 발전시켜 나가게 된다.

제5부에서는 아동기의 신체발달, 인지발달, 사회정서발달에 관해 살펴보기로 한다.

제 13 장

신체발달

1. 신체적 성장
2. 운동기능의 발달
3. 건강관리와 질병

SH
ACADEMY

영유아기의 급속한 신체발달이나 사춘기의 성장급등과 비교해 보면 아동기의 신체발달은 비교적 완만한 편이다. 성장속도가 둔화되기는 하지만 아동기에도 성장은 꾸준히 계속된다. 아동기 말에는 사춘기 성장급등으로 인해 신장과 체중이 급격히 증가한다. 머리의 크기가 신체에서 차지하는 비중이 작아져서 성인의 수준에 가까워진다. 얼굴모양은 동그란 모습에서 길쭉한 모습으로 변하고, 코와 입이 커지고 넓어져 전체적인 얼굴모습이 달라진다.

유아기에 비해 운동기능도 더욱 강화되고 정교하게 발달한다. 아동기에는 거의 모든 운동기능을 수행할 수 있는데, 이러한 운동기술의 습득으로 아동은 큰 기쁨과 성취감을 맛보게 된다.

식습관은 아동기의 건강에 매우 중요한 측면이 된다. 아동기는 아동이 계속해서 성장하는 시기이므로 영양소를 골고루 섭취해야 한다. 비타민이나 칼슘 등 성장기에 반드시 필요한 영양소가 제대로 공급되지 않으면 영양실조에 걸리기 쉽고, 과식으로 인해 필요 이상의 칼로리를 섭취하게 되면 비만이 되기 쉽다.

이 장에서는 아동기의 신체적 성장, 운동기능의 발달, 건강관리와 질병에 관해 살펴보기로 한다.

1. 신체적 성장

아동기에는 신장과 체중이 점차적으로 증가한다(Edwards & Coyne, 2020). 어깨가 넓어지고, 팔다리가 길고 가늘어지면서 유아기보다 신체가 훨씬 더 가늘어진 모습이 된다(사진 참조). 아동기에는 근육이 성장하는 신체에 적응하느라 근육이 당기는 듯한 느낌의 통증을 경험하게 되는데, 이것을 '성장통(growing pains)'이라 한다(Sheiman & Slomin, 1988). 성장기 아동의 10~20%가 경험하는 성장통은 밤에 심하고 아침이 되면 없어지는 게 보통이다. 성장통의 원인은 정확히 알려져 있지 않지만, 전문가들은 성장하면서 뼈를 싸고 있는 골막이 늘어나 주위의 신경을 자극하기 때문이라고 추측한다. 뼈가 빠른 속도로 자라

사진 설명 아동기에는 유아기보다 키가 크고 가늘어진 모습이 된다.

는 데 비해 근육은 더디게 자라기 때문이라는 주장도 있다. 따라서 일종의 근육통이라고 보는 학자도 많으며, 스트레스도 그 같은 발병의 원인 중 하나로 본다.

성숙의 가속화 현상으로 인해 아동기 말에 사춘기가 시작되기도 한다. 사춘기는 호르몬의 변화로 인해 급격한 신체적 · 성적 성숙이 이루어지는 기간을 의미한다. 여아의 경우 남아보다 2~3년 정도 일찍 사춘기가 시작되기 때문에, 사춘기가 시작되는 10~12세경에는 여아가 남아보다 약간 크고 무겁다. 사춘기가 되면 남아는 근육질이 되기 때문에 힘과 속도에서 우세한 반면, 여아는 체지방이 더 많아지기 때문에 곡선미가 유려한 편이다.

아동의 성장속도와 신체의 크기는 개인차가 크다. 이러한 개인차에는 유전적 요인뿐만 아니라 환경적 요인의 영향도 작용하는 것으로 보인다.

1) 신장과 체중의 증가

성장속도가 둔화되는 경향은 유아기에 이어 아동기까지 계속된다. 신장은 1년에 평균 5.5cm 증가하여 11세경에는 147cm 정도로 성장한다. 아동기 말에는 사춘기의 성장

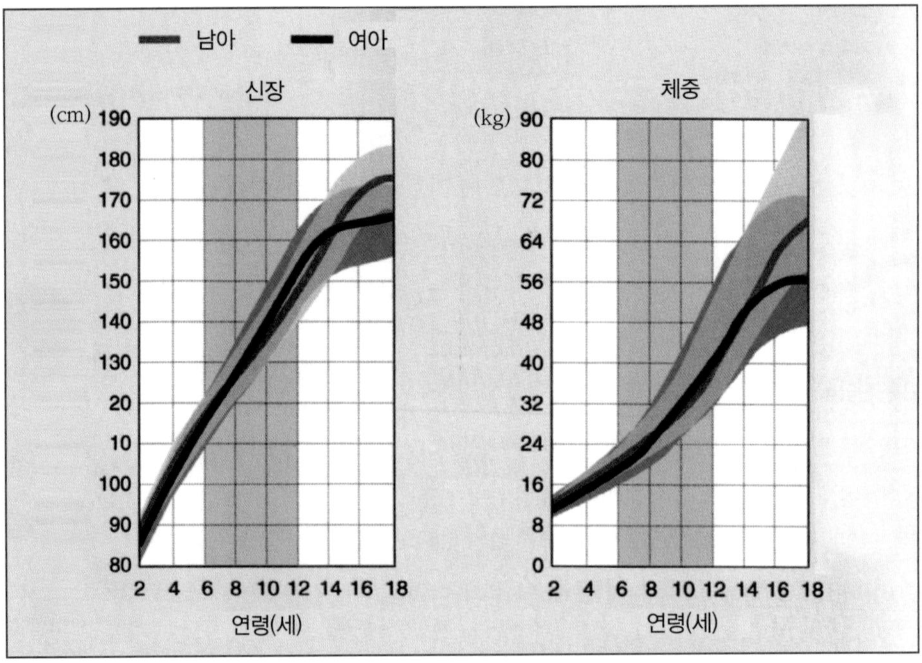

〈그림 13-1〉 신장과 체중의 증가(아동기)

출처: Seifert, K. L., & Hoffnung, R. J. (2000). *Child and adolescent development* (5th ed.). Boston: Houghton Mifflin.

급등으로 인해 신장이 급격히 증가한다. 5세경의 남아와 여아는 신장이나 체중이 비슷하다. 그 이후에는 여아에 비해 남아의 성장이 더 빠르지만, 10~12세경에는 여아가 남아의 성장을 앞지르게 된다(〈그림 13-1〉 참조). 왜냐하면 여아의 사춘기 성장급등이 남아보다 2~3년 일찍 시작되기 때문이다. 따라서 여아가 성장급등을 시작하는 10세경부터 몇 년 동안은 남아보다 신장이 더 자라고 체중이 더 늘어난다. 이때가 일생 동안 유일하게 여자가 남자보다 더 큰 시기이다. 그러나 남아가 12~13세경에 성장급등을 시작하면 이러한 경향은 역전되기 시작한다(Tanner, 1990).

체중의 증가도 비슷한 양상을 보인다. 체중은 1년에 평균 2.7kg씩 증가하여, 11세경에는 40kg 정도까지 증가한다. 영아기에는 출생 후 6개월 만에 체중이 2배가 된다. 반면, 6세 아동의 체중이 2배가 되는 데는 6년이 걸린다. 신장과 마찬가지로 10~12세경에는 여아가 남아보다 체중이 더 많이 나간다(〈그림 13-1〉 참조). 아동기 체중의 증가는 지방보다 근육에 집중된다. 남아가 여아에 비해 근육세포가 많기 때문에 아동기 말부터 청년기에는 남자가 힘이 더 강해진다(Michael, 1990). 근육이 증가하고 다리가 길어지면서 몸이 유아기보다 훨씬 더 가늘어진 모습이 된다.

〈표 13-1〉과 〈표 13-2〉는 우리나라 아동의 신장과 체중의 신체발육상황 대비표이다. 우리나라 초·중·고등학생의 신체발육은 지속적으로 향상되어 온 것으로 나타났다. 이는 국민경제의 수준이 향상되면서 식생활, 보건위생 등 생활여건이 개선되어 아동과 청소년의 체격이 전반적으로 향상되었음을 나타내는 것이다(교육인적자원부·한국교육개발원, 「교육통계연보」, 각년도).

2) 신체비율의 변화

머리의 크기는 영아기에 급속도로 증가하고, 유아기에도 성장을 계속해서 5세경이면 뇌무게는 성인의 90%에 달한다. 아동기가 시작되는 6세경에는 뇌무게가 거의 성인 수준에 달하기 때문에 아동기의 뇌성장은 매우 느린 편이라 할 수 있다. 그러나 뇌의 좌반구와 우반구가 각기 다른 기능을 맡아 하는 뇌의 편측성과 미엘린이라 불리는 지방성 물질이 축색돌기 둘레에 막을 형성하는 수초화 현상은 아동기에도 계속된다(Cratty, 1986).

아동기에는 신체의 다른 부분이 빨리 성장하기 때문에 신체의 비율이 변한다. 팔다리의 성장이 몸통의 성장보다 빨라서 아동기의 전형적인 신체특징인 팔다리가 가늘고 긴 모습을 보이게 된다. 얼굴도 변화하는데, 유아기에는 얼굴의 윗부분이 아랫부분보다 빨리 성장했지만, 아동기에는 아랫부분(턱)이 더 빨리 성장한다. 볼살이 빠지면서

표 13-1 성별 · 연령별 신장의 추이 (단위: cm)

측정 연도	6세		7세		8세		9세		10세		11세	
	남	여	남	여	남	여	남	여	남	여	남	여
2001	120.3	118.8	126.2	124.8	131.4	130.3	136.8	136.2	142.2	142.5	148.2	149.1
2002	120.3	119.1	126.4	125.0	131.9	130.6	136.9	136.5	142.4	143.1	148.6	149.6
2003	120.8	119.4	126.7	125.4	132.2	130.9	137.1	137.0	142.9	143.5	148.7	149.8
2004	120.6	119.6	126.7	125.2	132.1	131.1	137.6	137.0	142.9	143.7	149.1	150.3
2005	120.6	119.3	126.5	125.3	132.0	131.0	137.3	137.1	143.0	143.7	149.1	150.3
2006	121.7	120.2	127.1	125.8	132.6	131.5	138.7	138.3	143.5	144.4	150.0	150.9
2007	121.6	120.4	127.4	126.1	132.9	131.8	138.6	138.4	143.7	144.7	150.4	151.1
2008	122.0	120.7	127.4	126.2	133.1	131.7	138.7	138.5	143.5	144.6	150.2	151.0
2009	121.9	120.6	127.7	126.2	133.0	132.0	138.3	138.0	143.9	144.7	150.5	151.0
2010	121.8	120.6	127.7	126.4	133.1	132.0	138.4	138.1	144.0	144.6	150.2	151.2
2011	121.7	120.5	127.8	126.4	133.5	132.3	138.7	138.4	143.9	144.8	150.4	151.1
2012	121.6	120.2	127.8	126.5	133.4	132.3	139.1	138.5	144.1	144.9	150.6	151.1
2013	120.6	119.6	125.5	124.4	131.7	130.4	137.1	136.6	142.7	143.2	148.8	149.5
2014	120.5	119.4	125.9	124.5	131.6	130.3	137.1	136.4	142.5	142.7	148.9	149.8
2015	120.5	119.6	125.7	124.5	131.5	130.5	137.1	136.5	142.9	142.9	148.9	149.8
2016	120.5	119.3	125.7	124.5	131.8	130.2	137.4	136.6	142.7	143.1	149.2	150.1
2017	120.4	119.3	125.7	124.6	131.6	130.6	137.1	136.5	142.9	143.3	149.5	150.1
2018	120.9	119.8	125.7	124.6	131.7	130.5	137.4	136.6	143.0	143.2	149.6	150.0
2019	121.1	119.3	126.0	124.6	132.0	130.6	137.8	136.6	143.1	143.6	149.7	150.0

표 13-2 성별 · 연령별 체중의 추이 (단위: kg)

측정 연도	6세		7세		8세		9세		10세		11세	
	남	여	남	여	남	여	남	여	남	여	남	여
2001	23.5	22.4	26.9	25.5	30.3	28.7	34.1	32.5	38.1	36.8	42.7	41.8
2002	23.8	22.7	27.1	25.8	30.7	29.4	34.6	32.9	38.8	37.6	43.9	42.8
2003	23.8	22.8	27.2	25.9	30.8	29.3	34.7	33.3	39.2	37.8	43.8	43.1
2004	24.0	22.8	27.1	25.9	30.7	29.4	34.9	33.1	39.3	37.2	44.4	43.2
2005	24.0	22.9	27.3	26.0	31.0	29.4	34.8	33.4	39.4	38.1	44.5	43.6
2006	24.5	23.2	27.7	26.4	31.6	29.7	35.8	34.0	39.8	38.6	44.7	43.7
2007	24.4	23.3	27.9	26.4	31.7	29.9	35.9	34.2	40.2	38.9	45.1	44.0
2008	24.7	23.5	27.9	26.4	31.9	29.9	36.0	34.3	40.1	38.6	45.5	44.0
2009	24.7	23.5	28.2	26.6	31.7	30.0	35.9	33.9	40.6	38.8	45.9	44.0
2010	24.9	23.7	28.4	26.9	32.1	30.3	35.9	34.2	41.1	39.2	46.1	44.4
2011	24.8	23.6	28.5	26.8	32.4	30.5	36.2	34.3	40.6	39.4	46.0	44.4
2012	24.7	23.5	28.4	26.8	32.4	30.4	37.0	34.9	41.0	39.6	46.2	44.2
2013	24.3	23.4	27.1	26.1	31.4	29.4	35.4	33.5	40.2	38.4	45.0	43.2
2014	24.1	23.1	27.2	25.7	30.9	29.1	35.3	33.0	39.7	37.8	45.1	43.6
2015	24.1	23.2	26.9	25.8	31.0	29.4	35.3	33.2	40.2	37.8	44.7	43.5
2016	24.2	22.9	27.1	25.7	31.4	29.0	35.6	33.1	40.3	38.0	45.9	43.6
2017	24.2	23.1	27.2	25.8	31.4	29.8	35.7	33.4	40.7	38.3	46.2	44.0
2018	24.4	23.6	27.4	26.1	31.9	29.6	36.0	33.5	41.0	38.6	47.0	43.8
2019	24.8	23.3	27.6	26.1	32.0	29.7	36.6	33.8	41.2	38.8	46.8	44.3

얼굴이 길어진다. 중이(中耳)에서 인후로 통하는 유스타키오관도 좀더 길어지고, 좁아지며, 경사가 지게 된다. 따라서 박테리아가 목으로부터 귀로 쉽게 침입하지 못하기 때문에 귀에 염증이 생기는 것도 줄어든다.

3) 사춘기의 시작

최근에는 성적으로 성숙하는 연령이 점점 낮아져 예전보다 일찍 어른의 신체구조를 갖는다. 이와 같은 성숙의 가속화 현상에는 영양적 요인과 환경적 요인이 작용하는 것으로 보인다. 즉, 예전보다 영양섭취가 개선되었다는 점과 영화나 TV 등의 매체를 통해 쉽게 성적 자극에 노출된다는 점 등이 그 요인인 것으로 보인다.

성숙의 가속화 현상으로 인해 아동기 말에 사춘기를 맞이하게 되는 경우가 많은데, 사춘기는 호르몬의 변화로 인해 급격한 신체적 · 성적 성숙이 이루어지는 기간을 의미한다. 사춘기가 되어 성적 성숙이 이루어지면 외모에서 남녀의 차이가 뚜렷해진다. 그 이유는 여자의 생식기관인 난소와 남자의 생식기관인 고환이 발달함에 따라 성호르몬이 활발하게 분비되기 때문이며, 이로 인해 2차 성징이 나타난다. 1차 성징은 출생 시의 생식기에 의한 신체 형태상의 성차특징을 가리키는 것이고, 2차 성징은 사춘기에 성호르몬의 분비로 인해 나타나는 신체상의 형태적 · 기능적인 성차특징을 의미한다.

사춘기에 나타나는 2차 성징을 남녀별로 보면(〈그림 13-2〉 참조), 남자의 경우에는 남성 호르몬의 역할로 고환에서 정자가 만들어지기 시작하고, 가슴과 어깨가 벌어지며, 근육이 발달한다. 또한 턱수염이 나고 성기와 겨드랑이에 털이 나며, 음성이 변한다. 고환에서 만들어진 정자는 정낭에 보관되어 있다가 정액과 함께 음경을 통하여 몸 밖으로 방출되는데 이것을 사정이라고 한다. 그리고 꿈에서 성적 자극을 받아 잠든 사이에 사정하는 것을 몽정이라고 한다.

여자의 경우에는 여성 호르몬의 분비가 증가되어 유방이 발달하고, 생식기관이 발달하여 골반이 커지며, 피하지방이 축적되어 엉덩이가 동그스름해진다. 또 성기와 겨드랑이에 털이 나고 초경이 시작된다. 여자는 출생할 당시에 미성숙한 난자를 가지고 있다가 성적으로 성숙되면 배란이 되어 월경을 시작한다. 배란은 자궁 좌우에 1개씩 있는 난소에서 성숙한 난자가 한 달에 1개씩 교대로 배출되는 것을 말한다. 배란된 후 수

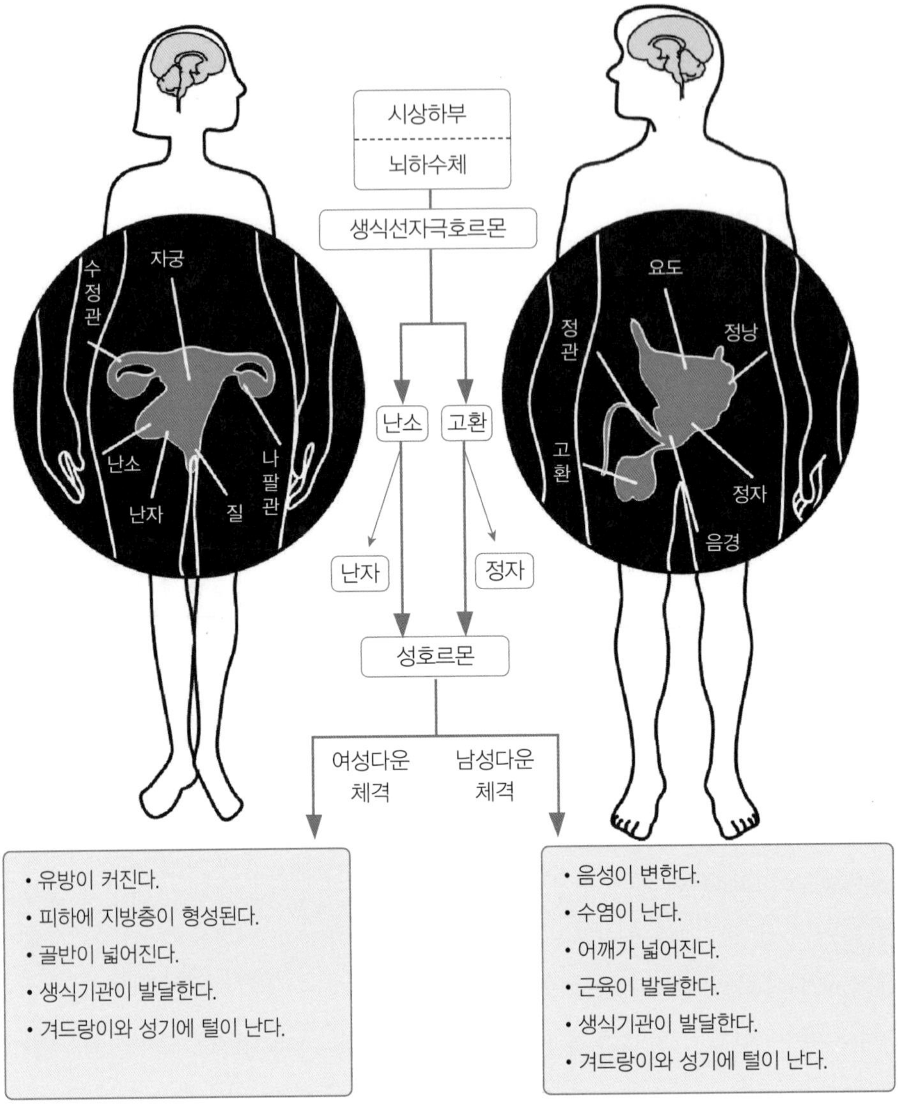

〈그림 13-2〉 2차 성징의 출현

정되지 않으면 임신에 대비했던 자궁내막의 모세혈관이 파열되면서 혈액이 난자와 함께 떨어져 나오게 되는데 이것을 월경이라고 한다.

일반적인 신체발달과 마찬가지로 성적 성숙의 시기에도 상당한 개인차가 있다. 대체로 여아는 9세부터 16세 사이에 그리고 남아는 10세부터 18세 사이에 성적 성숙이 이루어진다. 또래와 비교해서 훨씬 일찍 또는 늦게 성숙하는 경우 걱정을 많이 하게 되는데, 특히 일찍 성숙하는 여아와 늦게 성숙하는 남아의 경우가 더욱 그러하다. 한 연구(Rodriguez-Tome et al., 1993)에 따르면, 일찍 성숙한 여아의 경우 자신의 유방의 크기

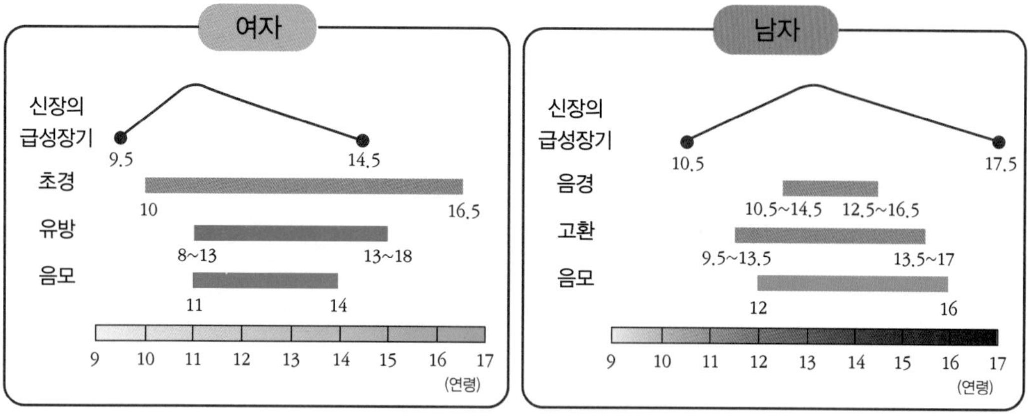

〈그림 13-3〉 사춘기의 성적 성숙 분포도

에 지나치게 신경을 쓰고, 늦게 성숙한 남아의 경우 자신의 신체에 대해 매우 불만족스러워하는 것으로 나타났다. 성적 성숙의 시기에는 개인차가 있으므로 또래와 비교해서 자신의 성숙이 빠르거나 늦는다고 해서 걱정할 필요는 없다. 〈그림 13-3〉은 사춘기의 성적 성숙 분포도에 관한 것이다.

2. 운동기능의 발달

초등학교에 입학할 무렵이면 대근육과 소근육의 기본적 운동기능이 거의 다 발달하며, 이후에는 기존의 운동능력이 더 빠르고 정교하게 발달한다(Hockenberry & Wilson, 2019). 아동기에 운동기능은 계속해서 발달하므로 달리기, 줄넘기, 자전거타기, 등산, 수영, 스케이트 등 거의 모든 운동기능을 수행할 수 있게 된다. 유아기에 비해 아동기의 운동기능은 훨씬 정교하고 유연해진다. 협응능력 발달의 가장 좋은 지표인 공놀이도 연령이 증가함에 따라 공을 보다 멀리 던지고, 보다 잘 받을 수 있게 된다.

이러한 운동능력의 발달에서는 개인차와 성차가 크게 나타난다. 남아는 운동능력의 발달에 필요한 활동을 더 많이 하며, 17세까지 운동능력이 계속적으로 발달하는 반면, 여아는 13세경에 최고조에 달하고 이후부터는 쇠퇴하거나 기존의 능력을 유지하게 된다.

사진 설명 아동기에는 거의 모든 운동기능을 수행할 수 있게 된다.

운동기능에서 남녀의 차이는 사춘기가 다가오면서 더욱 커진다. 남아는 여아에 비해 힘이 더 세어지고, 여아는 남아보다 유연성이 뛰어난다. 결과적으로 남아는 야구와 같이 대근육을 사용하는 스포츠에서 우세하고, 여아는 체조나 수공예와 같이 소근육을 사용하는 활동에서 우세하다(Cratty, 1986; Lansdown & Walker, 1991).

운동기능의 발달은 아동의 자아개념에도 영향을 미친다. 자신의 운동기술이 좋지 못하다고 생각하는 아동은 긍정적인 자아개념을 갖지 못하는 경향이 있다. 이런 아동은 자신의 좋지 못한 운동기능으로 인해 창피를 당할까 봐 스포츠게임에 잘 참여하지 않는다(Seidel & Reppucci, 1995). 결과적으로 연습할 기회가 적기 때문에 운동기능이 발전하지 못하는 악순환이 발생한다.

1) 대근육 운동

아동기가 되면 유아기에 잘 수행하지 못했던 여러 가지 대근육 운동기능을 습득하게 된다. 예를 들면, 자전거타기, 아이스 스케이팅, 수영, 줄넘기, 야구, 농구, 피구, 테니스, 술래잡기 등은 대부분의 아동이 습득하게 되는 대근육 운동기능이다(Cratty, 1986). 아동은 이러한 기본 기술을 습득함으로써 여러 가지 놀이나 스포츠게임에 참여할 수 있게 된다. 스포츠게임에 참여하는 것은 운동효과 외에도 우정관계를 형성하고, 게임

6세	7세	8세	9세	10세	11세	12세

깡충깡충 뛸 수 있다.	눈을 감고 한 쪽 발로 균형을 잡을 수 있다. 5cm 정도의 평균대 위를 넘어지지 않고 걸을 수 있다. 사방치기 놀이를 할 수 있다. 거수도약운동*을 할 수 있다.	발을 번갈아 가며 한 발로 뛸 수 있다. 여러 가지 놀이를 할 수 있다.	작은 공을 12m 정도 던질 수 있다. 25cm 정도의 높이로 뛰어오를 수 있다.	1초에 5m 정도를 달릴 수 있다.	1.5m 정도의 멀리뛰기를 할 수 있다.	1m 정도의 높이로 뛰어오를 수 있다.

* 차렷 자세에서 뛰면서 발을 벌리고, 머리 위에서 양손을 마주 해 다시 원상태로 돌아오는 운동이다.

〈그림 13-4〉 아동기의 대근육 운동기능의 발달

의 규칙을 준수하며, 팀의 구성원들과 협동하는 법을 배우게 해 준다. 〈그림 13-4〉는 아동기의 대근육 운동기능의 발달에 관한 것이다.

사진 설명 테니스와 야구는 유아기에 수행하지 못했던 여러 가지 대근육 운동기능을 포함한다.

2) 소근육 운동

Tomas Paus

중추신경계의 수초화가 증가하면서 아동기의 소근육 운동기능도 증가한다. 수초화의 증가는 신경전류의 전달속도를 증가시키기 때문에, 정보가 근육에 더 빨리 전달되게 해 주고, 근육을 더 잘 통제하게 만든다(Lecours, 1982; Paus et al., 1999).

손과 손가락을 사용하는 소근육 운동기능의 증가로 말미암아 아동은 놀랄 정도로 여러 가지 취미활동을 할 수 있게 된다. 다양한 악기연주나 수공예가 그 예이다. 또한 소근육 운동기술이 증가함에 따라 아동의 독립심도 증가하는데, 초등학교에 입학할 무렵(6세)이면 대부분의 아동은 도움 없이 옷을 입고 벗을 수 있으며, 신발끈을 매고, 식사시간에 수저를 잘 사용할 수 있게 된다(Carlson & Cunningham, 1990).

7세경에는 손놀림이 더 안정되고, 글씨를 쓰는 데 크레용보다는 연필을 선호하며, 연필로 글씨를 쓰는 속도도 빨라지게 된다. 그리고 글자나 숫자를 거꾸로 쓰는 일도 드물어진다. 8~10세경에는 양손을 따로따로 쓸 수 있다. 10~12세경에는 손놀림이 성인의 수준에 가까워지고, 정교한 수공예품을 만들 수 있으며, 악기로 어려운 곡을 연주할 수 있게 된다(사진 참조).

사진 설명 다양한 악기를 연주하는 것과 같은 소근육 운동기능은 아동기에 크게 증가한다.

3. 건강관리와 질병

아동기에는 유아기에 비해 면역력이 증가하기 때문에 일반적으로 건강한 편이다. 그러나 아동기에는 초등학교에 입학하여 생활반경이 넓어지기 때문에, 가정 이외의 장소에서 많은 사람들과 접촉하게 되므로 감기 등의 전염성 질병에 노출되기 쉽다. 그 외 아동이 잘 걸리는 질병은 중이염, 편도선, 수두, 백일해 등이다. 하지만 옛날과는 달리 항생제나 면역법이 발달해 크게 걱정하지 않아도 된다. 이하선염(耳下腺炎), 소아마비, 백일해 등은 백신주사를 통해 예방이 가능하며, 최근에 창궐하는 홍역 등도 제때에 예방접종만 하면 걱정하지 않아도 된다(사진 참조).

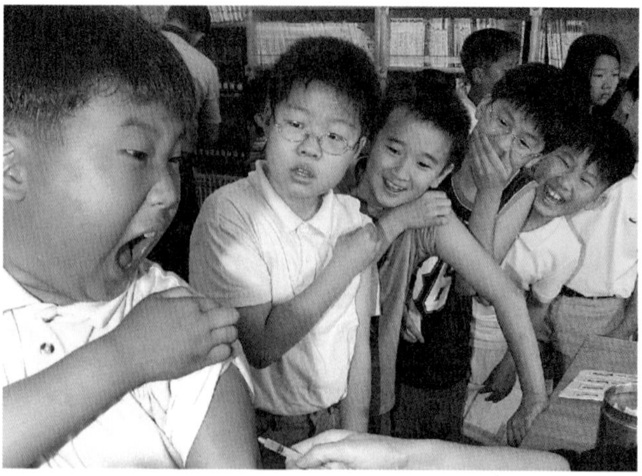

사진 설명 초등학교 취학 어린이는 홍역 2차 예방접종 증명서를 학교에 제출 해야 한다(조선일보 DB사진).

아동기에는 신체적 활동량이 많아지고 호기심이 왕성해지므로 사고가 자주 발생한다. 일반적으로 남아가 여아보다 사고를 일으키는 비율이 높다. 사고는 아동기에 발생하는 사망과 신체장애의 주요한 요인인데, 특히 교통사고로 인한 사망률이 매우 높다(〈그림 13-5〉 참조). 보행 중 교통사고를 당할 위험은 초등학교에 갓 입학하여 아직 혼자 다닐 준비가 되어 있지 않은 초등학교 1학년 때에 제일 높다(Dunne, Asher, & Rivara, 1992). 그리고 남아가 여아보다 교통사고로 인한 사망률이 2배 정도 높다.

사진 설명 아동기에는 추락사고의 발생률이 높다.

이외에도 아동은 높은 곳에서 떨어지거나(사진 참조), 끓는 물에 화상을 입거나, 약물 또는 독극물을 삼키거나, 목에 무엇이 걸려 질식하거나, 롤러블레이드나 스케이트보드로 인한

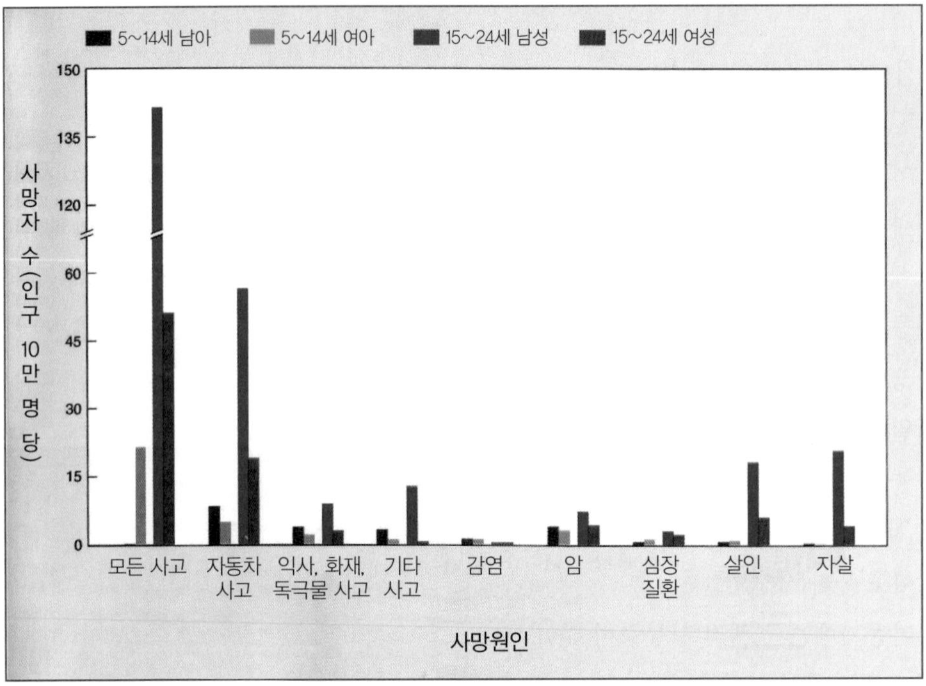

〈그림 13-5〉 아동기의 사고로 인한 사망률

출처: Seifert, K. L., & Hoffnung, R. J. (2000). *Child and adolescent development* (5th ed.). Boston: Houghton Mifflin.

사고가 많다. 아동기 사고의 절반 정도는 부모가 안전에 유의한다면 미연에 방지할 수 있는 것이다.

우리나라 3~5세 유아를 대상으로 상해위험행동에 대한 유아의 인지, 정서, 사회적 맥락 수준을 살펴본 연구(김혜금, 2011)에서 유아의 연령이 증가할수록 상해위험행동이 증가하는 것으로 나타났으며, 모든 연령에서 남아가 여아보다 상해위험행동의 정서 수준과 사회적 맥락 수준이 높게 나타났다. 이는 남아가 여아보다 상해위험행동에 있어서 두려움을 덜 느끼고, 또래와 동조하여 위험한 행동을 더 많이 할 수 있음을 의미한다. 위험한 상황을 두려워하지 않는 정서는 상해위험행동에 영향을 준다는 점을 고려할 때, 남아가 여아보다 상해위험행동을 더 많이 할 것으로 보인다. 한편, 위험에 대한 인지수준에서는 성차가 나타나지 않았다. 이러한 결과는 위험에 대해 남녀아가 다르게 지각하지 않음을 의미하는 것으로 볼 수 있다.

잠재적인 위험 상황을 알고 과도한 위험을 피하는 능력은 유아가 상해를 입지 않고 안전하게 생활하기 위해 성취해야 하는 중요한 기술이다. 따라서 유아기에 위험을 판

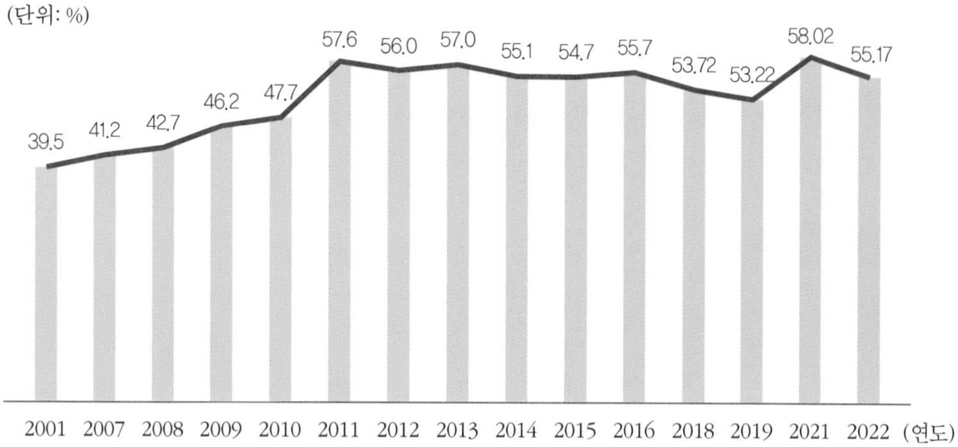

〈그림 13-6〉 우리나라 초 · 중 · 고 시력 이상 학생 증가추이

출처: 교육부 · 질병관리청 보도자료(2022. 4. 14.). 2022년도 학생 건강검사 및 청소년건강행태조사 결과

단하는 능력은 주변 환경을 안전하게 탐색하고 적응하는 데 필요한 중요한 능력으로 지속적인 안전교육을 통해서 상해위험에 대한 유아의 인지능력을 향상시켜 상해위험 행동을 줄이도록 해야 할 것이다.

아동기에는 많은 아동들이 시력교정을 필요로 한다. 멀리 있는 물체를 잘 보지 못하는 근시, 가까이 있는 물체를 잘 보지 못하는 원시 그리고 초점이 잘 맞지 않아 물체가 이중으로 보이는 난시 등이 시력교정의 대상이 된다. 안경이나 콘택트렌즈를 착용함으로써 시력교정을 할 수 있다. 우리나라 교육부가 2022년에 실시한 학생건강검사 결과에 의하면, 초 · 중 · 고등학생의 55.17%가 시력 이상인 것으로 나타났다(〈그림 13-6〉 참조). 시력 이상은 좌우 한쪽이라도 나안시력이 0.7 이하인 경우와 시력이 나빠서 안경을 쓰고 있는 경우(교정시력이 기재된 경우)를 모두 포함한다.

치아는 건강에 매우 중요한 역할을 하기 때문에 치아관리는 매우 중요하다. 치아관리를 제대로 하지 않으면 충치가 생기고, 충치를 방치하면 잇몸에 염증이 생겨 이를 뽑아야 하는 경우도 발생한다.

1) 영 양

아동기는 계속해서 성장하는 시기이므로 성인보다 단백질을 더 많이 섭취해야 한다. 고기, 생선, 계란, 콩류 등의 단백질 식품은 물론 곡류 및 전분류(탄수화물), 채소 및 과일류(무기질과 비타민), 우유 및 유제품(칼슘), 유지 및 당류(지방과 당)의 다섯 가지 식품

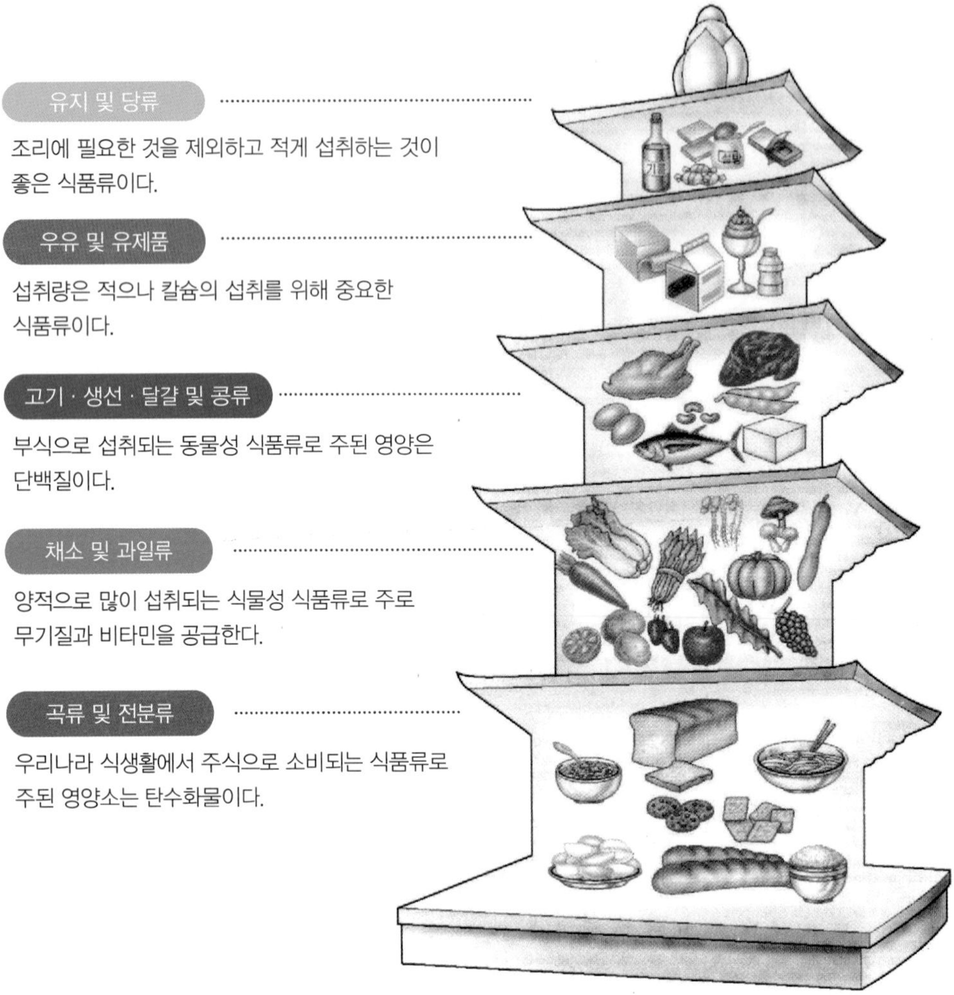

〈그림 13-7〉 식품구성탑

군(〈그림 13-7〉 참조)을 골고루 섭취해야 한다. 즉, 건강을 유지하기 위해서는 영양적으로 균형잡힌 식사를 해야 하는데, 모든 영양소가 다 포함된 식품은 없으므로 여러 가지 식품을 골고루 섭취해야 한다(Schiff, 2014).

아동기에는 평균적으로 체중이 2배로 늘어나고, 운동기능의 발달로 여러 가지 활동에 참여함으로써 에너지 소모량이 증가한다. 따라서 아동기에는 유아기보다 많은 양의 음식을 섭취해야 한다. 〈표 13-3〉에서 보듯이 1~3세에는 하루에 1,300Cal, 4~6세에는 1,700Cal 그리고 7~10세에는 2,400Cal가 필요하다(Pipes, 1988).

아침을 거르거나 인스턴트 식품, 패스트푸드만으로 식사를 계속하게 되면 비타민이나 칼슘 등 성장기에 반드시 필요한 영양소가 제대로 공급되지 못하므로 건강을 해치

표 13-3 **열량 권장량**

연령(세)	체중(kg)	신장(cm)	필요량(Cal)
1~3	13	90	1,300
4~6	20	112	1,700
7~10	28	132	2,400

고 영양실조에 걸리기 쉽다.

영양실조는 아동의 신체발달, 인지발달, 사회정서발달에 영향을 미친다(Marcon, 2003). 영양실조의 아동은 키가 작고 체중이 덜 나가며, 신체적 성장이 순조롭지 못하다. 과테말라의 아동을 대상으로 한 종단연구(Barrett & Frank, 1987)에 의하면, 영양이 좋은 아동은 영양실조인 아동에 비해 긍정적 정서를 나타내었고, 불안수준이 낮으며, 적극적이고 또래관계에서 더 사교적이었다. 영양과 인지발달과의 관계를 보면, 영양이 좋지 않은 아프리카의 케냐 아동들이 영양이 좋은 아동들보다 언어능력 검사를 비롯한 인지발달 검사에서 더 낮은 점수를 받았다(Sigman, Neumann, Jansen, & Bwibo, 1989). 또 다른 연구에 의하면, 영양실조는 아동의 호기심과 배우고자 하는 의욕을 꺾어 놓음으로써 인지발달에 부정적인 영향을 미치는 것으로 보인다(Brown & Pollitt, 1996; McDonald, Sigman, Espinosa, & Neumann, 1994).

Rebecca A. Marcon

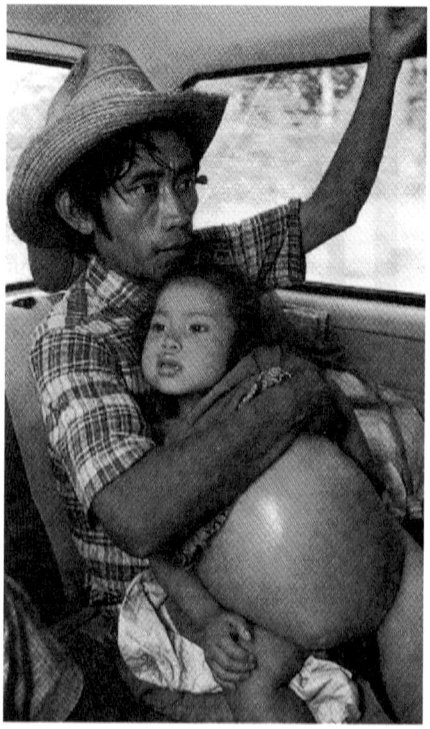

사진 설명 단백질 결핍으로 인한 영양실조인 콰시오르코르(Kwashirokor) 병에 걸린 아동

아동기의 또 다른 영양문제는 철분 결핍으로 인한 빈혈이다(Bartle, 2007). 빈혈이란 혈액 중 적혈구에 들어 있는 헤모글로빈의 농도가 정상보다 감소한 상태를 말한다. 빈혈이 되면 우리 몸속에 산소를 운반하는 능력이 줄어들어 피로하고, 안색이 창백해지며, 집중력이 떨어져 학습활동에도 지장을 주는 경우가 많다. 빈혈은 주로 헤모글로빈의 합성에 필요한 영양소가 부족할 때 생기는데, 철분 결핍에 의한 경우가 가장 많다. 철이 풍부한 식품으로는 소나 돼지고기, 계란, 녹황색 채소 등이 있다.

2) 비 만

우리나라의 아동 중 10%가 비만인 것으로 보고되고 있다. 그리고 그 추세는 점점 증가하고 있다고 한다. 정상 체중보다 20% 이상의 체지방이 과다하게 축적되는 것을 비만이라고 한다. 아동기 비만은 유전적 요인, 운동부족, 과식 등 여러 가지 원인에서 비롯된다.

유전이 아동기 비만의 중요한 요인이다(Schiff, 2021). 양쪽 부모가 비만인 경우에 자녀의 70%가 비만이 되고, 한쪽 부모가 비만인 경우에는 50%가, 양쪽 부모 모두 비만이 아닌 경우에는 자녀의 10%만이 비만이 된다(Klish, 1998; Whitaker, Wright, Pepe, Seidel, & Dietz, 1997). 최근에 와서 비만인자가 확인되었는데, 비만인자를 통해 렙틴이라는 물질이 생성된다고 한다. 렙틴은 혈류를 통해 뇌의 시상하부로 전달되는데, 시상하부는 식습관에 중요한 영향을 미친다. 비만인 경우 렙틴의 수준이 매우 높은 것으로 나타났다(Considine, Sinha, & Heiman, 1996).

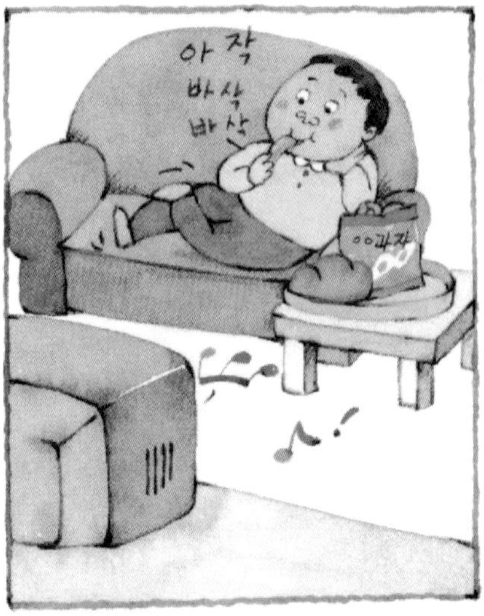

아동기 비만에 영향을 미치는 또 다른 요인은 환경요인이다(Shang et al., 2020; Sun et al., 2021). 생활양식의 변화로 말미암아 현대 사회의 아동들은 운동량이 부족하고, 그에 따른 열량소모가 적다. 요즈음의 아동들은 영양이 좋아 전세대보다 체격은 좋아졌지만 체력은 저하되었다고 한다. 건강전문가들은 아동의 체력이 허약해진 원인이 TV와 컴퓨터에 있다고 지적한다. 즉, TV 시청은 앉아서 하는 활동으로 친구들과 어울려 놀면서 하게 되는 신체적 활동을 대신한다. 그리고 TV를 시청할 때 칼로리가 높은 스낵을 먹게 되고(사진 참조), TV에서 반복되는 식품광고는 먹고 싶은 충동을 유발하여 아동으로 하여금 음식에 탐닉하게 만든다(Bar-Or et al., 1998; Harrell, Gansky, Bradley, & McMurray, 1997). 컴퓨터 사용도 비만의 원인이 될 수 있다(Lane, Harrison, & Murphy, 2014). 컴퓨터 스크린 앞에 앉아서 오랜 시간 하게 되는 신체적 활동은 기껏해야 마우스로 클릭하는 것이다. 그리고 사이버 공간에서 펼쳐지는 격렬한 운동을 마치 자신이 실제로 한 것으로 착각하는 경우도 있다(사진 참조).

비만은 일반적으로 과식에서 비롯된다. 과식으로 인해 아동은 필요 이상의 칼로리를 섭취하게 되며, 이는 비만과 직결된다. 영·유아기의 비만은 이후의 비만과도 직결되며, 비만 유아는 4~5세 경이면 이미 자신에게 적절한 식사량 이상으로 먹는 습관에 길들여져 있는 경우가 많다. 하루에 필요한 칼로리 양에는 개인마다 차이가 있으나, 아동은 흔히 정신적 긴장을 해소하기 위한 하나의 수단으로, 혹은 부모나 타인과의 관계에서 사랑과 만족을 얻는 정도가 부족할 때 이를 음식물로 대치하고자 많이 먹게 된다. 부모로부터 인정을 받지 못한다고 느끼는 아동은 많이 먹음으로써 인정을 받으려 하고, 그 결과 어머니의 뜻에 순종하는 의존적인 성격의 소유자가 되기 쉽다. 비만아는 같은 또래집단과 어울리려 하지 않고, 혼자 앉아서 먹는 일로 즐거움을 삼는 경우가 많다.

비만은 어떤 연령에서든지 심각한 신체적·심리적 문제를 초래한다(Schiff, 2021; Thavamani et al., 2020). 비만인 사람은 고혈압, 심장질환, 당뇨 등 각종 질환에 걸릴 위험이 높다(Andersen, Holm, & Homoe, 2019; Lamb, 1984). 비만 아동의 경우 신체적 문제뿐만 아니라 심리적 문제도 야기한다. 비만 아동은 또래들로부터 놀림과 따돌림을 당하기 쉽다(사진 참조). 결과적으로 낮은 자아존중감, 부정적 신체상, 우울증과 같은 행동문제가 발생하기도 한다(Davison & Birth, 2001; Israel & Shapiro, 1985; Mendelson & White, 1985). 자아존중감(self-esteem)은 자신의 존재에 대한 긍정적 또는 부정적 견해로서 자기 존재에 대한 느낌을 의미하고, 신체상(body image)은 자신의 신체에 대한 느낌, 즉 자신의 신체에 대해 얼마나 만족하는가 하는 것을 의미한다. 신체상은 이 시기의 아동—특히 여아—에게 매우 중요하다. 따돌림, 고립, 낮은 자아존중감은 과식, 낮은 활동성을 초래하여 다시 체중증가, 따돌림으로 이어지는 악순환이 계속된다(Neumann, 1983).

비만아의 경우, 식습관을 바꾸고 운동을 시키는 행동요법이 체중감량에 효과가 있는 것으로 보인다(Epstein & Wing, 1987; Graham, Holt/Hale, & Parker, 2020; Kohl & Hobbs, 1998). 전문가들은 다이어트, 운동, 행동수정 프로그램을 병행할 것을 추천한다. 행동

수정 프로그램에서는 아동으로 하여금 음식 일기를 작성하도록 하는데, 아동이 섭취하는 음식의 종류와 양뿐만 아니라 언제, 어디서 누구랑 함께 먹는지도 기록하게 한다. 이렇게 함으로써 수정해야 할 행동을 확인할 수 있기 때문이다.

과식으로 인한 비만에는 적절한 운동을 통해서 활동수준을 체계적으로 증가시키고 간식이나 군것질의 양을 줄이는 것이 우선적인 과제이다. 그러나 사랑과 관심끌기에서 비롯된 과식이 원인이라고 판단될 경우에는 관심을 보여주고, 대인관계에서 느끼는 외로움이 원인이라고 생각될 경우에는 대인관계의 융화를 통해 이를 해결하도록 도와주어야 한다.

9세에서 12세 사이의 비만아동 40명을 대상으로 한 연구(최주연, 2000)에서, 실험집단에는 비만치료를 위해 행동수정 프로그램을 실시하고, 비교집단에는 놀이치료를 실시하였다. 그 밖의 운동과 영양교육은 공통적으로 실시하였다. 연구결과, 행동수정집단이 놀이치료집단에 비해 체중과 비만스트레스가 현저히 감소하였으며, 식 · 행동습관이 눈에 띄게 향상되었다. 초등학교 4, 6학년 아동 365명을 대상으로 한 연구(조양래, 1997)에 의하면, 아동들의 비만스트레스와 우울증은 비만도, 성별, 성적별, 성격별로 차이를 보였다. 즉, 비만인 아동들이 정상체중이나 저체중인 아동들보다, 여아가 남아보다, 성격이 느리고 여유 있는 아동이 급하고 중간인 아동보다 비만스트레스와 우울증이 높게 나타났다.

3) 질 병

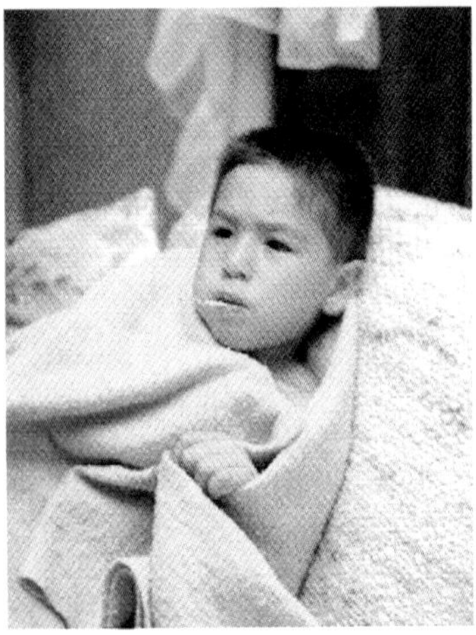

사진 설명 감기는 아동기에 가장 흔한 질병이다.

아동기에 가장 흔한 질병은 감기지만, 감기는 일시적인 것으로 대부분의 경우 일주일 이내에 치유된다. 아동기에 매우 심각한 만성질환 중 하나가 알레르기이다. 알레르기는 특정 물질에 대한 과민반응으로 네 종류가 있다. 음식이나 약물에 의해 소화기 또는 호흡기 문제를 일으키는 알레르기, 꽃가루나 먼지에 의해 눈이 가렵고 콧물이나 기침이 나는 알레르기, 화장품이나 비누제품에 의해 피부발진과 같은 피부질환을 일으키는 알레르기 그리고 주사바늘이나 곤충한테 물려 피부나 소화기 또는 호흡기에 문제를 일으키는 알레르기 등이 있다. 알레르기가 있는 아동은 애완동물을 키우지 못하거나 특정 음식을 멀리 해야 하는 등 생활의 즐거움을 충분히 누리지 못하는 경우가 많다(Voigner & Bridgewater, 1980).

천식도 아동기에 볼 수 있는 매우 보편적인 질병이다(사진 참조). 천식은 꽃가루, 먼지, 동물의 털, 화학약품, 기온이나 기압의 갑작스러운 변화, 과도한 운동, 스트레스 등에 기관지가 과민반응을 일으키는 질환이다(Altug et al., 2013). 천식은 콧물, 기침, 재채기를 유발하며, 때로는 심각한 호흡문제를 일으킨다. 천식은 아동기 말이나 청년기 초에 저절로 없어지거나 그 정도가 감소하기도 한다.

아동기에 사고 다음으로 많은 사망원인은 암이다. 소아암은 성인암과 그 양상이 다르다. 성인기에는 주로 폐, 위장, 췌장, 유방, 자궁, 전립선 등에서 암이 발생하지만, 아동기에는 주로 백혈구, 뇌, 뼈, 근육, 신경계통에서 암이 발생한다(Bleeker et al., 2014). 〈그림 13-8〉에서 보듯이 아동기에 가장 많이 발생하는 암은 백혈병(Leukemia)이다. 백혈병은 골수에서 백혈구가 지나치게 많이 생성되는 반면, 적혈구와 혈소판은 감소하는 질환이다. 치료방법에는 항백혈병 치료제의 투여 및 수혈, 골수이식이 있다. 성인암과는 달리 소아암은 발견 당시에 이미 상당히 진행된 상태에 있다. 즉, 성인의 경우에는 다른 부위에 전이된 경우가 20%인 데 반해, 아동의 경우는 80%에 이른다. 대부분의 성인암은 흡연이나 음주와 같이 생활습관이 그 원인이지만, 소아암은 그 원인이 명확하지 않다.

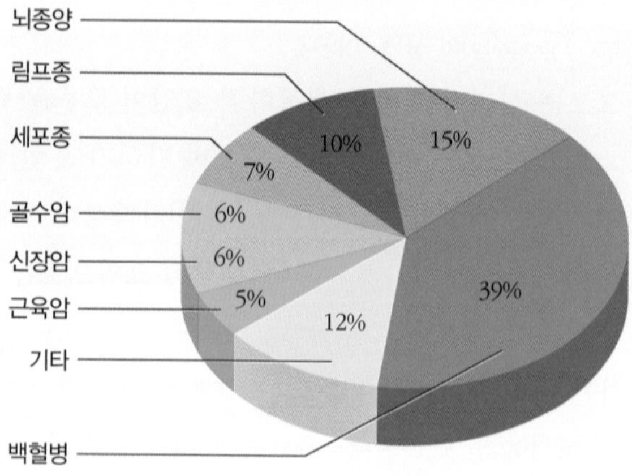

〈그림 13-8〉 아동기 암의 종류

4) 유뇨증

유뇨증(enuresis)은 5세 이상 된 아동이 밤이나 낮 동안 침구나 옷에 반복적으로 소변을 지리는 것을 말한다. 문제가 되는 것은 소변을 지리는 일이 3개월 동안 주당 최소한 2회 이상이거나, 사회적 · 학업적 또는 기타 중요한 기능 영역에서 심각한 고통이나 문제를 일으키는 경우이다. 이러한 행동이 물질이나 직접적인 생리적 효과로 인한 경우는 제외된다.

유뇨증은 야간형과 주간형 및 주야간형으로 나뉜다. 야간형은 가장 흔한 경우로 밤에 잠을 잘 때만 나타난다. 전형적으로는 밤의 초기 $^1/_3$ 동안 일어난다. 주간형은 깨어 있는 낮 동안에 소변을 지리는 경우로, 남아보다 여아에게서 흔히 나타난다. 유뇨증은 수업이 있는 날의 이른 오후에 가장 흔하게 나타난다. 주간 유뇨증은 사회적 불안이나 학업 및 놀이에 열중하여 화장실을 가기 싫어하므로 일어나기도 한다. 주야간형은 주간형과 야간형이 복합된 경우이다.

유뇨증이 있는 아동들은 사회적 · 학업적 혹은 일상 생활에서 상당한 스트레스나 문제를 경험하게 된다. 또한 이 아동들이 경험하는 문제는 가족들에게도 큰 영향을 미친다. 아동은 소변을 통제하지 못하는 것에 대해 부모의 처벌이나 또래의 거부 등에 대해 두려워하고 불안해하는 경향이 있다. 따라서 유뇨증이 있는 아동은 사회활동이 제한되고, 친구들에게 배척 당하는 경우가 많다.

5세 아동에서 유뇨증은 남아의 경우 7%, 여아의 경우 3% 정도 나타나고, 10세에서는 남아는 3%, 여아는 2%정도 나타난다. 즉, 연령의 증가와 함께 발생률이 감소한다 (American Psychiatric Association: APA, 1994).

유뇨증의 원인으로는 심리적 요인과 생물학적 요인이 모두 관련이 있는 것으로 보인다. 심리적 스트레스원으로는 비현실적인 대소변 가리기 훈련, 스트레스가 큰 생활사건(예를 들면, 부모의 죽음, 동생의 출생 등), 불안정한 가족상태, 다른 정서적 문제 등을 들 수 있다(Haug, 1992; Olmos de Paz, 1990). 생물학적 요인으로는 배뇨기관의 미성숙, 선천적으로 작은 방광용적, 호르몬의 문제 등을 들 수 있다(Erickson, 1992; Houts, 1991).

유뇨증을 치료하는 데는 종종 수면의 깊이를 얕게 하거나 방광의 용적을 증가시키는 약물을 사용한다(Dahl, 1992). 또한 야간 유뇨증을 없애기 위해, 소변으로 패드가 젖으면 자명종이 울려서 아동을 깨우는 특수 장치를 착용하게 하기도 한다. 그밖에 행동기법으로 오줌을 싸지 않았을 때 지속적으로 강화를 준다거나 실수한 경우 아동 스스로 치우도록 하고 책임감을 느끼도록 하는 방법 등을 사용하기도 한다.

5) 치아건강

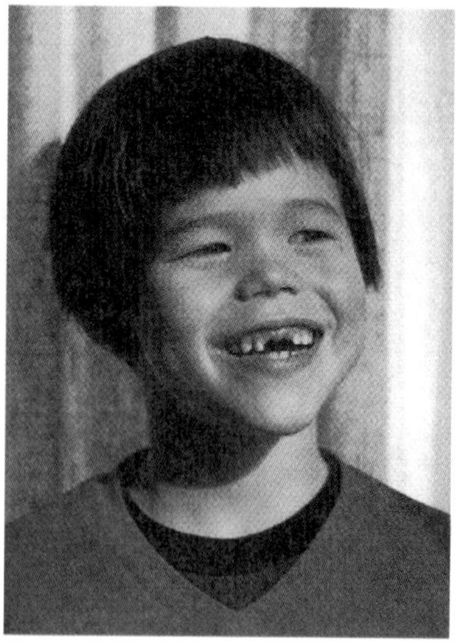

아동기 동안 가장 눈에 띄는 신체적 변화 중의 하나가 젖니가 빠지는 것이다. 젖니가 빠지는 것은 아동기에 발생하는 하나의 통과의례이다. 6세경이면 젖니가 한두 개 빠지기 시작하는데, 초등학교 1, 2학년 교실에서는 이가 빠진 우스꽝스러운 모습으로 웃는 아동들을 많이 볼 수 있다(사진 참조). 아동기 동안 젖니는 계속해서 빠지는데, 1년에 약 네 개씩 젖니가 영구치로 대체된다. 첫 번째 어금니는 6세경에 나고, 두 번째 어금니는 13세경, 세 번째 어금니, 즉 사랑니는 20세경에 나온다. 그러나 사랑니가 영원히 나지 않는 경우도 있다(Behrman, 1992).

치아관리를 제대로 하지 않으면 충치나 잇몸 질환이 생긴다. 충치는 좋지 못한 식습관, 부적절한 치아관리 때문이다. 사탕과 같은 군것질 음식은 치아건강에 특히 좋지 않다. 왜냐하면 설탕은 박테리아가 서식하는 데 매우 적합한 환경을 조성하기 때문이다. 당을 대사하는 과정에서 박테리아는 산을 생성하는데, 이 산은 치아표면의 법랑질을 부식시킨다. 법랑질이 부식된 다음 박테리아는 치아의 상아질을 파괴한다. 충치를 방치하면 치수(치아 내 신경 및 혈관조직)에 염증이 생기고, 이를 뽑아야 하는 결과를 초래하기도 한다(〈그림 13-9〉 참조).

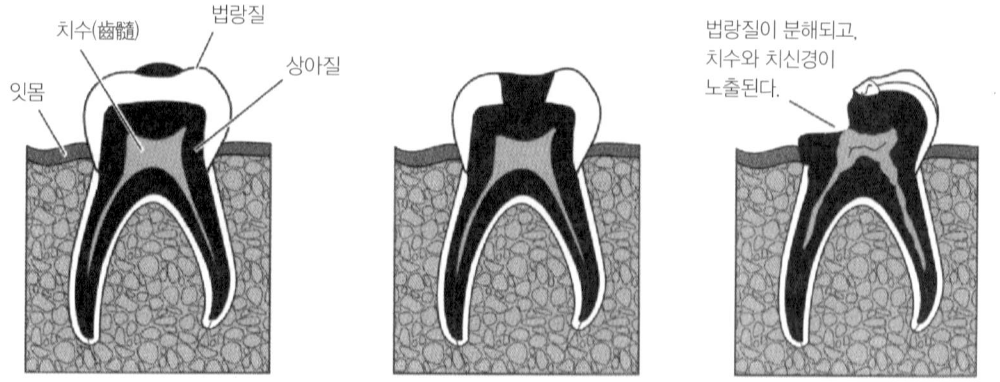

1. 박테리아가 치구(齒垢)에 들러붙는다. 당을 대사하는 과정에서 산을 생성하는데, 이 산은 법랑질을 부식시킨다.
2. 법랑질이 부식된 다음 박테리아는 상아질을 파괴하는데, 상아질은 법랑질보다 더 빠른 속도로 파괴된다.
3. 치수와 치신경까지 부식하면 치통이 발생한다.

〈그림 13-9〉 충치의 발생과정

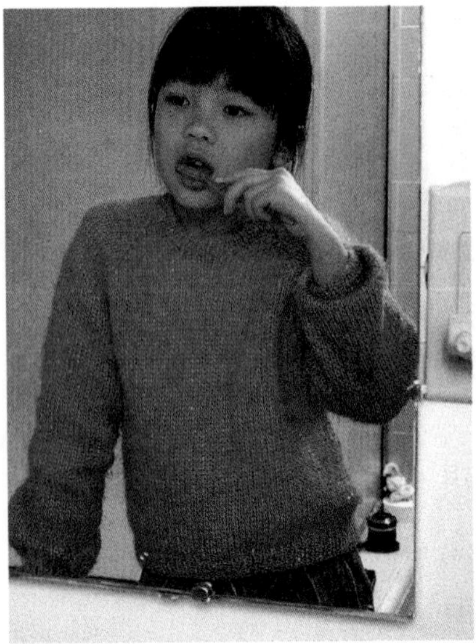

사진 설명 치아건강을 위해 아침 · 저녁으로 이를 잘 닦는 것이 중요하다.

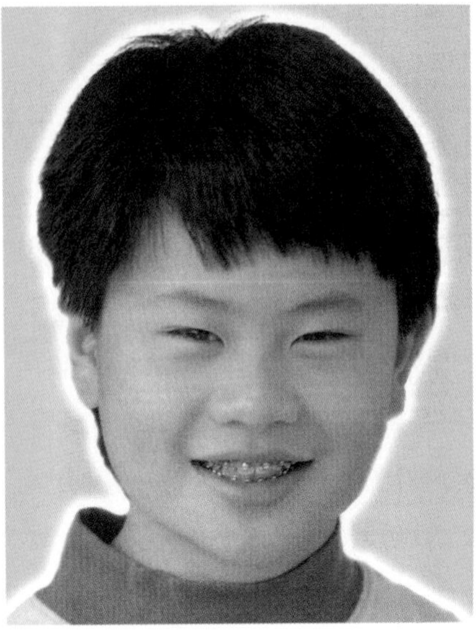

사진 설명 치열교정기를 착용한 아동

치아는 건강에 매우 중요한 역할을 하기 때문에 치아(특히 영구치)관리는 매우 중요하다. 영구치가 나올 때까지 손가락을 계속해서 빠는 아동의 경우 치열이 고르지 않아 치열교정을 위한 치열교정기를 착용해야 한다(사진 참조).

제 14 장

인지발달

1. 아동기 사고의 특성
2. 아동기의 주의와 기억발달
3. 인지양식
4. 지능과 창의성
5. 언어발달

아동기에는 유아기에 비해 인지능력에서 상당한 발전을 보인다. 좀더 세련된 방법으로 상징을 사용하고, 논리적으로 생각할 수 있으며, 사물의 한 측면에만 집착하지 않고 여러 측면을 고려하여 결론을 이끌어낼 수 있다. 동시에 타인의 관점을 이해하게 된다. 유아기의 직관적 사고에서 논리적 사고로, 중심화 현상에서 탈중심화로, 비가역적 사고에서 가역적 사고로 변하게 된다. 그러나 아동기의 사고는 구체적인 것, 자신이 직접적으로 경험한 세계에 한정되며, 추상적이고 가설적인 개념을 이해하는 데는 한계가 있다. 아동기의 이러한 사고의 특성을 Piaget는 구체적 조작기로 설명하고 있다.

중추신경계의 성숙으로 인해 아동기에는 주의집중 능력이 발달하며, 기억용량의 증가, 기억전략과 상위기억의 발달, 지식기반의 확대 등으로 인해 보다 효율적으로 기억을 할 수 있게 된다. 아동기에는 또한 언어발달로 인해 의사소통 기술도 크게 발달한다.

이 장에서는 아동기 사고의 특성, 아동기의 주의와 기억발달, 인지양식, 지능과 창의성 그리고 언어발달에 관해 살펴보고자 한다.

1. 아동기 사고의 특성

아동기는 Piaget의 인지발달의 네 단계 중 세 번째 단계에 해당한다. 이 단계에서는 아동의 사고가 자신이 직접 경험한 구체적인 세계에 한정되기 때문에 구체적 조작기라 부른다. 구체적 조작기의 아동은 조작의 순서는 전환될 수 있고, 조작 전 상황의 특성들이 회복될 수 있다는 것을 이해한다. 조작이란 주어진 정보를 특정한 목적을 위해 변형시키거나 관련된 사고로 통합하는 정신적 활동을 의미하는 것으로, 덧셈이나 뺄셈과 같은 능력이 이에 속한다. 구체적 조작기에서 이러한 사고의 특성은 보존개념, 조망수용 능력, 유목화, 서열화 개념 등을 습득할 수 있게 해 준다.

1) 보존개념

전조작기와 구체적 조작기의 중요한 차이는 아동이 문제해결 과정에서 직관보다는 논리적 조작이나 규칙을 적용하기 시작한다는 사실이다. 이러한 사고의 변화를 보여주기 위해 Piaget가 사용한 대표적 과제 중 하나는 보존개념이다. 보존개념은 물체의 외형상 변화에도 불구하고 이로부터 빼거나 더하지 않으면, 그 물체의 특정한 양은 그대로 보존된다고 판단할 수 있는 능력이다.

학동기의 아동은 찰흙의 모양이 둥근 형태에서 길고 넓적하게 변하더라도 그 양은 같다는 사실을 알게 된다. 또한 폭과 넓이가 다른 두 잔의 물의 양이 동일하다는 사실도 알게 된다. Piaget의 보존과제 실험에서 유아기에는 높이나 폭의 한 차원밖에 고려할 수 없으나, 아동기에는 높이와 폭이라는 두 가지 차원을 동시에 고려할 수 있게 된다.

이러한 보존개념의 획득에는 가역성, 보상성, 동일성이라는 세 가지 개념의 획득이 전제가 된다. 가역성(reversibility)은 어떠한 상태 변화가 그 변화의 과정을 역으로 밟아가면 다시 원상으로 복귀될 수 있다는 사실이다. 보상성(compensation)은 높이의 감소가 폭이라는 차원으로 보상된다는 것이고, 동일성(identity)은 어떤 방법으로든 더하거나 빼지 않았으므로 양은 동일하다는 것이다.

여러 가지 형태의 보존개념이 일정한 시기에 한꺼번에 획득되는 것은 아니다. Piaget는 이를 수평적 위계(horizontal dècalage)의 개념으로 설명하고 있다. 수와 길이, 양에 대한 보존개념을 가장 먼저 획득하게 되며, 다음으로 무게에 대한 보존개념, 부피에 대한 보존개념의 순서로 획득하게 된다고 한다(〈그림 11-4〉 참조).

우리나라 도시와 농촌의 5세에서 8세 아동 160명을 대상으로 한 연구(김명숙, 1986)에서는 도시 아동들의 액체 보존개념 발달수준이 농촌 아동들의 경우보다 더 높게 나타났다.

2) 조망수용

아동기에는 사고의 자기중심성에서 벗어나 타인의 입장, 감정, 인지 등을 추론하고 이해할 수 있는 조망수용(perspective taking) 능력을 습득하게 된다.

Piaget의 '세 산 모형 실험'(〈그림 11-1〉 참조)에서 아동은 이제 인형이 보는 산 모양, 즉 타인의 위치에서 보는 공간적 시각을 추론할 수 있다. 또한 특정 상황에서 타인의 감정을 추론하는 것이 가능하다. 어떤 줄거리를 이야기해 주고 상황을 설명해 주었을 때, 아동은 그 이야기의 주인공이 느끼는 감정을 이해할 수 있게 된다. 나아가 타인의 사고과정이나 행동의 원인을 추론하고 이해하는 인지적 조망능력도 획득하게 된다.

초등학교 1, 3, 5학년 아동 90명을 대상으로 한 연구(조성례, 2001)에서 사회적 조망수용 능력은 아동의 학년이 높아질수록 더 높게 나타났다. 또한 남아보다 여아들의 조망수용 능력이 더 높은 것으로 나타났다. 초등학교 1, 3, 5학년 72명을 대상으로 상황특성에 따른 아동의 감정조망 수용능력의 발달에 관한 연구(이종화, 1993)에 의하면, 아동의 감정조망 수용능력은 상황이 복잡하면 복잡할수록 더 낮아지는 것으로 나타났다. 즉, 한 가지 감정만이 관련된 단순상황에 비해 두 가지 감정이 복합적으로 관련되는 복합상황에서 감정조망 수용능력은 더 늦게 발달하는 것으로 보인다. 또한 아동의 감정조망 수용능력은 감정의 특성에 따른 상황마다 차이가 나타났다. 즉, 기쁨과 슬픔의 감정이 관련된 상황에서 감정조망 수용능력이 가장 높게 나타났고, 분노가 관련된 상황에서는 낮게 나타났다. 한편, 전반적으로 여아의 감정조망 수용능력이 남아보다 더 높게 나타났다.

3) 유목화

유아기에는 사건이나 사물을 일정한 규칙에 따라 분류하지 못한다. 색깔과 크기가 다른 여러 가지 모양의 물건을 주고 이를 일정한 속성에 따라 분류하라고 지시하면, 이 시기의 아동은 기준에 혼돈을 일으켜 이를 정확하게 분류하지 못한다. 또한 분류기준이 명확하지 않고 시시각각 변하며, 전체와 부분에 대한 개념도 가지고 있지 않다.

그러나 아동기에는 물체를 공통의 속성에 따라 분류하고 한 대상이 하나의 유목에 속하는 것으로 분류할 수 있다. 물체를 한 가지 속성에 따라 분류하는 단순 유목화(simple classification), 물체를 두 개 이상의 속성에 따라 분류하는 다중 유목화(multiple classification)의 개념이나 상위유목과 하위유목 간의 관계를 이해하는 유목포함(class inclusion)의 개념을 습득하게 된다. 만약 8세의 아동에게 8개의 빨간 유리구슬과 2개의 파란 유리구슬을 보여주고, 빨간 유리구슬과 유리구슬 가운데 어떤 것이 더 많은가에 대해 물어보면, 이들은 대부분 유리구슬이 더 많다고 대답한다.

4) 서열화

구체적 조작기의 또 다른 특성은 사물을 영역별로 차례대로 배열할 수 있는 능력을 획득하게 된다는 점이다. 유아기에는 길이가 다른 여러 개의 막대기를 놓고 이를 상호관계에 따라 순서대로 나열해 보라고 지시하면 유아는 많은 오류를 보인다. 그러나 아동기에는 특정한 속성에 따라 유목으로 나누면서, 동시에 거의 시행착오 없이 상호관계에 따라 막대를 순서대로 배열하는 것이 가능하다. 아동은 한 가지 속성에 따라 대상을 비교하면서 순서대로 배열하는 단순 서열화(simple seriation)뿐만 아니라, 두 가지 이상의 속성에 따라 대상을 비교해서 순서대로 배열하는 다중 서열화(multiple seriation)도 가능하다. 이러한 서열화의 개념은 수들 간의 관계를 이해하는 데 결정적인 역할을 하므로 산수를 배우는 데는 필수적이다.

〈표 14-1〉은 구체적 조작기의 주요 특성에 관한 내용이다(Berk, 1996).

표 14-1 구체적 조작기의 주요 특성

개념	주요 요점	실례
보존개념	구체적 조작기의 아동은 물체의 모양이 바뀌어도 물리적 특성은 동일하다는 사실을 인식한다.	유진이는 방바닥에 쏟은 동전을 찾으면서 어제 책상 위에 둔 동전이 모두 10개였으므로 동전 10개를 모두 찾으려고 한다.
탈중심화	구체적 조작기의 아동은 어떤 상황의 한 면에만 주의를 집중하지 않고 여러 측면을 한꺼번에 고려할 수 있다.	유진이는 주스 두 잔을 가져온 후 한 잔을 동생에게 건네주면서 "내 유리잔은 깊고 좁지만 네 잔은 납작하고 넓기 때문에 주스는 똑같은 양이야"라고 말한다.
가역성	구체적 조작기의 아동은 어떤 상태의 변화과정을 역으로 밟아가면 다시 원상태로 돌아갈 수 있다는 것을 안다.	덧셈과 뺄셈은 가역적 조작(reversible operation)이 가능하다는 것을 이해한다. 유진이는 7에 8을 더하면 15가 되고, 15에서 8을 빼면 7이 된다는 것을 이해한다.
위계적 유목화	구체적 조작기의 아동은 물체를 여러 가지 특성에 따라 다양하게 나눌 수 있다.	유진이가 친구에게 자신이 수집한 조약돌을 보여주었더니 친구는 "이것들은 크기에 따라, 또는 색깔에 따라 분류할 수 있어! 또 형태와 색깔에 따라서도 분류할 수 있어!"라고 말했다.
서열화	구체적 조작기의 아동은 물체를 배열할 때 전체적인 구도를 그리면서 배열한다.	유진이는 크기에 따라 조약돌을 배열하기로 하였다. 가장 작은 조약돌부터 시작해서 커지는 순서대로 배열하였다.
전이적 추론	구체적 조작기의 아동은 머릿속에서 서열화를 할 수 있다. A와 B를 비교하고, B와 C를 비교한 후에 그들은 A와 C의 관계를 추론할 수 있다.	"유선이 도시락은 내 것보다 큰 것 같아"라고 유진이가 말했더니, 유리가 "그러면 유선이 도시락은 내 도시락보다 클 거야! 왜냐하면 내 도시락은 네 것보다 작거든"이라고 말했다.
공간적 추론	구체적 조작기의 아동은 거리 보존개념이 있으며, 거리와 시간 그리고 속도 사이의 관계를 이해한다. 그리고 한 장소에서 다른 장소까지 갈 수 있는 방법을 제시할 수 있다.	유진이는 트럭이 인도를 가로막고 있다 하더라도 거리(인도의 길이)가 변하지 않는다는 것을 이해한다. 또한 같은 시간 동안 친구보다 더 빨리 달린다면 친구보다 더 먼 거리를 갈 수 있다는 것도 안다. 그리고 자기 집에서 친구 집까지 어떻게 가는지를 정확하게 말할 수 있다.
수평적 위계	아동기 동안 보존개념들이 차례로 습득된다.	유진이는 면적과 무게의 보존개념을 습득하기 전에 수와 액체의 보존개념을 습득한다.

2. 아동기의 주의와 기억발달

우리가 어떤 정보를 기억하기 위해서는 먼저 그 정보에 주의를 기울여야 하는데, 아동기에는 주의집중 능력이 크게 증가하고, 다양한 기억전략을 사용함으로써 기억능력도 크게 발달한다.

1) 주의발달

유아기에는 주의폭(attention span)이 매우 짧다. 유아는 한 가지 활동에 몰두하다가도 곧 흥미를 잃고 다른 활동에 다시 주의를 기울인다. 유치원 교사는 10~15분마다 활동을 바꾸는데, 그 이유는 유아가 한 가지 활동에 주의를 기울이는 시간이 매우 짧기 때문이다. 심지어 자신이 좋아하는 TV 프로그램을 보거나 장난감을 가지고 놀 때에도 2~3세 유아는 딴 데를 보거나, 왔다갔다 하는 등 주의를 분산시켜 한 활동에 지속적인 주의를 기울이지 못한다(Ridderinkhoff & van der Molen, 1995; Ruff & Lawson, 1990).

주의집중 능력은 중추신경계의 성숙으로 인해 아동기에 크게 증가한다. 즉, 주의집중을 관장하는 망상체(網狀體)는 사춘기가 되어서야 완전히 수초화된다는 것이다. 아동기에 주의집중 능력이 증가하는 또 다른 이유는 주의집중에 필요한 효율적인 전략을 사용하기 때문이다. 아동기에는 과제수행과 무관한 자극은 무시하고 관련된 자극에만 주의를 집중하는 선택적 주의(selective attention)를 하게 되고, 상황에 따라 융통성 있게 주의집중을 하며, 행동에 앞서 먼저 계획을 세우는 등의 주의전략을 사용한다.

연령이 증가함에 따라 아동은 계획적이고 체계적으로 정보를 탐색하게 된다. Vurpillot(1968)의 연구에서는 4~10세 아동들에게 〈그림 14-1〉에서 보는 바와 같이 두 그림이 같은지 다른지를 물어보았다. 이 과제에서 4~5세 유아들은 한두 개의 창문만 비교해 보고서 두 집이 같다는 틀린 답을 하였다. 반면, 6세만 지나도 아동들은 대응되는 창문을 꼼꼼히 대조해 보고 두 집이 서로 다르다는 결론을 내렸다.

대부분의 아동들은 학동기에 주의집중 능력이 크게 향상되지만, 불행히도 어떤 아동들은 주의집중에 큰 어려움을 겪는다. 이 장애를 주의력결핍 과잉행동장애(Attention Deficit Hyperactivity Disorder: ADHD)라고 하는데, ADHD에 관해서는 제16장에서 자세하게 살펴보기로 한다.

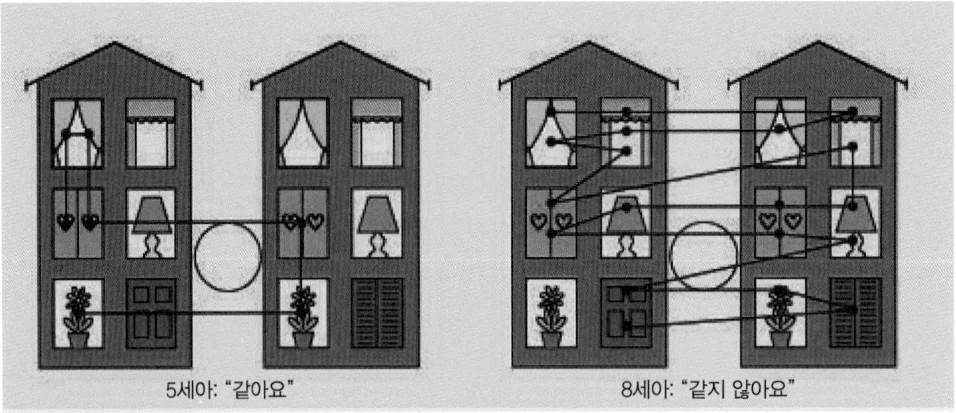

유아기에는 아동기보다 두 집의 창문을 체계적으로 비교하지 못하기 때문에 종종 틀린 답을 한다.

〈그림 14-1〉 두 집이 서로 같은가, 다른가?

출처: Vurpillot, E. (1968). The development of scanning strategies and their relation to visual differentiation. *Journal of Experimental Child Psychology, 6*, 632-650.

2) 기억발달

아동기에는 유아기보다 더 다양한 기억전략을 사용하게 되고, 아동들의 기억은 보다 효율적이 된다. 즉, 시연, 조직화, 정교화, 인출 전략과 같은 많은 기억전략을 사용할 수 있으며, 지식기반이 확대되고, 기억이 어떤 방식으로 이루어지며, 어떻게 하면 효율적으로 기억을 할 수 있는가에 대한 지식인 상위기억이 발달하게 된다.

주어진 과제를 기억하기 위해 이를 여러 번 읽고, 생각하고, 크게 소리내어 말하는 것을 시연이라 한다. 아동기 초기에는 스스로 시연을 생각할 수 없으나 점차 시연을 자발적으로 하게 된다. 그리고 주어진 자료를 단기기억에서 장기기억으로 전환시키기 위해 기억하고 싶은 항목들을 일정한 유목으로 묶는 것을 조직화라고 하는데, 초등학교 저학년에서는 이를 위한 노력을 별로 하지 않으나 점차 조직화하려는 시도가 증가하게 된다. 또한 기억해야 할 두 개 이상의 항목에 의미를 부여하기 위해 이야기를 만들거나 시각적 심상을 만들어 기억하는 방법을 정교화라고 하는데, 이것은 시연보다 훨씬 발달된 기억전략으로 초등학교 고학년이 되어서야 가능하다. 저장된 정보를 인출할 때 사용하는 인출 전략도 아동기 초반에는 스스로 사용하지 못하지만 인출단서를 제공해 주면 인출 전략을 사용할 수 있으며, 점차 자발적으로 사용할 수 있게 된다.

초등학교 1, 3, 5학년 아동 240명을 대상으로 한 연구(박명자, 최경숙, 1990)에 따르면, 1, 3, 5학년 모두 과제가 그림으로 제시되고 부호화 조건이 범주이며 단서가 그림으로 제시될 때 회상수행이 증가하는 것으로 나타났다.

우리가 기억해야 할 내용에 관해 많은 지식을 가지고 있다면, 그 내용을 기억하기가 훨씬 수월하다는 것을 유아기의 기억발달에서 살펴본 바 있다. 일반적으로 아동은 유아보다 대부분의 주제에 대해 더 많은 지식을 가지고 있기 때문에, 아동은 확장된 지식 기반을 통해 기억을 더 잘할 수 있다. Chi(1978)의 연구에서는 8~13세의 체스(서양장기) 신동과 체스 초보자인 성인을 대상으로 체스판과 말의 배치에 관한 기억실험을 하였다. 그리고 같은 아동과 성인을 대상으로 하여 숫자를 몇 개 정도 기억하는지 실험해 보았다. 연구결과, 복잡한 체스판의 위치는 체스 신동이 훨씬 더 정확하게 기억하였으나, 숫자에 대한 기억은 성인이 훨씬 더 잘하는 것으로 나타났다(〈그림 14-2〉 참조). 이 연구는 어떤 주제에 대해 많이 알면 알수록 그 주제에 대한 학습과 기억이 그만큼 용이

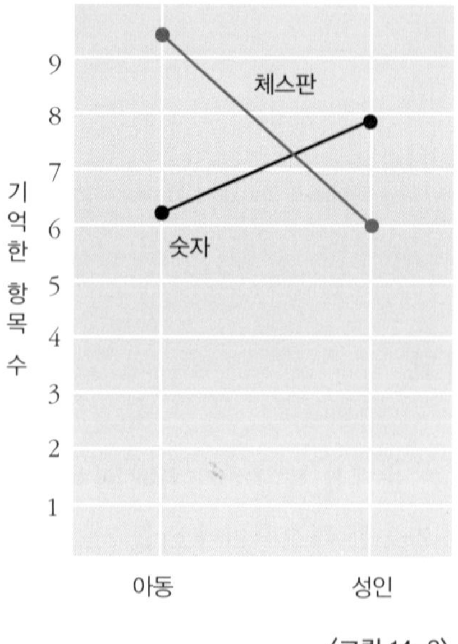

〈그림 14-2〉 체스와 숫자에 대한 기억실험

출처: Chi, M. T. H. (1978). Knowledge structures and memory development. In R. S. Siegler (Ed.), *Children's thinking: What develops?* Hillsdale, NJ: Erlbaum.

해진다는 사실을 말해 준다.

3. 인지양식

인지양식(cognitive style)이란 개인이 환경에 대해 인식하고 반응하는 양식으로서 아동기에 나타나기 시작하는 것이다. 예를 들면, 어떤 아동은 주어진 문제에 곧바로 답을 하는가 하면, 또 다른 아동은 한참 생각한 후에 답을 한다. 이와 같은 인지양식은 아동의 성격을 반영할 뿐만 아니라 아동의 인지적 수행에도 영향을 미친다. 〈표 14-2〉는 아동기의 주요 인지양식을 요약한 것이다.

표 14-2 아동기의 인지양식

인지양식	특성
수렴적 사고	문제에 대한 해결책으로 한 가지 정답만을 추구하는 사고방식이다.
확산적 사고	다양한 해결책이나 답을 모색하는 사고이다. 유창성, 융통성, 독창성 등이 확산적 사고에 포함되는 사고능력이다.
장의존성	지각대상을 전체로서 지각한다. 다른 사람의 견해를 잘 받아들이고 자신의 견해를 수정한다.
장독립성	지각대상을 여러 개의 부분으로 지각한다. 자신을 다른 사람과 분리시켜 자율적으로 행동한다.
신중성	주어진 문제에 대해 한참 생각한 후에 반응한다.
충동성	주어진 문제에 즉각적인 반응을 보인다.

출처: Seifert, K. L., & Hoffnung, R. J. (1991). *Child and adolescent development* (2nd ed.). Boston: Houghton Mifflin.

Kelvin L. Seifert

1) 수렴적 사고와 확산적 사고

수렴적 사고(convergent thinking)는 문제를 해결하기 위해 사용하는 사고방식의 한 종류로서, 여러 가지 가능한 해결책이나 답들 가운데서 가장 적합한 해결책이나 답을 모색해 가는 사고를 말한다. 예를 들어, 수학문제를 풀거나 조각그림 맞추기는 수렴적 사고를 요한다. 학교수업에는 한 개의 정답만 있는 문제가 많으므로 상당 부분이 수렴적 사고를 필요로 한다. 따라서 많은 학동기 아동들이 수렴적 사고를 채택하는 일은 놀라운 일이 아니다. 그럼에도 불구하고 어떤 아동들은 특별히 수렴적 사고를 많이 사용하는 경향이 있다. 이런 아동들은 구조적 학습과제를 선호한다.

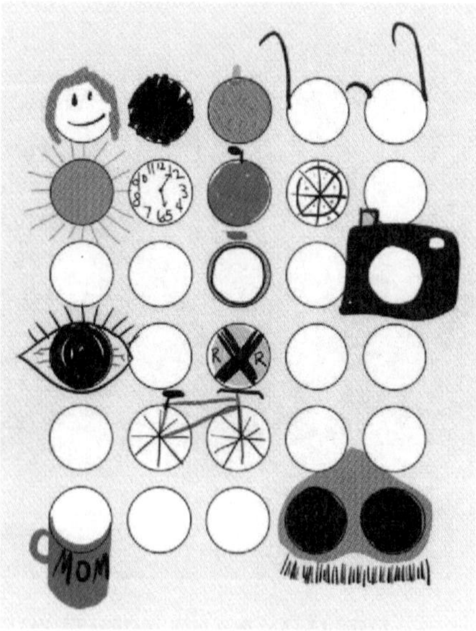

〈그림 14-3〉 확산적 사고 검사의 예

확산적 사고(divergent thinking)는 Guilford(1967)가 지능의 구조를 설명하는 모형에서 제시한 개념인데, 문제를 해결하기 위해 다양한 해결책이나 답을 모색하는 사고를 말한다. 사고의 유창성(fluency), 융통성(flexibility), 독창성(originality), 정교성(elaboration), 집착성(persistence) 등이 확산적 사고에 포함되는 능력이다. Guilford에 의하면 창의성은 확산적 사고와 밀접한 연관이 있다고 한다. 확산적 사고는 아동들에게 옷걸이나 신문지의 여러 가지 용도에 관해 질문하거나, 〈그림 14-3〉에서와 같이 동그라미 속에 다른 그림을 될 수 있는 대로 많이 그리게 함으로써 측정한다(Kogan, 1983). 이때 답변의 수와 독창성을 가지고 확산적 사고를 평가한다.

확산적 사고를 주로 하는 아동들은 확산적 사고를 요하지 않는 매우 구조화된 과제에서도 긴장하지 않고 즐기는 듯이 문제를 해결하고자 한다(Borland, 1988; Runco & Okuda, 1988).

2) 장의존성과 장독립성

Herman Witkin에 의해 소개된 장의존성(field dependence)과 장독립성(field independence) 개념은 개인이 사물을 인식할 때 그 사물을 둘러싼 배경, 즉 장(field)의 영향을 많이 받거나 받지 않는 인지양식을 의미한다. 장의존적인 사람은 장의 영향을 많이 받고, 사물을 전체로서 지각한다. 예를 들어, 산 그림을 보고서 산 전체의 모양에 주목한다. 반면, 장독립적인 사람은 장의 영향을 거의 받지 않으며, 사물을 여러 개의 부분으로 지각한다. 즉, 산 전체가 아니라 나무 한 그루 한 그루, 바위 하나하나를 따로 따로 본다. 대부분의 사람들은 장의존성과 장독립성이 혼합되어 있다고 한다(Hardy, Eliot, & Burlingame, 1987).

장의존성과 장독립성을 측정하는 검사에는 '막대와 틀 검사(Rod and Frame Test: RFT)'

〈그림 14-4〉 Witkin의 '막대와 틀 검사'

가 있다. 캄캄한 실험실에서 피실험자는 발광체로 된 막대와 틀을 마주보고 앉는다(〈그림 14-4〉 참조). 막대와 틀은 실험자가 따로따로 움직이게 되어 있다. 피실험자는 실험자에게 막대가 수직이 되도록 막대와 틀을 움직이도록 지시한다. 막대가 중력에 의해 방바닥과 수직상태를 이루게 되었을 때, 틀 안에서는 수직상태로 보이지 않도록 틀은 항상 기울어져 있다. 이 실험에서 틀의 경사는 장독립적인 사람보다 장의존적인 사람의 판단에 영향을 미치기 쉽다. 장독립적인 사람은 일반적으로 틀의 경사에 상관없이 정확한 판단을 내린다.

장의존성과 장독립성을 측정하는 또 다른 검사로는 '숨은 그림찾기(Embedded Figure Test: EFT)'가 있다. 〈그림 14-5a〉에서와 같이 복잡하고 큰 그림 속에서 익숙한 그림을 찾아내거나, 〈그림 14-5b〉에서와 같이 오른쪽에 제시된 도형을 찾아내는 것이다. 장의존적인 아동은 숨겨진 그림을 찾아내는 데 어려움을 겪는다. 두 검사 모두 시각적 분석력을 강조하는데, 전체로부터 부분을 분리해서 독립적 단위로 보는 능력이 필요하다(Hall, Gregory, Billinger, & Fisher, 1988; Witkin & Goddenough, 1977).

장의존성과 장독립성은 사회적 관계에도 영향을 미친다(Kogan, 1989). 장의존적인 아동은 어려운 상황에 처하게 되면 단서를 얻기 위하여 주위 사람들에게 의존하거나 다른 사람의 견해에 맞추어 자신의 견해를 수정한다. 반면, 장독립적인 아동은 스스로 문제를 해결하고 매우 자율적이다. 그러나 이러한 차이는 어느 한쪽이 다른 쪽보다 더 낫다는 것을 의미하는 것은 아니다. 장의존적인 아동은 사회적 관계를 잘 조율하고 사회정보를 잘 기억하기 때문에 사회사업이나 인문학 등에 적합하다. 그리고 장독립적인 아동은 수학이나 과학 등 분석적 능력이 요구되는 일에 적합하다.

우리나라 4, 6, 8세 아동 303명을 대상으로 한 연구(강상화, 1996)에서는, 연령이 증가할수록 장독립성이 증가하는 것으로 나타났다. 또한 장독립-장의존 인지양식과 사회성발달의 관련성을 살펴본 결과, 장의존집단이 장독립집단보다 사회성이 더 높게 나타났다. 초등학교 6학년 아동 264명을 대상으로 아동의 인지양식과 지능의 하위요인과의 관계를 알아본 연구(조성규, 1995)에서는 장독립집단의 아동들이 장의존집단의 아동들보다 K-WISC의 언어성 지능과 동작성 지능에서 높은 수행력을 보이는 것으로 나타

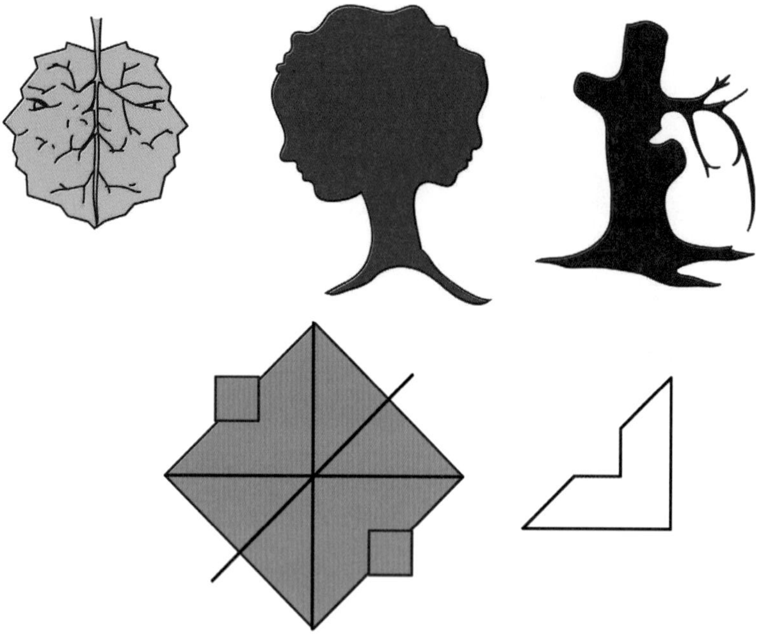

〈그림 14-5〉 숨은 그림찾기의 예

출처: Seifert, K. L., & Hoffnung, R. J. (1991). *Child and adolescent development* (2nd ed.). Boston: Houghton Mifflin.

났다. 창의성과 장독립성 인지양식과의 관계를 알아본 연구(조성연, 1988)에서는, 장독립성 인지양식과 창의성과는 정적 상관이 있는 것으로 나타났다. 장독립성 인지양식은 창의성의 하위요인 중 유창성·독창성과 특히 높은 상관이 있었다. 장독립적 인지양식은 제시된 자극을 지각할 때 환경의 영향을 적게 받는 사고방식이고, 유창성과 독창성 역시 아동이 환경에 구애받지 않고 독특하고 다양한 방식으로 사고한다는 점에서 상관이 높게 나온 것으로 보인다.

3) 신중성과 충동성

신중성(reflection)과 충동성(impulsiveness)은 Jerome Kagan(1965)이 제안한 개념이다. 주어진 문제에 즉각적인 반응을 보이면서 실수를 많이 하는 아동이 있는가 하면, 찬찬히 생각하여 문제를 풀어가면서 실수를 적게 하는 아동이 있다. 전자의 경우 충동적이고 후자의 경우 신중하다. 아동의 신중성과 충동성을 측정하기 위해 Kagan은 '짝짓기 그림검사(Matching Familar Figures Test: MFFT)'를 고안하였다. 〈그림 14-6〉에서와

사진 설명 충동적인 아동은 문제에 곧바로 답을 한다.

같이 아동은 6개의 그림 중에서 맨 위에 제시한 그림과 동일한 그림을 찾아내야 하는데, 세부적 특징에서만 그림들이 조금씩 차이가 있기 때문에 동일한 그림을 찾아내는 것이 쉬운 일이 아니다. 충동적인 아동은 그림을 주의깊게 탐색하지 않고 보자마자 응답함으로써 많은 오류를 범하는 반면, 신중한 아동은 시간이 오래 걸리더라도 그림의 세부 특징까지 서로 비교함으로써 오류를 거의 범하지 않는다.

아동의 신중성과 충동성은 5~6세경에 나타나기 시작하며 이후에도 이러한 성격특성은 별로 변하지 않는다는 견해(Messer, 1976)가 있는가 하면, 신중성과 충동성은 안정적인 성격특성이 아니라는 견해(Jones & Duffy, 1982; Kogan, 1983)도 있다. 짝짓기 그림검사와 같은 과제는 얼마나 빨리 반응하는가와 얼마나 정확하게 반응하는가의 갈등상황을 초래한다. 아동이 이러한 갈등상황을 어떻게 해결하는가 하는 것은 아동의 연령

〈그림 14-6〉 짝짓기 그림검사의 예

출처: Kagan, J. (1965). Impulsive and reflective children: Significance of conceptual tempo. In J. D. Krumboltz (Ed.), *Learning and the educational process*. Chicago: Rand McNally.

이나 성격특성이 아니라 과제의 내용에 달려 있다는 것이 Kogan 등의 주장이다.

우리나라 3, 4, 5세 유아 85명을 대상으로 Kagan(1965)의 짝짓기 그림검사를 이용한 연구(강기숙, 이경님, 2001)에서 보면, 유아의 반응시간이 길수록 유혹에 대한 저항이 높았고, 오답수가 적을수록 과제에 대한 인내도가 높았다. 즉, 충동적인 아동보다 신중한 아동의 자기통제 행동이 더 높게 나타났다.

Nathan Kogan

4. 지능과 창의성

우리는 일상생활에서 "누구는 머리가 좋다" 또는 "누구는 머리가 별로 좋지 못하다"는 등 지능에 관한 언급을 많이 한다. 그러면 이 "머리가 좋다" 또는 "머리가 나쁘다"라는 것은 무엇을 의미하는가? 창의성은 지능과 어떤 관계가 있는가? 창의적인 사람의 대부분은 지능이 높은 편이지만 그 역은 성립하지 않는다. 즉, 지능이 높다고 해서 반드시 창의적인 것은 아니다.

1) 지능의 본질

지능이란 말은 라틴어 "~ 중에서 선택하다"라는 말에서 나왔다. 그런 의미에서 지능을 현명한 선택을 하는 능력이라고 정의하기도 한다. 지능은 정의하기가 매우 힘든 추상적인 개념이지만, 일반적으로 어휘력이나 독해력 같은 언어능력, 논리적 사고와 건전한 판단을 수반하는 문제해결 능력 그리고 환경적응 능력 등으로 정의된다.

Binet가 지능검사를 제작할 당시의 기분은 "여태까지 누구도 본 적이 없는 동물을 잡으러 숲 속으로 들어간 사냥꾼의 심정이었다. 그러한 동물이 존재한다는 것에는 의문의 여지가 없었지만 그 동물이 어떻게 생겼는지에 대해 설명할 수 있는 사람은 아무도 없었다" (Cronbach, 1970, p. 200). 더욱이 한 종류의 동물이 아니라 여러 종류의 동물이 있을 것이라는 논쟁이 분분하였다.

Lee Joseph Cronbach

지능이 단일 능력인가, 아니면 복합 요인으로 구성되어 있는가에 관한 논쟁은 1세기가 넘도록 계속된 오래된 논쟁이다. Binet는 단일 능력이라고 믿었지만 나중에 사냥에 합류한 다른 '사냥꾼'들은 지능이 복합 요인이라고 주장하였다.

최근에 와서 지능을 다차원적인 것으로 보는 경향이 우세한데 Sternberg와 Gardner가 그 대표적인 인물이다. 이들은 모두 종래의 지능검사로는 중요한 정신능력을 측정하지 못한다고 주장하면서 보다 포괄적인 이론을 제시하였다. Sternberg와 Gardner의 이론적 틀은 정보처리이론에 근거한 것이다.

(1) Sternberg의 삼원이론

Robert Sternberg

Sternberg(1986, 2004, 2010, 2012, 2014)의 삼원(三元)이론에 의하면, 지능은 세 가지 요소, 즉 구성적 지능, 경험적 지능, 상황적 지능들로 구성되어 있다고 한다(〈그림 14-7〉 참조). 정보를 얼마나 효율적으로 처리하는가 하는 것이 구성적 지능이다. 구성적 지능은 우리가 일반적으로 지능이라고 부르는 개념과 매우 유사한데, 지능검사는 주로 구성적 지능을 측정하는 문항들로 구성되어 있다. 구성적 지능은 우리가 문제에 어떻게 접근하고, 문제를 어떻게 해결하며, 결과를 어떻게 평가하는가를 말해주는 것이다. 이것은 지능의 분석적 측면인데, 구성적 지능이 높은 사람은 지능검사 점수가 높게 나오며, 논쟁에서 상대방의 허점을 잘 찾아낸다.

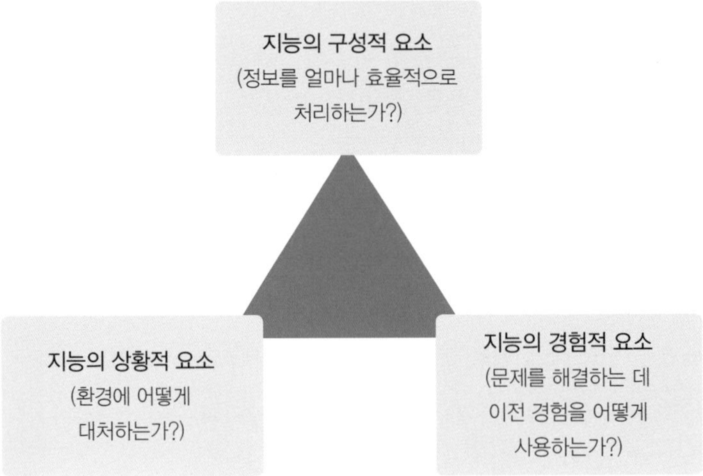

〈그림 14-7〉 Sternberg의 삼원이론

새롭거나 친숙한 과제에 어떻게 접근하는가 하는 것이 경험적 지능이다. 이것은 통찰력 차원의 지능으로서 새로운 정보를 이미 알고 있는 정보와 비교하여 과거의 경험을 바탕으로 하여 새로운 문제를 해결할 수 있는 능력을 말한다. Sternberg에 의하면 경험적 지능이 높은 사람은 새로운 문제를 신속히 해결할 뿐만 아니라, 익숙한 문제는 기계적으로 해결한다. 그래서 통찰력과 창의력을 요하는 친숙하지 않은 문제에 몰두할 수 있도록 정신을 자유롭게 해 준다.

환경에 어떻게 대처하는가 하는 것이 상황적 지능이다. 이것은 지능의 실제적이고 현실적인 측면으로서 우리가 학교에서 배우지 못하는 실생활에 필요한 중요한 정보를 얻는 능력이다. Sternberg는 우리가 사회에서 성공하려면 교과서에서 배운 지식보다 실용적 지식이 더 중요하다고 한다. 우리는 흔히 학교 우등생이 사회 열등생이라는 말을 많이 듣는다.

(2) Gardner의 다중지능이론

Howard Gardner

Gardner(1983, 1993, 2002, 2016)는 지능검사가 주로 언어능력과 논리적 능력의 두 차원에 의해 측정되는 것에 반대하면서, 문제를 해결하고 여러 분야에서 생산적인 일을 하는 데 필요한 여덟 가지 지능을 제시한다(〈그림 14-8〉 참조).

언어 지능은 작가, 번역가, 편집자 등이 최대한 활용하는 언어 능력을 말한다. 논리 · 수학 지능은 논리력, 수리력, 과학적인 능력으로서 과학자, 의사, 수학자 등의 경우에 이 지능이 높다. 음악 지능은 음악가, 작곡가, 지휘자 등에서 주로 나타나는 능력이다. 공간 지능은 공간세계에 대한 정신적 모형을 만들어 그것을 조절하고 사용하는 능력을 말하는데 화가, 조각가, 건축가, 항해사 등은 공간 지능이 높다고 볼 수 있다. 신체운동 지능은 신체를 이용하여 문제를 해결하고 창조물을 만들어 내는 능력을 말한다. 무용가, 운동선수, 외과의사, 장인들의 경우는 이 신체운동 지능이 높다. 대인관계 지능이란 다른 사람을 이해하는 능력이다. 교사나 연극배우, 정치가, 성공적인 외판원 등은 대인관계 지능이 높다고 볼 수 있다. 자기이해 지능은 인간이 자신을 정확하게 판단하

사진 설명 어릴 때부터 여러 가지 악기가 내는 소리를 들어봄으로써 음악적 재능이 개발된다고 한다.

언어(linguistic) 지능
문장의 뜻을 이해하고, 효과적인 의사소통을 할 수 있는 능력이다.

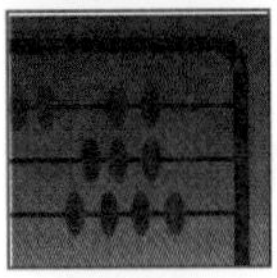

논리 · 수학(logical–mathematical) 지능
논리적 사고와 수리능력이 포함된다.

음악(musical) 지능
언어와 마찬가지로 음악 또한 자기표현의 수단이다. 이 재능은 주로 천재들에게서 나타난다.

공간(spatial) 지능
입체적 공간관계를 이해하는 능력이다. 조각가나 화가는 형상을 정확하게 지각하고, 조작하며, 재창조할 수 있다.

신체운동(bodily–kinesthetic) 지능
운동신경이 예민하며, 사물을 섬세하고 능숙하게 다룰 수 있는 능력이다.

대인관계(interpersonal) 지능
상대방의 기분이나 동기 및 의도를 이해하는 능력이다.

자기이해(intrapersonal) 지능
자신의 감정을 잘 이해하여 행동의 길잡이로 삼는 능력이다.

자연친화(natural) 지능
자연환경에 대한 정보와 관련이 있는 지능이다.

〈그림 14–8〉 Gardner의 지능의 개념

여 인생을 효과적으로 살아가는 능력이다. 상담자, 정신과의사, 시인, 작가 등은 이 지능이 높다고 볼 수 있다. 자연친화 지능은 자연환경에 대한 정보와 관련 있는 것으로 예를 들면, 선사시대 인간의 조상들이 어떤 종류의 식물이 식용인지 아닌지를 알아내는 데 자연친화 지능이 이용되었다. 동물학자, 농부, 정원사 등이 이 지능이 높다고 볼 수 있다.

아인슈타인
(논리 · 수학 지능)

베토벤
(음악 지능)

김연아
(신체운동 지능)

이 여덟 가지 영역 중 한 영역에서 지능이 높다고 해서 다른 영역의 지능이 모두 다 높은 것은 아니다. 전통적 지능검사에서는 언어지능, 논리 · 수학 지능, 공간지능 정도가 측정된다. 문장을 잘 이해하고 논리적 사고를 하는 것이 음악적 재능이 뛰어나거나 운동능력이 뛰어난 것보다 더 지능이 높다고 볼 수 없다는 것이 Gardner의 주장이다.

Gardner는 우리의 뇌를 연구해 보면 뇌의 각기 다른 부분이 각기 다른 종류의 정보를 처리하는 것임을 알 수 있기 때문에, 지능은 단일 요인이 아니고 복합 요인(다중지능)이라고 주장한다. 따라서 과학자 아인슈타인이나, 음악가 베토벤이나, 운동선수 김연아는 각기 다른 분야에서 똑같이 지능이 높다고 말할 수 있다(Kirschenbaum, 1990).

Gardner의 다중지능이론을 적용한 통합교육과정 학습이 초등학생의 다중지능 발달에 미치는 효과를 살펴본 연구(육미수, 2001)에서는, 실험집단의 아동들에게 주당 2시간 이상씩 3개월간 총 40시간 다중지능이론을 적용한 통합교육과정을 실시하였다. 그 결과, 다중지능 중 음악적 지능, 신체-운동적 지능, 공간적 지능, 언어적 지능, 개인이해 지능, 대인관계 지능 영역에서 실험집단 아동의 점수가 통제집단 아동과 비교하여 유의하게 증가하였다. 초등학교 6학년 아동 583명을 대상으로 다중지능에 대해 살펴본 또 다른 연구(최희영, 1999)에서는, 남아들은 논리 · 수리적 지능, 공간적 지능, 신체 · 운동적 지능이 상대적으로 높게 나타났고, 여아들은 언어적 지능, 음악적 지능, 대인관계 지능, 개인이해 지능이 높게 나타났다.

만 5세 유아를 대상으로 평가한 다중지능에 대하여 살펴본 연구(김숙경, 2004)에서, 유아의 다중지능을 평가함에 있어서 부모와 교사 간에는 차이가 없는 것으로 나타났다. 만 5세 유아의 지능은 일곱 개 지능이 전반적으로 보통 이상의 완만한 형태로 발달하며, 각 지능의 상대적 순위는 대인관계지능, 논리 수학적 지능, 개인이해지능, 언어적 지능, 신체적 지능, 공간적 지능의 순으로 나타났고, 개인차는 큰 것으로 나타났다. 또한 성별에 따른 다중지능의 차이는 음악적 지능, 언어적 지능, 대인관계지능, 개인이해지능에서는 여아가 더 발달하였고, 논리 수학적 지능에서만 남아가 더 발달한 것으로 나타났다. 그러나 신체적 지능과 공간적 지능에서는 성별에 따른 차이가 나타나지 않았다. 지능프로파일의 개인차를 보면, 여아의 경우에는 고른 형태가 나타난 반면, 남아의 지능프로파일에서는 개인 간의 편차가 큰 것으로 나타났다. 이러한 결과는 남아의 놀이나 놀이성향과 관련이 있다고 하였다.

2) 지능검사

Charles Darwin과 사촌 간인 Francis Galton은 인종개량에 관한 사상을 통해 진화론을 인간에게 적용하였다. Galton은 여러 분야에서 뛰어난 사람들의 가계를 조사한 결과, 많은 경우 그들의 친척들도 뛰어난 사람들이었음을 발견하였다. 따라서 인간의 지능은 전적으로 유전되는 것으로 보고, 영국정부로 하여금 선택적 번식을 통한 인종개량 프로그램을 실시할 것을 촉구하였다. 다시 말해서 Galton은 머리가 좋은 사람들이 자녀를 많이 낳음으로써 영국 종족으로 하여금 점점 우수한 종족이 되게 해야 한다고 주장하였다. 그렇다면 머리가 좋은 사람과 그렇지 못한 사람들을 어떻게 구별할 수 있는가? 여기서 지능검사의 필요성이 대두된다.

(1) Binet의 지능검사

Alfred Binet

1904년에 프랑스의 심리학자 Alfred Binet에게 프랑스 교육부가 정상아와 정신지체아를 구별할 수 있는 지능검사방법을 고안하라는 임무를 부여하였다. 학교당국은 정규학급에서 강의진도를 따라오지 못하는 학생들을 가려내어 특별반을 구성할 계획이었다(사진 참조). Binet는 자신의 연구결과를 기초로 정규학급에서 교육을 받을 수 있는 아동과 특수학급에서 교육받을 필요가 있는 아동을 구분해낼 수 있는 지능검사를 개발하였다.

Binet는 정신연령(MA)이라는 개념을 구성해 내었다. 지능이 보통인 사람(평균 지능)은 정신연령(MA)과 생활연령(CA)이 일치하고, 지능이 높은 사람은 생활연령보다 정신연령이 높으며, 지능이 낮은 사람은 정신연령이

사진 설명 1900년대 초 프랑스 파리에서 정규학급에서 강의진도를 따라오지 못하는 학생들을 가려내어 특별반을 구성할 목적으로 지능검사가 제작되었다.

생활연령보다 낮다는 것이다. IQ라는 말은 1912년 William Stern이 고안해 내었는데, 그것은 정신연령을 생활연령으로 나누고 여기에다 100을 곱해서(소수점을 없애기 위해) 나온 값이다. IQ는 평균이 100이며 표준편차가 16인 정상분포 곡선을 보인다(〈그림 14-9〉 참조).

Binet의 지능검사 내용은 학교에서 배우는 내용과 유사했기 때문에 이 지능검사와 학업성취도와는 매우 높은 상관관계가 있는 것으로 나타났다. 1905년에 출판된 Binet의 지능검사는 수 개 국어로 번역되었다. 이 중에서도 미국 스탠퍼드 대학교의 Lewis

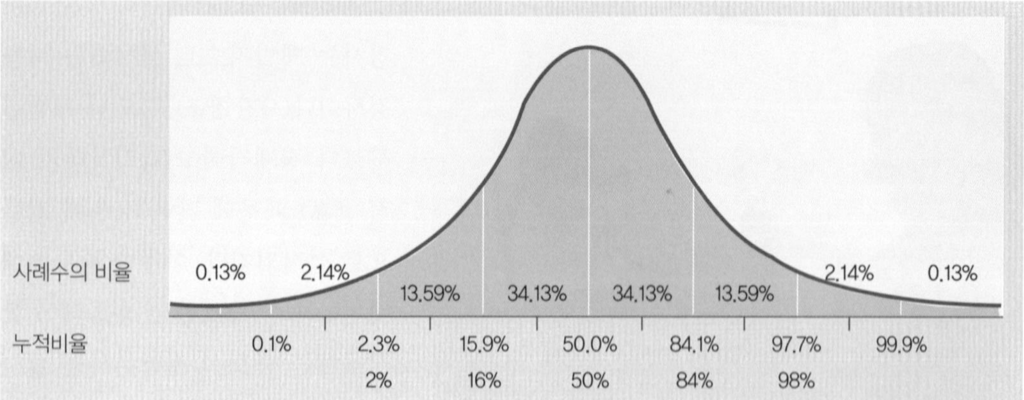

〈그림 14-9〉 스탠퍼드-비네 검사와 정상분포 곡선

출처: Santrock, J. W. (1998). *Adolescence* (7th ed.). New York: McGraw-Hill.

Lewis Terman

Terman에 의해 번역되고 수차례 개정된 Stanford-Binet 검사가 가장 유명하다. Stanford-Binet 검사는 계속해서 폭넓게 사용되는 검사 중의 하나이다. 우리나라에서는 고려대학교 전용신 교수에 의해 개발되어 고대 Binet 검사로 불린다.

(2) Wechsler의 지능검사

Stanford-Binet 검사 다음으로 널리 사용되는 것이 David Wechsler가 1939년에 제작한 Wechsler의 지능검사이다. Wechsler 지능검사에는 유아용, 아동용, 성인용 지능검사가 있다.

David Wechsler

Wechsler의 지능검사는 11개의 하위 지능검사로 구성되어 있다. 이 중 여섯 개의 검사는 언어능력 검사이고, 다섯 개의 검사는 비언어능력 검사이다. 언어능력을 측정하는 언어성 검사에는 상식문제, 이해문제, 숫자 외우기, 공통성 찾기, 산수문제, 어휘문제 등이 포함되고, 비언어능력을 측정하는 동작성 검사에는 기호쓰기, 빠진 곳 찾기, 블록짜기, 그림차례 맞추기, 모양 맞추기 등이 있다.

우리나라에서도 이창우와 서봉연(1974)이 한국판 아동용 웩슬러 지능검사(K-WISC)를, 한국교육개발원(1986)에서는 아동용 웩슬러 지능검사(KEDI-WISC)를 개발하였다. 유아용으로는 박혜원, 곽금주, 박광배(1994) 등이 한국형 유아 지능검사(WPPSI-R)를 개발하였다. 〈그림 14-10〉은 웩슬러의 아동용 지능검사의 언어성 검사와 동작성 검사의 예문들이다.

Stanford-Binet 검사와 Wechsler 검사는 개별적으로 실시되는 지능검사이다(사진 참조). 그러나 개별검사보다 경제적이고 편리하다는 이점(利點) 때문에 많은 경우에 집단으로 실시되지만, 아동을 특별반에 배치하는 등 중요한 결정을 해야 할 경우에는 반드시 개별검사를 실시해야 한다.

언어성 검사

상식문제 새의 날개는 모두 몇 개인가?

공통성 찾기 배와 기차의 공통점은 무엇인가?

산수문제 붕어빵이 한 개에 500원이면 12개는 얼마인가?

어휘문제 '자서전'이란 무엇을 뜻하는 말인가?

이해문제 은행에 돈을 예금하면 어떤 이점(利點)이 있는가?

숫자 외우기 숫자를 몇 개(예: 4 7 5 2 8) 불러 준 다음 거꾸로 외워보라고 한다.

동작성 검사

빠진 곳 찾기: 그림을 보여주고 나서 빠진 부분을 찾게 한다.

그림차례 맞추기: 아래 그림이 이야기가 되도록 순서대로 배열하게 한다.

모양 맞추기: 아래의 그림 조각들을 맞추어 그림을 완성하게 한다.

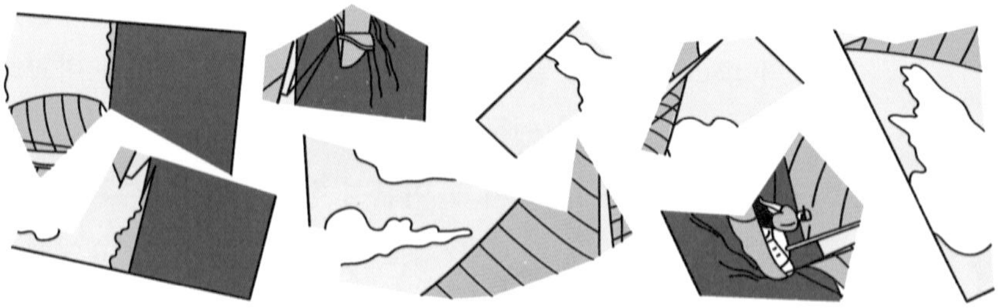

블록짜기: 왼쪽에 있는 네 개의 블록을 가지고 오른쪽 패턴이 되게 만든다.

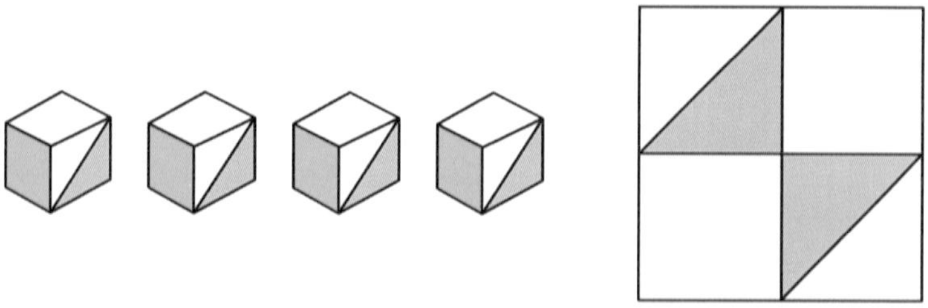

기호쓰기: 위의 예를 보고서 아래의 빈 칸에 들어갈 적절한 숫자를 적게 한다.

●	□	★	△	//
1	2	3	4	5

★	//	□	△	●	□	△	★	//	□	●	△	★	//

〈그림 14-10〉 웩슬러 아동용 지능검사의 언어성 검사와 동작성 검사의 예

출처: Santrock, J. W. (1989). *Life-span development* (3rd ed.). Dubuque: Wm. C. Brown.

3) 지능에 관한 쟁점

지능이 유전에 의해 결정되는 것인지 환경에 의해 결정되는 것인지 하는 문제는 오래된 논쟁 중의 하나이다. 지능은 문화에 따라 다르게 표현될 수 있기 때문에 특정 문화권을 대상으로 제작된 지능검사가 다른 문화권의 사람들에게도 적합한가 하는 것이 또 하나의 관심사이다. 그 외에도 지능의 안정성과 지능검사의 오용 등이 지능에 관한 또 다른 쟁점들이다.

(1) 유전 대 환경

Arthur Jensen

유전이 지능을 결정한다고 주장하는 대표적인 학자가 Jensen이다. Jensen(1969)은 일란성 쌍생아와 이란성 쌍생아를 비교하는 방법으로 지능에 관한 연구를 수행하였다. 그 결과 일란성 쌍생아는 지능의 상관계수가 .82이고, 이란성 쌍생아는 상관계수가 .60인 것으로 나타났다(〈그림 14-11〉 참조). Jensen은 유전적 요인이 환경적 요인보다 더 중요하다는 것을 보여주기 위해서 함께 자란 일란성 쌍생아와 떨어져 자란 일란성 쌍생아를 비교하였는데, 함께 자란 경우는 상관계수가 .89였고 떨어져 자란 경우는 상관계수가 .78이었다. 이 결과에 대해 Jensen은 만약 환경적 요인이 유전적 요인보다 더 중요하다면 이 둘의 차이는 더 커야 한다고 주장하면서 유전의 영향은 80% 정도라고 결론지었다.

그러나 오늘날 많은 학자들은 Jensen이 주장한 정도로 유전이 지능에 큰 영향을 미

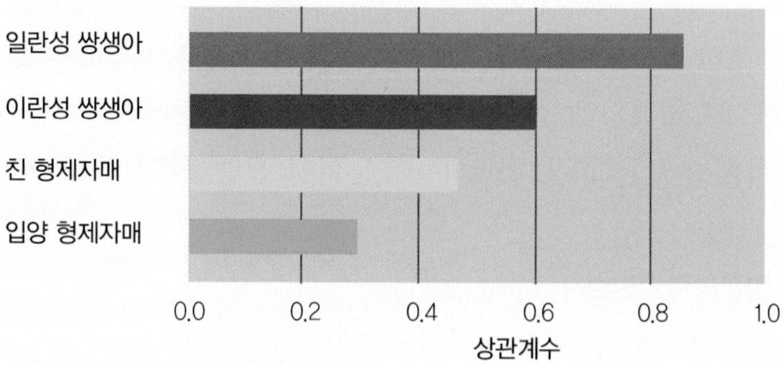

〈그림 14-11〉 지능과 유전

출처: Bouchard, T. J., Lykken, D. T., McGue, M., Segal, N. L., & Tallegen, A. (1990). Sources of human psychological differences: The Minnesota study of twins reared apart. *Science, 250*, 223-228.

친다고 보지 않는다. 그들은 유전과 환경의 영향을 반반으로 본다(Plomin, 1990). 이것은 환경을 개선함으로써 IQ를 향상시킬 수 있다는 것을 의미한다(Weinberg, 1989). 1965년에 미국에서 빈곤 아동을 대상으로 시작된 헤드 스타트 프로그램(Head Start Project)이 그 예이다. 이 프로그램에 참여한 아동들의 지능점수가 평균 10점 정도 향상된 것으로 나타났다(Clarke & Clarke, 1989; Ramey & Ramey, 1990).

환경이 지능에 영향을 미친다고 볼 수 있는 또 다른 예로 옛날에 비해 오늘날 지능지수의 평균이 크게 향상된 점을 들 수 있다. 〈그림 14-12〉에서 보듯이 1932년 IQ 평균이 100인 데 반해 1997년 IQ 평균은 120이다. 1932년 지능이 평균이었던 상당수 사람들의 검사점수가 1997년에는 같은 점수가 평균 이하의 지능에 속하는 것으로 나타났다(Flynn, 1999, 2007, 2011, 2013, 2018, 2020). 이 같은 지능점수의 증가가 비교적 짧은 기

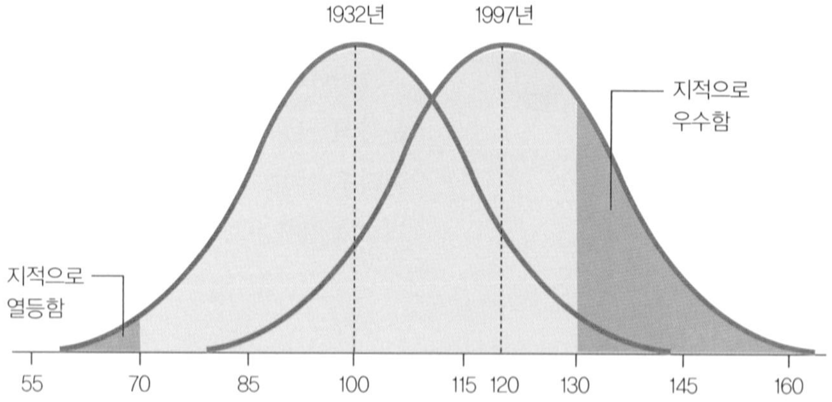

〈그림 14-12〉 1932년과 1997년의 지능점수 차이

간에 이루어졌기 때문에 이것을 유전의 영향으로 보기는 어렵다(Flynn & Rossi-Case, 2012). 오히려 교육수준이나 경제적 수준의 향상, 좋은 영양 등과 같은 환경의 영향에 기인한 것으로 보인다. 이처럼 짧은 기간 동안 지능지수가 전 세계적으로 향상되는 현상을 이를 발견한 James Flynn의 이름을 따서 '플린 효과(Flynn effect)'라고 부른다.

(2) 범문화적 지능검사

서구 중산층을 대상으로 제작된 지능검사가 다른 문화권의 아동들에게도 적합한가 하는 것이 또 다른 쟁점이다. 지능검사의 결과를 보면 문화와 인종에 따라 차이가 있다. 예를 들면, 지능검사에서 흑인은 백인보다 IQ가 평균 10~15점 정도 낮은 것으로 나타난다. 이 결과를 인종적 차이로 해석할 수 있는가? 지능은 문화에 따라 다르게 표현될 수 있기 때문에, 특정 집단에 유리하게 제작된 지능검사를 다른 집단에 적용하는 것은 옳지 못하다. 이러한 문화적 편견을 막기 위해 제작된 것이 범문화적 지능검사이다.

지금까지 두 종류의 범문화적 지능검사가 개발되었다. 하나는 모든 사회계층과 인종배경에 모두 익숙한 문항으로 구성된 검사이다. 예를 들면, 모든 아동이 새와 개에 대해서 다 잘 알고 있다는 전제하에 새와 개의 차이점을 묻는 문항을 포함한다. 또 하나는 지능검사에서 언어적 능력이 많이 반영되므로 언어적 요인을 배제한 검사이다. Raven Progressive Matrices Test가 그 예이다. 〈그림 14-13〉에서 보는 바와 같이 이 검사에서는 언어적 지시가 없더라도 무엇을 요구하는지 바로 알 수 있다.

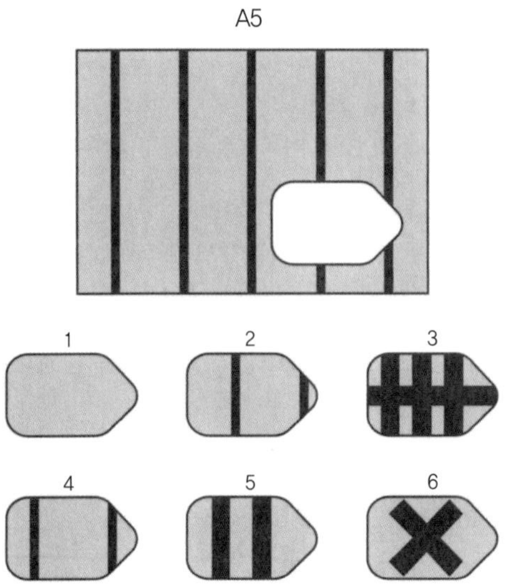

〈그림 14-13〉 Raven Progressive Matrices Test의 예

출처: Raven, J. C. (1983). *Raven Progressive Matrices Test*. San Antonio, TX: Psychological Corporation.

그러나 문화적 편견을 완전히 배제한 범문화적 지능검사를 개발하는 것은 상당히 어려운 일이므로, 지금까지 개발된 범문화적 지능검사는 그 나름대로의 한계가 있다.

(3) 지능의 안정성

지능점수의 실용적 가치는 안정성에 있다. 일반적으로 2세 이전의 지능점수는 별 의미가 없으나 유아기나 아동기에 측정된 지능점수는 예측력이 높은 것으로 보인다. 한 연구(Bayley, 1943)에서 Bayley 영아발달 검사로 측정한 영아의 지능과 Stanford-Binet 지능검사로 측정한 6~7세 아동의 지능과는 아무 상관이 없는 것으로 나타났다. 또 다른 연구(Anderson, 1939)에서는 1세와 5세 유아의 지능의 상관계수는 .05밖에 안 되는 것으로 나타났다. 즉, 영아기의 지능점수는 아동기의 지능점수와 거의 상관이 없는 것으로 보인다. 이런 결과가 나온 이유는 어쩌면 영아기의 지능검사와 아동기의 지능검사의 구성요소가 서로 다르기 때문일지 모른다. 즉, 두 검사가 서로 다른 능력을 측정했기 때문일 수도 있다.

그러나 Honzik와 그의 동료들(Honzik, MacFarlane, & Allen, 1948)의 종단연구에 의하면, 아동기 동안의 지능점수는 상당히 높은 상관이 있는 것으로 보인다. 예를 들면, 8세와 10세의 상관계수는 .88이고, 9세와 10세의 상관계수는 .90인 것으로 나타났다. 심지어 여러 해가 경과한 후에도 지능은 매우 안정적인 것으로 보이는데, 예를 들어, 10세와 18세의 상관계수가 .70 이상인 것으로 나타났다.

지금까지는 집단의 평균을 기초로 하여 지능의 안정성에 관해 살펴보았다. 그러나 지능의 안정성은 개별적 아동을 대상으로 하여 지능이 얼마나 안정적인지 살펴볼 필요가 있다. McCall과 그의 동료들(McCall, Applebaum, & Hogarty, 1973)은 140명의 아동을 대상으로 2.5세부터 17세까지 15년간 17회에 걸쳐 지능검사를 실시하였다. 그 결과 15년간 지능점수가 변하지 않고 안정된 상태로 유지된 아동은 약 절반 정도에 불과했으며, 나머지 반은 지능에 큰 변화가 있는 것으로 나타났다. 즉, 이들 중 $^1/_3$은 17회의 지능검사에서 최고 점수와 최저 점수의 차이가 30점 이상이었으며, $^1/_7$은 40점 이상 차이가 났다. 이 연구는 지능검사 점수로 아동의 지적 능력을 평가하는 것이 위험할 수도 있다는 사실을 보여주는 예이다.

(4) 지능검사의 오용

망치는 예쁜 부엌용 도구를 만드는 데도 사용할 수 있지만 공격용 무기로도 사용할 수 있다. 망치처럼 지능검사는 유용한 도구이지만 오용될 수도 있다. 많은 전문가들이 지능검사가 모든 형태의 지능을 다 포함하지 못한다는 데에 의견을 같이한다(Neisser et al., 1996). 지능검사에 포함되지 않은 지능의 측면으로는 창의성, 지혜, 실용적 지능, 사회적 민감성 등이 있다. 이러한 능력의 중요성에도 불구하고 이들을 측정하는 방법은 아직 제대로 개발되지 않고 있다.

따라서 우리가 지능검사 결과를 해석하거나 특수학급 편성 등의 용도로 사용할 경우에는 신중을 기해야 한다. 지능검사의 결과 외에 아동의 발달내력, 학교성적, 사회적 능력, 가족배경 등도 함께 고려해야 한다.

4) 창의성

사진 설명 모차르트가 아버지와 누이와 함께

영화 '아마데우스'는 '재능'과 '창의성'의 극명한 차이를 보여준다. 모차르트와 살리에리는 18세기 유럽에서 재능 있고 야심 있는 음악가였다. 그러나 200년이 지난 지금 모차르트의 작품은 여전히 기억되고 큰 사랑을 받고 있지만 살리에리의 작품은 모두 잊혀졌다. 그 이유는 무엇인가? 그때나 지금이나 모차르트의 작품은 창의적인 것으로 인정을 받지만 살리에리의 작품은 그렇지 못하기 때문이다.

창의성이란 과연 무엇이며, 지능과는 어떻게 다른가? 창의성은 지능과 마찬가지로 개념정의가 매우 어려운 것이지만, 일반적으로 창의성은 참신하고 색다른 방법으로 사고하고, 독특한 해결책을 생각해 낼 수 있는 능력으로 정의된다(Runco & Jaeger, 2012). 화가나 과학자와 같이 창의적인 사람들에게 그들이 독특한 방법으로 문제를 해결하는 비결이 무엇이냐고 물었을 때, 그들은 언뜻 보기에 관계가 없는 것들 간에 유사점을 찾아내는 능력이라고 대답하였다.

창의성은 영감을 수반한다고 일반적으로 생각하고 있다. 그러나 많은 전문가들은 창의성이 마법의 샘물에서 솟아나오는 그런 것이 아니라는 데에 동의한다. 영감 같은 것은 창의성의 일부분이고, 일생을 통해서 계속되는 꾸준한 노력의 결과가 창의적 활동으로 나타난다(Curran, 1997). 즉, 에디슨이 말했듯이 창의성의 1%가 영감이고, 99%는 노력이라는 것이다.

Joy Paul Guilford

Guilford(1967)는 창의성을 확산적 사고(divergent thinking)와 밀접한 연관이 있는 것으로 본다. 확산적 사고는 하나의 문제에 대해 여러 가지 다른 해답을 할 수 있는 사고로, 하나의 정답을 유도하는 사고인 수렴적 사고(convergent thinking)와 대조를 이룬다. 창의성

검사에서 매우 독창적인 답을 하는 아동들은 확산적 사고를 하는 경향이 있다.

Wallach와 Kogan(1967)은 창의성 연구에서 예술계나 과학계에서 매우 창의적이라고 평가받는 사람들을 대상으로 무엇이 그들로 하여금 창의적 작품을 만들어 내게 하는지 자기분석을 해 보도록 한 결과, 그들의 사고유형에는 두 가지 요인이 있음을 발견하였다. 하나는 연상적 사고(associative flow)가 있어 새로운 문제해결을 위해 수많은 관계목록을 끌어낼 수 있다는 점이고, 또 하나는 놀이를 하는 것과 같은 이완된 분위기에서 자연스러운 태도로 문제해결에 참여하는 자발성(spontaneity)을 갖는다는 점이다.

이들은 또 이 연구에서 지능과 창의성의 관계를 네 범주로 분류하였는데, 각 범주에 속하는 아동들의 인성적 특성이 각기 다르게 나타났다. 첫째, 창의성과 지능이 모두 높은 집단의 아동들은 자신감, 독립심, 통찰력이 있으며, 통제와 자유, 행동표출에서의 어른스러움과 어린이다움을 동시에 표현할 수 있는 특성이 있다. 둘째, 창의성은 높으나 지능이 낮은 집단의 아동들은 심한 스트레스와 갈등을 느끼며, 자신이 무가치하고 부적절하다고 느낀다. 그러나 긴장이 해소된 자유스러운 분위기에서는 자신의 능력을 최대한 발휘할 수 있다. 셋째, 지능은 높으나 창의성이 낮은 집단의 아동들은 학교생활에 적응을 잘하고, 학교성적은 좋으나 실패에 대한 두려움이 크며, 전통적이고 관습적인 것에 대한 적응력이 높다. 마지막으로, 창의성과 지능이 둘 다 낮은 경우의 아동들은 다양한 방어기제를 사용하며, 학교에서의 학업성취 등에는 소극적이나 사회적 행위를 요구하는 상황에서는 성공적인 수행을 위해서 노력하기도 한다.

초등학교 6학년을 대상으로 아동의 성격유형과 창의성 간의 관계를 살펴본 우리나라 연구(송유나, 최인수, 2008)에서, 아동의 네 가지 심리적 선호경향성인 외향-내향(I-E), 감각-직관(S-N), 사고-감정(T-F), 인식-판단(P-J) 중 직관(N)형과 인식(P)형이 실제적인 창의적 수행인 창의적 문제해결력과 그 하위차원들인 새로움, 유용성, 심미성 차원 모두와 관련이 있는 것으로 나타났다. 창의적 특성(성격, 사고, 동기)에 있어서도 직관(N)형과 인식(P)형이 창의적 성격, 사고, 동기특성 모두와 관련이 있는 것으로 나타났다. 이는 직관적 인식과 개방적 태도를 선호하는 개인적 심리경향성이 창의적 특성뿐만 아니라 실제적인 창의적 수행과도 상관이 있음을 보여주는 것이다. 또한 창의적 특성에 있어서도 직관-감정(N-F) 기질, 직관-사고(N-T) 기질 아동들이 개방적이고 독립적인 성격이 강하고, 확산적·수렴적 사고 및 창의적 사고, 호기심과 같은 동기적 측면에서 더 뛰어난 것으로 나타났다.

아동기의 창의성에 관한 여러 연구는 주로 창의적인 아동들의 성격특성에 초점을 맞추고 있다. 이들 연구에 의하면, 창의적인 아동들은 자신감, 통찰력, 융통성, 모험심을 지니고 있으며, 솔직하고 거짓으로 겸손한 척하지 않으며, 자신의 유능함을 인정한다고 한다. 〈그림 14-14〉는 창의성검사의 예이다.

유아의 창의성에 영향을 미치는 요인에 대하여 살펴본 연구들을 보면, 어머니의 창의성과 긍정적인 양육태도(김경은, 2010), 자녀의 창의적 반응과 행동을 이해하고 수용하며, 이를 자극해 줄 수 있는 구체적인 활동인 부와 모의 창의적 역할수행(문영경, 민하영, 2004), 유아를 존중하고, 풍부한 학습환경을 제공하며, 독립심을 자극하고, 가족의 압력이 적은 창의적인 환경(오미형, 최보가, 2007), 활동수준이 낮은 기질, 높은 자아존중감과 효능감, 낮은 우울감 같은 개인적인 심리적 관련변인(김원경, 우남희, 2002), 유아의 지능, 어머니의 양육행동, 교사의 창의성 교수효능감(김호, 2010) 등이 영향을 미치는 것으로 나타났다.

유아의 지능과 창의성 간의 관계를 살펴본 연구들에서는 지능검사의 하위요인과 창의성검사의 하위요인들 간에 관련성이 나타났다고 하였다. 예를 들면, K-WPPSI 전체 지능과 유아용 통합 창의성검사 중 도형창의성, 창의적 성격 간에 관련성이 나타났고(이경화, 윤은정, 2004), K-ABC 지능은 TTCT 창의성의 하위요인에서 정교성과 성급한 종결에 대한 저항과 관련이 있는 것으로 나타났다(한석실, 이경민, 2005).

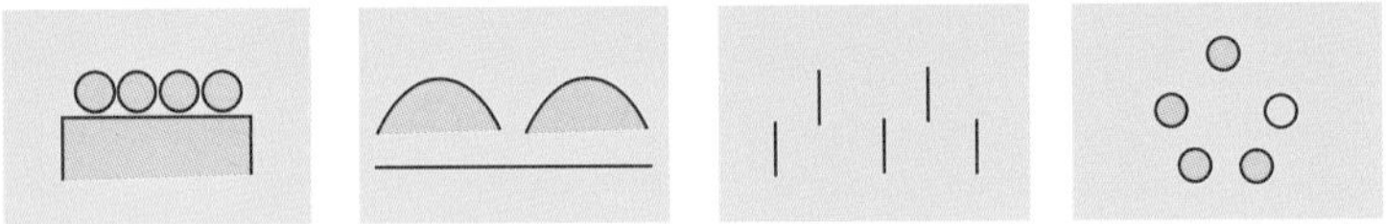

평범한 반응	책상 위에 놓여 있는 물건	두 채의 얼음집	빗방울	꽃
독특한 반응	발과 발가락	하늘을 나는 양탄자 위의 건초 두단	매달려 있는 벌레 5마리	조각조각 흩어진 사탕과자

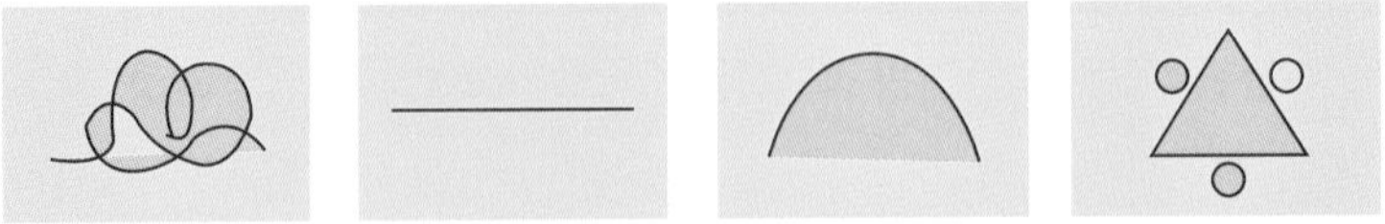

평범한 반응	끈	막대기	떠오르는 태양	테이블 앞에 앉아 있는 세 사람
독특한 반응	짜진 물감	개미의 행렬	고기가 걸려 휘어진 낚시대	치즈조각을 먹고 있는 세 마리의 쥐

〈그림 14-14〉 창의성검사의 예

5. 언어발달

유아기에 상당히 많은 언어능력을 획득하였지만, 언어적 유능성을 판가름하는 중요한 발달은 보통 아동기에 이루어진다(Shaffer, 1999). 학동기 아동들은 보다 많은 단어를 학습하게 되고, 길이가 길고 문법적으로 복잡한 문장을 이해하고 사용할 수 있게 된다(Bear et al., 2020; Graham & Harris, 2020). 동시에 타인과의 의사소통 기술도 대상에 따라 그리고 맥락에 따라 보다 세분화된다. 무엇보다도 이 시기의 언어발달에서는 읽기와 쓰기 능력이 빠르게 발달하기 시작한다는 점을 주목할 필요가 있다.

1) 어휘와 문법의 확장

Jeremy M. Anglin

학동기에 아동의 어휘능력은 급속히 발달하여 초등학교를 졸업할 때쯤에는 약 40,000단어 정도를 습득하게 되는데, 이는 하루에 평균 20개 정도의 새로운 단어를 습득하는 셈이 된다(Anglin, 1993). 물론 초등학생들이 일상생활에서 이 많은 단어를 모두 사용하는 것은 아니다. 이 시기의 아동들이 획득하게 되는 언어능력 중 하나는 단어의 형태학적 지식(morphological knowledge)에 관한 것이다. 즉, 단어를 구성하는 형태소의 의미에 대한 지식을 획득하게 된다. 아동들은 형태학적 지식을 이용하여 익숙하지 않은 단어의 구조를 분석하여 그 의미를 추론할 수 있게 된다(Anglin, 1993).

어휘력의 증가와 함께 유아기에 비해 단어를 더 정확하게 사용하게 되고, 단어에 대한 사고도 달라지게 된다. 예를 들어, 5~6세 유아들에게 단어의 의미를 물으면 그 단어의 기능이나 외양을 언급하며 구체적으로 묘사하지만(칼은 사과를 깎을 때 쓴다 또는 칼은 날카롭다 등), 초등학교 고학년 아동들은 그 단어의 동의어나 범주적 관계를 나타내는 설명(칼은 일종의 도구이다 또는 칼은 때로는 무기가 될 수도 있다 등)을 한다(Wehren, De Lisi, & Arnold, 1981). 또한 학동기 아동들은 각 단어가 가진 여러 가지 의미를 이해할 수 있다(Berk, 2000). 예를 들어, '시원하다' 또는 '달콤하다'라는 단어가 물리적 의미를 가질 뿐만 아니라 심리적인 의미도 가질 수 있다는 것을 안다. 이렇듯 단어의 이중적 의미를 파악함으로써 미묘한 은유적 표현이나 유머도 이해하게 된다.

학동기 아동들은 유아기 때 보이던 문장의 오류를 수정하게 되고, 문법적으로 보다 복잡하고 긴 구문을 사용할 수 있게 된다(Indefrey, 2019). 논리적 추론능력과 분석적 기술이 발달하여 내포문(內包文)이나 사동사(使動詞), 피동사(被動詞) 등의 문법적 규칙이나 구조를 이해하고 적절히 사용할 수 있게 된다. 여기서 내포문이란 관계절을 포함하는 문장으로, 영어의 경우 관계대명사 또는 관계부사 등을 사용한 문장을 의미한다.

2) 의사소통 기술의 발달

사진 설명 아동기에는 의사소통 기술이 크게 발달한다.

아동기에는 의사소통 기술이 크게 발달한다. 특히 분명한 언어적 메시지를 전달할 수 있는 능력인 참조적 의사소통 기술(referential communication skills)이 발달한다. 3~5세 정도의 유아들은 보통 구두 메시지에서 의미가 모호한 부분을 잘 인식하지 못하지만, 학동기 아동들은 상대방이나 자신의 메시지가 분명하지 않을 때 어느 부분이 모호한지를 인식하고, 그 부분을 분명하게 만드는 참조적 의사소통 기술을 발달시키게 된다. 관련 연구(Sonnenschein, 1986, 1988)에 의하면, 6~10세 아동들은 듣는 사람에게 익숙하지 않은 사물에 대한 말을 전달할 때에는 익숙한 사물에 대한 말을 전달할 때보다 더 길게 설명하였다. 특히 이들 중 9~10세 아동들은 익숙하지 않은 사물에 대해 설명할 때 듣는 사람에 따라 다른 정보를 제공하였는데, 이는 청자에 맞게 전달하는 내용을 조절할 수 있다는 것을 의미한다.

이처럼 학동기 아동들에게서 참조적 의사소통 기술이 빠르게 발달하는 것은 한편으로는 이 시기의 인지적 발달로 자기중심성이 완화되고 역할수용 기술을 획득하게 되며, 다른 한편으로는 청자에 맞도록 말을 조절하여야 한다는 사회언어학적 이해능력이 발달하기 때문이라고 할 수 있을 것이다.

우리나라 6, 8, 10세 아동 168명을 대상으로 한 연구(오선영, 2001)에서 6세 또래 쌍 집단에서는 자기중심적 언어와 사회화된 언어가 비슷하게 나타났으나, 8세, 10세 또래 쌍 집단에서는 자기중심적 언어보다 사회화된 언어가 더 많이 나타났다. 즉, 또래 쌍 아동의 연령이 높아짐에 따라 사회화된 언어가 증가하였다. 또한 아동 상호간에 공유하는 활동에 대해 설명하면서 논쟁하는 원시논쟁의 대화유형, 타당한 이유와 관련시켜 협조하거나 논쟁하는 추상적 협조 설명과 순수논쟁의 대화유형이 증가하였다.

3) 읽기와 쓰기 능력의 발달

Jeanne S. Chall

Chall(1979)은 읽기 능력의 발달을 다섯 단계로 나누어 설명하고 있는데, 이것은 보편적인 단계와 시기를 나타낸 것으로 아동 개개인마다 발달 시기와 능력에 차이가 있을 수 있다.

준비단계(출생~초등학교 1학년)에서는 읽기에 요구되는 선행조건을 학습해야 한다. 그리고 글을 왼쪽에서 오른쪽으로 읽고 쓰며, 어떤 글자가 있는지, 자기 이름은 어떻게 쓰는지를 배우게 된다. 'Sesame Street'(사진 참조)와 같은 TV 프로그램이나, 유아원이나 유치원의 경험으로 인해 요즘 아이들은 훨씬 이른 나이에 글을 읽을 수 있게 되었다. 1단계(초등학교 1~2학년)에서는 글 읽는 법을 배우고 단어를 소리로 바꾸는 능력을 획득하게 된다. 2단계(초등학교 2~3학년)에서는 글을 읽는 데에 보다 능숙해진다. 하지만 읽기를 통한 학습은 그리 활발하지 않다. 3단계(초등학교 4학년~중학교 3학년)에서는 글을 통해 정보를 획득하는 능력이 급속히 발달한다. 즉, 읽기를 통한 학습이 이루어진다. 이 시기에 읽기를 배우지 못하면 학업수행에 심각한 문제가 발생한다. 4단계(고등학교)에서 대부분의 학생들은 읽기 능력을 완전히 발달시키며, 여러 관점에서 제시된 정보도 잘 이해할 수 있다. 문학, 역사, 경제학, 정치

사진 설명 TV프로그램 'Sesame Street'

사진 설명 읽기 준비단계에서는 읽기에 요구되는 선행조건을 학습해야 한다.

학 등에 대해 철학적이고 복잡한 논의를 할 수 있게 된다.

쓰기 능력은 읽기 능력이 어느 정도 발달된 후에 나타난다. 아동들은 처음 글쓰기를 할 때 글씨를 틀리게 쓰는 경우가 많다. 예를 들어 글자나 숫자를 거꾸로 쓰거나 종종 소리나는 대로 글을 쓴다. 이는 아동들이 글자를 쓸 때 일반적으로 단어의 소리를 이용하여 글자의 기본 형태를 생각해 내기 때문인 것으로 보인다. 하지만 초등학교 시기에 이러한 경향은 사라지고, 글씨를 바르게 쓸 수 있게 될 뿐 아니라 나아가 자신들의 생각을 글로써 표현하는 능력이 점차 발달하게 된다.

8세 아동 63명을 대상으로 한 연구(김순덕, 장연집, 2000)에서 문학작품을 통한 읽기지도 전략이 초등학교 아동의 문식성(文識性)에 미치는 효과를 알아본 결과, 문학작품을 통한 읽기지도 전략은 아동의 어휘력, 이야기 이해력 증진에 효과가 있었는데, 이는 특히 초인지 읽기 기능이 이야기 문법구조의 습득을 통하여 그 효과가 나타난 것이라고 한다.

제 15 장

사회정서발달

1. 자기이해의 발달
2. 정서의 발달
3. 도덕성발달
4. 친사회적 행동
5. 또래관계
6. 학교생활

학동기의 아동은 자신의 에너지를 내면화하여 이것을 사회문화적 기술을 익히는 데 사용하게 되며, 자신에 대한 개념도 형성하게 된다. 아동이 자기자신에 대한 개념을 형성하게 됨에 따라 그들은 자신의 속성에 대해 긍정적 또는 부정적인 가치를 부여하게 되는데, 자신에 대한 이러한 평가를 자아존중감이라고 한다. 자아존중감은 인간이라는 존재에 존엄성을 부여하며, 개인의 행·불행에 영향을 미치는 중요한 심리적 변인이다. 자신에 대해 긍정적인 감정을 가진 사람은 자신을 가치 있고 유능한 사람이라고 생각하는 반면, 자신에 대해 부정적인 감정을 가진 경우에는 자신을 보잘것없는 사람이라고 생각하여 열등감을 갖게 된다.

도덕성이란 개인이 다른 사람과의 관계에서 지켜야 할 사회집단의 규칙을 인식할 수 있는 능력을 말한다. 도덕성발달은 자신이 속한 사회의 문화규범에 따라 행동하도록 배우고, 이를 자신의 것으로 받아들이는 과정을 통해 이루어진다. 부모는 도덕성발달에 있어서 역할모델 노릇을 한다. 아동은 특히 나쁜 행동을 쉽게 모방하기 때문에, 자녀에게 좋은 모델 노릇을 하기 위해서는 부모자신이 도덕적이어야 한다.

초등학교에 입학하게 되면서 아동의 활동반경이 가정을 벗어남에 따라 부모형제뿐만 아니라 학교와 또래집단 그리고 주위환경이 아동의 발달에 영향을 미치게 된다. 가족관계 이외에 아동에게 가장 중요한 사회적 관계는 또래와의 관계이다. 또래란 비슷한 연령 또는 비슷한 성숙수준에 있는 아동을 일컫는 말이다. 아동은 또래집단에 소속됨으로써 외로움에서 벗어나고 사교성이 증진되는가 하면, 지도력이나 복종적 태도를 스스로 체득하기도 한다.

이 장에서는 자아개념과 자아존중감의 발달, 정서의 발달, 도덕성과 친사회적 행동의 발달, 또래관계와 우정의 발달, 학교생활과 학업성취 등에 관해 살펴보기로 한다.

1. 자기이해의 발달

사진 설명 이 여아는 거울 속의 아이가 자기자신이라는 것을 안다.

자신에 대한 이해는 자기인식(self-recognition)에서 출발한다. 아동의 자기인식은 자아개념과 자아존중감의 발달을 초래한다. 자기인식의 발달은 영아가 다른 대상과 구분되는 독립된 실체로서 자신을 인식하는 것에서부터 시작된다. 자기인식을 위해서는 어느 정도 수준의 인지발달이 요구되지만 사회적 경험 또한 매우 중요하다. 한 연구(Pipp, Eastbrooks, & Harmon, 1992)에서 자기인식에 영향을 미치는 사회적 경험은 양육자와의 안정애착인 것으로 나타났다.

1) 자아개념

Charles Cooley

George Mead

자아개념(self-concept)은 신체적 특징, 개인적 기술, 특성, 가치관, 희망, 역할, 사회적 신분 등을 포함한 '나'는 누구이며, 무엇인가를 깨닫는 것을 의미한다. 자아개념은 자신이 독특하고 타인과 구별되는 분리된 실체라고 인식하는 데에서 발달하기 시작한다.

Strang(1957)은 자아개념을 네 가지 범주로 분류한다. 첫째, 자신의 능력, 신분, 역할에 대한 전반적인 인식인 전체적 자아개념이다. 둘째, 순간적인 기분에 의해 영향을 받는 일시적 자아개념이다. 예를 들어, 학기말 고사 성적이 나쁘거나 부모로부터 심한 꾸중을 듣고 순간적으로 자신을 가치 없는 인물로 생각하는 것 등이다. 셋째, 다른 사람이 자신을 어떻게 보느냐에 따라 자신을 평가하는 사회적 자아개념이다. 이는 사회학자 Charles Cooley(1902)와 George Mead(1934)가 주장한 사회학적 자아이론에 그 뿌리를 두고 있다. 즉, Cooley는 자기 주위의 인물들과의 관계에서 반영되는 평가인 면경자아(looking glass self)의 개념을 중요시했으며, Mead 또한 개인의 자아개념은 중요한 타자(significant others)와의 사회적 상호작용에서 형성된다고 보았다. 넷째, 자신이 그렇게 되었으면 하고 바라는 이상적 자아개념이다. 이상적 자아가 너무 낮으면 성취욕이 없고, 반면에 너무 높으면 심한 좌절과 자기모멸에 빠지게 된다. 현실적인 자아개념은 자기수용, 정신건강 등으로 이어지고, 현실적 목표를 달성하게 만든다.

2세경에 영아는 자신이 다른 사람과 분리된 실체라는 사실을 깨닫기는 하지만 이때의 자아개념은 매우 피상적이다. 이들에게 자신에 대해 묘사해 보라고 하면 자신이 좋아하는 행동으로 자신을 묘사한다. 예를 들면, "앉아서 TV를 본다" 또는 "어머니가 설거지 하시는 것을 도와드린다" 등이다(Keller, Ford, & Meacham, 1978). 즉, 이들은 "영리하다" 또는 "예쁘다"와 같은 보다 안정된 특성으로 자신을 묘사하지 못한다.

아동기가 되면 자아개념에 큰 변화가 일어나는데, 자신이 가진 개인적 특성으로 자신을 묘사하기 시작한다. 일반적으로 아동은 자신의 신체적 특성, 소유물, 활동, 능력과 관련시켜 자신을 규정한다. 자아개념은 성숙해 감에 따라 점차 안정적인 것으로 변하며, 추상적이고 분화된 개념으로 발달하게 된다. 아동기 초까지는 주로 자신의 신체적 특성이나 소유물, 좋아하는 놀이활동 등을 통해 자신을 묘사하는 반면, 아동기 말이 되면 심리적 특성이나 다른 사람과의 관계 등을 중심으로 자신을 묘사한다(Bosacki, 2013; Eggum et al., 2011; Lerner, Theokas, & Jelicie, 2005).

아동의 자기이해의 발달에 관한 연구(연진영, 김선애, 1991)에 따르면, 연령이 증가할수록 자기이해가 증가하였고 또한 다양해졌다. 즉, 나이 든 아동은 어린 아동보다 자기를 묘사하는 데에 더 다양한 범주를 사용하는 것으로 나타났다. 이는 연령에 따른 자기이해의 증가를 입증한 것으로, 어휘력의 증가와 다양한 경험의 결과라고 할 수 있다. 연령이 증가할수록 자기이해는 구체적인 것에서 추상적인 것으로 변화 · 발달하였다. 즉, 어린 아동일수록 자아를 행위나 행동과 같은 구체적인 용어로 묘사하고, 연령이 증가할수록 심리적 · 내면적인 용어, 즉 자기의지, 심리유형, 이념과 신념체제, 개인 · 실물과 같은 추상적인 용어로 묘사하였다. 신체적 자아, 활동적 자아, 사회적 자아, 심리적 자아로 분류하여 연령에 따른 변화양식을 살펴본 결과, 연령이 증가할수록 신체적 자아와 활동적 자아에 대한 자기묘사는 감소하고, 사회적 자아와 심리적 자아의 묘사가 증가하는 것을 알 수 있다.

만 6세에서 16세까지의 종단자료를 통해 부모의 양육행동과 또래관계가 각 시기별로 자아개념의 발달과정에서 어떻게 다른지를 살펴본 연구(이사라, 박성연, 2001)에서, 자아개념의 발달은 청소년기 이전(초등학교 시기)과 이후(고등학교 시기)에 따라 부모와 또래집단의 영향이 다르게 나타났다. 또래의 영향은 7세에서 16세까지의 자아개념 발달에 지속적으로 중요하게 영향을 미친 반면, 부모의 영향은 7세에서는 거의 나타나지 않았고, 10세에 이르러 또래와 비슷한 수준으로 영향을 보이다가 청소년기 중기인 16세에서는 다시 감소하는 것으로 나타났다. 자아개념 발달에서 부모의 영향과 비교해 볼 때, 또래의 영향은 청소년기 이전부터 청소년기 중기까지 지속적으로 영향을 미치고 있다는 점을 시사한다.

2) 자아존중감

자아존중감(self-esteem)이라 함은 자신의 존재에 대한 긍정적 또는 부정적 견해로서, 자아개념이 자아에 대한 인지적 측면이라면 자아존중감은 감정적 측면이라 할 수

Nathaniel Branden

Abraham Maslow

있다. 즉, 자신의 존재에 대해 인지적으로 형성된 것이 자아개념이고, 자기존재에 대한 느낌이 자아존중감이다(Bracken & Lamprecht, 2003; Davis-Kean & Sandler, 2001; Simmons & Blyth, 1987).

자아존중감을 '영혼의 생존'이라고도 하는데, 그것은 인간이라는 존재에 존엄성을 부여하는 요인이다. 자아존중감은 자신이 다른 사람에게 중요하게 여겨지는 인간 상호작용으로부터 싹트고, 작은 성취나 칭찬 또는 성공을 통해서 형성된다.

자아존중감은 인간의 정신건강에 결정적인 역할을 하는 것으로 보인다. Branden(1969)은 자아존중감은 인간의 기본욕구로서 이 욕구의 충족 여부는 생사를 가름할 정도로 중요한 문제라고 한다. 그러면서 한 개인의 심리적 적응을 알기 위해서는 개인의 자아존중감을 알아야 한다고 주장한다. Maslow(1965) 또한 개인의 적응력의 한 요인으로서 자아존중감의 필요성을 강조한다. Maslow에 의하면 모든 인간은 자아존중감에 관한 욕구가 있는데, 이 욕구를 충족시킨 사람은 자신감이 있고 자신을 가치 있고 유용한 사람이라고 생각한다. 이에 반해, 이 욕구를 충족시키지 못한 사람은 열등감을 가지고, 자신을 보잘것없는 사람이라고 생각한다. 그리고 이러한 자신에 대한 부정적인 감정은 정신질환을 유발할 가능성이 있다고 한다.

사진 설명 유아기에는 일반적으로 자아존중감이 매우 높은 편이다. 사진 속의 유아는 부활절 계란을 바구니에 담는 일을 '해내고 나서' 매우 의기양양해 있다.

유아기에는 일반적으로 자아존중감이 매우 높은 편이다. 그러나 아동기에 들어서면서 여러 영역에 걸쳐 자신을 객관적으로 평가하게 됨에 따라 유아기 동안 터무니없이 높던 자아존중감은 보다 현실적인 수준으로 조정된다. 이러한 현상은 아동이 점차 그들 자신에 대한 판단을 타인의 견해나 객관적인 수행능력에 맞추어 조정하려는 것으로 설명할 수 있다(Stipek & MacIver, 1989).

학동기 아동은 학업, 신체, 사회성의 세 측면에서 자아존중감을 형성하게 되는데, 이들은 연령이 증가함에 따라 다

Susan Harter

시 세분된다. 예를 들면, 학업적 자아존중감은 다시 국어, 산수, 기타 다른 과목 등으로 세분화되고, 사회적 자아존중감은 또래와의 관계 및 부모와의 관계로 나누어진다. 그리고 신체적 자아존중감은 다시 외모와 신체적 능력으로 세분화된다(Marsh, 1990, Marsh & Cheng, 2012). 더욱이 이처럼 분화된 자아존중감은 전반적 자아존중감으로 통합되어(Harter, 1990), 〈그림 15-1〉에서 보는 바와 같이 위계적인 구조를 형성하게 된다.

우리나라 초등학교 5, 6학년생 308명과 중학생 718명을 대상으로 한 연구(조현철, 2000)에 따르면, 자아개념을 9개의 하위요인, 즉 학업능력, 학업흥미, 국어, 수학, 신체능력, 외모, 친구관계, 대부모 친밀감, 대부모 접촉도로 나누어 살펴보았다. 그 결과, 초·중등학생은 자아개념에서 학업 자아개념이 차지하는 비중이 매우 높은 것으로 나타났다.

아동기의 자아존중감의 형성에 영향을 미치는 몇 가지 요인이 있다. 첫째, 부모의 양육태도에서 부모가 온정적·수용적인 양육태도를 취할 경우에는 아동의 자아존중감이 높은 반면, 거부·제재·위협적인 태도를 보일 경우에는 자아존중감이 낮은 것으로 나타났다. 특히 남아의 자아존중감은 어머니의 양육행동과 높은 상관이 있고, 여아의

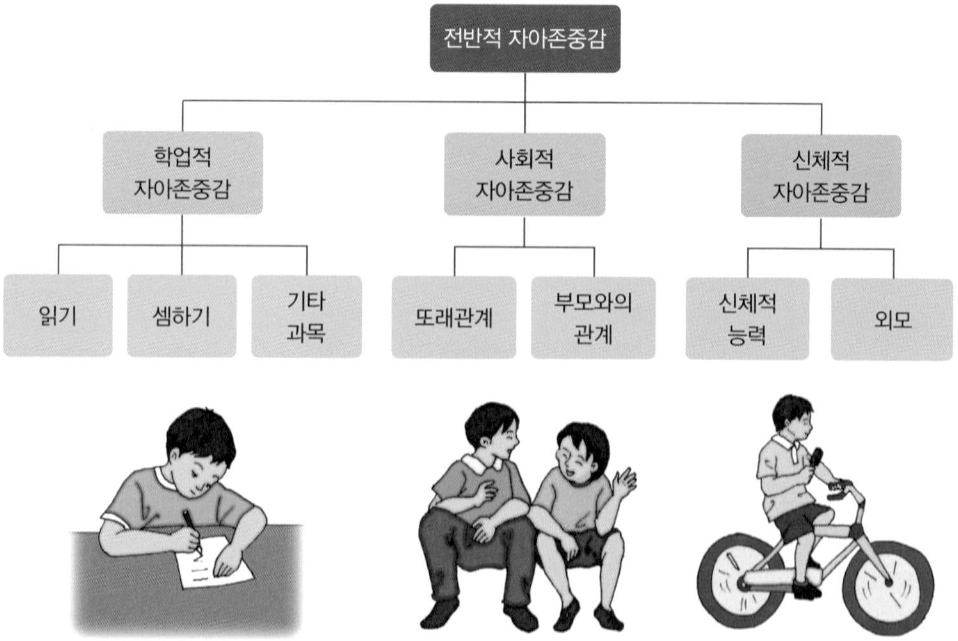

〈그림 15-1〉 아동기 자아존중감의 위계적 구조

Stanley Coopersmith

자아존중감은 아버지의 양육행동과 높은 상관이 있는 것으로 보인다(Bishop & Ingersoll, 1989; Coopersmith, 1967).

우리나라 초등학교 5, 6학년 아동 433명을 대상으로 한 연구(도현심, 최미경, 1998)에서는, 어머니가 온정적으로 양육할수록 남녀 아동의 자아존중감이 높았으며, 또래에게 괴롭힘을 당하거나 또래를 공격할수록 자아존중감이 낮게 나타났다. 또한 어머니의 양육행동 중 온정성은 여아의 자아존중감에 직접적인 영향보다는 또래에 의한 괴롭힘을 통해 간접적으로 자아존중감에 영향을 미치는 것으로 나타났다.

초등학교 5, 6학년을 대상으로 부모의 통제가 아동의 자아존중감에 미치는 영향에 대하여 살펴본 연구(이미정, 도현심, 지연경, 2011)에서, 아버지는 딸을 심리적으로 지나치게 통제하지 않으며, 애정과 관심의 표현으로서 일상 행동들을 지도·감독할 때 그리고 어머니가 아들의 일상생활을 적절하게 지도·감독할 때, 아동은 높은 자아존중감을 형성하는 것으로 나타났다. 또한 아동의 자율성이 높을수록 자아존중감이 높게 나타났다. 그리고 부와 모의 통제가 아동의 자율성에 미치는 상대적 영향력과 관련하여, 남아에게는 모의 행동적 통제만이 여아에게는 부의 행동적 통제만이 자율성에 영향을 미쳤다. 이러한 결과는 학령기 후기 여아의 자율성 발달과 긍정적인 자아존중감 형성에 아버지의 관심과 애정을 바탕으로 한 지도 및 감독이 중요한 역할을 담당하고 있음을 시사한다.

둘째, 출생순위별로는 일반적으로 맏이나 외동이의 자아존중감 점수가 높게 나타났다. 또한 형제관계가 친밀하고 온정적인 경우에는 자아존중감이 높고, 갈등상황인 경우에는 자아존중감이 낮은 것으로 나타났다. 부모의 양육태도도 아동이 지각하는 형제갈등이나 편애의 수준에 따라 그 효과가 강화되거나 약화되었다(박영애, 1995).

셋째, 사회경제적 지위가 낮은 집단은 높은 집단에 비해 자아존중감이 낮은 것으로 나타났다(어주경, 정문자, 1999). 경제적인 스트레스로 인해 갈등을 경험하는 부모는 아동에게 적대적인 양육행동을 보이게 되며, 이는 낮은 자아존중감을 형성하게 하는 요인으로 작용한다(Conger, Ge, Elder, Lorenz, & Simons, 1994). 또한 아동 자신이 또래집단과의 비교를 통해 빈곤을 지각하고 있으면, 낮은 자아존중감을 형성하기도 한다(McLoyd, Jayaratne, Ceballo, & Borquez, 1994).

넷째, 아동의 자아존중감은 아동이 지각한 사회적 지지의 수준에 따라 다르게 나타났다. 즉, 또래, 가족, 교사로부터 사회적 지지를 많이 받는다고 지각한 아동은 사회적 지지를 적게 받는다고 지각한 아동보다 자아존중감이 높았다. 또한 성공상황에서, 성공의 원인을 자신의 능력이나 노력과 같은 개인 내적 요인으로 돌리는 아동은 자아존중감이 높은 것으로 나타난 반면, 외적 요인으로 돌리는 아동은 자아존중감이 낮은 것으로 나타났다(김연희, 박경자, 2001).

3) 자기효능감

자기효능감(self-efficacy)이란 자신이 스스로 상황을 극복할 수 있고, 자신에게 주어진 과제를 성공적으로 수행할 수 있다는 신념이나 기대를 의미한다(Bandura, 1986, 1993, 2004, 2010, 2012, 2016). 높은 자기효능감은 긍정적인 자아개념을 촉진하고, 지속적으로 과제 지향적 노력을 하게 하여 높은 성취수준에 도달하게 하지만, 낮은 자기효능감은 부정적인 자아개념을 갖게 하여 자신감이 결여되고 성취지향적 행동을 위축시킨다(Bandura & Schunk, 1981; Scheier & Carver, 1992; Schunk, 2012, 2020; Stipek, 2002).

Dale Schunk

자기효능감은 일반적으로 아동기에 증가한다. 특정 과제에서 성공 또는 실패한 경험에 비추어, 아동은 이제 특정 영역에서 자신이 얼마나 잘 할 수 있는지를 예견할 수 있다. 예를 들면, 롤러블레이드를 처음 타 보고 제법 잘 해낸 아동은 앞으로 연습하면 더욱더 잘할 수 있다고 믿는다(사진 참조).

낮은 자기효능감은 극단적인 경우에 아동으로 하여금 자신은 아무것도 할 수 없으며 실패할 수밖에 없다는 학습된 무력감(learned helplessness)을 갖게 한다. 학습된 무력감은 계속되는 실패의 경험에서 발생하는 것으로, 자신이 아무리 노력해도 성공할 수 없을 것이라고 느끼게 되는 것을 의미한다. 학습된 무력감은 아동으로 하여금 자신의 무능력으로 인해 자신이 실패했다고 느끼게 만들며, 자신의 성공은 단지 운이 좋아서 그렇게 된 것이라고 느끼게 만든다. 결과적으로 어떤 과제가 주어졌을 때 시도도 해 보지 않고 일찌감치 포기해 버린다. 학습된 무력감을 지니고 있는 아동은 학업성취에 있어서 자신의 잠재력을 거의 발휘하지 못하며, 쉽게 학업을 포기하게 된다(Peterson, Maier, & Seligman, 1993; Seligman, 1988).

우리나라 초등학교 5, 6학년 아동 554명과 그 어머니를 대상으로 한 연구(우희정, 이숙, 1994)에 따르면, 아동의 자기효능감 수준은 성별에 따라 차이를 보이지 않았다. 한편, 가정의 사회경제적 수준, 어머니의 심리적 요인(어머니의 효능감, 결혼만족도)은 어머니의 양육행동에 영향을 미침으로써 아동의 자기효능감에 영향을 미쳤다.

Bandura(2012)는 최근에 개략적이나마 전생애에 걸친 자기효능감의 발달양상을 제시해 주고 있다. 유아는 자신의 환경을 탐색하고, 그것을 통제할 수 있다는 자신감을 갖게 되면서 자기효능감을 발달시키게 된다. 아동이 성장하면서 그들의 사회적 세계 역시 넓혀 나간다. 그리고 점차 또래를 자기효능감의 모델로 그리고 사회적 비교 대상으로 삼는다. 10대들은 이성교제를 통해서 자기효능감을 평가한다. 성인들은 사회인으로서 그리고 부모로서의 새로운 역할에 대해 자신의 능력을 평가하며, 노인들은 은퇴에 대한 적응과 새로운 생활양식의 창출을 통해서 자신의 능력을 재평가한다. 자기효능감은 개인으로 하여금 일생 동안 에너지와 생명력을 가지고 앞으로 나아가게 하는 원동력이 된다. 자기효능감이 낮은 사람들의 경우 자신감을 상실하고, 쉽게 포기하며, 우울증에 빠지게 된다.

4) 자기통제

자기통제(self-control)라 함은 목표를 달성하기 위해 순간의 충동적인 욕구나 행동을 억제할 수 있는 능력을 말한다. 자기통제 능력은 유혹에 저항하는 능력, 만족을 지연하는 능력, 충동을 억제하는 능력으로 구성되어 있다.

만약 충동을 억제하는 것을 배우지 못한다면, 다른 사람의 권리를 침해하거나 규칙을 위반함으로써 아동은 항상 다른 사람과 마찰을 일으킬 것이며, 장기적인 목표달성에 필요한 인내심을 갖지 못하게 될 것이다.

자기통제의 발달에 관한 많은 이론들(Bandura, 1986; Freud, 1960; Kopp, 1987; Mischel, 1986)은 다음과 같은 두 가지 가정을 하고 있다. 첫째, 아동의 행동은 거의 전적으로 외적인 감독(부모 등에 의한)에 의해 통제된다. 둘째, 연령이 증가하면서 아동이 자기통제의 가치를 강조하는 규준을 채택하게 되고, 규준을 따르게 해 주는 자기규제(self-regulatory)의 기술을 습득함에 따라, 자기통제는 점차 내면화되어 스스로 통제할 수 있게 된다는 것이다.

자기통제 능력이 아동기에 급격하게 증가하는 이유는 두 가지로 설명할 수 있다. 그 중 하나는 아동이 인지적으로 성숙함에 따라 자신의 사고와 행동을 규제할 수 있는 보다 효율적인 전략을 사용할 수 있기 때문이다. 또 다른 이유는 자기규제와 자기통제의 가치를 강조하는 규준을 내면화하기 때문이다(Carver & Scheier, 2021; Miller et al., 2020; Schunk, 2020).

아동이 미래의 성취를 위해 즉각적인 욕구만족이나 충동을 억제하는 일은 성숙한 인간으로 성장하는 과정에서 매우 중요한 의미가 있다. 여러 연구에 의하면, 자기통제 능력은 상당히 안정적인 특성일 뿐만 아니라 청년기 자아존중감을 예측해 주는 인지적 능력, 사회적 기술, 자신감 등의 특성과 관련이 있다(Harter, 1990). 그리고 성인기에는 직업적 성공과 대인관계에서의 성공을 예측할 수 있는 특성과도 관련이 있는 것으로 보인다(Hunter & Hunter, 1984; Newman, Caspi, Moffitt, & Silva, 1997). 따라서 자기통제 능력은 '자아'의 중요한 구성요소이다.

아동의 자기통제에 영향을 미치는 변인을 조사한 연구(이경님, 2001)에 따르면, 아동의 신중성이 높을수록 자기통제도 높은 것으로 나타났다. 즉, 상황을 검토하고 심사숙고해 상황적 요구에 대응하며 적절히 행동할 수 있는 신중성은 자기통제를 높이는 중요한 변인임을 알 수 있다. 또한 아동의 자기통제는 사회적 자아개념과 정적 상관을 보여주고 있는데, 친구와 잘 어울리며 친구관계에 잘 적응한다고 지각하는 아동은 자기통제가 높은 것으로 보인다. 한편, 아동의 자기통제와 어머니의 통제적 양육행동은 부적 상관을 보여주었다. 즉, 어머니가 아동에게 권위주의적이고 통제를 많이 할수록 아동의 자기통제는 더 낮아지는 것으로 나타났다.

자기통제가 유아와 아동의 적응과 부적응에 미치는 영향을 살펴보기 위하여 2012년부터 2022년 8월까지 국내에서 출판된 324편의 논문을 메타분석한 이귀애(2023)의 연구에 의하면, 유아와 아동의 적응에 있어 공통적으로 정서조절과 자기조절이 유아기와 아동기뿐 아니라 성인기의 적응에 이르기까지 큰 영향을 미쳤다. 이는 유아기에 형성된 정서조절과 자기조절은 안정적인 특성이 있어 어린 시절의 자기통제가 성인기까지 지속적으로 영향을 미칠 수 있음을 보여준다. 또한 자기통제가 부적응에 미치는 영향은 연령이 증가할수록 누적되었다.

5) 사회인지와 타인이해

사회인지(social cognition)는 사회적 관계를 이해하는 능력이다. 즉, 다른 사람의 감정, 생각, 의도, 사회적 행동들을 이해하는 능력을 말한다. 사회인지는 모든 인간관계의 기본이다. 다른 사람이 무슨 생각을 하는지, 어떻게 느끼는지를 아는 것은 다른 사

Robert Selman

람과 원만한 관계를 유지하고, 그들을 이해하는 데 필수적이다 (Feldman & Ruble, 1988; Gnepp & Chilamkurti, 1988).

사회인지의 발달을 설명하는 이론 중 하나가 Selman의 역할수용(role-taking) 이론이다. 역할수용이란 다른 사람의 입장이 되어 그 기분을 이해하는 능력이다. 역할수용 능력은 자신에 대한 이해뿐만 아니라 타인에 대한 이해를 높이기도 한다. 즉, 역할수용 능력이 뛰어난 아동은 친구의 욕구에 민감하고, 그래서 보다 효율적인 의사소통을 하게 된다.

Selman(1980)은 사회적 역할수용의 발달을 5단계로 나누어 설명하고 있다. 제1단계는 자기중심적 미분화 단계(3~6세)로서 이 단계의 아동은 자신의 입장과 다른 사람의 입장을 구별하지 못한다. 어떤 상황에서 상대방이 어떻게 느끼겠는가를 물어보면 그들은 자신의 느낌을 말한다.

제2단계는 주관적 역할수용 단계(5~9세)이다. 이 무렵의 아동은 다른 사람들은 다른 생각을 가질 수도 있다고 깨닫기 시작하지만 왜 그런지는 이해하지 못한다(LeMare & Rubin, 1987). 이제 아동은 의도적 행동과 비의도적 행동을 구분하기 시작하고, 행동의 원인을 생각하기 시작한다(Miller & Aloise, 1989). 그러나 다른 사람의 의도, 감정, 사고를 추론하기 시작한다고 해도, 사람들이 그들의 진짜 감정을 숨길지도 모른다는 사실은 깨닫지 못하고, 단지 눈에 보이는 사실에 근거해서 결론을 내린다.

제3단계는 상호적 역할수용 단계(7~12세)로서 아동기가 이에 해당한다. 이 단계에서는 다른 사람의 관점을 이해하게 된다. 이러한 능력으로 인해 그 누구의 관점도 절대적으로 옳은 것은 아니라는 사실을 깨닫는다. 즉, 다른 사람의 관점도 자신의 관점과 마찬가지로 옳을 수 있다는 것을 이해하게 된다. 그러나 이 단계에서의 상호적 역할수용 능력은 제3자의 입장은 배제된 '너'와 '나'의 양자관계의 상호성이라는 특징을 갖는다.

제4단계는 제3자적 역할수용 단계(10~15세)이다. 청소년은 이제 자신의 관점, 상대방의 관점 그리고 제3자의 관점까지도 이해할 수 있다. 제3자의 입장에서 자신을 주체로서 그리고 객체로서 바라볼 수 있다. 즉, 제3자의 입장에서 두 사람의 관계를 바라볼 수 있다.

제5단계는 사회관습적 역할수용 단계(12세~성인)로서, 청년은 이제 상호적 역할수용도 언제나 다른 사람을 완전히 이해하게 하는 것은 아니라는 것을 깨닫게 된다. 따라서 이 단계에서는 모든 사람들이 공유할 수 있는 사회적 · 관습적 · 법적 · 도덕적 관점의 복합적 · 상호적 역할수용이 필요하다는 것을 깨닫게 된다. 즉, 청년은 이제 상호간의 이해를 돕기 위해 보편적인 타자(generalized other) 또는 사회제도의 관점을 고려하게 된다.

2. 정서의 발달

사진 설명 커닝을 하고 나서 아동은 죄책감을 느끼게 될 것이다.

유아기 말이 되면 대부분의 기본적 정서는 모두 표현할 수 있지만, 아동기에도 정서발달은 여전히 계속된다. 자긍심이나 죄책감 같은 정서는 이제 성인의 피드백이 없어도 자연스럽게 표출된다. 즉, 부모나 교사가 칭찬하거나 야단치지 않아도 어려운 일을 해내고 나서 스스로 자긍심을 느낄 것이고, 도덕적으로 옳지 못한 일을 하고서는 고통스러운 죄책감을 느낄 것이다(Harter, Wright, & Bresnick, 1987). 특히 아동기에는 자신이 해야 할 일을 하지 않았거나, 커닝을 했거나(사진 참조), 거짓말을 했을 경우 죄책감을 느끼게 되는데, 이러한 변화는 아동기의 보다 성숙한 도덕성을 반영하는 것이다.

우리나라의 아동을 대상으로 분노 및 슬픔 상황에서 아동의 정서조절 동기와 정서조절 전략을 알아본 연구(이지선, 유안진, 1999)에서는, 분노의 표현에서 성차가 나타났는데, 남아는 부정적인 결과를 회피하고자 분노를 조절한 반면, 여아는 분노를 표현함으로써 상대방의 마음을 다치게 해서는 안 된다고 생각함으로써 차이를 보였다. 이는 여아는 남아에 비해 보다 관계지향적인 동기를 가짐으로써 분노를 조절한다는 것을 보여주는 것으로, 전반적으로 정서사회화가 성별에 따라 다르게 나타난 것의 결과로 해석되었다. 슬픔의 정서에서는 남아는 슬픔에 대해 자기보호적인 동기를 가지고 슬픔을 조절하는 반면, 여아는 슬픔이 사회적으로 수용되기 때문에 슬픔의 정서를 조절할 동기를 별로 느끼지 못하는 것으로 보였다.

아동기에는 정서를 표출하는 규칙에 대한 이해도 크게 증가한다(Underwood, Coie, & Herbsman, 1992). 예를 들어, 생일날 자신이 좋아하지 않는 선물을 받았을 때에 실망감을 표현하지 않는 것과 같이, 경우에 따라서는 자신의 감정을 솔직하게 표현하지 않는 것이 좋다는 것을 이해한다. 아동기가 되면 자신의 진짜 감정을 숨기는 일에 점점 능숙해지기 때문에 아동의 진짜 감정이 무엇인지 이해하기 어려울 때가 종종 있다(Saarni,

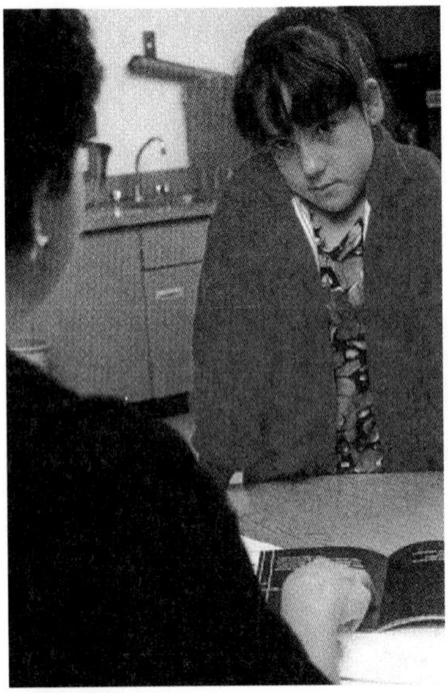

사진 설명 아동기에 자긍심과 죄책감의 정서는 책임관념과 관련이 있다. 사진 속의 아동은 자신이 한 거짓말에 대해 죄책감을 느끼는 표정을 짓고 있다.

Mumme, & Campos, 1998).

아동기에는 또한 얼굴표정이 그 사람의 진짜 정서를 표현하는 것이 아닐 수도 있다는 사실을 이해하기 시작한다. 관련연구(Gnepp, 1983)에서 아동들에게 자신의 생일파티에서 슬픈 표정을 짓고 있는 아동과 예방주사를 맞으면서 웃고 있는 아동의 사진을 보여주었다. 유아기의 아동들은 "친한 친구가 자신의 생일파티에 오지 않았기 때문에 슬픈 표정을 짓고 있으며" "예방주사가 아프지 않았기 때문에 웃고 있다"라고 설명하였다. 한편, 초등학교 고학년 아동들은 얼굴표정이 항상 자신의 진짜 감정을 드러내는 것은 아니라는 사실을 이해하기 시작하는 것으로 나타났다. 예를 들면, "예방주사를 맞는 것이 무척 겁나지만 행복한 척함으로써 두려움을 감소시킬 수 있다" "예방주사를 맞는 것이 무척 두렵지만 자신이 떨고 있다는 것을 다른 사람이 아는 것을 원치 않는다"와 같은 반응을 보였다.

아동기에는 또한 한 가지 이상의 정서를 경험할 수 있다는 사실을 이해하는데, 그 정서는 동시에 긍정적일 수도 있고 부정적일 수도 있으며, 강도가 다를 수도 있다(Harter & Buddin, 1987; Wintre & Vallence, 1994). 예를 들면, 생일날 선물을 받는 것은 기쁜 일이지만, 자신이 원하는 선물을 받지 못하는 것은 슬픈 일이다. 반면, 유아는 같은 상황에 대해 동시에 두 가지 다른 정서를 느낄 수 있다는 사실을 이해하지 못한다. 뿐만 아니라 동일한 상황이 각기 다른 사람들로부터 서로 다른 정서를 유발할 수 있다는 사실도 이해하지 못한다. 이와 같은 정서이해에 대한 변화는 아동기에 발달하게 된다.

아동기에는 만족지연 능력도 증가하는데, 여기에는 자신의 정서를 통제하는 능력이 작용하는 것으로 보인다. 그리고 좌절에 수반되는 긴장을 감소시키는 책략을 사용하는 법을 배우게 된다.

초등학교 3, 4, 5, 6학년을 대상으로 아동의 자기조절 능력에 부모의 정서표현성이 어떠한 영향을 미치는지를 살펴본 연구(유은희, 임미옥, 2006)에서, 남아의 경우에는 아버지의 긍정적 정서표현이, 여아의 경우에는 어머니의 긍정적 정서표현이 아동의 자기조절 능력과 정적 관련이 있는 것으로 나타났다. 부모와의 관계에서 동성 부모와의 정서적 유대가 보다 높아지는 발달적 특성으로 인해 동성 부모의 긍정적 정서표현성이 아동의 자기조절 능력 발달에 영향을 더 많이 줄 수 있는 것으로 보인다.

3. 도덕성발달

도덕성이란 선악을 구별하고, 옳고 그름을 바르게 판단하며, 인간관계에서 지켜야 할 규범을 준수하는 능력을 말한다. 도덕성발달은 자신이 속한 사회의 문화규범에 따라 행동하도록 배우고 이를 자신의 것으로 받아들이는 과정을 통해 이루어진다.

도덕성발달은 주로 세 가지 다른 측면에서 언급되고 있다. 첫째, 어떤 행동의 옳고 그름에 대한 평가인 도덕적 판단, 둘째, 사고나 행동에 대한 정서적 반응(죄책감 등)인 도덕적 감정, 셋째, 어떤 행동이 옳은지 알고 있다고 해서 반드시 그렇게 행동하는 것은 아니므로 실제로 어떻게 행동하느냐 하는 도덕적 행동이 그것이다.

학습이론가들은 도덕적 행동에 영향을 미치는 요인들에 관심을 가지고, 학습이론의 원칙이나 개념을 적용하여 아동이 자기통제를 할 수 있는 능력이나 유혹에 저항할 수 있는 힘 등에 관해 연구한다. 반면, 정신분석이론가들은 죄책감, 불안, 후회 등에 더 많은 관심을 가지는데, 도덕적 감정의 연구에서는 개인의 양심이나 초자아의 역할이 강조된다. 도덕성발달의 또 다른 구성요소인 도덕적 판단은 주로 인지발달이론가들에 의해 연구되는데, 피험자에게 가상적인 도덕적 갈등상황을 제시하고서 피험자가 어떤 반응을 나타내는가에 따라 그 사람의 도덕성 판단의 성숙수준을 측정한다.

1) 인지발달이론

인지발달이론은 도덕성발달을 설명하는 대표적인 이론으로, 도덕적 판단에 관한 대부분의 이론과 연구는 인지발달이론에서 파생된 것이다. 도덕성발달의 인지적 측면은 Piaget에 의해 최초로 제시되었으며, Piaget의 이론을 기초로 하여 Kohlberg는 그의 유명한 도덕성발달이론을 정립하였다.

(1) Piaget의 이론

Piaget(1965)는 5~13세 아동들의 공기놀이(사진 참조)를 관찰함으로써 규칙의 존중에 대한 발달과업을 연구하였다. Piaget는 아동들에게 "게임의 규칙은 누가 만들었는가?" "누구나 이 규칙을 지켜야만 하는가?" "이 규칙들은 바꿀 수 있는가?" 등의 질문을 하였다. Piaget는 규칙이나 정의, 의도성에 대한 이해, 벌에 대한 태도 등의 질문을 근거로 하여, 아동의 도덕성발달 단계를 타율적 도덕성(heteronomous morality)과 자율적

사진 설명 아동들이 공기놀이를 하고 있다.

도덕성(autonomous morality)의 두 단계로 구분하였다.

타율적 도덕성 단계의 아동(4~7세)은, 규칙은 신이나 부모와 같은 권위적 존재에 의해서 만들어진 것으로 믿으며, 그 규칙은 신성하고 변경할 수 없는 것으로 이를 위반하면 벌을 받아야 한다고 생각한다. 이 단계의 아동은 규칙은 변경할 수 없는 절대적인 것으로 생각하기 때문에, 이들에게 공기놀이에 적용할 새로운 규칙을 가르쳐 주어도 기존의 규칙을 그대로 사용해야 한다고 고집하였다. 또 모든 도덕적 문제에는 '옳은' 쪽과 '나쁜' 쪽이 있으며, 규칙을 따르는 것이 항상 '옳은' 쪽이라고 믿는다. 또한 행위의 의도성에 대한 이해에서도, 어떤 행동의 옳고 그름을 행위자의 의도와는 상관없이 단지 행동의 결과만을 가지고 판단한다. 예를 들면, 어머니가 설거지 하는 것을 도와드리다가 실수로 컵을 열 개 깨뜨리는 것이 어머니 몰래 과자를 꺼내 먹다가 컵을 한 개 깨뜨리는 것보다 더 나쁘다고 생각한다(〈그림 15-2〉 참조). 더욱이 타율적 도덕성 단계의 아동은 사회적 규칙을 위반하게 되면 항상 어떤 방법으로든 벌이 따르게 된다는 내재적 정의(immanent justice)를 믿는다. 따라서 만약 6세 남아가 과자를 몰래 꺼내 먹으려다 넘어져서 무릎을 다쳤다면, 그것은 자기가 잘못한 것에 대해 마땅히 받아야 할 벌이라고 생각한다(Shaffer, 1999).

7세부터 10세까지는 일종의 과도기적인 단계로서 타율적 도덕성과 자율적 도덕성이 함께 나타나는 시기이다. 그러나 10세경에 대부분의 아동은 두 번째 단계인 자율적 도덕성 단계에 도달하게 된다. 이 단계의 아동은 점차 규칙은 사람이 만든 것이고, 그 규칙을 변경할 수 있다고 생각하며, 도덕적 판단에서 상황적 요인을 고려하는 융통성을 보인다. 예를 들어, 응급실에 환자를 수송하기 위해 속도위반을 한 운전기사를 부도덕하다고 생각하지 않는다. 옳고 그름에 대한 판단도 이제는 행위의 결과가 아닌 의도성

"철이야, 조심해! 하느님께서는 우리가 하는 짓을 다 보고 계신단 말야. 그리고는 산타 할아버지께 다 일러바칠 거야!"

〈그림 15-2〉 피아제의 도덕적 판단 상황: 행위의 동기와 결과

에 의해 판단하게 된다. 따라서 과자를 몰래 꺼내 먹으려다 컵을 한 개 깨뜨리는 것이 어머니의 설거지를 도우려다가 실수로 컵을 열 개 깨뜨리는 것보다 더 나쁘다고 생각한다. 이 단계의 아동은 또한 규칙을 위반하더라도 항상 벌이 따르지 않는다는 것을 스스로의 경험에 의해 알게 되었기 때문에 더 이상 내재적 정의를 믿지 않는다.

Piaget에 의하면 타율적 도덕성 단계에서 자율적 도덕성 단계로 발달하기 위해서는 인지적 성숙과 사회적 경험이 중요한 역할을 한다고 한다. 인지적 요소로는 자기중심성의 감소와 역할수용 능력의 발달을 들 수 있는데, 도덕적 문제를 여러 가지 각도에서 조망해 볼 수 있게 해 준다. Piaget가 중요하게 여기는 사회적 경험은 또래와의 대등한 위치에서의 상호작용이다. 아동은 또래와 사이좋게 놀고, 공동의 목표를 달성하기 위해서는 다른 사람의 입장에 서 보아야 하며, 갈등이 있을 때는 어떻게 해야 서로 이익이 되는 방식으로 해결할 수 있는지를 배우게 된다. 따라서 대등한 위치에서의 또래와의 접촉은 좀더 융통성 있고 자율적인 도덕성발달에 도움을 준다.

Piaget의 도덕성발달이론을 검증한 대부분의 연구는 Piaget의 이론과 일치하는 결과를 얻었다. 즉, 어린 아동이 나이 든 아동보다 더 많이 타율적 도덕성의 특성을 보였으며(Jose, 1990; Lapsley, 1996), 도덕적 판단은 IQ나 역할수용 능력과 같은 인지발달과 관련이 있는 것으로 나타났다(Ambron & Irwin, 1975; Lapsley, 1996). Piaget의 이론을 지지하는 많은 연구결과에도 불구하고, Piaget의 이론은 아동의 도덕적 판단능력을 과소평

〈그림 15-3〉 행위자의 의도를 보여주기 위한 그림의 예

출처: Nelson, S. A. (1980). Factors influencing young children's use of motives and outcomes as moral criteria. *Child Development, 51*, 823-829.

Daniel K. Lapsley

가했다는 지적이 있다. 예를 들어, 행위의 의도성에 관한 이야기에는 다음과 같은 문제점이 있다. 첫째, 이야기 속의 아동이 나쁜 의도로 작은 손상을 가져온 경우와 좋은 의도를 가졌지만 큰 손상을 가져온 경우를 비교함으로써 의도와 결과가 혼합되어 있다. 둘째, 행위의 결과에 대한 정보가 의도에 대한 정보보다 더 명확하게 제시되어 있다.

Nelson(1980)은 이러한 문제점을 해결하기 위해 3세 유아들을 대상으로 재미있는 실험을 하였다. 이야기 속의 주인공이 친구에게 공을 던지는 상황을 설정했는데, ① 행위자의 동기가 좋으면서 결과가 긍정적인 경우, ② 행위자의 동기는 좋지만 결과가 부정적인 경우, ③ 행위자의 동기는 나쁘지만 결과는 긍정적인 경우, ④ 행위자의 동기도 나쁘고 결과도 부정적인 경우의 네 가지가 그것이다. 3세 유아가 행위자의 의도를 이해할 수 있도록 Nelson은 이야기와 함께 그림을 보여주었다(〈그림 15-3〉 참조).

이 연구에서 3세 유아들은 긍정적인 결과를 가져온 행위를 부정적인 결과를 가져온 행위보다 더 호의적으로 평가하였다. 그러나 〈그림 15-4〉에서 보는 바와 같이, 유아들은 행위의 결과에 관계없이 나쁜 의도를 가졌던 행위보다 좋은 의도를 가졌던 행위를 더 호의적으로 평가하였다. 따라서 유아들은 도덕적 판단에서 행위자의 의도를 고려하고 있다는 것을 알 수 있다. 그러나 유아나 아동 모두 다른 사람의 행위를 평가할 때 의도와 결과를 다 고려하지만, 유아는 아동에 비해 의도보다는 결과에 더 비중을 둔다는

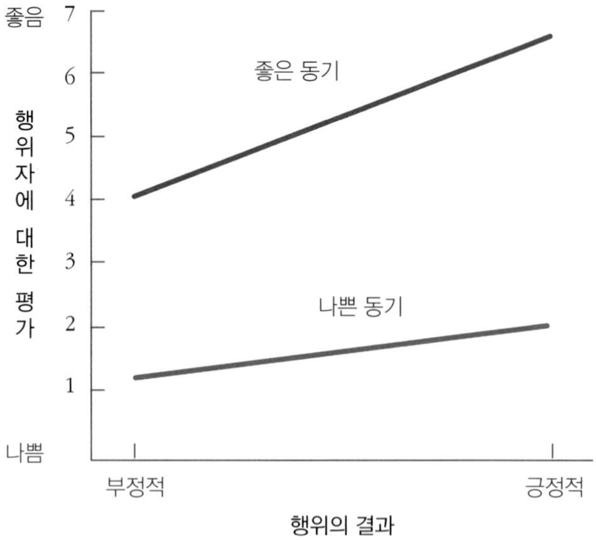

〈그림 15-4〉 동기와 결과에 대한 평가

출처: Nelson, S. A. (1980). Factors influencing young children's use of motives and outcomes as moral criteria. *Child Development, 51*, 823-829.

점에서 Piaget의 이론이 옳다고 볼 수 있다(Lapsley, 1996; Zelazo, Helwig, & Lau, 1996).

3세와 5세 유아를 대상으로 공격행동에 대한 도덕적 판단과 추론에 대해 살펴본 우리나라 연구(박진희, 이순형, 2005)에서, 3세와 5세 유아는 공격행동의 의도를 긍정적인 것과 부정적인 것으로 구분하여 도덕판단을 할 수 있는 것으로 나타났다. 이들은 이기적 동기나 화풀이로 행한 공격행동보다 이타적 동기나 규칙준수를 위한 공격행동을 덜 나쁘다고 판단하였다. 또한 공격행동에 대한 도덕판단은 결과의 제시 유무에 따라 다르게 나타났는데, 3세와 5세 유아는 상처를 입힌 것과 같은 공격행동의 부정적 결과가 제시된 경우에는 결과가 제시되지 않은 경우보다 더 나쁘다고 판단하였다.

또 다른 연구(김유미, 이순형, 2014)에서 유아는 공격행동의 의도와 유형에 따라 도덕판단에 차이가 있는 것으로 나타났다. 즉, 3~5세 유아들은 이기적 공격행동을 이타적 공격행동보다 더 나쁜 것으로 판단하였으며, 신체적 공격을 언어적 공격이나 관계적 공격보다 더 나쁜 행동으로 판단하였다. 이는 유아들도 공격행동의 의도뿐만 아니라 공격유형에 대한 정보를 활용하여 도덕판단을 할 수 있다는 것으로 해석할 수 있다.

(2) Kohlberg의 이론

Kohlberg는 1956년부터 10~16세 사이의 아동과 청소년 75명을 대상으로 하여 도덕

Lawrence Kohlberg

성발달을 연구하기 시작하였는데, 이 연구는 30년 이상 계속되었다. Kohlberg(1976)는 피험자들에게 가상적인 도덕적 갈등상황을 제시하고서 그들이 어떤 반응을 나타내는가에 따라 여섯 단계로 도덕성 발달수준을 구분하였다. 그는 이 갈등상황에 대한 피험자의 응답 자체에 관심을 두지 아니하고 오히려 그 응답 뒤에 숨어 있는 논리에 관심을 가졌다. 즉, 두 응답자의 대답이 서로 다르더라도 그 판단의 논리가 비슷한 경우에는 두 사람의 도덕성 판단수준을 같은 단계에 있는 것으로 보았다. '하인츠와 약사'는 Kohlberg의 도덕적 갈등상황에 관한 가장 유명한 예이다.

피험자는 이 이야기를 다 읽고 나서 도덕적 갈등상황에 대한 몇 가지 질문을 받게 된다. 하인츠는 약을 훔쳐야만 했는가? 훔치는 것은 옳은 일인가, 나쁜 일인가? 왜 그런가? 만약 다른 방법이 전혀 없다면 아내를 위해 약을 훔치는 것이 남편의 의무라고 생각하는가? 좋은 남편이라면 이 경우 약을 훔쳐야 하는가? 약사는 가격 상한성이 없다고 해서 약값을 그렇게 많이 받을 권리가 있는 것인가? 있다면 왜 그런가?

빅토르 위고의 유명한 소설『레 미제라블』또한 도덕적 갈등상황에 기초한 작품이다. 장발장은 굶주린 조카들을 위해 빵을 훔쳐야만 했는가? 우리는 왜 장발장이 빵을 훔치거나 또는 훔치지 말았어야 하는지에 대한 많은 이유를 생각할 수 있다.

하인츠와 약사

유럽에서 한 부인이 암으로 죽어가고 있었다. 의사가 생각하기에 어쩌면 그 부인을 살릴 수 있을지도 모르는 한 가지 약이 있었는데, 그 약은 일종의 라튬으로서 같은 마을에 사는 약사가 개발한 것이었다. 그 약은 재료비도 비쌌지만 그 약사는 원가의 10배나 더 비싸게 그 약을 팔았는데, 아주 적은 양의 약을 2,000 달러나 받았다. 그 부인의 남편인 하인츠는 그 약을 사려고 이 사람 저 사람에게서 돈을 꾸었지만, 약값의 절반인 1,000 달러밖에 구하지 못했다. 그래서 하인츠는 약사에게 가서 자신의 아내가 죽어가고 있으니, 그 약을 조금 싸게 팔든지 아니면 모자라는 액수는 나중에 갚겠으니 편의를 보아달라고 부탁하였다. 그러나 약사는 그 약으로 돈을 벌 생각이라면서 끝내 하인츠의 부탁을 거절하였다. 하인츠는 절망한 나머지 그 약을 훔치기 위해 약방의 문을 부수고 들어갔다.

Kohlberg는 이와 비슷한 도덕적 갈등상황을 몇 가지 더 제시하고 거기서 나온 반응을 분석하여 도덕성발달을 모두 6단계로 구분하였다. 〈표 15-1〉은 Kohlberg의 도덕성발달 단계를 설명한 것이다.

사진 설명 신부님의 은촛대를 훔치는 장발장

Kohlberg 이론의 핵심은 인지발달이다. 각기 상이한 도덕성발달 단계에서는 각기 다른 인지능력이 필요하다는 것이다. 전인습적 수준의 도덕적 판단은 자기중심적이다. 인습적 수준에 도달하고 도덕적 규범을 따르기 위해서는 다른 사람의 견해와 입장을 이해할 수 있어야 한다(Walker, 1980). 그리고 후인습적 수준의 도덕적 추론을 하기 위해서는 형식적·조작적 사고가 필요하다(Tomlinson-Keasey & Keasey, 1974; Walker, 1980). 따라서 구체적 조작기에 있는 사람이 후인습적 도덕수준에 도달할 수는 없다.

Lawrence Walker

역할수용 능력이나 형식적·조작적 사고는 도덕적 성장에 있어서 필요조건이지만 충분조건은 아니다. 다시 말해서 역할수용 능력이 있는 모든 사람이 다 인습적 수준의 도덕적 추론을 하는 것은 아니고, 형식적·조작적 사고를 하는 모든 사람이 다 후인습적 수준에 있는 것은 아니다(Stewart & Pascual-Leone, 1992).

Kohlberg(1976)는 또한 그의 도덕성발달 단계는 1단계부터 6단계까지 순서대로 진행한다고 주장한다. 그러나 모든 사람이 다 최고의 도덕수준까지 도달하는 것은 아니고, 겨우 소수의 사람만이 제6단계에 이를 수 있다고 한다. 청년 후기와 성년기에는 도덕적 판단수준이 안정화되는 경향이 있는데, 대부분의 성인들이 도달하는 도덕적 판단의 수준은 여성의 경우는 대개 3단계이고, 남성의 경우는 그보다 한 단계 높은 4단계라고 한다.

Kohlberg의 도덕성발달이론은 인지적 성숙과 도덕적 성숙과의 관계를 제시한 것이었으며, 도덕성발달 연구에 많은 자극이 되었다. 그럼에도 불구하고 Kohlberg의 도덕성발달이론에 대해서는 몇 가지 문제점이 지적되고 있다.

첫째, Kohlberg의 이론은 도덕적 사고를 지나치게 강조하고 도덕적 행동이나 도덕적 감정은 무시했다는 비판을 받는다(Bandura, 2016; Colby & Damon, 1992; Kurtines & Gewirtz, 1991; Lapsley, 1993; Turiel, 1997; Walker, 2004). 일상의 도덕적 갈등상황은 강력

표 15-1 Kohlberg의 도덕성발달 단계

전인습적 수준 (Preconventional Level) 인습적이란 말은 사회규범, 기대, 관습, 권위에 순응하는 것을 뜻하는데, 전인습적 수준에 있는 사람은 사회규범이나 기대를 잘 이해하지 못한다. 이 수준에 있는 아동은 매우 자기중심적이어서 다른 사람의 입장을 이해하지 못하고, 자신의 욕구충족에만 관심이 있다. 9세 이전의 아동이나 일부 청소년 그리고 성인 범죄자들이 이 수준에 있다.	**1단계: 벌과 복종 지향의 도덕** 이 단계의 아동은 결과만 가지고 행동을 판단한다. 즉, 보상을 받는 행동은 좋은 것이고, 벌받는 행동은 나쁜 것이다. 이 단계에서 아동은 벌을 피하기 위해 복종한다. 예를 들면, 훈이는 부모에게 야단맞을까 봐 차가 달리는 거리에서 뛰어다니지 않는다.
	2단계: 목적과 상호교환 지향의 도덕 자신의 흥미와 욕구를 만족시키기 위해 규범을 준수한다. 이 단계에서 아동은 다른 사람의 입장을 고려하기 시작하지만, 대부분 자신이 원하는 것을 얻기 위해서이다. 예를 들면, 훈이는 어머니가 약속한 상 때문에 찻길에서 뛰어다니지 않는다.
인습적 수준 (Conventional Level) 이 수준에 있는 아동이나 청년은 다른 사람의 입장을 더 잘 이해하게 되고, 이제 도덕적 추론은 사회적 권위에 기초하며 보다 내면화된다. 그리고 사회관습에 걸맞은 행동을 도덕적 행동이라 간주한다. 대부분의 청년과 다수의 성인이 이 수준에 있다.	**3단계: 착한 아이 지향의 도덕** 다른 사람들의 기대 때문에 그리고 다른 사람으로부터 인정을 받기 위해 착한 아이로 행동한다. 이 단계에서는 동기나 의도가 중요하며, 신뢰, 충성, 존경, 감사의 의미가 중요하다. 예를 들면, 숙이는 동생 훈이가 자기를 믿기 때문에, 훈이가 담배 피우는 것을 부모님께 말씀드리지 않는다.
	4단계: 법과 질서 지향의 도덕 추상적 사고를 할 수 있는 능력으로 인해 청년은 이제 자신을 사회의 일원으로 생각하게 되고, 그래서 사회기준에 따라 행동을 평가하게 된다. 사회질서를 위해 법을 준수하는 행동이 도덕적 행동이라고 생각한다. 예를 들면, 훈이 아빠는 사회의 법과 질서를 준수하기 위해 보는 사람이 없더라도 '멈춤' 표지판 앞에서 차를 멈춘다.
후인습적 수준 (Postconventional Level) 후인습적 수준에 있는 사람은 사회규범을 이해하고 기본적으로는 그것을 인정하지만 법이나 관습보다는 개인의 가치기준을 우선시한다. 일반적으로 20세 이상의 성인들 중 소수만이 이 수준에 도달한다.	**5단계: 사회계약 지향의 도덕** 법과 사회계약이 '최대 다수의 최대 행복'이라는 전제하에 만들어졌다는 것을 이해하고, 모든 사람의 복지와 권리를 보호하기 위해 법을 준수한다. 그러나 때로는 법적 견해와 도덕적 견해가 서로 모순됨을 깨닫고 갈등상황에 놓인다.
	6단계: 보편원리 지향의 도덕 법이나 사회계약은 일반적으로 보편적 윤리기준에 입각한 것이기 때문에 정당하다고 믿는다. 따라서 만일 이러한 원칙에 위배될 때에는 관습이나 법보다 보편원리에 따라 행동한다. 보편원리란 인간의 존엄성, 인간의 평등성, 정의 같은 것을 말한다.

한 정서반응을 불러일으키므로, 도덕적 정서나 동기를 간과하는 어떤 이론도 완전하지 못하다는 주장이 있다(Haidt, Koller, & Dias, 1993; Hart & Chmiel, 1992). 더욱이 도덕성 연구에서 우리의 궁극적인 관심은 실제로 어떻게 행동하는가 하는 점이다. 아무리 높은 수준의 도덕적 판단을 하더라도 도덕적으로 옳지 못한 행동을 하면 아무런 소용이 없다. 우리는 무엇이 옳은 일인지 알면서도 그렇게 행동하지 않는 경우가 종종 있다.

사진 설명 어떤 문화에서는 후인습적 사고가 존재하지 않는다.

둘째, Kohlberg의 도덕성발달이론은 문화적 편견을 보이기 때문에, 그의 도덕성발달 단계는 모든 문화권에서 보편적인 현상이 아니라는 지적을 받는다(Gibbs, 2014; Miller & Bland, 2014). 저개발국가, 특히 민주주의를 채택하고 있지 아니한 사회에서는 높은 단계에 도달하는 사람이 거의 없다. 연구결과, 아동이나 청소년은 모든 문화권에서 3, 4단계까지는 순차적인 발달을 하는 것으로 보인다. 문제는 후인습적 사고가 단지 어떤 문화권에서는 존재하지 않는다는 점이다. Kohlberg의 후인습적 추론은 서구 사회의 이상인 정의를 반영하기 때문에, 비서구 사회에 사는 사람이나 사회규범에 도전할 정도로 개인의 권리를 높이 평가하지 않는 사람들에게는 불리하다(Shweder, Mahapatra, & Miller, 1990). 사회적 조화를 강조하고 개인의 이익보다는 단체의 이익을 더 강조하는 사회에서는 정의에 대한 개념이 인습적 수준에 머무르게 된다(Snarey, 1985; Tietjen & Walker, 1985). 대만의 성인을 대상으로 한 도덕적 추론 연구(Lei, 1994)에 의하면, Kohlberg의 5단계와 6단계는 나타나지 않았으며, 우리나라의 연구(강영숙, 1981)에서도 6단계로의 이행은 전혀 나타나지 않았다.

셋째, Kohlberg의 이론은 또한 여성에 대한 편견을 나타내고 있다는 비판을 받는다. 그의 이론은 남성만을 대상으로 한 연구를 기초로 해서 도덕성 발달수준을 6단계로 나누고, 대부분의 남성은 4단계 수준에 그리고 대부분의 여성은 3단계 수준에 머문다고 하였다. Gilligan(1977)은 Kohlberg의 도덕성발달이론은 추상적인 추론을 강조함으로써 남성의 성역할 가치가 크게 평가되고, 상대적으로 여성의 성역할 가치의 중요성은 과소평가되었다고 주장한다. 즉, Kohlberg는 여성의 도덕적 판단에서 나타나는 대인

Carol Gilligan

관계적 요소를 평가절하함으로써, 도덕적 추론에서 여성들이 내는 다른 목소리(different voice)를 무시했다는 것이다.

Gilligan(1977, 1982, 1993, 1996)에 의하면 남아는 독립적이고, 단호하며, 성취지향적으로 사회화되므로, 도덕적 갈등상황을 해결하는 데 있어 다른 사람의 권리나 법과 사회적 관습을 중시하게 된다. 이것은 Kohlberg의 도덕성발달 중 4단계에 반영되는 견해이다. 반면, 여아는 양육적이고, 동정적이며, 다른 사람의 욕구에 대한 관심을 강조하는 사회화로 인해, 다른 사람과의 관계를 중시하는 도덕적 판단을 하게 되는데, 이것은 주로 Kohlberg의 도덕성발달 중 3단계에 반영되는 견해이다. 결과적으로 남성은 개인의 권리를 존중하는 법과 질서를 우선하는 정의의 도덕성(morality of justice)을 지향하게 되고, 여성은 다른 사람에 대한 책임과 복지가 핵심인 배려의 도덕성(morality of care)을 지향하게 된다고 한다.

한편, Gilligan의 이론에 대해서도 문제가 제기되고 있는데(Walker & Frimer, 2011), 여러 연구결과를 종합한 메타분석에서 도덕적 판단에서의 성차에 대한 Gilligan의 주장에 의문을 제기한다(Jaffee & Hyde, 2000). 일반적으로 여성은 추상적인 정의지향보다는 다른 사람과의 관계를 중시하는 배려지향의 경향이 있지만 필요에 따라서는 둘 다 모두를 지향하게 된다는 것이다(Blakemore, Berenbaum, & Liben, 2009).

(3) Turiel의 영역구분이론

Elliot Turiel

Kohlberg의 인지적 도덕성발달이론이 갖는 한계점, 즉 문화적 편견 및 도덕적 판단과 도덕적 행위의 불일치 등을 극복하기 위해 대두된 이론이 Turiel의 영역구분이론이다. Turiel(1983)은 도덕적 영역(moral domain), 사회인습적 영역(social-conventional domain) 그리고 개인적 영역(personal domain)으로 구분되는 영역구분 모형을 제시하였다.

Turiel의 이론은 모든 문화권에서 보편적인 도덕적 영역과 각 문화권에서 특수한 사회인습적 영역을 구분함으로써 문화적 편견을 극복할 수 있다는 이론이다. 또한 동일한 사태를 어떻게 개념적으로 규정하느냐에 따라 행위를 정당화할 수 있기 때문에, 도덕적 판단과 도덕적 행위 간의 불일치를 극복할 수 있다고 한다(김상윤, 1990).

영역구분이론에서 도덕적 영역, 사회인습적 영역, 개인적 영역은 각기 상이한 내용으로 구성된다(송명자, 1992; Turiel, 1983, 2014, 2018). 도덕적 영역은 인간의 권리와 존엄성, 생명의 가치, 정의, 공정성 등과 같이 보다 근원적이고 본질적인 도덕적 인식과 판단내용을 포함한다. 따라서 도덕적 영역은 모든 시대, 모든 문화권에서 동일하게 통용되는 문화적 보편성을 지닌다.

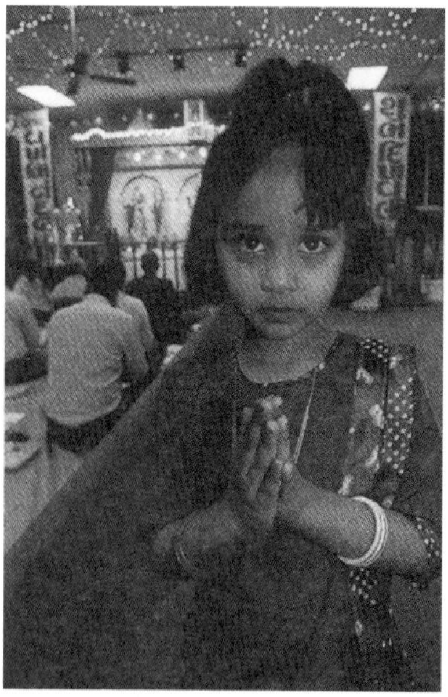

사진 설명 사회인습적 영역은 문화적 특수성을 지닌다. 인도의 이 소녀는 "아버지가 돌아가신 다음날 닭고기를 먹는 것은 부도덕한 행동이다"라고 말한다. 왜냐하면 인도사람들은 그렇게 함으로써 아버지의 영혼이 구제받지 못한다고 믿기 때문이다.

사회인습적 영역은 식사예절, 의복예절, 관혼상제의 예법, 성역할 등과 같이 특정의 문화권에서 그 구성원들의 합의에 의해 정립된 행동규범을 의미한다. 그러나 어떤 행동이 일단 인습적 규범으로 정립되면 그 성원들에게 강력한 제약을 가하게 되며 도덕적 성격을 띠게 된다. 사회인습적 영역은 시대, 사회, 문화 등 상황적 맥락에 따라 달라지는 문화적 특수성을 지닌다.

개인적 영역은 도덕적 권위나 인습적 규범의 영향을 받지 않는 개인의 건강, 안전, 취향 등의 사생활에 관한 문제 영역이다. 개인적 영역은 자아를 확립하고 자율성을 유지하기 위한 주요 수단이 되지만 사회인습적 규범과 갈등을 일으킬 가능성이 있다.

Turiel의 영역구분이론이 가지고 있는 이론적 논리성과 경험적 근거에도 불구하고 이 이론에 대해 문제점이 제기되고 있는데, 영역혼재 현상(domain mixture phenomenon)과 이차적 현상(secondary order phenomenon)이 그것이다.

동일한 사태가 여러 영역의 특성을 공유함으로써 영역구분을 어렵게 만드는 것이 영역혼재 현상이다. 낙태, 성역할, 혼전순결 등은 영역혼재 현상의 대표적인 예가 된다(Smetana, 1983, 2011, 2013). 낙태의 경우를 예로 들어보자. 인간의 생명은 수정되는 순간부터 시작되는 것이므로 그 생명을 제거하는 낙태는 도덕적 영역에 속한다. 그러나 낙태를 합법적으로 인정하는 사회도 있으므로, 이 경우 낙태에 대한 도덕적 판단은 사회인습적 영역에 속하게 된다. 그리고 개인에 따라서는 낙태를 개인이 선택해야 할 문제로 인식하는 개인적 영역의 성격도 갖는다(송명자, 1992).

Judith Smetana

이차적 현상은 최초에는 인습적 성격을 띤 사태가 그 후 도덕적

Larry Nucci

결과를 낳게 되는 현상을 말한다. 예를 들어, 줄서기, 식사예절, 의복예절 등은 사회질서를 유지하기 위한 인습적 문제이지만, 이를 위반했을 경우 타인의 권리를 침해하거나 타인의 감정을 상하게 하므로 결국은 도덕적 문제를 야기하게 된다. 이러한 인습적 사태의 이차적 현상화는 인습에 대한 동조를 강조하는 교사나 부모, 그 외 다른 사회화 인자에 의해 강화되는 것으로 보인다(Nucci & Nucci, 1982; Nucci & Turiel, 1978).

만일에 모든 도덕적 사태들이 여러 영역이 혼재되어 있는 다면적 사태로 인식된다면, 영역구분이론은 그 설정근거를 상실하게 된다. 특정 문화권에서 도덕적 영역으로 인식된 사태를 다른 문화권에서 사회인습적 영역으로 인식하거나, 반대로 사회인습적 영역을 도덕적 영역으로 인식하는 영역구분의 문화권 간 차이는 영역구분이론에서도 역시 문화적 보편성과 특수성의 문제를 해결하지 못했음을 반영하기 때문이다.

영역구분의 문화권 간 차이는 우리나라의 아동을 대상으로 한 연구(Song, Smetana, & Kim, 1987)에서도 나타났다. 서구의 아동은 '인사를 하지 않는 것'을 사회인습적인 것으로 지각하는 데 반하여, 우리나라의 아동은 도덕적인 것으로 지각하였다. 즉, 미국 아동들은 '인사'란 본질적으로 도덕적인 것이 아니고, 단지 그러한 규범이 정해져 있으므로 따라야 하는 것으로 생각하지만, 우리나라의 아동들은 인사를 하지 않는 것은 사회적 관습이나 규칙에 의한 제재여부를 막론하고 본질적으로 나쁜 것으로 믿고 있었다. 우리 사회는 '경로효친'이라는 한국적 정서로 인해 어른에게 인사하는 것(사진 참조)이 당연하다는 의미에서 도덕률에 해당되는 것으로 볼 수 있다.

우리나라 만 5세 유아의 도덕적 판단력, 도덕적 감정과 도덕적 행동과의 관계에 관한 연구(김진아, 엄정애, 2006)에서, 만 5세 유아들은 심각성, 규칙독립성, 보편성, 응분의 벌의 4가지 준거를 모두 사용하여 도덕적 규칙과 인습적 규칙을 구분하는 것으로 나타났다. 즉, 유아들은 인습규칙보다 도덕규칙을 위반하는 것이 더 나쁘고 엄한 벌을 받아야 하는 것으로 판단했고, 인습규칙보다 도덕규칙을 규칙이 없어도, 시대나 장소에 관

계없이 지켜야 하는 것으로 판단했다.

Mordecai Nisan

이상에서 살펴본 바와 같이 영역혼재 현상과 이차적 현상은 영역구분이론의 타당성을 크게 위협하는 것으로 보인다. 또한 영역구분이론이 Kohlberg 이론에 비해 각 문화권의 도덕적 특수성을 반영하는 동시에 모든 문화권에 보편적으로 적용될 수 있다는 Turiel의 주장도 연구결과 크게 지지받지 못한 것으로 보인다(Nisan, 1987; Shweder, Mahapatra, & Miller, 1990).

2) 사회학습이론

사진 설명 도덕적으로 행동하는 모델에 노출된 아동은 자신도 그러한 행동을 하게 된다.

도덕적 갈등상황에 직면했을 때 아동이 어떻게 사고하는가를 아는 것은 중요한 일이다. 그러나 보다 중요한 것은 그들이 과연 어떻게 행동하느냐 하는 것이다. 가령 도덕적 판단은 Kohlberg의 5~6단계 수준에 도달했다고 하더라도 거짓말쟁이, 사기꾼, 범죄자로 행동한다면 아무 소용이 없다. 그러므로 사회화의 궁극적인 목적은 아동들로 하여금 올바른 행동을 하게 하는 데 있다.

도덕적 행동은 주로 사회학습이론가들에 의해 연구되는데, 다른 모든 행동과 마찬가지로 강화, 처벌, 모방 등으로 설명한다. 법이나 사회관습에 일치하는 행동이 보상을 받으면 아동은 그 행동을 계속하게 되고, 도덕적으로 행동하는 모델에 노출되면 아동 또한 그러한 행동을 채택하게 된다(Ma et al., 2018). 반면, 비도덕적인 행동이나 바람직하지 못한 행동으로 벌을 받게 되면 그러한 행동은 하지 않게 된다.

만약 아동이 규칙을 준수할 것을 배웠다면, 규칙을 위반하고자 하는 유혹에 직면했을 때 그 유혹을 이겨낼 수 있어야 한다. 사회화의 주요 목적은 외적인 감독이나 보상 또는 처벌로부터 자유로울 때조차도 사회의 규칙들을 고수하려는 능력과 의욕을 아동들에게 심어주는 것이다. 사회학습이론가들은 아동들이 외적인 감독이 없을 때에 유혹을 견디는 과정을 기술함에 있어 자기통제라는 용어를 사용하기를 좋아한다. 이것은 정신분석학에서 말하는 내면화라는 개념과 비슷한 것이다. 차이가 있다면, 단지 정신분석학의 경우는 행위로부터 추론하는 감정에 관심을 두는 반면, 사회학습적 견해는 일차적으로 행동에 관심을 둔다는 점이다.

Bandura(1977)는 행위의 도덕기준이 학습과 모델링에 의해 설정되면 개인은 자기평가적 능력을 갖게 된다고 한다. 그러면서 사회화가 제대로 이루어진 아동들은 자기자신을 위해 하위목표를 설정하고, 그 기준들에 부합하거나 능가했을 때는 자기자신을 보상하며, 그 기준에 미달할 때는 자신을 벌한다는 주장을 한다. 이것이 바로 자기통제의 과정이다.

3) 정신분석이론

Freud(1933)는 인간의 성격구조는 원초아와 자아 그리고 초자아로 구성되어 있다고 하였는데, 도덕성 발달은 초자아의 발현을 통해서 이루어진다고 보았다. 초자아는 남근기에 발생하는 오이디푸스 콤플렉스를 해결하는 과정에서 형성된다. 오이디푸스 콤플렉스의 해결책으로 아동이 같은 성의 부모와 동일시하게 되면 초자아를 통해서 부모의 행동이나 가치기준을 내면화하게 된다. 이렇게 내면화된 부모의 가치기준이나 외적 규범에 위배되는 행동을 하게 되면 죄책감을 느끼게 된다.

정신분석이론에서는 인생의 초기단계에 아동이 부모의 기준이나 사회의 규범에 적응하게 되면서 도덕성발달이 이루어진다고 보았다. 그리고 도덕성이 발달함에 따라 아동은 사회의 규범을 내면화해서 반사회적 행동을 억제하고, 이를 위반했을 때에는 불안감과 죄책감을 느끼게 된다고 보았다. 따라서 죄책감이 형성되면 아동은 이로부터 벗어나기 위해 더욱더 사회의 규범에 순응하게 되고 그렇게 함으로써 도덕성발달이 이루어진다는 것이다.

도덕적 감정은 주로 죄책감을 통해서 측정된다. 일탈하고자 하는 유혹에 직면했을 때에 죄책감을 쉽사리 느끼는 아동은 불안감을 피하기 위해 유혹에 저항하게 되지만, 죄책감을 별로 느끼지 않는 아동은 유혹에 넘어가지 않을 이유가 없다. 여기서 죄책감으로 인해 도덕적 행동을 하게 된다는 가설이 성립된다. 그러나 연구결과(Maccoby, 1959; Santrock, 1975) 죄책감과 실제 행동과의 관계는 미약한 것으로 나타났다. 비록 Freud의 가설이 연구결과로 뒷받침되지는 않았지만, 죄책감이 도덕적 행동을 유발하는 것으로 보는 견해도 있다(Boele et al., 2019).

Freud(1933)는 또한 여성의 도덕성발달은 불완전하다고 주장하였다. 이는 초자아의 형성은 오직 거세불안에 의해서 완전해지는 것인데, 여성에게는 거세불안이 없는 만큼 보다 약한 초자아를 발달시키게 되어 도덕적인 면에서 남자보다 덜 엄격한 편이라는 것이다. 그러나 이러한 주장은 단순히 Freud 자신의 문화적 고정관념을 반영한 것일 뿐이라는 비판을 받는다. Hoffman(1980)은 남성보다 여성이 도덕적 원리를 보다 더 잘 내면화한다고 하면서, 이는 도덕적으로 옳지 못한 일이 여성에게는 죄책감과 연결되나 남성에게는 탄로와 처벌의 두려움과 연결되기 때문이라고 하였다.

4) 도덕성발달과 영향요인

(1) 부모의 영향

애정지향적이고 수용적인 양육태도는 자녀의 도덕성발달에 긍정적인 영향을 미치고, 지나치게 엄격하고 통제적인 양육태도는 부정적인 영향을 미친다. 아동은 부모에게서 사랑받고 신뢰받음으로써 도덕적 기준을 내면화하고, 다른 사람에 대한 배려도 하게 된다(Thompson & Newton, 2010). 한편, 체벌을 포함한 힘을 사용하는 훈육법은 자녀로 하여금 단지 잘못을 들키지 않도록 조심하게 함으로써 내적 통제능력을 길러주지 못한다고 한다(Hower & Edwards, 1979).

사진 설명 논리적 추론을 사용하는 훈육법은 자녀의 내면적 도덕성 발달을 촉진시킨다.

부모의 양육행동 연구(Brody & Shaffer, 1982)에 따르면, 논리적 설명(reasoning)이 애정철회나 권력행사보다 자녀의 도덕성발달과 더 관련이 있는 것으로 나타났다. 여기서 '애정철회'란 자녀에게 더 이상 애정이나 관심을 보이지 않는 양육행동으로 다음과 같은 예를 들 수 있다. "네가 만일 또 그런 짓을 하면 나는 더 이상 너를 사랑하지 않아"라는 것이 그것이다. '권력행사'는 체벌이나 위협 등 힘을 사용하는 훈육법이고, '논리적 설명'은 자녀의 행동이 다른 사람에게 어떤 결과를 초래하는지를 설명하는 것이다.

도덕성발달 이론가인 Hoffman(1970, 1980, 1988)은 애정철회나 힘을 사용하는 훈육법은 아동에게 지나친 자극을 주게 되어 효과적이지 못하지만, 논리적 추론을 사용하는 훈육법은 자녀에게 무조건 부모가 시키는 대로 하라고 하는 대신에 왜 그렇게 해야 하는가를 설명해 주고, 또한 자녀의 옳지 못한 행동이 다른 사람에게 어떤 영향을 미치는가를 설명해 줌으로써 내면화된 도덕성을 발달시킨다고 한다.

도덕성발달에 좋지 못한 영향을 미치는 또 다른 양육태도는 비일관성이다. 일관성 없는 부모의 기대 또는 훈육법은 혼란과 불안, 적의, 불복종을 초래하고 심지어는 청소년 범죄 등을 유발한다(Bandura & Walters, 1959). 부모는 또한 도덕성발달에 있어서 역할모델 노릇을 한다. 아동들은 특히 나쁜 행동을 쉽게 모방하기 때문에, 자녀에게 좋은 모델 노릇을 하기 위해서는 부모 자신이 도덕적이어야 한다.

우리나라 아동과 청소년의 도덕성발달과 가정환경과의 관계를 알아본 연구(허재윤, 1984)에 의하면, 부모의 학력, 사회경제적 지위, 문화수준 등 지위요인이 도덕성발달과 관계가 있는 것으로 보인다. 그리고 가족구성원 간의 유대관계가 깊고 일체감이나 공동체의식이 클수록 아동들의 도덕성 발달수준이 높으며, 부모의 양육태도가 애정지향적이고, 자율적이며, 개방적일 경우 자녀의 도덕성 발달수준이 높은 것으로 나타났다.

Margaret A. Lloyd

(2) 또래의 영향

아동의 도덕성발달에 미치는 부모의 영향이 지대하지만 또래의 영향 또한 중요하다. 부모의 가치관과 또래의 가치관이 일치할 경우에는 도덕적 가치를 강화하는 데 도움이 되지만, 이들이 서로 다를 경우에는 아동이 도덕적 결정을 내리는 데 갈등을 느끼게 된다. 또래집단은 비행집단이나 소외된 청년문화와 같은 탈선적 청년 하위문화의 발달에 중요한 영향을 미치는 것으로 보인다(Lloyd, 1985).

Kohlberg는 자신보다 단계가 높은 도덕적 추론에 접하게 되면, 인지적 불평형 상태를 유발하므로 높은 수준으로의 상향이동이 이루어진다고 주장한다. 하지만 연구결과 항상 상향이동으로만 도덕성발달이 이루어지는 것은 아니라는 것이 밝혀졌다. 아동이나 청소년은 또래와 함께 있을 때에는 반사회적 행동에 대해 불안이나 죄책감을 덜 느끼게 되므로, 아주 낮은 단계에까지 퇴행하는 경향이 있다는 것이다(Hoffman, 1980).

사진 설명 TV에 나타나는 폭력은 공격적 행동뿐만 아니라 도덕적 가치나 행동에도 영향을 미친다.

(3) 대중매체의 영향

오늘날에 와서 텔레비전은 부모나 교사와 동일한 영향력을 지닌 사회화 인자로서 주목을 받게 되었다. 텔레비전 시청은 아동들의 중요한 일과로서 하루에 평균 4시간 이상을 텔레비전 시청으로 보낸다는 보고가 있다(Liebert, Sprafkin, & Davidson, 1982). 텔레비전이나 영화에 나오는 역할모델을 관찰함으로써 태도, 가치, 정서적 반응, 새로운 행동들을 학습한다. 보다 구체적으로 이러한 모델을 통해서 도덕적 판단이나 도덕적 행동들을 배우게 된다(Bandura, Grusec, & Menlove, 1967).

최근 연구에서 텔레비전에서 이타적 행동을 하는 모델을 본 아동들은 보다 이타적이 되고, 공격적 행동을 하는 모델을 본 아동은 더 공격적이 되는 것으로 나타났다(Maloy et al., 2014; Parke et al., 2008; Truglio & Kotler, 2014). 즉, 텔레비전에 나타나는 폭력은 공격적 행동뿐만 아니라 도덕적 가치나 행동에도 영향을 미치는 것으로 보인다.

Robert W. Maloy

4. 친사회적 행동

오늘날 많은 발달심리학자들은 감정이입, 동정심, 자아존중감 등 긍정적인 감정은 도덕성발달과 정적 상관이 있고, 분노, 수치심, 죄책감 등 부정적인 감정은 도덕성발달과 부적 상관이 있다고 믿는다.

지금까지의 사회심리학에서는 인간발달에서 부정적 측면을 지나치게 강조해 왔다. 그러나 최근에 와서는 인간본질의 긍정적인 측면에 관심을 가지게 되었는데, 그 이유는 다음과 같다. 즉, 인본주의 심리학의 성장, 평화운동, 인권에 대한 관심, 지구상의 자원에 대한 공평한 분배를 원하는 인간의 욕망 등이 연구의 초점을 반사회적 행동에서 친사회적 행동으로 옮겨놓은 것이다(Bryan, 1975; Hoffman, 1977). 또 한편으로는 반사회적 행동이 사회를 위협하기 때문에 친사회적 행동에 초점을 맞추려는 실용적인 이유도 있다(Wrightsman, 1977).

Lawrence S. Wrightsman

친사회적 행동은 다른 사람을 이롭게 하는 행동으로서 친구에게 자기 소유물을 나누어주거나, 곤경에 처한 사람을 돕거나, 자기 자랑보다는 남을 칭찬하고, 다른 사람의 복지증진에 관심을 갖는 것을 포함한다(Hay, 1994).

친사회적 행동을 설명하는 몇 가지 이론이 있다(Perry & Bussey, 1984; Shaffer, 1994). 동물행동학과 사회생물학에서는 친사회적 행동을 종의 생존을 보장해 주는 인간본질의 기본적 구성요소로 본다. 반면, 정신분석이론과 인지발달이론 그리고 사회학습이론에서는 친사회적 행동은 유전적인 것이 아니고 학습된 것이라고 본다. 즉, 정신분석이론은 성격구조의 하나인 초자아가 발달함에 따라 친사회적 행동이 발달한다고 보았으며, 인지발달이론은 친사회적 행동은 인지발달과 마찬가지로 단계적으로 발달하는데, 여기에는 역할수용이라는 사회인지 기술이 결정적인 요인이라고 보았다. 그리고 학습이론은 다른 모든 행동에서와 마찬가지로 친사회적 행동의 발달에서 강화와 벌의 중요성을 강조한다.

우리나라 만 3~6세를 대상으로 한 유아의 친사회적 행동발달에 관한 연구(홍혜란, 하지영, 서소정, 2008)에서 여아가 남아보다 친사회적 행동의 하위요인 가운데 감정이입과 조절하기를 더 잘하는 것으로 나타났다. 연령이 높아질수록 친사회적 행동발달의 모든 하위요인 및 전반적인 친사회적 행동발달 수준이 높은 것으로 나타났다. 또한 친사회적 행동에 가장 큰 영향을 미치는 변인은 유아의 정서지능 하위요인 중 정서표현으로 나타났으며, 다음으로 감정이입, 정서조절, 타인정서인식 순으로 친사회적 행동에 영향을 미치는 것으로 나타났다.

1) 이타적 행동

아동들은 종종 자기중심적이고 이기적인 것으로 묘사되지만, 아동들의 이타적 행동의 예는 수없이 많다. 호혜성(reciprocity)이 이타적 행동과 관련이 있는데(Brown, 1986), 호혜성은 다른 사람이 나에게 해 주기를 원하는 것을 다른 사람에게 그대로 해 주는 것을 말한다.

친사회적 행동의 동기가 어디에 있느냐에 따라 이타적 행동인지 아닌지를 구분한다. 즉, 같은 친사회적 행동이라 할지라도 그 동기가 자신의 친사회적 행동으로 인하여 자신에게 돌아올 어떤 보상을 기대하지 않을 경우, 그래서 오로지 다른 사람을 이롭게 할 경우에만 이타적 행동으로 간주한다. 그러나 친사회적 행동의 진정한 동기가 과연 무엇인지 우리가 실제로 알 수 없다는 문제가 제기된다. 따라서 동기가 무엇이든 다른 사람을 이롭게 하는 행동이면 모두 이타적 행동으로 간주하기도 한다. 이때의 이타적 행동은 친사회적 행동과 비슷한 개념이다.

아동의 이타심에는 곤경에 처한 사람에 대한 감정이입적 또는 동정적 정서가 작용하고, 수혜자가 자신과 가까운 사이일 때 그것은 더욱 증가한다(이옥경, 2002; Clark, Powell, Ovelletle, & Milberg, 1987). 곤경에 처한 사람을 위로하고 또 관심을 갖는 행동은 취학 전에도 나타나기는 하지만, 이타적 행동은 유아기보다 아동기에 더욱 자주 발생한다(Eisenberg, 1991).

Eisenberg-Berg와 Hand(1979)는 도덕적 추론과 이타적 행동에 관한 연구에서 취학 전 아동을 대상으로 다음과 같은 가상적 이야기를 들려주었다.

어느 날 숙이가 친구의 생일잔치에 초대되어 급히 가고 있던 중 한 아이가 넘어져서 다리를 다친 것을 보았다. 그 아이는 숙이에게 자기 집에 가서 부모님께 이 사실을 알려 줄 것을 부탁하였다. 만약 그 아이의 부탁을 들어준다면 숙이는 생일잔치에 늦어 맛있는 생일 케이크와 아이스크림을 못 먹게 되고, 재미있는 게임도 다 놓치게 될 것이다. 숙이는 이때 어떻게 해야 할까? 그리고 그 이유는 무엇인가?

연구결과, 나이가 어릴수록 쾌락주의적 추론을 하는 경향이 있고(예: 나는 생일케이크를 좋아하기 때문에 숙이는 생일잔치에 가야 한다), 연령이 증가함에 따라 점점 수혜자의 욕구를 이해하는 경향이 있다(예: 그 아이가 다리를 다쳐서 아프니까 숙이는 그 아이를 도와주어야 한다). 그리고 다른 사람의 욕구를 언급하면서 이타적 행동을 정당화하는 사람들은 감정이입 점수도 높았다(Bar-Tal, Raviv, & Leiser, 1980; Eisenberg-berg & Hand, 1979).

사진 설명 Daniel Bar-Tal이 아동과 함께

2) 감정이입

감정이입은 다른 사람이 느끼고 있는 감정을 그대로 느끼는 것을 말한다(사진 참조). 즉, 상대방이 슬퍼하면 자기도 슬프고, 상대방이 행복해하면 자기도 행복하게 느끼는 것을 말한다. 감정이입과 역할수용은 다른 것인데, 역할수용은 다른 사람이 느끼고, 생각하고, 지각하는 것을 정확하게 이해는 하지만, 반드시 자신도 그와 똑같이 느낄 필요는 없다. 예를 들

Martin L. Hoffman

면, 자신은 슬픔을 느끼지 않으면서도 상대방이 슬퍼하고 있다는 것을 인지할 수는 있다.

Hoffman(1987, 2000, 2008)은 감정이입의 발달을 4단계로 나누어 설명하는데, 매 단계마다 그 단계에서 아동이 획득한 인지능력이 반영된다.

1단계(0~1세)에서는 영아는 자신과 다른 사람의 존재를 구분하지 못한다. 따라서 다른 사람의 고통을 자기 자신의 불유쾌한 감정과 혼동한다. 즉, 다른 영아에게 일어난 일이 마치 자신에게 일어난 것으로 행동한다.

2단계(1~2세)는 인간영속성(person permanence)의 개념을 획득하게 되는 단계로, 자신이 아니라 다른 사람이 고통을 당하고 있다는 것을 이해한다. 그러나 그 고통에 대한 반응으로 그 사람이 자신과 다른 감정이 있다는 것을 이해하지 못하기 때문에 다른 사람의 고통에 부적절하게 반응한다.

사진 설명 어린 유아들도 감정이입이 가능하다.

3단계(2~3세)에서는 유아는 다른 사람은 자신과는 다른 감정을 가질 수 있다는 것을 깨닫고, 이제 다른 사람의 고통의 원인을 찾아 해결하려고 한다. 그러나 이 단계에서는 고통받는 사람의 존재가 자기 눈앞에 보일 때에만 감정이입이 가능하다.

4단계(아동기)에서는 다른 사람이 고통받는 것을 직접 눈으로 보지 않더라도 상상하는 것만으로 감정이입이 가능하다. 즉, 이때의 감정이입은 아동이 직접 관찰한 곤경에 처한 특정인에 국한되는 것이 아니고, 가난한 사람, 장애인, 사회적으로 버림받은 사람 전반에 걸친 것이다. 이러한 민감성은 이타적인 행동으로 이어질 수 있다(Damon, 1988; Eisenberg et al., 2015; Gibbs, 2014).

Nancy Eisenberg

아동을 대상으로 하여 감정이입 및 역할수용과 친사회적 행동과의 관계를 알아본 연구에서는 감정이입과 역할수용이 친사회적 행동과 관련이 있는 것으로 나타났다(Eisenberg, Spinard, & Sadovsky, 2013).

5. 또래관계

초등학교에 입학하면 아동은 가정 밖에서 보내는 시간이 많아진다. 출생 초기의 사회성발달은 부모와의 애착형성에 기초하는 것이지만, 성장함에 따라 점차 접촉 대상이 확대되어 학교나 또래집단의 비중이 커지게 된다. 이러한 또래집단은 이웃에 살며, 연령이 비슷하고, 동성의 아동으로 구성되며, 외모, 성숙도, 운동기술, 학업성취나 지도력 등에 따라 서열이 형성된다. 사회가 점차 핵가족화 · 소가족화되고 여성 취업률이 증가하고 세대 간의 격차가 심화되면서 과거의 혈육 간의 밀접한 관계를 또래집단이 대신하고 있다.

1) 또래관계의 이론

또래관계를 설명하는 이론에는 동물행동학적 이론, 인지발달이론, 사회학습이론 등이 있다. 이들 세 이론 간에는 뚜렷한 차이가 있지만, 또래집단이 사회화의 원동력이고 사회화 과정에 독특한 영향을 미친다는 점에는 견해를 같이 한다. 바꾸어 말하면, 또래집단은 성인과는 다른 방식으로 아동의 사회화를 촉진한다는 것이다(Perry & Bussey, 1984).

(1) 동물행동학적 이론

동물행동학자들은 특정 형태의 사회적 상호작용은 종(種)의 생존적 가치 때문에 진화되었다고 주장한다. 예를 들어, 모자간의 애착관계는 유아로 하여금 타인에 대한 사회적 반응성을 발달시키고, 환경을 탐색할 수 있도록 하며, 스스로 움직일 수 있을 때까지 생존을 도와주기 때문에 애착관계가 진화된 것이라고 한다. 동물행동학자들은 또래접촉은 사회적으로 유능한 어른으로 성장하는 데 필요한 사회적 기술을 습득하게 하는 필수적인 요인이라고 믿는다. 즉, 또래집단은 아동에게 친구 사귀는 법을 배울 수 있는 기회, 호혜성 규칙을 학습하고 실행할 수 있는 기회, 지배, 공격, 성적 관심과 같은 특정 행동을 사회적으로 허용된 방식에 따라 표현하는 것을 학습할 수 있는 기회 등을 제공한다는 것이다. 요약하면, 또래집단은 아동으로 하여금 사회적 역할을 익히도

Stephen Suomi

록 도와준다고 한다.

원숭이를 대상으로 하여 또래와 접촉하면서 양육된 원숭이와 전혀 접촉을 하지 못하고 양육된 원숭이를 비교한 연구에서, Suomi와 Harlow (1978)는 또래놀이가 어린 원숭이의 발달에 가장 중요한 요인일 수 있다고 주장하였다. 말하자면, 또래놀이가 성숙한 원숭이로 성장하는 데 필요한 발달의 기초를 제공한다는 것이다(사진 참조).

인간을 대상으로 연구한 동물행동학자들 역시 또래집단이 아동의 사회화에 중요한 역할을 하는 적응적 기능이 있음을 강조하였다(Blurton-Jones, 1972). 예를 들면, 새끼 원숭이 집단과 마찬가지로 아동집단 내에서도 위계질서가 형성된다. 일단 아동 개개인의 서열이 정해지면 집단 내의 공격은 감소된다. 싸움이나 말다툼이 일어날 때 아동들은 자신의 서열을 상기시킬 수 있는 지배나 복종의 신호를 서로 교환한다. 가령 두 아동 간에 말다툼이 벌어지면, 둘 중에서 힘이 더 센 아동이 위협적인 몸짓이나 표정으로써 힘이 덜 센 아동에게 싸우면 누가 이기게 될 것인가를 상기시킨다(사진 참조). 이때 힘이 덜 센 아동은 복종하는 신호를 보임으로써 패배를 인정한다. 그리하여 몸싸움이 일어나기 전에 말다툼을 끝낼 수 있다. 이렇게 함으로써 집단 내의 공격은 최소화된다.

또래집단은 아동에게 강자나 약자에게 대처하는 법과 더불어, 보살피고, 보호하며, 가르치고, 책임지는 법을 배울 수 있도록 도와준다(Hartup, 1980). 동물행동학적 견해를 요약하면, 또래집단에서 볼 수 있는 상호작용의 특정 형태는 '어린 것'으로 하여금 성인이 되었을 때에 효율적이고 생산적인 기능을 할 수 있도록 준비하는 데 도움이 되기 때문에 진화과정을 통하여 지속된다는 것이다.

Willard Hartup

(2) 인지발달이론

인지발달이론가들(Kohlberg, 1969; Piaget, 1962)은 사회화 과정에서 또래의 중요성을 강조하면서 또래접촉이 아동에게 사회인지적 기술을 증진시킬 수 있는 기회를 제공한다고 주장한다. 또래접촉을 통해서 사회인지적 기술이 개선됨에 따라 아동은 더 세련된 방식으로 상호작용할 수 있게 된다는 것이다.

태어나서 처음 몇 년 동안 아동은 주로 성인—특히 부모—과 상호작용한다. 인지발달이론에 의하면, 성인은 아동의 사회인지적 기능을 심하게 제한한다고 한다. 무조건 복종해야 한다고 명령하는 권위적 인물하고만 상호작용한 아동은 사회적 추론을 할 기회가 거의 없다. 아동은 부모가 자신에게 한 요구를 정당화할 수 있는 다른 사람의 권리나 감정과 같은 사회적 고려가 있다는 것을 이해하지 못한 채, 부모의 상이나 벌, 결정사항을 주어진 대로 받아들이게 된다. 아동은 성인에 대한 일방적인 존경 때문에 의문이나 말다툼이 생기면 자동적으로 성인에게 그 해결을 기대한다. 이 과정에서 아동은 실생활에서 문제나 의문점이 생겼을 때 성인에게 의존하는 습관을 형성하게 된다.

Piaget(1962)에 의하면, 유아는 성인의 권위에 대한 무조건적 존경으로 인해 전조작기에 머물게 된다고 한다. 전조작기 사고의 주요한 한계는 지각적 중심화, 즉 문제해결 시 현저한 외적 측면에만 주의를 집중하는 경향이다. 유아의 사회인지적 기능 중 많은 측면에서 지각적 중심화로 인한 문제가 발생한다. 예를 들어, 유아는 어떤 문제에 관해 도덕적 판단을 할 때, 주관적 요인(예컨대, 행위자의 의도가 좋았는가 또는 나빴는가)보다 외적 요인(예컨대, 행위자가 어른을 화나게 할 어떤 실제적인 손상을 가했는가)에 보다 더 의존한다. Piaget는 이러한 현상을 외적 권위에 의존하여 문제를 해결하려고 하는 유아의 습관이 초래한 지각적 중심화를 반영한 것으로 믿는다.

Piaget는 유아로 하여금 지각적 중심화에서 벗어나게 하는 중요한 요인은 또래집단인 것으로 보았다. 또래와의 상호작용에서 유아는 견해차와 갈등을 경험하게 되는데, 갈등을 해결하기 위해 항상 성인에게만 의존할 수는 없다. 결국 유아는 이 문제를 스스로 해결하고자 노력하게 된다. 논쟁을 효율적으로 해결하기 위해서는 당사자들의 입장을 고려해야 한다. 갈등을 스스로 해결하기 위하여 다른 사람의 사고나 감정, 욕망 등을 고려하다 보면, 아동은 결국 사람들에게 저마다 다른 견해가 있음을 이해하게 된다. 많은 부모들도 갈등을 스스로 해결하는 것이 아동의 사회인지적 성장을 촉진시킨다는 Piaget의 생각에 동의하는 것으로 보인다. 왜냐하면 말다툼하는 자녀에게 그 문제를 스스로 해결해 보라고 말하기 때문이다.

또래와의 지속적인 상호작용의 결과, 유아는 전조작기의 지각적 중심화에서 벗어나 구체적 조작기로 들어서게 되는데, 그 시기는 대체로 초등학교에 입학하는 시기와 맞물린다. 이제 아동은 행위자의 의도와 같은 주관적 요인을 가지고 도덕적 판단을 할 수 있고, 외현적인 행동보다는 숨은 동기에 대해 반응할 수 있다. Piaget는 또래집단이 이러한 발달을 촉진시키는 중요한 역할을 한다고 가정하였다. 왜냐하면 성인은 아동보다 우월한 사회적 지위 때문에 그렇게 할 수 없기 때문이다.

Kohlberg(1969)는 Piaget와 약간 다른 견해를 가지고 있다. 또래와의 상호작용이 아동의 사회인지적 성장을 촉진시킨다는 Piaget의 견해에는 동의하지만, 그는 또래아동뿐만 아니라 성인 역시 아동의 사회인지적 성장을 촉진시킨다고 믿었다. 많은 성인들이 아동으로 하여금 토론이나 논쟁에 참여해서 자신의 견해를 피력하게 할 뿐 아니라 다른 사람의 견해도 경청하도록 권유한다. 또래만이 아동의 사회인지적 성장을 촉진시키는 것인지 아니면 성인도 그와 유사한 역할을 하는지는 명확하지 않지만, 인지발달이론의 관점은 명확하다. 즉, 또래와의 접촉은 아동으로 하여금 사회인지적 기능을 확대시킬 수 있는 기회를 제공한다는 것이다.

(3) 사회학습이론

사회학습이론(Bandura, 1969, 1977)에 의하면, 또래는 아동에게 새로운 형태의 행동을 가르치고, 어떤 상황에서 어떤 행동이 적합한지를 알려주며, 아동으로 하여금 자신의 성격이나 능력을 평가할 수 있는 기준을 설정하게 하는 등 매우 중요한 역할을 한다고 한다. 또래는 부모, 교사, 텔레비전의 등장인물 등이 영향을 미치는 것과 동일한 사회학습 원리에 따라 아동의 발달에 영향을 미친다. 그러나 대체로 아동이 또래로부터 배우는 내용은 성인으로부터 배우는 것과는 아주 다른 것이다. 더욱이 아동은 어떤 종류의 사회적 정보를 얻기 위해서는 일부러 성인보다 또래를 찾는 경우가 있다. 예를 들어, 자신의 운동능력이나 인기도를 알고 싶을 때에는 또래집단에게 해답을 구한다.

사회학습이론에서는 대리학습(vicarious learning)을 강조한다. 다시 말해서, 아동은 또래의 행동과 그 결과를 관찰함으로써 대리적으로 학습한다는 것이다. 또래의 행동을 관찰함으로써 아동은 여러 가지 새로운 반응패턴(예를 들면, 교사의 주의를 끄는 새로운 방법, 놀이친구로부터 장난감을 빼앗는 방법, 공을 던지는 방법 등)을 학습하고, 기억한다. 그러나 이에 못지않게 중요한 것은 아동이 또래의 특성, 상황, 결과 등을 또래의 행동과 관련짓는 규칙까지도 학습한다는 것이다. 예를 들어, 아동은 여자아이가 인형놀이를 하면 칭찬을 받지만, 남자아이는 그렇지 못하다는 것을 알게 된다. 더욱이 아동은 자기와 유사한 아동에게 적합한 것으로 학습했던 반응-결과 지침에 따라 행동하는 경향이 있다. 왜냐하면 아동은 성이나 연령이 자신과 같은 또래와 비슷하게 행동할 것을 사회가 기대한다는 것을 학습하기 때문이다. 따라서 남아는 다른 남아에게 적용되는 규칙에 따라 그리고 여아는 다른 여아에게 적용되는 규칙에 따라 자신의 행동을 통제하게 된다.

또래는 모델로서의 역할을 할 뿐만 아니라 강화나 벌을 주는 대행자로서의 역할도 한다. 따라서 아동의 반응-결과 규칙 중 일부는 여러 가지 반응(행동) 후에 또래로부터 직접 받았던 결과를 통해 학습한 것이다. 예를 들어, 인형놀이를 하다가 놀림을 받은 남아는 그 후 인형놀이나 다른 여아놀이를 피할지도 모른다(사진 참조).

사회학습이론에 의하면 많은 행동이 외적 결과뿐만 아니라 내적 자기통제의 영향을 받는다고 한다. 일단 자신에게 적합한 행동지침을 설정하고 나면, 아동은 이 지침을 따르려고 노력한다. 이 과정에서 아동은 자신이 설정한 기준에 부합되는 행동을 했을 때에는 자부심을 느끼지만, 그렇지 못할 때에는 자책감을 느낀다. 자기보상이나 자기처벌의 강도를 결정하는 많은 요인이 있지만, 그중에서 가장 중요한 것은 또래의 행동이나 수행과 비교하는 사회적 비교이다. 또래와 비교해서 또래보다 앞설 때 아동은 자부심과 자아존중감을 느끼지만, 또래보다 못할 때에는 낙심을 한다.

사회학습이론에서 자신의 능력에 대한 지각인 자기효능감(self-efficacy)도 아동의 행동을 결정하는 중요한 요인이다(Bandura, 1981). 예를 들어, 수영은 잘하지만 수학을 못하는 여아는 수학보다 수영을 택하고자 할 것이다. 아동의 자기효능감에 영향을 미치는 많은 요인 중에서 가장 중요한 것은 사회적 비교이다. Bandura는 어떤 활동에 대한 자신의 수행능력을 평가하고자 할 때, 아동은 능력 면에서 자신과 유사하거나 조금 높은 아동의 수행능력과 비교하는 경향이 있다고 주장한다. 만약 자신의 테니스 실력이 어느 정도인지 알고자 하는 아동은 비교대상으로 또래아동을 선택하게 되지, 자기보다 훨씬 어린 아동이나 테니스 선수를 선택하지는 않을 것이다. 더욱이 아동은 능력 있는 또래의 수행을 단계적으로 차근차근 관찰함으로써 새로운 기술을 학습하며, 자신의 결함을 극복할 수 있다.

2) 또래집단의 기능

아동이 성장함에 따라 또래집단은 보다 공식적이고 조직적으로 변하며, 아동의 성장과정에서 여러 가지 기능을 한다.

(1) 사회화의 기능

사진 설명 미국 메릴랜드 대학 교정에서 Kenneth H. Rubin 교수가 저자와 함께

부모와의 관계와는 달리 또래와의 관계에서는 또래집단의 규칙을 준수해야 하고 협동심이나 타협을 필요로 한다. 이러한 경험을 통해 자기중심적인 사고나 행동은 줄어들고 점차 사회 구성원으로서 성공적인 사회적 상호작용을 위해 필요한 기술이나 규범을 배워 나가게 된다(Rubin, Bukowski, & Parker, 1998).

또래집단은 상호간에 강화와 모방을 통해서 아동에게 영향을 미치며, 그 영향력은 성인의 영향력보다 크다. 아동은 성인보다 또래집단이 자신과 더 유사하다고 지각하기 때문에 또래가 더 적절한 모델이라고 생각하며, 또래로부터 더 많은 영향을 받는다. 특히 또래집단은 공격성과 친사회적 행동에 중요한 영향을 미친다. 대부분의 아동이 공격적 행동을 인정하는 것은 아니지만, 공격적 행동이 다른 아동을 굴복시킨다는 사실을 관찰하거나 어떤 목적을 성취하기 위한 가장 빠른 방법이라는 사실을 알게 됨으로써, 이러한 행동이 강화되거나 모방될 수 있다. 친사회적 행동도 성인에 의해 강화된 것은 대부분 종속적인 위치에서 이루어지지만, 또래집단은 평등한 관계에서 상호작용이 이루어진다는 점에서 더 큰 영향을 미치게 된다. 또한 또래집단은 성유형화된 행동을 강화시키는 역할을 한다. 아동기 중기에 접어들어 성역할은 다소 융통성 있는 태도로 변하지만, 지나치게 반대 성의 활동이나 역할에 관심을 가진 아동은 또래집단으로부터 배척받게 된다.

"목도리요? 요새 목도리하고 다니는 애들 아무도 없어요!"

"엄마, 제 목도리 못 보셨어요?"

〈그림 15-5〉 또래집단과 동조행동

(2) 태도나 가치관의 형성

또래집단은 다른 가치에 우선하는 집단만의 고유한 가치를 공유한다. 지금까지 아무 비판 없이

받아들인 부모의 가치관에 대해 회의하기 시작하며 자신들 나름대로의 태도나 가치관을 형성하게 된다. 또래집단으로부터 인정받기 위해 아동은 이들 집단의 기준이나 가치에 동조하려는 경향을 보인다(〈그림 15-5〉 참조). 학동기의 아동은 특히 또래집단의 행동에 동조하고자 하는 욕구가 강하며, 또래집단의 행동기준은 아동에게 사회적 압력으로 작용한다. 이러한 동조현상을 통해 그들 나름대로의 태도나 가치관을 형성하게 되며, 이것이 가족이나 부모가 제시하는 태도나 가치관과 상치하게 되면, 부모의 권위에 도전하거나 심각한 가족 내 갈등을 일으키기도 한다.

(3) 정서적 안정감 제공

아동기에는 또래집단으로부터의 평가가 부모의 평가보다 더 중요한 의미를 갖는다. 또래집단으로부터 수용되고 인정받음으로써 부모가 제공할 수 없는 정서적 안정감을 갖게 되며 긍정적인 자아개념을 형성하게 된다(Berndt, 2002; Bukowski & Hoza, 1989; Lundby, 2013). 때로는 또래집단이 기성세대의 권위에 대항하거나 위험한 행동을 하기도 하며, 반사회적 행동을 요구하기도 한다. 그러나 아동은 이러한 집단에 소속됨으로써 정서적 안정감을 얻게 되며, 이는 우정이라는 관계가 발달하는 기초가 된다. Dreikurs(1967)는 인간은 소속감을 추구하는 동물이며, 소속감을 박탈당했을 때 여러 가지 문제행동을 보이게 된다고 하였다. 이러한 맥락에서 또래집단으로부터 거부당하는 아동은 수용되는 아동에 비해 공격적이고 부적절한 행동을 보이는 등 다양한 적응상의 문제를 갖게 된다(Shantz, 1986).

Rudolf Dreikurs

(4) 인지발달과 정보제공

Piaget(1983)는 또래와의 상호작용 과정에서 생기는 갈등을 경험함으로써 아동의 인지발달 수준이 향상된다고 하였다. 아동은 논리적 토론을 통해 갈등상황을 해결해 나가는 과정에서 자신의 관점과 부합되지 않는 다른 관점이 존재한다는 사실을 알게 되며, 이를 조정해 나가는 과정에서 인지발달이 이루어진다. 또래집단의 수준에 대한 연구결과는 일치하지 않으나, 자신보다 약간 능력 있는 또래와의 상호작용을 통해 가장 큰 효과를 기대할 수 있다고 한다(Tudge, 1992). 가르치는 아동도 자긍심이나 친사회적 행동이 향상되므로, 또래집단은 상호간에 효율적인 모델이 될 수 있다.

또한 또래집단은 수평적 지식이나 정보교환의 기능을 갖는다. 또래집단의 지식이나 정보전달은 성인을 통해 이루어지는 것보다 더 효율적으로 이루어진다. 이들과의 관계를 통해 아동은 보다 쉽고 용이하게 사회에 적응하는 방법을 배우게 되며 지식이나 정보를 제공받게 된다.

3) 우정의 발달

가족 이외에 아동에게 가장 중요한 사회적 관계는 또래와의 관계이다. 또래집단과의 친밀하고 지속적인 애정적 유대를 우정이라고 하며, 우정에 대한 개념은 아동이 성숙해 감에 따라 변화한다. 유아기에도 또래집단과 우정을 형성하지만, 유아들은 지속적인 관계에 관심이 있는 것이 아니라 일시적인 놀이상대로서 또래에게 관심을 갖는다. 그들에게는 같이 놀고 있는 모든 유아가 친구가 될 수 있다. 그러나 연령이 증가함에 따라 친구는 일시적인 상호작용을 뛰어넘어 지속적인 관계로 생각하게 된다. 아동기에 접어들어서는 대개 동성의 친한 친구 몇 명을 사귀게 되며, 아동들은 친구에 대한 생각, 친구를 선택하는 이유, 친구관계를 유지하는 능력에서도 많은 변화를 경험하게 된다.

아동기 초기에는 우정은 서로 주고받는 것으로 생각한다. 또한 친구가 갖지 못한 것을 함께 나눠 갖는 것을 우정의 상징으로 생각한다. 상호간의 흥미보다 각자의 흥미를 충족시켜 주는 것으로 생각하며, 심각한 갈등상황에서 서로에 대한 헌신적인 태도가 충분하지 못하다. 그러나 아동기 중반부터 이들은 단지 같이 놀거나 서로를 위해 무엇을 해 주는 것 이상의 지속적이고 헌신적인 관계를 유지하게 된다. 이들 간의 관계는 믿음이 전제가 되며, 도움이 필요할 때 돕지 않거나 약속을 지키지 않는 것, 친구가 없는 곳에서 비난하는 것 등은 믿음을 지키지 않는 것으로 생각하게 된다. 그 결과 친구관계는 선택적으로 이루어지며, 소속감이 강하게 나타난다. 심지어 배타성까지 가미되어, 그들만의 문화를 형성하게 된다(Berk, 1996).

일반적으로 집단을 이루어 친구를 사귀는 남아들에 비해 여아들은 일대일의 단짝친구와 보다 강한 유대감을 형성한다. 우정이 남아와 여아 모두에게 다 중요하지만 우정의 의미는 다르다. 즉, 여아들의 우정에는 정서적 친밀감과 신뢰감이 중요한 역할을 한다(Buhrmester & Furman, 1987; Bukowski & Kramer, 1986). 여아들은 자신의 감정을 이야기하고 나눔으로써 친밀감이 형성된다. 여아들의 우정에서 강렬한 감정과 친밀감이 강조되기 때문에 여아들은 친구관계에서 긴장, 질투, 갈등을 경험한다. 이러한 긴장과 갈등은 친구로부터의 거부와 배신에 대한 두려움에서 온다(Miller, 1990). 그래서 여아가 남아보다 더 작은 규모의 배타적인 우정망을 형성한다(Hartup & Overhauser, 1991).

사진 설명 여아들은 자신의 감정을 이야기하고 나눔으로써 친밀감이 형성되는 반면, 남아들은 같은 활동을 함께 함으로써 친밀감을 형성한다.

반면, 남아들은 운동경기를 함께하거나 관람하는 등 같은 활동을 함으로써 친밀감을 형성한다. 남자아이들은 어려서부터 자기감정을 노출하는 것이 남자답지 못한 것으로 배워왔기 때문에(Maccoby, 1991), 여아보다 자신의 감정을 이야기하고 나누는 것도 덜하다(Camarena, Sarigiani, & Petersen, 1990). 이성친구에 대한 혐오감이나 부정적인 태도는 남아는 11세경, 여아는 13세경에 최고조에 달한다. 이 시기에 동성친구에 대한 애착은 이후에 이성친구를 사귀는 데 있어서도 필수적인 경험이 된다.

사진 설명 Anne Petersen이 청소년들과 함께

초등학교 4학년과 6학년 아동 365명을 대상으로 한 연구(임정하, 정옥분, 1997)에 의하면, 아동의 또래관계에서의 친밀감은 4학년 아동보다 6학년 아동이 높게 지각하는 것으로 나타났다. 즉, 아동기 중기에서 후기로 갈수록 또래관계가 보다 밀착되는 것으로 보인다.

초등학교 1학년과 3학년 아동을 대상으로 친구관계망과 친구관계의 질을 알아본 연구(이은해, 1999)에 따르면, 3학년 아동은 1학년 아동보다 일방적으로 선택한 친구수와 상호선택한 친구수가 많았고, 상호선택의 유사성도 높은 것으로 나타났다. 친구의 상호선택에서는 성차에 따른 차이를 알아보았는데, 여아의 경우가 남아의 경우보다 상호선택의 동등성과 유사성이 높은 것으로 나타났다. 즉, 가장 친한 친구로 지목된 아동이 대상 아동을 가장 친한 친구로 선택하는 여아의 비율(68%)이 남아(46%)보다 높았다. 이 결과에 대해 연구자는 여아가 사회화과정을 통해 대인관계의 민감성이 더 높을 뿐만 아니라 언어를 통한 표현능력이 더 좋은 것과 관련될 수 있다고 추론하였다. 친구관계의 질을 분석한 결과에서는 친구관계 · 만족감을 유의하게 설명하는 변인으로 신뢰, 교제의 즐거움, 도움, 갈등 순으로 나타났다. 이로써 우리나라 아동의 친구관계의 질에서 가장 중요한 변인이 친구와의 지속적인 관계를 보는 신뢰감이라고 추론해 볼 수 있다.

초등학교 5학년 아동 및 중학교 2학년 청소년 375명을 대상으로 한 또 다른 연구(김선희, 김경연, 1994)에서, 상호적 우정관계에 있는 아동은 일방적 우정관계에 있는 아동에 비해 자신의 우정관계를 긍정적으로 지각하고 우정관계에 더욱 헌신적이며 친구에 대해 높은 친밀감을 느끼고 자신과 친구가 서로 비슷하다고 지각하는 것으로 나타났다.

4) 또래집단에서의 인기도

다른 사람이 자신을 좋아한다는 사실은 현재의 행복뿐만 아니라 미래의 행복에도 영향을 미친다. 아동기에 또래집단으로부터의 수용은 아동의 자기역량 지각을 예측하는 중요한 변인이 되며(한종혜, 1996), 또래와의 관계가 좋지 못한 아동은 학업성취도가 낮고, 학교에서 중도 탈락하거나 이후 청소년 비행에 참여하는 비율이 높은 것으로 나타났다(Parker & Asher, 1987). 초등학교 시절의 또래집단에서의 인기도는 상당히 지속적인 영향을 미치며, 지능지수나 성적, 교사의 평가, 자아개념 등의 변인보다 아동의 이후의 정신건강을 예측하는 데 더 중요한 변인으로 작용한다. 즉, 또래집단으로부터 가치를 인정받는 아동은 성인이 되어서도 다른 사람으로부터 인기 있는 사람이 된다(Bagwell, Newcomb, & Bukowski, 1998).

Patricia East

또래집단에서의 인기도는 여러 가지 방법으로 측정할 수 있다. 그 중에서도 "어떤 친구를 제일 좋아하는가?" "어떤 친구가 제일 싫은가?" "생일에 누구를 초대하고 싶은가?" 등의 질문을 통해 얻어진 정보를 근거로 교우관계 측정도(sociogram)를 그려보는 것이 가장 보편적인 방법이다(〈그림 15-6〉 참조). East(1991)는 또래집단에서의 인기도를 가지고 아동을 아래와 같은 다섯 가지 유형으로 분류하고 있다.

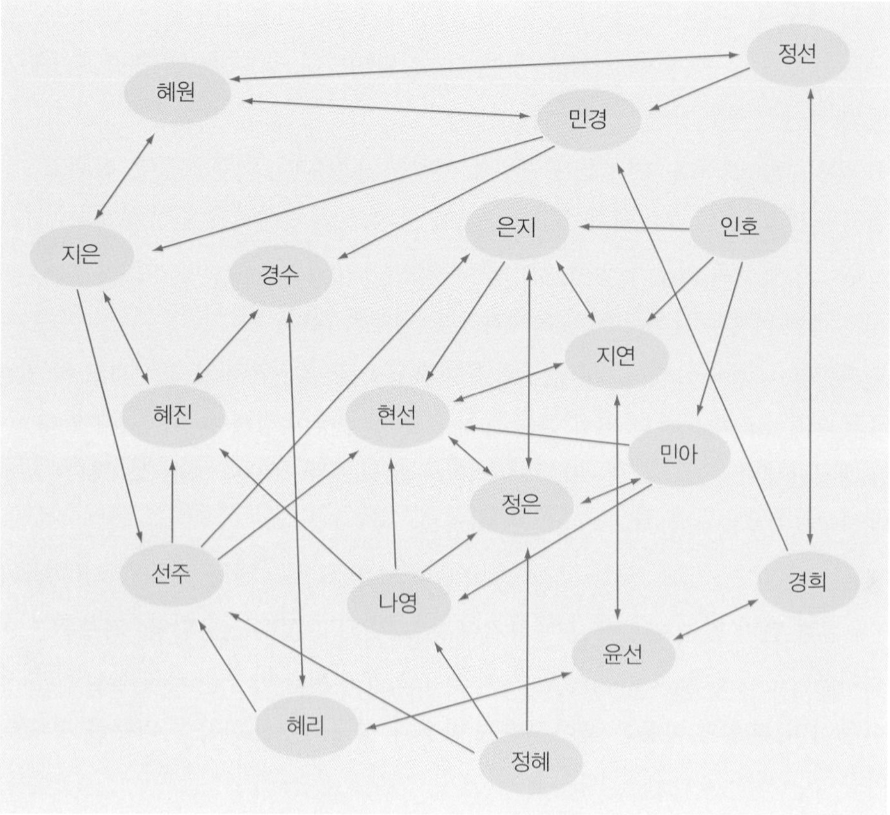

〈그림 15-6〉 아동기의 교우관계 측정도

사진 설명 고립 아동은 위축된 성격으로 말미암아 불안이나 우울증 등 내적인 문제를 가진 경우가 많다.

(1) **인기 아동**(popular): 가장 인기가 있는 아동은 일반적으로 신체적 매력이 있고, 머리가 좋고, 사교적이고, 행동적이며, 지도력이 있다. 그들은 자아존중감이 높고, 여러 종류의 다양한 친구들과 어울린다. 유머감각이 뛰어나고, 그래서 그와 함께 있는 것이 즐겁다.

(2) **보통 아동**(acceptable): 아동의 반 정도가 이 유형에 속하는데, 친구들이 특별히 좋아하지도 않고 특별히 인기가 있는 것도 아니지만 그렇다고 친구들이 싫어하는 유형도 아니다. 이들은 집단에 무난히 어울리는 보통 아동들이다.

(3) **고립 아동**(isolated or neglected): 고립되거나 무시당하는 아동은 친구들의 관심 밖

에 있기 때문에, 친한 친구로 지명되지도 않거니와 싫어하는 친구로 지명되지도 않는다. 이들은 수줍음을 잘 타고 위축된 성격으로 말미암아 낮은 자아존중감, 불안, 우울증 등 내적인 문제를 가진 경우가 많다.

(4) **거부 아동**(rejected): 친구들이 가장 싫어하는 유형이다. 이런 아동은 신체적 · 언어적 공격을 많이 하고, 교실에서 수업분위기를 망치고, 학업성적도 좋지 못하다. 역시 인기가 없는 아동들과 친구가 되며, 자기보다 어린 아이들과 어울린다. 이들 중에는 약물남용, 청소년 비행과 같은 외적인 문제가 있는 경우가 많다.

(5) **혼합형**(controversial): 친한 친구로 꼽히기도 하고 싫은 친구로 꼽히기도 하는 혼합형은 공격적이고 파괴적인 면이 있는가 하면, 자기주장이 강하고 지도력이 있다. 이들은 또래집단에서 눈에 띄기는 하지만, 이들을 좋아하는 사람도 많고 싫어하는 사람도 많아 친구들로부터 복합적인 반응을 유발한다.

연구결과 인기 있는 아동은 좋아하거나 친구가 되고 싶다는 응답을, 거부되는 아동은 싫어한다는 응답을 가장 많이 받은 아동이고, 무시되는 아동은 거의 응답을 받지 못한 아동이며, 혼합형 아동은 좋아한다는 반응과 싫어한다는 반응을 비슷한 정도로 받은 아동이다(Asher & Dodge, 1986).

아동의 또래지위에 따른 사회적 능력, 정서적 능력과 우정관계의 질에 관한 우리나라 연구(정옥분 외, 2008)에서, 각 또래지위 집단에서 아동의 사회적 능력 및 정서적 능력은 우정의 질과 정적 상관이 있는 것으로 나타났다. 인기아의 경우, 지도력과 대인적응 능력이 우정관계의 질을 잘 예측할 수 있었고, 특히 우정관계 중 정서적 안정, 도움, 인정을 잘 예측하였다. 보통아의 경우, 사회적 능력 및 정서적 능력 변인 중 지도력, 사회적 참여, 감정이입과 정서조절 능력이 우정관계의 질을 가장 잘 예측할 수 있으며, 특히 우정관계 중 인정과 정서적 안정을 잘 예측하였다. 무시아의 경우, 사회적 능력과 정서적 능력 중 가장 예측력이 강한 변인은 사회적 참여, 감정이입과 정서조절로 나타났으며, 가장 잘 예측되는 우정관계 변인은 정서적 안정, 인정, 도움인 것으로 나타났다. 거부아의 경우, 지도력과 사회적 참여가 우정관계의 질을 가장 잘 예측할 수 있으며, 특히 이 우정관계 중 친밀감과 인정을 잘 예측할 수 있었다. 이러한 결과는 또래지위 내에서도 아동의 사회적 능력 및 정서적 능력에 따라 또래관계가 달라질 수 있음을 보여주었고, 단순히 또래지위가 아동의 또래관계를 예측하기보다는 아동이 지니는 사회적 능력 및 정서적 능력에 따라 형성되는 또래관계의 질이 합쳐져서 또래적응을 보다 잘 예측할 수 있다는 것을 시사하는 것으로 보인다.

5) 또래관계와 영향요인

또래집단에서의 인기도에는 신체적 · 성격적 특성이나 인지적 능력 등 많은 요인들이 영향을 미친다. 사회적으로 유능한 아동의 전반적인 특성은 잘생기고 균형잡힌 체격을 가지고 있다. 신체적인 매력은 또래집단으로부터 저항감을 형성하기도 하지만, 일반적으로 보다 긍정적인 영향요인으로 작용하며, 이는 특히 여아에게서 두드러지게 나타난다. 이들은 또한 지적인 경향을 보이며 사려깊고 창의적인 사고를 하는 것으로 나타났다. 또한 리더십이 있고, 또래집단에 잘 적응하며, 유머감각이 있고, 다정하고, 자신의 공격적 충동을 통제하는 것이 가능하며 다른 아동으로부터 필요한 것을 획득하기 위한 여러 가지 방법을 알고 있다. 높은 수준의 사회적 전략을 알고 있는 아동은 신체적 공격을 자제할 수 있다. 아동이 힘에 의존하는 경우는 대개 다른 방법으로는 자신이 원하는 것을 얻지 못한다고 생각할 때이다.

부모와의 애착형성이나 상호작용 경험도 또래관계에 영향을 미친다(Booth-Laforce & Kerns, 2009; Pallini et al., 2014). 안정된 애착을 형성한 아동은 불안정한 애착을 형성한 아동보다 또래와의 관계에서도 유능하다(이영, 나유미, 1999; Belsky, 1984). 부모가 온정적이고, 부모와의 관계가 전반적으로 만족스러우며, 가족원 간의 갈등이 없을 경우, 결과적으로 또래집단에서의 적응이 용이하다.

무시당하거나 거부당하는 아동의 공통적 특성은 유난히 뚱뚱하거나 매력적이지 못한 외모를 가지고 있으며, 지적인 능력면에서도 지체된 아동인 것으로 나타났다. 그 중에서 거부되는 아동은 공격적이고 적대적이며, 쉽게 화를 내는 행동특성을 보이기도 하지만, 어떤 아동은 공격적이기보다 오히려 유순한 경우도 있다(Schickedanz et al., 1998). 무시당하는 아동은 어리석고 아기 같은 행동특성을 보이며, 수줍음이 많고 사교적으로 친구에게 접근하지 못하며, 의사소통 능력과 같은 사회적 능력이 부족한 경우가 많다(도현심, 1996; Cassidy & Asher, 1992).

혼합형의 아동집단은 거부당하는 아동집단과 유사한 속성을 지니고 있으나, 후자가 가지지 못한 힘을 가지고 있다는 점에서 차이가 있다. 이들은 지도력이 있고 운동과 같은 특별한 영역에서 뛰어난 능력을 소유하고 있다.

아동기에 가장 슬픈 일 중의 하나는 친구로부터 무시당하거나 거부당하는 것이다. 집에도 혼자 가고, 생일파티에도 초대받지 못하며, 점심도 혼자 먹고, 아무하고도 놀지 못한다. 또래집단으로부터의 거부나 무시는 보편적으로 괴롭힘과 동시에 일어나며, '왕따'라는 현상으로 사회적 문제가 되고 있다. 신체적 공격이나 별명을 부르며 조

롱하는 등 직접적인 괴롭힘이 있고, 생일파티나 학급활동에서 제외시키고 나쁜 소문을 퍼뜨려 친구가 없도록 만들어 고립시키는 따돌림도 있다(사진 참조). 직접적인 괴롭힘의 대상은 남아가 많은 반면, 관계에서의 따돌림의 대상은 주로 여아이다(Crick & Bigbee, 1998). 만성적으로 괴롭힘을 당하는 아동은 우울, 불안감, 낮은 자아존중감, 외로움 등 다양한 문제를 경험하며, 이는 단순히 그 시기에 끝나는 것이 아니라 장기적인 영향을 미친다는 점에서 더욱 문제가 된다(Egan & Perry, 1998).

우리나라 초등학교 4학년 아동을 대상으로 인기 아동 및 보통 아동 76쌍과 거부 아동 및 보통 아동 72쌍의 갈등 해결 방식을 관찰한 연구(김송이, 박경자, 2001)에 따르면, 인기 아동은 상대 아동의 관심을 상당히 고려하는 행동을 하고, 거부 아동은 상대 아동보다는 자신을 더 고려하는 행동을 많이 하는 것으로 나타났다. 또한 갈등을 해결하고자 할 때, 전반적으로 거부 아동이 인기 아동보다 공격적인 행동을 더 많이 하였으나, 이는 아동의 성별에 따라 차이를 보였다. 즉, 거부 남아가 거부 여아보다 공격적 행동을 더 많이 하였다.

초등학교 4, 5학년생 339명을 대상으로 한 또 다른 연구(심희옥, 2000)에 의하면, 또래로부터 지지를 많이 받는 아동과 그렇지 않은 아동의 또래 간 갈등 대처방법에는 차이가 있는 것으로 나타났다. 즉, 또래와 원만히 지내는 아동은 또래 간 갈등 시 도피적인 전략을 적게 사용하고, 사회적 지원을 찾거나 자신을 믿고 문제를 해결하려는 적극적인 의지의 접근적 전략을 많이 사용하는 것으로 나타났다. 반면, 그렇지 않은 아동은 또래와의 갈등상황에서 회피적인 갈등 대처전략을 많이 사용하였다.

아동의 정서규제 능력과 또래관계를 살펴본 연구(김성희, 정옥분, 2011)에서, 아동이 긍정적이거나 부정적인 정서표현이 요구되는 상황에서 자신의 정서를 상황에 맞게 효과적으로 조절하고, 표현하며, 적응하는 능력이 높을수록 주도적이고 또래와 협동이나 공감을 잘하는 등의 긍정적인 또래관계를 형성하는 능력이 높은 것으로 나타났다.

6. 학교생활

학교는 가정과 더불어 가장 중요한 사회화 기관이다. 우리는 흔히 학교를 공부하는 곳으로만 생각하기 쉽지만, 학교는 아동들에게 매우 중요한 사회적 활동의 장(場)이기도 하다. 오늘날 학교의 영향은 전 세대에 비해 더 지대하다. 즉, 현대사회에 접어들면서 가정의 교육적 기능이 약화됨에 따라 학교는 아동의 사회화 과정에서 중요한 역할을 하게 되었다.

사진 설명 학교에서의 사회적 상호작용은 아동기 자아정체감발달에 큰 영향을 준다.

1) 교사의 영향

일생을 통해서 교사만큼 아동의 사회화 과정에 큰 영향을 미치는 사람도 드물다. Erikson(1968)은 훌륭한 교사는 아동으로 하여금 열등감 대신 근면성을 갖도록 만든다고 믿는다. 훌륭한 교사는 아동이 가진 특수한 재능을 알아보고 격려할 줄 안다. 또한 아동으로 하여금 자기 자신에 대해 기분좋게 느낄 수 있는 상황을 설정할 줄 안다. 심리학자와 교육자들은 훌륭한 교사의 특성을 다음과 같이 열거한다(Jussim & Eccles, 1993). 훌륭한 교사는 위엄이 있고, 열의가 있으며, 공정하고, 적응력이 있으며, 따뜻하고, 융통성이 있으며, 학생들의 개인차를 이해한다.

미국의 전국 표본조사 연구에서는 16만 명의 청소년들을 대상으로 훌륭한 교사의 특성을 알아보았다. 그 결과 훌륭한 교사는 공정하고, 실력이 있으며, 수업에 열의가 있고, 학생들을 좋아하고, 위엄이 있는 것으로 나타났다(Norman & Harris, 1981). 또 다른 연구들(Aptekar, 1983; Carter, 1984; Teddlie, Kirby, & Stringfield, 1989)에 따르면, 학생들은 자신감이 있고, 관대하며, 정서적으로 안정되고, 친절하며, 따뜻하고, 신뢰할 수 있으며, 학생들로 하여금 열등감을 느끼지 않도록 만드는 교사를 좋아하는 것으로 나타났다. 학생들은 또한 아동의 발달과업을 이해하고, 아동에게 관심을 가지고 아동들의 적응문제를 이해하는 교사, 지나치게 권위적이거나 학생과 친구처럼 어울리려는 교사보다 합리적인 규제를 하고, 자연스럽게 권위를 행사하는 교사를 좋아하는 것으로 나타났다. 교사의 학생들에 대한 태도와 기대는 학생들의 성취행동에 중요한 영향을 미친다. 학생들의 능력에 대해 높은 기대수준을 설정해서 긍정적인

사진 설명 학생들은 자신감이 있고, 관대하고, 따뜻하며, 신뢰할 수 있는 교사를 좋아한다(조선일보 DB 사진).

피드백을 주고 학생들과 자주 대화를 갖는 교사가 가장 효율적인 교사이다(Solomon, Scott, & Duveen, 1996).

우리나라 초등학생들이 인식하는 우수교사의 특성 탐색에 관한 연구(고재천, 김슬기, 2013)에 의하면, 우수교사의 특성들은 '수업시간에 중요한 내용을 정확히 가르쳐주는 교사' '학생들에게 상처를 주는 말을 하지 않는 교사' '학생의 사생활을 존중하고 비밀을 지켜주는 교사' '학생의 의견을 존중하고 잘 반영해주는 교사' '수업준비를 충실히 하여 수업을 원활하게 이끄는 교사' '차별하지 않고 기회를 공정하게 부여하는 교사' '학생들이 다양한 활동을 하도록 기회를 주는 교사' '학생들의 질문에 성실히 답해주는 교사' '감정에 따라 행동하지 않는 교사' '문제상황에서 학생의 입장을 잘 이해해주는 교사' '기초개념과 원리를 잘 설명하여 학생들을 이해시키는 교사' '학생들에게 관심을 보이고 공감해주는 교사' 등이었다.

초등학교 6학년 아동 450명을 대상으로 한 연구(백한진, 1998)에서는 아동이 지각한 교사의 행동과 자아개념 간에는 관련성이 있는 것으로 나타났다. 즉, 교사의 행동을 긍정적으로 지각하는 아동일수록 학업적 자아개념이 높게 나타났다.

2) 열린 교육

많은 인본주의 교육자들은 학교가 지식의 전달, 교사중심의 전통적 교육에서 탈피하여 학생중심의 '열린 교육'을 해야 한다고 주장한다. 전통적 교실에서 학생들은 여러 줄로 늘어앉아 교탁과 칠판을 사이에 두고 강의하는 교사와 마주보고 있으며 교과과정은 매우 구조화되어 있다. 일반적으로 모든 학생들은 같은 과목을 공부하고 급우끼리보다는 교사와 상호작용한다. 이때 교사는 모든 학생들과 골고루 상호작용하기가 어렵다. 〈그림 15-7〉에서 보는 바와 같이 주로 앞자리나 가운데 자리에 앉은 학생들은 교사의 눈에 비교적 잘 띄므로 교사의 지명을 받아 토론에 참여하기가 쉽다. 반면에 이러한 '활동영역(zone of activity)' 밖에 앉아 있는 학생들은 수업진행에서 도외시될 가능성이 크다(Adams & Biddle, 1970).

반면에 열린 교실에서는 학생들의 대부분이 각기 다른 활동을 하게 된다. 여기서는 흔히 학생들이 교실의 여기저기에 흩어져 앉아 혼자서 또는 몇 명이 작은 집단을 이루어 공부를 하는데, 책을 읽거나 수학문제를 풀거나 공작을 하거나 과학실험 등을 한다. 그리고 교사는 학급의 중심인물 역할을 하지 않고 교실을 돌아다니면서 학생들이 하고 있는 활동에 조언자의 역할을 할 뿐이다.

교사

전통적 교실에서는 '활동영역'(음영이 진 부분) 내의 학생들이 교사들의
주의를 끌기가 쉽고, 따라서 학급 내의 여러 가지 활동에 참여하기가 쉽다.

〈그림 15-7〉 전통적 교실과 활동영역

'열린 교육' 접근법은 영국의 교육제도에 기초한 것으로, 조직적인 학급 내에서 학생의 수준에 적합하게 학습하도록 고안된 것이다. 그러나 미국의 많은 학교에서 '열린 교육'을 잘못 적용하는 바람에 교실의 벽을 허물고, 학생들이 원하는 것은 무엇이든지 할 수 있게 하는 것이 '열린 교육'인 줄 오해하여 결과적으로 '열린 교육'에 대한 강한 반발을 불러일으켰다.

사진 설명 학생들이'열린 교실'에서 수업을 받고 있다.

최근 미국에서는 '기초교과 중심으로 돌아가자는 운동(back-to-basics movement)'이 많은 인기를 얻고 있다. 이 운동의 주창자들은 중등학교에서 선택과목이 지나치게 많아 학생들로 하여금 기초교육을 받지 못하게 한다고 주장한다. 이들은 학교는 지식전달에만 관심을 가져야지 아동의 사회적 · 정서적 생활에는 신경을 쓸 필요가 없다고 믿는다. 또한 수업시간과 수업일수를 늘리고, 숙제를 더 많이 내주며, 시험을 더 자주 보고, 학생들에게 엄한 규율을 적용해야 한다고 주장한다. 이 운동은 1970년대의 '열린 교육'의 시대풍조에 대한 반작용인 것으로 해석할 수 있다.

열린 교실은 전통적인 교실보다 더 효과적인가? 전통적인 교실과 열린 교실을 비교해 볼 때, 전반적인 효과를 알아보기보다는, 구체적으로 열린 교실의 어떤 측면이 아동과 청소년발달의 어떤 측면과 관련이 있는가를 알아보는 것이 보다 중요하다. 한 연구(Good, 1979)에 의하면 전반적으로는 학생들의 학업수행과 행동에서 두 집단 간의 차이가 없는 것으로 나타났지만, 특히 교사가 매우 어려운 개념을 설명하거나 많은 사실적 정보를 전달해야 하는 과목의 경우에는 전통적인 교실이 학생들에게 더 유익한 것으로 나타났다. 또 다른 연구(Giaconia & Hedges, 1982)에서는 개개인에게 적합한 학습속도, 교수법, 학습자료, 소집단 학습 등의 개별학습과 더불어 학습에 어느 정도로 능동적으로 참여하는지 등이 아동과 청소년의 자아개념과 정적인 상관이 있는 것으로 나타났다.

우리나라에서 '열린 교육' 교수방법이 아동의 창의성과 학업성취에 미치는 효과를 알아본 몇몇 연구(김선희, 1995; 송현석, 1996; 장정순, 1996)에 의하면, '열린 교육' 교수방법이 교사중심의 교수방법보다 아동의 학업성취와 창의성(개방성, 유창성, 융통성, 독창성 등의 하위영역)을 증진시키는 데 효과가 있는 것으로 밝혀졌다. 이와 같은 연구결과에 따라 김선희(1995)는 다음과 같은 결론을 내리고 있다. 첫째, 정보화 시대에 필요한 창의적인 인간을 육성하기 위해서는 아동중심의 개별학습이 이루어지는 열린 교육이 실시되어야 한다. 둘째, 아동들이 적극적으로 학습활동에 참여하여 자율적인 소집단 수업이 이루어지는 열린 교육을 교과목의 특성을 고려하여 확대함으로써 학업성취를 높일 수 있다.

한편, 많은 일선 교사와 교육전문가들은 오늘날 우리 사회에서 만연하고 있는 '학교붕괴' 현상에 대해 '지식중심'과 '반복학습'의 전통 교육법 대신 '수요자 중심 교육'을 기치로 내건 '열린 교육'에 그 원인이 있다고 지적한다. '열린 교육'의 이념은 아동중심의 진보주의 교육철학에 뿌리를 두고 있으며, 아동을 '여유롭고 자유롭게' 교육시키는 것이 그 목표이다. 물론 '학교붕괴'의 원인을 어느 한두 가지로 성급히 단정할 수는 없지만, 우리의 미래를 좌우할 교육의 기본 철학과 방법론에 대해서는 좀더 심도 있는 연구가 있어야 할 것이다.

3) 학업성취

부모의 양육행동은 아동의 성취행위와 관련이 있다. 부모가 애정적 · 수용적이고,

자녀의 성취에 대해 칭찬을 해 주며, 적절한 통제를 하고, 자녀의 독립심과 자율감을 격려해 주는 이른바 권위있는 양육행동은 아동의 학업성취와 관련이 있는 것으로 보인다(Baumrind, 1973; Dornbusch, Ritter, Liederman, Roberts, & Fraleigh, 1987; Lamborn, Mounts, Steinberg, & Dornbusch, 1991; Lin & Fu, 1990; Steinberg, Elmen, & Mounts, 1989).

사회계층 또한 성취행위와 관련이 있다. 중류계층과 상류계층의 아동들이 일반적으로 성취욕구가 높고, 학교성적이 좋은 것으로 나타났다(Patterson et al., 1990). 중류계층의 아동들은 만족지연 능력 또한 높은 것으로 보인다(Mischel, 1974). 만족지연이라 함은 지금 바로 보상을 받는 것보다 만족을 지연시켜 나중에 더 큰 보상을 받게되는 것을 말한다. 예를 들면, 재미있는 텔레비전 프로그램을 시청함으로써 지금 당장 즐거움이라는 보상을 받는 대신에 내일 있을 시험공부를 열심히 함으로써 좋은 성적이라는 더 큰 보상을 받게 된다는 것이다. 또 다른 예로, 아동과 청소년이 순간의 쾌락을 위해 약물남용, 성행위 등의 비행에 빠져들지 않고 당장은 힘들고 괴롭지만 열심히 공부해서 장래 훌륭한 사람이 되는 것 등이다.

출생순위도 성취행위와 관련이 있다. 첫째가 다른 형제들에 비해 성취욕구가 높고, 교육에 대한 열망수준이 높다. 실제로 장남 장녀 중에 저명인사가 많다(Paulhus & Shaffer, 1981).

우리 사회가 여성과 남성에게 기대하는 성취수준에도 차이가 있다. 즉, 우리 사회에서 여성이라는 '성'은 별로 가치가 없다는 것으로 잘못 인식되고 있다. 그리고 여성이 지나치게 독립적이고 성취동기가 높으면 '여성적'이지 못한 것으로 간주된다. 가정에서도 아들과 딸에 대해 기대하는 성취수준에 차이가 있다. 예를 들면, 아들은 의사가 되기를 바라면서 딸은 간호사가 되기를 원한다고 하는 것 등이 그것이다.

성취행위에서 나타난 남녀 간의 성차를 보면 남성과 여성은 성공과 실패에 대해 달리 반응하는 것으로 보인다. 남성은 성공을 자신의 능력 때문인 것으로 생각하고, 실패를 자신의 노력부족으로 생각한다. 반면, 여성은 자신의 실패를 능력부족으로 생각하고, 자신의 성공은 운이나 열심히 노력한 덕분으로, 또는 주어진 과제가 쉬웠기 때문이라고 생각한다(Dweck, 1986, 1989). 이러한 현상은 특히 머리가 좋고 유능한 여성의 경우 더 심하다. 머리가 좋은 여성은 도전을 두려워하고, 자신의 실패를 무능력 탓으로 돌리고, 그래서 실패할 경우 위축된다(Dweck, 1989).

Carol Dweck

우리나라 초등학교 6학년 아동 323명을 대상으로 한 연구(김헌우,

1999)에서 보면, 아동의 학업성적은 아동의 능력 및 노력 귀인 등 내적 귀인성향과 정적 관련성을 나타내었으며, 타인 및 운 귀인 등 외적 귀인성향과는 부적 관련성을 나타내었다.

초등학교 3, 4학년을 대상으로 또래지위와 친구관계가 학업성취도에 미치는 영향을 살펴본 연구(이은해, 김정윤, 오원정, 2001)에서, 학업성취도는 또래집단에 따른 차이를 나타냈는데, 인기아 집단이 거부아 집단보다 높은 성취를 나타내었다. 즉, 아동의 학업성취도는 또래지위에 의해 어느 정도 예측될 수 있으며, 인기아 집단이 거부아 집단보다 높은 성취를 나타내었다. 그리고 학업성취도에 관한 친구관계 변인 중에서는 상호적 친구의 수만이 유의한 변인으로 나타났다. 즉, 친구관계의 질이나 만족감, 안정성 등과 학업성취도 간에는 관련성이 나타나지 않았다. 따라서 연구자들은 초등학교 3, 4학년 아동의 학업성취도는 또래지위가 친구관계보다 더 강력한 예측변인이라고 논의하였다.

4) 학교폭력

최근 한 워크숍에서 현직 교사가 발표한 학교폭력의 실체가 드러나면서 우리 사회 각계각층에서 학교폭력에 대한 관심이 고조되고 있다. 경찰이 중 · 고교 폭력조직인 일진회에 대해 강제 해체라는 강경 대응방침을 정한 것은 학생들의 피해 규모가 엄청나게 커지고 있기 때문이다. 대인 혐오증으로 학교를 옮기거나 그만두는 경우도 많으며, 일부 학부모는 피해 자녀를 해외에 유학 보내는 사례까지 나오고 있는 등 일진회의 심각성이 극에 달했다는 판단에 따른 것이다(조선일보 2005년 3월 11일자).

2022년 교육부 보도자료(〈그림 15-8〉 참조)에 의하면 우리나라 초등학교 4학년부터 고등학교 3학년 학생들을 대상으로 한 '2022년 1차 학교폭력 실태조사' 결과, 초등학교 3.8%, 중학교 0.9%, 고등학교 0.3%의 학생들이 학교폭력을 겪은 것으로 나타났다. 유형별로는 언어폭력(41.8%), 신체폭력(14.6%), 집단따돌림(13.3%) 순으로 나타났으며, 초 · 중 · 고 모든 학교에서 '언어폭력'의 비중이 가장 높았다. 이를 학교급별로 살펴보면 초등학교(14.6%)와 중학교(15.5%)는 '신체폭력'이, 고등학교(15.4%)는 '집단따돌림'이 높게 나타났다.

학교폭력은 그 형태나 정도가 다양하므로 한마디로 정의하기가 어렵다. 심응철(1996)에 의하면, 협의의 학교폭력은 가해자나 피해자가 모두 학생이고 폭력이 교내에서 발생하는 경우를 말하고, 광의의 학교폭력은 교내에서뿐만 아니라 학교 주변에서의

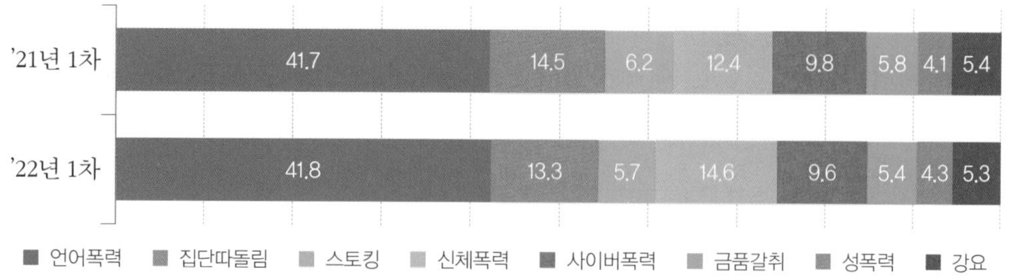

〈그림 15-8〉 학교폭력 피해유행별 비중(2021~2022)

출처: 교육부 보도자료(2022. 9. 6.).

폭력까지 포함하여 학생이 당한 모든 피해를 의미한다고 한다. 박경아(2003)는 학교 안이나 학교 주변에서 학생 상호간에 발생하는 개인이나 집단에 의한 신체적 폭행(사진 참조), 괴롭힘, 따돌림, 금품갈취, 위협이나 협박, 폭언이나 욕설 등을 통틀어 학교폭력으로 보고 있다. 간단히 말해서 학교폭력은 학교 안팎에서 발생하는 신체적 · 심리적 · 언어적 위해를 가하는 행위라고 할 수 있다. 이와 같이 학교폭력은 학교를 중심으로 하루 중 많은 시간을 함께 보내는 동일집단 내의 인간관계에서 발생하고 반복 · 지속된다는 특성 때문에 그 사회적 의미와 후유증이 심각하다.

청소년을 대상으로 학교폭력의 원인을 조사한 연구(김정옥, 박경규, 2002)에 의하면, 부모로부터 신체적 · 언어적 학대나 유기를 많이 경험할수록 그리고 부모 간의 폭력행사를 많이 목격할수록 학교폭력을 많이 행사하는 것으로 나타났다. 임희복(2003)의 연구에서도 가정폭력의 목격이나 경험이 청소년의 학교폭력 가해 측면에 영향을 미치는 것으로 나타났다. 따라서 학교폭력을 근절하기 위한 방안으로는 가정에서의 화목유지와 기강을 바로잡는 일이 무엇보다 시급한 것으로 보인다.

산업화 이후 급격한 사회적 변화와 맞물려 학교폭력은 점점 그 강도가 흉포화하고 있으며, 지능화, 저연령화, 집단화되고 있기에 그 문제의 심각성은 매우 크다고 할 수 있다. 초등학교 아동의 폭력 성향에 관한 연구(이충원, 2000)에 의하면, 가해자가 한 명인 경우보다 두 명 이상인 경우가 2배 정도 높게 나타나는 것을 볼 수 있는데, 이는 오늘날 집단따돌림, 즉 왕따 현상이 만연해 있음을 통해서도 확인할 수 있다.

지금처럼, 온 국민이 학교폭력에 관심을 기울이게 된 시점이야말로 정부와 학교가 실효성 있는 대책을 수립할 수 있는 좋은 기회라 할 수 있다. 누구나 학교폭력의 직접 혹은 간접 피해자가 될 수 있으므로 더 이상의 희생자가 발생하지 않도록 가정과 학교와 정부가 협력·연계하여 함께 노력해야 할 것이다.

5) 집단따돌림

'집단따돌림'은 '왕따'라고도 하며, '왕따'는 '왕따돌림'의 준말로 아동과 청소년 사이에서 은어로 소통되고 있다. 이를 일본에서는 '이지메'라고 표현하며, 오늘날 '집단따돌림'은 '집단괴롭힘' '또래괴롭힘' '또래따돌림'이라는 용어로도 통용되고 있다.

집단따돌림은 두 명 이상이 집단을 이루어 특정인을 그가 속한 집단 속에서 소외시켜 구성원으로서의 역할수행에 제약을 가하거나 인격적으로 무시 혹은 음해하는 언어적·신체적인 일체의 행위를 지칭한다(구본용, 1997). 박경숙(1999)은 한 집단의 구성원 중 자기보다 약한 상대를 대상으로 또는 집단의 암묵적인 규칙을 어긴 자를 대상으로 여럿이 함께 또는 개인이 돌아가며 신체적·심리적인 공격을 지속적으로 가하여 반복적으로 고통을 주는 행동을 집단따돌림이라고 정의한다. 이와 같이 집단따돌림은 가해자가 두 명 이상의 집단을 이룬다는 특징을 보이며, 또한 자기보다 약한 상대를 집단으로부터 배제시키고, 신체적·심리적 위해를 가하는 행위로 볼 수 있다(사진 참조).

한국청소년개발원(1995)에 의하면, 우리나라 청소년들은 신체에 대한 힘의 행사뿐 아니라 언어적 폭력이나 집단에서의 고의적인 소외인 따돌림 등 심리적인 불쾌감까지도 폭력으로 생각하고 있다고 한다. 또한 Olweus(1993, 2013)는 괴롭힘(bullying)의 유형을 직접적인 것과 간접적인 것으로 나누며, 직접적인 괴롭힘은 피해대상에 대해 외부적으로 공격행동을 하는 것을, 간접적인 괴롭힘은 사회적 소외, 즉 집단으로부터 축출하는 것을 의미한다고 한다. Crick과 Grotpeter(1996)는 관계상의 괴롭힘, 명백한 괴롭힘, 친사회적 행동의 박탈 요인으로 또래괴롭힘의 유형을 분류한다. 관계상의 괴롭힘은 고의로 다른 아동에게 해를 주거나 또래관계에 손상을 입히기 위하여 사회적 관계를 이용해 괴롭히는 것을 의미하고(예: 나쁜 소문 퍼뜨리기, 사회집단으로부터 고의로 소외시키기), 명백한 괴롭힘은 의도적으로 신체적 · 언어적 방법으로 다른 아동에게 해를 입히는 것을 말하며(예: 때리기, 차기, 밀기, 욕하기, 별명 부르기, 언어적 위협), 친사회적 행동의 박탈은 도움을 받아야 하거나 사회적 · 정서적 어려움에 직면해 있을 때에 또는 친구를 사귀어야 할 때에 또래들이 고의는 아니지만 이를 해결하는 데 있어 실질적인 도움을 주지 않고 정서적으로 지원하지 않으며 그대로 방치하는 것을 의미한다. 이와 같은 폭력과 괴롭힘을 대표하는 공격성은 직간접적으로 이루어지는 행동을 모두 포함하며, 신체적 · 언어적으로 행해질 뿐 아니라 관계상의 소외를 경험하는 것으로도 나타난다.

Nicki R. Crick

Jennifer K. Grotpeter

집단따돌림 현상이 청소년들의 사회관계 과정 속에서 어떠한 양상으로 나타나고, 어떠한 특징을 지니고 있는지, 그 과정에서 미디어는 어떤 역할을 수행하는지를 분석하기 위하여 서울 및 경기도 거주 중학생 14명을 대상으로 이루어진 연구(이지영, 권예지, 고예나, 김은미, 나은영, 박소라, 2016)에 의하면, 따돌림 현상을 청소년들의 또래관계(무리)의 맥락에서 '외톨이형 따돌림'과 '관계형 따돌림'으로 구분하여 접근할 필요가 있는 것으로 나타났다. 청소년들은 '학급(반)'이라는 특수한 환경 속에서 소규모의 무리를 지어 친구관계를 형성하고 있었으며, 무리가 형성되는 학년 초기에 어떤 무리에도 속하지 못한 학생은 다른 학생들로부터 배제되어 따돌림의 대상이 되는 것으로 나타났다. 반면, 다양한 친구 무리 속에서 발생하는 갈등의 과정에서도 따돌림은 빈번히 일어나고 있었다. 후자에 해당하는 관계형 따돌림은 외톨이형 따돌림과 구별되는 것으로 관찰되었다.

또래관계가 아동의 또래괴롭힘에 미치는 영향에 관한 연구(박연정, 정옥분, 2003)에서, 아동의 또래관계와 또래괴롭힘은 각 하위요인별로 유의한 상관관계를 보였다. 또래관계의 하위요인 중 사회적 지지 요인과 친밀 요인, 우의적 요인은 또래괴롭힘과 부적 상관관계를 보였고, 대립 요인과 처벌/주도권 요인은 또래괴롭힘과 정적 상관관계를 보였다. 아동의 또래괴롭힘에 영향을 미치는 주요 변인으로는 또래관계의 하위요인 중 사회적 지지 요인과 처벌/주도권 요인이 그리고 아동의 연령이 유의한 변인으로 나타났다.

초등학생의 집단따돌림 실태와 대처방안에 관한 연구(이관형, 김양현, 안현미, 2001)에 의하면, 집단따돌림에서 벗어나는 방법으로 3, 4, 5학년의 경우 '학급담임과 부모님 도움을 얻어서(67.5%, 41.4%, 45.5%)'라고 응답한 경우가 가장 많았고, 6학년의 경우 '자기 행동을 고쳐서(36.6%)'라고 응답한 경우가 가장 많았으며, 자신이 따돌림을 당할 경우의 의논상대로는 3(39.3%), 4(46.4%), 5(40.3%), 6(30.0%)학년 모두 '부모'를 들었다. 즉, 초등학교 시기의 아동은 집단따돌림의 피해경험을 부모와 함께 상의하고 극복하고자 하는 것을 알 수 있다.

초등학생의 학급응집력과 집단따돌림 간의 관계에 대한 연구(엄인하, 조영아, 2015)에 의하면, 학급응집력이 높을수록 방관태도 및 집단따돌림은 유의하게 낮아졌으며, 방관태도가 높아질수록 집단따돌림은 유의하게 높아졌다. 또한 방관태도는 학급응집력과 집단따돌림의 피해 및 가해 관계에서 모두 부분매개 효과를 보였다. 즉, 학급응집력이 집단따돌림의 피해 및 가해행동에 직접적인 영향을 주기도 하지만 방관태도를 매개로 하여 간접적인 영향을 미치는 것으로 나타났다.

집단따돌림 피해자들의 극복과정 유형을 분석한 최근 연구(서영석, 안하얀, 이채리, 박지수, 김보흠, 성유니스, 2016)에 의하면, '참여자가 지닌 내면의 힘' '주변의 지지와 개입 등 외적 자원' '참여자가 사용한 대처방식'이 서로 상호작용하면서 따돌림을 극복하는 데 많은 영향을 미치는 것으로 나타났다. 세 요인 간 상호작용에 초점을 두고 사례 간 유형화를 시도한 결과 ① 강한 내면의 힘과 외적 자원을 바탕으로 다양한 대처전략을 유연하게 사용한 참여자, ② 주변의 외적 자원은 많지 않았지만 원래 가지고 있던 내면의 힘을 바탕으로 자기계발 등을 통해 따돌림을 극복한 참여자, ③ 마지막으로 내면의 힘은 약하지만 외부로부터 강한 도움을 받아 세상으로 나아가려고 노력한 참여자 등 세 개 유형이 도출되었다.

집단따돌림은 단지 학교 내의 또래 간 문제만이 아니라, 나아가 가정과 사회의 문제로 확대되며, 문제의 심각성이 두드러짐에 따라 이에 대한 자각과 함께 다양한 방법으로의 해결책을 여러 기관에서 모색하고 있는 게 현실이다. 서울특별시 청소년 종합상담실에서는 1998년 '왕따현상에 대한 이해와 상담접근'이라는 주제로 개원 1주년 기념 심포지엄을 가졌고, 심리학자 이훈구 교수는 2000년 TV에 방영된 내용을 『심리학자의 교실이야기』라는 제목으로 저서를 내기도 하였다. 그리고 여러 상담기관에서 집단따돌림의 문제를 보이는 청소년들을 대상으로 개인상담과 집단상담이 이루어지고 있다.

제6부

아동기의 발달장애

아동기의 병리적 행동이나 장애행동은 많은 경우 정상 행동과 질적으로 다른 것이 아니다. 즉, 대부분의 장애행동은 정상적 발달과정으로부터 일탈된 것일 뿐이다. 장애행동의 원인에 대해서는 발달적 관점에서 문제행동을 연구할 수 있다. 예를 들면, 일반적으로 아동들을 슬프게 하거나 불안하게 하는 원인을 살펴봄으로써 우리는 우울증에 대해 이해를 할 수 있게 된다. 또는 아동들이 사회적 기술이나 자신감을 어떻게 획득하는가를 살펴봄으로써 사회적 위축에 대해 이해할 수 있게 될 것이다. 이와 같은 접근법을 발달정신병리학(Developmental Psychopathology)이라고 한다. 발달정신병리학은 아동기의 심리장애나 행동장애를 종래의 정신의학이나 임상심리학적 시각에서가 아니라 발달적 관점에서 이해하려고 한다.

아동기의 발달장애는 크게 외현화 장애(externeralizing disorder)와 내재화 장애(internalizing disorder)로 나눌 수 있다. 과잉행동장애나 품행장애에서와 같이 바람직하지 않은 행동을 밖으로 표출하는 것이 외현화 장애의 두드러진 특징이며, 불안이나 우울증과 같이 발달장애가 내면화된 상태로 표현되는 것이 내재화 장애가 갖는 특징이다.

제6부에서는 자폐스펙트럼장애, 주의력결핍 과잉행동장애, 품행장애, 학습장애, 먹기장애 등의 외현화 장애를 살펴보고, 다음으로 불안장애, 학교공포증, 우울증, 자살, 조현병 등의 내재화 장애를 살펴보기로 한다.

제 16 장

행동장애

1. 자폐스펙트럼장애
2. 주의력결핍 과잉행동장애
3. 품행장애
4. 학습장애
5. 먹기장애

일반적으로 어떤 기준에서 벗어난다고 생각되는 행동들을 발달상 문제행동이라고 본다. 여기서 기준이라는 것은 문화적 가치나 상황적 요인, 성별에 따른 규범, 연령에 따른 발달 규준 등에 따라 달라진다(Wicks-Nelson & Israel, 2000). 따라서 발달상 문제행동의 유무를 판단하거나 그 유형을 범주화할 때는 이러한 점을 고려해야 한다.

발달장애의 분류기준은 학자들에 따라 다양하지만, 가장 보편적으로 사용되는 것은 DSM(Diagnostic and Statistical Manual of Mental Disorders) 분류기준이다. 현재 개발되어 사용되고 있는 DSM-5(미국정신의학협회, 2015)에서는 기존의 DSM-IV에서 분류되어 사용된 '유아기, 아동기, 청년기에 진단되는 장애'라는 범주 대신 신경발달장애(neurodevelopmental disorders)라는 명칭 하에 여러 가지 아동기의 발달장애를 분류하고 있고, 그 외에도 불안장애, 외상 및 스트레스 관련장애, 급식 및 섭식장애, 배설장애, 파괴적, 충동조절 및 품행장애 등 다른 진단군에 몇 개의 장애를 포함시켜 분류하고 있다(〈표 16-1〉 참조).

이 장에서는 자폐스펙트럼장애, 주의력결핍 과잉행동장애, 품행장애, 학습장애, 먹기장애 등의 외현화 장애를 살펴보기로 한다.

Rita Wicks-Nelson

Allen C. Israel

표 16-1 발달장애의 분류

장애범주	하위 유형
신경발달장애	지적 장애, 자폐스펙트럼장애, 의사소통장애, 주의력결핍 과잉행동장애, 특정학습장애, 운동장애(발달성 협응장애, 상동증적 운동장애, 틱장애 등) 등
불안장애	분리불안장애, 선택적 함구증
외상 및 스트레스 관련장애	반응성 애착장애, 탈억제성 사회적 유대감장애, 외상후 스트레스장애, 급성 스트레스장애, 적응장애
급식 및 섭식장애	이식증, 되새김장애, 회피적/제한적 음식섭취장애, 신경성 식욕부진증, 신경성 폭식증, 폭식장애
배설장애	유뇨증, 유분증
파괴적, 충동조절 및 품행장애	적대적 반항장애, 간헐적 폭발장애, 품행장애

출처: 미국정신의학협회(2015). **정신질환의 진단 및 통계 편람(5판)**. 권준수 외(역). 서울: 학지사.

1. 자폐스펙트럼장애

사진 설명 자폐장애에 대한 올바른 이해와 인식을 제고하는 데 큰 기여를 했다는 평가를 받은 영화, '말아톤'

자폐스펙트럼장애(Autism Spectrum Disorder: ASD)는 신경발달장애의 한 범주로 분류된다. DSM-5에서는 DSM-IV에서 전반적 발달장애의 범주에 포함시켰던 유아자폐증, 아스퍼거 증후군, 소아기 붕괴성 장애 등의 진단명을 없애고, 이를 모두 자폐스펙트럼장애로 포괄적으로 분류하였다. 어려서만 일시적인 자폐증상을 보이는 레트 장애(Rett's disorder)는 DSM-5에서는 그 진단명이 제외되었다.

자폐장애(autistic disorder) 또는 자폐증(autism)은 1943년에 소아정신과 의사인 Leo Kanner에 의해 최초로 확인된 장애로서 다음과 같은 몇 가지 특징을 보인다(Newcombe, 1996; Wicks-Nelson & Israel, 2000). 첫째, 언어발달이 정상적으로 이루어지지 않는다. 자폐 아동의 절반 정도는 말을 전혀 하지 못한다. 이들은 언어발달이 극단적으로 지체되거나, 동일한 말을 계속해서 반복하거나, 대명사를 바꾸어 사용하는 경향이 있다(예를 들면, '나'를 '너'라고 바꾸어 말한다). 둘째, 자폐 아동들은 놀이를 할 때 융통성이 없고, 상상놀이를 하지 못하며, 특정 사물에 집착하거나 특정 의식(예를 들면, 가지고 놀던 장난감을 정확히 같은 위치에 놓기)을 지나치게 고집한다. 그들에게 동일성과 반복성은 매우 중요하다. 셋째, 주양육자와 정상적인 애착을 형성하지 못하고, 타인과 눈을 맞추지 못하며, 사회적 상호작용이나 의사소통이 비정상적이다. 넷째, 자폐 아동은 타인의 정서를 이해하고 지각하는 데 결함이 있다. 다섯째, 다른 사람들의 존재나 감정을 인식하는 능력이 현저하게 결핍되어 있다. 이들은 사람을 사물로서 대하며 다른 사람을 감정을 가진 존재로 보지 못하는 것 같다.

Leo Kanner

Kanner 이후에 Rutter(1968)가 정리한 자폐증의 특징이 자폐증의 진단기준으로 널리 사용되는 DSM-IV의 기준이 되었는데, Rutter의 자폐증에 대한 정의는 그 당시 학자들이 자폐를 정신장애나 아동기 정신분열증의 한 형태로 보던 시각에서 벗어나 자폐증을 하나의 다른 장애로 보게 만들었다.

Michael Rutter

지금까지는 자폐증이라는 진단이 심한 낙인효과를 초래한다고 생각하여 전반적 발달장애라는 용어를 사용하였으나 DSM-5에서는 자폐스펙트럼장애라는 용어를 사용함으로써 아주 가벼운 상태의 자폐증상에서부터 심한 형태의 자폐증상이 연속선상으로 존재하는 것으로 간주한다. 즉, 자폐적인 특성을 보이면서 사회성이 떨어지는 아스퍼거증후군의 경우, 과거와 달리 아스퍼거증후군으로 진단을 내리는 것이 아니라 자폐스펙트럼장애의 경미한 축의 끝에 위치하는 고기능 자폐증의 한 형태로 간주하여 자폐스펙트럼장애로 진단을 내리게 된다는 것이다. 자폐스펙트럼장애의 특징은 사회적 의사소통과 상호작용 기능의 지속적 손상과 제한적이고 반복적인 행동양식과 관심분야, 활동을 특징으로 한다.

자폐스펙트럼장애는 DSM-5의 신경발달장애에 해당하는 것으로, 사회적 기능과 의사소통기능의 손상이 핵심적인 증상이다(American Psychiatric Association, 2013). 영아기에 조기선별이 가능한 장애로, DSM-5에서는 "어린 시절에 시작"되어야 한다고 규정되어 있는데, 자폐스펙트럼장애 증상을 처음으로 인식한 나이를 조사한 결과, 29.5%가 1세 이전에, 51.11%가 18개월 이전에, 64.6%가 2세 이전에, 87.8%가 3세 이전에 발견한 것으로 나타났으며, 100%가 6세 이전에 발견한 것으로 나타났다(윤현숙, 2006). 이처럼 실제로 부모가 아동의 자폐성장애를 인지하는 시점은 3세 이전이 대부분이지만 의사가 추후진단을 권유하거나 이후 개선될 것이라는 부모의 생각 등 여러 요인으로 인해 실제로 자폐성장애로 진단이 내려지는 시기는 오히려 늦어져 조기중재로 이어지는 경우가 높지 않다(국립특수교육원, 2015).

자폐증이 나타나는 남녀 비율은 3: 1이라고 한다. 즉, 남아에게 3배 정도 더 흔히 발병되는 것으로 알려져 있다. 그러나 여아에게 발병되는 경우에는 증상이 더 심하고 인지적 기능의 장애가 더 심각하며, 가족력에서 함께 나타나는 경우가 더 많다(조수철, 1999).

자폐증은 조기진단과 조기치료가 중요하다. 의학계에서는 생후 18~24개월이면 자폐증 조기진단이 가능하다고 말한다. 자폐증 조기진단과 치료가 이루어지면 아동의 사회성발달이 어느 정도 가능하고 독립적인 생활 또한 가능하다고 본다.

아동이 성장함에 따라 증상이 약간 호전되는 경우도 있으나 성인이 되어서 독립적인 생활을 할 수 있는 경우는 극소수이다. 일반적으로 언어능력과 지적 능력이 자폐증의 예후와 관련되는 가장 중요한 요인인 것으로 보인다(Wicks-Nelson & Israel, 2000).

자폐스펙트럼장애의 확실한 원인은 알려져 있지 않으나 유전적 요인과 환경적 요인이 모두 영향을 미치는 것으로 알려져 있다. 자폐의 원인으로 과거에는 환경요인, 특히 부모의 양육태도가 중요한 요인으로 지목되었다. 자폐아동의 부모는 냉담하고 애정이 없고, 아동에게 민감한 반응을 보이지 못하기 때문에 아동이 부모에 대해 적개심을 갖고 마음의 문을 닫아버리는 자폐증상을 보이게 된다고 생각하였다. 그러나 최근에는 부모의 양육태도가 주요 원인으로 받아들여지지 않으며, 오히려 유전적 요인이나 뇌의 기질적인 이상이 중요한 원인으로 지목된다. 자폐성장애의 유전율은 80% 정도로, 유전적 요인은 자폐성장애의 가장 강력한 요인으로 알려져 있다(Abrahams & Geschwind, 2008). 자폐성장애는 유전적인 특성으로 인해 형제 발생률이 3~10%로 높게 나타난다. 손위형제가 자폐성장애로 진단된 경우 동생에게서 그 발생률이 18.7%에 달하는 것으로 나타나 이러한 사실을 뒷받침하고 있다. 특히 남자형제에서는 그 위험률이 2배, 한 가족에서 두 명 이상 자폐성장애로 진단된 경우에는 3배로 높아지는 것으로 나타났다(Ozonoff et al., 2011).

유전적 요인이 자폐성장애의 강력한 요인으로 알려지면서 조기발견과 조기개입의 중요성이 뇌의 가소성과 관련되어 강조되고 있다. 즉, 뇌의 가소성이 높아 변화가능성이 큰 영유아기에 뇌의 보상과정을 도움으로써 정상발달의 기회를 제공하고 이차적인 신경손상과 이에 따른 공존질환 발생을 방지할 수 있기 때문이다. 실제 연구결과에서도 조기선별을 통한 조기중재가 이루어질수록 아동의 이후 발달이 양호한 것으로 보고되었으며, 3세 이후 진단을 통해 개입이 이루어진 경우에는 뇌 발달상의 이점이 없는 것으로 나타났다(Dawson, 2008; Dawson et al., 2010). 이처럼 영유아 자폐스펙트럼장애를 조기선별, 조기중재하는 효과는 국내외적으로 거듭 입증이 되고 있다(이경숙, 윤현숙, 정희승, 유희정, 2015). 최근에 와서는 두뇌의 특정 부분의 이상으로 인한 장애로 보인다는 연구 결과들이 나타나고 있다(Catarino et al., 2013; Doll & Broadie, 2014).

2012년 과학전문지, 'Nature'에는 하버드 · 예일 · 워싱턴 대학 연구진이 자폐 아동과 그 부모의 유전자 배열순서를 분석한 연구결과가 보도되었다. 이들 가족의 경우 자폐증은 부모의 정자와 난자가 수정하는 전후 과정에서 자녀의 유전자가 돌연변이를 일으켜 발병하는 것으로 나타났다. 연구대상인 자폐 아동의 유전자 중 3개의 유전자(CHD8 · SNC2A · KATNAL2)에서 공통적으로 돌연변이가 발견되었다. 이때 돌연변이는 아버지로부터 물려받은 유전자에서 발생하는 경우가 어머니로부터 물려받은 유전자에서 발생하는 경우보다 4배 정도 더 높은 것으로 나타났다. 자폐증 발병원인이 난자보다 정자의 결함 때문에 발생하는 경우가 더 많다는 것이다(조선일보, 2012년 4월 6일자).

자폐증은 완치되기 어려운 것으로 알려져 있다. 그러나 Bettelheim(1967)과 Lovaas

(1973)의 치료법이 얼마간 성공을 거두었다. Bettelheim은 자폐아들을 위한 학교를 운영하였는데, 이 곳에서의 치료원칙은 사랑과 보살핌, 그리고 자율성을 강조하는 것이다. Lovaas는 행동수정(behavior modification) 프로그램을 자폐증 치료에 이용하였다. 이 프로그램은 자폐 아동의 언어와 자립심 등을 향상시키며, 그 결과로 그들의 사회적 능력을 향상시킨다.

Bruno Bettelheim

O. Ivar Lovaas

우리나라에서는 자폐 아동들의 잠재된 재능을 이끌어 내고, 집중력을 높이는 '기쁨터'라는 프로그램이 있다. '기쁨터'는 1998년 경기도 일산지역을 중심으로 자폐 아동의 부모들이 만든 모임이다. 이 프로그램에서는 핸드 페인팅이나 색칠놀이 등 자활 미술이나 율동 프로그램, 이야기나누기, 현장학습을 통한 사회성 강화훈련 등을 요일별로 진행한다. 또 다른 활동은 온라인 활동이다. 2000년 6월에 개설된 인터넷 홈페이지(www.joyplace.org)에는 전국의 자폐 아동 부모들이 글을 올려 정보를 나누고 애환에 얽힌 이야기들을 서로 나누고 있다.

협동놀이 환경에서 교사의 역할이 자폐증 아동의 사회성발달에 미치는 효과에 관한 연구(김수영, 2001)에서 특수학교 재학중인 6세에서

사진 설명 '기쁨터'에서 주관한 음악회에서 자폐 아동들이 멋진 사물놀이를 선보이고 있다.
출처: 중앙일보 2002년 4월 9일에서 전재

8세 미만의 자폐증 아동 20명을 대상으로, 그들을 실험집단과 통제집단으로 나누어 협동놀이 환경에서 교사의 구조적인 놀이 중재의 효과를 살펴보았다. 그 결과, 교사주도의 놀이집단은 또래주도의 놀이집단에 비해 집단 내에서 사회적 상호작용의 변화가 크고, 사회성이 향상되었다고 한다. 그렇다면, 협동놀이 환경에서의 교사의 놀이 중재 역할이 자폐증 아동의 사회적 상호작용 변화와 사회성 향상에 영향을 미친다고 할 수 있다.

2. 주의력결핍 과잉행동장애

주의력결핍 과잉행동장애(Attention Deficit Hyperactivity Disorder: ADHD)도 신경발달장애의 한 범주로 분류된다. 주의력결핍 과잉행동장애는 동등한 발달수준에 있는 아동에게서 관찰되는 것보다 더 빈번하고, 심하며, 지속적으로 부주의 또는 과잉행동이나 충동성을 보이는 것을 의미한다. 이러한 증상들은 대개 7세 이전에 발견되며, 적어도 아동이 소속되어 있는 두 가지 이상의 상황(가정, 학교, 유치원 등)에서 나타나야 한다(미국정신의학협회, 2015).

주의력결핍 과잉행동장애를 가지고 있는 아동은 충동적이며, 한 가지 일에 주의집중을 못하고 부산하게 움직이는 특징을 가지고 있다. 주의력이 부족하기 때문에 정서적, 행동상의 문제를 유발하기도 하고, 또래들로부터 따돌림을 당하거나 부모나 교사로부터 벌을 받는 경우가 빈번하기 때문에 자아존중감이 낮고 우울증이 나타나는 경우도 있으며, 지능에 비해 학업성적이 낮게 나타난다(Obsuth et al., 2020; Tistarelli et al., 2020).

주의력결핍 과잉행동장애는 복합형, 주의력결핍 우세형, 과잉행동/충동 우세형의 세 가지 하위유형으로 분류할 수 있다. 주의력결핍 우세형은 6가지 이상의 부주의 증상이 6개월간 지속되면서 과잉행동과 충동증상은 6가지 미만인 유형이며, 과잉행동/충동 우세형은 6가지 이상의 과잉행동/충동증상이 적어도 6개월간 지속되면서 부주의 증상은 6가지 미만인 유형이다. 또한 복합형은 6가지 이상의 부주의 증상과 6가지 이상의 과잉행동/충동증상이 적어도 6개월 이상 지속되는 유형으로, 대부분의 주의력결핍 과잉행동장애는 이에 해당한다.

주의력결핍 과잉행동장애는 아동기의 정신장애 가운데 가장 일반적이고 광범위하게 발생하며, 유아기에는 과격하고 공격적인 행동을 보이거나 주의집중이나 규율을 준수하는 것에서 어려움을 보이지만, 아동기에는 구조화된 수업환경으로 인해 더욱 어려움을 겪는다. 청년기가 되면 20% 정도는 증상이 없어지지만 대부분은 더욱 더 증상이 복잡해져 학업에서 어려움을 보이고 반항적이며 사회적 관계의 어려움이나 비행과 관련된다(고려원, 박난숙, 오경자, 홍강의, 1995).

주의력결핍 과잉행동장애는 여아보다 남아에게서 4~6배 많이 나타난다. 주의력결핍 과잉행동장애의 원인은 아직까지 정확하게 알려지지 않았으나 다음과 같은 여러 가지 요인이 영향을 미치는 것으로 보인다.

첫째, 중추신경계의 손상이나 생화학적 이상이 주의력결핍 과잉행동장애의 원인이 된다는 것이다. 연구결과, 전두엽의 손상은 행동결과에 대한 무관심, 충동성과 불안감 증가, 과도한 정서상태, 낮은 감수성과 학업에서의 어려움을 초래한다고 한다(조수철, 1990). 또한 정서적인 행동이나 정서조절과 관련이 있는 변연계의 손상이 정서적인 문제를 유발할 수 있으며, 특히 감각자극에 의미를 부여하는 편도체의 손상은 정서표현이나 경험에 큰 영향을 미치는 것으로 나타났다(Phelps & LeDoux, 2000).

둘째, 일란성 쌍생아의 경우에는 한 명이 주의력결핍 과잉행동장애를 보일 경우 다른 한 명도 주의력결핍 과잉행동장애를 보일 확률이 높고, 이들 가족 가운데 동일한 문제를 가진 사람들이 있을 경우 통제집단에 비해 4배 정도 발생률이 높은 것으로 보고되고 있다(Anastopoulos & Barkley, 1990). 이는 주의력결핍 과잉행동장애의 발생에 유전적 요인이 영향을 미치고 있음을 의미하는 것이다.

셋째, 가정불화나 이와 관련된 가족 내의 분위기, 부모의 양육태도도 관련이 있다. 부모의 양육태도가 지나치게 과잉보호적인 경우 아동은 책임감이나 인내심이 결여되어 있으며 규칙을 준수하는 능력이 부족하고, 지나치게 권위주의적인 경우에는 오히려 반발이나 적개심으로 인한 행동문제가 빈번하게 나타난다. 또한 주의력결핍 과잉행동장애 아동은 어머니와의 상호작용에서 더 요구적이며, 어머니도 이들이 보이는 행동특성으로 인해 정상아동의 어머니보다 명령적이고 거부적이며 부정적인 표현을 더 많이 하는 것으로 나타났다(Anastopoulos & Barkley, 1990). 이러한 상호작용에서의 높은 스트레스가 주의력결핍 과잉행동장애 아동의 증상을 더욱 악화시키고 장기화시키는 데 기여한다는 것이다.

넷째, 주의력결핍 과잉행동장애는 영양이나 식습관과도 관련이 있다는 연구에 대해서는 학자들 간에 의견의 일치를 보이고 있지는 않으나, Feingold(1979)는 인공감미료나 방부제와 같은 식품의 영향을 강조하면서 과다한 당분의 섭취는 과잉행동을 유발하는 대표적인 요인이 된다고 하였다.

다섯째, 귀인양식도 영향을 미치는 것으로 볼 수 있다. ADHD 아동은 자신의 성공에 대해 외적 요인으로 귀인시키는 경향이 있는 반면, 부정적인 상황에서는 자신의 실패를 내적 요인으로 귀인시킴으로써 낮은 자아존중감을 보이게 된다는 것이다(Milich, Carlson, Pelham, & Licht, 1991).

여섯째, 지나치게 산만한 주위환경이나 불규칙적인 생활계획은 ADHD 아동의 증세를 심화시키는 것으로 보고되고 있다. 특히 사회경제적 지위가 낮은 가정에서는 규칙적인 생활계획을 제공하는 데 어려움이 많아 증상을 더욱 악화시키는 것으로 보인다.

보통 학동기 아동의 3~5% 정도가 주의력결핍 과잉행동장애를 보이는데, 남아가 여아보다 발생률이 훨씬 높다. 〈그림 16-1〉에서 보는 바와 같이 10세 이후에는 발생률이 줄어들지만, 18세까지는 남아에게서 ADHD가 더 많이 나타난다(Barkley, 1990; Taylor, 1994).

부산지역의 초등학교 저학년 아동 1,051명을 대상으로 하여 ADHD-SC4를 이용해 주의력결핍 과잉행동의 출현율을 조사한 연구(안미경, 2001)에 따르면 전체 출현율은 4%로 나타났다고 한다. ADHD로 평가된 아동 중 ADHD 주의력결핍 유형에서는 교사평가에 의해 25명으로 연구대상의 2.3%, 부모평가에 의해 9명으로 연구대상의 0.9%로 나타났다. ADHD 과잉행동-충동성 유형의 경우, 교사평가에 의해 2.7%, 부모평가에 의해 1.5%로 나타났으며, ADHD 복합 유형은 교사평가에 의해 1.5%, 부모평가에 의해 0.7%로 나타났다.

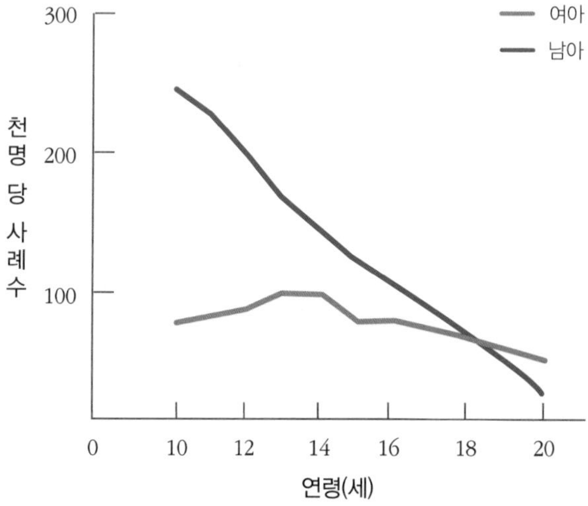

〈그림 16-1〉 아동의 성과 연령에 따른 ADHD의 발생률

출처: Sarason, I. G., & Sarason, B. R. (1996). *Abnormal psychology*. NJ: Prentice-Hall.

ADHD는 다른 장애들과는 다르게 여러 가지 장면에서 일관된 증상을 보이지 않는 경우가 많다. 시간이나 장소에 따라, 또는 상호작용하는 사람에 따라 그 증상이 상이하게 나타나 하나의 도구만으로 또는 주변인 한 사람과의 면담만으로 ADHD를 진단하는 것은 어렵다. 또한 ADHD를 가진 아동들은 품행장애, 반항성장애, 학습장애, 불안장애, 우울장애등의 장애를 동반해서 가지고 있는 경우가 많기 때문에 다각적으로 아동의 상태를 분석하는 것이 필요하다(Arnold & Jensen,

1995; Hinshaw, 2001).

ADHD의 징후는 보통 유아기에 나타나는데, 이러한 유아들은 전반적으로 또래에 비해 미성숙하고 서투른 경향이 있다. 그 징후가 유아기부터 나타날지라도 ADHD로 진단되는 것은 보통 초등학교 시기이다(Pueschel, Scola, Weidenman, & Bernier, 1995). 공식적인 학교교육이 시작됨으로써 학업적·사회적 요구가 증가하고, 행동통제에 대해 보다 엄격한 기준을 적용하게 되기 때문이다. 교사들에 따르면, ADHD 아동들은 수업시간에 독립적으로 작업을 하거나 앉아서 하는 작업을 잘하지 못하고, 가만히 있지 못하며 행동이 매우 산만하다고 한다. ADHD 아동들은 친구가 없으며, 교우관계 측정도에서 친구들이 가장 싫어하는 유형으로 나타나기도 한다(Henker & Whalen, 1989). ADHD 아동의 부모들은 양육 스트레스를 더 많이 경험하는 것으로 보인다(Fisher, 1990).

학습문제를 동반한 주의력결핍 과잉행동장애 아동의 특성을 분석한 연구(김미경, 1996)에 따르면, 연구대상인 ADHD 아동 26명 중 12명의 아동이 학습문제를 동반한 ADHD 아동으로 나타났다고 한다. 또한 학습문제를 동반하는 ADHD 아동들은 일반 ADHD 아동들에 비해 인지과정상의 결함이 더 전반적이고 심각한 수준으로 나타났으며, 실제 학업수행력도 떨어지는 것으로 나타났다고 한다.

ADHD 아동에게서 나타나는 행동적 문제는 청소년기까지 지속되는 경향이 있다(Sibley et al., 2012). 가정환경이 긍정적이고 품행장애 증상이 나타나지 않으면 보다 성공적으로 적응하게 되는 것으로 보인다(Campbell & Werry, 1986). 사실 비행의 유무는 매우 중요한 문제이다. 한 연구(Moffitt, 1990)에서 비행을 하지 않는 ADHD 남아들은 언어적 IQ나 읽기 능력이 부족하지 않았고, 청소년 초기에 반사회적 행동으로 인해 크게 힘들어하지 않았다. 반면, ADHD와 비행을 동시에 보인 남아들은 ADHD만 보인 남아나 비행만을 보인 아동과 비교하여 그 예후가 훨씬 나빴다고 한다.

사진 설명 ADHD 아동(오른쪽)은 사회적 규칙을 무시하고, 충동적으로 행동하며, 과제에 집중하지 못하고, 급우(짝)의 학업을 방해한다.

신경학적·생화학적·사회적·인지적 요인들에 대해 많은 연구가 행해졌음에도 불구하고, ADHD의 원인은 아직 잘 알려져 있지 않다. 유전적 요인과 환경적 요인이 모두 영향을 미치는 것으로 보인다. 즉, 일란성 쌍생아 중 하나가 ADHD이면 다른 하나도 ADHD일 가능성이 높고, 부부관계가 원만하지 못하고 가족 간의 갈등이 심한 경우 자녀가 ADHD일 가능성이 크다(Bernier & Siegel, 1994; Biederman, Faraone, Keenan, Knee, & Tsuang, 1990).

약물치료가 단기적으로는 도움이 될 수 있을지 모르나 장기적으로 ADHD를 치료하지는 못하는 것으로 보인다(Weiss, 1983). 약물치료와 더불어 적절한 학업적 · 사회적 행동을 강화해 주는 중재 프로그램이 가장 효과적인 방법인 것으로 보인다(Barkley, 1990).

유아의 주의력결핍 과잉행동 수준에 따른 어머니의 양육스트레스와 양육행동에 관한 연구(정계숙, 노진형, 2010)에서 유아의 주의력결핍 과잉행동 수준이 높은 집단이 낮은 집단보다 어머니의 양육스트레스 전체 및 하위요인별 스트레스가 더 높은 것으로 나타났다. 또한 주의력결핍 과잉행동장애로 선별된 유아의 어머니는 비일관적이며 거부적인 양육행동을 더 많이 하는 것으로 나타났다. 일반적으로 주의력결핍 과잉행동장애 징후를 보이는 유아는 증상의 발현 후 주의력결핍 과잉행동장애라는 진단이 내려지기까지는 오랜 시간 간격이 있다. 따라서 주의산만하고 과잉행동적인 유아기 자녀를 둔 어머니는 오랫동안 만성적인 양육스트레스를 경험하게 되므로 장애진단을 받기 전에라도 부모를 위해 장기적 관점에서의 체계적 부모교육 및 유아발달을 돕는 중재적 지원이 필요한 것으로 연구자들은 결론내리고 있다.

3. 품행장애

품행장애(conduct disorder)는 파괴적, 충동조절 및 품행장애의 한 범주로 분류된다. 품행장애는 '청소년 비행(juvenile delinquency)'이라는 용어로 사용되다가 1990년대에 들어와서야 품행장애라는 용어를 사용하게 되었다.

품행장애는 보통 10세 이전에 나타나는 아동기 발병형과 그 이후에 나타나는 청소년기 발병형으로 나뉜다. 아동기 발병형은 주로 남아에게 많고, 대개 타인에게 신체적 공격을 가하고, 또래관계에 문제가 있다. 또한 아동기에 발병한 경우가 청소년기에 발병하는 경우보다 더 지속적이고 이후 반사회적 성격장애로 이어질 가능성이 높다(American Psychiatric Association: APA, 1994).

품행장애를 공격적 행동(예를 들면, 싸움, 물건 파괴 등)과 비행 행동(예를 들면, 거짓말,

Thomas M. Achenbach

도둑질, 무단결석 등)으로 나누는 경우도 있다(Achenbach, 1993). 일반적으로 공격적 증후군이 비행 증후군보다 유전적 영향을 많이 받는다(Edelbrock, Rende, Plomin, & Thompson, 1995). 또한 이 두 종류의 증후군은 발달양상에서도 차이를 보인다. 공격적 증후군은 10세 이후에는 계속적으로 감소하나, 비행 증후군은 오히려 증가하는 경향이 있다(Stanger, Achenbach, & Verhulst, 1997).

일반적으로 유아기에는 품행장애를 보이는 남아와 여아의 비율이 별로 차이를 보이지 않으나, 아동기에는 남아가 여아보다 신체적 공격성이나 그 외 외적인 행동문제를 나타내는 비율이 훨씬 높다(Keenan & Shaw, 1997). 〈그림 16-2〉는 연령과 성에 따른 품행장애의 비율에 관한 것이다. 일반적으로 남아가 여아보다 품행장애를 더 많이 보이지만, 남아의 경우에는 10세에 가장 높은 비율을 보이고 그 후로는 줄어든다. 반면, 여아의 경우에는 10대 중반에 가장 높은 비율을 보인다.

많은 연구에서 품행장애와 빈곤, 스트레스, 부부갈등, 아동학대와 같은 가정환경 간에 관련이 있는 것으로 나타났다(Dishion, French, & Patterson, 1995; Earls, 1994; Eron & Huesmann, 1990; Farrington, 1995; Rutter, 1997; Werner & Smith, 1992; Yoshikawa, 1994). 그 외에도 또래의 영향이나 모방학습, 비행 행동을 했을 때의 보상을 통한 학습이 품행장애에 영향을 미치는 것으로 보인다.

품행장애에 대한 가장 효과적인 치료는 예방적인 치료로서 이는 발병 후의 처치보다 훨씬 더 효과적이다. 예방적인 노력으로 가정환경의 변화, 교육과 지원을 통한 부모자녀관계 형성 등이 필요하다(Yoshikawa, 1994). 또한 이미 품행장애를 나타내는 아동들에게는 잘못된 행동에 대한 억압보다는 사회적 문제해결 기술과 사회적 능력을 증진시켜 주는 것이 중요하다(Rutter & Giller, 1984).

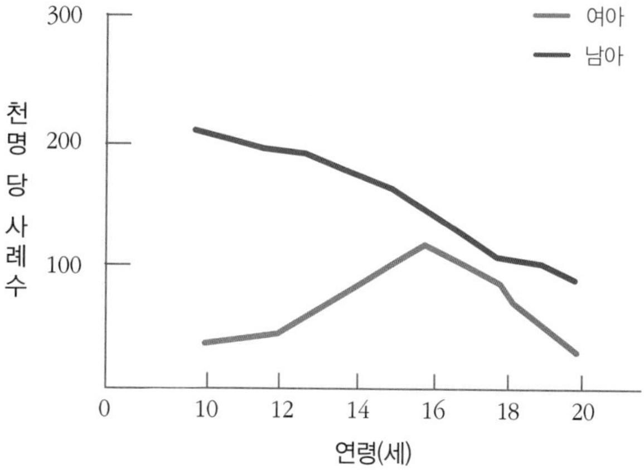

〈그림 16-2〉 연령과 성에 따른 품행장애의 비율

출처: Sarason, I. G., & Sarason, B. R. (1996). *Abnormal psychology*. NJ: Prentice-Hall.

우리나라 초등학생 577명을 대상으로 한 연구(심희옥, 1997)에서는 아동기 후기의 반사회적 행동의 경우, 학년이 높을수록 반사회적 행동을 더 많이 하는 것으로 나타났다. 또한 부정적 생활경험을 많이 하고, 자아존중감이 낮은 아동일수록 반사회적 행동을 더 많이 하는 것으로 나타났다.

4. 학습장애

Louise Spear-Swerling

학습장애(learning disabilities)는 듣기, 생각하기, 말하기, 읽기, 쓰기, 철자법, 셈하기 등에서 문제가 있는 경우를 말한다(Jitendra & Montague, 2013; Spear-Swirling & Sternberg, 1994; Turnbull et al., 2020). 일반적으로 지능검사로 측정되는 지적 능력과 성취검사로 측정되는 실제 수행 간에 큰 차이가 있으면 학습장애로 간주된다(Coleman, Levine, & Sandler, 1991). 즉, 학습장애아들은 평균 이상의 지능을 가지고 있으면서도 그들의 실제 수행은 또래와 비교했을 때 약 2년 정도 뒤떨어진다.

학습장애 아동은 읽기나 셈하기와 같은 특정 분야에서 곤란을 겪거나, 많은 분야에서 필요한 주의집중과 같은 일반적 기술이 부족하다. 하지만 이러한 원인이 시각이나 청각장애와 같은 감각장애나 정서장애, 정신지체 또는 신경장애로 인한 경우는 학습장애로 분류하지 않는다(Swanson, 2014).

이러한 기준에 비추어 볼 때, 우리나라의 경우 2000년도 학년 초 기준으로 읽기, 쓰기, 셈하기 등이 기준 미달인 기초학력 부진아가 10만명 선에 달한다고 한다. 또한 정상적 지적 능력을 가졌으나 정서불안이나 집중력 부족 등에 따른 학습장애아가 지난 2000년에는 1만 2,742명, 2002년에는 1만 1,027명, 2004년에는 9,062명, 2006년에는 6,738명, 2008년에는 6,754명 그리고 2009년에는 6,526명으로 나타나 점차 감소하는 추세에 있는 것으로 보인다(특수교육백서, 2010).

Daniel P. Hallahan

학습장애가 가장 흔하게 나타나는 학업분야는 읽기, 쓰기 및 셈하기이다(Hallahan & Kaufmann, 2000; Kirk et al., 2012). 먼저 읽기장애는 개인의 생활연령, 측정된 지능, 나이에 비추어 기대되는 정도보다 읽기 성적이 현저하게 낮게 나타나는 경우이다. 이처럼 읽기 분야에서 어려움을 나타내는 경우를 '난독증(dyslexia)'이라고도 한다(Ortiz et al., 2020). 난독증인 아동들은 음운론적 기술에 문제가 있다. 즉, 읽거나 철자를 기억하는 능력이 심하게 손상된 경우이다. 난독증은 학습장애 중 가장 흔한 형태로, 학습장애 아동의 약 80% 정도가 이에 해당된다(Shaywitz, 1998; Shaywitz, Gruen, & Shaywitz, 2007). 보통 초등학교 2학년 정도가 되면 난독증 여부를 분명하게 판명할 수 있다(Nevid, Rathus, & Greene, 2000). 난독증을 보이는 아동들은 쉽게 우울해지거나 학업분야에서 자신감이 낮은 경향을 보인다. 또한 또래들에 비해 주의력결핍 과잉행동장애의 징후를 보이는 경향이 높다(Boetsch, Green, & Pennington, 1996).

Jeffrey S. Nevid

쓰기장애(dysgraphia)는 일반적으로 문장 내의 문법이나 구두점의 잘못, 문단 구성의 빈약함, 철자법 실수, 지나치게 형편없는 필체 등으로 표현된다(Asselborn, Chapatte, & Dillenbourg, 2020). 따라서 쓰기장애가 있는 아동들은 종종 글씨를 쓰거나 철자를 기억할 때 혹은 작문을 할 때 어려움을 느낀다. 다른 학습장애에 비해 쓰기장애와 그 치료법은 상대적으로 덜 알려져 있으며, 특히 읽기장애 없이 쓰기장애만 단독으로 나타나는 경우에는 더욱 그러하다. 쓰기장애가 심한 경우는 초등학교 2학년 정도만 되어도 판명이 되나, 약한 경우는 5학년이나 그 이후에 가서 판명되는 경우도 있다(Nevid, Rathus, & Greene, 2000).

셈하기장애(dyscalculia)에는 여러 가지 다른 기능상 문제가 포함된다. 즉, '언어적' 기능(예: 산술용어, 공식, 개념을 이해하고 명명하기, 글로 쓰여진 문제를 산술적 부호로 바꾸기), '지각적' 기능(예: 수의 상징이나 산술부호를 인식하거나 읽기, 사물을 집합하기), '주의집중' 기능(예: 숫자와 모양을 정확히 그리기, 덧셈에서 더해 가는 숫자를 기억하기, 공식 기호를 관찰하기) 그리고 '산술적' 기능(예: 순서에 따라 계산하기, 사물을 세기, 구구단을 학습하기)의 문제들이 있다(American Psychological Association, 1994). 이러한 문제들은 이르면 초등학교 1학년 정도에서도 나타나지만, 일반적으로 3학년이 되기 전에는 잘 판명되지 않는다(Nevid, Rathus, & Greene, 2000).

학습장애아는 교내와 교외에서 여러 가지 문제에 직면한다. 학교에서는 주의집중력이 부족하고, 토론학습에 잘 참여하지 못하고, 숙제를 잘해내지 못한다(Owings & Stocking, 1985). 그리고 대부분의 학습장애아들은 공부습관이 좋지 못하고, 숙제를 거의 안 하며, 시험을 치르는 기술도 없다(Lovitt, 1989).

학습장애 아동의 문제는 여기서 끝나지 않는다. 사회적 기술의 부족으로 인해 다른 사람의 기분을 제대로 파악하지 못하고, 부적절하게 반응한다. 그리고 자신의 행동이 다른 사람에게 어떤 영향을 미치는지 제대로 이해하지 못한다. 놀이에서도 규칙을 제대로 이해하지 못하고, 자기보다 어린아이들과 어울려 논다(Lovitt, 1989).

초등학교 4, 5, 6학년 정상아동 345명과 학습장애 아동 12명을 대상으로 한 연구(정정옥, 강문희, 1996)에 따르면 학습장애아는 정상아에 비해 상위인지와 동기수준이 낮고, 효율적인 학습전략을 이용하지 못하는 것으로 나타났다고 한다. 학습장애아들은 동기 하위요인 중에서도 특히 자기효능감이 낮은 것으로 나타났다. 학습전략 면에서는 시간과 공부관리나 의지통제 같은 자기관리 요인보다는 시연, 조직화, 정교화 같은 인지적 학습전략 활용에 문제가 있는 것으로 보인다고 하였다.

전통적으로 학습장애아들은 특수학급에 편성되어 학습장애 전문의 특수교사에게서 각 개인에게 적합한 교육을 받았다. 그러나 이러한 특수교사들은 여러 가지 교과과정에서 전문성을 다 갖출 수는 없으며, 학습장애아들에게 보통 학생들과 같은 기준을 적용하지 않는다는 문제점이 있다. 그래서 최근 많은 학교에서 학습장애아를 정규학급에 참가시키는 통합교육을 채택하게 되었다. 통합교육에서는 학습장애아들이 정규학급에서 수업을 받고, 성적평가 시에 약간의 조정이 이루어진다. 그리고 특수교사가 배치되어 정규교사와 함께 학습장애아들의 학습에 대해 논의한다.

초기의 통합교육은 1960년대 후반 '주류화(mainstreaming)'라는 용어로 사용되다가 이후에는 1970년대 후반 '통합(integration)의 개념이 반영된 통합교육'으로 변화되었고, 1990년대 이후부터 지금의 '포함(inclusion)의 개념이 반영된 통합교육'으로 사용되고 있다.

사진 설명 학습장애를 보이는 소년(가운데 손을 들고 있는 학생)이 정규 학급에서 통합교육을 받고 있다.

이와 관련하여 Ferguson(1995)과 Loreman(1999)은 'integration'과 'inclusion' 간의 차이를 구분하여 기술하였는데, 'integration'은 분리로 인한 낙인효과와 차별적인 교육적 배제로 인한 사회적 차별대우를 교정하려는 의도에서 시작한 반면, 'inclusion'은 장애로 인해 분리된 모든 학생들을 공교육의 의무화, 평등한 교육의 기회, 교육적 권리를 보장해주고자 한 데서 시작하였다. 즉, 포함(inclusion)이 반영된 통합교육은 모든 아동들을 입학 초기부터 정규학급시스템의 일원으로 간주하였기 때문에 모든 유아교육기관에서는 장애아동을 수용하기 전에 먼저 재구조화를 위한 구조적 개혁을 통하여 장애아동을 처음부터 학급의 일원이 될 수 있도록 지원하는 것이다. 여기서 재구조화를 위한 구조적 개혁이란 장애아동을 배려한 구조의 변화(예, 편의시설과 설비의 확충 및 정비 등), 업무방식에서의 변화(예, 개별화 프로그램 계획에서 일반교사와 특수교사의 협력체계, 교재교구 개발 및 보급, 정기적인 교원연수 등) 그리고 특수교사와 일반교사의 태도변화 등을 포함한다. 따라서 포함이 반영된 통합교육(이하 통합교육)은 장애로 인해 분리된 모든 학생들이 평등한 교육적 기회와 권리를 보장받도록 하기 위하여 교육기관의 재구조화를 통해 모든 측면에서 학급의 일원으로 완전하게 수용될 수 있도록 한 것이다. 이를 통해 장애아동들이 일반아동들과 함께 놀며 배울 수 있도록 하고, 일반아동들에게 다름의 가치를 알려주고 존중할 수 있도록 지원해줌으로써 통합된 모든 아동들의 욕구를 충족시켜주고 적응할 수 있도록 한다. 특수교육 전문가들은 장애아동과 일반아동을 서로 다른 학급에 있게 하면서 일과 중 일부분만 합쳐서 활동하기보다는 장애아동들이 일반아동들과 같은 교실에서 동일한 시간 동안 동일한 교육과정에 참여하도록 하는 것이 '포함(inclusion)'이라는 데 동의하였다(이소현, 박은혜, 2011; Loreman & Deppeler, 2002; Winzer, 1996).

최근 우리나라도 포함(inclusion)의 개념이 반영된 통합교육으로 전환하여, 통합교육을 특수교육대상자가 일반학교에서 장애유형 및 장애정도에 따라 차별을 받지 아니하고 또래와 함께 개개인의 교육적 요구에 적합한 교육을 받는 것이라 정의하였다. 이에 따라 2013년부터 일반유아 3~5세 연령을 위한 유치원교육과정인 누리과정을 근간으로 하여 특수교육대상유아의 장애유형 및 정도에 적합하게 개별화교육계획을 수립하여 누리과정에 최대한 참여할 수 있도록 교육과정을 수정 · 운영함으로써 일반유아와 특수교육대상유아의 발달을 촉진하도록 하였다(교육과학기술부, 2012). 이처럼 「장애인 등에 대한 특수교육법」 시행령에 따라 장애아동을 교육적으로 통합하고 지원함으로써 사회의 구성원으로 성장시키고, 함께 통합된 일반아동들에게 장애아동을 이해하고 수용하여 더불어 사는 삶의 태도를 습득케 함으로써 전인적 발달을 기반으로 한 사회구성원으로 성장할 수 있도록 지원하고 있다.

Michael Guralnick

이러한 통합교육환경이 일반아동과 특수교육대상아동의 발달과 교육에 어떤 영향을 미치는지를 살펴본 연구에 따르면, 통합교육의 실시에 따라 일반아동은 특수교육대상아동들과의 상호작용을 통하여 친사회적 행동이 증가하고(Friend

Samuel Odom

& Bursuck, 1996; Peck, Carlson, & Helmstetter, 1992), 개인차를 이해하는 능력과 장애를 이해하고 수용하는 능력이 증가하였다(장수연, 2012; Guralnick, 1990; Loreman & Deppeler, 2002). 또한 특수교육대상아동은 학급활동에서 모델링효과를 얻게 되어 사회적 기술, 사회적 상호작용능력 그리고 언어능력의 발달에서 긍정적인 성과가 나타났다(Bailey, McWilliam, Buysse, & Wesley, 1998; Odom & McEvoy, 1998).

5. 먹기장애

먹기장애(eating disorder)는 주로 청년기에 나타나지만 성숙의 가속화 현상으로 인해 아동기에도 가끔 나타나는 발달장애이다. 먹기장애는 유전적 요인, 생리적 요인, 인지적 요인, 환경적 요인을 모두 포함하는 복잡한 문제이다. 가장 보편적인 먹기장애는 거식증과 폭식증이다.

1) 거식증

Karen Carpenter

미국의 유명한 대중가수 Karen Carpenter를 죽음으로 이끈 병은 거식증이었다. 거식증(拒食症)의 주요 특징은 신체상과 체중감소에 대해 강박적으로 집착하는 것이다. 우울증에서 보이는 식욕감소와는 달리 음식에 대해 의도적으로 거부행동을 보인다. 거식증 환자는 자신의 신체에 대해 왜곡된 견해를 가지고 있는데, 뼈만 앙상하게 남을 정도로 말라도 자신이 얼마나 놀랄 정도로 말랐는지를 이해하지 못한다(사진 참조). 그래서 먹기를 계속 거부하고 여성의 경우 그동안 월경은 멈추고 끝내는 죽음에까지 이르게 된다.

거식증 환자 중에는 엄격한 가정에서 자란 모범생이 많다. 이들은 쉽게 우울증에 빠지고, 같은 행위를 반복하거나 모든 일을 완벽하게 처리하고자 하는 완벽주의자인 경우가 많다. 그들의 가족 역시 표면적으로는 화목한 것 같지만, 사실상 서로의 생활에 지나치게 의존하며 과도하게 간섭하고 갈등에 대처하는 데 문제가 있다.

거식증의 원인에 대해서는 사회적, 심리적, 생리적 요인 등으로 설명하고 있다. 여러 학자들은 뇌에서의 심각한 화학적 결함이나 시상하부의 교란에 기인한 신체적 무질서, 또는 우울증과 관련이 있는 심리적 교란, 관심을 끌고자 하는 동기, 지나치게 간섭하는 부모에 대한 반응, 성장에 대한 두려움, 또는 날씬해져야 한다는 사회적 압력에 대한 반응일 수 있다고 말하고 있다(Fisher et al., 1995; Yager, 1982).

거식증 치료의 당면 목표는 다시 먹게 하는 것이지만, 거식증의 원인이 된 감정을 밝혀내지 못하면 체중은 단지 일시적으로 증가할 뿐이다. 거식증 치료에는 영양치료, 행동치료, 인지치료, 개인 및 집단 심리치료, 약물치료, 가족상담 등이 포함될 수 있다.

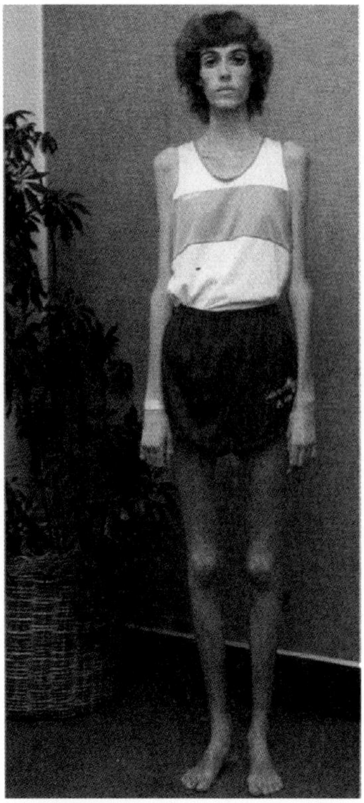

사진 설명 거식증 환자는 자신의 신체에 대해 왜곡된 견해를 가지고 있는데, 뼈만 앙상하게 남을 정도로 말라도 여전히 자신이 뚱뚱하다고 생각한다.

2) 폭식증

폭식증(暴食症)은 엄청나게 많은 양의 음식을 먹는 것이 보통이고, 이어서 극도의 신체적, 정서적 불쾌감을 느끼게 되며, 속을 비우기 위해 스스로 토하거나 하제를 이용하는 등의 먹기장애인 것이다. 폭식을 하고는 곧바로 토하는 악순환적인 행동이 폭식증이 보이는 주요 특징이다(pinhas et al., 2007; Uher & Rutter, 2012).

거식증처럼 폭식증은 십대와 젊은 성인여자에게 가장 흔하다. 두 경우 모두 지나치게 체중에 관심을 기울인다. 그러나 거식증인 사람이 먹기를 거부하는 것이라면, 폭식증 환자는 지나치게 많이 먹으려는 자신의 충동에 굴복하여 엄청난 양의 음식을 먹게 되고, 이어서 죄책감과 수치심 및 우울증에 빠지게 된다(Lustick, 1985).

Paul E. Garfinkel

최근의 한 연구에서는 Freud 학파의 해석을 빌어와 폭식증 환자는 가족으로부터 받지 못하는 애정에 대한 심리적 굶주림 때문에 음식에 의지하게 된다고 설명하고 있다(Humphrey, 1986). 한편, 거식증의 원인으로 제시된 많은 요인들이 폭식증의 원인으로도 작용한다고 믿는 사람들이 있다(Garner & Garfinkel, 1997).

폭식증은 행동 및 인지치료, 심리치료, 가족치료, 입원치료, 약물치료 등을 포함하는 여러 가지 치료법으로 치료할 수 있다. 우울증이 폭식증의 보편적인 특성이므로, 최근의 연구에서는 항우울제가 효과가 있는 것으로 보고되고 있다 (Papalia, Olds, & Feldman, 1989).

제 17 장

심리적 장애

1. 불안장애
2. 학교공포증
3. 우울증
4. 자 살
5. 조현병

과잉행동장애나 품행장애를 가진 아동의 파괴적인 행동에 비해 말이 없고 내적인 문제로 싸우고 있는 아동의 문제는 상대적으로 간과해 버리기 쉽다. 심리적 장애, 즉 내재화 장애는 종종 알아차리기 어려우며, 그 심각성이 부모와 교사들에 의해 과소평가되는 경향이 있다.

아동기에 흔히 나타나는 심리적 부적응 현상은 다양한 종류의 불안장애, 우울증, 자살, 조현병(정신분열증) 등이다. 이러한 부적응 행동은 아동으로 하여금 정상적인 기능을 하지 못하도록 함으로써 아동의 성장, 성취, 복지증진에 장애가 된다.

어머니의 양육 스트레스와 정서표현성, 아동의 내면적 문제행동에 관한 연구(송하나, 2010)에서, 어머니의 양육 스트레스와 부정적 정서표현성이 아동의 내면적 문제행동에 영향을 미치는 것으로 나타났으며, 특히 어머니의 부정적 정서표현성은 양육 스트레스와 문제행동 간의 관계를 매개하는 것으로 나타났다. 한편, 아동의 내면적 문제행동 또한 어머니의 양육 스트레스와 부정적 정서표현성에 직접 영향을 미치는 것으로 나타났으며, 양육 스트레스는 아동의 문제행동과 어머니의 긍정적 정서표현성 간의 관계를 매개하는 것으로 보고되었다. 이러한 결과들은 어머니와 아동 간의 관계가 상호적이고 양방향적임을 시사하며, 특히 우울이나 불안이 높은 아동에게 어머니의 부정적 양육행동이 문제행동을 증가시키는 위험요인으로 작용할 수 있다는 것을 제시한다.

아동기에 발생한 발달장애가 연령이 증가한 후에도 지속적으로 나타나는지가 모든 부모들의 관심사이다. 아동은 성장하면서 스스로 이러한 문제를 극복해내는가? 사실, 아동기에 나타나는 발달상의 가벼운 문제들은 아동기 이후까지 지속되지 않으나, 심각한 신체적·정서적 문제들은 아동기 이후까지 지속되는 경향이 있다. 또한 초등학교 시기에 나타난 문제들은 유아기에 나타난 문제들보다 여러 해 동안 지속되는 경향이 있다(Campbell, 1983; Fischer, Rolf, Hasazi, & Cummings, 1984).

이 장에서는 불안장애, 학교공포증, 우울증, 자살, 조현병(정신분열증) 등의 내재화 장애를 살펴보기로 한다.

1. 불안장애

불안감은 정상적인 사람들도 가끔 경험하는 것으로 그 정도가 심하지 않으면 문제가 되지 않는다. 하지만 그 정도가 지나치게 심할 경우에는 부적응으로 본다. 불안증상은 주로 무슨 나쁜 일이 곧 일어날 것 같은 두려움과 초조감이 주요 증상으로 나타나지만,

가슴이 답답하고, 숨이 가빠지며, 심장이 두근거리는 등의 신체증상이 함께 나타나기도 한다.

불안은 정의하기 쉽지 않은 심리학 용어 중 하나인데, 불안장애와 비슷한 용어로 공포장애가 있다. 공포장애란 어떤 사람이나 사물 및 상황에 대해 타당한 이유 없이 두려움을 느끼는 것을 말한다.

아동기의 공포심은 보편적인 것이다. 유아기에서 약 12세까지는 어둠이나 개와 같이 두려워하는 것이 몇 가지씩 있기 마련이다. 하지만 몇몇 아동들은 여러 가지 만성적인 불안—공포, 악몽, 수줍음, 소심함, 자신감 결여—으로 고통받고 있다. 따라서 정상적인 공포 및 불안과 과잉불안을 구분하는 것이 중요하다.

만성적 불안문제를 보이는 아동들은 새로운 상황에 불안해하고 자동적으로 과잉반응을 한다. 또한 여러 사건들에 대해서 보다 부정적인 사고를 하며 지나치게 자기비판적이다(Bell-Dolan & Wessler, 1994).

초등학교 6학년 아동 335명을 대상으로 한 연구(정세창, 1999)에서는 타인의 의도가 모호하고 부정적 결과가 발생하는 상황에서 상대방의 의도에 대해 어떻게 해석하는지를 살펴보았다. 그 결과, 공격적인 아동과 불안 수준이 높은 아동은 비공격적인 아동과 불안 수준이 낮은 아동보다 타인의 의도를 더 악의적으로 해석하는 경향을 보였다.

Porges(2003, 2004)는 아동이 새로운 상황에 직면했을 때 그것이 안전한 상황임에도 불구하고, 과잉반응으로 방어체계를 작동하는 것(예: 불안장애, 반응성 애착장애)이나 위

사진 설명 ISSBD 국제학회에서 저자가 Stephen Porges 교수와 함께

험한 상황임에도 불구하고 방어체계를 작동하지 않는 것(예: 윌리엄스 증후군) 모두 불안장애를 비롯한 여러 가지 발달장애의 원인이 될 수 있다고 본다.

신경계는 환경으로부터 감각정보 처리과정을 통해 위험을 감지하고 평가하게 된다. 위험에 대한 이러한 신경계의 평가는 의식적인 사고를 요구하지 않기 때문에 Stephen Porges(2004)는 '신경지(neuroception)'라는 새로운 용어를 만들어 내었다. 신경지(神經知)는 인지(認知)와는 다른 자율신경계의 무의식적인 반응으로 안전이나 위험을 감지하는 것을 의미한다. 만약 신경지에 문제가 발생하면 자폐증, ADHD, 불안장애, 반응성 애착장애 등의 발달장애가 나타날 수 있다.

분리불안장애(Separation Anxiety Disorder: SAD)는 아동이 가정이나 부모와 떨어질 때 느끼는 과도한 불안을 나타내는 말이다. 이러한 아동들은 부모와 함께 있기를 바라고 부모와 떨어지는 것을 지나치게 두려워한다. 심한 경우 구토, 설사, 두통 등과 같은 신체적 증상이 나타나기도 한다. 분리불안장애로 분류되는 경우는 다음 증상 중 적어도 세 가지 이상을 지속적으로 보이는 경우이다.

① 애착대상과 분리되거나 분리가 예상될 때 반복적으로 심한 불안을 느낀다.
② 애착대상을 잃거나 애착대상에게 해로운 일이 일어날 거라고 심하게 걱정한다.
③ 운 나쁜 사고가 생겨 애착대상과 분리될 거라는 비현실적이고 지속적인 걱정을 한다.
④ 분리에 대한 불안으로 학교에 가기 싫어한다.
⑤ 혼자 있거나 애착대상 없이 지내는 것을 과도하게 거부한다.
⑥ 애착대상이 가까이 있지 않으면 잠자기를 거부한다.
⑦ 분리와 연관되는 악몽을 반복적으로 꾼다.
⑧ 애착대상으로부터의 분리가 예상될 때 두통, 복통, 구토 등의 신체 증상을 호소한다.

Duncan B. Clark

이러한 증상들이 4주 이상 지속되거나, 18세 이전에 나타나는 경우를 분리불안장애라고 한다(APA, 1994). 〈그림 17-1〉은 연령과 성에 따른 분리불안장애의 비율에 관한 것이다. 10세 이후에는 분리불안장애의 비율이 급격히 감소하는 것을 볼 수 있다. 분리불안장애가 청소년기에는 흔치 않지만, 일단 나타나면 심각한 만성적 정신병리로 이어질 수 있다(Clark et al., 1994).

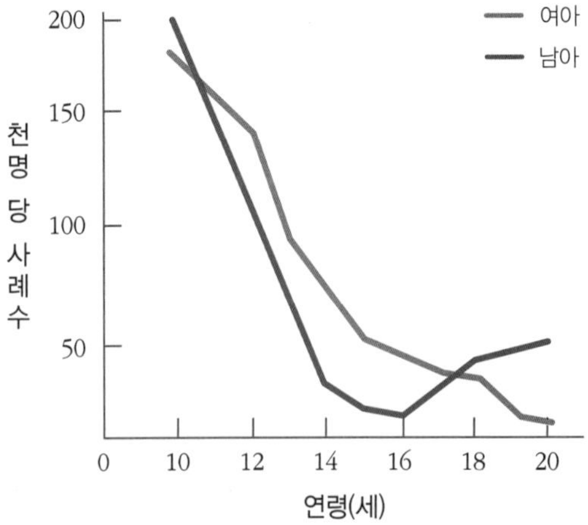

〈그림 17-1〉 연령과 성에 따른 분리불안장애의 비율

출처: Sarason, I. G., & Sarason, B. R. (1996). *Abnormal psychology*. NJ: Prentice-Hall.

분리불안장애는 아동이 어떤 생활상의 스트레스를 경험한 후에 나타나는 경우가 많다. 이런 스트레스의 예로는 부모의 이혼이나 죽음으로 인한 상실감, 애완동물의 죽음, 새로운 동네로 이사를 하는 것 등이 있다.

일반적으로 분리불안장애의 치료에는 체계적 둔감법(systematic desensitization)의 사용이 권장된다. 체계적 둔감법이란 불안이나 회피의 대상이 되는 자극에 점차적으로 노출시킴으로써 불안반응을 줄여가는 것이다. 예를 들어, 어둠에 대해 공포를 보이는 아동에게 어둠을 그대로 직면하게 하든지, 혹은 어둠을 전혀 경험하지 않도록 하는 방법을 사용할 수 있다. 그러나 아동이 어둠을 전혀 경험하지 않는 것은 불가능하므로, 이에 대한 불안감은 어둠에 직면함으로써 감소시킬 수 있다. 체계적 둔감법은 어둠에 직면하되 갑작스러운 직면은 아동에게 심리적 부담을 줄 수 있으므로, 아동이 유쾌한 활동을 하고 있는 동안 점진적으로 직면하게 하는 방법이다.

2. 학교공포증

학교공포증(school phobia)은 집을 떠나 등교하는 것에 대해 심한 불안감을 느껴 등교를 기피하는 것으로서 시험에 대한 불안, 교우관계, 교사와의 관계, 부모가 자기를 버리지 않을까 하는 두려움 등 여러 가지 원인에서 발생할 수 있다. 정신분석적 관점에서는 어머니에 대한 과도한 의존이 학교공포증의 원인이라고 본다. 학교에 가기 싫은 것이 아니라 어머니와의 분리를 두려워한다는 것이다.

학교공포증이 있는 아동은 흔히 아침을 먹는 시간에 토할 것 같다거나, 머리가 아프다거나, 배가 아프다고 말한다. 억지로 학교에 가더라도 집에 무슨 일이 일어나지 않을까 걱정하느라 공부도 제대로 못하게 된다.

또한 그들은 자신의 능력에 대해 전반적인 불안감을 가지고 있으며, 그들의 능력을 검사하는 과제에 대해서도 불안감을 보인다. 성취와 관련된 공포를 가진 아동은 대중 앞에서 말하는 것, 시험, 질문받는 것 등을 두려워한다. 어떤 아동은 지나칠 정도로 학업적 성취에 대해 두려움을 가진 나머지 두려움으로 마비되어 아무것도 할 수 없는 경우도 있다. 이들은 좋지 못한 학업평가를 받는 것에 대해 두려움을 가지고 있는 완벽주의자인 경우도 있다.

학교공포증은 사회적 공포(social phobia)와도 관련이 있다. 이는 또래집단이나 대중 앞에서 말하는 것에 대한 두려움에서 비롯되기도 한다. 이들은 모욕을 당하거나 당황함을 느끼는 상황에 대해 극도의 공포심을 갖는다. 또한 다른 사람의 판단에 지나치게 집착한다. 특히 그들에게는 또래집단의 판단이 큰 비중을 차지한다. 실제로 사회적 공포는 11~12세경 아동이 서로에게 모욕을 가하고 괴롭힐 때 시작되며, 이는 예민한 아동에게 심각한 영향을 미치게 된다(Brooks, 1991).

신체적 특성, 인지적 능력이나 성격적 요인은 또래집단으로부터 괴롭힘을 당하는 중요한 원인이 된다. 이처럼 또래집단과의 문제는 학교환경을 적대적으로 만드는 중요한 원인이 되고 있으며, 점차 그 연령이 낮아져 최근에는 유치원 아동에게서도 나타나고 있다. 학교에 대해 두려움을 보이는 아동의 어머니는 자신도 학교 공포증을 경험한 경우가 많다. 이처럼 건강하지 못한 의존성의 사이클이 다시 그들의 자녀에게서 재현된다.

일반적으로 불안이나 공포의 치료에는 체계적 둔감법의 사용이 권장된다. 이 방법은 불안을 주는 상황에 노출되는 시간을 점차 늘려감으로써 일상적인 생활 속으로 융화되어 가게 하는 것이다. 이는 또래집단이나 시험에 쉽게 익숙해질 수 있도록 도와줄 수 있는 효과적인 방법이다. 또한 학교출석에 대해 보다 확고한 규칙을 설정하고 규칙적인 아침시간표를 계획함으로써 아동이 불안이나 학교와 관련된 공포로부터 벗어나게끔 도와줄 수 있다.

3. 우울증

우울증(deprssion)은 아동기나 청소년기에 나타나는데, 특히 사춘기를 전후해서 급격히 증가한다. 아동기 우울증은 급성 우울증과 만성 우울증으로 나눌 수 있다(Cytryn & Mcknew, 1972). 급성 우울증은 부모의 사망과 같은 생활사건에 대한 반응으로서 일

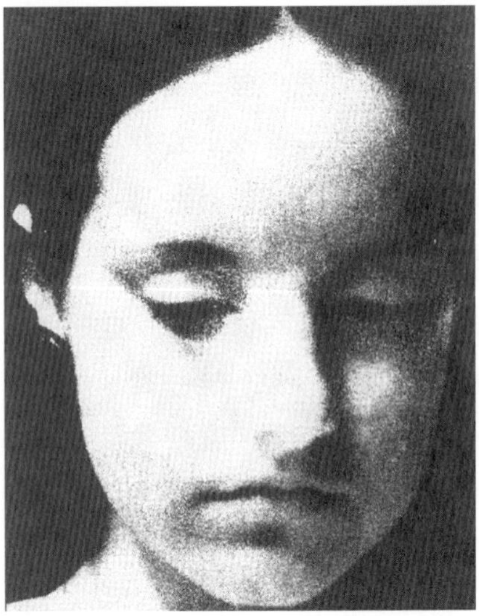

어나며, 만성 우울증은 한 가지 돌발사건보다는 빈번한 상실이나 분리를 오랫동안 경험한 것이 그 원인이라 할 수 있다.

우울증에 걸린 아동들은 부정적인 자아개념을 가지고 있을 뿐 아니라 자기비하를 하는 경향이 있다(Jaenicke et al., 1987). 우울한 아동들은 슬픔과 같은 주관적 느낌 외에 사회적으로 위축되고, 자아존중감이 낮고, 집중력이 부족하며, 학업수행능력도 떨어진다. 또한 즐거움을 상실하고, 다른 심리적 장애(불안장애, 품행장애 등)나 신체적 질병을 호소하는 경우가 있으며, 생리적 기능(수면, 섭식, 배설 등)에 변화가 생기기도 한다(Garber, 2010; Whalen et al., 2015; Wicks-Nelson & Israel, 2000).

아동발달 센터를 찾아온 유아 1,000명을 대상으로 한 연구(Weiss et al., 1992)에 따르면 1% 미만의 유아들이 우울증상을 보였다고 한다. 이들은 슬픔, 식욕부진, 수면부족, 피로, 기타 신체적 불편을 나타내었다. 반면, 초등학교 3학년 아동을 대상으로 한 종단 연구(Nolen-Hoeksema, Girgus, & Seligman, 1992)에 의하면, 심각한 수준의 우울증상을 보이는 아동도 5~12%에 달하였다고 한다. 5년간의 연구에서 첫 해에 우울증상을 보

사진 설명 우울증에 걸린 아동은 자아존중감이 낮고, 집중력이 부족하며, 학업수행능력이 떨어진다.

인 아동들은 5년 후에도 우울증상을 보이는 경향이 있었다. 또한 우울증은 아동기에서 청소년기로 갈수록 현저히 증가하는 경향이 있으며(Cantwell, 1990; Rutter, 1986), 특히 여아의 경우 남아보다 우울증상을 보이는 비율이 청소년기 이후 매우 높아진다는 것을 알 수 있다(〈그림 17-2〉 참조).

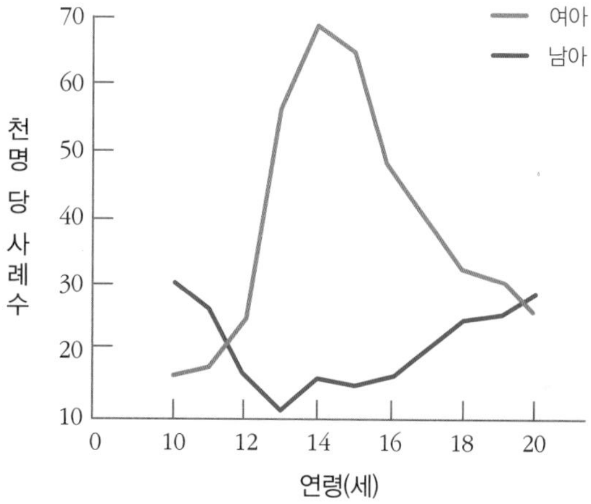

〈그림 17-2〉 연령과 성에 따른 우울증의 발생률

출처: Sarason, I. G., & Sarason, B. R. (1996). *Abnormal psychology*. NJ: Prentice-Hall.

초등학교 4, 5, 6학년 577명을 대상으로 한 연구(심희옥, 1997)에 의하면, 아동 후기의 우울증 성향은 학년, 스트레스, 개인적 · 환경적 자원, 학업성취 정도를 통제한 후에도, 여아가 남아보다 높은 것으로 나타났다고 한다. 또한 부정적 생활경험을 많이 겪은 아동일수록 더 우울한 것으로 나타났다.

아동기의 우울증을 이해하려면 유아기와 아동기에 어떤 경험을 했는지를 알아야 한다고 믿는 학자들이 있다. 예를 들면, Bowlby(1989)는 영아기의 모자녀 간 불안정한 애착, 애정이 부족한 양육행동 그리고 아동기에 부모를 잃는 것 등이 부정적인 인지적 도식을 초래하여 우울증으로 연결된다고 한다.

아동기의 우울증을 이해하는 데 중요한 또 다른 요인은 학습된 무력감이다. 학습된 무력감은 자신이 통제할 길이 전혀 없는 스트레스를 오랜 기간 동안 받거나 계속되는 실패의 경험에서 발생하는 것으로, 이러한 경험은 상황을 개선하기 위해 자신이 아무것도 할 수 없다는 무력감을 낳는다. 즉, 우울증에 빠진 아동들은 자신이 아무것도 통제할 수 없다는 생각 때문에 매사에 냉담하고 무관심하게 된다. 학습된 무력감이라는 개념을 최초로 제안한 Seligman(1989)에 의하면, 오늘날 아동기와 청년기에 우울증이 보편화된 이유는 우리 사회가 개인의 독립심을 지나치게 강조하고, 가족이나 다른 사람과의 관계를 지나치게 무시한 결과 때문이라고 한다.

Martin Seligman

가족요인 또한 아동기의 우울증과 관계가 있다. 부모에게 우울증이 있으면 아동기나 청년기의 자녀가 우울증에 빠지기 쉽고, 부모가 이혼하거나 정서적인 뒷받침을 못해 주거나, 부부갈등에 빠져 있거나 경제적 문제가 있으면 자녀가 우울증에 빠지기 쉽다(Marmorstein & Shiner, 1996; Sheeber, Hops, Andrews, & Davis, 1997). 그리고 가족의 응집력이 약하거나 가족 간에 의사소통이 제대로 이루어지지 않는 경우도 아동기의 우울증과 관련이 있다(임영식, 1997).

교우관계도 아동기의 우울증과 관련이 있는데, 가까운 단짝 친구가 없거나 친구들과 친밀한 관계를 맺기 힘든 경우 그리고 친구들에게 인기가 없거나 또래들로부터 거부를 당하는 것 등은 아동기의 우울증을 증가시킨다(Vernberg, 1990).

우울증은 치료하지 않으면 매우 지속적으로 나타나거나, 사라졌다가 다시 나타나는 경향이 있다. 항우울제가 아동의 우울증 치료에 가끔 사용되지만, 대인관계 심리치료와 인지치료가 아동기의 우울증 치료에 효과적인 것으로 나타났다(Beardslee et al, 1996; Mufson, Moreau, Weissman, & Klerman, 1993; Stark, Rouse, & Livingston, 1991). 대인관계 심리치료는 아동으로 하여금 대인관계 문제해결 기술을 익히도록 도와줄 뿐만 아니라 자신의 감정을 분명하게 표현하는 방법을 익히도록 한다. 인지치료는 자신에 대한 생각을 바꿈으로써 기분을 변화시키는 방법을 가르치는 것을 말한다.

4. 자 살

"그건 사고가 아니었어요. 나는 내가 죽으면 사는 것보다 괴롭지 않을 것이라고 생각했어요." 이것은 다섯 살난 아이가 죽어가면서 한 말이었다(Turkington, 1983).

어린아이가 자신의 생명을 끊을 정도로 그렇게 불행하다는 것을 믿기란 괴롭고 힘든 일이다. 그러나 한 연구(Rosenthal & Rosenthal, 1984)결과는 아동이 관련되어 있는 많은 사고가 고의적인 자살시도일지 모른다고 주장한다.

일반적으로 자살을 기도하는 아동들은 대체로 외롭고, 소외되었으며, 따돌림을 받는다고 느끼고, 부모와 친구들로부터 사랑받지 못한다고 생각한다. 많은 경우 자살기도는 정말로 죽기를 원해서가 아니라 자신의 괴로움을 극적인 방법으로 표현하는 것이라고 볼 수 있다. 자살기도는 관심과 도움을 구하는 필사적인 탄원인 것이다. 그러나 원래의 의도보다 더 성공하는 바람에 또는 전략상 오산으로 인해 종종 도움을 받기도 전에 죽게 된다.

자신의 생명을 스스로 끊으려는 자살을 방지하기 위해 우리는 무엇을 할 수 있는가? 자살을 시도하는 사람은 대부분의 경우 행동으로 옮기기 전에 여러 가지 위험신호를 보낸다. 다음은 자살기도에 앞서 흔히 나타나는 자살경보 신호이다(Papalia, Olds, & Feldman, 1989).

① 가족이나 친구들로부터 멀어지고 혼자 고립되어간다. ② "죽고 싶어" "죽었으면 좋겠어"와 같은 말을 많이 한다. ③ 아끼던 소유물을 남에게 준다. ④ 학업성적이 떨어진다. ⑤ 몸에 이상이 없는데도 신체적 이상을 호소한다. ⑥ 무력감, 좌절감, 불안감, 우울증에 시달린다. ⑦ 평상시보다 훨씬 적게 혹은 훨씬 많이 먹거나 잔다. ⑧ 지나치게 외모에 무관심하다.

이상과 같은 자살경보 신호에도 불구하고 사람들은 이러한 위험신호를 심각하게 생각하지 않거나, 부정하거나 무시하며, 그 중요성을 이해하지 못하는 경우가 많다. 이상과 같은 위험신호가 보이면 주변에서 관심을 가지고 지켜보는 등 각별한 주의가 필요하다(Santrock, 1998).

5. 조현병

아동기와 청년기의 심리적 부적응 중 가장 심각한 형태로 나타나는 것이 조현병(정신분열증)이다. 대부분의 조현병은 청년기 이후에 나타나지만, 아동기에 발병하는 경우도 있다. 조현병의 일반적인 증상은 사고가 논리적이지 못하고, 환각이나 환청 등 지각과정의 이상, 적대적이고 충동적인 행동, 현실을 왜곡하는 망상, 변덕스러운 기분, 인간관계의 단절 등이다. 조현병의 증상은 연령에 따라 다르다. 영아기에는 언어문제, 운동발달의 지체, 사회적 반응의 결여 등이고, 유아기에는 부적절한 집착, 상황에 맞지 않는 분노반응 등이며, 아동기에는 환각과 망상 등으로 나타난다.

조현병의 원인은 무엇인가? 유전학적 요인과 환경적 요인의 두 가지를 생각해 볼 수 있다. 부모가 조현병이면 자녀도 조현병일 확률이 높으며, 이란성 쌍생아보다 일란성 쌍생아에게서 동시 발병률이 훨씬 높은 것으로 보아 유전적인 요인이 크게 작용하는 것으로 보인다. 그러나 유전적으로 조현병의 경향을 지니고 태어났다고 하더라도 모두 다 조현병 환자가 되는 것은 아니므로 환경적 요인 또한 배제할 수 없다. 〈그림 17-3〉은 유전적 관계의 정도에 따라 조현병이 발병할 위험률이다.

조현병으로부터 회복이 되느냐 안 되느냐 하는 것은 다음과 같은 몇 가지 요인에 달려 있다고 할 수 있다(Atwater, 1996).

① 부모의 죽음과 같은 충격적인 사건에 의해 발병했다면 회복할 가능성이 많다. ② 갑작스럽게 발병할수록 회복할 가능성이 많다. ③ 발병 시 연령이 높을수록 회복할 가능성이 많다. 10세 이전에 발병한 경우 예후가 좋지 않다. ④ 우울증을 포함한 정서불안은 회복할 가능성이 높다. ⑤ 환상이나 망상이 자책감을 동반하는 경우에는 잘못을 다른 사람 탓으로 돌리는 경우보다 예후가 더 좋다. ⑥ 과대망상적 조현병으로 진단받은 경우는 회복될 가능성이 가장 크다. ⑦ 가족들이 이해하고 후원적일수록 회복 가능성이 높다.

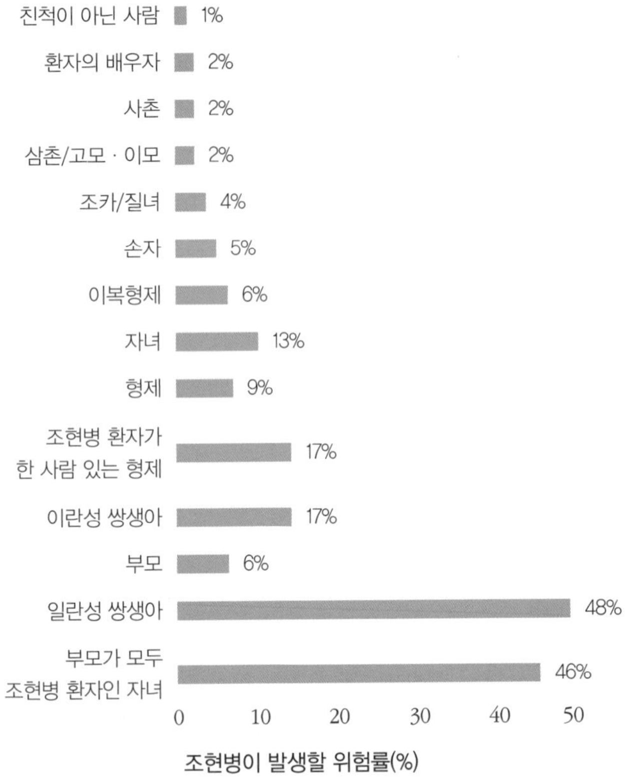

〈그림 17-3〉 유전적 관계에 따른 조현병의 발생률

출처: Gottesman, I. I. (1991). *Schizophrenic genesis: The origins of madness*. New York: Freeman.

조현병 치료에는 항정신병약물이 성인에게보다는 효과가 적지만 사춘기 이전의 환자에게도 효과가 있다는 주장이 있다(Campbell, 1983). 그 외에도 개인 및 집단심리치료, 가족심리치료, 행동수정 프로그램도 치료에 도움이 된다.

Irving I. Gottesman

참고문헌

강기숙 · 이경님(2001). 어머니의 양육행동과 유아의 사려성 이유아의 자기통제행동에 미치는 영향. 아동학회지, 22(4), 115-132.

강상화(1996). 4, 6, 8세 아동의 장독립-장의존 인지양식과 사회적 발달과의 관계. 경성대학교 대학원 석사학위논문.

강영숙(1981). 청년기에서 초기 성인기에 걸친 한국인의 도덕 판단력의 발달양상에 관한 연구. 이화여자대학교 대학원 석사학위논문.

고려원 · 박난숙 · 오경자 · 홍강의(1995). 주의력결핍 과잉행동 장애에 대한 약물치료와 부모훈련을 통한 행동치료의 효과. 한국심리학회지, 14(1), 1-14.

고영실 · 박용한(2020). 아버지의 양육참여도, 어머니의 일 · 가정 양립과 유아의 성역할 고정관념의 관계. 열린부모교육연구, 12(2), 1-18.

고윤주(1988). 아동의 물활론적 사고와 생명개념에 관한 연구. 연세대학교 대학원 석사학위논문.

고윤지 · 김명순(2013). 유아의 놀이성, 놀이주도성 및 의사소통 능력 수준에 따른 놀이행동. 아동학회지, 34(1), 175-189.

고재천 · 김슬기(2013). 초등학생들이 인식하는 우수교사의 특성 탐색. 한국초등교육, 24(3). 207-228.

곽금주 · 성현란 · 장유경 · 심희옥 · 이지연 · 김수정 · 배기조(2005). 한국영아발달연구. 서울: 학지사.

교육과학기술부(2012). 특수교육 교육과정. 교육과학기술부 고시 제 2012-32호.

구미향 · 이양희(2000). 영아기 애착관련 변인과 모성행동 특성 분석. 한국아동학회지, 21(4), 81-104.

구본용(1997). 청소년의 집단따돌림의 원인과 대처방안. 청소년상담연구보고서, 29. 청소년대화의 광장.

구순주(1984). 청소년의 성역할 유형과 창의성과의 관계. 경북대학교 대학원 석사학위논문.

국립특수교육원(2010). 특수교육백서. 충남: 국립특수교육원.

국립특수교육원(2015). 특수교육백서. 충남: 국립특수교육원.

권경연(1980). 한국 아동의 구문발달(1). 한국교육개발원 연구 보고 117집.

권오돈(1996). 예기. 서울: 홍신문화사.

권은주(1990). 인간(아동) 발달에 대한 불교 이론 연구. 인간발달교수연구회 제4회 심포지엄 자료집, pp. 9-17.

권은주(1998). 불교아동학개론. 파주: 양서원.

김경은(2010). 어머니의 창의성과 긍정적인 양육태도와 유아의 창의성 간의 관계. 인간발달연구, 17(1), 15-32.

김광옥 · 하주용(2008). 지상파텔레비전 광고에 나타난 여성의 이미지: 고정관념지수(Stereotype Index)를 이용한 성별 스테레오타입 분석. 韓國言論學報, 51(2), 453-478.

김금주(2000). 영아-어머니의 상호작용 유형과 영아의 언어발달에 관한 연구-놀이 · 일상 · 책 읽어주기 상황을 중심으로-덕성여자대학교 대학원 박사학위논문.

김난실 · 조혜진(2007). 영아의 기질적 특성과 기질에 따른 놀이행동분석. 영유아교원교육학, 11(1), 237-256.

김명숙(1986). 한국 도시와 농촌 아동의 수와 액체량 보존개념 발달에 관한 연구. 성신여자대학교 대학원 석사학위논문.

김명순 · 성지현(2002). 1세 영아의 언어와 놀이의 관계. 아동학회지, 23(5), 19-34.

김명희(2003). TV 만화영화에 나타난 성역할 연구. 원광대학교 행정대학원 석사학위논문.

김미경(1996). 학습문제를 동반한 주의력결핍 과잉행동장애(ADHD) 아동의 특성분석. 성균관대학교 대학원 석사학위논문.

김미진(2010). 아동의 다문화 수용성 척도개발에 관한 연구. 고려대학교 대학원 박사학위논문.

김미진 · 정옥분(2010). 아동의 다문화 수용성 척도개발과 타당화연구. 인간발달연구, 17(4), 69-88.

김상윤(1990). 도덕 및 인습적 일탈행위에 관한 아동의 상호작용과 개념발달. 고신대학 논문집, 18, 185-200.

김상희 · 박성연(1990). 형제간 및 또래 간 사회성에 영향을 주는 가족인구학적 변인. 아동학회지, 11(2), 59-81.

김선희(1995). 열린 교육 수업방식이 아동의 창의성과 학업성취에 미치는 효과. 건국대학교 대학원 석사학위논문.

김선희 · 김경연(1994). 우정관계 관련변인의 관계종결에 대한 영향. 아동학회지, 15(2), 181-194.

김성희 · 정옥분(2011). 아동이 지각하는 어머니의 과보호와 아동의 정서조절능력 및 또래관계: 정서조절능력의 매개효과를 중심으로. 인간발달연구, 18(3), 69-92.

김송이 · 박경자(2001). 또래 지위와 친구 관계에 따른 아동의 갈등 해결 방식. 아동학회지, 22 (4), 69-84.

김수영(2001). 협동놀이 환경에서 교사의 역할이 자폐증 아동의 사회성 발달에 미치는 효과: 초등학교 1학년 자폐증 아동을 중심으로. 고려대학교 교육대학원 석사학위논문.

김수영 · 김수임 · 김현아 · 정금자(2002). 유아놀이의 이론과 실제. 서울: 양서원.

김숙경(2004). 유아의 다중지능 평가에 관한 연구. 인간발달연구, 11(4), 131-145.

김순덕 · 장연집(2000). 문학작품을 통한 읽기 지도 전략이 초등학교 아동의 문식성에 미치는 효과. 아동학회지, 21(4), 243-258.

김연희 · 박경자(2001). 아동이 지각한 사회적 지지 및 귀인 성향과 아동의 자아존중감의 관계. 아동학회지, 22(2), 49-64.

김영희(1988). 한국 청소년의 성역할 정체감 유형과 학습된 무기력과의 관계. 숙명여자대학교 대학원 박사학위논문.

김완진(2002). 아동학대예방센터의 서비스 협력체계 구축에 관한 연구. 가톨릭대학교 사회복지대학원 석사학위논문.

김원경 · 우남희(2002). 아동의 창의성에 대한 심리적 관련변인 연구. 아동학회지, 23(2), 1-16.

김원경 · 권희경 · 전제아(2006). 부모의 양육행동, 아동의 우울 및 자기효능감과 아동의 문제해결력 간의 구조모델. 아동학회지, 27(3), 67-79.

김유미 · 이순형(2014). 3, 4, 5세 유아의 공격행동에 대한 도덕판단 및 정당화 추론과 틀린 믿음 이해와의 관계. 아동학회지, 35(3), 49-69.

김은정(1996). 유아의 성도식 발달과 놀이친구 및 놀이방식 선택. 서울대학교 대학원 석사학위논문.

김은하 · 최해훈 · 이순행 · 방희정(2005). 12~18개월 영아의 애착 행동 특성 연구. 아동학회지, 26(4), 35-53.

김정옥 · 박경규(2002). 청소년의 가정폭력 경험과 학교폭력과의 관계연구. 한국가족관계학회지, 7(1), 93-115.

김종권(1993). 사소절. 서울: 명문당.

김종의(2000). 마음으로 읽는 동양의 정신세계. 서울: 신지서원.

김주연 · 김정민 · 김경숙(2013). 공을 활용한 신체활동이 유아의 기초체력과 대근육 조작운동능력 향상에 미치는 효과. 생태유아교육연구, 12(3), 25-45.

김진아 · 엄정애(2006). 유아의 도덕적 판단력, 도덕적 감정과 도덕적 행동과의 관계. 아동학회지, 27(2), 85-100.

김헌우(1999). 아동의 지능과 귀인성향이 학업성적에 미치는 영향. 관동대학교 교육대학원 석사학위논문.

김혜금(2011). 유아의 상해위험행동 발달. 대한가정학회지, 49(6), 39-46.

김호(2010). 유아의 지능, 어머니의 양육행동, 교사의 창의성 교수효능감이 유아의 창의성에 미치는 영향. 어린이미디어연구, 9(1), 207-226.

김희강(1980). 새로운 성역할 개념에 관한 일 연구. 고려대학교 대학원 석사학위논문.

도현심(1996). 아동의 수줍음, 대인적응성 및 또래수용성과 외로움 간의 관계. 아동학회지, 17(2), 33-45.

도현심 · 최미경(1998). 어머니의 양육행동과 또래경험과 아동의 자아존중감 간의 관계. 아동학회지, 19(2), 19-34.

류점숙(1989). 朝鮮時代의 人間發達 段階 및 그 教育內容. 아동학회지, 10(2), 1-18.

류점숙(1990). 조선시대의 인간발달 단계 및 그 교육 내용. 인간발달교수연구회 제4회 심포지엄 자료집, pp. 3-8.

류점숙(1994). 전통사회의 아동교육. 대구: 중문사.

류점숙(1995). 조선시대 아동의 孝行教育. 아동학회지, 16(1), 21-31.

문미옥 · 류칠선(2000). 소학에 나타난 아동교육론. 아동학회지, 21(1), 215-234.

문영경 · 민하영(2004). 부와 모의 창의적 역할수행에 따른 유아의 창의성. 인간발달연구, 11(2), 59-75.

문혁준(2000). 아동의 기질적 특성과 부모의 훈육방법. 대한가정학회지, 38(6), 29-41.

미국정신의학협회(2015). 정신질환의 진단 및 통계 편람(5판). 권준수 외(역). 서울: 학지사.

민미희 · 이순형(2003). 2세 유아의 가상이해능력과 어머니의 상징사용과의 관계. 인간발달연구, 10(2), 93-106.

민성혜 · 이민영 · 최혜영 · 전혜정(2009). 다문화 가정 유아기 자녀의 정서지능에 영향을 미치는 경로모형 분석. 대한가정학회지, 47(1), 55-63.

민하영 · 유안진(2003). 임신 및 출산 풍습에 관한 비교문화연구: 한국, 홍콩 및 미국의 어머니-할머니 세대를 중심으로. 대한가정학회지, 41(4), 157-168.

박경숙(1999). 왕따 · 학교폭력의 실태와 대처방안에 대한 토론. 일본 동경국제대학 T. Takuma 교수 초청 한 · 일 학술대회 자료집. 경희대학교 교육문제연구소.

박경아(2003). 학교폭력 피해자의 학교적응에 관한 연구: 보호요인을 중심으로. 연세대학교 대학원 석사학위논문.

박경자(1981). 유아의 물체 영속성 개념발달에 관한 실험연구. 아동학회지, 1(2), 1-16.

박대근(2001). 3, 4, 5세 유아의 대근육 운동발달경향 조사. 유아교육학논집, 5(2), 131-160.

박명자 · 최경숙(1990). 제시양식 및 부호화 조건과 단서양식이 아동의 회상에 미치는 영향. 아동학회지, 11(1), 45-57.

박연정 · 정옥분(2003). 또래관계가 아동의 또래괴롭힘에 미치는 영향. 인간발달연구, 10(2), 75-92.

박영순 · 유안진(2005). 3세와 5세 유아의 혼잣말과 어머니의 비계설정. 인간발달연구, 12(3), 49-68.

박영아 · 최경숙(2007). 아동의 기억책략 사용의 효율성과 메타기억과의 관계. 인간발달연구, 14(2), 1-27.

박영애(1995). 부모의 양육행동, 형제관계와 아동의 자존감과의 관계. 고려대학교 대학원 박사학위논문.

박윤현(2013). 과제 종류에 따른 3, 4, 5세 유아의 주의집중과 수인지 과제 수행. 서울대학교 대학원 석사학위논문.

박은숙(1982). 어머니의 양육차원이 한국유아의 낯가림, 격리불안 및 대물애착 발달에 미치는 영향에 관한 연구. 이화여자대학교 대학원 석사학위논문.

박종효(1993). 아동의 정의개념 발달에 관한 연구. 서울대학교 대학원 석사학위논문.

박진이 · 김민진(2010). 만 3, 4, 5세 유아의 존댓말 습득에 관한 연구. 아동학회지, 31(6), 153-166.

박진희 · 이순형(2005). 공격행동에 대한 유아의 도덕판단과 추론: 공격행동의 의도와 결과 제시유무를 중심으로. 아동학회지, 26(2), 1-14.

박혜원 · 곽금주 · 박광배(1994). 한국형 유아지능검사(WPPSI-P)의 표준화: 예비연구. 한국심리학회지: 발달, 7 (2), 38-52.

백경임(1986). 불교적 관점에서 본 受胎 · 落胎 · 出産. 아동학회지, 7(1), 49-65.

백승화 · 강기수(2014). 그림책에 나타난 유아의 물활론적 사고의 교육적 기능. 미래유아교육학회지, 21(4), 21-40.

백한진(1998). 아동이 지각한 교사행동이 자아개념에 미치는 영향. 관동대학교 교육대학원 석사학위논문.

백혜리(1999). 현대 부모-자녀관계와 조선시대 부모-자녀관계의 관계. 아동학회지, 20(2), 75-89.

서동인 · 유영주(1991). 손자녀가 지각한 조모와의 심리적 친밀도. 아동학회지, 12(2), 154-172.

서명원(2009). 부와 모의 애착표상 일치와 유아의 인지 · 사회 · 정서능력. 숙명여자대학교 대학원 박사학위논문.

서문희 · 최윤경 · 신윤정 · 이세원(2010). 영유아양육비용에 관한 연구. 육아정책연구소.

서소정 · 송지연(2023). 걸음마기 영아에 대한 어머니 민감성과 영아의 의사소통발달 간의 관계에서 어머니 양육효능감과 영아 기질의 조절된 매개효과. 유아교육연구, 43(1), 79-104.

서영석 · 안하얀 · 이채리 · 박지수 · 김보흠 · 성유니스(2016). 집단따돌림 피해자들의 극복 과정 유형. 상담학연구, 17(1), 39-64.

서현 · 이승은(2007). 농촌지역의 국제결혼 자녀가 경험하는 어려움에 관한 연구. 열린유아교육연구, 12(4), 25-47.

설은정 · 정옥분(2012). 우리나라 부모의 양육행동이 아동의 다문화 수용성에 미치는 영향. 인간발달연구, 19(2), 91-113.

성미영(2003). 자유놀이 상황에 나타난 어머니의 대화 양식과 유아의 의사소통 의도. 아동학회지, 24(5), 77-89.

성현란 · 배기조(2004). 영아의 대상영속성의 발달적 변화와 이의 탐색행동 및 인지능력과의 관계에 대한 종단적 연구. 한국심리학회지: 발달, 17(4), 21-36.

성현란 · 배기조 · 곽금주 · 장유경 · 심희옥(2005). 친숙화-새로운 자극 선호 절차를 통한 6개월 영아의 재인 능력과 특수인지 능력의 17개월 영아 IQ에 대한 예측. 한국심리학회지: 발달, 18(4), 1-15.

세계일보(2001년 6월 19일). [토픽] 스페인 아동, "엄마가 제일 싫다."

송나리(1993). 외동이의 사회적 능력 및 인지능력 발달에 관한 연구. 이화여자대학교 대학원 석사학위논문.

송명자(1992). 도덕판단발달의 문화적 보편성: 영역구분 모형의 가능성과 한계. 한국심리학회지: 일반, 11(1), 65-80.

송유나 · 최인수(2008). 아동의 성격유형과 창의적 특성 및 창의적 문제해결력 간의 관계. 인간발달연구, 15(1), 49-71.

송하나(2010). 어머니의 양육스트레스와 정서표현성, 아동의 내면적 문제행동 간의 관계에 대한 연구. 인간발달연구, 17(3), 1-15.

송현석(1996). 열린수업 방식과 전통수업 방식에 의한 초등학교 아동의 창의성과 학습태도 비교분석. 경성대학교 대학원 석사학위논문.

신경혜(1994). 아동용 수용검사 도구에 의한 학령 전 아동의 언어발달 수준평가. 세종대학교 대학원 석사학위논문.

신성애(1980). 한국의 도시와 농촌 아동의 서열개념 발달에 관한 연구. 연세대학교 대학원 석사학위논문.

신양재(1995). 朝鮮時代 教訓書에 나타난 아동 年齡 期待에 관한 연구. 아동학회지, 26(1), 183-195.

신영희(2001). 브레즐튼 신생아 행동평가법을 이용한 일지역 신생아들의 행동 특성에 관한 연구. 아동학회지, 7(3), 298-307.

신혜은 · 최경숙(2001). 아동의 조직화 책략에서의 회상, 책략

행동, 메타기억수준의 변화: 이용결여에 대한 미시 발생적 연구. 아동학회지, 22(3), 31-61.

심응철(1996). 학교폭력: 현실과 대책. 한국청소년교육연구소자료집 96-1. 한국청소년교육연구소.

심희옥(1997). 아동 후기 초등학교 학생의 내적 · 외적 문제행동인 우울성향과 반사회적 행동에 영향을 주는 요인들. 아동학회지, 19(1), 39-52.

심희옥(2000). 또래 지지와 대인관계 갈등 대처방법 및 사회적 기술과의 관계. 아동학회지, 21(1), 19-33.

안미경(2001). ADHD-SC4를 통한 주의력결핍 과잉행동아동 출현율 조사: 부산지역의 초등학교 저학년을 대상으로. 대구대학교 대학원 석사학위논문.

양순미(2007). 농촌지역 다문화가족의 초등학생들의 학교생활 적응과 가족생활행복에 작용하는 요인. 한국심리학회지: 여성, 12(4), 559-576.

어주경 · 정문자(1999). 저소득층 가족의 경제적 어려움이 아동의 자존감에 미치는 영향. 아동학회지, 20(2), 21-40.

엄인하 · 조영아(2015). 초등학생의 학급응집력과 집단따돌림의 관계에서 방관태도의 매개효과. 청소년학연구, 22(10), 49-75.

연진영 · 김선애(1991). 아동의 자기-지식의 발달. 아동학회지, 12(2), 18-36.

오미형 · 최보가(2007). 유아의 창의성에 영향을 미치는 창의적 가정환경과 정의적, 인지적 변인 간의 인과관계. 아동학회지, 28(2), 56-70.

오선영(1991). 5~6세 유아 및 7세 아동의 인지적 단서 작용에 관한 이해. 중앙대학교 대학원 석사학위논문.

오선영(2001). 아동의 협력적 상호작용 과정에서 나타난 언어 유형 분석. 아동학회지, 22(3), 241-256.

오성배(2007). 국제결혼 자녀의 교육환경과 문제. 교육비평, 22, 186-213.

우희정 · 이숙(1994). 가정환경과 아동의 자기-효능감 간의 인과모형 탐색. 아동학회지, 15(1), 71-90.

위영희(1994). 영아의 사회적 참조행동과 관련변인에 관한 연구. 연세대학교 대학원 박사학위논문.

유미열 · 김경철 · 최연철 · 장연주(2012). 유아교실에서 교육로봇 아이로비큐의 역할, 그리고 한계와 기대. 열린유아교육연구, 17(1), 117-138.

유안진(1990). 한국 전통사회의 유아교육. 서울: 서울대학교 출판부.

유안진(1995). 아동양육. 서울: 문음사.

유은희 · 임미옥(2006). 부모의 정서표현성과 아동의 자기조절능력과의 관계. 아동학회지, 27(6), 97-106.

유지윤(2023). 휴머노이드 영유아 교실에 대한 교사의 인식. 숙명여자대학교 대학원 석사학위논문.

육미수(2001). 다중지능 이론 중심 통합교육과정 적용학습이 초등학교 아동의 다중지능 발달에 미치는 효과. 한국교원대학교 교육대학원 석사학위논문.

윤경희(1998). 영아의 자아인식에 관한 연구. 성신여자대학교 대학원 석사학위논문.

윤태복 · 나은숙(2018). 에듀테인먼트 휴머노이드 로봇의 지능적인 율동 서비스 연구. 한국게임학회논문지, 18(4), 75-82.

윤현숙(2006). 자폐아 조기판별을 위한 한국부모의 인식시기. 자폐성 장애연구, 6(1), 1-15.

윤호균(1999). 불교의 연기론과 상담. 최상진 외 편저. 동양심리학. 서울: 지식산업사.

이경님(2001). 아동의 자기통제와 관련 변인과의 인과관계-아동의 사려성, 자아개념 및 어머니의 양육행동을 중심으로-. 대한가정학회지, 38(2), 97-110.

이경렬(1989). 과제의 특성 및 제시방법이 유목-포괄 수행에 미치는 영향. 연세대학교 대학원 석사학위논문.

이경숙 · 윤현숙 · 정희승 · 유희정(2015). 국내 자폐스펙트럼 장애 영유아의 조기선별 및 지원 체계 고찰. 자폐성장애 연구, 15(2), 93-120.

이경옥 · 이병호(2005). 교육용 로봇 활용 경험이 유아의 로봇 이미지 및 관계 인식에 미치는 영향 연구. 로봇학회 논문지, 10(2), 99-107.

이경화 · 윤은정(2004). 유아의 지능과 창의성과의 관계. 영재와 영재교육, 3(1), 55-71.

이관형 · 김양현 · 안현미(2001). 초등학생의 집단따돌림 실태와 대처방안. 서울교육대학교 학생생활연구소, 학생생활연구, 27, 1-78.

이귀애(2023). 자기통제가 유아와 아동의 적응과 부적응에 미치는 영향에 대한 다층메타분석. 충북대학교 대학원 박사학위논문.

이기석(1999). 소학. 서울: 홍신문화사.

이미정 · 도현심 · 지연경(2011). 부와 모의 통제가 남녀 아동의 자아존중감에 미치는 영향: 자율성의 매개적 역할. 아동학회지, 32(5), 67-84.

이사라 · 박성연(2001). 부모의 양육행동 및 또래관계가 아동의 자아개념발달에 미치는 영향에 관한 종단연구. 아동학회지, 22(4), 17-32.

이상은 · 이주리(2010). 어머니의 양육행동 및 유아의 놀이성과 유아의 또래유능성: 유아놀이성의 조절효과를 중심으로. 아동학회지, 31(6), 71-85.

이소현 · 박은혜(2011). 특수아동교육(제3판). 서울: 학지사.

이숙재(2001). 유아놀이활동. 서울: 창지사.

이순형(2000). 한국아동이 초기에 획득한 문법적 형태소의 종류 및 획득 시기. 아동학회지, 21(4), 51-68.

이영 · 나유미(1999). 유아의 애착 및 어머니-유아 상호작용과 또래 상호작용 간의 관계. 아동학회지, 20(3), 19-32.

이영주(2007). 국제 결혼한 여성의 자녀에 대한 심리사회적 적응에 영향을 미치는 보호요인에 관한 연구. 한국심리학회지: 여성, 12(2), 83-105.

이영환(1993). '낯선 상황'에서 영아의 아버지에 대한 애착 유형. 경희대학교 대학원 박사학위논문.

이옥경(2002). 과제의 특성에 따른 유아와 아동의 친사회적 도덕추론과 친사회적 의사결정 및 어머니의 친사회적 도덕추론의 관계. 서울대학교 대학원 박사학위논문.

이원호(1986). 태교. 박영문고 157. 서울: 박영사.

이원호(2002). 그림과 사진으로 보는 교육의 역사. 서울: 문음사.

이은해(1999). 아동의 친구관계에 관한 연구. 아동학회지, 20(3), 77-98.

이은해 · 김정윤 · 오원정(2001). 아동의 또래지위 및 친구관계와 학교적응의 관계. 아동학회지, 22(1), 1-18.

이재연 · 한지숙(2003). 아동과 부모, 가족환경 특성에 따른 아동학대 실태 연구. 아동학회지, 24(2), 63-78.

이정화(2001). 과제해결조건 및 과제유형이 유아의 혼잣말과 과제수행력에 미치는 영향. 아동학회지, 22(2), 375-390.

이정희(2019). 어머니의 자기분화, 어머니의 분리불안 및 과보호 양육행동이 유아의 분리불안에 미치는 영향. 이화여자대학교 대학원 석사학위논문.

이종경(1988). 상징놀이 훈련을 통한 취학전 아동의 보존개념 형성에 관한 연구. 연세대학교 대학원 석사학위논문.

이종화(1993). 상황특성에 따른 아동의 감정조망수용능력 발달에 관한 연구. 동아대학교 교육대학원 석사학위논문.

이주혜(1981). 유아의 낯가림 및 격리불안과 어머니의 양육태도와의 관계. 성균관대학교 대학원 석사학위논문.

이지선 · 유안진(1999). 분노 및 슬픔 상황에서 아동의 정서조절 동기와 정서조절 전략. 아동학회지, 20(3), 123-138.

이지영 · 권예지 · 고예나 · 김은미 · 나은영 · 박소라(2016). 한국 청소년의 집단 따돌림에 대한 심층인터뷰 연구-따돌림의 유형화 및 소셜미디어의 역할을 중심으로. 언론정보연구, 53(1), 267-309.

이진숙(2001). 유아의 애착표상과 교사-유아관계 및 사회적 능력간의 관계. 경희대학교 대학원 박사학위논문.

이진숙(2007). 국제결혼가정의 자녀양육실태와 아버지의 양육참여에 관한 연구. 열린유아교육연구, 12(6), 21-42.

이창우 · 서봉연(1974). 한국판 WISC. 서울: 배영사.

이춘재(1982). 과제의 친숙성 정도에 따른 조망수용능력발달. 피아제 연구, 한국심리학회 발달심리연구회 편. 서울대학교 출판부.

이충원(2000). 초등학교 아동의 폭력 성향과 가정환경의 상관성 연구. 동국대학교 교육대학원 석사학위논문.

이하원 · 최경숙(2008). 혼자놀이에서 5~6세 '한국어-영어' 동시습득 이중언어아동의 한국어 조사습득분석. 아동학회지, 29(6), 147-161.

이효림 · 엄정애(2005). 유아의 정서능력과 놀이행동 간의 관계. 아동학회지, 26(6), 1-15.

임승권(1994). 정신위생. 파주: 양서원.

임양미(1994). 어머니 양육방식의 관련요인. 연세대학교 대학원 석사학위논문.

임양미 · 박주희(2012). 다문화가정 유아의 어린이집 경험이 의사소통능력에 미치는 영향: 어머니 한국어능력의 조절효과. 대한가정학회지, 50(8), 65-77.

임영식(1997). 우울증이 가져오는 청소년기의 행위 양태. 오늘의 청소년, 117, 8-13.

임정하 · 정옥분(1997). 아동이 지각한 또래관계와 사회적 능력과의 관계. 아동학회지, 18(1), 163-175.

임희복(2003). 가정폭력 목격 및 경험과 학교폭력의 관계에 관한 연구. 대전대학교 교육대학원 석사학위논문.

장미자(1998). 애착의 세대간 전이-어머니의 내적실행모델과 영아의 애착유형-. 경희대학교 대학원 박사학위논문.

장수연(2012). 유아의 장애수용증진 프로그램 개발 및 효과검증. 고려대학교 대학원 박사학위논문.

장윤정 · 신유림(2006). 유아의 정서표현규칙: 유아의 성, 정서표현의도 및 정서상황과의 관련성. 대한가정학회지, 44(5), 49-58.

장재정(1988). 중년기 여성의 성역할 정체감과 심리적 건강. 고려대학교 대학원 박사학위논문.

장정순(1996). 열린 교육 시행학교 아동과 일반 학교 아동간의 창의성 비교 연구. 강원대학교 대학원 석사학위논문.

장하경 · 서병숙(1991). 성역할 정체감 척도개발에 관한 연구. 대한가정학회지, 29(4), 167-179.

정계숙 · 노진형(2010). 유아의 주의력결핍 과잉행동 수준에 따른 모 양육스트레스와 양육행동: 모와 교사의 다중평정을 통하여. 인간발달연구, 17(1), 285-300.

정성훈 · 진미경 · 정운선 · 임효덕(2006). 영아-어머니 애착과 관련 변인들에 대한 연구. 인간발달연구, 13(3), 21-37.

정세창(1999). 아동의 공격성과 불안이 사회정보처리에 미치는 영향. 연세대학교 교육대학원 석사학위논문.

정순화 · 정옥분(1994). 아동의 성도식과 성관련 과제의 기억 및 선호. 아동학회지, 15(1), 37-54.

정영미(1992). Bayley 발달검사를 이용한 유아의 발달평가. 연세대학교 대학원 석사학위논문.

정옥분(1986). 한 · 미 양국 대학생의 성역할 정체감과 자존감에 관한 비교문화연구. 대한가정학회지, 24(2), 123-137.

정옥분 · Rubin, K. H., 박성연 · 윤종희 · 도현심(2003). 영아기 기질 및 부모의 양육행동에 따른 2~4세 아동의 행동억제에 관한 단기종단연구 : 8개국 비교문화연구를 위한 기초연구. 가정관리학회지, 21(3), 29-38.

정옥분 · Rubin, K. H. · 박성연 · 윤종희 · 도현심 · 김경은(2011). 영아기 정서와 기질, 유아기 어머니의 긍정적 양육태도와 4세 유아의 또래상호작용의 질. 인간발달연구, 18(1), 151-168.

정옥분 · 한성열 · 이숙자 · 이천희 · 정순화 · 김경은 · 엄세진(2008). 아동의 또래지위에 따른 사회적 능력, 정서적 능력과 우정관계의 질. 인간발달연구, 15(2), 17-52.

정옥분 · 김광웅 · 김동춘 · 유가효 · 윤종희 · 정현희 · 최경순 · 최영희(1997). 전통 '효' 개념에서 본 부모역할 인식과 자녀양육행동. 아동학회지, 18(1), 81-107.

정정옥 · 강문희(1996). 자기조절학습이 정상아와 학습장애아의 학업성취에 미치는 영향. 아동학회지, 17(2), 121-140.

정진 · 백혜리(2001). 조선 후기 풍속화를 통해 본 아동인식. 아동학회지, 22(1), 109-124.

정진 · 성원경(1995). 유아놀이와 게임활동의 실제. 서울: 학지사.

정진경(1990). 한국 성역할 검사(KSRI). 한국심리학회지: 사회, 5(1), 82-92.

정진옥(1992). 신생아 Apgar Score에 관련된 요인. 경북대학교 대학원 석사학위논문.

정해영 · 정옥분(2011). 우리나라 다문화가정 어머니의 양육스트레스와 양육행동이 아동의 학교준비도에 미치는 영향. 인간발달연구, 18(2), 277-297.

정현숙(1993). 부모의 이혼에 따른 자녀들의 적응. 아동학회지, 14(1), 59-75.

조명한(1989). 언어심리학. 서울: 민음사.

조성규(1995). 아동의 인지양식과 지능의 하위요인과의 관계. 충남대학교 교육대학원 석사학위논문.

조성례(2001). 초등학교 아동의 우정개념과 사회적 조망수용 능력과의 관계. 한국교원대학교 교육대학원 석사학위논문.

조성연(1988). 5세아의 창의성과 장독립성 인지양식과의 관계. 아동학회지, 9(1), 63-80.

조수철(1990). 주의력결핍 과잉행동장애의 개념과 생물학적 연구. 소아 · 청소년 정신의학, 1(1), 5-26.

조수철(1999). 소아정신질환의 개념. 서울: 서울대학교 출판부.

조양래(1997). 학령기 아동의 비만스트레스와 우울. 연세대학교 교육대학원 석사학위논문.

조현웅(2000). 아동학대 실태 및 관련법 고찰. 광주대학교 산업대학원 석사학위논문.

조현철(2000). 다면적 · 위계적 모델을 중심으로 본 초 · 중학생들의 자아개념 구조 분석. 아동학회지, 21(2), 99-118.

진미경(2006). 영아의 애착유형과 어머니의 애착 표상 유형에 대한 연구. 아동학회지, 27(6), 69-79.

청소년상담원(1996). 자녀의 힘을 북돋우는 부모. 청소년 대화의 광장.

최영희(1987). 5~8개월아의 기질조사연구. 아동학회지, 8(2), 1-15.

최영희(1993). 기질과 환경간의 조화로운 합치 모델 검증 연구 (1): 조화로운 합치정도와 양육태도. 한국심리학회지: 발달, 6, 217-226.

최주연(2000). 행동수정 프로그램이 비만 아동의 체중감소에 미치는 효과. 고려대학교 대학원 석사학위논문.

최현진 · 김광웅(2010). 어머니와 아동의 기질 유사성이 어머니의 양육태도에 미치는 영향. 인간발달연구, 17(3), 73-88.

최희영(1999). 초등학교 아동의 다중지능과 학습양식의 관계. 전주교육대학교 교육대학원 석사학위논문.

하승민 · 이재연(1996). 단일연령집단과 혼합연령집단 간의 아동의 사회-인지놀이 행동비교연구. 아동학회지, 17(1), 153-171.

한국청소년개발원(1995). 청소년의 폭력에 관한 의식 및 실태조사 연구. 청소년 육성 관련 정책 개발 및 연구, 4.

한석실 · 이경민(2005). 유아의 지능과 창의성 간의 분석-K-ABC 지능과 TTCT창의성 검사를 중심으로. 아동학회지, 26(2), 75-89.

한순옥 · 손화희(1997). 아동양육론. 서울: 수학사.

한종혜(1996). 아동의 사회적 관계망에 따른 역량 지각 및 자아존중감. 경희대학교 대학원 박사학위논문.

허수경 · 이경님(1996). 인지양식 유형과 보상의 제시형태에 따른 아동의 만족지연능력 발달. 아동학회지, 17(2), 221-233.

허재윤(1984). 청소년의 도덕성 발달과 가정환경과의 관계: 13세 아동을 중심으로. 중앙대학교 교육대학원 석사학위논문.

현온강 · 조복희 · 도현심 · 박혜원 · 박경자 · 이귀옥 · 이숙 · 이옥 · 조성연 · 최보가(2001). 한국 아동 발달의 현황. 2001년도 한국아동학회 추계학술대회 자료집, pp. 107-136.

홍계옥(2002). 유아의 성과 연령에 따른 보존개념. 영유아교육연구, 5, 207-224.

홍연애 · 정옥분(1993). 전형적 · 비전형적 성역할 VTR 프로그램이 유아의 성역할 고정관념에 미치는 효과. 아동학회지, 14(1), 39-57.

홍혜란 · 하지영 · 서소정(2008). 유아의 친사회적 행동발달에 관한 연구: 유아의 사회인구학적 특성 및 기질, 정서지능과 어머니의 양육신념 및 사회화 전략을 중심으로. 아동학회지, 29(6), 15-33.

황소연 · 방희정(2012). 유아의 애착과 기질이 정서조절 및 사회적 능력에 미치는 영향. 인간발달연구, 19(3), 147-165.

황정미 · 김이선 · 이명진 · 최현 · 이동주(2007). **한국사회의 다민족 · 다문화 지향성에 대한 조사연구**. 한국여성정책 연구원.

황정혜(2020). 인공지능(AI) 음성인식 스피커를 활용한 가정에서의 유아 대상 상호작용 영어 학습모형 개발에 관한 연구. 고려대학교 대학원 박사학위논문.

황혜신 · 이순형(1990). 아동의 성항상성과 성별 특정화 행동. **아동학회지**, 11(2), 82-97.

Abrahams, B. S., Geschwind, D. H.(2008). Advances in autism genetics: On the threshold of a new neurobiology. *Nature Reviews Genetics, 9* (5), 341-355.

Achenbach, T. M. (1993). *Empirically based taxonomy: How to use syndromes and profile types derived from the CBCL/4-18, TRF, and YSR*. Burlington, VT: University of Vermont.

Adams, R. J. (1987). An evaluation of color preference in early infancy. *Infant Behavior and Development, 10*, 143-150.

Adams, R. J. (1989). Newborns' discrimination among mid- and long-wavelength stimuli. *Journal of Experimental Child Psychology, 47*, 130-141.

Adams, R. S., & Biddle, B. J. (1970). *Realities of teaching*. New York: Holt, Rinehart, & Winston.

Adams, S. M., Ward, C. E., & Garcia, K. L. (2015). Sudden infant death syndrome. *American Family Physician, 91*, 778-783.

Adorno, M., Sikandar, S., Mitra, S. S., Kuo, A., Di Robilant, B., Haro-Acosta, V., & Clarke, M. F. (2013). Usp16 contributes to somatic stem-cell defects in Down's syndrome. *Nature, 501*, 380-384.

Agricola, E., Gesualdo, F., Carloni, E., DAmbrosio, A., Russo, L., Campagna, I., Pandolfi, E., & Tozzi, A. E. (2016). Investigating paternal preconception risk factors for adverse pregnancy outcomes in a population of internet users. *Reproductive Health, 13*, 37.

Ahadi, S. A., & Rothbart, M. K. (1994). Temperament, development, and the big five. In C. F. Halverson, Jr., G. A. Kohnstamm, & R. P. Martin (Eds.), *The developing structure of temperament and personality from infancy to adulthood* (pp. 189-207). Hillsdale, NJ: Erlbaum.

Ahmed, S., Mitra, S. H., Chowdhury, A. M. R., Camacho, L. L., Winikoff, B., & Sloan, N. L. (2011). Community kangaroo mother care: Implementation and potential for neonatal survival and health in very low-income settings. *Journal of Perinatology, 31*, 361-367.

Ahring, K. K., Lund, A. M., Jensen, E., Jensen, T. G., Brøndum-Nielsen, K., Pedersen, M., Bardow, A., Holst, J. J., Rehfeld, J. F., Møller, L. B. (2018). Comparison of glycomacropeptide with phenylalanine free-synthetic amino acids in test meals to PKU patients: No significant differences in biomarkers, including plasma Phe levels. *Journal of Nutrition and Metabolism, 2018*. PMCID: PMC5817308 DOI: 10.1155/2018/6352919

Ainsworth, M. (1973). The development of infant mother attachment. In B. M. Caldwell & H. N. Ricciuti (Eds.), *Review of child development research* (Vol. 3). Chicago: University of Chicago Press.

Ainsworth, M. (1979). *Patterns of attachment*. New York: Halsted Press.

Ainsworth, M. (1983). Patterns of infant-mother attachment as related to maternal care: Their early history and their contribution to continuity. In D. Magnusson & V. L. Allen (Eds.), *Human development* (pp. 26-45). New York: Academic Press.

Altug, H., Gaga, E. O., Dogeroglu, T., Ozden, O., Ornektekin, S., Brunekreef, B., Meliefste, K., Hoek, G., & Van Doorn, W. (2013). Effects of air pollution on lung function and symptoms of asthma, rhinitis, and eczema in primary school children. *Environmental Science and Pollution Research International, 20* (9), 6455.

Amato, P. R., & Anthony, C. J. (2014). Estimating the effects of parental divorce and death with fixed effects. *Journal of Marriage and the Family, 76*, 370-386.

Ambron, S. R., & Irwin, D. M. (1975). Role-taking and moral judgment in five-and seven-year-olds. *Developmental Psychology, 11*, 102.

Ambrose, H. N., & Menna, R. (2013). Physical and relational aggression in young children: The role of mother-child interactional synchrony. *Early Child Development and Care, 183*, 207-222.

American Psychiatric Association (1994). *Diagnostic and statistical manual of mental disorders* (4th ed.). Washington, DC: American Psychiatric Association

American Psychiatric Association (2013). *Diagnostic and statistical manual of mental disorders* (5th ed.). Washington, DC: American Psychiatric Association.

Anastopoulos, A. D., & Barkley, R. A. (1990). Counseling and training parents. In R. A. Barkley (Ed.), *Attention-deficit hyperactivity disorder: A handbook for diagnosis and treatment*. New York: Guilford.

Andersen, I. G., Holm, J. C., & Homøe, P. (2019). Obstructive sleep apnea in children and adolescents with and without obesity. *European Archives of Oto-Rhino-Laryngology volume 276*, 871–878.

Anderson, E. S. (1984). Acquisition of Japanese. In D. I. Slobin (Ed.), *The cross-linguistic study of language acquisition* (Vol. 1). Hillsdale, NJ: Erlbaum.

Anderson, L. D. (1939). The predictive value of infant tests in relation to intelligence at 5 years. *Child Development, 10*, 202–212.

Anderson, M. (2007). Biology and intelligence: The race/IQ controversy. In S. D. Sala(Ed.), *Tall tales about the mind and brain: Separating fact from fiction*. New York: Oxford University Press.

Anglin, J. M. (1985). The child's expressible knowledge of word concepts. In K. E. Nelson (Ed), *Children's language* (pp. 77–127). Hillsdale, NJ: Lawrence Erlbaum Associates.

Anglin, J. M. (1993). Vocabulary development: A morphological analysis. *Monographs of the Society for Research in Child Development, 58* (10), 1–166.

Antonucci, T. C., Ajrouch, K., & Birditt, K. (2014). The convoy model: Explaining social relations from a multidisciplinary perspective. *Gerontologist, 54*, 82–92.

Apgar, V. (1953). A proposal for a new method of evaluation in the newborn infant. *Current Research in Anesthesia and Analgesia, 32*, 260.

Apperley, L., Das, U., Ramakrishnan, R., Dharmaraj, P., Blair, J., Didi, M., & Senniappan, S. (2018). Mode of clinical presentation and delayed diagnosis of Turner syndrome: A single centre UK study. *International Journal of Pediatric Endocrinology, 4*.

Appley, M. (1986). G. Stanley Hall: Vow on Mount Owen. In S. H. Hulse & B. F. Green (Eds.), *One hundred years of psychological research in America*. Baltimore: Johns Hopkins University Press.

Aptekar, L. (1983, Summer). Mexican-American high school students' perception of school. *Adolescence, 18*, 345–357.

Arnold, K., Burke, M., Decker, A., Herzberg, E., Maher, M., Motz, K., Nandu, H., O'Donnel, L., Pirmohamed, A., & Ybarra, M. (2013). Fetal alcohol spectrum disorders: Knowledge and screening practices of university hospital medical students and residents. *Journal of Population Therapeutics and Clinical Pharmacology, 20* (1), e18–e25.

Arnold, L. E., & Jensen, P. S. (1995). Attention deficit disorders. In H. I. Kaplan & B. J. Sadock (Eds.), *Comprehensive textbook of psychiatry*. Baltimore: Williams & Wilkins Press.

Ary, D., Jacobs, L. C., Sorensen-Irvine, C. K., & Walker, D. A. (2018). *Introduction to research in education* (10th ed.). Boston, MA: Cengage Learning.

Asher, S. R., & Dodge, K. A. (1986). Identifying children who are rejected by their peers. *Developmental Psychology, 22* (4), 444–445.

Aslin, R. N., & Lathrop, A. L. (2008). Visual perception. In M. M. Haith & J. B. Benson (Eds.), *Encyclopedia of infant and early childhood development*. Oxford, UK: Elsevier.

Aslin, R. N., Pisoni, D. B., & Jusczyk, P. W. (1983). Auditory development and speech perception in infancy. In M. M. Haith & J. J. Campos (Eds.), *Handbook of child psychology* (Vol. 2). Infancy and developmental psychobiology. New York: Wiley.

Asselborn, T., Chapatte, M., & Dillenbourg, P. (2020). Extending the spectrum of dysgraphia: A data driven strategy to estimate handwriting quality. *Scientific Reports, 10* (1), 3140.

Athanasiadis, A. P., Michaelidou, A. M., Fotiou, M., Menexes, G., Theodoridis, T. D., Ganidou, M., Tzevelekis, B., Assimakopoulos, E., & Tarlatzis, B. C. (2011). Correlation of second trimester amniotic fluid amino acid profile with gestational age and estimated fetal weight. *Journal of Maternal-Fetal and Neonatal Medicine, 24* (8), 1033–1038.

Atwater, E. (1996). *Adolescence* (4th ed.). New York: Prentice-Hall.

Auyeung, B., Baron-Cohen, S., Ashwin, E., Knickmeyer, R., Taylor, K., Hackett, G., & Hines, M. (2009). Fetal testosterone predicts sexually differentiated childhood behavior in girls and in boys. *Psychological Science, 20*, 144–148.

Aylward, G. P., & Verhulst, S. J. (2000). Predictive utility of the Bayley Infant Neurodevelopmental Screener (BINS) risk status classifications: Clinical interpretation and application. *Developmental Medicine & Child Neurology, 42*, 25–31.

Azar, B. (1999). Maternal emotions may influence fetal behavior. In K. L. Freiberg (Ed.), *Annual editions: Human development* (27th ed., p. 36). New York: McGraw-Hill.

Bachevalier, J. (1991). Cortical versus limbic immaturity: Relationship to infantile amnesia. In M. R. Gunnar & C. A. Nelson (Eds.), *Minnesota symposia on child psychology: Vol. 24*. Developmental behavioral neuroscience (pp. 129-153). Hillsdale, NJ: Erlbaum.

Baddeley, A. (1986). *Working memory*. Oxford: Oxford University Press.

Baddeley, A. (1994). Working memory: The interface between memory and cognition. In D. L. Schacter & E. Tulving (Eds.), *Memory systems*. Cambridge, MA: MIT Press.

Baddeley, A. D. (2010). Working memory. *Current Biology, 20*, 136-140.

Baddeley, A. D. (2012). Working memory: Theories, models, and controversies. *Annual Review of Psychology* (Vol. 63). Palo Alto, CA: Annual Reviews.

Baddock, S. A., Galland, B. C., Taylor, B. J., & Bolton, D. P. (2007). Sleep arrangements and behavior of bed-sharing families in the home setting. *Pediatrics, 119*, e200-e2007.

Bagwell, C. L., Newcomb, A. F., & Bukowski, W. M. (1998). Pre-adolescent friendship and peer rejection as predictors of adult adjustment. *Child Development, 69* (1), 140-153.

Bahrick, L. E., & Hollich, G. (2008). Intermodal perception. In M. M. Haith & J. B. Benson (Eds.), *Encyclopedia of infant and early childhood development*. Oxford, UK: Elsevier.

Bailey, D. B., McWilliam, R. A., Buysse, B., & Wesley, P. W. (1998). Inclusion in the context of competing values in early childhood education. *Early Childhood Research Quarterly, 13*, 27-47.

Bakema, M. J., van Zuiden, M., Collard, D., Zantvoord, J. B., de Rooij, S. R., Elsenburg, L. K., Snijder, M. B., Stronks, K., van den Born, B. H., & Lok, A. (2020). Associations between child maltreatment, autonomic regulation, and adverse cardiovascular outcome in an urban population: The HELIUS Study. *Frontiers in Psychiatry, 11*, 69.

Ball, J. W., Bindler, R. C., & Cowen, K. J. (2014). *Child health nursing* (3rd ed.). Upper Saddle River, NJ: Pearson.

Baltes, P. B. (1987). Theoretical propositions of life-span developmental psychology: On the dynamics between growth and decline. *Developmental Psychology, 23*, 611-626.

Bandura, A. (1965). Influence of models' reinforcement contingencies on the acquisition of imitative responses. *Journal of Personality and Social Psychology, 1*, 589-595.

Bandura, A. (1969). Social learning theory of identificatory processes. In D. A. Goslin (Ed.), *Handbook of socialization theory and research*. Chicago: Rand McNally.

Bandura, A. (1977). *Social learning theory*. Englewood Cliffs, NJ: Prentice-Hall.

Bandura, A. (1981). Self-referent thought: A developmental analysis of self-efficacy. In J. H. Flavell & L. Ross (Eds.), *Social cognitive development: Frontiers and possible futures*. New York: Cambridge University Press.

Bandura, A. (1986). *Social foundations of thought and action: A social cognitive theory*. Englewood Cliffs, NJ: Prentice-Hall.

Bandura, A. (1989). Social cognitive theory. In R. Vasta (Ed.), *Annals of child development, Vol. 6* (pp. 1-60). Greenwich, CT: JAI Press.

Bandura, A. (1993). Perceived self-efficacy in cognitive development and functioning. *Educational Psychologist, 28*, 117-148.

Bandura, A. (2004, May). *Toward a psychology of human agency*. Paper presented at the meeting of the American Psychological Society, Chicago.

Bandura, A. (2009). Social and policy impact of social cognitive theory. In M. Mark, S. Donaldson, & B. Campell (Eds.), *Social psychology and program/policy evaluation*. New York: Guilford.

Bandura, A. (2010). Self-efficacy. In D. Matsumoto (Ed.), *Cambridge dictionary of psychology*. New York: Cambridge University Press.

Bandura, A. (2012). Social cognitive theory. *Annual Review of Clinical Psychology* (Vol. 8). Palo Alto, CA: Annual Reviews.

Bandura, A. (2016). *Moral disengagement: How people do harm and live with themselves*. New York: Worth.

Bandura, A. (2018). Toward a psychology of human agency: Pathways and reflections. *Perspectives on Psychological Science, 13* (2), 130-136.

Bandura, A., Grusec, J. E., & Menlove, F. L. (1967). Some

determinants of self-monitoring reinforcement systems. *Journal of Personality and Social Psychology, 5*, 449-455.

Bandura, A., & Schunk, D. H. (1981). Cultivating competence, self-efficacy, and intrinsic interest through proximal self-motivation. *Journal of Personality and Social Psychology, 67*, 601-607.

Bandura, A., & Walters, R. H. (1959). *Adolescent aggression*. New York: Ronald Press.

Bank, L., Forgatch, M., Patterson, G., & Fetrow, R. (1993). Parenting practices of single mothers: Mediators of negative contextual factors. *Journal of Marriage and the Family, 55* (2), 371-384.

Banks, M. S., & Salapatek, P. (1983). Infant visual perception. In M. M. Haith & J. J. Campos (Eds.), *Handbook of child psychology: Vol. 2. Infancy and developmental psychobiology*. New York: Wiley.

Barišić, L. S., Stanojević, M., Kurjak, A., Porović, S., & Gaber, G. (2017). Diagnosis of fetal syndromes by three-and four-dimensional ultrasound: Is there any improvement? *Journal of Perinatal Medicine, 45*, 651-665.

Barkley, R. A. (1990). Attention deficit disorders: History, definition, and diagnosis. In M. Lewis & S. M. Miller (Eds.), *Handbook of developmental psychopathology* (pp. 65-75). NY: Plenum.

Bar-Or, O., Foreyt, J., Bouchard, C., Brownell, K. D., Dietz, W. H., Ravussin, E., Salbe, A. D., Schwenger, S., St. Jeor, S., & Torun, B. (1998). Physical activity, genetic, and nutritional considerations in childhood weight management. *Medicine and Science in Sports and Exercise, 30*, 2-10.

Barrett, D. E., & Frank, D. A. (1987). *The effects of undernutrition on children's behavior*. New York: Gordon & Breach.

Bar-Tal, D., Raviv, A., & Leiser, T. (1980). The development of altruistic bahavior: Empirical evidence. *Developmental Psychology, 16*, 516-524.

Bartel, M. A., Weinstein, J. R., & Schaffer, D. V. (2012). Directed evolution of novel adeno-associated viruses for therapeutic gene delivery. *Gene Therapy, 19* (6), 694-700.

Bartle, C. (2007). Developing a service for children with iron deficiency anemia. *Nursing Standard, 21*, 44-49.

Bartolomeo, P., & Seidel Malkinson, T. (2019). Hemispheric lateralization of attention processes in the human brain. *Current Opinion in Psychology*, 25, 55-60.

Basow, S. A. (1980). *Sex role stereotypes: Traditions and alternatives*. Montery, CA: Brooks/Cole.

Bates, E., Bretherton, I., & Snyder, L. (1988). *From first words to grammar: Individual differences and dissociable mechanisms*. New York: Cambridge University Press.

Batty, P., & Lillicrap, D. (2019). Advances and challenges for hemophilia gene therapy. *Human Molecular Genetics, 28* (R1), R95-R101.

Bauer, P. J. (2018). Memory development. In J. Rubenstein & P. Rakic (Eds.), *Neural circuit development and function in the healthy and diseased brain* (2nd ed.). New York: Elsevier.

Bauer, P. J., & Mandler, J. M. (1992). Putting the horse before the cart: The use of temporal order in recall of events by one-year-old children. *Developmental Psychology, 28*, 441-452.

Bauland, C. G., Smit, J. M., Scheffers, S. M., Bartels, R. H., van den Berg, P., Zeebregts, C. J., & Spauwen, P. H.(2012). Similar risk for hemangiomas after amniocentesis and transabdominal chorionic villus sampling. *Journal of Obstetrics and Gynecology Research, 38*, 371-375.

Baumrind, D. (1973). The development of instrumental competence through socialization. In A. Pick (Ed.), *Minnesota Symposium on Child Psychology* (Vol. 7). Minneapolis: University of Minnesota Press.

Baumrind, D. (1991). Effective parenting during the early adolescent transition. In P. A. Cowan & E. M. Hetherington (Eds.), *Advances in family research* (Vol. 2). Hillsdale, New Jersey: Erlbaum.

Baumrind, D. (2012). Authoritative parenting revisited: History and current status. In R. Larzelere, A. S. Morris, & A. W. Harist (Eds.), *Authoritative parenting*. Washington, DC: American Psychological Association.

Bayley, N. (1943). Mental growth during the first three years. In R. G. Barker, J. S. Kounin, & H. F. Wright (Eds.), *Child behavior and development*. New York: McGraw-Hill.

Bayley, N. (2006). *Bayley Scales of Infant and Toddler Development* (3rd ed.). San Antonio, TX: Harcourt Assessment.

Baysinger, C. L. (2010). Imaging during pregnancy. *Anesthesia and Analgesia, 110*, 863-867.

Beal, M. A., Yauk, C. L., & Marchetti, F. (2017). From sperm to offspring: Assessing the heritable genetic consequences of paternal smoking and potential public health impacts. *Mutation, 773*, 26-50

Bear, D. R., Invernizzi, M., Templeton, S., & Johnston, F. (2020). *Words their way: Word study for phonics, vocabulary, and spelling instruction* (7th Ed.). Boston: Pearson.

Beardslee, W. R., Keller, M. B., Seifer, R., Lavorie, P. W., Staley, J., Podorefsky, D., & Shera, D. (1996). Prediction of adolescent affective disorder: Effects of prior parental affective disorders and child psychopathology. *Journal of the American Academy of Child and Adolescent Psychiatry, 35*, 279-288.

Beauchamp, G. K., Cowart, B. J., Mennella, J. A., & Marsh, R. R. (1994). Infant salt taste: Developmental, methodological, and contextual factors. *Developmental Psychobiology, 27*, 353-365.

Begum, E. A., Bonno, M., Ohtani, N., Yamashita, S., Tanaka, S., Yamamoto, H., Kawai, M., & Komada, Y. (2008). Cerebral oxygenation responses during skin-to-skin care in low birth weight infants. *Pediatrics, 121*(Supplement 2), S136-S137.

Behrend, D. A., Rosengren, K. S., & Perlmutter, M. S. (1992). The relation between private speech and parental interactive style. In R. M. Diaz & L. E. Berk (Eds.), *Private speech: From social interaction to self-regulation* (pp. 85-100). Hillsdale, NJ: Erlbaum.

Behrman, R. E. (1992). *Nelson textbook of pediatrics* (13th ed.). Philadelphia: Saunders.

Beilin, H. (1996). Mind and meaning: Piaget and Vygotsky on causal explanation. *Human Development, 39*, 277-286.

Bell, J. T., & Saffery, R. (2012). The value of twins in epigenetic epidemiology. *International Journal of Epidemiology, 4*, 140-150.

Bell, M. A., & Cuevas, K. (2014). Psychobiology of executive function in early development. In J. A. Griffin, L. S. Freund, & P. McCardle (Eds.), *Executive function in preschool children*. Washington, DC: American Psychological Association.

Bell-Dolan, D., & Wessler, A. E. (1994). Attribution style of anxious children: Extensions from cognitive theory and research on adult anxiety. *Journal of Anxiety Disorders, 8*, 79-96.

Belmont, J. M., & Butterfield, E. S. (1971). Learning strategies as determinants of memory deficiencies. *Cognitive Psychology, 2*, 411-420.

Belsky, J. (1980). Child maltreatment: An ecological integration. *American Psychologist, 35*, 320-335.

Belsky, J. (1984). The determinants of parenting: A process model. *Child Development, 55*, 83-96.

Belsky, J. (1996). Parent, infant, and social contextual antecedents of father-son attachment security. *Developmental Psychology, 32*, 905-913.

Belsky, J., Hsieh, K., & Crnic, K. (1996). Infant positive and negative emotionality: One dimension or two? *Developmental Psychology, 32*, 289-298.

Bem, S. L. (1974). The measurement of psychological androgyny. *Journal of Consulting and Clinical Psychology, 42*, 155-162.

Bem, S. L. (1975). Sex role adaptability: One consequence of psychological androgyny. *Journal of Personality and Social Psychology, 31*, 634-643.

Bem, S. L. (1981). Gender schema theory: A cognitive account of sex typing. *Psychological Review, 88*, 354-369.

Bem, S. L. (1985). Androgyny and gender schema theory: A conceptual and empirical investigation. In T. B. Sonderegger (Ed.), *Nebraska Symposium on Motivation, 1984: Psychology and gender*. Lincoln: University of Nebraska Press.

Bem, S. L., Martyna, W., & Watson, C. (1976). Sex typing and androgyny: Further explorations of the expressive domain. *Journal of Personality and Social Psychology, 34*, 1016-1023.

Benn, P. A. (1998). Preliminary evidence for associations between second-trimester human chorionic gonadotropin and unconjugated oestriol levels with pregnancy outcome in Down syndrome pregnancies. *Prenatal Diagnostics, 18*, 319-324.

Berenbaum, S. A., & Bailey, J. M. (2003). Effects on gender identity of prenatal androgens and genital appearance: Evidence from girls with congenital adrenal hyperplasia. *Journal of Clinical Endocrinology and Metabolism, 88*, 1102-1106.

Berger, K. S. (1991). *The developing person through childhood and adolescence* (3rd ed.). Worth publishers.

Berglind, D., Ljung, R., Tynelius, P., & Brooke, H. L. (2018) Cross-sectional and prospective associations of meeting 24-h movement guidelines with overweight and obesity in preschool children. *Pediatric Obesity, 13*, 442-449.

Berk, L. E. (1985). Why children talk to themselves. *Young Children, 40*, 46-52.

Berk, L. E. (1992). Children's private speech: An overview of the theory and the status of research. In R. M. Diaz & L. E. Berk (Eds.), *Private speech: From social interaction to self regulation*. Hillsdale, NJ: Erlbaum.

Berk, L. E. (1996). *Infants, children, and adolescents* (2nd ed.). Needham Heights, MA: Allyn & Bacon.

Berk, L. E. (2000). *Child development* (5th ed.). Boston: Allyn & Bacon.

Berkow, R. (Ed.). (1987). *The Merck manual of diagnosis and therapy* (15th ed.). Rahway, NJ: Merck, Sharp, & Dohme Research Laboratories.

Berndt, T. J. (2002). Friendship quality and social development. *Current Directions in Psychological Science, 11*, 7-10.

Berndt, T. J., & Bulleit, T. N. (1985). Effects of sibling relationships on preschoolers' behavior at home and at school. *Developmental Psychology, 21*, 761-767.

Bernier, J. C., & Siegel, D. H. (1994). Attention deficit hyperactivity disorder: A family and ecological systems perspective. *Families in Society, 75*, 142-151.

Bettelheim, B. (1967). *The empty fortress: Infantile autism and the birth of the self*. New York: Free Press.

Bhushan, B., & Khan, S. (2006, September). Laterality and accident proneness: A study of locomotive drivers. *Laterality: Asymmetries of Body, Brain, and Cognition, 11* (5), 395-404.

Bianchi, D. W. (2019). Turner syndrome: New insights from prenatal genomics and transcriptomics. *American Journal of Medical Genetics C: Seminars in Medical Genetics, 181* (1), 29-33.

Bickham, D. S., Blood, E. A., Walls, C. E., Shrier, L. A., & Rich, M. (2013). Characteristics of screen media use associated with higher BMI in young adolescents. *Pediatrics, 131*, 935-941.

Biederman, J., Faraone, S. V., Keenan, K., Knee, D., & Tsuang, M. T. (1990). Family-genetic and psychosocial risk factors in DSM-III attention deficit disorder. *Journal of the American Academy of Child and Adolescent Psychiatry, 29*, 526-533.

Bing, E. D. (1983). *Dear Elizabeth Bing: We've had our baby*. New York: Pocket Books.

Bishop, S. M., & Ingersoll, G. M. (1989). Effects of marital conflict and family structure on the self-concepts of pre- and early adolescents. *Journal of Youth and Adolescence, 18*, 25-38.

Bjorklund, D. F. (1995). *Children's thinking: Developmental function and individual differences* (2nd ed.). Pacific Grove, CA: Brooks/Cole.

Bjorklund, D. F. (1997). In search of a metatheory for cognitive development (or, Piaget is dead and I don't feel so good myself). *Child Development, 68*, 144-148.

Black, J. E., & Greenough, W. T. (1986). Induction of pattern in neural structure by experience: Implication for cognitive development. In M. E. Lamb, A. L. Brown, & B. Rogoff (Eds.), *Advances in developmental psychology* (Vol. 4). Hillsdale, NJ: Erlbaum.

Blair, C., & Raver, C. C. (2014). Closing the achievement gap through modification and neuroendocrine function: Result from a cluster randomized controlled trial of an innovative approach for the education of children in kindergarten. *PLoS One, 9* (11), e112393.

Blakemore, J. E. O., Berenbaum, S. A., & Liben, L. S. (2009). *Gender development*. Clifton, NJ: Psychology Press.

Blakemore, S-J., & Mills, K. (2014). The social brain in adolescence. *Annual Review of Psychology* (Vol. 65). Palo Alto, CA: Annual Reviews.

Blanck-Lubarsch, M., Dirksen, D., Feldmann, R., Sauerland, C., & Hohoff, A. (2019). 3D analysis of mouth, nose and eye parameters in children with fetal alcohol syndrome (FAS). *International Journal of Environmental Research and Public Health, 16* (14), 2535.

Bleeker, F. E., Hopman, S. M., Merks, J. H., Aalfs, C. M., & Hennekam, R. C. (2014). Brain tumors and syndromes in children. *Neuropediatrics, 45* (3), 137-161.

Block, J. H. (1973). Conceptions of sex roles: Some cross-cultural and longitudinal perspectives. *American Psychologist, 28*, 512-526.

Blurton-Jones, N. (Ed.). (1972). *Ethological studies of child behavior*. Cambridge: Cambridge University Press.

Bodrova, E., & Leong, D. J. (2007). *Tools of the mind* (2nd ed.). Geneva Switzerland: International Bureau of Education, UNESCO.

Bodrova, E., & Leong, D. J. (2015). Vygotskian and post-Vygotskian views of children's play. *American Journal of Play, 12*, 371-388.

Bodrova, E., & Leong, D. J. (2019). Making play smarter, stronger, and kinder: Lessons from Tools of the Mind. *American Journal of Play, 12*, 37-53.

Boele S., Der Graaff J. V., De Wied M., Der Valk I. V., Crocetti E., & Branje, S. (2019). Linking parent-child and peer relationship quality of empathy in adolescence: A multi-level meta-analysis. *Journal of Youth and Adolescence, 48* (6), 1033-1055.

Boers, E., Afzail, M. H., & Conrod, P. (2020). A longitudinal study on the relationship between screen time and adolescent alcohol use: The mediating role of social norms. *Preventive Medicine, 132*, 105992.

Boetsch, E. A., Green, P. A., & Pennington, B. F. (1996). Psychosocial correlate of dyslexia across the life span. *Development and Psychology, 8*, 539-562.

Bohannon, J. N., III, & Bonvillian, J. D. (1997). Theoretical approaches to language acquisition. In J. K. Gleason (Ed.), *The development of language* (4th ed.). Boston: Allyn & Bacon.

Bohannon, J. N., III, & Bonvillian, J. D. (2017). Theoretical approaches to language acquisition. In Gleason, J. B. & Ratner, N. B. (Eds.), *The development of language* (9th ed., pp. 158-195). Boston, MA: Pearson.

Bohannon, J. N., III, Padgett, R. J., Nelson, K. E., & Mark, M. (1996). Useful evidence on negative evidence. *Developmental Psychology, 32*, 551-555.

Booij, G. E. (2013). Morphological analysis. In B. Eeine & H. Narrog (Eds.), *Oxford handbook of linguistics*. New York: Oxford University Press.

Booth-Laforce, C., & Kerns, K. A. (2009). Child-parent attachment relationships, peer relationships, and peer-group functioning. In K. H. Rubin, W. M. Bukowski, & B. Laursen (Eds.), *Handbook of peer interactions, relationships, and groups*. New York: Guilford.

Borland, J. H. (1988). Cognitive controls, cognitive styles, and divergent production in gifted preadolescents. *Journal for the Education of the Gifted, 11*, 57-82.

Bornstein, M. H. (1989). Sensitive periods in development: Structural characteristics and causal interpretations. *Psychological Bulletin, 105*, 179-197.

Bornstein, M. H. (1995). Parenting infants. In M. H. Bornstein (Ed.), *Handbook of parenting* (pp. 3-41). Mahwah, NJ: Erlbaum.

Bornstein, M. H., & Lamb, M. E. (1992). *Development in infancy: An introduction*. New York: McGraw-Hill.

Bornstein, M. H., & Sigman, M. D. (1986). Continuity in mental development from infancy. *Child Development, 57*, 251-274.

Bornstein, M. H., Kessen, W., & Weiskopf, S. (1976). Color vision and hue categorization in young human infants. *Journal of Experimental Psychology: Human Perception and Performance, 2*, 115-129.

Borstelmann, L. (1983). Children before psychology: Ideas about children from antique to the late 1800s. In P. H. Mussen (Ed.), *Handbook of child psychology* (pp. 1-40). New York: John Wiley & Sons.

Borsting, E. (1994). Overview of vision and visual processing development. In M. Scheiman & M. Rouse (Eds.), *Optimetric management of learning related problems*. St. Louis, MO: Mosby.

Bosacki, S. (2013). Theory of mind understanding and conversational patterns in middle childhood. *The Journal of Genetic Psychology: Research and Theory on Human Development, 174*, 170-191.

Bouchard, T. J. (1997). IQ similarity in twins reared apart: Findings and responses to critics. In R. J. Sternberg & E. L. Grigorenko (Eds.), *Intelligence, heredity, and environment* (pp. 126-160). New York: Cambridge University Press.

Bower, B. (1985). The left hand of math and verbal talent. *Science News, 127*, 263.

Bower, G. H. (1981). Mood and memory. *American Psychologist, 36*, 129-148.

Bower, T. G. R. (1979). *Human development*. San Francisco: Freeman.

Bower, T. G. R. (1982). *Development in infancy*. New York: W. H. Freeman.

Bowlby, J. (1969). *Attachment and loss* (Vol. 1). *Attachment*. New York: Basic Books.

Bowlby, J. (1973). *Attachment and loss* (Vol. 2). *Separation, anxiety, and anger*. New York: Basic Books.

Bowlby, J. (1988). *A secure base: Clinical applications of attachment theory*. London: Routledge.

Bowlby, J. (1989). *Secure attachment*. New York: Basic Books.

Braccio, S., Sharland, M., & Ladhani, S. N. (2016), Prevention and treatment of mother-to-child syphilis. *Current Opinion in Infectious Diseases*, 29, 268-274.

Bracken, B., & Lamprecht, M. (2003). Positive self-concept: An equal opportunity construct. *School Psychology Quarterly, 18*, 103-121.

Branden, N. (1969). *The psychology of self-esteem*. Los Angeles, California: Nash Publishing C orporation.

Braver, S. L., & Lamb, M. E. (2013). Marital dissolution. In G. W. Peterson & K. R. Bush (Eds.), *Handbook of marriage and the family* (3rd ed.). New York: Springer.

Brazelton, T. B. (1973). *The Neonatal Behavioral Assessment Scale*. Philadelphia: Lippincott.

Bredberg, G. (1985). The anatomy of the developing ear. In S. E. Trehub & B. Schneider (Eds.), *Auditory development in infancy* (pp. 3-20). New York: Plenum Press.

Breedlove, G., & Fryzelka, D. (2011). Depression screening in pregnancy. *Journal of Midwifery and Women's Health, 56*, 18-25.

Bremner, A. J. (2017). Multisensory development: Calibrating a coherent sensory milieu in early life. *Current Biology, 27*, R305-R307.

Bremner, J. G., Slater, A. M., Johnson, S. P., Mason, U. C., & Spring, J. (2012). The effects of auditory information on 4-month-old infants' perception of trajectory continuity. *Child Development, 83* (3), 954-964.

Bretherton, I. (1992). The origins of attachment theory: John Bowlby and Mary Ainsworth. *Developmental Psychology, 28*, 759-775.

Bretherton, I. (2012). Afterword. In K. H. Brisch (Ed.), *Treating attachment disorders* (2nd ed.). New York: Guilford.

Bridges, K. M. B. (1930). Genetic theory of emotions. *Journal of Genetic Psychology, 37*, 514-527.

Bridges, L., & Grolnick, W. (1995). The development of emotional self-regulation in infancy and early childhood. In N. Eisenberg (Ed.), *Social development: Review of child development research* (pp. 185-211). Thousand Lakes, CA: Sage.

Brislin, R. (1993). *Understanding culture's influence on behavior*. Fort Worth, Texas: Harcourt Brace.

Brocardo, P. S., Gil-Mohapel, J., & Christie, B. R. (2011). The role of oxidative stress in fetal alcohol spectrum disorders. *Brain Research Reviews, 67*, 209-225.

Brody, G. H., & Shaffer, D. R. (1982). Contributions of parents and peers to children's moral socialization. *Developmental Review, 2*, 31-75.

Bronfenbrenner, U. (1979). *The ecology of human development: Experiments by nature and design*. Cambridge, Massachusetts: Harvard University Press.

Bronfenbrenner, U. (1986). Ecology of the family as a context for human development: Research perspectives. *Developmental Psychology, 22*, 723-742.

Bronfenbrenner, U. (1995). The bioecological model from a life course perspective. In P. Moen, G. H. Elder, & K. Luscher (Eds.), *Examining lives in context*. Washington, DC: American Psychological Association.

Bronfenbrenner, U. (2000). Ecological theory. In A. Kazdin (Ed.), *Encyclopedia of psychology*. New York: Oxford University Press.

Bronfenbrenner, U. (2004). *Making human being human*. Thousand Oaks, CA: Sage.

Brooker, R. J. (2015). *Genetics* (5th ed.). New York: McGraw-Hill.

Brooks, J. B. (1991). *The process of parenting* (3rd ed.). CA: Mayfield Publishing Company.

Brown, A. M. (1990). Development of visual sensitivity to light and color vision in human infants: A critical review. *Vision Research, 30*, 1159-1188.

Brown, D. (2013). Morphological typology. In J. J. Song (Ed.), *Oxford handbook of linguistic typology*. New York: Oxford University Press.

Brown, H. L., & Graves, C. R. (2013). Smoking and marijuana in pregnancy. *Clinical Obstetrics and Gynecology, 56*, 107-113

Brown, J. L., & Pollitt, E. (1996). Malnutrition, poverty, and intellectual development. *Scientific American, 274* (2), 38-43.

Brown, R. (1973). *A first language: The early stages*. Cambridge, MA: Harvard University Press.

Brown, R. (1986). *Social psychology* (2nd ed.). New York: Macmillan.

Brownlee, S. (1999). Baby talk. In K. L. Freiberg (Ed.), *Annual editions: Human development* (27th ed., pp. 58-64). New York: McGraw-Hill.

Brunell, P. A. (2014). Measles in pregnancy is not kid's stuff. *Clinical Infectious Diseases, 58* (8), 1093-1094.

Bruner, J. S. (1983). *Child talk*. New York: W. W. Norton.

Bruner, J. S. (1989, April). *The state of developmental psychology*. Paper presented at the meeting of the Society for Research in Child Development, Kansas City.

Bruner, J. S. (1997, April). *Discussant on symposium, social foundations of language development*. Paper presented at the meeting of the Society for Research in Child Development, Washington, DC.

Bruner, J., Oliver, R., & Greenfield, P. (1966). *Studies in cognitive growth*. New York: Wiley.

Bryan, J. H. (1975). Children's cooperation and helping behaviors. In E. M. Hetherington (Ed.), *Review of child development research* (Vol. 5). Chicago: The University of Chicago Press.

Bryant, J. B. (2012). Pragmatic development. In E. L. Bavin (Ed.), *Cambridge handbook of child language*. New York: Cambridge University Press.

Buhrmester, D., & Furman, W. (1987). The development of companionship and intimacy. *Child Development, 58*, 1101-1113.

Buki, L. P., Ma, T., Strom, R. D., & Strom, S. K. (2009). Chinese immigrant mothers of adolescent: Self-perceptions of acculturation effects on parenting. *Cultural Diversity and Ethnic Minority Psychology, 9* (2), 127-140.

Bukowski, W. M., & Hoza, B. (1989). Popularity and friendship: Issues in theory, measurement, and outcome. In T. J. Berndt & G. W. Ladd (Eds.), *Peer relationships in child development* (pp. 71-74). New York: Wiley.

Bukowski, W. M., & Kramer, T. L. (1986). Judgments of the features of friendship among early adolescent boys and girls. *Journal of Early Adolescence, 6*, 331-338.

Bullard, J. (2014). *Creating environments for learning* (2nd ed.). Upper Saddle River, NJ: Pearson.

Bullock, M. (1985). Animism in childhood thinking: A new look at an old question. *Developmental Psychology, 21*, 217-226.

Burns, C., Dunn, A., Brady, M., Starr, N., & Blosser, C. (2013). *Pediatric primary care* (5th ed.). New York: Elsevier.

Burstyn, I., Kuhle, S., Allen, A. C., & Veugelers, P. (2012). The role of maternal smoking in effect of fetal growth restriction on poor scholastic achievement in elementary school. *International Journal of Environmental Research and Public Health, 9*, 408-420.

Burton, L., Henninger, D., Hafetz, J., & Cofer, J. (2009). Aggression, gender-typical childhood play, and a prenatal hormonal index. *Social Behavior and Personality, 37*, 105-116.

Buss, A. H., & Plomin, R. (1984). *Temperament: Early developing personality traits*. Hillsdale, NJ: Erlbaum.

Buss, A. H., & Plomin, R. (1986). The EAS approach to temperament. In R. Plomin & J. Dunn (Eds.), *The study of temperament: Changes, continuities, and challenges*. Hillsdale, NJ: Erlbaum.

Buttermore, E. D., Thaxton, C. L., & Bhat, M. A. (2013). Organization and maintenance of molecular domains in myelinated axons. *Journal of Neuroscience Research, 91* (5), 603-622.

Calabro, F. J., Murty, V. P., Jalbrzikowski, M., Tervo-Clemmens, B., & Luna, B. (2020). Development of hippocampal-prefrontal cortex interactions through adolescence. *Cerebral Cortex, 30* (3), 1548-1558.

Camarena, P. M., Sarigiani, P. A., & Petersen, A. C. (1990). Gender-specific pathways to intimacy in early adolescence. *Journal of Youth and Adolescence, 19*, 19-32.

Campbell, S. B. (1983). Developmental considerations in child psychopathology. In T. H. Ollendick & M. Hersen (Eds.), *Handbook of child psychopathology* (pp. 13-40). NY: Plenum.

Campbell, S. B., & Werry, J. S. (1986). Attention deficit disorder (hyperactivity). In H. C. Quay & J. S. Werry (Eds.), *Psychopathological disorders of childhood* (3rd ed., pp. 111-115). NY: Wiley.

Campione-Barr, N. (2011). Sibling conflict. *Encyclopedia of Family Health*. Thousand Oaks, CA: Sage.

Campos, J. J., Bertenthal, B. I., & Kermoian, R. (1992). Early experience and emotional development: The emergence of wariness of heights. *Psychological Science, 3*, 61-64.

Campos, J. J., Langer, A., & Krowitz, A. (1970). Cardiac responses on the visual cliff in prelocomotor human infants. *Science, 170*, 196-197.

Cantwell, D. P. (1990). Depression across the early life span. In M. Lewis & S. M. Miller (Eds.), *Handbook of developmental psychopathology* (pp. 293-309). NY: Plenum.

Cao Van, H., Guinand, N., Damis, E., Mansbach, A. L., Poncet, A., Hummel, T., & Landis, B. N. (2017). Olfactory stimulation may promote oral feeding in immature newborn: A randomized controlled trial. *European Archives of Oto-Rhino-Laryngology, 275* (1), 125-129.

Cao, Y., Lu, J., & Lu, J. (2020). Paternal smoking before

conception and during pregnancy is associated with an increased risk of childhood acute lymphoblastic leukemia: A systematic review and meta-analysis of 17 case-controlled studies. *Journal of Pediatric Hematology and Oncology, 42*, 32–40.

Caplan, A. L. (1978). Introduction. In A. L. Caplan (Ed.), *The sociobiology debate: Readings on the ethical and scientific issues concerning sociobiology* (pp. 1-13). New York: Harper & Row.

Cardon, R., & Fulker, D. (1993). Genetics of specific cognitive abilities. In R. Plomin & G. McClearn (Eds.), *Nature, nurture, and psychology* (pp. 99–120). Washington, DC: American Psychological Association.

Carey, S. (1977). The child as word learner. In M. Halle, J. Bresnan, & G. A. Miller (Eds.), *Linguistic theory and psychological reality*. Cambridge, MA: MIT Press.

Carlo, G., White, R. M. B., Streit, C., Knight, G. P., & Zeiders, K. H. (2018). Longitudinal relations among parenting styles, prosocial behaviors, and academic outcomes in U.S. Mexican adolescents. *Child Development, 89* (2), 577-592.

Carlson, C., Namy, S., Norcini Pala, A., Wainberg, M. L., Michau, L., Nakuti, J., Knight, L., Allen, E., Ikenberg, C., Naker, D. & Devries, K. (2020). Violence against children and intimate partner violence against women: Overlap and common contributing factors among caregiver-adolescent dyads. BMC *Public Health, 20* (1), 124.

Carlson, K., & Cunningham, J. L. (1990). Effect of pencil diameter on the graphomotor skill of preschoolers. *Early Childhood Research Quarterly, 5* (2), 279-293.

Carlson, M. D., Mendle, J., & Harden, K. P. (2014). Early adverse environments and genetic influences on age at first sex: Evidence for gene x environment interaction. *Developmental Psychology, 50* (5), 1532-1542.

Carlson, S. M., White, R., & Davis-Unger, A. C. (2014). Evidence for a relation between executive function and pretense representation in preschool children. *Cognitive Development, 29*, 1-16.

Carr, M., Kurtz, B. E., Schneider, W., Turner, L. A., & Borkowski, J. G. (1989). Strategy acquisition and transfer among American and German children: Environmental influences on metacognitive development. *Developmental Psychology, 25*, 765-771.

Carr, M., & Schneider, W. (1991). Long-term maintenance of organizational strategies in kindergarten children. *Contemporary Educational Psychology, 16*, 61-75.

Carson, V., Kuzik, N., Hunter, S., Wiebe, S. A., Spence, J. C., Friedman, A., Tremblay, M. S., Slater, L., & Hinkley, T. (2015). Systematic review of sedentary behavior and cognitive development in early childhood. *Preventive Medicine, 78*, 115-122.

Carter, E. B. (1984, June). A teacher's view: Learning to be wrong. *Psychology Today, 18*, 35.

Carter-Saltzman, L. (1980). Biological and sociocultural effects on handedness: Comparison between biological and adoptive families. *Science, 209*, 1263-1265.

Carver, C. S., & Scheier, M. F. (2021). Self-regulation and control in personality functioning. In P. J. Corr & G. Matthews (Eds.) *Cambridge handbook of personality psychology* (2nd ed.). New York: Cambridge University Press.

Case-Smith, J., Butcher, L., & Reed, D. (1998). Parent's report of sensory responsiveness and temperament in preterm infants. *American Journal of Occupational Therapy, 52*, 547-555.

Casey, B. J. (2015). The adolescent brain and self-control. *Annual Review of Psychology* (Vol. 66). Palo Alto, CA: Annual Reviews.

Caspi, A., & Moffitt, T. E. (1993). When do individual differences Matter? : A paradoxical theory of personality coherence. *Psychological Inquiry, 4* (4), 247-271.

Caspi, A., & Silva, P. A. (1995). Temperamental qualities at age three predict personality traits in young adulthood: Longitudinal evidence from a birth cohort. *Child Development, 66*, 486–498.

Cassidy, J., & Asher, S. R. (1992). Loneliness and peer relations in young children. *Child Development, 63*, 350-365.

Cassidy, J., Woodhouse, S. S., Sherman, L. J., Stupica, B., & Lejuez, C. W. (2011). Enhancing infant attachment security: An examination of treatment efficacy and differential. *Development and Psychopathology, 23* (1), 131-148.

Castles, S., & Miller, M. J. (2009). *The age of migration: International population movements in the modern world*. New York: Guilford Press.

Catarino, A., & Andrade, A., Churches, O., Wagner, A. P., Baron-Cohen, S., & Ring, H. (2013). Task-related functional connectivity in autism spectrum conditions: An EEG study using wavelet transform coherence. *Molecular Autism, 4* (1), 1.

Catherwood, D., Crassini, B., & Freiberg, K. (1989). Infant response to stimuli of similar hue and dissimilar shape: Tracing the origins of the categorization of objects by hue. *Child Development, 60*, 752-762.

Cavallini, A., Fazzi, E., & Viviani, V. (2002). Visual acuity in the first two years of life in healthy term newborns: An experience with the Teller Acuity Cards. *Functional Neurology: New Trends in Adaptive & Behavioral Disorders, 17*, 87-92.

Chall, J. S. (1979). The great debate: Ten years later with a modest proposal for reading stages. In L. B. Resnick & P. A. Weaver (Eds.), *Theory and practice of early reading*. Hillsdale, NJ: Erlbaum.

Charpak, N., Ruiz-Peláez, J. G., & Figueroa, Z. (2005). Influence of feeding patterns and other factors on early somatic growth of healthy, preterm infants in homebased kangaroo mother care: A cohort study. *Journal of Pediatric Gastroenterology and Nutrition, 41*(4), 430-437.

Chaudhary, N., & Sharma, N. (2012). India. In J. Arnett (Ed.), *Adolescent psychology around the world*. New York: Psychology Press.

Cherkes-Julkowski, M. (1998). Learning disability, attention deficit disorder, and language impairment as outcomes of prematurity: A longitudinal descriptive study. *Journal of Learning Disabilities, 31*, 294-306.

Chess, S., & Thomas, R. (1984). *Origins and evolution of behavior disorders*. New York: Brunner/Mazel.

Chitty, L. S., Khalil, A., Barrett, A. N., Pajkrt, E., Griffin, D. R., & Cole, T. J. (2013). Safe, accurate, prenatal diagnosis of thanatophoric dysplasia using ultrasound and free fetal DNA. *Prenatal Diagnosis, 33*, 416-423.

Choi, S., & Gopnik, A. (1995). Early acquisition of verbs in Korea: A cross-linguistic study. *Journal of Child Language, 22*, 497-530.

Chomitz, V. R., Cheung, L. W. Y., & Lieberman, E. (1999). The role of lifestyle in preventing low birth weight. In K. L. Freiberg (Ed.), *Annual editions: Human development* (27th ed., pp. 23-33). New York: McGraw-Hill.

Chomsky, N. (1957). *Syntactic structures*. The Hangue: Mouton.

Chomsky, N. (1968). *Language and mind*. New York: Harcourt Brace Jovanovich.

Chomsky, N. (1978). On the biological basis of language capacities. In G. A. Miller & E. Lennenberg (Eds.), *Psychology and biology of language and thought* (pp. 199-220). New York: Academic Press.

Chomsky, N. (1991). Linguistics and cognitive science: Problems and mysteries. In A. Kasher (Ed.), *The Chomskyan turn*. Cambridge, MA: Blackwell.

Chomsky, N. (1999). On the nature, use, and acquisition of language. In W. C. Ritchie & T. J. Bhatia (Eds.), *Handbook of child language acquisition*. San Diego: Academic Press.

Chomsky, N. (2005). Editorial: Universals of human nature. *Psychotherapy and Psychosomatics [serial online], 74*, 263-268.

Christensen, L. B., Johnson, R. B., & Turner, L. A. (2015). *Research methods* (12th ed.). Upper Saddle River, NJ: Pearson.

Christensen, L. B., Johnson, R. B., & Turner, L. A. (2020). *Research methods, design, and analysis* (13th ed.). Upper Saddle River, NJ: Pearson.

Cicchetti, D. (2013). Developmental psychopathology. In P. Zelazo (Ed.), *Oxford handbook of developmental psychology*. New York: Oxford University Press.

Cicchetti, D., & Banny, A.(2014). A developmental psychopathology perspective on child maltreatment. In M. Lewis & K. Rudolph (Eds.), *Handbook of developmental psychopathology*. New York: Springer.

Cicchetti, D., & Handley, E. D. (2019). Child maltreatment and the development of substance use and disorder. *Neurobiology of Stress, 10*, doi:10.1016/j.ynstr.2018.100144.

Cicchetti, D., & Toth, S. (2015). A multilevel perspective on child maltreatment. In R. M. Lerner (Ed.), *Handbook of child psychology and developmental science* (7th ed.). New York: Wiley.

Cicchetti, D., Toth, S. L., Nilsen, W. J., & Manley, J. T. (2014). What do we know and why does it matter? The dissemination of evidence-based interventions for child maltreatment. In H. R. Schaeffer & K. Durkin (Eds.), *Blackwell handbook of developmental psychology in action* (2nd ed.). New York: Blackwell.

Cignini, P., D'Emidio, L., Padula, F., Girgenti, A., Battistoni,

S., Vigna, R., Franco, R., Rossetti, D., Giorlandino, M., & Giorlandino, C. (2010). The role of ultrasonography in the diagnosis of fetal isolated complete agenesis of the corpus callosum: A long-term prospective study. *Journal of Maternal-Fetal and Neonatal Medicine, 23* (12), 1504-1509.

Clark, C. D. (2015). Play interventions and therapy. In J. E. Johnson & others (Eds.), *Handbook of the study of play*. Blue Ridge Summit, PA: Rowman & Littlefield.

Clark, D. B., Smith, M. G., Neighbors, B. D., Skerlec, L. M., & Randall, J. (1994). Anxiety disorders in adolescence: Characteristics, prevalence, and comorbidities. *Clinical Psychology Review, 14*, 113-137.

Clark, E. V. (1981). Lexical innovations: How children learn to create new words. In W. Deutsch (Ed.), *The child's construction of language* (pp. 299-328). London: Academic press.

Clark, E. V. (1987). The principle of contrast: A constraint on language acquisition. In B. MacWhinney (Ed.), *Mechanisms of language acquisition*. Hillsdale, NJ: Erlbaum.

Clark, E. V. (1993). *The lexicon in acquisition*. New York: Cambridge University Press.

Clark, M. S., Powell, M. C., Ovellette, R., & Milberg, S. (1987). Recipient's mood, relationship type, and helping. *Journal of Personality and Social Psychology, 43*, 94-103.

Clarke, A. M., & Clarke, A. D. (1989). The later cognitive effects of early intervention. *Intelligence, 13*, 289-297.

Cloud, J. (2010, January 18). Why genes aren't destiny. *Time*, 30-35

Cohen, D. (1983). *Piaget: Critique and reassessment*. New York: St. Martin's Press.

Cohen, L. B., & Younger, B. A. (1984). Infant perception of angular relations. *Infant Behavior and Development, 7*, 37-47.

Cohn, V. (1975). New method of delivering babies cuts down "torture of the innocent." *Capital Times*. November 5.

Coker, T. R., Elliott, M. N., Schwebel, D. C., Windle, M., Toomey, S. L., Tortolero, S. R., Hertz, M. F., Peskin, M. F., & Schuster, M. A. (2015). Media violence exposure and physical aggression in fifth-grade children. *Academic Pediatrics, 15* (1), 82-88.

Colby, A., & Damon, W. (1992). Gaining insight into the lives of moral leaders. *Chronicle of Higher Education, 39* (20), 83-84.

Cole, P. M. (1986). Children's spontaneous control of facial expression. *Child Development, 57*, 1309-1321.

Coleman, W. L., Levine, M. D., & Sandler, A. D. (1991). Learning disabilities in adolescents: Description, assessment, and management. In R. M. Lerner, A. C. Petersen, & J. Brooks-Gunn (Eds.), *Encyclopedia of adolescence* (Vol. 1). New York: Garland.

Coles, C. D., Smith, I. E., & Falek, A. (1987). Prenatal alcohol exposure and infant behavior: Immediate effects and implications for later development. *Advances in Alcohol and Substance Abuse, 6*, 87-104.

Colombo, J. (1993). *Infant cognition: Predicting later intellectual functioning*. Newbury Park, CA: Sage.

Colombo, J., & Mitchell, D. W. (2009). Infant visual habituation. *Neurobiology of Learning and Memory, 92*, 225-234.

Conger, R. D., Ge, X., Elder, G. H. Jr., Lorenz, F. O., & Simons, R. L. (1994). Economic stress, coercive family process, and developmental problems of adolescents. *Child Development, 65*, 541-561.

Considine, R. V., Sinha, M. K., & Heiman, M. I. (1996). Serum immunoreactive-leptin concentrations in normal-weight and obese humans. *New England Journal of Medicine, 334*, 292-295.

Constantinople, A. (1973). Masculinity-femininity: An exception to a famous dictum? *Psychological Bulletin, 80*, 389-407.

Cooley, C. H. (1902). *Human nature and the social order*. New York: Scribner's.

Cooper, R. P., & Aslin, R. N. (1990). Preference for infantdirected speech in the first month after birth. *Child Development, 61*, 1585-1595.

Coopersmith, S. (1967). *The antecedents of self-esteem*. San Francisco: Freeman.

Cooperstock, M. S., Bakewell, J., Herman, A., & Schramm W. F. (1998). Effects of fetal sex and race on risk of very preterm birth in twins. *American Journal of Obstetrics and Gynecology, 179*, 762-765.

Coplan, R. J., & Arbeau, K. A. (2009). Peer interactions and play in early childhood. In K. H. Rubin, W. M. Bukowski, & B. Laursen (Eds.), *Handbook of peer interactions, relationships, and groups*. New York: Guilford.

Corah, N. L., Anthony, E. J., Painter, P., Stern, J. A., &

Thurston, D. (1965). Effects of perinatal anoxia after seven years. *Psychological Monographs, 79* (3, Whole No. 596), 1-34.

Cordier, S. (2008). Evidence for a role of paternal exposure in developmental toxicity. *Basic and Clinical Pharmacology and Toxicology, 102*, 176-181.

Coren, S., & Halpern, D. F. (1991). Left-handedness: A marker for decreased survival fitness. *Psychological Bulletin, 109*, 90-106.

Corrow, S., Granrud, C. E., Mathison, J., & Yonas, A. (2012). Infants and adults use line junction information to perceive 3D shape. *Journal of Vision, 12*, 22-29.

Costa, R., & Figueiredo, B. (2011). Infants' psychophysiological profile and temperament at 3 and 12 months. *Infant Behavior and Development, 34* (2), 270-279.

Cowgill, B. (2020). Back to the breast: An historical overview of the perceived connections between sudden infant death syndrome and breastfeeding. *Journal of Human Lactation, 36* (2), 310-317.

Cox, M. J., Owen, M. T., Henderson, V. K., & Margand, N. A. (1992). Prediction of infant-father and infant-mother attachment. *Developmental Psychology, 28*, 474-483.

Cratty, B. J. (1986). *Perceptual and motor development in infants and children* (3rd ed.). Englewood Cliffs, NJ: Prentice-Hall.

Crick, N. R., & Bigbee, M. A. (1998). Relational and overt forms of peer victimization: A multiformant approach. *Journal of Consulting and Clinical Psychology, 66* (2), 337-347.

Crick, N. R., & Grotpeter, J. K. (1996). Children's treatment by peers: Victims of relational and overt aggression. *Developmental Psychopathology, 6*, 367-380.

Cristall, L., & Dean, R. S. (1976). Relationship of sex role stereotypes and self-actualization. *Psychological Reports, 39*, 842.

Cronbach, L. J. (1970). *Essentials of psychological testing* (3rd ed.). New York: Harper and Row.

Crone, E. A. (2017). *The adolescent brain*. New York: Routledge.

Crook, C. K. (1987). Taste and olfaction. In P. Salapatek & L. Cohen (Eds.), *Handbook of infant perception: Vol. 1. From sensation to perception*. New York: Academic Press.

Crouter, A. C., & McHale, S. (2005). The long arm of the job revisited: Parenting in dual-earner families. In T. Luster & L. Okagaki (Eds.), *Parenting*. Mahwah, NJ: Erlbaum.

Culbertson, J. L., & Gyurke, J. (1990). Assessment of cognitive and motor development in infancy and childhood. In J. H. Johnson & J. Goldman (Eds.), *Developmental assessment in clinical child psychology: A handbook* (pp. 100-131). New York: Pergamon Press.

Culicover, P. W. (2013). Simpler syntax. In B. Heine & H. Narrog (Eds.), *Oxford handbook of linguistic analysis*. New York: Oxford University Press.

Cummings, M. (2014). *Human heredity* (10th ed.). Boston: Cengage.

Curran, J. M. (1997, April). *Creativity across the life-span: Taking a new perspective*. Paper presented at the meeting of the Society for Research in Child Development, Washington, DC.

Curtiss, S. (1977). *Genie: A psycholinguistic study of a modern-day "wild-child."* New York: Academic Press.

Cytryn, L., & McKnew, D. (1972). Proposed classification of childhood depression. *American Journal of Psychiatry, 129*, 149-155.

Dahl, R. E. (1992). The pharmacologic treatment of sleep disorders. *Psychiatric Clinics of North America, 15*, 161-178.

Daltro, P., Werner, H., Gasparetto, T. D., Domingues, R. C., Rodrigues, L., Marchiori, E., & Gasparetto, E. L. (2010). Congenital chest malformations: A multimodality approach with emphasis on fetal MR imaging. *Radiographics, 30* (2), 385-395.

Damon, W. (1988). *The moral child*. New York: Free Press.

Daniels, H. (Ed.). (1996). *An introduction to Vygotsky*. New York: Routledge.

Daniels, H. (Ed.) (2017). *Introduction to Vygotsky* (3rd ed.). New York: Routledge.

Davidson, E. S., Yasuna, A., & Tower, A. (1979). The effects of television cartoons on sex-role stereotyping in young girls. *Child Development, 50*, 597-600.

Davis, A. (2008). Children with Down syndrome: Implications for assessment and intervention in the school. *School Psychology Quarterly, 23*, 271-281. http://search.ebscohost.com, doi:10.1037/1045-3830.23.2.271

Davis-Kean, P. E., & Sandler, H. M. (2001). A meta-analysis of measures of self-esteem for young children: A framework for future measures. *Child Development, 72*,

887-906.

Davison, K. K., & Birth, L. L. (2001). Weight status, parent reaction, and self-concept in five-year-old girls. *Pediatrics, 107*, 46-53.

Dawkins, R. (1976). *The selfish gene*. New York: Oxford University Press.

Dawson, G. (2008). Early behavioral intervention, brain plasticity, and prevention of autism spectrum disorder. *Development and Psychopathlogy, 20* (3), 775-803.

Dawson, G., Rogers, S., Munson, J., Smith, M., Winter, J., Greenson, J., Donaldson, A., & Varley, J. (2010). Randomized, controlled trial of an intervention for toddlers with autism: The Early Start Denver Model. *Pediatrics, 125* (1), 17-23.

Day, K. L., Smith, C. L. (2019). Maternal behaviors in toddlerhood as predictors of children's private speech in preschool. *Journal of Experimental Child Psychology, 177*, 132-140.

Day, K. L., Smith, C. L., Neal, A., & Dunsmore, J. C. (2018). Private speech moderates the effects of effortful control on emotionality. *Early Education and Development, 29*, 161-177.

de Villiers, J., & de Villiers, P. (2013). Syntax acquisition. In P. D. Zelazo (Ed.), *Oxford handbook of developmental psychology*. New York: Oxford University Press.

DeCasper, A. J., & Fifer, W. P. (1980). Of human bonding: Newborns prefer their mothers' voices. *Science, 208*, 1174-1176.

DeLoache, J. S., & Todd, C. M. (1988). Young children's use of spatial categorization as a mnemonic strategy. *Journal of Experimental Child Psychology, 46*, 1-20.

Dempster, F. N. (1981). Memory span: Sources of individual and developmental differences. *Psychological Bulletin, 89*, 63-100.

Denham, S. A. (1986). Social cognition, prosocial behavior, and emotion in preschoolers: Contextual validation. *Child Development, 57*, 194-201.

Denham, S., Warren, H., von Salisch, M., Benga, O., Chin, J. C., & Geangu, E. (2011). Emotions and social development in childhood. In P. K. Smith & C. H. Hart (Eds.), *Wiley-Blackwell handbook of childhood social development* (2nd ed., pp. 413-433). New York: Wiley.

Dennis, W. (1953). Animistic thinking among college and university students. *Scientific Monthly, 76*, 247-249.

Dennis, W. (1960). Causes of retardation among institutional children: Iran. *Journal of Genetic Psychology, 96*, 47-59.

Derebail, V. K., Lacson, E. K., Kshirsagar, A. V., Key, N. S., Hogan, S. L., Hakim, R. M., Mooney, A., Jani, C. M., Johnson, C., Hu, Y., Falk, R. J., & Lazarus, J. M. (2014). Sickle trait in African-American hemodialysis patients and higher erythropoiesis-stimulating agent does. *Journal of the American Society of Nephrology, 25* (4), 819-826.

Derom, C., Thiery, E., Vlietinck, R., Loos, R., & Derom, R. (1996). Handedness in twins according to zygosity and chorion type: A preliminary report. *Behavior Genetics, 26*, 407-408.

Desai, M., Beall, M., & Ross, M. G. (2013). Developmental origins of obesity: Programmed adipogenesis. *Current Diabetes Reports, 13* (1), 27-33.

Devlin, B., Daniels, M., & Roeder, K. (1997). The heritability of IQ. *Nature, 388*, 468-471.

Diamond, A. (2013). Executive functions. *Annual Review of Psychology* (Vol. 64). Palo Alto, CA: Annual Reviews.

Diamond, A., Prevor, M., Callender, G., & Druin, D. (1997). Prefrontal cortex cognitive deficits in children treated early and continuously for PKU. *Monographs of the Society for Research in Child Development, 62* (4), 1-208.

DiLalla, L. F., Kagan, J., & Reznick, J. S. (1994). Genetic etiology of behavioral inhibition among 2-year-old children. *Infant Behavior and Development, 17*, 405-412.

DiLalla, L. F., Thompson, L. A., Plomin, R., Phillips, K., Fagan, J. F., Haith, M. M., Cyphers, L. H., & Fulker, D. W. (1990). Infant predictors of preschool and adult IQ: A study of infant twins and their parents. *Developmental Psychology, 26*, 433-440.

Dillon, L. S. (1987). *The gene: Its structure, function, and evolution*. New York: Plenum.

Dishion, T., French, D., & Patterson, G. (1995). The development and ecology of antisocial behavior. In D. Cicchetti & D. Cohen (Eds.), *Developmental psychopathology* (Vol. 2, pp. 421-471). New York: Wiley.

Dobson, V., & Teller, D. Y. (1978). Visual acuity in human infants: A review and comparison of behavioral and electrophysiological studies. *Vision Research, 18*, 1469-1483.

Dodge, K. A., Coie, J. D., Pettit, G. S., & Price, J. M. (1990). Peer status and aggression i n boys' groups: Developmental and contextual analyses. *Child Development, 61*, 1289-1310.

Doll, C. A., & Broadie, K. (2014). Impaired activity-dependent neural circuit assembly and refinement in autism spectrum disorder genetic models. *Frontiers in Cellular Neuroscience, 8*, 30.

Dollaghan, C. (1985). Child meets word: "Fast mapping" in preschool children. *Journal of Speech and Hearing Research, 28*, 449-454.

Dornbusch, S., Ritter, P., Leiderman, P., Roberts, D., & Fraleigh, M. (1987). The relation of parenting style to adolescent school performance. *Child Development, 58*, 1244-1257.

Doty, R. L., & Shah, M. (2008). Taste and smell. In M. M. Haith & J. B. Benson (Eds.), *Encyclopedia of infant and early childhood development*. Oxford, UK: Elsevier.

Dougherty, T. M., & Haith, M. M. (1997). Infant expectations and reaction time as predictors of childhood speed of processing and IQ. *Developmental Psychology, 23*, 146-156.

Doussard-Roosevelt, J. A., Porges, S. W., Scanlon, J. W., Alemi, B., & Scanlon, K. B. (1997). Vagal regulation of heart rate in the prediction of developmental outcome for very low birth weight preterm infants. *Child Development, 68*, 173-186.

Dow-Edwards, D., MacMaster, F. P., Peterson, B. S., Niesink, R., Andersen, S., & Braams, B. R. (2019). Experience during adolescence shapes brain development: From synapses and networks to normal and pathological behavior. *Neurotoxicology and Teratology, 76*, 106834.

Dreikurs, R. (1967). *Psychodynamics, psychotherapy, and counselling*. Chicago: Alfred Adler Institute.

Du, T., Fernandez, C., Barshop, R., Guralnik, J., & Bazzano, L. A. (2020). Cardiovascular risk factors from childhood and midlife physical function: The Bogalusa Heart Study. *Experimental Gerontology, 136*, 110947.

Duczkowska, A., Bekiesinska-Figatowska, M., Herman-Sucharska, I., Duczkowski, M., Romaniuk-Doroszewska, A., Jurkiewicz, E., Dubis, A., Urbanik, A., Furmanek, M., & Walecki, J. (2011). Magnetic resonance imaging in the evaluation of the fetal spinal canal contents. *Brain Development, 33* (1), 10-20.

Duijts, L., Jaddoe, V. W. V., Hofman, A., & Moll, H. A. (2010, June 21). *Prolonged and exclusive breastfeeding reduces the risk of infectious diseases in infancy*. Pediatrics; DOI: 10.1542/peds.2008-3256.

Dunne, R. G., Asher, K. N., & Rivara, F. P. (1992). Behavior and parental expectations of child pedestrians. *Pediatrics, 89*, 486-490.

DuPlessis, H. M., Bell, R., & Richards, T. (1997). Adolescent pregnancy: Understanding the impact of age and race on outcomes. *Journal of Adolescent Health, 20*, 187-197.

Dupont, F. (1989). *Daily life in ancient Rome*. Oxford, England: Blackwell.

Durrant, J. E. (2008). Physical punishment, culture, and rights: Current issues for professionals. *Journal of Developmental and Behavioral Pediatrics, 29*, 55-66.

Dutta, T., & Mandal, M. (2006, July). Hand preference and accidents in India. *Laterality: Asymmetries of Body, Brain, and Cognition, 11* (4), 368-372.

Dweck, C. S. (1986). Motivational processes affecting learning. *American Psychologist, 41*, 1040-1048.

Dweck, C. S. (1989). Motivation. In A. Lesgold & R. Glaser (Eds.), *Foundations for a psychology of education*. Hillsdale, NJ: Erlbaum.

Dworetzky, J. P. (1990). *Introduction to child development* (4th ed.). MN: West Publishing.

Earls, F. (1994). Oppositional-defiant and conduct disorders. In M. Rutter, E. Taylor, & L. Hersov (Eds.), *Child and adolescent psychiatry* (pp. 308-329). London: Blackwell.

East, P. L. (1991). Peer status groups. In R. M. Lerner, A. C. Petersen, & J. Brooks-Gunn (Eds.), *Encyclopedia of adolescence* (Vol. 2). New York: Garland.

Easterbrooks, M. A., Bartlett, J. D., Beeghly, M., & Thompson, R. A. (2013). Soical and emotional development in infancy. In R. M. Lerner, M. A. Easterbrooks, & J. Mistry (Eds.), *Handbook of psychology* (2nd ed., Vol. 6). New York: Wiley.

Eckerman, C. D., Davis, C. C., & Didow, S. M. (1989). Toddlers' emerging ways of achieving social coordinations with a peer. *Child Development, 60*, 440-453.

Eckman, J. R., & Embury, S. H. (2011). Sickle cell anemia pathophysiology: Back to the data. *American Journal of Hematology, 86*, 121-122.

Edelbrock, C., Rende, R., Plomin, R., & Thompson, L. A. (1995). A twin study of competence and problem behavior in childhood and early adolescence. *Journal of Child Psychology and Psychiatry, 36*, 775-785.

Edwards, S. L., & Coyne, I. (2020). *A nurse's survival guide to children's nursing* (updated 1st edition). New York: Elsevier.

Egan, S. K., & Perry, D. G. (1998). Does low self-regard invite victimization? *Developmental Psychology, 34* (2), 299-309.

Eggum, N. D., Eisenberg, N., Kao, K., Spinrad, T. L., Bolnick, R., Hofer, C., & Fabricius, W. V. (2011). Emotion understanding, theory of mind, and prosocial orientation: Relations over time in early childhood. *The Journal of Positive Psychology, 6*, 4-16.

Eichorn, D. H. (1979). Physical development: Current foci of research. In J. D. Osofsky (Ed.), *Handbook of infant development*. New York: Wiley.

Eiger, M. S. (1992). The feeding of infants and children. In R. A. Hoekelman, S. B. Friedman, N. M. Nelson, & H. M. Seidel (Eds.), *Primary pediatric care* (2nd ed.). St. Louis: Mosby Yearbook.

Eimas, P. (1995). The perception of representation of speech by infants. In J. L. Morgan & K. Demuth (Eds.), *Signal to syntax*. Hillsdale, NJ: Erlbaum.

Eisenberg, N. (1991). Prosocial development in adolescence. In R. M. Lerner, A. C. Petersen, & J. Brooks-Gunn (Eds.), *Encyclopedia of adolescence* (Vol. 2). New York: Garland.

Eisenberg, N., Fabes, R. A., Nyman, M., Bernzweig, J., & Pinuelas, A. (1994). The relations of emotionality and regulation to children's anger-related reactions. *Child Development, 65*, 109-128.

Eisenberg, N., Spinrad, T. L., & Knafo-Noam, A. (2015). Prosocial development. In M. E. Lamb (Vol. Ed.) & R. M. Lerner (Ed.), *Handbook of child psychology and developmental science: Vol. 3. Socioemotional processes* (pp. 610-656). Hoboken, NJ: Wiley.

Eisenberg, N., Spinrad, T., & Sadovsky, A. (2013). Empathy-related responding in children. In M. Killen & J. G. Smetana (Eds.), *Handbook of moral development* (2nd ed). New York: Routledge.

Eisenberg-Berg, N., & Hand, M. (1979). The relationship of preschoolers' reasoning about prosocial moral conflicts to prosocial behavior. *Child Development, 50*, 356-363.

Ekas, N. A., Braungart-Rieker, & Messinger, D. S. (2018). The development of infant emotion regulation: Time is of the essence. In P. M. Cole & T. Hollenstein (Eds.), Emotion regulation, New York: Routledge.

Elbourne, P. (2012). *Meaning*. New York: Oxford University Press.

Elder, D. (2015). Reducing the risk of sudden infant death: A steady gain but still room for improvement. *New Zealand Medical Journal, 128* (1408), 13-14.

Elder, G. H. Jr., & Caspi, A. (1988). Human development and social change: An emerging perspective on the life course. In N. Bolger, A. Caspi, G. Downey, & M. Moorehouse (Eds.), *Persons in context: Developmental processes*. New York: Cambridge University Press.

Elder, G. H. Jr., & Rockwell, R. C. (1978). Economic depression and postwar opportunities in men's lives. In R. A. Simmons (Ed.), *Research in community and mental health*. Greenwich, CT: JAI Press.

El-Farrash, R. A., Shinkar, D. M., Ragab, D. A., Salem, R. M., Saad, W. E., Farag, A. S., Salama, D. H., & Sakr, M. F. (2020). Longer duration of kangaroo care improves neurobehavioral performance and feeding in preterm infants: A randomized controlled trial. *Pediatric Research, 87* (4), 683-688.

Ellis, L., & Engh, T. (2000). Handedness and age of death: New evidence on a puzzling relationship. *Journal of Health Psychology*, 5, 561-565.

Ellsworth, C. P., Muir, D. W., & Hains, S. M. J. (1993). Social competence and person-object differentiation: An analysis of the still-face effect. *Developmental Psychology, 29*, 63-73.

Epstein, L. H., & Wing, R. R. (1987). Behavioral treatment of childhood obesity. *Psychological Bulletin, 101*, 331-342.

Erickson, M. T. (1992). *Behavior disorders of children and adolescents*. Englewood Cliffs, NJ: Prentice-Hall.

Erikson, E. H. (1963). *Childhood and society*. New York: Norton.

Erikson, E. H. (1968). *Identity: Youth and crisis*. New York: Norton.

Erikson, E. H. (1975). *Life history and the historical moment*. New York: Norton.

Eriksson, U. J. (2009). Congenital malformations in diabetic pregnancy. *Seminar in Fetal and Neonatal Medicine, 14*, 85-93.

Eron, L. D., & Huesmann, L. R. (1990). The stability of aggressive behavior even unto the third generation. In M. Lewis & S. M. Miller (Eds.), *Handbook of developmental*

psychopathology (pp. 147-156). New York: Plenum Press.
Espirito Santo, J. L., Portuguez, M. W., & Nunes, M. L. (2009). Cognitive and behavioral status of low birth weight preterm children raised in a developing country at preschool age. *Journal of Pediatrics, 85* (1), 35-41.
Fabes, R., Eisenberg, N., Karbon, M., Bernzweig, J., Speer, A., & Carlo, G. (1994). Socialization of children's vicarious emotional responding and prosocial behavior. *Developmental Psychology, 30,* 44-55.
Fabes, R., & Martin, C. L. (2000). *Exploring child development.* Boston: Allyn & Bacon.
Fagan, J. F. (1990). The paired-comparison paradigm and infant intelligence. *Annals of the New York Academy of Sciences, 608,* 337-364.
Fagan, J. F., Holland, C. R., & Wheeler, K. (2007). The prediction, from infancy, of adult IQ and achievement. *Intelligence, 35* (3), 225-231.
Fagot, B. I. (1977). Consequence of moderate cross-gender behavior in preschool children. *Child Development, 48,* 902-907.
Fagot, B. I., Rodgers, C. S., & Leinbach, M. D. (2000). Theories of gender socialization. In T. Eckes & H. M. Trautner (Eds.), *The developmental social psychology of gender.* Mahwah, NJ: Erlbaum.
Falbo, T., & Poston, D. L. (1993). The academic, personality, and physical outcomes of only children in China. *Child Development, 64,* 18-35.
Fantz, R. L. (1961). The origin of form perception. *Scientific American, 204,* 66-72.
Fantz, R. L. (1963). Pattern vision in newborn infants. *Science, 140,* 296-297.
Farrington, D. (1995). The Twelfth Jack Tizard Memorial Lecture. The development of offending and antisocial behavior in childhood: Key findings from the Cambridge Study of Delinquent Development. *Journal of Child Psychology and Psychiatry, 36,* 929-964.
Fehlings, D., Hunt, C., & Rosenbaum, P. (2007). Cerebral palsy. In I. Brown & M. Percy (Eds.), *A comprehensive guide to intellectual and developmental disabilities* (pp. 279-286). Baltimore, MD: Paul H. Brookes.
Feingold, B. F. (1979). *The Feingold cookbook for hyperactive children.* New York: Random House.
Feinman, S., Roberts, D., Hsieh, K., Sawyer, D., & Swanson, D. (1992). A critical review of social referencing in infancy. In S. Feinman (Ed.), *Social referencing and the social construction of reality in infancy.* New York: Plenum.
Feldman, N. A., & Ruble, D. N. (1988). The effect of personal relevance on psychological inference: A developmental analysis. *Child Development, 59,* 1339-1352.
Feldman, S. S., & Elliott, G. R. (1990). Progress and promise of research on normal adolescent development. In S. S. Feldman & G. Elliott (Eds.), *At the threshold: The developing adolescent.* Cambridge, Massachusetts: Harvard University Press.
Ferguson, D. (1995). The real challenge of inclusion. *Phi Delta Kappan, 77* (4), 281-287.
Fergusson, D. M., McLeod, G. F., & Horwood, L. J. (2013). Childhood sexual abuse and adult developmental outcomes: Findings from a 30-year longitudinal study in New Zealand. *Child Abuse and Neglect, 37,* 664-677.
Fernald, A., & Morikawa, H. (1993). Common themes and cultural variations in Japanese and American mothers' speech to infants. *Child Development, 64,* 637-656.
Field, T. M. (1987). Affective and interactive disturbances in infants. In J. D. Osofsky (Ed.), *Handbook of infant development* (2nd ed.). New York: Wiley.
Field, T. M. (1990). *Infancy.* Cambridge, MA: Harvard University Press.
Field, T. M., Diego, M. A., Dieter, J., Hernandez-Reif, M., Schanberg, S., Kuhn, C., Yando, R., & Bendell, D. (2001). Depressed withdrawn and intrusive mothers' effects on their fetuses and neonates. *Infant Behavior and Development, 21,* 27-39.
Field, T. M., Hernandez-Reif, M., Feijo, L., & Freedman, J. (2006). Prenatal, perinatal, and neonatal stimulation: A survey of neonatal nurseries. *Infant Behavior and Development, 29* (1), 24-31.
Fine, M. J. (1980). *Handbook on parent education.* San Diego. CA: Academic Press.
Fischer, K. W., & Rose, S. P. (1994). Dynamic development of coordination of components in brain and behavior: A framework for theory. In G. Dawson & K. W. Fischer (Eds.), *Human behavior and the developing brain* (pp. 3-66). New York: Guilford.
Fischer, K. W., & Rose, S. P. (1995, Fall). Concurrent cycles in the dynamic development of the brain and behavior. *SRCD Newsletter,* pp. 3-4, 15-16.
Fischer, M., Rolf, J. E., Hasazi, J. E., & Cummings, L. (1984).

Follow-up of a preschool epidemiological sample: Cross-age continuities and predictions of later adjustment with internalizing and externalizing dimensions of behavior. *Child Development, 55* (1), 137-150.

Fisher, M. (1990). Parenting stress and the child with attention deficit hyperactivity disorder. *Journal of Clinical Child Psychology, 19*, 337-346.

Fisher, M., Golden, N. H., Katzman, D. K., Kreipe, R. E., Rees, J., Schebendach, J., Sigman, G., Ammerman, S., & Hoberman, H. M. (1995). Eating disorders in adolescents: A background paper. *Journal of Adolescent Health, 16*, 420-437.

Flaherty, E. G., Perez-Rossello, J. M., Levine, M. A., Hennrikus, W. L., Christian, C. W., Crawford-Jakubiak, J. E., ... & Esposito, P. W. (2014). Evaluating children with fractures for child physical abuse. *Pediatrics, 133* (2), e477-e489.

Flavell, J. H. (1971). Stage-related properties of cognitive development. *Cognitive Psychology, 2*, 421-453.

Flavell, J. H., Beach, D. R., & Chinsky, J. H. (1966). Spontaneous verbal rehearsal in a memory task as a function of age. *Child Development, 37*, 283-299.

Flavell, J. H., Everett, B. H., Croft, K., & Flavell, E. R. (1981). Young children's knowledge about visual perception: Further evidence for the level 1-level 2 distinction. *Developmental Psychology, 17*, 99-103.

Flavell, J. H., Friedrichs, A., & Hoyt, J. (1970). Developmental changes in memorization processes. *Cognitive Psychology, 1*, 324-340.

Flegal, W. A. (2007). Blood group genotyping in Germany. *Transfusion, 47* (Suppl. I), S47-S53.

Flynn, J. R. (1999). Searching for justice: The discovery of IQ gains over time. *American Psychologist, 54*, 5-20.

Flynn, J. R. (2007). The history of the American mind in the 20th century: A scenario to explain IQ gains over time and a case for the relevance of g. In P. C. Kyllonen, R. D. Roberts, & L. Stankov (Eds.), *Extending intelligence*. Mahwah, NJ: Erlbaum.

Flynn, J. R. (2011). Secular changes in intelligence. In R. J. Sternberg & S. B. Kaufman (Eds.), *Cambridge handbook of intelligence*. New York: Cambridge University Press.

Flynn, J. R. (2013). *Are we getting smarter?* New York: Cambridge University Press.

Flynn, J. R. (2018). Reflections about intelligence over 40 years. *Intelligence*, 70, 73-83.

Flynn, J. R. (2020). Secular changes in intelligence. In R. J. Sternberg (Ed.), *Cambridge handbook of intelligence* (2nd ed.). New York: Cambridge University Press.

Flynn, J. R., & Rossi-Case, L. (2012). IQ gains in Argentina between 1964 and 1998. *Intelligence, 40*, 145-150.

Fogel, A. (2001). The history and future of infancy. In G. Bremner (Ed.), *Blackwell handbook of infant development*. MA: Blackwell Publishers.

Font, S. A., & Maguire-Jack, K. (2020). It's not "just poverty": Educational, social, and economic functioning among young adults exposed to childhood neglect, abuse, and poverty. *Child Abuse and Neglect, 101*, 104356.

Fontana, V. J., & Besharov, D. (1977). *The maltreated child*. Springfield, Ill.: Charles C. Thomas.

Forehand, R., Thomas, A. M., Wierson, M., Brody, G., & Fauber, R. (1990). Role of maternal functioning and parenting skills in adolescent functioning following parental divorce. *Journal of Abnormal Psychology, 99*, 278-283.

Fox, N. A., Rubin, K. H., Calkins, S. D., Marshall, T. R., Coplan, R. J., Porges, S. W., Long, J. M., & Stewart, S. (1995). Frontal activation asymmetry and social competence at four years of age. *Child Development, 66*, 1770-1784.

Francis, P. L., Self, P. A., & Horowitz, F. D. (1987). The behavioral assessment of the neonate: An overview. In J. D. Osofsky (Ed.), *Handbook of infant development* (2nd ed.). New York: Wiley.

Frank, D., & Zeisel, S. (1988). Failure-to-thrive. *Pediatric Clinics of North America, 35*, 1187-1206.

Franzago, M., Santurbano, D., Vitacolonna, E., & Stuppia, L. (2020). Genes and diet in the prevention of chronic diseases in future generations. *International Journal of Molecular Science, 21* (7), 2633.

Fraser, B. G. (1976). The child and his parents: A delicate balance of rights. In R. E. Helfer & C. H. Kempe (Eds.), *Child abuse and neglect: The family and the community*. Cambridge, Mass.: Ballinger Publishing.

Freedman, D. G. (1974). *Human infancy: An evolutionary perspective*. NY: John Wiley.

Freud, A. (1946). *The psychoanalytic treatment of children*. London: Imago.

Freud, A. (1965). *The psychoanalytical treatment of*

children. New York: International Universities Press.

Freud, S. (1925). Three contributions to the sexual theory. *Nervous and Mental Disease Monograph Series*, No. 7. New York: Nervous and Mental Disease Publishing Co.

Freud, S. (1933). *New introductory lectures in psychoanalysis*. New York: Norton.

Freud, S. (1938). *An outline of psychoanalysis*. London: Hogarth.

Freud, S. (1959). Analysis of a phobia in a 5-year-old boy. In A. Strachey & J. Strachey (Eds.), *Collected papers* (Vol. 3). New York: Basic Books.

Freud, S. (1960). *A general introduction to psychoanalysis*. New York: Washington Square Press. (Original work published 1935.)

Freud, S. (1961). *The ego and the id* (Standard ed. Vol. 19). London: Hogarth. (Originally published 1923.)

Friend, M., & Bursuck, W. (1996). *Including students with special needs: A practical guide for classroom teachers*. Boston: Allyn & Bacon.

Friend, M., & Davis, T. (1993). Appearance-reality distinction: Children's understanding of the physical and affective domains. *Developmental Psychology, 29*, 907-913.

Frost, E. A., Gist, R. S., & Adriano, E. (2011). Drugs, alcohol, pregnancy, and fetal alcohol syndrome. *International Anesthesiology Clinics, 49*, 119-133.

Fuligni, A. J., & Eccles, J. S. (1993). Perceived parent-child relationships and early adolescents' orientation toward peers. *Developmental Psychology, 29*, 622-632.

Gainotti, G. (2019). A historical reviews of investigations on laterality of emotions in the human brain. *Journal of the History of the Neurosciences, 28* (1), 23-41.

Galvan, A., & Tottenham, N. (2016). Adolescent brain development. In D. Cicchetti (Ed.), *Developmental psychopathology* (3rd ed.). New York: Wiley.

Ganchrow, J. R., Steiner, J. E., & Daher, M. (1983). Neonatal facial expressions in response to different qualities and intensities of gastatory stimuli. *Infant Behavior and Development, 6*, 189-200.

Ganzewinkel, C. J., Anand, K. J., Kramer, B. W., & Andriessen, P. (2014). Chronic pain in the newborn: Toward a definition. *Clinical Journal of Pain, 30* (11), 970-977.

Garber, J. (2010). Vulnerability to depression in childhood and adolescence. In R. E. Ingram & J. M. Price (2010). *Vulnerability to psychopathology. Risk across the lifespan* (2nd ed.). New York, NY: Guilford.

Gardner, H. (1983). *Frames of mind: The theory of multiple intelligences*. New York: Basic Books.

Gardner, H. (1993). *Multiple intelligences*. New York: Basic Books.

Gardner, H. (2002). Learning from extraordinary minds. In M. Ferrari (Ed.), *The pursuit of excellence through education*. Mahwah, NJ: Lawrence Erlbaum.

Gardner, H. (2016). *Multiple intelligences: Prelude, theory, and aftermath*. In R. J. Sternberg, S. T. Fiske, & J. Foss (Eds.), *Scientists making a difference*. New York: Cambridge University Press.

Garner, D. M., & Garfinkel, P. E. (1997). *Handbook of treatment for eating disorders*. New York: Plenum.

Gathwala, G., Singh, B., & Balhara, B. (2008). KMC facilitates mother-baby attachment in low birth weight infants. *Indian Journal of Pediatric, 75* (1), 43-47.

Gauvain, M. (2013). Sociocultural contexts of development. In P. D. Zelazo (Ed.), *Oxford handbook of developmental psychology*. New York: Oxford University Press.

Gauvain, M. (2018). Collaborative problem solving: Social and developmental considerations. *Psychological Science in the Public Interest, 19*, 53-58.

Gelles, R. J. (1978). *A Profile of violence towards children in the United States*. Paper presented at the Annenburg School of Communications Conference on" Child abuse: Cultural roots and policy options."Philadelphia, November 20.

Gelles, R. J., & Straus, M. A. (1979). Violence in the American family. *Journal of Social Issues, 35* (2), 15-38.

Gelman, R., & Shatz, M. (1978). Appropriate speech adjustments: The operation of conversational constraints on talk to two-year-olds. In M. Lewis & L. A. Rosenblum (Eds.), *Interaction, conversation, and the development of language* (pp. 27-61). New York: Wiley.

Gelman, S. A. (2013). Concepts in development. In P. Zelazo (Ed.), *Oxford handbook of developmental psychology*. New York: Oxford University Press.

Gerbner, G. (1998). Cultivation analysis: An overview. *Mass Communication and Society, 1* (3/4), 175-194.

Gergely, A., Petró, E., Oláh, K., & Topál1, J. (2019). Auditory-visual matching of conspecifics and non-conspecifics by dogs and human infants. *Animals, 9* (1), 17.

Geschwind, N., & Galaburda, A. M. (1985). Cerebral lateralization: Biological mechanisms, associations, and pathology: A hypothesis and a program of research. *Archives of Neurology, 42*, 428-459.

Gesell, A. (1945). *The embryology of behavior*. New York: Harper & Row.

Ghosh, S., Feingold, E., Chakaborty, S., & Dey, S. K. (2010). Telomere length is associated with types of chromosome 21 nondisjunction: A new insight into the maternal age effect on Down Syndrome birth. *Human Genetics, 127* (4), 403-408.

Giaconia, R. M., & Hedges, L. V. (1982). Identifying features of effective open education. *Review of Educational Research, 52*, 579-602.

Gibbs, J. C. (2014). *Moral development and reality: Beyond the theories of Kohlberg and Hoffman* (3rd ed.). Upper Saddle River, NJ: Pearson.

Gibson, E. J. (1969). *The principles of perceptual learning and development*. New York: Appleton-Century-Crofts.

Gibson, E. J. (1992). How to think about perceptual learning: Twenty-five years later. In H. L. Pick, P. Van den Brock, & D. C. Knoll (Eds.), *Cognitive psychology: Conceptual and methodological issues*. Washington, DC: American Psychological Association.

Gibson, E. J., & Walk, R. D. (1960). The "visual cliff." *Scientific American, 202*, 64-71.

Giedd, J. N. (2012). The digital revolution and the adolescent brain. *Journal of Adolescent Health, 51*, 101-105.

Gies, F., & Gies, J. (1987). *Marriage and the family in the middle ages*. New York: Harper & Row.

Gieysztor, E. Z., Choińska, A. M., & Paprocka-Borowicz, M. (2018). Persistence of primitive reflexes and associated motor problems in healthy preschool children. *Archives of Medical Science: AMS, 14* (1), 167-173.

Gilligan, C. (1977). In a different voice: Women's conceptions of self and morality. *Havard Educational Review, 47* (4), 481-517.

Gilligan, C. (1982). *In a different voice: Psychological theory and women's development*. Cambridge, Massachusetts: Harvard University Press.

Gilligan, C. (1993). Adolescent development reconsidered. In A. Garrod (Ed.), *Approaches to moral development: New research and emerging themes*. New York: Teachers College Press.

Gilligan, C. (1996). The centrality of relationships in psychological development: A puzzle, some evidence, and a theory. In G. G. Noam & K. W. Fischer (Eds.), *Development and vulnerability in close relationships*. Hillsdale, NJ: Erlbaum.

Gimovsky, A., Khodak-Gelman, S., & Larsen, J. (2014). Making chorionic villus sampling painless for both the patient and the physician. *Journal of Ultrasound Medicine, 33* (2), 355-357.

Giovannini, M., Verduci, E., Salvatici, E., Paci, S., & Riva, E. (2012). Phenylketonuria: Nutritional advances and challenges. *Nutrition and Metabolism, 9* (1), 7-13.

Glasson, E. J., Jacques, A., Wong, K., Bourke, J., & Leonard, H. (2016). Improved survival in Down syndrome over the last 60 years and the impact of perinatal factors in recent decades. *Journal of Pediatrics, 169*, 214-220.

Gnepp, J. (1983). Children's social sensitivity: Inferring emotions from conflicting cues. *Developmental Psychology, 19*, 805-814.

Gnepp, J., & Chilamkurti, C. (1988). Children's use of personality attributions to predict other peoples' emotional and behavioral reactions. *Child Development, 59*, 743-754.

Gnepp, J., & Hess, D. L. R. (1986). Children's understanding of display rules for expressive behavior. *Developmental Psychology, 22*, 103-108.

Goddard, H. H. (1912). *The Kallikak family*. New York: Macmillan.

Gogtay, N., & Thompson, P. M. (2010). Mapping gray matter development: Implications for typical development and vulnerability to psychopathology. *Brain and Cognition, 72*, 6-15

Golbus, M. S., & Fries, M. M. (1993). Surgical fetal therapy. In C. Lin, M. S. Verp, & R. E. Sabbagha (Eds.), *The high-risk fetus: Pathophysiology, diagnosis, and management*. New York: Springer-Verlag.

Goldberg, W. A., & Lucas-Thompson, R. (2008). Maternal and paternal employment, effects of. In M. M. Haith & J. B. Benson (Eds.), *Encyclopedia of infant and early childhood development*. Oxford, UK: Elsevier.

Goldenberg, R. L., & Culhane, J. F. (2007). Low birth weight in the United States. *American Journal of Clinical Nutrition, 85* (2), S584-S590.

Goldfield, B. A., & Reznick, J. S. (1990). Early lexical

acquisition: Rate, content, and vocabulary spurt. *Journal of Child Language, 17*, 171-183.

Goldsmith, H. H. (1994, Winter). The behavior genetic approach to development and experience: Contexts and constraints. SRCD *Newsletter, 1* (6), 10-11.

Gomez, S. H., Tse, J., Wang, Y., Turner, B., Millner, A. J., Nock, M. K. & Dunn, E. C. (2017). Are there sensitive periods when child maltreatment substantially elevates suicide risk? Results from a nationally representative sample of adolescents. *Depression and Anxiety, 34* (8), 734-741.

Good, T. L. (1979). Teacher effectiveness in the elementary school: What do we know about it now? *Journal of Teacher Education, 30*, 52-64.

Goodvin, R., Winer, A. C., & Thompson, R. A. (2014). The individual child: Temperament, emotion, self, and personality. In M. Bornstein & M. E. Lamb (Eds.), *Developmental science* (7th ed.). New York: Psychology Press.

Gottesman, I. I. (1974). Developmental genetics and ontogenetic psychology: Overdue detente and propositions from a matchmaker. In A. Pick (Ed.), *Minnesota symposium on child psychology*. Minneapolis: University of Minnesota Press.

Gottlieb, G. (1991). Experiential canalization of behavioral development: Theory and commentary. *Developmental Psychology, 27*, 4-13.

Graham, C. J., Dick, R., Rickert, V. I., & Glenn, R. (1993). Left-handedness as a risk factor for unintentional injury in children. *Pediatrics, 92*, 823-826.

Graham, G., Holt/Hale, A., & Parker, M. (2020). *Children moving* (10th ed.). New York: McGraw-Hill.

Graham, K. L. (2020). Play. In B. Hopkins & others (Eds.), *Cambridge encyclopedia of child development*. New York: Cambridge University Press.

Graham, S., & Harris K. R. (2020). Writing and students with learning disabilities. In A. Martin & others (Eds.), *Handbook of educational psychology and students with special needs*. New York: Routledge.

Grant, T. M., Brown, N. N., Dubovsky, D., Sparrow, J., & Ries, R. (2013). The impact of prenatal alcohol exposure on addiction treatment. *Journal of Addiction Medicine, 7* (2), 87-95.

Graven, S. (2006). Sleep and brain development. *Clinics in Perinatology, 33* (3), 693-706.

Gravetter, F. J., & Forzano, L. B. (2019). *Research methods for the behavioral sciences* (6th ed.). Boston: Cengage.

Gravetter, F. J., Wallnau, L. B., Forzano, L. B., & Witnauer, J. E. (2021). *Essentials of statistics for the behavioral sciences* (10th ed.). Boston: Cengage.

Graziano, A. M., & Raulin, M. L. (2013). *Research methods* (8th ed.). Boston: Allyn & Bacon.

Graziano, A., & Raulin, M. (2020). *Research methods* (9th ed.). Upper Saddle River, NJ: Pearson.

Grealish, K. G., Price, A. M., & Stein, D. S. (2020). Systematic reivew of recent pediatric Down Syndrome neuropsychology literature: Considerations for regression assessment and monitoring. *Journal of Development and Behavioral Pediatrics, 41* (6). 486-495.

Green, M. (1989). *Theories of human development: A comparative approach*. Englewood Cliffs, NJ: Prentice-Hall.

Green, M., & Piel, J. A. (2002). *Theories of human development: A comparative approach*. Boston: Allyn & Bacon

Gregory, R. J. (2011). *Psychological testing* (6th ed.). Upper Saddle River, NJ: Pearson.

Grieser, D., & Kuhl, P. (1989). Categorization of speech by infants: Support for speech-sound prototypes. *Developmental Psychology, 25*, 577-589.

Gross, A. L., & Ballif, B. (1991). Children's understanding emotion from facial expressions and situations: A review. *Developmental Review, 11*, 368-398.

Guffanti, G., Galea, S., Yan, L., Roberts, A. L., Solovieff, N., Aiello, A. E., Smoller, J. W., De Vivo, I., Ranu, H., Uddin, M., Wildman, D. E., Purcell, S., & Koenen, K. C. (2013). Genome-wide association study implicates a novel RNA gene, the lincRNA AC068718.1, as a risk factor for post-traumatic stress disorder in women. *Psychoneuroendocrinology, 38*, 3029-3038.

Guilford, J. P. (1967). *The nature of human intelligence*. New York: McGraw-Hill.

Gunnar, M. R., Malone, S., & Fisch, R. O. (1987). The psychobiology of stress and coping in the human neonate: Studies of the adrenocortical activity in response to stress in the first week of life. In T. Field, P. McCabe, & N. Scheiderman (Eds.), *Stress and coping*. Hillsdale, NJ: Erlbaum.

Guralnick, M. J. (1990). Social competence and early intervention. *Journal of Early Intervention, 14*, 3-14.

Gzesh, S. M., & Surber, C. F. (1985). Visual perspective-taking skills in children. *Child Development, 56*, 1204-1213.

Haidt, J., Koller, S. H., & Dias, M. G. (1993). Affect, culture, and morality, or is it wrong to eat your dog? *Journal of Personality and Social Psychology, 65*, 613-628.

Hale, L., Kirschen, G. W., LeBourgeois, M. K., Gradisar, M., Garrison, M. M., Montgomery-Downs, H., Kirschen, H., McHale, S. M., Chang, A. M., & Buxtonj, O. M. (2018). Youth screen media habits and sleep: Sleep-friendly screen-behavior recommendations for clinicians, educators, and parents. *Child and Adolescent Psychiatric Clinics of North America, 27* (2), 229-245.

Hall, C., Gregory, G., Billinger, E., & Fisher, T. (1988). Field independence and simultaneous processing in preschool children. *Perceptual and Motor Skills, 66*, 891-897.

Hall, D. G., & Waxman, S. R. (1993). Assumptions about word meaning: Individuation and basic-level kinds. *Child Development, 64*, 1550-1570.

Hall, S. S., Hustyi, K. M., Hammond, J. L., Hirt, M., & Reiss, A. L. (2014). Using discrete trial training to identify specific learning impairments in boys with fragile X syndrome. *Journal of Autism and Developmental Disorders, 44* (7), 1659-1670.

Hallahan, D. P., & Kaufmann, J. M. (2000). *Exceptional learners* (8th ed.). Boston: Allyn & Bacon.

Halliday, M. A. K. (1975). *Learning how to mean: Exploration in the development of language*. London: Arnold.

Hamner, T. J., & Turner, P. H. (1996). *Parenting in contemporary society* (3rd ed.). Needham Heights, MA: Allyn & Bacon.

Han, W-J., Hetzner, N. P., & Brooks-Gunn, J. (2019). Employment and parenting. In M. H. Bornstein (Ed.), *Handbook of parenting* (3rd ed.). New York: Routledge.

Hardy, R., Eliot, J., & Burlingame, K. (1987). Stability over age and sex of children's responses to Embedded Figures Test. *Perceptual and Motor Skills, 64*, 399-406.

Harlow, H. F., & Zimmerman, R. R. (1959). Affectional responses in the infant monkey. *Science, 130*, 421-432.

Harper, K. M., Tunc-Ozcan, E., Graf, E. N., & Redei, E. E. (2014). Intergenerational effects of prenatal ethanol on glucose tolerance and insulin responses. *Physiological Genomics, 46* (5), 159-168.

Harrell, J. S., Gansky, S. A., Bradley C. B., & McMurray, R. G. (1997). Leisure time activities of elementary school children. *Nursing Research, 46*, 246-253.

Harrington, M. (2020). *The design of experiments in neuroscience*. New York: Cambridge University press.

Harris, G., Thomas, A., & Booth, D. A. (1990). Development of salt taste in infancy. *Developmental Psychology, 26*, 534-538.

Harris, P. L. (1983). Infant cognition. In M. M. Haith & J. J. Campos (Eds.), *Handbook of child psychology: Vol. 2. Infancy and developmental psychobiology*. New York: Wiley.

Hart, D., & Chmiel, S. (1992). Influence of defense mechanisms on moral judgment development: A longitudinal study. *Developmental Psychology, 28*, 722-730.

Harter, S. (1990). Issues in the assessment of the self-concept of children and adolescents. In A. LaGreca (Ed.), *Through the eyes of a child* (pp. 292-325). Boston: Allyn & Bacon.

Harter, S. (2012). *The construction of the self: Developmental and sociocultural foundations* (2nd ed.). New York: Guilford.

Harter, S., & Buddin, B. J. (1987). Children's understanding of the simultaneity of two emotions: A five-stage developmental acquisition sequence. *Developmental Psychology, 23*, 388-399.

Harter, S., & Whitesell, N. R. (1989). Developmental changes in children's understanding of single, multiple, and blended emotion concepts. In C. Saarni & P. Harris (Eds.), *Children's understanding of emotion*. Cambridge: Cambridge University Press.

Harter, S., Wright, K., & Bresnick, S. (1987). *A developmental sequence of the emergence of self affects*. Paper presented at the biennial meeting of the Society for Research in Child Development, Baltimore.

Hartshorn, K. (1998). *The effect of reinstatement on infant long-term retention*. Unpublished doctoral dissertation, Department of Psychology, Rutgers University, New Brunswick, NJ.

Hartup, W. W. (1980). Children and their friends. In H. McGurk (Ed.), *Child social development*. London: Methuen.

Hartup, W. W., & Overhauser, S. (1991). Friendships. In R. M. Lerner, A. C. Petersen, & J. Brooks-Gunn (Eds.), *Encyclopedia of adolescence* (Vol. 1). New York: Garland.

Hasselhorn, M. (1992). Task dependency and the role of category typicality and metamemory in the development of an organizational strategy. *Child Development, 63*, 202-214.

Haug, S. G. (1992). Daytime and nighttime enuresis: A functional disorder and its ethological decoding. *Behavior, 120*, 232-262.

Haviland, J. M., & Lelwica, M. (1987). The induced affect response: 10-week-old infants' responses to three emotion expressions. *Developmental Psychology, 23*, 97-104.

Hay, D. F. (1994). Prosocial development. *Journal of Child Psychology and Psychiatry, 35*, 29-72.

Hefner, R., Rebecca, M., & Oleshansky, B. (1975). Development of sex-role transcendence. *Human Development, 18*, 143-158.

Heibeck, T., & Markman, E. M. (1987). Word learning in children: An examination of fast mapping. *Child Development, 58* (4), 1021-1034.

Heiman, G. W. (2014). *Basic statistics for the behavioral sciences* (7th ed.). Boston: Cengage.

Heiman, G. W. (2015). *Behavioral sciences STAT* (2nd ed.). Boston: Cengage.

Helfer, R. E. (1978). *Childhood comes first: A crash course in childhood for adults*. Lansing, Mich.: Ray E. Helfer.

Helfer, R. E., & Kempe, C. H. (Eds.). (1976). *Child abuse and neglect: The family and the community*. Cambridge, Mass.: Ballinger Publishing.

Hendricks-Munoz, K. D., Li, Y. H., Kim, Y. S., Prendergast, C. C., Mayers, R., & Louie, M. (2013). Maternal and neonatal nurse perceived value of kangaroo mother care and maternal care partnership in the neonatal intensive care unit. *American Journal of Perinatology, 30* (10), 875-880.

Henker, B., & Whalen, C. K. (1989). Hyperactivity and attention deficits. *American Psychologist, 44*, 216-223.

Hennessy, K. D., Robideau, G. J., Cicchetti, D., & Cummings, E. M. (1994). Responses of physically abused and nonabused children to different forms of interadult anger. *Child Development, 65* (3), 815-828.

Heron, M. (2016). Deaths: Leading causes for 2013. *National Vital Statistics Reports, 65* (2), 1-95.

Herrnstein, R. J., & Murray, C. (1994). *The Bell Curve: Intelligence and class structure in American life*. New York: Free Press.

Hetherington, E. M. (1999). Family functioning and the adjustment of adolescent siblings in diverse types of families. *Monographs of the Society for Research in Child Development, 64* (4), 26-49.

Hetherington, E. M. (2006). The influence of conflict, marital problem solving, and parenting on children's adjustment in nondivorced, divorced, and remarried families. In A. Clarke-Stewart & J. Dunn (Eds.), *Families count*. New York: Cambridge University Press.

Hetherington, E. M., Anderson, E. R., & Hagan, M. S. (1991). Divorce: Effects of on adolescents. In R. M. Lerner, A. C. Petersen, & J. Brooks-Gunn (Eds.), *Encyclopedia of adolescence* (Vol. 1). New York: Garland.

Hetherington, E. M., & Parke, R. D. (1993). *Child psychology* (4th ed.). New York: McGraw-Hill.

Hetsroni, A. (2007). Sexual content on mainstream TV advertising: A cross-cultural comparison. *Sex roles, 57* (3-4), 201-210.

Hilliard, L., & Liben, L. (2012, April). *No boys in ballet: Response to gender bias in mother-child conversations*. Paper presented a t the Gender Development Research Conference, San Francisco.

Hinde, R. A. (1989). Ethological and relationship approaches. In R. Vasta (Ed.), *Annals of child development*. (Vol. 6). *Theories of child development: Revised formulations and current issues*. Greenwich, CT: JAI Press.

Hines, M. (2011). Gender development and the human brain. *Annual Review of Neuroscience* (Vol. 34). Palo Alto, CA: Annual Reviews.

Hines, M. (2013). Sex and sex differences. In P. D. Zelazo (Ed.), *Handbook of developmental psychology*. New York: Oxford University Press.

Hinkley, T., Brown, H., Carson, V., & Teychenne, M. (2018). Cross sectional associations of screen time and outdoor play with social skills in preschool children. *PLoS One, 13* (4), [e0193700].

Hinshaw, S. P. (2001). Is the inattentive type of ADHD a separate disorder? *Clinical Psychology: Science of Practice, 8*, 498-501.

Hirsh-Pasek, K., & Golinkoff, R. M. (2014). Early language

and literacy: Six principles. In S. Gilford (Ed.), *Head Start teacher's guide*. New York: Teacher's College Press.

Hiscock, M., & Kinsbourne, M. (1987). Specialization of the cerebral hemispheres: Implications for learning. *Journal of Learning Disabilities, 20*, 130-143.

Hockenberry, M. J. & Wilson, D. (2019). *Wong's nursing care of infants and children* (11th ed.). New York: Elsevier.

Hoffman, L. W. (1989). Effects of maternal employment in two-parent families. *American Psychologist, 44*, 283-293.

Hoffman, M. L. (1970). Moral development. In P. H. Mussen (Ed.), *Manual of child psychology* (3rd ed., Vol. 2). New York: Wiley.

Hoffman, M. L. (1977). Moral internalization: Current theory and research. In L. Berkowitz(Ed.), *Advances in experimental social psychology* (Vol. 10). New York: Academic Press.

Hoffman, M. L. (1980). Moral development in adolescence. In J. Adelson (Ed.), *Handbook of adolescent psychology*. New York: Wiley.

Hoffman, M. L. (1987). The contribution of empathy to justice and moral judgment. In N. Eisenberg & J. Strayer (Eds.), *Empathy and its development*. Cambridge, UK: Cambridge University Press.

Hoffman, M. L. (1988). Moral development. In M. H. ornstien & M. E. Lamb (Eds.), *Developmental psychology: An advanced textbook* (2nd ed.). Hillsdale, New Jersey: Erlbaum.

Hoffman, M. L. (2000). *Empathy and moral development: Implications for caring and justice*. Cambridge, UK: Cambridge University Press.

Hoffman, M. L. (2008). Empathy and prosocial behavior. In M. Lewis, J. M. Haviland-Jones, & L. F. Barrett (Eds.), *Handbook of emotions* (3rd ed.). New York, NY: Guilford.

Hohls, J. K., Wild, B., Heider, D., Brenner, H., Böhlen, F., Saum, K. U., Schöttker, B., Matschinger, H., Haefeli, W. E., König, H. H., & Hajek, A. (2019). Association of generalized anxiety symptoms and panic with health care costs in older age-Results from the ESTHER cohort study. *Journal of Affective Disorders, 245*, 978-986.

Hollams, E. M., de Klerk, N. H., Holt, P. G., & Sly, P. D. (2014). Persistent effects of maternal smoking during pregnancy on lung function and asthma in adolescents. *American Journal of Respiratory and Critical Care Medicine, 189*, 401-407.

Holzman, L. (2017). *Vygotsky at work and play* (2nd ed.). New York: Routledge.

Hong, D. S., Hoeft, F., Marzelli, M. J., Lepage, J., Roeltgen, D., Ross, J., & Reiss, A. L. (2014). Influence of the X chromosome on neuroanatomy: Evidence from Turner and Klinefelter syndromes. *Journal of Neuroscience, 34*, 3509-3516.

Honzik, M. P., MacFarlane, J. W., & Allen, L. (1948). The stability of mental test performance between two and eighteen years. *Journal of Experimental Education, 17*, 309-324.

Hooper, S. R., Hatton, D., Sideris, J., Sullivan, K., Ornstein, P. A., & Bailey, D. B. (2018). Developmental trajectories of executive functions in young males with Fragile X Syndrome. *Research in Developmental Disabilities, 81*, 73-88.

Horne, R. S. C. (2018). Cardiovascular autonomic dysfunction in sudden infant death syndrome. *Clinical Autonomic Research, 23*, 535-543

Horne, R. S. C. (2019). Sudden infant death syndrome: Current perspectives. *Internal Medicine Journal, 49*, 433-438.

Horton, R. (2006). The coming decade for global action on child health. *Lancet, 367*, 3-5.

Houts, A. C. (1991). Nocturnal enuresis as a biobehavioral problem. *Behavior Therapy, 22*, 133-151.

Howe, M. L., & Courage, M. L. (1993). On resolving the enigma of infantile amnesia. *Psychological Bulletin, 113*, 305-326.

Howe, N., Ross, H. S., & Recchia, H. (2011). Sibling relations in early and middle childhood. In P. K. Smith & C. H. Hart (Eds.), *The Wiley-Blackwell handbook of childhood social development* (2nd ed.). New York: Wiley.

Howell, D. C. (2014). *Fundamental statistics for the behavioral sciences* (8th ed.). Boston: Cengage.

Hower, J. T., & Edwards, K. J. (1979). The relationship between moral character and adolescent's perception of parental behavior. *Journal of Genetic Psychology, 135* (1), 23-32.

Howerton, C. L., & Bale, T. L. (2012). Prenatal programming: At the intersection of maternal stress and immune activation. *Hormones and Behavior, 62* (3), 237-242.

Hoyer, W. J., & Plude, D. J. (1980). Attentional and perceptual processes in the study of cognitive aging. In L. W. Poon (Ed.), *Aging in the 1980s*. Washington, DC: American Psychological Association.

Hull, J. G., & Young, R. D. (1983). Self-consciousness, selfesteem, and success failure as determinants of alcohol consumption in male social drinkers. *Journal of Personality and Social Psychology, 44*, 1097-1109.

Humphrey, L. L. (1986). Structural analysis of parent-child relationships in eating disorders. *Journal of Abnormal Psychology, 95* (4), 395-402.

Humphrey, T. (1978). Function of the nervous system during prenatal life. In U. Stave (Ed.), *Perinatal physiology* (pp. 651-683). New York: Plenum.

Hunter, J. E., & Hunter, R. F. (1984). Validity and utility of alternative predictors of job performance. *Psychological Bulletin, 96*, 72-98.

Hunter, S. K., & Yankowitz, J. (1996). Medical fetal therapy. In J. A. Kuller, N. C. Cheschier, & R. C. Cefalo (Eds.), *Prenatal diagnosis and reproductive genetics*. St. Louis: Mosby.

Hurlock, E. B. (1981). *Child development*. New Jersey: McGraw-Hill.

Hutson, J. R., Lubetsky, A., Eichhorst, J., Hackmon, R., Koren, G., & Kapur, B. M. (2013). Adverse placental effect of formic acid on hCG secretion is mitigated by folic acid. *Alcohol and Alcoholism, 48*, 283-287.

Huttenlocher, P. R. (1994). Synaptogenesis, synapse elimination, and neural plasticity in the human cerebral cortex. In C. A. Nelson (Ed.), *Threats to optimal development: Integrating biological, psychological, and social risk factors: Minnesota symposia on child psychology* (Vol. 27, pp. 35-54). Hillsdale, NJ: Erlbaum.

Indefrey, P. (2019). The relationship between semantic production and comprehension. In S-A. Rueschemeyer & M. Gareth Gaskell (Eds.), *Oxford handbook of psycholinguistics* (2nd ed.). New York: Oxford University Press.

Iqbal, M., Audette, M. C., Petropoulos, S., Gibb, W., & Matthews, S. G. (2012). Placental drug transporters and their role in fetal protection. *Placenta, 33*, 137-142.

Isabella, R. A. (1993). Origins of attachment: Maternal interactive behavior across the first year of life. *Child Development, 63*, 859-866.

Ishak, S., Nfe, F., Zakaria, Sz. S, Adli, A., & Jaafar, R. (2019). Neonatal pain: Knowledge and perception among pediatric doctors in Malaysia. *Pediatrics International, 61* (1), 67-72.

Israel, A. C., & Shapiro, L. S. (1985). Behavior problems of obese children enrolling in a weight reduction program. *Journal of Pediatric Psychology, 10*, 449-460.

Izard, C. E. (1971). *The face of emotion*. New York: Appleton-Century-Crofts.

Izard, C. E. (1982). *Measuring emotions in infants and children*. New York, NY: Cambridge University Press.

Izard, C. E. (1991). *The psychology of emotions*. New York: Plenum.

Izard, C. E. (1994). Innate and universal facial expressions: Evidence from developmental and cross-cultural research. *Psychological Bulletin, 115*, 288-299.

Izard, C. E., & Ackerman, B. P. (2000). Motivational, organizational, and regulatory functions of discrete emotions. In M. Lewis & J. M. Haviland-Jones (Eds.), *Handbook of emotions* (2nd ed.). New York: Guilford.

Jackson, S. L. (2015). *Research methods* (3rd ed.). Boston: Cengage.

Jaenicke, C., Hammen, C., Zupan, B., Hiroteo, D., Gordon, D., Adrian, C., & Burge, D. (1987). Cognitive vulnerability in children at risk for depression. *Journal of Abnormal Child Psychology, 15*, 559-572.

Jaffee, S., & Hyde, J. S. (2000). Gender differences in moral orientation: A meta-analysis. *Psychological Bulletin, 126*, 703-726.

Janowsky, J. S., & Finlay, B. L. (1986). The outcome of perinatal brain damage: The role of normal neuron loss and axon retraction. *Developmental Medicine and Child Neurology, 28*, 375-389.

Jensen, A. R. (1969). How much can we boost IQ and scholastic achievement? *Havard Educational Review, 39*, 1-123.

Jensen, A. R. (2003). Do age-group differences on mental tests imitate racial differences? *Intelligence, 31*, 107-121.

Jiao, S., Ji, G., & Jing, Q. (1996). Cognitive development of Chinese urban only children and children with siblings. *Child Development, 67*, 387-395.

Jitendra, A., & Montague, M. (2013). Strategies for improving student outcomes in mathematical reasoning. In B.

G. Cook & M. G. Tankersley (Eds.), *Research-based practices in special education*. Upper Saddle River, NJ: Pearson.

Johnson, J., & Newport, E. (1989). Critical period effects in second language learning: The influence of maturational state on the acquisition of English as a second language. *Cognitive Psychology, 21*, 60-99.

Johnson, M. D. (2012). *Human biology* (6th ed.). Upper Saddle River, NJ: Pearson.

Johnson, M. H. (1998). The neural basis of cognitive development. In D. Kuhn & R. S. Siegler (Ed.), *Handbook of child psychology: Vol. 2. Cognition, perception, and language* (5th ed., pp. 1-49). New York: Wiley.

Johnson, M. H., & de Haan, M. (2015). *Developmental cogjitive neuroscience* (4th ed.) Hoboken, NJ: Wiley Blackwell.

Johnson, M. H., Dziurawiec, S., Ellis, H., & Morton, J. (1991). Newborns' preferential tracking of face-like stimuli and its subsequent decline. *Cognition, 40*, 1-19.

Johnson, S. L., & Birch, L. L. (1994). Parents' and children's adiposity and eating styles. *Pediatrics, 94*, 653-661.

Johnson, S. P. (2012). Development of the visual system. In P. Rakic & J. Rubenstein (Eds.), *Developmental neuroscience-Basic and clinical mechanisms*. New York: Oxford university Press.

Johnson, S. P. (2013). Object perception. In P. D. Zelazo (Ed.), *Handbook of developmental psychology*. New York: Oxford University Press.

Johnson, S. P., & Hannon, E. H. (2015). Perceptual development. In R. M. Lerner (Ed.), *Handbook of child psychology and developmental science* (7th ed.). New York: Wiley.

Jones, B., & Duffy, J. (1982). An analysis of performance by preschool children on the KRISP and on a length discrimination task. *Acta Psychologica, 52*, 197-211.

Jones, D. E., Carson, K. A., Bleich, S. N., & Cooper, L. A. (2012). Patient trust in physicians and adoption of lifestyle behaviors to control high blood pressure. *Patient Education and Counseling, 89* (1), 57-62.

Jones, N. A. (2012). Delayed reactive cries demonstrate emotional and physiological dysregulation in newborns of depressed mothers. *Biological Psychology, 89* (2), 374-381.

Jones, W. H., Chernovetz, M. E., & Hansson, R. O. (1978). The enigma of androgyny: Differential implications for males and females? *Journal of Consulting and Clinical Psychology, 46*, 298-313.

Jonson-Reid, M., Kohl, P. L., & Drake, B. (2012). Child and adolescent outcomes of chronic child maltreatment. *Pediatrics, 129*, 839-845.

Jose, P. M. (1990). Just world reasoning in children's immanent justice arguments. *Child Development, 61*, 1024-1033.

Jusczyk, P. W., & Hohne, E. A. (1997). Infants' memory for spoken words. *Science, 277*, 1984-1986.

Jussim, L., & Eccles, J. S. (1993). Teacher expectations II: Construction and reflection of student achievement. *Journal of Personality and Social Psychology, 63*, 947-961.

Justice, E. M., Baker-Ward, L., Gupta, S., & Jannings, L. R. (1997). Means to the goal of remembering: Developmental changes in awareness of strategy use-performance relations. *Journal of Experimental Child Psychology, 65*, 293-314.

Kagan, J. (1992). Behavior, biology, and the meanings of temperamental constructs. *Pediatrics, 90*, 510-513.

Kagan, J. (1994). *Galen's prophecy*. New York: Basic Books.

Kagan, J. (1999). Temperament and reactions to unfamiliarity. In K. L. Freiberg (Ed.), *Annual editions: Human development* (27th ed., pp. 53-57). New York: McGraw-Hill.

Kagan, J. (2002). Bahavioral inhibition as a temperamental category. In R. J. Davidson, K. R. Scherer, & H. H. Goldsmith (Eds.), *Handbook of affective sciences*. New York: Oxford University Press.

Kagan, J. (2008). Fear and wariness. In M. M. Haith & J. B. Benson (Eds.), *Encyclopedia of infant and early childhood development*. Oxford, UK: Elsevier.

Kagan, J. (2010). Emotions and temperament. In M. H. Bornstein (Ed.), *Handbook of cultural developmental science*. New York: Psychology Press.

Kagan, J. (2013). Temperamental contributions to inhibited and uninhibited profiles. In P. D. Zelazo (Ed.), *Oxford handbook of developmental psychology*. New York: Oxford University Press.

Kagan, J. (2018). Perspectives on two temperamental biases. *Philosophical transactions of the Royal Society, Series B: Biological Sciences, 373*, 1744.

Kagan, J. (2019). Distinction between moods and temperament. In A. S. Fox & others (Eds.), *The nature of emotion* (2nd ed.). New York: Oxford University press.

Kahle, L. R. (1980). Stimulus condition self-selection by males in the interaction of locus of control and skill-chance situations. *Journal of Personality and Social Psychology, 38* (1), 50-56.

Kail, R. (1992). Processing speed, speech rate, and memory. *Developmental Psychology, 28*, 899-904.

Kail, R. (1997). Processing time, imagery, and spatial memory. *Journal of Experimental Child Psychology, 64*, 67-78.

Kan, P. F. (2014). Novel word retention in sequential bilingual children. *Journal of Child Language, 41* (2), 416-438.

Kanakis, G. A., & Nieschlag, E. (2018). Klinefelter syndrome: more than hypogonadism. *Pediatric Reproductive Endocrinology, 86*, 135-144

Kantowitz, B. H., Roediger, H. L., & Elmes, D. G. (2015). *Experimental psychology* (10th ed.). Boston: Cengage.

Kaplan, J. S. (2012). The effects of shared environment on adult intelligence: A critical review of adoption, twin, and MZA studies. *Developmental Psychology, 48*, 1292-1298.

Kaufmann, K. (1987). *Parental separation and divorce during the college years*. Unpublished doctoral dissertation, Harvard University.

Kaur, A., & Phadke, S. R. (2012). Analysis of short stature cases referred for genetic evaluation. *Indian Journal of Pediatrics, 79* (12), 1597-1600.

Kavsěk, M. (2004). Predicting later IQ from infant visual habituation and dishabituation: A meta-analysis. *Journal of Applied Developmental Psychology, 25* (3), 369-393.

Kee, D. W., & Bell, T. S. (1981). The development of organizational strategies in the storage and retrieval of categorical items in free-recall learning. *Child Development, 52*, 1163-1171.

Keenan, K., & Shaw, D. (1997). Developmental and social influences on young girls' early problem behavior. *Psychological Bulletin, 121*, 95-113.

Keeney, T. J., Canizzo, S. R., & Flavell, J. H. (1967). Spontaneous and induced verbal rehearsal in a recall task. *Child Development, 38*, 953-966.

Keil, F. C. (1979). *Semantic and conceptual development*. Cambridge. MA: Harvard University Press.

Keller, A., Ford, L. H., Jr., & Meachum, J. A. (1978). Dimensions of self-concept in preschool children. *Developmental Psychology, 14*, 483-489.

Keller, H., A Scholmerich, A. (1987). Infant vocalizations and parental reactions during the first four months of life. *Developmental Psychology, 23*, 62-67.

Kellogg, R. (1970). *Understanding children's art: Readings in developmental psychology today*. Del Mar, CA: CRM.

Kempe, C. H., & Helfer, R. E. (Eds.). (1972). *Helping the battered child and his family*. Philadelphia: J. B. Lippincott.

Kempe, C. H., Silverman, F. N., Steele, B. F., Droegemeuller, W., & Silver, H. K. (1962). The battered child syndrome. *Journal of the American Medical Association, 181* (1), 17-24.

Kendler, K. S., Ohlsson, H., Sundquist, K., & Sundquist, J. (2018). Sources of parent-offspring resemblance for major depression in a national Swedish extended adoption study. *JAMA Psychiatry, 75*, 194-200.

Kendler, K. S., Sundquist, K., Ohlsson, H., Palmer, K., Maes, H., Winkleby, M. A., & Sundquist, J. (2012). Genetic and familial environmental influences on the risk for drug abuse: A national Swedish adoption study. *Archives of General Psychiatry, 69* (7), 690-697.

Kerr, M., Lambert, W. W., Stattin, H., & Klackenberg-Larsson, I. (1994). Stability of inhibition in a Swedish longitudinal sample. *Child Development, 65*, 138-146.

Kim, E., Han, G., & McCubbin, M. A. (2007). Korean American maternal acceptance-rejection, acculturation, and children's social competence. *Family and Community Health, 30* (2), 33-45.

Kim, G., & Kwak, K. (2011). Uncertainty matters: Impact of stimulus ambiguity on infant social referencing. *Infant and Child Development, 20*, 449-463.

Kirk, R. E. (2013). Experimental design. In I. B. Weiner & others (Eds.), *Handbook of psychology* (2nd ed., Vol. 2). New York: Wiley.

Kirk, S. A., Gallagher, J. J., Coleman, M. R., & Anastaslow, N. J. (2012). *Educating exceptional children* (13th ed.). Boston: Cengage.

Kirschenbaum, R. J. (1990). An interview with Howard Gardner. *The Gifted Child Today*, 26-32.

Kisilevsky, B. S., Hains, S. M., Brown, C. A., Lee, C. T., Cowperthwaite, B., Stutzman, S. S., Swansburg, M. L., Lee, K., Xie, X., Huang, H., Ye, H. H., Zhang, K., & Wang, Z. (2009). Fetal sensitivity to properties of maternal speech and language. *Infant Behavior and Development, 32* (1), 59-71.

Klahr, A. M., & Burt, S. A. (2014). Elucidating the etiology of individual differences in parenting: A meta-analysis of behavioral genetic research. *Psychological Bulletin, 140* (2), 544-586.

Klahr, D. (1992). Information-processing approaches to cognitive development. In M. H. Bornstein & M. E. Lamb (Eds.), *Developmental psychology: An advanced textbook* (3rd ed., pp. 273-335). Hillsdale, NJ: Erlbaum.

Kliegman, R. M., Stanton, B., St. Geme, J., & Schor, N. (2019). *Nelson textbook of pediatrics* (21st ed.). New York: Elsevier.

Klinnert, M. D. (1984). The regulation of infant behavior by maternal facial expression. *Infant Behavior and Development, 7*, 447-465.

Klish, W. J. (1998, September). Childhood obesity. *Pediatrics in Review, 19*, 312-315.

Knickmeyer, R., & Baron-Cohen, S. (2006, December). Fetal testosterone and sex differences. *Early Human Development, 82*, 755-760.

Kogan, N. (1983). Stylistic variation in childhood and adolescence: Creativity, metaphor, and cognitive style. In P. H. Mussen (Ed.), *Handbook of child psychology* (Vol. 3, pp. 630-706). New York: Wiley.

Kogan, N. (1989). *A 15-year longitudinal analysis of the correlates of field dependence-independence.* Paper presented at the biennial meeting of the Society for Research in Child Development, Kansas City, Missouri.

Kohl, H. W., & Hobbs, K. E. (1998). Development of physical activity behaviors among children and adolescents. *Pediatrics, 101*, 549-554.

Kohlberg, L. A. (1966). Cognitive developmental analysis of children's sex-role concepts and attitudes. In E. E. Maccoby (Ed.), *The development of sex differences*. Stanford, California: Stanford University Press.

Kohlberg, L. A. (1969). Stage and sequence: The cognitive developmental approach to socialization. In D. A. Goslin (Ed.), *Handbook of socialization theory and research*. Chicago: Rand McNally.

Kohlberg, L. A. (1976). Moral stages and moralization: The cognitive development approach. In T. Likona (Ed.), *Moral development and behavior: Theory, research, and social issues*. New York: Holt, Rinehart, & Winston.

Kolb, B. (1995). *Brain plasticity and behavior*. Mahwah, NJ: Erlbaum.

Kolb, B., & Fantie, B. (1989). Development of the child's brain and behavior. In C. R. Reynolds & E. Fletcher-Janzen (Eds.) , *Handbook of clinical child neuropsychology.* New York: Plenum Press.

Kong, A., Frigge, M. L., Masson, G., Besenbacher, S., Sulem, P., Magnusson, G., ... & Stefansson, K. (2012). Rate of *de novo* mutations and the importance of father's age to disease risk. *Nature, 488*, 471-475.

Kopp, C. B. (1987). The growth of self regulation: Caregivers and children. In N. Eisenberg (Ed.), *Contemporary topics in developmental psychology.* New York: Wiley.

Kopp, C. B. (1989). Regulation of distress and negative emotions: A development view. *Developmental Psychology, 25*, 343-354.

Kopp, C. B., & McCall, R. B. (1982). Predicting later mental performance for normal, at-risk, and handicapped infants. In P. B. Baltes & O. G. Brim, Jr. (Eds.), *Lifespan development and behavior* (Vol. 4, pp. 33-61). New York: Academic Press.

Koren, G., & Ornoy, A. (2018). The role of the placenta in drug transport and fetal drug exposure. *Expert Reviews of Clinical Pharmacology, 11*, 373-385.

Kostelnik, M. J., Rupiper, M. L., Soderman, A. K., & Whiren, A. P. (2014). *Developmentally appropriate curriculum in action*. Upper Saddle River, NJ: Pearson.

Kostelnik, M. J., Soderman, A. K., Whiren, A. P., & Rupiper, M. (2015). *Developmentally appropriate curriculum* (6th ed.). Upper Saddle River, NJ: Pearson.

Krämer, M. D., & Rodgers, J. L. (2020). The impact of having children on domain-specific life-satisfaction: A quasi-experimental longitudinal investigation using the Socio-Economic Panel (SOEP) data. *Journal of Personality and Social Psychology, 119* (6), 1497-1514.

Kramer, M., Aboud, F., Mironova, E., Vanilovich, I., Platt, R., Matush, L., et al. (2008). Breastfeeding and child cognitive development: New evidence from a large randomized trial. *Archives of General Psychia try, 65*, 578-584.

Krauss, R. M., & Glucksberg, S. (1969). The development of communication: Competence as a function of age. *Child Development, 42*, 255-266.

Kreutzer, M. A., Leonard, C., & Flavell, J. H. (1975). An interview study of children's knowledge about memory.

Monographs of the Society for Research in Child Development, 40 (1), 1-60.

Krisnana, I., Rachmawati, P. D., Arief, Y. S., Kurnia, I. D., Nastiti, A. A., Safitri, I. F. N., & Putri, A. T. K. (2019). Adolescent characteristics and parenting style as the determinant factors of bullying in Indonesia: A cross-sectional study. *International Journal of Adolescent Medicine and Health, 33* (5), [20190019].

Krushkal, J., Murphy, L. E., Palmer, F. B., Graff, J. C., Sutter, T. R., Mozhui, K., Hovinga, C. A., Thomas, F., Park, V., Tylavsky, F. A., & Adkins, R. M. (2014). Epigenetic analysis of neurocognitive development at 1 year of age in a community-based pregnancy cohort. *Behavior Genetics, 44* (2), 113-125.

Kuczynski, L., & Kochanska, G. (1990). Development of children's noncompliance strategies from toddlerhood to age 5. *Developmental Psychology, 26,* 398-408.

Kuhl, P. K. (1993). Infant speech perception: A window on psycholinquistic development. *International Journal of Psycholinguistics, 9,* 33-56.

Kuhl, P. K. (2007). Is speech learning "gated" by the social brain? *Development Science, 10,* 110-120.

Kuhl, P. K. (2011). Social mechanisms in early language acquisition: Understanding integrated brain systems and supporting language. In J. Decety & J. Cacioppo (Eds.), *Handbook of social neuroscience.* New York: Oxford University Press.

Kuhl, P. K. (2015). Baby talk. *Scientific American*, 313, 64-69.

Kuhn, C. M., & Schanberg, S. M. (1998). Responses to maternal separation: Mechanisms and mediators. *International Journal of Developmental Neuroscience, 16,* 261-270.

Kuhn, D. (1988). Cognitive development. In M. H. Bornstein & M. E. Lamb (Eds.), *Developmental psychology: An advanced textbook* (2nd ed.). Hillsdale, NJ: Erlbaum.

Kuhn, D., Nash, S. C., & Brucken, L. (1978). Sex role concepts of two and three-year-olds. *Child Development, 49,* 445-451.

Kuller, J. A. (1996). Chorionic villus sampling. In J. A. Kuller, N. C. Cheschier, & R. C. Cefalo (Eds.), *Prenatal diagnosis and reproductive genetics* (pp. 145-158). St. Louis : Mosby.

Kumar, P., Khare, M., Harrison, R. M., Bloss, W. J., & Lewis, A. C. (2015). New directions: Air pollution challenges for developing megacities like Delhi. *Atmospheric Environment, 122,* 657-661.

Kurdek, L. A., & Fine, M. A. (1994). Family acceptance and family control as predictors of adjustment in young adolescents: Linear, curvilinear, or interactive effects? *Child Development, 65,* 1137-1146.

Kurtines, W. M., & Gewirtz, J. (Eds.). (1991). *Moral behavior and development: Advances in theory, research, and application.* Hillsdale, New Jersey: Erlbaum.

Kwon, M., Seo, Y. S., Park, E., & Chang, Y. P. (2020). Association between substance use and insufficient sleep in U.S. high school students. *The Journal of School Nursing, 37* (6), 470-479.

Lamaze, F. (1970). *Painless childbirth: The Lamaze method.* Chicago: Regnery.

Lamb, D. R. (1984). *Physiology of exercise: Response and adaptation* (2nd ed.). New York: Macmillan.

Lamb, M. E. (1977). The development of mother-infant and father-infant attachments in the second year of life. *Developmental Psychology, 13,* 637-648.

Lamb, M. E. (Ed.). (1986). *The father's role: Applied perspectives.* New York: Wiley.

Lamb, M. E. (1988). Social and emotional development in infancy. In M. H. Bornstein & M. E. Lamb (Eds.), *Social, emotional, and personality development* (pp. 359-411). Hillsdale, NJ: Erlbaum.

Lamb, M. E., & Lewis, C. (2013). Father-child relationships. In C. S. Tamis-LeMonda & N. Cabrera (Eds.), *Handbook of father involvement* (2nd ed.). New York: Psychology Press.

Lamb, M. E., & Roopnarine, J. L. (1979). Peer influences on sex-role development in preschoolers. *Child Development, 50,* 1219-1222.

Lamb, M. E., & Sternberg, K. J. (1992). Sociocultural perspectives in nonparental childcare. In M. E. Lamb, K. J. Sternberg, C. Hwang, & A. G. Broberg (Eds.), *Child care in context.* Hillsdale, NJ: Erlbaum.

Lamborn, S. D., Mounts, N. S., Steinberg, L., & Dornbusch, S. M. (1991). Patterns of competence and adjustment among adolescents from authoritative, authoritarian, indulgent, and neglectful families. *Child Development, 62,* 1049-1065.

Lane, A., Harrison, M., & Murphy, N. (2014). Screen time

increases risk of overweight and obesity in active and inactive 9-year-old Irish children: A cross sectional analysis. *Journal of Physical Activity and Health, 11* (5), 985-991.

Lange, G., & Pierce, S. H. (1992). Memory-strategy learning and maintenance in preschool children. *Developmental Psychology, 28*, 453-462.

Lansdown, R., & Walker, M. (1991). *Your child's development from birth through adolescence*. New York: Knopf.

Lansford, J. E. (2012). Divorce. In R. J. R. Levesque (Ed.), *Encyclopedia of adolescence*. New York: Springer.

Lansford, J. E. (2013). Single- and two-parent families. In J. Hattie & E. Anderman (Eds.), *International handbook of student achievement*. New York: Routledge.

Lapsley, D. K. (1993). *Moral psychology after Kohlberg*. Unpublished manuscript, Department of Psychology, Brandon University, Manitoba.

Lapsley, D. K. (1996). *Moral psychology*. Boulder, CO: Westview.

Laslett, A. M., Room, R., Dietze, P., & Ferris, J. (2012). Alcohol's involvement in recurrent child abuse and neglect cases. *Addiction, 107*, 1786-1793.

Leaper, C. (2013). Gender development during childhood. In P. D. Zelazo (Ed.), *Oxford handbook of developmental psychology*. New York: Oxford University Press.

Leaper, C., & Bigler, R. S. (2011). Gender. In M. H. Underwood & L. H. Rosen (Eds.), *Social development*. New York: Guilford.

Leaper, C., & Bigler, R. S. (2018). Societal causes and consequences of gender typing of children's toys. In E. S. Weisgram & L. M. Dinella (Eds.), *Gender typing of children's play*. Washington, DC: APA Books.

LeBourgeois, M. K., Hale, L., Chang, A. M., Akacem, L. D., Montgomery-Downs, H. E., & Buxton, O. M. (2017). Digital media and sleep in childhood and adolescence. *Pediatrics, 140* (2), S92-S96.

Leboyer, F. (1975). *Birth without violence*. New York: Knopf.

Lecours, A. R. (1982). Correlates of developmental behavior in brain maturation. In T. Bever (Ed.), *Regressions in mental development*. Hillsdale, NJ: Erlbaum.

Lee, H. C., El-Sayed, Y. Y., & Gould, J. B. (2008). Population trends in Caesarean delivery for breech presentation in the United States, 1997-2003. *American Journal of Obstetrics and Gynecology, 199*, e1- e 8.

Lee, K., Quinn, P. C., Pascalis, O., & Slater, A. (2013). Development of face processing ability in childhood. In P. D. Zelazo (Ed.), *Oxford handbook of developmental psychology*. New York: Oxford University Press.

Lee, L. C. (1992, August). *In search of universals: Whatever happened to race?* Paper presented at the meeting of the American Psychological Association, Washington, DC.

Lee, S., Taylor, J. L., Redmond, C., Hadd, A. G., Kemppainen, J. A., Haynes, B. C., Shone, S., Bailey, D. B., & Latham, G. J. (2020). Validation of fragile X Screening in the newborn population using a fit-for-purpose fMR1 PCR assay system. *Journal of Molecular Diagnosis, 22* (3), 346-354.

Lee, W. J., Peng, L. N., Lin, M. H., Loh, C. H., & Chen, L. K. (2020). Determinants and indicators of successful ageing associated with mortality: A 4-year population-based study. *Aging, 12* (3), 2670-2679.

Leedy, P. D., & Ormrod, J. E. (2013). *Practical research* (10th ed.). Upper Saddle River, NJ: Pearson.

LeFevre, N. M., & Sundermeyer, R. L. (2020). Fetal aneuploidy: Screening and diagnostic testing. *American Family Physician, 101*, 481-488.

Lei, T. (1994). Being and becoming moral in a Chinese culture: Unigue or universal? *Cross Cultural Research: The Journal of Comparative Social Science, 28*, 59-91.

LeMare, L. J., & Rubin, K. H. (1987). Perspective taking and peer interaction: Structural and developmental analysis. *Child Development, 58*, 306-315.

Lenneberg, E. (1967). *The biological foundations of language*. New York: Wiley.

Lenroot, R. K., & Giedd, J. N. (2006). Brain development in children and adolescents: Insights from anatomical magnetic resonance imaging. *Neuroscience and Biobehavioral Reviews, 30*, 718-729.

Lerner, R. M., Theokas, C., & Jelicic, H. (2005). Youth as active agents in their own positive development: A developmental systems perspective. In W. Greve, K. Rothermund, & D. Wentura (Eds.), *Adaptive self: Personal continuity and intentional self-development*. Ashland, OH: Hogrefe & Huber Publishers.

Lerner, R. M., & Von Eye., A. (1992). Sociobiology and human development: Arguments and evidence. *Human Development, 35*, 12-33.

Lester, B. M., Kotelchuck, M., Spelke, E., Sellers, M. J., &

Klein, R. E. (1974). Separation protest in Guatemalan infants: Cross-cultural and cognitive findings. *Developmental Psychology, 10,* 79-85.

Lever-Duffy, J., & McDonald, J. (2018). *Teaching and learning with technology* (6th ed.). Upper Saddle River, NJ: Pearson.

Levin, J. A., Fox, J. A., & Forde, D. R. (2014). *Elementary statistics in social research* (12th ed.). Upper Saddle River, NJ: Pearson.

Lewanda, A. F., Matisoff, A., Revenis, M., Harahsheh, A., Futterman, C., Nino, G., Greenberg, J., Myseros, J. S., Rosenbaum, K. N., & Summar, M. (2016). Preoperative evaluation and comprehensive risk assessment for children with Down syndrome. *Pediatric Anesthesia, 26* (4), 356-362.

Lewis, M. (2008). The emergence of human emotions. In M. Lewis, J. M. Haviland-Jones, & L. Feldman Barrett (Eds.), *Handbook of emotions* (3rd ed.). New York, NY: Guilford.

Lewis, M. (2010). The emergence of consciousness and its role in human development. In W. F. Overton & R. M. Lerner (Eds.), *Handbook of lifespan development.* New York: Wiley.

Lewis, M. (2015). Emotional development and consciousness. In W. F. Overton & P. C. M. Molenaar (Vol. Eds.) & R. M. Lerner (Ed.), *Handbook of child psychology and developmental science: Vol 1. Theory and method* (pp. 407-451). Hoboken, NJ: Wiley.

Lewis, M. (2020). Selfhood. In B. Hopkins & others (Eds.), *Cambridge encyclopedia of child development.* New York: Cambridge University Press.

Lewis, M., Alessandri, S. M., & Sullivan, M. W. (1992). Differences in shame and pride as a function of children's gender and task difficulty. *Child Development, 63,* 630-638.

Lewis, M., & Brooks, J. (1978). Self-knowledge and emotional development. In M. Lewis & L. A. Rosenblum (Eds.), *The development of affect.* New York: Plenum, 205-226.

Lewis, M., & Brooks-Gunn, J. (1979). *Social cognition and the acquisition of self.* New York: Plenum Press.

Lewis, M., Stanger, C., & Sullivan, M. W. (1989). Deception in 3-year-olds. *Developmental Psychology, 25,* 439-443.

Lewis, M., Sullivan, M. W., Stanger, C., & Weiss, M. (1989). Self development and self-conscious emotion. *Child Development, 60,* 146-156.

Lewis, R. (2017). *Human genetics* (12th ed.). New York: McGraw-Hill.

Li, B. J., Jiang, Y. J., Yuan, F., & Ye, H. X. (2010). Exchange transfusion of least incompatible blood for severe hemolytic disease of the newborn due to anti-Rh17. *Transfusion Medicine, 20,* 66-69.

Li, H., Ji, Y., & Chen, T. (2014). The roles of different sources of social support on emotional well-being among Chinese elderly. *PLoS One, 9* (3), e90051.

Li, W., Christiansen, L., Hjelmborg, J., Baumbach, J., & Tan, Q. (2018). On the power of epigenome-wide association studies using a disease-discordant twin design. *Bioinformatics, 34,* 4073-4078.

Liben, L. S., Bigler, R. S., & Hilliard, L. J. (2014). Gender development: From universality to individuality. In E. T. Gershoff, R. S. Mistry, & D. A. Crosby (Eds.), *Societal contexts of child development.* New York: Oxford University Press.

Liben, L. S., & Signorella, M. L. (1993). Gender schematic processing in children: The role of initial interpretations of stimuli. *Developmental Psychology, 29,* 141-149.

Liebert, R. M., Sprafkin, J. N., & Davidson, E. S. (1982). *The early window: Effects of television on children and youth* (2nd ed.). New York: Pergamon Press.

Lin, C. C. (1993). Breech presentation. In C. Lin, M. S. Verp, & R. E. Sabbagha (Eds.), *The high risk fetus: Pathophysiology, diagnosis, and management.* New York: Springer-Verlag.

Lin, C. C., & Fu, V. R. (1990). A comparison of child-rearing practices among Chinese, immigrant Chinese, and Caucasian-American Parents. *Child Development, 61,* 429-433.

Lipsitt, L. P. (1990). Learning and memory in infants. *Merrill-Palmer Quarterly, 36,* 53-66.

Lipton, J., & Sahin, M. (2013). Fragile X syndrome therapeutics: Translation, meet translational medicine. *Neuron, 77,* 212-213.

Lissak, G. (2018). Adverse physiological and psychological effects of screen time on children and adolescents: Literature review and case study. *Environmental Research, 164,* 149-157.

Lloyd, A. B., Lubans, D. R., Plotnikoff, R. C., Collins, C. E., & Morgan, P. J. (2014). Maternal and paternal parenting practices and their influence on children's adiposity, screen-time, diet, and physical activity. *Appetite, 79,* 149-157.

Lloyd, M. A. (1985). *Adolescence*. New York: Harper & Row.

Lo, C. K. M., Ho, F. K., Wong, R. S., Tung, K. T. S., Tso, W. W. Y., Ho, M. S. P., Chow, C. B., Chan, K. L., & Ip, P. (2019). Prevalence of child maltreatment and its association with parenting style: A population study in Hong Kong. *International Journal of Environmental Research and Public Health, 16* (7), [1130].

Loehlin, J. C. (1992). *Genes and environment in personality development*. Newbury Park, CA: Sage.

Loehlin, J. C. (1995, August). *Genes and environment in The Bell Curve*. Paper presented at the meeting of the American Psychological Association, New York City.

Lonner, W. J., & Malpass, R. (Eds.). (1994). *Psychology and culture*. Needham Heights, Massachusetts: Allyn & Bacon.

Loreman, T. (1999). Integration: Coming from the outside. *Interaction, 13* (1), 21-23.

Loreman, T., & Deppeler, J. M. (2002). Working towards full inclusion in education. *Access: The National Issues Journal for People with a Disability, 3* (6), 5-8.

Lorenz, K. Z. (1952). *King Solomon's ring*. New York: Crowell.

Lorenz, K. Z. (1965). *Evolution and the modification of behavior*. Chicago: University of Chicago Press.

Lothian, J. (2005). *The official Lamaze guide: Giving birth with confidence*. Minnetonka, MN: Meadowbrook Press.

Lovaas, O. I. (1973). *Behavioral treatment of autistic children*. University programs modular studies. Morristown, NJ: General Learning Press.

Lovitt, T. C. (1989). *Introduction to learning disabilities*. Boston: Allyn & Bacon.

Lowdermilk, D. L., Cashion, M. C., & Perry, S. E. (2014). *Maternity and women's health care: Text and simulation learning package* (10th ed.). New York: Elsevier.

Lowrey, G. H. (1978). *Growth and development of children* (7th ed.). Chicago: Year Book.

Ludemann, P. M. (1991). Generalized discrimination of positive facial expressions by seven-and ten-month-old infants. *Child Development, 62,* 55-67.

Ludemann, P. M., & Nelson, C. A. (1988). Categorical representation of facial expressions by 7-month-old infants. *Developmental Psychology, 24,* 492-501.

Ludington-Hoe, S. M., Lewis, T., Morgan, K., Cong, X., Anderson, L., & Reese, S. (2006). Breast and infant temperatures with twins during kangaroo care. *Journal of Obstetric, Gynecologic, and Neonatal Nursing, 35,* 223-231.

Lundby, E. (2013). 'You can't buy friends, but...' Children's perception of consumption and friendship. *Young Consumers, 14,* 360-374.

Luo, Y., & Waite, L. J. (2014). Loneliness and mortality among older adults in China. *Journals of Gerontology B: Psychological Sciences and Social Sciences, 69* (4), 633-645.

Lustick, M. J. (1985). Bulimia in adolescents: A review. *Pediatrics, 76* (4), 685-690.

Lykken, E. A., Shyng, C., Edwards, R. J., Rozenberg, A., & Gray, S. J. (2018). Recent progress and considerations for AAV gene therapies targeting the central nervous system. *Journal of Neurodevelopment Disorders, 10,* 16.

Lynch, G., & Gall, C. (1979). Organization and reorganization in the central nervous system. In F. Falkner & J. Tanner (Eds.), *Human Growth*. New York: Plenum Press.

Lyytinen, P. (1995). Cross-situational variation on children's pretend play. *Early Child Development and Care, 105,* 35-41.

Ma, F., Heyman, G. D., Jing, C., Fu, Y., Compton, B. J., Xu, F., & Lee, K. (2018). Promoting honesty in young children through observational learning. *Journal of Experimental Child Psychology, 167,* 234-245.

Maccoby, E. E. (1959). The generality of moral behavior. *American Psychologist, 14,* 358.

Maccoby, E. E. (1980). *Social development: Psychological growth and the parent-child relationship*. New York: Harcourt Brace Jovanovich.

Maccoby, E. E. (1991, April). *Discussant, symposium on the development of gender and relationships*. Symposium presented at the biennial meeting of the Society for Research in Child Development, Seattle, Washington.

Maccoby, E. E., & Jacklin, C. N. (1974). *The psychology of sex differences*. Stanford, CA: Stanford University Press.

MacFarlane, A. (1975). Olfaction in the development of social preferences in the human neonate. In *Parent-infant interaction* (CIBA Foundation Symposium No. 33), Amsterdam: Elsevier.

MacFarlane, A. (1977). *The Psychology of childbirth*.

Cambridge, MA: Harvard University Press.

Mackey, M. C. (1990). Women's preparation for the child birth experience. *Maternal-Child Nursing Journal, 19,* 143-173.

MacWhinney, B. (1989). Competition and lexical categorization. In R. Corrigan, F. Eckman, & M.Noonam (Eds.), *Linguistic categorization* (pp. 195- 241). Amsterdam: John Benjamin.

Madill, A. (2012). Interviews and interviewing techniques. In H. Cooper (Ed.), *APA handbook of research methods in psychology.* Washington, DC: American Psychological Association.

Mahn, H., & John-Steiner, V. (2013). Vygotsky and sociocultural approaches to teaching and learning. In I. B. Weiner & others (Eds.), *Handbook of psychology* (2nd ed., Vol. 7). New York: Wiley.

Main, M., & Solomon, J. (1986). Discovery of an insecure-disorganized/disoriented attachment pattern. In T. B. Brazelton & M. W. Yogman (Eds.), *Affective development in infancy* (pp. 95-124). Norwood, NJ: Ablex.

Main, M., & Solomon, J. (1990). Procedures for identifying infants as disorganized/disoriented during the Ainsworth Strange Situation. In M. T. Greenberg, D. Cicchetti, & E. M. Cummings (Eds.), *Attachment in the preschool years: Theory, research, and intervention* (pp. 161-182). Chicago: University of Chicago Press.

Malatesta, C. Z. (1985). Developmental course of emotion expression in the human infant. In G. Zivin (Ed.), *The development of expressive behavior: Biology-environment interactions.* Orlando, FL: Academic Press.

Malatesta, C. Z., Culver, C., Tesman, J. R., & Shepard, B. (1989). The development of emotion expression during the first two years of life. *Monographs of the Society for Research in Child Development, 54* (1-2), 1-104.

Malizia, B. A., Hacker, M. R., & Penzias, A. S. (2009). Cumulative live-birth rates after in vitro fertilization. *New England Journal of Medicine, 360,* 236-243.

Maloy, R. W., Verock, R. E. A., Edwards, S. A., & Trust, T. (2021). *Transforming learning with new technologies* (4th ed.). New York: Pearson.

Maloy, R. W., Verock O'Loughlin, R-E., Edwards, S. A., & Woolf, B. P. (2014). *Transforming learning with new technologies* (2nd ed.). Upper Saddle River, NJ: Pearson.

Mandal, A. K., Mitra A., & Das. R. (2020). Sickle cell hemoglobin. *Sub-cellular Biochemistry,* 94, 297-322.

Mandler, J. M. (1988). How t o build a baby: On the development of an accessible representational system. *Cognitive Development, 3,* 113-136.

Mandler, J. M. (1990). Recall of events by preverbal children. In A. Diamond (Ed.), *The development and neutral bases of higher cognitive functions.* New York: New York Academy of Sciences.

Mandler, J. M., & McDonough, L. (1995). Long-term recall of event sequences in infancy. *Journal of Experimental Child Psychology, 59,* 457-474.

Manganaro, L., Antonelli, A., Bernardo, S., Capozza, F., Petrillo, R., Satta, S., Vinci, V., Saldari, M., Maccioni, F., Ballesio, L., & Catalano, C. (2017). Highlights on MRI of the fetal body. *La Radiologia medica, 123* (4), 271-285.

Mange, A. P., & Mange, E. J. (1990). *Genetics: Human aspects* (2nd ed.). Sunderland, MA: Sinhauer Associates.

Mangelsdorf, S. C., Shapiro, J. R., & Marzolf, D. (1995). Developmental and temperamental differences in emotion regulation in infancy. *Child Development, 66,* 1817-1828.

Maratos, M. P. (1989). Innateness and plasticity in language acquisition. In M. L. Rice & R. C. Schiefelbusch (Eds.), *The teachability of language.* Baltimore: Paul H. Brookes.

Maratos, M. P. (1998). The acquisition of grammar. In D. Kuhn & R. S. Siegler (Eds.), *Handbook of child psychology* (Vol. 2, 5th ed.). New York: Wiley.

Marceau, K., Neiderhiser, J. M., Lichtenstein, P., & Reiss, D. (2012). Genetic and environmental influences on the association between pubertal maturation and internalizing symptoms. *Journal of Youth and Adolescence, 41,* 1111-1126.

Marcon, R. A. (2003). The physical side of development. *Young Children, 58,* 80-87.

Marie, C., & Trainor, L. J. (2012). Development of simultaneous pitch encoding: Infants show a high voice superiority effect. *Cerebral Cortex.* bhs050.

Marinellie, S. A., & Kneile, L. A. (2012) Acquiring knowledge of derived nominals and derived adjectives in context. *Language, Speech, and Hearing Services in School, 43,* 53-65.

Markant, J. C., & Thomas, K. M. (2013). Postnatal brain development. In P. D. Zelazo (Ed.), *Oxford handbook of developmental psychology.* New York: Oxford University Press.

Markman, E. M. (1978). Empirical versus logical solutions to part-whole comparison problems concerning classed and collections. *Child Development. 49,* 168-177.

Markman, E. M. (1989). *Categorization and naming inchildren: Problem of induction*. Cambridge: MIT Press.

Markman, E. M. (1991). The whole object, taxonomic, and mutual exclusivity assumptions as initial constraints on word meanings. In S. A. Gelman & J. P. Byrnes (Eds.), *Perspectives on language and thought: Interrelations in development*. Cambridge: Cambridge University Press.

Marmorstein, N. R., & Shiner, R. L. (1996, March). *The family environments of depressed adolescents*. Paper presented at the meeting of the Society for Research on Adolescence, Boston.

Marsh, H. W. (1990). The structure of academic self-concept: The Marsh/Shavelson model. *Journal of Educational Psychology, 82,* 623-636.

Marsh, H. W., & Cheng, J. H. (2012). Physical self-concept. *Measurement in Sport and Exercise Psychology*, 215-226.

Martin, C. L., & Halverson, C. F., Jr. (1983). The effects of sex-typing schemas on young children's memory. *Child Development, 54,* 563-574.

Martin, R. P., Wisenbaker, J., & Huttunen, M. (1994). Review of factor analytic studies of temperament measures based on the Thomas-Chess structural model: Implications for the Big Five. In C. F. Halverson, Jr., G. A. Kohnstamm, & R. P. Martin (Eds.), *The developing structure of temperament and personality from infancy to adulthood* (pp. 157-172). Hillsdale, NJ: Erlbaum.

Martinez-Frias, M. L. (2012). The thalidomide experience: Review of its effects 50 years later. *MedicinaClinca, 139,* 25-32.

Mash, C., Bornstein, M. H., & Arterberry, M. E. (2013). Brain dynamics in young infants' recognition of faces: EEG oscillatory activity in response to mother and stranger. *Neuroreport: For Rapid Communication of Neuroscience Research, 24,* 359-363.

Maslow, A. H. (1965). A theory of human motivation. In D. E. Hamachek (Ed.), *The self in growth, teaching, and learning*. New Jersey: Prentice-Hall.

Mason, J. O. (1993). The dimensions of an epidemic of violence. *Public Health Reports, 108,* 1-4.

Mason, K. A., Johnson, G. B., Losos, J. B., & Singer, S. (2015). *Understanding biology*. New York: McGraw-Hill.

Masselli, G., Brunelli, R., Di Tola, M., Anceschi, M., & Gualdi, G. (2011). MR imaging in the evaluation of placental abruption: Correlation with sonographic findings. *Radiology, 259* (1), 222-230.

Mathews, G., Fane, B., Conway, G., Brook, C., & Hines, M (2009). Personality and congenital adrenal hyperplasia: Possible effects of prenatal androgen exposure. *Hormones and Behavior, 55,* 285-291.

Matlin, M. W. (2012). *The psychology of women* (7th ed.). Belmont, CA: Wadsworth.

Maurer, D., & Lewis, T. L. (2013). Sensitive periods in visual development. In P. D. Zelazo (Ed.), *Oxford handbook of developmental psychology*. New York: Oxford University Press.

Maurer, D., & Salapatek, P. (1976). Developmental changes in the scanning of faces by young infants. *Child Devleopment, 47,* 523-527.

Maxson, S. C. (2013). Behavioral genetics. In I. B. Weiner & others (Eds.), *Handbook of psychology* (2nd ed., Vol. 3). New York: Wiley.

Mayberry, R. I. (1994). The importance of childhood to language acquisition: Evidence from American sign language. In J. C. Goodman & H. C. Nusbaum (Eds.), *The development of speech perception: The transition from speech sounds to spoken words* (pp. 57-90). Cambridge, MA: MIT Press.

McCall, R. B., Applebaum, M. I., & Hogarty, P. S. (1973). Developmental changes in mental performance. *Monographs of the Society for Research in Child Development, 38* (3), 1-84.

McCall, R. B., & Carriger, M. S. (1993). A meta-analysis of infant habituation and recognition memory performance as predictors of later IQ. *Child Development, 64,* 57-79.

McClelland, K., Bowles, J., & Koopman, P. (2012). Male sex determination: Insights into molecular mechanisms. *Asian Journal of Andrology, 14,* 164-171.

McCombs, A., & Forehand, R. (1989, Winter). Adolescent school performance following parental divorce: Are there family factors that can enhance success? *Adolescence, 24* (96), 871-880.

McCoy, M. L., & Keen, S. M. (2014). *Child abuse and neglect* (2nd ed.). New York: Psychology Press.

McDonald, M. A., Sigman, M., Espinosa, M. P., & Neumann,

C. G. (1994). Impact of a temporary food shortage on children and their mothers. *Child Development, 65*, 404-415.

McDougall, S., Riad, W. V., Silva-Gotay, A., Tavares, E. R., Harpalani, D., Li, G. L., & Richardson, H. N. (2018). Myelination of axons corresponds with faster transmission speed in the prefrontal cortex of developing male rats. *eNeuro, 5* (4).

McDuffie, A., Thurman, A. J., Hagerman, R. J., & Abbeduto, L. (2015). Symptoms of autism in males with fragile X syndrome: A comparison to nonsyndromic ASD using current ADI-R scores. Journal of Autism and *Developmental Disorders, 45* (7), 1925-1937.

McGarrigle, J., Grieve, R., & Hughes, M. (1978). Interpreting inclusion. *Journal of Experimental Child Psychology, 26,* 528-550.

McGettigan, C., Evans, S., Rosen, S., Agnew, Z. K., Shah, P., & Scott, S. K. (2012). An application of univariate and multivariate approaches to fMRI to quantifying the hemispheric lateralization of acoustic and linguistic processes. *Journal of Cognitive Neuroscience, 24,* 636-652.

McGue, M., Bouchard, T., Iacono, W., & Lykken, D. (1993). Behavioral genetics of cognitive ability: A life-span perspective. In R. Plomin & G. E. McClearn (Eds.), *Nature, nurture, and psychology* (pp. 59-76). Washington, DC: American Psychological Association.

McHale, S. M., Updegraff, K. A., & Whiteman, S. D. (2013). Sibling relationships. In G. W. Peterson & K. R. Bush (Eds.), *Handbook of marriage and family* (3rd ed.). New York: Springer.

McLoyd, V. C., Cauce, A. M., Takeuchi, D., & Wilson, L. (1992). Marital processes and parental socialization in families of color: A decade review of research. *Journal of Marriage and the Families, 62* (4), 1070-1093.

McLoyd, V. C., Jayaratne, T. E., Ceballo, R., & Borquez, J. (1994). Unemployment and work interruption among African American single mothers: Effects on parenting and socioemotional functioning. *Child Development, 65,* 562-589.

McMillan, L. (1990). Grandchildren, chocolate, and flowers. *Australian Journal on Ageing, 9* (4), 13-17.

McTavish, J. R., Gonzalez, A., Santesso, N., MacGregor, J. C. D., McKee, C., & MacMillan, H. L. (2020). Identifying children exposed to maltreatment: A systematic review update. *BMC Pediatrics, 20* (1), [113].

Mead, G. H. (1934). *Mind, self, and society.* Chicago: University of Chicago Press.

Mead, M. (1935). *Sex temperament in three primitive societies.* New York: Morrow.

Mehler, J., & DuPoux, E. (1994). *What infants know: The new cognitive science of early development.* Cambridge, MA: Blackwell.

Mehler, J., Jusczyk, P. W., Lambertz, G., Halsted, N., Bertoncini, J., & Amiel-Tison, C. (1988). A precursor of language acquisition in young infants. *Cognition, 29,* 132-178.

Meland, E., Breidablik, H. J., & Thuen, F. (2020). Divorce and conversational difficulties with parents: Impact on adolescent health and self-esteem. *Scandinavian Journal of Public Health, 48* (7), 743-751.

Mendelson, B. K., & White, D. R. (1985). Development of self-body-esteem in overweight youngsters. *Developmental Psychology, 21,* 90-97.

Mennella, J. A., & Bobowski, N. K. (2015). The sweetness and bitterness of childhood: Insights from basic research on taste preferences. *Physiology & Behavior, 152*, 502-507.

Menon, R., Jones, J., Gunst, P. R., Kacerovsky, M., Fortunato, S. J., Saade, G. R., & Basraon, S. (2014). Amniotic fluid metabolomic analysis in spontaneous preterm birth. *Reproductive Sciences, 21* (6), 791-803.

Merali, N. (2002). Perceived versus actual parent-adolescent assimilation disparity among hispanic refugee families. *International Journal for the Advancement of Counselling, 24* (1), 57-68.

Merewood, A. (1998). Sperm under siege: More than we ever guessed, having a healthy baby may depend on dad. In K. L. Freiberg (Ed.), *Annual editions: Human development* (26th ed., pp. 37-41). New York: McGraw-Hill.

Messer, S. (1976). Reflection-impulsivity: A review. *Psychological Bulletin, 83,* 1026-1053.

Meyer, S. L., Weible, C. M., & Woeber, K. (2010). Perceptions and practice of waterbirth: A survey of Georgia midwives. *Journal of Midwifery and Women's Health, 55,* 55-59.

Michael, E. D. (1990). Physical development and fitness. In R. M. Thomas (Ed.). *The encyclopedia of human development and education: Theory, research, and studies* (pp. 223-225). Oxford: Pergamon.

Milfese, V. J., & Acheson, S. (1997). Infant and preschool mental and verbal abilities: How are infant scores related to preschool scores. *International Journal of Behavioral Development, 21,* 595-607.

Milgram, S. (1974). *Obedience to authority: An experimental view.* New York: Harper and Row.

Milich, R., Carlson, C. L., Pelham, W. E., & Licht, B. (1991). Effects of methylphenidate on the persistence of ADHD boys following failure experiences. *Journal of Abnormal Child Psychology, 19,* 519-536.

Miller, A. L., Lo, S. L., Bauer, K. W., & Fredericks, E. M. (2020). Developmentally informed behaviour change techniques to enhance self-regulation in a health promotion context: A conceptual review. *Health Psychology Review, 14* (1), 116-131.

Miller, D. J., Ryan, E. B., Short, E. J., Ries, P. G., McGuire, M. D., & Culler, M. P. (1977). Relationships between early habituation and later cognitive performance in infancy. *Child Development, 48,* 658-661.

Miller, J. G., & Bland, C. G. (2014). A cultural perspective on moral development. In M. Killen & J. G. Smetana (Eds.), *Handbook of moral development* (2nd ed.). New York: Psychology Press.

Miller, J. L., & Eimas, P. D. (1995). Speech perception: From signal to word. *Annual Review of Psychology, 46,* 467-492.

Miller, K. E. (1990). Adolescents' same-sex and opposite sex peer relations: Sex differences in popularity, perceived social competence, and social cognitive skills. *Journal of Adolescent Research, 5,* 222-241.

Miller, P. H. (1993). *Theories of developmental psychology* (3rd ed.). NY: W. H. Freeman and Company.

Miller, P. H. (2016). *Theories of developmental psychology* (6th ed.). New York: Worth.

Miller, P. H., & Aloise, P. A. (1989). Young children's understanding of the psychological causes of behavior: A review. *Child Development, 60,* 257-285.

Milne, E., & Greenop, K. R., Scott, R. J., Bailey, H. D., Attia, J., Dalla-Pozza, L., de Klerk, N. H., Armstrong, B. K. (2012). Parental prenatal smoking and risk of childhood acute lymphoblastic leukemia. *American Journal of Epidemiology, 175,* 43-53.

Mischel, W. (1970). Sex typing and socialization. In P. H. Mussen (Ed.), *Carmichael's manual of child psychology* (Vol. 2). New York: Wiley.

Mischel, W. (1974). Processes in the delay of gratification. In L. Berkowitz (Ed.), *Advances in experimental social psychology* (Vol. 7). New York: Academic.

Mischel, W. (1986). *Introduction to personality* (4th ed.). New York: Holt, Rinehart, & Winston.

Mitsven, S., Messinger, D. S., Moffitt, J., & Ahn, Y. A. (2020). Infant emotional development. In J. J. Lockman & C. TamisLeMonda (Eds.), *Cambridge handbook of infant development.* New York: Cambridge University Press.

Moely, B. E., Hart, S. S., Leal, L., Santulli, K. A., Rao, N., Johnson, T., & Hamilton, L. B. (1992). The teacher's role in facilitating memory and study strategy development in the elementary school classroom. *Child Development, 63,* 653-672.

Moen, P. (1992). *Women's two roles: A contemporary dilemma.* New York: Auburn House.

Moerk, E. L. (1989). The LAD was a lady and the tasks were ill-defined. *Developmental Review, 9,* 21-57.

Moffitt, T. E. (1990). Juvenile deliquency and attention deficit disorder: Boys'developmental trajectories from age 3 to age 15. *Child Development, 61,* 893-910.

Money, J., & Ehrhardt, A. A. (1973). *Man and woman, boy and girl.* Baltimore and London: Johns Hopkins Press.

Money, K. M., & Stanwood, G. D. (2013). Developmental origins of brain disorders: Roles for dopamine. *Frontiers in Cellular Neuroscience, 7,* 260.

Monk, C., Webster, R. S., McNeil, R. B., Parker, C. B., Catov, J. M., Greenland, P., Bairey-Merz, C. N., Silver, R. M., Simhan, H. N., Ehrenthal, D. B., Chung, J. H., Haas, D. M., Mercer, B. M., Parry, S., Polito, L., Reddy, U. M., Saade, G. R., & Grobman1, W. A. (2020). Associations of perceived prenatal stress and adverse pregnancy outcomes with perceived stress years after delivery. *Archives of Women's Mental Health, 23* (3), 361-369.

Mooney, C. G. (2000). *Theories of childhood: An introduction to Dewey, Montessori, Erikson, Piaget and Vygotsky.* Redleaf Press.

Moore, D. S. (2013). Behavioral genetics, genetics, and epigenetics. In P. D. Zelazo (Ed.), *Oxford handbook of developmental psychology.* New York: Oxford University Press.

Moravcik, E., Nolte, S., & Feeney, S. (2013). *Meaningful*

curriculum for young children. Upper Saddle River, NJ: Pearson.

Morelli, G. A., Oppenheim, D., Rogoff, B., & Goldsmith, D. (1992). Cultural variation in infants' sleeping arrangements: Questions of independence. *Developmental Psychology, 28,* 604-613.

Morgan, B., & Gibson, K. R. (1991). Nutrition and environmental interactions in brain development. In K. R. Gibson & A. C. Petersen (Eds.), *Brain maturation and cognitive development: Comparative and cross-cultural perspectives* (pp. 91-106). New York: Aldine De Gruyter.

Morgan, J. L., & Demuth, K. (Eds.). (1995). *Signal to syntax*. Hillsdale, NJ: Erlbaum.

Morgane, P. J., Austin-La France, R., Brouzino, J., Toukiss, J., Diaz-Cintra, S., Cintra, L., Kemper, T., & Galler, J. R. (1993). Prenatal malnutrition and development of the brain. *Neuroscience and Biobehavioral Reviews, 17,* 91-128.

Morrow, C. E., Bandstra, E. S., Emmalee, S., Anthony, J. C., Ofir, A. Y., Xue, L., & Reyes, M. L. (2001). Influence of prenatal cocaine exposure on full-term infant neurobehavioral functioning. *Neurotoxicology and Teratology, 23,* 533-544.

Mufson, L., Moreau, D., Weissman, M. M., & Klerman, G. L. (1993). *Interpersonal psychotherapy for depressed adolescents*. NY: Guilford Press.

Mullola, S., Ravaja, N., Lipsanen, J., Alatupa, S., Hintsanen, M., Jokela, M., & Keltikangas-Jarvinen, L. (2012). Gender differences in teachers' perceptions of students' temperament, educational competence, and teachability. *British Journal of Educational Psychology, 82, (Pt 2),* 185-206.

Mumme, D. L., Fernald, A., & Herrera, C. (1996). Infants' responses to facial and vocal emotional signals in a social referencing paradigm. *Child Development, 67,* 3219-3237.

Mussen, P. H. (1963). *The psychological development of the child*. NJ: Prentice-Hall.

Muuss, R. E. (1996). *Theories of adolescence* (6th ed.). New York: McGraw-Hill.

Nagel, H. T., Kneght, A. C, Kloosterman, M. D., Wildschut, H. I., Leschot, N. J., & Vandenbussche, F. P. (2007). Prenatal diagnosis in the Netherlands, 1991-2000: Number of invasive procedures, indications, abnormal results, and terminations of pregnancies. *Prenatal Diagnosis, 27,* 251-257.

National Institute of Mental Health. (1982). *Television and behavior: Ten Years of scientific progress and implications for the eighties* (DHHS Publication No. ADM 82-1195). Washington, DC: U. S. Government Printing Office.

Nazzari, S., & Frigerio, A. (2020). The programming role of maternal antenatal inflammation on infants' early neurodevelopment: A review of human studies: Special section on "Translational and neuroscience studies in affective disorders" section editor, Maria Nobile MD, PhD. *Journal of Affective Disorders, 263,* 739-746.

Neisser, U., Boodoo, G., Bouchard, T. J., Boykin, A. W., Brody, N., Ceci, S. J., Halpern, D. F., Loehlin, J. C., Perloff, R., Sternberg, R. J., & Urbina, S. (1996). Intelligence: Knowns and unknowns. *American Psychologist, 51* (2), 77-101.

Nelson, C. A., Zeanah, C., & Fox, N. A. (2007). The effects of early deprivation on brain-behavioral development: The Bucharest Early Intervention Project. In D. Romer & E. Walker (Eds.), *Adolescent psychopathology and the developing brain: Integration brain and prevention science*. New York: Oxford University Press.

Nelson, K. B. (1973). Structure and strategy in learning to talk. *Monographs of the Society for Research in Child Development, 38* (1-2, serial No. 149), 1-135.

Nelson, K. B. (1993). The psychological and social origins of autobiographical memory. *Psychological Science, 4,* 1-8.

Nelson, K. B. (1995). Cerebral palsy. In B. F. Sachs, R. Beard, E. Papiernik, & C. Russell (Eds.), *Reproductive health care for women and babies* (pp. 400-419). New York: Oxford University Press.

Nelson, K. B., & Ross, G. (1980). The generalities and specifics of long-term memory in infants and young children. In M. Perlmutter (Ed.), *New directions for child development: No. 10. Children's memory* (pp. 87-101). San Francisco: Jossey-Bass.

Neuman, W. L. (2020). *Social science research methods* (8th ed.). Upper Saddle River, NJ: Pearson

Neumann, C. G. (1983). Obesity in childhood. In M. D. Levine, W. B. Carey, A. C. Crocker, & R. T. Gross (Eds.), *Developmental behavioral pediatrics* (pp. 536-551). Philadelphia, PA: W. B. Saunders.

Nevid, J. S., Rathus, S. A., & Greene, B. (2000). *Abnormal psychology in a changing world* (4th ed.). NJ: Prantice-Hall.

Newcombe, N. (1996). *Child development: Change over time* (8th ed.). Harper Collins College Publishers.

Newcombe, N., Drummey, A. B., & Lie, E. (1995). Children's memory for early experience. *Journal of Experimental Child Psychology, 59,* 337-342.

Newcombe, N., & Huttenlocher, J. (1992). Children's early ability to solve perspective-taking problems. *Developmental Psychology, 28,* 635-643.

Newman, D. L., Caspi, A., Moffitt, T. E., & Silva, P. A. (1997). Antecedents of adult interpersonal functioning: Effects of individual differences in age 3 temperament. *Developmental Psychology, 33,* 206-217.

Newman, J. (1995). How breast milk protects newborns. *Scientific American, 273* (6), 76-80.

Newman, L. F., & Buka, S. L. (1993). Clipped wings. In K. L. Freiberg (Ed.), *Annual editions: Human development* (21th ed., pp. 96-101). New York: McGraw-Hill.

Newnham, J. P., Evans, S. F., Michael, C. A., Stanley, F. J., & Landau, L. I. (1993). Effects of frequent ultrasound during pregnancy: A randomised controlled trial. *The Lancet, 342,* 887-891.

Newport, E. L. (1991). Contrasting conceptions of the critical period for language. In S. Carey & R. Gelman (Eds.), *The epigenesis of mind: Essays on biology and cognition* (pp. 111-130). Hillsdale, NJ: Erlbaum.

Ngantcha, M., Janssen, E., Godeau, E., Ehlinger, V., LeNezet, O., Beck, F., & Spilka, S. (2018). Revisiting factors associated with screen time media use: A structural study among school-aged adolescents. *Journal of Physical Activity and Health, 15* (6), 448-456.

Nigro, G., Mazzocco, M., Mattia, E., Di Renzo, G. C., Carta, G., & Anceschi, M. M. (2011). Role of the infections in recurrent spontaneous abortion. *Journal of Maternal-Fetal and Neonatal Medicine, 24,* 983-989.

Nisan, M. (1987). Moral norms and social conventions: A cross-cultural comparison. *Developmental Psychology, 23,* 719-725.

Nock, S. L., & Kingston, P. W. (1988). Time with children: The impact of couples' worktime commitment. *Social Forces, 67,* 59-85.

Nolen-Hoeksema, S., Girgus, J. S., & Seligman, M. E. (1992). Predictors and consequences of childhood depressive symptoms: A five-year longitudinal study. *Journal of Abnormal Psychology, 101,* 405-422.

Norman, J., & Harris, M. W. (1981). *The private life of the American teenager.* New York: Rawson, Wade.

Nucci, L. P., & Nucci, M. S. (1982). Children's social interactions in the context of moral and conventional transgressions. *Child Development, 53,* 403-412.

Nucci, P. L., & Turiel, E. (1978). Social interactions and development of social concepts in preschool children. *Child Development, 49,* 400-407.

Nyqvist, K., Anderson, G., Bergman, N., Cattaneo, A., Charpak, N., Davanzo, R., Ewald, U., Ludington-Hoe, S. M., Mendoza, S., Pallas-Allonso, C., Pela'ez, J., Sizun, J., & Widström, A. (2010). State of the art and recommendations Kangaroo mother care: Application in a high-tech environment. *Breastfeeding Review, 18* (3), 21-28.

O'Grady, W. (2013). An emergent approach to syntax. In B. Heine & H. Narrog (Eds.), *Oxford handbook of linguistic analysis.* New York: Oxford University Press.

Obsuth, I., Murray, A. L., Folco, S. D., Ribeaud, D., & Eisner, M. (2020). Patterns of homotypic and heterotypic continuity between ADHD symptoms, externalising and internalising problems from age 7 to 15. *Journal of Abnormal Child Psychology, 48* (2), 223-236.

Odom, S. L., & McEvoy, M. A. (1998). Integration of young children with handicaps and normally developing children. In S. L. Odom & M. B. Karnes (Eds.), *Early intervention for infants and young children with handicaps* (pp. 241-267). Maryland: P. H. Brooks.

Ofen, N., Tang, L., Yu, Q., & Johnson, E. L. (2019). Memory and the developing brain: From description to explanation with innovation in methods. *Developmental Cognitive Neuroscience, 36,* [100613]

Oliver, B. R. (2017). Editorial: Genetically-informed approaches to the study of psychopathology. *Psychopathology Reviews, 4,* 1-3.

Olmos de Paz, T. (1990). Working through and insight in child psychoanalysis. *Melanie Kelin and Object Relations, 8,* 99-112.

Olweus, D. (1993). *Bullying at school: What we know and what we can do.* Oxford, England: Blackwell.

Olweus, D. (2013). School bullying: Development and

some important challenges. *Annual Review of Clinical Psychology, 9*, 751-780.

Opfer, J. E., & Gelman, S. A. (2011). Development of the animate-inanimate distinction. In U. Goswami (Ed.), *Wiley-Blackwell handbook of childhood cognitive development* (2nd ed.). New York: Wiley.

Orlebeke, J. F., Knol, D. L., Koopmans, J. R., Boomsma, D. I., & Bleker, O. P. (1996). Left-handedness in twins: Genes or environment? *Cortex, 32,* 479-490.

Ortiz, A., Martinez-Murcia, F. J., Luque, J. L., Giménez, A., Morales-Ortega, R., & Ortega, J. (2020). Dyslexia Diagnosis by EEG Temporal and Spectral Descriptors: *An Anomaly Detection Approach. International Journal of Neural Systems*, 30 (7), [2050029].

Othman, E. A., Yusoff, A. N., Mohamad, M., Abdul Manan, H., Abd Hamid, A. I., Giampietro, V.(2020). Hemispheric lateralization of auditory working memory regions during stochastic resonance: An fMRI study. *Journal of Magnetic Resonance Imaging, 51*(6), 1821-1828

Owings, J., & Stocking, C. (1985). *High school and beyond: Characteristics of high school students who identify themselves as handicapped.* Washington, DC: National Center for Education Statistics, U. S. Department of Education.

Ozonoff, S., Young, G. S., Carter, A., Messinger, D., Yirmiya, N., Zwaigenbaum, L., Bryson, S., Carver, L. J., Constantino, J. N., Dobkins, K., Hutman, T., Iverson, J. M., Landa, R., Rogers, S. J., Sigman, M., & Stone, W. L.(2011). Recurrence risk for autism spectrum disorders: A Baby Siblings Research Consortium study. *Pediatrics, 128* (3), 488-495.

Pallini, S., & Baiocco, R., Schneider, B. H., Madigan, S., & Atkinson, L. (2014). Early child-parent attachment and peer relations: A meta-analysis of recent research. *Journal of Family Psychology, 28* (1), 118-123.

Paneth, N. S. (1995). The problem of low birth weight. *The Future of Children, 5,* 19-34.

Panigrahy, A., Borzaga, M., & Blumi, S. (2010). Basic principles and concepts underlying recent advances in magnetic resonance imaging of the developing brain. *Seminars in Perinatology, 34*, 3-19.

Papalia, D. E., & Olds, S. W. (1995). *A child's world: Infancy through adolescence* (3rd ed.). New York: McGraw-Hill.

Papalia, D. E., Olds, S. W., & Feldman, R. D. (1989). *Human development*. New York: McGraw-Hill.

Parke, R. D. (1990). In search of fathers: A narrative of an empirical journey. In I. Sigel & G. Brody (Eds.), *Methods of family research* (Vol. 1). Hillsdale, NJ: Erlbaum.

Parke, R. D. (1996). *New fatherhood*. Cambridge, MA: Harvard University Press.

Parke, R. D., & Buriel, R. (2006). Socialization in the family: Ethic and ecological perspectives. In W. Damon & R. Lerner (Eds.), *Handbook of child psychology* (6th ed.). New York: Wiley.

Parke, R. D., & Clarke-Stewart, A. (2011). *Social development*. New York: Wiley.

Parke, R. D., Leidy, M. S., Schofield, T. J., Miller, M. A., & Morris, K. L. (2008). Socialization. In M. M. Haith & J. B. Benson (Eds.), *Encyclopedia of infant and early childhood development*. Oxford, UK: Elsevier.

Parker, J. G., & Asher, S. R. (1987). Peer relations and later personal adjustment. *Psychological Bulletin, 102,* 357-389.

Parrish-Morris, J., Golinkoff, R. M., & Hirsh-Pasek, K. (2013). From coo to code: A brief story of language development. In P. D. Zelazo (Ed.), *Oxford handbook of developmental psychology*. New York: Oxford University Press.

Parsons, T., & Bales, R. F. (1955). *Family, socialization, and interaction process*. New York: Free Press.

Parten, M. (1932). Social play among preschool children. *Journal of Abnormal and Social Psychology, 27*, 243-269.

Patel, J., & Bezzina, C. R. (2020). Scientists on the spot: The complex inheritance of cardiac disorders. *Cardiovascular Research, 116* (1), e11.

Patterson, C. J., Kupersmidt, J. B., & Vaden, N. A. (1990). Income level, gender, ethnicity, and household compositions as predictors of children's school-based competence. *Child Development, 61,* 485-494.

Paul, A. M. (1999). Do parents really matter? Kid stuff. In K. L. Freiberg (Ed.), *Annual editions: Human development* (27th ed., pp. 128-130). New York: McGraw-Hill.

Paulhus, D. L. (2008). Birth order. In M. M. Haith & J. B. Benson (Eds.), *Encyclopedia of infant and early childhood development*. Oxford, UK: Elsevier.

Paulhus, D. L., & Shaffer, D. R. (1981). Sex differences in the impact of member of older and member of younger sibling on scholastic aptitude. *Social Psychology Quarterly, 44,* 363-368.

Paus, T., Zijdenbos, A., Worsley, K., Collins, D. L., Blumenthal, J., Giedd, J. N., Rappoport, J. L., & Evans, A. C. (1999). Structural maturation of neural pathways in children and adolescents: In vivo study. *Science, 283,* 1908-1911.

Pavlov, I. P. (1927). In G. V. Anrep (Trans.), *Conditioned reflexes*. London: Oxford University Press.

Peck, C. A., Carlson, P., & Helmstetter, E. (1992). Parent and teacher perceptions of outcomes for typically developing children enrolled in integrated early childhood programs: A statewide study. *Journal of Early Intervention, 16* (1), 53-63.

Pecker, L. H., & Little, J. (2018). Clinical manifestations of sickle cell disease across the lifespan. In E. Meier, A. Abraham, & R. Fasano (Eds.), *Sickle cell disease and hematopoietic stem cell transplantation*. Netherlands: Springer.

Pedersen, C. B., McGrath, J., Mortensen, P. B., & Pedersen, L. (2014). The importance of father's age to schizophrenia risk. *Molecular Psychiatry, 19* (5), 530-531.

Pederson, D. R., Gleason, K. E., Moran, G., & Bento, S. (1998). Maternal attachment representations, maternal sensitivity, and the infant-mother attachment relationship. *Developmental Psychology, 34,* 925-933.

Pegg, J. E., Werker, J. F., & McLeod, P. J. (1992). Preference for infant-directed over adult-directed speech: Evidence from 7-week-old infants. *Infant Behavior and Development, 15,* 325-345.

Penner, S. G. (1987). Parental responses to grammatical and ungrammatical child utterances. *Child Development, 58,* 376-384.

Perry, D. G., & Bussey, K. (1984). *Social development*. New Jersey: Prentice-Hall.

Perry, N. B., Nelson, J. A., Swingler, M. M., Leerkes, E. M., Calkins, S. D., Marcovitch, S., & O'Brien, M. (2013). *Early cardiac vagal regulation predicts the trajectory of externalizing behaviors across the preschool periods.* Unpublished manuscript, University of North Carolina-Greensboro.

Peters, K. F., & Petrill, S. A. (2011). Comparison of the background, needs, and expectations for genetic counseling of adults with experience with Down syndrome, Marfan syndrome, and neurofibromatosis. *American Journal of Medical Genetics A, 155* (4), 684-696.

Peterson, C., Maier, S. F., & Seligman, M. E. P. (1993). *Learned helplessness: A theory for the age of personal control.* New York: Oxford University Press.

Phelps, E. A., & LeDoux, J. E. (2000) Emotional networks in the brain. In M. Lewis & J. M. Haviland-Jones (Eds.), *Handbook of emotions* (2nd ed.). New York: Guilford.

Piaget, J. (1952). *The origins of intelligence in children*. New York: International Universities Press.

Piaget, J. (1954). *The construction of reality in the child.* New York: Basic Books.

Piaget, J. (1960). *Psychology of intelligence*. Paterson, NJ: Littlefield, Adams.

Piaget, J. (1962). *Play, dreams, and imitation in childhood.* New York: Norton.

Piaget, J. (1965). *The moral judgment of the child*. New York: Free Press. (Original work published 1932)

Piaget, J. (1983). Piaget's theory. In P. H. Mussen (Ed.), *Handbook of child psychology* (Vol. 1, pp. 294-356). New York: Wiley.

Piaget, J., & Inhelder, B. (1956). *The child's conception of space*. London: Routledge & Kegan Paul.

Piaget, J., & Inhelder, B. (1971). *Science of education and the psychology of the child*. New York: Viking.

Picherot, G., Cheymol, J., Assathiany, R., Barthet-Derrien, M. S., Bidet-Emeriau, M., Blocquaux, S., Carbajal, R., Caron, F. M., Gerard, O., Hinterman, M., Houde, O., Jollivet, C., Heuzey, M. F. L., Mielle, A., Ogrizek, M., Rocher, B., Samson, B., Ronziere, V., & Foucaud, P. (2018). Children and screens: Groupe de Pédiatrie Générale (Société française de pédiatrie) guidelines for pediatricians and families. *Archives de Pédiatrie, 25* (2), 170-174.

Pickens, J., & Field, T. (1993). Facial expressivity in infants of depressed mothers. *Developmental Psychology, 29,* 986-988.

Pine, J. M. (1994). The language of primary caregivers. In C. Gallaway & B. J. Richards (Eds.), *Input and interaction in language acquisition*. Cambridge, England: Cambridge University Press.

Pinhas, L., Katzman, D. K., Dimitropoulos, G., & Woodside, D. B. (2007). Bingeing and bulimia nervosa in children and adolescents. In T. Jaffa & B. McDermott (Eds.), *Eating disorders in children and adolescents*. Cambridge, UK:

Cambridge University Press.

Pinquart, M. (2017). Associations of parenting dimensions and styles with externalizing problems of children and adolescents: An updated meta-analysis. *Development Psychology, 53*, 873-932.

Pipes, P. (1988). Nutrition in childhood. In S. R. Williams & B. S. Worthington-Roberts (Eds.), *Nutrition throughout the life cycle.* St. Louis: Times Mirror/Mosby.

Pipp, S., Easterbrooks, M. A., & Harmon, R. J. (1992). The relation between attachment and knowledge of self and *mother in one-year-old infants to three-year-old infants. Child Development, 63*, 738-750.

Platon (1953). *Laws.* In the dialogues of Plato (B. Jowett, Trans., 4th ed., Vol. 4). Oxford: Clarendon.

Plomin, R. (1990). *Nature and nurture: An introduction to behavior genetics.* Pacific Grove, CA: Brooks/Cole.

Plomin, R., DeFries, J. C., & McClearn, G. E. (1990). *Behavioral genetics: A primer.* New York: W. H. Freeman.

Plomin, R., Reiss, D., Hetherington, E. M., & Howe, G. W. (1994). Nature and nurture: Contributions to measures of the family environment. *Developmental Psychology, 30,* 32-43.

Pollitt, E. (1994). Poverty and child development: Relevance of research in developing countries to the United States. *Child Development, 65,* 283-295.

Pomares, C. G., Schirrer, J., & Abadie, V. (2002). Analysis of the olfactory capacity of healthy children before language acquisition. *Journal of Developmental Behavior and Pediatrics, 23*, 203-207.

Porges, S. W. (2003). Social engagement and attachment: A phylogenetic perspective. *Annals of the New York Academy of Sciences 1008,* 31-47.

Porges, S. W. (2004). Neuroception: A subconscious system for detecting threat and safety. *Zero to Three: Bulletin of the National Center for Clinical Infant Programs, 24* (5), 19-24.

Porter, R. H., & Laney, M. D. (1980). Attachment theory and concept of inclusive fitness. *Merrill-Palmer Quarterly, 26,* 35-51.

Potthast, N., Neuner, F., & Catani, C. (2014). The contribution of emotional maltreatment to alcohol dependence in a treatment-seeking sample. *Addictive Behaviors, 39* (5), 949-958.

Poulain, T., Peschel, T., Vogel, M., Jurkutat, A., & Kiess, W. (2018). Cross-sectional and longitudinal associations of screen time and physical activity with school performance at different types of secondary school. *BMC Public Health, 18* (1), 563.

Pressley, M., & Levin, J. R. (1980). The development of mental imagery retrieval. *Child Development, 51,* 558-560.

Previc, F. H. (1991). A general theory concerning the prenatal origins of cerebral lateralization. *Psychological Review, 98,* 299-334.

Prinz, R. J., Sanders, M. R., Shapiro, C. J., Witaker, D. J., &Lutzker, J. R. (2009). Population-based prevention of child maltreatment: The U.S. Triple P System Population Trial. *Prevention Science, 10,* 1-2.

Prochner, L., & Doyon, P. (1997). Researchers and their subjects in the history of child study: William Blatz and the Dionne quintuplets. *Canadian Psychology, 38* (2), 103-110.

Pueschel, S. M., Scola, P. S., & Weidenman, L. E., & Bernier, J. C. (1995). *The special child.* Baltimore: Paul H. Brookes.

Qin, J. B., Feng, T. J., Yang, T. B., Hong, F. C., Lan, L. N., Zhang, C. L., Yang, F., Mamady, K., & Dong, W. (2014). Risk factors for congenital syphilis and adverse pregnancy outcomes in offspring of women with syphilis in Shenzhen, China: A prospective nested case-control study. *Sexually Transmitted Diseases, 41,* 13-23.

Raby, K. L., Roisman, G. I., Labella, M. H., Martin, J., Fraley, R. C., & Simpson, J. A. (2018). The legacy of early abuse and neglect for social and academic competence from childhood to adulthood. *Child Development, 90* (5), 1684-1701.

Radetsky, P. (1994, December 2). Stopping premature births before it's too late. *Science, 266,* 1486-1488.

Rakic, P. (1991). Plasticity of cortical development. In S. E. Brauth, W. S. Hall, & R. J. Dooling (Eds.), *Plasticity of development.* Cambridge, MA: Bradford/MIT Press.

Rallison, M. L. (1986). *Growth disorders in infants, children, and adolescents.* New York: Wiley.

Ramey, C. T., & Ramey, S. L. (1990). Intensive educational intervention for children of poverty. *Intelligence, 14,* 1-9.

Rasmussen, S. A. (2012). Human teratogens update 2011: Can we ensure safety during pregnancy? *Birth Defects*

Research A: Clinical and Molecular Teratology, 94, 123-128.

Ratner, N. B. (1993). Atypical language development. In J. B. Gleason (Ed.), *The development of language* (3rd ed.). New York: Macmillan.

Raven, P. H., Johnson, G. B., Mason, K. A., Losos, J., & Singer, S. (2014). *Biology* (10th ed.). New York: McGraw-Hill.

Redford, L., Corral, S., Bradley, C., & Fisher, H. L. (2013). The prevalence and impact of child maltreatment and other types of victimization in the UK: Findings from a population survey of caregivers, children, and young people and young adults. *Child Abuse and Neglect, 37,* 801-813.

Reeb, B. C., Fox, N. A., Nelson, C. A., & Zeanah, C. H. (2008). The effects of early institutionalization on social behavior and understanding neural correlates. In M. de Haan & M. Gunnar (Eds.), *Handbook of social developmental neuroscience.* Malden. MA: Blackwell.

Reese, H. W. (1977). Imagery and associative memory. In R. V. Kail & J. W. Hagen (Eds.), *Perspectives on the development of memory and cognition* (pp. 113-116). Hillsdale, NJ: Erlbaum.

Repacholi, B. M. (1998). Infants' use of attentional cues to identify the referent of another person's emotional expression. *Developmental Psychology, 34,* 1017-1025.

Reyna, V. F. (1997). Conceptions of memory development with implications for reasoning and decision making. In R. Vasta (Ed.), *Annals of child development: A research annual* (Vol. 12, 1996, pp. 87-118). London, England: Jessica Kingsley Publishers.

Reynolds, F. (2010). The effects of maternal labour analgesia on the fetus. *Best Practices & Research. Clinical Obstetrics & Gynaecology, 24,* 289-302.

Reznick, J. S. (2013). Research design and methods: Toward a cumulative developmental science. In P. D. Zelazo (ed.), *Oxford handbook of developmental psychology.* New York: Oxford University Press.

Rhodes, P. J. (2006). *The reforms and laws of Solon: An optimistic view.* Nijmegen, Brill.

Rice, M. L. (1990). Preschoolers QUIL: Quick incidental learning of words. In G. ContiRamsden & C. Snow (Eds.), *Children's language* (Vol. 7, pp. 171-195). Hillsdale, NJ: Erlbaum.

Rice, M. L., Huston, A. C., Truglio, R., & Wright, J. (1990). Words from "Sesame Street": Learning vocabulary while viewing. *Developmental Psychology, 26,* 421-428.

Rice, M. L., & Woodsmall, L. (1988). Lessons from television: Children's word learning when viewing. *Child Development, 59,* 420-429.

Richards, M. H., & Siegler, R. S. (1986). Children's understandings of the attributes of life. Journal of *Experimental Child Psychology, 42,* 1-22.

Richardson, G. A., Goldschmidt, L., Leech, S., & Willford, J. (2011). Prenatal cocaine exposure: Effects on mother-and teacher-rated behavior problems and growth in school-age children. *Neurotoxicology and Teratology, 33* (1), 69-77.

Ridderinkhoff, K. R., & van der Molen, M. W. (1995). A psychophysiological analysis of developmental differences in the ability to resist interference. *Child Development, 66,* 1040-1056.

Robins, R. H. (1968). *A short history of linguistics.* Bloomington: Indiana University Press.

Robinson, A. J., & Ederies, M. A. (2018). Fetal neuromaging: An update on technical advances and clinical findings. *Pediatric Radiology, 48,* 471-485.

Rodkey, E. N., & Pillai Riddell, R. (2013). The infancy of infant pain research: the experimental origins of infant pain denial. *Journal of Pain, 14* (4), 338-350.

Rodriguez-Tome, H., Bariaud, F., Cohen-Zardi, M. F., & Delmas, C. Jeanvoine, B., & Szylagyi, P. (1993). The effects of pubertal changes on body image and relations with peers of the opposite sex in adolescence. *Journal of Adolescence, 16* (4), 421-438.

Rogan, S. C., & Beigi, R. H. (2019). Treatment of viral infections during pregnancy. *Journal of Perinatology, 46,* 235-256.

Rohde, C., Mutze, U., Schulz, S., Thiele, A. G., Ceglarek, U., Thiery, J., Mueller, A. S., Kiess, W., Beblo, S., & Beblo, S. (2014). Unrestricted fruits and vegetables in the PKU diet: A 1-year follow-up. *European Journal of Clinical Nutrition, 68* (3), 401-403.

Rose, R. J., Koskenvuo, M., Kaprio, J., Sarna, S., & Langinvainio, H. (1988). Shared genes, shared experience, and similarity of personality: Data from 14,288 adult Finnish co-twins. *Journal of Personality and Social Psychology, 54,* 161-171.

Rose, S. A., Gottfried, A. W., & Bridger, W. H. (1981). Cross-modal transfer and information processing by the sense of touch in infancy. *Developmental Psychology, 17,* 90–98.

Rose, S. A., & Feldman, J. R. (1995). Prediction of IQ and specific cognitive abilities at 11 years from infancy measures. *Developmental Psychology, 31,* 685–696.

Rose, S. A., & Feldman, J. R. (1997). Memory and speed: Their role in the relation of infant information processing to later IQ. *Child Development, 68,* 630–641.

Rose, S. A., & Wallace, I. F. (1985). Visual recognition memory: A predictor of later cognitive functioning. *Child Development, 56,* 853–861.

Rosen, W. D., Adamson, L. B., & Bakeman, R. (1992). An experimental investigation of infant social referencing: Mothers' messages and gender differences. *Developmental Psychology, 28,* 1172–1178.

Rosenstein, D., & Oster, H. (1988). Differential facial responses to four basic tastes in newborns. *Child Development, 59,* 1555–1568.

Rosenthal, P. A., & Rosenthal, S. (1984). Suicidal behavior by preschool children. *American Journal of Psychiatry, 141* (4), 520–525.

Rosnow, R. L., & Rosenthal, R. (2013). *Beginning psychological research* (7th ed.). Boston: Cengage.

Ross, A. H., & Juarez, C. A. (2014). A brief history of fatal child maltreatment and neglect. *Forensic Science, Medicine, and Pathology, 10* (3), 413–422.

Ross, J. L., Roeltgen, D. P., Kushner, H., Zinn, A. R., Reiss, A., Bardsley, M. Z., McCauley, E., & Tartaglia, N. (2012). Behavioral and social phenotypes in boys with 47, XYY syndrome or 47, XXY Klinefelter syndrome. *Pediatrics, 129* (4), 769–778.

Ross, N. D., Kaminski, P. L., & Herrington, R. (2019). From childhood emotional maltreatment to depressive symptoms in adulthood: The roles of self-compassion and shame. *Child Abuse and Neglect, 92,* 32–42.

Rothbart, M. K. (1989). Temperament in childhood: A framework. In G. A. Kohnstamm, J. E. Bates, & M. K. Rothbart (Eds.), *Temperament in childhood.* New York: Wiley.

Rothbart, M. K. (2004). Temperament and the pursuit of an integrated developmental psychology. *Merrill-Palmer Quarterly, 50* (4), 492–505.

Rothbart, M. K. (2011). *Becoming who we are.* New York: Guilford.

Rothbart, M. K., & Bates, J. E. (1998). Temperament. In N. Eisenberg (Ed.), *Handbook of child psychology: Vol. 3. Social, emotional, and personality development* (5th ed., pp. 105–176). New York: Wiley.

Rothbart, M. K., & Bates, J. E. (2006). Temperament. In W. Damon & R. Lerner (Eds.), *Handbook of child psychology* (6th ed.). New York: Wiley.

Rothbart, M. K., Derryberry, D., & Posner, M. I. (1994). A psychobiological approach to the development of temperament. In J. E. Bates & T. D. Wachs (Eds.), *Temperament: Individual differences at the interface of biology and behavior* (pp. 83–116). Washington, DC: American Psychological Association.

Rovee-Collier, C. K. (1987). Learning and memory. In J. D. Osofsky (Ed.), *Handbook of infant development* (2nd ed.). New York: Wiley.

Rowe, D. C. (1999). Heredity. In V. J. Derlega, B. A. Winstead, & W. H. Jones (Eds.), *Personality: Contemporary theory and research* (2nd ed., pp. 66–100). Chicago: Nelson-Hall Publishers.

Rowe, D. C., & Jacobson, K. C. (1999, April). *Genetic and environmental influences on vocabulary IQ: Parental education as moderator.* Paper presented at the meeting of the Society for Research in Child Development, Albuquerque.

Rubin, K. H., Bukowski, W. M., & Bowker, J. (2015). Children in peer groups. In R. M. Lerner (Ed.), *Handbook of child psychology and developmental science* (7th ed.). New York: McGraw-Hill.

Rubin, K. H., Bukowski, W., & Parker, J. G. (1998). Peer interactions, relationships, and groups. In W. Damon & N. Eisenberg (Eds.), *Handbook of child psychology* (Vol. 3, pp. 619–700). New York: John Wiley & Sons.

Rubin, K. H., Fein, G., & Vandenberg, B. (1983). Play. In Paul H. Mussen (Ed.), *Handbook of child psychology: Vol. 4. Socialization, personality, and social development.* New York: Wiley.

Rubin, K. H., & Krasnor, L. (1980). Changes in the play behaviors of preschoolers: A short-term longitudinal investigation. *Canadian Journal of Behavioral Science, 12,* 278–282.

Ruddy, M. G., & Bornstein, M. H. (1982). Cognitive correlates of infant attention and maternal stimulation over the first year of life. *Child Development, 53,* 183-188.

Ruff, H. A., & Lawson, K. R. (1990). Development of sustained focused attention in young children during free play. *Developmental Psychology, 26,* 85-93.

Runco, M. A., & Jaeger, G. J. (2012). The standard definition of creativity. *Creativity Research Journal, 24,* 92-96.

Runco, M. A., & Okuda, S. (1988). Problem discovery, divergent thinking, and the creative process. *Journal of Youth and Adolescence, 17,* 211-220.

Russell, R. W. (1942). Studies in animism: Animism in older children. *Journal of Genetic Psychology, 60,* 329-335.

Rutter, M. (1968). Concept of autism: A review of research. *Journal of Child Psychology and Psychiatry, 9,* 1-25.

Rutter, M. (1986). The developmental psychopathology of depression. In M. Rutter, C. E. Izard, & P. B. Read (Eds.), *Depression in young people: Developmental and clinical perspective* (pp. 3-30). NY: Guilford.

Rutter, M. (1997). Antisocial behavior: Developmental psychopathology perspectives. In D. Stoff, J. Breiling, & J. Maser (Eds.), *Handbook of antisocial behavior* (pp. 115-124). New York: Wiley.

Rutter, M., & Giller, H. (1984). *Juvenile delinquency: Trends and perspectives.* NY: Guilford.

Saarni, C. (1984). An observational study of children's attempts to monitor their expressive behavior. *Child Development, 55,* 1504-1513.

Saarni, C., Mumme, D., & Campos, J. (1998). Emotional development: Action, communication, and understanding. In W. Damon (Series Ed.) & N. Eisenberg (Vol. Ed.), *Handbook of child psychology: Vol. 3. Social, emotional, and personality development* (5th ed., pp. 237-309). New York: Wiley.

Sadeh, A. (2008). Sleep. In M. M. Haith & J. B. Benson (Eds.), *Encyclopedia of infant and early childhood development.* Oxford, UK: Elsevier.

Sadler, T. W. (2015). *Langman's medical embryology* (13th ed.) Philadelphia: Wolters Kluwer.

Salkind, N. J. (1985). *Theories of human development.* New York: John Wiley & Sons.

Saltvedt, S., & Almstrom, H. (1999). Fetal loss rate after second trimester amniocentesis at different gestational ages. *Acta Obstetrica et Gynaecologica Scandinavia, 78,* 10-14.

Saltz, E., Dixon, D., & Johnson, J. (1977). Training disadvantaged preschoolers on various fantasy activities: Effects on cognitive functioning and impulse control. *Child Development, 48,* 367-380.

Salzinger, S., Feldman, R. S., Hammer, M., & Rosario, M. (1993). The effects of physical abuse on children's social relationships. *Child Development, 64,* 169-187.

Sameroff, A. J., & Chandler, M. J. (1975). Reproductive risk and the continuum of caretaking casualty. In F. D. Horowitz, M. Hetherington, S. Scarr-Salapatek, & G. Siegel (Eds.), *Review of child development research* (Vol. 4). Chicago: University of Chicago Press.

Sanders, E. (2008). Medical art and play therapy with accident survivors. In C. A. Malchiodi (Ed.), *Creative interventions with traumatized children.* New York: Guilford.

Sanson, A. V., Pedlow, R., Cann, W., Prior, M., & Oberklaid, F. (1996). Shyness ratings: Stability and correlates in early childhood. *International Journal of Behavioural Development, 19,* 705-724.

Santrock, J. W. (1975). Moral structure: Interrelations of moral judgment, affect, and behavior. *Journal of Genetic Psychology, 127,* 201-213.

Santrock, J. W. (1981). *Adolescence: An introduction.* Dubuque, Iowa: Wm. C. Brown.

Santrock, J. W. (1998). *Adolescence* (7th ed.). New York: McGraw-Hill.

Santrock, J. W. (2001). *Child development* (9th ed.). New York: McGraw-Hill.

Santrock, J. W. (2016). *Children* (13th ed.). New York: McGraw-Hill.

Saunders, M. C., Anckarsäter, H., Lundström, S., Hellner, C., Lichtenstein, P., & Fontaine, N. M. G. (2019). The Associations between callous-unemotional traits and symptoms of conduct problems, hyperactivity and emotional problems: A study of adolescent twins screened for neurodevelopmental problems. *Journal of Abnormal Child Psychology, 47* (3), 447-457.

Sawyer, J. (2017). I think I can: Preschoolers' private speech and motivation in playful versus non-playful contexts. *Early Childhood Research Quarterly,* 38, 84-96.

Sbarra, D. A., Bourassa, K. J., & Manvelian, A. (2019). Martial separation and divorce: Correlates and consequences. In B. H. Fiese (Ed.), *APA handbook of contemporary family psychology, Vol. 2-Applications and broad impact of family psychology.* Washington, DC: APA Books.

Scarr, S. (1984, May). Interview. *Psychology Today,* pp. 59-

63.

Scarr, S. (1993). Biological and cultural diversity: The legacy of Darwin for development. *Child Development, 64*, 1333-1353.

Schaal, B. (2017). Infants and children making sense of scents. In A. Buettner (Ed.), *Springer handbook of odor* (pp. 107-108). Berlin: Springer.

Schaffer, H. R. (1971). *The growth of sociability.* Baltimore: Penguin Books.

Schaffer, H. R., & Emerson, P. E. (1964). The development of social attachments in infancy. *Monographs of the Society for Research in Child Development, 29* (3, Serial No. 94).

Schaie, K. W. (2012). *Developmental influences on adult intellectual development: The Seattle Longitudinal Study.* New York: Oxford University Press.

Schaie, K. W. (2013). *Developmental influences on adult intelligence: The Seattle Longitudinal Study* (2nd ed.). New York: Oxford University Press.

Schaie, K. W. (2016). Theoretical perspectives for the psychology of aging in a lifespan context. In K. W. Schaie & S. L. Willis (Eds.). *Handbook of the psychology of aging* (8th ed.) New York: Elsevier.

Schaie, K. W., & Willis, S. L. (2010). The Seattle Longitudinal Study of adult cognitive development. *International Society for the Study of Behavioral Development, 57* (1), 24-29.

Scheier, M. F., & Carver, C. S. (1992). Effects of optimism on psychological and physical well-being: Theoretical overview and empirical update. *Cognitive Therapy and Research, 16,* 201-228.

Schickendanz, J. A., Schickendanz, D. I., Forsyth, P. D., & Forsyth, G. A. (1998). *Understanding children and adolescence* (3rd ed.). MA: Allyn & Bacon.

Schiff, E., & Koopman, E. J. (1978). The relationship of women's sex role identity to self-esteem and ego development. *Journal of Psychology, 98,* 299-305.

Schiff, W. J. (2014). *Nutrition essentials.* New York: McGraw-Hill.

Schiff, W. J. (2021). *Nutrition essentials* (3rd ed.). New York: McGraw-Hill.

Schiffrin, H. H., Liss, M., Miles-McLean, H., Geary, C. A., Erchull, M. J., & Tashner, T. (2014). Helping or hovering? The effects of helicopter parenting on college students' well-being. *Journal of Child and Family Studies, 23,* 548-557.

Schilling, S., & Christian, C. W. (2014). Child physical abuse and neglect. *Child and Adolescent Clinics of North America, 23,* 309-319.

Schneider, A. L. C., & Ornstein, P. A. (2019). Determinants of memory development in childhood and adolescence. *International Journal of Psychology, 54,* 307-315.

Schneider, W., & Bjorklund, D. F. (1998). Memory. In D. Kuhn & R. S. Siegler (Eds.), *Cognitive, language, and perceptual development* (Vol. 2). In B. Damon (General Ed.), *Handbook of child psychology* (pp. 467-521). New York: Wiley.

Schneider, W., & Ornstein, P. A. (2015). The development of children's memory. *Child Development Perspectives, 9* (3), 190-195.

Schneider, W., & Pressley, M. (1997). *Memory development between 2 and 20* (2nd ed.). Mahwah, NJ: Erlbaum.

Schulman, J. D., & Black, S. H. (1993). Genetics of some common inherited diseases. In R. G. Edwards (Ed.), *Preconception and preimplantation diagnosis of human genetic disease.* Cambridge, England: Cambridge University Press.

Schunk, D. H. (2012). *Learning theories: An educational perspective* (6th ed.). Upper Saddle River, NJ: Prentice Hall.

Schunk, D. H. (2020). *Learning theories: An educational perspective* (8th ed.). Upper Saddle River, NJ: Prentice Hall.

Schuurmans, C., & Kurrasch, D. M. (2013). Neurodevelopmental consequences of maternal distress: What do we really know? *Clinical Genetics, 83*(2), 108-117.

Sears, R. (1972). Attachment, dependency, and frustration. In Gewirtz (Ed.), *Attachment and dependency.* Washington, DC: Winston.

Seidel, R. W., & Reppucci, N. D. (1995). Organized youth sports and the psychological development of nine-year old males. *Journal of Child and Family Studies, 2* (3), 229-248.

Seifer, R., & Schiller, M. (1995). The role of parenting sensitivity, infant temperament, and dyadic interaction in attachment theory and assessment. *Monographs of the Society for Research in Child Development, 60* (2-3, Serial No. 244, pp. 146-174).

Seligman, M. E. P. (1988). Boomer blues: With too

great expectations, the baby boomers are sliding into individualistic melancholy. *Psychology Today, 22*, 50-55.

Seligman, M. E. P. (1989). Research in clinical psychology: Why is there so much depression today? In I. S. Cohen (Ed.), *The G. Stanley Hall lecture series* (Vol. 9, pp. 75-96). Washington, DC: American Psychological Association.

Selman, R. (1980). *The growth of interpersonal understanding*. New York: Academic Press.

Sethi, V., Tabbutt, S., Dimitropoulos, A., Harris, K. C., Chau, V., Poskitt, K., ... & McQuillen, P. S. (2013). Single ventricle anatomy predicts delayed microstructural brain development. *Pediatric Research, 73*, 661-667.

Shaffer, D. R. (1994). *Social and personality development* (3rd ed.). California: Brooks/Cole.

Shaffer, D. R. (1999). *Developmental psychology: Childhood and adolescence* (5th ed.). California: Brooks/Cole.

Shang, X., Li, Y., Xu, H., Zhang, Q., Hu, X., Liu, A., Du, S., Li, T., Guo, H., Li, Y., Xu, G., Liu, W., Ma, J., & Ma, G. (2020). Healthy breakfast habits and changes in obesity-related cardiometabolic markers in children: A longitudinal analysis. *European Journal of Clinical Nutrition, 74*, 1685-1697.

Shantz, D. W. (1986). Conflict, aggression, and peer status: An observational study. *Child Development, 57*, 1322-1332.

Sharma, D., Murki, S., & Oleti, T. P. (2018). Study comparing "kangaroo ward care" with "intermediate intensive care" for improving growth outcome and cost effectiveness: Randomized control trial. *Journal of Maternal-Fetal and Neonatal Medicine, 31*, 2986-2993.

Shatz, M. (1983). Communication. In P. Mussen (Ed.), *Handbook of child psychology* (Vol. 4). New York: Wiley.

Shaywitz (1998). Dyslexia. *The New England Journal of Medicine, 338*, 307-312.

Shaywitz, S. E., Gruen, J. R., & Shaywitz, B. A. (2007). Management of dyslexia, its rationale and underlying neurobiology. *Pediatric Clinics of North America, 54*, 609-623.

Shea, C., & O'Neill, S. O. (2021). Phonetics: Sound articulation and acoustics. In J. Bruhn de Garavito & J.W. Schweiter (Eds.), *Introducing linguistics*. New York: Cambridge University Press.

Sheeber, L., Hops, H., Andrews, J. A., & Davis, B. (1997, April). *Family support and conflict: Prospective relation to adolescent depression*. Paper presented at the meeting of the Society for Research in Child Development, Washington, DC.

Shehata, F., Levin, I., Shrim, A., Ata, B., Weisz, B., Gamzu, R., & Almog, B. (2011). Placenta/birthweight ratio and perinatal outcome: A retrospective cohort analysis. *British Journal of Obstetrics & Gynecology, 118*, 741-747.

Sheiman, D. L., & Slomin, M. (1988). *Resources for middle childhood*. New York: Garland.

Sheingold, K., & Tenney, Y. J. (1982). Memory for a salient childhood event. In U. Neisser (Ed.), *Memory observed: Remembering in natural contexts*. San Francisco: W. H. Freeman.

Shen, Y., Wang, X., Guo, S., Qiu, M., Hou, G., & Tan, Z. (2020). Evolutionary genomics analysis of human nucleus-encoded mitochondrial genes: Implications for the roles of energy production and metabolic pathways in the pathogenesis and pathophysiology of demyelinating diseases. *Neuroscience Letters, 715*, [134600]

Sherman, S., Allen, E., Bean, L., & Freeman, S. (2007). Epidemiology of Down syndrome. *Mental Retardation and Developmental Disabilities Research Reviews, 13*, 221-227. http://search.ebscohost.com,doi:10.1002/mrdd.20157

Shirley, M. M. (1933). *The first two years: A study of 25 babies* (Vol. 1). *Postural and locomotor development*. Minneapolis: University of Minnesota Press.

Shiwach, R. (1994). Psychopathology in Huntington's disease patients. *Acta Psychiatrica Scandinavia, 90*, 241-246.

Shweder, R. A., Mahapatra, M., & Miller, J. G. (1990). Culture and moral development. In J. W. Stigler, R. A. Shweder, & G. Herdt (Eds.), *Cultural psychology: Essays on comparative human development*. Cambridge, England: Cambridge University Press.

Sibley, M. H., Pelham, W. E., Molina, B. S. G., Gnagy, E. M., Waschbusch, D. A., Garefino, A. C., Kuriyan, A. B., Babinski, D. E., & Karch, K. M. (2012). Diagnosing ADHD in adolescence. *Journal of Consulting and Clinical Psychology, 80* (1), 139-150.

Siegler, R. S. (1996). *Emerging minds: The process of change in children's thinking*. New York: Oxford University Press.

Siegler, R. S. (1998). *Children's thinking* (3rd ed.). Upper

Saddle River, NJ: Prentice-Hall.

Siegler, R. S., & Crowley, K. (1992). Microgenetic methods revisited. *American Psychologist, 47,* 1241-1243.

Siegler, R. S., & Munakata, Y. (1993, Winter). Beyond the immaculate transition: Advances in the understanding of change. *Newsletter of the Society for Research in Child Development.*

Sigman, M., Cohen, S. E., & Beckwith, L. (1997). Why does infant attention predict adolescent intelligence? *Infant Behavior and Development, 20,* 133-140.

Sigman, M., Neumann, C., Jansen, A. A. J., & Bwibo, N. (1989). Cognitive abilities of Kenyan children in relation to nutrition, family characteristics, and education. *Child Development, 60,* 1463-1474.

Sigman, M., & Sena, R. (1993). Pretend play in high-risk and developmentally delayed children. In M. H. Bornstein & A. W. O'Reilly (Eds.), *New directions for child development: No. 59. The role of play in the development of thought.* San Francisco: Jossey-Bass.

Simmons, R. G., & Blyth, D. A. (1987). *Moving into adolescence: The impact of pubertal change and school context.* Hawthorne, New York: Aldine & de Gruyter.

Sinclair, H. (1969). Developmental psycholinguistics. In D. Elkind & J. Flavell (Eds.), *Studies in cognitive development.* New York: Oxford University Press.

Skinner, B. F. (1953). *Science and human behavior.* New York: Macmillan.

Skinner, B. F. (1957). *Verbal behavior.* New York: Appleton-Century-Crofts.

Slaby, R. G., & Frey, K. S. (1975). Development of gender constancy and selective attention to same-sex models. *Child Development, 46,* 849-856.

Slater, A., Field, T., & Hernandez-Reif, M. (2007). The development of the senses. In A. Slater & M. Lewis, (Eds.), *Introduction to infant development* (2nd ed.). New York: Oxford University Press.

Slavakova, R. (2021). Semantics. In J. Bruhn de Garavito & J. W. Schweiter (Eds.), *Introducing linguistics.* New York: Cambridge University Press.

Slusser, W., & Powers, N. G. (1997). Breast-feeding update 1: Immunology, nutrition, and advocacy. *Pediatrics in Review, 18* (4), 111-114.

Smetana, J. G. (1983). Social-cognitive development: Domain distinctions and coordinations. *Developmental Review, 3,* 131-147.

Smetana, J. G. (2011). Adolescents' social reasoning and relationships with parents: Conflicts and coordinations within and across domains. In E. Amsel & J. Smetana (Eds.), *Adolescent vulnerabilities and opportunities: Constructivist and developmental perspectives.* New York: Cambridge University Press.

Smetana, J. G. (2013). Moral development: The social domain theory view. In P. Zelazo (Ed.), *Oxford handbook of developmental psychology* (Vol. 1, pp. 832-866). New York: Oxford University Press.

Smilansky, S. (1968). *The effects of sociodramatic play on disadvantaged preschool children.* New York: Wiley.

Smith, P. K., & Pellegrini, A. (2013). Learning through play. In R. E. Tremblay & others (Eds.), *Encyclopedia on early childhood development.* Montreal: Centre of Excellence for Early Childhood Development.

Smolak, L. (1982). Cognitive precursors of receptive vs. expressive language. *Journal of Child Language, 9,* 13-22.

Snarey, J. R. (1985). Cross-cultural universality of social-moral development: A critical review of Kohlbergian research. *Psychological Bulletin, 97,* 202-232.

Sokolov, J. L. (1993). A local contingency analysis of the fine-tuning hypothesis. *Developmental Psychology, 29,* 1008-1023.

Solomon, J., Scott, L., & Duveen, J. (1996). Large scale exploration of pupils' understanding of the nature of science. *Science Education, 80,* 493-508.

Song, M. J., Smetana, J., & Kim, S. Y. (1987). Korean children's conceptions of moral and conventional transgressions. *Developmental Psychology, 32,* 557-582.

Sonne, J. L. (2012). *PsycEssentials: A pocket resource for mental health practitioners.* Washington, DC: American Psychological Association.

Sonnenschein, S. (1986). Development of referential communication skills: How familiarity with a listener affects a speaker's production of redundant messages. *Developmental Psychology, 22,* 549-555.

Sonnenschein, S. (1988). The development of referential communication: Speaking to different listeners. *Child Development, 59,* 694-702.

Sorce, J. F., Emde, R. N., Campos, J. J., & Klinnert, M. D. (1985). Maternal emotional signaling: Its effect on the visual cliff behavior of 1-year-olds. *Developmental Psychology, 21* (1), 195-200.

Sørensen, A., Peters, D., Frund, E., Lingman, G., Christiansen, O., & Uldbjerg, N. (2013). Changes in human placental oxygenation during maternal hyperoxia as estimated by blood oxygen level-dependent magnetic resonance imaging (BOLD MRI). *Ultrasound in Obstetrics and Gynecology, 42* (3), 310-314.

Soubry, A., Hoyo, C., Jirtle, R. L., & Murphy, S. K. (2014). A paternal environmental legacy: Evidence for epigenetic inheritance through the male germ line. *BioEssays, 36,* 359-371.

Spatz, C. (2012). *Basic statistics* (10th ed.). Boston: Cengage.

Spear-Swerling, L., & Sternberg, R. J. (1994). The road not taken: An integrative theoretical model of reading disability. *Journal of Learning Disabilities, 27,* 91-103.

Speidel, R., Wang, L., Cummings, E. M., & Valentino, K. (2020). Longitudinal pathways of family influence on child self-regulation: The roles of parenting, family expressiveness, and maternal sensitive guidance in the context of child maltreatment. *Developmental Psychology, 56* (3), 608-622.

Spelke, E. S., & Owsley, C. J. (1979). Intermodal exploration and knowledge in infancy. *Infant Behavior and Development, 2,* 13-28.

Spence, J. T., Helmreich, R. L., & Stapp, J. (1974). The Personal Attributes Questionnaire: A measure of sex role stereotypes and masculinity-femininity. *JSAS Catalog of Selected Documents in Psychology, 4* (43). (MS. NO. 617)

Spence, J. T., Helmreich, R. L., & Stapp, J. (1975). Ratings of self and peers on sex role attributions and their relation to self-esteem and conceptions of masculinity and femininity. *Journal of Personality and Social Psychology, 32,* 29-39.

Spence, M. J., & DeCasper, A. J. (1987). Prenatal experience with low-frequency maternal voice sounds influences neonatal perception of maternal voice samples. *Infant Behavior and Development, 10,* 133-142.

Sroufe, L. A. (1979). Socioemotional development. In J. D. Osofsky (Ed.), *Handbook of infant development.* New York: Wiley.

Sroufe, L. A. (1985). Attachment classification from the perspective of infant-caregiver relationships and infant temperament. *Child Development, 56,* 1-14.

Sroufe, L. A. (1996). *Emotional development.* New York: Cambridge University Press.

Sroufe, L. A., Egeland, B., Carlson, E., & Collins, W. A. (2005). The place of early attachment in developmental context. In K. E. Grossman, K. Grossman, & E. Waters (Eds.), *The power of longitudinal attachment research: From infancy and childhood to adulthood.* New York: Guilford.

Sroufe, L. A., & Wunsch, J. (1972). The development of laughter in the first year of life. *Child Development, 43,* 1326-1344.

Stanger, C., Achenbach, T. M., & Verhulst, F. C. (1997). Accelerated longitudinal comparisons of aggressive versus delinquent syndromes. *Development and Psychopathology, 9,* 43-58.

Stark, K. D., Rouse, L. W., & Livingston, R. (1991). Treatment of depression during childhood and adolescence: Cognitive-behavioral procedures for the individual and family. In P. C. Kendall (Ed.), *Child and adolescent therapy: Cognitive-behavioral procedures* (pp. 165-206). NY: Guilford Press.

Stein, N. L., & Trabasso, T. (1989). Children's understanding of changing emotional states. In C. Saarni & P. L. Harris (Eds.), *Children's understanding of emotion.* Cambridge: Cambridge University Press.

Steinberg, L., Elmen, J., & Mounts, N. (1989). Authoritative parenting, psychosocial maturity, and academic success among adolescence. *Child Development, 60,* 1424-1436.

Steinberg, L., Lamborn, S. D., Darling, N., Mounts, N. S., & Dornbusch, S. M. (1994). Over-time changes in adjustment and competence among adolescents from authoritative, authoritarian, indulgent, and neglectful families. *Child Development, 65,* 754-770.

Steinhausen, H. C., Willms, J., & Sphor, H. L. (1993). Long-term psychopathological and cognitive outcome of children with fetal alcohol syndrome. *Journal of the American Academy of Child and Adolescent Psychiatry, 32,* 990-994.

Sternberg, R. J. (1986). A triangular theory of love. *Psychological Review, 93,* 119-135.

Sternberg, R. J. (1988). Intellectual development: Psychometric and information-processing approaches. In M. H. Bornstein & M. E. Lamb (Eds.), *Developmental psychology: An advanced textbook* (2nd ed.). Hillsdale, NJ: Erlbaum.

Sternberg, R. J. (2004). Individual differences in cognitive development. In P. Smith & C. Hart (Eds.), *Blackwell handbook of cognitive development*. Malden, MA: Blackwell.

Sternberg, R. J. (2010). The triarchic theory of successful intelligence. In B. Kerr (Ed.), *Encyclopedia of giftedness, creativity, and talent*. Thousand Oaks, CA: Sage.

Sternberg, R. J. (2012). Intellligence in its cultural context. In M. J. Gelfand, C-Y. Chiu, & Y-Y. Hong (Eds.), *Advances in cultures and psychology,* Vol. 2. New York: Oxford University Press.

Sternberg, R. J. (2014). Human intelligence: Historical and conceptual perspectives. In J. Wright (Ed.), *International encyclopedia of the social and behavioral sciences* (2nd ed.). New York: Elsevier.

Stevenson-Hinde, J., & Shouldice, A. (1995). Maternal interactions and self-reports related to attachment classification at 4-5 years. *Child Development, 66,* 583-596.

Stewart, L., & Pascual-Leone, J. (1992). Mental capacity constraints and the development of moral reasoning. *Journal of Experimental Child Psychology, 54,* 251-287.

Stipek, D. J. (2002). *Motivation to learn* (4th ed.). Boston: Allyn & Bacon.

Stipek, D. J., & MacIver, D. (1989). Developmental change in children's assessment of intellectual competence. *Child Development, 60,* 531-538.

Storfer, M. (1990). *Intelligence and giftedness: The contributions of heredity and early environment.* San Francisco: Jossey-Bass.

Strachan, T., & Read, A. P. (1996). *Human molecular genetics.* New York: Wiley.

Strang, R. (1957). *The adolescent views himself.* New York: McGraw-Hill.

Streissguth, A. P., Barr, H. M., Sampson, P. D., Darby, B. L., & Martin, D. C. (1989). IQ at age 4 in relation to maternal alcohol use and smoking during pregnancy. *Developmental Psychology, 25,* 3-11.

Strom, R., & Strom, S. (1990). Raising expectations for grandparents: A three generational study. *International Journal of Aging and Human Development, 31* (3), 161-167.

Sun, X., Li, Y., Cai, L., & Wang, Y. (2021). Effects of physical activity interventions on cognitive performance of overweight or obese children and adolescents: A systematic review and meta-analysis. *Pediatric Research, 89* (1), 46-53.

Suomi, S. J., & Harlow, H. F. (1978). Early experience and social development in rhesus monkeys. In M. E. Lamb (Ed.), *Social and personality development.* New York: Holt, Rinehart, & Winston.

Sutton, M. J., Brown, J. D., Wilson, K. M., & Klein, J. D. (2002). Shaking the tree of knowledge for forbidden fruit: Where adolescents learn about sexuality and contraception. In J. D. Brown, J. R. Steele, & K. Walsh-Childers (Eds.), *Sexual teens, sexual media* (pp. 25-55). Mahwah, NJ: Lawrence Erlbaum.

Swanson, H. L. (2014). Learning disabilities. In M. A. Bray & T. J. Kehle (Eds.), *Oxford handbook of school psychology.* New York: Oxford University Press.

Taboada, M. (2021). Pragmatics and discourse analysis. In. J. Bruhn de Garavito & J. W. Schweiter (Eds.). *Introducing linguistics.* New York: Cambridge University Press.

Taddio, A. (2008). Circumcision. In M. M. Haith & J. B. Benson (Eds.), *Encyclopedia of infant and early childhood development.* Oxford, UK: Elsevier.

Taggart, J., Eisen, S., & Lillard, A. S. (2018). Pretense. In M. H. Bornstein & others (Eds.). *The SAGE encyclopedia of lifespan human development.* Thousand Oaks, CA: Sage.

Tallerman, M. (2013). *Understanding syntax.* New York: Oxford University Press.

Tamana, S. K., Ezeugwu, V., Chikuma, J., Lefebvre, D. L., Azad, M. B., Moraes, T. J., Subbarao, P., Becker, A. B., Turvey, S. E., Sears, M. R., Dick, B. D., Carson, V., Rasmussen, C., CHILD study Investigators, Pei, J., & Mandhane, P. J. (2019). Screen-time is associated with inattention problems in preschoolers: Results from the CHILD birth cohort study. *PLoS One, 14* (4), [e0213995].

Tanaka, K., Kon, N., Ohkawa, N., Yoshikawa, N., & Shimizu, T. (2009). Does breastfeeding in the neonatal period influence the cognitive function of very-low-birthweight infants at 5 years of age? *Brain & Development, 31,* 288-293.

Tanner, J. M. (1990). *Fetus into man: Physical growth from conception to maturity* (2nd ed.). Cambridge, MA: Harvard University Press.

Tappan, M. B. (1998). Sociocultural psychology and caring psychology: Exploring Vygotsky's "hidden curriculum."

Educational Psychologist, 33, 23-33.

Taylor, E. (1994). Syndromes of attention deficit and overactivity. In M. Rutter, E. Taylor, & L. Hersov (Eds.), *Child and adolescent psychiatry* (pp. 285-307). London: Blackwell.

Teddlie, C., Kirby, P. C., & Stringfield, S. (1989). Effective vs. ineffective Schools: Observable differences in the classroom. *American Journal of Education, 97,* 221-236.

Teller, D. Y., & Bornstein, M. H. (1987). Infant color vision and color perception. In P. Salapatek & L. Cohen (Eds.), *Handbook of infant perception: Vol. 1. From sensation to perception.* New York: Academic Press.

Tener, D., Katz, C., & Kaufmann, Y. (2021). "And I Let It All Out": Survivors' sibling sexual abuse disclosures. *Journal of Interpersonal Violence, 36* (23-24), 11140-11164.

Termine, N. T., & Izard, C. E. (1988). Infants' responses to their mothers' expressions of joy and sadness. *Developmental Psychology, 24,* 223-230.

Tessier, R., Cristo, M. B., Velez, S., Giron, M., Nadeau, L., de Calume, Z. F., Ruiz-Palaez, J. G., & Charpak, N. (2003). Kangaroo mother care: A method for protecting high-risk low birth weight and premature infants against developmental delay. *Infant Behavior and Development, 26,* 384-397.

Thatcher, R. W. (1991). Maturation of human frontal lobes: Physiological evidence for staging. *Developmental Neuropsychology, 7,* 397-419.

Thavamani, A., Umapathi, K. K., Roy, A., & Krishna, S. G. (2020). The increasing prevalence and adverse impact of morbid obesity in paediatric acute pancreatitis. *Pediatric Obesity, 15* (8), [e12643].

Thelen, E. (1984). Learning to walk: Ecological demands and phylogenetic constraints. In L. P. Lipsitt & C. Rovee-Collier (Eds.), *Advances in infancy research* (Vol. 3). Norwood, NJ: Ablex.

Thomas, A., & Chess, S. (1956). An approach to the study of sources of individual differences in child behavior. *Journal of Clinical and Experimental Psychopathology, 18* (4), 347-357.

Thomas, A., & Chess, S. (1977). *Temperament and development.* New York: Brunner/Mazel.

Thomas, A., Chess, S., & Korn, S. J. (1982). The reality of difficult temperament. *Merill-Palmer Quarterly, 28,* 1-20.

Thompson, R. A. (1998). Early sociopersonality development. In W. Damon & N. Eisenberg (Eds.), *Handbook of child psychology* (Vol. 3, 5th ed., pp. 25-104). New York: John Wiley & Sons.

Thompson, R. A. (2013a). Attachment development: Precis and prospect. In P. Zelazo (Ed.), *Oxford handbook of developmental psychology.* New York: Oxford University Press.

Thompson, R. A. (2013b). Interpersonal relations. In A. Ben-Arieh, I. Frones, F. Cases, & J. Korbin (Eds.), *Handbook of child well-being.* New York: Springer.

Thompson, R. A. (2015). Relationships, regulation, and development. In R. M. Lerner (Ed.), *Handbook of child psychology* (7th ed.). New Yock: Wiley.

Thompson, R. A. (2018). *Social-emotional development in the first three years: Establishing the foundations.* University Park, PA: Edna Bennett Pierce Prevention Research Center, Pennsylvania State University.

Thompson, R. A., & Newton, E. K. (2010). Emotion in early conscience. In W. Arsenio & E. Lemerise (Eds.), *Emotions, aggression, and morality: Bridging development and psychopathology* (pp. 6-32). Washington, DC: American Psychological Association.

Thompson, R. A., & Waters, S. F. (2020). Development of emotion dysregulation in developing relationships. In T. P., Beauchaine & S. E. Crowell (Eds.). *Oxford handbook of emotion dysregulation.* New York: Oxford University Press.

Thöni, A., Mussner, K., & Ploner, F. (2010). Water birthing: Retrospective review of 2625 water births. Contamination of birth pool water and risk of microbial cross-infection. *Minerva Ginecologia, 62,* 203-211.

Tietjen, A. M., & Walker, L. J. (1985). Moral reasoning and leadership among men in a Papua New Guinea society. *Developmental Psychology, 21,* 982-992.

Tistarelli, N., Fagnani, C., Troianiello, M., Stazi, M. A., & Adriani, W. (2020). The nature and nurture of ADHD and its comorbidities: A narrative review of twin studies. *Neuroscience and Biobehavioral Reviews, 109* (1), 63-77.

Tomlinson-Keasey, C., & Keasey, C. B. (1974). The mediating role of cognitive development in moral judgment. *Child Development, 45,* 291-298.

Travis, J. (1993). Helping premature lungs breathe easier. *Science, 261,* 426.

Trehub, S. E., Schneider, B. A., Morrongiello, B. A., & Thorpe, L. A. (1988). Auditory sensitivity in school-age children. *Journal of Experimental Child Psychology, 46,* 273-285.

Trickett, P. K., & McBride-Chang, C. (1995). The development impact of different forms of child abuse and neglect. *Developmental Review, 15,* 311-337.

Trickett, P. K., Negriff, S., Ji, J., & Peckins, M. (2011). Child maltreatment and adolescent development. *Journal of Research on Adolescence, 21,* 3-20.

Trueswell, J. C., Medina, T. N., Hafri, A., & Gleitman, L. R. (2013). Propose but verify: Fast mapping meets cross-situational word learning. *Cognitive Psychology, 66* (1), 126-156.

Truglio, R. T., & Kotler, J. A. (2014). Language, literacy, and media: What's the word on *Sesame Street?* In E. T. Gershoff, R. S. Mistry, & D. A. Crosby (Eds.), *Societal contexts of child development.* New York: Oxford University Press.

Tudge, J. (1992). Processes and consequences of peer collaboration: A Vygotskian analysis. *Child Development, 63,* 1364-1379.

Turiel, E. (1983). *The development of social knowledge: Morality and convention.* Cambridge, England: Cambridge University Press.

Turiel, E. (1997). The development of morality. In N. Eisenberg (Ed.), *Handbook of child psychology* (Vol. 3, 5th ed.). New York: Wiley.

Turiel, E. (2014). Morality: Epistemology, development, and social judgments. In M. Killen & J. G. Smetana (Eds.), *Handbook of moral development* (2nd ed.). New York: Psychology Press.

Turiel, E. (2018). Reasoning at the root of morality. In K. Gray & J. Graham (Eds.), *Atlas of moral psychology.* New York: Guilford Press.

Turkington, C. (1983, May). Child suicide: An unspoken tragedy. *APA Monitor,* p. 15.

Turnbull, A., Turnbull, H. R., Wehmeyer, M. L., & Shogren, K. A. (2020). *Exceptional lives: Practice, progress, and dignity in today's schools* (9th ed.). Hoboken, NJ: Pearson.

Uher, R., & Rutter, M. (2012). Classification of feeding and eating disorders: Review of evidence and proposals for ICE-11. *World Psychiatry, 11,* 80-92.

Underwood, M., Coie, J., & Herbsman, C. (1992). Display rules for anger and aggression in school-age children. *Child Development, 63,* 366-380.

Usher, J. A., & Neisser, U. (1993). Childhood amnesia and the beginnings of memory for four early life events. *Journal of Experimental Psychology: General. 122* (2), 155-165.

Valdez-Menchaca, M. C., & Whitehurst, G. J. (1992). Accelerating language development through picture book reading: A systematic extension to Mexican day care. *Developmental Psychology, 28,* 1106-1114.

Valenzuela, M. (1997). Maternal sensitivity in a developing society: The context of urban poverty and infant chronic undernutrition. *Developmental Psychology, 33* (5), 845-855.

van den Boom, D. C. (1995). Do first-year intervention efforts endure? Follow-up during toddlerhood of a sample of Dutch irritable infants. *Child Development, 66,* 1798-1816.

van den Hooven, E. H., Pierik, F. H., de Kluizenaar, Y., Willemsen, S. P., Hofman, A., van Ratingen, S. W., et al. (2012). Air pollution exposure during pregnancy, ultrasound measures of fetal growth, and adverse birth outcomes: A prospective cohort study. *Environmental Health Perspectives, 120,* 150-156.

van IJzendoorn, M. H., & De Wolff, M. S. (1997). In search of the absent father-meta analyses of infant-father attachment: A rejoinder to our discussants. *Child Development, 68,* 604-609.

Van Rijn, S., de Sonneville, L., & Swaab, H. (2018). The nature of social cognitive deficits in children and adults with Klinefelter syndrome (47, XXY). *Genes, Brain, and behavior, 17.*

Vasta, R., Haith, M. M., & Miller, S. A. (1995). *Child psychology: The modern science.* John Wiley & Sons.

Vaughn, B. E., Stevenson-Hinde, J., Waters, E., Kotsaftis, A., Lefever, G. B., Shouldice, A., Trudel, M., & Belsky, J. (1992). Attachment security and temperament in infancy and early childhood: Some conceptual clarifications. *Developmental Psychology, 28,* 463-473.

Vernberg, E. M. (1990). Psychological adjustment and experience with peers during early adolescence: Reciprocal, incidental, or unidirectional relationships?

Journal of Abnormal Child Psychology, 18, 187-198.

Vihman, M. M. (2014). *Phonological development* (2nd ed.). New York: Wiley.

Vink, J., & Quinn, M. (2018). Chorionic villus sampling. In *Obstetric imaging: Fetal diagnosis and care* (2nd ed.). Philadelphia: Elsevier.

Visher, E., & Visher, J. (1989). Parenting coalitions after remarrige: Dynamics and therapeutic guidelines. *Family Relations, 38*(1), 65-70.

Vissers, C. T. W. M., Tomas, E., & Law, J. (2020). The emergence of inner speech and its measurement in atypically developing children. *Frontiers in Psychology, 11*, 279.

Voigner, R., & Bridgewater, S. (1980). Allergies in young children. *Young Children, 35*(4), 67-70.

Volker, S. (2007). Infants' vocal engagement oriented towards mother versus stranger at 3 months and avoidant attachment behavior at 12 months. *International Journal of Behavioral Development, 31*, 88-95.

von Hofsten. C. (1983). Catching skills in infancy. *Journal of Experimental Psychology: Human Perception and Performance, 9,* 75-85.

Vygotsky, L. S. (1962). *Thought and language*. Cambridge, MA: MIT Press.

Wachs, T. D. (1993). Multidimensional correlates of individual variability in play and exploration. In M. H. Bornstein & A. W. O'Reilly (Eds.), *New directions for child development: No. 59. The role of play in the development of thought.* San Francisco: Jossey-Bass.

Waddington, C. H. (1966). *Principles of development and differentiation*. New York: Macmillan.

Wagner, S., Winner, E., Cicchetti, D., & Gardner, H. (1981). Metaphorical mapping in human infants. *Child Development, 52,* 728-731.

Wahlsten, D. (2000). Behavioral genetics. In A. Kazdin (Ed.), *Encyclopedia of psychology*. Washington, DC & New York: American Psychological Association and Oxford University Press.

Walden, T. A., & Ogan, T. A. (1988). The development of social referencing. *Child Development, 59,* 1230-1241.

Waldman, I. D., & Rhee, S. H. (1999, April). *Are genetic and environmental influences on ADHD of the same magnitude throughout the range of symptoms as at the disordered extreme?* Paper presented at the meeting of the Society for Research in Child Development, Albuquerque.

Walker, H., Messinger, D., Fogel, A., & Karns, J. (1992). Social and communicative development in infancy. In V. B. V. Hasselt & M. Hersen (Eds.), *Handbook of social development: A lifespan perspective* (pp. 157-181). New York: Plenum.

Walker, L. J. (1980). Cognitive and perspective taking prerequisities of moral development. *Child Development, 51,* 131-139.

Walker, L. J. (2004). Progress and prospects in the psychology of moral development. *Merrill-Palmer Quarterly, 50*, 546-557.

Walker, L. J., & Frimer, J. A. (2011). The science of moral development. In M. K. underwood & L. Rosen (Eds.), *Social development*. New York: Guilford Press.

Wallach, M. A., & Kogan, N. (1967). Creativity and intelligence in children's thinking. *Transaction. 4,* 38-43.

Wang, Y., Tu, R., Yuan, H., Shen, L., Hou, J., Liu, X., Niu, M., Zhai, Z., Pan, M., & Wang, C. (2020). Associations of unhealthy lifestyles with metabolic syndrome in Chinese rural aged females. *Scientific Reports, 10* (1), [2718].

Waters, E., Vaughn, B. E., Posada, G., & Kondo-Ikemura, K. (Eds.). (1995). Caregiving, cultural, and cognitive perspectives on secure-base behavior and working models: New growing points of attachment theory and research. *Monographs of the Society for Research in Child Development, 60* (2-3, Serial No. 244).

Watson, D. (2012). Objective tests as instruments of psychological theory and research. In H. Cooper (Ed.), *APA handbook of research methods in psychology*. Washington, DC: American Psychological Association.

Watson, J. B. (1927). What to do when your child is afraid (interview with Beatrice Black). *Children* (March), 25-27.

Waxman, S. R. (1990). Linguistic biases and the establishment of conceptual hierarchies. *Cognitive Development, 5,* 123-150.

Wehren, A., De Lisi, R., & Arnold, M. (1981). The development of noun definition. *Journal of Child Language, 8,* 165-175.

Weinberg, R. A. (1989). Intelligence and IQ: Landmark issues and great debates. *American Psychologist, 44* (2), 98-104.

Weiss, B., Weisz, J. R., Politano, M., Carey, M., Nelson, W. M., & Finch, A. J. (1992). Relations among self-reported depressive symptoms in clinic referred children versus adolescents. *Journal of Abnormal Psychology, 101,* 391-397.

Weiss, G. (1983). Long-term outcome: Findings, concepts, and practical implications. In M. Rutter (Ed.), *Developmental neuropsychiatry* (pp. 422-436). NY: Guilford.

Wekerle, C., Leung, E., Wall, A. M., MacMillan, H., Boyle, M., Trocme, N., & Waechter, R. (2009). The contribution of childhood emotional abuse to teen dating violence among child protective services-involved youth. *Child Abuse and Neglect, 33* (1), 45- 58.

Wellman, H. M., Ritter, K., & Flavell, J. H. (1975). Deliberate memory behavior in the delayed reactions of very young children. *Developmental Psychology, 11,* 780-787.

Werner, E., & Smith, R. (1992). *Overcoming the odds: High risk children from birth to adulthood.* Ithaca, NY: Cornell University Press.

Werner, L. A., Marean, G. C. (1996). *Human auditory development.* Boulder, CO: Westview Press.

Wertheimer, M. (1985). The evolution of the concept of development in the history of psychology. In G. Eckardt, W. G. Bringmann, & L. Sprung (Eds.), *Contributions to a history of developmental psychology.* Berlin: Mouton.

Wertsch, J. V. (1999). The zone of proximal development: Some conceptual issues. In P. Lloyd & C. Fernyhough (Eds.), *Lev Vygotsky: Critical assessments: The zone of proximal development, Vol. 3.* New York: Routledge.

Wertsch, J. V., & Tulviste, P. (1992). L. S. Vygotsky and contemporary developmental psychology. *Developmental Psychology, 28,* 548-557.

Weston, M. J. (2010). Magnetic resonance imaging in fetal medicine: A pictorial review of current and developing indications. *Postgraduate Medicine Journal, 86,* 42-51.

Whalen, D. J., Dixon-Gordon, K., Belden, A. C., Barch, D., & Luby, J. L. (2015). Correlates and consequences of suicidal cognitions and behaviors in children ages 3 to 7 years. *Journal of the American Academy of Child & Adolescent Psychiatry, 54,* 926-37.

Whitaker, R. C., Wright, J. A., Pepe, M. S., Seidel, K. D., & Dietz, W. H. (1997). Predicting obesity in young adulthood from childhood and parental obesity. *New England Journal of Medicine, 337,* 869-873.

Whittle, M. J., & Conner, J. M. (1995). *Prenatal diagnosis in obstetric practice* (2nd ed.). Oxford, England: Blackwell.

Wichers, M., Gardner, C., Maes, H. H., Lichtenstein, P., Larsson, H., & Kendler, K. S. (2013). Genetic innovation and stability in externalizing problem behavior across development: A multi-informant twin study. *Behavioral Genetics, 43,* 191-201.

Wicks-Nelson, R., & Israel, A. C. (2000). *Behavior disorders of childhood* (4th ed.). NJ: Prentice- Hall.

Wideman, M. V., & Singer, J. F. (1984). The role of psychological mechanisms in preparation for childbirth. *American Psychologist, 34,* 1357-1371.

Widom, C. S. (1989). Does violence beget violence? A critical examination of the literature. *Psychological Bulletin, 106,* 3-28.

Wilcox, A. J., Weinberg, C. R., O'Connor, J. F., Baird, D. D., Schlatterer, J. P., Canfield, R. E., Armstrong, E. G., & Nisula, B. C. (1988). Incidence of early loss of pregnancy. *New England Journal of Medicine, 319,* 189-194.

Wille, D. E. (1991). Relation of preterm birth with quality of infant-mother attachment at one year. *Infant Behavior and Development, 14,* 227-240.

Williams, J. A. (1979). Psychological androgyny and mental health. In O. Harnett, G. Boden, & M. Fuller (Eds.), *Sex-role stereotyping.* London: Tavistock.

Williams, J., Nelson-Gardell, D., Faller, K. C., Tishelman, A., & Cordisco-Steele, L. (2014). Is there a place for extended assessments in addressing child sexual abuse allegations? How sensitivity and specificity impact professional perspectives. *Journal of Child Sexual Abuse, 23* (2), 179-197.

Williamson, M. L. (1997). Circumcision anesthesia: A study of nursing implications for dorsal penile nerve block. *Pediatric Nursing, 23,* 59-63.

Willumsen, J., & Bull, F. (2020). Development of WHO guidelines on physical activity, sedentary behavior, and sleep for children less than 5 years of age. *Journal of Physical Activity and Health, 17,* 96-100.

Wilson, E. O. (1975). *Sociobiology: The new synthesis.* Cambridge, MA: Harvard University Press.

Winsler, A., Diaz, R. M., & Montero, I. (1997). The role of private speech in the transition from collaborative to independent task performance in young children. *Early Childhood Research Quarterly, 12,* 59-79.

Wintre, M. G., & Vallance, D. D. (1994). A developmental

sequence in the comprehension of emotions: Intensity, multiple emotions, and valence. *Developmental Psychology, 30,* 509-514.

Winzer, M. A. (1996). *Children with exceptionalities in Canadian classrooms* (4th ed.). Boston, MA: Allyn & Bacon.

Witherington, D. C., Campos, J. J., Harriger, J. A., Bryan, C., & Margett, T. E. (2010). Emotion and its development in infancy. In J. G. Bremner & T. D. Wachs (Eds.), *Wiley-Blackwell handbook of infant development* (2nd ed.). New York: Wiley.

Witkin, H., & Goodenough, D. (1977). Field dependence and interpersonal behavior. *Psychological Bulletin, 84,* 661-689.

Wolf, D. (1990). Being of several minds: Voices and versions of the self in early childhood. In D. Cicchetti & M. Beeghly (Eds.), *The self in transition: Infancy to childhood* (pp. 183-212). Chicago: University of Chicago Press.

Wolfson, J. C. (1996, January 15). Women with cystic fibrosis defy the odds by having babies. *Newsday*, B17-B18.

Woolett, L. A. (2011). Review: Transport of maternal cholesterol to the fetal circulation. *Placenta, 32* (Suppl. 2), S18-S21.

Wright, V. (2018). Vygotsky and a global perspective on scaffolding in learning mathematics. In J. Zajda (Ed.), *Globalisation and Education Reforms*. Dordrecht, the Netherlands: Springer.

Wrightsman, L. S. (1977). *Social psychology* (2nd ed.). Monterey, California : Brooks/Cole.

Yager, G. G., & Baker, S. (1979). *Thoughts on androgyny for the counseling psychologist*. Paper presented at the Annual convention of the American Psychological Association (Eric Document Reproduction service Nl. ED 186825).

Yager, J. (1982). Family issues in the pathogenesis of anorexia nervosa. *Psychosomatic Medicine, 44* (1), 43-60.

Yakovlev, P. I., & Lecours, A. R. (1967). The myelogenetic cycles of regional development of the brain. In A. Minkowski (Ed.), *Regional development of the brain in early life: Symposium*. Oxford: Blackwell.

Yankowitz, J. (1996). Surgical fetal therapy. In J. A. Kuller, N. C. Cheschier, & R. C. Cefalo (Eds.), *Prenatal diagnosis and reproductive genetics* (pp. 181-187). St. Louis: Mosby.

Yanof, J. A. (2013). Play technique in psychodynamic psychotherapy. *Child and Adolescent Psychiatric Clinics of North America, 22*, 261-282.

Yilmaz, G., Demirli Caylan, N., & Karacan, C. D. (2014). An intervention to preschool children for reducing screen time: A randomized controlled trial. *Child Care, Health, and Development, 41* (3), 443-449.

Yin, R. K. (2012). Case study methods. In H. Cooper (Ed.), *APA handbook of research methods in psychology*. Washington, DC: American Psychological Association.

Yoshikawa, H. (1994). Prevention as cumulative protection. Effects of early family support and education on chronic delinquency and its risks. *Psychological Bulletin, 115*, 28-54.

Yussen, S. R., & Bird, J. E. (1979). The development of metacognitive awareness in memory, communication, and attention. *Journal of Experimental Child Psychology, 28*, 300-313.

Zelazo, P. D., Helwig, C. C., & Lau, A. (1996). Intention, act, and outcome in behavioral prediction and moral judgment. *Child Development, 67*, 2478-2492.

Zeman, J., & Garber, J. (1996). Display rules for anger, sadness, and pain: It depends on who is watching. *Child Development, 67*, 957-973.

Zollner, H. S., Fuchs, K. A., & Fegert, J. M. (2014). Prevention of sexual abuse: Improved information is crucial. *Child and Adolescent Psychiatry and Mental Health, 8* (1), 1-9.

찾아보기

인명

내용

저자 소개

정옥분(Ock Boon Chung)

〈약력〉

서울대학교 사범대학 가정학과 졸업
서울대학교 대학원 석사과정 졸업(아동학 전공 석사)
미국 University of Maryland 박사과정 졸업(인간발달 전공 Ph.D.)
고려대학교 사범대학 교수, 고려대학교 사회정서발달연구소 소장, 한국아동학회 회장,
　한국인간발달학회 회장, 미국 University of Maryland 교환교수,
　ISSBD 국제학술대회 조직위원회 위원장 역임
현재 고려대학교 사범대학 명예교수

〈저서〉

청년심리학(제3판, 학지사, 2021), 성인 · 노인심리학(제3판, 학지사, 2019)
발달심리학(제3판, 학지사, 2019), 영유아발달의 이해(제3판, 학지사, 2018)
사회정서발달(개정판, 학지사, 2017), 유아발달(학지사, 2016)
영아발달(개정판, 학지사, 2016), 영유아발달의 이해(개정판, 학지사, 2015)
전생애 인간발달의 이론(제3판, 학지사, 2015), 청년발달의 이해(제3판, 학지사, 2015)
청년심리학(개정판, 학지사, 2015), 발달심리학(개정판, 학지사, 2014)
성인 · 노인심리학(개정판, 학지사, 2013), 아동발달의 이해(개정판, 학지사, 2013),
아동심리검사(학지사, 2012), 영아발달(학지사, 2012), 아동연구와 통계방법(학지사, 2010)
성인 · 노인심리학(학지사, 2008), 아동학 연구방법론(학지사, 2008)
유아교육 연구방법(학지사, 2008), 청년발달의 이해(개정판, 학지사, 2008)
전생애 인간발달의 이론(개정판, 학지사, 2007), 사회정서발달(학지사, 2006)
청년심리학(학지사, 2005), 발달심리학(학지사, 2004)
영유아발달의 이해(학지사, 2004), 전생애발달의 이론(학지사, 2004)
아동발달의 이론(학지사, 2003), 아동발달의 이해(학지사, 2002)
성인발달과 노화(교육과학사, 2001), 성인발달의 이해(학지사, 2000)
청년발달의 이해(학지사, 1998)

〈공저〉

제4차 표준보육과정을 반영한 보육학개론(5판, 학지사, 2022), 보육교사인성론(학지사, 2021)
제4차 표준보육과정을 반영한 보육과정(학지사, 2020), 아동권리와 복지(2판, 학지사, 2020)
결혼과 가족(학지사, 2020), 예비부모교육(3판, 학지사, 2019), 부모교육(3판, 학지사, 2019)
보육학개론(4판, 학지사, 2019), 정서발달과 정서지능(개정판, 학지사, 2018)
예비부모교육(2판, 학지사, 2016), 노인복지론(2판, 학지사, 2016), 보육과정(3판, 학지사, 2016)

아동권리와 복지(학지사, 2016), 부모교육(2판, 학지사, 2016)
보육학개론(3판, 학지사, 2016), 보육교사론(학지사, 2015)
결혼과 가족의 이해(학지사, 2014), 생활과학 연구방법론(학지사, 2014)
보육과정(2판, 학지사, 2013), 보육학개론(2판, 학지사, 2012)
아동복지론(학지사, 2012), 보육과정(학지사, 2009)
애착과 발달(학지사, 2009), 노인복지론(학지사, 2008)
보육학개론(학지사, 2008), 부모교육(학지사, 2008)
예비부모교육(학지사, 2007), 정서발달과 정서지능(학지사, 2007)
Parenting beliefs, behaviors, and parent-child relations:
A cross-cultural perspective(공편, Psychology Press, 2006)
결혼과 가족의 이해(시그마프레스, 2005)
고등학교 인간발달(교육인적자원부, 2003)
배려지향적 도덕성과 정의지향적 도덕성: 아산재단 연구총서 제123집(집문당, 2003)
부모교육: 부모역할의 이해(양서원, 2000)
인간발달: 발달심리적 접근(개정판, 교문사, 1997)
사랑으로 크는 아이(계몽사, 1996)
유아의 심리(중앙적성출판사, 1994)
인간발달: 발달심리적 접근(교문사, 1989)
가족과 환경(교문사, 1986)

〈역서〉
학위논문작성법: 시작에서 끝내기까지(공역, 시그마프레스, 2004)
청년발달의 이론(공역, 양서원, 1999)
인간발달의 이론(교육과학사, 1995)
인간발달 II: 청년기, 성인기, 노년기(교육과학사, 1992)
부모교육 이론과 적용(공역, 국민서관, 1989)

〈논문〉
Sex-Role Identity and Self-Esteem among Korean and American College Students(University of Maryland 박사학위논문, 1983)
전통 '효' 개념에서 본 부모역할인식과 자녀양육행동(1997)
영아기 기질 및 부모의 양육행동에 따른 2~4세 아동의 행동억제에 관한 단기종단연구: 8개국 비교문화연구를 위한 기초연구(2003)
Behavioral Inhibition in Toddlers: Initial Findings from the International Consortium for the Study of Social and Emotional Development(2004)
A Cross-Cultural Study of Behavioral Inhibition in Toddlers: East-West-North-South(2006)
A Mediated Moderation Model of Conformative Peer Bullying(2012) 외 논문 다수

아동발달의 이해(제4판)

Child Development (4th edition)

2002년 7월 10일 1판 1쇄 발행
2012년 8월 20일 1판 21쇄 발행
2013년 2월 20일 2판 1쇄 발행
2018년 2월 20일 2판 7쇄 발행
2018년 8월 25일 3판 1쇄 발행
2022년 1월 20일 3판 4쇄 발행
2023년 8월 25일 4판 1쇄 발행

지은이 • 정옥분
펴낸이 • 김진환
펴낸곳 • (주)학지사
04031 서울특별시 마포구 양화로 15길 20 마인드월드빌딩
대표전화 • 02-330-5114 팩스 • 02-324-2345
등록번호 • 제313-2006-000265호

홈페이지 • http://www.hakjisa.co.kr
인스타그램 • https://www.instagram.com/hakjisabook

ISBN 978-89-997-2949-2 93370

정가 34,000원

파본은 구입처에서 교환해 드립니다.